Cleonice Berardinelli 100 ANOS

FUNÇÃO
aquelas em que predomina a FUNÇÃO E-
NO MONÓLOGO , a 2ª, no DIÁLOGO
FUNÇÃO EMOTIVA).

Genuína Fazendeira

Gilda Santos
Paulo Motta Oliveira
ORGANIZAÇÃO

Os frutíferos 100 anos de Cleonice Berardinelli

BAZAR DO TEMPO
2016

Este livro foi revisado segundo o Acordo Ortográfico da Língua Portuguesa de 1990, em vigor no Brasil desde 2009, à exceção dos seguintes textos, por opção dos autores: Artur Anselmo, José Cândido de Oliveira Martins, Ernesto Rodrigues, Helder Macedo, Helena Carvalhão Buescu, Isabel Almeida, Isabel Pires de Lima, Ivo Castro, João Dionísio, José Augusto C. Bernardes, José Blanco, Luiz Fagundes Duarte, Maria Alzira Seixo, Maria Elsa Gonçalves, Maria de Lourdes A. Ferraz, Marcelo Rebelo de Sousa, Ofélia Paiva Monteiro, Sérgio Pachá e Vasco Graça Moura.

Esta publicação foi financiada por Fundos Nacionais através da FCT – Fundação para a Ciência e a Tecnologia no âmbito do projeto «UID/ELT/00077/2013»

Editora
Ana Cecilia Impellizieri Martins

Organizadores
Gilda Santos
Paulo Motta Oliveira

Co-organizadores
Ida Alves
Júlio Cesar Valladão Diniz
Sofia de Sousa Silva

Coordenação editorial
Maria de Andrade

Projeto gráfico
Victor Burton

Designers assistentes
Adriana Moreno
Anderson Junqueira
Lívia Prata

Preparação de originais
Elisabeth Lissovsky

Revisão
Lucca Tartaglia
Mariana Gonçalves

Impressão
Edelbra

Acervo iconográfico gentilmente cedido por Cleonice Berardinelli

Créditos das imagens de abertura
Págs. 2-3
Cleonice Berardinelli em seu ofício.
Págs 4-5
Cleonice Berardinelli toma posse, em 5 de abril de 2010, da cadeira n. 8 da Academia Brasileira de Letras (ABL).
FOTO GENTILMENTE CEDIDA PELA ABL

Imagem de fechamento
Págs. 892-893
FOTO FÁBIO SEIXO/AGÊNCIA O GLOBO

S237 Santos, Gilda (Org.)

Genuína fazendeira: os frutíferos 100 anos de Cleonice Berardinelli. / Organização de Gilda Santos e Paulo Motta Oliveira.
– Rio de Janeiro: Bazar do Tempo, 2016.
896 p. ; il. Inclui bibliografia.

ISBN: 978-85-69924-15-9

1. Berardinelli, Cleonice, 1916- . 2. Literatura portuguesa – Crítica e interpretação. I. Oliveira, Paulo Motta (Org.) . II. Título.

CDD 923.7 CDU 929

BAZAR DO TEMPO
PRODUÇÕES E EMPREENDIMENTOS CULTURAIS LTDA.
Rua Alexandre Stockler, 353 – Gávea.
22451-230 – Rio de Janeiro – RJ
contato@bazardotempo.com.br
www.bazardotempo.com.br

Sumário

6.3
"RICAS TERRAS, E NÃO LANDES"
[Registros institucionais]

{7}
"NESTA ENSANCHA PRAZENTEIRA"
[Tabula gratulatoria]

{1}

"A justiça é que me [nos] impele"

Gilda Santos e Paulo Motta Oliveira

Este livro-oferenda

Cleonice Serôa da Motta Berardinelli, sabemos bem, é referência incontornável nos estudos sobre as literaturas de língua portuguesa. Nascida no Rio de Janeiro, a 28 de agosto de 1916, foi em São Paulo que fez sua formação, graduando-se em Letras Neolatinas na recém-inaugurada Universidade de São Paulo (USP), em 1938. Logo convidada por Fidelino de Figueiredo a ser sua assistente, teve, por motivos familiares, de voltar para o Rio de Janeiro, onde, já a partir dos anos 1940, construiu seu brilhante *curriculum* acadêmico.

À hoje professora emérita, tanto da Universidade Federal do Rio de Janeiro como da Pontifícia Universidade Católica do Rio de Janeiro, não faltaram inúmeras provas de reconhecimento pelas muitas décadas votadas ao ensino e à pesquisa. É Doutor *Honoris Causa* da Universidade de Lisboa, da Universidade de Coimbra e da Universidade Federal do Ceará. É correspondente da Academia das Ciências de Lisboa, e membro titular do PEN Clube do Brasil. Eleita em 2009, ocupa a cadeira de número 8 na Academia Brasileira de Letras. É ainda vice-presidente de honra da Associação Internacional de Lusitanistas e membro fundador da Associação Brasileira de Professores de Literatura Portuguesa, tendo desempenhado papel relevante na consolidação da representatividade dos dois organismos. A República Portuguesa condecorou-a com os mais altos graus da Ordem de Santiago da Espada e da Ordem do Infante D. Henrique. Similarmente, a lisboeta Casa Fernando Pessoa outorgou-lhe a originalíssima Medalha da Ordem do Desassossego. No Brasil, entre outras, recebeu a governamental Ordem de Rio Branco e a Medalha do Mérito Científico, conferida pela Faperj (Fundação Carlos Chagas Filho de Amparo à Pesquisa do Rio de Janeiro).

D. Cleo – como carinhosamente os mais próximos a chamam – na sua longa e profícua carreira, sempre valorizou o diálogo efetivo e constante com os colegas da área, no Brasil e no exterior, tendo participado de incontáveis encontros científicos, nos quais, graças a uma cultura multímoda, hoje rara, expôs trabalhos de larga paleta temática, beirando as duzentas conferências. Ao partilhar generosamente seu saber em sala de aula, orientou mais de uma centena de teses de doutorado e dissertações de mestrado – muitas defendidas por pós-graduandos de diferentes estados brasileiros, que, atraídos por suas propaladas qualidades, acorreram ao Rio.

Concebidas por colegas e ex-alunos, as homenagens em âmbito acadêmico também lhe têm sido prestadas com frequência: dentre outras, ressalte-se o livro *Cleonice: clara em sua geração*, publicado pela Editora da UFRJ em 1995; o volume inaugural da "Coleção Figuras da Lusofonia", criada em 2002 pelo Instituto Camões, simplesmente intitulado de *Cleonice Berardinelli*; o colóquio "Quanto mais vos pago, mais vos devo", promovido pela Cátedra Jorge de Sena da Faculdade de Letras/UFRJ com o apoio da Fundação Calouste Gulbenkian, em 2006, e, mais recentemente, em outubro de 2015, sob a mesma regência, o congresso internacional "Há 100 anos Orpheu canta para Cleonice".

Contudo, reconhecendo tanto a exemplaridade da extensa bibliografia que nos legou, quanto a rica herança resultante do convívio fértil com distintas instituições e com pessoas de tantas gerações, consideramos que não seria excessiva uma nova homenagem, agora sob a justificativa de seu esplêndido centenário. Por isso, propusemo-nos a publicar uma obra que fosse um balanço, certamente incompleto, de sua plurifacetada e secular vivência, humana e intelectual.

Para tal empreitada, com o seu quê de ambicioso, convidamos os colegas Ida Alves, da Universidade Federal Fluminense (UFF); Sofia de Sousa Silva, da UFRJ e Júlio Cesar Valladão Diniz, da PUC-Rio, a se unirem a nosso plano de congregar uma centena de textos que tentassem sumarizar tão longo amor em tão longa vida. Definidas as tarefas, o projeto só pôde chegar a bom termo graças ao acolhimento formal do Real Gabinete Português de Leitura e aos aportes financeiros advindos da Academia Brasileira de Letras, da Fundação Calouste Gulbenkian, do Camões – Instituto da Cooperação e da Língua e do Clepul (Centro de Literaturas e Culturas Lusófonas e Europeias), da Faculdade de Letras da Universidade de Lisboa. Aos colegas e a essas prestigiosas entidades, sobretudo pela confiança em nós depositada, nossos mais vivos agradecimentos.

Encontramos o título que se nos afigurou como perfeitamente ajustado ao volume – *Genuína fazendeira* – num verso de Carlos Drummond de Andrade, em poema autógrafo dirigido à amiga Cleonice como dedicatória da sua *Obra completa*, datado de 1965 [aqui transcrito nas páginas 28 e 29]. Visando a abarcar a multidimensional trajetória da mestra e procurando estabelecer uma coerente estrutura interna, dividimos o livro em várias seções, nomeando-as com versos recortados desse mesmo poema, por vezes com ligeiros retoques. Assim, a seção inicial, "a justiça é que me [nos] impele", compreende, além destas palavras preambulares, as da editora Ana Cecilia Impellizieri Martins e a saudação do presidente da República Portuguesa, Marcelo Rebelo de Sousa. A seguinte, "à genuína fazendeira", é constituída por três poemas-louvação de Cleonice, um deles escrito expressamente para o livro pelo atual ministro da Cultura de Portugal, Luís Filipe Castro Mendes. A terceira, "fazenda mais vasta e bela", traça um panorama biográfico e profissional da nossa protagonista. A subsequente, "[voz] como sino que soa/ no copiar da fazenda", deseja presentificar a voz da própria homenageada: numa das muitas entrevistas que concedeu e num fragmento diarístico inédito, relativo a seus passeios europeus de 1959. Após um conjunto de imagens, com foco quase exclusivo sobre nossa personagem tão plural, segue-se a mais longa sequência do livro, "100 revisitas à genuína fazendeira", cujos cem textos se subdividem em ensaios que tomam a releitura de sua obra como ponto de partida – "uma riqueza de frutos/ e de flores [...]/ com que arte transplantados,/ mercê de finos cuidados" –; em testemunhos individuais, mormente sobre a figura humana densa e cristalina a um só tempo – "com respeitoso carinho/ trago pois minha oferenda" – e em registros de timbre institucional, onde não falta o afeto – "ricas terras e não landes". Sendo impossível acolher textos de quantos gostariam de parabenizar Cleonice nesta data, selecionamos os signatários que, de algum modo, pudessem representar anos a fio de tanta produtividade: colegas universitários e amigos de vários países, confrades de várias agremiações, alunos de várias épocas e estabelecimentos, familiares queridos e admiradores fiéis. Não falta sequer um ex-professor, a todos os níveis fundamental: Fidelino de Figueiredo, que, graças a uma carta inédita, à volta de Fernando Pessoa, nos revela seu enorme apreço pela discípula bem amada, decerto adivinhando ser correspondido. Vale sublinhar que, na revisão destes textos, respeitamos a opção pró ou anti acordo ortográfico de cada autor. Como epílogo do volume, "nesta ensancha prazenteira" dá título à indispensável *tabula gratulatoria*, que, tentando reparar omissões, lista nomes de pessoas que aderem à bem-vinda comemoração. Encabeçando esta outra forma de enaltecer Cleonice, comparecem ex-presidentes de Portugal e do Brasil.

Acreditamos que com mais esta reverência – mais uma dentre as muitas que já lhe foram prestadas e que continuará sempre a merecer – poderemos aproximar quem nos lê dessa que é, ao mesmo tempo, uma das figuras basilares dos estudos das literaturas no mundo lusófono e uma grande dama encantadora, que, ao longo de sua vida, foi semeando e gerando discípulos, amigos e fãs, muitos dos quais, aqui, sobre ela escrevem. Neste sentido, é emblemática a imagem da capa, que nos traz uma jovem Cleo em nítida simbiose com a árvore que a abraça e a sustém: prenuncia o quanto efetivamente será a "genuína fazendeira" que hoje, fecunda centenária, desejamos celebrar. E sob o signo do rubro coração de Viana, preenchido de muitos corações, aqui lhe trazemos nossa oferenda maior: este fruto do nosso trabalho, envolto em apreço e gratidão.

Ana Cecilia Impellizieri Martins
Editar Cleonice Berardinelli

Não há no meu pensamento
Senão não poder parar[1]
— Fernando Pessoa

Diante da mesa de sua sala de jantar, Cleonice Berardinelli elencava as obras que gostaria de incluir na coleção que levaria seu nome. Com ânimo inspirador, planejava formatos, discutia a ordem dos lançamentos, recuperava antigas edições, declaradamente feliz em poder começar uma nova série de livros aos 92 anos. Os primeiros sete títulos já estavam definidos. Mas não seria tudo. Antes mesmo de chegar de volta à editora, comovida com a missão assumida – devolver ao mercado estudos clássicos de Cleonice e desenvolver novas edições de sua obra –, o telefone toca. Do outro lado, d. Cleo se mostrava preocupada: não havíamos incluído nos nossos planos editoriais seu primeiro livro, *Cantigas de trovadores medievais em português moderno*, publicado em 1953.

A trajetória profissional de d. Cleo tem méritos notórios; um deles, sem dúvida, é o diálogo que ela foi capaz de estabelecer com diversas gerações ao longo dos tempos, revelando expoentes das literaturas de língua portuguesa, aprofundando seu conhecimento, ampliando suas repercussões. Esse feito se deve, em grande parte, a seus esforços em produzir livros para um amplo público leitor com a mesma dedicação que empenhou em pesquisas acadêmicas, apostando sempre na relevância atemporal de seus autores e temas de eleição.

Mas para d. Cleo nada é dado como definitivo. Prova desse espírito incansável de pesquisadora tivemos em meio à produção de *Fernando Pessoa – Antologia poética*, em 2012. Na edição tomada como referência para o trabalho (editada pela

Ana Cecilia Impellizieri Martins é editora e doutora em Literatura Brasileira pela Pontifícia Universidade Católica do Rio de Janeiro (PUC-Rio).

1 Versos do poema "Furia na noite o vento", de Fernando Pessoa, citado neste texto.

Imprensa Nacional – Casa da Moeda), o poema "Furia na noite o vento..." (de 23 de maio de 1932) terminava com o verso "Como o vento preso ao mar". D. Cleo estranhou o trecho por lembrar-se que o breve poema, para ela um dos mais preciosos de Pessoa, expressava poeticamente uma instigante equação: "eu estou para o pensamento assim como o vento para o ar, isto é: o vento é feito de ar, eu sou feito de pensamento." Pôs-se, portanto, novamente em campo, recorrendo aos originais do Espólio III da Biblioteca Nacional de Portugal. De posse da cópia do original datilografado, com correções manuscritas do poeta, pôde ler claramente: "Como o vento preso ao ar." Sua memória e intuição não a haviam traído. E a experiência era uma emocionante afirmação de seu inesgotável interesse pela obra do mestre português, mesmo depois de mais de sessenta anos dedicados à poesia pessoana.

Não foi diferente na produção de outros títulos recentes, sempre ao lado da equipe formada pelas assistentes, preparadoras e revisoras Vanie Mari Cavichioli e Solange Gomes de Pinho e pela coordenadora editorial Cristiane de Andrade Reis: *Autos de Gil Vicente* (2012), *Cinco séculos de sonetos portugueses: de Camões a Pessoa* (2013); *Mensagem* (2013); e *Mário de Sá Carneiro: antologia* (2014); além da antologia de Pessoa, que ganhará nova edição neste ano de 2016, pela Bazar do Tempo.

Na mesma mesa em que fizemos o primeiro projeto da coleção, cumpre-se a cada novo livro um ritual prazeroso em que apresentamos e discutimos a proposta de capa e o desenho interno da edição, um trabalho gráfico feito invariavelmente com o designer Victor Burton. A parceria é justificada por várias razões. A primeira, mais evidente, está na beleza e elegância que Victor imprime a seus trabalhos. Outra, porém, tem caráter mais pessoal. Foi por meio de uma antologia feita por d. Cleo nos anos 1980, editada pela Nova Fronteira e desenhada pelo mesmo Victor Burton, que descobri o universo de Fernando Pessoa, o que definiria importantes escolhas e reafirmaria, anos mais tarde, a alegria de fazer dialogar o trabalho de d. Cleo com novas gerações.

Esta edição, organizada com imenso empenho por Gilda Santos e Paulo Motta Oliveira, com a colaboração de Ida Alves, Sofia de Sousa Silva e Júlio Diniz, reflete o desejo de uma retribuição afetuosa à "genuína fazendeira", que hoje merecidamente colhe seus frutos. Tantas homenagens buscam dar a dimensão de nossa admirável d. Cleo, que faz do trabalho intelectual um raro exercício de amor – às letras, à criação literária, a seus pares, alunos e leitores –, com a perene marca do prazer e do compromisso.

Marcelo Rebelo de Sousa

Amiga de Portugal e dos portugueses, e da nossa língua comum

CEM ANOS SÃO UM FEITO, MAS, COMO DIZIA O CENTENÁRIO cineasta Manoel de Oliveira, o grande feito é o trabalho que se fez, e que fica. Para todos os lusitanistas, e para muitos outros académicos, escritores, colegas e amigos, é uma alegria que a professora doutora Cleonice Berardinelli esteja connosco, aos cem. Mas é também um orgulho e um privilégio ter tido a sua presença como professora, orientadora, organizadora, antologiadora, ensaísta, anfitriã.

Portugal tem procurado confundir-se simbolicamente com os seus escritores, fazer deles um elemento decisivo da nossa identidade de portugueses e de falantes da língua portuguesa. De modo que a festa nacional de 10 de junho tem a designação de Dia de Portugal, de Camões e das Comunidades Portuguesas, e que os passaportes portugueses ostentam a figura de um outro poeta, Pessoa.

Se Portugal invoca assim Camões e Pessoa, se a língua portuguesa é também Camões e Pessoa, bem podemos dizer que a professora Cleonice é a sua tão certa secretária, para citar a X Canção de Camões. Desde 1959 que Cleonice Berardinelli se tem destacado como camonista e pessoana, sendo da sua responsabilidade a publicação, dos dois lados do Atlântico, de selectas, edições críticas e estudos. Mas o seu trabalho inclui outros autores, de Gil Vicente a José Régio, e inúmeras intervenções em congressos e seminários, teses orientadas, artigos e livros.

Decana dos lusitanistas, a professora Cleonice está na linha de frente daqueles que deram a conhecer os grandes escritores da nossa língua, alguns dos quais, a começar por Camões e Pessoa, enfrentaram conhecidas dificuldades em termos textuais, de versões, edições, de manuscritos, de espólios. Tem sido também esse o papel dos lusitanistas, lusófonos ou não: estabelecer o cânone, começando por fixar o texto, estudá-lo e compreendê-lo, para que depois cir-

Marcelo Rebelo de Sousa é Presidente da República Portuguesa.

culem "as ideias, as palavras, as imagens, / e também as metáforas, os temas, os motivos, / os símbolos, e a primazia / nas dores sofridas de uma língua", como escreveu um lusitanista que viveu uns anos no Brasil, Jorge de Sena, aqui tomando a voz de Camões.

Nesta feliz ocasião, parabenizo Cleonice Berardinelli, a professora, a ensaísta, a académica da Academia Brasileira de Letras e da Academia das Ciências de Lisboa, a agraciada com condecorações da Ordem Militar de Sant'Iago da Espada e da Ordem do Infante D. Henrique, mas também agradeço a "Dona Cleo", amiga de Portugal e dos portugueses, e da nossa língua comum.

{2}

“À genuína fazendeira”

[Poemas para Cleonice]

Carlos Drummond de Andrade
(Genuína fazendeira)

Para Cleonice Berardinelli *

Fazenda mais vasta e bela
do que esta pobre chacrinha
todos sabem ser aquela
onde logo se adivinha
uma riqueza de frutos
e de flores medievais,
com que arte transplantados,
mercê de finos cuidados,
para os tempos atuais;
ricas terras, e não landes,
em que Galisteu Fernandes
e Paay Gomes Charinho,
meeiros dos mais astutos,
capricham na sementeira
contando de seus amores
a Vicente Anes Joeira
e tiram de velhas dores
um inefável espinho;
em que Pero Burgalês
mostra a Pedro de Sevilla
a constante maravilha
do linguajar português

* Poema-dedicatória, datado de 7 maio 1965, escrito à mão por Carlos Drummond de Andrade no volume da *Obra Completa* oferecido pelo poeta a Cleonice.
Carlos Drummond de Andrade. *Obra Completa*. Vol. único. Rio de Janeiro: Companhia Aguilar Editora, 1964.

tal como sino que soa
no copiar da fazenda
até Fernando Pessoa.
Com respeitoso carinho
trago pois minha oferenda
de bem humilde vizinho
nesta ensancha prazenteira
(a justiça é que me impele)
à genuína fazendeira
Cleonice Berardinelli.

Luís Filipe Castro Mendes
Romance de Dona Cleonice Berardinelli

De Cleonice, senhora
em seu saber assentada,
venho dizer sem demora
seu louvor: seja louvada
por quanto de si nos deu,
com o tranquilo fulgor
de tudo o que mereceu.
Esta só prova de amor
à língua e às suas artes
deu-nos a todos a flor
portuguesa em todas partes:
dos sertões e das veredas,
do verso mais fingidor,
de Camões até às sedas
da Índia e mais em redor;
do caminho e mais da pedra,
da faca gume sem dor,
da concha donde não medra
Vénus, mas seu esplendor.
E são alusões marinhas
e são caminhos imensos,
língua tua quando minha
nos percursos mais intensos:
o que se diz literatura,
o que poesia se chama
em tão profunda cultura

Luís Filipe Castro Mendes é Ministro da Cultura de Portugal, poeta, ficcionista e diplomata.

teu viver luz e proclama.
Nós passeámos por Praga,
por seus becos e travessas,
numa insaciável saga
de viagens e conversas,
que prolongavam a maga
fascinação com diversas
leituras e descobertas
de uma vida que no Rio
tinha as janelas abertas
para o mundo e pra seu fio
de linhas longas e certas
em que a língua se redoura,
com orgulho em sua oferta.
Pois Cleonice, senhora,
do saber sempre vivido
numa língua que aflora
em povos, versos, sentidos
viveres que aqui se misturam
no riso sempre entendido,
aqui deixo a homenagem
do amigo comedido,
que sem fazer a viagem
deixa o seu preito sentido.

Vasco Graça Moura
*Glosa para Dona Cleonice**

Se a camões se consentisse
ter uma vida segunda
diria da mais profunda
gratidão a cleonice

ao poeta em língua lusa
há sempre alguém que interpreta
a má letra, a voz secreta:
desconcerta então a musa
mas conserta-se o poeta
e se acaso houvesse jeito
de sabermos o que disse
por conceito ou preconceito
era o cânone perfeito
(se a camões se consentisse...)

é sabido que o pessoa
já ceifado pela parca
se vingou: deixou na arca
resmas de papéis à toa
que eram carga a mais na barca.

Vasco Graça Moura foi poeta, ficcionista, ensaísta e tradutor (1942-2014).

* Poema lido pelo autor diante da homenageada, oferecendo-lhe a seguir o dactiloscrito autografado, em Lisboa, fevereiro de 1999, por ocasião do Colóquio Figuras da Lusofonia – Cleonice Berardinelli, promovido pelo Instituto Camões, in *Poesia reunida*, vol. 2 (Poemas com Pessoas). Lisboa: Quetzal, 2012, p.94-95.

tinha a certeza certeira
de que na atroz barafunda
havia de haver maneira
de em condições de primeira
ter uma vida segunda.

foi aos dois o mundo acerbo
mas procuraram saída
na medida e desmedida
da vida a fazer-se verbo,
do verbo a fazer-se vida,
quando a luz intensa presa
dentro do poema a inunda.
dessa liberdade acesa
uma língua, a portuguesa,
diria da mais profunda.

dona cleo que os entendeu,
nos quis doá-los e trouxe
seu saber como se fosse
o afecto com que os leu
num sorriso luso e doce
mas brasileiro de gema,
fez que assim camões se unisse
ao pessoa num poema
pra dizer da nossa extrema
gratidão a cleonice!

{3}

"Fazenda mais vasta e bela"

[Da vida e obra de Cleonice]

Vanie Mari Cavichioli e Solange Gomes de Pinho

Canteiros cronológicos da vida e obra de Cleonice Serôa da Motta Berardinelli

1916 A 28 de agosto, nasce no Rio de Janeiro, em Botafogo, filha de Emídio Serôa da Motta, "jovem tenente de artilharia", e Rosina Coutinho Serôa da Motta, "jovem dona de casa", sendo a primogênita de três filhos.

1920-21 Lê aos quatro anos. Seus pais foram seus primeiros mestres – "com eles aprendi a ler e a escrever, deles recebi os primeiros ensinamentos de matemática, história e geografia" – e os primeiros instrutores na arte de *diseuse*: "além de amar os versos, tinham vozes bonitas e excelente dicção para lê-los expressivamente".

1922-35 Em escolas e colégios, ora do Rio de Janeiro, ora de São Paulo, frequenta o curso primário e o curso secundário.

1925 Aos nove anos, sabe declamar, de cor, cerca de 200 poemas.

1926 Durante breve estada da família na estância hidromineral de São Lourenço, em Minas Gerais, conhece o poeta (de quem já decorara poemas) Alberto de Oliveira, primeiro ocupante da cadeira de n. 8 na Academia Brasileira de Letras (ABL), para a qual é eleita em dezembro de 2009.

Indicada por sua professora de declamação, representa o papel da princesinha D. Maria da Glória na peça "Um sarau no paço de S. Cristóvão", escrita por Paulo Setúbal para celebrar o centenário da imperatriz Leopoldina e encenada no Teatro Municipal de São Paulo.

Vanie Mari Cavichioli é economista e assessora de Cleonice Berardinelli.
Solange Gomes de Pinho é bibliotecária e assessora de Cleonice Berardinelli.

~ **1935** Presta exames no Colégio Pedro II do Rio de Janeiro para obter o certificado de conclusão do curso fundamental (hoje ensino médio).

Conclui estudos musicais com Oscar Lorenzo Fernandes, que a estimulou a seguir carreira como pianista e a convidou a ser sua assistente no Conservatório Brasileiro de Música, já em vias de fundar.

~ **1935-38** Frequenta o curso de Letras Neolatinas na Faculdade de Filosofia, Ciências e Letras da Universidade de São Paulo (USP), onde foi aluna de grandes mestres europeus, como Fidelino de Figueiredo, Pierre Hourcade e Giuseppe Ungaretti.

~ **1937** Sob a direção do professor Georges Raeders, criador do Teatro Universitário, interpreta o papel de Magdelon na peça *Les Précieuses Ridicules*, de Molière, encenada, em francês, no Teatro Municipal de São Paulo.

~ **1940-46** Leciona Português e Francês no Colégio São Paulo, no Rio de Janeiro.

~ **1942** Aluna na Universidade do Brasil, do doutorado em Letras, é convidada a representar personagens vicentinas (o Anjo, do *Auto da Alma*, e Mofina Mendes) em espetáculos promovidos pelo professor Thiers Martins Moreira, de quem se aproximou.

~ **1943** Em plena Segunda Guerra Mundial, torna-se voluntária socorrista da Cruz Vermelha Brasileira.

~ **1942-48** Leciona Latim, Português e Francês no Colégio Mello e Souza, no Rio de Janeiro, onde deu aulas a Affonso Arinos de Mello Franco, posteriormente seu confrade na ABL.

~ **1944-58** Assistente de Thiers Martins Moreira, na disciplina de Literatura Portuguesa da Faculdade Nacional de Filosofia da Universidade do Brasil (depois Faculdade de Letras da Universidade Federal do Rio de Janeiro-UFRJ, onde prosseguirá a carreira).

~ **1946** Falecimento de sua mãe.

~ **1949** Casa-se, no Rio de Janeiro, com o médico Álvaro Berardinelli, fixando residência no bairro de Copacabana, que não mais deixará.

~ **1950** Falecimento de seu pai.

~ **1953** Publica seu primeiro livro, pelas Organizações Simões (Rio de Janeiro): *Cantigas de trovadores medievais em português moderno*.

~ **1956** Publica seu primeiro artigo em Portugal, no jornal *O Primeiro de Janeiro* (Porto), intitulado "No aniversário de Manuel Bandeira".

~ **1958** Como professora de Literatura Portuguesa, ingressa na Pontifícia Universidade Católica do Rio de Janeiro (PUC-Rio).

Publica, pela Editora Agir (Rio de Janeiro), *Mário de Sá-Carneiro: poesia.*

~ **1959** Recebe o título de Doutora em Letras Clássicas e Vernáculas pela Faculdade Nacional de Filosofia da Universidade do Brasil, após defender a tese *Poesia e poética de Fernando Pessoa*, em 1958.

Com o marido, faz sua primeira viagem a Portugal e outros países europeus.

~ **1961-63** Professora de Literatura no Instituto Rio Branco (Curso de Preparação à Carreira de Diplomata).

~ **1961-73** Professora de Literatura Portuguesa, na Universidade Federal Fluminense (UFF), na Universidade Católica de Petrópolis (UCP) e na Universidade Santa Úrsula (USU), do Rio de Janeiro.

~ **1962-82** Redatora e locutora de programas literários na Rádio MEC.

~ **1963** Publica, pelo Instituto Nacional do Livro (Rio de Janeiro), *Auto de Vicente Anes Joeira*.

~ **1966** Recebe a Comenda da Ordem do Infante D. Henrique, concedida pelo governo de Portugal.

1967 Publica, pela Editora Agir (Rio de Janeiro), *João de Deus: poesia.*

Funda o Instituto de Estudos Portugueses Pe. Augusto Magne, na PUC-Rio.

1968 Publica, em colaboração com Ronaldo Menegaz, pelo Instituto Nacional do Livro (Rio de Janeiro), *Autos de António Ribeiro Chiado.*

1970 Participa do Encontro dos Professores de Ensino Superior e Secundário de Língua e Literatura, em Coimbra, apresentando intervenções aos relatórios dos professores Costa Marques, Prado Coelho e Costa Pimpão.

1971 Participa do II Encontro Nacional de Professores de Literatura, realizado na PUC-Rio, apresentando relatório sobre o ensino da Literatura na pós-graduação.

Publica, pela Editora Grifo (Rio de Janeiro), *Antologia do Teatro de Gil Vicente.*

1973 Publica, pelo Ministério de Educação e Cultura/Departamento de Assuntos Culturais (Rio de Janeiro), *Estudos camonianos.*

1974 Publica, pela Editora Agir (Rio de Janeiro), *Gil Vicente: autos.*

1975 Eleita "Acadêmica Correspondente" da Academia das Ciências de Lisboa.

Publica, pela Editora Aguilar (Rio de Janeiro), *Fernando Pessoa. Obras em prosa.*

1976 Participa do IV Encontro Nacional de Professores Universitários Brasileiros de Literatura Portuguesa "60 anos de poesia portuguesa: de 1915 a 1975", na Universidade Federal do Paraná, proferindo a conferência "Panorâmica da Literatura Portuguesa atual".

Publica, pela Editora Aguilar (Rio de Janeiro), *Fernando Pessoa. Alguma Prosa.*

1980 Publica, pelo Centre Culturel Portugais (Lisboa/Paris), em coedição com a Fundação Casa de Rui Barbosa (Rio de Janeiro), *Sonetos de Camões – corpus dos sonetos camonianos.*

Publica, pela Editora Nova Fronteira (Rio de Janeiro), *Fernando Pessoa. Poemas.*

~ **1982-86** Coordena o curso de Pós-Graduação em Letras da Universidade Federal do Rio de Janeiro (UFRJ).

~ **1984** Falecimento de seu marido.

Publica, pela Editora Nova Fronteira/Instituto Nacional do Livro (Rio de Janeiro), *Antologia do teatro de Gil Vicente.*

Participa da criação e torna-se a presidente do Seminário Permanente de Estudos Portugueses (Sepesp), inaugurado na Faculdade de Letras da UFRJ quando a Literatura Portuguesa estava ameaçada de perder a obrigatoriedade nos cursos de Letras no Brasil.

Ingressa no Pen Club do Brasil.

~ **1985** Professora visitante da Universidade da Califórnia, em Santa Bárbara.

Participa do VI Colloquium of Jorge de Sena Center for Portuguese Studies, "The Contemporary Novel in the Portuguese-Speaking World", na Universidade da Califórnia, em Santa Bárbara, apresentando a comunicação "O jogo dos textos".

Participa do III Congresso Internacional de Estudos Pessoanos, em Lisboa, apresentando a comunicação "A polissêmica felicidade pessoana".

Publica, pela Imprensa Nacional-Casa da Moeda (Lisboa), *Estudos de Literatura Portuguesa.*

Publica, pela Editora Nova Fronteira (Rio de Janeiro), *Antologia da poesia de José Régio.*

Publica, pela Editora Nova Fronteira (Rio de Janeiro), *Poemas de Fernando Pessoa.*

~ **1986** Professora visitante da Universidade de Lisboa.

Publica, pela Universidade Nova de Lisboa, *Dois poetas "Engenheiros".*

Publica, pela Fundação Cultural Brasil-Portugal (Rio de Janeiro), *Estudos sobre Fernando Pessoa.*

~ **1987** Recebe o título de professora emérita da UFRJ.

Participa do Seminário Internacional de Língua Portuguesa, em Lisboa, apresentando a comunicação "Manuel Bandeira e a Literatura Portuguesa".

Participa da V Reunião Internacional de Camonistas, em São Paulo e Campinas, proferindo a conferência "De censores e censura".

Publica, pela Global Editora (São Paulo), *Os melhores poemas de Bocage.*

1988 Participa como conferencista do XII Encontro de Professores Universitários Brasileiros de Literatura Portuguesa, na Universidade de São Paulo.

Participa do Encontro Internacional do Centenário de Fernando Pessoa, em Lisboa, apresentando a comunicação "Um livro sonhado: *Arco de triunfo* de Álvaro de Campos".

Publica, pela Imprensa Nacional-Casa da Moeda (Lisboa), *Álvaro de Campos. A passagem das horas* (edição crítica).

1989 Professora visitante da Universidade de Lisboa.

Profere, no Centro Cultural Calouste Gulbenkian (Paris), a conferência em homenagem a Fernando Namora, "Une lecture de *Le bon grain et l'ivraie*".

1990 Recebe na embaixada do Brasil em Lisboa, a Ordem de Rio Branco, no Grau de Oficial, concedida pelo Ministério das Relações Exteriores.

Preside à Comissão Organizadora e participa do XIII Encontro de Professores Universitários Brasileiros de Literatura Portuguesa, na UFRJ e na UFF, apresentando a conferência "Por mares tantas vezes navegados", além das alocuções de abertura e encerramento do evento.

Participa do Colóquio "Edição crítica de Fernando Pessoa", na Biblioteca Nacional, em Lisboa, com os professores Luciana Stegagno Picchio e Ivo Castro.

Publica, pela Imprensa Nacional-Casa da Moeda (Lisboa), *Poemas de Álvaro de Campos* (na "Série Maior" da Obra completa de Fernando Pessoa).

Ingressa na Academia Brasileira de Filologia.

1991 Participa do International Colloquium "Camilo Castelo Branco", na Universidade da Califórnia, Santa Bárbara, apresentando a comunicação "*Anátema*: um romance onde se prova que o autor não tem jeito para escrever romances".

Participa do Congresso Internacional de Estudos Camilianos, na Universidade de Coimbra, apresentando a comunicação "Pela mão no narrador".

Participa do Congresso Anteriano Internacional, na Universidade dos Açores, em Ponta Delgada, apresentando a comunicação "Um convívio ambíguo com a morte".

1992 Homenageada, como patrona, do II Congresso Internacional da Faculdade de Letras da UFRJ "Utopias do Novo Mundo".

Agraciada pelo governo português com a Ordem Militar de Sant'Iago da Espada, no grau de "Comendador".

Participa do XIV Encontro de Professores Universitários Brasileiros de Literatura Portuguesa, na PUC-Rio Grande do Sul, apresentando a comunicação "O discurso inovador de Caeiro e Campos".

Torna-se membro fundador da Associação Brasileira de Professores de Literatura Portuguesa (Abraplip), então oficializada.

Publica, pela Imprensa Nacional-Casa da Moeda (Lisboa), *Poemas de Álvaro de Campos*. ("Série Menor" da Obra completa de Fernando Pessoa).

1994 Homenageada pelos cinquenta anos de atividades acadêmicas no II Encontro de Centros de Estudos Portugueses no Brasil, copromovido pela UFRJ e pela PUC-Rio.

Inauguração da "Sala Cleonice Berardinelli" na Faculdade de Letras/UFRJ (sala D-228, do Setor de Literatura Portuguesa).

Participa do Encontro "Os estudos portugueses nos EUA", na Universidade de Georgetown, em Washington.

Participa do XV Encontro de Professores Universitários Brasileiros de Literatura Portuguesa-Abraplip, na UNESP, em Assis, apresentando a comunicação "Mensagem".

Publica, pela Universidade Federal do Rio de Janeiro, *Falas...*

Publica, em colaboração com Ronaldo Menegaz, pela Lello & Irmão Editora (Porto), *Teatro de António Ribeiro Chiado (Autos e práticas)*.

1995 Recebe o título de Professor *Honoris Causa* da Universidade Federal do Ceará.

Homenageada com o livro *Cleonice, clara em sua geração* (Editora UFRJ), celebrando seus cinquenta anos de magistério superior.

Torna-se a titular da Cátedra Padre António Vieira, da PUC-Rio.

1996 Recebe o título de Doutor *Honoris Causa* da Universidade de Lisboa.

Participa da VI Reunião Internacional de Camonistas, na Universidade de Coimbra, proferindo a conferência "Camões e(m) Garrett".

Participa do Seminário Internacional sobre Fernando Pessoa, na embaixada de Portugal em Montevidéu e na Academia de Letras do Uruguai, proferindo a conferência "Vogando em águas pessoanas".

1998 Participa do Congresso Internacional de Estudos Nemesianos, em Lisboa, com a conferência "Vitorino Nemésio, um olhar atento e lúcido".

Profere, no Salon du Livre, em Paris, a convite da Fundação Calouste Gulbenkian, a conferência "La leçon d'une carrière".

Participa do Colóquio Internacional Rotas Entrecruzadas: Jorge de Sena e outros escritores portugueses num Brasil recente, no Rio de Janeiro, com a conferência "Revendo e relendo Jorge de Sena".

Participa do Congresso Internacional Anchieta em Coimbra – 450 Anos – Colégio das Artes da Universidade (1548-1998), na Universidade de Coimbra, com a conferência "Anchieta, o Brasil e a função catequética do seu teatro".

1999 Participa do Congresso Internacional Garrett – um romântico, um moderno, na Universidade de Coimbra, com a conferência "Ex Digito, Gigans".

Homenageada pelo Instituto Camões, em Lisboa, com o Colóquio "Figuras da Lusofonia" (cujos *papers* foram reunidos em livro, publicado em 2002).

Preside à Comissão organizadora – composta de docentes da UFRJ e da UFF – do 6º Congresso da Associação Internacional de Lusitanistas (AIL), no Rio de Janeiro.

Participa do XVII Encontro de Professores Brasileiros de Literatura Portuguesa-Abraplip, na Universidade de Minas Gerais, em Belo Horizonte, apresentando a conferência "Um preito apaixonado", sobre a intertextualidade Garrett / Camões.

Integra o Conselho de Administração da recém-criada Cátedra Jorge de Sena para Estudos Literários Luso-Afro-Brasileiros/UFRJ.

Publica, pela Editora Nova Fronteira (Rio de Janeiro), *Poemas de Álvaro de Campos.*

2000 Participa do Seminário Internacional da Cátedra Pe. António Vieira, da PUC-Rio – Cenas da vida moderna e mundialização da cultura: Madrid, Paris, Berlim, São Petersburgo, o mundo – proferindo a conferência "Que desgraça nascer em Portugal!".

Publica, pela Editora Nova Fronteira (Rio de Janeiro), *Estudos camonianos* (nova edição revista e ampliada).

Profere a conferência de encerramento dos Cursos da Arrábida/ Universidade de Verão.

2001 Participa do Colóquio Internacional sobre José Régio – Centenário do seu nascimento, na Universidade do Porto, proferindo a conferência "Régio e Sá-Carneiro: leitura crítica e recriação dramática".

Participa do IX Seminário da Cátedra Padre António Vieira da PUC-Rio, proferindo a conferência "À guisa de Sherazade".

Participa da sessão que dará origem ao Polo de Pesquisas Luso-brasileiras (PPLB), do Real Gabinete Português de Leitura.

2002 Participa do Congresso Internacional Gil Vicente 500 anos depois, na Universidade de Lisboa, proferindo a conferência "Microleituras vicentinas".

Participa do 7º Congresso Internacional da AIL, na Brown University, em Providence, EUA, proferindo a conferência "Gil Vicente: releituras de um texto semimilenar".

Eleita vice-presidente de Honra da AIL.

Participa do X Seminário Internacional da Cátedra Pe. António Vieira, da PUC-Rio, proferindo a conferência "De clérigos, cônegos e frades".

2003 Participa do XIX Encontro Brasileiro de Professores de Literatura Portuguesa (Abraplip), – na Universidade Federal do Paraná, proferindo a conferência "Excluídos ou incluídos?".

2004 Participa do XII Seminário Internacional da Cátedra Pe. António Vieira, da PUC-Rio, *Em 10 Anos – Literatura, Política e Cultura*, proferindo a conferência "Alvíssaras! A Cátedra Padre António Vieira completa 10 anos".

Participa do I Congresso Internacional de Teoria da Literatura e Literaturas Lusófonas, na Universidade do Minho, Portugal, proferindo a conferência "Fidelino de Figueiredo, historiador e crítico da Literatura Portuguesa".

Publica, pela Lacerda Editora (Rio de Janeiro), *Fernando Pessoa: Outra vez te revejo.*

2005 Recebe o Prêmio Golfinho de Ouro, categoria Educação, concedido pelo governo do Estado do Rio de Janeiro.

Participa do VIII Congresso da AIL-Associação Internacional de Lusitanistas, na Universidade de Santiago de Compostela, proferindo a conferência inaugural.

Participa do XX Encontro da Abraplip, "No limite dos sentidos", na UFF, proferindo a conferência inaugural "Cem anos de magistério: o sentido da cultura portuguesa".

Participa do XIII Seminário Internacional da Cátedra Pe. António Vieira, da PUC-Rio, proferindo a conferência "Figurações do espaço na ficção de Eça de Queirós".

Profere, no Centro Cultural Calouste Gulbenkian (Paris), a conferência "Eça, Zola et Flaubert: une relation plutôt difficile".

2006 Recebe o título de professora emérita da PUC-Rio.

É condecorada, no Real Gabinete Português de Leitura, com a Grã-Cruz da Ordem Militar de Sant'Iago da Espada, concedida pelo governo de Portugal.

2007 Profere, no Centro Cultural Calouste Gulbenkian (Paris), a conferência "Deux moralités de Gil Vicente: *Le Jeu de l'Ame et le Jeu de la Foire*".

Participa do XXI Encontro da Abraplip – *Revoluções, Diásporas e Identidades* –, na USP, proferindo a conferência "Uma estrofe intrigante".

2008 Participa da Jornada sobre Pe. António Vieira, no Centre Culturel/ Fondation Calouste Gulbenkian, em Paris, com a conferência "Noirs, indiens et juifs dans les *Sermons* de Vieira".

Recebe o Prêmio Fernando de Azevedo – Educador do Ano, concedido pela Academia Brasileira de Educação.

Publica, em colaboração com Maurício Matos, pela Editora 7 Letras (Rio de Janeiro), *Mensagem* de Fernando Pessoa. Edição preparada segundo o exemplar de 1934 corrigido pelo punho do poeta.

2009 Profere a conferência, no Centre Culturel/ Fondation Calouste Gulbenkian, em Paris, "Camões Epique et Lyrique".

Participa do XXII Congresso Internacional da Abraplip – Memória, Trânsitos e Convergências –, na Universidade Federal da Bahia, em Salvador, apresentando a conferência "Fidelino de Figueiredo e Thiers Martins Moreira: dois mestres de literatura e de vida".

Participa do I Congresso Internacional da Cátedra Jorge de Sena – Andanças Prodigiosas da Literatura, na Faculdade de Letras da Universidade Federal do Rio de Janeiro, com a conferência inaugural "Jorge de Sena, meu amigo".

Publica, pela Editora Nova Fronteira (Rio de Janeiro), *Poemas de Álvaro de Campos*. Coleção Biblioteca do Estudante.

2010 Toma posse como membro da ABL, sexta ocupante da cadeira n. 8, sucedendo a Antônio Olinto e recebida por Affonso Arinos de Mello Franco – um dos cinco ex-alunos agora seus confrades.

Recebe a medalha da Ordem do Desassossego, atribuída pela Casa Fernando Pessoa, de Lisboa.

Participa do Ciclo Uma Literatura Polifônica, na Academia Brasileira de Letras, proferindo a conferência "Matrizes portuguesas".

Profere, no Centro Cultural Calouste Gulbenkian (Paris), a conferência "Cesário Verde: un moderniste avant la lettre".

Participa do Colóquio Literatura Portuguesa e a construção do Passado e do Futuro, na Universidade de Lisboa, com a conferência "A presença do mar em Camões e Fernando Pessoa".

Inauguração da "Sala Cleonice Berardinelli" (mini-auditório LF42) na PUC-Rio.

2011 Participa do *Colloque International Eduardo Lourenço et la passion de l'humain*, no Centro Cultural Calouste Gulbenkian (Paris), proferindo a conferência inaugural "Des risques que l'on peut courir".

2012 Publica, pela Editora Casa da Palavra (Rio de Janeiro), *Gil Vicente: autos* (antologia e ensaios da autora). Coleção Cleonice Berardinelli, vol. 1.

Recebe o Prêmio Literário Sergio Buarque de Holanda, categoria ensaio, concedido pela Fundação Biblioteca Nacional ao livro *Gil Vicente: autos*.

Publica, pela Editora Casa da Palavra (Rio de Janeiro), *Fernando Pessoa: antologia poética* (com ensaios da autora). Coleção Cleonice Berardinelli, vol. 2.

2013 Recebe o título de Doutor *Honoris Causa*, da Universidade de Coimbra.

Participa da Festa Literária de Paraty (Flip), na sessão "Encontro Cleonice Berardinelli e Maria Bethânia lendo Pessoa à beira-mar".

Publica, pela Editora Casa da Palavra (Rio de Janeiro), *Cinco séculos de sonetos portugueses: de Camões a Fernando Pessoa* (antologia e ensaios da autora). Coleção Cleonice Berardinelli, vol. 3.

Homenageada, como patrona, do II Congresso Internacional da Faculdade de Letras (Cifale) "Línguas, Literaturas, Diálogos".

2014 Lançamento do filme e DVD *(O vento lá fora)*. Cleonice Berardinelli, Maria Bethânia e a poesia de Fernando Pessoa. Direção de Márcio Debellian.

Publica, pela Edições de Janeiro (Rio de Janeiro), *Mensagem* (texto e ensaios da autora). Coleção Cleonice Berardinelli, vol. 4.

2015 Recebe o Prêmio Faz Diferença *O Globo*. Personalidade de 2014 em Prosa.

Profere o discurso de recepção de Zuenir Ventura, seu ex-aluno, como membro da Academia Brasileira de Letras.

Homenageada no IV Congresso Internacional da Cátedra Jorge de Sena/UFRJ – "Há 100 anos *Orpheu* canta para Cleonice".

Publica, pela Edições de Janeiro (Rio de Janeiro), Mário de Sá-Carneiro: *Antologia* (com ensaios da autora). Coleção Cleonice Berardinelli, vol. 5.

2016 Recebe, a 4 de agosto, das mãos de Marcelo Rebelo de Sousa, Presidente da República Portuguesa, a Grã-Cruz da Ordem do Infante D. Henrique.

Mônica Genelhu Fagundes

Uma biografia mais, ou d. Cleo – a ave e a rima

HÁ CENAS FUNDADORAS, ALEGORIAS DE SENTIDO NA MUDANÇA dos dias. Em maio de 2016, numa manhã de sol grande em sazão fria, que fazia pensar em Sá de Miranda, eu me sentava sozinha na sala da Chefia do Departamento de Letras Vernáculas da Universidade Federal do Rio de Janeiro (UFRJ), quando vi, pousada no peitoril interno da janela fechada, uma ave, a completar o verso – "O sol é grande, caem co'a calma as aves"... Antes que fosse possível entender como teria entrado ali, a avezinha voou, porta afora e de volta, como se chamasse. Cruzou muitas vezes o hall do departamento, de um lado a outro, num voo largo, cheio de perícia, de leveza, de alegria. Foi finalmente pousar, prazenteira e me fazendo sorrir, no estreito da placa que identifica o Setor de Literatura Portuguesa: Sala Cleonice Berardinelli.

*

Quando, em 1994, a professora Margarida Alves Ferreira relatou, à guisa de biografia, o percurso acadêmico da professora Cleonice Berardinelli, no livro que a homenageava pelos seus cinquenta anos de magistério – *Cleonice, clara em sua geração* – e terminou por dizer que a saudavam os seus colegas e os seus discípulos do passado e de sempre, do presente e do futuro, eu era ainda uma dessas discípulas e colegas por haver. A já então esplendorosa trajetória da professora era ali cantada como "venturosa viagem": d. Cleo fazia-se nave.

Nascida carioca, no bairro de Botafogo, em 1916, fora graduar-se em Letras Neolatinas pela Universidade de São Paulo, em 1938. Convidada pelo seu muito admirado professor Fidelino de Figueiredo para atuar como sua assistente, teve de declinar do convite para retornar ao Rio de Janeiro, acompanhando a família. "Passam os tempos vai dia trás dia, / incertos (...)". Muitas vezes a ouvi

Mônica Genelhu Fagundes é professora de Literatura Portuguesa da Universidade Federal do Rio de Janeiro (UFRJ), atual chefe do Departamento de Letras Vernáculas.

contar esse episódio ainda com pena pela súbita mudança de rumo, que na sua rememoração se emendava logo, porém, com uma adversativa, "a classe das palavras mais poderosas de uma língua", como não se cansava de ensinar às suas turmas. O retorno ao Rio a levou à então Universidade do Brasil, onde o professor Thiers Martins Moreira ensaiava um auto de Gil Vicente e necessitava de alguém que o auxiliasse na preparação dos atores, pouco familiarizados com a linguagem do dramaturgo português. D. Cleo interpretou o Anjo do *Auto da Feira*, mas teve sempre muito orgulho de contar que sabia de cor todas as falas, de todos os papéis. São menos incertas que os tempos as naves ao vento, diz o poeta, e já então a jovem Cleonice reinventava o curso da sua viagem e demonstrava sua vocação para "nau capitânia (...), à frente, atenta, rompendo a névoa e corrigindo o rumo", como a definiria belamente, tantos anos mais tarde, a professora Margarida, primeira de tantos discípulos que ela fez colegas, "tripulação do mesmo barco", que é outro modo de chamar o Setor de Literatura Portuguesa da Universidade Federal do Rio de Janeiro.

À frente do setor e com destacada atuação no departamento e em outras instâncias da Faculdade de Letras e da universidade, d. Cleonice foi, para além de professora e orientadora respeitada e querida, membro dos seus Colegiados Superiores: o Conselho de Ensino e Graduação e o Conselho de Ensino para Graduados e Pesquisa, bem como do Conselho do Centro de Letras e Artes; foi também diretora adjunta e coordenadora da Pós-graduação da Faculdade de Letras, subchefe e chefe interina do Departamento de Letras Vernáculas. Entre 1984 e 1999, presidiu o Seminário Permanente de Estudos Portugueses (Sepesp), passando depois a compor o Conselho da Cátedra Jorge de Sena para Estudos Luso-Afro-Brasileiros. O seu nome figura muitas vezes nas páginas dos antigos livros de atas das reuniões do departamento, que, década após década, guardam a memória de um cotidiano de intervenções elegantes, firmes, decisivas da professora Cleonice Serôa da Motta Berardinelli: ave-palavra entre folhas de papel, nave a desbravar novos mares, traçando os mapas que deram forma e face visível a uma instituição de ensino com cuja história ela se confunde e que a tem como um emblema.

Tendo se tornado professora emérita da UFRJ, em 1987, ela não deixou de ser referida ou lembrada. Era chegado o tempo das muitas e merecidas homenagens: os cinquenta anos de magistério (1944-1994) e os cinquenta anos de livre-docência (1959-2009), título obtido com a tese *Poesia e poética de Fernando Pessoa*, a primeira tese sobre o poeta de *Orpheu* escrita no Brasil e a segunda no mundo. Em 1992, foi escolhida por aclamação como Patrono do Congresso Internacional da Faculdade de Letras "Utopias do Novo Mundo". Em 2013, mais uma vez será a grande homenageada do II Cifale "Línguas, Literaturas, Diálogos".

Nessa ocasião, o professor Jorge Fernandes da Silveira, hoje professor emérito da UFRJ, como a sua mestra, a saudou com um texto em que lembrava Hannah Arendt e o seu conceito de autoridade, que "só pode adquirir caráter educacional se se admite, com os romanos, que sob todas as circunstâncias os antepassados representam o exemplo de grandeza para cada geração subsequente, que eles são os *maiores*, por definição". Assim é d. Cleonice, que, como testemunhou o professor Jorge, nunca pretendeu impor verdades, mas, antes, cultivou o elogio da dúvida; soube ensinar a pensar, quis e pôde criar com seus alunos e seus pares uma obra coletiva, um canto coral. Feito de muitas aves, de saberes múltiplos, mutáveis – mudaves.

A minha geração, iluminada pelo brilho da mestra, foi formada sobretudo por aqueles que ela formou: os seus alunos, que a ouvi apontar muitas vezes como as criações de que mais se orgulha. Não é pequeno o elogio que recebem da brilhante conferencista, daquela que tantos ensaios basilares produziu, leitora exímia e grande divulgadora da Literatura Portuguesa, no Brasil, em Portugal e pelo mundo; estudiosa de Camões, de Pessoa, de Gil Vicente, de Garrett, de Eça, de tantos, tantos autores.

Mas minha geração foi formada também pela própria d. Cleo, nas salas de pós-graduação da Faculdade de Letras da UFRJ, a que ela retornou muitas vezes nos anos 1990, nos anos 2000, para nos ensinar a lírica medieval, a épica camoniana, a poesia e a ética de Antero de Quental, as muitas faces da heteronímia pessoana. Nós sabíamos bem a felicidade de vê-la chegar, por muitos anos ainda dirigindo seu próprio carro, símbolo maior de independência, e sempre caminhando com passos firmes e rápidos, sem tempo de bengala, seguindo alegre para compartilhar conosco os textos que lhe eram mais caros. Sabíamos bem que privilégio era podermos ouvir aquelas aulas, em que aprendíamos com a professora que ensinara aos nossos professores, que lançara as bases do estudo da Literatura Portuguesa no Brasil e na UFRJ. Aulas seríssimas no seu compromisso, mas nunca sisudas: encantadoras, cheias de histórias, de sorrisos, de brilho nos olhos, de amor por obras, por autores, pelo ato de ensinar. Ali, naquele convívio feliz, d. Cleo estava inteira.

*

Deste lugar de fala que é hoje o meu, representante do departamento que será sempre a Casa de Cleonice Berardinelli na UFRJ, tento recolher as histórias que me foram contadas, que a própria d. Cleo me contou, que estão registradas nos livros e nos espaços da Faculdade de Letras, para compor uma espécie de biografia que não se pretende crônica completa de uma vida "digna de memória", mas que, na clave do afeto, busca concertar as vozes de muitas gerações, discípulos que se fizeram mestres e formaram novos discípulos, transformando a lição das "cousas, todas vãs, todas mudaves" na glosa de um poema onde a rima ainda e sempre fará cantarem as aves.

Margarida de Souza Neves
O currículo e a vida

O ARQUIVO DA DIVISÃO DE RECURSOS HUMANOS DA PONTIFÍCIA Universidade Católica do Rio de Janeiro (PUC-Rio) guarda a ficha de admissão daquela que, hoje, é o membro do corpo docente há mais tempo em atividade no *campus* da Gávea. É o começo de uma longa história. Contar um pouco dessa história é fazer memória do patrimônio mais precioso da universidade, aquele constituído por uma linhagem de humanistas, mulheres e homens de ciências e de letras, que fizeram e fazem com seu trabalho cotidiano que a PUC-Rio tenha chegado a ser o que é.

O nome inscrito no registro, datado de 15 de novembro de 1958, é o de Cleonice Serôa da Motta Berardinelli, a professora Cleonice que gerações de intelectuais respeitam e admiram, a d. Cleo queridíssima por todos os que têm a sorte de conviver com ela.

Na aparente frieza dos dados datilografados na ficha hoje amarelecida pelo tempo, se escondem algumas facetas muito próprias daquela que, ao chegar aos cem anos, é tida como a mais jovem, a mais elegante, a mais intelectualmente ousada e a mais bela das professoras da PUC-Rio. Por eles, é possível inferir que, no ano em que preparava a tese de livre-docência em Literatura Portuguesa sobre *A poesia e a poética de Fernando Pessoa*, defendida em 1959, a professora Cleonice aceitou somar às muitas tarefas que tinha como professora da Universidade do Brasil – como era então conhecida a Universidade Federal do Rio de Janeiro (UFRJ) –, o encargo de assumir, no segundo semestre de 1958, a cadeira de Literatura Portuguesa na Faculdade de Filosofia da Pontifícia Universidade Católica, que há apenas três anos se instalara no *campus* da Gávea.

O verso do registro esclarece a razão pela qual ela assumiu mais uma frente profissional ao assinalar, em letras vermelhas, que seria a substituta do profes-

Margarida de Souza Neves é professora emérita do Departamento de História da Pontifícia Universidade Católica do Rio de Janeiro (PUC-Rio) e coordenadora do Núcleo de Memória da mesma universidade.

sor Tasso da Silveira, o advogado que se fizera poeta simbolista, responsável pelas aulas de Literatura Portuguesa na PUC. Tasso se ausentara do país naquele semestre, em viagem à Europa.

Por trás das anotações burocráticas do registro de 1958, transparece já aquela que conhecemos hoje, dona de uma invejável capacidade de trabalho, capaz de fazer da pesquisa a fonte do que ensina e do ensino a motivação para a pesquisa, segura de seu norte intelectual porque consciente do significado dos estudos de Literatura Portuguesa, entusiasta conhecedora de Fernando Pessoa. Solidária, não hesitou em substituir um colega, mesmo se as novas atribuições não chegassem em boa hora. Discreta, se afastou do cargo provisoriamente assumido quando Tasso da Silveira regressou ao Brasil e retomou suas funções, em 10 de novembro daquele ano.

Por sorte, não foi por muito tempo que a professora Cleonice deixou de frequentar o *campus* da Gávea. Cinco anos depois, em 1 de agosto de 1963, ela assinou um novo registro como professora da PUC-Rio, dessa vez um contrato estável, e, apesar da aposentadoria em 1990, válido e ativo até o dia de hoje.

O objetivo dessas breves anotações é duplo: por um lado, trata-se de reconhecer e sublinhar o significado da inclusão de um nome como o de Cleonice Berardinelli no *curriculum vitae* da PUC-Rio, o que sem dúvida representa um privilégio, e dos maiores, mas também e na mesma escala, um compromisso. Por outro lado, pretende-se destacar que é a vida, no caso, a estatura pessoal, a densidade humana, a riqueza da vida intelectual e a generosidade vital de d. Cleo, que qualifica um currículo, e não o seu contrário.

Currículo

Curriculum vitae. É por esse pomposo título latino que é conhecido o documento que, para o bem e para o mal, tornou-se o princípio e o fundamento da vida acadêmica a partir do momento em que o sistema universitário passou a concentrar a atividade de pesquisa e a formação de mestres e doutores veio complementar a de licenciados e bacharéis, com a implantação de programas de pós-graduação.

Útil e necessário, o currículo tem entre suas virtudes o fato de permitir localizar especialistas em determinados temas e questões; identificar possíveis interlocutores para a implementação de projetos interinstitucionais e interdisciplinares; constituir-se em um suporte da memória da vida acadêmica de uma determinada especialidade ou especialista e, ainda, subsidiar a avaliação da produção intelectual de um pesquisador, de um grupo de pesquisa ou de uma área de conhecimento. Ambíguo e enganoso, seu lado noturno tende a hipertrofiar índices quantitativos em detrimento da análise da qualidade daquilo que é produzido; apresenta notável dificuldade para operar com diferenças entre áreas de conhecimento, entre especialidades e entre grupos de pesquisa ou pesquisadores individuais; pode alimentar a fogueira de vaidades que também arde nos redutos dos sábios e doutores; e, como bem observou Leandro Konder,[1] afina-se por um inequívoco diapasão triunfalista que ostenta o êxito e oculta os erros e fracassos, férteis ocasiões de aprendizado.

Queiramos ou não, os *curricula vitae* se impuseram como exigência na academia. E por virtude das declinações latinas, parecem ainda mais revestidos de uma aura de pompa e circunstância quando no plural. A partir de 1999 o Conselho Nacional de Desenvolvimento Científico e Tecnológico (CNPq), desenvolveu e propôs à comunidade científica o Currículo Lattes, uma base de dados destinada a padronizar a organização e apresentação dos currículos de cientistas brasileiros. Com a adesão da Capes ao formato proposto pelo CNPq, a Plataforma Lattes transformou-se em um robusto banco de dados sobre a produção científica, a ciência, as artes e as humanidades no Brasil, assim como sobre a comunidade acadêmica do país.

Antes mesmo da implantação da Plataforma Lattes, a PUC-Rio já havia unificado o modelo de currículo de seus professores, através de um formulário rodado em um, hoje, pré-histórico mimeógrafo à tinta. Esse formulário devia ser preenchido à mão pelos professores que pleiteassem ascensão na carreira docente ou apresentassem um projeto de pesquisa institucional. Talvez algum departamento ainda conserve um exemplar em seus arquivos e muitos, devidamente preenchidos, devem repousar para todo sempre no arquivo da Comissão Central de Carreira Docente. Os itens propostos nesse modelo PUC-Rio de currículo unificado eram semelhantes aos que, mais tarde, o Currículo

1 Leandro Konder, "*O Curriculum mortis* e o retorno da autocrítica", Revista Presença, n. 1, nov. 1983, p. 125-130, p. 126.

Lattes apresentaria, com duas diferenças significativas. Por um lado, valorizava a participação dos docentes na administração da Universidade, ao destacar os cargos por eles ocupados e sua eleição para os órgãos colegiados. Por outro, punha em evidência a contribuição social das pesquisas e dos professores pesquisadores, ao prever um espaço específico para a avaliação do impacto social e comunitário daquilo que era feito na universidade.

Quando foi solicitado ao Núcleo de Memória da PUC-Rio um texto sobre o significado da presença da professora Cleonice Berardinelli no quadro de docentes pesquisadores da universidade, além da gratidão pela honra do convite e pelo prazer de contribuir para a homenagem, um certo temor diante do tamanho da responsabilidade levou a equipe do núcleo a buscar no currículo da queridíssima d. Cleo uma pauta pretensamente objetiva que permitisse encontrar bases empíricas sólidas para afirmar aquilo que a universidade inteira, do reitor ao professor mais recentemente contratado, passando pelos funcionários e estudantes de graduação e pós-graduação, têm a mais absoluta certeza: para a PUC-Rio, como para qualquer universidade do mundo, contar com a contribuição intelectual e com a convivência cotidiana de alguém com a estatura humana e acadêmica da professora Cleonice Berardinelli é um presente da vida.

Os pesquisadores do Núcleo de Memória dispunham das informações necessárias sobre a trajetória acadêmica da professora Cleonice na PUC-Rio. Sabiam, portanto que, entre 1963 e 1976, havia sido professora associada de Literatura Portuguesa do Departamento de Letras onde, entre 1976 e 1990, passou a professora titular da mesma disciplina. Sabiam também que em 1990 ela se aposentou, mas em 1993 foi convidada a voltar ao departamento e aceitou o convite, em 1995 tornou-se titular da Cátedra Padre António Vieira e, em 2006, tornou-se professora emérita do Departamento de Letras. Uma vez que se aposentara em 1990, antes portanto do ano em que o Currículo Lattes foi implantado, e já então era pesquisadora 1A do CNPq, supúnhamos que d. Cleo escapara da obrigação de, a cada ano, preencher o Lattes com tudo o que fizera. No caso dela, o que faz anualmente é sempre muito e muito relevante, mas ninguém em sã consciência pediria à professora Cleonice, a formadora de gerações de mestres e doutores, a construtora da área de Literatura Portuguesa no Brasil e indiscutível autoridade intelectual em sua especialidade em terras d'aquém e d'além mar, que preenchesse um currículo que exige, entre outras bizarrices, que seja assinalado o ISBN dos livros e capítulos de livros publicados.

Ledo engano. Se é verdade que seria impensável pedir a d. Cleo que preenchesse formulários, também seria de supor que, conhecendo-a, soubéssemos que não se furtaria a ter seu currículo exemplarmente preenchido, uma vez que ela nunca foi de usar privilégios, sabe que essa é uma das tarefas – e certamente não a mais grata intelectualmente – de todos os professores e tem consciência da importância de sua produção científica para a avaliação do programa de pós-graduação e do departamento em que atua.

Mais ainda. Não contente em ter seu Lattes atualizado, a professora Cleonice dispõe de outro *curriculum vitae*, completíssimo, organizado segundo seus próprios critérios e, como não é difícil de imaginar, muito mais coerente e consistente, uma vez que é afinado com as especificidades da área de ciências humanas em geral e o campo da literatura em particular, está pensado a partir de critérios prioritariamente acadêmicos e em função de sua trajetória pessoal.

Nada mais parecido com a dona dos dois currículos do que aquilo que subjaz a essa dualidade curricular. Profissional disciplinada e meticulosa, ela não se nega a preencher com cuidado o Lattes. Livre e inteligente, não deixa por isso de fazer os registros de sua história profissional como melhor lhe parece. Talvez por isso, na fotografia que encabeça sua documentação na Plataforma Lattes, d. Cleo apareça linda como sempre e com um sorriso indecifrável, a meio caminho entre o enternecedor e o zombeteiro, como quem sabe todos os segredos que permitem ser ao mesmo tempo suave e forte, conciliadora quando possível e dona de sua própria vontade, sempre.

A impressionante quantidade de registros de suas atividades profissionais e produção acadêmica nas duas versões de seu currículo não pode, no entanto, ocultar o essencial: a qualidade de tudo o que já fez e continua a fazer refletida, ao menos em parte, na sobriedade do que deixa registrado, em algumas particularidades desses dois currículos, e naquilo que talvez ambos revelem sobre as marcas de sua identidade acadêmica.

Como nas aulas que dá, nos textos que escreve, nas conferências que faz, ou em qualquer outra de suas atividades no mundo acadêmico e fora dele, também em seus dois currículos as palavras não sobram nem faltam, são sempre de uma limpidez cristalina e nunca deixam de ir ao essencial. Parecem ensinar incessantemente que não é preciso muito para ser eloquente. Basta ter o que dizer.

Muitas são as facetas relevantes e as especificidades de sua trajetória, mas dentre elas parecem destacar-se, por um lado, o alcance nacional e internacional das contribuições como docente e como pesquisadora, mas também a ancoragem constante de sua vida profissional nas duas instituições em que sempre atuou e que soube fazer dialogar entre si, a UFRJ e a PUC-Rio. Por outro lado, impressiona sua capacidade de abertura a temas e questões de grande amplitude e de alcance universal a partir do diálogo constante com seus grandes interlocutores literários, seus autores de eleição, entre os quais ocupam um lugar especial Camões, Gil Vicente, Vieira e Fernando Pessoa.

Plural e polifônica, ela é ao mesmo tempo a Doutora *Honoris Causa* pela Universidade de Lisboa e pela Universidade de Coimbra e aquela que, logo no início do modelo de currículo que escolheu para si, assinala com muita graça no item relativo a sua formação em pós-graduação: "não fez cursos de pós-graduação, pois, quando foram instituídos no Brasil, foi chamada a lecionar neles"; aquela que falou para multidões em 2013, na Festa Literária Internacional de Paraty (Flip) e a orientadora que sempre escuta com atenção a cada um de seus muitos orientandos; a erudita responsável pela edição crítica dos *Sonetos de Camões*, uma publicação de 706 páginas feita em 1980,[2] e a intelectual que não foge das novas mídias e linguagens, mantém duas páginas no Facebook e participa como autora do blog do Projeto de Edição das *Obras completas* de Eduardo Lourenço,[3] mantido pela Universidade de Évora; a criadora, na PUC-Rio, do Núcleo de Estudos Portugueses Padre Augusto Magne; a responsável – juntamente com Diana Bernardes – pelo lançamento do primeiro número da série *Cadernos da PUC*, dedicado a Fernando Pessoa,[4] publicação que veio a ter muita importância para a divulgação de resultados de pesquisas e de textos de professores da casa e visitantes; a criadora, em

2 Cleonice Berardinelli (org.), *Sonetos de Camões*, Edição crítica, introdução e notas, Rio de Janeiro: Centre Culturel Portugais/Fundação Casa de Rui Barbosa, 1980.

3 Cleonice Berardinelli, "Pensar nove décadas de amizade", in *Blog do Projecto de Edição Obras Completas de Eduardo Lourenço*, n. 46. Disponível em <http://leduardolourenco.blogspot.com.br/2013/05/pensar-nove-decadas-de-amizade-n-46.html>. Acesso em 03 mai 2016.

4 Cleonice Berardinelli e Diana Bernardes (orgs.), "Estudos sobre Fernando Pessoa", Rio de Janeiro: Cadernos da PUC,n. 1, ago 1969, p. 5-39.

1994 e também na PUC-Rio, da Cátedra de Estudos Portugueses Padre António Vieira, em convênio com o Instituto Camões, de Lisboa; a administradora acadêmica eficiente e a pensadora original; a escritora que publica em revistas especializadas do Brasil e do exterior, mas que não se furta a escrever e dar entrevistas, também, na grande imprensa. Ela é tudo isso e muito mais.

Um denominador comum parece, no entanto, de alguma forma unificar toda a gama de suas atividades. Em tudo o que faz, d. Cleo ensina e aprende, por isso é a professora inesquecível de todos os seus alunos, patrona e paraninfa de tantas turmas de formandos, professora visitante em universidades brasileiras como a Universidade Federal Fluminense e a Universidade Federal do Ceará e no exterior como a Universidade da Califórnia, em Santa Barbara, e a Universidade de Lisboa; a jovem professora que em 1939 começou a dar aulas no Colégio São Paulo; a professora responsável pela preparação em Língua e Literatura Portuguesa dos candidatos ao curso do Itamaraty nas décadas de 1950 e 1960; a professora titular da UFRJ e da PUC-Rio e também aquela que ensinou a Maria Bethânia a prosódia adequada da palavra *saudade* em um dos poemas de Fernando Pessoa, no dueto que as duas protagonizam no documentário dirigido por Marcio Debellian, intitulado *(o vento lá fora)*. De muitas maneiras, para todos os que dela se aproximam, em distintos contextos, ela é sempre professora, *a Professora*, assim, com inicial maiúscula.

Talvez o ser professora, por paixão e por profissão, seja o mais marcante traço da identidade acadêmica de Cleonice Berardinelli. E é ela própria quem o diz, ao afirmar em entrevista dada ao jornal *O Estado de S. Paulo* em 29 de julho de 2013 que "a carreira de professora é a que dá maior gratificação amorosa".[5]

Quis o acaso que, há coisa de dois anos, eu encontrasse uma inesperada confirmação para essa hipótese ao tomar um táxi e pedir que me levasse à PUC. A horas tantas, o motorista me perguntou se eu trabalhava na universidade e, diante da minha resposta afirmativa, quis saber se eu conhecia uma professora que descreveu como "uma senhora muito simpática e elegante, de cabelos brancos e que caminhava com uma bengala", a quem ele algumas vezes levara da rua Souza Lima, onde ela morava, ao *campus* da Gávea. Não foi difícil saber quem era a professora descrita, e disse que sim, que a conhecia, que se

5 Cleonice Berardinelli, Entrevista, *O Estado de S. Paulo*, São Paulo, 29 jul 2013.

chama Professora Cleonice e que era muito querida por seus alunos e por toda a universidade. O taxista então fez um extraordinário resumo do *curriculum vitae* de d. Cleo ao retirar do porta-luvas do carro a pequena *Antologia poética* de Fernando Pessoa publicada pela L&PM Editores, me mostrar o livro e dizer: "Ela é mesmo uma professora muito boa. Ela me ensinou o que é poesia."

Porque sabe o que é a poesia e porque ensina o que é a poesia, a PUC-Rio se orgulha de ter d. Cleonice como sua professora, não apenas por fazer parte do quadro de docentes pesquisadores da instituição, mas porque põe, magistralmente, poesia no currículo e na vida da universidade.

Vida

Os historiadores aprenderam que, tal como Jacques Le Goff ensina, toda memória, aquela constituída pelos textos e gestos memorialísticos, e em particular pela narrativa autobiográfica, é "fiel e móvel".[6] Por isso mesmo descobriram a riqueza e os limites dos discursos autobiográficos. Conscientes das especificidades das formas de construção do *self* e dos desafios daquilo que Philippe Lejeune chama de "pacto autobiográfico",[7] passaram a valorizar a interpretação desse tipo de narrativa.

Voltados para a tessitura de uma imagem de si mesmo, as autobiografias são *escritas do eu* sugestivas, tanto pelo que dizem quanto por aquilo que silenciam. Com alguma boa vontade e muita imaginação, os currículos podem ser entendidos como um peculiar discurso autobiográfico, mas não como o exemplo mais interessante do gênero.

E, se todo texto autoral, assim como cada gesto e cada olhar é, de alguma maneira autobiográfico, o universo de descobertas que se oferece aos que se aventuram pelas trilhas da história de uma vida contada em primeira pessoa surpreende sempre.

Surpresa maior foi encontrar, em meio à densa floresta de publicações da discretíssima d. Cleo, um raro exemplar de escrito com forte acento auto-

6 Jacques Le Goff, "Memória", in *Memória-História*, Enciclopédia Einaudi, vol. 1, Lisboa: INCM, 1986, p. 11-50, p. 46.

7 Philippe Lejeune, *Le pacte autobiographique*, Paris: Seuil, 1996.

biográfico, escondido atrás de um título enganador, "O magistério da Literatura Portuguesa", texto que recolhe uma conferência feita no I Encontro Paulista de Professores de Literatura Portuguesa, promovido pelo Centro de Estudos Portugueses e realizado na Universidade de São Paulo, no dia 11 de maio de 2005.

Retrato fiel da autora, a tese que defende é que sua "longevidade" faz dela uma testemunha privilegiada da constituição do campo dos estudos de Literatura Portuguesa no Brasil. Consegue assim a proeza de, convidada por ser figura de proa na origem e na história dos estudos de Literatura Portuguesa entre nós, mover-se do lugar de protagonista para um discreto papel de coadjuvante, da luz dos holofotes que iluminam sua autoridade irrefutável para a sombra discreta de quem afirma que sua notoriedade repousa no fato de viver muitos anos.

Narradora e personagem da história que conta, sua competência literária faz com que seja plenamente consciente do viés necessariamente interpretativo da narrativa que cria e nela reconhece o que há de fato e o que há de versão. Professora também pela escrita, conduz para onde quer seus leitores ao afirmar, com alguma licença poética se admitirmos tratar-se de um texto autobiográfico, ter produzido "uma narrativa homodiegética",[8] aquela em que o narrador-personagem não é o protagonista.

Fiel ao curso de seus dias, aceita o convite para falar de si, mas o faz para mover-se do lugar que lhe é atribuído para aquele que escolheu para si, o daquela que encontrou em seu caminho, por "artes do destino" mais do que por mérito próprio, mestres como Fidelino de Figueiredo, para ela o criador dos estudos de Literatura Portuguesa no Brasil, e Thiers Martins Moreira, que fez dela sua assistente na Universidade do Brasil no ano de 1944 e apresentou-a à obra de Fernando Pessoa, e também fruto da sorte que teve de encontrar alunos do calibre dos que a levaram para a PUC-Rio uma e outra vez e, com ela, como seus iguais, construíram núcleos de estudos, cátedras, publicações, congressos, convites a pesquisadores internacionais e cursos.

8 Cleonice Berardinelli, "O magistério da Literatura Portuguesa", in Aparecida de Fátima Bueno et al. (orgs.), *Literatura Portuguesa: história, memória e perspectivas*, São Paulo: Alameda, 2007, p.147-156, p. 156.

A história que conta de sua vida acadêmica não escamoteia informações nem recorre à falsa modéstia para falar de si mesma. A clave de sua narrativa autobiográfica é a gratidão por ter participado de uma história que ela se nega a ver como sua história pessoal para afirmar, desde o título que dá a seu texto, ser a memória do "magistério da Literatura Portuguesa" no Brasil. E é também o reconhecimento a todos os que encontrou no longo caminho percorrido. Por isso, mestra também no uso das palavras, escolhe as mais simples e prenhes de sentido para trazer seus ouvintes e seus leitores para o lugar onde decidiu situar-se, e fala em "alegria", em "emoção", em "admiração", em "carinho", em "dura decepção", em "saudade" dos que já se foram e também em "orgulho" por estar no número dos que fizeram parte daquele momento inaugural. E fala ainda de "felicidade".[9]

A história que conta não quantifica êxitos nem enumera realizações. Professora de vida, faz memória de sentimentos, daquilo pelo qual vale a pela viver. Também não pretende abarcar a história inteira do magistério da Literatura Portuguesa no Brasil. Sábia e cautelosa, faz memória do vivido, do que conhece porque experimentou pessoalmente nas duas instituições em que por décadas trabalhou e trabalha: a UFRJ e a PUC-Rio.

Os que com ela convivemos longamente nessas duas universidades guardamos com *gratidão* retalhos de vida vivida que revisitamos com *alegria*, para retomar os termos que pautam o exercício do lembrar que ela própria nos ofereceu. Para uns, será o olhar iluminado e iluminador que ela sabe lançar sobre o mais trivial do cotidiano e sobre o mais complexo dos textos literários. Para outros, será a beleza da palavra precisa e cristalina na aula inaugural que ministrou, na PUC-Rio, sobre os sermões do Padre António Vieira. Para tantos será o ruído do motor do fusca azul escuro que ela pilotou até desistir de fazê-lo, não sem protestos, para poupar preocupações a parentes e amigos. Para seus alunos será o muito que com ela aprendem. Para mim será sempre a visita silenciosa que ela fez no meio de uma noite de 1977 à antiga capela da PUC para deixar uma orquídea branca nas mãos da jovem professora do Departamento de Artes, Monica Galcerán, cujo corpo devastado por um câncer era ali velado. Para cada um de seus orientandos será a parceria e a cumplicidade no pensar e no escrever. Para todos será a inesquecível cadência

9 Ibid., p. 147-148.

de sua voz, quer em uma conversa de corredor, quer na leitura de um poema. Para os que foram a sua posse na Academia Brasileira de Letras, será o discurso em que contou histórias da menina que um dia ela foi. Para a PUC-Rio será a certeza do privilégio da convivência diária e do longo e sempre novo aprendizado com d. Cleo.

Antes de concluir, vale a pena lançar os olhos sobre a ficha que consta do arquivo corrente da Gerência de Recursos Humanos da PUC-Rio. Como a professora Cleonice atua, hoje, como professora emérita da universidade, esse é seu registro funcional ativo. Quando comparado com sua ficha funcional de 1958, como professora substituta, é evidente que esse registro foi muito mais manuseado, anotado, rasurado, em algum momento preso a algo com fita colante, furado para que fosse arquivado em uma pasta na qual as anotações trabalhistas, os cargos desempenhados e as promoções na carreira docente foram cuidadosamente anotados, ainda que a anotação da dispensa em 31 de agosto de 1990, relativa a sua aposentadoria, tenha se tornado, felizmente, obsoleta em 1993, quando ela volta à atividade como professora titular e assim permanece até hoje, como emérita. Da janela do tempo que é a foto 3x4 colada no canto direito da ficha, uma d. Cleo de quarenta e poucos anos nos olha, tão jovem como é hoje.

De certa forma, o Registro de Empregado, com seus sinais de uso, rabiscos, resíduos, carimbos, esfoladuras e anotações feitas com letras e instrumentos de escrita diferentes guarda um certo parentesco com os "lugares de memória" propostos por Pierre Nora,[10] uma vez que tem a função de fazer memória, no caso, a de uma trajetória funcional; constitui um suporte tangível dessa memória; e, por fim, é um lugar simbólico de memórias institucionais e pessoais, e apresenta assim as três conotações que fazem que algo possa ser considerado um *lugar de memória*. Também pode ser tomado como um indício dos jogos de registro e apagamento, explicitação e silenciamento, lembrança e esquecimento próprios de toda memória e, ainda, como uma metáfora dos complexos trabalhos da memória.

E porque o tempo da memória é o presente, uma vez que é no presente e em função dele que a memória pode cumprir seu destino de ser ferramenta

10 Pierre Nora, "Entre memória e história: a problemática dos lugares", in *Projeto História*, São Paulo: PUC-SP, dez 1993, p. 7-28.

de construção do futuro, é bom lembrar que, entre nós, "o vento sopra lá fora",[11] e de modo assustador ultimamente. Em horas assim, é fundamental olhar para os que sabem viver com dignidade momentos difíceis, não se furtam a olhar de frente os conflitos e problemas, encontram forças para sorrir e confiar no que virá e não se contentam em viver apenas para si próprios. Esses pertencem à estirpe dos verdadeiros humanistas e dos que são professores de vida, tal como aquela professora de nome Cleonice, que sabe ensinar o que é a poesia, e a quem todos aprendemos a respeitar e a querer bem.

11 Fernando Pessoa, *Poesias inéditas* (1930-1935), Lisboa: Editora Ática, 1955.

Sônia Maria Paixão Botelho, Glória Serôa da Motta, Regina Serôa da Motta, e Ronaldo P. de Moraes Coutinho

Cleonice em família

"Titia" | *Sônia Maria Paixão Botelho*

CLEONICE SERÔA DA MOTTA BERARDINELLI. A DONA deste nome esteve presente na minha vida toda, desde que nasci. Com certeza, foi das primeiras pessoas que meus olhos viram. Só que na época ainda não tinha este nome de diva: era Cleonice Coutinho Serôa da Motta, minha tia, irmã da minha mãe, Nilda.

Cleonice desde cedo revelou pendores artísticos: estudou música, piano e declamação. Seu pai era militar, não tinha conhecimentos literários, mas gostava de poesia. Ainda muito pequena foi aprendendo com ele a perceber as rimas e a musicalidade dos versos – percepções logo cultivadas por uma professora que lhe ensinou como recitar com expressividade. Talentosa, a menina passou a receber frequentes convites para se apresentar em festas familiares e pequenos eventos.

As inúmeras transferências do pai levaram-na, primeiro, a pôr a música de lado; depois, a abandonar a hipótese de ser engenheira. Porém, conduziram-na às letras, onde sempre se destacou, diante de mestres e alunos, ao recitar seus amados poetas portugueses.

Como ela casou relativamente tarde, fez-se muito presente na vida dos irmãos e dos sobrinhos, acompanhando casamentos, nascimentos, crescimentos... Já casada com tio Álvaro, lembro-me das nossas férias de final de ano em Mendes, onde tinham um sítio encantador e confortável, que nos proporcionava um convívio com a natureza que desconhecíamos na cidade.

Sônia Maria Paixão Botelho, Glória Serôa da Motta e Regina Serôa da Motta são sobrinhas de Cleonice Berardinelli. Ronaldo P. de Moraes Coutinho é seu primo.

Ela sempre foi como uma "matriarca" na nossa família: ajudava, dava palpites, participando de todas as situações, boas e ruins. Foi a mais velha de três irmãos, que sempre foram muito unidos. Mamãe e titio Adilson morreram muito cedo, e isso lhe foi extremamente penoso.

Em compensação, Titia foi mãe de muitos filhos que não eram seus. Como dizia seu marido: "Minha filha, você é um fenômeno; não teve filhos mas tem netos e bisnetos." Isso porque ele não viveu para conhecer seus trinetos. Tio Álvaro já tinha duas filhas adolescentes quando casaram, e ela assumiu o papel de madrasta "boa". A Letícia casou e teve cinco filhos que a consideram avó (quatro moram nos Estados Unidos e uma na Itália). Os netos tiveram ao todo onze filhos, que a chamam de bisa. E chegou a vez dos bisnetos lhe darem trinetos – já são nove! A outra enteada, Anita, só lhe deu um neto, falecido sem descendência. No Brasil, cinco netos: meus três filhos e dois (um deles já falecido) da minha irmã, que também lhe deram ao todo sete bisnetos.

Não vou tratar aqui da sua brilhante vida acadêmica, porque, por mais orgulho que nos dê, para mim e minha família, ela sempre foi e sempre será a Cleo – titia, avó, bisa e trisa. Amorosa, preocupada com o bem-estar de todos, sempre pronta a ajudar a quem precisa, amiga, agregadora, e maravilhosa, absolutamente maravilhosa.

Ela nunca imaginou viver cem anos. Ainda são raras as pessoas que o conseguem, e ela mereceu viver cada dia que viveu, como viveu. Só fez o bem, só desejou o bem. Trabalhou a vida toda naquilo de que gostava, dedicou sua longa vida a ensinar e a aprender. E continua até agora como uma lição viva para nós.

"Tia Cleo" | *Glória e Regina Serôa da Motta*

TIA CLEO SEMPRE FOI UMA PESSOA MUITO IMPORTANTE na nossa vida. uma das coisas que eu, sua sobrinha Regina, mais lamento, foi a distância que me privou da sua companhia nesses 35 anos, desde minha ida para São Paulo, com meus filhos, Felipe e Maria e meu enteado Ricardo.

Creio que o fato de não ter tido filhos fez dela uma espécie de "mãezona" dos sobrinhos.

Lembramos, eu e Glória, com muita saudade, dos Natais e festividades familiares, quando papai ainda era vivo, e de como era gostoso e divertido reunir todos os primos e tios. De quando nos preparou para uma festa junina, adaptando nossas fantasias ao material de que dispúnhamos, fazendo criativo uso de sua imaginação. Da ternura e admiração que papai nutria por ela e do orgulho que não escondia quando a assistia em uma palestra. Das vezes em que ficamos em sua casa, enquanto nossos pais viajavam, e pudemos usufruir da sua companhia, da sua enorme biblioteca, do seu imenso carinho e bom humor.

A perda precoce de papai, que deixou um grande vazio na convivência familiar, foi suprida, tanto quanto possível, pelos muitos e bons momentos que permanecem nas lembranças dessa época de nossa vida, passados junto à muito querida tia Cleo.

"Minha prima Cleonice" | *Ronaldo P. de Moraes Coutinho*

HÁ PESSOAS QUE SIMPLESMENTE PASSAM PELAS NOSSAS vidas; outras que marcam suas presenças através de atitudes que nos deixam lembranças agradáveis, e existem ainda aquelas que estarão sempre presentes em nossos corações.

A minha querida prima, nascida Cleonice Coutinho Serôa da Motta, sobrinha preferida do meu saudoso pai Achilles, além de deixar marcas em minha vida permanece até os dias de hoje no meu coração.

Carregou-me no colo nos meus primeiros anos de vida e, tempos depois, contribuiu significativamente para a minha formação profissional, complementando com suas aulas particulares os conhecimentos adquiridos no conceituado Colégio Mello e Souza.

Ainda permanecem vivas em minha memória a excelência das suas aulas, ministradas sempre com uma didática impressionante, num ambiente descontraído, do qual participava também meu inesquecível irmão Cláudio Coutinho, aluno do mesmo colégio, que conseguiu um feito raro: terminou os cinco anos do primário em 1º lugar, conquistando a Medalha Laura Mello Campos, só conferida a alunos excepcionais – o que veio comprovar a eficaz contribuição de nossa querida prima.

Até hoje, quando compareço a lançamentos de livros e DVDs, ao conversar com alguns de seus ex-alunos, só escuto elogios às suas aulas, sempre deslumbrantes, sobretudo quando aliava ao alto saber uma representação quase teatral, que valorizava, ainda mais, a transmissão dos ensinamentos, seduzindo toda plateia.

Num dos nossos encontros recentes, à beira de completar cem anos, esta que é considerada a maior especialista brasileira em Literatura Portuguesa confessou-me, em voz baixa, ser uma "apaixonada perdida por Fernando Pessoa" e que o fato de manter-se sempre trabalhando é algo precioso que a faz sentir-se viva.

Neste meu breve depoimento, não cabe discorrer sobre suas inúmeras atividades no campo da Literatura, seus projetos, suas incursões na poesia, os sucessos de seus livros publicados, a sua paixão pelo magistério, a sua eleição para a Academia Brasileira de Letras (ABL) e a sua forma sempre serena de encarar o mundo.

Como poderia homenageá-la, se todas as formas que imagino parecem simples demais diante do que ela merece?

No ano de seu centenário, um acontecimento especialíssimo, sem dúvida, só posso pedir a Deus que continue a iluminar seus passos, dando-lhe muita saúde e permitindo que esteja sempre cercada do carinho de sua amada família e de todos que lhe querem bem.

Tenho certeza que, lá do alto, meus pais, Achilles e Ilka, com meu irmão Cláudio, estarão, tanto como eu aqui, batendo palmas, emocionados diante da celebração dos cem anos de nossa querida Cleo... a "Divina Cleo".

{4}

[Voz] "Como sino que soa/ no copiar da fazenda"

[Cleonice por ela mesma]

Gilda Santos apresenta um inédito caderno de viagem de Cleonice Berardinelli

Já não me tira ninguém o que trago dentro de mim!

Houve temporal fortíssimo no Rio de Janeiro naquela manhã do dia 28 de fevereiro de 1959. Contudo, amigos e familiares não desistiram de ir ao cais do porto e levar os carinhosos votos de "boa viagem" ao casal que partia rumo à Europa, a bordo do italiano Conte Grande. Talvez pretendessem também comprovar (tal como a própria viajora...) que a viagem, tantas vezes sonhada, anunciada e protelada, finalmente acontecia. Desta vez era verdade. E aquele sábado chuvoso dava início a três meses em passeio por terras de Portugal, Espanha, França, Luxemburgo, Alemanha, Suíça e Itália, comemorando os dez anos de casamento de Cleonice e Álvaro Berardinelli. Mas não só: também havia a comemorar o pleno êxito de uma tese de doutorado defendida meses antes na Faculdade Nacional de Filosofia – a primeira no Brasil sobre Fernando Pessoa.

Finda a instalação e o reconhecimento do espaço flutuante, Cleonice enceta no dia seguinte, a 1 de março, o registro manuscrito dessa viagem. Um registro *sui generis*: misto de diário, crônica, folhetim e memórias, convertido em cartas remetidas à amiga brasileira encarregada de as datilografar, reproduzir e distribuir pelos parentes e pessoas mais próximas do casal, de modo a que todos acompanhassem, em capítulos, o curso das almejadas andanças. Relatos escritos sem visar à publicação, nem sequer relidos após o regresso a casa, guardam toda a espontaneidade de quem se encanta com as descobertas.

Cedo chama a atenção a defasagem entre o vivido e o descrito, que é profetizada pela narradora desde a primeira página, em virtude das digressões e minúcias de que não consegue abrir mão: "Se eu continuar divagando assim, não

Gilda Santos é professora de Literatura Portuguesa da Universidade Federal do Rio de Janeiro (UFRJ).

conseguirei fazer nenhum diário de viagem e o marido jogará o caderno – que ele mesmo me deu – ao mar." O caderno escapou de tão inglório destino, mas as páginas datilografadas não cobrem o trimestre e silenciam por completo sobre o que se passou na Itália e no navio Vera Cruz. A ânsia de contar sem deixar lacunas – uma narrativa em "tempo homérico", diria o esquecido Auerbach – leva-a a um detalhismo que se manifesta até em desenhos (como, por exemplo, a planta que indica a situação da cabine dos Berardinelli relativamente à "sala de pranzo" e à biblioteca; ou a pauta musical que permite ao leitor solfejar a ária tocada no navio, por caixa de música, duas vezes ao dia; ou os esboços de gorros de lã e de turbantes apreciados na escala em Dakar; ou ainda o esquema da disposição dos túmulos no panteão do Mosteiro dos Jerónimos) e em frequentes e minuciosas informações, pouco significativas ao olhar comum (como os retoques no esmalte das unhas, as abluções matinais do marido, as meias postas a secar, as idas ao cabeleireiro e ao barbeiro, a bainha feita numa saia...).

Atestando a preocupação da escriba com a quebra de sincronia entre o contar e o contado, pontilham o texto frases dirigidas aos leitores, dignas do seu querido Camilo Castelo Branco, com justificativas e promessas de concisão (felizmente não cumpridas...): "Estou no maior atraso do mundo no registro das coisas vistas e feitas em Lisboa. A vida tem sido intensíssima, não paro um minuto. Assim, resolvi fazer apenas anotações breves e não longos relatos, como seria meu desejo", escreve no dia 15 de março. E doze dias depois: "Começo a desesperar-me com o atraso deste diário. Por mais que faça, não consigo emparelhar o tempo. Mas continuemos." E a 7 de abril, no caminho entre Sevilha e Madrid, ainda lhe falta concluir os últimos dias passados em Lisboa: "Acho que o diário tem seus dias contados, mas como sou teimosa, vou tentar escrever no carro, sobre os joelhos e a lápis; a tinta não é possível. A teima é meritória, pois é causada pelo desejo de conversar com vocês, mesmo à custa de um terrível esforço." Dois dias depois, "na estrada Escurial-Madrid: Já vi que não consigo mais fazer um verdadeiro diário, pois cada vez mais me falta tempo. Daqui em diante, apenas resumirei cada dia – é o mais que posso fazer." Mas, no dia 22 de abril, "na estrada Paris-Luxembourg" (e ainda tratando de Sevilha...) parece render-se: "Vocês estão vendo que o diário cresce na razão inversa dos dias da viagem. Não é que me falte vontade de escrevê-lo, mas não posso, nem devo, perder oportunidades únicas de ver e conhecer para pô-lo em dia. O que eu precisava fazer era resumir, mas falta-me a coragem..." E mais adiante, no dia 27 de abril, em Milão: "Como vocês veem, a coisa vai de mal a pior: já chegamos à Itália, e o diário está na Espanha... De quem a culpa? Da natureza, cada vez mais bela e variada que não me deixa afastar dela os olhos um momento para baixá-los ao papel."

Das 137 páginas, as primeiras 32 desses apontamentos são dedicadas aos dez dias no transatlântico; as seguintes, até a página 92, a Portugal, onde a permanência foi de cerca de um mês. Os pontos incontornáveis de Lisboa, Mafra, Sesimbra, Setúbal, Batalha, Alcobaça, Nazaré, Fátima, Coimbra, Conímbriga, Figueira da Foz, Aveiro, Porto, Viana do Castelo, Braga, Amarante, Évora, Vila Viçosa desfilam pelas linhas memorialistas em longos ou breves comentários. Entrelaçadamente, são referidos os muitos encontros com figuras da intelectualidade portuguesa, sobretudo renomados professores e escritores, cuja lista é vasta. Embora, até à altura, Cleonice só tivesse publicado dois livros (*Cantigas de trovadores medievais em português moderno* e *Mário de Sá-Carneiro: poesia*) e alguns artigos em periódicos brasileiros e portugueses, percebe-se claramente o quanto seu trabalho, já com quinze anos de magistério universitário, encontrara reconhecimento em Portugal. A ponto de proferir muito aplaudidas conferências em Lisboa e em Vila Viçosa ("modéstia à parte, *un gros succès*"), bem como, honrando a bolsa obtida do Instituto de Alta Cultura, de participar do Congresso de Filologia que reuniu na capital portuguesa prestigiados especialistas.

Dos dias em terras lusitanas recortei alguns excertos, precedidos por breve apresentação da autora, que editei no primeiro número da revista *Metamorfoses*, da Cátedra Jorge de Sena/UFRJ, em 2000. Para o presente volume, no intuito de que a voz da homenageada aqui também ressoe, selecionei a sequência de impressões sobre Paris – sem dúvida a cidade europeia que "d. Cleo" mais revisitou, logo a seguir à cidade de Ulisses. Sequência que ocupa as páginas 115 a 130, escrita – em flashback – ao término da viagem, nas vésperas do regresso a casa, a quase totalidade já no mar, a bordo do Vera Cruz. Como se verá, estes escritos únicos, originalíssimos no conjunto da produção cleoniciana, têm, entre outros, o mérito de "retratar uma viajante apaixonada, de olhos bem abertos para nada perder, para tudo guardar na memória" e, correlatamente, o de documentar a vivacidade de um discurso coloquial arguto, colorido e espirituoso, fonte de fruição para aqueles que gozam do privilégio de conviver com tão jovial centenária.

Paris, em diário inédito de Cleonice

No dia seguinte, um adeus sem saudade de Limoges e... "*en route vers Paris*"...

Já escrevi no folhetim anterior que o percurso ao longo do Loire é um encantamento e para tal contribuía o dia belíssimo, de céu azul e ar tépido, como já terão visto pela fotografia que tirei quase deitada na relva da margem, de mangas curtas... *Hélas!* Aquela primavera que eu sentira na pele não iria durar mais que as rosas de Malherbe...

Chegamos a Paris pelas 5 horas. Instalação, jantar e resolvemos tomar o primeiro contato com a cidade. Devo dizer, a bem da verdade, que a minha primeira impressão não fora muito favorável; a grande cidade, de largas e longuíssimas avenidas, é toda cinzenta. De um lado e de outro das ruas, as casas se sucedem, no mesmo estilo, da mesma altura, com o mesmo tom de cinza escuro, numa uniformidade monótona, que desconcerta.

Em Florença, dia 5/5, às 10h da noite

De mapa na mão (é assim que agora andamos sempre), rumamos para a avenue des Champs Elysées que de longe se conhece pela iluminação mais que feérica. Nunca vi uma via pública tão clara e de uma luz ao mesmo tempo tão viva e tão agradável; há mesmo lâmpadas de duas tonalidades de branco, umas das quais são verdadeiros refletores. Chegados à beira da calçada – o que não é fácil, pois tem-se de atravessar uma larga parte ajardinada – Álvaro me perguntou para que lado eu preferia ir: à esquerda, a 200 ou 300 m, a praça da Concórdia; à direita, o Arco do Triunfo. Olhei para a extremidade direita da avenida e vi, imponente em sua colossal estatura, claro nos feixes de luz que sobre ele incidiam, o arco de Napoleão. Pensei em mamãe, na escolha imediata que faria, e deixamos atrás a praça da Concórdia.

Imaginem uma avenida com o dobro da largura da avenida Rio Branco, tendo, de cada lado, uma faixa para estacionamento de carros, capaz de contê-los em três filas, e mais uma calçada da largura de uma rua, sobre a qual se esticam os restaurantes, bares e cafés, em espécies de gaiolas envidraçadas, sempre cheias de gente, ou se debruçam vitrines de tudo que se queira, desde "*souvenirs*" até automóveis; coloquem entre cada uma destas pistas um renque de árvores altas e copadas; olhem para baixo e observem a fila ininterrupta de luzes vermelhas que vão e brancas que vêm; levantem os olhos e vejam surgir o dia das extremidades dos postes; acompanhem a fita faiscante que se ergue suavemente até o pórtico do triunfo e terão a avenida dos Campos Elíseos. Fomos subindo e olhando para a frente: o arco parecia estar sempre perto e entretanto, como uma miragem, não se podia atingir. O fato é que andamos 3 km para alcançá-lo e vê-lo de perto. Custou-nos uma légua de caminho a nossa primeira entrevista com Paris.

No Vera-Cruz, a 25/5/59

Tentemos retomar o fio, embora eu esteja seriamente apreensiva quanto ao destino do terceiro fascículo, remetido da Espanha. Se se perder... *tant pis*...

Estávamos em Paris, na nossa primeira noite, e tínhamos feito uma légua de caminho para ver o Arco do Triunfo. Já não sou capaz de lembrar-me do que fizemos, dia a dia, hora a hora, pois já se passaram quarenta dias, e não quarenta dias quaisquer, mas de vida a jato... Lembro-me de que no primeiro dia, logo às 9:30h, saímos com o guia – um Max Powell, filho de inglês e não sei quê, nascido não sei onde, falando português como um brasileiro, e parisiense "*enragé*"... Dava até vontade de não achar as cousas tão boas, só para irritá-lo um pouco... Mas deixemos o guia e visitemos Paris, a cidade "das grandes avenidas e das amplas perspectivas". E é a pura verdade. Acho que já lhes disse que Paris é uma cidade excepcionalmente bem traçada e que teve a sorte de ter reis que, quando faziam palácios, queriam-nos magníficos até na vista que deles se descortinasse e assim abriam imensas avenidas que estendiam os jardins reais até ao horizonte e eram tão largas como eles. Outra coisa que contribui para a beleza da cidade é a profusão de "*ronds points*", praças arrendondadas, de onde partem ruas como raios ou como as pontas de uma estrela, como no Arc de Triomphe de l'Etoile, assim chamado por esse motivo. Demos uma volta de carro pelos pontos principais: começamos pela imensa praça da Concórdia, com estátuas colossais (acho que oito) em torno, tendo ao centro um legítimo obelisco egípcio, todo coberto de inscrições. É das praças maiores do mundo, disse-nos o guia; já não sei se logo depois de São Pedro ou de uma praça russa; não vejo bem que importância tem isso, mas há guias que fazem questão dessas coisas... O fato, o que importa, é que a praça é bonita, por ela mesma e pela avenida dos Campos Elíseos que a prolonga aos lados e a ponte da Concórdia em que ela se estende para o lado do rio. Seguimos pelos grandes "*boulevards*", até chegar ao centro comercial mais caro e esnobe do mundo: a rue de la Paix. Não sei dizer se as coisas ali expostas são ou não excepcionais, pois não as vi senão de dentro do carro, mas o sr. Powell fazia quase um ponto de honra de dizer-nos que tal casa era frequentada por Ali Khan e o rei Faruk, ou que no sapateiro X os sapatos custam 100.000 frs. o par!

26/5

Sem que comentássemos, pois o homenzinho estava sempre presente, Álvaro e eu sentimos a mesma impressão de desagrado, sentimos a cidade no que ela tem de fútil, falso, desagradável. Mas a volta continuava: vimos, ao fim da rue de la Paix, a bela coluna de Vendôme, que para nós (os três Serôas) tem um calor especial, dentro da frieza do seu bronze, daquele bronze que ouvimos dizer, tantas vezes, ter sido o dos canhões dos inimigos vencidos... Vimos o Louvre, um palácio imenso, construído em torno de um esplêndido jardim, que seria um pátio interno se não faltasse ao retângulo um dos seus lados menores, este lado menor existiu, embora afastado, não tocando as extremidades dos outros – era o palácio das Tulherias. Parou-se o carro em meio ao jardim: à minha esquerda, o Louvre; à direita, o jardim e, continuando-o, a fuga, até o horizonte, dos Campos Elíseos; e o horizonte é aí o Arco do Triunfo da Estrela. O guia fornecia-nos detalhes históricos, datas, falava-nos de estilos, chamava-nos a atenção para as decorações em relevo das paredes – quase não se veem, tal é o negrume das mesmas –; mas eu olhava para a direita, para os canteiros de tulipas vermelhas e amarelas, espigadas, eretas, alinhadas como um pelotão em posição de sentido, sem a graça sinuosa das rosas ou requebrada das papoulinhas, mas com um garbo especial, que ficava bem naquele cenário. Não entramos: a visita seria no dia seguinte. Fomos ver de perto a Tour Eiffel. Que feio e desgracioso gafanhoto colossal, de patas distendidas por cima de gramados verdes e picados de cores fortes, onde a única cor feia e baça é a sua – um marrom enferrujado que, por absurdo, é dado pela tinta protetora contra a ferrugem –, de cabeça erguida, tocando as nuvens de um céu que teimava em não ser azul, pois o vento frio e persistente acumulava cinza sobre Paris. Dos pés da torre, outra perspectiva imensa, até ao Palais Chaillot, uma construção moderna, em anfiteatro, algo ainda claro na cidade sombria. Fomos ainda ao Panteon dos Inválidos: à frente, o grande edifício do hospital dos que pela pátria se tornaram doentes ou aleijados, ou, simplesmente, no seu serviço envelheceram. Atrás, a construção imponente, encimada por alta cúpula, onde descansam alguns dos grandes e alguns que o não foram. Subida a escadaria de mármore, entra-se no vasto recinto, todo ele marmóreo, constituído por uma ampla peça central de forma circular, rodeada por outras menores, quadrangulares; ao fundo, uma capela que se vê através do vidro, de cujo teto pendem bandeiras dos vencidos, algumas em fiapos. Tudo isso se vê, mas depois; a princípio, os nossos olhos são atraídos para a cratera central, limitada por uma grade de bronze, que é quase toda a sala principal. E quando nos aproximamos da balaustrada e nos curvamos (quantas vezes ouvimos isso!), avulta o magnífico túmulo de pórfiro que contém os restos do mais discutido e, talvez, mais extraordinário dos homens. Senti uma intensa emoção, que cedeu à voz do guia que nos mostrava os túmulos de Foch, Joffre (?), Jerônimo, José. O de Foch tem uma grande expressão de verdade: o artista reproduziu o seu enterro, em braços de soldados sérios e graves.

Um pouco de ar não faria mal, e fomos a Longchamps; um parque colossal – um dos pulmões de Paris –, bem tratado, com bosques, águas, flores, barcos, crianças, um pouco de vida saudável em pleno coração da cidade. Mas Longchamps é Paris e, como tal, contaminado de esnobismo: contém dois ou três dos mais caros restaurantes da cidade, frequentados pela "*jeunesse dorée*", e os dois mais elegantes prados de corridas da Europa (que Ascot me perdoe!). Mas lá está, mesmo no prado de Longchamps, uma nota de poesia e bucolismo: um moinho de vento, dos muitos que lá havia e foram destruídos, e que se conserva como última mensagem de um passado que já se torna remoto. Caiado de branco e com a hera a pegar-se-lhe à parede, é a coisa mais bonita que vi no parque.

Na parte da tarde, fomos à Igreja de Saint-Etienne, onde está o túmulo de Santa Genoveva. Confesso que a imagem da igreja já se apagou na minha memória; ficou apenas a torre quadrada, românica, que é o que resta da primitiva construção. Depois de muitas voltas, passamos pela Sorbonne, a cuja porta nos detivemos, pois eu quis ver de perto um velho amigo meu que lá está, do outro lado da rua, com o sorriso irônico e o olhar profundo de quem conhece a humanidade, e fotografar-me com ele. Vocês verão a prova desta minha visita a Michel d'Eyquem, Sieur de Montaigne. Tive pena de não ter visto, senão já de saída, de dentro do carro, um velho e durável amor, começado tinha eu dezenove anos, e cuja vista me fez sentir que, de fato, "*on revient toujours/ à ses premières amours*": Pierre de Ronsard, cujo conselho eu seguia nesse momento: "*Vivez, si m'en croyez: n'attendez à demain;/Cueillons dès aujourd'hui les roses de la vie...*" Não foi este o meu argumento, lutando pela vinda à Europa? E que bom que foi, ter lutado e conseguido! Já não me tira ninguém o que trago dentro de mim! Deixemos Ronsard, seus conselhos e os que o seguiram, e vamos a Montmartre. Poucos nomes serão tão conhecidos como este; poucos não saberão que Montmartre é uma das colinas de Paris, acho que a mais alta – a cidade é quase toda plana –, onde vivem pintores e poetas, onde há *bistreaux* e "*night-clubs*" que poderiam chamar-se "*day and night-clubs*", porque já tem gente às 4 h da tarde. Todo o mundo sabe isso, mas é preciso ver para entender o que é Montmartre, sentir o pitoresco encanto das suas ruas em ladeiras e escadas, da sua gente, e, mais que tudo, da sua extraordinária e colorida pracinha, bem ao alto. Uma praça pequenina, du Tertre, com árvores à roda, separada das casas por uma ruazinha estreita, onde não passam carros, pois não lhes daria passagem a gente que por ali circula e, sobretudo, os pintores que ali armam seus ateliers em pleno ar (ai, que galicismo!), a tela sobre o cavalete, a palheta na mão e o modelo por toda parte, pois só os vi pintar motivos da própria praça.

27/5

Uns jovens, outros maduros, outros já velhos, jogam sobre a tela cores de preferência vivas, talvez porque assim atraiam mais a atenção dos turistas que se detêm, curiosos, a apreciá-los, talvez porque o colorido vivo das casas, dos portais e esquadrias, dos cartazes afixados os inspirem.

Um deles, de meia-idade, cara inteligente, descobriu um meio de ganhar mais facilmente alguns francos: recorta em papel preto o perfil de quem se submeta a dois minutos – talvez nem tanto – de relativa imobilidade. E digo relativa, porque eu, por exemplo, não consegui senão uma precária pausa no riso que me causava a encabulação de ver-me alvo de tantos olhares e o divertido que era estar eu – a séria professora e avó – a posar para um pintor desconhecido, diante de gente desconhecida, em plena Montmartre. O fato é que ficou muito bom; lá está o meu queixo napoleônico e a minha incipiente papada... Tive pena de deixar a colina, e gostaria de ter lá voltado à noite, ao "*night-club*" da Patachou, onde tudo é informal – o freguês, se quiser, pode cantar ao microfone, tocar, como em família. Mas o marido, embora no momento tivesse esboçado uma tácita concordância, não falou mais no assunto... nem eu...

De volta, ainda bem no alto, visitamos a Igreja do Sacré Coeur: muito bonita, ainda bastante branca, decorada internamente com gosto e riqueza, fica numa espécie de largo de onde desce uma larga e longa escadaria para a cidade baixa. A vista sobre Paris deve ser magnífica, num dia em que o tempo se mostre mais clemente: as nuvens que toldavam o céu desde o almoço resolveram precipitar-se enquanto visitávamos a igreja. Saímos debaixo d'água, até o carro.

28/5 – Dia de Fernando!

Não sei se no dia seguinte ou no subsequente, fomos ao Louvre. Vocês já sabem o que ele é por fora; por dentro, é uma imensidade de salas, salões, galerias, ao rés do chão, abaixo e acima dele. É cousa para se ver em um mês, e só dispusemos de uma manhã e parte de uma tarde para visitá-lo. Assim mesmo, acho que vimos o essencial e agora, sem nenhuma nota, só me lembra o essencial à minha sensibilidade, aquilo que ficou: a extrema dignidade das estátuas egípcias, colossais, hierárquicas, de uma beleza estática, estranha; a frescura de mais de vinte séculos do pequeno fragmento do friso do Partenon, num salão cheio de magníficas cópias romanas de originais gregos; a indiscutível beleza da Vênus de Milo, muito mais suave e delicada na sua grandeza natural do que em todas as reproduções que eu já tinha visto; o misterioso encanto da Gioconda – meu primeiro encontro com Leonardo –, de um colorido suave mas firme, de expressão realmente misteriosa; a riqueza quase impossível de algumas joias e peças da baixela real, onde a profusão das pedras preciosas e metais raros não briga com o primor do trabalho, em pequenas obras de luxo e arte. Uma impressão maior que todas e que, estou certa, durará comigo: o êxtase quase religioso diante da Vitória Alada de Samotrácia. Ao fundo de uma galeria, uma breve escada; um amplo patamar; duas escadas – uma de cada lado – em que se abre a primeira. E aí, nesse patamar, sob uma luz que não era muito clara naquele dia sombrio, sobre a pedra em quilha de barco, o corpo lançado para a frente, o pé já mal tocando o chão no impulso do voo, toda ela frémente na palpitação do movimento iniciado, enfunadas as vestes e as asas, aquela figura de mulher a que o tempo arrancou a parte mais nobre – a cabeça –, sem todavia tirar-lhe a potência expressiva, o alor vital. Não exagero se disser que se "sente" a cabecinha pequena, de perfil grego, pescoço distendido, queixo apontando para a frente e para cima. Olhei-a de baixo, ao subir a escada; de um lado e outro; de cima, já no patamar superior: sempre a mesma graça olímpica, a mesma agitação nos panos, a mesma irresistível arrancada. Haverá talvez uma maior potência expressiva no seu lado esquerdo, mais batido pelo vento, mais palpitante de vida. Só para tê-la visto, valia a pena atravessar o oceano.

Fizemos duas excursões aos arredores: Versailles e Fontainebleau. (...)

Voltamos a Paris. Na Place de l'Opéra, tomamos o metrô para o hotel. E já que surgiu assim naturalmente o metrô na nossa história, vou aproveitar para escrever o meu "hino ao metrô". Desde a primeira vez em que mergulhamos numa daquelas bocas que se abrem por toda a parte, engolindo multidões, desde que consultei a planta das linhas que "minhoqueiam" o subsolo de Paris e verifiquei que atravessam toda a cidade, contanto que se façam devidamente as correspondências, tornei-me enstusiasta de tal meio de transporte. A rapidez com que andam, a frequência com que afluem, a exatidão com que chegam e partem impressionam a quem não esteja ainda habituado. Fomos de metrô a toda parte: era só andar três quarteirões até à esquina do Boulevard Haussman com Malesherbes e, na Saint Augustin, tomar o trenzinho para Porte de Sèvres ou Porte de Montreuil, saltar em Franklin D. Roosevelt ou Strasbourg-St. Denis ou Réaumur-Sebastopol e baldear para outra linha. Assim fomos à Torre Eiffel, ao Sena – "*bouquiner*" ou passear de barco –, aos teatros... Era uma diversão para mim o procurar na planta o caminho a escolher e, na hora, sair no lugar exato, pela porta mais próxima (porque uma mesma estação tem várias bocas, conforme o lado da rua ou da praça). Era um pouco como acertar um "*puzzle*", coisa de que sempre gostei. Uma só vez me enganei e acho que foi castigo do céu para o meu orgulho, pois só pensava no prazer de contar a vocês que nunca tomara o "bonde errado". Pois tomei.

E Berar, que me seguia sem mais indagações, esteve à altura, sem censurar-me, isto é, só dizendo a sua piadinha habitual, tão habitual que já quase não faz mossa: "Se fizesse as coisas com mais calma..." O que vale é que em cada carro há a rota, em cada estação o mapa. Assim, foi questão de perder uns minutos a mais e retomar a "*recta via*". Dizia eu que de metrô fomos ao teatro, e fomos três vezes. Compramos uma revistinha que se chama "*La semaine de Paris*", onde estão todos os espetáculos da cidade, desde variedades, *dancings*, até Comédie Française et Opéra. É uma avalanche. Depois de muitas leituras, decidimo-nos por aquilo que já sabíamos bom: a Comédie, que se exibe em duas casas de espetáculos: o Théatre Richelieu e o Luxembourg. Vimos a *Reine Morte* de Montherlant, em primeiro lugar. Vocês não acham que foi feita de propósito a representação de tal peça quando eu ia a Paris? Grande peça, onde as inverdades históricas não prejudicam a essência do episódio. Afligia-me apenas ver chamar D. Afonso IV de D. Ferrante, que é o nome que lhe deu Montherlant, mas o grande ator que encarnou o personagem – Yonnel – viveu de fato o Afonso, o Bravo, tal como o conhecemos. D. Pedro era bonito demais, para quem leu Fernão Lopes, mas a chama do amor lhe dá verdade. Inês, a de colo de garça, jovem e fresca como uma flor ou uma fruta, é que não foi bem vivida: a artista era pequena e graciosa de talhe, mas a frescura, a mocidade lhe faltavam. À infanta D. Constança, a quem o autor dá um relevo que só lhe dera – com aspecto muito diferente – E. de Castro, parece-me que a artista deu excessiva força e dureza. Estas restrições não tiram o alto valor da representação e não apoucam o nosso prazer em assistir a ela. A outra noite na Comédie foi para ver *Andromaque*. Dos meus tempos de faculdade, guardei um encanto especial por Racine e, dentre as suas tragédias, sempre tive uma certa preferência por *Phèdre* e *Andromaque*. E foi uma bela realização que vimos: um Pirrhus de grande intensidade dramática – tipo, voz, gesto –, uma Andromaque que aliava à beleza e graça, a juventude, o som da voz quase cantante, e bons dotes de intérprete; Hermionne era a D. Constança da véspera e a mesma reserva se lhe pode fazer, mas não se pode negar a paixão com que viveu a mulher que ama sem ser amada e se sente preterida e humilhada em seu amor. Foi uma grande noite, com que encerramos as comemorações do nosso décimo ano de casados. Um outro espetáculo – e foi o primeiro –, vimos em Paris: os mimos de Marcel Marceau. Nem uma palavra: apenas os títulos dos "*sketches*" em tabuletas apresentadas por atores imóveis como bonecos e, a seguir, historietas, cenas da vida, "*charges*" em gestos. A primeira parte, só Marcel Marceau: magro, quase inexistente em sua roupa branca de marinheiro, cara enfarinhada de palhaço, sapatos rasos de balé, ele fez uma meia dúzia de números em que se aliava a inteligência do criar à perfeição do interpretar, e para a interpretação contribuíam várias aptidões do artista: a precisão, o espírito, a graça, a elegância e leveza do gesto, a flexibilidade que tinha algo de balé e de contorcionismo, enfim, qualidades necessárias a um artista dramático, a um bailarino, a um "*clown*". Uma segunda parte interpretada por um casal de artistas jovens e já muito bons (lembro-me dos movimentos dele nadando no mar) e mais uma terceira de Marceau. O público foi caloroso nos aplausos. Eu também.

Acho que encerrarei Paris com o nosso dia de bodas de algodão. São Pedro, velho amigo meu, mandou fechar as torneiras do céu, mas esqueceu-se de dizer a todas as nuvens que se fossem dali. Umas partiram deixando lugares vagos, buracos pelos quais passava o sol e o azul. Outras ficaram, curiosas de ver o que fariam os esposos que, segundo elas podiam vislumbrar lá de cima, pareciam em idade de festejar bodas de prata... Pois se, espiando para baixo, viam nela cabelos muitos e brancos e nele cabelos brancos e poucos... Valeu-nos que, entretidas a olhar, não nos despejaram seus cântaros cheios, e tivemos – as cãs não atrapalharam nada... – um dia de algum sol, algum calor e alguma lua...

Presenteei o marido com um "*blaireau*" (que sabida!) e um canivete (que imprudente!). Não um canivete qualquer, mas uma coisa cheia de utilidades: lâminas, saca-rolhas, abridor de garrafas, chave de fenda etc. Ele, com a carteira de *traveller checks* mais gordinha, deu-me 40 dólares para comprar alguma coisa que durasse. O programa do dia foi: de manhã, subida à Torre Eiffel, para ver a cidade do alto.

29/5

Aproximando-me, já não a achei tão feia, pois começou a impressionar-me a sua grandeza estrutural, a ousadia da realização daquele esqueleto de aço que há setenta anos domina a paisagem de Paris. Tomamos o elevador até o tope: são três andares onde se pode saltar. Até o primeiro, o elevador sobe inclinado, pelo pé do ângulo agudo; muda-se de elevador e vai-se então verticalmente até ao segundo; nova mudança até o alto. Lá se sai numa galeria poligonal que contorna a torre e da qual se vê, dando o giro, toda a cidade. Acima de cada lado do polígono (fechado por largos vidros) há a planta da porção abrangida dali. E a gente, olhos acima e olhos ao longe, vai identificando as cúpulas, as torres, as avenidas, as praças. Já era o nosso sexto dia, já conhecíamos muita coisa e era grande o nosso prazer em verificar que quase sempre acertávamos. Achada a Madeleine, por exemplo, procurávamos a cúpula de Saint Augustin e sabíamos que por ali era o nosso hotel. Ficamos mais de uma hora lá em cima e só não pudemos ver melhor porque havia sempre as tais nuvenzinhas curiosas.

Voltamos ao hotel para almoçar (sempre de metrô) e logo depois (na mesma condução) fomos à ponte d'Alma tomar o "*bateau-mouche*" para um passeio ao longo do Sena. E acho que é mais do que tempo de lhes falar do rio que atravessa Paris, mais largo e farto do que eu o imaginava – uns 60 a 80 metros de largura e bom volume de água – e que lhe dá um encanto especial, com todas as pontes que o atravessam, algumas ricamente ornamentadas – como a ponte Alexandre –, variando no número de arcos e no motivo das decorações, uma delas dupla no sentido vertical: a de baixo para autos, ônibus etc., a de cima para o metrô que nessa altura sai da terra para provar o gosto do ar e ar úmido do rio. As margens do rio são muito bem tratadas, com passeios de um lado e outro, que só se interrompem, e nem sempre, no pegão das pontes. Esses passeios, bem mais baixos que a rua, quase ao nível do rio, são discretos e abrigam gente de vária espécie: vagabundos de cabelos à ventania e cara escurecida de barba, outros com cabelos semelhantes e barbichas sem viço; velhos "*clochards*" e... pares amorosos... Minha gente, são quase inocentes os pares da avenida Atlântica e adjacências em confronto com a desfaçatez dos casais parisienses. À beira-rio ainda não se pode dizer muito, pois quem não os quer ver não vá lá (embora seja um lugar delicioso para estar à tardinha, pelo relativo silêncio em meio ao rumor da grande capital, pelo marulho das águas, pela poesia dos barcos que vão e vem...); mas há casais por toda parte; num pacato bar onde fomos tomar uma pacatíssima xícara de chá, mesmo ao nosso lado... não continuo porque senão tenho de apor ao diário: impróprio para menores...

Mas deixemos os casais escandalosos e sigamos o "vetusto" casal que ia fazer o seu passeio ao longo do rio. Tomamos o nosso "*bateau-mouche*" – é uma "*mouche*" bem grande, maior que a barca de Niterói; num só andar, todo envidraçado para melhor visibilidade, estão cadeiras em profusão e algumas mesinhas. Sentamo-nos às duas primeiras da proa, à direita, para não perder nada. Foi uma hora e meia realmente agradável: nós, que tínhamos visto quase toda Paris de cima, víamo-la agora de baixo e apenas numa faixa limitada. Mas nessa faixa estão algumas das coisas mais expressivas da cidade, como a Conciergerie, velho palácio enegrecido pelo tempo, cujas torres redondas e tetos pontiagudos lembram os castelos do Loire e que, apesar da negra pátina que o cobre quase inteiramente, é para mim o edifício mais bonito de Paris. Do rio se vê também, em ângulos favoráveis, a Igreja de Notre Dame. E agora vejo que não falei dela, que, aliás, visitamos logo no primeiro dia. Não é que não a tenhamos admirado: é esplendidamente bela. Retiro o advérbio, que N. Dame não merece. Esplêndido dá o sentido de luz, e é o que lhe falta. Das catedrais góticas, a que mais o merece é a de Orleans: linda, graciosíssima e deixando coar pelos vitrais coloridos e profusos uma luz suave mas clara, iluminante. É uma expressão de religiosidade perfeita: altas naves, estreitadas no impulso para o céu, mas sem as sombras que se adensam em Burgos ou N. Dame. Desejo de altura, sim, mas com alegria e luz. Mas era de N. Dame que eu ia falar. Diante do seu portal, magnífico de decorações em relevo – uma multidão de anjos e santos –, uma desilusão: mal se podem distinguir as figuras, tão negras estão do fumo do progresso. Que vontade de limpá-las para vê-las melhor! E o fazem, de tempos em tempos. Não o amiúdam, porque destruiriam a pedra. O interior está quase a salvo: a pátina que aí penetra não é das que matam, talvez seja até das que dão mais relevo, e jogo de luz e sombra às decorações. São das mais belas as imensas rosáceas de vitrais. Mas onde a igreja me agrada mais é na fachada posterior e na esquerda, em que a cercam árvores e flores de um bonito jardim: quando fomos revê-la, na nossa última tarde – uma tarde amena, de sol macio –, havia também crianças, moços e velhos. O parisiense saía da toca, ao primeiro apelo da primavera! De volta, paramos no boulevard des Italiens, para comprar o meu presente. Disse a Álvaro que gostaria de o fazer na joalheria que víramos na véspera (de passagem para o cinema, a ver o Jean Gabin em "*Le clochard*"), não porque me parecesse excepcional, mas porque tinha um nome que me agradara especialmente: Bijoux Nilda! Pois meus amigos, pela primeira vez, a Nilda não tinha nada que me agradasse. Fomos a outra, cujo nome esqueci, e compramos uma linda pulseirinha de ouro flexível. Como se pagou em *traveller check*, fizeram-nos um desconto de 20%. (Atenção, candidatos a viajantes, em França é do maior interesse pagar com tais *checks*. No resto da Europa, não.) Sobraram-me alguns francos, com os quais comprei em Nápoles um cachorrinho de coral que, estou certa, vai encantar os netos e outras pessoas mais velhas... À noite, já lhes disse, fomos ao teatro.

No último dia, resolvemos andar um pouco ao léu: fomos "*bouquiner*" ao longo do Sena, procurar sementes de castanheiro selvagem em todas as "*graineteries*" de todos os "*quais*" – e não as achamos. Descobri, numa grande casa que expunha seus produtos em tabuleiros na calçada (como aliás se usa muito em Paris), um blusão simpático e de preço relativamente módico: comprei-o para o compadre Paixão. Vocês sabem que uma das coisas que me divertiram foi fazer compras: compras de pouca monta, mas agradava-me escolher um lenço, um broche, um bi-bi, pensando no prazer que teria o destinatário. Na esquina da nossa rua – rue d'Astorg – com a place St. Augustin, há um grande magazine, o Prisunic, espécie de Lojas Brasileiras, com uma parte de comestíveis como de um supermercado, aonde eu ia quase todos os dias fazer o sortimento para os lanches na hora do jantar. Lá comprei as coisas mais variadas: uma Romisetta para Fernando, lenços de cabeça para não sei quem, rouges e lápis de sobrancelhas, laranjadas, geleias, presunto, bom-bril, cera para sapatos etc. etc.

A grande compra de Paris (à parte a pulseira) foi, sem dúvida, a das encomendas de Batizinha. Só há *Marché aux Puces* nos sábados e domingos. No sábado, depois de almoço debaixo de um chuvisco friíssimo, preparamo-nos para sair. Eu pelas minhas consultas às plantas de Paris e do metrô, achei que deveríamos tomar o nosso comboio subterrâneo até à Mairie d'Ivry, onde não haveria muito a andar. Meu marido, não acreditando muito em mim, resolveu perguntar ao porteiro do hotel, que nos mandou tomar um ônibus. Vocês não imaginam a que distância nos deixou o tal; pusemo-nos a caminhar: o frio úmido era jogado em cima de nós pelo vento, e de úmido passava a molhado, e eu já batia os queixos. Dizíamo-nos: "Quem sabe se não seria melhor ir a um antiquário na cidade, em vez de vir às pulgas? Talvez nos roubem, nos enganem, e não teremos tido nenhuma vantagem nisso." E seguíamos, já agora em pleno Marché, uma espécie de feira-livre: barracas armadas aos dois lados da calçada, numa extensão de quilômetros. E, quando perguntávamos onde ficavam os antiquários, respondiam os que vendiam roupas, ou sapatos, ou objetos de uso: "Mais uns quinhentos metros e lá estão." Afinal chegamos: já não era a mesma feira livre, mas numa pequena e estreita transversal, uma série de lojinhas atulhadas de coisas preciosas. E que bonitas havia! Comecei a mergulhar numa e noutra, a indagar, a ver e tocar e logo me esqueci do frio e da chuva. Ao fim de cerca de uma hora de escolher e pechinchar, saímos os dois, com um pacote mal feito e pesado – que o marido carregava – e a esperança de ter realizado um bom negócio. Mais chuva e frio, até descobrirmos um táxi que nos levou ao hotel. Só teremos certeza de nos termos desempenhado bem da missão, quando contarmos os gritinhos de Beatriz, medindo-lhes a intensidade.

No dia 22/4, seguimos para Luxemburgo.

Entrevista ao JL (Jornal de Letras, Artes e Ideias – Portugal), por Alberto Júlio Silva
*Há uma relação íntima entre Cleonice Berardinelli e o eng. Álvaro de Campos**

A UMA DISTÂNCIA DE TRINTA ANOS UMA ENTREVISTA envelhece... e esta envelheceu, factualmente. Nela se falava da primeira vez que Cleonice Berardinelli vinha a Portugal para ensinar. Desde então, quantas vezes mais ela voltou, juntou os seus alunos-amigos, amigos-alunos, colegas, admiradores e leitores, quantas mais vezes ela veio dar a ver e a ouvir a portugueses a sua própria literatura recriada por aquela voz única em que o sotaque brasileiro dava ao ensinado, ao declamado, ao lido uma glória luminosa que só a voz de Cleonice sabe erguer diante de nós. Cara, inapagável professora Cleonice.

*

Há mais de quarenta anos [1987] que ensina Literatura Portuguesa nas universidades brasileiras. Regeu agora, durante quatro meses, um seminário sobre Gil Vicente na Universidade Clássica de Lisboa. Contudo, todo o tempo que este lhe deixou livre passou-o na Biblioteca Nacional, analisando o espólio de Fernando Pessoa, porque

Há uma relação íntima entre Cleonice Berardinelli e o eng. Álvaro de Campos

JORNAL DE LETRAS — Como é que uma professora universitária brasileira vem a Portugal ensinar literatura portuguesa?

Alberto Júlio Silva é jornalista e pesquisador.

* Entrevista publicada em 10 de agosto de 1987.

CLEONICE BERARDINELLI — Como é, eu não sei, o fato é que vim. Se você me perguntasse por que é, era mais fácil responder.

JL — Então, por quê?
CB — Por quê... Primeiro, fui convidada, isso é fundamental. E por que fui convidada? Fui convidada sobretudo devido à iniciativa de duas colegas — a professora Maria de Lourdes Belchior e a professora Maria Vitalina Leal de Matos, que me perguntaram se eu teria interesse em dar um curso de mestrado de Literatura Portuguesa na Universidade de Lisboa. Claro que a minha resposta foi sim, pois vir a Portugal é sempre para mim uma tentação e vir conhecer de perto alunos portugueses era talvez uma tentação maior. Portanto, acho que aí está explicado porque vim.

JL — Tanto quanto sei, os alunos gostaram da sua presença cá e acho que gostariam que voltasse. Vai voltar?
CB — É uma possibilidade. Acho que, de fato, se tiver de sair novamente, e por um tempo mais longo, do Brasil, o lugar para onde eu quero ir é Portugal. E, portanto, se houver possibilidade de voltar, eu vou ter com isso um prazer muito grande.

JL — Sai muito frequentemente do Brasil para ensinar?
CB — Não, é a segunda vez que saio. A primeira saí para os Estados Unidos, para a Califórnia, onde dei durante três meses um curso a que eles chamam *Spring Quarter*, na Universidade de Santa Bárbara. Dei lá um curso de Literatura Portuguesa para Licenciatura, um curso que era proposto pela própria universidade, Departamento de Letras (*Spanish and Portuguese Department*). Esse curso, portanto, era um curso de escolha do departamento e era uma visão geral da literatura medieval portuguesa, o que, veja bem, é uma coisa extremamente difícil, sobretudo quando se pensa que os alunos não dominam todos o português.

A minha ida a Santa Bárbara também se deve ao convite da professora Maria de Lourdes Belchior. Mas o curso, sobretudo, agradou-me muito porque, nos Estados Unidos, costuma-se fazer, ao fim de cada curso (e é uma coisa que eu acho que devia ser universalmente adotada), isto: o professor recebe da secretaria uma série de folhas de papel em que há umas perguntas, feitas aos alunos, sobre o curso e sobre o professor. O aluno responde, com letra de imprensa, sem assinar. Se eles tiverem cuidado, dificilmente serão identificados. E então, nós temos, no fim do nosso curso, o julgamento por aqueles que são, a meu ver, os nossos grandes juízes, que são os que nos veem sem maquiagem, não é?, nos veem ali no dia a dia, não é uma aula de concurso, preparada, não é uma conferência, preparada, é a aula que *deve* ser preparada. Então a palavra mais comum dos meus alunos foi *entusiasmo*. Acho que eles me identificaram muito bem, porque eu procurei transmitir a eles, com muito entusiasmo, aquilo que eu queria que eles passassem a apreciar, de que eles gostassem como eu gostava. E consegui. À pergunta "o que acha que se pode fazer para melhorar o curso", houve alunos que responderam que queriam que eu voltasse para dar um curso de dois *Quarters* só sobre literatura medieval portuguesa, de preferência só sobre Fernão Lopes.

JL — Fernão Lopes que não ensinou aqui, na Faculdade de Letras...
CB — Não, uma vez que aqui o mestrado era, segundo fui informada, sobre os séculos XVI e XVII, e, portanto, foi aí, de entre os autores dos séculos XVI e XVII, que eu escolhi um da minha particular estima, que é Gil Vicente.

JL — E sobre quem tem já trabalhos publicados, assim como sobre Camões, Antero e Pessoa, não é?
CB — Sim, tenho, e sobre muitos outros, bastantes mais outros [nesses "bastantes mais outros" cabem, em estudos genéricos, de especialidade e edições críticas, os Trovadores Medievais, Mário de Sá-Carneiro, Vicente Anes Joeira, João de Deus, António Ribeiro Chiado, Gil Vicente, Luís de Camões, Fernando Pessoa ortónimo e heterónimo em prosa e verso, José Régio, Barbosa du Bocage…].

JL — São todos conhecidos, esses trabalhos, aqui em Portugal?
CB — Olhe, um grande número deles, sim, pelo menos podem ser facilmente conhecidos porque saíram num volume de *Estudos de Literatura Portuguesa*, editado pela Imprensa Nacional-Casa da Moeda. No Brasil, reuni em volume os *Estudos camonianos*. Nesses daqui não figura nada sobre Camões.

JL — Entre todos esses autores há algum fio condutor, tem preferência por alguma época?

CB — Olhe, não tenho preferências, não, seria bastante difícil para mim dizer que prefiro um poeta ou outro, ou se prefiro uma época ou outra. Eu tenho, talvez, um gosto bastante eclético, e nós somos a isso levados pela maneira como no Brasil damos os cursos. Nós não temos áreas delimitadas. Nessa minha observação não vai nenhuma crítica, pelo contrário, vai até um pouco de inveja. Eu acho que se nós tivéssemos as épocas um pouco mais delimitadas, se nos pudéssemos tornar especialistas nisto ou naquilo, teríamos menos canseiras e talvez pudéssemos até aprofundar-nos mais. Mas lá, não; eu, por exemplo, tenho tido teses de mestrado e de doutorado que vão desde um que fez Afonso o trovador, Afonso Sanches, até teses sobre autores contemporâneos, como, por exemplo, neste momento em que vou assistir a uma defesa de tese sobre a obra de José Saramago.

JL — Então, diríamos que a sua especialidade é a Literatura Portuguesa e não Fernando Pessoa, Antero, Camões ou Gil Vicente...
CB — Exato, é isso. Mas, naturalmente, dentro desta especialidade tão grande que quase deixa de ser especialidade, claro que Fernando Pessoa e Camões, sobretudo esses dois, têm ocupado um tempo mais amplo na minha pesquisa, do meu trabalho, não diria propriamente o dos cursos dados, mas até talvez também.

JL — Sabemos também que, em anos já mais atrasados, teve também preferência pela arte de representar, passou pelo palco. Quando foi isso?
CB — Isso foi... em tempos quase imemoriais. Isso foi quando eu era estudante na Universidade de São Paulo. Porque eu formei-me pela Universidade de São Paulo, quando no Brasil as universidades começavam a incluir cursos de Letras, foi o primeiro momento. Nós tínhamos, desde muitíssimo tempo, faculdades daquelas de coisas convencionais, daquelas atividades convencionais: engenheiros, médicos, bacharéis em Direito, dentistas etc. Mas não tínhamos ninguém que fosse formado em Letras.

As duas primeiras tentativas foram, uma na que se chama Universidade do Distrito Federal, quando o Rio de Janeiro era a capital do Brasil, e na Universidade de São Paulo. Na Universidade do Distrito Federal começou-se a fazer um curso de Letras com muitos bons professores, mas que não eram, nenhum deles, formados em Letras. Aí, nessa universidade, havia cursos de Letras e de Artes etc. Tivemos professores, mas todos brasileiros. Enquanto em São Paulo resolveram fazer uma universidade em moldes mais europeus. E, portanto, importaram professores franceses, italianos, portugueses, espanhóis; e foi um período assim áureo, porque nos corredores da nossa faculdade nós cruzávamos com Lévi-Strauss, Fernand Braudel, Roger Bastide, vejam lá isso, Giuseppe Ungaretti (que foi meu professor). Foi um período extraordinário. E daqui de Portugal nós tivemos, primeiro, Ribeiro Gonçalves e, depois, Fidelino de Figueiredo, o grande mestre, a quem eu devo hoje em dia ser professora de Literatura Portuguesa.

JL — E o teatro?
CB — Ah, você tinha falado no teatro... Mas antes disso: justamente nesse período, um dos nossos professores franceses foi o prof. Pierre Hourcade, que, por coincidência, foi amigo de Fernando Pessoa (àquela altura, eu nem sabia quem era Fernando Pessoa...). Tenho muita pena de que o Hourcade, nas nossas conversas, em vez de conversar sempre sobre Corneille, Racine e Molière, não tivesse tido a ideia de conversar comigo sobre Fernando Pessoa... Teria adorado!

JL — ... o que lhe deu o gosto de uma grande descoberta...
CB — Pois, isso é verdade. Mas... Portanto, nessa altura, um professor francês que nos dava Latim, prof. Georges Rederes, e que era positivamente um homem de teatro, resolveu encenar *As preciosas ridículas* em francês. E foi então que eu fiz o meu *début* no palco universitário. Bom, desde menina eu estava sempre muito ligada a atividades assim, digamos, mais ou menos correlatas, porque estudei declamação (era o tempo em que todas as meninas que tinham uma certa inclinação aprendiam declamação) e naturalmente participava de pequenos *sketches* e tive até oportunidade, quando tinha dez anos de idade, de representar numa peça em homenagem à imperatriz do Brasil D. Leopoldina, mulher de D. Pedro I, a que vocês chamam IV (era o centenário da morte de D. Leopoldina). Nessa peça havia uma personagem infantil que estava causando uns certos problemas, pois ninguém encontrava uma menina que fizesse o papel, e afinal a minha professora de declamação levou-me e representei o papel da princesa D. Maria da Glória, que àquele tempo assim era, e que seria depois D. Maria II de Portugal. Portanto, veja lá que as minhas ascendências teatrais estão também muito ligadas, já, ao destino de Portugal...

JL — E são mais antigas que as da Literatura.

CB — Mais antigas, sim. Bom, então depois nós representámos o Molière e foi uma representação muito bonita, foi no Teatro Municipal de São Paulo. Foram quatro representações. Nessa altura fui para o Rio, quando terminei o curso, e ali comecei por representar Gil Vicente, na universidade também. Foi uma coisa que marcou muito a minha vida. Fui para o Rio, tendo sido convidada em São Paulo pelo professor Fidelino de Figueiredo para ser sua assistente.

JL— Ah, foi assistente do professor Fidelino de Figueiredo...

CB — Não cheguei a ser, porque meu pai era militar e foi transferido para o Rio, no tempo em que não se deixavam filhas moças para trás: carregavam-se. E, portanto, eu vim para o Rio completamente *dépaysée*, sem saber mais, não tinha mais as minhas raízes, tinham ficado todas em São Paulo. O meu encanto pelo professor Fidelino de Figueiredo, que era imenso, a minha admiração enorme por ele... O professor Fidelino veio também para o Rio e tornou a fazer-me convite, mas ele não se demorou no Rio, porque não se deu bem com o clima, voltou para São Paulo, e eu fiquei novamente solta no espaço. Comecei a fazer um doutorado de Língua Portuguesa, porque era o único que havia, com o professor Sousa da Silveira, um nome que deve ser muito respeitado por todos os que amam as Letras, porque foi um homem de uma grande seriedade. Era um engenheiro que se fez, como autodidata, um grande filólogo. Com isto eu criei um elo com a Faculdade de Letras, que não se chamava ainda Faculdade de Letras, nem a minha de São Paulo. Era uma faculdade que englobava ciências humanas e ciências exatas. Portanto, era a primeira tentativa de fazer um grupo de estudos sem uma finalidade prática imediata: não para ser engenheiro, não era para ser advogado, era para estudar aqueles assuntos, naturalmente. Como aluna, eu fui convidada a participar numa representação pelo novo professor da Faculdade de Letras, professor Thiers Martins Moreira (professor de Literatura Portuguesa, substituindo o professor Fedelino de Figueiredo). Ele resolveu inaugurar a sua atividade na Faculdade Nacional de Filosofia — Departamento de Letras, com uma representação vicentina.

Representamos o *Auto da alma*, em que eu fui o Anjo, o episódio da *Mofina Mendes*, em que eu fiz a Mofina e o *Monólogo do vaqueiro*, que foi feito por um colega. Foi um espetáculo muito bonito, saiu muito digno, muito discreto e sério, com o texto respeitado nos seus mínimos detalhes, e para isso sei que contribuí muito porque, de todas as pessoas que lá estavam, eu era a que melhor o conhecia, uma vez que eu já era licenciada, estava preparando-me para um doutoramento. E na representação desta peça aconteceram-me duas coisas fundamentais: a primeira foi que, quando terminámos a representação, o prof. Thiers Martins Moreira me convidou para assistente; por isso, eu gosto de dizer até hoje que entrei para a Literatura Portuguesa pela mão de Gil Vicente. Isso dá-me muita satisfação, tenho uma grande gratidão, assim à distância, pelo grande dramaturgo. E outra coisa importante foi que, entre as pessoas que assistiram à primeira representação do *Auto*, na primeira fila estava Manuel Bandeira. A nossa amizade começou aí. Portanto, vejam bem, Gil Vicente marca a minha vida desde o limiar da minha atividade como professora de Literatura Portuguesa e também neste limiar de uma amizade muito bonita que só terminou quando Manuel Bandeira morreu.

JL — Falou em Manuel Bandeira. Eu sei que tem admiração, apreço e amizade por João Cabral de Melo Neto. São poetas brasileiros. Há alguma colisão dentro da professora Cleonice Berardinelli entre a Literatura Portuguesa e a Literatura Brasileira?

CB — Não, não pode haver colisão. Em primeiro lugar, são duas literaturas escritas na mesma língua e, portanto, são duas literaturas cuja expressão é comum e extremamente semelhante. As pequenas diferenciações que se verificam entre elas não fazem com que haja, nunca, uma dissensão. Portanto, nem dissensão nem colisão. Por outro lado, são duas literaturas que eu amo profundamente, embora tenha de confessar que conheço muito mais a Portuguesa do que a Brasileira uma vez que, há mais de quarenta [1987] anos, é nela que eu trabalho, é nela que eu praticamente vivo, enquanto a Brasileira preenche os espaços que a Portuguesa permite.

JL — Nós diríamos que a Literatura Portuguesa continua também a viver pela professora Cleonice Berardinelli. E aqui, gostava de fazer-lhe outra pergunta: será inconfidência dar a conhecer aos leitores uma relação persistente, embora um bocado secreta, que tem mantido, aqui em Lisboa, com o engenheiro Álvaro de Campos?

CB — Não. A minha relação com o eng. Álvaro de Campos não chega a ser secreta, pois que tenho a impressão de que, dentro da Biblioteca Nacional, todos aqueles que me veem entrar todos os dias (aqueles dias em que eu não estava dando aulas) e ficar lá, desde que abrem as portas quase até quando estas se fecham, acho que a maior parte dessas pessoas sabe muito bem que há uma relação constante, íntima, entre mim e o eng. Álvaro de Campos. É, de fato, um trabalho fascinante, este, que eu estou agora podendo executar, e que não vou completar ainda desta vez, mas em que estou tendo a revelação de textos de Álvaro de Campos que estão, até hoje, absolutamente inéditos.

JL — Guardados na arca?
CB — Estavam, mas agora já não é mais uma arca, mas uma série de caixas, onde está tudo bem arrumado, bem fichado e onde eu vou então encontrar alguns textos de fácil leitura, muitos datilografados, mas outros que são numa linguagem que eu poderia dizer — cifrada. Porque a letra dele às vezes é perfeita, excelente, e de leitura imediata, mas de repente, no meio de um poema, ele começa a escrever com uma velocidade incrível (é a impressão que se tem), e então as palavras começam a diminuir de tamanho, principalmente quando uma mesma palavra se repete duas ou três vezes. Da primeira vez ele escreve a palavra relativamente bem e depois ela vai desaparecendo até ser assim um amontoado de rabiscos que nós identificamos com dificuldade, naturalmente bastante pelo sentido. A leitura do Álvaro de Campos ainda é mais difícil do que a do Fernando Pessoa ele mesmo, ou do Ricardo Reis, porque...

JL — Distinguem-se na letra? (risos da professora e do entrevistador)
CB — Não, na letra não (ri). ... porque nos outros nós podemos recorrer à rima e ao metro, e descobrimos muita coisa assim, enquanto no Álvaro de Campos raramente há rima. Às vezes faz. Nós sabemos que ele tem já publicados alguns sonetos e eu ainda descobri mais dois, lá, um deles é denunciadamente dele e o outro atribuo-o a ele, embora não tenha nenhuma indicação de autoria no manuscrito. E é muito engraçado: ele faz o soneto, de repente ele faz um verso e diz, mais ou menos isto, não sei textualmente: mas este verso está errado. E de fato ele pôs uma sílaba a mais.

Há um trabalho de revisão das edições que já existem, porque têm bastantes divergências com os textos que lá encontrei.

JL — Quando diz "há um trabalho" refere-se ao trabalho que está a fazer neste momento?
CB — É.

JL — Um trabalho de revisão dos textos?
CB — Bom, comecei por aí. Comecei por procurar nas pastas os textos que já foram publicados. Foi por aí que eu comecei o meu trabalho. E como é que eu fui descobrir nas pastas os textos que foram publicados? Foi graças a uma amiga, que se torna cada vez mais amiga: é a Teresa Sobral da Cunha...

JL — Pessoana de cepa...
CB — Pessoana de cepa e que trabalha justamente no espólio de Fernando Pessoa. Ela é a pessoa que transita *por ínvios caminhos* com uma naturalidade espantosa, às vezes. Tem-me dado uma ajuda muito significativa, tem-me ajudado quando os textos estão tremendamente difíceis. Aparece lá como um anjo bom e, muitas vezes, aquilo que eu sozinha não tinha descoberto, começo a descobrir quando as duas começamos a lutar com o texto. É um trabalho de paciência e de... realmente de dedicação. Se não fosse isso, não se faria nada.

JL — Eu ia perguntar-lhe como é redescobrir Fernando Pessoa ou Álvaro de Campos. Nós, hoje, esgotámos um tanto as expressões superlativas — é tudo gratificante, é tudo fascinante. Acabou de dizer que o seu trabalho com Álvaro de Campos é um trabalho de paciência.
CB — É. Olhe, é um trabalho de paciência, mas — gratificado, largamente. É como se, a cada momento, a gente recebesse um prémio, porque consegue ler isto ou aquilo. Agora, com isso eu não quero dizer que os textos que estão surgindo, e que são inéditos, não sejam bem numerosos (não são poucos! têm um número razoavelmente considerável). Acontece que esses textos nem sempre têm a mesma extensão nem a mesma qualidade. Há textos que são, digamos, pequenas reflexões do poeta, experiências. Ele joga meia dúzia de versos aqui e deixa o papel.

JL — E por que será que o Fernando Pessoa, Álvaro de Campos neste caso, terá deixado todos esses tentames, não os terá destruído? Esperava a paciência de pesquisadores como Cleonice Berardinelli, ou esperava outro trabalho dele mesmo?

CB — Olhe, essa sua pergunta é uma boa pergunta, porque, muitas vezes, quando eu começo a mexer naquelas coisas, tenho um pouco a sensação de que eu estou devassando a intimidade de Fernando Pessoa, que era um homem fechado, discreto, que andava, como eu disse um vez, escondido atrás dos óculos. A sensação que dava, era, realmente, de alguém que não gostava muito de intromissões na sua vida. (E esta é a opinião, até, de amigos meus, que acham que não se devia ficar remexendo isto, que se devia deixar só publicar aquilo que já estivesse em estado de ser publicado). Bom, em primeiro lugar, eu acho que é um pouco difícil, porque nós não sabemos bem como foi que se mexeu pela primeira vez na célebre arca, que era um baú. E, então, suponhamos, se eu tivesse, neste momento, acesso pela primeira vez à arca e a encontrasse como Fernando Pessoa a deixou, eu saberia. As pessoas disseram que havia maços atados com cordéis, e então aí diríamos: ele atou o que já estava pronto para publicar. Vamos então dizer que é só isso que ele quer que se publique, vamos publicar só isso. Mas já tantas mãos mexeram naqueles papéis, tantas, tantíssimas mãos que, hoje em dia, nós já não sabemos o que é que Fernando Pessoa, de fato, considerava que estava pronto para sair, como você me disse, por que não rasgou?

Porque ele não queria rasgar, porque ele ainda achava que dali sairia alguma coisa, porque ele iria tomar, digamos, um pouco daqui, um pouco de lá, tomar até alento na releitura dos seus próprios textos.

JL — Será só isso, ou será que ele, que escondia a sua intimidade atrás dos óculos, como acabou de dizer, não terá deixado o resto da sua intimidade para depois, quando já não pudesse ser pessoalmente importunado? Que é que acha?
CB — Para depois de quê? Da morte?

JL — Da morte ou desta vida que ele tem, que é mais longa.
CB — Bom, ele não imaginava que ia morrer com 47 anos, até porque ele fazia os seus auto-horóscopos e supunha que ia viver mais. Pode ser até que, ao aproximar-se a tal data que ele se tinha atribuído como a data final, ele tivesse destruído mais alguma coisa. Mas não destruiu. Agora, o que é curioso é isto: ele devia ter uma certa fobia de destruir o que fazia, porque há pedacinhos de papel de poucos centímetros, papéis assim, tirados aos bocados, meio rasgados, onde ele escreve uma frase e guarda, onde ele começa um

projetozinho e guarda. Quer dizer, ele guardava, parece-me, tudo. E esse tudo dele é uma coisa monumental, imensa, não acaba nunca. À medida que se mexe naqueles papéis, fica-se assustado até com a quantidade de coisas que esse homem escreveu e pelos caminhos vários que percorreu. Andou por todo o lado. Meteu-se em mil tentativas disto ou daquilo: antologias portuguesas, antologias internacionais, europeias, uma quantidade de coisas. Portanto, eu acho que a obra do Álvaro de Campos, que é, no momento, aquela sobre a qual eu posso falar, porque é aquela com que eu estou convivendo, é uma obra que vai encorpar-se muito quando eu puder publicar essas coisas que encontrei lá, essas coisas que estão num estado muito diverso, coisas que se podem considerar como poemas completos, desenvolvidos e até acabados (no sentido de perfeitos), e há estes bocados. Então, dentro de mim dá-se uma espécie de um choque entre esta sensação de que estou devassando aquilo que devia ficar oculto, mas, por outro lado, eu estou revelando a um público interessado — porque só quem estiver interessado é que vai interessar-se por uma edição crítica...

JL — Está, portanto, a preparar uma edição crítica de Álvaro de Campos?
CB — Estou tentando preparar uma edição crítica de Álvaro de Campos.

JL — Para daqui a muito tempo?
CB — Olhe, a pretensão seria até, pelo menos, o fim do ano que vem, para entrar dentro das comemorações do centenário. Tenho microfilmes da parte mais extensa e agora estou tirando também de alguns trechos que eu descobri em pastas que não são dele, algumas que não têm atribuição a ele, mas que são visivelmente dele.

Portanto, eu estou também tirando cópias fotoestáticas, aqui na Biblioteca. É com esse material que eu pretendo continuar e voltar a Lisboa em janeiro, depois de terminar as minhas aulas no Brasil, para então fazer o resto da pesquisa. Nessa altura o que eu pretendo fazer será uma edição o mais perfeita possível da obra em verso de Álvaro de Campos.

JL — Será, então, esse o texto de referência, digamos.
CB — Exatamente. Quero ver se consigo fazer um texto escoimado, não digo totalmente porque nós sabemos que talvez não exista uma edição que não te-

nha uma gralha, pelo menos. Mas escoimado, na medida do humano, de erros, porque as edições anteriores têm muitos, muitos erros. Alguns que deformam o pensamento do poeta, alguns que são apenas uma vírgula a mais, uma vírgula a menos. Portanto, quero ver se a parte já publicada fica escoimada dos erros (e se eu não lhe trago outros). Isso é uma coisa muito interessante: é que da parte já publicada nós temos uma grande maioria dos textos originais. Foi uma coisa que pareceu, durante certo tempo, que não existia — os textos originais, dos quais se serviu a edição da Ática, estão no espólio. Faltam uns vinte poemas, mais ou menos, o que é uma proporção de cerca de cinco para um. Há uns poemas dos quais eu não vou poder garantir nada, porque não tenho um ponto de referência.

Nessa edição que eu pretendo fazer haverá uma parte de poemas já publicados e rigorosamente cotejados com os originais, que são na maior parte datilografados, mas alguns são manuscritos. Haverá um grupo de poemas, um grupo muito menos numeroso, dos quais eu vou ter de manter as edições anteriores, porque não tenho originais. E há toda uma parte, que não vai ser tão pequena assim, de textos que vão ser publicados pela primeira vez.

JL — Então, esperamos em janeiro novas revelações.
CB — Vamos ver.

JL — A cidadã brasileira Cleonice Berardinelli veio, também, descobrir raízes portuguesas?
CB — Eu não sei se descobri raízes, mas, pelo menos, tentei encontrar um espaço que se nomeia com o meu nome de família. Há muitos anos o professor Paiva Boléo mandou-me um estudo que tinha feito sobre dialetos do Norte de Portugal, Nesse estudo havia um mapa e neste mapa a indicação de um lugar, um pequenino, pequeníssimo lugar, que se chamava *Seroa*. Serôa é o nome do meu pai, Serôa da Motta é a família do meu pai. Portanto, quando eu descobri aquele lugarzinho, Seroa, daqueles que parecem assim um pinguinho num mapa (isso faz muitíssimos anos), comecei a pensar que, quando viesse a Portugal, eu iria descobrir onde ficava essa vilazinha ou aldeia. Depois disso já vim várias vezes, já tentei e nunca consegui. Mas desta vez, no Porto, e com a ajuda de amigos de lá, consegui. Eu já tinha descoberto numa enciclopédia que Seroa é uma aldeia que fica a mais ou menos oito quilómetros de Paços

de Ferreira. Já era uma localização. Claro que todas as pessoas a quem eu dizia "eu quero conhecer Seroa" me respondiam: mas o que é isso, onde é isso? No caminho para Paços de Ferreira, de repente, vê-se uma placa, no lado direito, onde está inscrito Seroa, o que me deu uma emoção muito grande. E eu que imaginava encontrar uma aldeiazinha daquelas descritas pelo Manuel da Fonseca, uma aldeiazinha com pequenas casas velhas, um poço, aquelas coisas bem tradicionais e primitivas (na enciclopédia dizia-se que Seroa tinha uma tradição desde 1200), deparei apenas com uma aldeia, realmente, mas cujo nome de aldeia não calha muito, porque as casas são modernas, de dois ou três andares, têm vitrinas, montras de vidro onde aparecem bonitas mobílias. Fomos dar a uma casinha onde havia uma senhora a quem eu perguntei se morava ali alguém chamado Serôa. Ela respondeu-me que Serôa é o nome da terra. Eu disse: eu sei, mas acontece que me chamo Serôa. Mas não havia ninguém, infelizmente. Voltámos à estrada e, afinal, eu consegui descobrir uma capelinha pequenina, que estava fechada.

JL — Essa, aí, correspondia à visão da aldeia que tinha na cabeça?
CB — Era só a capelinha. Da minha aldeia sobrou a capelinha, linda, da qual tirei muitas fotografias. Era linda. Mil setecentos e poucos. Portanto, a capelinha, uma rua coberta por latada de uvas e a casinha desta senhora, meio arredada, foi aquilo que me ficou mais. Fui procurar, para ver se tinha alguma informação, a casa paroquial. E a casa paroquial tinha escrito, em cima: Casa Paroquial de *Serôa*, o que me deu uma grande satisfação porque Seroa, ali, estava escrito com acento circunflexo, que é como eu escrevo. É como nós escrevemos o nosso nome. Nós, lá no Brasil, que somos muito inovadores em muita coisa, nos nomes somos conservadores. O meu *Serôa da Motta* tem acento e dois *tt*.

JL — É quase uma última pergunta. Eu sei que a professora Cleonice Berardinelli teve, no Brasil, um papel muito importante na manutenção da Literatura Portuguesa no ensino. Gostava que nos falasse disso, porque acho importante que se saiba aqui, em Portugal.
CB — Essa foi uma questão que nos abalou muito, no Brasil. Foi em 1985. Um professor de Letras, que tinha sido um dos maiores propugnadores do ensino das Letras no Brasil, o professor Afrânio Coutinho, sendo membro do

Conselho Federal de Educação e sendo-lhe pedido um novo currículo para os cursos de Letras, fez uma alteração total. De entre as novas alterações que fez havia um quase banimento da Literatura Portuguesa.

JL — Em que níveis de ensino?
CB — Na universidade, porque no ginásio (secundário) já não existe há muito tempo. Isto é, não existe, não é assim. O professor pode dar. Não há uma proibição formal. Mas, nas faculdades de Letras, nós sempre tivemos, no Brasil, um espaço para a Literatura Portuguesa que, e isso eu digo com mágoa, nunca se deu à Brasileira em Portugal. E uma das coisas que enfraqueciam a nossa luta era o momento em que se fazia o paralelo.

JL — Sabe que na licenciatura há uma cadeira, obrigatória, de Literatura Brasileira, que existe como opção para os outros cursos de Literatura?...
CB — Mas, então, agora ouça lá, e eu acho que isto é muito importante, já que acho que isso deve ficar bem dito: no Brasil, nos cursos de Letras, nós temos o que vocês chamam aqui Estudos Portugueses, que nós chamamos Letras Vernáculas: é a língua vernácula e as literaturas vernáculas. Ao lado disso nós temos as licenciaturas em Português e uma língua ou, então, línguas clássicas: Português e Grego, Português e Latim. Bom. Mas *todos*, *todos* têm Literatura Portuguesa como obrigatória. Portanto, na nossa faculdade, na Universidade Federal do Rio de Janeiro, que é onde eu sou professora há mais tempo, nós temos um mesmo número de aulas de Brasileira e Portuguesa. Na Universidade Católica, onde também leciono, é mais ou menos o mesmo. O que acontece é que aqui em Portugal não é verdade. Aqui em Portugal a Literatura Brasileira é a parente pobre. Mas não é pelo fato de nós acharmos que em Portugal está errado que nós vamos errar no Brasil. Nós queremos acertar por cima. Queremos é que Portugal aumente o número de cursos de Literatura Brasileira, sobretudo num curso de Estudos Portugueses. São as duas grandes literaturas da língua. Claro que não estou com isto pondo de lado as africanas, não. Mas as que têm mais representatividade, que têm uma história, são a Portuguesa e a Brasileira. Nós só começámos a existir no século XVII e, até aí, o nosso passado é comum, é uma literatura só.

Mas, o meu papel foi que, primeiro, eu participei de manifestos, de reuniões, e, nessa altura, nós estávamos fundando na Faculdade de Letras um

Seminário Permanente de Estudos Portugueses. É uma espécie de um Centro de Estudos Portugueses. A inauguração desse seminário foi exatamente no momento em que a crise era mais intensa. Então eu aproveitei o meu discurso de inauguração para não só falar da importância da Literatura Portuguesa dentro da nossa universidade como do grande número de professores de Literatura Portuguesa (são cerca de vinte na nossa universidade, eu costumo até chamar-lhes a minha família portuguesa). Aproveitei esse momento, que era uma coisa pública e com um público numerosíssimo, para pôr a nossa posição, a minha e a dos meus colegas da Literatura Portuguesa da Universidade Federal, perante o Brasil. E depois fizemos disso um boletim que distribuímos largamente.

JL — E como é que ficou a sua tomada de posição? Foi avante?

CB — Nós ganhamos, porque o currículo nunca foi aprovado. Esse tal currículo não abolia, mas praticamente deixava a Literatura Portuguesa só nos cursos de Vernáculas e, assim mesmo, numa dosagem muito diminuta. Mas o que foi muito bonito no Brasil foi a reação não partir só dos professores de Literatura Portuguesa — podia dizer-se eles estão se defendendo, é *pro domo sua*. Foram *todos* os professores de Letras do Brasil, foi uma voz só, viu, foi assim aquela grande voz coletiva que gritou, e eu tenho muita satisfação de dizer que a minha foi uma das vozes que se elevaram e, claro, a essa altura, a minha voz tem um certo significado no Brasil. E, além disto, além de estar presidindo este seminário, eu sou a presidente da Associação de Professores de Literatura Portuguesa do Estado do Rio de Janeiro.

JL — Quem é Cleonice Berardinelli? Professora? Investigadora? Ensaísta? É isto tudo e, também, pesquisadora dos segredos de poetas já longínquos? Quem é?

CB — Olhe, sem querer criar uma heteronímia para mim, eu acho que sou um pouco tudo isso. Mas o que eu sou na raiz, na origem, no mais profundo, é professora. Eu gosto de dizer isso, de o afirmar, quando me dão oportunidade. Eu não sou uma investigadora que dá aulas, não sou uma escritora que também rege turmas, eu sou uma professora que, movida pelo interesse da minha profissão, pelo interesse dos meus alunos, da preparação de boas aulas (pelo menos tão boas quanto eu sou capaz de dar), eu investigo e escrevo. Mas, antes de tudo, sou professora. Um dia eu fui paraninfa de todas as turmas da Faculdade Nacional de Filosofia (o paraninfo ou a paraninfa é o professor escolhido por todos como o padrinho da turma. O paraninfo, na solenidade da entrega dos diplomas, faz um discurso, ouve o discurso do representante da turma...). Isto agora está-se tornando cada vez menos expressivo, mas, naquela altura, quando terminou uma turma em 1953 (portanto, veja lá, faz muito tempo, eu não tinha ainda dez anos de professora, ainda era uma professora assistente), a Faculdade era Nacional de Filosofia, portanto englobava todas as áreas das ciências. Os alunos de Letras, que eram muito numerosos, escolheram o meu nome para ser a paraninfa de Letras e, como paraninfa de Letras, ser paraninfa oradora de todas as turmas. Foi um grande momento na minha vida, um momento que me deu uma felicidade enorme, e eu tive que fazer um discurso. Lembro-me, mais ou menos, de ter dito isto para terminar: "Se me perguntassem agora: se tivesse a possibilidade de recomeçar, recomeçaria pelo mesmo caminho?". Eu respondi que sim. Porque ser professora não é o que eu faça melhor que ninguém, mas é aquilo que eu sei fazer melhor.

JL — E mantém?

CB — Mantenho. Vou morrer com isso, com essa mesma ideia.

{5}

Um campo de imagens

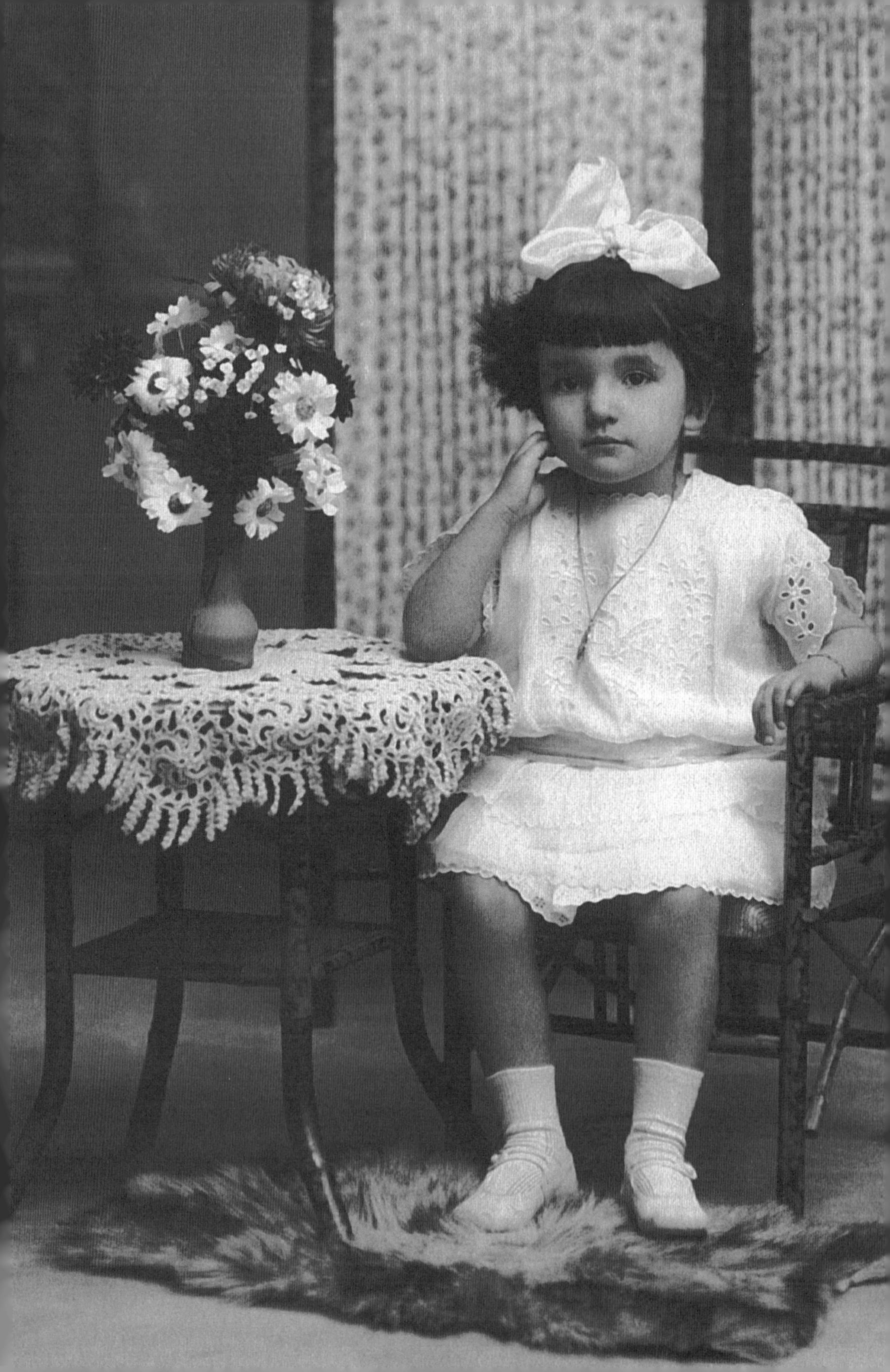

Página ao lado:
Cleonice aos 5 anos de idade, em Itu, São Paulo

Acima:
Cleonice aos 9 anos, em seu primeiro recital de declamação

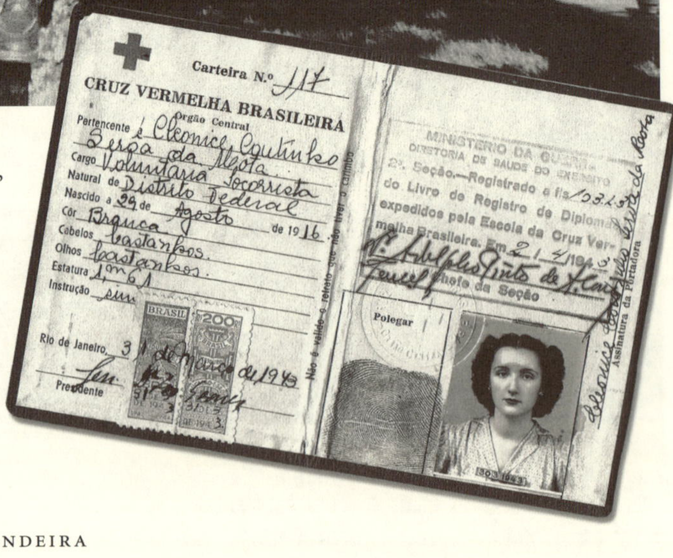

Acima:
Cleonice em São Lourenço, início da década de 1940

Carteira de "voluntária socorrista" da Cruz Vermelha, durante a Segunda Guerra Mundial

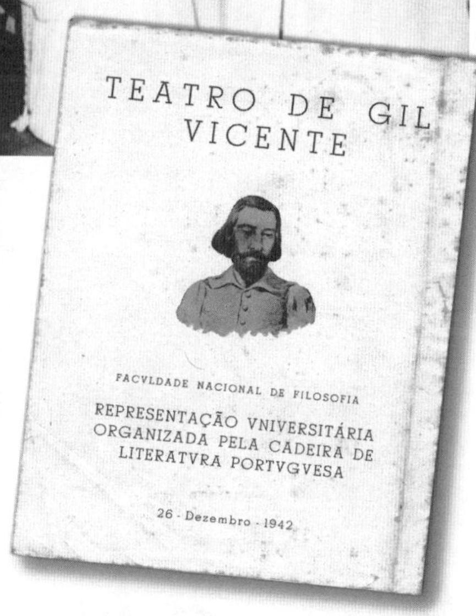

TEATRO DE GIL VICENTE

FACVLDADE NACIONAL DE FILOSOFIA

REPRESENTAÇÃO VNIVERSITÁRIA ORGANIZADA PELA CADEIRA DE LITERATVRA PORTVGVESA

26 - Dezembro - 1942

Acima:
No papel de Anjo no *Auto da Alma,* vicentino; encenação de 1942

Programa das peças de Gil Vicente representadas na Faculdade Nacional de Filosofia (FNFi), em 1942

Ao lado:
Com uma amiga, fantasiada para o carnaval de 1933

Alto e acima:
Homenageada pelos licenciandos em Letras Clássicas da Faculdade Nacional de Filosofia (FNFi), 1953

Ao lado:
Cleonice como paraninfa de formandos secundaristas do Colégio Mello e Sousa, final da década de 1940

Acima:
Retrato de 1949,
dedicado ao marido

À direita:
A dedicatória autógrafa

Página ao lado:
Os noivos, Cleonice e Álvaro,
no dia do casamento, 1949

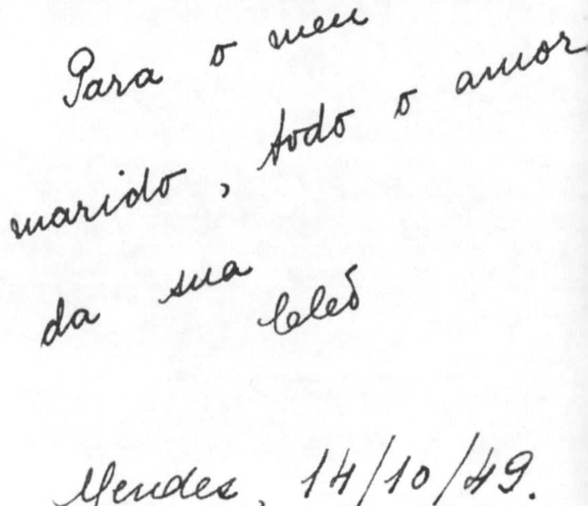
Para o meu marido, todo o amor da sua Cleo

Mendes, 14/10/49.

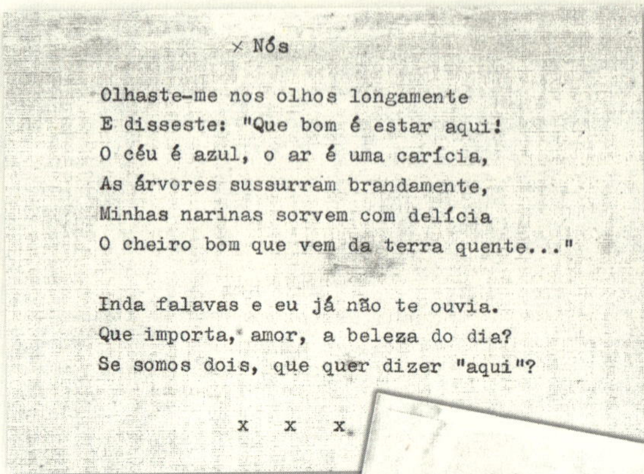

× Nós

Olhaste-me nos olhos longamente
E disseste: "Que bom é estar aqui!
O céu é azul, o ar é uma carícia,
As árvores sussurram brandamente,
Minhas narinas sorvem com delícia
O cheiro bom que vem da terra quente..."

Inda falavas e eu já não te ouvia.
Que importa, amor, a beleza do dia?
Se somos dois, que quer dizer "aqui"?

x x x

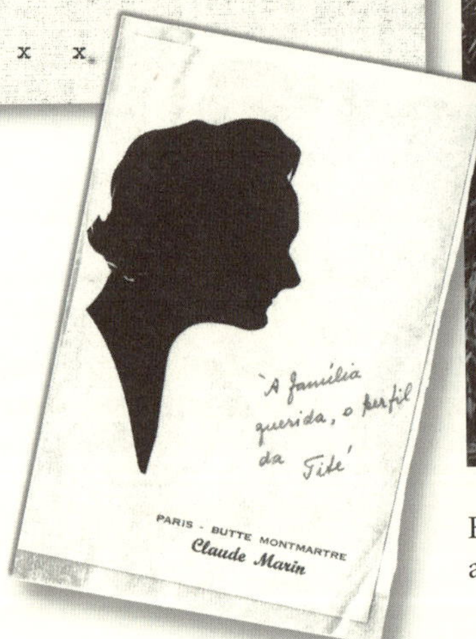

Acima:
Poema inédito de Cleonice, anos 1950

Perfil de Cleonice, recortado por artista parisiense, dedicado à família, 1959

Em Lisboa, à frente da estátua a Eça de Queirós, 1959

Página ao lado:
Cleonice no Templo de Diana em Évora, 1959

Abaixo:
Com o marido em Veneza, celebrando 10 anos de casamento, 1959

Alto:
Cleonice e Margarida Alves Ferreira, num intervalo de aulas na UFRJ, início da década de 1960

Acima:
Cleonice recebe sua primeira comenda do Governo Português — a do Infante D. Henrique —, em 1966

Alto:
Conferência no Real Gabinete Português de Leitura, Rio de Janeiro, anos 1970

Acima:
Capas das miscelâneas *Cleonice, clara em sua geração* (1995) e *Figuras da Lusofonia* (2002), dedicadas a Cleonice

Ao lado:
Conferência de Cleonice no Centre Culturel Portugais, da Fundação Calouste Gulbenkian, em Paris, 2007

Com José Saramago, durante 6º Congresso da Associação Internacional de Lusitanistas (AIL), Rio de Janeiro, 1999

Cleonice autografando *Gil Vicente: autos*, na ABL, 2012

Ao lado:
Cleonice no lançamento dos *Estudos camonianos*, 2000

Na gravação do filme (*O vento lá fora*), com Maria Bethânia, 2014

No Real Gabinete Português de Leitura, em homenagem a Mário de Sá-Carneiro ao lado de Adriana Calcanhotto, 2014

Cleonice na comemoração de seu aniversário de 100 anos, Casa Julieta de Serpa, Rio de Janeiro, agosto de 2016

Entre as duas famosas telas de Fernando Pessoa, pintadas por Almada Negreiros, Lisboa, anos 1980

{6}

100 revisitas à Genuína Fazendeira

"Uma riqueza de frutos/ e de flores [...]/ com que arte transplantados"

[Ensaios e revisão crítica]

Alexandre Montaury Baptista Coutinho

A ficção de António Lobo Antunes: a presença de Ângelo de Lima

No ensaio "A geração de 70 e a geração de Orpheu",[1] escrito em 1965, a professora Cleonice Berardinelli, ao apontar comemorações simultâneas que marcam aquele ano – "o primeiro centenário da Questão Coimbrã e o meio centenário do aparecimento de *Orpheu*" –, propõe uma análise comparativa das duas gerações, ao mesmo tempo em que busca evidenciar "concordâncias e discordâncias", destacando a equivalente relevância, no plano literário, das duas gerações e as suas "divergências no plano da ação social e política". Ao introduzir a sua análise de *Orpheu*, a professora chama a atenção para a recepção crítica da "nova literatura" proposta pela geração de *Orpheu* em 1915, que provoca "tremendo impacto" no campo cultural:

> *Gritam os jornais de Lisboa e do Porto chamando-lhe "Literatura de manicômio" e a seus poetas "doidos com juízo". Não contribuiria pouco para tal julgamento o desejo de épater de que o próprio Pessoa se penitenciaria logo depois. (...) Não tinha ainda arrefecido a sanha contra* Orpheu *1 e já saía, em Junho,* Orpheu *2. Para maior escândalo, inclui (...) versos de um internado do Hospital de Miguel Bombarda, Ângelo de Lima.*[2]

Ao evocar a figura de Ângelo de Lima, a professora identifica-o como "poeta de gênio na fronteira entre a razão e a loucura", para, em seguida, afirmar:

Alexandre Montaury Baptista Coutinho é professor do Programa de Pós-Graduação em Literatura, Cultura e Contemporaneidade, do Departamento de Letras da Pontifícia Universidade Católica do Rio de Janeiro (PUC-Rio).

1 Cleonice Berardinelli, "A geração de 70 e a geração de Orpheu", in *Fernando Pessoa: outra vez te revejo*, Rio de Janeiro: Lacerda Editores/ Cátedra Jorge de Sena, 2004, p. 50-70.
2 Ibid., p. 60.

"Breve foi a vida de *Orpheu*, mas longa a sua presença que até hoje se faz sentir. Presença e influência, é bom que se diga, no plano puramente estético".[3] É precisamente esta "presença que até hoje se faz sentir" que põe em movimento as premissas norteadoras deste texto. Trata-se aqui, portanto, de propor um esforço analítico em direção a essas formas heterogêneas de permanência, ou de presença de *Orpheu* no contexto literário contemporâneo. Imediatamente, é necessário verificar que a noção de "hoje", tal como aparece no ensaio da professora, corresponde aos anos sessenta, à ocasião do "meio-centenário" de *Orpheu*. Também é necessário verificar que se, por um lado, em 1965, a professora podia perceber os legados – estéticos, "é bom que se diga" – de *Orpheu*, por outro lado, àquela altura, não seria possível obviamente prever que quatorze anos depois desta formulação, em 1979, surgiria na cena literária portuguesa um escritor que viria, de certa forma, a confirmar a hipótese da "presença", tal como observa Cleonice Berardinelli.

Cinquenta anos depois, em 2016, na ocasião em que outra vez se celebram dois centenários – agora o de *Orpheu* e o da professora Cleonice –, proponho pensar uma ligação, um elo que permitisse uma articulação possível entre a geração de *Orpheu* e a ficção de António Lobo Antunes, para tentar demonstrar a percepção da professora em 1965.

A busca por essa ligação levou quase imediatamente à figura de Ângelo de Lima, que, no contexto da geração de *Orpheu*, imprimiu em poemas e pinturas *estados de consciência* e *turbulências interiores* que não se limitavam ao poema ou à pintura; em diversos momentos, essas impressões são referidas na obra de Lobo Antunes. Neste texto, a ideia central é a de rascunhar um arco de derivações estéticas que, mais do que um processo de formação ou de influência, constituísse um conjunto heterogêneo de formas de presença que se materializam como legado e como possibilidade de renovação dos horizontes artísticos.

A presença de Ângelo de Lima na obra de António Lobo Antunes se evidencia em momentos e de formas diversas. Não parece necessário reduzir esta presença a citações feitas ao longo da obra do escritor, como a que aparece no título do livro de cartas escritas durante a guerra colonial em Angola,[4] intitu-

3 Idem.

4 António Lobo Antunes, *D'este viver aqui neste papel descripto: cartas da guerra*, Lisboa: Dom Quixote, 2005.

lado a partir de um excerto integralmente pinçado de uma carta dirigida pelo poeta Ângelo de Lima ao seu responsável médico, doutor Miguel Bombarda: *D'este viver aqui neste papel descripto.*

Ângelo de Lima passou vários anos internado nos hospitais de Conde de Ferreira, no Porto, e Rilhafoles, em Lisboa, onde foi observado pelo doutor Miguel Bombarda e onde viria a morrer, em 1921. A sua poesia completa foi reunida em 1971, graças ao trabalho de recolha de Fernando Guimarães.[5] Além de ter sido poeta apreciado pelo jovem médico António Lobo Antunes, sua obra também logo despertou o interesse pelo caso clínico vivido pelo poeta. Em 1974, antes mesmo de sua estreia como ficcionista, que se verificará cinco anos mais tarde, António Lobo Antunes apresentou, em coautoria com Inês Silva Dias, o caso clínico do poeta Ângelo de Lima à Sociedade Portuguesa de Neurologia e Psiquiatria, com o título "Loucura e criação artística: Ângelo de Lima, poeta de Orpheu",[6] distinguido com o prêmio Sandoz de Psiquiatria. Segundo Isabel Maria Pinto do Souto e Melo, "o processo clínico de Ângelo de Lima desapareceu do Hospital Miguel Bombarda, à semelhança do que aconteceu no Hospital do Conde Ferreira". Nota-se que se, em 1974, António Lobo Antunes e Inês Silva Dias tiveram acesso aos documentos relativos a suas internações; em 2003, o nome do poeta-interno já "nem sequer figurava nos ficheiros do arquivo".[7] Em crônica publicada em dezembro de 2015 na revista portuguesa *Visão*, o escritor António Lobo Antunes lembra de haver encontrado os registros do caso nos arquivos do hospital: "Ainda lá encontrei a sua história clínica, escrita pelo punho do director, bastantes poemas e estudos para a bandeira nacional que não foram aceites".[8]

Seria interessante poder abrir um diálogo com *Le pouvoir psychiatrique*, curso ministrado por Foucault no Collége de France entre os anos de 1973 e 1974, publicado em 2003, ou com a sua *A história da loucura na época clássica*, para demonstrar que, em linhas gerais, no início do século XX, os sanatórios

5 Fernando Guimarães, *Poesias completas de Ângelo de Lima*, Lisboa: Assírio e Alvim, 1991.

6 Cf. Isabel Maria Pinto do Souto e Melo, *O anfigurismo na poesia de Ângelo de Lima*, dissertação de mestrado, Universidade do Porto, Porto, 2003, sob a orientação do professor Luís Adriano Carlos. Disponível em <http://dited.bn.pt/31634/2620/3203.pdf>. Acesso em 12 ago. 2015.

7 Ibid., p. 19.

8 António Lobo Antunes, "Crônica com proposta de cura no fim", revista *Visão*, dez. 2015. Disponível em <http://visao.sapo.pt/opiniao/2015-12-17-Cronica-com-proposta-de-cura-no-fim.> Acesso em 23 mar 2016.

funcionavam a partir de premissas semelhantes às dos presídios. Visam, no mínimo, a exclusão de indivíduos considerados inadequados ao convívio social, supondo um processo de *cura* que é semelhante a uma *normalização* de condutas e de valores morais. Esta dimensão permite perceber o que Foucault identifica, em sentido mais geral, como uma persistência de modelos antigos de poder absoluto ou soberano, pré-capitalista, a se converter em um poder biopolítico, que, no contexto liberal, permite ao Estado e a suas instituições decidir a quem é concedido o direito de viver. Artaud, em Rodez; Ângelo de Lima, em Rilhafoles, *normalizados* através de procedimentos médicos, medicamentos específicos e exclusão. Em lugar de desenvolver uma leitura mais detalhada desses encarceramentos, gostaria de pensar a poesia de Ângelo de Lima como presença estética no contexto do século XX português:

> *Tenho sido manejado como um puro manequim. Os seus meios de manejo têm sido — a mim aqui ao seu dispor abandonado por toda uma sociedade, a começar por aqueles que mais estrito dever tinham de tal não fazer — os seus meios de acção são, já a tortura, já a sugestão, já o veneno. A tortura consiste em maus tratos aqui, sequestros, insultos, intrigas por aí, etc. A sugestão consiste em alusões nas conversas, recadinhos como que involuntariamente enviados, etc.*
>
> *(...) Por meio d'estes venenos são-me senhores do cérebro (que legam, manejam, sobreexcitam, centro por centro, fazendo-me assim, rir, chorar, estar triste, falar, estar calado) — são[-]me senhores do cérebro, atacando-me já o modo de função de cada órgão (...)*[9]

Em junho de 1915, Fernando Pessoa e Mário de Sá-Carneiro, diretores do número 2 da revista *Orpheu*, decidem publicar "poemas inéditos" de Ângelo de Lima, que abrem este número da Revista Trimestral de Literatura, para épater o burguês lisboeta. Foram publicados "Cântico Semi-Rami", "Neitha-Kri", "Ninive" e "Edd-Ora Addio – Mia Soave", este último "dedicado aos meus amigos de *Orppheu*".

Para Jorge de Sena,[10] Ângelo de Lima foi um dos poetas que melhor fizeram a transição do Simbolismo para os movimentos de vanguarda. Se o primeiro Mo-

9 Fernando Guimarães, op. cit., p. 119.

10 Jorge de Sena, "Post-fácio – 1963", in *Poesia II*, Lisboa: Edições 70, 1988, p. 159.

dernismo português foi marcado por alguma sensibilidade finissecular de matriz simbolista, a poesia de Ângelo de Lima pode ser considerada uma das vias de acesso a estratégias poéticas que chegam a reemergir na produção surrealista a partir de 1949 e que voltam a aparecer em objetivações literárias tão diversas quanto as de Herberto Helder, António Lobo Antunes, Gonçalo M. Tavares, entre outros. Não se pretende defender a ideia de influência como processo de transmissão de uma técnica ou de uma sensibilidade; antes, importa reconhecer a presença de conquistas estéticas modernistas – entre elas, as que podem ser atribuídas a Ângelo de Lima – que se materializam como fonte permanente numa apressada diacronia dos séculos XX e XXI.

Graças à pesquisa de Isabel Maria Pinto do Souto e Melo, cuja dissertação foi acima referida, foi possível acessar alguns comentários publicados em jornal, como o texto "Artistas de Rilhafoles", publicado em Lisboa, no dia 28 de junho de 1915, que merece destaque:

> *Dividiram-se as opiniões sobre os moços (...) affirmando-se ora que são loucos, varridinhos de todo, ora que apenas querem divertir-se á nossa custa e vender a avariada mercadoria (...) soffrem quasi todos da cabeça,*[11]

O "tremendo impacto" identificado por Cleonice Berardinelli fica demonstrado. Aqueles textos, cuja "originalidade consiste em semear de maiúsculas os versos que compõe e que denotam um profundo agravamento de inspiração", parecem reforçar deboches e ataques, e incomodam. A figura de Ângelo de Lima, claramente referida pelo uso do substantivo Rilhafoles no título do comentário citado, torna-se, em 1915, uma metonímia da geração. Ocorre que "a poesia de Ângelo de Lima – como lembra Fernando Guimarães – mesmo quando parece ser presa fácil da doença mental a que o seu autor sucumbiu, põe-nos, afinal, um problema de legibilidade que não é essencialmente diferente do que diz respeito a qualquer texto literário".[12] Os desvios da linguagem, o emprego de vocábulos inusitados, os sinais de uma escrita automática aproximam-no simultaneamente de correntes simbolistas, modernistas e surrealistas.

11 "Artistas de Rilhafolles", *A Capital*, Lisboa, 28 jun. 1915, p. 1, *apud* Isabel Maria Pinto do Souto e Melo, op. cit.

12 Fernando Guimarães, op. cit, "Introdução", p. 15.

Entretanto, a sua poética não nasce de um exercício de interdição do sistema perceptivo da consciência como via de acesso a níveis mais subterrâneos de real; nem para libertar as murmurações do inconsciente na linguagem transtornada. A intransitividade de sua poesia e a desarticulação de imagens permitem supor que a dicção poética de Ângelo de Lima não resulta propriamente de um método criativo. A sua poesia apresenta discursos delirantes e não a experiência de uma mão consciente que tenta emular ou provocar o inconsciente como linguagem. A beleza convulsiva e o teor delirante dos seus versos, além de estarem em sintonia com uma tonalidade simbolista e de se alinharem com a vanguarda modernista, antecipam o surrealismo, que, de fato, só se organizará como movimento cultural em Portugal no final dos anos 40, mais precisamente em 1949, sob a marca de uma defasagem cronológica, em relação ao Surrealismo francês, demarcado em 1924 a partir do manifesto de André Breton:

- Além fui - a Ninive da Piedade,
A cidade do Luto singular
E a sepultura da Semi-Ranil...
- E hoje...'stá por Ali, Vaga, a Saudade...
- E anda no Céu Supremo a Eterna Estar...
- E... Passa, às vezes, a Serpente... - Ali...[13]

Os poemas de Ângelo de Lima carregam uma atmosfera simbolista, com maiúsculas grandiloquentes a propor analogias com estratégias poéticas do Simbolismo e do Modernismo. Impregnam-se de referências ao além, à memória e ao delírio de "sonhos vagos". O Surrealismo português não aparece apenas em 1949, quando se objetiva uma autoconsciência de grupo. A questão que parece interessante é que, antes da organização do movimento e, portanto, numa etapa da espontaneidade, alguns objetos artísticos já revelavam traços de uma sensibilidade surrealista. "Os poemas surdos" (1934), de Edmundo Bittencourt; "Apenas uma narrativa" (1942), de António Pedro, entre outros textos, carregam traços surrealistas que são anteriores à constituição do movimento cultural de 1949, que talvez não tenha sido muito mais do que a delimitação de uma espontaneidade anterior; isto é, o movimento aproximou de uma mes-

13 Fernando Guimarães, op. cit., p. 111.

ma *chave* englobante algumas iniciativas que eram anteriores, uma vez que a linguagem surrealista é maior do que a constituição de grupos culturais. Tampouco parece que o Surrealismo se tenha extinto no início dos anos 1950. Como grupo, talvez; como estratégia poética, não.

Resta examinar algumas formas de permanência desta poética da linguagem transtornada. Em seu texto "Crônica com proposta de cura no fim", publicado em dezembro de 2015, António Lobo Antunes, ao lamentar o fim do Hospital Miguel Bombarda, onde trabalharam o seu tio-avô, o seu pai e o próprio escritor, regressa à figura de Ângelo de Lima para reconstituir, de certa forma, a atmosfera do hospital psiquiátrico:

> *Antigo convento transformado em hospício pelo Duque de Saldanha, depois de uma histórica visita de D. Pedro V ao Hospital de Todos os Santos, agora Hospital de São José, onde o rei se indignou com as condições de vida dos então designados doentes morais, a apodrecerem, acorrentados, na palha da cave. Miguel Bombarda transformou-o numa casa para a época modelar, revolucionou os costumes e o tratamento de doenças ainda hoje misteriosas, foi assassinado no seu gabinete por um doente, a pedir*
>
> *– Não o matem que é um pobre louco*
>
> *provocou o suicídio do Almirante Reis, comandante militar da Revolução Republicana, da qual Bombarda era o chefe civil, quase aniquilando o golpe de Estado que meia dúzia de homens de grande valor teimaram em levar por diante. Bombarda deixou uma obra importantíssima, quer do ponto de vista médico, quer do ponto de vista social, mudou hábitos e costumes, escreveu bastante, tratou o Poeta Ângelo de Lima, de que Orpheu publicou um dos melhores sonetos da nossa língua, o célebre*
>
> *Pára-me de repente o pensamento*
>
> *e, a pedido de Bombarda, escreveu uma autobiografia notável.*[14]

É interessante verificar as recorrentes alusões ao poeta na obra de António Lobo Antunes. Mais do que isto. Se, no contexto da Primeira Guerra Mundial, a

14 António Lobo Antunes, "Crônica com proposta de cura no fim", *Visão*, dez. 2015. Disponível em <http://visao.sapo.pt/opiniao/2015-12-17-Cronica-com-proposta-de-cura-no-fim>. Acesso em 23 mar 2016.

loucura de Ângelo de Lima serviu aos jornais e revistas como emblema de uma geração para quem se recomendava o hospício, agora, na escrita de António Lobo Antunes, o poeta de Rilhafoles é elevado a autor de "um dos melhores sonetos da nossa língua"[15] enquanto os dirigentes máximos do país são diagnosticados ou tratados como psicóticos a serem *curados* pelo mesmo sistema *normalizador*:

Dias depois do 25 de abril eu estava de serviço na Urgência, em plena febre revolucionária, era de noite, havia um silêncio relativo porque, não sei porquê, faltavam os bêbedos e os sujeitos com overdose do costume e começo a ouvir uma voz em berros enormes

– Viva a União Nacional!

– Viva o professor Marcelo Caetano!

– Viva a polícia política!

e outros gritos no género, do outro lado da porta, que se iam aproximando com frases deste tipo, numa barulheira feroz. Pensei

– Se calhar houve uma contra-revolução

pensei

– Se calhar o 25 de Abril acabou

e estava a moer estes pensamentos negros quando a porta se abriu, e o sujeito dos Vivas entrou. Vinha de camisola de forças, entre dois sujeitos de bata, clamando sem descanso. Com o auxílio de umas injeções foi aceitando devagarinho a democracia. Não há como umas ampolas para tratar ditaduras. Qual o motivo de não se haverem lembrado há mais tempo? O que se teria poupado em guerras, tiros, mortos a dar com um pau, coisas horríveis? E o que há por aí de banqueiros, primeiros ministros, ministros, administradores de empresas, etc., a necessitarem de uma picadelazinha, que nem sequer dói muito e os tornaria normais? De que é que estão à espera para fazer de Portugal um país com pessoas de carácter, quando um enfermeiro e uma seringa chegam? [16]

15 Pára-me de repente o pensamento / Como que de repente refreado / Na doida correria em que levado / Ia em busca da paz do esquecimento. // Pára surpreso, escrutador, atento, / Como pára um cavalo alucinado / Ante um abismo súbito rasgado, / Pára e fica, e demora-se um momento. // Pára e fica, na doida correria. / Pára à beira do abismo, e se demora. / E mergulha na noite escura e fria // Um olhar de aço, que essa noite explora. / Mas a espora da dor seu flanco estria, / E ele galga e prossegue sob a espora... (Ângelo de Lima)

16 António Lobo Antunes, op. cit.

O que se quer marcar aqui não é apenas a permanência de Ângelo de Lima como alusão recorrente na escrita de António Lobo Antunes. Deste ponto de vista, já parece nítida a *transvaloração* de seu legado: de "varridinho de todo", em 1915, a "poeta de gênio na fronteira entre a razão e a loucura", em 1965, até chegar a "autor de um dos mais célebres sonetos da língua portuguesa", a imagem do poeta parece funcionar como objeto de uma metamorfose no campo cultural; afinal, como afirma Lobo Antunes, parece que "o que há por aí de banqueiros, primeiros ministros, ministros, administradores de empresas, etc., a necessitarem de uma picadelazinha, que nem sequer dói muito e os tornaria normais?". Pretende-se ainda evidenciar a centralidade que a experiência clínica no Hospital Miguel Bombarda adquire na obra do escritor contemporâneo, fazendo com que, tantas vezes, seus personagens tenham sido construídos a partir de uma linguagem psicótica no plano de discursos muitas vezes delirantes. Em sua ficção, nota-se a formação de certo fascínio pelo universo da loucura iniciado na infância. No romance *Conhecimento do inferno* (1980), um dos romances possivelmente mais autobiográficos do escritor, um psiquiatra se desloca de carro do Algarve à praia das Maçãs e, através de *flashbacks* sucessivos, recorda as suas vivências na guerra colonial de Angola, ao mesmo tempo que redimensiona a sua experiência clínica no Hospital Miguel Bombarda, onde exerce a psiquiatria. As imagens, narradas em terceira pessoa, se fundem e revelam imagens oníricas que se alternam a reflexões acerca de "homens distorcidos" e de "falas lunares":

e veio-lhe à ideia o homem entornado num carrinho de bebé a ler revistas de Mecânica Quântica na mata de Monsanto, alheio à surpresa e ao espanto das pessoas, um sujeito composto, de paletó e óculos, a ler revistas de Mecânica Quântica na mata de Monsanto dentro de um carrinho de bebé enferrujado, e de como, ao observar a sua estranha naturalidade e a estupefacção, entre o riso e o alarme dos outros, decidira ser psiquiatra para entender (pensava) a esquisita forma de viver dos adultos (...). Foi nessa altura (pensou) que resolveu ser psiquiatra a fim de morar entre homens distorcidos como os que nos visitam nos sonhos, e compreender as suas falas lunares e os comovidos ou rancorosos aquários dos seus cérebros, em que andam, moribundos, os peixes do pavor.[17]

17 Antônio Lobo Antunes, *Conhecimento do inferno*, Lisboa: Dom Quixote, 1980, p. 13-14.

A imagem, que parece a descrição de uma tela surrealista, emerge da memória da infância do personagem; carrega uma narrativa que põe em confronto "um sujeito composto, de paletó e óculos", "alheio à surpresa e ao espanto das pessoas" com o fato de estar "a ler revistas de Mecânica Quântica na mata de Monsanto dentro de um carrinho de bebé enferrujado". A "estranha naturalidade" do indivíduo diante da "estupefacção, entre o riso e o alarme dos outros" é o elemento decisivo que faz com que o personagem tenha decidido "ser psiquiatra", segundo o narrador, "para entender (pensava) a esquisita forma de viver dos adultos", "a fim de morar entre homens distorcidos como os que nos visitam nos sonhos (...) e os comovidos ou rancorosos aquários dos seus cérebros, em que andam, moribundos, os peixes do pavor". É a escolha que se impõe entre a percepção dos adultos "normais" e a linguagem poética da psicose. Afinal, é a partir das memórias da infância que o personagem se revê como criança, no tempo em que era capaz de ler aquelas imagens sem os filtros que são impostos no universo dos adultos.

Em sua recente já mencionada "Crônica com proposta de cura no fim", António Lobo Antunes parece remeter ao momento decisivo de sua escolha pela psiquiatria, ao lembrar que, na sua infância, o seu pai, também psiquiatra do Hospital Miguel Bombarda, recebia em casa, para o jantar, figuras proeminentes do campo artístico português que eram, além de convidados ilustres, seus pacientes. Destaca-se a referência ao pintor Marcelino Vespeira, importante artista do Surrealismo português, e ao pintor José Escada, referência na arte abstrata portuguesa. Importa destacar que, na crônica, o escritor mais uma vez regressa, como no romance citado, ao fascínio que despertava "o mundo do ilimitado e do futuro, (...), a que eu desejava pertencer, a que, na minha orgulhosa patetice de criança, pertencia já":

(o meu pai:
– O mestre Egas inventou a leucotomia por não saber anatomia)
a neurocirurgia portuguesa nasceu ali, através desse meu tio, que Egas Moniz mandara aprender acho que na Escócia, inventou a arteriografia
(o meu pai, que foi o seu último discípulo
– Mas tinha génio)
e lembro-me de ainda o ter visto, de mãos deformadíssimas pela gota, com um capachinho horrível, como me recordo do meu pai ter autopsiado o notável artista

plástico Stuart Carvalhais, periodicamente internado no Bombarda em consequência do seu alcoolismo crónico. Aguentava-se durante uns tempos bebendo só água

(pedia aos amigos que o tratassem por Stuart Carvalhelhos)

e não demorava muito tempo em regressar às bujécas e a novo internamento. Não me esqueço do meu pai contar à mesa enquanto jantávamos, que o tinha autopsiado naquele dia como não me esqueço da sua emoção: um artista, caramba. Aliás o mestre Egas insistia com os discípulos

– Não se cobra dinheiro a artistas

frase escrupulosamente cumprida e graças à qual fui conhecendo alguns, porque o meu pai os levava para casa a fim de jantarem connosco, quando os via no consultório. Apareceu, por exemplo, com o pintor José Escada, apareceu, por exemplo, com o pintor Vespeira e eu esmagado de admiração e pasmo por aquelas criaturas que tinham acesso directo ao mundo do ilimitado e do futuro, como escreveu Apollinaire, a que eu desejava pertencer, a que, na minha orgulhosa patetice de criança, pertencia já. Eles iam-se embora e eu a tocar, reverentemente, os talheres de que se haviam servido. O meu pai falava também de um pintor e gravador francês, pelo qual parecia ter grande respeito, lá internado não sei com que diagnóstico. Ao referir-se a ele o meu pai dizia sempre Monsieur Anatole

(nunca lhe escutei o apelido)

e recordo-me de nos dizer que, ao perguntar a Monsieur Anatole se tinha filhos, recebeu como resposta

– Non monsieur, je ne fabrique pas des cadavres

frase que o deve ter impressionado imenso porque o escutei repeti-la ao longo dos anos, pensativo, a moê-la. Volta e meia, num silêncio qualquer, lá vinha ela

– Non monsieur, je ne fabrique pas des cadavres

Assim, nas derivas estéticas de *Orpheu* e do Surrealismo, registra-se, na escrita de Lobo Antunes, a permanência de uma sensibilidade surrealista que, anterior ao movimento surrealista, se evidencia na exploração do universo imagético da psicose e no interesse, de muito cedo até hoje, pela figura de Ângelo de Lima, emblema e prova cabal da presença da loucura no horizonte estético da geração de *Orpheu*. Neste sentido, pode-se confirmar a presença de uma poética do delírio nas expressões literárias contemporâneas, para-além das alusões ao poeta. Mas não é apenas o fascínio pelas linguagens da loucura que faz mover a escrita do autor. A crítica ao regime psiquiátrico da *normalização* também é uma marca relevante de sua ficção. Em *Conhecimento do inferno* (1980), diz o narrador:

O inferno, pensou, são os tratados de Psiquiatria, o inferno é a invenção da loucura pelos médicos, o inferno é a estupidez de comprimidos, esta incapacidade de amar, esta ausência de esperança, esta pulseira japonesa de esconjurar o reumatismo com uma cápsula à noite, uma ampola bebível ao pequeno almoço e a incompreensão de fora para dentro da amargura e do delírio, e se não vou para dentista na mecha fico um maluco tão sórdido e tão sem graça como eles.[18]

Sem a possibilidade de exteriorizar algo de forma inteira, o narrador e os personagens propõem rascunhos constantemente provisórios da circunstância vivida. Com isto, a engrenagem narrativa parece privilegiar imagens que são evocadas de maneira a evidenciar os desvios do seu pensamento para convertê-los em operadores de sentido:

O hospital, pensou a Margarida, modificou o mundo: expulsou as pessoas risonhas, cúmplices, amáveis, protetoras, de outrora, e substituiu-as por uma cidade azeda, opaca, inimiga, uma cidade que não era a sua, que não conhecia, que de toda a parte a escorraçava não sabia para onde por não existir sítio para ir. Sentia-se emparedada (...) no interior de si mesma como numa cela minúscula, custava-lhe respirar, uma espécie de desconforto, de aflição, de picada, de dor, apertava-lhe o peito, as veias do pescoço, os miolos da testa.[19]

Fica, assim, demonstrada a hipótese da presença, levantada em 1965 por Cleonice Berardinelli. *Orpheu* é muito mais do que um tópico incontornável da historiografia literária do século XX português; é uma linha de forças fortes que, a partir de objetivações artísticas diversas, reemerge como potência estética. Como, há cinquenta anos afirmou a professora, uma "presença que até hoje se faz sentir".

18 Ibid., p. 52.
19 Ibid., p. 232.

Anne-Marie Quint
Encontros em Paris com Cleonice Berardinelli

E as graças que dizeis
Que tendes aqui na praça,
Se vós outros as vendeis,
A Virgem as dá de graça
Aos bõs, como sabeis.
— Gil Vicente, *Auto da feira*

O MEU PRIMEIRO ENCONTRO COM CLEONICE BERARDINELLI foi puramente virtual. No fim dos anos 1980, o editor Michel Chandeigne tinha-me perguntado se eu poderia lhe enviar a tradução de alguns sonetos de Camões, a fim de publicar uma pequena edição bilíngue. Portanto, fui rever uns vinte sonetos já traduzidos no decorrer dos anos, com os estudantes durante as aulas, e quis comparar os originais portugueses, escolhidos entre os estabelecidos por Hernâni Cidade para os Clássicos Sá da Costa, com outras edições. Assim foi como tive ocasião de consultar o *corpus* dos sonetos do ilustre poeta português, apresentado e anotado por Cleonice Serôa da Motta Berardinelli.[1] Soube então que d. Cleonice, de quem conhecia só o nome, era brasileira e ensinava a Literatura Portuguesa no Rio desde muitos anos. Ao descobrir a apresentação do livro, as notas eruditas, pude admirar o rigor do seu método de trabalho e averiguar os escrúpulos com que propunha critérios convincentes para justificar a escolha dos textos e a autenticidade tão certa quanto possível dos sonetos que constituem o *corpus*. Esse foi um primeiro presente dela, dado "de graça".

Anne-Marie Quint é professora emérita de Língua e Literaturas de Portugal e do Brasil na Universidade Sorbonne Nouvelle – Paris III.

1 Luís de Camões, *Corpus dos sonetos camonianos*, edição e notas por Cleonice Serôa da Motta Berardinelli, Paris/Rio de Janeiro: Centre Culturel Portugais/Casa de Rui Barbosa, 1980.

Mas só anos mais tarde, em Paris, tive a alegria de a encontrar em pessoa, em circunstâncias que me permitiram conhecê-la melhor. Com efeito, ela foi convidada pela Fundação Calouste Gulbenkian na ocasião do Salão do Livro de março de 1998, em que o Brasil foi hóspede de honra. Cleonice Berardinelli, com perfeito à vontade, proferiu, em francês, uma conferência cujo título era "As lições duma carreira". Sendo ela já octogenária, a sua carreira já era comprida e rica. Foi então que, para surpresa minha, soube que, quando adolescente, tinha sonhado primeiro em ser musicista e tinha pensado também em fazer estudos de Engenharia, para construir pontes e estradas. Mas, como diz com bom humor, "as decisões importantes da [sua] vida, não foi [ela] quem as tomou: alguém — uma espécie de *fatum* favorável, Deus, a Providência — as tomou por [ela], a [seu] favor e com total adesão [sua]". Portanto, nós devemos agradecer esse *fatum*, cujos caprichos mudaram os destinos sucessivos do seu pai, transferindo-o do Rio de Janeiro a São Paulo e logo outra vez ao Rio. Foi em São Paulo que o professor Antônio Sales Campos, a maneira de um génio benevolente, a orientou para estudos universitários de Letras. E ali Cleonice se tornou consciente da própria vocação: "As Letras formavam parte do meu ser", diz ela, "sem que eu me apercebesse disto. Eu sempre tinha sido um pouco professora, dos meus colegas na escola e dos meus irmãos em casa". Os encontros sucessivos contribuíram para confirmar a sua vocação. Eu fiquei comovida ao reparar na ternura com que descreve os seus mestres da Universidade de São Paulo e insiste na importância do papel que desempenharam na sua formação: o rigor do francês Pierre Hourcade, a fantasia ("um grão de loucura...") do italiano Giuseppe Ungaretti e, sobretudo, o entusiasmo exigente do português Fidelino de Figueiredo. Este último foi quem a orientou de modo decisivo para o ensino da Literatura Portuguesa no Brasil. Ela evoca "a impressão indelével" das aulas na universidade: "por um lado, a maravilhosa descoberta de Gil Vicente, de Camões, de Garrett, de Herculano, de Eça de Queirós; por outro, mais forte que todos, Machado de Assis". Forçada a renunciar a um posto em São Paulo para seguir a família no Rio de Janeiro, aí Cleonice frequenta as aulas do professor Thiers Martins Moreira, que lhe faz descobrir a obra de Fernando Pessoa. Descoberta decisiva, já que essa obra vai ser o assunto da sua tese de doutoramento, *Poesia e poética de Fernando Pessoa*, defendida em 1959. Entretanto, a pedido do professor Martins Moreira, Cleonice toma parte, com outros estudantes, numa memorável representação teatral dedicada a Gil Vicente: o

Auto da Alma, seguido de cenas do *Auto de Mofina Mendes* e do diálogo entre "Todo o Mundo" e "Ninguém" do *Auto da Lusitânia*. A representação, em que Cleonice assume o papel do Anjo e de Mofina, tem grande sucesso. Na primeira fila do público está o poeta Manuel Bandeira. Daí o começo duma amizade que vai durar até aos últimos dias do poeta. Pouco tempo depois do espetáculo, o professor Martins Moreira propõe à sua estudante um posto de assistente em Literatura Portuguesa. Assim começa, na Universidade Federal do Rio de Janeiro, em 1944, a carreira professoral de Cleonice Berardinelli, que vai continuar vinte anos depois na Universidade Católica. Isto não impediu nova experiência teatral, sempre com uma peça de Gil Vicente, o *Auto da feira*, em que Cleonice assumiu o papel de Branca Anes.

Ela evoca rapidamente esses anos de trabalho, insistindo, porém, na fundação do Seminário Permanente de Estudos Portugueses no Rio, com colegas e discípulos. Na verdade, d. Cleonice nunca cessou de defender o ensino da Literatura Portuguesa no Brasil, em particular quando tal ensino ficou ameaçado por um projeto do governo. Então, o acerto e a força dos argumentos da sua defesa acabaram por levar o governo a fazer marcha atrás e a renunciar à reforma planejada. Embora jubilada em 1990, d. Cleonice não parou as suas atividades de pesquisa nem de ensino, como o demonstram os livros publicados e a sua participação em eventos culturais, dentro e fora do Brasil, em particular em Paris.

O relato de um percurso existencial tão impressionante foi, portanto, o meu primeiro contato real com d. Cleonice: uma pessoa enérgica e generosa, cuja paixão pela Literatura nunca fraquejou, como o prova toda a obra sua, em que ela procura compartir tal paixão com leitores e ouvintes.

Depois, os encontros com ela tornaram-se mais frequentes. Houve o VI Congresso da Associação Internacional dos Lusitanistas no Rio, de 8 a 13 de agosto de 1999, em que d. Cleonice esteve sempre presente, sorridente e benevolente, rodeada pela afeição e solicitude de colegas mais novos, quase todos antigos discípulos. Houve também o congresso organizado em 2002 pelo Centro de Estudos Teatrais da Universidade de Lisboa, *Gil Vicente, 500 anos depois*: já no primeiro dia, d. Cleonice falou das suas "Microleituras vicentinas" e da sua longa familiaridade com a obra de Mestre Gil.

Mas foi sobretudo em Paris, no Centro Cultural Calouste Gulbenkian, naquela altura situado na avenida de Iéna, que ela e eu nos conhecemos melhor e começou a amizade entre nós, contando ela anedotas sobre os seus bisnetos, e eu sobre as minhas netas. Por isso analisarei aqui esses encontros em que ela, falando em francês, segundo a tradição estabelecida no centro, dispensou aos ouvintes cultura e sabedoria, anedotas vivas e esclarecimentos aliciantes a propósito de textos literários portugueses.

Houve primeiro a visita de 29 de novembro de 2005, em que se falou de "Eça, Flaubert e Zola: uma relação assaz difícil". Naquela conferência, d. Cleonice expôs uma questão que tem agitado o pequeno mundo da crítica da Literatura Portuguesa desde a publicação de dois romances de Eça de Queirós: *O crime do padre Amaro* e *O primo Basílio*. O primeiro, saído à luz por primeira vez em 1876, foi revisto e reeditado em 1878 antes de conhecer a sua versão definitiva em 1880. O segundo, saído em 1878, chamou a atenção do grande escritor brasileiro Machado de Assis. Como alguns críticos contemporâneos, Machado reparava no seu artigo na proximidade entre o assunto de *O crime do padre Amaro* e o do romance de Zola *La faute de l'Abbé Mouret*. Além disso, reprovava vivamente no romance de Eça, assim como em *O primo Basílio*, um realismo cru que lhe parecia inútil e chocante. Outros críticos, em particular o português António Sérgio, têm comparado *O primo Basílio* ao romance de Zola *Madame Bovary*. Com muita subtileza, navegando entre uns e outros, d. Cleonice esforça-se por uma parte em explicar os juízos críticos e por outra em definir as intenções moralizantes de Eça de Queirós — o qual, aliás, nunca negou a sua dívida em relação aos realistas franceses. Ao mesmo tempo, ela estabelece um paralelo pormenorizado entre os romances franceses e os de Eça, tratando de pôr em evidência o funcionamento daquela "relação difícil", ponderando, todavia, a originalidade do romancista português, tanto no que diz respeito à ação, às situações, às personagens, como e, sobretudo, a nível do tom em que se ostenta a ironia mordaz de Eça. Afinal, segundo ela, o leitor só pode ficar impressionado por esse "sangue português que circula" nos romances de Eça de Queirós.

Ano e meio depois desta bela conferência, no 21 de abril de 2007, eis nova visita de Cleonice Berardinelli a Paris. Desta vez, ela devia falar do criador do teatro português numa exposição de título enigmático: "Gil Vicente: a palavra do silêncio". Como das outras vezes em que ela evoca aquele autor de que gosta tanto, ela não resistiu ao prazer de relatar as próprias experiências teatrais: em 1942, desempenhou o papel do Anjo no *Auto da Alma* e o de Mofina no *Auto dos mistérios da Virgem*, mais conhecido como *Auto de Mofina Mendes*; e, em 1944, o de Branca Anes, a megera esposa de Amâncio Vaz, no

Auto da feira. Ela aprendera de cor todos os papéis, de modo a poder fazer de ponto com os colegas que não conseguiam memorizar tão bem como ela a linguagem antiquada dos versos de Mestre Gil! Porém, o problema levantado na conferência daquele dia foi menos o da linguagem do autor do que o do estranho silêncio de algumas personagens em peças escolhidas. Por exemplo, no *Auto da Alma*, são quatro os doutores encarregados pela Igreja de servir a refeição mística da Alma: Santo Agostinho, São Jerónimo, Santo Ambrósio e São Tomás; ora, este último não pronuncia uma única palavra. No *Auto da barca da Glória*, terceira peça da *Trilogia das barcas*, depois de enumerados os pecados gravíssimos das personagens, Papa, Imperador, Rei, Cardeal, Duque, Bispo etc., Cristo ressuscitado leva-os todos consigo no fim, sem dizer nada. D. Cleonice explica o silêncio de São Tomás lembrando um texto de João de Barros em que este censura, entre outros, os tomistas que pegaram o seu "mosaico" retórico sobre "as colunas muito lisas e muito claras" dos padres da Igreja. É verosímil pensar que Gil Vicente compartilha tal juízo e por isso julga supérfluo dar a palavra a Tomás. Quanto à cena final de *A barca da Glória*, em que os representantes do clero e da nobreza ficam salvos, isto explica-se pela posição social de Gil Vicente: organizador dos divertimentos da corte que era, não podia permitir-se enviar ao inferno as personagens de alta estirpe que apresentara; mas aquela salvação conseguida *in extremis* e em silêncio é, afinal, bastante eloquente.

Tais observações esclarecem a atitude de Gil Vicente, cristão sincero, mas humanista intransigente, indignado pelo comportamento escandaloso dos que deveriam dar exemplos de virtude. Depois de comentar os lindos versos cheios de piedade em que Santo Agostinho, no *Auto da Alma*, evoca as dores da Virgem frente a Cristo crucificado, d. Cleonice interessa-se ao *Auto da feira*. Nesta peça, vemos como o Tempo censura, no seu discurso inicial, os prelados e os grandes deste mundo, e, depois, como o Serafim impõe silêncio a Roma: ela não se pode queixar das desgraças que lhe sobrevieram por se ter deixado seduzir pelas ofertas mentirosas do Diabo. Aliás, o discurso irônico do Diabo sobre a virtude, que ninguém quer comprar porque não enriquece os que a têm, resulta válido para o público de hoje em dia...

A este resumo rápido, seria preciso acrescentar o tom da voz de d. Cleonice, irresistível quando lia os versos de Gil Vicente, aliás, na minha tradução francesa, o que me deu grande gosto.

Nova visita da professora ao Centro Gulbenkian no 16 de maio do ano seguinte. Foi em 2008, na ocasião do IV Centenário do nascimento do padre António Vieira, comemorado por diversos eventos e várias publicações. Em Paris, d. Cleonice associou-se a essas comemorações com a conferência intitulada "Negros, índios e judeus na oratória de Vieira". Nessa ocasião, limita-se a analisar alguns sermões brasileiros de Vieira, nos quais põe em relevo os argumentos apresentados pelo grande pregador que quer chamar a atenção dos ouvintes para a sorte daqueles grupos sociais oprimidos pelos colonos no Brasil, quase sem controle das autoridades. Vieira não apenas utiliza referências ao Evangelho ou ao Antigo Testamento, mas também um amplo leque de meios retóricos para manifestar a sua indignação, o seu senso da justiça e também a sua coragem.

A coragem e a habilidade do jesuíta revelam-se também na "Proposta que se fez ao Sereníssimo Rei D. João IV a favor da gente de nação, sobre a mudança dos estilos do Santo Ofício e do Fisco", em 1646. Aí, Vieira, depois de ter justificado prudentemente a utilidade do tribunal da Santa Inquisição, não hesita em criticar os seus procedimentos e em mostrar as consequências negativas de uma política que obriga uma população importante e ativa a fugir para fora do reino, e, afinal, prejudica a propagação da fé, já que enfreia os esforços a favor da conversão e provoca o sofrimento de muitos inocentes.

É preciso reconhecer, conclui d. Cleonice, que Vieira, considerado às vezes como um sonhador, aparece como uma "figura complexa..., mistura de lucidez e de imaginação prodigiosamente criadora".

Um ano depois, no 30 de abril de 2009, mais um encontro com Cleonice Berardinelli, que está de volta no Centro Calouste Gulbenkian e aceitou falar de "Camões épico e lírico" no quadro dum seminário destinado aos nossos estudantes e jovens pesquisadores. Naquele dia, tive a honra de apresentar a professora a um público particularmente interessado e atento. Desta vez, tratava-se duma aula antes que duma conferência, com assunto muito amplo. D. Cleonice começou por evocar a variedade impressionante da obra camoniana, lembrando que a maioria da gente conhece sobretudo o cantor do povo lusíada, "a quem Neptuno e Marte obedeceram". E logo contou uma anedota. Nos anos 1960, a rádio MEC do Rio produzira uma série de emissões literárias dedicadas a escritores de fama universal: Dante, Shakespeare, Cervantes. Mas d. Cleonice achava injusto que Camões parecesse esquecido, e teve ocasião de expor a sua opinião ao seu amigo Manuel Bandeira. Este transmitiu-a ao diretor da rádio que não só acolheu favoravelmente a sugestão, mas propôs a Manuel Bandeira e a Cleonice Berardinelli realizar juntos uma série de emissões intitulada "Camões, poeta de todos os tempos": o que foi feito.

Depois dessa recordação, d. Cleonice quis evocar primeiro a virtuosidade do Camões lírico, escolhendo como exemplo as três décimas que glosam um verso proposto por d. Francisca de Aragão: "Mas porém a que cuidados", em que o poeta dá cada vez um significado diferente ao mote. Analisou a seguir as famosas redondilhas de "Babel e Sião", que começam como uma glosa do salmo 136 ("Junto dos rios de Babilónia/ nos sentámos e chorámos..."), antes de vir a ser uma meditação do poeta sobre a própria existência, as suas desgraças, as suas culpas, a sua esperança na salvação. Alguns sonetos entre os mais lindos foram também comentados: "Enquanto quis Fortuna que tivesse", "Eu cantarei de amor tão docemente", "Amor é fogo que arde sem se ver", "Aquela triste e leda madrugada", "Alma minha gentil que te partiste". Esses poemas, que demonstram a facilidade de Camões em assimilar os modelos do Renascimento, são também a expressão admirável dos seus sentimentos mais íntimos e às vezes das suas contradições.

Porém, considera-se geralmente a epopeia de *Os Lusíadas* como a obra-prima de Camões, "poeta épico de tipo complexo". E d. Cleonice, nessa ocasião, caracteriza assim a epopeia:

> *Há em* Os Lusíadas *contradições constantes, caminhos que se opõem. Percorrendo-os, o Poeta tropeça em si mesmo, alternando juízos formulados sobre a sua pátria, o seu povo, em que coexistem críticas e elogios como se estivessem nele dois juízes: um, apontando os defeitos, e outro, as glórias. Tal atitude é totalmente nova.*

A professora ilustra essa observação com diversos exemplos e analisa em particular o episódio do "Velho do Restelo", no fim do canto IV. Confessa o assombro que foi o seu quando, então estudante de 19 anos, descobriu por primeira vez aqueles versos que condenam a soberba e a cobiça dos que vão loucamente arriscar as vidas nos mares e têm como único fim enriquecer; ou o fim do canto X, em que o poeta exprime o seu desespero por constatar a falta de virtude e nobreza de seus concidadãos. Por fim, d. Cleonice acaba por dedicar um comentário mais demorado a dois episódios que reúnem épica e lírica: os amores e a morte de Inés de Castro, no canto III; e a história dramática dos amores de Adamastor, no canto V. Pondo em relevo a originalidade da criação daquele mito magnífico, o do gigante dono do oceano e petrificado por amor, a professora conclui a sua exposição, deixando os ouvintes encantados e seduzidos.

Constato que as visitas de d. Cleonice foram anuais naquela época, já que a reencontrámos no Centro Calouste Gulbenkian no 19 de maio de 2010, poucos meses depois da sua eleição na Academia Brasileira de Letras. Falou-nos naquele dia de "Cesário, entre Fradique e Sá-Carneiro". Explicou que, sendo mais velho que Cesário Verde, Fradique Mendes, inventado por Eça de Queirós, Antero de Quental e Batalha Réis, foi apresentado pelos seus criadores como um precursor. Com efeito, não são poucos os pontos comuns entre o poeta fictício e o poeta real — e realista. Um e outro foram capazes de chocar os contemporâneos pela liberdade que se permitem para com as convenções dos românticos e parnasianos, pelas referências deliberadamente modernas, pela observação de pormenores do quotidiano mais trivial, pelo humor cáustico. Mas Cesário Verde é obviamente melhor poeta, além da sua obra ter um alcance social muito mais pungente e uma qualidade de emoção superior. Quanto a Mário de Sá-Carneiro, alma atormentada, é interessante notar que, nas suas cartas a Fernando Pessoa, confessa que em alguns poemas quis imitar Cesário Verde, embora o considere como um poeta "real", enquanto ele se define como "idealista". Porém, observa d. Cleonice, as fugas para o imaginário estão também presentes muitas vezes na poesia de Cesário, o que Fernando Pessoa percebeu claramente, já que fez de Alberto Caeiro um leitor de *O livro de Cesário Verde*.

Se tenho procurado resumir desta maneira as conferências parisienses de d. Cleonice, é porque, nesses encontros em que se iniciou a nossa amizade, pude apreciar o sentido pedagógico da professora que construía com clareza o seu discurso, a elegância amável e generosa da pesquisadora que transmitia com simplicidade as suas observações, o entusiasmo da leitora apaixonada pelos grandes textos literários e desejosa de comunicar a sua paixão. Foi sempre um grande prazer ouvi-la, um autêntico regalo, e ao mesmo tempo um estímulo, um convite a ler e reler sem fim os belos textos de que gosta d. Cleonice, e dos que sabe dar o gosto.

O nosso último encontro data já de mais de quatro anos. Ela fora convidada a participar na homenagem a Eduardo Lourenço organizada pelo Centro Calouste Gulbenkian no 14 de outubro de 2011. Eduardo Lourenço é amigo seu desde muito tempo. Foi com grande emoção e muita saudade que d. Cleonice prestou uma bela homenagem à cultura e à inteligência dum dos nossos melhores ensaístas europeus. Naquele dia, estivemos em presença de dois ilustres defensores das culturas lusófonas, abertos um e outra à cultura universal. O evento, além disso, reafirmava os vínculos poderosos e seculares que ligam a cultura portuguesa à cultura brasileira.

Aqueles vínculos, que não enfreiam em absoluto a criatividade de cada um, Cleonice Berardinelli empenhou-se em os defender a vida toda, com coragem e lucidez, distribuindo alegremente e "de graça" aos seus ouvintes, colegas e estudantes, dentro e fora do Brasil, os tesouros da sua sabedoria. Não duvido que todos os professores e amadores das culturas lusófonas lhe sejam profundamente agradecidos. Para concluir, quero citar as palavras que d. Cleonice proferiu na altura em que pôde julgar ameaçado o ensino da Literatura Portuguesa nas universidades brasileiras:

A Literatura Portuguesa deve fazer parte, inelutavelmente, da lista de matérias básicas das nossas aulas, não só porque é a literatura-mãe, a primeira a exprimir-se em língua portuguesa, a que constitui o passado da Literatura Brasileira, a que preenche todo o espaço medieval anterior à nossa experiência, mas também porque é o elemento primordial de uma cultura viva dentro da qual tomamos as nossas origens e que não pode ser excluída da nossa formação histórica.

Conferências e palestras em Paris

No Salão do Livro:

20 DE MARÇO DE 1998: "Lições duma carreira" (*Leçons d'une carrière*).

No Centro Cultural Calouste Gulbenkian:

29 DE NOVEMBRO DE 2005: "Eça, Zola e Flaubert: uma relação assaz difícil" (*Eça, Zola et Flaubert: une relation plutôt difficile*).

21 DE ABRIL DE 2007: "Gil Vicente: a palavra do silêncio" (*Gil Vicente: la parole du silence*).

- 16 de maio de 2008: "Negros, índios e judeus na oratória de Vieira" (*Noirs, indiens et juifs dans l'art oratoire de Vieira*).
- 30 de abril de 2009: "Camões épico e lírico" (*Camões épique et lyrique*).
- 19 de maio de 2010: "Cesário entre Fradique e Sá-Carneiro".
- 14 de outubro de 2011: Homenagem a Eduardo Lourenço: "Dos riscos corridos" (*Des risques que l'on court*).

Ângela Beatriz de Carvalho Faria

As ressonâncias camonianas em Sôbolos rios que vão, *de António Lobo Antunes*

À querida professora e "Estrela da vida inteira", Cleonice Berardinelli, musa de Manuel Bandeira, de Drummond e de todos os seus alunos, desejando que encontre o romance do Lobo Antunes na soleira da porta, e descubra, amorosamente, o reflexo especular da "melancolia ao espelho", inerente ao seu Camões e ao escritor português contemporâneo.

Ó vós, que amor obriga a ser sujeito
a diversas vontades! Quando lerdes
num breve livro casos tão diversos,

Verdades puras são, e não defeitos...
E sabei que, segundo o amor tiverdes,
tereis o entendimento de meus versos.
— Luís de Camões

O romance que gostava de escrever era o livro no qual, tal como no último estádio de sabedoria dos chineses, todas as páginas fossem espelhos e o leitor visse, não apenas ele próprio e o presente em que mora mas também o futuro e o passado, sonhos, catástrofes, desejos, recordações.
— António Lobo Antunes, "O coração do coração"

Deixo-vos os meus livros à porta como os leiteiros de eu pequeno as suas garrafas brancas. Estão aí. No caso de os não recolherem do capacho continuarão aí, visto que não toco a campainha, e ao abrirem a porta já eu desci as escadas. Para onde? Agrada-me imaginar que ao vosso encontro: chegando na varanda é fácil dar por mim, parado quase à esquina, a remexer sedimentos e sentimentos
(restos, emoções truncadas, sombras baças)

Ângela Beatriz de Carvalho Faria é professora de Literatura Portuguesa na Universidade Federal do Rio de Janeiro (UFRJ).

até vos tocar e me tocar por dentro de nós, onde aflitamente moramos, no encantado lugar de horror e alegria que é a única parte da vida do homem consciente.
— António Lobo Antunes, "A confissão do trapeiro"

A INEGÁVEL CONSTATAÇÃO – "MUDAM-SE OS TEMPOS E mudam-se as vontades" – permite estabelecer um diálogo entre as epígrafes selecionadas, pertencentes a um dos sonetos de Luís de Camões e aos *Livros de crónicas*, de Lobo Antunes. Todas elas visam aproximar os dois nomes consagrados da Literatura Portuguesa, apesar dos cinco séculos que os separam, e remetem ao consciente ofício de escrever, à experiência do vivido, plena de resíduos de sentimentos e paixões, e aludem ao desejo de encontrar o leitor ideal que, ao compreender o que é lido, veja-se especularmente refletido. E, como é impossível resistir diante daquilo que nos seduz, juntemos aos escritores citados o nome de Cleonice Berardinelli, elo que nos permitirá entretecer a leitura das redondilhas renascentistas camonianas, "Sôbolos rios que vão", ao romance antuniano publicado em 2010 e que as elegeu como título.

Na presente reflexão crítica, pretendemos ressaltar, a partir da imagem recorrente das águas dos rios – concretos e metafóricos – que fluem, determinadas questões consonantes, tais como: a "melancolia ao espelho";[1] a memória e a reminiscência, correlacionadas aos eixos temporal e espacial; a construção da subjetividade, em um momento de crise e de finitude; a sublimação do sofrimento e a plenitude situada no não tempo do imaginário e do canto redentor. Além das afinidades temáticas que unem as obras acima citadas – o poema camoniano e o romance antuniano –, serão apontadas as dissonâncias inevitáveis e, dentre elas, destaca-se a relação entre o humano e o divino.

1 "Para descrever a melancolia baudelairiana, Starobinski fala de 'melancolia ao espelho'". Termo que tão bem se adapta à melancolia moderna, cujo eu é simultaneamente autônomo e múltiplo. No fundo, toda a melancolia é já espelho, lugar em que se quebram as núpcias reais entre o eu e a vida, em que o presente se interrompe, suavemente repelido pelo sentimento de fragilidade ontológica do teatro do mundo". (Eduardo Lourenço, "Melancolia e saudade", in *Mitologia da saudade* seguido de *Portugal como destino*, São Paulo: Companhia das Letras, 1999, p. 16).

Em seu ensaio, "'Sobre os rios': a mudança da mudança", inserido em *Estudos camonianos*, a erudita ensaísta elucida-nos que o poema camoniano "Sobre os rios" (Rh,fo. 135r-139r, edição de 1595), formado por redondilhas e exemplo da "medida velha", é a glosa de um mote: o Salmo 136, cujos versículos o estruturam. Ao transcrever este último, correlaciona os nove versículos glosados (trad. do padre Matos Soares) aos 365 versos, dispostos em 36 décimas e mais uma quintilha ("ou 36 coplas de 2 versos de 5 pés e mais 1 de 5 pés"). Tal dimensão tradicional da lírica camoniana é didaticamente explicada aos atuais leitores, em notas, com a clareza inerente à estudiosa perfeita. E, a partir de um questionamento, Cleonice Berardinelli tece o seguinte comentário de forma consciencios a e precisa:

Que elementos fornece o salmo ao Poeta? O exílio da pátria, acarretando a cessação do canto, e o desejo de punição dos opressores. Dessa problemática coletiva dos filhos de Sião parte o Poeta para o seu problema pessoal – a busca da verdade única e essencial através de suas três verdades existenciais: a do poeta (cantor), a do amante, a do crente que se refletem no poema em três áreas semânticas de extensão diversa, onde predomina largamente a do canto. E o canto não é um só, mas dois – o do amor terreno e o do amor divino – inseridos no canto-poema.[2]

Ao esquematizar o poema, a autora destaca as homologias que o formam, através de determinadas convenções ("canto poema = canto; canto do amor terreno = canto 1; canto do amor divino = canto 2; amor terreno = amor 1; amor divino = amor 2"), e ressalta a "cabeça do canto" (presente no verso 335), e, ao reproduzir os versículos motivadores, divide o poema em duas partes que exemplificariam, respectivamente, o "mundo sensível" e o "mundo inteligível". Embora a ensaísta não aluda à teoria platônica, justificando a interpretação proposta, o leitor que possua um determinado conhecimento filosófico depreenderá a pertinência de tal divisão e lembrar-se-á do mito da Caverna, presente no Livro VII da *República* de Platão, que tenta resolver o conflito existente entre as teorias de Parmênides e de Heráclito na antiga Grécia. Convém lembrar que Platão afirma haver dois

2 Cleonice Berardinelli, "'Sobre os rios': a mudança da mudança", in *Estudos camonianos*, Nova edição revista e ampliada, Rio de Janeiro: Nova Fronteira/ Cátedra Padre António Vieira/ Instituto Camões, 2000, p. 205.

mundos diferentes e separados: 1) o mundo sensível, dos fenômenos e acessível aos sentidos; e 2) o mundo das ideias gerais (inteligível), das essências mutáveis, que o homem atinge pela contemplação e pela depuração dos enganos dos sentidos. Assim, o primeiro (o "mundo sensível") seria inerente aos homens presos na caverna, capazes de apreenderem apenas a "sombra", a cópia deformada ou imperfeita do mundo inteligível, das ideias e essências, como nos ensina Marilena Chauí. Já o segundo (o "mundo inteligível") seria captado pelos homens libertos da caverna e que se aproximariam dos filósofos. Inerente a essa questão, surge o debate sobre o corpóreo e o incorpóreo ou imortalidade da alma. Para Platão, as percepções do mundo material e sensível, das imagens e opiniões eram consideradas algo imperfeito, em constante estado de mudança; logo, a Filosofia deveria se afastar desse mundo sensível para ocupar-se do mundo verdadeiro, visível apenas ao puro pensamento. Tal teoria, portanto, estaria explícita no Salmo 136, nas redondilhas camonianas e no romance antuniano – *Sôbolos rios que vão* –, como o leitor intuirá, a partir da sua leitura e interpretação, e, nos três, estarão presentes a memória e a reminiscência.

Em *Convite à filosofia*, Marilena Chauí lembra-nos que a dimensão pessoal e introspectiva (interior) da memória possibilita ao sujeito o encontro dele com ele próprio, como já afirmara Santo Agostinho, e confere ao sujeito o poder de voltar ao passado e de relembrá-lo para a coletividade. Diz ela:

> *Como consciência da diferença temporal – passado, presente e futuro –, a memória é uma forma de percepção interna chamada* introspecção, *cujo objeto é interior ao sujeito do conhecimento: as coisas passadas lembradas, o próprio passado do sujeito e o passado relatado ou registrado por outros em narrativas orais e escritas.*
>
> *(...)*
>
> *A memória é, pois, inseparável do sentimento do tempo ou da percepção/ experiência do tempo como algo que escoa ou passa.*[3]

Já a reminiscência, na ótica platônica, remete à lembrança do que a alma contemplou em uma vida anterior, quando, ao lado dos deuses, tinha a visão direta das ideias.

3 Marilena Chauí, *Convite à filosofia*, 12ª.ed., São Paulo: Editora Ática, 2002, p. 126.

Segundo Cleonice Berardinelli, no esquema acima referido, a memória relaciona-se ao mundo sensível (à terra da dor e do exílio do prisioneiro), e a reminiscência, ao mundo inteligível (à "Terra de Glória" ou "bem-aventurada"). Diz ela, referindo-se ao eixo temporal que estrutura as divagações do poema: "E se o *antes* é o passado trazido ao presente pela memória que o quer esquecer, o *ali* é o ante-passado trazido ao presente pela reminiscência que o quer realizar num futuro eterno e, pois, atemporal".[4] Tais formulações levam-nos a ratificar a interpretação proposta, acrescentando a ela algumas conjecturas. Assim, o sujeito da enunciação poética camoniana – "Sobre os rios" –, desterrado em Babilônia ("mal presente") e consciente dos danos ocasionados pela distância da terra natal – Sião ("tempo passado") –, pronuncia-se ("Vejo-me a mim que espalho tristes palavras ao vento") (39-40) e, ao revelar a causa da cessação do canto, depõe ou "pendura", "nos salgueiros", "os órgãos com que cantava" (54-55). Consciente das mudanças ocorridas, desolado, sem esperanças e magoado, o sujeito, imerso no presente do relato, declara que "Bem são rios estas ágoas/com que banho este papel" (41-42) e declara: "Aquele instrumento ledo/deixei da vida passada,/ dizendo música amada,/ deixo-vos neste arvoredo/ à *memória* consagrada" (56-60, grifo nosso). E, diante da impossibilidade de entoar "doce canto em terra alhea" (145), constata que a "razão é que canse a pena/ de escrever pena tamanha" (174-175), num jogo de palavras que estabelece uma analogia entre o objeto da escrita e a pena imposta ou sofrida. E, caso a memória se esgarce e reine o esquecimento, caberá ao sujeito da enunciação poética "praguejar contra si próprio", "contra a pena", "contra a voz e a língua", "contra os afeitos" e "contra a carne e os maus pensamentos", propondo "a beatificação dos que os vencem".[5] Assim, permite-se ir ao encontro de si próprio e revela o seu processo de interiorização e autoconhecimento, legando-o, poeticamente, à posteridade. No Salmo glosado, deparamo-nos com o choro dos cativos junto dos rios de Babilônia e com as cítaras emudecidas (instrumento do canto apenas entoado na terra perdida e de bem-aventurança – Sião), penduradas nos ramos dos salgueiros – árvores relacionadas com a morte, uma vez que a morfologia da árvore evoca sentimentos de tristeza, e, ao mesmo tempo e ambiguamente, com a vida, ou seja, com a imortalidade, o que a faz revestir-se do sentido de árvore sagrada, símbolo da

4 Cleonice Berardinelli, op. cit., p. 209.

5 Ibid., p. 206.

primavera cíclica. Dessa forma, instaura-se, nas redondilhas camonianas, o nível metafísico, passível de remeter à permanência do canto numa dimensão divina (mundo inteligível), plena de "entendimento", "harmonia" e "alegria", e não apenas à sua cessação em uma dimensão terrena marcada pelo "vil contentamento" (mundo sensível). O "desejo de outro ali" ou alhures estabelece a analogia entre Sião (presente nas redondilhas) e Jerusalém (presente no Salmo) e remete ao "despojamento das coisas terrenas e à assunção de compromissos para com as divinas", e, assim, "transita-se da tristeza para a alegria, da confusão para a paz".[6] Registre-se, ainda, a imagem que estabelece a mediação ou permite a transfiguração e/ou substituição do canto do amor terreno pelo canto do amor divino, através da "humana figura da mulher amada, tomada embora – e apenas – como "sombra daquela idea/ qu'en Deos está mais perfeita" (vv. 224-225).[7]

Vejamos como essa temporalidade da lembrança retida na memória e propiciadora da reminiscência surge em *Sôbolos rios que vão* – romance da autoria de Lobo Antunes – que apresenta, a partir do próprio título instigante, determinadas ressonâncias camonianas, embora ressaltando-se as devidas diferenças. A consciência eterna da efemeridade da vida e o esfacelamento do sujeito, inserido em situações-limite, possibilitam ao rei David do Salmo bíblico, ao poeta renascentista/maneirista e ao ficcionista contemporâneo a criação de instâncias de enunciação que, ao se reverem a si próprias e ao mundo que as circunda, tornam-se capazes de refletir a melancolia ao espelho, contagiando os seus leitores. Segundo Eduardo Lourenço, em "Melancolia e saudade", o que tece a melancolia é "um jogo no interior da memória, memória de coisas vivas, mais vivas que as da vida presente, e no entanto impalpáveis, inacessíveis, a não ser pela viagem através da eternidade perdida de nós próprios".[8] Assim, ecoa a dissonância entre o melancólico narrador-personagem de *Sôbolos rios que vão* e a música do mundo: "devolvam-me os pinheiros, a serra, a infância que trouxe para o hospital e me pertence".[9]

Teresa Cristina Cerdeira, em *A mão que escreve*, discorre sobre a ficção de Lobo Antunes selecionada por nós. E no ensaio "Babilônia sem Sião: deslizamentos autobiográficos" tece os seguintes comentários inteligentes e sutis:

6 Ibid., p. 211-212.

7 Ibid., p. 212.

8 Eduardo Lourenço, op. cit., p. 18.

9 António Lobo Antunes, *Sôbolos rios que vão*, Lisboa: Dom Quixote, 2010, p. 40.

Os rios que vão de Babilônia e de lá a Jerusalém celeste no salmo redentor entoado pelo rei David a que Camões oferece uma leitura de transição, transformam-se, nesse romance de 2010, no Mondego de uma infância imaginada ou pessoanamente fingida, e mais do que no Mondego, em sua nascente quase ignorada e imperceptível, "um fiozito entre penedos quase no alto da serra", trilha quase invisível de água antes de esta vir a transformar-se no caudal físico e mítico do rio português. Para além da imagem do rio da memória, que constitui um dos motivos recorrentes capazes de conduzirem o personagem narrador ao mergulho das lembranças passadas do avô e do pai – "É aqui que nasce o Mondego" –, esse título será certamente a imagem ideal para ler teoricamente, ou autorreflexivamente, o fluxo narrativo já reconhecido como traço da escrita de Lobo Antunes. O ritmo caudal do discurso como que carrega a própria narrativa "sôbolos rios que vão", ou dito de outra maneira, como a traduzir a metáfora, sob o signo da avalanche dos pensamentos, do fluxo de consciência que, à maneira joyciana, mistura tempos, espaços e personagens, deslocando continuamente o leitor entre presente e passado, entre o hospital no qual o personagem-narrador, acometido de um cancro, se sente morrer e a casa da família cujos atores estão todos mortos, mas fantasmaticamente presentes na lembrança do sujeito narrador.[10]

Assim, ao "remexer sedimentos e sentimentos (restos, emoções truncadas, sombras baças)", a ficção de António Lobo Antunes instaura, também, "a melancolia que faz do corpo a fonte do desencanto da alma perante o mistério da existência", como nos aponta Eduardo Lourenço.[11] Ao vivenciar um momento trágico da sua existência (a internação em um hospital de Lisboa e a cirurgia para a retirada de um cancro), o autor ficciona-se a si próprio, e, entre verdade e fingimento, cria um narrador-personagem identificado com ele próprio, remetendo-o a tempos e espaços diferenciados: o " senhor Antunes" do presente do relato e o "Antoninho", situado no passado e na infância recuperados pela memória. Preso a uma cama de hospital, durante o período de 21 de março a 4 de abril de 2007, datas referenciadas em um diário íntimo, o sujeito observa o que o cerca e devaneia, em busca de ruínas ou vestígios do passado, e "procede,

10 Teresa Cristina Cerdeira, "Babilônia sem Sião: deslizamentos autobiográficos", in *A mão que escreve. Ensaios de Literatura Portuguesa*, Rio de Janeiro: Casa da Palavra, 2014, p. 199-200.
11 Eduardo Lourenço, op. cit., p. 16.

de maneira sempre caótica e delirante, à rememoração lacunar e aleatória de episódios de sua existência".[12] Entre os resíduos do passado, retidos em sua memória cultural, encontra-se o poema camoniano – imagem sobrevivente e fulgurante – que seduz o autor contemporâneo, capaz de ressurgir num momento propício e trágico da sua existência, em que o fluir das águas dos rios assinala o período da internação hospitalar, as lembranças que acometem o sujeito relativas à sua infância e maturidade, a consciência da finitude e a morte que se aproxima. Como, portanto, dar corpo a esse passado e à reaparição de imagens, através de uma narrativa que reflete a crise da subjetividade coerente e da representação, no século XXI, intitulada, de forma arcaizante, *Sôbolos rios que vão?* Quais são as estratégias da memória e do esquecimento que permitem a delineação comum ao melancólico, situado entre a infelicidade narcísica e o triunfo da alegria? De que maneira surgirá, através da reminiscência, a possibilidade de um canto redentor, agora, entoado não mais pela "lira dourada" ou "cítaras" dos prisioneiros do exílio do Salmo 136 e das redondilhas camonianas, abandonadas ou penduradas nos ramos dos salgueiros, mas, sim, pela voz imaginária da figura da mãe do narrador-personagem antuniano? O amor divino, que antes superara o amor terreno, erótico ou carnal, e que permitiu a redenção da angústia e a anulação da dor, aqui, será transmudado em comunhão de plenitude humana. A obtenção desejada da "Jerusalém celeste" – "objetivo da alegria" do sujeito que enuncia o Salmo – irá se transferir para o aconchego de um corpo materno, imagem irretocável, entrevista e imaginada, retida na lembrança, no momento limite da experiência com a morte: "o enfermeiro desligou os ecrãs, tirou a agulha do soro, fechou o oxigênio";[13] "O senhor Antunes, já com o fato que a família trouxe num saco de papel";[14] "enquanto em vez de adormecer ao colo, encostado às rendas do peito, ele sentado no chão à medida que a mãe ajeitava a máquina de costura e a enrolar-se-lhe nas pernas para a ouvir cantar".[15] Poderíamos afirmar, portanto, que a figura fantasmática da mãe corporiza a reminiscência, segundo a ótica platônica, e redimensiona o real, permitindo a

12 Silvana Maria Pessôa Oliveira, "Um ciente penar das criaturas – narração e negatividade em *Sôbolos rios que vão*, de António Lobo Antunes", *Revista do Centro de Estudos Portugueses* – CESP, vol. 33, n. 49, 145 - 151, jan.-jun. 2013, p. 145.

13 António Lobo Antunes, op. cit., p. 187.

14 Ibid., p. 198.

15 Ibid., p. 199.

libertação do sujeito, a anulação da dor, a cessação do medo e da agonia psicológica.[16] O passado longínquo e obsedante funde-se ao olhar atual para configurar uma última imagem sobrevivente, capaz de relampejar na escuridão do narrador-personagem, no momento da consciência de sua finitude.[17] Surgem, assim, "o apaziguamento e o exorcismo do poder incontornável de Tanatos", como nos aponta Márcio Seligmann-Silva, ao refletir sobre "Arte, dor e *kátharsis* ou: variações sobre a arte de pintar o grito".[18] "A visão da dor", aqui, "tem a contrapartida do belo, da contenção",[19] através da imagem onírica e compensatória da mãe que acolhe ou abriga o sujeito, na comunhão dos corpos. E, segundo o ensaísta citado, "Hegel, nas suas 'Lições sobre a estética', admite a representação da dor e do martírio apenas sobre o prisma da reconciliação do indivíduo com o mundo e da reafirmação tanto da subjetividade quanto do ideal".[20] Convém lembrar que, após este último parágrafo do romance *Sôbolos rios que vão*, surge uma das estratégias discursivas comum a Lobo Antunes – uma frase ou inscrição em latim "EXEUNT OMNES". Cessa, assim, a escritura do romance, após a afirmação enfática de que todos os fantasmas ou figurais espectrais, recuperadas através da divagação da memória do narrador-personagem, desapareceram

16 O mesmo ocorre em *O esplendor de Portugal* (romance de Lobo Antunes, publicado em 1999), em que a personagem Isilda, prestes a ser metralhada pelos tropas de Luanda, vislumbra a sua infância idílica, ao lado do pai e da mãe, indo, imaginariamente, ao encontro deles. O romance também termina com uma expressão latina: "FINIS LAUS DEO", que reflete a ausência de Deus numa época pós-colonial de violência extrema e barbárie. O possível questionamento bíblico,"Meu Deus, meu Deus, porque me abandonaste?", não ocorre ao sujeito; é antes substituído pelo fim do louvor a Deus.

17 A esse respeito remetemos à leitura de Georges Didi-Hubermann e às suas reflexões filosóficas, presentes em *A imagem sobrevivente: história da arte e tempo dos fantasmas segundo Aby Warburg*, trad. Vera Ribeiro. Rio de Janeiro: Contraponto, 2013 e em *Sobrevivência dos vaga-lumes*, trad. Vera Casa Nova e Márcia Arbex, Belo Horizonte: Editora UFMG, 2011. Remetemos, inclusive, ao atual projeto de pesquisa desenvolvido por nós, na Faculdade de Letras da UFRJ, intitulado "A (im)possibilidade de dar corpo ao passado na arte na narrativa do século XXI", baseado nas reflexões do filósofo e historiador da arte.

18 Márcio Seligmann-Silva, "Arte, dor e *kathársis*. Ou: variações sobre a arte de pintar o grito", in *O local da diferença*. Ensaios sobre memória, arte, literatura e tradução, São Paulo: Editora 34, 2005, p. 45.

19 Ibid., p. 46.

20 Ibid., p. 47.

ou extinguiram-se, como antes o sujeito, entre a vigília e o devaneio, constatara: "vozes que não eram vozes, presenças que não eram presenças, uma espécie de sonho simultaneamente desarticulado e preciso".[21]

No processo estético de António Lobo Antunes, "tanto o corpo quanto a representação da dor ganham uma nova dimensão", ao ultrapassar os limites entre real e imaginário, ao representar um mundo povoado por máscaras, disfarces e enganos, ao optar pela cartografia de sentidos e de (des)afetos. Até que ponto "as personagens antunianas enxergam seu próprio rosto", uma vez em que há o apagamento das margens definidas e o registro de memórias de várias personagens, imersas em um tempo dilatado e indefinido, cujas vozes e perspectivas tantas vezes se fundem e se confundem, numa aparente desordem textual, isenta de coesão e coerência? Ana Paula Arnaut, por exemplo, uma das mais perspicazes leitoras portuguesas da ficção antuniana, chama-nos a atenção para a desarticulação gráfica e lexical que parecem reduplicar a vida íntima e interior das personagens que povoam essas obras. Caberá ao leitor atento decifrar os sentidos dispersos pelo romance.[22] E Silvana Maria Pessôa de Oliveira, leitora brasileira e exímia em analisar as obras de António Lobo Antunes, ao convocar Roland Barthes, em *O rumor da língua*, e suas reflexões sobre a irreversibilidade e a fatalidade da fala, afirma que "a fala do narrador-agonizante é excessiva justamente porque se dá em camadas duplas de sentido; cada frase acrescenta sentido às anteriores, num processo de emendas, correções, acréscimos".[23] Tal estratégia discursiva alia-se, por sua vez, às repetições diferidas de cena, passíveis de apontarem a ambiguidade, a reversibilidade nascimento/morte e a ausência de discernimento entre os atos de nascer e morrer, como exemplifica a referência "às toalhas – uma de tecido mais ordinário, outra de tecido nobre, o linho", "que abrigam tanto o corpo do recém-nascido, após o parto, quanto acolhem, em idêntico gesto, o corpo defunto".[24] A própria desorientação do sujeito agonizante provoca a chegada de "revoadas de imagens" fragmentadas, "existências alheias a invadirem a sua", "episódios com os quais não sabia lidar".[25] E, na hora da morte, instauram-se a

21 António Lobo Antunes, op. cit., p. 42.

22 Ana Paula Arnaut, *Pós-modernismo no romance português contemporâneo – Fios de Ariadne, Máscara de Proteu*, Coimbra: Almedina, 2002.

23 Silvana Maria Pessôa de Oliveira, op. cit., p. 149.

24 Ibid., p. 147.

25 António Lobo Antunes, op. cit., p. 127.

sua negação, a anulação da dor, através da permanência do imaginário gratificante e delirante ("o senhor Antunes sobre os rios a caminho da foz"),[26] e a fusão com a figura radiante da mãe e seu canto redentor. Estaríamos, portanto, através da linguagem e da "organização do caos da experiência",[27] diante do mundo inteligível, na ótica platônica? Poderíamos afirmar que, no romance *Sôbolos rios que vão*, há um deslocamento da dimensão metafísica e transcendente (divina) para o cerne do humano? Seria esse o principal ponto de afastamento entre a ficção antuniana e as redondilhas camonianas? Com a palavra, o próprio autor, que ficcionaliza a própria morte ("Como escrever a morte a não ser em maiúsculas tortas"),[28] e outros leitores.

As reflexões críticas aqui feitas foram motivadas pela leitura do ensaio da autoria de Cleonice Berardinelli sobre as redondilhas camonianas, "'Sobre os rios': a mudança da mudança", que nos levou a estabelecer uma comparação com o romance de António Lobo Antunes, *Sôbolos rios que vão*, privilegiando uma estética voltada para a representação da dor e da libertação do sujeito dissonante da música do mundo. Na ficção antuniana, tal estética é marcada pela presença recorrente de "pássaros" ou "andorinhas" que "duravam para sempre"[29] e, por isso, são vislumbradas, nas janelas do hospital, pelo narrador-personagem, no momento da sua morte. Convém lembrar que a imagem do voo corresponde a uma "poética do desprendimento, na medida em que a personagem procura evolar-se da sua ligação rasteira às coisas do cotidiano", e, também, ao "desejo de liberdade, ascensão e vibração na expectativa do êxtase".[30]

A Cleonice Berardinelli, o nosso mais profundo agradecimento, sempre, pela aprendizagem adquirida que nos instiga.

Em tempo: deixaremos, em nome de Lobo Antunes, um exemplar de *Sôbolos rios que vão* na soleira da sua porta. Esperamos que goste e que descubra "o encantado lugar do horror e da alegria" que nos une.

26 Ibid., p. 199.

27 Silvana Maria Pessôa de Oliveira, op. cit., p. 151.

28 António Lobo Antunes, op. cit., p. 100.

29 Ibid., p. 149.

30 Maria Alzira Seixo, Verbete "Voo", *Dicionário da obra de António Lobo Antunes*, vol. II, Lisboa: INCM, 2008, p. 594.

Carlos Pittella-Leite

A segunda tese: a importância da tese inédita de Cleonice Berardinelli para os estudos pessoanos

Magistra semper Magistra,
aliquando dormitat bona thesis!

I. As primeiras teses

Em 1861, os primeiros graus de doutoramento das Américas foram conferidos, pela Universidade de Yale, a três candidatos – cada um deles em uma área distinta do conhecimento: física, filosofia/psicologia e estudos clássicos.[1] Dentre as duas dissertações de ciências humanas, apenas a de estudos clássicos ainda é localizável, consistindo em meras seis páginas em latim, inspiradas em Cícero, sobre a máxima "Brevis Vita, Ars Longa".[2] Embora seja a mais antiga tese de doutoramento nas Américas com alguma preocupação literária, certamente não seria a primeira dissertação sobre literatura – evento que talvez seja impossível de determinar.

Mesmo que regressemos à Grécia Antiga para defender certos trabalhos de Aristóteles (e.g. a *Poética*) como as primeiras elucubrações acadêmicas em prosa sobre uma obra poética (e.g. a obra de Homero), filósofos indianos já comentavam os poemas dos vedas desde o século VI a.C. – quando se calcula que os primeiros *Upanishads* tenham sido compostos.[3] Se uma investigação dos primórdios das dissertações acadêmicas é algo impraticável – e, talvez, infrutífero –, um estudo do *papel* das dissertações não é. Independentemente do

Carlos Pittella-Leite é pesquisador do Centro de Estudos de Teatro (CET) da Universidade de Lisboa e *post-doctoral fellow* da Brown University.

1 Ralph P. Rosenberg, "The First American Doctor of Philosophy Degree: A Centennial Salute to Yale, 1861-1961", in *The Journal of Higher Education*, vol. 32, n. 7, out., 1961, p. 387-394, p. 388.
2 Ibid., p. 393.
3 Patrick Olivelle, *The Early Upanishads*, Oxford: Oxford University Press, 1998, p. 12-14.

mérito de um trabalho em particular, ou da capacidade em geral de qualquer prosa capturar (ou não) a essência da poesia, podemos afirmar que a existência de uma dissertação sobre uma obra poética representa, por si só, a legitimação de um poeta pelo mundo acadêmico.

Nesse sentido, quando Maria Lúcia Dal Farra defendeu, em 1979, a primeira tese de doutoramento sobre Herberto Helder,[4] o mundo acadêmico assinalava uma tentativa (ainda tímida) de assimilar, em seu cânone, o grande poeta lusófono da segunda metade do século XX. O grande poeta lusófono da *primeira* metade, Fernando Pessoa, já tinha começado a ser assimilado três décadas antes – numa proliferação vertiginosa de teses e artigos acadêmicos.

Hoje, em princípios de 2016, a Biblioteca Nacional de Portugal (BNP) indica a existência de aproximadamente 2.200 trabalhos monográficos sobre a obra de Fernando Pessoa; o sistema de busca da PUC-Rio e a ferramenta HOLLIS de Harvard acusam, ambos, cerca de 1.200 dissertações, a mais antiga dessas sendo *Diversidade e unidade em Fernando Pessoa*, de Jacinto do Prado Coelho. Trata-se do trabalho que Prado Coelho, concorrendo a um lugar de Professor Extraordinário, apresentou à Faculdade de Letras da Universidade de Lisboa em 1949 – um texto seminal que contou com pelo menos dez reedições e que, desde o seu surgimento, se tornou referência nos estudos pessoanos.[5]

A segunda dissertação sobre Pessoa – a primeira fora de Portugal – foi a tese de livre-docência de Cleonice Berardinelli, *Poesia e poética de Fernando Pessoa*, defendida em 1958 na Universidade Federal do Rio de Janeiro (um dos primeiros trabalhos de livre-docência de mulheres no Brasil). Se a tese de Prado Coelho é comumente referida em bibliografias pessoanas, a tese de Berardinelli permanece inédita, quase sessenta anos após sua concepção; somente partes mínimas do trabalho foram publicadas pela autora como ensaios. Minha intenção aqui é, pois, resgatar a importância desta segunda tese para os estudos pessoanos.

4 Maria Lúcia Dal Farra, *A alquimia da linguagem leitura da cosmogonia poética de Herberto Helder*, tese de doutoramento, Faculdade de Letras, São Paulo, USP, 1979. [Publicada em Lisboa, INCM, 1986].

5 N. J. Lamb, "Portuguese Studies", in *The Year's Work in Modern Language Studies*, vol. 13, Modern Humanities Research Association, 1951, p. 176-181, p. 180.

II. A estrutura da segunda tese

A tese de Cleonice Berardinelli organiza-se em duas grandes seções, "Temas e constantes" e "Língua e estilo", a segunda delas com quase o dobro da extensão da primeira.[6] Reproduzimos abaixo o índice do trabalho:

Temas e constantes

Os temas

I – *A febre de Além*

O mistério do mundo

A ideia da morte

A angústia metafísica

II – *As raízes do desassossego*

O vício de pensar

A ausência de Deus

A fugacidade da vida

Irrealização

A felicidade dos outros

A busca do "eu"

III – *A fuga do real*

O sonho

A infância

O adiamento

IV – *Nada vale a pena*

Abulia e cansaço

Tédio e solidão

As constantes

A noite

O mar

6 No arquivo digital que Berardinelli gentilmente disponibilizou para este ensaio, a primeira parte estende-se por 91 e a segunda, por 163 páginas.

Portos e naus
O vento
A chuva
A névoa
O silêncio
O frio
Presença da ausência

Língua e estilo

I – *Linguagem*
  Substantivação
  O adjetivo
  O advérbio de modo e o adjetivo atributivo-adverbial
  O verbo
II – *Processos poéticos*
  Aliteração
  Reiteração
  Enumeração
  Estrutura dos poemas
III – *Ritmo e metro*
  Poemas ortônimos (volume I e V)
  Ricardo Reis
  Álvaro de Campos
  Alberto Caeiro

Note-se que a primeira grande seção subdivide-se em duas metades, "Os temas" e "As constantes". Os *temas* consistem nas grandes questões pessoanas segundo a pesquisadora, identificados e exemplificados por meio de uma metodologia similar à empregada por Prado Coelho, o qual apresentara uma seção sinônima, intitulada "Os motivos centrais", em sua própria tese. É ao tratar das *constantes* – e posteriormente da língua e estilo pessoanos – que a metodologia de Berardinelli começa a distanciar-se da de Prado Coelho, oferecendo análises estatísticas que ainda hoje seriam originais e que, por isso, merecem ser resgatadas.

Antes de investigarmos a tese de Berardinelli, é mister abordar o seu ineditismo em si: em que medida esse trabalho permaneceu inédito e, principalmente, por quê?

III. O ineditismo da segunda tese

Embora jamais tenha sido publicada como livro, a tese de Berardinelli não é completamente inédita: primeiramente, porque a pesquisadora nunca deixou de estudar a obra pessoana, destilando conceitos-chave de seu trabalho de docência ao longo de uma prolífica carreira acadêmica; em segundo lugar, porque a pesquisadora publicou trechos da tese como ensaios independentes[7] – ainda que tais publicações não somassem mais de quarenta páginas dentre as mais de trezentas de sua dissertação original;[8] em terceiro lugar, porque a professora brasileira enviou uma cópia física do seu trabalho acadêmico a Jacinto do Prado Coelho, o autor da primeira tese.

A reação de Prado Coelho surgiu impressa em livro, na segunda edição – "refundida e acrescentada" – de sua tese. Além de mencionar o trabalho de Berardinelli em duas breves notas de rodapé ao corpo da sua dissertação original,[9] o professor português publicava, na nova edição, um adendo sob o título "Notas à margem de alguns livros sobre Fernando Pessoa posteriores ao presente ensaio". Nas notas #1 e #7 surgem referências pormenorizadas à tese de Berardinelli. A primeira menção encontra-se ainda na primeira página da nota #1:

1. *Louvaram alguns críticos o presente ensaio sobre Fernando Pessoa por quase não ter considerado os dados biográficos. De fato, adotei um método que me*

7 Cleonice Berardinelli, "Observações sobre a língua poética de Fernando Pessoa", *Ibérida*, n. 1, 1959, p. 239-241; "A presença da ausência em Fernando Pessoa", sep. de *Ocidente*, vol. LIX, 1960, p. 309-317; e "Observações sobre a língua poética de Fernando Pessoa", in *Fernando Pessoa: outra vez te revejo*, Rio de Janeiro: Lacerda Editores, 2004, p. 20-36.

8 São 266 páginas na versão redatilografada em arquivo digital que Berardinelli gentilmente nos disponibilizou (um número menor devido simplesmente à maior densidade de caracteres/página).

9 Jacinto do Prado Coelho, *Diversidade e unidade em Fernando Pessoa*, 2ª ed. refundida e acrescentada, Lisboa: Editorial Verbo, 1963, p. 110, 152.

parece ter vantagens sobre outros: o da crítica textual (motivos, formas) mais descritiva do que explicativa. (...) Isto, porém, não quer dizer que outros métodos (o biográfico, o psicológico, o sociológico) não devam ser adotados para a melhor compreensão da obra de Pessoa nas suas várias dimensões. Além do que, o plano a que me cingi permitiu-me deixar implícita a grandeza do poeta, mas não valorizar expressamente, dum ponto de vista estético, a sua obra – empresa fundamental a que já Cleonice Berardinelli lançou ombros, e que poderá conduzir a surpreendentes resultados se for levada a cabo com a orientação e a finura dum Dámaso Alonso, dum Amado Alonso ou dum Carlos Bousoño – para só me referir à escola estético-estilística espanhola.[10]

Como interpretar a última frase de Prado Coelho na passagem acima? A qualificação "empresa fundamental a que já Cleonice Berardinelli já lançou ombros" aparenta ser um claro reconhecimento, pelo pioneiro português, do valor da tese da professora brasileira. Por outro lado, a segunda parte da mesma frase parece cancelar o elogio anterior, ao afirmar que tal empresa "poderá conduzir a surpreendentes resultados" (em tempo futuro e não presente), sugerindo que tais resultados ainda não teriam sido alcançados... e Prado Coelho estabelece uma condição para o conseguimento desses resultados: "se [tal empresa investigativa] for levada a cabo com a orientação e a finura dum Dámaso Alonso, dum Amado Alonso ou dum Carlos Bousoño – para só me referir à escola estético-estilística espanhola" (o que sugere que Prado Coelho não reconhecia tal "orientação" e "finura" no trabalho de Berardinelli, mas apenas a sua promessa).

Os irmãos Alonso, junto a Bousoño, formavam a tríade da escola estético-estilística espanhola, que influenciou enormemente a crítica textual das literaturas neolatinas na década de 1950, com suas análises das obras poéticas de Luis de Góngora, Pablo Neruda e Vicente Aleixandre, entre outros. Oito obras[11] dessa escola figuram na bibliografia (e em mais de dez notas) da tese de

10 Ibid., p. 211-212.

11 Na seção de "Obras gerais citadas" na bibliografia de sua tese, Berardinelli inclui:
Amado Alonso, *Materia y Forma en Poesía*, Madrid: Gredos, Madrid, 1956; *Poesía y Estilo de Pablo Neruda*, 2ª. ed., Buenos Aires: Sudamericana, 1951. Dámaso Alonso, *Estudios y Ensayos Gongorinos*, Madrid: Gredos, 1955; "La Lengua Poética de Góngora", *Revista de Filología Española*, Anejo XX, Madrid, 1950; Dámaso Alonso e Carlos Bousoño, *Seis Calas en la Expresión Literaria*

Berardinelli. Portanto, ao contrário do que o comentário supracitado de Prado Coelho dá a entender, a monografia de Berardinelli havia sido realizada com a evidente e confessa orientação da escola espanhola.

Entretanto, quando Berardinelli defendeu sua tese em fins da década de 1950, a escola estilística dos irmãos Alonso já cedia lugar à crescente influência do estruturalismo francês, que logo viria a dominar as análises literárias na década de 1960 (Roland Barthes publicava *Le Degré Zéro de l'Écriture* em 1953,[12] e Claude Lévi-Strauss lançava *Anthropologie Structurale*[13] em 1958). A atenção primordial aos detalhes do texto passava, assim, à estrutura geral da obra – e a metodologia empregada por Berardinelli subitamente era vista como abordagem obsoleta (inclusive pela própria pesquisadora, que, em entrevista, me indicou esta como uma das razões para não ter publicado sua tese àquela altura).

IV. A crítica que o autor da primeira tese fez à segunda

A segunda menção à tese de Berardinelli feita por Prado Coelho é direta:

> *7. A monografia de Cleonice Berardinelli,* Poesia e Poética de Fernando Pessoa *(tese policopiada, Rio de Janeiro, 1958), é um estudo muito completo, análise despreconcebida dos temas e das formas, onde cumpre enaltecer o equilíbrio, a meticulosidade, a intuição dos valores estéticos, o rigor do método estilístico. Confortou--me ver como a autora, mesmo quando o não indica expressamente, adere aos meus pontos de vista, corroborando juízos por mim formulados e explorando filões por mim apontados. A principal objeção que o trabalho me suscita refere-se à dicotomia* matéria-forma. *Ao traçar o seu plano, Cleonice partiu do princípio de que,* grosso modo, *havia na obra de Pessoa unidade de matéria e diversidade de forma:*

Española, 2ª. ed., Madrid: Gredos, 1956; Charles Bally; Elise Richter; Amado Alonso e Raimundo Lida, *El Impresionismo en el Lenguaje*, 2ª. ed., Buenos Aires: Instituto de Filologia, 1942; Carlos Bousoño, *La Poesía de Vicente Aleixandre*, 2ª. ed., Madrid: Gredos, 1956; *Teoría de la Expresión Poética*, Madrid: Gredos, 1952.

12 Roland Barthes, *Le Degré Zéro de l'Écriture*, Paris: Éditions du Seuil, 1953.

13 Claude Lévi-Strauss, *Anthropologie Structurale*, Paris: Plon, 1958. Embora partes do livro de Lévi-Strauss tenham sido publicadas como artigos desde 1945, o ano do lançamento de *Anthropologie Structurale* permanece como marco do estruturalismo francês.

"Quando estudamos os temas e as constantes, isto é, a matéria da poesia pessoana, timbramos em mostrá-la comum aos quatro nomes com que se apresenta o Poeta, pois que é um só; *ao iniciarmos, porém, os nossos comentários sobre a forma, não podemos, de modo algum, ignorar as profundas diferenças que existem entre um poema de Campos e uma ode de Reis, entre os redondilhos de Pessoa e os versículos de Caeiro..." (págs. 145-145).*[14] *Assim Cleonice nega, praticamente, esta verdade basilar da moderna crítica da poesia: a "forma exterior" corresponde necessariamente a uma "forma interior", e ambas solidàriamente definem um poema na sua individualidade. "Forma interior" pressupõe um modo, um estilo de pensar e de sentir. Em Fernando Pessoa e heterónimos, há traços comuns temáticos e também de estilo, como há diferenças de atitude e de estilo. Não considerar uns e outros – afinidades que identificam e singularidades que traduzem a diversidade, a riqueza de modos de pensar e sentir – equivale a falsear a fisionomia da obra pessoana.*

Segundo Cleonice Berardinelli, o que constitui "o cerne do poeta Fernando Pessoa" é "a sua febre de Além". Por mim, em vez desta expressão, que, evocando o misticismo heroico da Mensagem, *convém menos à restante obra de Pessoa e heterónimos, acho preferível "inquietação metafísica" ou algo semelhante. E prefiro definir o cerne espiritual de Pessoa pelo antagonismo entre o pressentimento do oculto e a lucidez corrosiva – donde a perplexidade irremediável e a disponibilidade para tudo no âmbito da clausura.*[15]

Podemos resumir a crítica de Prado Coelho em dois pontos principais: 1) a justificação da dicotomia matéria-forma empregada por Berardinelli e 2) a aplicabilidade da expressão "febre de Além" para representar o cerne espiritual da poesia pessoana.

A primeira destas questões parece-me um desentendimento semântico sobre como Prado Coelho e Berardinelli definem, diferentemente, "matéria" e "forma". Decerto Prado Coelho refere um problema filosófico crucial, a intrínseca relação entre forma e matéria, até certo ponto indissociáveis na poesia. Contudo, Prado Coelho parece não perceber que Berardinelli com ele

14 Esse trecho está na p. 92 em minha versão redatilografada da tese em arquivo digital.

15 Jacinto do Prado Coelho, op. cit., p. 225-227.

concordaria no que concerne a tal indissociabilidade – e que a dissociação matéria/forma é uma questão meramente pragmática, uma ferramenta de análise de quem separa as peças de um objeto para melhor entender o todo. Além disso, a distinção matéria/forma é o próprio título da obra seminal de Amado Alonso, cujas análises Prado Coelho apontara como modelo a que Berardinelli deveria aspirar.[16] Logo, Prado Coelho contradiz-se ao atacar uma obra com a mesma medida em que – segundo há pouco dizia – ela poderia ser elogiada.

Ao enfocar a "matéria" da poesia pessoana (temas e constantes) e sua "forma" plural (aspectos linguísticos e estilísticos), Berardinelli é clara quanto a suas intenções: aplicar à obra do poeta português a análise estilística que os expoentes da escola espanhola aplicaram às poesias de Luis de Góngora,[17] Vicente Aleixandre[18] e Pablo Neruda;[19] de fato, essas três análises contêm subdivisões análogas à da tese de Berardinelli, principiando pelos temas identificados nas obras poéticas estudadas e passando à análise formal de suas ferramentas linguísticas (sintaxe, ritmo, tropos).

Em sua segunda crítica – sobre a aplicabilidade de "febre de Além" – Prado Coelho equivoca-se ao dizer que esse termo, "evocando o misticismo heroico da *Mensagem*, convém menos à restante obra de Pessoa e heterónimos". Berardinelli demonstrou que a expressão "febre de Além" tinha sido usada por Fernando Pessoa duas décadas antes da publicação de seu livro *Mensagem*, e antes mesmo da criação dos heterônimos Caeiro-Campos-Reis – um fato que Prado Coelho desconhecia.[20] Assim, o termo poderia servir à poesia pessoana como um todo, conforme argumenta a professora. Berardinelli contou-me, em entrevista, que chegou a apresentar este argumento, via carta, a Prado Coelho, posteriormente elaborando-o em artigos, tal como na passagem a seguir:

Em janeiro desse ano [1913], [Mário] Sá-Carneiro escreve uma carta ao melhor amigo [Fernando Pessoa], felicitando-o pelo título que escolhera para seus versos

16 Amado Alonso, *Materia y Forma en Poesía.*

17 Dámaso Alonso, *Estudios y Ensayos Gongorinos.*

18 Carlos Bousoño, *Seis Calas en la Expresión Literaria Española.*

19 Amado Alonso, *Poesía y Estilo de Pablo Neruda.*

20 Cleonice Berardinelli, "Mensagem", *Revista de Letras da U.F.C.*, jul /dez 1985 e jan / jun 1986, p. 1-12, p. 2.

– Gládio – *e aconselhando-o a não o revelar a ninguém, "não vá surgir nas montras das livrarias qualquer plaquette anémica e imbecil com esse nome". No mesmo ano, em julho, Pessoa escreve um poema a que dá o mesmo título [*Gládio*]: escrito na primeira pessoa, é uma espécie de profissão de fé: "E esta febre de Além que me consome, / E este querer-justiça são Seu Nome / Dentro em mim a vibrar". Quando, vinte e um anos depois, em 1934, apresentar* Mensagem *ao concurso instituído pelo Secretariado de Propaganda Nacional, este poema lá estará, com pequena alteração, entre as quinas do brasão português, simbolizando o Infante D. Fernando. Dois Fernandos irmanados pela mesma febre de Deus: "Cheio de Deus, não temo o que virá, / Pois, venha o que vier, nunca será / Maior do que a minha alma."*[21]

Somando-se a mudança de paradigma analítico (da estilística para o estruturalismo) às críticas do autor da primeira dissertação sobre Fernando Pessoa, não é de admirar-se por que a tese de Berardinelli tenha permanecido inédita por quase sessenta anos, para a infelicidade dos estudos pessoanos.

V. A importância da segunda tese

Se a estilística da década de 1950 (dos irmãos Alonso e de Bousoño) deu lugar ao estruturalismo francês (de Barthes e Lévi-Strauss) da década de 1960, curiosamente, a primazia desse mesmo estruturalismo inspirado em Ferdinand de Saussure veio e se foi. Desde a década de 1970, outra tríade de pensadores (os irmãos Augusto e Haroldo de Campos, junto a Décio Pignatari)[22] vem aplicando outro estruturalismo, inspirado na semiótica peirceana, que de certo modo resgata os estudos estilísticos espanhóis, acrescentando-lhes a novidade de análises estatísticas.[23] Assim, a tese de Berardinelli permaneceu inédita por

21 Idem.

22 Cf. Haroldo de Campos, *A arte no horizonte do provável*, São Paulo: Perspectiva, 1969; Décio Pignatari, *Informação, linguagem, comunicação*, São Paulo: Perspectiva, 1971; e Augusto de Campos, *Verso reverso controverso*, São Paulo: Perspectiva, 1979, para indicarmos apenas uma obra de cada um dos membros deste estruturalismo peirceano.

23 Pelo menos um argumento estatístico consta nas análises de Dámaso Alonso, que apresenta dois gráficos com proporções relativas de sonetos gongorinos (Dámaso Alonso, *Estudios y Ensayos Gongorinos* p. 139 e 241).

tanto tempo, que sua metodologia, outrora obsoleta, voltou a ser de vanguarda – e as análises estatísticas abundam na tese de Berardinelli.

Em seu livro *Informação, linguagem, comunicação*, Pignatari introduz "estilística" e "estilo", apresentando a análise estatística como uma nova ferramenta quantitativa para um campo do conhecimento que, até então, era visto como primordialmente qualitativo:

> *O estilo de um escritor pode ser aferido por via estatística, pois depende da ocorrência e frequência de certas palavras, pares de palavras etc., e da ocorrência e frequência de certas estruturas gramaticais e/ou sequências destas. Como diz Colin Cherry: "A qualidade chamada estilo é descrita parcialmente em termos estatísticos, pela extensão, riqueza ou pobreza do vocabulário, pelo número de sílabas das palavras, pela frequência relativa de sentenças de diferentes comprimentos e pelas diferentes estruturas gramaticais".*
>
> *As primeiras análises estatísticas do estilo literário foram realizadas pelo italiano Alfredo Niceforo, em 1919 e 1923; pelo matemático G. Udny Yule, em 1939, e pelo alemão Wilhelm Fuchs, em 1952. No Brasil, tivemos dois pioneiros: Bráulio do Nascimento (a quem agradeço as informações e correções sobre este tópico), que realizou trabalhos sobre contos de Mário de Andrade ("Contribuição à história literária do Modernismo",* Revista Branca, *n. 23, junho de 1952) e Tullo Hostilio Montenegro, com sua* Análise matemática do estilo *(IBGE, 1956).*[24]

Como a tese de Berardinelli, defendida em 1958, permanecia inédita em 1971 (e ainda hoje em 2016), Pignatari não pôde acrescentar, na passagem acima, a terceira pioneira das análises estatísticas no Brasil: Cleonice Berardinelli. Vejamos, como exemplo desse tipo de análise, uma nota de rodapé de Berardinelli sobre a constante pessoana "Noite":

> *Do levantamento estatístico que fizemos dos oito volumes da poesia de F. Pessoa, chegamos ao seguinte resultado: em 79% dos poemas, não há referências a hora, o que é perfeitamente natural, numa poesia essencialmente subjetiva; em 2%, há mutação de dia para noite ou vice-versa; em 13% aparecem elementos*

24 Décio Pignatari, op. cit., p. 60.

noturnos (que estudaremos miudamente) e, em 6%, elementos diurnos: sol, céu azul, etc. Como se vê, a proporção dia/noite ½ [ou 6/13] é comprovadora do que dissemos. Além disso, a claridade do dia, a sua limpidez, o seu conteúdo de alegria e de vida vêm frequentes vezes modificados por adjetivos ou frases que lhes atenuam o sentido. São bem raras as demonstrações de júbilo e confiança no dia que nasce:[25]

A professora prossegue a nota citando todas as (relativamente poucas) demonstrações de "júbilo e confiança no dia" que pôde encontrar na obra pessoana. O fundamental, porém, é que sua análise estatística, laborada numa década em que não havia computadores ou *internet*, emprestava uma quantidade palpável ao seu argumento – uma inovação no Brasil e no mundo dos estudos pessoanos e, naquela altura, ainda uma novidade nos estudos literários em geral.

Quando Cleonice Berardinelli defendeu sua tese em 1958, porém, a obra conhecida de Fernando Pessoa limitava-se aos textos que o poeta tinha publicado em vida e à serie editada pela Ática desde 1942 (os "oito volumes" referidos por Berardinelli na passagem supracitada). A edição da Ática, embora intitulada *Obras completas de Fernando Pessoa*, representa apenas uma pequena parcela do que hoje contemplamos como a obra pessoana, a qual permanece ainda em grande parte inédita (por exemplo, parte significativa da obra pessoana em inglês está por editar).[26]

Nesse sentido, algumas estatísticas da tese de Berardinelli precisariam ser atualizadas, empregando-se, como *corpus*, não a edição *princeps* da Ática, mas volumes críticos tais como os da Imprensa Nacional-Casa da Moeda (INCM) e os da nova coleção da editora Tinta-da-China.

25 Cleonice Berardinelli, *Poesia e poética de Fernando Pessoa*, tese para concurso à docência de Literatura Portuguesa, Faculdade Nacional de Filosofia, Rio de Janeiro, UFRJ, 1958, p. 47. Nesta e em todas as citações da tese de Berardinelli, as páginas aqui indicadas são as do arquivo digital cedido pela autora – e não as páginas do exemplar datiloscrito original.

26 Ver Patricio Ferrari e Carlos Pitella-Leite, "Four Unpublished English Sonnets (and the Editorial Status of Pessoa's English Poetry)", *Portuguese Literary & Cultural Studies* (special issue: *Fernando Pessoa as English Reader and Writer*), n. 28, 2014, p. 227-246.

VI. Dois argumentos estatísticos da segunda tese

Apresentemos dois outros argumentos estatísticos de Berardinelli, a fim de melhor representar sua relevância. Trata-se de duas brilhantes considerações sobre adjetivos e advérbios[27] na obra pessoana.[28]

O adjetivo

É o adjetivo o elemento fundamental da caracterização dos seres e, como tal, principal responsável pela expressividade do estilo.

Em poesia, a expressão importa bem mais que a significação e assim parece-nos capital a valoração dos principais aspectos da adjetivação no poeta que vimos estudando.

Abundantes e variadíssimos, distribuem-se irregularmente os adjetivos na obra de Pessoa:

Volumes	*Nº de Adjetivos*	*Nº de versos*	*Percentagem*
I	986	2575	38,29%
II	2435	4904	49,65%
III	539	1566	34,44%
IV	796	1723	46,19%
V	244	582	41,92%

*Grande número deles não são comuns aos cinco volumes, havendo vários que só figuram num ou dois; os que o são, aparecem geralmente em proporção muito desigual. É mesmo singularmente pequeno o número de adjetivos encontrados em todos: apenas dezenove (*alto, antigo, azul, branco, calmo, confuso, divino, escuro, eterno, falso, frio, grande, inútil, longínquo, morto, negro, novo, triste, único*) num total de 5.000, ao passo que mais de oitocentos só figuram num deles. Há, pois, um pequeno lastro comum na adjetivação de Pessoa e seus*

27 A análise dos advérbios foi de fato publicada pela autora como artigo independente (Cleonice Berardinelli, "Observações sobre a língua poética de Fernando Pessoa" e "Observações sobre a língua poética de Fernando Pessoa").

28 Lembre-se o leitor de que, aquando da defesa de tese de Berardinelli, a "obra pessoana" consistia, basicamente, nas edições da Ática.

heterônimos, quase todo ele constituído, como seria de esperar, dos adjetivos mais repetidos pelo Poeta.[29]

O advérbio de modo

É do realismo que data o emprego mais frequente dos advérbios de modo que, até então, eram usados com parcimônia, como elementos sem grande valor expressivo.

Eça de Queirós, utilizando-os de maneira inovadora na língua portuguesa, obtém efeitos surpreendentes de condensação e expressividade e dá-lhes definitivos foros de cidadania. Cremos mesmo que nenhum outro prosador da nossa língua soube ou quis usá-los tão profundamente. Dissemos prosador e isso porque, de um modo quase absoluto, os poetas empregam em menor escala os advérbios em –mente. *Dum rápido levantamento de alguns poetas ou obras poéticas de realismo para cá, chegamos aos seguintes resultados:*

Poetas	*Obras*	*Percentagem*
Guerra Junqueiro	Os simples	0.65%
Eugênio de Castro	Oaristos, Silva e Horas	1.74%
Antônio Nobre	Só	0.26%
Cesário Verde	O livro de Cesário Verde	2.51%
Camilo Pessanha	Clepsidra	1.42%
Mário de Sá-Carneiro	Poesia	1.20%
Afonso Duarte	Obras completas	0.20%
José Régio	Poemas de Deus e do Diabo	0.91%
Fernando Pessoa	I, II, III, IV, V	2.94%

Diante da grande percentagem encontrada em Fernando Pessoa, procedemos a sua determinação por volume estudado e concluímos que Fernando Pessoa ele mesmo (I e V) raramente emprega o advérbio, que Ricardo Reis, formando ao lado da maioria, usa-o sobriamente, enquanto Alberto Caeiro o faz numa frequência comparável à de Cesário Verde. Quanto a Álvaro de Campos [F. Pessoa II], o seu caso é único na poesia portuguesa, só encontrando símile entre os prosadores.

29 Cleonice Berardinelli, *Poesia e poética de Fernando Pessoa*, p. 107-108.

Poeta	Obra	Nº de versos	Nº de advérbios	Percentagem
F.Pessoa	I	2575	25	0.97%
F. Pessoa	II	4904	238	4.85%
F. Pessoa	III	1566	39	2.49%
F. Pessoa	IV	1723	25	1.45%
F. Pessoa	V	582	4	0.68%

Como explicar que Caeiro [FP III] e Cesário Verde se aproximem um do outro, afastando-se dos demais? Por uma comum preocupação de realidade – natural em Cesário, buscada em Caeiro? É o que nos parece. E Álvaro de Campos? O afã de exprimir o real – descontínuo, embora – explicaria, como para os anteriores, o uso abundante do advérbio; mas como lhe interpretar a superabundância? A resposta talvez esteja contida na pergunta formulada. Superabundância = excesso. E toda a poesia de Campos ressuma excesso: excesso de emoção (é Pessoa quem diz: "Álvaro de Campos, o mais histericamente histérico de mim", no qual "pus... toda a emoção que não deu nem a mim nem à vida"), que extravaza, irreprimível, em desabafos de alma ansiosa ou torturada, num excesso de expressão em que se acumulam os mais variados processos intensivos e iterativos.[30]

VII. Uma atualização, à guisa de conclusão

Embora o *corpus* estudado por Cleonice Berardinelli tenha sido bastante limitado quando comparado ao que hoje conhecemos, as lições e a metodologia da segunda tese pessoana permanecem atuais: suas conclusões podem ser atualizadas; seus argumentos, levados adiante.

À guisa de conclusão, busquemos um argumento quantitativo para o estudo da poesia do heterônimo Alberto Caeiro e o seu "vício de pensar", que é como Berardinelli nomeia um dos grandes temas pessoanos:

São estas as raízes do seu desassossego, gerador da angústia. Começo pelo vício de pensar. Poucas palavras terão sido mais usadas pelo Poeta do que "pensar" e

30 Ibid., p. 139-141.

"pensamento" e, coisa curiosa, quem mais as emprega é aquele dos heterônimos que nega sistematicamente o seu significado – Alberto Caeiro:

"... pensar é não compreender... / (...) / (Pensar é estar doente dos olhos) / E a única inocência é não pensar..."

A sua insistência em dizer que não pensa nada do mundo, que não sabe o que pensa, que se põe a rir quando vê outros pensar, é ainda a afirmação paradoxal desse excesso de pensar contra o qual Pessoa tenta reagir, embora sabendo que nunca se livrará do "espinho essencial de ser consciente".[31]

Dois cálculos poderiam fortalecer o argumento de Berardinelli: 1) contar as vezes em que a raíz *pens-* (de *pens*ar e *pens*amento) surge na poesia caeiriana, e suas proporções relativas aos números de versos e de poemas; 2) comparar tais proporções com as encontráveis nas obras de Ricardo Reis, Álvaro de Campos e do ortônimo Fernando Pessoa. Como a segunda tarefa demandaria um artigo à parte, tentemos aqui realizar a primeira. A partir da edição da INCM da obra de Caeiro,[32] elaboremos uma tabela com o número de poemas, versos e ocorrências da raiz *pens-* nas três partes da poesia caeiriana:

	O guardador de rebanhos	*O pastor amoroso*	*Poemas inconjuntos*	*Total*
poemas	49	7	72	128
versos	1.019	82	827	1928
pens-	76	12	55	143
pens-/poemas	155%	171%	76%	112%
pens-/versos	≈8%	≈15%	≈7%	≈7%

Como interpretar esses números? Em primeiro lugar, note-se que em duas partes da poesia caeiriana há mais ocorrências da raiz *pens-* do que há poemas

31 Ibid., p. 12.

32 Fernando Pessoa, *Poemas de Alberto Caeiro*, Edição crítica da obra de Fernando Pessoa, série maior, vol. IV, Ed. Ivo Castro, Lisboa: INCM, 2015.

– o que também vale para a obra caeiriana como um todo (112%, ou seja, a média de 112 ocorrências de *pens-* para cada 100 poemas). Considerando-se o número de versos, 7% deles apresentam a raiz *pens-* (nos poemas de *O pastor amoroso*, esse número é mais que o dobro, 15%).

Esses cálculos oferecem suporte quantitativo à asserção de que Alberto Caeiro pensa o tempo todo em não pensar. Para levar o argumento adiante, poderíamos gerar tabelas análogas para o ortônimo e Campos/Reis e, assim, comprovar que Caeiro seria o maior usuário pessoano do verbo pensar.

Há, pois, uma diferença entre apenas exemplificar e exemplificar-e-medir, diferença que, desde o seu estudo pessoano pioneiro, Berardinelli mostrou, mas que Prado Coelho não viu – e que o mundo dos estudos literários enfim começa a perceber.

Carlos Reis

*Eça de Queirós e a personagem como ficção**

A QUESTÃO QUE ME PROPONHO ABORDAR NÃO É EXATAmente aquela que o título, na sua aparência quase simplista, pode sugerir. Para ser mais claro: ao tratar a personagem como ficção em Eça, não pretendo analisar as figuras ficcionais que povoam os romances e os contos queirosianos, com intuito meramente descritivo ou com propósito hermenêutico.

Bem conhecidas são as personagens queirosianas. Conhecidas, analisadas, interpretadas, reinterpretadas e discutidas, umas vezes elogiadas, outras abominadas, à luz de paradigmas diversos, complementares ou antagónicos: da história literária à psicanálise e ao estruturalismo, passando pela estilística, pela sociologia literária, pelos estudos femininos, pelos estudos pós-coloniais, pelos estudos comparados ou pelos estudos narrativos, para tudo e para algo mais têm servido as personagens de Eça. Heróis e vilões, misóginos e sexualmente ambíguos, edipianos e, quando calha, antiedipianos, reflexo do seu tempo e desmentido do que ele foi, românticos, tardorromânticos e pré-modernistas, assim são os seres humanos que habitam os relatos de Eça. Neste aspeto, a vasta bibliografia queirosiana tem-se alimentado gulosamente da complexidade do mundo ficcional de Eça. E, no caso em apreço, da abundância de uma ementa de carateres que desafia e às vezes assusta quem dela se aproxima: *c'est l'embarras du choix!*

Não vou por aí, porque, tal como muitos outros, por esse caminho já fui e por ele voltei. Quando me refiro aqui à personagem como ficção, aludo, em geral, à vocação queirosiana para inscrever e tematizar a literatura nas suas narrativas e nos discursos das figuras que nelas encontramos; o que, com perdão pela invocação do óbvio, me parece ser uma forma de lançar uma ponte que vai do Realismo à Modernidade, na passagem do século XIX para o século XX.

Carlos Reis é professor da Faculdade de Letras da Universidade de Coimbra.

* O presente texto integra um ensaio mais longo, ainda em fase de revisão. No desenvolvimento do referido ensaio, são analisados outros aspetos do tema de que aqui trato.

De forma mais clara, reporto-me a vários aspetos deste tema tão amplo como, para mim, fascinante. Por exemplo, ao facto de personagens literárias de outros escritores comparecerem nos relatos de Eça, mencionadas pelos seus narradores ou pelas personagens queirosianas propriamente ditas. Num outro plano, o conceito de personagem emerge pontualmente na ficção de Eça, por força das histórias contadas e não raro com intuito argumentativo. Para além disso, a ficção pode ser lida não como um "espaço" fechado, mas como um campo sem fronteiras rígidas, campo "invadido" por seres (por personagens) que nele penetram sem grandes restrições. Desponta aqui, naturalmente, a noção que é uma das estrelas mais brilhantes da constelação dos modernos estudos narrativos: a metalepse. Não dissertarei agora sobre tal conceito, mas não posso ignorar o potencial heurístico que ele envolve e os significados que dele podemos deduzir.

Aquilo que sobre tudo o mais me interessa é mostrar que a reficcionalização (ou a refiguração, como prefiro dizer) de personagens alheias em ficções queirosianas não acontece por acaso, nem de forma inocente. Menos ainda para exibir uma cultura literária que, evidentemente, o escritor oitocentista possuía de forma exuberante e que não podia cancelar, quando compunha as suas ficções. No processo (ou processos) de que me ocupo, não cabe ainda falar, como no Modernismo pirandelliano, de personagens à procura de autor, mas sim de personagens que passam de um autor para outro. Ou personagens acolhendo personagens. "Vinha dos braços de um qualquer, passou para os meus...",[1] declarou Castro Gomes, com ponderada crueldade, a Carlos da Maia, quando lhe revelou quem era (ou quem ele julgava que era...) Maria Eduarda.

Não direi, com perversidade semelhante à de Castro Gomes, que é disso que se trata aqui, mas o movimento existe. Só que as personagens alheias que a ficção queirosiana nos mostra não vêm "dos braços de um qualquer"; normalmente elas têm identidade própria, autoria conhecida e sentido coerente com os contextos em que são integradas; ou, sendo apenas esboçadas pelas próprias personagens dos relatos de Eça, são reconhecidas como figuras inscritas numa tradição literária, numa memória coletiva e num quadro cognitivo que as sustenta.

1 Eça de Queirós, *Os Maias. Episódios da vida romântica*, Porto: Porto Editora, 2016, p. 498.

II

As razões que explicam as referências metaficcionais à personagem na ficção de Eça ficam para depois, no desenvolvimento desta reflexão e para além dela, se for o caso. Mas avanço desde já com o seguinte: o tempo de Eça foi aquele em que a literatura, pouco antes institucionalizada como produção e como fenómeno com larga projeção social, ganhou a dimensão e a dignidade de uma atividade que merecia lugar de destaque na própria literatura. Noutros termos: como tema inscrito na ficção, fosse em si mesmo, fosse através de uma personagem-tipo que conheceu vasta circulação, particularmente no tempo do Realismo: o escritor e, com ele, o sarau, o jantar literário ou a declamação em cenário burguês, por vezes com suporte musical, ao piano ou à guitarra.

A literatura não podia, então, encenar-se sem apelar à literatura. Um tal gesto, quase narcisista e de autovalorização, diz muito acerca da proeminência do escritor; foi ele quem, a partir da posição assumida por Zola no *affaire* Dreyfus, abriu espaço para a afirmação do intelectual socialmente interventivo, como o conhecemos ao longo de todo o século XX. Na ficção oitocentista (e em especial na de Eça), a literatura tematiza-se de várias formas, tão conhecidas que não me alargarei aqui, para além de um ou dois episódios construídos em torno do escritor, seja ele uma figura ficcional, seja uma figura trazida da realidade da vida literária que a ficção modelava.

Por exemplo: no serão que antecede a saída do padre Amaro de casa da São Joaneira. Nessa situação tensa e dolorosa, Amélia não expressa a tristeza por si mesma, mas sim pelas palavras do poeta romântico: "maquinalmente ou com intenção, disse a canção querida: Ai! Adeus! Acabaram-se os dias/ Que ditoso vivi a teu lado!/ Soa a hora, o momento fadado,/ É forçoso deixar-te e partir!".[2] Amaro partiu, para depois, como se sabe, voltar; mas estas emoções eram enquadradas pela figura do poeta Soares de Passos, quase uma personagem daquele microuniverso que o acolhe numa hora delicada. Segundo exemplo: no sarau literário do Teatro da Trindade é ainda a literatura que está presente, agora na palavra inflamada de uma personagem-poeta, Tomás de Alencar.

2 Eça de Queirós, *O crime do padre Amaro*, Edição de Carlos Reis e Maria do Rosário Cunha, Lisboa: INCM, 2000, p. 353.

É ele quem traz à cena social da Lisboa dos anos 1870 uma literatura (uma poesia) que não só pretende ser já *outra* em relação ao que fora, como, sendo assim, subverte o que costumava ser a sua participação decorativa em tais ambientes. Depois de ouvir recitar o longo poema "A democracia", o senhor conde de Gouvarinho desabafa: "– Versos admiráveis, mas indecentes!".[3]

III

Uma situação concreta, ainda sem preocupação de sistematizar o que quer que seja, explicita aquilo a que venho. É n'*O primo Basílio*, quando Sebastião, preocupado com as visitas de Basílio à prima, confidencia a Julião um passado que poucos conhecem: "Tu sabes que ele foi namoro da Luiza? – disse Sebastião, baixo, como assustado da gravidade da confidência".[4] O outro não sabia, mas ficou a saber: o namoro de adolescentes, a partida de Basílio para o Brasil, o rompimento do noivado. Reação de Julião:

> *– Mas isso é o enredo da «Eugénia Grandet», Sebastião! Estás-me a contar o romance de Balzac! Isso é a Eugénia Grandet!*
> *Sebastião fitou o espantado.*
> *– Ora!, não se pode falar sério contigo. Dou-te a minha palavra de honra! – acrescentou vivamente.*[5]

Repare-se: para Julião, tudo fica mais claro graças a um romance de Balzac, sendo Luísa assimilada a uma personagem balzaquiana e às suas agruras. Noutros termos: para serem entendidos, certos comportamentos devem ser associados a um romance e a uma personagem de ficção (ou de *outra* ficção, dizemos nós, que sabemos que Julião e Luísa também são personagens ficcionais). Curiosamente, o honesto mas prosaico Sebastião tem dificuldade em entrar neste jogo e em aceitar que uma figura pode ser entendida em função de outra (Eugénie Grandet, claro). Ou em aceitar que não há limites para

3 Eça de Queirós, *Os Maias. Episódios da vida romântica*, p. 627.

4 Eça de Queirós, *O primo Basílio*, Lisboa: Livros do Brasil, s. d., p. 135.

5 Idem.

a presença de personagens marcantes no mundo em que vivemos, seja ele real, seja ficcional (Sebastião certamente não lera o *Quijote* e não imaginava que podia pensar-se a si mesmo como personagem...). Outra coisa que aqui não preciso de dizer: os romances de Eça nutrem-se de leituras e de livros literários, acolhem leitores e bibliotecas, romancistas e dramaturgos que se projetam sobre as ações narrativas e sobre os seus agentes, condicionando-os em vários aspetos. Foi o que mostrou Maria do Rosário Cunha no seu livro *A inscrição do livro e da leitura na ficção de Eça de Queirós*[6] e tão bem o fez que dou o tema por resolvido.

Fixo-me, então, na personagem como ficção, nos termos que já adiantei. E, tanto quanto é possível neste texto, tratarei de enquadramentos e funcionalidades em que se procede à evocação ou à figuração de personagens e de modelos de personagens que migram para a ficção queirosiana.

IV

Uma configuração (ou tipo de configuração) da personagem como ficção: aquela em que o termo e o conceito de *personagem* são utilizados para sublinhar a importância de certas entidades e atitudes, bem como a eficácia de certas ações. Trata-se aqui de atos valorativos, que assentam numa ideia de personagem como categoria central da narrativa, em termos estéticos e ideológicos.

Vejamos o que acontece com Artur Corvelo, quando entra na vida social de Lisboa, com as perplexidades próprias do seu olhar provinciano. Num jantar de hotel em que tudo lhe parece "muito fino, muito de capital",[7] Artur reage assim: "Toda a sua vaidade se dilatava ao sentir-se ali, a uma mesa rica, entre indivíduos que supunha personagens da Política, das Letras, ou da Finança".[8] Assim mesmo, como se Artur estivesse a viver um romance, razão pela qual só a noção de personagem e a axiologia que ela comporta são capazes de bem representar o deslumbramento do *parvenu*.

6 Maria do Rosário Cunha, *A inscrição do livro e da leitura na ficção de Eça de Queirós*, Coimbra: Almedina, 2004.

7 Eça de Queirós, *A capital! (Começos duma carreira)*, Edição de Luiz Fagundes Duarte, Lisboa: INCM, 1992.

8 Idem.

De forma mais sinuosa e não isenta de ironia, a personagem é reconhecida explicitamente como tal, já depois o ser. Parece estranho, mas é isso que lemos n'*Os Maias*, a propósito de uma figura menor. Diz-se do Batista, o fiel escudeiro de Carlos da Maia: "Foi em Coimbra, nos Paços de Celas, que Batista começou a ser um personagem".[9] Para que conste: não se afirma tal coisa sobre qualquer outra personagem d'*Os Maias,* pelo que este *começar a ser personagem* deve ser entendido no sentido contextualizado (e um pouco irónico, repito) que aqui encontramos. São certos traços físicos e comportamentais que justificam a condição de personagem como figura que se salienta e que subverte as nossas expectativas, até ao ponto de podermos confundi-la com aquilo que ela não é:

[Batista] Era hoje um homem de cinquenta anos, desempenado, robusto, com um colar de barba grisalha por baixo do queixo, e o ar excessivamente gentleman. *Na rua, muito direito na sua sobrecasaca, com o par de luvas amarelas espetado na mão, a sua bengala de cana-da-índia, os sapatos bem envernizados, tinha a considerável aparência de um alto funcionário.*[10]

Neste quadro de referência, ser personagem não é, então, pouca coisa; trata-se mesmo de algo marcado por uma espécie de síndrome do excesso ("excessivamente *gentleman*", diz-se no texto). No mesmo sentido, destacando o que é da ordem do transcendente, vai o Teodoro d'*O mandarim*: apesar de ateu, Teodoro diz que Deus e o Diabo são "dois personagens, velhos como a Substância".[11] Mais: a consciência metaficcional da personagem induz uma sua utilização como componente narrativo com forte poder acional. De forma mais clara: as personagens são tentadas a inventar personagens, mesmo sem

9 Eça de Queirós, *Os Maias*, p. 145.

10 Idem.

11 Eça de Queirós, *O mandarim*, Edição de Beatriz Berrini, Lisboa: INCM, 1992, p. 89. A designação é retomada em relação à figuração burguesa do Diabo que aparece a Teodoro: "Eu sei o que deve a si mesmo um cristão. Se este personagem me tivesse levado ao cume de uma montanha na Palestina (...) eu saberia replicar-lhe, seguindo um exemplo ilustre, e erguendo o dedo às profundidades consteladas: – 'O meu reino não é deste mundo!'" (Ibid., p. 97). E ainda: "Uma noite, recolhendo só por uma rua deserta, vi diante de mim o Personagem vestido de preto com o guarda-chuva debaixo do braço (...)" (Ibid., p. 191).

serem escritores, porque precisam delas para as suas ações. Por isso, quando o despeitado João Eduardo planeia, numa taberna de Leiria, escrever um folheto que o vingue do padre Amaro, é assim que o projeta: "queria-o em forma de romance, de enredo negro, dando à personagem do pároco os vícios e as perversidades de Calígula e de Heliogábalo".[12] O folheto ficou, evidentemente, por escrever e publicar, porque não houve dinheiro para o papel e também porque a iniciativa era perigosa. Mas afirma-se uma ideia: não basta saber, como disse um linguista famoso, *how to do things with words*; é necessário que as palavras se façam narrativa e que, nela, a personagem assuma o papel que lhe cabe, como seu núcleo semântico.

V

A utilização e o tratamento da personagem por uma figura ficcional concebida como autor de narrativas ou de dramas não chega a ser um *topos* queirosiano, mas anda perto disso. E é natural que assim seja, pela já notada frequência com que surgem na ficção de Eça as personagens-escritores, num tempo e numa atmosfera cultural que a isso convidava. Três exemplos conhecidos: Ernestinho Ledesma (n'*O primo Basílio*), Artur Corvelo (n'*A capital!*) e Gonçalo Mendes Ramires. Recorde-se, contudo, que, n'*A ilustre Casa de Ramires,* Gonçalo é um escritor de circunstância mais do que outra coisa, o que não afeta o que quero significar; já os outros são-no por opção, estando essa opção presente no subtítulo d'*A capital! Começos duma carreira*. Uma carreira de escritor, bem entendido.

O que estes escritores ficcionais nos propõem são verdadeiras figurações de personagens narrativas ou dramáticas, com tudo o que esse processo compositivo tem de dinâmico, de gradual e de complexo.[13] Nestas figurações metaficcionais está implicada, antes de mais, uma certa lógica da personagem exigida por princípios artísticos decorrentes das ideias literárias do tempo de Eça. Uma

12 Eça de Queirós, *O crime do padre Amaro*, p. 609.

13 Disso mesmo tratei recentemente, pelo que não volto agora ao assunto (Carlos Reis, *Pessoas de livro. Estudos sobre a personagem*, Coimbra: Imprensa da Universidade de Coimbra, 2015, p. 119ss.).

lógica que não era apenas intraficcional, mas também extensional, na medida em que assim o exigiam os costumes e os públicos oitocentistas. Sabe-o bem o dramaturgo Ledesma, quando se vê obrigado pelo empresário a alterar as ações das personagens no drama *Honra e paixão*: pela lógica das coisas, o marido enganado deveria matar a mulher adúltera; só que o dito empresário, citado por Ernestinho, "quer é que o marido lhe perdoe", porque acha "que o público que não gosta! Que não são coisas cá para o nosso país".[14] A palavra sensata do conselheiro Acácio confirma-o: "a falar a verdade, sr. Ledesma, o nosso público não é geralmente afeto a cenas de sangue".[15] Por fim, Ernestinho perdoa à adúltera, sendo já sabido que estes avanços e recuos dialogam, em regime de *mise en abîme* relativamente evidente, com o caso de Luísa: sem ser a Ágata de *Honra e paixão*, Luísa mimetiza aquela personagem metaficcional. E Jorge acaba por fazer o mesmo: perdoa-lhe, seguindo o exemplo da personagem Júlio engendrada por Ledesma. O conselheiro tinha razão: cenas de sangue nada resolvem.

É também a lógica da personagem – mas agora outra lógica, a das suas relações extraficcionais e dos melindres que eles podem provocar – que está em causa. Penso no episódio em que Artur Corvelo lê um passo dos seus *Amores de poeta* aos enfastiados convivas que jantam à sua custa. Explica Artur: "Álvaro, um poeta, ama a duquesa de S. Remualdo." Ao que o Padilhão, um dos enfastiados, reage: "– Ora essa! E então que há de pensar a senhora condessa de S. Remualdo, uma senhora respeitável!".[16] Pinheiro Chagas subscreveria, evidentemente, o protesto, a avaliar pela acusação que endereçou a Eça: segundo Chagas, Tomás de Alencar era a caricatura de um poeta respeitável, chamado Bulhão Pato. A acusação provocou uma conhecida resposta de Eça, demolidora pelo sarcasmo e pela inteligência literária.[17]

14 Eça de Queirós, *O primo Basílio*, p. 46.

15 Idem.

16 Eça de Queirós, *A capital! (Começos duma carreira)*, p. 236.

17 Trata-se carta pública "Tomás de Alencar (Uma explicação) – Carta a Carlos Lobo d'Ávila" (in Eça de Queirós, *Cartas públicas*, Edição de Ana Teresa Peixinho, Lisboa: INCM, 2009, p. 223-231). Sobre esta polémica entre Chagas e Eça cf. A. Apolinário Lourenço, *O grande Maia. A receção imediata de Os Maias de Eça de Queirós*, Braga: Angelus Novus, 2000 e Carlos Reis, "Figurações da personagem realista. Os bigodes e os rasgos de Tomás de Alencar", in A. Apolinário Lourenço, M. Helena Santana e M. João Simões (coord.), *O século do romance. Realismo e naturalismo na ficção oitocentista*. Coimbra: Centro de Literatura Portuguesa, 2013, p. 91-110.

Estes dissabores parecem imerecidos, quando sabemos que Artur, o jovem dramaturgo em início de carreira, trabalha duramente as suas personagens. Percebe-se nele o empenhamento num labor de escrita que lembra a experiência queirosiana de preparação de projetos literários, experiência de que o espólio do escritor guarda abundantes testemunhos.[18] Tal como várias vezes Eça fez com os seus projetos (um Eça que não resistia ao exercício da autocaricatura), também Artur Corvelo, antes de escrever o drama que leva para Lisboa, resume meticulosamente a respectiva ação e as feições das suas personagens:

O poeta Álvaro (que era ele mesmo, Artur) pobre e sublime, fanatizava e possuía a linda, a doce duquesa de S. Romualdo (que era a senhora Baronesa de Pedralva). O duque, um caçador obtuso e brutal com avós até aos visigodos (a que o valente Teodósio servira de modelo), insultava o poeta, arremessando-lhe a luva branca num sarau de máscaras; batiam-se de madrugada num cemitério, depois dum monólogo em que, à maneira de Hamlet, Álvaro, tomando crânios na mão, meditava na Morte; ferido, ia morrer no regaço da duquesa, que corria, vestida de branco, dentre os ciprestes (...).[19]

O tal Padilhão (e também Pinheiro Chagas, pois então) parece ter razão: as personagens lembram pessoas reais e motivam procedimentos de figuração mais ou menos sofisticados (mas isto da figuração não o sabiam nem Padilhão nem Chagas). Mais: aquela figuração convoca, para ilustrar as figuras odiosas, os burgueses de Oliveira (que Artur detestava) e sobretudo, no caso da heroína do drama, personagens literárias. Enquanto "pisava linhaça no almofariz da farmácia", Artur "deu à duquesa todas as graças e todas as dedicações, encheu-a de reminiscências de Julieta, de Carlota, de Lélia, da Dama das Camélias".[20] Isto

18 Carlos Reis e Maria do Rosário Milheiro, *A construção da narrativa queirosiana. O espólio de Eça de Queirós*, Lisboa: INCM, 1989.

19 Eça de Queirós, *A capital! (Começos duma carreira)*, p. 151.

20 Ibid., p. 152. Está presente neste passo o Eça que, por 1879 (*grosso modo*, a época em que escreveu uma parte substancial d'*A capital!*), esboçou um conhecido texto programático acerca da figuração da personagem à luz dos princípios do idealismo romântico, em contraste com a figuração da mesma personagem moldada pelo realismo naturalista. O referido texto era a resposta à crítica de Machado de Assis a *O primo Basílio* e encontra-se como apêndice da edição crítica de *Almanaques e outros dispersos* (cf. Eça de Queirós, *Almanaques e outros dispersos*, Edição de

sem esquecer aquela caricata cena hamletiana da divagação de Álvaro sobre a morte, por entre crânios, no inevitável cemitério.

A imagem das caixas chinesas ou das matrioskas russas é quase obrigatória aqui: Artur, personagem de ficção, compõe, como dramaturgo incipiente, uma outra personagem de ficção (a duquesa), sendo esta baseada numa figura "real", a tal baronesa de Pedralva. Mas isto não basta: a duquesa traz em si personagens ficcionais. Para o dizer de forma rápida e talvez enigmática: um exercício de metalepse em todo o seu esplendor.

Muito do que fica dito pode reencontrar-se num Eça tardio, capaz de uma formulação refinada da personagem como ficção e distanciada de obrigações de escola. Reporto-me agora ao Gonçalo novelista d'*A ilustre Casa de Ramires*, uma personagem e um tema já estudados pela bibliografia queirosiana;[21] volto a ele para sublinhar de novo que não é apenas para Eça que a composição de personagens decorre de uma escrita muitas vezes árdua. Sabem-no também as suas personagens-escritores que trabalham outras personagens. E assim, o que Gonçalo deseja é resgatar metaficcionalmente, vindos de um passado longínquo e agora feitos personagens de uma novela histórica, os "seus avós, enormes, ressoantes, chapeados de ferro, e mais vagos que fumos";[22] destaca-se deles, é claro, Tructesindo Ramires, esse "Tructesindo rude e leal que o Fidalgo da Torre rijamente modelava",[23] numa figuração atormentada por dúvidas:

> *E depois, nem o consolava a certeza de construir obra forte. Esses Tructesindos, esses Bastardos, esses Castros, esses* Sabedores *eram realmente varões afonsinos, de sólida substância histórica?... Talvez apenas ocos títeres, mal engonçados em erradas armaduras, povoando inverídicos arraiais e castelos, sem um gesto ou dizer que datassem das velhas idades!*[24]

Irene Fialho, Lisboa: INCM, 2011, p. 340-358).

21 Cf. Carlos Reis, *Estudos queirosianos. Ensaios sobre Eça de Queirós e a sua obra*, Lisboa: Presença, 1999, p. 181-183; e Maria do Rosário Cunha, op. cit., p. 300-302.

22 Eça de Queirós, *A ilustre Casa de Ramires*, Edição de Elena Losada Soler, Lisboa: INCM, 1999, p. 91.

23 Ibid., p. 123.

24 Ibid., p. 363, grifo no original.

VI

Tudo isto é superado, em regime de sátira, por uma extraordinária caricatura da figuração metaficcional que encontramos n'*A cidade e as serras*. Como tantas vezes acontece neste romance semipóstumo, os seus episódios, personagens e diálogos parecem traduzir uma frivolidade que, à primeira vista, representa a superficialidade *distinguée* do universo social que gira em torno do palacete parisiense de Jacinto.

A suposta linearidade dessa representação torna-se mais complexa e consequente, quando sabemos que ela é filtrada pelo olhar divertido e perplexo de um Zé Fernandes chegado à capital do mundo "civilizado" diretamente das serras. Nem ele nem Jacinto são escritores, mas ambos circulam num espaço cultural em que o livro e a escrita literária ocupam um lugar proeminente,[25] sob o signo de sofisticações associáveis a uma certa síndrome do excesso: quando Zé Fernandes quer saber por que razão "Jacinto anda tão murcho, tão corcunda",[26] o criado Grilo responde sabiamente: "Sua Excelência sofre de fartura".[27] Uma espécie de *mal de fin-de-siècle*, digo eu.

De fartura do ridículo padecem as considerações sobre a personagem que podemos ler quando, num jantar chique no 202, encontramos um certo "psicólogo feminista" (não se diz o nome), que é "o autor do *Coração Triple*".[28] Muito elogiado pela agudeza psicológica d'*A couraça* ("nunca penetrara tão fundamente, na velha alma humana, a ponta da Psicologia Experimental!)",[29] o celebrado romancista passa depois por um vexame. É quando, revertendo o coro de elogios, o poderoso diretor do *Boulevard* aponta, na caracterização de uma personagem, um erro "bem inesperado num mestre tão experiente!... Era atribuir à esplêndida amorosa da 'Coura-

25 Recorde-se, entre outros textos, a crónica que Eça escreveu para a *Gazeta de Notícias* do Rio de Janeiro, "Acerca dos livros", publicada a 17 de novembro de 1881 (in Eça de Queirós, *Textos de imprensa IV (da Gazeta da Notícias)*, Edição de Elza Miné e Neuma Cavalcante, Lisboa: INCM, 2002, p. 155-165).

26 Eça de Queirós, *A cidade e as serras*, Lisboa: Livros do Brasil, s. d., p. 81.

27 Idem.

28 Ibid., p. 54.

29 Ibid., p. 54-55.

ça', uma duquesa, e do gosto mais puro, – *um colete de cetim preto!*".[30] E logo adiante: "Pois era verosímil, numa mulher como a duquesa, estética, pré-rafaelítica, que se vestia no Doucet, no Paquin, nos costureiros intelectuais, um colete de cetim preto?"[31]

É, pois, da figuração da personagem, dos seus dispositivos descritivos e da sua coerência psicossocial que aqui se trata. A crítica feroz de Marizac leva longe, como mostrarei, mas não sem antes citar o que se segue:

> *O psicólogo emudecera, colhido, trespassado! Marizac era uma tão suprema autoridade sobre a roupa íntima das duquesas, que à tarde, em quartos de rapazes, por impulsos idealistas e anseios de alma dolorida – se põem em colete e saia branca!... De resto o diretor do "Boulevard" condenara logo sem piedade, com uma experiência firme, aquele colete, só possível nalguma merceeira atrasada que ainda procurasse efeitos de carne nédia sobre cetim negro. E eu, para que me não julgassem alheio às coisas dos adultérios ducais e do luxo, acudi, metendo os dedos pelo cabelo:*
>
> *– Realmente, preto, só se estivesse de luto pesado, pelo pai!*[32]

Como se vê, nem mesmo Zé Fernandes se exime de opinar. Noutros termos: despida perante aqueles cavalheiros, a duquesa d'*A couraça* é agora, de novo, uma personagem em refiguração (afinal de contas, a cor de um colete feminino não é coisa secundária...). A refiguração é determinada, muito significativamente, pelo peso interventivo da imprensa (Marizac e o jornal *Boulevard*, entenda-se) ou, como hoje diríamos, da opinião publicada; é essa opinião que, mesmo depois de editado o romance, faz regredir a personagem para a condição de figura inacabada e a refazer. Confirma-se, assim, a condição dinâmica e progressiva da figuração e assegura-se ainda, por linhas algo tortas, a sobrevida da personagem, em processo de reconstrução: a duquesa despirá o colete preto e vestirá um outro, de cor mais adequada. "Pronto a fazer uma retificação",[33] o romancista psicólogo começa a reelaborar a sua

30 Ibid., p. 55, grifos no original.

31 Idem.

32 Ibid., p. 56.

33 Idem.

personagem: "Mesmo por harmonia com o estado de alma da duquesa devia ser lilás, talvez cor de reseda muito desmaiada, com um frouxo de rendas antigas de Malines…"[34]

Pouco importa de que cor será, finalmente, o colete da duquesa. O que desejo notar é que, em contexto de reflexão metaficcional, a personagem dá sinais de uma inconsistência provinda da deriva psicologista que atinge a ficção finissecular, ainda no tempo de Eça. Uma deriva que, evidentemente, só podia causar reserva e sarcasmo num Eça formado pela estética oitocentista do romance e da personagem. Avançando de forma talvez ousada: a personagem que muda de cor não é ainda o avatar que os dispositivos da literatura digital nos facultam, em ambiente eletrónico; mas a sua instabilidade prenuncia a personagem modernista, uma figura *in fieri,* instável e em crise de identidade, que está logo ali, ao virar do século.

34 Idem.

Carmen Lucia Tindó Secco

Virgílio de Lemos e a linhagem pessoana de múltiplos eus...

Até aos ossos na exaltação
do prazer desnudas-te
como se não bastasse a fome
das palavras e a ficção.
(...)
— Virgílio de Lemos, Ode a Fernando Pessoa.

VIRGÍLIO DE LEMOS: "OUTRA VEZ TE REVEJO"... DESSA vez, à luz de Cleonice Berardinelli, grande especialista e profunda conhecedora da poesia de Pessoa. Cleonice, de muitos ensaios e textos sobre diversos autores da Literatura Portuguesa, autora de *Fernando Pessoa: outra vez te revejo...*, livro acerca dos adentramentos interiores e dos inúmeros eus presentes na lírica pessoana.

Incontestável admirador de Fernando Pessoa, o poeta moçambicano Virgílio de Lemos, desde os anos 1940 e 1950, em Moçambique, também usou a heteronímia como artifício poético. Contudo, o processo heteronímico nos dois poetas é bastante diverso. Pessoa cria heterônimos bem diferentes entre si, cujos traços definidores não guardam identidade com sua biografia; já Virgílio projeta aspectos biográficos seus em um eu-lírico estilhaçado em vários heterônimos.

Elegemos a obra *Fernando Pessoa: outra vez te revejo...*, da professora Cleonice Berardinelli, como apoio teórico para nosso texto. A referida ensaísta, no capítulo "Fernando Pessoa: os vários eus", começa destacando um fragmento de diário, escrito por Pessoa em 1907:

Carmen Lucia Tindó Secco é professora de Literaturas Africanas na Universidade Federal do Rio de Janeiro (UFRJ).

Estou cansado de confiar em mim próprio, de me lamentar a mim mesmo, de me apiedar, com lágrimas, sobre o meu próprio eu. Acabo de ter uma espécie de cena com a tia Rita acerca de F. Coelho. No fim dela, senti de novo um desses sintomas que cada vez se tornam mais claros e sempre mais horríveis em mim: uma vertigem moral. (...) Não tenho ninguém em quem confiar. A minha família não entende nada. Não posso incomodar os meus amigos com estas cousas. Não tenho realmente verdadeiros amigos íntimos, e mesmo aqueles a quem posso dar esse nome, no sentido em que geralmente se emprega essa palavra, não são íntimos no sentido em que eu entendo a intimidade (...)[1]

Náufrago na vida e no mundo, Fernando Pessoa acalmava suas dores existenciais, interiores, por meio de extensa correspondência com Mário de Sá-Carneiro, com quem trocava cartas em 1912 e 1913. Estas lhe traziam alguns bálsamos para as depressões e angústias. De acordo com Cleonice Berardinelli, ele também se correspondia com Armando Côrtes Rodrigues, dos Açores, cujas missivas, escritas durante 1915 e 1916, foram, também, fundamentais para um maior conhecimento do poeta.

Pessoa, em uma de suas epístolas, confessa-se um ser atormentado: "A minha crise é do gênero das grandes crises psíquicas, que são sempre crises de incompatibilidade, quando não com os outros, por certo com nós próprios."[2]

Tantos eus, tanta arte de navegar sobre si próprio, tantos nomes em seus escritos poéticos – Fernando Pessoa e seus heterônimos: Alberto Caeiro, Ricardo Reis, Álvaro de Campos, Bernardo Soares. Tantas eram as ficções, no entanto, cada heterônimo pessoano possuía marcas inconfundíveis e personalidade própria. Havia, em cada um, uma ânsia de multiplicidade: "Sê plural como o universo!"[3] – clamava ele.

Essa intensa, infindável busca de sentido de ser e esse "desassossego" constante estão presentes, também, no moçambicano Virgílio de Lemos, cuja poética exibe múltiplas faces – as de Virgílio ele mesmo, Duarte Galvão, Lee-Li Yang, Bruno dos Reis e outras –, todas reveladoras de sujeitos líricos estilha-

1 Fernando Pessoa apud Cleonice Berardinelli, *Fernando Pessoa: outra vez te revejo*, Rio de Janeiro: Lacerda Editores, 2004, p. 76-77.

2 Ibid., p. 88.

3 Fernando Pessoa, *Páginas íntimas e auto-interpretação*, Textos estabelecidos e prefaciados por Georg Rudolf Lind e Jacinto do Prado Coelho, Lisboa: Ática, 1966, p. 94.

çados, inquietos e plurais, sempre à procura das profundezas da poesia e de si. Diferentemente do processo heteronímico de Fernando Pessoa, cujos vários eus guardam suas singularidades e, entre si, apresentam predicados bem diversos, em Virgílio de Lemos os heterônimos se colocam como desdobramentos de seu eu fragmentado, muitas vezes revelando traços e qualidades que se assemelham aos do próprio poeta.

Como em Pessoa, há, em Virgílio, uma grande atração pelo mar, uma evidente vocação marítima. No prefácio escrito para *Eroticus moçambicanus*, breve antologia de poemas de Virgílio de Lemos, o escritor Mia Couto diz o seguinte:

Nasci como Virgílio na orla do Oceano Índico. Quem assim nasce, troca e destroca de margens, condenado à existência entre cais e viagem. Nossa alma ficou vizinhando esse mar que costura caminhos no Oriente. Moçambique é essa África que já é oriente. Ou, no dizer do poeta: "ouriente".[4]

Virgílio de Lemos tem um gosto híbrido: pela errância e pela mestiçagem, por saberes e pessoas múltiplas, como ele mesmo. Assim, cria nomes para seus vários eus. "Dividido enquanto ser, a estratégia da sua escrita não podia ser outra senão a dispersão. Virgílio se reparte em heterônimos".[5] Sob o signo de *Orpheu*,[6] traz a modernidade para a literatura moçambicana, no início dos anos 1950, e mergulha no ilimitado, cantando a "negra azul", como chamou a cidade de Lourenço Marques, em poemas assinados por Duarte Galvão, seu heterônimo guerrilheiro, ligado aos problemas sociais e apaixonado por Lee-Li Yang:

Mergulho no ilimitado

Memória magia e corpo
a palavra é a cidade
onde te revelas e

4 Mia Couto apud Virgílio de Lemos, *Eroticus moçambicanus*, Antologia poética, Org. e apres. de Carmen Tindó Secco, Rio de Janeiro: Ed. Nova Fronteira/ Faculdade de Letras da UFRJ, 1999, p. 15.

5 Ibid., p. 16.

6 Virgílio de Lemos reconhece a importância da revista *Orpheu* para sua poética, tanto que chamou de Orpheu o primeiro ciclo de sua poesia.

se revela a aventura
mergulho no ilimitado
fundo dos jardins.

Fique a inquieta certeza
do sem fim da noite
labirintos onde ecoam
fontes e abismos
silêncios do eterno
vícios da beleza
campas e clarins.[7, 8]

Cidade e poesia se enlaçam pelo erotismo das palavras e imagens poéticas. A capital Lourenço Marques é cantada como uma negra azul, cujo corpo apresenta pulsações e desejos femininos. Duarte Galvão não tece apenas uma cartografia lírica da cidade; percorre suas ruas, becos e bairros, buscando dar voz a essa urbe moçambicana, cercada pelo azul do Índico, que dialoga com os "vícios da beleza" e com a poesia da vida e a da linguagem, em cujos abismos e labirintos o sujeito lírico mergulha ao encalço da melodia literária de ritmos e "clarins".

Leitor de Camões, Bocage, Cesário Verde, Fernando Pessoa, Sá-Carneiro, entre muitos outros, Virgílio ia trocando leituras, se perdendo e se achando, em inúmeras intertextualidades. Em diversos poemas, homenageia Fernando Pessoa, a quem celebrou até a exaustão. Em "Ode a Pessoa", declara uma de suas mais intensas afinidades eletivas.

Ode a Fernando Pessoa

Até aos ossos na exaltação
do prazer desnudas-te

7 Poema assinado pelo heterônimo Duarte Galvão, em Lourenço Marques, 1944, incluído posteriormente no livro *Negra azul*.

8 Virgílio de Lemos, op. cit., p. 21.

como se não bastasse a fome
das palavras e a ficção.

Até aos ossos na exaltação
da dor sem rosto sensual
como a morte rarefaz
a tua paixão pela vida.

Até aos ossos na exaltação
do tédio e da ternura
ousas na inquietação e raiva
do silêncio ser segredo
ser duplamente a bruma.[9, 10]

Uma inquietação não só existencial, mas também poética – ou melhor, metapoética – une Virgílio a Pessoa, cujo fingimento lírico os faz confundirem-se com as "dores que deveras sentem", sempre em busca do prazer do texto, da paixão vital, do segredo e da bruma das palavras.

Fernando Pessoa é ainda revisitado, ao lado de Camões, em outro poema de Virgílio de Lemos, citado a seguir:

A tragédia e a língua

(Ao Luiz de Camões e ao Fernando Pessoa)

Fora ou dentro, a língua é luz
da alma, sendo seu próprio corpo
vegetal. Na folha em branco
passeia-se o nada recriado.

9 Poema assinado pelo ortônimo Virgílio de Lemos, em Durban, 1953. O poeta, sentado na praia, olha o mesmo mar contemplado por Fernando Pessoa que também viveu nessa cidade da África do Sul.

10 Virgilio de Lemos, op. cit., p. 51.

Sol, sendo luar, no desvelar reside
o segredo do criar, e na paleta
esquecida, vive ainda o morto,
duplo mergulho no texto e na deriva.

E é face ao mesmo mar de teus anseios
que neste outro olhar recrio o gesto
e reconcilio a tragédia e a língua.[11, 12]

Aqui, o elo entre Virgílio, Camões e Pessoa é a paixão pela língua portuguesa, o idioma trazido pelos conquistadores portugueses, que, entretanto, ultrapassa a tragédia decorrente da opressão colonial, transformando-se em matéria vertente da criação literária, luz desveladora do segredo da "folha em branco", em que "o nada é recriado".

A linhagem pessoana detectável em Virgílio de Lemos se revela por um incessante anseio de dispersão. No caso do poeta moçambicano, tal derramamento se expressa pela procura por uma África multifacetada, captada por cada um dos heterônimos e, simultaneamente, por um cosmopolitismo que se abre ao mundo. Assim, Lourenço Marques, muitas vezes indecifrável, se apresenta para Virgílio, metaforicamente, como Lisboa, a cidade entranhada nas vísceras do poeta português que, ao mesmo tempo que a beija, se angustia em mil desassossegos. Duarte Galvão e Virgílio de Lemos ele mesmo também beijam África, continente plural, metonímia, para eles, de Moçambique e da capital Lourenço Marques.

Beijo-te inteira África[13]

Meus lábios procuram-te avidamente
e no delírio do meu amor por ti

11 Poema assinado pelo ortônimo Virgílio de Lemos, escrito na Ilha de Moçambique, em 10 de junho de 1957.

12 Virgilio de Lemos, op.cit., p. 68.

13 Poema assinado por Duarte Galvão, em Lourenço Marques, em janeiro de 1963.

beijo-te inteira África
e sou cruel terno verdadeiro.
Nos troncos esguios de altos eucaliptos
shindjingritanas e soas
fazem ninhos e amor
sem a consciência das coisas
metafísicas.
Nós escutamos ritmos de jazz puro
de John Lewis
ou com volúpia dançamos
novos ritmos da marrabenta.
Mas não estamos anestesiados
pela música e pelo amor.

Meus lábios procuram-te loucamente
e no êxtase de minha derradeira entrega
beijo-te inteira África
e parto angustiado.[14]

Duarte Galvão se despede da África. Beija-a, desesperadamente, e com ela faz amor pela última vez. Com a consciência de que vivia um "inxílio", ou seja, um exílio em sua própria terra, o poeta Virgílio de Lemos percebe que nem ele, nem seu heterônimo guerrilheiro tinham lugar em Moçambique. Deixa, por isso, a África em 1963, indo residir em Paris, onde passa a trabalhar como jornalista na rádio França Internacional. Antes, porém, assassina Duarte Galvão. Sua mente, aberta e avançada, questionava o colonialismo, a escravidão. Embora amasse, apaixonadamente, a África, não aceitava fechar-se, apenas, em seu continente, pois almejava um diálogo com outros povos, outros poetas e outras literaturas do mundo.

Há, na poesia de Virgílio de Lemos, conforme já assinalamos, um desejo de pluralidade, uma ansiedade constante, um esgarçamento interior também existentes na poética pessoana. Contudo, são bastante diferentes as inquietações e desassossegos vivenciados por Pessoa e Virgílio. Por exemplo, os

14 Virgílio de Lemos, op.cit., p. 127.

poemas atormentados de Álvaro de Campos são perpassados por incomensurável angústia, imensa solidão, enquanto os de Virgílio de Lemos e seus heterônimos são atravessados por forte erotismo e por um "insólito espanto" diante da existência.

Insólito, um espanto espantado de si mesmo

(Ao André Breton, Fernando Pessoa, João Cabral de Melo Neto e minha mãe Ilda)

Quando eu nasci a vinte e nove, espanto meu
Breton inquiria sobre o Amor no mundo.
A minha mãe pedi que lhe mandasse recado
que ele não perdesse tempo com desencantos,
que fizesse amor sem gramáticas nem sutras.
Minha mãe riu. Um inquérito para ela toda de ironias
é uma forma de medir dos outros o saber e o sentir.
E todos sabem que o Amor é a espiritualidade que irriga
o corpo e a Arte. Desde sempre. Desejo. Desde o Amor.

Quando eu nasci em vinte e nove, grito de revolta
a meio do mar, eu vela eu balão iboisado saudei o mundo
o dadaísmo Kafka Dostoiévski Tchekov Camões e Eça, Assis, Graciliano
e Pau Brasil de Andrade.
Os velhos me falaram do Rio capital de Moçambique,
pimenta ouro e escravatura início dos Oitocentos.

Quando eu nasci surpresa rebentei a Bolsa a minha mãe
olhos azuis e loura que tangava e sabia nadar
e o craque fez valsar Chicago Londres Frankfurt
e libra-ouro rainha fez rir meus tios José e Cisco
fez tremer os cofres do tesouro. Ibo não mais foi capital.
Salvo no meu coração. Pobre João Baptista santo e fortaleza.

Quando eu nasci em vinte e nove tesoureiro dos CFM
meu pai João jogava xadrez com o Mário pai do Rui e da Lara,
todos Pereiras, Lemos, Mendes, Sérgios, judeus da ruptura,
como Leiris e Pessoa atentos aos botões da camisa,
ao chapéu de feltro e ao Panamá camisa de seda alpacas inglesas
triangulações Lisboa-Haia-Veneza, Ibo-Goa-Rio
todos universalistas, bem mediterrânica melancolia no olhar.[15, 16]
(...)

Nascido em 1929, sob o signo do surrealismo de André Breton, Virgílio, adotando a proposição da escrita automática, das palavras em liberdade, deu vazão ao inconsciente, ao emocional, à procura da construção de uma poesia autenticamente moçambicana. Pela pena do heterônimo Duarte Galvão, empreendeu uma antropofagia do instituído e do simbólico oficialmente consagrados, até então, no panorama das letras em Moçambique. Rompeu, dessa forma, com a Lei e com a Ordem paternas, ou seja, com a figura patriarcal da colonização.

Vindo à luz em plena eclosão das vanguardas, do Dadaísmo, do Futurismo, entre os dois manifestos do Surrealismo e as duas guerras mundiais, justo no ano do *crack* na bolsa de Nova York que fez o "inferno de Wall Street", o sujeito-lírico da poesia virgiliana – em particular, da poética de Duarte Galvão – incorporou a velocidade e as inovações de seu tempo. Mas, a par dessa propensão à renovação, Virgílio de Lemos criou uma "antropofagia delirante" que também foi responsável por uma revisão crítica do passado e uma recriação da língua portuguesa. Em uma entrevista, expõe suas propostas literárias:

Desejava abrir as portas da literatura moçambicana para que ela encontrasse sua independência, para que nascesse como uma literatura autônoma, deixando para trás a fase embrionária em que se encontrava. Para isso, eu percebia que era necessária uma outra respiração, uma ativa intertextualidade com as vanguardas europeia, brasileira: o diálogo com o dadaísmo, com o

15 Poema assinado por Duarte Galvão, em 29 de novembro de 1951. Inserido, posteriormente, no livro *Negra azul*.

16 Virgílio de Lemos, op.cit., p. 24-25.

surrealismo, com o futurismo, com o Movimento Pau-Brasil, com diferentes correntes da Negritude. (...) o que pretendia era um mergulho profundo na poesia, abrindo-a ao mundo: do Brasil modernista de São Paulo à América, ao Caribe, ao Japão, à Índia, à África, à Europa, às diatribes, por exemplo, de um Almada Negreiros em Portugal.[17]

Operando com uma linguagem alegórica e erótica de reconquista das raízes culturais, Virgílio incorporou o riso, o jogo e a ironia, numa atitude de devoração crítica dos preconceitos introjetados durante o colonialismo.

Lee-Li Yang, o heterônimo feminino de Virgílio de Lemos, também expressa uma excitação em relação às multifacetadas raízes identitárias de Moçambique. Os seus poemas revelam que os sabores árabes, lusitanos e africanos não se perderam com o tempo, persistindo em múltiplas cartografias moçambicanas. Lee-Li Yang era originária da ilha de Macau, metáfora da sensualidade oriental também presente nas ilhas das Quirimbas. Simboliza uma das matrizes do desejo que move o humano em direção à vida, aos sonhos, à arte e à própria criação poética. Ela é a representação alegórica do gozo e do prazer estético. Constitui-se como imagem-símbolo dos instintos sexuais femininos reprimidos tanto pela religiosidade árabe, como pela portuguesa. Macaense de nascimento, mas de descendência alemã e inglesa, Lee-Li Yang expressa a hibridação cultural presente em Moçambique. Instruída e conhecedora da poesia de diversas literaturas, seu erotismo extrapola a sexualidade puramente genital, acumpliciando-se ao jogo lúdico do aprender, do saber e do criar. Nos 37 poemas do ciclo de Lee-Li Yang, a sensualidade da voz lírica feminina vem à tona e se confunde com os voos de sua própria imaginação poética, aberta a diversas intertextualidades.

É principalmente como Lee-Li Yang que o lirismo de Virgílio de Lemos desreprime a voz e o corpo do poema, liberando a língua e os sentidos, apalpando a "xaxa da linguagem", isto é, as intimidades do gozo poético metaforizado por imagens recorrentes de vulvas e mamilos que perpassam pelos poemas, cuja pele se arrepia em orgasmos de profundo êxtase estético.

17 Virgílio de Lemos, op.cit., p. 149-150.

Um coração de gozo!

Apalpa minha xaxa, minha noite
inquieta surpreende-me arrebata-me
liberta-me deste sonho e
que eu não seja mais
o silêncio do mar.

Apalpa minha xaxa, minha noite
em sangue viúva de teu
corpo clitóris
de angústia e
espera
do teu fluido singular
plural
de gozos e desmaios.
Apalpa minha xaxa, minha praia
de odores, algas e
mariscos, cânforas e
sais de abandono,
mangas mamas e
falos
que a solidão
vai inchando de raiva.

Apalpa minha xaxa, meus
seios, lábios, meu tudo
em fogo e terás visto
quanto perdes
deixando-me sonhar
com Sófocles devorando
minhas incertezas e
Epaminondas sem perder
o fôlego

engalanando seu mastro
de delírio![18]

O mar, metáfora do inconsciente, jorra, surreal, fazendo transbordarem emoções submersas e paixões arrebatadoras que queimam como fogo, que se erigem sob o signo do conhecimento, mas cujos sentimentos vorazes instigam o ser, colocando-o em questão face à vida.

O erotismo se converte, assim, em epifania da própria linguagem, cujas revelações de sentidos e deslumbres se expressam por vertigens, ausências, inquietações entre o ser e o nada, delírios relacionados ao infinito, ao mar salgado da existência.

Acontece que na tua ausência

Acontece que na tua ausência
o mar é quem me acalenta
o coração
o mar é quem me canta melodias
num estertor
de orgasmos musicais e cores
voz do amor
de coração a coração

Acontece que na tua ausência
o mar é quem me suaviza
minhas febres
em cada um dos lados de mim
de ponta a ponta
das minhas ilusões de amor
contra a tempestade
e dentro dela mar
que em mim se vem

18 Ibid., p. 42-43.

se vai e me acalma
a fome
desta paixão.[19]

Os sujeitos líricos dos poemas de Lee-Li Yang se contemplam no mar, espelho de suas paixões e febres, que exprimem cada um dos lados de sua personalidade multifacetada.

Diante dos inúmeros estilhaçamentos de eus, presentes na poesia de Virgílio e seus heterônimos, retorno ao texto de Cleonice Berardinelli, citado no início deste ensaio. Revejo, então, Fernando Pessoa, quando diz: "Sinto-me múltiplo. Sou como um quarto com inúmeros espelhos fantásticos que torcem para reflexões falsas uma única anterior realidade que não está em nenhuma e está em todas" [1915?].[20] Revejo, também, outra vez, Virgílio de Lemos, quando, pela voz de Duarte Galvão, fundou, com *Msaho*, a modernidade da literatura moçambicana, instaurando uma poética de formas e ritmos transgressores:

Msaho da música luminosa

De carne e osso meu coração
é antes de mais
o desejo:
voz do vento
lira das tempestades
no teu rosto
insuspeito fulgor
das águas
que desenham espaços de pedra
e a música greco-
oriental
do prazer. No meu assalto
a teu corpo

19 Ibid., p. 35.
20 Fernando Pessoa, op. cit., p. 93.

meus golpes são
punhais
de vertigem deleite
de iluminado
bruxo.[21, 22]

"Bruxos da linguagem", cada um a seu modo, Fernando Pessoa e Virgílio de Lemos manifestam, em si mesmos e por meio de seus heterônimos, o fulgor e a profundeza da poesia, o ardor de vários eus, todos arrebatados pelo mistério da vida, mesmo quando esta é rejeitada e dilacerada em seus poemas.

21 Poema assinado por Duarte Galvão, 1951. Posteriormente, publicado em *Negra azul*.
22 Virgílio de Lemos, op. cit., p. 27.

Claudia Chigres

Alguns apontamentos sobre palavra e tempo em António Vieira

Ao ser convidada para escrever um ensaio em homenagem a minha professora e orientadora Cleonice Berardinelli, decidi que desta vez escreveria sobre o padre António Vieira. O motivo deve ser explicado: a grandeza de Vieira, para mim, está sobretudo no poder de sua palavra. E foi pela voz de d. Cleonice que me aproximei do jesuíta. Cada um a seu modo, cada um em seu tempo, ambos me fizeram ver a palavra que ensina, que encanta, que convida à ação. Palavra que conjuga conhecimento, experiência e força e cujo poder não se apaga com o tempo.

Os apontamentos sobre Vieira que se seguem, longe de constituir um conhecimento sistemático do tema, levantam tão somente questões impulsionadas pelos ensinamentos desses dois grandes mestres. Se a potência da palavra reside na voz de quem a enuncia e em seus conceitos e fundamentos, elucidar seu mecanismo é e deverá ser sempre uma fonte de conhecimento e prazer.

*

1. No conhecido *Sermão da Sexagésima*, Vieira conduz sua pregação a partir do questionamento sobre o porquê da palavra de Deus surtir tão pouco efeito e gerar tão poucos frutos. Paralelamente ao caminho proposto pelo padre para elucidar esse problema, acredito que essa questão, como bem aponta Américo Pereira,[1] embora teológica, é também, e sobretudo, filosófica: teria a palavra poder em si mesma, ou sua força de propagação, alcance e penetração dependeria

Claudia Chigres é professora do Departamento de Letras da Pontifícia Universidade do Rio de Janeiro (PUC-Rio) e dos programas de especialização Literatura, Cultura e Contemporaneidade e Formação do Escritor da mesma universidade.

1 Américo Pereira, *Pe. António Vieira. Do vazio do nome à plenitude da acção*, Covilhã: Universidade da Beira Interior, 2009, p. 9.

de outros fatores? Como, através da voz que a enuncia, é possível (co)mover o outro? Não simplesmente tocar sua emoção, mas também movê-lo, o que, para Alcir Pécora, "significa basicamente, em termos individuais, reorientá-lo na direção das finalidades cristãs *inscritas* na natureza divinamente criada, em termos de ação coletiva e institucional".[2]

*

2. A triangulação Palavra de Deus/pregador/ouvinte estabelece as bases do problema: o pouco fruto seria resultado ou da parte do pregador, que não conseguiria persuadir a doutrina cristã, ou da parte do ouvinte, que, ou não teria interesse ou, caso tivesse, não atingiria o entendimento, ou ainda da parte de Deus, que, com sua graça, alumia as mentes humanas. Descartando de antemão a terceira opção, uma vez que Deus é o ser infinitamente bom, o bem maior, a realidade total e plena, Vieira passa a analisar as duas restantes. Porém, antes de seguir com o raciocínio do pregador, cabe ainda indagar: se a palavra divina é dotada e concebida como infinita em suas possibilidades semântica e espiritual, por que necessita dos outros dois vértices do triângulo para se efetivar?

*

3. A resposta se bifurca: por um lado, porque, em sua bondade infinita, Deus dotou o homem de livre-arbítrio. Como assinala Ferrater Mora,

> *O homem é assim para o cristianismo o ser vil por excelência, o mais abjeto dos abjetos, porém, por sua vez, o centro do mundo, o cume da criação, o barro, mas barro feito à imagem e semelhança de Deus. (...) Ao homem é dado o que a nenhum ser até então havia recebido: a faculdade de reger-se por si mesmo, de eleger entre instâncias opostas, em suma, de fazer-se. O homem recebe, pela liberalidade de Deus, a possibilidade de dirigir-se para Deus ou ao mundo, para a luz ou para as trevas.*[3]

2 Alcir Pécora, "Para ler Vieira: as 3 pontas das analogias nos *Sermões*", *Asas da Palavra* - revista de Letras, vol. 10, n. 23, 2007, p. 32-48, p. 32.

3 José Ferrater Mora, "San Agustín o la visión cristiana", in *Cuatro visiones de la Historia Universal*, Madrid: Alianza Editorial, 1982, p. 32.

A liberdade, tão cara a Vieira, remete à estreita relação entre os homens e Deus. Os primeiros, dotados do livre-arbítrio, para evitar uma vida de danação e engano, devem, por sua própria vontade, se aproximar de Deus, em busca da salvação e da felicidade. É interessante notar que o que está em xeque não é somente a questão religiosa, ou política, mas também a ética. O bem deve ser pensado e construído tendo em vista a atuação dos homens, ou seja, depende tanto da decisão humana em aceitar a graça, como da providência divina. Mas, para que ambos possam construir algo, é preciso que os homens despertem sua vontade, saiam do estado de letargia e movam-se para o Bem.

Por outro lado, sendo Deus infinito, sua palavra, igualmente infinita de possibilidades, deve ser portadora de um sentido possível para quem as ouve. Caberá ao pregador, portanto, não apenas o dom da retórica e da oratória, mas dotar de sentido as Escrituras Sagradas. Como fazer isso?

*

4. António Vieira também tinha seus eleitos. No *Sermão de Santo Agostinho*, proferido em Lisboa, no ano de 1648, considera que Santo Agostinho amplificou o Evangelho, alumiando o mundo com as suas ciências e também com suas virtudes. O elogio não é gratuito: as duas qualidades apontadas pelo jesuíta – ciência e virtude – são essenciais para se compreender a concepção vieiriana do ofício do pregador e também sua visão de mundo. Assim, conhecer e compreender são condições primordiais para poder fazer o bem e ensiná-lo.

Como ressalta Margarida Vieira Mendes, na tradição ibérica, as instruções de pregadores da segunda metade do século XVI orientavam-se em torno da formação espiritual do pregador e da questão da graça ou da iluminação mística do amor divino. Para Vieira, contudo, a pregação persuasiva era de outra ordem: "profundamente racional, confiada na iluminação da graça, sim, mas sem nunca prescindir de uma enorme confiança no poder do logos e da codificação retórica."[4] Aliando retórica e filosofia, o pregador, para Vieira, deveria não somente saber falar, mas pensar e argumentar.

4 Margarida Vieira Mendes, *A oratória barroca de Vieira*, Lisboa: Caminho, 1989, p. 151.

*

5. Se a ênfase no logos é necessária para se alcançar a palavra divina, uma nova pergunta se impõe: como conciliar Fé e Razão? A resposta é dada, em parte, por Santo Agostinho, quando afirma que é preciso compreender para crer e crer para compreender.

Como as ideias postas por Deus na mente humana são como que parcelas da luz divina, é a fé nesta luz que garante o processo de conhecimento humano. Assim, nossas ideias e pensamentos nos são inatos, porque Deus criou o homem dotado desta natureza. Dessa forma, cria-se uma relação entre Razão e Fé, na qual nossa interioridade compreende porque crê que podemos atingir a Verdade, e atingimos a Verdade exterior porque cremos em nossa compreensão. Porém, segundo observação de Michele Federico Sciacca, "é válido o conhecimento humano, mas ele é insuficiente para colher o sentido profundo e a inteligibilidade última da história".[5]

O pregador seria, então, o elemento de intermediação neutra entre homem e Deus. A graça é dada ao pregador para fazer conhecer aos homens a luz divina, fonte de salvação do pecado e fonte do bem maior. Podemos, inclusive, assinalar que a metáfora da luz é bastante recorrente nos sermões de Vieira, assim como o desenvolvimento da ideia de olhos que veem e não veem.

Citemos alguns exemplos, extraídos, respectivamente, do *Sermão do Nascimento da Virgem Maria* e do *Sermão do Santíssimo Sacramento*:

> *(...) quando Deus criou a luz, já estava criado o Céu, a terra, os elementos, os Anjos: e nada disto levou a por si os olhos de Deus, senão a luz. Ela encheu os olhos de Deus de maneira que sendo os olhos de Deus imensos, parece que não deixou neles lugar para os por noutra coisa. Ao fim, era a luz virada para os olhos de Deus, como o sol para os dos homens e animais. (...) Deus é a luz mais benigna. É a luz mais benigna que o sol; porque o sol allumia, mas abraza: a luz allumia, e não ofende.*[6]

5 Michele Federico Sciacca, "Santo Agostinho", in *História da Filosofia,* São Paulo: Editora Mestre Jou, 1967, vol. I, p. 189.

6 António Vieira, *Sermões*, São Paulo: Editora Anchieta Limitada / Biblioteca Facsimilada de Autores Clássicos, s. d., p. 247.

Oh fraqueza da Fé, oh cegueira e tirania dos olhos humanos! (...) Deus tenta com a sua Presença encoberta, o mundo tenta com as suas Representações públicas. E como aquelas representações se veem e esta presença não se pode ver, em vez de triunfar a fortaleza da Fé contra os apetites e enganos da vida, triunfa a tirania da vista contra as obrigações da Fé. Toda a tentação e toda a vitória está entre um Sim e um Não: Ou ver, ou não ver: ou amar, ou não amar.[7]

Dessa forma, o papel do pregador, para Vieira, é vivenciado como aquele que, iluminado pela graça de Deus, sabe interpretar os mistérios e desígnios e descobrir o encoberto e nem sempre claro texto sagrado. O saber do intérprete depende não só da revelação divina, como também da razão, da sua própria capacidade de interpretar e encontrar a verdade encoberta. De acordo com Alfredo Cordiviola, "interpretação é um trabalho hermenêutico que supõe um certo exercício de tradução, baseada numa explicação argumentada e numa justificativa dessa explicação. A matéria das profecias é a palavra revelada; a da interpretação é a lógica e a dedução".[8]

O papel do pregador em António Vieira imbui-se, assim, de um cunho de *autoridade* e de *intervenção*. Autoridade, porque, ao interpretar os textos canônicos, inclui-se neles como representante de Deus, capaz de ler e transmitir a verdade encoberta. E, intervenção, porque somente a ele é dado o poder de interferir no mundo terreno a fim de proporcionar o conhecimento de Deus aos homens e indicar o caminho para sua salvação, como no trecho do *Sermão da Quarta-Feira de Cinzas.*

Ora senhores, já que somos cristãos, já que sabemos que havemos de morrer e que somos imortais, saibamos usar da morte e da imortalidade. Não é terrível a morte pela vida que acaba, senão pela eternidade que começa. Ali, senhores, não se teme a morte, teme-se a vida. Tudo o que ali dá pena, é tudo o que nesta vida deu gosto, e tudo o que buscamos por nosso gosto, muitas vezes com tantas penas. Oh! que diferentes parecerão então todas as coisas desta vida! que verdades, que desenganos, que luzes tão claras de tudo, o que neste mundo nos cega? Cristãos e

7 Ibid., p. 571.

8 Alfredo Cordiviola, "O futuro, a história", *Revista USP*, n. 29, mar/mai 1996, p. 126-138, p. 133.

senhores meus, por misericórdia de Deus ainda estamos em tempo. Julgue cada um de nós se será melhor arrepender agora, ou deixar o arrependimento para quando não tenha lugar, nem seja arrependimento? Deus nos avisa. Se então havemos de desejar em vão começar outra vida, comecemo-la agora.[9]

*

6. Voltemos, agora, à questão da palavra. Graça, sabedoria e argumentação do pregador, embora sejam condições imprescindíveis para veicular a palavra de Deus, ainda não são suficientes para fazer com que Sua palavra frutifique. Para que o ouvinte seja realmente afetado por ela, o pregador deve encarná-la, evitando que se perca na melodia imaterial dos sermões. Encarná-la significa fazer com que funcione *como* e *no* corpo. Não basta ouvi-la, é necessário que o orador também se faça ver. A palavra em ato, portanto, é aquela que toca não somente os ouvidos, mas os olhos, o coração e o entendimento do ouvinte. E o ato é, desde já, necessariamente presença, já que se insere na realidade corporal do ouvinte.

No *Sermão da Sexagésima*, por exemplo, Vieira constrói imagens ao mesmo tempo lógicas e mágicas, criando uma espécie de pacto entre voz e ouvidos, um espaço de interação que conjuga presença e sentidos.

Corre-se neste passo uma cortina, aparece a imagem do Ecce Homo*; eis todos prostrados por terra, eis todos a bater no peito, eis as lágrimas, eis os gritos, eis os alaridos, eis as bofetadas. Que é isto? Que apareceu de novo nesta igreja? Tudo o que descobriu aquela cortina, tinha já dito o pregador. Já tinha dito daquela púrpura, já tinha dito daquela coroa e daqueles espinhos, já tinha dito daquele cetro e daquela cana. Pois se isto então não fez abalo nenhum, como faz agora tanto? – Porque então era* Ecce Homo *ouvido, e agora é* Ecce Homo *visto; a relação do pregador entrava pelos ouvidos, a representação daquela figura entra pelos olhos. Sabem, Padres pregadores, por que fazem pouco abalo os nossos sermões? – Porque não pregamos aos olhos, pregamos só aos ouvidos. Por que convertia o Batista tantos pecadores? – Porque assim como as suas palavras pregavam aos ouvidos, o seu exemplo pregava aos olhos. As palavras do Batista pregavam penitência:* Agite

9 António Vieira, op. cit., p. 71.

paenitentiam: *"Homens, fazei penitência"; e o exemplo clamava:* Ecce Homo: *"eis aqui está o homem" que é o retrato da penitência e da aspereza.*[10]

Pregar aos olhos é também alertar, advertir, partilhar sentidos. Situando o leitor em um novo campo de reflexão, as palavras, tendo por objetivo gratificar ou punir os homens pelos seus atos, funciona também como abertura de outro campo de visão, fornecendo sentidos a serem ativados pelos ouvintes. Se a semântica da palavra confere novas interpretações para os fatos, a semântica do corpo conduz à percepção.

*

7. Tal como Santo Agostinho, Vieira admite duas esferas ou domínios que envolvem o homem: a transcendente (divina) e a terrena (humana, circunstancial e conjuntural), e é na cidade profana que deve ser construída e edificada a cidade de Deus.

Esse mundo, Senhores, composto de tanta variedade de Estado, ofícios e exercícios públicos, e particulares, políticos e econômicos, sagrados e profanos: nenhuma outra coisa é senão uma praça, ou feira universal, instituída e franqueada por Deus a todos os homens para negociarmos nela o Reino do Céu.[11]

Como fica evidente nesse trecho do *Sermão da Rainha Santa Izabel*, há uma forte correspondência entre esses dois mundos, e é pelo mundo terreno que o pregador deve atuar como agente de Deus, lendo e fazendo compreender Suas marcas. A palavra encarnada é aquela que, além de tocar o corpo do ouvinte, o convoca para a ação no tempo e na história. A ênfase no momento histórico presente convida o ouvinte para sua própria realidade e, mais do que isso, afirma a necessidade de justiça social. E será no corpo do ouvinte, também, que as palavras irão se metamorfosear em mãos que demandam um obrar, um semear. Como ressalta no belo *Sermão da Sexta-Feira da Quaresma*,

10 António Vieira, 1957, p. 110.
11 António Vieira, *Sermões*, p. 2-3.

O conselho das mãos é o que faz as coisas. (...). Este conselho obra. A cabeça tem entendimento especulativo; as mãos têm entendimento prático: e este é só o entendimento que faz as coisas.[12]

O que se depreende da associação entre mãos e palavra, significado e entendimento é que o pregador possibilita a seus ouvintes o acesso a uma semântica infinita: ao abastecê-los com sua palavra, com sua sabedoria e com sua própria ação e exemplo pessoal (intervenção junto aos índios, aos escravos e aos judeus perseguidos), o jesuíta incita o livre-arbítrio e promove uma aposta na "autonomia autopoiética do ser humano".[13] Ao homem caberá decidir o lugar que ocupará na história. Portanto, o sentido dado pelo pregador precisa, ele também, ser encarnado pelo gesto dos ouvintes.

*

8. Mas se a semântica divina é infinita, como entender as marcas de Deus no mundo? De que modo a palavra divina se faz compreender pelo exegeta? Bastaria tão somente virtude e ciência? Formulando a questão por um novo viés: como a história humana se relaciona com o tempo divino? Vieira acredita que há um sentido completo na eternidade, já escrito e anunciado como um sinal para os homens. Segundo João Adolfo Hansen,

A diferença histórica dos eventos e pessoas do texto bíblico é inscrita no conceito de identidade indeterminada, que é Deus. Ao fazê-lo, como Vieira sempre pressupõe em todos eles a identidade divina, da qual eles derivam como um reflexo, afirma a historicidade das diferenças temporais e simultaneamente as subordina como diferenças de reflexos, de oposições, de semelhança e de analogia da identidade. Assim, o acontecimento histórico é um reflexo da identidade divina cujo conceito se dá ao juízo do Padre como diferença reflexiva, ou diferença objeto de reflexão. Logo, as diferenças dos acontecimentos tornam-se também predicados na compreensão da identidade. E é isto que caracteriza nuclearmente seu método: revelar como os textos bíblicos são o veículo de acontecimentos que,

12 Ibid., p. 226.
13 Américo Pereira, op. cit., p. 28.

ao serem interpretados, ocorrem como predicados de uma identidade indeterminada, pressuposta como Primeira.[14]

De fato, como afirma Luís Loia, "o tempo das criaturas não é o tempo do Criador". Se em Deus, passado, presente e futuro abarcam uma dimensão única, na qual origem e fim coexistem como fundamento da omnisciência e eternidade divinas, o tempo humano, finito e mundano, é cronológico, indo do nascimento à morte. "Dos homens se poderá fazer História, seja do passado, seja do futuro, em Deus todas as histórias estão resolvidas."[15] Ser profeta, portanto, é saber reconhecer a realidade para além das aparências, captando o verdadeiro sentido do tempo.

Como ressalta no *Sermão da Primeira Dominga de Advento,*

Como se hão-de entender as revelações com os entendimentos e os olhos velados? (...). Se os olhos estão cobertos e escurecidos com o véu do afecto ou com a nuvem da paixão; se os cega o amor ou o ódio, a inveja ou a lisonja, a vingança ou o interesse, a esperança ou o temor, como se pode entender a verdade da profecia, por muito clara que nela esteja, quando o primeiro intento é negá-la ou, quando menos, escurecê-la? As nuvens que Deus põe sobre a profecia, o tempo as gasta e as desfaz, mas os véus que os homens lançam sobre os próprios olhos, só eles os podem tirar, porque eles são os que querem ser cegos.[16]

A atenção dos olhos, o entendimento do intelecto, a procura da verdade a despeito das aparências – todos esses elementos fazem-se necessários para reconhecer as marcas de Deus no mundo dos homens, porque é para eles que as Escrituras servem. Mas se em Deus todas as histórias já estão lá, como reconhecê-las?

*

14 João Adolfo Hansen, "*Clavis Prophetarum*: profecia e tempo", in *Gênese e memória,* IV Encontro Internacional do Manuscrito e de Edições, São Paulo, 1994, p. 124.
15 Luís Loia, "Do livre-arbítrio em padre António Vieira", *Revista Reflexão*, vol. 33, n. 93, p. 49-56, jan/jun 2008, p. 54-55.
16 António Vieira, 1983, p. 111.

9. No *Sermão da Quarta-Feira de Cinzas*, Vieira procura explicar sua ideia de tempo:

Que é o que foi? Aquilo mesmo que há de ser. Que é o que há de ser? Aquilo mesmo que foi.

Se quereis ver o futuro, lede as histórias, e olhai para o passado: se quereis ver o passado, lede as profecias e olhai para o futuro. E quem dizer ver o presente, para onde há de olhar? Não o disse Salomão, mas eu o direi. Digo que olhe juntamente para um e para outro espelho. Olhai para o passado e para o futuro, e vereis o presente.[17]

Estas afirmativas de Vieira ligam-se àquelas da *História do futuro – Prolegômenos*, na qual apresenta como que uma Teoria do Tempo:

O tempo, como o Mundo, tem dois hemisférios: um superior e visível, que é o passado, outro inferior e invisível, que é o futuro. No meio de um e outro hemisfério ficam os horizontes do tempo, que são estes instantes do presente que imos vivendo, onde o passado se termina e o futuro começa.[18]

Esse horizonte do tempo, que para Vieira é o presente, assemelha-se de modo bastante íntimo à confluência de dois espelhos, que também é o presente. Assim, o futuro se explica pelo passado, pela história; o passado se explica pelo futuro, por meio das profecias; e o presente se explica pela confluência ou intervalo entre os dois primeiros, que são antípodas, mas complementares. Continua Vieira:

A razão, ou consequência se manifesta. Se no passado se vê o futuro e no futuro se vê o passado, segue-se que no passado e no futuro se vê o presente; porque o presente é o futuro do passado e o mesmo presente é o passado do futuro.[19]

A semelhança com a teoria agostiniana é atestada por Cordiviola, quando assinala que:

17 António Vieira, *Sermões*, p. 67.

18 António Vieira, 1982, p. 45.

19 António Vieira, *Sermões*, p. 67.

> *Na concepção cristã, o tempo consta de um passado (que a memória torna visível), um presente (marcado pela atenção) e um futuro (invisível, mas já contido na expectativa). Essas três potências da alma (memória, atenção, expectativa) convivem no conceito agostiniano de* intentio*: a* intentio *da alma condensa as três (e os três tempos) num único momento: o presente do presente, o do passado e o do futuro. A* intentio *corresponde ao que Vieira chama de "horizontes do tempo". (...) É nesse território mutável onde o autor situa sua* História do futuro.[20]

Portanto, situado num tempo histórico determinado e, segundo o próprio Vieira, privilegiado – porque o que descobriu e escreveu deve-se ao fato de ser douto e versado nas Escrituras e, ademais, de haver "visto as gentes, pisado as terras e navegado as águas de que fala este texto" – o pregador, através de sua exegese, julga alcançar verdadeiramente a clarividência dos mistérios escondidos e os sinais do futuro inscritos num tempo eterno. Como assinala João Adolfo Hansen,

> *Deus sabe em si todo o tempo e projeta tal completude na história humana por meio de causas segundas, sombras, rastros e vestígios, que prefiguram, nas variadas espécies de seus reflexos, o futuro da eternidade no tempo. Como Deus e a eternidade é absolutamente atual, o advento é para os homens o tempo que ainda se vai cumprir, como um futuro, mas também é já-aqui-agora, como já o foi providencialmente, no passado.*[21]

Assim, a questão da profecia vieiriana, mais do que atestar a capacidade visionária e antecipadora do padre, remete para o absoluto divino e, a partir daí, para o tempo cronológico e histórico dos homens. História do futuro, então, para Vieira, não é adivinhação, senão interpretação de fatos e decifração das palavras que os anunciam. Deste modo, a profecia, como afirma António Braz Teixeira, resulta "da conjugação do ato divino de revelação, pela visão dada ao profeta, com o ato humano de comunicação verbal, pelo profeta, dessa revelação".[22] E essa comunicação se faz no aqui e no agora, por meio do empenho humano. É no tempo histórico que o homem inscreve seu destino. Com palavras, mãos, coração e ouvidos.

20 Alfredo Cordiviola, op. cit., p. 131.

21 João Adolfo Hansen, op. cit., p. 122.

22 António Braz Teixeira, "Profecia e escatologia em António Vieira", *Revista Reflexão*, vol. 33, n. 93, p. 11-21, jan/jun, 2008, p. 13.

Clécio Quesado

Ensaio pioneiro sobre a Mensagem, *de Pessoa*

Mestra maior da Literatura Portuguesa no Brasil e de reconhecido prestígio mundial, a professora Cleonice Berardinelli – a quem os mais íntimos de muitas décadas chamamos de d. Cleo – marcou sua trajetória profissional e intelectual pelo pioneirismo. Principalmente no que diz respeito aos estudos de Fernando Pessoa, certamente a sua paixão máxima. Assim é que, já em 1959, defendeu sua tese intitulada *Poesia e poética de Fernando Pessoa*, o primeiro trabalho acadêmico de porte produzido no Brasil sobre o hoje universal poeta português. Isso depois de, tão logo iniciada a sua docência em Literatura Portuguesa, ter sido atraída para o fascínio do universo pessoano pela mão do professor Thiers Martins Moreira.

Mas quero tratar aqui de outro marco de pioneirismo da mestra, ocorrido dez anos depois, quando publicou, em agosto de 1969, no primeiro número dos *Cadernos da PUC-Rio* um artigo singelamente intitulado apenas de "Mensagem".[1] Nesse volume constam mais quatro ensaios seus em torno do poeta como outras aberturas de rumo investigativo para muitas outras suas produções e para sua inumerável plêiade de orientandos e seguidores: "O eu profundo", "Os vários eus", "Ideias estéticas" e "Antero de Quental e Fernando Pessoa".

O pequeno ensaio faz minuciosa análise da construção poemática da *Mensagem*, de Fernando Pessoa, observando-a como um poema de poemas, uma estrutura unitária constituída de 44 poemas que inicialmente ela classifica como "mais ou menos independentes", mas "intimamente interligados".

A seguir, aponta as relações intertextuais do poema pessoano com a grande epopeia de Camões, sua paixão paralela e disputante de seu coração e mente. Indicava assim o caminho de classificação para que, anos depois, um dos seus mui-

Clécio Quesado é professor associado da Faculdade de Letras da Universidade Federal do Rio de Janeiro (UFRJ), da Pontifícia Universidade Católica do Rio de Janeiro (PUC-Rio) da Universidade Veiga de Almeida (UVA) e do Centro Universitário Augusto Motta (UNISUAM).

1 Cleonice Berardinelli, "Mensagem", *Cadernos da PUC*, n. 1, ago 1969, p. 29-32.

tíssimos discípulos viesse, em brilhante trabalho teórico, atribuir à *Mensagem* a condição de manifestação exemplar do Modelo Épico Moderno. Refiro-me ao capítulo de Anazildo Vasconcelos da Silva "Semiotização épica do discurso".[2]

Na consecução de seu ensaio, a professora Cleonice faz o estudo da estrutura de sentido dessa epopeia pessoana. Eram tempos em que as formulações teóricas do estruturalismo francês chegavam ao Brasil, sim, e a jovem mestra, àquela altura com pouco mais da metade do século de existência que agora completa, estava – como sempre esteve – ciosa por novidades de sua área de atuação, o universo das Letras. Mas sua visão estrutural da *Mensagem* não se limitou à mera descrição da construção superficial do poema. Da herança da análise do texto poético a partir de uma convivência/diálogo com ele, a mestra mergulhou na intimidade do sentido dessa epopeia pessoana com a perspicácia de quem alia a sensibilidade crítica – também poética – à observação construcional do poema. Assim demonstra como é que no Brasão, os poemas narram seletivamente e de modo personalíssimo a história da terra do Portugal medievo, findando com a síntese antecipada da expansão marítima nos três poemas que representam o timbre brasonário formado pelo grifo. Na análise dessa primeira parte, a articulista aponta a relação entre cada personagem eleito pela ótica épico-simbólica do poeta e a sua inserção na história lusitana, à forma de uma narrativa a seu modo: os heróis dos castelos são mostrados como os seres da ação, e os das quinas, como os da suportação da Providência ou da sina. E essas duas tendências se condensam no Nun'Álvares Pereira que ocupa a Coroa. O Timbre, formado por três poemas-personagens, antecipa a história da expansão imperial portuguesa pelo mar sem fim, matéria da segunda parte.

A mesma perspicaz observação analítica se mantém no estudo dessa segunda parte, a que trata da água e da história da navegação, "contada" na *Mensagem* de modo também seletivo, desde o Infante D. Henrique que, em Sagres, predestinadamente sonhou com a obra imperial ("Deus quer, o homem sonha, a obra nasce"), até "A última nau", que leva a bordo "El-rei D. Sebastião". E essa parte, a exemplo da primeira, também finda antecipando o teor narrativo-invocativo da sua seguinte, O encoberto, através dos seus dois últimos poemas, que instauram na *Mensagem* o mito messiânico.

Na terceira parte, subdividida em "Os símbolos", "Os avisos" e "Os tempos", os personagens, momentos ou representações messiânicas da história portu-

2 Anazildo Vaconcelos da Silva, *Semiotização literária do discurso*, Rio de Janeiro: ELO, 1984, p. 9-55.

guesa pós-imperial são sintética, mas eficientemente elucidados pela mestra Cleonice, quando ela demonstra a íntima tessitura que urde os poemas nas suas três subpartes em que eles se situam e elas próprias entre si.

No curso de seu pequeno e esclarecedor ensaio, a professora Cleonice levanta ainda as relações de sentido das epígrafes que o poeta apôs ao seu muitissimbólico texto, todas formando como que umbrais de iniciação que o leitor-intérprete precisa perpassar para ter acesso ao entendimento da "Graça, (...) do Superior Incógnito"[3] que abre o caminho de sentido para todo e qualquer símbolo. Desde o pórtico inicial (*Benedictus dominus Deus noster qui dedit nobis signum*), aos que abrem cada uma das três partes da *Mensagem* (*Bellum sine bello*, *Possessio mares* e *Pax in excelsis*, respectivamente), até o seu findar, com a avocação que, encerrando o livro-poema, remete para o limiar dos tempos, agora de um Império da transcendência, depois de proclamar que "É a hora!": *Valete, frates!*

A professora Cleonice encerra o seu primoroso ensaio voltando à relação entre essa epopeia pessoana e *Os Lusíadas*, de Camões, fazendo vir à tona suas íntimas relações intertextuais – veladas, como sabemos. Assim, mostra o parentesco poético que existe se verificarmos "versos como este de Camões: 'E se mais mundo houvera, lá chegara' e estes de Fernando Pessoa: 'o mar com fim será grego ou romano: / O mar sem fim é português'". O mesmo acontece na observação do tratamento que os dois poetas dispensam a certas figuras emblemáticas da história e da mítica portuguesa como Nun'Álvares Pereira, D. João II, Adamastor/Mostrengo, entre outras e, principalmente, a D. Sebastião, a quem Camões dedica seu poema e que Pessoa transforma em seu emblemático personagem central. A professora Cleonice estende ainda as suas elucubrações relacionais à peça *D. Sebastião*, de José Régio. Considera então o possível elo entre a postura/loucura do personagem regiano ("aquele adolescente fanático de Deus e da Pátria") diante dos versos de evocativo elogio e de inconsequente incentivo de Camões a novos feitos heroicos e o messiânico apelo pessoano para a recriação de um novo império, o da transcendência. E até o desalento com que os dois poetas encerram suas epopeias é percebido e apontado pela ensaísta: os excursos de Camões ("No mais, Musa, no mais ...") ecoam, por exemplo, além de outros pontos, no poema "Nevoeiro" que fecha a *Mensagem*.

Ainda singelamente e também muito à sua maneira, sem maiores e complicadas ilações teóricas, isto é, com a sensibilidade de quem dialoga crítica e

3 Fernando Pessoa, *Obra poética*, Rio de Janeiro: Aguilar, 1960, apontamento solto.

poeticamente com o texto poético, a mestra, a d. Cleo encerra seu pequeno e elucidativo ensaio afirmando que "Incluída (...) na obra pessoana como um livro *sui generis*, a *Mensagem*, a mais portuguesa das obras de Pessoa, é válida por seu alto nível poético, por sua primorosa estrutura e pela captação total da alma portuguesa, heroica e mítica, saudosista e sonhadora".

Na esteira crítica desse ensaio basilar da professora Cleonice, palmilhei durante minha carreira acadêmica fascinado por esse texto pessoano e pelos rumos de entendimento por ela apontados no seu breve ensaio. Como seu aluno desde 1965, fui depois um de seus orientandos no mestrado da PUC-Rio, para onde ela me convidou como seu assistente, a exemplo do que havia feito para a Faculdade de Letras da UFRJ. Atraído – também eu – pelo fascínio do artigo em pauta, propus pretensiosamente fazer minha dissertação sobre esse grande poema de poemas quando ela, então, me deu a primeira decisiva palavra de orientadora: que eu procurasse primeiro conhecer toda a obra do poeta publicada àquela altura e também o máximo de sua fortuna crítica. Dessa tarefa resultou a dissertação *O constelado Fernando Pessoa*,[4] defendida em 1974, que trata do jogo orto-heteronímico da obra lírica dos quatro principais poetas de/em Pessoa. Em seu datiloscrito acadêmico, a *Mensagem* foi referida em apenas duas linhas, dizendo-se somente que tratar dela era tarefa que ficaria para depois. Não se decifram enigmas nem se percorrem labirintos poéticos apenas com pretensão e arroubos acadêmicos então ainda juvenis.

Após uma carreira acadêmica de muitos anos em Literatura Portuguesa, incluindo disciplinas sobre Fernando Pessoa e sobre a epopeia portuguesa, surgiu-me a oportunidade de concluir pesquisa sobre esse que é um dos máximos expoentes da épica da modernidade. Deu-se a efeito então o livro *Labirintos de um "livro à beira-mágoa": Mensagem, de Pessoa*, publicado pela editora ELO em 1999 e que, em 2014, teve sua nova edição revista e ampliada pela Editora Almádena.[5]

À centenária e de sempre professora Cleonice Serôa da Motta Berardinelli, a quem tratei e trato simples e plenamente como mestra, dedico não só esses trabalhos e outros aqui não citados, mas toda a minha vida acadêmico-profissional. Bem-haja!

4 José Clécio Basílio Quesado, *O constelado Fernando Pessoa*, Rio de Janeiro: Imago, 1976.

5 Clécio Quesado, *Mensagem, de Pessoa: labirintos de um poema*, Rio Bonito: Almádena, 2014.

Ernesto Rodrigues

O engenho dos pretos: sobre a escravatura em três sermões de Vieira

Cleonice Berardinelli ministrou, em 1987, um seminário de mestrado em Literatura Portuguesa Clássica, na Faculdade de Letras da Universidade de Lisboa. Estive entre os seus últimos alunos em Portugal; e foi uma tal aventura do espírito, que me deixou eternamente reconhecido.

Oh trato desumano, em que a mercancia são homens!
(Sermão Vigésimo Sétimo, com o Santíssimo Sacramento exposto)

Na cronologia dos *Sermões* do Padre António Vieira, o "Sermão décimo quarto do Rosário" "Foi o primeiro Sermão que o Autor pregou em público antes de ser Sacerdote".[1] Estamos em 1633, dia de S. João. Antes de 1633, pregara "domesticamente", para ganhar experiência, segundo André de Barros,[2] o "Sermão do nascimento do Menino Deus". Não terá sido o caso, também, do "Sermão da quarta dominga da Quaresma",[3] datado de 1633? Deste ano será o "Sermão vigésimo do Rosário", de assunto conforme ao décimo quarto, a que voltará no "Sermão vigésimo sétimo do Rosário", "em data incerta".[4] Nestes três sermões da série de trinta intitulada *Maria, Rosa Mística*, é matéria – muito sensível – a escravatura negra, que analisaremos, redefinindo a imagem degradada de Vieira neste ponto controverso. Abri-

Ernesto Rodrigues é professor da Faculdade de Letras da Universidade de Lisboa e presidente da Academia de Letras de Trás-os-Montes.

1 António Vieira, *Sermões*, t. IX, Lisboa, 1686, p. 485b.

2 António Vieira, *Sermões vários*, 3.ª parte, t. XV, Lisboa, 1748, p. 48.

3 António Vieira, *Sermões*, vol. 4, t. XII, Ed. Pe. Gonçalo Alves. Porto: Lello & Irmão, 1959.

4 Fernando Cristóvão, "Vieira e os sermões contra a escravatura", in *O romance político brasileiro contemporâneo e outros ensaios*, Coimbra: Almedina, 2003, p. 52.

mos por um quadro do escravagismo; a fechar, interrogamo-nos sobre a data do vigésimo sétimo e como J. Lúcio de Azevedo maltratou a política vieirina da redenção dos pretos.

Peça fundamental da nossa economia, o escravo negro atravessa, desde o primeiro carregamento destinado a Lisboa, em 1443 (e venda em Lagos no ano anterior), os ciclos da pimenta, do açúcar e do tabaco, do oiro e diamantes, do algodão e do café. Pelo "Tratado de Amizade e Aliança entre Sua Majestade Britânica e Sua Alteza Real o Príncipe Regente de Portugal", assinado, no Rio de Janeiro, em 19 de fevereiro de 1810, por lord Strangford e o conde de Linhares, Portugal comprometeu-se a abolir o tráfico, mas só "para inglês ver" (de facto, é quando nasce esta expressão). Três séculos e cinco milhões de escravos depois, o Brasil apresentava-se minimamente povoado. Em 1811, ainda desembarcavam no Rio mais de 22 mil.[5]

Em finais do século XVI, o Brasil tem uns 57 mil habitantes, dos quais 25 mil brancos. Em 1600, a demografia brasileira somava 30 mil brancos a 120 mil escravos,[6] quando duzentos engenhos produziam 600 mil arrobas anuais de açúcar, sendo mais de quatrocentos engenhos e 2 milhões de arrobas em 1670. Entre 1600 e 1670, recebera 350 mil escravos negros. "Para um dos grandes engenhos eram precisos de 150 a 200 negros, empregados nos canaviais, corte das lenhas para fornalha, transportes e labutação da fábrica."[7] Conclusão prévia: "É indubitável que ao açúcar se deve o desenvolvimento da escravatura no seio da civilização moderna. Sem negros não havia açúcar; isto foi prolóquio do século XVII."[8] Ou, em palavras do grande Jesuíta epistológrafo, "Sem negros não há Pernambuco",[9] seja, fábricas de açúcar.

Os três sermões retratam a violência de um negro processo civilizacional, contra que se ergue a voz de alguém não quimicamente branco.

No "Décimo quarto sermão", a situação começa por ser vista em grosso: reco-

5 Luís Joaquim dos Santos Marrocos, *Cartas do Rio de Janeiro 1811-1821*, Lisboa: Biblioteca Nacional de Portugal, 2008, p. 85.

6 Joel Serrão, *Emigração portuguesa*, Lisboa: Livros Horizonte, s. d., p. 68.

7 J. Lúcio de Azevedo, *Épocas de Portugal económico. Esboços de história*, 4ª ed., Lisboa: Livraria Clássica Editora, 1978, p. 258.

8 Ibid., p. 228.

9 António Vieira, *Cartas*, Lisboa: INCM, 1997, vol I, p. 232.

nhece-se um "contínuo e grande trabalho"[10] ou "contínuo trabalho e exercício"[11] de dia e de noite, em terra que "pode parecer desterro, cativeiro e desgraça, e não é senão milagre e grande milagre!",[12] como vem provando: embora "oprimidos dos trabalhos", estes não são mais "insofríveis"[13] que os de Cristo na cruz.

A justificação dos mistérios dolorosos, que, na falta do rosário completo, devem rezar os pretos baptizados – baptismo que significou segundo nascimento, qual argumentara para Cristo e João –, leva o pregador à descrição do Inferno laboral, uma das primeiras e mais vivas em Vieira:

E que cousa há na confusão deste Mundo mais semelhante ao Inferno, que qualquer destes vossos engenhos, e tanto mais, quanto de maior fábrica? Por isso foi tão bem recebida aquela breve e discreta definição de quem chamou a um engenho de açúcar doce inferno. *E verdadeiramente quem vir na escuridão da noite aquelas fornalhas tremendas perpètuamente ardentes, as labaredas que estão saindo a borbotões de cada uma pelas duas bocas ou ventas, por onde respiram o incêndio; os etíopes ou ciclopes banhados em suor, tão negros como robustos, que subministram a grossa e dura matéria ao fogo, e os forcados com que o revolvem e atiçam; as caldeiras ou lagos ferventes com os cachões sempre batidos e rebatidos, já vomitando espumas, já exalando nuvens de vapores mais de calor, que de fumo, e tornando-os a chover para outra vez os exalar; o ruído das rodas, das cadeias, da gente toda da cor da mesma noite, trabalhando vivamente, e gemendo tudo ao mesmo tempo sem movimento de tréguas, nem de descanso; quem vir enfim toda a máquina e aparato confuso e estrondoso daquela Babilónia, não poderá duvidar, ainda que tenha visto Etnas e Vesúvios, que é uma semelhança de Inferno.*

De súbito, uma visão: "Mas se, entre todo esse ruído, as vozes que se ouvirem forem as do rosário, orando e meditando os mistérios dolorosos, todo esse inferno se converterá em paraíso, o ruído em harmonia celestial, e os homens, posto que pretos, em anjos."[14]

10 António Vieira, *Obras escolhidas*, Prefácio e notas de António Sérgio e Hernâni Cidade, Vol. XI, *Sermões* (II), 2ª ed., Lisboa: Livraria Sá da Costa, 1996, vol. XI, p. 23.

11 Ibid., p. 30.

12 Ibid., p. 27.

13 Ibid., p. 35.

14 Ibid., p. 40-41.

A coragem, pintada de heterodoxia, que nestes termos se estreia é de discurso ainda tacteante: a Antiguidade assoma entre exemplos da Cristandade, fora de uma ordem argumentativa a afinar; repete, alongando-se na justificativa, a tripla anaforização do que "não é cousa nova"; há recurso, elogioso, aos filhos de S. Domingos, que retorna no "Sermão vigésimo sétimo"; e o tema sai de Mateus, quando é João um dos modelos – sendo Mateus comum, todavia, aos três sermões em análise.

Pregado "à Irmandade dos Pretos de um Engenho" baiano, temos de reconhecer alguma desadequação, como referir que Cristo "já estava ungido pela união hipostática com que a Pessoa do Verbo se uniu à humanidade",[15] conceptualização difícil para tais ouvintes; Hernâni Cidade fala, por isso, em "abuso" do pregador, porque, "para que fosse entendido, era necessário que todo o auditório fosse constituído pelos *cultos* da Academia dos Generosos...".[16] Esquece que o texto *mostra* outro público, o dos senhores de escravos – por isso, a coragem redobra –, e que nunca os *generosos* académicos seriam auditório, pois só se organizam em 1647.

Desculpando-se por "novo ou noviço no exercício e na arte",[17] distribui imperativos aos dois tipos de interlocutores, que conjuga num parágrafo-lição sumamente arriscado:

> *Os dolorosos (ouçam-me agora todos), os dolorosos são os que vos pertencem a vós, como os gozosos aos que, devendo-vos tratar como irmãos, se chamam vossos senhores. Eles mandam, e vós servis; eles dormem, e vós velais; eles descansam, e vós trabalhais; eles gozam o fruto de vossos trabalhos, e o que vós colheis deles é um trabalho sobre outro. Não há trabalhos mais doces que os das vossas oficinas; mas toda essa doçura para quem é?*

Donde, conformação "com o exemplo e paciência de Cristo",[18] porquanto, "imitando a S. João, sois companheiros de Cristo nos mistérios dolorosos da sua cruz, [e] assim o sereis nos gloriosos da sua ressurreição e ascensão".[19]

15 Ibid., p. 7.
16 Ibid., p. 1-2.
17 Ibid., p. 4.
18 Ibid., p. 44.
19 Ibid., p. 45.

Diremos que é, tão-só, a coragem *possível*? ou um exemplo das limitações do seu ministério? O risco estava logo na triangulação, ao convocar os pretos à alforria literária e à da fé, com que também eles ganhariam voz e o próprio Céu.

A diligência pedagógica contrapõe-se aos obstáculos que vai vencendo, não sendo menor o do parto da Virgem – sem dor, no nascimento de Cristo; com dor, no alto do Calvário, que foi segundo nascimento. O estreante desliza entre metadiscursivo e metalinguístico: lança a fórmula "sermão do rosário", com lembrete do tema ou cláusula, de que não há apartar-se – "(se quer ser pregador)" –,[20] ou de proposição, invocação e dedicatória, antes do clássico *Ave Maria* com que encerra muitos exórdios. Divide a matéria em três partes, cada uma sobre os filhos nascidos de Maria – Cristo, João, pretos –, sendo "três dias em um dia e três festas em uma festa: o dia e a festa de S. João, o dia e a festa da Senhora do Rosário e o dia e a festa dos pretos seus devotos".[21] Ainda vem longe a subtileza dos três salmos compostos por David "para os que trabalham nos engenhos", cuja leitura ou audição aconselha – havia, pois, escravos ledores: o saltério davidiano dividia-se em três partes, tal como o da Virgem, ou rosário, ambos compostos de 150 salmos e "saudações angélicas",[22] ou, aqui, mistérios gozosos, dolorosos e gloriosos. É daqueles "pretos seus devotos" que requer "principalmente a atenção".[23] E, procedendo a jogos fácticos que contraem enigmas – "Assim foi, e assim o diz: quem?" –, celebra *ab initio* um pacto na figura de uma *autoridade* universalmente reconhecida, e seu modelo privado, "o nosso português Santo António".[24] O cuidado em sinalizar o momento ("O em que agora reparo nas palavras")[25] e iluminar o corpo da fala, explicando vários termos-chave, em vitoriar-se na confutação ("Parece-me que tenho provado os três nascimentos que prometi"),[26] ajuda ao entendimento dos ouvintes, aderindo facilmente a exemplos binários. Aliás, o par antitético *doce inferno* funcionaria "como uma matriz binária, geradora de todo o texto".[27]

20 Ibid., p. 5.
21 Ibid., p. 4.
22 Ibid., p. 35.
23 Ibid., p. 6.
24 Ibid., p. 7.
25 Ibid., p. 10.
26 Ibid., p. 23.
27 Margarida Vieira Mendes, *A oratória barroca de Vieira*, Lisboa: Editorial Caminho, 1989, p. 483.

Quando chega ao terceiro re-nascimento, antecipou em 150 anos a Revolução Francesa:

Se um destes homens nascidos de Maria é Deus, o outro homem, também nascido de Maria, quem é? – É todo o homem que tem a fé e conhecimento de Cristo, de qualquer qualidade, de qualquer nação e de qualquer cor que seja, ainda que a cor seja tão diferente da dos outros homens como é a dos pretos.[28]

Todos filhos de Adão, foi no monte Calvário que os etíopes – antes de precisar serem os da "Etiópia ocidental",[29] da costa africana conquistada pelos portugueses – alcançaram essa "dignidade de filhos da Mãe de Deus".[30] Todos na mesma fé, "se no Céu não entraram as vossas vozes com as dos anjos, o rosário que lá se canta não seria perfeito":[31] não seriam contas gloriosas sem passar por "este desumano trabalho" a que os forçam "os que se chamam senhores de engenho",[32] os quais, "devendo-vos tratar como irmãos, se chamam vossos senhores",[33] tal a "dureza" e "vileza"[34] reprováveis. A descrição do engenho é outra cruz; e, preso nele, o escravo figura Cristo crucificado. É segunda imagem poderosa, contraposta à infernal. Instilando esperança, Vieira não desarma contra os interesses materiais, enquanto ironiza sobre uma propriedade, mais de nome que de facto, ou, no mínimo, empequenece o ter dos que assim se chamam (*vocantur*), face ao ser do que se chama Cristo, *qui vocatur Christus*.

Aos 25 anos, a mais de um ano do múnus sacerdotal, Vieira treina com interlocutores maioritariamente de "gente preta",[35] a qual pode fazer borbulhar nele um sangue acaso tingido de ascendência também escrava. O elogio, não dos filhos de Lia e de Raquel, mas dos das suas escravas, Bala e Rasfa, no "Sermão vigésimo", poderia ser homenagem velada, empatia de sujeito em comunhão com os seus, no nome, na cor e na sorte – seja, escravos de nome, como

28 António Vieira, *Obras escolhidas*, p. 16.
29 Ibid., p. 24.
30 Ibid., p. 17.
31 Ibid., p. 43.
32 Ibid., p. 31.
33 Ibid., p. 44.
34 Ibid., p. 34.
35 Ibid., p. 26.

ele seria da palavra divina, à imitação de Maria, escrava do Senhor; de cor misturada; sem sonhos de fortuna, já pelos seus votos, ou pela sua natureza, mas reivindicando melhor sorte. "Três causas têm nesta nossa república os que se chamam senhores, para a grande distinção que fazem entre si, e os seus escravos. O nome, a cor, e a fortuna."[36]

Sem as formosas violências argumentativas do sermão anterior, nem as suas descrições, agarra-se, desta vez, à letra da Bíblia, demonstrando como esse segmento de infelizes, a "irmandade" dos pretos, é, quais novos Lázaros, "mais favorecida da Mãe de Deus".[37] Pura ortodoxia, para instilar sobressalto. Observa como os brancos celebraram a sua festa do rosário no domingo anterior; as diferenças de dia e acto, "Até nas cousas sagradas", fá-lo lembrar que Deus nos criou "a todos da mesma massa",[38] nos quis unidos, iguais e irmãos, e só a presunção nos desune, nos desiguala e faz desprezar o parentesco.

Três testemunhos divinos – de Deus, do Filho de Deus e da Mãe de Deus – provam "quanto a Virgem Maria ama e estima os escravos".[39] Abre pela Senhora, *ancilla Domini*, termo de comparação que os animará; os sofrimentos de Jesus são passos de escravo, até à cruz, "suplício próprio de escravos",[40] no sermão anterior identificado com o engenho – comparação graduada; mais: num pensamento reiterado, "cabendo a forma de Deus e a forma de escravo em uma só Pessoa",[41] estranha Vieira que os dois públicos se não possam congregar, optando por duas confrarias separadas. O sermão quer-se correctivo social. Enfim, se "Deus não pôs os olhos na majestade e grandeza das senhoras, senão na humildade e baixeza da escrava, seguro têm os escravos, ainda em comparação de seus senhores, o maior favor, e o maior agrado dos olhos da Mãe de Deus".[42]

Segue-se a cor, que não menos divide os homens. Cromaticamente provada a vantagem da preta sobre a "disgregativa"[43] cor branca, reconhece depender

36 António Vieira, *Sermões*, t. XII, vol. 4, Ed. do padre Gonçalo Alves, Porto: Lello & Irmão, 1959, p. 83.

37 Ibid., p. 85.

38 Ibid., p.35.

39 Ibid., p. 87.

40 Ibid., p. 91.

41 Ibid., p. 92.

42 Ibid., p. 93.

43 Ibid., p. 97.

tudo, infelizmente, do juízo dos olhos e não da natureza, quando sepulcros caiados de branco têm negro o coração: "Olhe para si a brancura, e veja se responde ao interior, ou se é hipocrisia." Aos olhos de Deus e de sua Mãe, "cada um é da cor do seu coração".[44]

Quanto à "última razão, ou sem-razão, por que os senhores desprezam os escravos, que é a vileza e miséria da sua fortuna",[45] nada melhor do que a analogia com o rico lançado no Inferno, enquanto um Lázaro sofredor conquistava a bem-aventurança.

Escutando Vieira, os ali presentes "senhores, os que assim vos chamais",[46] serão convidados à emulação na fé e no culto divino, deste modo conservando "a irmandade natural em que Deus os criou",[47] sem distinção de cor ou outra.

Também dirigido à Irmandade da Senhora do Rosário, o "Sermão vigésimo sétimo, com o Santíssimo Sacramento exposto", foi "Pregado na Baía em data incerta". É motivado pela "transmigração imensa de gentes e nações etíopes, que da África contìnuamente estão passando a esta América".[48] Por dia, são ali cuspidos "quinhentos, seiscentos e talvez mil escravos (...), para viver e morrer cativos". Como no anterior sermão, exemplificando com Lázaro,[49] grupos bimembres agora anaforizantes[50] opõem "estes miseráveis" e "os que se chamam seus senhores".[51]

Um pensamento unificador dos três sermões é assim confessado:

> *Não há escravo no Brasil – e mais quando vejo os mais miseráveis – que não seja matéria para mim de uma profunda meditação. Comparo o presente com o futuro, o tempo com a eternidade, o que vejo com o que creio, e não posso entender que Deus, que criou estes homens tanto à sua imagem e semelhança como os demais, os predestinasse para dois infernos, um nesta vida, outro na outra.*

44 Ibid., p. 107.
45 Ibid., p. 109.
46 Ibid., p. 113.
47 Ibid., p. 117.
48 António Vieira, *Obras escolhidas*, p.47.
49 Ibid., p. 110.
50 Ibid., p. 49-50.
51 Ibid., p. 49.

Se se ficasse por aqui, Vieira antecipava o intelectual que não compreende as derivas divinas. Mas, face à devoção deles, "já me persuado, sem dúvida, que o cativeiro da primeira transmigração é ordenado por sua misericórdia para a liberdade da segunda":[52] "Isto é o que vos hei-de pregar hoje para vossa consolação."[53] Eis o assunto, que subtiliza a falta de devoção dos senhores...

Se há cativeiro, convém saber como portar-se nele, para que não venha acrescentado. Antes, perceber em que consiste, pelo que falará "com tal clareza, que todos me entendais". No mínimo, "contentar-me-ei que me entendam vossos senhores e senhoras, para que eles mais devagar vos ensinem o que a vós e também a eles muito importa saber".[54] Nisto, Vieira supõe a responsabilidade social dos afortunados, uma "irmandade" que supra diferenças entre senhores e pretos, entre senhoras e pretas, também convocadas. Notar-se-á como, por vezes, quase imperceptivelmente, se vai dirigindo a uns e outros.

O argumento é este: escravo não é o homem todo, se a alma é isenta, diz Séneca, lembrando que a natureza "a todos fez iguais, a todos livres".[55] A jurisdição do senhor é sobre o corpo (que só a fortuna escraviza), sobre as suas *peças*, não sobre o espírito: "De maneira, Irmãos pretos, que o cativeiro que padeceis, por mais duro e áspero que seja ou vos pareça, não é cativeiro total, ou de tudo o que sois, senão meio cativeiro."[56] Se, naquele vocativo, não há fio autobiográfico, existe, ao menos, identificação, partilha e pertença, com recusa de senhorios.

Interpelados brancos e pretos, dirige-se, então, aos brancos, verberando-os por comportamentos indignos e hipócritas em relação aos seus escravos; anima estes a jamais venderem as almas. Os que virem um Vieira receitando meros analgésicos ponham os olhos nesta subversão: "Se o senhor mandasse ao escravo, ou quisesse da escrava cousa que ofenda gravemente a alma e a consciência, assim como ele não pode querer nem mandar, assim o escravo é obrigado a não obedecer." Onde se vira este apelo à resistência pacífica, que altera as relações sociais? No mais, acrescenta, "Dizei constantemente que não haveis

52 Ibid., p. 51.

53 Ibid., p. 53.

54 Ibid., p. 54.

55 Ibid., p. 55.

56 Ibid., p. 57.

de ofender a Deus; e se por isso vos ameaçarem e castigarem, sofrei animosa e cristãmente, ainda que seja por toda a vida, que esses castigos são martírios".[57]

Aqui chegados, avisa dos perigos que rondam a alma – *a contrario*, transluz a conduta dos senhores e seus pecados, dos que "desprezam os escravos",[58] que forçam, mas não estipendiam: "soberba, cobiça, sensualidade".[59] Ora, se, "para libertar do cativeiro de homens, bastam homens",[60] do cativeiro das almas só Deus consegue, pelo que honrado será quem for cativo de Maria e, sobre o ferrete no peito ou no braço, tiver uma *rosa* a marcá-lo. O título da série "Maria Rosa Mística" tem, aqui, um modo especial de realização. E, ao propor serem "servos de Cristo", afasta-se chã e violentamente do retrato do escravo *em geral*, já não só dentro da sua fornalha, num passo que também é ironia feroz a Igreja dúplice:

Assim como na Igreja há duas religiões da redenção de cativos, assim a vossa é de cativos sem redenção, (...). Umas religiões são de descalços, outras de calçados; a vossa é de descalços e despidos. O vosso hábito é da vossa mesma cor; (...). A vossa pobreza é mais pobre que a dos menores e a vossa obediência mais sujeita que a dos que nós chamamos mínimos. As vossas abstinências mais merecem nome de fome que de jejum, e as vossas vigílias não são de uma hora à meia-noite, mas de toda a noite sem meio. A vossa regra é uma ou muitas, porque é a vontade e vontades de vossos senhores. Vós estais obrigados a eles, porque não podeis deixar o seu cativeiro, e eles não estão obrigados a vós, porque vos podem vender a outro, quando quiserem. Em uma só religião se acha este contrato, para quem também a vossa seja nisto singular. Nos nomes do vosso tratamento não falo, porque não são de reverência nem de caridade, mas de desprezo e afronta. Enfim, toda a religião tem fim e vocação e graça particular. A graça da vossa são açoutes e castigos: (...). A vocação é a imitação da paciência de Cristo: (...); e o fim é a herança eterna por prémio: (...).[61]

Eis, condensado, em clave conventual, um estado, sua vocação e promessa. Na injunção de "Crede, crede tudo o que vos tenho dito" –[62] ideia com que

57 Ibid., p. 64.
58 Ibid., p. 78.
59 Ibid., p. 72.
60 Ibid., p. 66.
61 Ibid., p. 83.
62 Ibid., p. 84.

termina, para se distinguir dos falsos profetas que conduzem à Babilónia –, a atenção e esperança desviam-se para a relação com Deus, "que vos há-de servir no Céu, porque vós o servistes na Terra".[63] Excluem-se os senhores, se não atalham caminho. Recuperando o item da fortuna, distingue-a da natureza: aquela fez escravos, esta criou homens.[64] Maiores são, por isso, injustiça e ingratidão:

> *Quem vos sustenta no Brasil, senão os vossos escravos? Pois se eles são os que vos dão de comer, porque lhes haveis de negar a mesa, que mais é sua que vossa? Contudo a majestade, ou desumanidade da opinião contrária é a que prevalece, e não são admitidos os escravos à mesa, mas nem ainda às migalhas dela, sendo melhor a fortuna dos cães que a sua, posto que sejam tratados com o mesmo nome. Que importa, porém, que os senhores os não admitam à sua mesa, se Deus os convida e regala com a sua?*[65]

À revelia da opinião dominante, mesmo no interior da Igreja, este sermão, partindo das grandes emigrações do tempo, enquadra histórica e sociologicamente o vigésimo, que foi uma antecipação de filosofia das Luzes, e torna mais terra a terra o décimo quarto, na laboriosa justificação bíblica de uma igualdade por via do baptismo. Entre ortodoxas promessas de Além, que são formas de alívio e consolação, insinua-se a resistência pacífica e activa (não fazer o que vai contra a consciência), no tão familiar cenário brasileiro, que o levou a perguntar:

> *(...) mas que teologia há ou pode haver que justifique a desumanidade e sevícia dos exorbitantes castigos com que os mesmos escravos são maltratados? Maltratados, disse, (...). Tiranizados devera dizer, ou martirizados; porque ferem os miseráveis, pingados, lacrados, retalhados, salmourados, e os outros excessos maiores que calo, mais merecem nome de martírios que de castigos.*[66]

63 Ibid., p. 85.
64 Ibid., p. 88.
65 Idem.
66 Ibid., p. 93.

A imagem de Cristo martirizado deveria estar à vista de todos; ou estava em cada um dos irmãos, sobre que "os que se chamam seus senhores" – estrutura conceptual recorrente em Vieira – ou os seus mais cruéis feitores[67] desciam piedade momentânea...

"Tenho acabado o meu discurso, e parece-me que não faltado ao que vos prometi. E porque esta é a última vez que hei-de falar convosco, (...)",[68] assim inicia o capítulo VIII, derradeiro do sermão. Referidos os "vinte e quatro anos" de domínio holandês sobre parte do Brasil, bem como "o cativeiro de sessenta anos no mesmo Reino"[69] de Portugal, instila-se a esperança na "roda da fortuna",[70] em discurso pós-1640, que encerra lição até 1648. No derradeiro parágrafo, contudo, ameaçando os tiranetes com pragas semelhantes às do Egipto faraónico, informa que "as pragas já as vemos tão repetidas umas sobre outras, e algumas tão novas e desusadas, quais nunca se viram na clemência deste clima".[71] Margarida Vieira Mendes associa este sermão ao "Sermão trigésimo", de maio de 1686, com referência "à epidemia da 'bicha', que atacou a Baía em Abril de 1686 (extinguindo-se em 1692), que tanto afligiu o pregador".[72] Essa "primeira invasão da febre amarela no litoral brasílico", importada de S. Tomé, dissera-a de 1685 J. Lúcio de Azevedo, que conta da mortandade entre figuras gradas, contágio e morte de jesuítas, e, destes, escapando só quatro à moléstia, entre eles, Vieira e o padre José Soares, o que "atribuíram à protecção do rosário, achando-se nesse tempo ocupados em coligir os sermões, oferecidos à Virgem nos dois volumes com aquele título".[73] Cartas vieirinas de 14 e 15 de julho corrigem para 1586, conformes na "especial protecção da Senhora do Rosário, para que pudéssemos acabar o seu segundo tomo, o qual vai na frota, (...)".[74] O mesmo Azevedo remete-a, com um "talvez", para seis anos após carta viei-

67 Ibid., p. 94.

68 Ibid., p. 90.

69 Ibid., p. 93.

70 Ibid., p. 90.

71 Ibid., p. 95.

72 Margarida Vieira Mendes, op. cit., p. 559.

73 J. Lúcio de Azevedo, *História de António Vieira*, 3ª ed., vol. II, Lisboa: Clássica Editora, 1992, p. 210.

74 António Vieira, *Cartas*, t. III, p. 548.

rina de 2 de maio de 1686.[75] A "bicha" não era novidade, pois desse "bicho que no Brasil se padece por achaque" cuidara já D. Francisco Manuel de Melo, na *Carta de guia de casados*, de 1651.[76] Tratar-se-ia de "um novo género de peste, nunca visto nem entendido dos médicos, de que já morreram dois", entre vários dignitários, que Vieira cita em carta de 1 de julho de 1686, após louvar "este clima o mais benigno, e estes ares os mais puros, e as terras da Baía as mais sadias", atacadas "desde Abril a esta parte".[77] É a *temperatura* do sermão. No dia 14 de julho, está de saúde: "A mim até agora ainda me perdoou esta mortandade geral, que tantos matou em Lisboa como na Baía, (...)."[78]

Ora, cartas de 10 e 11 de maio de 1685 aludiam, já, a "uma doença mortal", acrescentando: "Ainda hoje padeço os efeitos de ir pregar, sangrando cinco vezes na mesma semana, para que a solenidade daquele dia não ficasse muda."[79] Implicita, aqui, o sermão de exéquias da rainha Maria Francisca Isabel de Saboya,[80] em setembro de 1684, ainda combalido de más sezões desde julho. Noutra, de 20 de junho de 1685, noticia "na terra muitas doenças com frequentes e arrebatadoras mortes".[81] Independentemente da *temperatura* referida a 1686, conjugando "doença mortal" com sinais do céu de 1684 ante-mortandade, como indica o final do sermão, pode ser esta a data de uma *despedida* precoce, de quem ansiava por se soltar do cativeiro corporal, encerrando, com prática à mesma irmandade que o escutara na estreia, um círculo parenético de mais de cinquenta anos.

J. Lúcio de Azevedo, quase sempre brilhante, só nas páginas finais da sua fundamental *História de António Vieira* olha para este sermão, cujo limiar cita, para concluir apressada e estranhamente: "Mas quão destoante o seu parecer do que poderia esperar-se daquele estrénuo defensor dos índios perseguidos!"[82] Perguntando que defesa propunha Vieira aos infelizes, responde: "Resignação!"[83]

75 Ibid., p. 540.

76 D. Francisco Manuel de Melo, *Carta de guia de casados*, Lisboa: Editorial Presença, 1965, p. 48.

77 António Vieira, op. cit., t. III, p. 543.

78 Ibid., p. 547.

79 Ibid., p. 528.

80 T. XIII, *Palavra de Deos empenhada, e desempenhada...*, Lisboa, 1690.

81 Ibid., p. 534.

82 J. Lúcio de Azevedo, op. cit., vol. II, p. 242.

83 Ibid., p. 243.

Ameaçar senhores com um cativeiro babilónico era "eventualidade [que] a nenhum amedrontava". Sobre o décimo quarto, Vieira "compara o trabalho nos engenhos e o engenho aos padecimentos de Cristo e à cruz; parábola que não renegou por exorbitante quando, tantos anos passados, deu o discurso à impressão". Mais: a ver o engenho como "inferno da fábula, os negros os habitantes do mesmo", mostra "alguma incongruência".[84] Pior: terem, com a vinda para o Brasil, trocado a gentilidade pela fé de cristãos, suscita este comentário: "Razão cristã, por isso para ele verídica, e que o reconciliava com a parte hedionda do facto; ao mesmo tempo, modo de assegurar aos que aproveitavam do martírio, se porventura escutavam, não terem objecto positivo as declamações a favor dos martirizados."[85] Cada um vê o que quer.

Olhando ao vigésimo, conclui: "Desta arte, lastimando a situação triste dos oprimidos, quando assim os consolava da desigualdade de sua condição, o fim do orador era incutir-lhes conformidade." Não me parece, como demonstrado. Explicação: "Nem ele podia condenar a escravidão. A isso o forçava a coerência, desde que sempre advogara se trouxessem escravos de África, para libertar os índios do obrigatório serviço. (...) Sem negros não haveria trabalho: era o argumento da necessidade. O de que por esse meio se salvavam tantas almas ignorantes de Deus escondia-lhe o horror do acto injusto."[86]

Bastem as citações acima para ver que o "acto injusto" não é escamoteado. Além da salvação das almas, que não se fazia *só* no Brasil, eram evidentes a escassez e ociosidade índias. Ora, defender índios significaria explorar negros? A necessidade de mão-de-obra africana foi reconhecida por três séculos, mas onde é que Vieira reconhece as formas de escravidão e os martírios que se lhe aplicam? São menos de cinco páginas, incluindo largas citações, que deslustram o melhor estudioso de Vieira. É uma boa razão para compreender a doçura dos favos do Brasil, fabricados por "abelhas pela maior parte da Etiópia", como lembrou no "Sermão décimo segundo" (1639),[87] na Sé da Baía. E concluir que quem denuncia a "desumanidade" e propõe a liberdade de consciência está entre os primeiros intelectuais do nosso tempo.

84 Ibid., p. 244.

85 Ibid., p. 245.

86 Ibid., p. 246.

87 António Vieira, *Sermões*, p. 212.

Ettore Finazzi-Agrò

Do Livro do desassossego *ou da vida que transcorre por interstícios*

ESTA BREVE REFLEXÃO SOBRE A MATÉRIA E A FORMA QUE compõem – sem nunca, na verdade, o compor – o *Livro do desassossego* pretende ser uma afetuosa homenagem, em primeiro lugar, a Cleonice Berardinelli, pioneira dos estudos pessoanos, e, em segundo lugar, a dois estudiosos portugueses, um deles companheiro de geração de d. Cleo (embora de alguns anos mais novo) e o outro ligado aos dois pelo fato de ter dedicado, também ele, páginas memoráveis à analise da obra de Fernando Pessoa e pelo fato de ser filho de um deles. Refiro-me, evidentemente, a Jacinto e a Eduardo (do) Prado Coelho, ambos prematuramente falecidos. Intelectuais ilustres que eu tive a sorte de conhecer e frequentar, assim como bem conheço e tenho frequentado, ao longo dos anos, a grande Mãe dos estudos lusitanos no Brasil: de todos eles eu recebi de presente sugestões inesquecíveis, pelas quais, ainda hoje, fico grato.

Assim como a d. Cleonice devemos, aliás, a primeira edição crítica dos poemas de Álvaro de Campos, a Jacinto do Prado Coelho a comunidade toda dos leitores deve, em particular, a primeira edição do *Livro do desassossego*, organizada junto com Teresa Sobral Cunha e Maria Aliete Galhoz e publicada em 1982, enquanto a Eduardo, enfim, continuamos devendo estudos fundamentais sobre a ideologia que sustenta e motiva a obra do grande escritor lisboeta. A todos eles chegue o nosso agradecimento e a nossa admiração por ter pensado Pessoa – seja como editores, seja como intérpretes – junto com ele e longe dele, tentando nos conduzir pela mão nos meandros de uma obra que, ainda hoje, acaba por subverter qualquer lógica habitual.

O fato de trabalhar com a materialidade dos textos permite, de fato, compreender a escrita pessoana balançando entre a adesão máxima ao seu sentido e o distanciamento crítico necessário em relação a ela. Um modo então, o de

Ettore Finazzi-Agrò é professor da Sapienza Universidade de Roma.

editar a obra de Pessoa, para penetrar no seu universo graças a um movimento de *desafastamento*, de aproximação ao contrário: numa dimensão singular/plural, como aquela imaginada/construída pelo escritor, acho que seja lícito circular em ambas as direções, num vai e volta entre separação e conjunção, entre estranhamento e identificação, entre objetividade ecdótica e compenetração total com seu discurso. O que eu quero dizer é que, a partir do dispositivo heteronímico, o poeta parece colocar entre parênteses a sua identidade real (e a realidade inteira junto com ela), a sobrepondo, aliás, a todas as possíveis identidades, a todos os *eus* que o habitam de forma virtual e que *ele*, enquanto *ele*, justamente, enquanto *terceira pessoa* tenta a todo custo habitar – numa procura de si mesmo no outro e de uma alteridade (incluindo, aliás, a nossa, enquanto editores, leitores e críticos) que acaba por embaciar a sua identidade biográfica e por disseminar aquela nominal, na tentativa absurda de dominar a dispersão, habitando-a através de identificativos virtuais.

É justamente a Jacinto do Prado Coelho e ao seu livro matricial *Diversidade e unidade em Fernando Pessoa* – sua tese final do curso universitário, defendida em 1947 e publicada quatro anos depois pela *Revista Ocidente*,[1] quando do escritor lisboeta sabia-se ainda muito pouco – que devemos a primeira importante leitura de um *universo* poético que não tem, como sugeriria a etimologia, apenas *um verso*, mas é, de fato, diverso e uno, multíplice e compacto, policêntrico na sua procura afanosa de um centro ou de um verso a ser dado à existência. Se dispor à escuta dessa fantasmagórica, assombrosa polifonia, ou, ainda, entender que Pessoa é sem si mesmo, no seu ser, fora de si mesmo, significou descobrir, pela primeira vez, que a obra do escritor lisboeta não pode ser pensada ou interpretada sem considerar esse trabalho incessante de de-posição do *eu* e, ao mesmo tempo, de dis-posição do sujeito em tantos lugares que a ele pertencem na sua pura virtualidade e na sua impura evidência, no seu estar-ali sem, realmente, ser-aí.

A lição do pai, de resto, eu a leio e tento entendê-la ainda dentro e através das análises do filho, estudioso de formação bem diferente, mas portador, também ele, de uma visão não convencional da obra pessoana. Concepção pioneira, mais uma vez, a de Eduardo, mas no sentido de uma re-conexão ou

1 Jacinto do Prado Coelho, *Diversidade e unidade em Fernando Pessoa*, 1ª ed., Lisboa: Revista Ocidente, 1951.

de uma re-colocação do poeta português no interior de uma tradição estética e hermenêutica de alcance europeu, evitando qualquer sensacionalismo, toda ênfase em relação à "exceção-Pessoa" – que tinha sido, por contra, a marca de uma leitura como a *presencista*, atenta sobretudo ao paratexto pessoano, ao projeto heteronímico, tornando o poeta mais um caso humano que poético, o apresentando como uma figura à parte e sem ascendência nem descendência.

Não é esse, evidentemente, o ponto de partida de Eduardo Prado Coelho, mas sim – na esteira do pai e em diálogo com o outro, fundamental e incontornável, modelo crítico constituído pela obra de Eduardo Lourenço – aquele de interrogar de forma radical a produção de Pessoa, se valendo de um infindável repertório de leituras teóricas (e seria, nesse sentido, suficiente folhear o seu livro *Os universos da crítica* ou apenas a bibliografia que o acompanha para descobrir a variedade e a vastidão dos seus interesses). No interior desse acúmulo de hipóteses interpretativas relacionadas com o grande escritor português, sempre suportadas por um notável esmero metodológico e alimentadas por uma indubitável curiosidade hermenêutica, eu gostaria de escolher pelo menos uma que, como acabo de sublinhar, interroga de modo radical ou coloca em questão a própria concepção do *Livro do desassossego*, a partir, justamente, da sua intitulação. O texto dele que eu pretendo repercorrer, para depois colocar à margem algumas considerações pessoais, é intitulado "Pessoa: lógica do desassossego" e faz parte da sua coletânea de ensaios *A mecânica dos fluidos*, publicada no ano de 1984.

Nesse artigo – fundamental, a meu ver, para quem se disponha à leitura da obra assinada como Bernardo Soares –, a pergunta que é nos colocada desde o início tem a ver com a natureza e o significado do prefixo *des*-, ou seja, daquilo que perturba e atrapalha o estado de *sossego*: daquele elemento gramatical, enfim, que, como afirma Prado Coelho, impõe a entrada no espaço literário através de um "passo atrás", deixando que a escrita aconteça ou se manifeste "*antes* da obra, quando a ideia de obra *perde sentido*".[2] O *des*- se torna, então, um fator de de-significação e de des-objetivação do ato criativo, fazendo com que o texto flutue no espaço aberto da indeterminação, da falta daqueles confins que, o delimitando, *fazem* materialmente a obra, tanto em sentido espacial

2 Eduardo Prado Coelho, *A mecânica dos fluidos. Literatura, cinema, teoria*, Lisboa: INCM, 1984, p. 24.

quanto temporal. O sujeito que escreve e assina se torna, assim, uma instância evanescente e duvidosa (ao ponto de poder até receber um nome provisório, como Vicente Guedes): uma instância aleatória, afinal, quanto o pode ser de fato um semi-heterónimo, um Pessoa *antes* ou *depois*, senão *sem*, Pessoa ("sou eu menos o raciocínio e a afectividade").[3]

Considerando, aliás, a frequência com que, no *Livro do desassossego*, aparecem palavras como *desacontecimento*, *desnaturo*, *desvegeta-se*, *desreconhecer*, *desdesertar* ou *desdurmo* – e outras que Prado Coelho menciona, também na esteira das indicações fornecidas por Arnaldo Saraiva – poderíamos chegar à conclusão que o prefixo *des-* funciona, no livro, como uma espécie de "íman ao contrário",[4] de agente gramatical "desagregando" o âmbito semântico do termo a que se junta, não negando o seu significado mas, justamente, "desviando-o" do seu referente habitual e abrindo-o para uma área de sentido sem fronteiras definidas. Quem escreve, nesse sentido, se de-responsibiliza (ou melhor, se des-responzabiliza) em relação a uma obra sem mais garantias senão aquela de ser o produto de uma acumulação caótica de fragmentos de pensamento, de refugos de sensações, de escombros ou de detritos não componíveis que se amontoam na dimensão da "des-utilidade" ("o estatuto do lixo-fragmento é da ordem da *des-utilidade*").[5] E o resultado é o exercício gratuito de um pensamento inexequível, a armação de uma lógica sem efeitos práticos, visto que, afinal, reflete apenas a si mesma e sobre si mesma, embora nunca "dentro de si mesma".[6]

O nome de Bernardo Soares se torna, nesse sentido, um operador de incerteza, ou melhor, um *Eu* arrebatado e abalado pela certeza e pela inexorabilidade de uma escrita que o rescreve e o domina com as suas convulsões, com as suas iluminações instantâneas que não permitem encontrar um abrigo ou um lugar salvo na obra, mas se sucedem como ondas imperiosas naquele mar de naufrágios que é a escrita antes da obra, ou melhor, naquele *aberto* de que nos fala Heidegger. Espaço, este, que pode ser apenas habitado pelo (e no) *abandono*, visto que, como escreveu o filósofo alemão, "se procuramos dentro de nós o abando-

3 Fernando Pessoa, *Páginas de doutrina estética*, Org. por Jorge de Sena, Lisboa: Inquérito, [1946] s.d., p. 206.

4 Eduardo Prado Coelho, op. cit., p. 28.

5 Idem.

6 Ibid., p. 26.

no diante das coisas e a abertura ao mistério, conseguimos chegar a aquela senda que nos leva a um fundamento novo, a um novo chão".[7] E é talvez essa a meta almejada por Pessoa: aquele "espaço inteiro fora" onde encontrar uma nova consistência, uma nova completude do sujeito, não mais baseada na evidência da razão e, ainda menos, na aleatoriedade do sentimento, que poderiam conduzir provavelmente à *Obra*, e sim na abertura ao mistério que paira, *inoperante* (ou melhor, *désœuvré*, para utilizar um termo francês cheio de sentidos), no espaço entre o ser e o nada. Um mistério assombroso no qual se deveria penetrar com coragem: a coragem, justamente, ou a insistência em *ser o si* ou em *ser-se* na paradoxal e, no fundo, impossível desistência em relação ao *ser*.

Não por acaso, para além do explícito endosso teórico fornecido por Maurice Blanchot e pela "*absence d'œuvre*", Eduardo Prado Coelho remete constantemente, no seu ensaio, para o exemplo literário proporcionado pela *Paixão segundo G. H.*, de Clarice Lispector. Vários anos depois de Pessoa (1964, como se sabe, é o ano de publicação do romance), é a escritora brasileira, com efeito, quem tem mostrado, com maior contundência, o valor hermenêutico do prefixo *des-* em relação ao Ser, chegando até a afirmar, através da personagem G.H.: "a insistência é o nosso esforço, a desistência é o prêmio. A este só se chega quando se experimentou o poder de construir, e, apesar do gosto de poder, prefere-se a desistência. A desistência tem que ser uma escolha. Desistir é a escolha mais sagrada de uma vida. Desistir é o verdadeiro instante humano. E só esta é a glória própria da minha condição. A desistência é uma revelação".[8] A *desistência*, de que nos fala Clarice/G.H., constitui, nessa perspectiva, o modelo de uma existência no *des-*: de um *des-existir*, se poderia dizer, abrindo mais uma vez para o mistério e o sagrado, para o pré-humano e o pré-lógico que é, na sua primordial consistência e na sua emaranhada definição, o espaço virtual e indefinido onde se realiza, sem se realizar, também o *Livro do desassossego*.

Ainda nesse caso, o des-existir, ou o existir no *des-*, representa a opção pela qual Pessoa se entranha no *aberto*, no espaço bandido e abandonado onde redescobrir as raízes de um "ser em abandono"[9] encontrando o seu *sossego* só

7 Martin Heidegger, *L'abbandono*, Genova: Il Melangolo, 1983, p. 40.

8 Clarice Lispector, *A paixão segundo G.H.* 7ª ed., Rio de Janeiro: Nova Fronteira, 1979, p, 172.

9 Jean-Luc Nancy, "L'être abandonné", in *L'imperatif catégorique*, Paris: Flammarion, 1983, p. 139-153, p. 141-153.

no afastar-se dele, só no intervalo entre *ser* e *ser-aí* que nada consegue colmatar, senão a pura indicação. Escrita do inconsciente, então? Mais que isso – como tem afirmado Jacinto do Prado Coelho no prefácio à primeira edição do *Livro*,[10] retomando uma sugestão de Henri-Frédéric Amiel, tão lido, amado e traído por Pessoa –, uma escrita que se dá como produto de uma "consciência da consciência": de uma consciência, portanto, se dobrando sobre si mesma, descobrindo, porém, apenas a sua inconsistência. Ou, numa perspectiva um pouco diferente – apontada por Eduardo, num diálogo ideal com o pai e com o escritor –, um texto plural e disperso em que se manifesta uma "inconsciência da inconsciência",[11] furtando o estado de *desassossego* a qualquer análise, também freudiana, dessa paradoxal *desistência*.

Não é, de fato, o Inconsciente que fala através de Bernardo Soares e sim aquela instância ilocável e intervalar se colocando no avesso dele, no seu *fora* ou na sua negação que, por outro lado, o reafirma. Eduardo Prado Coelho identifica essa instância no *neutro*: "a lógica do desassossego é uma lógica do *neutro*. O prefixo *des-* é um operador de neutralização".[12] Nem *Ego* nem *Es*, portanto, nem razão nem corpo, e, contemporaneamente, ambas essas dimensões que se sobrepõem e se confundem no espaço-tempo do *desassossego*. Tanto Pessoa, quanto, mais em geral, a arte e a filosofia do século XX têm atribuído, de fato, diversos nomes a essa deriva da consciência que toma dentro de si a inconsciência: para o escritor português, se poderiam mencionar termos como *cansaço*, ou sobretudo, como *tédio* e *angústia*, que tantas vezes se encontram no *Livro do desassossego*. Sobre esses últimos dois estados de alma, em particular, se deteve, mais uma vez, Martin Heidegger que, no seu *O que é metafísica* escreveu:

> *O profundo tédio, que como névoa silenciosa desliza para cá e para lá nos abismos da existência, nivela todas as coisas, os homens e a gente mesmo com elas, numa estranha indiferença. Esse tédio manifesta o ente em sua totalidade.*[13]

10 Jacinto do Prado Coelho, "Prefácio", in *Livro do desassossego*, Lisboa: Ática, 1982, p. VII-XXIII, p. XIV-XV.

11 Eduardo Prado Coelho, op. cit., p. 26.

12 Ibid., p. 30.

13 Martin Heidegger, *Que é metafísica?*, disponível em <http://psb40.org.br/bib/b20>, p. 6. (Trad. de Ernildo Stein). Acesso em 20 jan 2016.

E um pouco mais adiante o filósofo alemão acrescenta:

A angústia manifesta o nada. "Estamos suspensos" na angústia. Melhor dito: a angústia nos suspende porque ela põe em fuga o ente em sua totalidade. Nisto consiste o fato de nós próprios – os homens que somos refugiarmo-nos no seio dos entes. É por isso que, em última análise, não sou eu ou não és tu que te sentes estranho, mas a gente *se sente assim. Somente continua presente o puro ser-aí no estremecimento deste estar suspenso onde nada há em que apoiar-se.*[14]

Como se vê, Heidegger parece colocar *tédio* e *angústia* numa relação de contiguidade ou até de consequencialidade, enquanto, respectivamente, revelação do ente ou demissão dele. Mas aquilo que associa os dois estados é, justamente, a condição de suspensão e de indiferença a respeito das coisas, a angustiante sensação de um mundo em vias de desaparecer experimentada, no estranhamento em que se identifica sem se identificar, o sujeito anônimo – ou seja, *a gente* (o *se* que *se é*, ou, para ser mais claro e para utilizar um termo consonante, tantas vezes evocado para definir a presença ausente do poeta português, a *persona/personne*) que habita e é habitada pelo *desassossego*. Pessoa, por seu lado, representa de modo mais sensorial e pragmático esse estádio intermédio, esse entretempo, se referindo com frequência a aquela sensação de intervalo entre o sono e a vigília, a aquela condição do "não-dormir" e do "não estar despertos", se cristalizando, enfim, no *neutro*, no perder-se/encontrar-se na *floresta do alheamento*:

Sei que despertei e que ainda durmo. O meu corpo antigo, moído de eu viver, diz-me que é muito cedo ainda... Sinto-me febril de longe. Peso-me não sei porquê...

Num torpor lúcido, pesadamente incorpóreo, estagno, entre o sono e a vigília, num sonho que é uma sombra de sonhar. Minha atenção bóia entre dois mundos e vê cegamente a profundeza de um mar e a profundeza de um céu; e estas profundezas interpenetram-se, misturam-se, e eu não sei onde estou nem o que sonho.

Um vento de sombras sopra cinzas de propósitos mortos sobre o que eu sou de desespero. Cai de um firmamento desconhecido um orvalho de tédio. Uma grande

14 Ibid., p. 7.

angústia inerte manuseia-me a alma por dentro e, incerta, altera-me, como a brisa aos perfis das copas.[15]

Nessa longa, necessária citação não encontramos apenas a confirmação da contiguidade – se poderia dizer, da "consanguinidade" – entre tédio e angústia, mas a constatação corpórea de uma subjetividade que, ao mesmo tempo, é e não é (*ente* e *não-ente*, ou seja, o *nec-entem* que se espelha no italiano *niente*, "nada"), manuseando e remanejando a alma, isto é, a instância mais incorpórea do indivíduo.

Não, portanto, a fuga no sonho nem o permanecer teimoso dentro da consciência de si mesmo, mas um estado mediano que não é nem onírico nem lógico, nem físico nem metafísico e ambas essas coisas, neutralizando, por um lado, tais opostos numa "consciência da consciência", como tem indicado Jacinto do Prado Coelho, e, pelo outro, numa "inconsciência da inconsciência", como tem sugerido Eduardo Prado Coelho. Aquilo que vale e que fica, na extensão infinita e contínua do Ser e no processo discreto do Existir, é justamente o *intervalo-entre*, a fresta se (entre)abrindo na aparente solidez do pensamento e da sensação (ou melhor, da *physis* e do *logos*), revogando qualquer opção dialética, se furtando a toda síntese consolatória. Num livro constituído por interstícios, por reticências, mas ainda por escombros, por cacos, por restos como é, afinal, o *Livro do desassossego*, a própria forma determina o conteúdo, não encontrando nenhum esmero ou perfeição lógica senão, mais uma vez, aquela que se esconde e se manifesta no *des-*, nessa negação que afirma, que afasta do real no próprio gesto pelo qual revela a realidade na sua inexequível completude e na sua incontornável inexorabilidade.

É justamente por esse motivo que eu me atrevo, por um lado, a formular uma objecção a Eduardo Prado Coelho, juntando a ela, pelo outro, considerações sobre a tradução em outras línguas do título do *Livro*. De fato, depois de ter ilustrado, de forma brilhante, aquilo que dá forma e sentido à lógica do *desassossego*, num ensaio que segue o primeiro na mesma coleção *A mecânica*

15 Fernando Pessoa, *Livro do desassossego*, Org. por Jacinto do Prado Coelho, Maria Aliete Galhoz e Teresa Sobral Cunha, Lisboa: Ática, 2 vols., 1982, p. 279-280; *Livro do desassossego*, Org. por Richard Zenith, 9ª ed., Lisboa: Assírio & Alvim, 2011, p. 456-457. (Trad. inglesa pelo mesmo: *The Book of Disquietude*. 1ª ed., Manchester: Carcanet, 1997; *The Book of Disquiet*, 2ª ed., London/New York: Penguin Classics, 2002).

dos fluidos e intitulado "Pessoa / Amiel", após ter reafirmado que encontramos "fragmentos de texto de Pessoa em que se verifica a coincidência dos contrários" e "outros passos em que deparamos com uma coincidência dos subcontrários", fazendo ambos sentido "se tivermos em conta *os operadores de neutralização* (determinados mecanismos morfo-sintácticos) que criam progressiva e interminavelmente uma *área neutra* subtraída à esfera da dialéctica", o ilustre crítico conclui que "o prefixo *des-* (assim como o prefixo *in-*) é, em determinadas circunstâncias, um desses operadores, tal como o que poderemos chamar a sintaxe do *sem*".[16] Pois bem: depois de ter declinado a lógica do *desassossego* numa gramática da ausência que se torna presente ou de uma presença sempre no ato de desaparecer; depois de a ter colocado num espaço intermédio e inconsistente entre duas negações, me parece contraditório emparelhar o prefixo *des-* com um prefixo puramente negativo como *in-*, os juntando na área sintática do *sem*. Isso, de fato, acabaria a meu ver por dissipar a ambiguidade, apagando o *neutro* para o qual aponta o *des-*. Seria, em suma, como igualar a *desistência* ou a *des-existência* à *insistência* ou à *inexistência*, noções, por contra, que Clarice Lispector, como vimos, mantém bem distintas.

É, aliás, esse o motivo pelo qual algumas traduções em outras línguas do título da obra (que, repito, não chega a ser *Obra*) de Pessoa me deixaram desde o início perplexo. Desde o aparecimento do texto na Itália e na França (sem falar da Alemanha, onde encontramos uma escolha similar), a substituição de um indicador de complexidade – que, em si mesmo, não é propriamente nem afirmativo nem negativo e ambas essas coisas – por uma negação pura (*inquietudine*, *intranquillité* ou *unruhe*, sabendo, porém, que o alemão não conhece a ambivalência do prefixo latino *dis-*) provocou, em mim, algumas dúvidas, embora as traduções em italiano e em francês do termo *desassossego* mantenham o caráter incomum e a ambiguidade semântica da palavra portuguesa graças ao uso, por um lado, de um termo obsoleto como *quietudine* e, pelo outro, ao emprego de uma palavra não dicionarizada como *intranquillité*. De minha parte, considerando a importância e o valor do *des-*, cheguei à conclusão – com certeza também ela discutível – que a tradução mais adequada na minha língua seria *Libro del disagio*. E isso por dois motivos: o primeiro, evidentemente, pela possibilidade de manter o mesmo prefixo de que, com o aval

16 Eduardo Prado Coelho, op. cit., p. 42-43.

de Eduardo Prado Coelho, tentei mostrar a relevância semântica; a segunda razão tem a ver com a longa tradição, seja teórica seja literária, da palavra *agio*.

Com efeito, como bem mostrou Giorgio Agamben – remetendo também para a etimologia *ad-jacens*, no seu significado daquilo ou daquele que "jaz ao lado" –, esse termo indica que o que todo sujeito ou objeto têm de mais próprio é, justamente, "a sua substituibilidade, o seu ser no lugar do outro".[17] Essa substituição eventual, segundo o filósofo italiano, "não conhece já lugar próprio, mas, para ela, o ter-lugar de cada ser singular é desde logo comum, espaço vazio oferecido à única, irrevogável hospitalidade".[18] Ele lembra, aliás, como as primeiras atestações de palavras derivadas da *adjacentia* latina nas línguas românicas remontam à lírica provençal, na qual os termos *aizi* ou *aizimen* indicam "não tanto o lugar do amor, quanto o amor como experiência do ter-lugar de uma singularidade qualquer".[19] Nessa perspectiva, o *agio* – como o francês *(à l')aise* e como, talvez, o português *assossego* – se apresenta como a instância que não aponta tanto para a posição do sujeito, quanto para o seu dar-se numa condição de anonimato, ou melhor, para o seu *ser-qualquer* que o inclui e o "abandona" na comunidade: uma *communauté desœuvrée*, justamente, para utilizar a conhecida expressão de Jean-Luc Nancy.

A meu ver, esse significado do termo pode ajudar ainda na interpretação da heteronímia enquanto condição *agiata* ou *aisée* (*assossegada*) de um sujeito que, se apresentando como *ser-qualquer*, se inclui numa comunidade virtual, multiplicando-se na polifonia de uma estrutura de significação que conjuga ou combina o idêntico com o seu outro. E o *disagio* indicaria, nessa ótica, o furtar-se ao comum (ao sentido comum) ficando no interior dele (num sentido *em* comum): num assossego não negado, enfim, mas habitado na desistência, no tédio e na angústia. De resto, ao lado da tradução espanhola *desasosiego*, facilitada pela coincidência lexical, encontramos ainda as traduções inglesas *disquiet* e *disquietude*. Termo insólito e pouco usado, este segundo, escolhido, não por acaso, para a primeira edição em inglês do *Livro do desassossego*, organizada e traduzida por um dos editores do texto pessoano em Portugal, Richard Zenith, que, na segunda edição inglesa, voltou, todavia, a utilizar o

17 Giorgio Agamben, *A comunidade que vem*, Lisboa: Presença, 1993, p. 25.

18 Ibid., p. 26.

19 Ibid., p. 27.

mais comum *disquiet* – embora ele tivesse a possibilidade, na perspectiva que acabo de delinear, de recorrer a uma palavra muito mais conotada e usual como *disease*, provindo do antigo francês *desaise* e se conectando, na forma e no significado, ao italiano *disagio*.

Essas opções ou possibilidades de tradução reafirmam, a meu ver, a importância de manter o prefixo originário que, por si mesmo, significa exatamente no seu furtar-se à irreversibilidade do sentido, no seu abrir-se a uma condição existencial que se dispõe (e se depõe) na sua precariedade, permanecendo no limiar que separa, sem as separar, identidade e alteridade.

A "obra ausente", a que se refere Eduardo Prado Coelho na esteira de Blanchot, esse livro que se dá de forma intervalar, tornando o intervalo, justamente, o modo de expressão de uma "dis-quietação" sem nome e com muitos nomes, se torna, nessa ótica, o texto axial, a arquitrave vacilante de uma experiência humana balançando entre o desejo de fugir diante da perspectiva de *ser* – de *ser* apenas, de um Ser absoluto e indeterminado – e a procura espantada e destemida de *ser-se*, ou seja, de *ser-o-Si*, de *ser como se é*, se entregando a uma impersonalidade (a um *ele*) que, na angústia e no tédio, permite todavia entrever o absurdo segredo do viver. De resto, uma existência, como a de Pessoa, atormentada pela procura de uma identidade e unidade que pode se manifestar apenas na dispersão e na diferença (como nos ensinou Jacinto do Prado Coelho), não pode senão procurar o seu sentido na "dis-quietação" ou no "des-assossego" de um pensamento que pensa a si próprio ou na neutralização de uma inconsciência que se afirma na sua negação, num estado de não-consciência – no interstício, enfim, entre a razão e o seu oposto.

De fato, como conclui Bernardo Soares, "a consciência da inconsciência da vida é o mais antigo imposto à inteligência",[20] frase que nos arrasta, mais uma vez, no interior de uma lógica em que reencontrar-se no *desassossego* não é mais de que um dis-persar-se no vazio e na inconsistência/desistência do *Eu*, descobrindo nela, porém, a plenitude e a solidez de um sujeito que se torna, com muita pena, objeto de um perigoso processo de conhecimento, na fulgurante consciência daquilo que nos constitui enquanto *seres-qualquer* – enquanto, enfim, entes que preenchem o lugar do nada (do *nec-entem*).

20 Fernando Pessoa, *Livro do desassossego*, Org. por Jacinto do Prado Coelho, Maria Aliete Galhoz e Teresa Sobral Cunha, p. 71.

Francisco Ferreira de Lima

No Alentejo de Fernando Namora: modos de ler a (mesma) paisagem

No número 9 dos *Cadernos da PUC*, de 1972, Cleonice Berardinelli publicou a primeira versão de um ensaio sobre *O trigo e o joio*, de Fernando Namora, romance que viria a se constituir num marco do Neorrealismo português. Em 1985, revisto e ampliado, o texto, na companhia de muitos outros, comporia o livro *Estudos de Literatura Portuguesa*, publicado pela Imprensa Nacional-Casa da Moeda, na coleção *Temas Portugueses*.

Trata-se de uma longa análise estrutural dessa obra, baseada, sobretudo, em pressupostos teóricos formulados por Roland Barthes e seu principal discípulo, o búlgaro Tzvetan Todorov, então os mais populares teóricos do estruturalismo no Brasil.

Não obstante o jargão crítico, que, por vezes, parece querer prender o texto em fórmulas de feição matemática, tão comum à época, a análise levada a cabo por Cleonice Berardinelli desvenda o fundamental do romance quanto a sua organização e tessitura narrativas, pondo ante o leitor o mundo preferencial de Namora: o dos deserdados e desvalidos das charnecas alentejanas.

Em um dos pontos altos do seu ensaio, Cleonice Berardinelli flagra um elemento fundamental da obra, a oposição entre o espaço real vivido pelas personagens, lócus de agruras, e o espaço sonhado por uma delas, Joana, a utopia na qual todas as mazelas da vida cotidiana seriam vencidas. Nos termos de Cleonice:

> *Duas regiões de Portugal constituem o espaço da estória, que se poderia estudar num item à parte: o Norte e o Alentejo. Acontece, porém, que, se ambos são o espaço real ou imaginado em que se movem os personagens, são eles também personagens, pois que actuam, atraem ou repelem, consubstanciam o sonho, identificam-se à gente.*

Francisco Ferreira de Lima é professor de Literatura Portuguesa da Universidade Estadual de Feira de Santana (UEFS).

Sem realidade material na estória, o Norte está na memória e no desejo de Joana; ela terá "o Norte húmido e verde até o fim presente nos sentidos" (p. 39): flores e legumes, vinhas, pinheiros são a sua paisagem. (...).

Mas a grande presença espacial da narrativa é o Alentejo, a charneca, a planície interminável (...).[1]

De fato, mais que espaço onde circulam as personagens, o Alentejo e o Norte no romance de Namora são lugares, são paisagens que constituem e são constituídas por elas, seja no plano real, seja no da memória, processo cujo resultado é uma indissociabilidade entre um e outro: Loas não seria quem é sem a charneca; Joana não seria ela mesma sem a memória viva do Norte. Por isso, mais que espaço, o Alentejo e o Norte são, no dizer acertado de Cleonice Berardinelli "também personagens, pois que actuam, atraem ou repelem, consubstanciam o sonho, identificam-se à gente".

Seguindo, pois, a sugestão da ensaísta, de que se poderia tratar desse universo em item à parte, o que se desenvolve a seguir é uma tentativa de análise do espaço em *O trigo e o joio*, privilegiando o espaço real, o Alentejo, a partir do conceito de paisagem (termo curiosamente referido pela ensaísta) formulado pela Geografia Cultural.

Convém, portanto, começar por sua apresentação.

A partir do final do século passado, com a contribuição decisiva da Geografia Cultural, da Fenomenologia e, embora menos, também da Teoria da Literatura, o estudo do espaço em Literatura começou rapidamente a mudar. Para melhor. A desnaturalização do ambiente aí operada jogou para a lata do lixo os últimos e renitentes apelos do espaço como natureza em si, para substituí-los pela ideia de construção, ou mais ainda, pela de invenção, como quer Anne Cauquelin. A natureza, como a vemos, é paisagem, diz a autora. E paisagem é "uma invenção, um objeto cultural patenteado, cuja função própria é reassegurar permanentemente os quadros da percepção do tempo e do espaço".[2] E já é assim pelo menos desde a invenção da perspectiva, que permitiu ao homem uma ampliação nos padrões estéticos de observação do mundo.

1 Cleonice Berardinelli, "*O trigo e o joio*, de Fernando Namora", in *Estudos de Literatura Portuguesa*, Lisboa: INCM, 1985, p. 365-366.

2 Anne Cauquelin, *A invenção da paisagem*, São Paulo: Martins Fontes, 2007, p. 12.

Portanto, o que vemos da natureza não é o que vemos da natureza, como já bem o sabia e dizia e tentou nos convencer Alberto Caeiro, aquele poeta inventado por Fernando Pessoa, senão um conjunto ordenado de "coisas paisagísticas, historicamente constituídas",[3] como quer a autora acima citada. Coisas às quais re-naturalizamos para que fujam à condição de artifício, o que muito abalaria a relação homem-natureza. Mas que ninguém se engane. Toda paisagem é uma construção. E Duncan diz de maneira precisa:

Normalmente, as paisagens tendem a parecer naturais ou inevitáveis àqueles que vivem e trabalham nelas. Exceto sob circunstâncias excepcionais, a tangibilidade e a aparente transparência das características da paisagem tendem a convencer o observador local da paisagem de que as relações sociais, políticas e econômicas permitidas pela sua organização são estabelecidas naturalmente, ou mesmo divinamente.[4]

E acrescenta o geógrafo que basta a intromissão de um estranho a tal paisagem para desfamiliarizá-la, desvelando a ideologia transmitida por meio dela, dando a ver o que não se via ou o que não se era capaz de enxergar.

Nem natureza inocente nem cenário bucólico em que o homem passivamente se instala, a paisagem, diz o mesmo Duncan, é "um dos elementos centrais de um sistema cultural, pois, como um conjunto ordenado de objetos, um texto, age como um sistema de criação de signos, através do qual um sistema social é transmitido, reproduzido, experimentado e explorado".[5]

Era mais ou menos assim, como um lugar de linguagem, em que "um sistema social é transmitido, reproduzido, experimentado e explorado" que o Neorrealismo compreendeu a importância da paisagem — coisa espantosa, se se pensar que lhe faltavam as bases teóricas com as quais a entendemos hoje. Intrometendo-se como elemento estranho naquele mundo, esse movimento literário, às vezes tão injustamente criticado, (para ficarmos com um termo que andou muito em moda recentemente) desconstruiu a paisagem como algo dado e natural para mostrá-la como resultado da construção humana. Daí tê-la transformado em

3 Idem.

4 James Duncan, "A paisagem como sistema de criação de signos", in Roberto Lobato Corrêa e Zeny Rosendahl (Orgs.), *Paisagens, textos e identidade*, Rio de Janeiro: UERJ, 2004, p. 91-132, p. 109.

5 Ibid., p. 106.

seu objeto fundamental de trabalho, tal como se pode ver, de modo exemplar, no romance em questão.

Nele pode-se perceber, com clareza, a distinção entre espaço e paisagem. Enquanto aquele é comum a todos os habitantes da região, esta é única para cada um deles. Assim, o Alentejo de Loas é o mesmo de Barbaças, que é o mesmo de Joana, que é o mesmo de Alice, que é o mesmo de Vierinha, que é o mesmo dos lavradores ricos: a planície ardente, seca e interminável. Por sobre ela, contudo, na relação que cada um estabelece com ela, em todos os planos, político, econômico, social e cultural, a planície ganhará contorno distinto para cada um deles, o Alentejo, agora, além de espaço, é também paisagem, entidade viva e dinâmica. Em suma, a paisagem é o resultado da "leitura" que cada um faz do espaço, segundo seus interesses e conveniências. É isso que se pretende mostrar a seguir através de dois significativos personagens do romance, a saber, Loas e Barbaças.

Embora o segundo seja o protagonista do romance, talvez seja mais produtivo iniciar-se a análise por Loas, pois, como se verá, trata-se de um "leitor" dono de um complexo mas ineficiente sistema de leitura, visto que "o texto" da paisagem sempre escapa a seu investimento simbólico. Leitor de fora para dentro, com todas as verdades estabelecidas *a priori*, Loas não se dá ao trabalho de ascultar as demandas "do texto", no caso, as demandas da terra, atitude que, desde o começo, prenuncia fracasso e tragédia, uma vez que seu sistema de leitura está sempre em dissimetria com "o texto" que ele pretende desvendar.

E tal dissimetria já se pode observar em seu nome. "Loas", assim, no plural, é, de acordo com Houaiss,[6] sinônimo de "mentiras", "fanfarronadas", de "parlapatices". Bem conhecida é a expressão "tecer loas", no sentido de elogiar em excesso algo ou alguém. E não melhora se se procurar o significado de seu nome no singular. Para o mesmo dicionarista, "loa" é um canto elogioso, apologético. No singular ou plural, a palavra traduz o jeito de ser de seu dono: Loas é um apaixonado pelas palavras. E não perde oportunidade para gastá-las:

O Loas nunca desperdiçava a oportunidade de meia hora de conversa, mesmo que o interlocutor pertencesse a uma escala social desprezível (...). Enquanto descosia a língua, que era uma maneira de se aproximar das coisas profundamente

6 Antônio Houaiss e Mauro de Salles Villar, *Dicionário Houaiss da Língua Portuguesa*, Rio de Janeiro: Objetiva, 2001, p. 1775.

desejadas, às vezes perdendo o tino das horas, a família esperava (...). Ele começava por afastar os cabelos da testa, como quem abre uma cortina que separa o palco da plateia e fazia uma pergunta sibilina.[7]

E com a pergunta, verdadeira armadilha que deixava em suspenso o interlocutor, Loas desfiava erudição. Como um profeta, podia prever, com antecipação de cem anos, a data exata em que cairia determinado dia da semana, a que horas a maré baixaria ou subiria naquele dia e qual seria a lua. E se tal sabença não fosse bastante para subjugar o oponente, ele podia valer-se de supostas relações com o tinhoso, de quem se dizia amigo íntimo — argumento que usava como trunfo derradeiro, para, como diz o narrador, "aliciar um qualquer para suas lérias".[8] Interlocutor reduzido a mero ouvinte, Loas fazia jorrar seu palavreado para esconder a solidão a que o isolamento da charneca o obrigava.

No entanto, quando se trata de aprimorar os recursos de sua pobre courela, que só faz decair com a passagem do tempo, o saber de Loas é sem serventia. Suas terras já viram tempos melhores. Ele já possuíra mesmo uma parelha de burros, que lhe deu renda e prestígio, mas agora não tem nada. Seu maior projeto, que resolveria todo o problema de água da sua estreita faixa de terra, morreu no nascedouro, enganado que foi por um "mecânico" da cidade, ante o qual todo seu conhecimento quedou-se inútil. E o resultado está lá, à vista de todos, para humilhá-lo eternamente: as ruínas de um engenho de água — que nunca funcionou — comidas pela ferrugem. Sem o engenho, sem a parelha, sem nada, Loas

consolava-se então com a ideia de que um lavrador alentejano tinha um fado a cumprir: o trigo, a seara. O trigo corria todos os dias do ano, da sementeira à debulha, atravessava o Outono, o Inverno, a Primavera, o Estio, era uma grandiosa servidão.[9]

Incapaz, portanto, de vencer a simbiose, na qual um parece a extensão do outro, o homem é o trigo, o trigo é o homem, num movimento circular, sem

7 Fernando Namora, *O trigo e o joio*, Rio de Janeiro: Nórdica, 1987, p. 28.

8 Ibid., p. 29.

9 Ibid., p. 37.

começo nem fim, Loas rende-se à inexorabilidade do seu destino de alentejano, cuja "leitura" do mundo é a mesma, sempre a mesma, a única a produzir realmente significado: a servidão. Escravo do seu destino, Loas terá que cumprir sua sina de alentejano.

Mas não se trata de uma servidão humilhante ou mesquinha, como se poderia pensar à primeira vista. Ela é do tamanho do Alentejo:

Se a paisagem, à sua volta, era ressequida e nua, se o sol a lambia de fogo, como quem passa uma língua libidinosa por um corpo desprotegido, dava-lhe, contudo, uma lição de altivez. Planície despida, crestada — mas imponente. Triste, mas grandiosa. Também ele, no seu fracasso, tinha grandeza.[10]

E por isso, por ser do tamanho do Alentejo, seu fracasso é ainda mais paralisante.

E não é à toa a comparação feita pelo narrador entre a terra alentejana e o corpo da mulher. Muito frequentemente, Loas faz o mesmo. Para ele, a terra é sempre uma mulher à espera de ser possuída. E quando utiliza tal imagem, sua fala é sempre carregada de um potente erotismo, como se estivesse prestes a consumar o ato sexual.

Mas, mais uma vez, sua retórica gira em torno de si mesma e perde-se no vazio, pois a necessidade erótica dessa mulher-terra é inversamente proporcional à grandeza de sua impotência. Tal como aquelas figuras da mitologia grega, condenadas eternamente, uma a ter o fígado comido por uma ave, outra a carregar pedras montanha acima apenas para as ver rolar quando chegam ao topo, Loas está condenado eternamente a ter essa mulher em brasa à mão de semear, mas será incapaz de fecundá-la, dada a dimensão de sua fraqueza, dada a sua incapacidade de ler seus desejos.

Ciente desse fracasso, Loas põe sua máquina retórica em movimento, à cata de "um qualquer" que possa ajudá-lo a cumprir essa tarefa. Porém, como já se sabe do quão pouco produtivo é o resultado desse movimento, são poucas suas opções.

E eis que entra em cena Barbaças, um tipo meio idiota que vive de mendicância e, diga-se assim, de pequenos e escusos expedientes quando não acha

10 Ibid., p. 47.

um prato de comida. Oposto de Loas, Barbaças está mais para Fabiano, de Graciliano Ramos: fala pouco e entende menos ainda. Incapaz de metaforizar, ele parece apenas um bicho em busca de saciedade imediata. Nenhuma grande ou pequena questão parece interessá-lo. Diz o narrador que ele já "ouvira o Loas apregoar muitas vezes aquelas artes, conhecia-as de memória, embora fosse inútil interrompê-las: quando o lavrador abria a torneira era uma inundação".[11]

Não é, portanto, nas palavras de Loas que Barbaças está interessado. De tão gasto, seu discurso já não seduz nem mesmo um pobre coitado. Com fome, sem alternativa para roubar a comida do dia, Barbaças resigna-se a ouvir sua cantilena, enquanto trabalha arduamente, em troca de um prato de comida. E trabalha sozinho, ressalte-se, pois, enquanto fala — e é só o que faz! — Loas nada mais faz, embriagado no rumor de sua própria voz.

E quando trabalha, Barbaças é um gigante. Toda sua energia é ativada para esse fim. Em poucas horas, a courela de Loas está limpa, brilhando ao sol. E Barbaças finalmente pode se regalar com o "pedaço de toucinho com pão, azeitonas e aguardente",[12] verdadeiro manjar para seu estômago estropiado.

Feliz como um bicho, Barbaças torna-se presa fácil de Loas. E haja conversa. Finalmente, que só pode fazer uma coisa de cada vez — ou trabalhar ou escutar Loas —, Barbaças compreende que o lavrador o está convidando a viver na courela, para dividir trabalho e riqueza com ele — naturalmente, mais trabalho que riqueza, que Loas, como já se viu, é pouco afeito ao pesado. Mas o convite faz Barbaças sonhar, retirando-o do animalesco: afinal, Barbaças é gente! Por isso vale a pena transcrever sua reação ao convite:

O rapaz olhou à volta para ficar certo de que as palavras lhe eram realmente dirigidas. E eram, conho! Nesse momento, de estômago afagado, sentia-se particularmente disposto a deslumbrar-se com perspectivas grandiosas. Do crepúsculo tépido, do silêncio a dormir sobre os campos, vinha um chamado fremente. Era como se as entranhas da terra viessem até ali, de rastos, famintas para serem possuídas. A planície tinha a ondulação, a profundidade e a largueza do mar. Tudo nela era imenso, insondável e simultaneamente dádiva e fuga (...). Barba-

11 Ibid., p. 32.
12 Ibid., p. 33.

ças sentia-se conduzido a um mundo sedutor e ignorado. Engenho, água, trigo, comida — uma epopeia! O rapaz deglutia a emoção, ia ter os olhos rasos de água. Ele era um vadio, um rafeiro, e aquele convite do Loas, associando-o à sua vida, comovia-o.[13]

E assim, pouco a pouco, Barbaças vai-se inventando humano. O excerto é precioso quanto ao processo de construção dessa autodescoberta. Observe-se que, no inicio, Barbaças está numa espécie de entre-lugar. Ouve Loas, já sabe do que ele está falando, mas precisa certificar-se de que tais palavras lhe são dirigidas, embora não haja ninguém por perto, pois, até então, diz com todas as letras o narrador, ele é só um vadio. E mais que um vadio, um rafeiro! Ou seja, um vira-lata, em bom português do Brasil.

"Estômago afagado", Barbaças pode-se permitir o direito de todo humano: pensar, coisa que raramente faz. E, como todo humano, pensar grande. E a paisagem combina muito bem com isso. Com essa grandeza, pois tudo nela era imenso.

Mais uma vez, ela vem em forma de mulher sequiosa de gozos. E Barbaças está pronto para esse conúbio, pois é um igual dela em força, erotismo e vitalidade. Diferente de Loas, que "erguia a enxada meia dúzia de vezes e parava, embevecido, esperando que a gleba, sob esse breve estímulo, se multiplicasse em alvoroço e fertilidade",[14] Barbaças é capaz de com ela interagir dia e noite, sem nenhum sinal de cansaço, numa espécie de interminável relação sexual.

As entranhas da terra se lhe oferecem, e ele as recebe com a virilidade por ela requerida, como se dá, por exemplo, quando ele trabalha na ceifa do trigo para um grande lavrador durante o dia e na courela de Loas durante a noite, com uma energia que ninguém em sua volta consegue entender. É que, em seu caso, a paisagem não é dádiva nem fuga nem mistério, mas mulher sedenta e faminta a ter fome e sede por ele saciadas.

Por fim, como se lê nas últimas linhas da citação, vê-se Barbaças despedindo-se de sua animalidade, defrontando-se com a epopeia que é a vida cotidiana, dividida entre o trabalho e o prazer regulares, novidade a ele tão estranha. Não à toa, o narrador, além de declará-lo rafeiro, utiliza verbos esquisitos para

13 Ibid., p. 34.
14 Idem.

tratar de sua emoção como "deglutir", por exemplo, que diz ainda de sua condição de animal, cujo coração parece situar-se também no estômago. Mas os olhos rasos d'água e a comoção com o convite de Loas não deixam dúvida: Barbaças é humano; demasiadamente humano. E sua humanidade, como a de todo humano, mais que épica, experimentará, logo, logo, aquilo de que nenhum humano pode fugir: sua dimensão trágica.

Aceito o convite, Barbaças começa a trabalhar regularmente na courela de Loas. São tempos felizes para todos. Mas, sobretudo, para Alice, a solitária filha pequena de Loas, que encontra em Barbaças, cuja idade mental não é muito diferente da dela, um companheiro para correrias pelo campo depois da jornada de trabalho.

E tão feliz encontra-se Loas com a presença de Barbaças na courela que se decide pelo fim do sonho grande de ter outra vez uma parelha de burros. Com tão preciosa ajuda, uma burra apenas seria o bastante para tornar a courela motivo de inveja entre vizinhos, aí incluídos os grande lavradores, que Loas, fazendo jus ao nome, está sempre pronto para uma fanfarronada. E assim a courela alcança a paz. Os dois modos de ler a paisagem, o de Loas, com sua retórica destrambelhada, e o de Barbaças, com sua devoção ao trabalho, somam-se no amor (erótico) ao descarnado da charneca. Um com a fala, o outro com o corpo, completam, à perfeição, o triângulo amoroso.

Mas a compra da burra vai quebrar essa simbiose erótica, pois Barbaças perderá, de vez, sua inocência, adentrando o mundo do humano. Finalmente, ele experimentará a dor dessa condição em toda sua tragicidade.

Para tanto, há que se submeter a um verdadeiro rito de passagem, no qual atravessa fases muito semelhantes àquelas vividas pelas personagens da tragédia clássica, nas quais atinge o fundo do poço dos infernos, para de lá, vivida a dor em toda a sua intensidade, sair um Homem, na mais precisa acepção da palavra.

Tudo passa pela compra da burra. Apesar dos receios de Loas e da mulher, que bem conhecem a porção vira-lata de Barbaças, eles decidem entregar-lhe o dinheiro para que vá à feira comprar a burra, depois de este argumentar ser melhor negociador que Loas, capaz de cair em armadilha de cigano, dado seu deslumbramento por uma boa conversa. E, assim, todos de acordo, não obstante o receio do casal, parte Barbaças para a feira, cheio de prudência: o dinheiro vai num bolso costurado; a cabeça vai eticamente organizada. Tudo para evitar as tentações da vila — além de tudo, Barbaças era bom copo. Mas vai firme e seguro:

Da courela à feira das Brotas, o Barbaças teria de passar pela vila. Mas desta vez, mesmo que não levasse o dinheiro cosido na algibeira do casaco, seria incapaz de ser tentado pelas tabernas. A compra da burra era mais do que uma questão de honra: era uma aspiração quase dolorosa e que já lhe pertencia tanto como ao Loas. Tornara-se membro de uma família, misturava-se nas suas angustias, hábitos, prazeres, sentia-se pela primeira vez acompanhado, apoiado, um ser humano.[15]

Infelizmente, tanta prudência não foi suficiente para fazê-lo resistir aos apelos fáceis de Vieirinha, um verdadeiro demônio travestido de gente — que mereceria análise detida à parte —, para quem viver é sinônimo de ludíbrio, dissimulação e mentira, escamoteados no diminutivo de seu nome.

Sem nunca ter trabalhado na vida, Vieirinha vive de uma pequena herança que lhe garante seu exercício predileto: a malandragem, que não respeita nenhum padrão moral. Com histórias fantasiosas de uma viagem à Amazônia, onde teria enfrentado todo tipo de adversidade e vencido todas, Vieirinha, ao modo de Loas, mas sem a ingenuidade desse (que, perto dele, lembra um narrador de histórias infantis), enreda Barbaças em sua teia discursiva até fazer avultar nele o vira-lata que parecia morto, mas que estava apenas adormecido.

De início, ainda nos primeiros copos, com o que lhe resta de sobriedade (e de seu pouco juízo!), Barbaças impõe certos limites, sempre pensando na burra a ser comprada. Começa a gastar o dinheiro de Loas, mas reserva a maior parte para a compra da burra; gasta a segunda nota, mas ainda resta, assim crê, para a burra. Gasta a terceira e ainda se lembra vagamente de comprar a burra... Mas, pouco a pouco, nota após nota, ante a retórica avassaladora de Vieirinha, esses limites vão sendo ultrapassados um a um, até não haver mais nenhum. E é a um verdadeiro vendaval de paixões que se entregam ambos, regado a vinho e a sexo — experiência, ressalte-se, pouco gratificante para Barbaças que só pode praticá-la como animal, o que transforma prazer e alegria numa cena de terror.

15 Ibid., p. 64.

E por causa dessa mesma cena vão ambos presos. A decepção de Loas, o desprezo da vila por ato horrível como esse não parece ter impressionado Vieirinha, a ponto de fazê-lo sentir-se culpado. Ao contrário disso, planejava, com muita precisão, um espetáculo, uma performance, como se diria hoje, "de um dramatismo tão grandioso que lavradores, camponeses, mulheres e até o Loas viessem ali ao largo chorar com ele, condená-lo e lastimá-lo, chicoteando-o e acarinhando-o, até que por fim todos se unissem num espantoso coro de perdão".[16] Contudo, no que respeita a Barbaças, "meditabundo, estranho, permanecia em silêncio num dos cantos da cela",[17] o que evidencia uma espécie de depressão, resultante da culpa e da vergonha pelo ato praticado.

A partir daí, já se pode observar uma inversão: Vieirinha, que parecia gente, assume a condição de besta; Barbaças, que era uma besta, assume em definitivo sua condição humana. Diferente de Vieirinha, que parece próximo de um quadro de psicopatia, essa será sua última experiência, diga-se assim, não humana.

Atormentado por falha tão grave, e mais ainda porque Loas, no seu jeito especial de ser, não consegue odiá-lo, como queria e precisava para expiar sua culpa, Barbaças vai recomeçar do nada. E, para marcar o ponto zero da sua jornada ética, nada melhor que um (bom) desatino.

Vieirinha e Barbaças estão em pleno "processo de julgamento". O "tribunal" é o clube dos lavradores, formado pelos (dois) lavradores ricos da vila e mais alguns de seus bajuladores. Depois de humilhar publicamente os transgressores, e para mostrar-se magnânimo ante o outro, um deles decide doar o dinheiro perdido a Loas, para que ele finalmente compre sua burra.

Depois de alguma hesitação, não sem uma pequena dose de humilhação, Loas decide aceitar a oferta. É quando, numa espécie de surto, Barbaças, que até então se mantivera cabisbaixo, avança em sua direção, toma o dinheiro de suas mãos e rasga em pedaços todas as notas, uma a uma. E, ante a estupefação geral, desaparece.

Apesar de na cultura popular o ato de "rasgar dinheiro" ser considerado um pré-requisito para a loucura, no caso de Barbaças não há loucura nenhuma.

16 Ibid., p. 121.

17 Ibid., p. 122.

Simbolicamente, marca o fim de um ciclo: a morte do vira-lata e o consequente nascimento de um homem, que se revela homem mediante a dignidade, coisa nunca antes experimentada por ele. Posto que é o maior representante do poder, cabia tudo ao lavrador, até mesmo execrá-lo publicamente. Só não cabia consertar seu erro — pois é essa a descoberta de Barbaças, a consciência do erro e sua necessidade de reparação. Ninguém repara o erro de um homem a não ser ele próprio, eis o que Barbaças descobriu na cadeia. Nem mesmo um lavrador rico e todo poderoso. E dinheiro, diante de tamanho apelo da consciência, é só um pedaço de papel.

E Barbaças sai em busca dos meios para vencer sua desmedida, a fim de, antes de se reconciliar com quem quer que seja, conciliar-se consigo mesmo. Rejeitado em tudo quanto é lugar, reaparece acabrunhado, tempos depois, na propriedade do mesmo lavrador, por ocasião da colheita do trigo. De início, é mal recebido pelo próprio, que zomba dele. Mas, em mais um gesto de "magnanimidade", eivado de ironias e sarcasmos, o lavrador decide testá-lo. E Barbaças passa bem no teste:

> *O Barbaças, mal o dia clareou, apareceu na herdade ainda antes do manajeiro e logo se atirou ao trabalho como um selvagem (...). O sol, crescendo e inflamando-se, queimava a pele escura do Barbaças, os olhos do rapaz tornavam-se afogueados, com nervuras de sangue, e por muito que os companheiros, por uma questão de brio, se esforçassem para acompanhar o ritmo doido das suas ceifadas, era ainda o vadio a seguir em frente, como uma cunha apontada ao coração da seara.*[18]

Não obstante a má vontade do narrador, o vadio era só a aparência externa de Barbaças. Por dentro, já era outro homem, que se manifestava externamente através dessa loucura mansa pelo trabalho, como se fosse um selvagem. Mas não se tratava nem de uma coisa nem de outra. Nem de selvageria nem de loucura. Trata-se da paixão pela terra levada às últimas consequências, num jogo amoroso febril, como essa "cunha" no meio do texto deixa indiciar. Enquanto para os outros tudo é sacrifício, para Barbaças é jogo sexual, é posse da terra, que se entrega a sua virilidade.

18 Ibid., p. 153.

Mas, além do dinheiro para a burra, é preciso ainda ajudar Loas em sua colheita, pois, como se sabe, ele é mais de conversa do que de trabalho. Assim é que, ao fim de uma tarde, "desfigurado da poeira da planície, e com os braços tão hirtos e o rosto tão ansioso que parecia esperar uma condenação",[19] Barbaças reaparece na courela de Loas. Este, louco por uma conversa, recebe Barbaças como se nada tivesse acontecido. Coração bom que é, já perdoara também ao malandro do Vieirinha, agora presença habitual na propriedade, coisa que deixa Barbaças inquieto, pois já sabe que Vieirinha é uma espécie de encarnação do mal, que se manifesta na sua retórica amoral.

Sem muita conversa, Barbaças, sozinho, começa sua segunda jornada, que Vieirinha, com sua barriga monumental, não consegue nem segurar a foice como se deve. A fúria pelo trabalho é a mesma: "sem esperar por ajudas, quando os companheiros [Loas e Vieirinha] assomaram à extrema da courela já ele tinha uma braçada de espigas ceifadas".[20]

E é assim até o fim da colheita. Sem reclamar de nada ou sequer aparentar cansaço, Barbaças expia sua culpa na dupla jornada de trabalho. Finda a colheita, ele cumpre sua promessa. Devolve a Loas todo o dinheiro que tinha desperdiçado. E a burra tão sonhada finalmente é comprada. A prosperidade não é mais uma fantasia de Loas; é uma realidade. A courela volta a sua antiga paz — até que o demônio do Vieirinha apareça com a conversa da lepra da burra. Mas aí já é outra história!

19 Ibid., p. 156.
20 Ibid., p. 163.

Helder Macedo

Luso, filho de Baco[*]

COMO TODA A POESIA ÉPICA, *OS LUSÍADAS* É, OU PRETENDE ser, um poema de fundação. Cabe, no entanto, perguntar: fundação de quê?

Camões publicou *Os Lusíadas* quando o reino de Portugal tinha mais de quatro séculos de existência, e escreveu-o mais de um século depois da aventura imperial portuguesa ter sido iniciada. Sendo assim, dificilmente poderá ser entendido como um poema de fundação da nação ou do império. Se é um poema de fundação, seria, *in medias res*, um poema sobre uma ideia de nacionalidade e sobre um conceito de império que pressupunham a necessidade de fundar de novo o que já deveria estar fundado e de fortalecer o que se havia tornado precário. Camões estava a confrontar uma crise e a considerar como superá-la, o que torna *Os Lusíadas* num poema épico algo ambíguo por ser tão crítico do presente quanto celebratório do passado e, nas suas previsões do futuro, menos afirmativo do que condicional. Virgílio, na *Eneida*, o modelo ostensivo d'*Os Lusíadas*, celebrou a fundação de Roma para glorificar a Roma imperial do seu tempo; Camões celebrou a fundação do império português para criticar o Portugal do seu tempo. As exortações que faz a D. Sebastião, o jovem rei que deveria ser a "bem nascida segurança / Da Lusitana antiga liberdade" (I, 6, 1-2), colocam a continuidade da História num modo condicional: "Tomai as rédeas vós do Reino vosso:/ Dareis matéria a nunca ouvido canto" (I, 15, 3-4), diz no início do poema, claramente indicando uma situação de desgoverno do país. E o poema vai concluir: "Se me isto o Céu concede, e o vosso peito / Dina empresa tomar de ser cantada" (X, 155, 5-6). Em tempos de

Helder Macedo é escritor, poeta e crítico literário.

* Versão revista e ampliada de "Camões sob o signo da incerteza", conferência de encerramento do Colóquio Internacional *Sob o Signo de Camões,* organizado pelo Centro Interuniversitário de Estudos Camonianos (Ciec) da Universidade de Coimbra em Guimarães (Capital Europeia da Cultura) em 11 e 12 de junho de 2012.

crise não superada, a continuidade da celebração épica tinha de ficar adiada para um hipotético futuro.

A crise confrontada por Camões não era já a da sucessão ao trono, que parecia ter sido resolvida pelo nascimento de D. Sebastião. Era uma crise mais antiga e mais profunda, que tinha a ver com as circunstâncias económicas, sociais e éticas do país e do império. Uma das mais graves consequências da expansão imperial portuguesa havia sido a pauperização do povo que permaneceu dentro das fronteiras de Portugal. À medida que o comércio ultramarino aumentava, a produção interna diminuía. As especiarias da Índia não enriqueceram a vasta maioria da população. Os lucros passavam-lhe ao lado, iam para outras paragens. O tráfico de escravos africanos iria servir para criar as bases da futura economia colonial brasileira, mas não para fortalecer a economia portuguesa.

Na geração anterior a Camões, Francisco de Sá de Miranda já se tinha insurgido contra o despovoamento e o enfraquecimento do reino quando analisa os desde logo evidentes malefícios do império na vida portuguesa. Diz, por exemplo, o seguinte:

Não me temo de Castela
De onde a guerra inda não vem,
Mas temo-me de Lisboa
Que ao cheiro desta canela
O reino nos despovoa.
(....)
Fez no começo a pobreza
Vencer os ventos e o mar,
Vencer quasi a natureza;
Medo hei de novo à riqueza,
Que nos venha cativar.[1]

Gil Vicente, o dramaturgo oficial da corte do avô de D. Sebastião, D. João III, tem no *Auto da Índia* uma memorável entrada em cena de um suposto herói imperial – um patético marido enganado pela mulher deixada em Lisboa –

1 Francisco de Sá de Miranda, "Carta a António Pereira, senhor o Basto", in *Obras completas*, vol. 2, Lisboa: Sá da Costa, 1937, p. 81, 83.

que declara: "Fomos ao rio de Meca, // Pelajámos e roubámos".[2] Pelejar para roubar tinha-se tornado num propósito do império. O próprio Camões irá mencionar sucintamente numa carta escrita em Goa a corrupção que por lá grassava quando caracteriza a capital do vice-reinado como "mãe de vilões ruins e madrasta de homens honrados".[3]

Camões incorpora a condenação do império no mesmo poema em que o celebra. A descrição da partida das naus rumo ao Oriente, que deveria ser de afirmação positiva por marcar o início da viagem celebrada no poema, é dominada pela veemente condenação de tudo o que essa viagem iria significar ou, mais propriamente – como se numa paradoxal profecia retrospectiva baseada em factos acontecidos – do que já tinha significado. A condenação é feita por "um velho de aspeito venerando" (IV, 94, 1), o chamado Velho do Restelo que, personificando a *vox populi*, emerge da multidão que acorrera para assistir à partida das naus: mulheres que vão ficar sem os maridos, mães sem os filhos, filhos sem os pais, noivas sem os noivos, num coro de previsíveis infortúnios que faz os navegantes entrarem nas naus "sem o despedimento costumado" (IV, 93, 6), e partirem não como heróis dignos de serem celebrados mas quase envergonhadamente, com os olhos baixos.

O venerando velho que representa a sabedoria popular derivada da experiência – "Cum saber só de experiências feito" (IV, 94, 7) – não só amaldiçoa a aventura imperial que está a ser iniciada, mas também roga que "nem cítara sonora ou vivo engenho" dê a tais actos "fama nem memória" (IV, 102, 6-7). Ou seja, a sua condenação abrange o próprio poema que Camões está a escrever. Mas o Velho do Restelo é, afinal, uma personagem desse mesmo poema e, através dele, é o seu autor que, com base na sua própria experiência, está a contrapor aos reprováveis actos da ganância imperial – a "glória de mandar", a "vã cobiça", a "vaidade a quem chamamos Fama" (IV, 95, 1-2) – o que seria um propósito digno de louvor. Esse propósito seria uma guerra justa contra os inimigos à porta do reino que, como aliás o sábio velho acentua, teria a recomendável consequência económica de propiciar mais seguros ganhos em terras e riquezas sem que por isso "o Reino antigo" se "despovoe" e se "enfraqueça" (IV, 101, 3-4).

2 Gil Vicente, *Auto da Índia*, in *Obras completas*, vol. 5, 3ª edição, Lisboa: Sá da Costa, s. d., p. 114.

3 Luís de Camões, *Autos e cartas*, in *Obras completas*, vol. III, Lisboa: Sá da Costa, p. 245.

A retórica da "guerra justa", integrada na fala do Velho do Restelo e ecoada na voz do próprio Camões no final do poema, seria uma mais-valia ideológica reciclada do espírito da Reconquista Cristã, embora não necessariamente um propósito determinante. Mas era uma retórica útil, considerando que, no tempo em que Camões escreveu *Os Lusíadas*, os inimigos islamitas à porta do reino eram uma realidade concreta, ameaçadora e não menos militante em opostas "guerras justas". O Islão não era só o poder imperial rival dos portugueses no distante Oriente, era também um inimigo próximo que factualmente ameaçava a sobrevivência da Europa cristã e que continuou a ameaçá-la até à victória naval espanhola de Lepanto, em 1571, quando o poema já estava escrito e em vias de ser publicado. A luta contra o Islão "às portas" do reino (IV, 101, 1) seria, portanto, uma causa justa em defesa de toda a Europa. Mas era uma causa que também serviria os interesses económicos específicos dos portugueses, e essa seria talvez a sua principal justificação.

Em Portugal, uma nova oligarquia havia beneficiado das riquezas vindas de fora. Mas, precisamente porque essas riquezas vinham de fora, os seus beneficiários não precisavam de investir nas riquezas potenciais – comparativamente menores e de lucro mais lento – que pudessem ser produzidas dentro do país. E assim, como Sá de Miranda previra no início do século XVI e Antero de Quental[4] iria corroborar no fim do século XIX, os benefícios do império tornaram-se numa das principais causas da decadência da nação portuguesa.

As políticas mais favorecidas pela oligarquia imperial portuguesa no tempo de Camões eram ou o prosseguimento de uma crescentemente corrupta política de comércio armado no Oriente ou a intensificação da mais recente política de ocupação escravocrata no Brasil. As dificuldades práticas da sua implementação em continentes tão distantes eram no entanto notórias, a moralidade de ambas no mínimo duvidosa, e a maioria do povo português continuava a empobrecer. Por isso houve também quem propusesse o que hoje se chamaria uma terceira via, que foi logo desprezivelmente caracterizada como uma política de "pão e vaca". Essa política, que visava à ocupação e exploração de terras adequadas à agricultura e à pecuária, é mencionada, em termos negativos, por Diogo do Couto, na obra *O soldado prático*. Mas, se entendo correctamente, é aquela que, em implícita discordância com esse seu amigo e companheiro no

4 Antero de Quental, *Causas da decadência dos povos peninsulares*, Lisboa: Ulmeiro, 1970.

Oriente, Camões incita D. Sebastião a implementar "rompendo (...) os muros de Marrocos" (X, 156, 3-4). Talvez com exagerado optimismo, considerava-se que esse lado dos Algarves seria o celeiro que alimentaria quem o controlasse. A ocupação das terras adjacentes do Norte de África – desde os tempos da Reconquista Cristã entendidas como uma extensão dos Algarves ibéricos – permitiria expandir as fronteiras da nação rural, com um benefício económico mais tangível para a maioria da população portuguesa do que a política imperial em terras distantes. O novo projecto épico defendido por Camões seria, assim, um necessário complemento da ideia de império celebrada n'*Os Lusíadas*, um modo de superar a crise em que o país se encontrava.

A História – a compreensão retrospectiva do que aconteceu – tende a reflectir o que veio a acontecer e não necessariamente o que estava a acontecer ou, menos ainda, o que poderia ter acontecido. A exortação feita a D. Sebastião, nas últimas estrofes d'*Os Lusíadas*, para que rompa "os muros de Marrocos" situa-se no espaço ambíguo entre a expectativa e a realidade. A incursão militar liderada por D. Sebastião em 1578 levou ao desastre de Alcácer-Quibir e à anexação de Portugal à Espanha dois anos depois. Parece portanto difícil justificar a sensatez de tal acção. Nem, retrospectivamente, seria possível fazê-lo, excepto na medida em que o desastre militar de Alcácer-Quibir foi isso mesmo: um desastre militar. As suas consequências negativas talvez não reflictam tanto um erro de política quanto erros na sua implementação devido à incompetência suicida de um rei insensato. O melhor que se pode dizer de D. Sebastião – um jovem fanático, misógino e supõe-se que sexualmente impotente, ou seja, em tudo o oposto do que foi Camões – é que talvez tenha adoptado uma política correcta por razões erradas. Mas, ao fazê-lo, tornou erradas as razões correctas que pudesse ter havido.

Da perspectiva de Camões, a conquista e ocupação dos Algarves africanos seriam um complemento da política ultramarina – e um necessário correctivo das suas consequências negativas – mas não um seu substituto. A responsabilidade do jovem rei seria portanto dar continuidade ao império corrigindo os erros que enfraqueciam quer o reino quer o império. Camões não é um Velho do Restelo que recusa o império – embora os argumentos morais por ele usados sirvam os seus propósitos moralizadores – mas um "soldado prático" que defende o império. A verdade, no entanto, é que nunca nenhum império foi montado por razões de ordem moral, e o império português certamente também o não foi. A retórica da "guerra justa", tal como a retórica da "missão civilizadora" – ou, no nosso tempo, da "democratização" – pode ser um pretexto, mas nunca é uma causa. Seja como for, a ideia expressa pela personagem do Velho do Restelo de que teria sido melhor não ter havido império ficou integrada no poema em que Camões celebra e defende o império. A realidade de que Camões partiu foi que, para bem ou para mal, havia império. E assim, nas recorrentes, e crescentemente violentas intervenções pessoais que faz no poema, ele próprio corrobora e exemplifica a argumentação moralizadora do Velho do Restelo usando-a como um correctivo dos desmandos do império. Mas Camões também se serve de outra personagem para denunciar a perversão dos ideais morais que deveriam estar a ser implementados por uma legítima política imperial. Essa personagem é Baco.

No plano metafórico que o poeta sobrepõe à narrativa da viagem histórica de Gama, esse potente deus pagão é simultaneamente caracterizado como o pai ancestral dos portugueses, o antigo senhor da Índia que os portugueses demandavam e o mais acérrimo opositor do seu projecto imperial. Baco parece representar a perspectiva dos inimigos dos portugueses quando dá aviso às populações da terra africana de Moçambique contra as "gentes roubadoras" que eram "estes homens que passavam" e "que com pactos de paz sempre ancoravam". As acusações de Baco são qualificadas no poema como "falsidades" (I, 78). A verdade, no entanto, é que as incómodas palavras que lhe são atribuídas dificilmente poderiam ter sido entendidas como falsas pelos portugueses contemporâneos de Camões:

> E sabe mais (lhe diz) como entendido
> Tenho destes Cristãos sanguinolentos,
> Que quase todo o mar tem destruído
> Com roubos, com incêndios violentos;
> E trazem já de longe engano urdido
> Contra nós; e que todos seus intentos
> São pera nos matarem e roubarem,
> E mulheres e filhos cativarem. (I, 79)

As críticas do Velho do Restelo – e do próprio Camões – têm, assim, uma exemplificação concreta nas acusações de Baco sobre os métodos como esses "Cristãos sanguinolentos" se foram enriquecendo.

Baco é sem dúvida a personagem mais complexa d'*Os Lusíadas*. Jorge de Sena, no seu detalhado estudo *A estrutura de "Os Lusíadas"*, confrontou o problema básico levantado pela caracterização de Baco no poema como, simultaneamente, o antepassado mítico dos portugueses e o seu mais acérrimo opositor. E foi à essência da questão quando, articulando mitologia, antropologia e psicologia, considerou o "importante ponto", ao qual, como também diz, não havia sido dada suficiente atenção, da insistência de Camões em caracterizar Luso como filho de Baco. A passagem relevante perderia se fosse parafraseada:

> *Como se explica que, sendo os portugueses totèmicamente descendentes de Luso e, portanto, totèmicamente netos de Baco, este, por temer a sua fama oriental, persiga tão ferozmente os seus descendentes directos? Não é isto uma incongruente "liberdade poética"?*
>
> *De modo algum é uma incongruência ou uma desatenção de Camões, mas um facto mítico que se reveste do mais transcendente significado. Aliás, significado duplo, ainda que em direcções convergentes. Baco, segundo Camões, havia sido celebrado no Oriente pelas suas vitórias, em que miticamente ele foi confundido com Alexandre Magno. Mas a oposição de Baco tem fundamentos mais íntimos que apenas este receio de ver-se preterido, na fama lendária, pelos portugueses. Eles eram totèmicamente "seus" filhos, e como pai, cujo trono é ameaçado pelo sucessor, Baco procura impedir que os filhos se lhe substituam. Isto é da própria essência antropológica da sucessão do poder político, e tem fortes incidências psicanalíticas nas castrações mentais, a que muitos procedem, de seus filhos. Mas precisamente a castração nos dá a outra face do problema. (...) De modo que, não só pela Índia, mas também pelo parentesco, tinha Baco todas as razões míticas para opor-se à viagem de Vasco da Gama. A sua oposição estava, antropologicamente, na ordem natural das coisas.*[5]

A caracterização de Baco feita por Jorge de Sena vai longe no sentido de explicar o seu valor funcional n'*Os Lusíadas*. Mas, ao fazê-lo, aponta também para correlacionáveis perspectivas de leitura que, por sua vez, levantam questões ainda por analisar. Proponho-me considerar aqui algumas dessas questões.

5 Jorge de Sena, *A estrutura de "Os Lusíadas"*, Lisboa: Portugália, 1970, p 155-156, grifo no original.

Como procurei demonstrar em vários ensaios que publiquei desde 1980,[6] Camões articula n'*Os Lusíadas* duas tradições literárias de significação oposta: a épica e a pastoril. Da perspectiva pastoril, associada ao mito da Idade de Oiro, tudo o que constitui matéria da celebração épica – viagens e demandas, guerras e conquistas, riquezas e poder – é produto e sintoma da decadência que fez cair a humanidade na Idade de Ferro (a mesma Idade "de Ferro e de armas" – IV, 98, 8 – contra a qual se insurge o Velho do Restelo, em reiterada ênfase). Inversamente, a épica celebra essas mesmas viagens e demandas, guerras e conquistas, riquezas e poder que o pastoril condena. O grande paradoxo inerente a'*Os Lusíadas* é que celebra de uma perspectiva épica actos equivalentes aos que condena de uma perspectiva pastoril. E, não menos paradoxalmente, a aventura épica celebrada no poema vai ser recompensada num *locus amoenus* pastoril.

Ao transpor as contradições inerentes à situação histórica de Portugal no seu tempo para uma confrontação entre Vénus e Baco, Camões está a pôr em conflito duas divindades – meios-irmãos, ambos filhos de Júpiter – que na mitologia clássica não eram antagónicas mas, em muitos aspectos, complementares. No contexto do poema ambas representam propósitos frustrados, são metáforas daquilo que não aconteceu. Baco representa o desejo de que não tivesse havido império; Vénus representa o desejo de que o império que houve não fosse aquele em que se tinha tornado. A Ilha do Amor é a reconciliação do que não deveria ter acontecido com o que deveria ter sido. É portanto também um correctivo ideológico. A própria Ilha, recorde-se, é a transposição pastoril de uma expedição épica: a expedição de Cupido "Contra o mundo revelde, por que emende / Erros grandes que há dias nele estão, / Amando cousas que nos foram dadas / não pera ser amadas, mas usadas" (IX, 25, 5-8). A necessária emenda preparada por Cupido é, portanto, dos "erros grandes" cometidos no tempo presente da escrita do poema, e a transposta figuração pastoril da sua expedição na Ilha do Amor é uma representação metafórica de como corrigi-los.

6 Cf., entre outros, Helder Macedo, *The Purpose of Praise: Past and Future in 'The Lusiads' by Luís de Camões*, Inaugural Lecture in the Camoens Chair of Portuguese [1982], London: King's College, 1983; e "*The Lusiads*, Epic Celebration and Pastoral Regret", *Portuguese Studies*, n. 6, separate, London, 1990.

Baco é uma divindade inequivocamente pastoril. Dos Quatro Elementos, o seu é a terra. O seu benéfico governo dos homens estava associado à fertilidade da Natureza. Sendo caracterizado no poema como, simultaneamente, o pai ancestral dos portugueses e o senhor da Índia que os portugueses demandavam, quando se opõe à aventura imperial dos seus humanos descendentes está não só a lastimar que o seu antigo poderio lhe esteja a ser usurpado, mas também a deixar latente a ideia de que, tanto para a Índia quanto para Portugal, a troca do seu benéfico poder pelo bélico poder da ambição humana seria uma perda e não um ganho. Na verdade, a despeito da caracterização hostil de Baco, há uma história de significação oposta que é deixada implícita na narrativa celebratória de *Os Lusíadas*, uma contra-épica contada da perspectiva de Baco. Mas essa seria a história de que o decadente Baco saiu vencido pelos seus descendentes portugueses, tornando-o num deus deserdado, e Camões está a escrever o seu poema da perspectiva do tempo presente em que viveu. Acontece, no entanto, que, dessa perspectiva, a derrota de Baco não é completa, porque trouxe consigo consequências ainda por resolver. O declínio de Baco permanece como uma latência, tanto em termos da fundação da nação portuguesa quanto da continuidade do império português.

A identificação de Baco com o Oriente que, por si só, tivesse justificado a sua oposição aos rivais desígnios imperiais dos portugueses, é acrescentada pela outra circunstância fundamental – diria mesmo fundacional – de ele ser caracterizado, por via de Luso, como o antepassado mítico desses mesmos portugueses que estariam a usurpar, no tempo da História, o passado mítico do seu pai ancestral. "Padre Baco" lhe chama logo Camões na sua primeira aparição no poema (I,30,5). Esse vínculo de ancestralidade vai ser reiterado nas falas de Vasco da Gama e de Paulo da Gama sobre a História de Portugal e é de novo indicado, embora em termos negativos, na fala do próprio Baco, quando desce ao Templo de Neptuno com a intenção de "dar aos de Luso triste morte", e vingativamente rejeita esses arrogantes usurpadores do seu antigo poder como "a fraca geração que dum vassalo meu o nome toma" (VI, 26-30). Mas não menos significativo desse vículo ancestral é a divisa pastoril de Baco, o "verde tirso", que está patente no primeiro dos estandartes que Paulo da Gama mostra ao Catual para ilustrar o seu discurso sobre os portugueses ilustres (VII, 77, 78; VIII, 1-4). Há nesta passagem do poema um subtil deslocamento de perspectiva, pois embora Baco se tenha insurgido contra os seus descendentes, estes assumem com orgulho a ancestralidade de Baco, de quem portanto não se considerariam usurpadores mas continuadores e legítimos sucessores. Recordemos alguns dos versos atribuídos por Camões a Paulo da Gama:

> Este que vês, é Luso, donde a Fama
> O nosso Reino Lusitânia chama.
>
> Foi filho e companheiro do Tebano
> Que tão diversas partes conquistou;
> Parece vindo ter ao ninho Hispano
> Seguindo as armas, que contino usou. (...)
>
> O ramo que lhe vês, pera divisa,
> O verde tirso foi, de Baco usado,
> O qual à nossa idade amostra e avisa
> Que foi seu companheiro e filho amado. (VIII, 2-4)

Baco havia sido e continuará a ser caracterizado no poema em termos enfaticamente negativos: "fabricador de falsos enganos" (I, 73), "irado e quasi insano" (I, 77), "malévolo" (I, 97), "odioso" (IX, 39). Ter-se-ia portanto tornado nisso tudo. Mas o Baco invocado na fala de Paulo da Gama é, pelo contrário, um exemplo positivo, é o Baco anterior à decadência ao ser simultaneamente caracterizado em termos pastoris (pela referência ao emblemático "verde tirso", "o qual" – note-se – "à nossa idade amostra e avisa"), como um triunfante conquistador de "diversas partes" e um proficiente guerreiro (com as "armas que contino usou"). Seria portanto um modelo a ser seguido pelos descendentes de Luso, aos quais no entanto se opõe, mas porventura não apenas porque o seu antigo poder lhe estivesse a ser usurpado, mas também, e talvez mais fundamentalmente, porque os seus antigos valores estavam a ser traídos. E esses seriam os valores associados ao domínio da terra, mesmo se resultantes de guerras e de conquistas como, em implícito paralelismo, teriam sido as preconizadas pelo Velho do Restelo e pelo próprio Camões ao desejarem a ocupação das vizinhas terras do Norte de África.

Se o Elemento associado a Baco é a terra, o Elemento associado a Vénus – a nascida das ondas – é a água. Como protectora da viagem celebrada n'*Os lu-*

síadas deveria portanto representar uma perspectiva épica oposta à perspectiva pastoril personificada em Baco. De facto assim acontece, mas só até certo ponto. Porque do mesmo modo que o pastoril Baco é conquistador e guerreiro, assim também a caracterização de Vénus contém aspectos aparentemente contraditórios. Na verdade, embora tenha servido a Camões para estabelecer uma relação histórica – e, portanto, épica, bélica e imperial – entre Roma e Portugal por referenciação intertextual à *Eneida*, a Vénus camoniana não corresponde tanto à deusa pagã da épica virgiliana quanto à Vénus pastoril do epicurismo renascentista, cuja representação transposta nas Três Graças servia para significar as três vias capazes de levar a humanidade à verdadeira felicidade, combinando Poder, Sabedoria e Prazer, *vita activa*, *vita contemplativa* e *vita voluptuosa*. É a aliança de Vénus, n'*Os Lusíadas*, com a sabedoria de Júpiter e a força de Marte. Mas a Vénus camoniana também reconcilia em si as qualidades espirituais da Afrodite Urânia, que o cristianismo transferiu para a Virgem Maria, com a sexualidade da Afrodite Porne, que o cristianismo neutralizou. E de facto é a Vénus pastoril – a Vénus meia-irmã de Baco – que vai consagrar a imortalidade dos navegantes na alegoria da Idade de Ouro que é a Ilha do Amor.

Algo redutoramente, desde a leitura pioneira de Faria e Sousa para quem, de uma perspectiva teológica cristã, Baco corresponderia ao Diabo, as funções de Vénus e de Baco n'*Os Lusíadas* têm sido associadas, em maior ou menor grau, às duas fés religiosas que são postas em conflito na narrativa histórica da viagem, o cristianismo e o islamismo. Julgo, no entanto, que nem Vénus nem Baco podem ser identificados com qualquer dessas duas religiões porque ambos se servem das crenças humanas para os seus próprios propósitos, que são de ordem diferente. A associação de Vénus com a fé cristã n'*Os Lusíadas* é sempre circunstancial e, se ocorre, é explicitamente indicada no texto como um erro de percepção, como quando, num momento de suprema ironia autoral, Vasco da Gama agradece com preces cristãs à "Divina Guarda" a protecção que recebera da pagã "deusa guardadora". Correspondentemente, a aliança de Baco com os muçulmanos é, como hoje se diria, pragmática e oportunística.

Não há dúvida, no entanto, de que, nas circunstâncias históricas contemporâneas de Camões, o Islão era o inimigo político e o inimigo religioso dos portugueses. Os epítetos usados pelo poeta contra o "torpe ismaelita", aliás equivalentes aos que também usa contra Baco – "falso", "malicioso", "pérfido"

– nada têm de ambíguo. E não há dúvida também de que, em termos de intencionalidade autoral, mesmo quando critica os seus contemporâneos, Camões escreveu o seu poema de uma perspectiva assumidamente cristã. Mas a militância anti-islamita manifestada por Camões não deve ser transposta – como tem sido – para o que seria uma opostamente correspondente militância pró--islamita da sua personagem Baco. O propósito de Baco era impedir o sucesso do empreendimento imperial apoiado por Vénus, servindo-se para isso das alianças humanas ou divinas que pudesse conseguir. E aliás, no processo, igualmente profanou as duas religiões em conflito. Assim, do mesmo modo que, no canto II d'*Os Lusíadas*, personificara um sacerdote cristão para fazer uma cilada aos portugueses, assim também, no canto VII, irá intrigar um devoto muçulmano contra os portugueses quando, sacrilegamente, da perspectiva islamita, lhe aparece a fingir ser o próprio Maomede. E depois dessa última tentativa gorada de, simultaneamente, enganar o Mouro e travar o curso da História – ou seja, de impedir a chegada dos portugueses à Índia – Baco desaparece do poema, sem qualquer explicação.

Fernando Gil, numa desafiante e inovadora prospecção do poema num livro que escrevemos em colaboração, *Viagens do olhar*, analisa aquilo que designa como "o malogro dos *Lusíadas*" e, nesse contexto, o que caracteriza como "a resistência de Baco" à possibilidade de Camões o resolver enquanto personagem,[7] E, de facto, Baco é o grande problema que fica por resolver no poema. No entanto, da minha diferente embora, nalguns aspectos, convergente perspectiva de leitura, só teria havido malogro n'*Os Lusíadas* se Baco não tivesse resistido, se não fosse uma personagem deixada por resolver. Como eu o entendo, o Baco d'*Os Lusíadas* corresponde às incertezas de Camões sobre o futuro de Portugal. A decadência de Baco – a potente divindade fundadora transformada num corrupto, enfraquecido e malevolente manipulador de enganos – é um aviso para os contemporâneos portugueses de Camões.

Nem, por outro lado, me parece inteiramente correcto asseverar que Baco desaparece do poema. Ou, se desaparece, também Vénus desaparece. O que de facto acontece é que ambos vão ser transpostos para outra personagem mitológica, Tethys, que vai presidir à consagração dos heróis épicos na pastoril Ilha do

7 Fernando Gil e Helder Macedo, *Viagens do olhar: Retrospecção, visão e profecia no Renascimento português*, Porto: Campo das Letras, p 13-75.

Amor. A identificação de Tethys com a causa de Baco havia sido enfatizada no poema quando, tomando o seu partido, exigira obediência imediata às ordens de Neptuno para que os ventos destruíssem as naus dos portugueses (VI, 48). Mas é a mesma Tethys, a aliada de Baco, que, ferida pelas setas providenciais de Cupido com especial intensidade "porque mais que nenhuma lhe era esquiva" (IX, 48, 4), vai ser a representante de Vénus na Ilha do Amor. Fernando Gil lapidarmente constata que "a Ilha de Vénus é abertamente e exclusivamente *dionisíaca*: ou seja, *Vénus inimiga de Baco dá por prémio aos navegantes os valores de Baco*". Nisso sempre estivemos de acordo. Mas não quando considera que, por essa razão, a Ilha do Amor corresponderia ao triunfo de Vénus sobre um Baco que, mesmo se a contragosto, se houvesse tornado num "cúmplice dessa Vénus protectora de Gama como antes fora de Eneias (...)".[8] A minha diferente conclusão é que nem Baco nem Vénus são vencidos ou vencedores. Segundo entendo, ambas as divindades representam ideais traídos pela História: a fundação mítica de Portugal personificada no antigo poder de Baco e uma mitificada refundação de Portugal na Ilha de Vénus. A recuperação desses ideais teria sido o verdadeiro propósito da aventura épica guiada por Vénus não para a Índia encontrada mas para a dionisíaca Ilha do Amor ainda por encontrar.

Como procurei demonstrar noutro ensaio já antigo sobre *Os Lusíadas*,[9] Camões sobrepôs à narrativa da viagem factual de Gama à Índia uma viagem iniciática para o conhecimento que culmina na utopia da Ilha do Amor, onde todos os opostos podem ser reconciliados. Também já indiquei que há ainda outra viagem que se desenvolve de par com essas duas, e que essa é constituída pelo próprio poema.[10] Camões recorrentemente caracteriza a escrita d'*Os Lusíadas* como equivalente à viagem marítima que está a celebrar, um "novo atrevimento" (I, 18, 3) – ecoando a designação que atribui a Adamastor e a Baco da viagem de Gama – que o levou a encontrar-se em "alto mar" e com "vento tão contrário" que teme que seu "fraco batel se alague cedo" (VII, 78). Certamente não por acaso, essa explícita analogia é inserida no início da fala de Paulo da Gama, que o poeta brutalmente interrompe quando este ia expli-

8 Idem, itálicos de Fernando Gil.

9 Helder Macedo, *Camões e a viagem iniciática*, Lisboa: Moraes, 1980 (Edição revista e aumentada, Rio de Janeiro: Móbile, 2013; Lisboa: Abysmo, 2013).

10 Helder Macedo, "O braço e a mente: o poeta como herói n'*Os Lusíadas*", *Arquivos do Centro Cultural Português*, n. XVI, Paris: Fundação Calouste Gulbenkian, 1981.

car ao Catual a significação das ancestrais insígnias de Baco para, em dramático contraste com o passado celebrado, exemplificar na sua própria condição de incompreendido poeta e guerreiro ("nua mão sempre a espada e noutra a pena") os desmandos do poder na nação contemporânea cujo passado estava a celebrar (VII, 77-87). As acusações que aí faz aos portugueses do seu tempo vão ser reiteradas e amplificadas no final do poema quando acusa a pátria de estar metida "no gosto da cobiça e na rudeza / de hua austera, apagada e vil tristeza" (X, 145, 7-8). São críticas que poderiam ter sido feitas pelo Velho do Restelo, se é que não mesmo acusações que poderiam ter sido vociferadas por Baco. O poema irá terminar com uma última injunção a D. Sebastião em que, reiterando as palavras que atribuíra ao Velho do Restelo, Camões o incita a conquistar as terras vizinhas do Norte de África. Mas isso seriam coisas futuras, porque a viagem de Camões no mar incerto da poesia já tinha terminado. O seu poema de fundação havia sido afinal uma viagem através de dúvidas em relação ao passado, de inquietação em relação ao presente e de incerteza em relação ao futuro.

No seu admirável ensaio "Os excursos do poeta n'*Os Lusíadas*", Cleonice Berardinelli já havia dado algumas possíveis respostas às perplexidades aqui manifestadas quando diz que, na epopeia camoniana, "há pelo menos duas verdades possíveis". E conclui, como eu agora também vou concluir, com as palavras que reproduzo em grata homenagem a essa mestra camoniana de todos nós:

> *Serão, por isso,* Os Lusíadas *menos epopeia que a* Odisseia *ou a* Eneida*? Nem menos, nem mais.* Os Lusíadas *são a epopeia de novos tempos, tempos contraditórios. Alimentado de tais contradições, o poema adquire modernidade e se afirma como a única epopeia representativa do Renascimento Europeu.*[11]

11 Cleonice Berardinelli, "Os excursos do poeta n'*Os Lusíadas*", in *Estudos camonianos*, nova edição revista e ampliada, Rio de Janeiro: Nova Fronteira, 2000, p 31-55.

Helena Carvalhão Buescu

Revolução e família: amor de perdição

Duas citações, mais do que epígrafes:

Déclaration des Droits de l'Homme et du Citoyen[1]

Art. 1er. Les hommes naissent et demeurent libres et égaux en droits. Les distinctions sociales ne peuvent être fondées que sur l'utilité commune.

Art. 2. Le but de toute association politique est la conservation des droits naturels et imprescriptibles de l'Homme. Ces droits sont la liberté, la propriété, la sûreté, et la résistance à l'oppression.

Art. 3. Le principe de la Souveraineté réside essentiellement dans la Nation. Nul corps, nul individu ne peut exercer d'autorité qui n'en émane expressément.

Não sofras com paciência; luta com heroísmo. A submissão é uma ignomínia, quando o poder paternal é uma afronta.
— Camilo Castelo Branco, Amor de perdição[2] (1862)

AMOR DE PERDIÇÃO (AP) (COMO VIAGENS NA MINHA terra, de Almeida Garrett) é um romance – embora ambos o sejam por razões diferentes. Interessando aqui *AP*, a tese (comum) de que seria uma novela só faria (pouco) sentido se o leitor se concentrasse apenas na intriga a que convencionalmente *AP* é reduzido: uma história que se esgota no seu teor e crescendo melodramático, e num conceito também ele redutor (se nos lembrarmos das discussões sobre o conceito filosófico de paixão, que recrudescem nos séculos XVII e XVIII e levam por

Helena Carvalhão Buescu é professora catedrática do Centro de Estudos Comparatistas da Faculdade de Letras da Universidade de Lisboa.

1 Disponível em <www.legifrance.gouv.fr>. Acesso em 13 ago. 2015.

2 Camilo Castelo Branco, *Amor de perdição*, edição genética e crítica de Ivo Castro, Lisboa: INCM, 2007, carta de Simão a Teresa, cap. VIII, p. 275.

exemplo Descartes, o homem da razão, a escrever também um *Traité des passions*) de paixão como paixão amorosa. É certo que há paixões amorosas, e este romance também delas trata. O problema é que elas não são as únicas, longe disso.[3] Muitos críticos vêm hoje insistindo neste alargamento hermenêutico do romance: Abel Barros Baptista na "revisão" que propõe de *AP*, mas também Paulo Motta Oliveira ou Flávia Corradin –[4] como veremos seguindo pistas que Cleonice Berardinelli deixou em alguns dos seus textos críticos.

A questão é tão simplesmente esta: *AP*, contendo embora uma pequena (se bem que intensa) história de uma paixão amorosa, não se resume a ela. É a quantidade de fios narrativos incongruentes e por vezes contraditórios (e ainda mais intensas histórias de paixões de poder, ódio, vingança, misantropia e opressão) que Camilo sabiamente faz convergir para o triângulo Simão-Teresa-Mariana que me leva a considerar que ler esta obra de acordo com o género romanesco lhe faz mais justiça, pela riqueza, pelas contradições (às vezes irresolúveis), pela sobreposição de planos de entre os quais se destaca aquilo a que podemos chamar, de acordo com as duas citações com que comecei, a Revolução. Existe algo de mais passional do que a paixão revolucionária?

A Revolução Francesa teve início em 1789 (e do mesmo ano é a sua *Déclaration*, que acima citei). A primeira edição de *AP* é de 1862. Mas a história que o romance narra é a história da transição do Antigo para o Novo Regime, tal como vista a partir de uma pequena perspectiva de uma família portuguesa – na verdade, três famílias portuguesas de província, tradicionais, que se vêem confrontadas com poderosos ventos de mudança. Na verdade, a história familiar nela nuclearmente contada (embora haja remissões para factos anteriores, todos eles significativos) começa em 1779, dez anos antes da Revolução Francesa, ano em que casam os pais de Simão, Domingos Botelho e d. Rita Preciosa. E cinco anos antes da Revolução, em 1784, nasce Simão, o segundo filho do casal e protagonista do romance.

3 Cf. Helena Buescu, "O trágico mas o cómico: o exemplo de *Le Bourgeois - Gentilhomme*", *Revista da Faculdade de Letras*, n. 9, 5ª série, 1988, p. 29-32.

4 Cf. as lúcidas observações de Flávia Corradin em "Camilo Castelo Branco revisitado pela moderna dramaturgia portuguesa", in Paulo Motta Oliveira (org.), *Figurações dos oitocentos*, São Paulo: Ateliê Editorial, 2008, p. 71-93: "A obra camiliana está marcada, muito mais do que pela historinha, às vezes melodramática que as enreda, pelo menos se pensarmos nas novelas passionais ou nos (melo)dramas burgueses, por uma visão do mundo a revelar o Oitocentos português." (p. 91)

A história vem pois das raízes do Antigo Regime, antedatando 1789. Mas todo o resto vem depois: em 1801, Domingos Botelho é corregedor em Viseu, e começa a paixão de ódio e vingança, insuperável; o seu primeiro filho, Manuel, tem 22 anos (as datas nunca são certas em Camilo, mas isso que importa?), enquanto Simão tem quinze, e estuda humanidades em Coimbra. Eis como o irmão o descreve:

O filho mais velho escreveu a seu pai queixando-se de não poder viver com seu irmão, temeroso do génio sanguinário dele. Conta que a cada passo se vê ameaçado na vida, porque Simão emprega em pistolas o dinheiro dos livros, convive com os mais famosos perturbadores da academia, e corre de noite as ruas insultando os habitantes e provocando-os à luta com assuadas. (...) Os quinze anos de Simão têm aparências de vinte. É forte de compleição; belo homem com as feições de sua mãe, e a corpulência dela; mas de todo avesso em génio. Na plebe de Viseu é que ele escolhe amigos e companheiros. Se D. Rita lhe censura a indigna eleição que faz, Simão zomba das genealogias, e mormente do general Caldeirão que morreu frito. Isto bastou para granjear a malquerença de sua mãe. O corregedor via as coisas pelos olhos de sua mulher, e tomou parte no desgosto dela, e na aversão ao filho.[5]

Resumindo: a Revolução chegou bem cedo a Portugal, e em 1801 já ela se fazia pressentir em Coimbra e Viseu, pela mão de Simão (e outros como ele). "Zombar das genealogias" é compreender que houve um mundo que acabou em 1789. Visto desta perspectiva, *AP* é um romance (não uma novela) sobre o modo como a Revolução Francesa se introduz em Portugal e inevitavelmente o altera, através do núcleo político que a família é e daquilo que desde logo toma a forma de uma guerra civil (que virá efectivamente a acontecer de forma alargada, duas décadas mais tarde, mas tem as suas raízes no período em que esta história se desenrola, como veremos).

Como atrás referi, Cleonice Berardinelli[6] interrogou-se, a propósito de outro romance de Camilo, sobre a validade da afirmação de que este autor teria escrito apenas novelas, para dela se distanciar a propósito de *Anátema*. Pode-

5 Camilo Castelo Branco, op. cit., p. 161.

6 Cleonice Berardinelli, "Anátema: um romance onde se 'prova que o autor não tem jeito para escrever romances'", in *Camilo Castelo Branco. International Colloquium*, Santa Barbara: University of California Press, [1991] 1995, p. 232-240.

mos dizer o mesmo de *AP*? Talvez sim e talvez não (como gostaria de responder o próprio Camilo). Como vimos, talvez sim se considerarmos o estrito plano que nos é apresentado à boca-de-cena – a história amorosa passional, restrita, de desenlace único e melodramático (a morte em espectáculo) para todas as personagens principais. Parece ainda ser uma novela porque o único tempo que nos é aparentemente contado é o que rapidamente turbilha até ao desenlace; e ainda porque, embora o espaço mude (Lamego, Viseu, Coimbra, Porto, Lisboa, casas, conventos e prisões, para mencionar apenas alguns desses lugares), nenhum parece ter suficiente solidez *per se*.

E no entanto.

No entanto, se lermos *AP* a partir de um ângulo mais alargado, que não prescinda da intriga de paixão amorosa mas a ela não se restrinja, como faz Cleonice Berardinelli para *Anátema*, é defensável dizer que *AP* é também um romance. Trata-se de uma intriga de família, sabendo-se que esta é uma das mais condensadas células sociais, simbólicas e, sempre, políticas: um microcosmos em que todo o mundo surge reflectido. Desenrola-se num espaço com pontos apenas designados, um espaço em que é a própria abstracção alegórica que de alguma forma nos permite nele ler uma sinédoque (e alegoria) do Estado-Nação chamado Portugal, na transição para as convulsões da contemporaneidade. Põe em acção um tempo sacudido e cavalgante que deixa ver, da perspectiva mais lata, não apenas o que aconteceu, no início do século XIX, ao tio de Camilo, envolvido numa teia de amores, desamores e vinganças; mas também (e sobretudo) o que está efectivamente a acontecer em Portugal, no período cheio de turbulências sociais que é aquele em que a intriga tem lugar. A *AP* se poderia aplicar a irónica auto-designação que Camilo aplica a *Anátema*, recordada por Cleonice Berardinelli.[7] Trata-se, diz Camilo, de "uma espécie de caranguejo literário" que, para contar o presente, vai também ele às arrecuas até meados do século anterior, momento em que verdadeiramente "arranca" o presente da história (e passado de Camilo, não esqueçamos, por que é isso também que está em jogo).

Não só *AP* é um romance, pois. Mas, como veremos, ele pertence já a um género sedimentado por alturas de 1862, quando é escrito, o romance histórico. Não à maneira tradicional do grande Herculano e todos os que se lhe seguiram

7 Ibid., p. 234.

(mesmo Garrett, embora com diversões). Mas um romance histórico que se propõe já como uma "revisão" e transformação daquilo que esse género oitocentista modelar tinha sido.

Começo por isso por esta última designação: um romance histórico encastoa uma intriga pessoal no seio de uma acção historicamente reconhecível. Aparentemente, nada disto acontece em *AP*. Nenhuma das personagens tem algum tipo de papel directo e protagonista nas lutas e turbulências históricas do seu tempo – e vale lembrar que elas foram muitas. No entanto, e como vimos, o romance começa (se tivermos em conta a data do casamento dos pais de Simão, mas há datas anteriores), em 1779. Já apontámos a razão por que isto é significativo: trata-se de assinalar que na verdade o romance começa ANTES da grande comoção ocidental que foi a Revolução Francesa e a consequente queda do Antigo Regime. Não são apenas duas gerações que se afrontam, em duas famílias. Mas duas gerações que, em duas famílias, as do Botelho e as do Albuquerque, representam dois tempos historicamente opostos e incompatíveis. Mas também duas gerações que, no caso da família popular, João da Cruz e Mariana, encontram o único lugar possível de compatibilidade. Se há paixão amorosa não contaminada pelo poder e pela política, é a de Mariana. Nos casos de Simão e Teresa, a paixão pode ser, como é, amorosa, mas é também uma paixão política e de autoridade e opressão, no sentido estrito e lato da palavra. O tempo histórico de Simão, Teresa e Mariana é já o período pós-revolucionário, em que tudo muda, e em que sobretudo mudam as relações de poder que governam todas as relações sociais, bem como todas as relações interpessoais. Apenas em João da Cruz e Mariana encontramos, em lugar da opressão, a solidariedade e a compreensão que permitem uma solidez familiar que em mais lado nenhum encontramos no romance.

O que vem *depois* do Antigo Regime? É este o cerne histórico de *AP*. Ora, a consciência do que "vem depois" é, como lembrou várias vezes Manuel Gusmão, uma das formas mais densas do devir histórico. A revolução política não é apenas um dado exterior à acção: esta não poderia ter acontecido, como vimos, sem aquela. A ida da fidalga, aia do paço, para Viseu é um vislumbre do que se passava em Portugal *antes* da Revolução Francesa: uma sociedade oligárquica e de poder absoluto, em que a aristocracia (ou os que assim se queriam afirmar, como no caso) se comportavam com arrogância de classe, manifestando o seu poder de forma aberta, ostensiva e impune.

Se nos ficarmos por Portugal (mas nunca é possível), o que acontece pois durante o período em que decorre a intriga passional entre Simão, Teresa e Mariana, ou seja, entre 1801 (Simão em Coimbra e seu posterior "amansamento" de regresso a casa), 1804 (Simão é preso aos dezoito anos na Relação do Porto) e 1807 (parte para o degredo a Índia, aonde evidentemente nunca chega)? Várias coisas, e cada uma delas coincide, singularmente, com cada uma das datas referidas: em 1801 têm início, através da chamada Guerra das Laranjas, as Guerras Peninsulares, em que a França tenta, através de Espanha, efectivamente bloquear os portos portugueses aos britânicos; em 1804 Napoleão torna-se imperador (embora no ano seguinte perca a importante batalha de Trafalgar); e em 1807 dá-se a primeira invasão francesa a Portugal, que determina, nesse mesmo ano, a fuga do rei D. João VI, a sua família e a sua corte para o Brasil. 1807 representa assim o fim de uma história, o fim de duas histórias: a do Portugal anterior à Revolução e a Napoleão; e a que entrelaçou, por um breve período (mas todas as revoluções são breves) as vidas de Simão, Teresa e Mariana. O que se passa a seguir definirá a primeira metade do século XIX português como um enorme período de guerra civil. Mas essa guerra civil histórica é por assim dizer contada, de forma simbólica, por tudo quanto acontece em *AP*, até pelas datas que para seu início e fim foram escolhidas.

Aparentemente, nada disto surge explícito no drama passional a que assistimos. A minha tese é que tudo isto é glosado e até mesmo alegorizado na trama romanesca, que contém os germes das terríveis consequências que vêm de França; da manifestação de um vazio de poder que atinge não apenas o centro político do país, mas todas as células sociais que compõem a coisa pública; e das raízes de uma verdadeira guerra civil que, alguns anos mais tarde, atirará com violência portugueses contra portugueses, famílias contra famílias, gerações contra gerações.

O que quer dizer a simples, tão simples frase com que Teresa responde ao pai, quando ele lhe anuncia que aquele será o dia do seu casamento? Que querem dizer "É escusada a violência, porque eu não caso!...",[8] ou "Decerto não caso; morro, e morro contente, mas não caso",[9] quando com tanta simplicidade responde ao pai com uma vontade férrea, sinal de que, para utilizar os

8 Camilo Castelo Branco, op. cit., p. 195.

9 Ibid., p. 249.

termos do art. 2 da *Déclaration*, sabe que lhe é legítimo "resistir à opressão"? Nenhum argumento é tentado, porque não é já questão argumentável. Tornou-se "apenas" legítima.

Embora adquira neste romance proporções de grande alcance, tal não é novidade na obra de Camilo. Grandes leitores da sua obra, como Cleonice Berardinelli, referiram já o modo como o alargamento do espaço em romances como *Anátema* "passa (...) do *físico* ao *social*".[10] A obra romanesca, novelística e contista de Camilo Castelo Branco é, na verdade, um grande fresco social do Portugal que entra, cheio de paradoxos e contradições, na época contemporânea, assistindo ainda ao desaparecimento, transformação ou mesmo paródia de alguns dos procedimentos e características definidores do Antigo Regime. As diversas formas de violência, vingança, abuso de poder, humilhação, insulto social e pessoal de que a obra camiliana se faz eco representam, assim, tantos outros modos de compor o fresco político-social que só faz sentido porque é nele que as pessoas figuradas se movem, vivem, lutam, amam e morrem.

Por outro lado, as constantes e explícitas intervenções do autor-Camilo em *AP*, desde o subtítulo ("Memórias duma família" – com certeza a dele, Camilo), os prefácios (das segunda e quinta edições) e a introdução da primeira edição até à efabulação propriamente dita, mais não fazem do que repetir aquilo que muitos leitores camilianos, de Jacinto do Prado Coelho a Maria de Lourdes Ferraz ou Abel Barros Baptista, de Cleonice Berardinelli a Sérgio Nazar ou Paulo Motta Oliveira, têm detectado como decisivo na produção camiliana. Do ponto de vista que aqui me interessa, isto pode ser descrito da seguinte forma: a existência de um autor "intrometido", que constantemente edita, ironiza, comenta a intriga e o que nela se passa, constrói dentro do texto *uma posição de leitura* que, pelo seu afastamento temporal, marca a distância histórica entre quem conta e aquilo que é contado. Ora, tal posição é essencial para o romance histórico: trata-se não apenas de contar uma história, mas de a contar a partir de um preciso ponto histórico, textualmente marcado pela presença de um autor que a si mesmo se inclui dentro do contado (eu, Camilo, prisioneiro e fatal sobrinho de Simão...). Esta imersão do sujeito de observação é, sabemo-lo, tipicamente moderna: já não existe o "ponto de vista de Deus",

10 Cleonice Berardinelli, op. cit., p. 235.

exterior ao mundo. Pelo contrário, a ironia romântica, tão bem desenvolvida por Ferraz,[11] marca dentro do texto as cesuras e continuidades do processo histórico, através das costuras abertas explicitadas pela existência de um autor que, longe de se esconder, se mostra. O que temos, a este respeito, em *AP*? Temos que não se trata *apenas* de uma história sobre a passagem turbulenta do final do século XVIII para o século XIX. Porque se trata *também* do sentido que esta passagem faz, da forma como é vista, no momento (1861, quando é escrito na Cadeia da Relação do Porto, 1862, quando é publicado) em que o romance é autorado por alguém que a si mesmo se inscreve com o nome de Camilo Castelo Branco.

Ora, o sentido social que essa narrativa faz é também este: Domingos Botelho é, para todos os efeitos, um fidalgo de linhagem, proprietário de um dos mais antigos solares de Vila Real de Trás-os-Montes. O seu casamento com d. Rita Preciosa, em 1779, filha de um capitão de cavalos e neta de outro, socialmente alçada (assim o acha ela) por ser aia do paço, pode considerar-se como parodicamente típico das alianças de interesses que o século XVIII vê multiplicar-se entre o que se convencionou chamar "noblesse de robe" e "noblesse de sang". Curiosamente, esta última, embora seja a mais antiga, é já em *AP* pejorativamente designada como "brocas", uma alcunha pouco dignificante. E aquela é, também já de forma paradoxal, a que sustenta a arrogância dos novos senhores da ascensão social – veja-se a chegada de d. Rita Preciosa a Vila Real e as arrogantes críticas que faz ao histórico solar do marido. No entanto, nada disto perdurará, diz Camilo. Quer os que estavam em decadência quer os que se julgavam em ascendência serão dentro em pouco varridos da cena social (onde, na óptica de Garrett, que sobre tudo isto segura e profundamente pensou, em breve restariam dois grandes grupos, os barões e os deputados, ou seja, os administrativos da "democracia"). Outros tempos, outros senhores.

Na verdade, a "heterodoxia" que Cleonice Berardinelli[12] reconhece em Camilo e Garrett provém do facto de que eles *não podem ser lidos fora* do grande cenário social que agitou o país na primeira metade social do sé-

11 Maria de Lourdes A. Ferraz, *A ironia romântica. Estudo de um processo comunicativo*, Lisboa: INCM, 1987.

12 Cleonice Berardinelli, "Garrett e Camilo. Românticos heterodoxos?", *Convergência*, n. 1, 1976, p. 63-78.

culo XIX. É essa a razão do distanciamento entre sujeito e enunciação que Berardinelli apontava como o grande factor da heterodoxia garrettiana e camiliana;[13] especificamente sobre Camilo e *AP*, fala a mesma ensaísta da ruptura romanesca que, entre outras, caracteriza esta obra camiliana:[14] a "perfeita adesão do narrador ao narrado [é], na novela de Camilo (...), por vezes rompida".[15] E acrescenta estas luminosas palavras, que me abriram, entre outras, as portas que aqui pretendi explorar: "o desvio do código romântico em Camilo é quase sempre justificado pelo respeito à verdade, que o autor diz cultivar como uma religião: entre o que o leitor espera e o que o mundo transmite (...) abre-se uma brecha onde se instaura o questionamento do instituído".[16] É em nome dessa verdade pessoal, passional, política e social[17] que ambos os autores criam as suas obras primas, entre as quais *Viagens na minha terra* e *Amor de perdição*.

Tal acontece aliás não apenas a eles – e é essa uma das razões pelas quais o Romantismo português tem sido tão mal lido: dever-se-ia sublinhar o caso particularíssimo de Júlio Dinis, cuja vulgata hermenêutica o condenou a ser a versão "amável" da passionalidade camiliana, em que poucos se apercebem da densa (e violenta) crónica social em que as suas favoráveis histórias amorosas se movem, como num palco, numa totalmente diferente tradição literária, a anglo-saxónica, que a predominância da tradição romanesca francesa, em Portugal, impediu que fosse reconhecida e lida. É claro que temos Carlos e Joaninha; é claro que temos Simão, Teresa e Mariana. Mas nem o romance de Garrett seria possível sem o exílio, as lutas entre liberais e absolutistas, a guerra civil, tão longa, e a brutal ascensão administrativa da burguesia ao baronato e ao poder social; nem o de Camilo seria possível sem que a grande ruptura da Revolução Francesa, das invasões francesas e das mudanças estruturais do novo regime (que se prolonga no nosso, aliás) tivesse ocorrido. Nunca antes nenhuma menina de quinze anos diria ou poderia dizer ao pai, com toda a simplicidade: "Não caso".

13 Ibid., p. 66-67.

14 Ibid., p. 72.

15 Ibid., p. 75.

16 Idem.

17 Cf. Helena Buescu, "O cívico, o romântico e o afectivo", in *Grande angular. Comparatismo e práticas de comparação*, Lisboa: Fundação Calouste Gulbenkian, 2001, p. 105-130.

Também, acrescente-se, nenhuma jovem como Mariana poderia assumir a posição de dona do seu próprio destino, amoroso, pessoal e social. Uma jovem que não "devia" ter quaisquer pensamentos de amor acima da sua classe, e no entanto tem. Mas que não se limita a isso. Ao assumi-los, até perante o próprio pai, João da Cruz, este uma das personagens mais densas de todo o romance, Mariana anuncia um novo momento histórico, em que o cruzamento entre as classes sociais de alguma forma faz pressentir procedimentos democráticos, com todas as suas consequências, por vezes contraditórias. Tortuosas, talvez mesmo. Mas não foi Tocqueville quem pristinamente viu que a "democracia na América", ao implicar a rasura das tradicionais divisões de classe, faria erguer dois outros pilares de igualdade e desigualdade social, chamados competitividade e dinheiro? Mariana é a amante impossível de 1804. Mas muitas outras Marianas reivindicarão, no futuro (literário e social), o inalienável direito à expressão daquilo que forem. Até, por exemplo, em Portugal, virem a tomar o nome das "três Marias".

Ida Alves

Encontro de poesia e de leitores: Manuel Bandeira, Ruy Belo e Cleonice Berardinelli

Em 1989, o professor Maximiano de Carvalho e Silva, da Universidade Federal Fluminense / Sociedade Sousa da Silveira, organizou a obra *Homenagem a Manuel Bandeira* (1986-1988) – Coletânea de poemas, depoimentos e estudos especiais, comemorativa do centenário do poeta (Recife, 19/4/1886) e dos vintes anos do seu falecimento (Rio de Janeiro, 18/10/1968) –, seguindo o modelo de edição anterior comemorativa dos cinquenta anos (1936) do poeta, edição que Manuel Bandeira recebera com muito reconhecimento e sobre a qual afirmou: "Quem quer que queira estudar a minha poesia e a da minha geração não pode dispensar a leitura desse livro."[1] A homenagem de 1989 reunia também inúmeros especialistas e amigos do poeta. Nas suas 595 páginas encontra-se um vasto panorama da obra de Bandeira e testemunhos diversos sobre o homem, o professor, o artista e o poeta. Tivesse visto essa segunda coletânea, certamente muito honrado e feliz teria ficado.

Entre os especialistas, nessa edição de 1989, está Cleonice Berardinelli, que conhecera Manuel Bandeira em 1942, quando jovem, na então Universidade do Brasil (hoje Universidade Federal do Rio de Janeiro), ao participar de uma representação do *Auto da alma*, de Gil Vicente, no papel de Anjo (e não só...). No dia seguinte à representação, conta-nos Cleonice em vídeo sobre Manuel Bandeira,[2] o escritor escreveu no jornal *Amanhã* uma pequena crônica elogiosa sobre a apresentação e se referia a ela como um lindo anjo. Começava

Ida Alves é professora de Literatura Portuguesa da Universidade Federal Fluminense (UFF).

1 Manuel Bandeira, *Poesia completa e prosa*, volume único, Rio de Janeiro: Nova Aguilar, [1958] 1986, p. 83.

2 Cleonice Berardinelli fala sobre Manuel Bandeira (vídeo). Paraty, 7ª Festa Literária Internacional de Paraty (Flip), 2009. Disponível em <https://www.youtube.com/watch?v=KlutFmMz_wM>. Acesso em 29 jan 2016.

aí uma amizade que iria até o final da vida de Bandeira. Além disso, o poeta tornou-se também professor de Literatura Hispano-Americana (1943), na referida universidade, onde Cleonice, professora de Literatura Portuguesa a partir de 1944, compartilhou com ele muitos momentos acadêmicos e muitas manifestações de amizade.

No texto "Presença de autores portugueses em Manuel Bandeira",[3] Cleonice celebra o amigo, o poeta e o leitor de muitos escritores portugueses. Em tom de conversa com o "Manuel", vai indicando como essas leituras portuguesas entram em diálogo com sua obra, quais são seus autores prediletos e como cada um dos citados vai, de alguma forma, ganhando um espaço em sua escrita. Cleonice percorre os escritos de Bandeira e destaca neles a presença de Almeida Garrett, Eça de Queirós, Antero de Quental, Cesário Verde, António Nobre, Eugénio de Castro, Teixeira de Pascoaes, José Régio, Fernando Pessoa, entre mais alguns nomes:

Ao longo de seus textos em prosa apontam a cada momento poetas, ficcionistas e pensadores de Portugal: dos cancioneiros ficou-lhe mais nítido um nome – D. Dinis; do século XVI, Gil Vicente, Bernardim Ribeiro, Sá de Miranda, João de Barros (...) e Camões que lhe acode à memória com frequência carinhosa (...) Do século XVII cita Vieira e Bernardes; (...) Do século XVIII, conta que seu pai o fez decorar a "Cantata de Dido", do Correia Garção, mas é Bocage que você admira, emparelhando-o aos maiores (...) No século XIX você se encontra entre amigos mais numerosos (...).[4]

São muitas as escolhas de leitura de Bandeira, provando como os poetas são, antes de tudo, leitores atentos de outros poetas para perseguirem lições de lirismo que se efetivam na prática e não apenas em teoria. Disso, aliás, muito fala Bandeira ao fazer uma espécie de memorial de sua formação, "Itinerário de Pasárgada", publicado em *Manuel Bandeira - Poesia completa e prosa*, de sua organização.[5] De forma muito detalhada, explica como se desenvolveram suas leituras e como, com cada escritor, apreendeu algo importante para o fazer

3 Cleonice Berardinelli, "Presença de autores portugueses em Manuel Bandeira", in Maximiano de Carvalho e Silva (org.). *Homenagem a Manuel Bandeira 1986-1988,* Niterói/Rio de Janeiro: Sociedade Sousa da Silveira/Presença, 1989, p. 123-129.

4 Ibid., p. 124-125.

5 Manuel Bandeira, op. cit.

poético, até pela negação. "Devo dizer que aprendi muito com os maus poetas. Neles, mais do que nos bons, se acusa o que devemos evitar."[6]

Cleonice diz da "flagrante preferência" de Bandeira por Antônio Nobre, "a mesma terrível tuberculose os leva, jovens e sós, a um mesmo Sanatório, na Suíça",[7] porém, mais do que a coincidência da doença e de seu sofrimento, mirando sempre a morte que se aproxima, Bandeira foi "excelente conhecedor da obra de Nobre", o qual o poeta brasileiro considerou ser "a última grande influência da poesia lusa no Brasil".[8] Em seu primeiro livro *A cinza das horas*, o poema inicial com o título de "Epígrafe", transcrito a seguir, já demarca sua poesia sob a dicção de Nobre, trazendo à memória do leitor o "Anto" e os poemas que abrem o livro *Só*, do poeta português.

Sou bem nascido, Menino,
Fui, como os demais, feliz.
Depois, veio o mau destino
E fez de mim o que quis.

Veio o mau gênio da vida,
Rompeu em meu coração,
Levou tudo de vencida,
Rugiu como um furacão,

Turbou, partiu, abateu,
Queimou sem razão nem dó -
Ah, que dor!
Magoado e só,
— Só! — meu coração ardeu:

Ardeu em gritos dementes
Na sua paixão sombria...
E dessas horas ardentes

6 Ibid., p. 42.
7 Cleonice Berardinelli, op. cit., p. 126.
8 Manuel Bandeira, op. cit., p. 602.

Ficou esta cinza fria.
— Esta pouca cinza fria...[9]

Bandeira, em ensaio sobre o autor de *Só*, como cita Cleonice, aponta a "frescura de sensações e de emoções, versatilidade surpreendente de ritmos, rica imaginação criadora de imagens, aquela funda comunhão com seres e coisas, certa mistura de inocência, capricho e fanfarronada, como nas crianças, a volúpia do sofrimento, a 'self-pity', o seu nacionalismo e religiosidade tão próximos do sentimento popular".[10] Em *A cinza das horas,* há ainda outro poema dedicado "A Antônio Nobre":

Tu que penaste tanto e em cujo canto
Há a ingenuidade santa do menino;
Que amaste os choupos, o dobrar do sino,
E cujo pranto faz correr o pranto:

Com que magoado olhar, magoado espanto
Revejo em teu destino o meu destino!
Essa dor de tossir bebendo o ar fino,
A esmorecer e desejando tanto...

Mas tu dormiste em paz como as crianças.
Sorriu a Glória às tuas esperanças
E beijou-te na boca... O lindo som!

Quem me dará o beijo que cobiço?
Foste conde aos vinte anos... Eu, nem isso...
Eu, não terei a Glória... nem fui bom.
— Petrópolis, *3-2-1916*[11]

De fato, Bandeira demonstra em versos como foi sensível à habilidade rítmica

9 Manuel Bandeira, op. cit., p. 119.

10 Cleonice Berardinelli, op. cit., p. 126.

11 Manuel Bandeira, op. cit., p. 121.

do poeta português, ao modo íntimo como entrou na alma do povo e sua sensibilidade emotiva, capaz de transfigurar, pela palavra poética, "a dor que deveras sente", ainda que mais tarde, em crônica de 1957, faça distinção entre o Nobre, criador do Anto, e o Nobre, escritor, que "preocupava-se com o que poderiam dizer de seus poemas".[12] Nos livros seguintes a *A cinza das horas*, Nobre já não será uma referência explícita, mas a poética de Bandeira demonstrará sempre, no espaço brasileiro, essa extraordinária sensibilidade às coisas mais simples aliada à densidade da reflexão sobre o sentido da existência, como, para citar só um exemplo, o poema "Consoada", publicado inicialmente em *Opus 10:*

> Quando a Indesejada das gentes chegar
> (Não sei se dura ou caroável),
> Talvez eu tenha medo.
> Talvez sorria, ou diga:
> —Alô, iniludível!
> O meu dia foi bom, pode a noite descer.
> (A noite com os seus sortilégios.)
> Encontrará lavrado o campo, a casa limpa,
> A mesa posta,
> Com cada coisa em seu lugar.[13]

Mas, voltando à leitora Cleonice, algo que a une a Bandeira, além da paixão da poesia, é o gosto musical[14] da palavra, sem o qual o texto poético não se ergue nem permanece. Bandeira, em vários de seus textos em prosa, toca nessa ques-

12 Ibid., p. 518.

13 Ibid., p. 307.

14 Em seu "Itinerário de Pasárgada", Bandeira diz: "Maior ainda foi em mim a influência da música. Não há nada no mundo de que goste mais do que de música. Sinto que na música é que conseguiria exprimir-me completamente. Tomar um tema e trabalhá-lo em variações ou, como na forma sonata, tomar dois temas e opô-los, fazê-los lutarem, embolarem, ferirem-se e estraçalharem-se e dar a vitória a um ou, ao contrário, apaziguá-los num entendimento de todo repouso... creio que não pode haver maior delícia em matéria de arte. Dir-me-ão que é possível realizar alguma coisa de semelhante na arte da palavra. Concordo, mas que dificuldade e só para obter um efeito que afinal não passa de arremedo." (Manuel Bandeira, op. cit., p. 50)

tão e demonstra em suas análises sobre vários outros poetas a força da música,[15] ou melhor, do ritmo, em poesia. Também Cleonice, senhora de clássicos como Gil Vicente e Camões, sempre em suas aulas fez seus ouvintes deliciados acompanharem a música que os bons poemas exalam. Hoje não faltam vídeos em que a nossa mestra, que comemorou, em agosto de 2016, seu centenário de vida, fala de seus poetas e os recita com todo o domínio de sua musicalidade. Artistas como Maria Bethânia[16] e Adriana Calcanhotto, amantes também de poetas portugueses como Fernando Pessoa e Mário de Sá-Carneiro, reconhecem na professora Cleonice Berardinelli, em apresentações conjuntas, que podemos seguir em DVDs e vídeos, uma voz que não perde o frescor e o domínio do verso.

Nesse encontro de poesia e afetos, trazemos à conversa outro poeta, também português. Muito provavelmente Bandeira não terá ouvido falar dele, ainda que esse poeta tenha começado a publicar em 1961.[17] Talvez não tenha mesmo lido nenhum verso de Ruy Belo, é dele que falamos, que tão cedo partiu, em 1978, dez anos depois de Bandeira, deixando não só um conjunto de obra poética incontornável na poesia portuguesa do século XX, como também um conjunto de textos de análise, de reflexão crítica ou mesmo de prosa analítica

15 Escreve Bandeira em seu "Itinerário de Pasárgada": "Mas voltando ao soneto de Camões: outra coisa que aprendi nele e em outros, e ainda na obra de Alberto de Oliveira, Bilac, Raimundo Correia e Vicente de Carvalho, poetas que, como os portugueses António Nobre, Cesário Verde e Eugênio de Castro, foram os que mais atentamente estudei nesses anos de formação, foi não desdenhar das chamadas rimas pobres. Rimas de particípios passados, por exemplo, como no transcrito soneto de Camões, onde "sossegado" rima com "repousado", "deitado" e "nomeado". São eles tão pertinentes ao assunto (Machado de Assis de uma feita comentara versos meus com meu pai, elogiando as rimas, que lhe pareciam 'bem ligadas ao assunto'), soam tão bem dentro da tonalidade geral do poema, que ninguém se lembra que são todos particípios passados. Aprendi que a boa rima é a que traz ao ouvido uma sensação de surpresa nascida não da raridade, senão de uma espécie de resolução musical, como neste verso das "Pombas": 'Raia, sanguínea e fresca, a madrugada'. Essa 'madrugada', onde está, é uma das rimas mais belas, mais generosas, mais euforizantes de toda a poesia de língua portuguesa." (Manuel Bandeira, op. cit., p. 45). O poema de Camões ao qual o poeta se refere é o soneto que começa pelo verso "O céu, a terra, o vento sossegado", citado em seu texto na página anterior, p. 44.

16 Ver entrevista com Cleonice Berardinelli e Maria Bethânia por ocasião do lançamento do DVD *(O vento lá fora)*, *O Estado de S. Paulo*. Disponível em <http://cultura.estadao.com.br/noticias/cinema,cleonice-berardinelli-e-maria-bethania-leem-pessoa-em-dvd,1601193>. Acesso em 25 jan 2016.

17 Somente a partir de 2013, a obra de Ruy Belo começou a ser editada no Brasil pela Editora 7Letras.

sobre vários colegas de ofício e sobre questões literárias e de linguagem poética, como podem ser lidos em *Na senda da poesia*, livro incluído no volume 3 da obra completa de Ruy Belo.[18] Se tivessem dialogado, certamente Bandeira o teria admirado, assim como Ruy Belo muito admirou o poeta brasileiro, cuja obra atravessou o Atlântico e era bem conhecido no Portugal de então.

Nesse conjunto de textos em prosa, Ruy Belo dedica dois textos a Bandeira, um dos quais é um estudo detalhado de sua poética. Trata-se de "Manuel Bandeira ou como um poeta se faz" e "Manuel Bandeira em verso e prosa".[19] Além da leitura atentíssima à escrita lírica do poeta brasileiro, Belo destaca algo que também lhe é muito caro: a força musical dos versos de Bandeira, aprendendo com ele ou com ele dialogando no exercício de sua própria poesia.

Ruy Belo, no primeiro artigo, valoriza o lugar ocupado por Bandeira no Modernismo brasileiro, chamando-o de "precursor" e também destaca o domínio do verso e dos recursos sonoros, como exemplifica na análise do poema "Os sapos", datado de 1918. Sobre isso, escreve Belo:

> *Não se julgue, porém, que na referida obra apenas nesse poema cristaliza a reação anti-parnasiana. Basta a leitura de títulos de poemas como "Hiato" e "Toante" para nos chamar a atenção, em virtude da referência a problemas técnicos da poesia. (...) Segundo os preceitos então em vigor, tinha de se reduzir à emissão de um único som as vogais final e inicial de duas palavras em contato. Ora Manuel Bandeira, industriado no convívio de Camões, transforma esse defeito num recurso e consegue um ritmo lento, sincopado que é de apreciar. Também a rima, tal como ao tempo se entendia, escravizava o verso e o poeta inovador reata desta vez a tradição medieval, pondo em prática a sua definição de que rima é simples "igualdade de som", pode reduzir-se à assonância, sem necessidade do apoio de consoantes.*[20]

Para Belo, Bandeira pratica realmente o lirismo libertário: "Todas as palavras sobretudo os barbarismos universais / Todas as construções sobretudo as sintaxes de excepção / Todos os ritmos sobretudo os inumeráveis." E citando

18 Joaquim Manuel Magalhães e Maria Jorge Vilar de Figueiredo (org. e notas), *Obra poética de Ruy Belo*, 3 vols, Lisboa: Presença, 1984.

19 Ibid., p. 187-190 e 191-202.

20 Ibid., p. 188.

esses versos, faz a síntese: "liberdade léxica, liberdade de construção sintáctica, liberdade métrica."[21] Ainda discutindo o conteúdo da poética de Bandeira, daquele que se considerou "poeta menor", Belo valoriza a fidelidade à vida que esse lirismo mantém e termina o artigo, afirmando: "E da vida não pode deixar de saber alguma coisa um poeta que acaba de fazer oitenta anos e que portanto nasceu antes de Fernando Pessoa, por exemplo."

No segundo artigo, o poeta e crítico português procura mergulhar mais fundo no lirismo de Bandeira e vai destacando as marcas de uma metapoética muito consciente de sua diferença em relação a outras mais declaradamente sociais. Autoproclamando-se "poeta lírico", Bandeira indica uma outra forma de fazer poesia, como diz Ruy Belo: [em que sentido entende esse lirismo] "e fá-lo indiscutivelmente melhor através da negação do que da afirmação."[22] O interessante, porém, não é seguir o Bandeira que Belo apresenta aos seus leitores portugueses, mas perceber que o que ele, Ruy Belo, destaca como o diferencial de Bandeira, será importante para a constituição de sua própria poética, homem que é de palavras: a simplicidade em poesia, economia de meios, o jogo entre construção e destruição do poema, a ternura presente em seus versos, "o recurso à enumeração e pela rigorosa passagem do singular ao universal",[23] o manejo firme da combinação das palavras para sustentar o poema. Em "Da espontaneidade em poesia", o poeta português afirma:

> *Poema simples não é o poema acessível, directo, chato, incapaz da menor invenção, mas sim o poema dotado da capacidade de surpreender num ápice, de provocar esse delicioso traumatismo que é a emoção estética. Se há uma poesia moderna é a poesia da surpresa, da aventura, do rigor. Porque não é lícita a aventura que não conduz ao rigor. E o rigor deve aglutinar, compendiar a aventura.*[24]

Sem dúvida, Ruy Belo é, no panorama rico da poesia portuguesa do século XX, um poeta que também maneja o verso em toda a sua potencialidade sonora e com consciência rigorosa de como se elabora o poema. A camada

21 Idem.
22 Ibid., p. 199.
23 Ibid., p. 201.
24 Ibid., p. 95.

fônica da escrita lírica é fortemente explorada ao longo de toda a obra beliana, constituindo-se mesmo, nessa camada, uma paisagem específica sobre a qual, em outro lugar, tratei a partir da imagem do mar.[25] Belo, como leitor de poesia, escolheu seus precursores nessa matéria, e eles são variados como Camões e Pessoa, como Bandeira e Jorge de Lima.

De Bandeira, porém, vem ainda mais para o poeta português: vem também a sensibilidade de explorar o que é comum, simples, mínimo, para atingir a densidade da emoção lírica, caminho que só os poetas fortes conseguem trilhar com segurança. Bandeira dizia-se poeta menor; Belo, poeta mesquinho. Os dois sabiam como o pequeno, o simples, o humilde são matéria também para o lirismo, e é desse mínimo que os poemas se erguem e atingem uma força poemática que ainda hoje, no século XXI, nos surpreende.

Outros temas que unem esses dois poetas são ainda a infância e a morte. Singular escolha: na infância residem as memórias da alegria e da capacidade de se surpreender com a novidade do mundo e da linguagem; mas a criança é também o prenúncio da morte, pois seu estado de inocência passará irremediavelmente, e o tempo somar-se-á como trágica experiência de finitude que nos acompanha até o momento final. Leia-se o poema de Ruy Belo: "Algumas proposições com crianças":

A criança está completamente imersa na infância
a criança não sabe que há-de fazer da infância
a criança coincide com a infância
a criança deixa-se invadir pela infância como pelo sono
deixa cair a cabeça e voga na infância
a criança mergulha na infância como no mar
a infância é o elemento da criança como a água
é o elemento próprio do peixe
a criança não sabe que pertence à terra
a sabedoria da criança é não saber que morre
a criança morre na adolescência

25 Ao leitor interessado, tomo a liberdade de indicar o estudo de minha autoria: Ida Alves, "Poesia e paisagem na escrita de Ruy Belo", in Manaíra Aires Athayde (org.), *Literatura explicativa ensaios sobre Ruy Belo*, Lisboa: Assírio & Alvim, 2015, p. 21-34.

Se foste criança diz-me a cor do teu país
Eu te digo que o meu era da cor do bibe
e tinha o tamanho de um pau de giz
Naquele tempo tudo acontecia pela primeira vez
Ainda hoje trago os cheiros no nariz
Senhor que a minha vida seja permitir a infância
embora nunca mais eu saiba como ela se diz.[26]

Bandeira, marcado pela proximidade da morte desde jovem, via em António Nobre, o jovem poeta oitocentista, um companheiro de finitude, ambos contempladores dessa experiência limite. Belo experimenta sempre a ideia de finitude e como disse num texto em prosa breve intitulado "Ao correr dos dias": "Mas, ao escrever, dou à terra, que para mim é tudo, um pouco do que é da terra. Nesse sentido, escrever é para mim morrer um pouco, antecipar o regresso definitivo à terra. Escrevo como vivo, como amo, destruindo-me. Suicido-me nas palavras."[27]. Talvez Bandeira o compreendesse bem, se o tivesse conhecido:

O último poema
Assim eu quereria o meu último poema
Que fosse terno dizendo as coisas mais simples e menos intencionais
Que fosse ardente como um soluço sem lágrimas
Que tivesse a beleza das flores quase sem perfume
A pureza da chama em que se consomem os diamantes mais límpidos
A paixão dos suicidas que se matam sem explicação.[28]

Bandeira e Belo são poetas distantes na matemática dos anos de vida, mas muito próximos nessa observação constante do lírico, na consciência de que é com palavras que os poemas se fixam no tempo. O engenho e a agudeza de ambos estão sobretudo em se aproximarem do mais simples e daí exercerem uma interpretação densa da existência e do mundo. Belo dizia que é necessária uma educação da poesia e assim também agiu, como Bandeira, na prática

26 Ruy Belo, *Homem de palavra[s]*, 5ª ed, Lisboa: Presença, 1997, p. 64.

27 Joaquim Manuel Magalhães e Maria Jorge Vilar de Figueiredo (org. e notas), op. cit., p. 290.

28 Manuel Bandeira, op. cit., p. 223.

de leitura de outros poetas, dando a seus próprios leitores lições de poesia ou, melhor, mostrando "o exercício da sabedoria da linguagem", como discute num belíssimo texto crítico intitulado "Um poeta explica-se".[29] Ambos liam como danados. Bandeira foi mesmo professor tanto no ensino médio, no Colégio Pedro II, como no ensino universitário, na ex-Universidade do Brasil, antiga Faculdade Nacional de Filosofia, no curso de Letras Neolatinas;[30] Belo foi Leitor em Madri, queria ser professor universitário em Portugal, mas não lhe deram condições para realizar seu desejo. Faleceu antes. Ambos foram educadores da palavra poética e trabalharam em suas vidas inteiras para que a poesia se tornasse uma palavra "comum", uma partilha de muitos.

Cleonice Berardinelli, "clara em sua geração", professora sábia e saborosa (qual aluno seu não saiu encantado de suas aulas, ao longo de tantas décadas?), bem soube ser amiga de Bandeira. E se os poetas portugueses pós-60 não foram leituras recorrentes em seus cursos (embora presentes em muitas das orientações que levou à defesa), é que já estava ela muito comprometida com seus Gil Vicente, Camões e Pessoa. Um trajeto admirável de estudos portugueses dos quais derivam todos os nossos caminhos, seus discípulos de literatura portuguesa. Sua maior lição? Ler com paixão e com generosidade, ler intimamente, continuadamente, entrando pelo mar de palavras que tais poetas nos oferecem para sempre, o nosso sempre, o nosso estar aqui no mundo, dando sentido às nossas emoções e à nossa compreensão de existência.

Salve Bandeira! Salve Belo! Salve Cleonice Berardinelli!

29 Joaquim Manuel Magalhães e Maria Jorge Vilar de Figueiredo (org. e notas), op. cit., p. 248.

30 Entre seus alunos, um cronista bem conhecido hoje: Zuenir Ventura, o qual foi igualmente aluno de Cleonice Berardinelli na Universidade do Brasil. Em crônica no jornal *O Globo*, não só Bandeira retorna como o professor que "uma tarde, (...) convidou um pequeno grupo de alunos para ir até o seu apartamento em frente à faculdade, na Avenida Presidente Antônio Carlos, próximo ao Aeroporto Santos Dumont, uma zona que então, lá pelos anos 50, era parcialmente residencial. A conversa foi inesquecível. Ele falou de tudo durante umas duas horas, inclusive que esse foi o poema que mais tempo lhe tomou para compor. Ou, melhor, para não compor: 'Não construí o poema; ele construiu-se em mim nos recessos do subconsciente, utilizando as reminiscências da infância', contou-nos o que escreveu depois". E o cronista de agora termina a crônica desconsolado: "A triste realidade é que não há mais Pasárgada no mundo de hoje. Ainda bem que o poeta está andando de bicicleta bem longe daqui." (Zuenir Ventura, "Pasárgada não há mais", *O Globo*, Rio de Janeiro, 2016, p.17).

Isabel Almeida

*Navegando por versos d'*Os Lusíadas*. Para uma leitura do final do canto VIII*[*]

Quem navega pel'*Os Lusíadas*, acha razões para se deter no final do canto VIII e para observar, associado ao estupendo excurso que o fecha (a intervenção do poeta acerca do "poder corruptor do ouro"),[1] um episódio do conflito entre o Catual e Vasco da Gama, na "terra de riquezas abundante" (VII, 1, 8).

Os cantos VII e VIII, em boa medida preenchidos pela *ecphrasis* através da qual se revisita a história portuguesa narrada já nos cantos III e IV, cedo despertaram admiração junto dos leitores mais antigos. Melhor: a longa descrição de imagens pintadas em bandeiras de seda (*i.e.*, a "muda poesia" explicada por Paulo da Gama ao Samorim) cativou os primeiros comentadores. O que parece não os ter entusiasmado foi o relato do comportamento de Vasco da Gama em Calecut (VIII, 93-96). Fala por si, a magreza dos escólios de Manuel Correia ou Pedro de Mariz (1613),[2] bem como a argumentação vacilante de

Isabel Almeida é professora do Departamento de Literaturas Românicas da Faculdade de Letras da Universidade de Lisboa.

* A primeira versão deste texto foi apresentada na Universidade Aberta, em 2013, no Colóquio *Escritos para sempre já ficais*, em homenagem à memória de Mafalda Férin Cunha. Se a professora Cleonice Berardinelli tivesse conhecido Mafalda Férin e tivesse autografado, para ela, um exemplar dos seus *Estudos camonianos*, escreveria decerto palavras como as que tenho a alegria de encontrar quando abro o meu livro: "À Isabel, retribuindo a simpatia com que me olha"...

1 Cleonice Berardinelli, "Os excursos do poeta n'*Os Lusíadas*", in *Estudos camonianos*, Nova edição revista e ampliada, Rio de Janeiro: Editora Nova Fronteira/Cátedra Padre António Vieira/ Instituto Camões, 2000, p. 39.

2 Pedro de Mariz foi o responsável pela edição de *Lusíadas (...) commentados*. Manuel Correia morrera já, e Mariz afirma que interferiu na obra, sem no entanto definir a fronteira entre o seu trabalho e o de Manuel Correia. Hoje é impossível esclarecer esta questão, pelo que se afigura prudente, ao evocar *Lusíadas (...) commentados*, admitir como autores ambos os intervenientes, Correia e Mariz. Ver Isabel Almeida, "Correia, Manuel", in Vítor Aguiar e Silva (coord.), *Dicionário de Luís de Camões*, Alfragide: Caminho, 2011, p. 294-298.

Manuel de Faria e Sousa quando, nas *Lusíadas* (...) *commentadas* (1639), se ocupou do mesmo lugar.

Repare-se: por norma, Faria e Sousa aclama Camões. A respeito das estrofes mencionadas, porém, admite uma quebra na "alteza de estilo"; considera que o poeta traz para a ribalta "motivos (...) poco sublimes" e lamenta vê-lo "baxar a particularidades de semejantes tratos, i contiendas, contra su misma costumbre, que es passar bolando por cosas mas abultadas". Daí que declare, com iniludível embaraço: "confiesso, que lo pudiera aver tratado con màs alteza, i prissa."[3]

Em que consiste, segundo Faria e Sousa, esse "baxar a particularidades", que turva o canto épico e ofusca a costumada "alteza de estilo"? No desenrolar de uma intriga mesquinha. Em síntese: o Catual de Calecut retém Vasco da Gama, que desembarcara para se encontrar com o Samorim; insiste para que mande "chegar a terra a armada" (VIII, 90); e, em face da recusa do Capitão,

Diz-lhe que mande vir toda a fazenda
Vendíbil que trazia, pera a terra,
Pera que, devagar, se troque e venda;
Que, quem não quer comércio, busca guerra.
Posto que os maus propósitos entenda
O Gama, que o danado peito encerra,
Consente, porque sabe por verdade
Que compra co a fazenda a liberdade.

Concertam-se que o Negro mande dar
Embarcações idóneas com que venha;
Que os seus batéis não quer aventurar
Onde lhos tome o imigo, ou lhos detenha.
Partem as almadias a buscar
Mercadoria Hispana que convenha;
Escreve a seu irmão que lhe mandasse
A fazenda com que se resgatasse.

3 Manuel de Faria e Sousa, *Lusíadas de Luís de Camões. Comentadas por* (...), Reprodução fac-similada da edição de 1639, vol. II, Lisboa, INCM, 1972, canto VIII, col. 522.

Vem a fazenda a terra, aonde logo
A agasalhou o infame Catual;
Co ela ficam Álvaro e Diogo,
Que a pudessem vender pelo que val.
Se mais que obrigação, que mando e rogo,
No peito vil o prémio pode igual,
Bem o mostra o Gentio a quem o entenda,
Pois o Gama soltou pela fazenda. (VIII, 92-94)

Não é único, n'*Os Lusíadas*, este "baxar a particularidades de semejantes tratos, i contiendas". Lembremos o destaque dado por Camões à desavença que ensombra o carácter de D. Afonso Henriques – o rei fundador – e o de sua mãe, explicitamente acusada de "peca[r]" por "incontinência má" e "cobiça feia" (III, 32). Manuel Correia ou Pedro de Mariz apressaram-se a reprovar:

Não pode deixar de me parecer mal, em cousa tão duvidosa trattar tãto de proposito, como aqui o Poeta tratta, & trattão outras historias da hõra de hũa senhora, trõco, & fonte dos Reys desta nossa terra. E pois o Poeta falla no principio desta materia como de cousa incerta, & muitos a tẽ por fabulosa. O milhor fora, ou dissimulalo de todo, ou falar por termos mais honestos.[4]

A ser fidedigna a versão do manuscrito de Pedro Coelho, Camões atenuou, no texto definitivo d'*Os Lusíadas*, traços disfóricos do retrato de d. Teresa.[5] Ainda assim, assumindo a fragilidade da informação aplicada ("Mas o velho rumor – não sei se errado,/ Que em tanta antiguidade não há certeza – / conta"...) (III, 29), incluiu na obra matéria escandalosa, o que merece nota. O rumo que o poeta imprime aos seus versos, as escolhas que realiza (dizer ou silenciar, ampliar ou reduzir, detalhar ou dissolver) significam tanto mais quanto exprimem maneiras de explorar possibilidades contidas no seu hori-

4 *Os Lusíadas do grande Luis de Camoens. Principe da poesia heroica. Commentados pelo Licenciado Manoel Correa* (...), Lisboa: Pedro Crasbeeck, 1613, fls. 81v-82.

5 No texto que Faria e Sousa disse ter encontrado no manuscrito de Pedro Coelho ("unas torpezas indezibles"), segue-se de perto a narrativa de Duarte Galvão, na *Crónica de D. Afonso Henriques*. Ver Manuel de Faria e Sousa, *Lusíadas de Luís de Camões. Comentadas por* (...), vol. I, canto III, col. 43; Valeria Tocco, *A lira destemperada. Sobre a tradição manuscrita de* Os Lusíadas, Bari: Adriatica Editrice, 2005.

zonte. No caso de um autor como Camões, para quem escrever uma epopeia implicaria emular uma tradição carregada de prestígio e lidar com múltiplas fontes sem a nenhuma precisar de obedecer (não ensinara Aristóteles que à poesia compete abarcar o universal?), há que ver quais os textos que mobiliza e o que com eles faz.

Todas as relações são relevantes – desde logo, aquelas que o poeta engendra ao urdir a própria obra. Um exercício comparativo que coloque, lado a lado, o final do canto VIII e o início do canto VII (eufórica celebração da chegada à Índia) causa o arrepio a que Camões raramente poupa o seu leitor. No início do canto VII brilha a confiança nos portugueses, a que o poeta, numa tirada exuberante, chama "poucos quanto fortes" (VII, 3); brilha o orgulho na recriminação de alemães, ingleses, franceses, italianos, loucos protagonistas de monstruosas lutas no seio da Cristandade; brilha o vigor espiritual da "pequena casa Lusitana", que ao Oriente "vem samear de Cristo a lei / E dar novo costume e novo Rei" (VII, 14,15). Pelo contrário, no fim do canto VIII, Camões faz sobressair o triunfo da corrupção, narrando actos sem heroísmo e denunciando a influência perversa do dinheiro.

À dinâmica intratextual, acresce a da intertextualidade. O começo do canto VII imita um fragmento do *romanzo* de Ariosto, *Orlando Furioso* (XVII, 73-79). "Imita" no sentido que a poética quinhentista (de acordo com matrizes greco-latinas) conferiu a este termo: no século XVI, imitar era assimilar, recriar, gerar, com base num modelo, nova obra, em que se conjugariam efeitos de eloquente semelhança e de criteriosa diferença. Por isso mais impressiona a audaz transformação produzida na entrada do canto VII: o que no *romanzo* é a censura aos "superbi e miseri cristiani"[6] (esquecidos da reconquista de Jerusalém mas entregues, entre si, à guerra e à cobiça), converte-se, n'*Os Lusíadas*, em parte de um encómio. Como se tudo pudesse mudar para melhor, Camões apropria-se dos versos ariostescos para encarecer Portugal e a sua capacidade de mudar o vasto mundo. Ao invés, a rematar o canto VIII, o poeta volta fielmente à lição dos clássicos (Virgílio, Plutarco, Ovídio) e vitupera a intemporal *auri sacra fames*. Então, do "infame Catual", em cujo "peito vil" manda o desejo de *ter*, desliza para uma crítica arrasadora (VIII, 96):

6 Ludovico Ariosto, *Orlando Furioso. A cura di Cesare Segre*, vol. I, Milano: Arnoldo Mondadori Editore, 1990, p. 391 (XVII, 73).

Veja agora o juízo curioso
Quanto no rico, assi como no pobre,
Pode o vil interesse e sede imiga
Do dinheiro, que a tudo nos obriga.

Como num fresco de Rafael, em que uma figura olha para fora do espaço pictórico, em busca de um "juízo curioso" que a contemple e com ela dialogue, o poeta dirige-se ao leitor e exige-lhe que se reveja no mundo representado: *nós* não temos como furtar-nos à interpelação, nem sequer o poeta se isenta do que peremptoriamente e sem apelo formula como uma lei absoluta. Aliás, estrofe após estrofe reitera-se que a tirania do ouro não conhece barreiras: afecta o mito e a história, o passado e o presente. Restará concluir que o catual corrupto pode ser o *nosso* espelho? A advertência é demasiado incisiva para ser involuntária e, sobretudo, demasiado brutal para não ser tida em conta.

Sem margem para dúvidas, condena-se a tirania do ouro. Mas o que pensar do episódio que dá azo a este discurso? O texto consente leituras díspares, conduzindo sempre à mesma evidência. Comprar "co a fazenda a liberdade" tanto vale como um gesto de prudente capitão como constitui um desvio da firmeza heróica que pouco antes o poeta elogia ao Gama ("Insiste o Malabar em tê-lo preso / Se não manda chegar a terra a armada; / Ele, constante e de ira nobre aceso, / Os ameaços seus não teme em nada.") (VIII, 90). Seja qual for o ângulo de apreciação, não há como fugir ao óbvio: comprar "co a fazenda a liberdade" é uma cedência à cobiça do Catual – e a cobiça é cotada, n'*Os Lusíadas*, como anti-valor. Onde fica o sonho de introduzir no Oriente "leis milhores" (II, 46)?

Camões frisa que neste negócio não há lugar para ilusões. Não as tem o Gama (um Gama agora lúcido e céptico, muito outro do que surge nos primeiros cantos do poema):

Posto que os maus propósitos entenda
O Gama, que o danado peito encerra,
Consente, porque sabe por verdade
Que compra co a fazenda a liberdade.

Não as deverá ter o leitor, desafiado a *entender* esta história como um exemplo. A corrupção tudo mina – tal é a perspectiva inculcada:

Se mais que obrigação, que mando e rogo,
No peito vil o prémio pode igual,
Bem o mostra o Gentio a quem o entenda,
Pois o Gama soltou pela fazenda.

Camões moldou a personagem do Capitão à luz das crónicas, fundamentais na *inventio* da epopeia. São as *Décadas da Ásia*, de João de Barros, muitas vezes, mais do que a *Crónica do felicíssimo rei D. Emanuel*, de Damião de Góis, ou o *Livro da conquista e descobrimento da Índia*, de Fernão Lopes de Castanheda, a "alma" d'*Os Lusíadas*. Ora, no que concerne o passo em questão, detecta-se um trabalho de *contaminatio*, *i.e.*, um cruzamento de várias fontes.

Barros, apostado em conseguir sobriedade, evitara o tema do sequestro, apesar de referir que, ao sair em terra, o Gama "viu que o retinham":

cõveo a Vasco da Gamma leixar em terra com algũa pouquidade disso que levavam pera compra de mantimentos a Diogo Diaz por feitor, Alvaro de Braga por escrivã, Fernam Martinz linguoa, e quatro homeẽs do seu serviço, até ver em que parava o despacho do Çamorij. Os ministros desta obra tãto q[ue] per ella ficarã seguros, cõsentiram q[ue] Vasco da Gama se embarcasse...[7]

Distinta da crónica de Barros, a narrativa de Góis registava o tempo durante o qual o Gama havia sido sujeito a pressões ("todo aquelle dia"):

aho outro, que eram dous de Iunho, assentaram ambos que se levassem a terra dessas cousas que trazia de Portugal has que lhe pareçesse que eram pera com ellas poder comprar speçiarias, e ho que fosse neçessario, & que ho deixaria ir perás naos, ho que Vasquo da Gama logo pos em obra, & tudo ho que lhe trouxerão entregou aho mesmo Catual, & assi Diogo diaz que ficava por feitor, & Alvaro de braga por scrivam.[8]

7 Ásia de João de Barros, (...) *Primeira Década*, fac-símile da edição de 1932, Lisboa: INCM, 1988, p. 156-157.

8 *Crónica do felicíssimo rei D. Manuel composta por Damião de Góis*, Nova edição conforme a

Camões não perfilha a concisão depuradora de Barros e mostra-se sensível a pormenores transmitidos por Góis, mas vai mais longe: o Gama "constante", que ousa enfrentar o Catual, tem algum paralelo no texto de Fernão Lopes de Castanheda (e no de Álvaro Velho), onde o Capitão conserva, sem falha, essa coragem. N'*Os Lusíadas*, porém, a coragem acaba substituída pela prudência. Embora Camões não ignore Castanheda, dele não retoma nem as minúcias do sequestro (o Gama estaria cativo com alguns dos seus homens etc.) nem o desenlace airoso. Para Castanheda, é um Catual "espantado de ver quão pouco lhes dava de os terem assi, & da constancia de Vasco da gama não querer mãdar chegar os navios a terra, nem conceder em nenhũa das cousas que lhe pedia", que, movido também pelo "medo" do Samorim, decide soltá-lo:

E ao outro dia q[ue] foy sabado dous de Iunho, disselhe que pois dissera a el rey que tiraria sua mercadoria em terra que a mandasse tirar, porque ho seu costume era: q[ue] qualquer mercador que vinha a Calicut punha logo em terra sua mercadoria & gente: & não tornava aos navios se não despois de a ter vendida: & q[ue] como a mercadoria viesse ho deixaria tornar aos navios. E ainda que pareceo a Vasco da gama q[ue] lhe não falava verdade, disselhe q[ue] logo mãdaria pola mercadoria...[9]

Em suma, n'*Os Lusíadas*, o relato do conflito entre o Gama e o Catual é o fruto de um complexo labor – um mosaico pelo qual se insinua, na história narrada, se não fracasso, fraqueza: da resistência, o Gama passa ao *consentimento*; da "ira nobre" passa ao pragmatismo de quem tudo "sabe por verdade" mas aceita jogar um jogo iníquo.

O melindre e a força deste passo percebem-se na recepção e na projecção de que foi objecto. Para fazer essa prova, bastará evocar Diogo do Couto, Julius Mickle e Gonçalo M. Tavares. Todos (cada um a seu modo e em seu tempo) foram leitores d'*Os Lusíadas*.

Diogo do Couto apregoou uma estreita ligação a Camões.[10] Que comentá-

primeira de 1566, parte I, Coimbra, por ordem da Universidade, 1949, p. 100-101.

9 *História do descobrimento e conquista da Índia pelos portugueses por Fernão Lopes de Castanheda*, Introdução e revisão de M. Lopes de Almeida, vol. I, Porto: Lello & Irmão, 1979, p. 58.

10 "Este Inverno reformou o Camões suas Lusíadas e me pedio lhas comentasse, o que eu comecei a fazer e tendo quatro cantos findos que me embeberão mais de sinco mãos de papel por ser o

rios redigiria sobre a épica? A julgar pelo *Tratado dos feitos de Vasco da Gama e seus filhos na Índia* (1599), o final do canto VIII havia de suscitar-lhe incómodo semelhante ao que Faria e Sousa confessou:

Vasco da Gama vendo aquellas cautellas dos naires e regedores areciou que não tivesse bom fim aquelle seu negocio e que totalmente lhe empedissem a embarcação the lhe passar a monsão pera ficar outra ves na India o que seria perdição total sua e de toda aquella companhia o que elle sentia mais por recear não ficar quem levasse novas a el rey daquelle discubrimento pello risco que corria elle e todos os seos e como hera homem collerico e apressado nas rezolluções escreveo logo a seu irmão Paullo da Gama tudo o que passava e o que temia pedindolhe que mandasse logo dezembarcar alguas fazendas e com ellas Diogo Dias Alvaro da Braga pera feytor e escrivão e Fernão Nunes lingoa e quatro homes de serviço da feytoria por que pella ventura com a cobissa da fazenda o largassem e que quando não tanto que a monção de se partir para o Reyno chegasse logo se fizesse a vella sem tratar delle e levasse a el rey novas do que tinha discuberto e as mostras das especiarias pello que elle se havia por muito ditozo ficar naquele cativeyro e acabar nelle por serviço de seu rey (...).[11]

Couto, que de perto segue (e decalca) João de Barros nas páginas do *Tratado*, absorve igualmente texto de Castanheda, ao atingir este momento. No entanto, o Gama de Castanheda asseverava ficar "seguro"[12] em Calecut se ali fosse obrigado a permanecer, e esta ideia não agradaria a Couto, que se esmera a

comento muito copioso, porque pera se fazer bem era necessario declarar tudo o que Vasco da Gama contou ao rey de Melinde da origem de Portugal e de seus reys e tudo o que aquella ninfa lhe mostrou na ilha de Santa Elena dos visorreys que avião de governar a India e todos os seus feitos; mas atalhou-me isto mandar-me Sua Magestade que escrevesse a Historia da India, e se aquelles feitos daquelles visorreys não relatei no comento o fiz mais largamente em nove Decadas da Historia da India que tenho compostas, de que andão já sinco, ou seis impressas. E os cantos que tinha comentados cessarão e os lancei em carveiro (sic)". Maria Augusta Lima Cruz anota: "Trata-se, com toda a certeza, de 'carneiro'." (Maria Augusta Lima Cruz, *Diogo do Couto e a Década 8ª da Ásia*, vol. I, Lisboa: Comissão para a Comemoração dos Descobrimentos Portugueses/INCM, p. 472).

11 Diogo do Couto, *Tratado dos feitos de Vasco da Gama e de seus filhos na Índia*, Introdução, leitura e glossário de José Manuel de Azevedo e Silva, João Marinho dos Santos, Lisboa: Edições Cosmos, 1998, p. 61.

12 *História do descobrimento e conquista da Índia pelos portugueses por Fernão Lopes de Castanheda*, p. 58.

compor um Gama com vocação de martírio, condizente com o que, ressaltando no canto IV d'*Os Lusíadas* ("Por vós, ó Rei, o esprito e carne é pronta.") (IV, 80, 8),[13] depois se esfumava. A memória da epopeia estará presente no *Tratado dos feitos de Vasco da Gama e seus filhos na Índia* (até na frase "pella ventura com a cobissa da fazenda o largassem"...); Diogo do Couto, porém, rejeita e altera a conduta que Camões acaba por atribuir ao Capitão.

A esta reacção correctora somar-se-ia, em meados do século XVIII, a do tradutor Julius Mickle. Insatisfeito com o final do canto VIII e o princípio do canto IX, Mickle modificou-os substancialmente, ora com supressões censórias ora com expansões de sua lavra: o Gama desta versão inglesa ganha a fúria de um Condestável, que, exímio nas armas e na retórica, combate contra o chefe e as gentes de Calecut ("Yet, though in chains I stand, my fleet is free. / The bitter taunts of scorn the brave disdain; / Few be my words, your arts, your threats are vain.").[14] Para Julius Mickle, intervir no texto de Camões seria uma forma de salvar a dimensão heróica do poema.

Nos antípodas deste zelo, Gonçalo M. Tavares preservaria o que ao tradutor inglês se afigurou intolerável. Importa notá-lo, quando o que avulta são derivas, metamorfoses, contrastes. *Uma viagem à Índia* é um "prosaico poema, antipoema e hiper-poema"[15] onde a paródia sistemática d'*Os Lusíadas* resulta na exibição de uma mundividência desencantada. Em sintonia com Tácito ou Salomão, Gonçalo M. Tavares enfatiza que o tempo corre, mas os homens não mudam: "Estamos em 2003/ e ainda nada de novo debaixo do sol."[16] Há males perenes, e "O inferno não começou, propriamente, hoje":[17] "cobiça mútua", "sempre existe

13 O versículo evangélico (Marcos, 14, 38) diz: "O espírito na verdade está pronto, mas a carne é fraca."

14 *The Lusiad; or The Discovery of India. An Epic Poem. Translated from the Original Portuguese of Luis de Camoëns. By William Julius Mickle*, Oxford: Jackson and Lister, 1776, p. 359. Sobre a tradução de Mickle, veja-se o estudo de Thomas F. Earle, "As traduções da obra camoniana para inglês existentes na biblioteca de D. Manuel II", in José Augusto Cardoso Bernardes (coord.), *Camões nos prelos de Portugal e da Europa (1569-2000). A Biblioteca Camoniana de D. Manuel II*, Coimbra: Imprensa da Universidade de Coimbra/Fundação da Casa de Bragança, 2015, p. 165-174.

15 Eduardo Lourenço, "Uma viagem no coração do caos", Prefácio a Gonçalo M. Tavares, *Uma viagem à Índia. Melancolia contemporânea (um itinerário)*, 3ª edição, Alfragide: Caminho, 2011, p. 13.

16 Gonçalo M. Tavares, op. cit., p. 193.

17 Ibid., p. 151.

no mundo";[18] "os humanos não são uma obra-prima de Deus",[19] são "os animais mais velhacos do universo",[20] pois todos falam "a mesma língua antiga, a de qualquer predador".[21] É neste quadro que, no fim do canto VIII de *Uma viagem à Índia*, se afirma, com a frieza da ironia, o que Camões denuncia com o *pathos* da indignação: o diagnóstico é idêntico ("o dinheiro, como há muito Bloom sabia, / torna os homens previsíveis, / como a galinha que segue até ao fim dos dias / uma linha recta traçada no chão.");[22] análogo é o episódio que o desencadeia. Não obstante todas diferenças que a análise miúda do texto apura, o Gama de Camões e o "herói-anti-herói"[23] de Gonçalo M. Tavares tocam-se, aqui, e essa tangência diz muito sobre *Os Lusíadas*. Navegamos num mar sem fim.

18 Ibid., p. 349.
19 Ibid., p. 443.
20 Ibid., p. 370.
21 Ibid., p. 421.
22 Ibid., p. 363.
23 Eduardo Lourenço, op. cit., p. 17.

Isabel Pires de Lima

*Mário de Carvalho – Eça de Queirós – Jogos intertextuais**

É SABIDO O GOSTO DE D. CLEO PELA PROSA QUEIROSIANA À qual dedicou trabalho crítico minudente e perspicaz por mais de uma vez. Sabido é também o interesse que os estudos intertextuais lhe suscitaram sobretudo quando punham em diálogo autores clássicos, antigos ou modernos, e autores contemporâneos. Estes últimos constituíram para ela um apelo constante: escritores como Augusto Abelaira, Jorge de Sena, Cardoso Pires, Maria Judite de Carvalho ou Almeida Faria, para só citar uns tantos, retiveram a sua atenção. Aproximar um grande ficcionista nosso contemporâneo, como Mário de Carvalho é, de Eça de Queirós, um dos clássicos diletos de d. Cleo, pareceu-me que seria um modo de festejar o centésimo aniversário da boa amiga, pela mão de quem pela primeira entrei numa universidade brasileira, minha mestra maior do outro lado do Atlântico.

*

Na sequência da publicação por Pinheiro Chagas de um artigo no qual ataca com veemência Eça de Queirós por uma opinião a respeito das relações entre o Brasil e Portugal, que viera a lume na *Gazeta de Notícias do Rio de Janeiro*, Eça de Queirós responde a Pinheiro Chagas com o famoso e delicioso texto "Brasil e Portugal [Carta a Pinheiro Chagas]".

Mário de Carvalho escolherá como epígrafe de um texto da sua autoria – "Notícias do Mestre" –, que integrou um livro de homenagem a Eça de Quei-

Isabel Pires de Lima é professora emérita da Universidade do Porto.

* O presente artigo foi desenvolvido no âmbito do Programa Estratégico Literatura e Fronteiras de Conhecimento - Políticas de Inclusão do Instituto de Literatura Comparada Margarida Losa (UID/ELT/00500/2013 | POCI-01-0145-FEDER-007339).

rós, publicado em 2000, por ocasião das comemorações do centenário da sua morte, exatamente um passo da referida carta:

> *Depois, naturalmente, como você sabe, não se pensa mais no artigo. Mas, cruel destino! no dia aprazado, lá chega, fatal, implacável, irrevogável – o moço da tipografia.*
>
> *É horroroso. Sobretudo quando ele usa botas que rangem! Fica à espera, passeando no pátio ou no corredor: e aquele lento gemer de solas tristes, cadenciado e acusador, alucina!*[1]

Uma tal escolha manifesta quanto aquela carta polémica de Eça de Queirós ocupa um lugar relevante na visão que do escritor oitocentista constrói Mário de Carvalho.

Se não veja-se como, já nos idos de oitenta, Mário de Carvalho dava uma entrevista, acessível no seu sítio (www.mariodecarvalho.com), na qual cita longamente a mesma carta e explica a razão por que aprecia de sobremaneira esta peça de polémica de Eça de Queirós. A dita entrevista data provavelmente de 1986, dado que a voz em *off* que apresenta Mário de Carvalho alude à recente estreia da peça de teatro *Estilhaços*, da sua autoria (a qual teve como título primeiro *O sentido da epopeia*), posta em cena pelo grupo, *O Bando*, em abril de 1986. Mário de Carvalho era então um jovem escritor que se apresenta e não deixa de ser relevante que aluda à referida carta e leia um excerto dela ao proceder a essa autoapresentação.

Mário de Carvalho identifica já nessa época como marcas distintivas de Eça: a forma excelente, a espantosa imaginação e a elegância, o brilhantismo, a condescendência do polemista. Considera a peça polémica queirosiana dificilmente ultrapassável em brilho na Literatura Portuguesa. Implícito fica o lugar único que reserva a Eça entre os seus pares ou, melhor talvez, entre os seus mestres.

Com efeito, o texto de homenagem a Eça de Queirós acima referido, publicado praticamente quinze anos depois da produção destas declarações, não apenas usa como epígrafe o excerto já lido da tal carta, como se intitula "Notícia do Mestre". É um texto de balanço de um escritor, agora maduro, sobre a sua relação de discípulo com o autor de *O primo Basílio*, que ele compara

1 Eça de Queirós, "Brasil e Portugal [Carta a Pinheiro Chagas]", in *Cartas Públicas*, edição de Ana Teresa Peixinho, Lisboa: INCM, 2009, p. 136.

com humor à relação de "reverência", "respeito" e "embevecimento"[2] que Eça dizia que lhe provocara na sua juventude coimbrã o inflamado Antero declamando nos degraus da Sé Nova. Confessa a frequência assídua, o fascínio por certas passagens ou cenas dos seus textos sabidos de cor – e lá está mais uma vez identificada a tal carta a Pinheiro Chagas – terminando por aplicar a Eça, tirando-lhe o ridículo, a fórmula usada pelo senhor Guimarães, n'*Os Maias*, para resumir a grandeza de Vítor Hugo: "Um Mundo".

O texto começa, de resto, de um modo muito belo, pondo diante dos nossos olhos a arte de contar queirosiana, com uma eficácia que muito texto ensaístico sobre a arte narrativa do mestre não alcança. A citação é longa mas não vou evitá-la:

Estamos em O primo Basílio, *no segundo capítulo. Terminou o célebre serão dos domingos em casa de Luísa. O amigo Sebastião, mais íntimo, ainda ficou a dedilhar ao piano. Logo se despede e abala. Luísa e Jorge "foram debruçar-se na varanda para o ver sair". Eça descreve, em frases curtas (belíssimas) a noite lisboeta, que dali se vê. Luísa resume: "Que linda noite". "A porta bateu e Sebastião, de baixo, da sombra: - Dá vontade de passear, hem?". E a acção prossegue, com Luísa e Jorge, de novo, na varanda.*

Todo O primo Basílio *é uma maravilha da arte de contar. Era capaz de me atrever a considerá-lo o romance mais bem estruturado e mais bem narrado que jamais se escreveu em Portugal, apresentado como sobrevalia uma das personagens inesquecíveis da nossa literatura: Juliana.*

Naquele final de capítulo (eu quase ia dizer "naquela cena") somos transportados para a varanda e para Lisboa, lá fora. Jogos de luz e de sombra. Ouvimos Luísa. Ouvimos um som de porta. Sebastião fala em off, de um outro espaço, com outra luz, a outro nível. Elipse. Não seguimos Sebastião pela rua, nem lhe escutamos os passos. Voltamos ao casal na varanda. A situação encontra-se quase planificada, dir-se-ia pronta a filmar. Qualquer cineasta agradeceria. Qualquer escritor gostaria de ter escrito isto.[3]

2 Mário de Carvalho, "Notícia do Mestre", Prefácio e coordenação de Isabel Pires de Lima, in *Retratos de Eça de Queirós*, Porto: Campo das Letras/Fundação Eça de Queiroz, 2000, p. 100.
3 Ibid., p. 99-100.

É o que se pode chamar uma declaração de amor, que aliás o resto do texto confirmará ao reclamar, o seu autor, o "gozo" que a leitura queirosiana lhe faculta, uma leitura agora mais "egoísta, quase maníaca"[4] e que para um escritor profissional, admite, se vai tornando perigosa na medida em que a obra vai sendo visitada como "um manual de narratologia e um compêndio de estilo".[5] Mário de Carvalho lembra, aliás, um alerta de um escritor amigo que o advertia: "atenção, o Eça pega-se".[6]

Pegar não se pegará mas a verdade é que na arte de narrar de Mário de Carvalho reconhecemos com frequência uma toada, um cromatismo, uma nota de humor, uma forma eficaz e subtil de dar um ambiente que nos soa de uma familiaridade queirosiana. E isso acontece quer na narrativa de ambiente contemporâneo, quer na narrativa histórica.

Veja-se a abertura desse magnifico romance, *A sala magenta*, um dos romances menos solares do autor, magnífico desde as páginas iniciais em que, num ápice, é dada a atmosfera crepuscular do romance através de um jogo de claro escuro, de passado e presente, de silêncio opressor e de irrupção de ruídos impercetíveis que Mário de Carvalho também leu com prazer e proveito em diversíssimas passagens queirosianas. Na série de comentários suscitados ao longo de 2012 pela releitura d'*Os Maias*, que segundo ele quase todos os anos acontece, e que estão publicados no seu sítio na secção (De currente calamo /Ao correr da pena), alude o autor ao "admirável jogo de claros escuros e de sugestão de ambientes em que Eça é um grande mestre".

Aliás valerá a pena lembrar que aquele romance, que abre com cinco epígrafes, também inclui uma de autoria queirosiana a qual, provindo mais uma vez de uma outra carta de Eça de Queirós ao fatal Pinheiro Chagas, introduz em tom irónico as questões da relação entre ficção e realidade e da verosimilhança que preocupam de modo intenso Mário de Carvalho, como qualquer grande criador de mundos ficcionais. Trata-se de uma resposta de Eça à acusação de Chagas de que teria sido retratado n'*Os Maias* através da personagem de Alencar. A epígrafe diz:

4 Ibid., p. 100.
5 Ibid., p. 101.
6 Ibid., p. 100.

E visto que nada agora pode justificar a permanência do Sr. Bulhão Pato no interior do sr. Tomás de Alencar, causando-lhe manifesto desconforto e empanturramento, – o meu intuito final com esta carta é apelar para a conhecida cortesia do autor da Sátira, *e rogar-lhe o obséquio extremo de se retirar de dentro do meu personagem.*[7]

Trouxe à colação o *incipit* de *A sala magenta*, mas poderá ser curioso trazer aqui o de outro título de Mário de Carvalho, agora de um romance histórico, *Um Deus passeando na brisa da tarde*, no qual ecoa uma toada descritiva que se aproxima e afasta para voltar a aproximar-se de um modo tão nosso conhecido de evocar o passado ou uma realidade imutável de forma elíptica e eficaz, a que nos habituou o autor daquele episódio histórico sonhado por Teodorico n'*A relíquia* ou mesmo daqueloutros evocados nas notas trazidas de uma longínqua viagem ao Egipto, postumamente coletadas em *O Egito – notas de viagem*. O primeiro parágrafo do romance de Mário de Carvalho reza assim:

Brilha o céu, tarda a noite, o tempo é lerdo, a vida baça, o gesto flácido. Debaixo de sombras irisadas, leio e releio os meus livros, passeio, rememoro, devaneio, pasmo, bocejo, dormito, deixo-me envelhecer. Não consigo comprazer-me desta mediocridade dourada, pese o convite e o consolo do poeta que a acolheu. Também a mim, como ao Orador, amarga o ócio quando o negócio foi proibido. Os dias arrastam-se, Marco Aurélio viveu, Cómodo impera, passei o que passei, peno longe, com ser feliz?[8]

Como não poderia deixar de ser, a ironia é uma das cordas que vibra com proximidade no universo dos dois autores. Em ambos estamos perante uma ironia tendencialmente interrogativa e dupla, otimista, questionadora da realidade, articulada com a matriz realista da arte de ambos, mas evidentemente que, como todos os grandes ironistas, um e outro dão corpo a uma ironia dupla, ambígua, que se abre à expressão de um pessimismo implacável. No já citado texto comemorativo de 2000, Mário de Carvalho lembra o artigo de Eça, "A decadência do riso", e a reiterada referência ao incitamento de Rabelais: "*Riez, car le rire est propre de l'Homme*" e admite que o que ainda hoje irrita certos detratores de Eça é a sua graça multifacetada; no

7 Mário de Carvalho, *A sala magenta*, Lisboa: Caminho, 2008, p. 230.

8 Mário de Carvalho, *Um Deus passeando pela brisa da tarde*, Lisboa: Caminho, 1994, p. 13.

fundo não aguentam "o espelho que Eça nos colocou em frente e que não embaciou após todos estes anos".[9]

Aliás, voltando à carta a Bulhão Pato e à necessidade de libertar Alencar, Mário de Carvalho comenta com ironia: "Talvez o poeta Bulhão Pato tenha finalmente obedecido e desincubado a personagem de Alencar. Mas já se alinhava uma multidão disposta a saltar lá para dentro."[10] Não será difícil admitir que, no campo da ironia, Mário de Carvalho é um hoje artista vingador a nível idêntico ao de Eça de Queirós. Nenhum artista no cenário da ficção portuguesa contemporânea tem um domínio de técnicas e matizes irónicos tão diversos como ele, poucos podem apresentar obras de uma alacridade irónica comparável à presente em livros como *Era bom que trocássemos umas ideias sobre o assunto* ou *Fantasia para dois coronéis e uma piscina* ou *A arte de morrer longe* ou *Quando o diabo reza*.[11] Talvez um Paulo Castilho seja o único que pode ser dele aproximável a este nível.

É usual, a respeito da grandeza da obra de Mário de Carvalho, aludir ao seu manuseio irrepreensível da língua, ao classicismo da sua forma de expressão. É verdade; é um prazer raro de alcançar ler um autor nosso contemporâneo escrevendo de um modo tão límpido. É sabido como ele reclama a herança dos clássicos, nomeadamente os portugueses, na construção da sua enciclopédia pessoal e como faz a apologia junto do grande público e do público jovem da leitura dos clássicos. Relativamente à necessidade de ler Eça, incomoda-o aqueles lugares comuns do tipo, *Os Maias* é um romance muito pesado para jovens ou Eça é um escritor ultrapassado do já longínquo século XIX. E reage com humor, no referido "De currente calamo", nos seguintes termos:

> *Mas se acham* Os Maias *muito pesados para estruturas tão frágeis, por que não* A relíquia? *Não tem o Gouvarinho, nem o Alencar, nem o Ega, nem o Dâmaso, mas tem* – e note-se a maravilhosa adequação dos qualificativos, digna de Eça – *o prestável Alpedrinha, o dúbio Raposão, o arrogante Doutor Topsius, a adunca tia Patriocínio, o alegre Potte, e por aí fora. Não há o Hotel Central, nem o Hipódro-*

9 Mário de Carvalho, "Notícia do mestre", p. 103.

10 Mário de Carvalho, *A sala magenta*, p. 103.

11 Mário de Carvalho, *Era bom que trocássemos umas ideias sobre o assunto*, Lisboa: Caminho, 1995; *Fantasia para dois coronéis e uma piscina*, Lisboa: Caminho, 2003; *A arte de morrer longe*, Lisboa: Caminho, 2010; *Quando o diabo reza*, Lisboa: Tinta da China, 2011.

mo, nem o Trindade, mas há a Terra Santa. Aproveitava-se o episódio da Paixão de Cristo para ensinar um bocadinho de cultura antiga e talvez alguma catequese de que – suspeitam empedernidos marxistas – os pequenos andam bem precisados.[12]

Aí acrescenta ainda, para nosso prazer, a sua teoria da não ultrapassagem. À magna questão: "Estará Eça ultrapassado?", Mário de Carvalho responde:

Não há "ultrapassagens" na grande literatura. Camões não desbancou Homero, assim como Saramago não desbancou Fernão Lopes. A estes autores ninguém os cala. Ainda que estejam obnubilados durante algum tempo (Shakespeare, Sterne…), voltam a faiscar, uma vez soprada a nuvem. (…) Não, meus caros e estimados autores neófitos, tão repassados de génio e de "James disse", ou "Elliot respondeu", o Eça não está "ultrapassado". É fisicamente impossível.[13]

E com a sua ironia cáustica apontada, como acabámos de ler, também aos neófitos, põe a questão fatal de saber se: "Para ser um escritor é obrigatório ler-se *Os Maias*?" E responde:

Claro que não. Ele há milagres e há génios. (…) A verdade é que, quando se leu Camilo e Eça, às vezes não se nota, mas, quando não se leu, ressalta logo à vista. É mortal? Não, não é, desde que se apresente qualquer coisa em troca: uma superior inventiva, uma capacidade especial de confabulação, um tratamento único da língua, uma reflexão original que surpreenda e marque. (…) Enfim, para se ser, ou permanecer, escritor, talvez convenha ter-se "com que" (para usar a célebre expressão de Guimarães Rosa). Salvo caso de milagre ou genialidade, claro.[14]

Num excelente livro de contos publicado em 2011, *O homem do turbante verde*, dividido em quatro partes, a terceira é constituída por dois contos, "O celacanto" e "A contaminação", e abre com mais uma epígrafe queirosiana. Desta vez, um passo do famoso texto "Antero de Quental", conhecido por "Um génio que era um Santo", escrito para o *In Memoriam* do amigo, no qual se lê:

12 Disponível em <www.mariodecarvalho.com>.

13 Idem.

14 Idem.

O nosso mote, como a nossa vida, todo se encerrava naqueles dois belos versos:
A galope, a galope, ó Fantasia,
Plantemos uma tenda em cada estrela![15]

Os dois contos são de matriz fantástica, como também o é um terceiro a que pretendo aludir, este publicado em 2000, no volume, *Contos vagabundos*, intitulado "Do conserto do mundo" e acompanhado, na página do título, por uma nota de rodapé indentificando-o expressamente como "Homenagem a Eça de Queiroz por ocasião das comemorações do Centenário" [a segunda que lhe dedica naquela efeméride, como se vem constatando].[16]

Não deixa de ser curioso que Mário de Carvalho, autor que desde o início da sua carreira escreve contos fantásticos, também tenha Eça de Queirós no seu horizonte de referências estéticas ligadas ao domínio do fantástico. O autor de *O mandarim*, embora se tenha deixado tentar aqui e ali pelo fantástico, sempre dele se aproxima, como o próprio disse, em clima de exceção e de má consciência, "en licence esthétique".[17] Quer dizer, parece que a força irradiadora queirosiana atravessa todos os géneros e tipologias que Mário de Carvalho visita.

Os dois primeiros contos referidos, quer "O celacanto", quanto "A contaminação" deixam o fantástico penetrar no nosso quotidiano para nos fazerem pensar a alteridade e a margem no mundo contemporâneo, num clima surrealizante distante de *O mandarim* ou de outros textos queirosianos em que há lugar para os diabos interventivos, que Eça apreciava chamar para criar a atmosfera fantástica. Pelo contrário, "Do conserto do mundo", esse sim, é um conto que cultiva um clima fantástico bem mais próximo do queirosiano, como se verá.

Aproveitarei o facto de me deter mais detalhadamente nestes três contos para enunciar certos tiques estilísticos, usemos esta expressão fora de moda, que me parecem nascidos dos jogos intertextuais que Mário de Carvalho gosta de jogar com Eça de Queirós, colhidos nestes contos mas que podem ser encontrados em muitos outros momentos da sua vasta obra.

15 Eça de Queirós, "Antero de Quental", in *Notas contemporâneas. Obras de Eça de Queiroz*, vol. II, Porto: Lello & Irmãos, s. d., p. 1543.

16 Mário de Carvalho, *Contos vagabundos*, Lisboa: Caminho, 2000, p. 125.

17 Eça de Queirós, *O mandarim*, Edição de Beatriz Berrini, Lisboa: INCM, 1992, p. 156.

Salientarei certos modos narrativos, ao nível da descrição ou da caracterização das personagens ou da utilização do adjetivo, que não podem deixar de evocar Eça de Queirós. Poderia aludir a uma cena do início do conto "O celacanto" que lembra uma daquelas cenas do conto "Civilização" ou de *A cidade e as serras* nas quais se caricatura a perda de domínio do homem sobre a máquina; aqui a cena envolve um homem ensonado, despertado pelo toque abrupto de um telefone e pela conversa impositiva de uma namorada, meio enredado naqueles "fios espiralados, doidos de vida, que se enrodilham, mínimos e complicativos, ávidos de enovelar dedos incautos"[18] a tentar em vão entender o que ela, excitada, lhe diz: "O auscultador a rodopiar, e a chegar-me, sincopada, presente, ausente, presente, ausente, a voz célere de Jacinta."[19] Prefiro, porém, trazer-vos um momento descritivo de um episódio numa estação de caminho de ferro, do conto "A contaminação", digno de Eça de Queirós:

Dingue-dongue, uma voz de povo impregnou os ares, a prevenir os circunstantes: vinha aí o comboio de S. Bento com destino a Chaves. A gare animou-se, apareceu gente inesperada, passaram formas e cores, um taquetaque pesadão, um rechinar de freios, a menina rabugenta foi içada ao alto de uma porta e a vista ficou-me vedada por aquela massa de ferros e alumínios. Houve resfôlegos, sopros desinibidos de motor. Depois, a voz do altifalante proclamou qualquer coisa, aquilo começou a mover-se, e a pequena de há instantes sorria para o fosco mundo, com as mãos apoiadas no vidro. O meu olhar acompanhou o deslizar do comboio, relanceou a última carruagem, a afastar-se, desvendou as plataformas em frente agora vazias de material que não de gente, que ia surdindo de passagens subterrâneas, com malas, e fitou-se no claro relógio de grandes ponteiros supostamente certos.[20]

Repare-se como os jogos de restrição e alargamento de campo de focalização, a alternância de ruídos captados, o micro episódio narrativo encaixado, a captação de formas e cores parecem ir surgindo sem premeditação dando com brilhante eficácia o bulício da estação.

18 Mário de Carvalho, *O homem do turbante verde*, Lisboa: Caminho, 2011, p. 117.

19 Idem.

20 Ibid., p. 130.

Em ambos os contos assiste-se a uma adjetivação frequentemente tripla e a um léxico de gosto queirosiano. Por vezes a adjetivação ocupa sozinha, como acontece em Eça, todo um período. Sintetizando um telefonema da namorada, em "O celacanto", o narrador diz: "Foi abstracta, vaga, mas autoritária. Daí a nada, estava eu a encontrar-me com ela, num café à escola Politécnica. O telefone ficou coberto de espuma branca, fervilhante e gordurosa."[21] Mais adiante, teremos um altifalante "cavernoso",[22] uma "bocarra transversa, medonha",[23] um percurso feito a "largas pernadas",[24] o narrador a "rosnar para o velho chorincas",[25] um "Rugido triunfal".[26] E certos breves apontamentos descritivos são de uma ressonância inquestionavelmente queirosiana. Veja-se os seguintes exemplos provenientes respetivamente de "O celacanto" e de "A contaminação", ambos incluindo belas hipálages, outro recurso igualmente frequente nos dois autores:

Numas escadas melancólicas acudiu a porta um velho magríssimo, em pijama, de ar amolecido, dobrado, chorincas. Pela fresta entreaberta, os policiais e nós podíamos distinguir uma velhota de xaile de lã e uma rapariga sombria, sentada a uma mesa.[27]

Um sujeito magrito acabara de ler um papel, agradecia umas palmas soturnas, fazia uma pequena vénia e ia sentar-se na quadratura de cadeiras ocupadas por idosos, debaixo de espelhos de moldura dourada.[28]

Pretendo ainda atentar no conto, "Do conserto do mundo", acima referido, porque, esse sim, é declaradamente construído sobre uma situação ficcional bebida em *O mandarim*. Um pacato Teodoro vive numa casa de hóspedes de uma tal d. Augusta, não à Travessa da Conceição, mas à Pedro Álvares Cabral, vivendo da escrita de uma firma de pneus, à qual "Espaçadamente, como pingos gordos desprendendo-se duma goteira, sucederam-se uma clínica, uma

21 Ibid., p. 119.
22 Ibid., p. 120.
23 Ibid., p. 123.
24 Ibid., p. 126.
25 Ibid., p. 129.
26 Idem.
27 Ibid., p. 127.
28 Ibid., p. 138.

leitaria e um ginásio.[29] Num serão, diante do seu computador não ligado à net, irrompe no écran, sobrepondo-se às suas contas, uma mensagem sobre fundo vermelho, "Em escura letra gótica, de cortante rebordo",[30] assinada "*666*", que anuncia uma visita para o serão seguinte.

O conto narrará uma espécie de história duplamente alternativa. Será antes de mais alternativa relativamente a *O mandarim*, de Eça, dado que, como o próprio Diabo, aqui nunca nomeado, dirá desconfiado, neste quarto não há uma campainha sobre a banca de trabalho, nem se vê da janela a Travessa da Conceição, numa explícita alusão ao conto queirosiano. Aqui do que se trata é de um Diabo demissionário das suas funções, pretendendo que Teodoro seja um interlocutor entre ele e Deus, também nunca assim designado, para que seja aceite a sua demissão. Teodoro vê-se portanto não na situação atuante do conto de Eça de ter de fazer uma escolha com implicações éticas, mas será um mero e afinal passivo intermediário quanto à questão de fundo. É que Deus, avisa o Diabo, "*ele* está muito apegado à intermediação, à empenhoca, à intercessão (...) A Idade Média, com as suas cadeias de submissão, agrada-lhe imenso. Se eu não tiver um intercessor não me safo. É assim que as coisas funcionam naquela corte".[31]

Teremos, então, um Diabo desconstruindo perante Teodoro a imagem de Deus e desconstruindo-se a si mesmo como Diabo; o mesmo aliás acontecendo do lado de Deus. "Seguiu-se uma discussão teológica.",[32] informa o narrador, e acrescenta: "Acho que o ponto eram as desconsiderações, a intromissão do respeitável velho na esfera da maldade, com reiterada violação de competências."[33]

O conto revelar-se-á uma espécie de parábola sobre os consertos e desconsertos do mundo, sobre a gestão geoestratégica do poder dos deuses ou dos diabos sobre os incautos e anónimos Teodoros na sequência da queda do Muro de Berlim e da Guerra Fria. Deus, num dado momento, dá uma pista a Teodoro perdido no meio daquela discussão: "Ele [o Diabo] está a propor o fim da História."[34] E o narrador, no final do conto, dá uma pista ao leitor: "Isto passou-se em Março de 1998. Reproduzi a pura verdade dos factos, tal como os pre-

29 Mário de Carvalho, "Notícia do Mestre", p. 128.

30 Idem.

31 Mário de Carvalho, *Contos vagabundos*, p. 133.

32 Ibid., p. 132.

33 Ibid,, p. 135.

34 Ibid., p. 136.

senciei. Não houve cá sonhos, nem onirismos. Já repararam, com certeza, que o mundo e os homens mudaram radicalmente desde essa data. Ate dá gosto."[35]

Parece-me curiosíssimo que Mário de Carvalho tenha escolhido para equacionar estas questões referentes ao reordenamento dos poderes no final do século XX um conto de clima fantástico de um autor que o escreveu em boa medida para pensar a questão do livre-arbítrio e a dimensão ética dos comportamentos individuais.

O conto é todo ele atravessado por uma forte duplicidade irónica, que de resto algumas das citações feitas testemunham, e é indiciada pela resposta dada pelo Diabo à dúvida de Teodoro quanto à assinatura da mensagem. O Diabo responde prontamente com esta alusão ao Livro do Apocalipse: "666, ou 999, como preferir. Desconhece o Tio João Evangelista?"[36]

Ora em boa medida o efeito irónico é obtido através de uma utilização da linguagem que em vários momentos lembra o uso queirosiano: a hipálage ("tenente Couceiro, da GNR, que tocava estremecida guitarra");[37] o advérbio de modo ("Encolhendo jovialmente os ombros");[38] o adjetivo ("saiu-me pela porta, aos saltos eufóricos, muito cavalões",[39] o léxico ("tínhamos caturrice da máquina").[40]

Termino com o comentário com que Mário de Carvalho fecha o texto "Notícia do Mestre", um dos dois com que quis, como referi, homenagear Eça de Queirós, em 2000, por ocasião do centenário e que volta a ser outra declaração de amor à prosa queirosiana: "E procura-se irresistivelmente com os olhos o 202 dos Campos Elísios, e em qualquer Babilónia ou Alexandria, por onde se passe, lá nos cruzamos com um tal Alpedrinha."[41] A frase começa significativamente pela conjunção coordenativa conclusiva "e", a ela voltando a recorrer a meio do período. Com ela o autor confessa como o poder ficcional de Eça de Queirós contamina a sua experiência do real ou, dito de outro modo, como um grande escritor subverte a relação entre realidade e ficção, criando real.

35 Ibid., p. 137.
36 Mário de Carvalho, "Notícia do Mestre", p. 130.
37 Ibid., p. 127.
38 Ibid., p. 129.
39 Ibid., p. 136.
40 Ibid., p. 128.
41 Ibid., p. 103.

Ivo Castro

Glórias centenárias

De vez em quando, diz-se que a Filologia tem contados os dias que faltam até atingir o seu fim. E isso principalmente por mérito seu: à medida que os textos vão resolvendo cada qual os seus problemas e passam a ficar dotados de edições críticas cada vez mais estáveis e acreditadas, que deverão servir de protótipo a fileiras de novas edições práticas e aptas a servir diversificados requisitos de leitura, ou simplesmente a servir para leitura de proveito ou prazer, é natural que vá arrefecendo o afã de produzir edições novas de um texto, porque será cada vez mais exigente o escrutínio da sua necessidade diferencial. Penso sobretudo, claro, nas edições-protótipo, nascidas de uma concepção inovadora por assentarem em métodos editoriais revistos, ou na reinterpretação dos textos existentes, ou em textos revelados recentemente que transformam o inventário documental. Essas edições, por força de uma ou de todas as rupturas que são capazes de impor, entram em cena como adversárias das edições existentes, que pretendem superar na utilidade, no crédito e nas vendas. E serão matriz nem sempre confessada das restantes edições vulgares, que irão saindo até que novo protótipo faça a sua entrada, e o ciclo recomece.

No dia em que se sentir que todas as necessidades de abordagem de um texto se acham satisfeitas por produtos gerados de uma edição crítica prototípica e que não há no horizonte antevisto nem instrumentos nem documentos que justifiquem a construção de mais uma edição crítica, nesse dia o filólogo deve começar a pensar em fechar a loja. Talvez não seja na manhã seguinte, mas não poderá mais arredar a hipótese de a Filologia, como disciplina autónoma dotada de objecto próprio, de teoria e de métodos conformados por essa teoria, ter de chegar um dia à conclusão de que os seus maiores problemas e razão de ser foram resolvidos. Um sentimento desse tipo devem ter tido os romanistas de formação tradicional, quando constataram que os grandes

Ivo Castro é professor de Linguística na Faculdade de Letras da Universidade de Lisboa.

fins que se propusera a Linguística Românica no século XIX tinham sido alcançados e que as suas descobertas sobre o processo de formação das línguas românicas, e vida posterior destas, tinham passado de revelações ousadas a consensos aceites por todos como verdade óbvia e que sempre ali estivera. Tem um sabor estranho o dever cumprido.

Sabor bem mais grato e reconhecível teve um episódio ocorrido há alguns meses e que vem a propósito recordar, porque corre nessa mesma antevisão do futuro da Filologia como promessa de problemas resolvidos e consensos estabilizados, nesse caso inesperadamente encontrados em terreno tão minado como é a filologia pessoana. Foi o caso que o maior jornal português, o semanário *Expresso*, publicou entre setembro e novembro de 2015 uma coleção de nove pequenos volumes antológicos com o título geral de "Obra essencial de Fernando Pessoa". Em nove sábados consecutivos, esses volumes foram distribuídos com o jornal e beneficiaram, assim, da sua estonteante tiragem média de 90 mil exemplares. Dá alguma ideia da dimensão da empresa saber que as tiragens normais de um livro literário em Portugal não excedem os dois ou três milhares de exemplares, se ele for um êxito de mercado. Mas esse aspecto quantitativo, sendo notável, não é aos meus olhos (e ouso pensar que também não aos olhos de Cleonice Berardinelli) o mais relevante.

Mais importou que aquele jornal semanário tenha decidido por razões suas que a colecção devia utilizar como base os textos da Edição Crítica que a Equipa Pessoa vem publicando desde 1990, ano dos *Poemas de Álvaro de Campos*, de Cleonice Berardinelli, saídos na Imprensa Nacional-Casa da Moeda, de Lisboa. Confirmou assim que a Edição Crítica é, reputacionalmente, a edição de referência pessoana. Nós, os da Equipa Pessoa, não participámos na tomada dessa decisão, nem a influenciámos e só tivemos conhecimento dela quando nos encarregaram de produzir os volumes. Os pormenores da produção não precisam de muita explicação: cada volume foi concebido por um antologiador diferente, que escreveu um ensaio e seleccionou os textos de entre os disponibilizados da Edição Crítica (ou em certos casos de fora dela); os textos foram reduzidos a ortografia moderna e despojados dos aparatos, notas e marcações críticas que, somos os primeiros a reconhecer, constituem uma das maiores barreiras entre essas nossas edições e o público leitor. Desse modo, o texto adquiriu tonalidades mais amáveis para o leitor, mas não perdeu no substancial o que o distingue da maior parte das edições pessoanas: ter sido fixado directamente a partir dos originais com método uniforme, explicitado e sujeito a contraprova, que não dá espaço para o gosto do editor se sobrepor à evidência do documento, por mais estranha que esta pareça.

No entanto, aqui e ali, a encomenda do jornal não foi cumprida com exacto rigor: em pontos muito precisos — um verso, uma palavra apenas —, o texto publicado na Colecção Expresso acabou por não corresponder exactamente ao da Edição Crítica, dele se distanciando como solução melhorada para problemas que não davam completa satisfação. É nessa micro-superação das versões propostas pela Edição Crítica que reside o aspecto que aqui desejo focar.

Sabem quantos têm acompanhado a história da edição pessoana que ela se divide em duas grandes épocas: a da *edição em vida*, feita por iniciativa ou com conhecimento do autor, e a da *edição póstuma*, que abrange a maior parte da obra e, em verdade, se deve quantitativamente considerar como aberta, pois ainda acolhe inéditos de relevo vário. A edição em vida é, por comparação, diminuta: o volume que Luiz Fagundes Duarte prepara para a Edição Crítica, e que não tardará muito a aparecer,[1] incluirá 99 poemas portugueses, além dos 44 de *Mensagem*, e traduções de várias línguas. Pouca coisa, mesmo que se lhe adicionassem os impressos ingleses e os impressos dos heterónimos, em prosa e verso, que não cabem no conceito desse volume. A edição póstuma, por seu turno, tem percorrido sucessivas gerações, que em parte se sobrepõem: a edição Ática-Montalvor, a que se deve o texto antológico e cosmético que conhecemos como *vulgata* e que proporcionou a edificação da glória do poeta; a edição Aguilar-Galhoz, que consistiu num cauteloso aprimoramento do *corpus* antecedente, com adição de importante informação filológica; a edição Ática-Prado Coelho+Lind, que alargou a publicação a novos territórios, p. ex. em prosa, sem abandonar o carácter de selecção necessitada pela exuberância dos materiais; a edição Aguilar-Berardinelli, que replica para a prosa o modelo de Galhoz. Com a aquisição pelo Estado português do espólio de Pessoa e a sua instalação na Biblioteca Nacional de Portugal, foi possível inaugurar uma nova geração de edições, cuja principal marca consistiu em serem feitas em espaço público, usando manuscritos que pela primeira vez qualquer investigador qua-

1 Fernando Pessoa, *Mensagem e poemas dispersos publicados em vida*, ed. crítica de Luiz Fagundes Duarte, Lisboa: INCM (publicação prevista para 2016).

lificado podia consultar sem controle proprietário, que qualquer casa editora podia publicar (tendo um breve hiato legal tornado ainda mais apreciada esta liberdade) e em que a operação de cada editor passou a ser pautada por padrões de clareza científica (tornando-se imperativo, por exemplo, que as fontes manuscritas fossem identificadas e reveladas). O salto que a edição pessoana deu a partir desse período pode ser facilmente apreciado pelas inúmeras publicações que gerou, sobretudo em Portugal, e pelas inflexões de percepção que foram proporcionadas, convidadas ou resistidas, a partir de tais publicações e do discurso filológico que as envolvia.

Mas o que mais distinguiu o período, e lhe deu picante, foi um fenómeno inteiramente novo: a pluralidade de focos de iniciativa editorial. Nos períodos anteriores, quando o espólio de Pessoa era propriedade de família, os editores eram escolhidos *by appointment*; quando, após a morte de Luiz de Montalvor, a família descreu de João Gaspar Simões como continuador do projecto Ática, ele foi separado da tarefa e esta passou para outras mãos, primeiro de Jorge Nemésio e a seguir, mais consistentemente, de Jacinto do Prado Coelho. Agora, desaparecidos ou atenuados os entraves familiares, por todo o lado apareceram intenções de editar Pessoa, que acabaram por se polarizar em dois grupos, um deles a Equipa Pessoa, formada por iniciativa oficial e maioritariamente constituída por membros da Universidade de Lisboa (tendo uma editora igualmente oficial, a Imprensa Nacional-Casa da Moeda) e outro grupo constituído por iniciativa própria por membros da Universidade Nova de Lisboa (cujas edições foram publicadas pela Assírio e Alvim). Das restantes iniciativas, merece referência a de Teresa Sobral Cunha que, em termos deliberadamente isolados, publicou uma série de volumes. Entre os dois grupos principais deu-se um *éclat* inaugural: Teresa Rita Lopes publicou em finais de 1992 um extenso e argumentado estudo intitulado "A crítica da Edição Crítica", em que explicou as razões por que achava que os da Edição Crítica deviam deixar de trabalhar, e estes responderam três meses depois com dois extensos estudos sob o título "Defesa da Edição Crítica", um da autoria de Cleonice Berardinelli e outro meu, os quais, não tendo recebido réplica nos termos consagrados das polémicas de substância científica, encerraram a questão.[2] E cada qual vol-

2 A crítica de Teresa Rita Lopes foi publicada inicialmente na revista *Colóquio-Letras*, 125/126, reaparecendo depois em diversas publicações da autora, sem alteração, ao passo que a nossa

tou, portanto, a dedicar-se às suas edições. Assistiu-se então, e durante muitos anos, à publicação em contraponto de edições adversárias que eram elaboradas simultaneamente e com mútuo desconhecimento. Por vezes, por atrasos de publicação, uma delas podia beneficiar da leitura da outra, mais cedo aparecida, nela se inspirando tanto para certas soluções como para assertivamente enveredar por alternativas, cuja justificação se tornava assim mais vincada. As diferenças de leitura entre a Edição Crítica e a Assírio eram inevitáveis dadas as condições de trabalho, a diversidade de preparação e de perspectiva dos agentes e, acima de tudo, a irredimível dificuldade de decifrar os manuscritos de Pessoa e de escolher qual deles é portador das lições que devem passar a impresso. Nenhuma surpresa aí. Alguma surpresa se extrai, pelo oposto, dos casos de concordância de soluções, mais numerosos do que se poderia esperar, mas de modo geral pouco comentados, talvez pelo seu fraco valor energético quando se trata de alimentar polémicas.

Quando dois editores que trabalham sobre os mesmos materiais, mas o fazem autonomamente, sem saberem o que o outro está fazendo e, talvez mesmo, animados de algum desejo de fazer diferente do adversário, acabam por apresentar leituras idênticas, que melhor prova poderíamos ter de que essas leituras são uma só, e a boa, e portanto definitiva? Não se deve arredar a hipótese de ambos estarem errados, sabendo-se que certas paginações e certas construções frásicas são favoráveis à produção de *pièges à copiste* e que os editores pouco mais são do que copistas glorificados. Mas essa probabilidade é muito inferior à de ambos estarem certos: é mais aceitável que ambos tenham chegado por caminhos diversos a uma mesma verdade que estava escondida ali do que, primeiro, nem um nem outro terem reconhecido essa verdade e, segundo, ambos terem chegado a soluções fantasiosas que, para cúmulo, são a mesma. As coincidências entre a Edição Crítica e a edição Assírio adquiriram, assim, um forte valor indiciário de que o resultado comum é o certo, ou seja, é aquele que o autor escreveu. Numerosos problemas da edição pessoana puderam ser considerados como resolvidos sempre que se verificou essa coincidência entre editores independentes, simultâneos e não-comunicantes. Nesses casos, a Filologia pôde repousar as armas.

defesa teve na época uma edição privada de poucas centenas de exemplares, sendo recentemente republicada no meu livro *Editar Pessoa*, 2ª edição, Lisboa: INCM, 2013.

Para organizar um dos volumes da Colecção Expresso, o volume dedicado à poesia portuguesa ortónima, convidei Richard Zenith, que se destacou pelo seu trabalho no grupo da edição Assírio. Zenith aceitou trabalhar sobre a base fornecida pelos volumes da Edição Crítica, desde que tivesse a oportunidade de introduzir pontualmente leituras suas nos lugares que, a seu ver, aquela não tinha solucionado satisfatoriamente. Na prática, seguiu-se uma negociação sobre a melhor forma de decifrar esses lugares manuscritos e de os transcrever criticamente. Esta deve ter sido a primeira vez que, consistentemente, responsáveis das duas edições cooperaram na fixação dos mesmos textos.

Dou alguns exemplos de sugestões feitas por Richard Zenith, que levaram a que lugares da Edição Crítica fossem emendados com efeito imediato na Colecção Expresso, bem como em quaisquer edições futuras nossas.

Nos *Poemas de Fernando Pessoa. 1915-1920*, editados em 2005 por João Dionísio, o poema 236, de 7 de março de 1919, tem como fonte um único manuscrito, E3-43-17r. O primeiro dos seus quatro quartetos corria assim na Edição Crítica:

Ah, viver em cenário e ficção!
Ser só de panos de fundo o Real!
E sentir passar em Falso cada sensação
Com um acompanhamento sensorial!

Por proposta de Zenith, que entendemos como melhoria de decifração, passamos a ler o último verso como:

Com um acompanhamento musical!

Nos *Poemas de Fernando Pessoa. 1921-1930*, que editei em 2001, o poema 206, de 9 de novembro de 1928, também tem como fonte um único manuscrito, E3-119-58. A primeira de cinco quadras começava assim:

Há uma música do povo,
Nem sei dizer se é um fado...
Que ouvindo-a há um chiste novo
No ser que tenho guardado...

Agora, com a proposta de Zenith, que lê *rhythmo* onde eu tresli *chiste*, o poema fica sem dúvida com um ritmo novo.

No mesmo livro, o poema 307 tem por fonte uma grande folha manuscrita nas duas faces (E3-120-38), repleta de emendas nas estrofes da coluna central e nas que se distribuem nas margens e cantos. Um sorvedouro de horas de reflexão. Nem todos os pontos da discussão que tive com Richard Zenith sobre esta folha foram pacíficos, mas sem dúvida ele tem razão no modo como lê esta quadra, que sintomaticamente é a nona na Edição Crítica mas a sétima na edição Expresso. Dou as duas leituras a par, para se apreciar melhor a variação das soluções:

Edição Crítica
Se quanto sinto é alheio
E de mim se sente,
Como é que a alma veio
A acabar-se em ente?

Expresso
Se quanto sinto é alheio
E de mim sou sentiente,
Como é que a alma veio
A conceber-se um ente?

Com mais algumas emendas como estas e, para boa medida, com algumas de sentido inverso (lições da Edição Crítica que talvez venham a ser integradas em reedições do meu colega Zenith), o texto de Pessoa vai-se compondo pouco a pouco, problema resolvido a problema resolvido. Mas não se pense que o futuro pertencerá a uma nova espécie de *textus receptus* filtrado pela Crítica Textual e de aceitação universal. No máximo, chegarão perto disso algumas obras de alguns autores. Os autores poderão dar uma ajuda, se elaborarem edições *ne varietur* e prometerem nunca mais pensar nelas. Ou se se tornarem editores de si mesmos, recorrendo a variadas tecnologias, algumas ainda por inventar, para percorrerem sem ajuda alheia o caminho desde a construção da frase e do texto até ao seu fechamento num formato electrónico disponibilizável *online*. Mas nem todos os autores escreverão assim.

A Filologia poderá, graças a desejáveis êxitos na decifração e fixação crítica do texto conservado em documentos autógrafos, atingir resultados quase definitivos no domínio que geralmente aparece associado à Crítica Genética e que oferece produtos textuais, literários ou não, manuscritos ou não, que registam sem intermediário a intervenção do conceptor, a evolução do seu projecto e o produto final, ou a falta dele, tudo coisas que podem ser observadas, testadas, descritas e interpretadas. Mas este domínio tem limites, impostos pelo conteúdo do seu inventário, por contingências de armazenamento e pela sua maior ou menor resistência aos efeitos do tempo: apenas a Idade Moderna se acha densamente representada neste domínio da documentação autográfica, mas a sobrevivência do papel e das tintas é um problema, a destruição e a sonegação de arquivos outro, o apuramento de técnicas de leitura filológica dos documentos digitais, especialmente dos deletados, ainda outro, além de muitas outras limitações que uma mente pessimista não terá dificuldade em imaginar.

Fora dos limites deste domínio está, como se sabe, quase tudo. Alguns dirão até que está toda a Filologia, pois a entendem como a busca, derrotada à partida, de um texto original que caiu das mãos do autor, teve cópias e sumiu. Pode ser que ainda se encontre entre nós, disfarçado como uma das suas cópias; pode ser que uma destas o semelhe como gémea; pode ser que depois de amanhã o hajamos de encontrar. Mas não saberemos como o reconhecer. E pode ser que não exista mais, o que é o mais provável. Do que não se sabe ainda, do que se esqueceu, do que não se vê e não se tem, é que a Filologia vive, e viverá.

A Filologia é uma das glórias centenárias que agora me vêm ao espírito. A todas desejo muito viver.

Izabela Leal

Dois poetas "marinheiros"

Este ensaio retoma o belo estudo de Cleonice Berardinelli, publicado no livro *Fernando Pessoa: Outra vez te revejo*, intitulado "Dois poetas 'engenheiros'". Por ter sido inicialmente escrito para uma palestra apresentada a estudantes de engenharia, a autora brinca com a possibilidade de estar cometendo uma burla ao comparar os poetas Álvaro de Campos e João Cabral de Melo Neto, chamando-os de *engenheiros*. A proposta de Cleonice tem como objetivo pensar em que medida a "engenharia" está relacionada a essas duas poéticas tão divergentes. A de Álvaro de Campos, atrelada ao momento das vanguardas e inspirada pelo Futurismo de Marinetti, toma a máquina como modelo e promessa de novas formas de expressão; a de João Cabral de Melo Neto, que inclusive publicou um livro intitulado *O engenheiro* (1945), relaciona o domínio da matemática à busca da precisão e do rigor estético.

Ao retomar essa proposta para refletir acerca de dois poetas "marinheiros", sendo eles Álvaro de Campos e Mário Cesariny, lanço também a suspeita de uma nova burla, porém, justificando-a pelo desejo de prestar uma homenagem àquela que foi minha professora e orientadora, como também pela tentativa de esboçar alguns traços da sensibilidade portuguesa que Cleonice me fez conhecer por meio de seu olhar e de seus textos. A imagem aqui escolhida, a do "marinheiro", constitui o núcleo de certa expressão artística, um modo de "ser português" – lugar camoniano por excelência –, e é a partir dela que traçarei uma perspectiva comparatista entre os poetas em questão, pois, como observa ainda Cleonice no ensaio "A 'Ode marítima', de Álvaro de Campos", publicado no mesmo livro, o heterônimo de Pessoa "amava o mar e os navios *porque era português de origem* e porque o fizeram engenheiro naval".[1] Nes-

Izabela Leal é professora de Literatura Portuguesa na Universidade Federal do Pará (UFPA).

1 Cleonice Berardinelli, *Fernando Pessoa: outra vez te revejo,* Rio de Janeiro: Lacerda Editores, 2004, p. 75, grifos meus.

se sentido, discutir um certo *ethos* pela mão de Álvaro de Campos e Mário Cesariny supõe compreender em que medida as imagens do mar, da viagem, do navio e do próprio marinheiro determinam modos específicos de se saber português. Cleonice tentou justificar a possível blague que orientava o seu estudo; também eu procurarei justificar aquela que orienta o meu, apoiando-me nas várias confluências entre Mário Cesariny e Álvaro de Campos, mas mais especificamente naquela que ressoa entre a "Ode marítima" e o poema "Louvor e simplificação de Álvaro de Campos". Lembro inclusive que ambos foram reunidos, junto a poemas de Ruy Cinatti, Natália Correia, Vitorino Nemésio, Nuno Júdice e Al Berto, além de pinturas de Júlio Pomar, para a publicação de um volume intitulado *Odes marítimas* (1997).

Álvaro de Campos, como se sabe, era engenheiro naval e publicou sua "Ode marítima" no segundo número da revista *Orpheu*, em 1915. O início da Primeira Guerra Mundial marcou esse período conturbado, e por vezes o belicismo apareceu como "a culminância de uma vibrante nova aventura com a tecnologia", como observa Marjorie Perloff.[2] Foi assim no Futurismo de Marinetti, assim também em Álvaro de Campos, poeta que procurou louvar a sociedade moderna, trazendo a promessa de uma nova forma de sensibilidade associada à máquina e à aventura marítima. Porém, o que era simples em Marinetti torna-se muito mais complexo na poética de Campos. Nela, não há uma crença cega no progresso, e o otimismo em relação a esse novo tempo resvala sempre para uma desconfiança, o que determina a oscilação, tipicamente camoniana, entre a celebração de um ato de potência – "Mais do que prometia a força humana" (I, 1, 6) – e a consciência de pertencer a um tempo pouco propício para a realização desse ato, marcado por uma "austera, apagada e vil tristeza" (X, 145,8).

Esse movimento oscilatório pode ser deflagrado na "Ode marítima" de Campos. O gesto de celebração da potência domina a maior parte do poema e se inicia a partir da visão estabelecida no cais, onde o poeta contempla a entrada de um navio na barra, desencadeando uma expansão[3] subjetiva até o ponto em que o limite entre interior e exterior é abolido. Trata-se da tentativa de produção desse novo homem, um gesto verdadeiramente filosófico que se enuncia quando o poeta faz um apelo aos piratas para que o levem consigo em

2 Marjorie Perloff, *O momento futurista*, São Paulo: Edusp, 1993, p. 24.

3 A palavra é aqui empregada com toda a malícia possível.

busca de aventuras pelos mares, manifestando abertamente o desejo de romper com a moral, com a civilização:

Fugir convosco à civilização!
Perder convosco a noção da moral!
Sentir mudar-se no longe a minha humanidade!
Beber convosco em mares do Sul
Novas selvajarias, novas balbúrdias da alma,
Novos fogos centrais no meu vulcânio espírito!
Ir convosco, despir de mim – ah! põe-te daqui pra fora! –
O meu traje de civilizado, a minha brandura de ações,
Meu medo inato das cadeias,
Minha pacífica vida,
A minha vida sentada, estática, regrada e revista![4]

A "Ode marítima", assim como a "Ode triunfal", está impregnada de um tom exaltado, febril, delirante. O desejo de "selvajaria" permite que o poeta se dispa do "traje de civilizado", deixando para trás a "vida sentada, estática, regrada e revista". Marcada por um espírito aventureiro que conduz ao desconhecido – que em *Os Lusíadas* se manifesta na viagem pelo "(...) duvidoso mar num lenho leve, / Por vias nunca usadas (...) (I, 27, 2-3) –, a ode de Campos herda de Camões a dimensão da experiência transfiguradora, ressalvando a diferença de que o conhecimento adquirido na ode de Campos não terá como prêmio nada que se compare à Ilha dos Amores. No entanto, é preciso assinalar que ambos os poemas pressupõem o entrelaçamento da dimensão do corpo, da sensibilidade e da escrita, sendo que na "Ode marítima" é por meio da inscrição da sensibilidade no corpo que o poeta se torna capaz de escrever:

Todos os mares, todos os estreitos, todas as baías, todos os golfos,
Queria apertá-los ao peito, senti-los bem e morrer!
(...)
E vós, ó coisas navais, meus velhos brinquedos de sonho!
Componde fora de mim a minha vida interior!

4 Fernando Pessoa, *Obra poética*, Rio de Janeiro: Editora Nova Aguilar, 1986, p. 322.

(...)
Sede vós o tesouro da minha avareza febril,
Sede vós os frutos da árvore da minha imaginação.
Tema de cantos meus, sangue nas veias da minha inteligência,
Vosso seja o laço que me une ao exterior pela estética,
Fornecei-me metáforas, imagens, literatura
(...)[5]

De fato, há uma oscilação que atravessa o poema, e se em um primeiro momento a observação do navio determinou todo o furor digno de uma subjetividade em expansão, passado o delírio do poeta, ele se volta novamente para o mundo ordenado do cotidiano. A ruptura com a civilização não se concretiza, o poeta não recolhe o prêmio desejado e, por isso, no final da ode, ao observar o navio que se afasta no horizonte, Campos afirma:

Nada depois, e só eu e a minha tristeza
E a grande cidade agora cheia de sol
E a hora real e nua como um cais já sem navios,
E o giro lento do guindaste que, como um compasso que gira,
Traça um semicírculo de não sei que emoção
No silêncio comovido da minh'alma...[6]

Essa tristeza – que curiosamente comparece também no final d'*Os Lusíadas* – revela uma espécie de fracasso em relação à exuberância prometida ao longo do poema. De fato, a aposta na experiência transfiguradora será sempre falaciosa em Campos, e a viagem – não mais heroica como a de Vasco da Gama – pertence agora a um tempo vazio, desprovido de sentido, como se pode observar também em "Opiário" e "Passagem das horas". No primeiro poema, Campos considera a condição daqueles que vivem nessa época de apagamento e melancolia: "Pertenço a um gênero de portugueses / Que depois de estar a Índia descoberta / Ficaram sem trabalho. A morte é certa. Tenho pensado

5 Fernando Pessoa, op. cit., p. 318.
6 Ibid., p. 335.

nisto muitas vezes."[7] Já em "Passagem das horas" fica explícita a sensação de uma insatisfação constante, o acúmulo de experiências que não são capazes de produzir as novas formas de sensibilidade tão almejadas pelo poeta:

Trago dentro do meu coração,
Como num cofre que se não pode fechar de cheio,
Todos os lugares onde estive,
Todos os portos a que cheguei,
Todas as paisagens que vi através de janelas ou vigias,
Ou de tombadilhos, sonhando,
E tudo isso, que é tanto, é pouco para o que eu quero.[8]

Suspeito, todavia, que esse seja um modo tipicamente português de ler o seu próprio tempo. Foi essa insatisfação com a época em que vivia, um tempo dominado pela "vã cobiça", que fez com que Camões recusasse a Musa no canto X; é essa mesma insatisfação que levará Álvaro de Campos a afirmar "Esta vida de bordo há de matar-me"[9] e que se tornará ainda mais pungente no momento em que Cesariny, mais de trinta anos depois, escreve o seu "Louvor e simplificação de Álvaro de Campos", em 1946,[10] num período de extremo apagamento determinado pela ditadura militar.

Para além desse contexto especificamente português, a distância de mais de trinta anos entre a "Ode marítima" de Álvaro de Campos e o poema de Cesariny coincidiu com uma reviravolta mundial: a consternação do mundo diante da Segunda Guerra. Se no contexto da Primeira Guerra ainda havia uma associação positiva entre o progresso e as novas formas possíveis de sensibilidade, ou seja, uma aposta revolucionária no aparato bélico, agora essa crença já não era plausível. Somado a isso, a produção criativa de Cesariny e de outros artistas da época, agrupados em torno de ideais comuns e tendo como proposta a organização de um movimento surrealista, se dá com grande defasagem temporal em relação ao Surrealismo francês e internacional, com mais

7 Ibid., p. 304.
8 Ibid., p. 341.
9 Ibid., p. 302.
10 O poema foi publicado em 1953.

de vinte anos de diferença. São justamente esses vinte anos que coincidem com a implantação do regime ditatorial no cenário político português.[11]

Ironicamente, esse contexto coercitivo não poderia ser mais desfavorável ao projeto ético/estético do Surrealismo de dissolver as fronteiras entre sonho e realidade, fazendo com que o mundo, mesmo nas situações mais banais, possa ser transfigurado. Nas palavras de Benjamin, "a vida só parecia digna de ser vivida quando se dissolvia a fronteira entre o sono e a vigília, permitindo a passagem em massa de figuras ondulantes (...)".[12] Trata-se da dimensão da experiência que se opera pela via do fluxo de imagens, de deslocamentos de sentido, justamente como ocorre nos sonhos. A cidade, com suas múltiplas possibilidades, seus mais variados caminhos, será vista pelo Surrealismo francês como um espaço privilegiado de emergência dos acontecimentos:

> *Também a Paris dos surrealistas é um 'pequeno mundo'. Ou seja, no grande, no cosmos, as coisas têm o mesmo aspecto. Também ali existem encruzilhadas, nas quais sinais cintilam através do tráfico; também ali se inscrevem na ordem do dia inconcebíveis analogias e acontecimentos entrecruzados. É esse espaço que a lírica surrealista descreve.*[13]

Nesse sentido, a Lisboa dos portugueses, ainda mais a Lisboa do fim da década de 1940, não poderia estar mais distante da Paris dos franceses. Cito rapidamente, a título de exemplo, o poema "Um adeus português", que Alexandre O'Neill escreve para sua amada Nora Mitrani, poeta ligada ao movimento francês: "Não tu não mereces esta cidade não mereces / esta roda de náusea em que giramos / até à idiotia / (...) Não tu és da cidade aventureira / da cidade

11 Essa curiosa relação entre o Surrealismo português e o Surrealismo francês, passando pelo contexto político de Portugal, é discutida por Adelaide Ginga Tchen: "De fato, entre o golpe militar de 28 de maio de 1926 (dois anos após a afirmação do surrealismo em França) e a morte de Salazar, em 1970 (em 1969, três anos após a morte de Breton e a dissolução do grupo, Schuster declara findo o movimento organizado) a sociedade portuguesa viveu sob um governo autoritário e conservador protagonizado por Salazar (Adelaide Ginga Tchen, *A aventura surrealista*, Lisboa: Colibri, 2001, p. 43).

12 Walter Benjamin, "O Surrealismo: o último instantâneo da inteligência européia", in *Magia e técnica, arte e política*, São Paulo: Brasiliense, s.d., p. 22.

13 Walter Benjamin, op. cit., p. 27.

onde o amor encontra as suas ruas / e o cemitério ardente / da sua morte."[14] A cidade de Lisboa é um espaço esvaziado de potência, não propicia os encontros, não possibilita a emergência de relações imprevistas. É apenas o lugar em que as ações se esgotam na mais completa ausência de sentido.

Justamente por isso, e num sentido bastante realista de observação da cidade, o poema de Cesariny "Louvor e simplificação de Álvaro de Campos", apesar de propor uma relação intertextual com a "Ode Marítima", não tem como foco a experiência transfiguradora que se descortinava na obra de Campos. Não há nenhuma dimensão de sonho, nenhum desvario da imaginação. O projeto estético que orienta a construção do poema está ainda distante do Surrealismo, guardando elementos do Neorrealismo que Cesariny tentava ultrapassar. Não é à toa que o poema se define como um exercício de louvor e simplificação. O louvor é bastante claro, trata-se de fato de uma homenagem, sendo que a simplificação pode ser evidenciada como gesto de contenção do traço expansivo e desagregador do heterônimo de Pessoa. É curioso observar que a mesma relação se dá entre os poetas "engenheiros" de Cleonice Berardinelli, já que o rigor cabralino também funciona da mesma forma, no antípoda de Campos, abandonando os delírios da imaginação em direção ao mundo concreto, ainda que por estratégias bem diversas.

Em "Louvor e simplificação", a deambulação do poeta por Lisboa, que evoca também Cesário Verde, apresenta-se sob a forma de uma paródia: o grande delírio experimentado no navio da "Ode marítima" de Campos dá lugar a uma embarcação comum no poema de Cesariny, "um vapor que ia para o Barreiro", e transportava os proletários, "apinhado de gente". Não há mais um sujeito cuja sensibilidade encontra-se em estado expansivo; aquilo que emerge da visão do cais não é nenhum acontecimento simbólico, onírico ou metafísico, mas sim um fato da mais assustadora prosaicidade, de uma materialidade pouco poética, apresentando uma leitura do espaço real numa dinâmica de observação e descrição da cidade, mas da cidade que não guarda nenhum eco do cais simbólico de Álvaro de Campos ou mesmo da Paris mágica dos surrealistas. É a cidade no seu aspecto banal, cotidiano, sem nenhuma possibilidade de transfiguração, a cidade de "seres usuais, gente-gente, olhos, narinas, bocas, / gente feliz, gente infeliz, um banqueiro, alfaiates, telefonistas, varinas,

14 Alexandre O'Neill, *Poesias completas (1951/1981)*, Lisboa: INCM, 1982, p. 64.

caixeiros desempregados".[15] Talvez pensando nesse contexto político especificamente português, Cesariny tenha duvidado da possibilidade de transfigurar a realidade, ou reabilitar o real cotidiano, como ele mesmo diria.

Entretanto, em meio a essa descrição prosaica emerge uma visão, também ela prosaica em sua suprema banalidade, de um afixador de cartazes. Essa visão traz um conteúdo novo, pois é a única em todo o poema que é realmente inesperada por comportar um quê de absurdo. O resultado produz uma sensação de surpresa que desencadeia a reação do poeta:

> e de repente, ao virar uma esquina, já depois de
> outra esquina,
> vejo uma nova espécie de enforcado
> um homem novo em cima de um escadote
> a colar afixar cartazes deste gênero:
>
> **VOTA POR SALAZAR**
> Páro. Páro de novo. Pararei sempre enquanto
> afixarem cartazes deste gênero.
> (...)
> Deito a cabeça para trás para deixar sair a gargalhada
> e aproximo-me do homem em cima do escadote
> aproximo-me tanto que ele nota
> alguém que se aproxima
> e o braço cai-lhe, grosso, pingando água num balde[16]

A estratégia empregada por Cesariny é no mínimo paradoxal, pois transforma aquilo que seria um dado do cotidiano numa vivência, aqui sim, verdadeiramente surrealista. O modo como Cesariny enfatiza a ação desse novo tipo de enforcado faz com que o gesto que ele executa se torne um disparate. Interessa-me pensar até que ponto a realidade mesquinha de um país submetido às práticas ditatoriais pode ou não dar a ver o espaço da cidade como um lugar capaz de produzir a "iluminação profana" que Benjamin tão bem identificou

15 Mário Cesariny, *Uma grande razão: os poemas maiores*, Lisboa: Assírio & Alvim, 2007, p. 49.
16 Ibid., p. 54-55.

no Surrealismo. Ou seja, não se trata apenas de censura, mas, mais especificamente, da emergência de um plano que aparece impregnado pela pequenez da sociedade que o produz. É nesse contexto que o suicídio de Sá-Carneiro surge aos olhos de Cesariny como um ato revolucionário:

> Com certa espécie de solidariedade
> Lembro-me de ti, Mário de Sá-Carneiro,
> Poeta-gato-branco à janela de muitos prédios altos.
> Lembro-me de ti, ora pois, para saudar-te,
> Para dizer bravo e bravo, isso mesmo, tal qual!
> Fizeste bem, viva Mário!, antes a morte que isto,
> Viva Mário a lançar um golpe de asa e a estatelar-se todo cá em baixo[17]

Estranha passagem, pois o suicídio, à primeira vista, seria totalmente contrário aos ideais surrealistas, que pressupõe necessariamente uma afirmação da "vida, da liberdade e da poesia", como o próprio Cesariny insistentemente repetiu. Mas é diante desse país sem saída – onde até mesmo a opulenta varina de Cesário "infectou a perna esquerda nos lixos da Ribeira"[18] – que o suicídio abre uma porta insólita para uma realidade também insólita. Curiosamente, a transfiguração ou reabilitação do real só é possível num gesto felino, já que os gatos brancos no alto das janelas "vêem com tal desprezo esta sociedade capitalista!".[19] O suicídio seria a outra forma de manifestação do desdém pelos valores do "metal luzente e louro". Afinal, no poema "O marinheiro", Cesariny desconstrói esse típico herói português, fornecendo-nos dele uma definição já infinitamente distante da ode de Campos: "o que vai ao mar buscar dinheiro."[20]

Diante dessa impossibilidade de reabilitação do real, diante dessa tristeza incrustada no cerne da própria vida, o belo, se ainda pode ser uma arma contra a banalidade cotidiana, tal como desejaram as vanguardas, só pode se manifestar sob a forma de algo extremamente efêmero. Penso por isso em outro poema de Cesariny, um pequeno poema: "queria de ti um país de bondade e

17 Ibid., p. 52.
18 Ibid., p. 45.
19 Ibid., p. 46.
20 Mário Cesariny, *Manual de prestidigitação*, Lisboa: Assírio & Alvim, 2008, p. 108.

de bruma / queria de ti o mar de uma rosa de espuma".[21] Lembro, primeiramente, que é o poema XI de um livro intitulado *Discurso sobre a reabilitação do real quotidiano*, e escolho-o pela sutil conjugação entre as imagens do mar, da bruma e da rosa de espuma.

A presença da palavra *bruma* é inegavelmente sugestiva no que se refere ao imaginário português. Não posso me furtar de ver surgir dessa bruma a figura de D. Sebastião, cuja associação ao nevoeiro foi reafirmada pelo último poema da *Mensagem*, de Fernando Pessoa. É bem verdade que há uma distância insuperável entre os dois poemas. Basta assinalar, de início, o caráter pessimista e ao mesmo tempo messiânico, como bem sabemos, do poema de Pessoa. Um poema no qual "Portugal a entristecer" é descrito como "um fulgor baço da terra", imagem sintetizada no penúltimo verso do poema "Ó Portugal, hoje és nevoeiro".[22] Claro está que Pessoa – aqui também retomando Camões –, ao avaliar o momento em que vive, já o descreve sob a aura de uma opacidade que entristece, de "um brilho sem luz e sem arder". São amplamente conhecidas as implicações inauguradas pelo último verso, "É a Hora!", naquilo que ele evoca como revelação de um destino que ainda está para ser cumprido, a miragem do "Quinto Império" que ainda deveria ser alcançada.

Talvez por esse mesmo motivo, chegando ao fim da "Ode marítima", Álvaro de Campos esclareça que a viagem por ele almejada é completamente abstrata, onírica, quase metafísica, uma viagem que aponta para a comunhão entre os homens numa "pátria incerta", onde todos se tornam "patriotas transitórios", sujeitos em constante deslocamento sobre as águas rumo ao quinto império do sonho, obviamente distinto de qualquer imperialismo da tradição portuguesa:

> Ah, e as viagens, as viagens de recreio, e as outras,
> As viagens por mar, onde todos somos companheiros dos outros
> Duma maneira especial, como se um mistério marítimo
> Nos aproximasse as almas e nos tornasse um momento
> Patriotas transitórios duma mesma pátria incerta,

21 Ibid., p. 87.

22 Fernando Pessoa, *Mensagem*, Cleonice Berardinelli e Mauricio Matos (org.), Rio de Janeiro: 7Letras, 2008, p. 126.

Eternamente deslocando-se sobre a imensidade das águas!
Grandes hotéis do Infinito, oh transatlânticos meus!
Com o cosmopolitismo perfeito e total de nunca pararem num ponto
E conterem todas as espécies de trajes, de caras, de raças![23]

Deixemos agora o messianismo pessoano para voltarmos a Cesariny, passando pelo documentário *Autografia*, de Miguel Gonçalves Mendes. Cito as palavras do poeta:

Não há nenhum país que esteja há quatrocentos anos à espera que um rei reapareça. É um povo menino, um povo criança, mas depois não dá para ser um país como a Alemanha. (...) Estamos num país no extremo da Europa, que é à beira-mar. Não temos muitas hipóteses, então sonhamos, sonhamos muito.[24]

A fala de Cesariny circunscreve o problema capital para o entendimento da construção imagética de Portugal – ou sua mitologia cultural, como diria Eduardo Lourenço – pela literatura. Note-se que, para o poeta, o fato de Portugal ser um país à beira-mar está indissoluvelmente ligado à necessidade de sonhar.

Devo agora explicar que a longa digressão que faço aqui não tem como objetivo instalar uma possível leitura de Cesariny dentro da lógica do sebastianismo. Não acho que o caso de Cesariny, em particular, ou do movimento surrealista português, de forma geral, endossem de algum modo o messianismo típico da cultura portuguesa. Se no Surrealismo fala-se também de sonho, é importante guardar as diferenças entre os mais variados modos de sonhar. No caso do Surrealismo, a dimensão do sonho se conecta diretamente à realidade, do mesmo modo que a arte se conecta à ação política.

Volto agora ao poema: "queria de ti um país de bondade e de bruma / queria de ti o mar de uma rosa de espuma." É um pequeno poema, um poema também modesto. Apesar de encontrarmos a palavra *país* no primeiro verso, o tu ao qual o poema se refere não é necessariamente Portugal, ainda

23 Fernando Pessoa, *Obra poética*, p. 334.

24 Miguel Gonçalves Mendes, *Autografia*, documentário, produção JumpCut, 103 min., Portugal, 2004. Grifos meus.

que o seja também. Esse tu é a "pátria incerta" de Álvaro de Campos, o espaço em que se abre o (im)possível, a dimensão impalpável em que algo se afirma como futuro prometido, como bruma na qual aquilo que é belo na sua impermanência, "o mar de uma rosa de espuma", poderia ser consagrado como superação da realidade, mesmo que por um instante. É por esse momento que todos os surrealistas, portugueses ou não, estiveram a esperar, um pouco messianicamente.

Suspeito, em todo caso, que, no contexto português, essa aposta no futuro termine sempre de modo melancólico. Afinal, se os portugueses são, por um lado, esses ousados marinheiros que se lançam à descoberta de novos mundos, por outro, são também os marinheiros que nunca se esquecem dos lucros e dos negócios e por isso não conseguem transformar o seu próprio tempo. Deixo aqui, como pista, a tradução da frase de Rimbaud – "a poesia não mais ritmará a ação porque caminhará adiante dela" –, deixo essa frase tal como ela comparece, alterada em sua mensagem afirmativa, no poema "Voz numa pedra", também de Cesariny, último exemplo dessa cidade, país ou tempo por vir: "Ainda longe longe a cidade futura / onde 'a poesia não mais ritmará a acção / porque caminhará adiante dela'".[25] Sublinho o "ainda longe longe".

25 Mário Cesariny, *Pena capital*, Lisboa: Assírio & Alvim, 1999, p. 135.

Jerónimo Pizarro / Filipa de Freitas

Editar Álvaro de Campos: o primeiro Arco de Triumpho

Cleonice Berardinelli foi a primeira editora crítica da poesia de Álvaro de Campos. Dizemos "crítica", pois a edição da poesia do heterónimo teve início muito antes, em 1944, publicada pela Ática. O que Berardinelli, em 1990, trouxe de novo para a fixação e para a subsequente leitura e interpretação da poesia de Campos foi, por um lado, a primeira tentativa real de oferecer ao leitor um conjunto mais completo de poemas do heterónimo, uma vez que a primeira edição, de 1944, era limitada e, por outro, o estabelecimento desse mesmo *corpus* com base em critérios "crítico-genéticos": a discussão da materialidade dos textos (suportes físicos, tintas etc.), o confronto entre testemunhos manuscritos e datilografados, a apresentação dos projetos que Fernando Pessoa deixou em esboço e a proposta de datação dos poemas. Neste sentido, Berardinelli foi, de fato, a primeira a abrir caminho para uma apresentação *crítica* do heterónimo pessoano. No seu intento, Berardinelli procurou também reconstruir um projecto particular de Fernando Pessoa, designado *Arco de Triumpho*, cuja realização levanta várias dificuldades, atendendo ao estado fragmentário em que o autor deixou o *corpus* constituinte desse mesmo projeto.

Em 1915, Pessoa projetou a publicação de um livro intitulado *Arco de Triumpho*, cuja primeira e única menção pública surgiu no primeiro número da revista *Orpheu*, em 1915, no fim da "Ode triunfal",[1] sem o "ph" habitual da ortografia pessoana (cf. "Triunfal" vs. "Orpheu"). Esta ode constituía, como é corroborado por outros projectos conservados no espólio pessoano, um dos poemas a figurar no respectivo livro (ver Figuras 3 e 4). Recorde-se que a "Ode

Jerónimo Pizarro é professor da Universidad de los Andes, titular da Cátedra de Estudos Portugueses do Instituto Camões na Colômbia. Filipa de Freitas é doutoranda pela Faculdade de Ciências Sociais e Humanas da Universidade Nova de Lisboa (FCSH-UNL).

1 *Orpheu*, Revista Trimestral de Literatura, Lisboa: Tipografia do Comércio, 1915, p. 83.

triunfal", juntamente com "Opiário", foram as primeiras manifestações poéticas públicas sob a assinatura de Álvaro de Campos. O que pretendia Pessoa, então, era apresentar Campos em todo o seu fulgor decadentista e pseudofuturista, antes de dar a conhecer o sensacionismo da "Ode marítima". Os esquemas onde se encontra incluído o *Arco de Triumpho*, seja como parte de projetos maiores, seja como projeto independente, revelam que Pessoa não abandonou o plano de publicar o *Arco* até quase ao fim da sua vida. Embora a datação de alguns projetos seja hipotética, os mais tardios em que se incluem referências ao livro datam provavelmente de 1930 e 1932, apenas cinco e três anos antes da morte de Pessoa, respectivamente (ver Figuras 5 e 6).

Os projetos pessoanos que incidem directamente sobre o *Arco de Triumpho* revelam que o autor ponderou continuamente sobre o seu *corpus* (que ora incluiria poesia e prosa, ora apenas poesia, variando no número de poemas), alterando-o ao longo do tempo, como Berardinelli esclarece na sua introdução:

> *Destaca-se, no âmbito de planos e projetos que fez Pessoa para Campos, um número considerável de projetos e de menções de um livro que conteria os poemas iniciais e dois textos em prosa deste heterónimo, e se intitularia* Arco de Triumpho *(...).*
>
> *Acalentado durante, pelo menos, dez anos, o sonho de um livro em que Pessoa pretendeu, a princípio, conter a poesia dos vinte anos do engenheiro naval e poeta sensacionista (de 1914 a 1916, Campos tinha de 24 a 26 anos, já que nascera em 1890), o projeto evoluiu durante esse tempo. Passou, como vimos, de um conjunto de dez textos em verso e dois em prosa [cf. Figura 3] a outro [cf. Figura 5] em que se eliminou a prosa em favor de sete poemas indubitavelmente escolhidos, mais quatro prováveis (um deles, pelo menos, datado de ano bem posterior ao das últimas odes também datadas) e, finalmente, a apenas cinco odes. [cf. Figura 4]*[2]

Estas cinco odes constituem o *corpus* principal do livro *Arco de Triumpho*, segundo um plano de *circa* 1925, e serão o núcleo desta exposição, que pretende

2 Fernando Pessoa, *Poemas de Álvaro de Campos*, Ed. Cleonice Berardinelli, Edição Crítica de Fernando Pessoa, Série Maior, vol. II, Lisboa: INCM, 1990, p. 40-42. Berardinelli não conheceu o projeto que é referido como Figura 6, porque se encontra numa folha que ficou com os sobrinhos-herdeiros de Fernando Pessoa.

dar conta do modo como Cleonice Berardinelli reconstruiu e reorganizou estes poemas, em confronto posterior com as novas propostas da última edição crítica de Campos.[3] Como foi mencionado previamente, a primeira grande ode – a "*Ode triunfal*" – foi publicada ainda em vida de Pessoa, em 1915, no primeiro número da revista *Orpheu*. O mesmo sucedeu com a "Ode marítima", publicada no mesmo ano, no segundo número da revista, com uma dedicatória a Santa Rita Pintor. A publicação destes dois grandes poemas em 1915 valida o seu estado definitivo, uma vez que não se encontrou no espólio de Pessoa nenhum texto manuscrito ou datilografado que indicie posteriores alterações autorais, embora existam dois testemunhos antigos da "Ode marítima" localizados tardiamente (ver Figuras 7 e 8).

As demais odes que compõem o *Arco de Triumpho* encontram-se num estado completamente diferente: fragmentadas, inacabadas, por vezes com notas destinadas à sua organização. Correspondem à "Saudação a Walt Whitman", à "A passagem das horas" e à "Ode marcial". Como Berardinelli indicou, os poemas podiam ter sido mais do que cinco – até o "Ultimatum", um híbrido de prosa e poesia podia ter feito parte do *Arco de Triumpho* –, mas o nosso entendimento é que o projeto ulterior era constituído fundamentalmente por cinco grandes odes e que, se hoje, quiséssemos publicar um livro de Campos intitulado *Arco de Triumpho*, este deveria conter esse núcleo de cinco composições poéticas.

Saudação a Walt Whitman

A "Saudação a Walt Whitman" é, sem dúvida, de entre as cinco odes, o poema que pressupõe mais dificuldades de edição. O poema já tinha sido publicado na primeira edição da poesia de Campos, em 1944, mas contendo apenas uma parte cuja leitura era a mais fácil: os testemunhos datilografados. A proposta de edição de 1944 e a de 1990 diferem em mais de cem versos. Para além de trazer à luz um número considerável de fragmentos pertencentes à ode, Berardinelli também deu a conhecer duas versões incompletas do poema, para além de dois esquemas

3 Fernando Pessoa, *Obra completa de Álvaro de Campos*, Ed. Jerónimo Pizarro e António Cardiello, col. Jorge Uribe e Filipa Freitas, Colecção Pessoa, Lisboa: Tinta-da-china, 2014.

para a construção do mesmo: um mais pormenorizado e outro apenas com breves indicações (ver Figuras 9 e 10). Neste sentido, é indubitável que Berardinelli completou os elementos que estavam em falta nesta ode, para além de propor uma nova organização, diferente da que fora até então conhecida através da primeira edição. Servindo-se também das outras duas versões encontradas como auxílio para a sua proposta de reorganização, foi possível a Berardinelli corrigir a ordem de alguns papéis (e de alguns versos) que sustentou a edição de 1944.

Se a leitura dos datiloscritos, pela sua própria natureza, não levanta problemas substanciais, o mesmo não pode ser dito no que respeita aos manuscritos: para além de dificuldades inerentes à conservação dos papéis (muitos já desgastados) e aos suportes materiais utilizados pelo autor, um dos grandes desafios encontra-se na decifração da letra de Pessoa, geralmente muito complexa. Neste âmbito, a edição de Berardinelli também constituiu um contributo fundamental, através da publicação de manuscritos inéditos. Naturalmente, a leitura de um manuscrito está sempre sujeita a erros e a lacunas, de modo que as edições posteriores – incluindo a de Berardinelli em 1999 –[4] puderam corrigir e completar, por vezes, essas leituras.

Não é necessário analisar detidamente a construção da "Saudação a Walt Whitman" de 1990, uma vez que essa análise depende inteiramente da leitura da respectiva edição. Mas é necessário, todavia, indicar que Berardinelli teve por intuito a recriação integral e unitária da ode, de modo a aproximar-se de uma eventual vontade do autor manifesta nos seus esquemas:

> *O [fato de o poema] ter sido deixado inacabado e a significativa quantidade de textos experimentais – algo como o que em música se chama de variações sobre um mesmo tema, nos quais o poeta buscaria afinar o instrumento, até conseguir a nota desejada –, despertam o desejo de tentar completá-lo, em parte ao menos, tarefa em que é preciosa a existência de um projeto bastante elucidativo do poema [cf. Figura 9].*[5]

4 Fernando Pessoa, *Poemas de Álvaro de Campos*, Ed. Cleonice Berardinelli, Rio de Janeiro: Nova Fronteira, 1999.

5 Fernando Pessoa, *Poemas de Álvaro de Campos*, Ed. Cleonice Berardinelli, Edição Crítica de Fernando Pessoa, Série Maior, vol. II, p. 111.

A nosso ver, esquemas como este são mais um auxílio para pensar a organização da ode do que "instruções" para a reconstruir. Por este motivo, principalmente, a proposta de Berardinelli difere de algumas edições posteriores,[6] nas quais não se pretende dar uma forma a um poema que dela carece.

Na edição de Jerónimo Pizarro e António Cardiello, o esquema de Pessoa para a elaboração do seu poema serviu, também, como ponto de partida para orientar a ordenação dos fragmentos, mas estes foram considerados não como partes de um todo, mas como núcleos individuais, o que impediu qualquer tentativa de articulação de versos de diversas proveniências. Em confronto com as edições anteriores, e a par da análise dos suportes materiais dos documentos, que podem sugerir proximidade ou afastamento entre os mesmos (e sugerir uma datação), delineou-se a separação entre os fragmentos que fariam parte do poema (indicados por *a*, *b*, *c* etc.) e os que seriam publicados em anexo. A "Saudação a Walt Whitman" tem mais de trinta fragmentos datilografados e manuscritos identificados, de entre os quais alguns apresentam um estado claramente incompleto (poucos versos numa folha, vários conjuntos de versos separados por uma linha, ou repetição de versos encontrados noutros fragmentos, denotando variação da mesma parte etc.). Estes foram, por conseguinte, considerados textos suplementares do poema. Com os núcleos principais da ode, e usando o esquema de Pessoa, que definia mais ou menos explicitamente os principais temas e a ordem do poema, procurou-se formular e justificar uma hipótese de organização que resultou, no seu todo, diferente das que haviam sido propostas anteriormente.

A passagem das horas

"A passagem das horas" corresponde a outra das odes fragmentadas de Pessoa. Segundo uma carta de Mário de Sá-Carneiro,[7] Pessoa desejava incluir o poema no terceiro número de *Orpheu*, mas o fim precoce da revista e o estado inacabado da ode não permitiram realizar esse desejo. Deste modo, "A passagem

6 Fernando Pessoa, *Álvaro de Campos – livro de versos*, Ed. Teresa Rita Lopes, Lisboa: Estampa, 1993; *Álvaro de Campos – poesia*, Ed. Teresa Rita Lopes, 2ª. ed., Lisboa: Assírio & Alvim, 2013; *Obra completa de Álvaro de Campos*, Ed. Jerónimo Pizarro e António Cardiello, Lisboa: Tinta da China, 2012.

7 Mário de Sá-Carneiro, *Em ouro e alma. Correspondência com Fernando Pessoa*, Ed. Ricardo Vasconcelos e Jerónimo Pizarro, Lisboa: Tinta-da-china, 2015, p. 369.

das horas" também suscita problemas de edição, especialmente por Pessoa não ter deixado, neste caso, nenhum projeto sobre uma possível organização do poema. A datação aproximada dos fragmentos permite constatar que o poema teve o seu período áureo de desenvolvimento entre 1915 e 1916, e foi brevemente retomado em 1918 e 1923.

Antes da edição crítica de 1990, Berardinelli já tinha proposto uma organização do poema, em 1988, procurando conjugar os fragmentos soltos que o constituem numa ordem mais ou menos fluida, dividindo-o em duas partes. Esta divisão provém de um dos fragmentos ser encimado pelo número II, justificando, por isso, a escolha da editora. Esta edição crítica de 1988 trouxe, mais uma vez, o conhecimento de alguns trechos ainda inéditos e dos esquemas em que figura alguma menção ao poema. Também implicou a contestação da ordem assumida pela primeira edição, em 1944; e uma proposta de organização, defendida por Ivo Castro,[8] mas não adotada por editores posteriores, dado o seu caráter tendencialmente unitário. Na edição crítica da poesia de Álvaro de Campos, em 1990, Berardinelli não alterou a primeira ordenação proposta, reiterando, assim, o seu trabalho prévio.

"A passagem das horas" é constituída por 14 fragmentos, maioritariamente datilografados (apenas cinco são manuscritos). Em 1988 e 1990, Berardinelli tentou recriar a ode, procurando organizar os fragmentos através de aproximações temáticas:

> *Tomando conhecimento dos textos manuscritos inéditos, colhi duas informações: um tinha como subtítulo* "end of morning hymn", *o que significa que o Poeta inserira em* A passagem das horas *algo que se poderia chamar* Hino da manhã; *noutro havia a indicação:* "parte II", *a apontar para uma divisão do poema em duas partes. Com estas ideias em mente, procurei estabelecer um encadeamento semântico entre as folhas não obrigatoriamente, isto é, materialmente, ligadas entre si.*[9]

Vejam-se os pormenores das duas "informações" referidas nesta citação (ver Figuras 1 e 2:

8 Fernando Pessoa, *Álvaro de Campos – A passagem das horas*, Ed. Cleonice Berardinelli; nota prévia de Ivo Castro, Edição Crítica de Fernando Pessoa, vol. 0, Lisboa: INCM, 1988, p. x-xi.

9 Fernando Pessoa, *Álvaro de Campos – A passagem das horas*, Ed. Cleonice Berardinelli, p. 6-7.

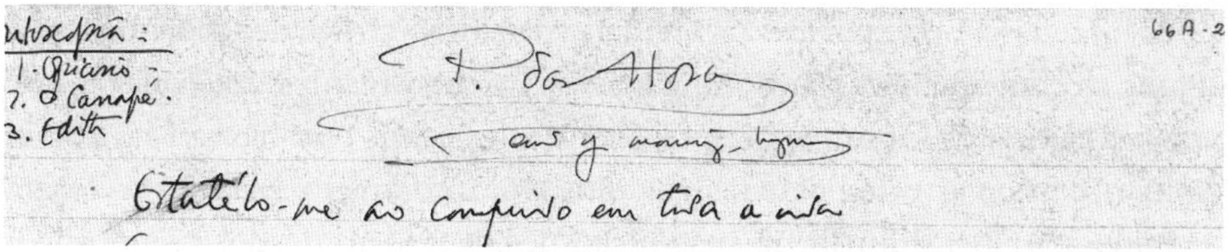

Fig. 1. BNP/E3, 66A-29r (pormenor)

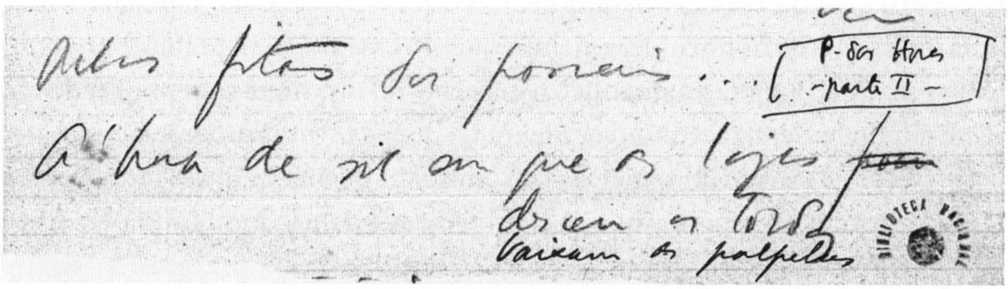

Fig. 2. BNP/E3, 71-24^{r} (pormenor)

Tendo em conta que o *encadeamento semântico* tinha sido predominante, em relação ao encadeamento material, no estabelecimento da ordem do poema, mas que o contrário também era possível, a edição de 2014 propôs uma organização diferente à de 1990, seguindo um caminho paralelo ao da "Saudação": fornecer núcleos separados e identificados (constituídos, por vezes, por mais de uma folha), dispostos cronologicamente, e partindo, sempre, da fragmentação inerente à ode, da análise dos materiais e da respectiva datação. Não se descuraram eventuais ligações semânticas, mas privilegiaram-se as unidades materiais, evitando a migração de fragmentos de uma folha para outra. Os textos suplementares (apenas dois) circunscreveram-se a dois escritos em estado mais inacabado (com apenas alguns versos em estado de esboço) em relação aos textos principais.

Ode marcial

A "Ode marcial" é o último grande poema do *Arco de Triumpho*, embora menos extenso do que as odes previamente mencionadas. Composta igualmente por fragmentos, de entre os quais apenas um foi publicado em 1944, pela Ática, a ode foi redescoberta por Berardinelli na sua edição crítica de 1990, que reúne alguns trechos inéditos e um esquema para a sua organização. Todavia, seis novos fragmentos foram posteriormente identificados por Teresa Rita Lopes, em 1993, como parte do poema, tornando-o mais completo. Estes textos foram incluídos por Berardinelli na sua edição de 1999, identificados como novos textos suplementares da "Ode marcial".

Contrariamente ao método empregue na "Saudação a Walt Whitman" e n'"A passagem das horas", Berardinelli não tentou, na "Ode marcial", recriar uma unidade com os novos fragmentos que encontrara, mas estabeleceu, como texto principal do poema, um núcleo diferente do que tinha sido publicado em 1944: um documento inédito (ver Figura 11) que se tornou então nuclear. A par deste trecho, Berardinelli remeteu para anexo do poema os quatro fragmentos que encontrara no espólio (outros três inéditos e aquele publicado pela Ática na primeira edição de Campos).

Mediante a reunião dos vários textos passíveis de integrar a ode que os editores anteriores identificaram e do projeto deixado por Fernando Pessoa, a edição crítica de 2014 propôs uma nova organização do poema, procurando manter o seu estado fragmentado, traduzido na separação por núcleos. Deste modo, e seguindo os princípios previamente referidos (análise dos materiais, elementos afins entre os fragmentos etc.), foram selecionados os trechos que poderiam ser incluídos em cada um dos pontos do esquema pessoano (ver Figura 11), e estudadas as características internas e externas ao texto (proximidade entre versos, conteúdo temático, identidade material). A par desta organização, os demais fragmentos foram incluídos nos textos suplementares, dado o seu caráter excessivamente incompleto ou as características materiais que sugeriam uma composição cronológica tardia em relação aos núcleos principais.

A organização das grandes odes de Campos é, por conseguinte, um trabalho que suscita questões e que justifica as diferenças entre as edições críticas, ora afastando, ora aproximando as escolhas dos editores. Dado o estado profundamente fragmentado da obra de Pessoa, a edição crítica fornece ao leitor o conhecimento de todos os elementos relativos aos originais, designadamente notas de aparato que permitem acompanhar o processo de escrita do autor. Todavia, o papel do editor é mais comprometedor quando tem de desempenhar, ainda, o papel de coautor. A vontade final de Pessoa em relação a muitas das suas criações poéticas não pode ser conhecida. Neste sentido, cada edição crítica da sua obra fragmentada é uma *possível leitura* dos textos e, por isso, nenhuma pode ser considerada definitiva.

Palavras finais

Uma forma de homenagear Cleonice Berardinelli parece-nos a de voltar a abrir a "arca" de Álvaro de Campos, a de voltar a colocar sobre a "mesa" do papel de um artigo alguns documentos que ela consultou nas décadas de 1980 e 1990 (e outros a que não teve acesso ou não identificou). Berardinelli foi pioneira na edição crítica de Álvaro de Campos e toda a edição posterior a 1990 é "devedora" dessa edição que inaugurou o projeto da edição crítica das obras pessoanas em Portugal. Os documentos seguintes, já referidos nas páginas anteriores, revelam as dificuldades que habitualmente deve vencer um editor de Fernando Pessoa: ler uma letra complexa, organizar conjuntos de textos num volume mais ou menos coeso e coerente, consultar os projetos "editoriais" (planos, esquemas etc.) desse autor de autores que foi Pessoa, datar criticamente os documentos do arquivo pessoano, estudar todos os testemunhos de uma composição e familiarizar-se com uma bibliografia vasta. Berardinelli ultrapassou estas dificuldades todas e contribuiu durante três décadas para o nosso conhecimento e compreensão de Álvaro de Campos, e não só. Com gratidão reconhecemos o seu labor e tornamos, neste artigo, mais visíveis alguns documentos que para ela foram fulcrais para propor uma determinada forma de editar as odes pertencentes ao *Arco de Triumpho*.

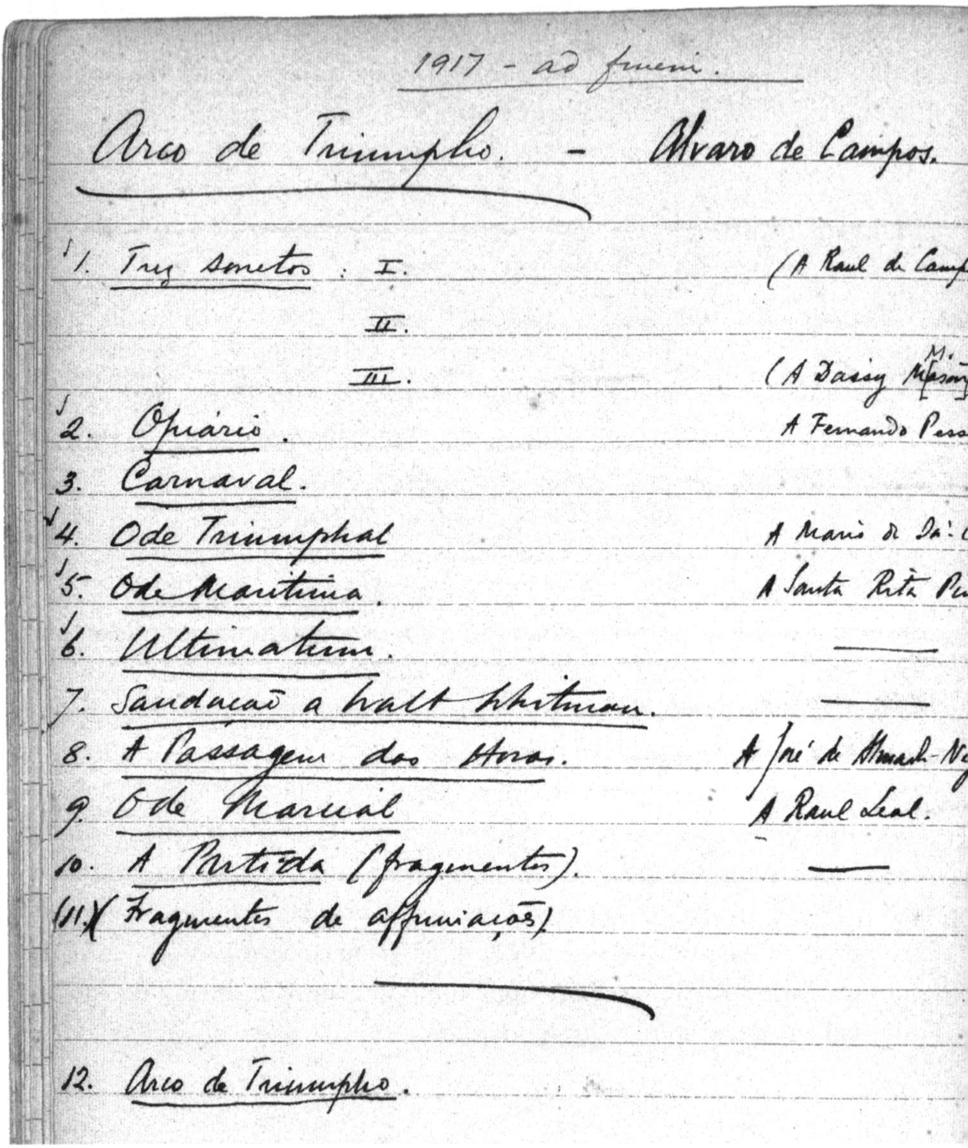

1917 – ad finem.

Arco de Triumpho. – Alvaro de Campos.

1. Tres sonetos: I. (A Raul de Camp
II.
III. (A Daisy M. Mason
2. Opiário. A Fernando Pess
3. Carnaval.
4. Ode Triumphal A Mario de Sá-C
5. Ode Maritima. A Santa Rita Pi
6. Ultimatum. ——
7. Saudação a Walt Whitman. ——
8. A Passagem das Horas. A José de Almada-Ne
9. Ode Marcial A Raul Leal.
10. A Partida (fragmentos). ——
11. (Fragmentos de affirmações)

12. Arco de Triumpho.

Fig. 3. BNP/E3, 144Y-62v (pormenor)

1917 – *ad finem*

Arco de Triumpho. – Alvaro de Campos.

1. *Trez sonetos*:	I. (A Raul de Campos.)
	II.
	III. (A Daisy M.)
2. *Opiario.*	A Fernando Pessoa.
3. *Carnaval.*	
4. *Ode Triumphal*	A Mario de Sá-Carneiro.
5. *Ode Maritima*	A Santa Rita Pintor.
6. *Ultimatum.*	
7. *Saudação a Walt Whitman.*	
8. *A Passagem das Horas.*	A José de Almada-Negreiros
9. *Ode Marcial*	A Raul Leal.
10. *A Partida* (fragmentos).	—
(11.) (Fragmentos de affirmações).	

12. *Arco de Triumpho.*

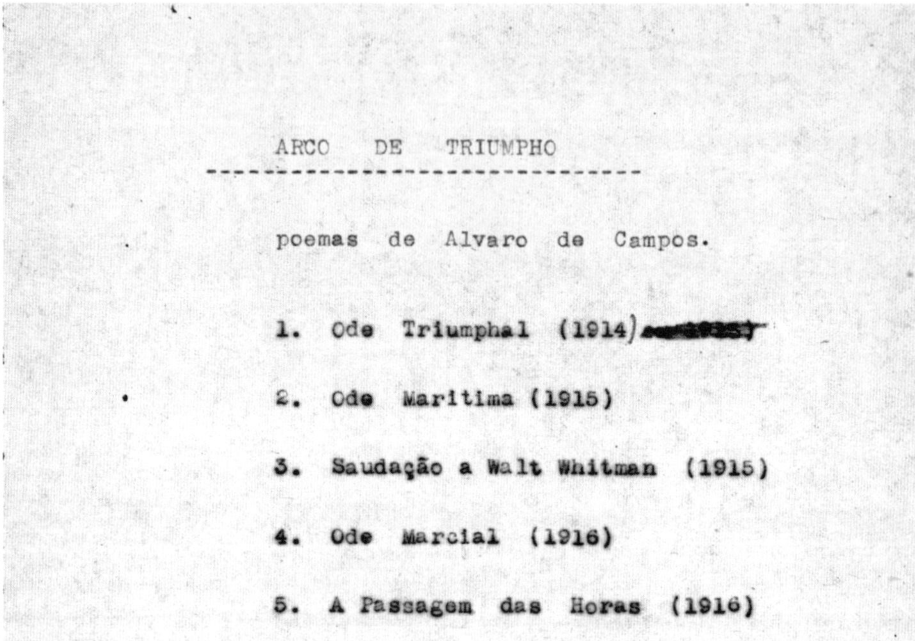
ARCO DE TRIUMPHO
----
poemas de Alvaro de Campos.

1. Ode Triumphal (1914)
2. Ode Maritima (1915)
3. Saudação a Walt Whitman (1915)
4. Ode Marcial (1916)
5. A Passagem das Horas (1916)

Fig. 4. BNP/E3, 48-28r (pormenor)

[*c.* 1925]

ARCO DE TRIUMPHO

----

poemas de Alvaro de Campos

1. Ode Triumphal (1914) ~~ou 1915)~~
2. Ode Maritima (1915)
3. Saudação a Walt Whitman (1915)
4. Ode Marcial (1916)
5. A Passagem das Horas (1916)

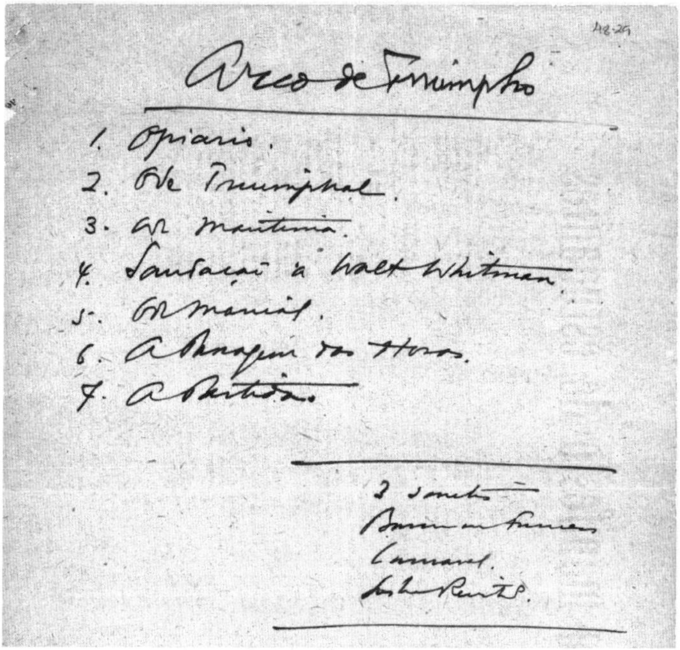

Fig. 5. BNP/E3, 48-29r (pormenor)

[*c.* 1930]

Arco de Triumpho
1. Opiario.
2. Ode Triumphal.
3. Ode Maritima.
4. Saudação a Walt Whitman.
5. Ode Marcial.
6. A Passagem das Horas.
7. A Partida.

---

3 sonetos
Barrow-on-Furness
Carnaval.
Lisbon Revisited.

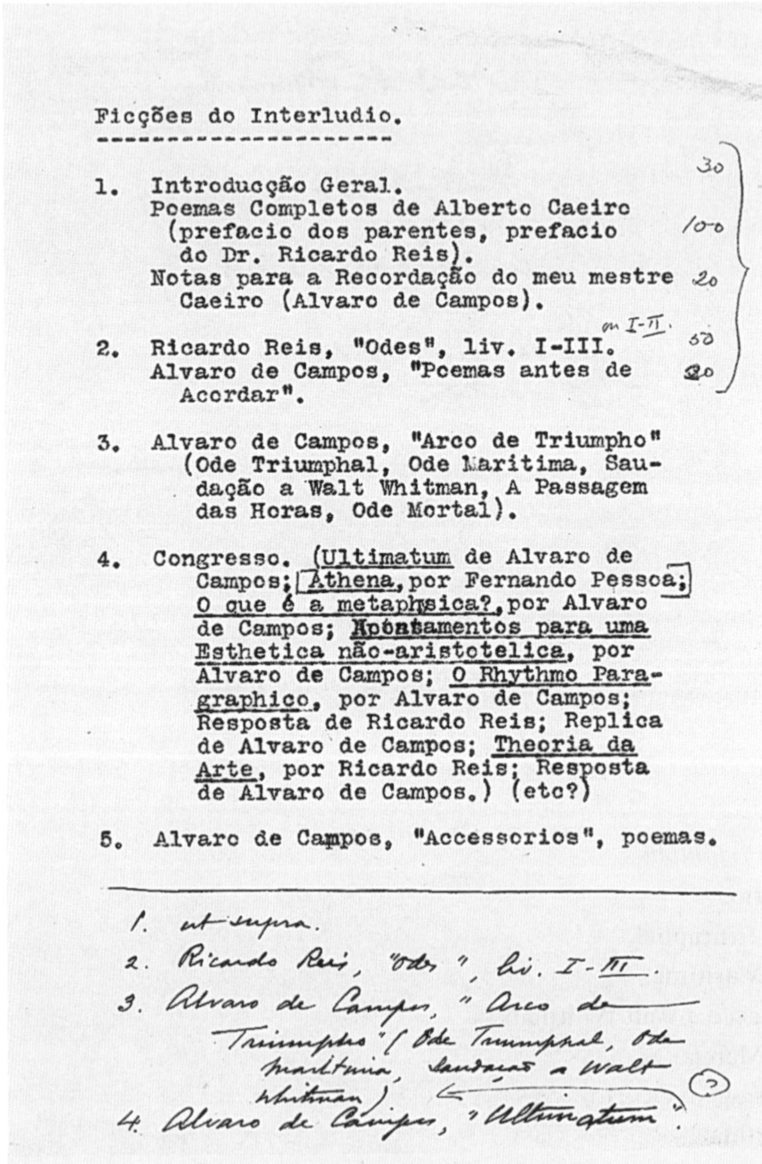

Ficções do Interludio.

1. Introducção Geral. 30
Poemas Completos de Alberto Caeiro (prefacio dos parentes, prefacio do Dr. Ricardo Reis). 100
Notas para a Recordação do meu mestre Caeiro (Alvaro de Campos). 20

2. Ricardo Reis, "Odes", liv. I-III. ou I-II. 30
Alvaro de Campos, "Poemas antes de Acordar". 20

3. Alvaro de Campos, "Arco de Triumpho" (Ode Triumphal, Ode Maritima, Saudação a Walt Whitman, A Passagem das Horas, Ode Mortal).

4. Congresso. (Ultimatum de Alvaro de Campos; Athena, por Fernando Pessoa; O que é a metaphysica?, por Alvaro de Campos; Apontamentos para uma Esthetica não-aristotelica, por Alvaro de Campos; O Rhythmo Paragraphico, por Alvaro de Campos; Resposta de Ricardo Reis; Replica de Alvaro de Campos; Theoria da Arte, por Ricardo Reis; Resposta de Alvaro de Campos.) (etc?)

5. Alvaro de Campos, "Accessorios", poemas.

1. ut supra.
2. Ricardo Reis, "Odes", liv. I-III.
3. Alvaro de Campos, "Arco de Triumpho" (Ode Triumphal, Ode Maritima, Saudação a Walt Whitman)
4. Alvaro de Campos, "Ultimatum".

Fig. 6. Sem cota

[1932?]
Ficções do Interludio.

----

1. Introducção Geral. 30
   Poemas Completos de Alberto Caeiro
   (prefacio dos parentes, prefacio 100
   do Dr. Ricardo Reis).
   Notas para a Recordação do meu mestre 20
   Caeiro (Alvaro de Campos).

2. Ricardo Reis, "Odes", liv. I-III. ou I-II. 50
   Alvaro de Campos, "Poemas antes de Acordar". 20

3. Alvaro de Campos, "Arco de Triumpho"
   (Ode Triumphal, Ode Maritima, Saudação a Walt
   Whitman, A Passagem das Horas, Ode Mortal).

4. Congresso. (*Ultimatum* de Alvaro de Campos; *Athena*, por Fernando Pessoa; *O que é a metaphysica?*, por Alvaro de Campos; *Apontamentos para uma Esthetica não-aristotelica*; por Alvaro de Campos; *O Rhythmo Paragraphico*, por Alvaro de Campos; Resposta de Ricardo Reis; Replica de Alvaro de Campos; *Theoria da Arte*, por Ricardo Reis; Resposta de Alvaro de Campos.) (etc?)

5. Alvaro de Campos, "Accessorios", poemas.

1. ut supra.
2. Ricardo Reis, "Odes", liv. I-III.
3. Alvaro de Campos, "Arco de
Triumpho" (Ode Triumphal, Ode
Maritima, Saudação a Walt
Whitman). ?
4. Alvaro de Campos, "Ultimatum".

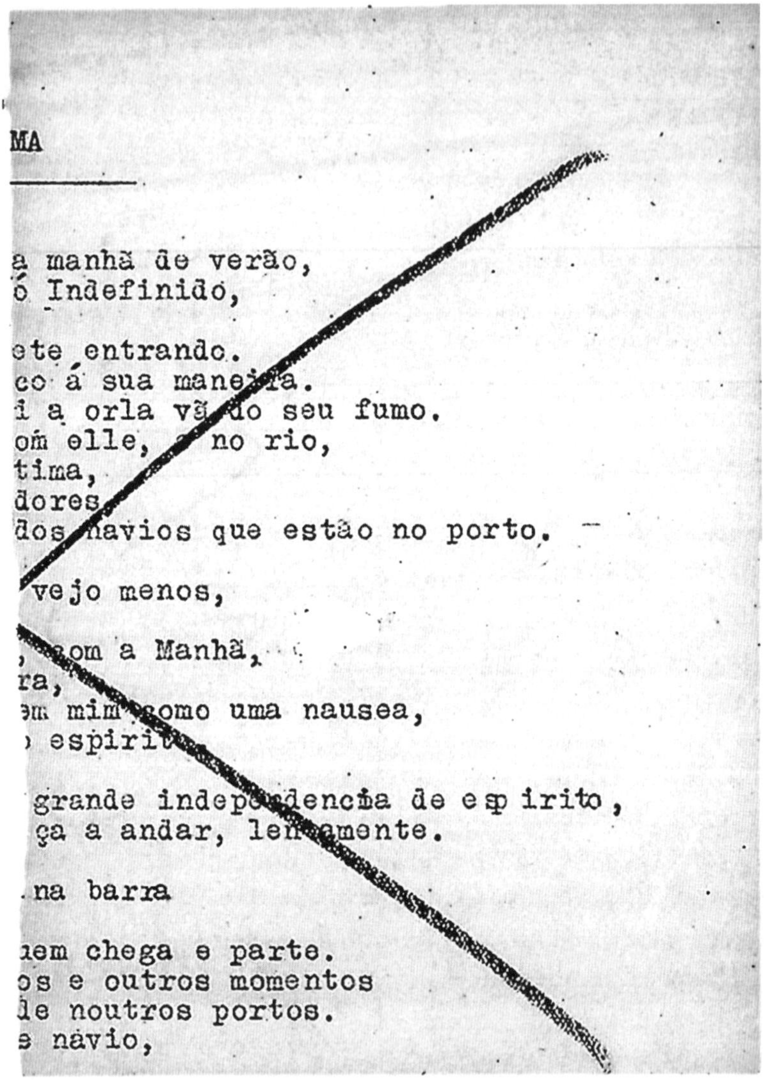
MA

a manhã de verão,
ó Indefinido,

ete entrando.
co á sua maneira.
i a orla vã do seu fumo.
om elle, no rio,
tima,
dores
dos navios que estão no porto.

vejo menos,

, com a Manhã,
ra,
em mim como uma nausea,
espirito.

grande independencia de espirito,
ça a andar, lentamente.

na barra

uem chega e parte.
os e outros momentos
de noutros portos.
e navio,

FIG. 7. BNP/E3, 66C-37v

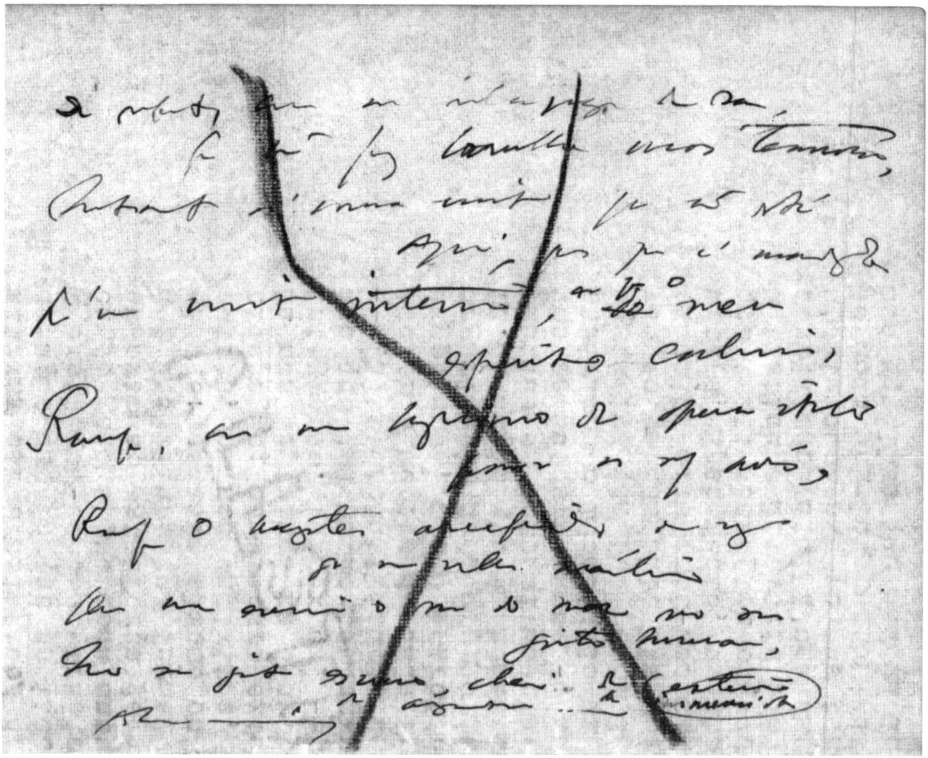

Fig. 8a. BNP/E3, 125-86v

De repente, como um relampago de som, que não faz barulho mas ternura,
Subitamente n'uma noite que não está aqui, pois que é madrugada.
N'uma noite interior, <do> [↑ em que o] meu espirito cahiu,
Rompe, como um lyrismo de opera *italo-francesa a n/ avós,
Rompe o mysterio arrepiado da voz de um velho marinheiro
Que me *escreve o som do mar no seu grito humano,
No seu grito escuro, cheio da extensão [↓ da immensidão] da angustia...
Aho

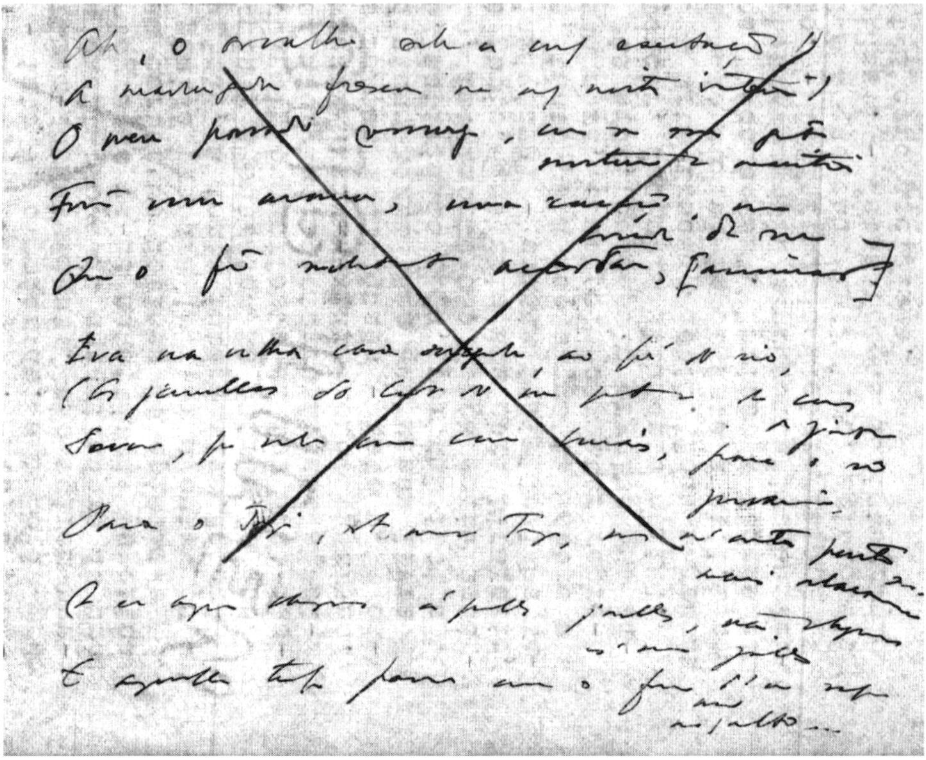

Fig. 8b. BNP/E3, 125-86^{v}

Ah, o orvalho sobre a m/ excitação!
A madrugada fresca na m/ noite interior!
O meu passado ressurge, como se esse grito nocturno e maritimo
Fôsse um aroma, uma canção, um brado de *ser
Que o fôsse subitamente acordar, (animar)

Era na velha casa socegada, ao pé do rio,
(As janellas do lado do meu quarto e da casa de jantar
Davam, por sobre umas casas baixas, para o rio proximo,
Para o Tejo, este mesmo Tejo, mas n'outro ponto, mais abaixo…
Se eu agora chegasse áquellas janellas, não chegava ás mesmas janellas
E aquelle tempo passou como o fumo d'um vapor no [↑ mar] alto…)

Fig. 8c. BNP/E3, 125-86^{v}

Uma inexplicavel ternura,
Um remorso comovido e lacrimoso,
Por todas aquellas victimas – principalmente as creanças –
Que me sonhei fazendo ao sonhar pirata antigo,
Uma ternura confusa, como um vidro embaciado, azulada,
Toca o fado na m/ pobre alma dolorida...
Ah, como pude eu pensar estas [↑ aquellas] cousas?
Que longe estou do que fui ha uns momentos!
Hysteria das sensações – ora estas, ora aquellas –
Agora que calma, que paz, que christianismo entram comigo,
E como na manhã que se ergue, o meu ouvido só escolhe
As cousas de acordo com esta emoção, o marulho das agoas,
O marulho leve das agoas do rio de encontro ao caes…
A vela passando perto do outro lado do rio,
Os montes longinquos, d'um azul japonez,
As casas de Almada,

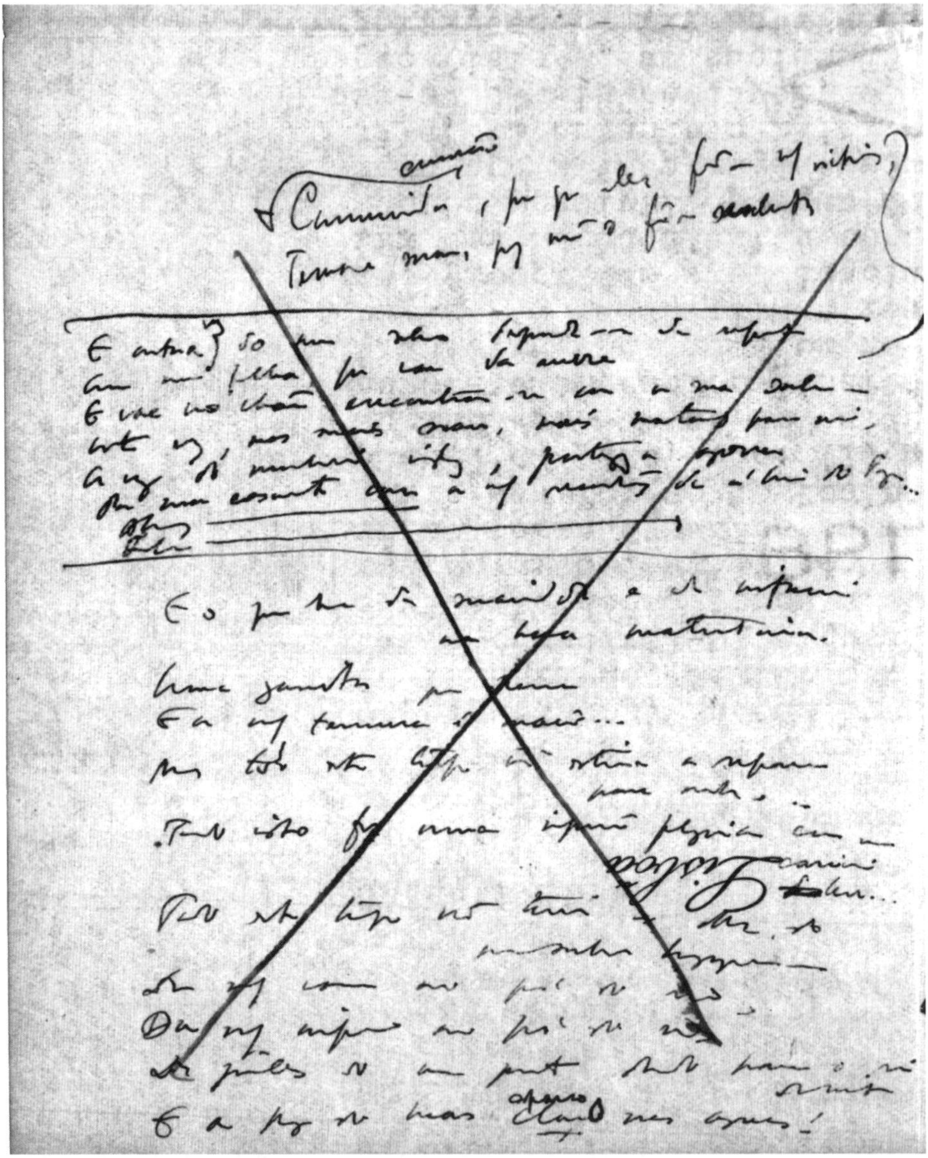

Fig. 8d. BNP/E3, 125-86[v]

E o que ha de suavidade e de infancia na hora matutina.
Uma gaivota que passa,
E a m/ ternura é maior...
Mas todo este tempo não estive a reparar para nada...
Tudo isto foi uma impressão physica como uma caricia <†> leve...
Todo este tempo não tirei os olhos do meu sonho longinquo...
Da m/ casa ao pé do rio,
Da m/ infancia ao pé do rio,
Das janellas do meu quarto dando para o rio de noite
E a paz do luar claro [↑ esparso] nas agoas![10]

10 Sob dois versos (657-658) que figuram na versão impressa da "Ode marítima": "[↑ emoção] Commovida, porque ellas fôram m/ victimas; / Terna e suave, porque não o fôram realmente;"; e sob oito versos que não passaram para essa versão, mas pertencem a mesma ode: "E outra do meu sonho depreende-se de repente / Como uma folha que cae da arvore / E vae no chão encontrar-se com a sua sombra... / Outra voz, mas mais suave, mais natural para mim, / A voz do marinheiro inglez, portugueza agora / Por um *casamento com a m/ recordação de á beira do Tejo... | Aho | Aho ".

146 *Orpheu — Vol. I — 1915*

Ah, o orvalho sobre a minha excitação!
O frescôr nocturno no meu oceano interior!
Eis tudo em mim de repente ante uma noite no mar
Cheia do enorme misterio humanissimo das ondas nocturnas.
A lua sobe no horizonte
E a minha infancia feliz acorda, como uma lágrima, em mim.
O meu passado ressurge, como se esse grito marítimo
Fôsse um arôma, uma voz, o eco duma canção
Que fôsse chamar ao meu passado
Por aquela felicidade que nunca mais tornarei a ter.

Era na velha casa socegada, ao pé do rio...
(As janelas do meu quarto, e as da casa de jantar tambem,
Davam, por sobre umas casas baixas, para o rio proximo,
Para o Tejo, este mesmo Tejo, mas noutro ponto, mais abaixo...
Se eu agora chegasse ás mesmas janelas não chegava ás mesmas janelas.
Aquêle tempo passou como o fumo dum vapôr no mar alto...)

Uma inexplicavel ternura,
Um remorso comovido e lacrimoso,
Por todas aquélas victimas — principalmente as crianças —
Que sonhei fazendo ao sonhar-me pirata antigo,
Emoção comovida, porque elas fôram minhas victimas;
Terna e suave, porque não o fôram realmente;
Uma ternura confusa, como um vidro embaciado, azulada,
Canta velhas canções na minha pobre alma dolorida.

Ah, como pude eu pensar, sonhar aquelas cousas?
Que longe estou do que fui ha uns momentos!
Histeria das sensações — ora estas, ora as opostas!
Na loura manhã que se ergue, como o meu ouvido só escolhe
As cousas de acôrdo com esta emoção — o marulho das ágoas,
O marulho leve das ágoas do rio de encontro ao cais...,
A vela passando perto do outro lado do rio,
Os montes longinquos, dum azul japonez,
As casas de Almada,
E o que ha de suavidade e de infancia na hora matutina!...

Uma gaivota que passa,
E a minha ternura é maior.

Mas todo este tempo não estive a reparar para nada.
Tudo isto foi uma impressão só da pele, como uma caricia.
Todo este tempo não tirei os olhos do meu sonho longinquo,
Da minha casa ao pé do rio,
Da minha infancia ao pé do rio,
Das janelas do meu quarto dando para o rio de noite,
E a paz do luar esparso nas ágoas!...

Fig. 8e. Orpheu 2, p. 146

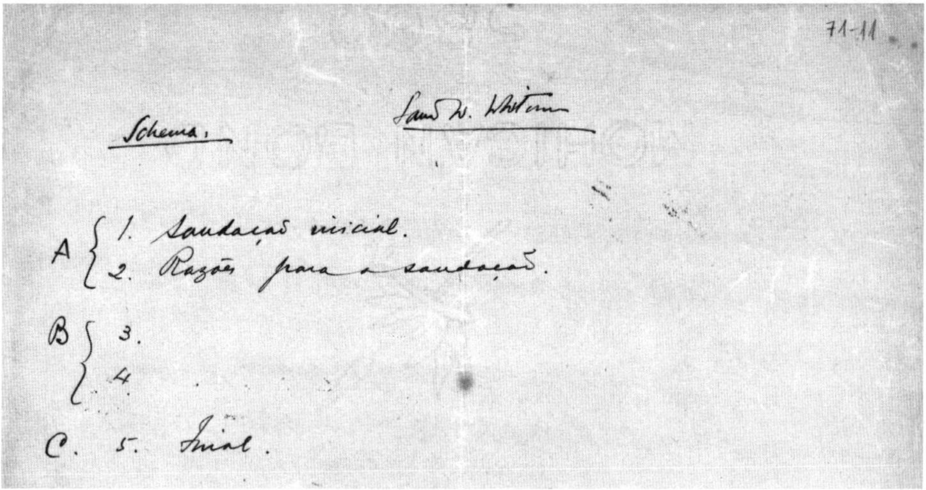

Fig. 9. BNP/E3, 71-11r (pormenor)

Schema: *Saud. W. Whitman*

A 1. Saudação inicial.
2. Razões para a saudação.

B 3.
4.

C. 5. Final

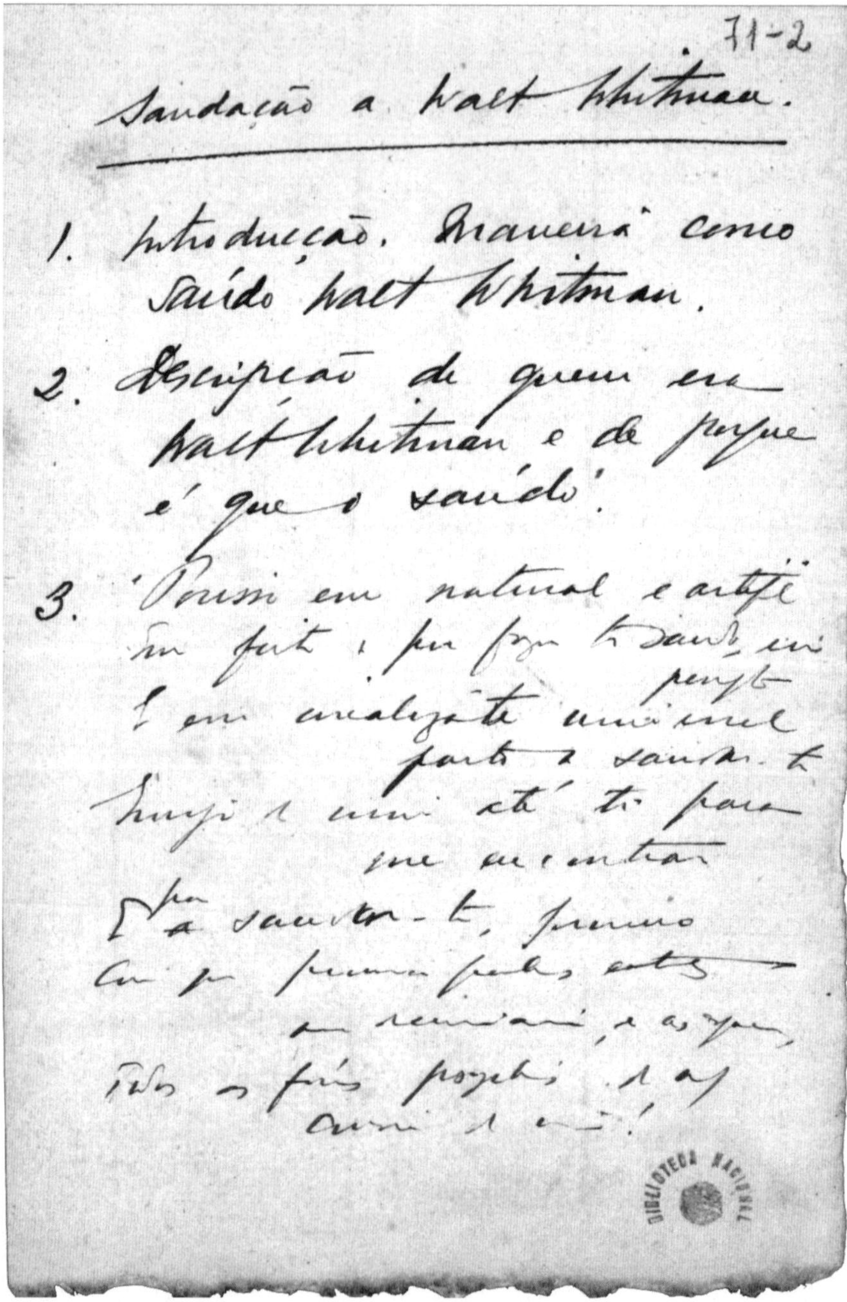

71-2

Saudação a Walt Whitman.

1. Introducção. Maneira como saúdo Walt Whitman.

2. Descripção de quem era Walt Whitman e de porque é que o saúdo.

3. [illegible]

Fig. 10a. BNP/E3, 71-2[r]

Saudação a Walt Whitman

1. Introducção. Maneira como
   saúdo Walt Whitman.
2. Descripção de quem era
   Walt Whitman e de porque
   é que o saúdo.
3. Porisso em natural e artificial
   Em feito e por fazer te saudo, em prompto
   E em irrealizante universal parto a saudar-te
   Emerjo de mim até ti para me encontrar
   E <a> [↑ pra] saudar-te, procuro
   Como quem procura palavras estranhas no diccionario, e as esquece,
   Todas as fórmas psychicas de m[inha] consciencia de mim!

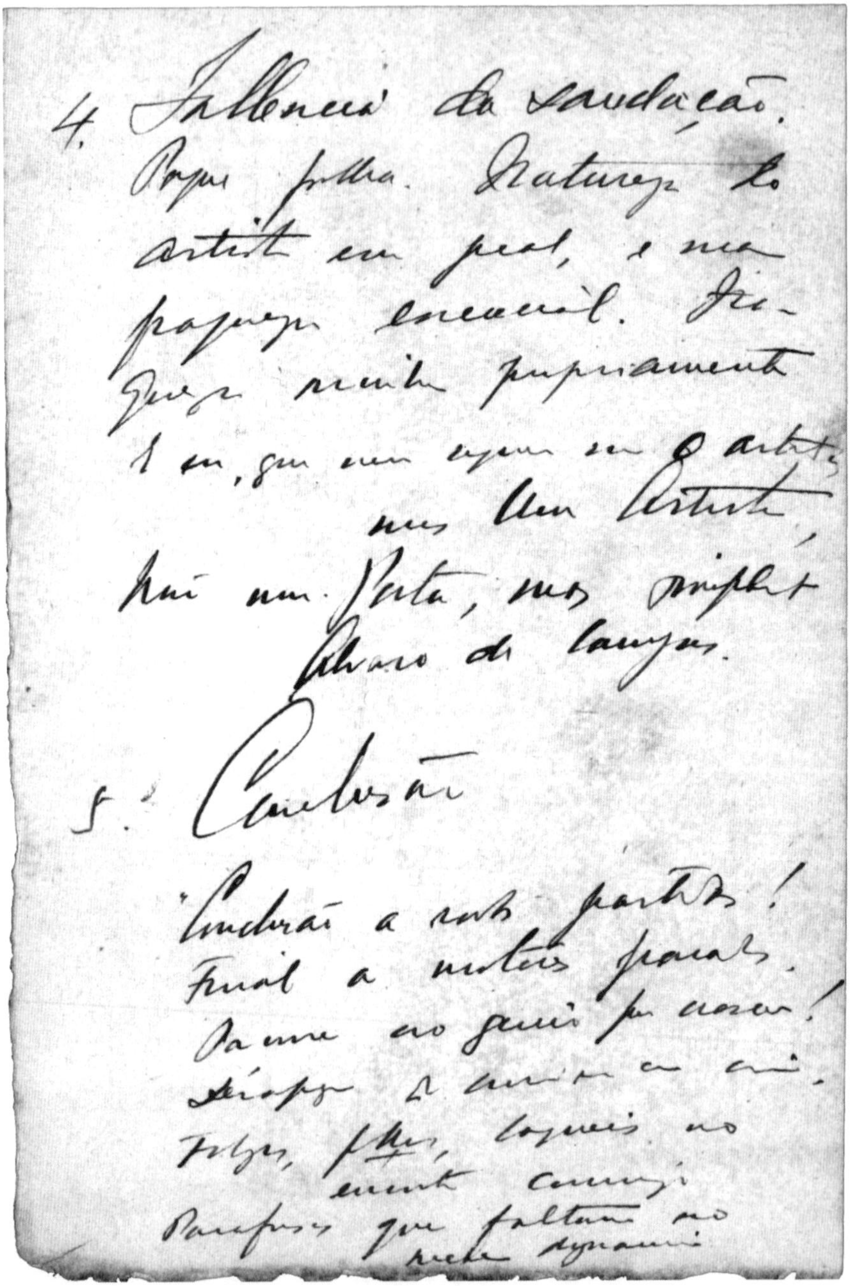

Fig. 10a. BNP/E3, 71-2[r]

4. Fallencia da saudação.
Porque falha. Natureza do
artista em geral, e sua
fraqueza essencial. Fra-
queza minha propriamente.
E eu, que nem sequer sou O Artista, mas Um Artista,
Não um Poeta, mas simplesmente Alvaro de Campos.

5. Conclusão.
Conclusão a rodas partidas!
Final a motores parados.
Panne no genio por nascer!
Dérapage da consciencia em mim,
Folgas, /falhas/, laqueio no encontro comigo
Parafusos que faltam no meu dynamismo.

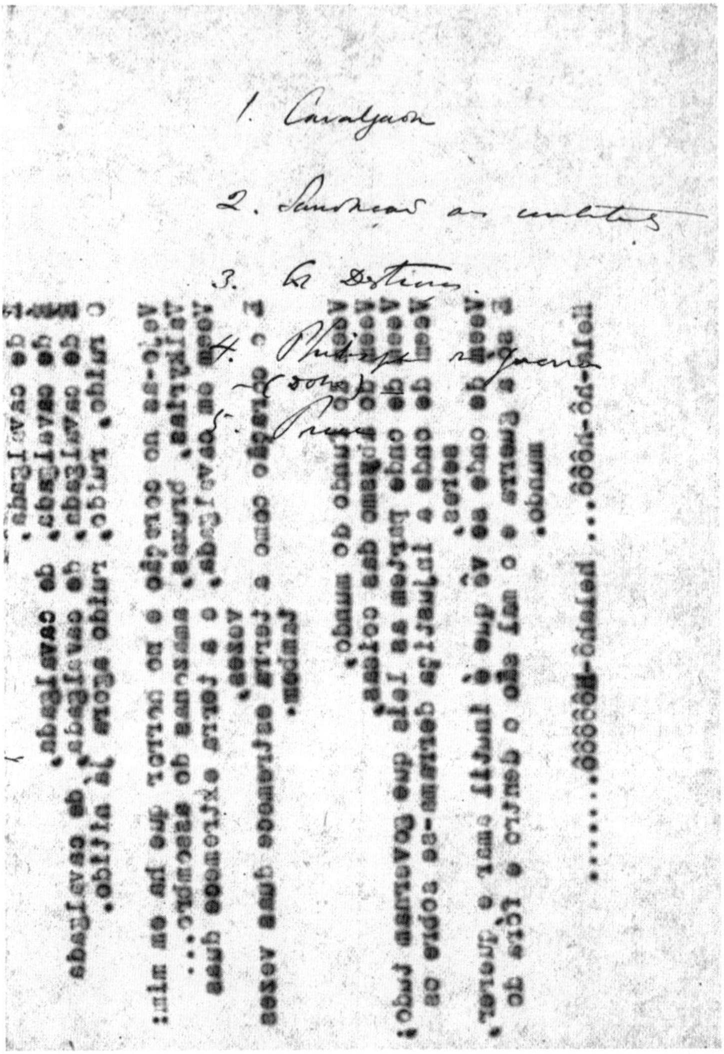

Fig. 11. BNP/E3, 71-1v (pormenor)

1. Cavalgada
2. Saudação aos combatentes
3. Os Destroços.
4. Philosophia da guerra – (Dobre) –
5. Prece.

João Dionísio
Conjecturas de Cleonice

No prefácio ao volume *Conjecturas e refutações*, Karl Popper explica como o progresso do conhecimento se realiza por intermédio de conjecturas, que depois são escrutinadas por tentativas de refutação. Podendo embora suplantar estes escrutínios, não podem as conjecturas ser "categoricamente justificadas", isto é, nem podem ser "demonstradas como indubitavelmente verdadeiras, nem mesmo como 'prováveis' (no sentido do cálculo de probabilidades)".[1] Para Popper, é a sua natureza crítica (ou seja, a indemonstrabilidade que lhes está associada) e progressiva (quer dizer, pertencerem a uma história do conhecimento) que faz do processo de conjecturar uma trave mestra da racionalidade do saber.

É do exercício da conjectura no campo da edição de Fernando Pessoa que tratam estes apontamentos.

Deve-se a Cleonice Berardinelli a responsabilidade pelo volume zero da edição crítica da obra de Fernando Pessoa, *A passagem das horas*, de Álvaro de Campos. Com este volume se anunciou em 1988 o projecto editorial que depois começaria com *Poemas de Álvaro de Campos*, também editado por Cleonice Berardinelli, e que tem continuado até ao presente (o mais recente volume, preparado pelo coordenador do projecto, Ivo Castro, diz respeito aos *Poemas de Alberto Caeiro*).[2] Ao longo de quase trinta anos foram sendo observados os princípios gerais de recenseamento de todos os testemunhos, da sua transcrição, da aplicação de um confronto entre eles com vista à determinação da última vontade autoral documentada e assim da constituição do texto com base na última lição conhecida. Esta linha de continuidade não impediu que algumas alterações mais ou menos contingentes fossem sendo introduzidas. Uma delas tem a ver com o que no início do projecto foi designado "aparato conjectural". Segundo a

João Dionísio é professor da Faculdade de Letras da Universidade de Lisboa.

1 Karl Popper, *Conjecturas e refutações*, Trad. Benedita Bettencourt, Coimbra: Almedina, 2003, p. 9.
2 Fernando Pessoa, *Poemas de Alberto Caeiro*, Ed. Ivo Castro, Lisboa: INCM, 2015.

explicação de Ivo Castro, este aparato destinar-se-ia ao registo das variantes de criação perante as quais o autor não chegou a escolher e que são "difíceis de destrinçar cronologicamente".[3] Quando, pouco mais tarde, Ivo Castro apresentou o modelo editorial adoptado na edição crítica de Pessoa, o aparato de conjecturas passara a designar-se simplesmente "Conjecturas" e a corresponder ao dispositivo "onde se arquivam todos os lugares em que o editor procedeu a emenda ou preencheu lacuna sem apoio em documentação textual ou em constatação do carácter recorrente ou mecânico do erro, mas fazendo uso exclusivo do seu engenho".[4] De facto, é este segundo sentido que prepondera já no livro de 1988, o que permite observar o cuidado de Cleonice Bernardinelli na técnica da emenda sem apoio documental. O que se segue é um digesto exemplificativo desta técnica nas edições antes mencionadas dos poemas de Álvaro de Campos, avançando de casos mais consensuais para casos de mais difícil abordagem.

Dado que a maior parte dos poemas atribuídos a Álvaro de Campos não foi publicada em vida e é frequente Fernando Pessoa só fixar a pontuação na etapa conclusiva da criação do texto, Cleonice Berardinelli intervém para introduzir marcas de pontuação. É o que se pode observar no verso seguinte (marco por [ ] a zona da intervenção): "Despi-me[,] entreguei-me,".[5] Outro campo de intervenção consiste na identificação de lacunas em zonas repetitivas do texto, frequentemente anafóricas. Assim: "Não sei se a vida é pouco ou de mais para mim. | Não [sei] se sinto de mais ou de menos, não sei | Se me falta escrúpulo espiritual, ponto-de-apoio na intelligencia,".[6] No v. 115 a ausência de forma verbal no lugar onde foi acrescentado "sei" daria origem a agramaticalidade.

Caso semelhante ao anterior pela percepção de estrutura de repetição, mas diferente porque convida a eliminação de parte do texto autógrafo tal como se encontra no testemunho, é o seguinte (marco por { } as letras excluídas por Cleonice Berardinelli): "Tu, que tiras o mundo ao mundo, tu{do} que és a paz,".[7] A conservação de "tudo", além de chocar por agramatical, colidiria com a orga-

3 Fernando Pessoa, *A passagem das horas*, de Álvaro de Campos, Ed. Cleonice Berardinelli, Lisboa: INCM, 1988, p. XII.

4 Ivo Castro, *Editar Pessoa*, Lisboa: INCM, 1990, p. 56.

5 Fernando Pessoa, op. cit., p. 14, v. 44.

6 Ibid., p. 17, v. 114-116; Fernando Pessoa, *Poemas de Álvaro de Campos*, Ed. Cleonice Berardinelli, Lisboa: INCM, 1990, p. 152, v. 114-116.

7 Fernando Pessoa, *A passagem das horas*, p. 19, v. 185; *Poemas de Álvaro de Campos*, p. 155, v. 185.

nização anafórica desta zona do poema, que prossegue "Tu que não existes, que és só a ausencia da luz, | Tu que não és uma cousa, um logar, uma essencia, uma vida". Também semelhante, mas com a estrutura de repetição a ter motivado lapso aparente corrigido por Cleonice Berardinelli, é a situação do último verso desta série: "Cavalgada alada de mim por cima de todas as cousas, | Cavalgada estalada de mim por baixo de todas as cousas, | Cavalgada alada e estalada de mim por cousa [*corrigido para* causa] de todas as cousas...".[8]

Já a troca inadvertida de letras está na origem de: "Eu, a creança no carro, que acena á sua inconsciência lucida com um coral [colar] com guizos".[9] É mais económico pensar que se acena com um colar do que com um coral de guizos. Suplementarmente, um pouco depois no mesmo poema,[10] Pessoa parece ter incorrido em nova troca de letras, embora desta vez a tenha sinalizado: "O logar (o largo) onde se encontram as duas ruas e os chauffeurs dormem contra os carros,". A estar certa esta interpretação, os parênteses marcariam, pois, não a alternativa preferida, mas a correcção de lapso antes cometido.

Estas e outras intervenções, tão discretas quanto necessárias, resultam da identificação de zonas de agramaticalidade ou de improbabilidade estilística que, em princípio, não podem ser explicadas como o resultado de uma deliberação por parte de Pessoa. Embora em absoluto incertas (e dotadas da natureza crítica que Popper reconhece nas conjecturas), intervenções deste género baseiam-se na percepção de um padrão (de uso do sistema linguístico) interrompido sem motivação aparente, sendo a reposição do padrão mais económica do que a conservação do que o interrompe.

Por vezes, entretanto, o critério de economia afigura-se insuficiente para uma tomada de posição segura, como se vê no v. 126 de "Passagem das Horas [II]": "Absolutamente rôto por me roçar contra s cousas". Que fazer daquele *s* que indicia o determinante "as"? Emenda-se no sentido de introduzir o determinante que não foi introduzido por lapso ou suprime-se a letra à conta de distracção? Cleonice Berardinelli convoca o contexto para chegar à identificação de um padrão de que o determinante está ausente (e com base nessa

8 Fernando Pessoa, *A passagem das horas*, p. 24, v. 329-331; *Poemas de Álvaro de Campos*, p. 159, v. 329-331.

9 Fernando Pessoa, *Poemas de Álvaro de Campos*, p. 164, v. 34.

10 Ibid., v. 43.

ausência eliminou o *s*): "Absolutamente rôto por me roçar contra {s} cousas, | Ferido na bocca por morder cousas, | Com as unhas em sangue por me agarrar a cousas,".[11] De modo semelhante ao que se verificou atrás, a conjectura baseia-se no alargamento do campo de observação aos versos vizinhos de forma a fixar um comportamento predominante.

Uma zona de intervenção mais incerta tem a ver com a presença de sinais de início e fecho de passo (aspas, parênteses) que ou marcam começo sem que o fim do passo seja assinalado ou inversamente assinalam a conclusão sem que o início esteja marcado. Em teoria, estes sinais incompletos podem ser interpretados como um indício de desatenção (por exemplo, o trecho parentético não ter sido fechado devido a distracção por parte do autor) ou como um indício de que o autor prescindira desta forma de escrita. A decisão de Cleonice Berardinelli por uma destas interpretações, que aproxima a situação da primeira acepção dada ao aparato conjectural, é baseada na leitura cuidadosa do texto. Assim, o seguinte acrescento: "Ó parte externa de mim perdida em labyrinthos de Deus![)]"[12] decorre da percepção de que *a passagem das horas* é interrompida no seu fluxo por uma mudança de tom causada pelo aparecimento de dois novos interlocutores expressos, Freddie e Mary, aos quais o sujeito se dirige numa estrofe começada com parênteses. O v. 69, já fora deste excurso, retoma aquele fluxo.[13]

Caso aparentado é o da ocorrência de dois parênteses de fecho para apenas um de início. No poema de difícil transcrição cujo *incipit* é "Carnaval*", o v. 16 apresenta-se assim: "(Sempre /*alegria/) de varias pessoas)". Como a quadra onde este verso se insere está insuficientemente decifrada, não é possível recorrer a princípios de coesão semântica para ver, de acordo com o texto nela contido, se faz mais sentido fechar os parênteses depois da segunda palavra ou depois do fim do verso. Nestas circunstâncias, o raciocínio de Cleonice Berardinelli consiste em interpretar a sucessão de parênteses de fecho como uma hesitação do autor. De acordo com o critério adoptado pela Equipa Pessoa para situações deste género, escolhe-se a última variante e parece mais económico ver no segundo parêntese de fecho a variante mais recente. E foi esta a decisão da editora.[14]

11 Ibid., p. 167, v. 126-128.

12 Fernando Pessoa, *A passagem das horas*, p. 15, v. 68.

13 Cf. também Fernando Pessoa, *Poemas de Álvaro de Campos*, p. 150, v. 55, a p. 151, v. 68.

14 Ibid., p. 65.

Outra zona de intervenção incerta, e cujo âmbito também a coloca próxima do primeiro sentido atribuído a este aparato de conjecturas, é a respeitante a passos onde Pessoa assinala uma das palavras, sendo que o verso é viável quer com essa palavra quer sem ela: "E misturar-se com {a} terra até sujar o fato e o cabelo…".[15] A conjectura depende da interpretação do sinal de parênteses que envolve o determinante. Trata-se de sinal de preferência ou de exclusão? Cleonice Berardinelli prescinde do determinante neste verso, mas em geral interpreta os parênteses em circunstâncias afins como um marcador de preferência. Disto mesmo é exemplo o seu procedimento na fixação de "Saudação a Walt Whitman",[16] com a alternativa parentética adoptada no lugar da redacção inicial. Note-se que Cleonice Berardinelli explica como o uso de parênteses por parte de Pessoa na qualidade de marcador parece estar sujeito a uma gama de usos diversificada.[17] Na ausência de um estudo sistemático sobre este uso e sobre a sua variação, o editor parece ter de conformar-se ao recurso à conjectura sem rede, o que José Van Den Besselaar chamou o "último remédio em matéria filológica", como Cleonice Berardinelli apropriadamente destacou.[18]

Estes, e outros, casos ilustram o comportamento editorial de Cleonice Berardinelli num grau interventivo mais assertivo do que fez, por exemplo, com o texto quinhentista do *Auto de Vicente Anes Joeira*.[19] Mas, claro está, trata-se de um grau bem menos interventivo do que a projecção às vezes forte da interpretação literária em gestos editoriais, também documentado na sua edição de Álvaro de Campos. É neste nível intermédio, de discretas medidas, que se manifesta sobremaneira a sensibilidade e o bom senso de Cleonice Berardinelli, a demonstrar que o território da conjectura vai desde os primeiros aos últimos remédios.

15 Fernando Pessoa, *A passagem das horas*, p. 22, v. 276.

16 Fernando Pessoa, *Poemas de Álvaro de Campos*, p. 118 e 120, v. 8 e 54.

17 Ibid., p. 118, nota.

18 Cleonice Berardinelli, "Recensão a António Vieira, *História do Futuro* (Livro Anteprimeiro), Edição crítica prefaciada e comentada por José van den Besselaar, Aschendorffsche Verlagsbuchhandlung, Münster Westfalen, 1976", *Colóquio-Letras* n. 45, set. 1978, p. 85.

19 *Auto de Vicente Anes Joeira*, Ed. Cleonice Berardinelli, Rio de Janeiro: Instituto Nacional do Livro/ Ministério da Educação e Cultura, 1963.

Jorge Fernandes da Silveira

Agora tu, Cleonice, me ensina

Para Margarida Alves Ferreira, obrigado d'amor e d'amizade.

Graças sejam dadas ao rei e ao censor! A eles devemos o estar ainda falando de uma obra que o tempo não envelhece. À distância de mais de quatro séculos, apraz-me interpelar um e outro, à espera de que me respondam — ou não.

— *Cleonice Berardinelli, "De censores e de censura",* Estudos camonianos

Mas, se evoluímos, é porque andamos a erguer um ponto de interrogação como estandarte. O ponto de interrogação é a verdadeira bandeira do homem. É preciso esquecer os países, as fronteiras, as certezas. O futuro é uma pergunta. Se há um terrorismo eficaz, que valha a pena, é perguntar.

— Afonso Cruz, *Para onde vão os guarda-chuvas*

CENTRALIZADO EM "A ÉPICA", PRIMEIRA SEÇÃO DOS *ESTUDOS camonianos*, de Cleonice Berardinelli,[1] o ensaio desenvolve a hipótese de que a atenção da estudiosa à estrutura da epopeia clássica é a via de leitura para que n'*Os Lusíadas*, de Luís de Camões, sejam apreendidos os fundamentos do passado e, sobretudo, possam ser aprendidos os princípios de uma escrita nova. Manifesto de forma original nos "excursos" do poeta, esse caminho de mão dupla encontra na troca de discursos entre o nobre capitão, Vasco da Gama, e a horrenda criatura, o monstro, a sua mais alta expressão. Trata-se do célebre episódio do Adamas-

Jorge Fernandes da Silveira é professor emérito da Universidade Federal do Rio de Janeiro (UFRJ).

1 Cleonice Berardinelli, *Estudos camonianos*, 2ª ed. revista e ampliada, Rio de Janeiro: Nova Fronteira, 2000.

tor, peça de admirável leitura na primeira parte da coletânea e, em suma, a que interessa mais ao desenvolvimento e, é claro, à conclusão do ensaio.

Desde o esclarecido censor Frei Bartolameu Ferreira, que no século XVI liberou o erotismo de deuses pagãos, reconhecendo-lhe um contexto ficcional épico-renascentista, passando por ensaístas contemporâneos como António José Saraiva ou Jorge de Sena, que por razões diferentes lhe assinalam o espírito dialético-revolucionário, o escritor bem merece o prêmio de encontrar notáveis leitores no "discurso" dos seus anos. Cleonice Berardinelli, nestes *Estudos camonianos*, levanta-se firme na companhia desses intérpretes, atenta aos seus sinais sem deixar, porém, de nos apontar outros sentidos, *porque*, e inverto o sinal negativo de famoso verso, *quem sabe arte a estima*. Com engenho e gosto, a estudiosa bebe na fonte da tradição ao demonstrar que uma leitura rigorosa da estrutura épica há de sempre ser indispensável para que lhe sejam reconhecidos os valores antigos e, prospectivamente, venham a ser descobertos os investimentos numa escrita nova, em que sobressaem o conhecimento do herói moderno na figuração de Vasco da Gama e a revelação dos vários narradores vinculados a um único ponto de vista, cada vez mais observados nos "excursos", ou seja, os juízos e sentenças, do poeta. Mas não só do épico vive o volume.[2] Há mais duas seções — "A lírica" e "O teatro" —, além de um "Apêndice" e das referências bibliográficas, "Obras citadas". O privilégio dado à primeira seção justifica-se pelo nosso interesse n'*Os Lusíadas* como matéria de ensino e pesquisa, seja na Pós-Graduação da UFRJ ou na investigação em curso no CNPq, "O retorno do épico". Sem descuidar do meu amado poeta lírico, dedico-me aqui aos oito admiráveis estudos: "A estrutura d'*Os Lusíadas*", "Os excursos do Poeta n'*Os Lusíadas*", "Ourique, Salado e Aljubarrota", "Uma leitura do Adamastor", "Por mares tantas vezes navegados", "Microleituras camonianas", "De censores e de censura", "*Os Lusíadas* e *Mensagem*: um jogo intertextual".

Como aprendiz declarado da mestra, sem espaço para uma leitura exaustiva dos textos, faço o que gosto e julgo saber fazer: um jogo intertextual entre eles, partindo de mote explícito. Dividido em quatro partes, o ensaio, cujo título é, obviamente, uma apropriação afetiva do verso "Agora tu, Calíope, me ensina" (III,1,1),

2 Até aqui, no segundo parágrafo do ensaio, com algumas alterações, sigo as orelhas da segunda edição dos *Estudos camonianos*.

desenvolve-se como se fosse um diálogo entre duas pessoas que partilham um bem comum: o amor pela obra de Luís Vaz de Camões, considerando a *Condição Humanista*[3] do poeta do e no seu tempo: século XVI, o Renascimento português.

Enunciada a hipótese de matéria em discussão, resultante da leitura do *Estudo* em pauta, os interlocutores, a estudiosa e o ensaísta, dão início à conversação.

I. A Condição Humanista do discurso: ser questionador pela palavra numa época de crise:

a) De Saraiva nos distanciamos um pouco mais: não aceitando o desdém humanístico de Camões pelo "vulgo" (como já vimos), nem que Camões cante uma matéria "com a qual de modo algum se identifica" (por motivo semelhante ao que acabamos de expor, referindo-nos a Hernâni Cidade), nem tampouco que o "reservar constantemente a sua liberdade de juízo" deva-o o poeta ao fato de ser um humanista. Falta-nos justificar esta última divergência e esperamos que, fazendo-o, esclareçamos conclusivamente o ponto de vista que foi sendo apresentado ao longo de toda a exposição. A liberdade de juízo que Camões patenteia na epopeia lhe vem, em parte, de sua qualidade de humanista, mas também, e sobretudo, da de homem inserido numa época de crise, capaz de avaliar a grandeza do esforço realizado, identificando-se com ele no que encerra de afirmativo do homem superador da própria condição, mas capaz também de enxergar-lhe o outro lado, o que irrompe dos relatos da história trágico-marítima; capaz de sentir que o grande momento de Portugal já passou, mas existiu, em toda a plenitude da empresa que utilizou o homem integral — o da ciência, da técnica e da ação. Essa liberdade de juízo, porém, poderia não ter sido conservada pelo poeta que criava uma epopeia — narrativa de feitos positivamente apresentados, sem questionamento, destinada à exaltação de um povo. E aqui está uma das ra-

3 "Uma filosofia da humanidade se distingue de uma filosofia do homem pela sua insistência sobre o fato de que não o Homem falando consigo mesmo no diálogo da solidão, mas os homens falando e comunicando-se entre si habitam a Terra." (Hannah Arendt, *Homens em tempos sombrios*, Trad. Denise Bottmann, São Paulo: Companhia de Bolso, 2010, p. 100)

zões da grandeza do poema que à medida que se faz, questiona não somente o contexto que utiliza, mas o próprio enunciado que consagra este contexto. A matéria épica, apesar da visão crítica do Poeta, apesar das tremendas acusações do Velho do Restelo, permanece válida mas não indiscutida: há pelo menos duas verdades possíveis.[4]

b) A essa leitura ocorrem-me alguns juízos negativos que se têm feito sobre os heróis d'*Os Lusíadas*, sobretudo os de António José Saraiva, mestre que muito respeito, mas de quem eventualmente divirjo (ou divergi, pois não conheço sua posição atual a este respeito, estando a citar obra sua de 1960). Diz ele, reiterando opinião expressa anos antes: [...][5] tais protagonistas [os navegantes portugueses] não existem, uma vez que não passam de bonifrates [...]. Realmente, *não vemos o Gama arriscar-se e agir*, nem molhar-se na água,[6] nem desenredar-se de intrigas, *nem manchar-se de sangue* [...]. O Gama de Camões nem figura chega a ser, de apagado e incaracterístico que é. Move-se hieraticamente, *como se seguisse um rígido protocolo* [...] (Grifos meus). É pouco apropriado, a meu ver o confronto entre Vasco da Gama e Eneias, menos ainda entre o português e o grego. Os protagonistas das epopeias antigas são senhores de si. Acima deles, só as divindades que os defendem ou atacam. Vasco da Gama é um funcionário do rei, incumbido por este de uma missão: "levar a seu Rei um sinal certo/ Do mundo que deixava descoberto." (VIII, 56, 7-8). Sua virtude maior deverá ser, porventura, a obediência. (...) Eu diria que, tal como a obediência marca Vasco da Gama homem público, a sensibilidade caracteriza-o como indivíduo, humaníssimo em suas reações emotivas, que não se acanha em dizer que chorou e pode voltar a chorar.[7]

Respectivamente, os recortes a e b do enunciado I pertencem aos estudos "Os excursos do Poeta n'*Os Lusíadas*" e "Por mares tantas vezes navegados".

4 Cleonice Berardinelli, op. cit., p. 54.55.

5 Os cortes entre colchetes [...] são da Autora; os entre parênteses (...), meus. Tomei a liberdade de unir os parágrafos num só conjunto.

6 Na "imagem dialética" do Gama (ver nota 9), entre o imaginário afetivo e a memória histórica das conquistas, Mário Cláudio, com um toque de graça, bota mais sal no já anedótico "ó mar salgado portuguez": "E inquiria [um miúdo, dos seus sete anos], do avozinho perplexo, que o arrastava, em direção à beira-rio: "Ó Bubu, o Vasco da Gama gostava de lavar os pés?" (Mário Cláudio, *Tocata para dois clarins*, Lisboa: Dom Quixote, 1992, p. 178).

7 Cleonice Berardinelli, op. cit., p. 86-87.

Entre eles, a matéria de interesse: a identidade de Camões, a sua "qualidade de humanista". Para Cleonice é uma virtude, pela reivindicação do que lhe é próprio como um homem do e no seu tempo, ou seja, a "liberdade de juízo", o livre-arbítrio, que a sua condição lhe faculta. Para Saraiva, uma contradição, um desacerto identitário pelas mesmas razões vistas como positivas pela Estudiosa. Uma batalha entre gigantes: de um lado, o Amor à maneira clássica de Camões nos seus (des)concertados sonetos e canções; do outro, o "desdém", à maneira medieval de uma cantiga de maldizer, um sirventês talvez. Olímpica peleja em que se recorre em boa hora ao justo árbitro, pois o que está em jogo é a principal das teses de António José Saraiva contra *Os Lusíadas* de Luís Vaz de Camões: a "contradição central", o mal do poema está na impossibilidade do Poeta de fazer do seu canto épico um objeto radicalmente moderno, pois canta a matéria nova com intérprete e instrumento velhos, ou, nas suas próprias palavras, Camões

não se distanciou suficientemente do ideal cavaleiresco para lhe fazer a crítica, o que o coloca na situação de aparecer um pouco como um Quixote que faz literatura como o outro investia gigantes. Mas a sua sensibilidade de renascentista é entranhadamente incompatível com os valores cavaleirescos de que sente o vazio. Desta forma, também ele se desajusta à sua época. Esse desajustamento dá lugar a uma tentativa de superação estética, que se traduz na incongruência – à primeira vista puramente formal – entre a estrutura mitológica do poema e o seu enunciado cristiano-feudal.[8]

Com o propósito declarado de dar resposta ao interpelado (ver epígrafe), a Estudiosa passa a limpo o tal "problema central" do poema. Repito o já citado: "E aqui está uma das razões da grandeza do poema que, à medida que se faz, questiona não somente o contexto que utiliza, mas o próprio enunciado que consagra este contexto."

Logo, é preciso primeiro compreender e depois julgar o que está em questão: *o Gama de Camões é versus o Gama de Camões não é*. Falsa questão? Avançando pela alínea b do mote I, a meu ver, o Gama humanista de Camões é uma "figura" de

8 António José Saraiva, *Para a história da cultura em Portugal*, 3ª ed. Lisboa: Europa-América, vol. 2, 1972, p. 181.

escrita e, logo, não é para se ver, é para se ler.[9] Como nesta "cena fulgor audível",[10] o diálogo entre o Vasco da Gama (Vê Gama) e o Camões (Comuns) segundo Maria Gabriela Llansol: "— Eu já te tinha visto antes. — Sim, eu também, eu já o tinha escrito antes."[11] Se, pela mão de Cleonice, nos guiássemos pelo sábio alvará do Frei censor em sentido ao magnífico acidente poético da beguina Llansol, muitas das falsas índias por descobrir teriam já sido descartadas do mapa lusíada contemporâneo. Não condenar ou punir à partida, pois. Mas sim compreender o sentido no poema daquele "bonifrate" que "nem figura chega a ser". A vontade de dar ouvido ao eco machadiano no traço sarcástico anti-Eça na imagem do retórico "títere" camoniano fica para outra aventura. Qual Ulisses, à sua maneira astuciosa, a surdez de Saraiva à modernidade — por ele uma vez apontada no canto, naquela que é a sua primeira tese, justamente a respeito da novidade

9 Sujeito e/ou objeto de discurso, o Gama é já figura comum na Literatura Portuguesa, como ilustram os exemplos de Mário Cláudio, Maria Gabriela Llansol e Afonso Cruz.

10 "O meu texto não avança por desenvolvimentos temáticos, nem por enredo, mas segue o fio que liga as diferentes cenas fulgor. Há assim unidade, mesmo se aparentemente não há lógica, porque eu não sei antecipadamente o que cada cena fulgor contém. O seu núcleo pode ser uma imagem, ou um pensamento, ou um sentimento afectivo, num diálogo." (Maria Gabriela Llansol, *Da sebe ao ser*, Lisboa: Rolim, 1988, p. 140). Ou, como diz Hannah Arendt, em textos sobre o conceito de humanidade e cidadania mundial de Karl Jaspers, seu mestre: "É o âmbito da *humanitas*, ao qual todos podem vir a partir de suas origens pessoais. Os que nele se introduzem reconhecem-se mutuamente, pois então são como centelhas, brilhando num fulgor mais luminoso, apagando-se até a invisibilidade, alternando-se em movimento constante. As centelhas se veem umas às outras, e cada uma fulgura com mais brilho, pois vê as outras e pode esperar que elas a vejam." (Hannah Arendt, op. cit., p. 89); "Nessa comunicação universal, que se mantém reunida pela experiência existencial do filósofo presente [atual, em outras traduções], todos os conteúdos metafísicos dogmáticos se dissolvem em processos e correntes de pensamento que, devido à sua relevância para meu existir e filosofar presentes, deixam seu lugar histórico definido na cadeia cronológica e entram num âmbito [reino, em outras traduções] do espírito onde todos são contemporâneos". (Ibid., p. 94). Ou jogos de imagens reflexivas que esclarecem o conceito benjaminiano de "imagem dialética": "o índice histórico das imagens diz, pois, não apenas que elas pertencem a uma determinada época, mas, sobretudo, que elas só se tornam legíveis numa determinada época. (...) Não é que o passado lança sua luz sobre o presente ou que o presente lança luz sobre o passado; mas a imagem é aquilo em que o ocorrido encontra o agora num lampejo, formando uma constelação. Em outras palavras: a imagem é a dialética na imobilidade." (Walter Benjamin, *Passagens*, Trad. Irene Aron e Cleonice Mourão, Belo Horizonte: UFMG, 2006, p. 505).

11 Maria Gabriela Llansol, op. cit., p. 62.

numa epopeia em que o herói é um sujeito coletivo, o povo português — insiste. E espanta. Em direção contrária, a estudiosa avança na leitura da identidade do Gama entre gregos e portugueses. Seguindo-lhe o percurso, um passo à frente, talvez, diria eu que a figura a ser lida traz a imagem assustadora do que, creio, se chama em psicanálise o retorno do recalcado. No quotidiano, irrompe o estranho. De onde, porém, vem ele? Dá medo porque parece com alguém ou algo que conheço, mas não reconheço. Do aparecimento da figura monstruosa falaremos em outro mote, o quarto. Por agora, é importante sublinhar que tanto Saraiva como Cleonice movem-se nas contradições entre obediência/desobediência à lei, seja ela, a lei, o jugo a uma "ideologia oca",[12] seja ela "porventura" a servidão futura à sua "qualidade de humanista".

II. A Condição Humanista da recepção: o "prêmio" de ser re/conhecido *por um "pregão" do Livro seu moderno:*

a) Observe-se esta passagem do alvará (a possibilidade de ser o poema estendido por mais alguns cantos), que permanece quase despercebida, mas que revela a postura do poeta-locutor nesse diálogo mantido à distância em que, suplicante de uma mercê — o alvará —, se transforma em doador de um prêmio — a propagação da glória do rei-alocutário, este mesmo rei que concede a graça requerida enquanto se põe como possível receptor do galardão com que lhe acena Camões. Não é como pedinte humilde, genuflexo e cabisbaixo que este se dirige a D. Sebastião, mas como alguém que, consciente das riquezas que transporta consigo, propõe uma troca, de igual para igual: se o rei tem poder para permitir ou impedir que se ouça sua voz, é ele que pode calar ou entoar o canto com "ũa fúria grande e sonorosa", fazendo cessar tudo que cantara a Musa antiga: navegadores e soldados de um mais longínquo passado glorioso serão esquecidos quando se ouvir o novo aedo a celebrar as glórias portuguesas. Maior que Virgílio e que Homero? O "valor mais alto" será apenas o dos heróis cantados, ou se estenderá ao do canto? Talvez não importe. Alto bastante era para que o rei percebesse que dele dependia a permanência dos feitos já realizados e por realizar.[13]

12 António José Saraiva, *Luís de* Camões, 2ª ed. Lisboa: Europa-América, 1972, p. 176.

13 Cleonice Berardinelli, op. cit., p. 16.

b) Estamos a um passo de terminar o poema: os nautas já cumpriram a sua missão e já receberam o prêmio merecido. A missão do narrador chegou ao fim. Mas o poema ainda não terminou. Seria o momento de também regozijar-se o Poeta por ter cumprido a missão de cantar e por ter o direito de calar-se, cansado do caminho e jubiloso da chegada. Mas não: pela terceira vez, ei-lo a invocar a Musa maior, não mais a pedir-lhe que lhe devolva "o gosto de escrever", mas que abandone o seu destino de poeta que canta sem ser ouvido, porque a gente está "surda e endurecida"; que não recebe o estímulo da pátria porque esta está "metida/ No gosto da cubiça e na rudeza/ Duma austera e vil tristeza". Todos já ouvimos imensas vezes estes últimos versos, mas eles continuam a atingir-nos com a mesma força, produzindo a mesma profunda sensação de decepção e tristeza. (...) Desde sempre me impressionou esta descida em que despencam poeta, poema e pátria, como se uma nênia se cantasse e não um poema heroico.[14]

Os exemplos escolhidos pertencem, respectivamente, aos estudos "A estrutura d'*Os Lusíadas*", o primeiro, e a "*Os Lusíadas* e *Mensagem*: um jogo intertextual", o último da primeira parte. Assim distribuída, da leitura do Alvará do Frei esclarecido à interlocução entre os "dois poemas épicos — ou épico-líricos? —",[15] a estrutura dos *Estudos camonianos* presta valioso serviço à compreensão da história trágica sobre o sucesso dos clássicos na Literatura Portuguesa.

No contexto camoniano, na sociedade de troca em expansão (o Mercantilismo), ser um *homem de palavra(s)* (Ruy Belo) é estar em diálogo com o outro, quer dizer, é ser por estar em estado de interlocução com o próximo seu contemporâneo por meio de uma prática, na verdade um princípio ético de cidadania já antigo, que se mantém vivo no juízo de Camões pela altura com que se alevanta diante de D. Sebastião, El-Rei. Autoapresenta-se superiormente como alguém sob a *condição* (de) *Humanista*, quer dizer, em termos próprios à *maiêutica* socrática, como quem está certo de que o amor à liberdade da palavra trocada em praça comunitária seja agora objeto de "estima" à leitura singular do livro, o "breve livro", na intimidade da leitura. Da conversação pública à

14 Ibid., p. 143-144.
15 Ibid., p. 148.

recepção privada há diferença sem que haja, porém, paradoxal oposição, já que vozes expressas e cópias impressas igualmente multiplicam-se. E há, sobretudo, esperança no valor mais alto da história ficcional sobre a história real. Uma estética nova em curso por quem se propõe a ser cantado em prosa e verso "[p]or um pregão do ninho meu paterno" (I, 10, 4).

Do Tribunal da Inquisição à Imprensa Régia, do Alvará expresso pelo Frei ao Livro impresso pelo Rei, a biografia do autor d'*Os Lusíadas*, Luís de Camões, passa a *discursar* paralela à aventura marítima do herói do poema, Vasco da Gama, de Restelo a Calecute, "com privilégio real", sim, mas "[e]m perigos e guerras esforçados/ Mais do que prometia a força humana" (I, 1, 5-6).

Cleonice o disse. É o que leio na alínea a. E o espanto por ela manifesto na alínea seguinte, e que a todos ainda impressiona, é obra da quebra de expectativa de sucesso igual no retorno perfeito, epicamente circular, como se espera, de Calecute a Restelo, do poeta e do seu Capitão.

A *poética do júbilo* (o prêmio da recepção, a "navegação venturosa") partiu-se. Por quê? A resposta pode estar no "vento" socrático que se anuncia. Vilma Arêas na Bibliografia tem o roteiro da "Navegação desventurosa".[16]

III. A Condição Humanista na crise: com quem desejo ou suporto viver junto ou *é melhor sofrer o mal que cometer o mal* ou seria melhor para mim que a minha lira ou um coro por mim regido desafinasse e produzisse ruído desarmônico, e que multidões de homens discordassem de mim, do que eu, sendo um, viesse a entrar em desacordo comigo mesmo e a contradizer-me:

*Como já assinalamos, Camões tem consciência de que é mais importante o poema que o feito heroico, e o fecho d'*Os Lusíadas* o acentua: os versos finais unem a ambos, mas a última palavra é para o valor do poema. Na repetição do processo se patenteia a dependência do fato histórico em relação à arte, pois só essa lhe dá a dimensão de eternidade. O não compreender a importância da arte*

16 Vilma Arêas, "*Os Lusíadas* ou a navegação desventurosa", *Revista Camoniana*, 2ª série, vol. 3, 1980, p. 167, 178.

desmerece o homem, e disso o Poeta acusa o próprio Vasco da Gama, no momento em que este acaba de fazer sua extensa narrativa.[17]

Agora o recorte é de uma peça só: "Os excursos do Poeta n'*Os Lusíadas*". Como esclarece, a Estudiosa dá sequência a estudo anterior, "A estrutura d'*Os Lusíadas*", em que ensina a sua linha mestra na condução da leitura do poema: "a dependência do fato histórico em relação à arte".[18]

Trata-se de uma escolha, ou melhor, da vontade de estar em companhia do que julga "mais importante", a arte, pois. A lição de Cleonice Berardinelli e os itálicos que glosam o mote do enunciado III sublinham que, *grosso modo*, entre ela e Camões, há o pensamento de uma terceira pessoa, presente desde o início em minhas considerações: Hannah Arendt.

A primeira afirmação em itálico (With *Whom Do I Wish or Can Bear to Live together*) é da autora de *Responsabilidade e julgamento* e, segundo Bethania Assy, está em manuscrito inédito sobre o curso ministrado na Universidade de Chicago em 1966, intitulado *Basic Moral Propositions*.[19]

As duas seguintes ocorrem no *Górgias*, "o diálogo sobre a retórica, a arte de abordar e convencer a maioria". Recomendo a leitura de "Pensamento e considerações morais",[20] visto que as considerações que se seguem lhe são devedoras e estão desenvolvidas em texto ainda inédito, "Camões, amor sujeito".

N'*Os Lusíadas* o que move o poema é a vontade de cantar "[a]s armas e os barões assinalados" (I, 1, 1). É a proposição em que o poeta, sendo um, movido pelo Amor da Pátria, é o outro, aquele "em quem poder não teve a morte".[21] Mais que intermediação entre o cantor e a matéria do canto, há um objeto uno: o Amor que a todos identifica e assemelha, alevantando-os. A hipótese de reconhecimento entre o cantor e aquele que ele canta está na sua capacidade de reger a lira de forma concertada sem contradizer-se: "Se tão sublime

17 Cleonice Berardinelli, op, cit., p. 48-49.

18 Ibid., p. 19.

19 Bethania Assy, *Ética, responsabilidade e juízo em Hannah Arendt*, São Paulo: Perspectiva, 2015, p. XXXIV, nota 21.

20 Hannah Arendt, *A dignidade da política*, Trad. Helena Martins *et al.* Rio de Janeiro: Relume-Dumará, 2009, p. 145-168.

21 Ibid., I, 14, 8.

preço cabe em verso."[22] A certeza do desconcerto final, porém, sabemos todos, assalta o épico na passagem 145 do canto X: "No mais, Musa, no mais, que a Lira tenho"... e o resto sabemos de cor. Em suma: já que não fui o sujeito ideal para persuadir os outros meus semelhantes do valor mais alto da poesia sobre a história, julgo-me e condeno-me a mim mesmo à morte pelo silêncio.

Mas é isto exatamente o que se lê na oitava 145 do canto X d'*Os Lusíadas*, quando comparada à segunda afirmação de Sócrates no *Górgias*, sobre o erro da recepção retórica? A autocondenação resulta do julgamento de o poeta ter de se reconhecer como um Humanista — aquele que, leitor dos clássicos, justifica guerras justas —, não desconcertado, mas em crise desconcertante frente à sua Verdade: o Amor às Artes é a Ideia que alevanta mais alto, valorizando-os, os acidentes da História. Cicuta à escuta, como imagem, é claro, opta pelo suicídio socrático. O veneno do silêncio de morte. Se não houve persuasão, recepção, é melhor sofrer o mal do que cometer o mal. O julgamento e a condenação de Camões do seu próprio canto o conduzem, entretanto, à sabedoria. A sabedoria socrática do Amor de *Eros*, "um tipo de amor que é antes de tudo uma falta — deseja o que não possui — e que é o único assunto de que Sócrates se diz conhecedor".[23] A meu ver, uma sabedoria não épica, mas lírica. Uma sabedoria não propriamente antagônica entre gêneros há muito afins, mas sim a de reconhecer-se sujeito *dois-em-um* por pertença ao lírico, ao lirismo, naquilo que ele implica de formação de um novo sujeito em diálogo, movido pela Amizade, uma forma de relação espontânea ou volitiva e mais concertada em seus assumidos desconcertos do que certas doutrinas da lei de Amor, por exemplo, pela Pátria. Em síntese: um modo de saber que se questiona, como no final do soneto "Amor é um fogo qu'arde sem se ver": "Mas como causar pode seu favor/ Nos corações humanos amizade,/ Se tão contrário a si é o mesmo Amor?".[24] *Grosso modo*, é esta a hipótese do ensaio inédito.[25]

22 Ibid., I, 5, 8.

23 Hannah Arendt, op. cit., p. 160.

24 Cleonice Berardinelli, *Sonetos de Camões: corpus dos sonetos camonianos*, Lisbonne-Paris/ Rio de Janeiro: Centre Culturel Portugais/ Casa de Rui Barbosa, 1980, p. 139.

25 Pelo exposto, hipótese que não considera sábia (no sentido socrático) a exortação no final do poema (Luís de Camões, op. cit., X, 146-156) do Poeta ao rei, a quem presta contas e põe a serviço a espada contra a pena, ou seja, "dá conselhos de bem reinar e lutar contra os infiéis no norte da África" (Cleonice Berardinelli, *Estudos camonianos*, p. 144).

Mas isso são outras questões para um mesmo problema. Paro, portanto, por aqui, anunciando a passagem para o próximo enunciado, em que a acusação contra o próprio Gama *desmerecido* do prêmio, por "não compreender a importância da arte",[26] não escapa dos exemplos pertinentes de Cleonice: "(...) ele, nem quem na estirpe seu se chama,/ Calíope não tem por tão amiga." (V, 99, 5-6.); "Enfim, não houve forte capitão/ Que não fosse também douto e ciente/ (...)/ Senão da Portuguesa tão somente./ (...) Porque quem não sabe arte, não na estima." (V, 97, 1-2, 4 e 8); "Por isso, e não por falta de Natura,/ Não há também nem Virgílios nem Homeros;" (V, 98, 1-2).

Para Sócrates, o dois-em-um significava simplesmente que, se queremos pensar, devemos cuidar para que os dois participantes do diálogo do pensamento estejam em boa forma, que os parceiros sejam amigos.[27]

A afirmação destacada da autora de *Homens em tempos sombrios* orienta a passagem para o já anunciado quarto enunciado, em que o sentido do verso de soneto de Camões uma vez mais me provoca: "Errei todo o discurso de meus anos." Errado o errante, por quê? Não teria o poeta compreendido a sua (ambivalente) própria figura, a quem dá gesto, ou melhor, a quem dá voz e fala? Não seria ela o seu "leitor único",[28] aquele que é capaz de entender o destino do homem novo?

Questões postas, é importante (e espantoso) pensar que a "cena fulgor" extraordinária do feito do Gama contra o Adamastor não tenha sido talvez compreendida por Camões, sim, ele mesmo, o dois-em-um, isto é, o soldado e o poeta — ou o soldado-poeta?

26 Cleonice Berardinelli, op. cit., p. 19 e 49.

27 Hannah Arendt, op. cit., p. 164.

28 "Olhara o rectângulo da ravina que está sobre o teu corpo/ para dizer que é a metáfora que constitui a língua pátria/ e que cada metáfora é na sua íntegra incompreensível, / o que a torna o fundamento de toda a diferença./ Que à medida que os anos e os vocábulos se acumulam/ mais incompreensível me torno para os detentores de outras técnicas/ e que só deve ler-me quem não tema reconhecer-se como leitor único." (Fiama Hasse Pais Brandão, *Homenagem à literatura*, Porto: Limiar, 1976, p. 50).

IV. A *Condição Humanista na compreensão da responsabilidade do Herói* ou a "Ascensão de Vasco da Gama":

a) *Nũa mão sempre a espada e noutra a pena* (VII, 79, 8)

*Assim, poeta e soldado, Camões se apresenta em seu poema, como já apresentara César, historiador e guerreiro: "nũa mão a pena, e noutra a lança." (VII, 96, 3) O aedo que canta os feitos de Portugal entende dos dois ofícios e a ambos valoriza. Sabe da importância do cantado e da importância do canto. N'*Os Lusíadas*, o cantado é o feito heroico e muito mais; e o feito heroico é mais que a batalha corpo a corpo, lança contra lança, espada contra espada: é também a luta contra as ondas e as correntes, o vento e as calmarias, a peste e a fome, o medo do desconhecido. Mas é apenas de batalhas que queremos falar e não de todas as que o poema contém, senão das três mais notáveis religiosa e politicamente: Ourique, Salado e Aljubarrota, a primeira e a terceira decisivas na história de Portugal.*[29]

b) Esforçamo-nos por assinalar a importância do que o poeta diz e também do que não diz, pois só as duas leituras possibilitam a apreensão da visão global do narrador, soldado e poeta, poeta principalmente, capaz de recriar a história pátria, na construção do grande poema épico do Renascimento.[30]

Os dois recortes escolhidos para a apresentação do enunciado conclusivo correspondem à abertura e ao fecho do estudo "Ourique, Salado e Aljubarrota".

Na epígrafe, com a rara qualidade de intérprete excepcional que há muito a distingue, Cleonice Berardinelli, rigorosa e sucintamente, define as características principais de quem (poeta e soldado), de que (três batalhas) e de como lhe interessa investigar sujeito e objeto (por meio da imagem do duplo: "dois ofícios", complementares e não, necessariamente, iguais). Trata-se de tarefa difícil para a estudiosa; e igualmente difícil para o ensaísta: a tensão (a diferença?) entre a história real (as batalhas segundo a visão dos fatos históricos e/ou testemunho de seu agente, o soldado, por exemplo) e a história ficcional (a versão desses fatos, por meio da criação única ou singular de imagens do poeta, por exemplo). Com a habilidade já lhe reconhecida, por gerações de

29 Cleonice Berardinelli, op. cit., p. 57.

30 Ibid., p. 70.

discípulos, aliás, a estudiosa insiste em deixar claro o lugar de onde vê o objeto, de onde fala: importa-lhe as relações "duplas" entre o eixo conceitual (a nomeação: "Ourique, Salado e Aljubarrota") e o eixo metafórico (a predicação, o imaginário marítimo: "a luta contra as ondas e as correntes, o vento e as calmarias, a peste e a fome, o medo do desconhecido"). No que diz respeito ao sujeito da ação — atentíssimos à observação de que, de fato, "esforçamo-nos por assinalar a importância do que o poeta diz e também do que não diz" (alínea b) —, chamo a atenção para a hipótese de ser interessante observar ainda como entre a autoexposição[31] do soldado — bravo ou covarde, não importa, será apenas mais um, a mais ou em menos, entre os seus — e a autoapresentação do poeta — "assinalado", "único", "douto e ciente", "nũa mão a pena [a experiência *sobre* a guerra] e noutra a lança" [a vivência *da/na* guerra], entre os dois eixos, em suma, descobrir-se-ia o grande humanista Camões, amigo de Sócrates, leitor de Platão:

(...) são necessários sempre no mínimo dois tons para produzir um som harmonioso. Uma diferença instala-se em minha Unicidade. Enquanto estou consciente, isto é, consciente de mim mesmo, sou idêntico a mim mesmo somente para aqueles a quem apareço sendo um só. Para mim mesmo, ao articular esse estar-consciente-de-mim-mesmo, sou inevitavelmente dois-em-um.[32]

E da pena? Ainda vale a pena de pena falar? Quer seja de escrita, quer seja de dor, a pena insiste *una* entre a singularidade e a pluralidade, entre o gesto de conquista (lança/espada) e o gesto de escrita (pena), uma palavra só na ambivalência (vida e morte/prazer e dor). A pena não é o quê. A pena depende de quem a nomeia.

"Mas é apenas de batalhas que queremos falar e não de todas as que o poema contém, senão das três mais notáveis religiosa e politicamente: Ourique, Salado e Aljubarrota, a primeira e a terceira decisivas na história de Portugal."

Volto ao lido em busca de escrito. Entre a cegueira à maneira de Édipo (hábil, sábio) e a surdez à maneira de Ulisses (astuto, sabido), ambos facundos, expertos, tenho a vontade de falar de outra batalha, não exatamente de

31 Ver Bethania Assy, op. cit., p. 41-55. Ver também o conceito de herói na página 377 deste ensaio.

32 Hannah Arendt, op. cit., p. 163.

uma quarta batalha que, ardilosamente, apontasse para mais uma, aquela que falta ao gesto volitivo da estudiosa, mas que é igualmente notável "religiosa e politicamente", e mais, é histórica, geográfica e culturalmente assinalável, uma batalha de "soldados em manobras",[33] enfim, decisiva na história da literatura de Portugal.

Parodiando o poeta, refiro-me a *os que de palavra vêm fazer batalha*: a *batalha Adamastor*.[34]

Atentíssimo aos sinais, como já declarei, respeitando o que diz a estudiosa sobre as "duas leituras" entre o que diz o poeta e o que ele não diz, exponho a hipótese de uma terceira leitura sobre o sentido (não o número) de domínios conflituosos no poema. De olhos bem abertos, o poeta dos "excursos" prefere que lhe corte a garganta a Musa e morrer de sua responsabilidade coletiva do que viver em companhia da tal "gente". A experiência da *batalha Adamastor* é a representação radical do que o poeta reitera por meio do elogio extremo da fala. Literal e figuralmente, trata-se de uma situação-limite, na fronteira (*border situation*): do erro do discurso, quer dizer, errado e errático, ao longo de seus anos, na luta para criar a bela figura do leitor novo. E Vasco da Gama ascende com caráter (de) humanista ao posto.

"Uma leitura do Adamastor" é estudo exemplarmente meticuloso, em que Cleonice demonstra a sua formação estilística ao longo da carreira e exercita o seu interesse estruturalista dos anos 70. A primeira edição dos *Estudos* é de 1973. Em prosseguimento ao diálogo entre a estudiosa e o ensaísta, recorto passagens que interessam mais à compreensão de uma das cenas mais (mal) interpretadas d'*Os Lusíadas*, em que "[t]anto Vasco da Gama como o Adamastor aparecem como narradores e como personagens".[35] Trata-se, numa palavra, de estudo em que a função do narrador, em diferentes papéis, é o objetivo principal.

O Adamastor é uma *batalha* estrategicamente textual, "que à medida que se faz, questiona não somente o contexto que utiliza, mas o próprio enunciado que consagra este contexto".[36] Isto porque "[o] Adamastor é mais do que um ser mitológico, preexistente ao poema: é o mito, que se manifesta através da

33 Luiza Neto Jorge, *Poesia*, Fernando Cabral Martins (org.), Lisboa: Assírio & Alvim, 1993, p. 46.

34 É interessante notar que os estudos das batalhas e do Adamastor sucedem-se, nesta ordem, no volume.

35 Cleonice Berardinelli, op, cit., p. 75.

36 Ibid., p. 55.

criação artística, no nível da enunciação".[37] E, mito, sabemos, é discurso, conta uma história. E o Adamastor amoroso é a representação de um acidente geográfico que se agiganta em termos discursivos à medida que o seu aparecimento, a sua autoexposição, o transforma literalmente em questão de imagem a ser descodificada pela interlocução entre os personagens-narradores que, assim, se autoapresentam. O que de "mais do que" há na figura que maravilha quem a vê, Cleonice claramente explica: onisciente, o narrador 1 "é o único que sabe — e informa o leitor — do que está por trás das aparências", a intervenção dos deuses, por exemplo. E, adversativa, era "uma vez, porém", como quem conta uma história para crianças no início de uma nova era, prepara-se para as necessárias explicações sobre o inaudito: "Uma vez, porém, Vasco da Gama se viu diante de um personagem mitológico, falou-lhe e ouviu-lhe a voz. Como explicar a aparente incoerência do geralmente chamado episódio do Adamastor[38]?"[39] Incoerência porque até o canto V cabia só ao "narrador geral" ver e interpelar os deuses, por isso, quando em mor perigo os humanos invocavam a graça divina, o poeta, humanista de largo costado greco-latino, em lugar de Maria lhes dava mitologia. Na verdade, o "facundo" Gama, em formação, vê o Adamastor e o questiona porque é ele — a meu ver, e já em resposta à minha interlocutora — mais do que o narrador 2, secundário. O Gama é para Camões o amigo socrático que tanto queria, é o seu aguardado "leitor único" na e da história sobre a História que criava. O Adamastor é uma resposta à questão que encerra o soneto (já citado) "Amor é um fogo qu'arde sem se ver". Logo, passado o espanto, "alçado", enfrenta a caracterização do que "está muito longe de ter a autonomia e a nitidez das outras divindades mitológicas: parece ter sido gerado na escuridão da noite tempestuosa e também — passe a ousadia — na obscuridade do inconsciente individual de Vasco da Gama (e do narrador 1?) onde se projetava o inconsciente coletivo do povo português".[40]

"N'*Os Lusíadas*, o cantado é o feito heroico e muito mais; e o feito heroico é mais que a batalha corpo a corpo, lança contra lança, espada contra espada:

37 Ibid., p. 81.

38 "(...) julgamos que não se trata de um episódio, mas de um conjunto de funções, uma das microssequências da narrativa." (Ibid., p. 74), diz Cleonice, aplicando a análise estrutural de Barthes à narrativa.

39 Ibid., p. 73.

40 Ibid., p. 79.

é também a luta contra as ondas e as correntes, *o vento* (...)" (grifo meu). E o vento, que entre as batalhas prospera,

> *[o] próprio Sócrates, muito ciente de que o pensamento lida com invisíveis e é ele próprio invisível, carecendo de toda manifestação exterior das outras atividades, parece ter usado a metáfora do vento para comentá-lo: "Os próprios ventos são invisíveis, mas o que eles fazem é manifesto para nós, e de certo modo sentimos a sua aproximação". (A mesma metáfora, aliás, é usada por Heidegger, que também fala da "tempestade do pensamento").*[41]

O leitor único sabe ler a *metáfora viva*. Sem ter na mão a espada de demolir exemplarmente o monstro horrendo, Vasco da Gama tem das forças a mais sábia, aquela em que mais apostavam os humanistas neoplatônicos renascentistas: o poder de o herói facundo vencer os perigos sobre-humanos com a eloquência e a justeza do diálogo.[42] "Quem és tu? Que esse estupendo / Corpo, certo, me tem maravilhado!" (V, 49, 3-4). Ao dar resposta à pergunta do Gama, já enganado por Dóris e indefeso diante de nova astúcia, de todas a mais poderosa no repertório do ideal humanista antibélico, o Adamastor é literal e simbolicamente atravessado por ela. Um feito extraordinário. À medida que narra a sua "coyta d'amor", na tradição do amor-paixão na língua galaico-portuguesa, o monstro dá-lhe passagem, vira emblematicamente a porta aberta para o Outro, o Novo Mundo, "a desejada parte Oriental" (V, 69, 8).[43] Desde esse dia a história mudou e mudou a geografia.

41 Hannah Arendt, *Responsabilidade e julgamento*, 3ª reimpressão, Trad. Rosaura Eichenberg, São Paulo: Companhia das Letras, 2010, p. 242-243.

42 Cito-me a mim mesmo, trocando, porém, a ação dos sujeitos na frase, sem lhes tirar em nada, como quero demonstrar, o protagonismo de ambos na cena mais importante da *batalha Adamastor*: "O episódio do Adamastor causa um abalo de estruturas nas teses do grande camonista. Sem pôr na mão do Gama a espada de demolir exemplarmente o monstro horrendo, Camões dá-lhe das forças a mais sábia, aquela em que mais apostavam os humanistas neoplatônicos renascentistas: o poder de o herói facundo (Ulisses é o senhor do epíteto) vencer os perigos sobre-humanos com a eloquência e a justeza do diálogo." (Jorge Fernandes da Silveira, *O Tejo é um rio controverso: António José Saraiva contra Luís Vaz de Camões*, Rio de Janeiro: 7Letras, 2008, p. 50).

43 É como se Camões se antecipasse às futuras teses do seu severo crítico-censor e lhe argumentasse: distancio-me, sim, do ideal cavaleiresco para lhe fazer a crítica, pois o malogrado amor do gigante pela ninfa, inventado por mim, é exemplo de que a minha sensibilidade de

"Ora" (quem o diz é Saraiva, o grande camonista, e é sem nenhuma ponta de ironia que o afirmo) "o Adamastor não está suficientemente explicado".[44] Sim, o Adamastor não é uma figura grande. O Adamastor é uma grande figura. Ambivalente. "Oh! Que não sei de nojo como o conte!/ Que, crendo ter nos braços quem amava,/ Abraçado me achei cum duro monte/ De áspero mato e de espessura brava./ Estando cum penedo fronte a fronte,/ Que eu polo rosto angélico apertava,/ Não fiquei homem, não, mas mudo e quedo/ E, junto dum penedo, outro penedo!" (V, 56).

O leão de Punjab

Isto posto, chegando à conclusão, troco apenas de sinal e o que era interrogativo passa a ser afirmativo: considero Vasco da Gama um personagem de ação paralela à do poeta. Homem de um ofício só, se comparado a César ou a Camões, falta-lhe a dupla cidadania. O "Argonauta",[45,46] porém, na passagem mais importante da Viagem, ascende como um verdadeiro herói humanista, cujo humanismo, na concepção de um dos grandes do nosso tempo, palestino, nascido em Jerusalém, Edward W. Said, "é o emprego das faculdades linguísticas de um

renascentista está incompatível com os valores cavaleirescos de que sinto o vazio, é verdade, *estranhadamente*, porém, não "entranhadamente", como julgas. O Velho do Restelo, Inês e Eu mesmo, e o Adamastor, é claro, somos vítimas da consciência aguda do tempo em que vivo. O *morrer d'amor* à moda antiga mata mesmo de verdade. E, se reparar bem, tudo isso está no meio do caminho entre o Ocidente e o Oriente, uma pedra gigante, na passagem 50 (oitava ou paisagem) do canto V de 100 oitavas, que fecha o 1º ciclo épico d'*Os Lusíadas*. Como diz o ensaísta, o Adamastor é uma grande figura ambivalente. (Reler citação de Saraiva na página 366 do ensaio).

44 António José Saraiva e Óscar Lopes. *Correspondência*. Lisboa: Gradiva, 2004, p. 49.

45 Fernando Pessoa, *Obra poética*, 2ª ed. Rio de Janeiro: Aguilar, 1965, p. 81.

46 Se houver coerência nesta leitura, em a "Ascensão de Vasco da Gama", poema da *Mensagem* de Fernando Pessoa (no mote do enunciado IV), o "Argonauta", que, pasmado "ascende aos céus", ungido pelo som da "flauta" (*ruda*) e a "luz de mil trovões" (a fúria canora e belicosa), pode ser Camões, em "cena fulgor", ou melhor, o seu Canto Épico, "que o peito acende e a cor ao gesto muda" (I, 5, 4), em companhia do seu Herói, "hombro a hombro", para a terra prometida da recepção, o "leitor único", quer dizer, *Mensagem*, o poema escrito "à beira-magua". Assim, talvez, a tão lamentada ausência de Camões em Pessoa exija um processo de revisão de argumentos. Falta-lhe o nome, não as imagens. Mas isto implica leitura detida noutro texto.

indivíduo para compreender, reinterpretar e lutar corpo a corpo com os produtos da linguagem na história, em outras línguas e outras histórias".[47]

Semelhante imagem exemplar de um ético "padrão temporal de transmissão"[48] insiste muito interessantemente em *Para onde vão os guarda-chuvas*, de Afonso Cruz, multifacetado novo escritor português, na epígrafe deste ensaio, em revisita à "desejada parte Oriental":

— *O meu filho aprendeu a lutar com um mestre que foi aluno do grande Gama.*

— *O leão de Punjab. O grande Gama nunca foi vencido. O meu pai conheceu-o.*

— *Eu sei, Fazal Elahi, foi o teu querido pai que me pôs em contacto com o ustad que agora ensina o meu filho.*

— *O meu pai contava-me muitas histórias do grande Gama, a saudade que tenho do meu pai, paz à sua alma.*

— *O que achas disto?*

— *Disto, o quê?*

— *Da final.*

— *Gosto muito. Acha, maravilhoso.*

Fazal Elahi não gostava nada de lutas. Diziam-lhe que o pehlwani era um bom desporto, uma actividade saudável, que fazia bem à mente, ao espírito, aos jovens, mas Elahi não acreditava. Era verdade que conhecera lutadores que eram perfeitamente pacíficos, mas pensava: uma arma é pacífica quando não dispara, mas tem sempre a capacidade de matar. O mudo Badini, que, estranhamente, gostava de assistir aos combates de pehlwani, dizia que se aprendia muito com aquilo, tanto ver quanto lutar, mas essa aprendizagem era matéria que parecia vedada aos olhos de Elahi.[49]

O "grande Gama" para António José Saraiva é um fantoche atado a rígido protocolo; para a estudiosa é, sim, por ofício, "um funcionário do rei", animado, entretanto, por uma virtude que

47 Edward W. Said, *Humanismo e crítica democrática*, Trad. Rosaura Eichenberg, São Paulo: Companhia das Letras, 2007, p. 48.

48 Hannah Arendt, *Homens em tempos sombrios*, p. 89.

49 Afonso Cruz, *Para onde vão os guarda-chuvas*, Lisboa: Alfaguara, 2013, p. 214.

diria que, tal como a obediência marca Vasco da Gama homem público, a sensibilidade caracteriza-o como indivíduo, humaníssimo em suas reações emotivas, que não se acanha em dizer que chorou e pode voltar a chorar. (...) Será uma qualidade louvável num Capitão? Não seria preferível uma certa malícia para enfrentar desconhecidos? Talvez.[50]

Comparadas as opiniões, para Cleonice, o herói d'*Os Lusíadas* é um homem público, obediente, virtuoso, humaníssimo, sem pejo de chorar; para Saraiva, tal qual o "gigante choramingas",[51] "um postal edulcorado do sentimentalismo épico",[52] não passa de um burocrata sem vontade própria, cuja obediência o impede de pensar. Em tempos de terrorismo, perigosamente, nos aproximamos da zona de conflito de um dos conceitos mais polêmicos do século XX, espantosamente vivo no século XXI: o da "banalidade do mal" em regimes totalitários, segundo Hannah Arendt. Não temos capacidade nem necessidade de desenvolvê-lo para a conclusão deste ensaio. Quando se impõe pensar o que ou quem nos assombra, fica o registro, porém, da impressão daquele homem, em que "nada estaria em sua mente mais distante do que a determinação de Ricardo III de se 'provar um vilão'";[53] fica a má impressão para que outro conceito (histórico?)[54] tenha a sua importância anunciada: o de herói segundo a interpretação da judia alemã de rigorosa formação clássica, teórica e professora de Ciência Política nos Estados Unidos da América do Norte. Conceito que vai bem ao encontro das palavras recortadas do que diz a Estudiosa dos clássicos greco-latinos e portugueses, igualmente professora exemplar, a respeito do Gama obediente:

O herói desvelado pela história não precisa ter qualidades heroicas; originalmente, isto é, em Homero, a palavra "herói" não era mais que um nome dado a

50 Cleonice Berardinelli, op. cit., p. 87-89.

51 António José Saraiva e Óscar Lopes, op. cit., p. 49.

52 Javier Cercas, *As leis da fronteira*, Trad. Josely Vianna Baptista, São Paulo: Globo, 2013, p. 184.

53 Hannah Arendt, *Eichmann em Jerusalém: um relato sobre a banalidade do mal*, 13ª reimpressão, Trad. José Rubens Siqueira, São Paulo: Companhia das Letras, 2013, p. 310.

54 "A banalidade do mal diz respeito ao mal político." (Eugênia Sales Wagner, *Hannah Arendt: ética & política*, 2ª ed, São Paulo: Ateliê, 2015, p. 177)

qualquer homem livre que houvesse participado da aventura troiana[55] *e do qual se podia contar uma história. A conotação de coragem, que hoje reconhecemos ser uma qualidade indispensável a um herói, já está, de fato, presente na disposição para agir e falar, para inserir-se no mundo e começar uma história própria. E essa coragem não está necessariamente, nem principalmente, associada à disposição para arcar com as consequências; a coragem e mesmo a audácia já estão presentes no ato de alguém que abandona seu esconderijo privado para mostrar quem é, desvelando-se e exibindo-se a si próprio. A dimensão dessa coragem original, sem a qual a ação, o discurso, e, portanto, segundo os gregos, a liberdade seriam impossíveis, não é menor se o "herói" for um covarde — pode ser até maior.*[56]

Cursos do Sol dezasseis vezes cento

Concertadas as muitas vozes neste ensaio, estou certo, há muito, de que tenho mestra que me ensina a pensar.

Obrigado, minha querida d. Cleo!

Indo ao seu encontro, Calíope, digo, Cleonice, interpelado, sim, mas sem me arvorar a censor ou a rei ou a rebelde sem causa, segui, atento e emocionado, os seus passos, dando-lhe — e com que vontade! — inteira razão nas suas divergências contra o desdém de Saraiva acerca do humanismo de Camões, que em nada mudou no discurso dos seus anos, garanto-lhe. É mais antiga do que imaginava a minha solidariedade, uma aprendizagem, na verdade. Escrevi-lhe as orelhas e a contracapa, o "apadrinhei" (está na dedicatória), mas é sobretudo agora, a leitura prazerosa para a redação deste estudo me põe à prova, que vejo mais claramente a presença dos seus *Estudos camonianos* no meu volume de ensaios *O Tejo é um rio controverso: António José Saraiva contra Luís Vaz de Camões.*

Mais uma vez obrigado!

55 No original, há uma nota da autora: "Em Homero, a palavra *hērōs* sem dúvida tinha uma conotação de distinção, mas uma distinção de que era capaz qualquer homem livre. Em parte alguma aparece com o significado ulterior de "semideus", resultante talvez da deificação dos antigos heróis épicos."

56 Hannah Arendt, *A condição humana*, 11ª ed, Trad. Roberto Raposo, Rio de Janeiro: Forense Universitária, 2012, p. 233.

José Augusto Cardoso Bernardes

As Barcas *de Gil Vicente:* artes moriendi *e horizonte escatológico na corte de D. Manuel**

Prólogo

A certeza e a esperança

A ligação entre Cleonice e Gil Vicente é já antiga. Remonta, pelo menos, a 26 de dezembro de 1942, quando, numa récita académica, a então doutoranda de Letras desempenhou o papel de Anjo Custódio, o mesmo que no *Auto da Alma*, com muita impaciência, tenta convencer a personagem principal (e os espetadores) de que o mundo não é o que parece. Essa ligação especial nunca esmoreceu e viria depois a traduzir-se em muitos anos de magistério, incluindo a supervisão de teses, a preparação de uma antologia modelar (publicada pela primeira vez em 1971 e reeditada várias vezes, até 2012) e ainda um bom número de ensaios.

Num primeiro momento, aproximei-me de d. Cleo por causa de Gil Vicente. Ainda hesitante quanto à possibilidade de vir a escolher o dramaturgo para tema da minha tese, tive oportunidade de falar das *Barcas* num Colóquio de Homenagem a Luís Filipe Lindley Cintra. Foi em Paris, em 1990, no Centro Cultural Português. Estavam lá Cleonice e muitos outros vicentistas, idos de Portugal e de outros países. Mal tinha acabado de falar, aguardando, com ansiedade, qualquer sinal de acolhimento que me pudessem dispensar e logo ela se destacou da assistência vindo ao meu encontro para me trazer palavras de

José Augusto Cardoso Bernardes é professor catedrático da Faculdade de Letras da Universidade de Coimbra.

* Com algumas alterações, o presente estudo coincide com o texto publicado com o mesmo título, in *Redenção e escatologia. Estudos de Filosofia, Religião, Literatura e Arte na Cultura Portuguesa*, vol. I, tomo 2, Coordenação de Samuel Dimas, Renato Epifânio e Luís Lóia, Lisboa: Nota de Rodapé Edições, 2015, p. 185-198.

ânimo. Não que na minha breve comunicação tivesse prestado uma homenagem particular aos seus estudos (que, de resto, na altura conhecia mal); mas porque, segundo ela me disse, "nunca ninguém consegue esgotar um autor da grandeza de Gil Vicente. É preciso revisitá-lo sempre. E penso que está na altura de alguém o fazer com coragem esclarecida".

Escrevo agora, de novo, sobre as *Barcas*, a criação maior de Gil Vicente. A primeira Barca (a do Inferno) pode ter sido representada em Lisboa, no ano de 1516, quatrocentos anos exatos antes do nascimento de Cleonice. Dedico-lhe este trabalho, com sentimentos de vário tipo: a gratidão pela simpatia daquela tarde de Paris e da amizade bondosa, clara e terna com que sempre me distinguiu; a certeza de que o afeto e a admiração por Gil Vicente continua e continuará a unir-nos; e a esperança de que, tal como sucedeu naquela tarde de Paris, possa, também hoje, ser merecedor da sua indulgência.

As Barcas *na criação vicentina*

Herdeiro da tradição medieval, no que ela tem de estético e ideológico, Gil Vicente (1465?-1536) escreveu e encenou cerca de cinquenta peças, entre 1502 e 1536. Reunidas e muito provavelmente revistas ainda pelo autor, as peças viriam a ser dedicadas a D. João III e editadas apenas em 1562, por iniciativa de dois dos seus filhos: Paula e Luís Vicente.

Apesar da sua variedade formal e temática, os textos que fazem parte do *Livro das Obras* (também conhecido por *Compilação*) assumem contornos de uma verdadeira *Pregação moral*, articulada e homogénea.

Sem esquecer as ligações diretas e indiretas que se estabelecem entre a generalidade das peças vicentinas, as *Barcas* constituem, porventura, a síntese menos imperfeita dessa Pregação que assenta, ao mesmo tempo, em fundamentos artísticos e doutrinais.

As três peças em apreço foram sequencialmente representadas, em 1516 ou 17 (*Inferno*), 1518 (*Purgatório*) e 1519 (*Glória*), situando-se todas perto do fim de um ciclo, assinalado pelo serviço ao rei D. Manuel e a sua irmã, D. Leonor (o primeiro morre em 1521 e a segunda em 1525).

Pela sua centralidade cronológica e artística na obra do autor mas também pelo amplo leque de personagens e de temas que acolhem, o conjunto das *Barcas* passa por ser um retrato de época, essencialmente concebido em registo de sátira.

De acordo com a didascália, o *Auto da Barca do Inferno* foi representado na câmara de uma rainha doente. Tratava-se de D. Maria de Aragão, segunda mulher de D. Manuel, que havia dado à luz pela décima vez, em outubro de 1516, vindo a falecer em março do ano seguinte. Tudo leva a crer que a peça tenha colhido imediatamente os favores do público. De facto, decorrido apenas um ano (Natal de 1518) era representada a *Barca do Purgatório* e, logo a seguir (Páscoa de 1519), a *Barca da Glória. Inferno* viria mesmo a ser impresso logo em 1519, situação que era de todo invulgar, em se tratando de textos dramatúrgicos. Neste curto arco cronológico, situa-se ainda o *Auto da Alma*, representado na Semana Santa de 1518. O motivo de coesão entre os quatro autos deveria ser bem visível para os espetadores da época: se as *Barcas* colocavam em cena a derradeira consumação, *Alma* trazia a lume o processo que a ela tinha conduzido. Cedendo ao Diabo, a Alma opta pelos prazeres do mundo e mais não faz do que preparar o navio do Mal; seguindo os conselhos do Anjo, despreza os gozos terrenos e encaminhava-se para o Paraíso. Como quinto e último elo deste conjunto, pode ainda identificar-se o *Breve sumário da história de Deus*, que viria a ser representado em 1525.[1] Enquanto *Alma* representa a peregrinação terrena da criatura humana e as *Barcas* o resultado escatológico dessa peregrinação, o *Breve sumário* pode ser visto como a pedra de toque da antropologia escolástica, evocando as origens da Criação, o drama do Éden e a subsequente Queda.

Inferno

É possível que Gil Vicente tenha concebido a primeira *Barca* de forma isolada, sem nenhum projeto de complementaridade ou articulação. O primeiro indício de que assim pode ter sido é o facto de neste primeiro texto estarem previstos os três destinos possíveis: o Paraíso, ao qual acedem diretamente os quatro cavaleiros de Cristo que morrem no norte de África, e o Inferno, destino inexorável de quase todas as outras personagens. Poderá ainda pensar-se no Purgatório se considerarmos a (muito breve) espera a que o Anjo vota o parvo Joane, depois de lhe assegurar o Céu.

1 Sobre o lugar do *Breve sumário* no conjunto da produção vicentina, tive já ocasião de me pronunciar em outro lugar (José Augusto Cardoso Bernardes, Posfácio a *Breve sumário da história de Deus*, Lisboa: Assírio & Alvim, , 2009).

Tu passarás, se quiseres
Porque em todos teus fazeres
Per malícia nam erraste.
Tua simpreza t' abaste
Pera gozar dos prazeres.[2]

Em boa verdade, confrontados com o destino final das diferentes figuras, os espetadores concluíam que Joane se juntaria aos cavaleiros mártires. Mas eram igualmente convidados a distinguir entre o destino diferido do Parvo (expresso no futuro simples: "Tu passarás...") e o destino imediato dos freires de Cristo, a quem o Anjo confessa estar esperando:[3]

Ó Cavaleiros de Deos
A vós estou esperando
Que morreste pelejando
Por Cristo senhor dos céus.
Sois livres de todo mal
Santos por certo sem falta.[4]

O outro sinal de abrangência é constituído pelo espectro social das persona-

2 As citações do texto vicentino são extraídas de *Obras de Gil Vicente*, Coordenação científica de José Camões, vols. I e II, Lisboa: INCM, 2002, vol I, p. 225.

3 Desde os primeiros tempos do cristianismo, a morte martirial era vista como religação a Cristo e como participação direta no seu mistério pascal. Ao longo dos séculos, os papas foram materializando esse pressuposto através de bulas que estabeleciam privilégios para os que morriam a pelejar pela fé cristã. Para além de várias exortações diretas dos pontífices para que os cristãos participassem na expansão da fé (uma das quais, a de Leão X, datava de 1514) é designadamente conhecida a bula *Orthodoxa fidei propagationi*, sobre a guerra de África, enviada a D. João II por Inocêncio VIII (com data de 18 de fevereiro de 1486). Sobre a progressiva identificação entre o martírio e a morte na guerra contra os "inimigos da fé", veja-se Ariel Guiance, *Los discursos sobre la muerte en la Castilla medieval (siglos VII-XV)*, Valladolid: Junta de Castilla y León, 1998, p.325 e ss. Sobre a participação especial dos freires de Cristo na guerra de África veja-se Maria Isabel Rodrigues Ferreira, *A normativa das ordens militares portuguesas (séculos XII-XVI). Poderes, Sociedade e Espiritualidade*, Dissertação de Doutoramento, Conhecimento em História, Faculdade de Letras, Porto, Universidade do Porto, 2004, p.14 e ss.

4 *Obras de Gil Vicente*, Coordenação científica de José Camões, vol. I, p. 242.

gens. Temos um fidalgo de solar, criticado por tirania, um frade concupiscente, um judeu pertinaz, um usurário (onzeneiro)[5] e ainda magistrados venais (procurador e corregedor); do lado inferior da pirâmide, surgem um sapateiro desonesto e uma alcoviteira.[6] Em contrapartida, nos outros dois autos prevalece um registo mais específico: *Purgatório* centra-se nos simples e *Glória* ocupa-se dos poderosos.

Purgatório

Se a designação de *Barca do Inferno* se explica em função do predomínio do pecado e da perdição que nele ocorrem, *Purgatório* surge como eco do primeiro auto e não necessariamente como sua continuação premeditada. É essa a explicação para o facto de na peça comparecerem, em larga maioria, personagens de condição humilde. O Menino e o Taful são exceções, situando-se ambos para além do plano social e nos antípodas um do outro: o primeiro encarna a *inocência* e o outro o *vício do jogo.*[7]

Com os seus pecados veniais, a maioria das personagens tem que purgar, o que, no caso vertente, pressupõe a renúncia aos valores do mundo.[8] Podem

5 Sobre a condenação do jogo pela Igreja, veja-se o indispensável ensaio que Jacques Le Goff consagrou ao assunto (*La bourse et la vie. Économie et religion au Moyen Âge*, Paris: Hachette, 1986).

6 O caso do Enforcado deve ser considerado à margem da representatividade social. Trata-se de alguém que, independentemente do estrato a que pertence, cometeu crimes graves. Foi castigado pela justiça humana, com a prisão e a forca. O facto de lhe terem garantido a suficiência da justiça dos homens não é suportado pela verdade, uma vez que terá também de ser objeto da justiça divina.

7 Enquanto o Menino encarna o grupo daqueles que morrem antes de ter acesso ao uso da Razão, o Taful representa os viciosos e blasfemos. O indício mais elucidativo da condenação do jogo surge no próprio auto, quando a personagem é reconhecida pelo Diabo como seu "sócio" e seu "amigo". Cabe-lhe encerrar o desfile das personagens que são submetidas a julgamento. No final do auto, deparamos com duas codas musicais: os diabos levam o Taful para o Inferno "com ua cantiga muito desacordada" e os Anjos recuperam o canto que tinha dado início à peça e "levam o Menino".

8 Na sequência de um longo debate teológico, que envolveu também as noções de "pecado venial" e a possibilidade da intercessão pelos mortos, a crença no Purgatório foi oficialmente proclamada no 2º Concílio de Lyon (1274), sendo confirmada e ajustada nos Concílios de Florença (1439) e de Trento (1543-1565). Sobre a evolução da doutrina e sobre as suas condicionantes sociais veja-se o já clássico estudo de Jacques le Goff, *La naissance du purgatoire*, Paris: Éditions Gallimard, 1981, que, para além do "Triunfo Social", assinala o "Triunfo Poético" do Purgatório, ocorrido cem anos depois (entre 1302 e 1321), coincidindo com a composição da *Divina Comédia*, de Dante Alighieri. Sobre a evolução histórica da doutrina purgatorial, vejam-se, entre muitos outros, José Alviar,

ver-se sinais dessa mundanidade em personagens como a Pastora ou o Lavrador. A primeira, chegada ao cais da morte, procura o seu cão, no pressuposto de que ele lhe pode valer ou de que deve ainda ocupar-se dos seus afazeres terrenos. Já o Lavrador, surge em cena com o arado, vínculo do seu préstimo. O diabo lembra-lhe que foi desonesto, mudando os marcos das propriedades. O mais importante, contudo, é que a personagem não revela o grau de consciência que se requer para entrar no Céu. O que tem para dizer em seu favor relaciona-se, tão-só, com a dureza da sua profissão e com o lugar de sacrifício que ocupa na pirâmide social.

> Nós somos vida das gentes
> e morte de nossas vidas.[9]

O Diabo, porém, não se deixa impressionar e desfaz a validade desses argumentos, invocando a vocação social do Lavrador, para mostrar que o sofrimento que invoca não dissolve os seus pecados:

> Pois pera que é o vilão?[10]

A tudo isto acresce o peso de uma circunstância especial: concebida para ser representada em época de Natal, a peça é favorável aos simples.[11] Por isso, logo no início, se dá nota da importância daquela noite, especialmente favorável ao Bem.[12]

Escatología, 2ª ed., Pamplona: Ediciones de la Universidad de Navarra, 2007, p. 341 e ss.; Antonio Royo Marín, *Teología de la Salvación*, Madrid: Biblioteca de Autores Cristianos, 1997, p.367 e ss. e Antonio Nitrola, *Trattato di escatologia*, 2 vols., Milano: San Paolo, 2001/2010, vol. II, p. 505 e ss.

9 *Obras de Gil Vicente*, Coordenação científica de José Camões, vol. I, p. 249.

10 Ibid., p. 248.

11 Não é a única vez que a circunstância do Natal condiciona o desfecho da ação no teatro vicentino. Além de *Purgatório*, também em *Quatro tempos*, *Mofina Mendes*, *Sibila Cassandra* e *Feira* o Presépio constitui o contraponto de todos os desconcertos, suspendendo o tempo e contribuindo para o seu reinício purificado.

12 O auto inicia-se com um romance entoado por três Anjos, aludindo à Salvação e invocando a serenidade da Noite Santa: "A ribeira mui serena/Que nenhum vento bolia" (*Obras de Gil Vicente*, Coordenação científica de José Camões, vol. I, p. 243). Mais à frente, o Diabo revela-se exasperado pelo facto de ninguém se apresentar para embarcar no seu "caravelão"

Glória

Uma vez dado seguimento ao primeiro auto, o dramaturgo tinha ainda um último desafio pela frente: construir uma peça ilustrativa do resgate supremo. Embora em *Purgatório* possam já identificar-se algumas alusões à peça anterior, o vínculo entre *Glória* e os autos anteriores é ainda mais claro. Logo no início, a Morte, que não tinha aparecido em nenhuma das outras peças, é interrogada pelo Diabo sobre os motivos pelos quais "*tardan grandes y ricos*". Reportando-se abertamente ao que tinha sucedido nas duas peças anteriores, o Diabo explica a situação:

En el viaje primeiro
M'enviaste oficiales.
No fue más de un caballero
Y lo ál pueblo grosseiro;
dexaste los principales.
Y villanage
en el segundo viage,
Siendo mi barco ensecado.
Ah, pesar de mi linage!
Los grandes de alto estado,
Cómo tardan en mi passage![13]

Depois de justificar a demora dos grandes no seu cais ("*Tienen más guaridas éssos/que lagartos de arenal*"), a Morte promete que, desta vez, alargará a sua ação aos poderosos:

Voyme allá de soticapa
A mi estrada seguida.
Verás como no m' escapa
Desde el Conde hasta el Papa.[14]

(Ibid., vol. I, 243-244). No final do auto há de estabelecer-se o contraste entre dois tipos de canto: o dos Diabos e o dos Anjos.

13 Ibid., vol I, p. 270.

14 Idem.

Muito provavelmente, os espectadores cortesãos viriam a guardar memória das três peças, para além da sua representação concreta. Por mais do que uma vez, o dramaturgo voltou a trazer ao palco clérigos venais, alcoviteiras astutas, pastores sem pecados graves, cavaleiros idealistas ou até mesmo o papa, como haveria de suceder, sob roupagens alegóricas, no *Auto da feira*, representado em 1527. Independentemente das diferenças de integração teatral, Gil Vicente invocou, por várias vezes, a memória das suas *Barcas*, sabendo que o público reconheceria esse lastro com facilidade.

Os modelos

A circunstância de não se encontrar um modelo direto e acabado, que pudesse ter sido seguido por Gil Vicente na concepção destas três peças contrasta com o que ocorre a propósito de outros autos. De facto, com maior ou menor nitidez, é possível reconstituir alguns substratos do teatro vicentino: para além da égloga pastoril em castelhano (associada aos músicos e poetas Juan del Encina e Lucas Fernández) e do teatro medieval francês, existe ainda a influência menos notada da comédia pré-renascentista, que foi sobretudo divulgada por Bartolomé de Torres Naharro, outro grande nome do teatro ibérico, de inícios de Quinhentos.[15]

Enquanto o teatro renascentista foi objeto de uma codificação rigorosa, quer sob o ponto de vista da forma quer do ponto de vista dos conteúdos, o teatro medieval gozou de maior flexibilidade. Havia naturalmente uma *gramática implícita* da farsa, da *moralidade* ou do *mistério* (três dos géneros que Gil Vicente cultivou com mais perseverança) mas nada obstava a que qualquer um desses géneros fosse contaminado pela presença de outros. Num outro plano, deve lembrar-se que o teatro medieval incorporava também frequentes sugestões de outras artes, como a música e as artes plásticas.

No que toca às *Barcas*, é costume assinalar algumas analogias: existem textos antigos que referem o julgamento dos mortos (Os *Diálogos*, de Luciano de Samósata, escritos no século IV), oposições entre uma Barca boa e outra perigosa (D. Duarte refere-se a estas imagens no *Leal conselheiro*, escrito no século XV).

15 Sobre as fontes do teatro de Gil Vicente, veja-se a primeira parte de José Augusto Cardoso Bernardes, *Sátira e lirismo no teatro de Gil Vicente*, 2ª ed., Lisboa: INCM, 2004, p. 41-177).

Nenhuma destas bases, porém, se afigura suficiente para que possam admitir-se vínculos diretos e determinantes.

Mais operante parece ser a influência de duas fontes interligadas, tanto sob o ponto de vista temático como no que respeita à própria organização formal. Falo, em primeiro lugar de *Everyman*, uma das moralidades europeias mais conhecidas, escrita pela primeira vez por finais do século XV, em holandês, com o título *Elckerlijc* (e logo traduzida para inglês). Aí encontramos designadamente um confronto desenvolvido entre várias personagens e a Morte. A forma como a personagem central tenta escapar ao seu destino faz lembrar a maioria das personagens da *Barca do Inferno*, nas quais a alienação é mais intensa e para quem a passagem para o Inferno representa verdadeiramente a aniquilação espiritual. Na moralidade holandesa, a figura principal tenta justamente evitar a Morte, com recurso a bens materiais acumulados em vida (mil libras, no caso), tal como sucede com o nosso bem conhecido Onzeneiro, que se propõe regressar à vida para recolher a fortuna que supostamente lhe garantiria a Salvação.[16]

Tem sido sublinhado, de resto, que esta moralidade reflete a atitude mental que subjaz às *artes moriendi*, livros que circulavam então, sob forma manuscrita ou impressa, com o propósito de ensinarem a morrer.[17]

16 São estas as palavras de Everyman: "*O Death, thou comest when I had thee least in mind/ In thy power it liteth me to save,/Yet of my good wiel I give thee, if you wiel be kind, /yaea, a thousand pound shalt ye have,/And defer this matter tiel another day*" (Oh Morte, vens quando menos pensava em ti. /Tens poder para me salvar/Faço-te dom dos meus bens se te mostrares boa./Sim, um milhar de libras será teu/ e deixa o assunto para outro dia). *Everyman*, in *Medieval and Tudor Drama*, Edited and with Introductions by John Gassner, New York: ApplauseTheatre Book Publishers, 1987, p. 207-230), cf. p. 210.

17 As *artes de morrer* situam-se entre os primeiros livros impressos na Europa, conhecendo-se várias dezenas de edições antes de 1500 (maioritariamente vindas a público na Alemanha, na Inglaterra e nos Países Baixos). A maioria parece estar relacionada com um texto latino redigido em finais do século XV, sob o título *Tractatus* ou *Speculum artis bene moriendi*, que, para além de uma meditação sobre a morte, menciona procedimentos concretos que conduzem à Salvação (arrependimento dos pecados, distribuição de esmolas, oração). Sobre a influência deste tipo de subtexto na moralidade a que me venho referindo, veja-se Jean-Marie Maguin, *Everyman ou la question de l'au-delà au Moyen Âge*, Paris: PUF, 2008. Para o caso português, continuam a ser imprescindíveis os trabalhos do padre Mário Martins, "O Tempo e a Morte nos autos vicentinos", in *Introdução histórica à vidência do Tempo e da Morte*, Braga: Livraria Cruz, 1969, p. 213-236; "Gil Vicente e as figuras da dança macabra nos Livros de Horas", in Idem, p. 237-295.

Ainda no mesmo plano se pode encarar a influência da *Dança da Morte*. Trata-se agora de uma sugestão temática localizável por toda a Europa, em finais do século XIV, que deu origem a figurações de vário tipo: frescos murais, gravuras impressas e também textos dialogados[18] (o mais antigo que se conhece foi editado em Sevilha, em 1513, mas é certo que existiam versões anteriores, pelo menos manuscritas).[19] De acordo com essa tradição, a Morte, que chegava sempre de surpresa, irmanava figuras de condição social e faixa etária diferenciadas, afirmando o seu poder sobre todos os vivos.[20]

Independentemente de outras sugestões pontuais, podem ter sido estas as bases das *Barcas* vicentinas. No caso da *Dança*, este juízo é ainda comprovado com a coincidência parcial das personagens que comparecem nos textos vicentinos e na *Dança da Morte* (tanto na versão figurativa como no texto editado em Sevilha de que tenho vindo a falar): num e noutro encontramos eclesiásticos, sapateiros, magistrados, todos submetidos ao poder nivelador da Morte.

Para reforçar o alcance moral das suas peças, Gil Vicente acrescentou apenas a dimensão do julgamento. De facto, enquanto na *Dança*, a Morte é a figura suprema, nas *Barcas* essa presença é apenas implícita nos dois primeiros autos surgindo expressamente na *Barca da Glória*, com efeitos de sentido que haverei de explorar mais à frente. Mais do que a Morte – concebida como transe igualitário para todas as personagens, contam em Gil Vicente o Diabo e o Anjo, condutores das barcas que conduzem ao Inferno e ao Paraíso. A sua função limita-se a evidenciar a lógica da Condenação e da Salvação. Naquelas circunstâncias, os representantes do Bem e do Mal não podem já resgatar ou condenar quem quer que seja. Resta-lhes dar execução a uma sentença que as próprias personagens humanas foram construindo ao longo da vida.

18 Cf. "Danza de la Muerte", in *Teatro medieval*, Textos íntegros en versión del Dr. Fernando Lázaro Carreter, 4ª ed., Madrid: Clásicos Castalia, Colección Odres Nuevos, 1987, p.27-248.

19 Sobre a génese da *Dança da Morte* enquanto manifestação textual e iconográfica, veja-se o primeiro capítulo de Víctor Infantes, *Las Danzas de la Muerte. Génesis y desarollo de un género medieval (siglos XIII-XVII)*, Salamanca: Ediciones de la Universidad, 1997.

20 Sobre a importância do tema do Julgamento final no teatro da Idade Média, veja-se a coletânea de David Bevington et al., *Homo, Memento Finis: The Iconography of Just Judgement in Medieval Art and Drama*, Kalamazoo: Medieval Institute Publications, Western Michigan University, 1985, em particular os estudos assinados por Pamela Sheignorn e David Bevington.

Salvação e condenação

Para além da sua centralidade na cronologia da produção vicentina, as *Barcas* são também decisivas no plano temático, estético e estrutural. No plano temático, constituem uma pregação completa sobre os caminhos da perdição e da salvação. Assistindo aos três autos, o espetador fica em condições de reconstituir os pressupostos de uma e de outra via: o despojamento e a assunção da Fé até às últimas consequências representa o caminho seguro para o Paraíso. É isso que sucede com os cavaleiros mártires; e, como vimos, é também isso que é prometido ao Parvo Joane. Para o Céu vai ainda o Menino (que, na sua contenda com o Diabo, chega a invocar o Parvo da barca anterior); e vão depois as personagens da *Barca da Glória*, numa solução porventura surpreendente, à qual haverei de regressar.

O facto de os simples de *Purgatório* não terem acesso desimpedido ao Paraíso quer apenas dizer que a ele não se chega sem "bens guiantes", como diz o Anjo na própria *Barca do Inferno*. Não basta estar isento de pecados graves para se alcançar a Redenção. Para além de cumprir esse requisito prévio, torna-se ainda necessário que exista um compromisso firme com a causa da Fé. É por poderem fazer prova desse compromisso que os cavaleiros de Cristo conseguem furtar-se ao contacto com o Diabo. Pode inclusivamente supor-se que este tivesse alguns pecados a lembrar-lhes. Mas o discurso deles (cantado) é já de Glória e, em consonância com isso, a resposta que dirigem ao Diabo é taxativa, vinda pela voz do 1º cavaleiro:

E vós que nos demandais?
Siquer conhecei-nos bem?
Morremos nas partes de Além
E nam queirais saber mais.[21]

Problemas em aberto

Representadas há mais de quinhentos anos, as três peças em análise colocam ainda problemas de compreensão, a vários níveis. Alguns existiam já na altura da sua primeira representação; outros foram sendo criados pela distância

21 *Obras de Gil Vicente*, Coordenação científica de José Camões, vol. I, p. 242.

temporal a que nos encontramos do ato criador. Sem que seja possível resolver todos com absoluta segurança, a maneira mais eficaz de nos aproximarmos deles é ter em conta as coordenadas contextuais, não deixando de convocar, ao mesmo tempo, outros textos vicentinos.

A solução final de Glória

No contexto desta *Pregação* tripartida causou sempre estranheza e polémica a solução que surge no final do terceiro auto. Se aos grandes do mundo são apontadas infrações tão graves, se o Anjo, em função disso, se recusa a dar-lhes guarida na sua barca, como se explica então o resgate certificado na didascália final? A primeira explicação que pode acudir à mente dos leitores ou espetadores do nosso tempo parece tomar a forma de uma concessão. Mesmo tendo dado sinais de grande coragem noutros autos, Gil Vicente não teria tido, desta vez, ousadia suficiente, para enviar diretamente para o Inferno os mais altos dignitários do mundo. A explicação, porém, não é tão linear. Há que atentar, desde logo, nos elementos que distinguem este auto dos dois que o precedem: o primeiro desses elementos é o idioma castelhano, que, por ser mais prestigiado, contribui para a nobilitação do estilo. Estamos agora, de facto, perante personagens de alta condição, fazendo sentido que se expressem numa língua mais qualificada. Esta marca diferenciadora ganha ainda mais relevo se nos lembrarmos que boa parte do discurso pronunciado por essas mesmas figuras é constituído por uma tónica de contrição e outra de prece, visando obter misericórdia, circunstância que não se verifica em nenhum dos autos precedentes.

Outra diferença importante consiste na presença da Morte enquanto personagem. Ao contrário do que possa parecer, não se trata de uma adição irrelevante. Para além dos efeitos teatrais inerentes, o aparecimento da alegoria da Morte[22] faz dissipar a inconsciência própria da grande maioria das personagens dos autos anteriores. Na *Barca da Glória*, não existe lugar para esse estado de inconsciência. Bem pelo contrário: é a Morte quem, desde o início, recebe e conduz as personagens de alto estado. É o confronto consciente que travam com ela (confronto visual, desde logo, favorecendo uma consciência plena dos

22 Em Gil Vicente, só voltamos a ter notícia dela uma outra vez: justamente no *Breve sumário da história de Deus.*

seus efeitos) que permite aos condenados a experiência de uma outra fase: a do arrependimento. É desse estádio de reconhecimento interior que todas partem para a prece dirigida à Virgem, a Cristo e a Deus. E sabe-se como estes procedimentos são enfaticamente recomendados nas *artes moriendi*.

São estas as diferenças essenciais que se verificam entre este auto e aqueles que o precedem. Qualquer delas, em si mesma ou em articulação, contribui para explicar um desfecho aparentemente imprevisto. Com efeito, mesmo sendo apontados como pecadores e sendo-lhes inclusivamente lembrado que as funções sociais que exerciam os obrigavam a um maior afastamento do pecado, os dignitários do poder político e eclesiástico são objeto de um *golpe de redenção* constituído pelo aparecimento de um Cristo misericordioso, que, abrindo os braços, permite que das suas chagas saiam remos e que os pecadores, já embarcados a caminho da perdição, possam ser resgatados.

Resta assinalar uma outra diferença, relacionada com as circunstâncias de representação: refiro-me ao tempo pascal em que o auto é representado. Nestes três autos, como em muitos outros, o desfecho é influenciado pela circunstância de representação. Não sabemos exatamente até que ponto assim é na *Barca do Inferno*, representado perante a rainha D. Maria, "estando doente do mal de que faleceu". Mas esta informação permite supor que, à semelhança do que sucedia com as *artes moriendi* da época, a peça, que termina com a consagração dos cavaleiros mártires, pudesse ter funcionado da mesma forma perante uma rainha a quem era necessário garantir que a dádiva da vida por uma causa suprema era garantia de salvação. Do mesmo modo, em *Purgatório* a relação entre o tempo de Natal e a ação dramática torna-se decisiva: é por ser dia do nascimento de Cristo que o batel infernal não beneficia de vento favorável; e é ainda por ser noite de Natal que o cais é predominantemente visitado pelos simples.

Sob o ponto de vista teológico, faltava a Gil Vicente ilustrar a outra via da Salvação: para além das obras, que nada garantiam aos grandes do mundo, existia a Misericórdia divina que, de acordo com a doutrina estabelecida, tinha o condão de rasurar os pecados, franqueando o acesso à *Barca da Glória*. Ao contrário do que pode parecer num primeiro momento de leitura, o desfecho do auto fica assim a dever-se à presença de uma outra via de Salvação e não a uma suposta pusilanimidade do autor.[23] Pelo contrário:

23 Em páginas bem fundamentadas (do ponto de vista bíblico e do ponto de vista do Magisté-

mais do que a quaisquer outras personagens, através do inventário de pecados gravíssimos, Gil Vicente insiste em punir personagens como o Rei, o Imperador, o Cardeal ou o Papa.

O Parvo Joane

Outro problema é suscitado pela personagem Joane (Inferno). A sua caracterização parece saída da *sottie*, género do teatro medieval justamente centrado na figura do *sot* (parvo). Num primeiro momento, tudo nos remete para o âmbito do sem-sentido: a linguagem obscena, a desfocagem de algumas réplicas ("de pulo ou de voo?") a indicação da maleita de que morreu ("de caga merdeira") etc. Neste contexto particular, existem, porém, bons motivos para descobrir na personagem outro tipo de significados.

A primeira nota a reter relaciona-se com a sua integração no campo dos simples.

Por essa via, aproxima-se do Anjo e incompatibiliza-se com o Diabo. Na dialética que se estabelece entre Condenação e Salvação, que atravessa todo o auto, Joane situa-se claramente do segundo lado. Ainda assim, haverá que distinguir o seu destino do fim reservado aos quatro cavaleiros mártires. Com estes últimos, o Diabo não consegue sequer dialogar. A eles estava o Anjo esperando, desde que, dirigindo-se ao Parvo, antecipa a vinda de alguém

> Espera entanto per i.
> Veremos se vem alguém
> Merecedor de tal bem.[24]

Podemos então concluir que, embora partilhando com os cavaleiros o destino final, o Parvo de *Barca do Inferno* define-se mais pelo contraste que através dele se institui em relação às personagens condenadas. Não representa nenhum estrato social e, por isso, não lhe podem ser assacados incumprimentos a esse nível (como sucede com a desonestidade do sapateiro, a venalidade dos homens

rio da Igreja), Royo Marín analisa justamente os efeitos da oração na salvaguarda da "perseverança final" (Cf. Royo Marín, op. cit., p. 104 e ss.).

24 *Obras de Gil Vicente*, op. cit., p. 225.

de leis, a tirania do fidalgo, a impiedade enganosa da alcoviteira, todos eles participando numa espécie de pecado social); não é portador de nenhum objeto que indicie o seu apego ao mundo. Pelo contrário: a linguagem subversiva que utiliza significa o desalinhamento em relação a uma sociedade que o excluiu.

Essa exclusão institui-o, de algum modo, como representante de uma minoria e de um estado intermédio: precisamente o que resulta da renúncia ao *Ter* e ao *Poder*. Falta-lhe abraçar uma causa que lhe abra, de imediato, as portas do Céu.

A teatralidade da Vida e da Morte

Ao longo dos séculos, as peças de Gil Vicente têm sido objeto de encenações muito diversas. Independentemente do uso cénico que delas possa vir a ser feito, contudo, os autos surgem dotados de uma teatralidade intrínseca. Assim, se a teatralidade das farsas assenta na oposição que se estabelece entre as diferentes personagens (os ingénuos encontram-se em flagrante contraste com os ardilosos, por exemplo), na moralidade, em geral, as personagens valem pelo que representam. O Diabo ou o Anjo são portadores de uma representatividade fixa e, com ligeiras cambiantes, um e outro podem ser respetivamente agentes de tentação e de proteção, como em *Alma* ou meros executores de uma lógica pré-estabelecida, como nas *Barcas*. O mesmo não sucede com personagens que se situam fora no domínio da alegoria. No caso dos autos de que agora falo, isso acontece com as figuras que desfilam, apresentando-se no cais da morte como se estivessem vivas, prontas a representar uma última cena. Qualquer uma dessas personagens está, por isso, encarregada de desempenhar o seu papel em registo de síntese, de modo a que se percebam as causas do seu destino.

Na primeira *Barca*, o Frade exercita os seus dotes de esgrimista e faz-se acompanhar da sua dama Florência; por sua vez, a Alcoviteira demonstra toda a sua capacidade aduladora junto do Anjo.[25] Já os cavaleiros surgem a cantar um romance de efeito catequético: aquele que constitui a síntese moral das três peças, colocado pelo dramaturgo no final da peça, para que fique nos ouvidos de quem assiste ao auto:

25 Cumpre lembrar, de resto, que a adulação constitui um instrumento do Mal. Dela se servirá reiteradamente o Diabo no *Auto da Alma*.

À barca, à barca segura
Guardar da barca perdida
À barca à barca da vida.
Senhores que trabalhais
Pola vida transitória
Memória por Deos memória
Deste temeroso cais.
À barca à barca mortais
Porém na vida perdida
Se perde a barca da vida.[26]

Do ponto de vista puramente teatral, porém, o Parvo afirma-se como a personagem mais versátil: detém um histrionismo próprio, feito de uma linguagem transgressora, embora com ajustamentos em função dos interlocutores. O tom com que responde ao Diabo não difere muito daquele que usa para se dirigir ao Judeu. Revela-se, contudo, substancialmente diferente quando fala com o Anjo. Enquanto o seu diálogo com o Diabo e com os pecadores se afigura caudaloso, o Parvo pode apresentar-se também despido de palavras: na versão de 1562 (decerto revista por Gil Vicente) quando o Anjo lhe dirige uma pergunta que, de resto, não tem necessidade de dirigir a outros (Quem és tu?) pronuncia apenas a palavra "Ninguém!"

E bastou esta resposta para que fosse emitido um juízo benévolo. A possibilidade de Gil Vicente ter substituído a resposta que antes figura na primeira edição do auto ("Samicas alguém!") não altera substancialmente o sentido da resposta mas estabelece uma ligação direta com uma outra personagem alegórica: o "Ninguém" que surge no Prólogo do *Auto da Lusitânia* (1531), em diametral oposição a Todo-o-Mundo. A humildade, o discernimento e o sentido de renúncia da primeira (em tudo oposta à segunda) por certo poderiam fazer lembrar melhor ao leitor contínuo do *Livro das obras* a contiguidade que efetivamente existe entre duas personagens vicentinas aparentemente afastadas na cronologia e no papel que desempenham nas peças em que se integram.

Em *Purgatório*, as marcas de teatralidade que mais sobressaem são a serenidade do Natal e o confronto dos simples com o Além. Logo no início do auto, en-

26 *Obras de Gil Vicente*, op. cit., p. 241-242.

contramos duas atitudes opostas: os Anjos que cantam e celebram o nascimento do Salvador do mundo e os Diabos contrariados com a falta de vento que nessa noite especial lhes dificultará a viagem em direção ao Inferno. Cada personagem que chega ao cais manifesta surpresa pelo lugar em que se encontra, não conseguindo alcançar a diferença essencial que se verifica em relação ao mundo que acaba de deixar. Assim sucede com o Lavrador ("Cá chega o mar?"). Outro nível de espanto surge quando os falecidos se dão conta de que, apesar de não terem cometido pecados graves, serão obrigados a purgar ao longo da ribeira.

O espanto perante a situação em que se encontram parece assim constituir uma marca de teatralidade especialmente produtiva, que os encenadores e os atores não podem deixar de explorar num sentido mais ou menos transfigurador.

Em *Glória*, a teatralidade não é apenas de outro tipo. Parece ser, desde logo, mais intensa. A primeira diferença relaciona-se com o tipo de diálogo que prevalece. Do diálogo vivo da primeira *Barca* (muito próximo do da farsa) passamos para discursos mais longos. A abrir, logo depois das lamentações do Diabo deparamos com o pregão do Anjo, que ocupa cinquenta versos exatos. O caso mais saliente é, porém interpretado pela figura do Lavrador. Em resposta às acusações do Anjo, a personagem inicia com as palavras "Bofá meu Senhor", uma tirada que se estende por 35 versos, mais extensa do que qualquer uma das falas presentes em *Inferno*, por exemplo. No último auto, acentua-se ainda mais o efeito do que poderia chamar-se a "teatralidade retórica". De facto, sem que exista verdadeiro antagonismo entre os grandes do mundo com as personagens fixas do Bem e do Mal, o discurso assume agora a tónica da contrição e da prece.

A presença da Morte completa o imaginário do Além que, nos outros autos, era apenas integrado pelas representações angélicas e demoníacas. Por se tratar de uma alegoria facilmente reconhecível, a Morte reforça o realismo quase tangível que se institui em todo o auto. Por outro lado, as personagens apresentam-se como possuidoras de um dinamismo acrescido. Começam por aparecer investidos das dignidades seculares; mas cedo se desprendem delas, reagindo, com lucidez, às acusações que lhes são lançadas. A partir daí, em vez de negarem essas mesmas acusações, os grandes assumem-nas e elaboram uma contrição que vai aumentando de tom. Por fim, a solução final é enquadrada no aparecimento da figura do Cristo pascal.

O desfecho é inclusivamente remetido para uma simples didascália, configurando uma intensa apoteose teatral:

Nam fazendo os Anjos menção destas preces, começaram a botar o batel às varas, e as almas fizeram em roda ua música a modo de pranto, com grandes admirações de dor; e veo Cristo da ressurreição e repartiu por elas os remos das chagas e os levou consigo.[27]

Assim configurada, a apoteose consuma-se através de um *clímax* feito de música, pranto e grandes admirações de dor. Só depois é sugerida a aparição de Cristo, enquanto efeito cénico supremo e final que dissolve toda a angústia, fazendo do auto uma verdadeira demonstração da misericórdia divina.[28]

Conclusão

Para além dos sentidos próprios de que se revestem, as *Barcas* instituem um núcleo de sentido que se estende a todo o teatro de Gil Vicente e que, embora tendo sido decerto mais perceptível para os espectadores da época, ainda hoje impressiona o leitor. Trata-se de um núcleo que se aplica retrospectivamente, funcionando como síntese das peças que foram produzidas antes de 1517; mas também diz respeito a todas as peças que viriam a ser representadas na fase final do reinado de D. Manuel e na fase inicial do reinado de D. João III. São muitas e variadas as afinidades, as recuperações e os desenvolvimentos que podem detetar-se no plano dos temas, das situações e das personagens. Mas o que se torna mais visível é a catequese moral e teológica que atravessa toda a *Compilação*, fazendo dela não um simples mosaico, acidentalmente composto por elementos muito diversos mas uma verdadeira obra, centrada nos grandes temas da Salvação e da Condenação: das figuras do século XVI mas também dos homens e mulheres de qualquer tempo.

27 *Obras de Gil Vicente*, op. cit., p. 294.

28 Curiosamente, a reflexão sobre a matéria que se tem vindo a produzir ao longo do século XX admite o efeito iluminador que a Morte pode produzir na consciência humana, levando a criatura a decidir no transe definitivo pela união ou pelo afastamento em relação a Deus. Sobre esta tese ("teoria da opção final"), veja-se ainda o precioso manual de José Alviar, op. cit., p. 318 e ss..

José Blanco

Cleonice: pessoana centenária. Uma bibliografia

É A PRÓPRIA CLEONICE BERARDINELLI QUE NOS CONTA O seu primeiro encontro com Fernando Pessoa: tinha 28 anos de idade, quando, em 1944, o Professor Thiers Martins Moreira lho apresentou, pela mão de Adolfo Casais Monteiro (que, dois anos antes, publicara em Lisboa, na editorial *Confluência*, a primeira antologia do Poeta). No decurso de 72 anos, desde então decorridos, Cleonice, afirmou-se como uma notabilíssima pessoana preparando-se agora para ser a primeira pessoana centenária do mundo.

Fazendo parte da distinta galeria dos Grandes Clássicos pessoanos não-portugueses, a que pertencem Robert Bréchon, Ángel Crespo, Armand Guibert, Pierre Hourcade, Georg Rudolf Lind, Octavio Paz, Luciana Stegagno-Picchio e Antonio Tabucchi, Cleonice a todos sobreviveu.

Foi também autora da primeira tese universitária sobre Fernando Pessoa defendida no estrangeiro, e a segunda em todo o mundo (a primeira foi de Jacinto do Prado Coelho, em Lisboa). Paradoxalmente, a tese de livre-docência *Poesia e poética de Fernando Pessoa*, que defendeu em dezembro de 1958 na Universidade do Brasil (hoje Universidade Federal do Rio de Janeiro) nunca foi publicada, dela tendo vindo a lume apenas alguns trechos em publicações periódicas.

A não-publicação da tese pioneira de Cleonice foi compensada pela qualidade (e quantidade) dos ensaios que sobre Pessoa publicou ao longo de 57 anos, entre 1957 e 2014. No seu conjunto, os textos que aqui são repertoriados constituem um *corpus* crítico de importância fulcral para a compreensão do fenómeno poético pessoano.

Serviu de base a esta catalogação o recenseamento feito na *Pessoana. Bibliografia passiva, selectiva e temática* (Lisboa: Assírio & Alvim, 2008), do qual cons-

José Blanco é Doutor *Honoris Causa* pela Universidade Federal do Rio de Janeiro (UFRJ) e *Honorary Fellow* do King's College, de Londres.

tavam 49 verbetes. Uma vez revisto e actualizado até ao fim de 2014, passou a contar com 62 entradas. Relativamente a essa *Pessoana*, Cleonice está, assim, entre os 10 ensaístas mais prolíferos, a saber: João Gaspar Simões (com 142 entradas), José Augusto Seabra (95), Eduardo Lourenço (91), Teresa Rita Lopes (83), Arnaldo Saraiva (77), George Monteiro (69), João Alves das Neves (65), Antonio Tabuccchi (65), Cleonice Berardinelli (62) e António Quadros (60).

Uma brevíssima análise dos textos revela que é o heterónimo Álvaro de Campos o tema pessoano que mais tem ocupado Cleonice: dezoito verbetes são-lhe dedicados, com especial incidência na edição crítica da Equipa Pessoa (Imprensa Nacional-Casa da Moeda), na qual Cleonice publicou em 1988 o volume zero, dedicado ao poema "A passagem das horas", em 1990 o volume II, que contém a produção poética do heterónimo e, em 1999, o único volume até hoje publicado da Série Menor, igualmente dedicado a Álvaro de Campos. Os poemas "A passagem das horas", "Saudação a Walt Whitman", bem como a "Ode marítima" foram objecto da sua especial atenção, através de ensaios específicos. A sua apaixonada devoção pela obra de Campos levou um jornalista a considerar que "Há uma relação íntima entre Cleonice Berardinelli e o engº. Álvaro de Campos", afirmação ousada que serviu de título a uma entrevista concedia por Cleonice em 1987.

O segundo grande tema da ensaística pessoana de Cleonice é a *Mensagem*. Em março de 1957 publicou no suplemento *Das Artes e das Letras*, do jornal *O Comércio do Porto*, o primeiro dos sete ensaios que, ao longo dos anos, dedicou ao único livro em português que Fernando Pessoa publicou em vida. Nesse texto pioneiro de 1957, considera que se trata da mais portuguesa das obras de Fernando Pessoa e também da mais universal, e escreve pioneiramente que "o poeta de *Mensagem* é da mesma altura do Fernando Pessoa das 'Poesias' ou de qualquer dos seus heterónimos; mais ainda, é em essência o mesmo poeta". Mais tarde, (numa época em que certa crítica bem-pensante minimizava, quando não desprezava a *Mensagem*), Cleonice virá a tornar esta ideia mais precisa e incisiva, ao escrever que "em *Mensagem* reencontramos a cada passo, sob o disfarce de outras personalidades, o poeta ortônimo ou heterônimo em suas feições mais características".

Grande especialista camoniana que também é, Cleonice escreveu, com inequívoco deleite, quatro textos em que se aproximam Pessoa e Camões.

Muitas outras vertentes da vasta obra pessoana têm sido objecto do interesse de Cleonice Berardinelli. Salientem-se os estudos sobre a prosa de Pessoa e, mais especificamente, as suas cartas de amor. Sobre estas, Cleonice falou com admiráveis profundidade e delicadeza, numa entrevista concedida pouco tempo depois da revelação das cartas de Pessoa a Ofélia, sob o sugestivo título "Beijos", "Beijinhos", "Um regimento de beijinhos".

Gostaria de sublinhar, finalmente, uma característica importante do trabalho que esta bibliografia revela: o facto de bastantes ensaios terem sido objecto de sucessivas publicações. Na maioria dos casos não se trata de meras reproduções de textos já vindos a lume, mas de novas versões, remodeladas e actualizadas, resultantes da constante procura de aperfeiçoamento e da honestidade profissional que são timbre do trabalho de Cleonice.

Nesta bibliografia, os dados de cada verbete são seguidos, não propriamente de um *abstract*, mas de uma paráfrase resumida em que se sublinham os pontos mais relevantes do texto em causa, ou, em alternativa, se transcrevem (sempre entre aspas), citações da autora.

Tem a palavra Cleonice Berardinelli.

*

1. "A 'Mensagem' de Fernando Pessoa pode ser considerada 'Os Lusíadas' do século XX". In *Das Artes e das Letras*, suplemento de *O Comércio do Porto*. Porto, 13 mar. 1957.

Aproxima-se a Mensagem *de* Os Lusíadas. *O livro de Fernando Pessoa é uma obra sui generis pelo assunto, perfeita na concepção, no planejamento e na execução, revelando através de heróis-símbolos as mais profundas preocupações, os mais intensos anseios e os menos realizáveis sonhos do Poeta. Na* Mensagem *há, sem dúvida, uma certa limitação que a natureza do poema impõe mas que nada tira à poesia, podendo até engrandecê-la pelas dificuldades a superar.* Mensagem *é a mais portuguesa das obras de Fernando Pessoa, e também a mais universal.*

2. "Mário de Sá-Carneiro", in *Mário de Sá-Carneiro: poesia.* Antologia. Colecção Nossos Clássicos, Rio de Janeiro: Agir, 1958. 3ª ed., corrigida, 1974. Repr. in *Estudos de Literatura Portuguesa*, p. 181-193.

Numa análise da vida e obra de Mário de Sá-Carneiro, referem-se as suas relações, pessoais e literárias, com Fernando Pessoa: ambos tinham "a consciên-

cia da grandeza que é ser poeta"; e o estarem à mesma altura, bem acima dos outros poetas do Orpheu, *aproximou-os "numa amizade feita de compreensão, carinho e admiração mútua". Em Sá-Carneiro, o Interseccionismo encontra-se não com a intencionalidade com que o adopta Pessoa, mas como a expressão do seu duplo estado de vigília e sonho, no qual as coisas vistas e as sonhadas se interseccionam ou superpõem.*

3. "Observações sobre a língua poética de Fernando Pessoa", in *Ibérida*, n. 1, Rio de Janeiro, abr. 1959, p. 101-114. Originalmente, subcapítulo da tese de livre--docência *Poesia e poética de Fernando Pessoa*, defendida na Universidade do Brasil (hoje Universidade Federal do Rio de Janeiro) em dezembro 1958. Repr. in *Estudos de Literatura Portuguesa*, p. 289-302; e in *Fernando Pessoa: outra vez te revejo...*, p. 20-36.

Com base em frequências estatísticas, estuda-se o emprego do advérbio de modo e do adjectivo atributivo adverbial (como lhe chama Gonzalo Sobejano) na poesia de Fernando Pessoa. Relativamente ao advérbio, se o ortónimo raramente o emprega, Ricardo Reis usa-o sobriamente e Alberto Caeiro fá-lo numa frequência comparável à de Cesário Verde; quanto a Álvaro de Campos, regista uma superabundância de advérbios de modo que é consequência do excesso que toda sua poesia ressuma. Analisa-se o emprego do advérbio superlativo, do advérbio sugestivo, do advérbio preciso e do advérbio impreciso e da adverbialização múltipla. Quanto ao adjectivo atributivo adverbial, verifica-se que é muito frequente no ortónimo e em Ricardo Reis e menos em Caeiro e Campos.

4. Mário de Sá-Carneiro, *Cartas a Fernando Pessoa*, vol. I, Lisboa: Ática, 1958, in *Ibérida*, n. 1, Rio de Janeiro, abr. 1959, p. 239-241.

Recensão.

5 ."Fernando Pessoa", in *Os grandes portugueses*, Direcção de Hernâni Cidade, Lisboa: Arcádia, s.d. [1960], p. 409-424. Repr. in *Estudos de Literatura Portuguesa* (1985), p. 213-237.

Escorço biográfico e estudo geral da poesia e da poética, ortónimas e heterónimas, de Fernando Pessoa, concluindo:"Poeta saturnino, apertaram-se nele os três anéis irreversíveis do astro fatídico: 'amargura, desgraça e solidão. Procurou rompê-los fugindo de si mesmo, rebentando a sua estranha complexidade em ou-

tras vozes, cada uma com seu timbre especial, sua intensidade própria, seu ritmo diferente. Mas as profundas ressonâncias dessas vozes coincidem e são sempre a expressão múltipla, forte e acabada de um grande, de um altíssimo poeta."

6. "A presença da ausência em Fernando Pessoa", in *Ocidente*, vol. LIX, n. 272, dez. 1960, p. 309-317. Originalmente, subcapítulo da tese de livre-docência *Poesia e poética de Fernando Pessoa*, defendida na Universidade do Brasil (hoje Universidade Federal do Rio de Janeiro), em dezembro de 1958. Repr. in *Estudos de Literatura Portuguesa*, p. 307-316; in *Fernando Pessoa: outra vez te revejo...*, p. 37-49; e in Fernando Pessoa, *Antologia poética*, p. 263-272.

Em Fernando Pessoa, a presença (frequentíssima) da ausência *revela, como em Pedro Salinas ou Stéphane Mallarmé, o desejo de atingir a essência ou a ideia pela negação do mundo material: é um dos aspectos da poesia pessoana em que se sente mais nítida a fuga ao real empírico, em busca do essencial, que está naquele outro lado da vida (aquém ou além) que fascina o Poeta. Para responder às perguntas obsessivas "de onde viemos, que somos e para onde vamos?", Pessoa buscará soluções esotéricas, rosacrucianas e teosóficas – mas nenhuma lhe bastará, tal como são vãs as suas tentativas de fuga pelo sonho, pelo retorno à infância e pelo desdobramento em heterónimos.*

7. "As raízes do desassossego em Fernando Pessoa", in *Tribuna da Imprensa*, n. 3-4, dez. 1960.

Subcapítulo da tese de livre-docência da Autora (Poesia e Poética em Fernando Pessoa), *de que até aqui foram apenas publicadas algumas partes.*

8. "A Geração de 70 e a Geração de Orpheu", *Revista de Letras*, n. 1, 1965, p. 99-107. Segunda versão sob o título "Antero de Quental e Fernando Pessoa: uma tentativa de aproximação", in *Estudos de homenagem a Cândido Jucá (Filho)*, Rio de Janeiro: Organizações Simões, 1967, p. 63-74; e in *Cadernos da PUC*, n. 1, Rio de Janeiro: Pontifícia Universidade Católica do Rio de Janeiro, ago. 1969, p. 33-39.

Primeiras versões do ensaio. Versão final no verbete nº. 23

9. "Fernando Pessoa – poeta múltiplo". Palavras proferidas na sessão solene comemorativa do 80º aniversário do nascimento de Fernando Pessoa, realiza-

da em 13 de junho de 1968 no Instituto de Estudos Portugueses da Pontifícia Universidade Católica do Rio de Janeiro, in *Diário de Notícias*, Lisboa, 4 jul. 1968, p. 17 e 19.

A partir de poemas ortónimos e heterónimos recitados par alunos da PUC e por Germana Tânger, a Autora faz uma reflexão de conjunto sobre a poesia pessoana, através das diferentes vozes *em que ela se nos apresenta: essa multiplicidade não é fragmentação porque corresponde a uma íntima unidade profunda. Pessoa revela na sua obra a obsessão da* busca, *que é mais do que a escolha de um Deus ou de uma religião, mais do que a fixação num sistema filosófico – é uma angústia que o faz procurar o seu próprio ser.*

10. "Fernando Pessoa: idéias estéticas", *Cadernos da PUC*, n. 1, Rio de Janeiro: Pontifícia Universidade Católica do Rio de Janeiro, ago. 1969, p. 21-28. Repr. in *Estudos de Literatura Portuguesa*, p. 271-287 e in *Fernando Pessoa: outra vez te revejo...*, p. 104-119.

A lucidez, o bom-senso e o equilíbrio crítico que Fernando Pessoa manifesta na apresentação de conceitos gerais nos seus textos sobre estética literária, surgem bastante toldados quando individualiza o objecto dos seus estudos, visando uma literatura, uma época ou um autor. Tal acontece, por exemplo, nos artigos publicados em 1912 na revista A Águia, *em que se manifesta o seu profetismo utópico. Em contrapartida, a sua atitude perante o movimento modernista é equilibrada e objectiva. É no* "Ultimatum" *de Álvaro de Campos, ao propor que nenhum artista deverá ter uma só personalidade, mas sim várias, que pode buscar-se a chave da solução pessoana da heteronímia.*

11. "Fernando Pessoa: o eu profundo", *Cadernos da PUC*, n. 1, Rio de Janeiro: Pontifícia Universidade Católica do Rio de Janeiro, ago. 1969, p. 5-14. Nova versão in *Estudos de Literatura Portuguesa*, p. 239-257; in *Fernando Pessoa: outra vez te revejo...*, p. 76-92; e in Fernando Pessoa, *Antologia poética*, p. 237-252.

A análise das cartas de Fernando Pessoa a Sá-Carneiro, a Côrtes-Rodrigues e a Casais Monteiro, bem como dos seus textos em prosa, começando pelos escritos de adolescência, revela que foi sempre um espírito angustiado. Todos os estados de alma decorrentes de depressão, abulia, cansaço, tédio, passividade, egocentrismo, solidão e profunda religiosidades se originam dentro do Poeta num psiquismo doentio a que ele procura fugir, e estão na origem da criação heteronímica.

12. "Fernando Pessoa: os vários eus", *Cadernos da PUC*, n. 1, Rio de Janeiro: Pontifícia Universidade Católica do Rio de Janeiro, ago. 1969, p. 15-20. Versão aumentada in *Estudos de Literatura Portuguesa*, p. 259-270; e in *Fernando Pessoa: outra vez te revejo...*, p. 93-103; e in Fernando Pessoa, *Antologia poética*, p. 253-262.

Ensaio sobre a heteronímia, em cuja origem coexistem voluntariedade e involuntariedade. Com base em textos escritos por Fernando Pessoa sobre os heterónimos, estuda-se o fenómeno, com especial atenção para as relações entre eles e, bem assim, a opinião que o próprio Pessoa tinha de cada um deles. Se a criação de mitos era o seu maior desejo, pergunta-se se ele os terá criado: a resposta é afirmativa, pois os heterónimos, "poetas-em-pessoa", têm a estrutura de mitos.

13. "Mensagem", *Cadernos da PUC*, n. 1, Rio de Janeiro: Pontifícia Universidade Católica do Rio de Janeiro, ago. 1969, p. 29-32. Repr. in *Estudos de Literatura Portuguesa*, p. 327-341; in *Fernando Pessoa: outra vez te revejo...*, p. 120-132; e sob o título "Os tempos da pátria: Pessoa e a história de Portugal, entre o heroico e o místico", in Fernando Pessoa, *Mensagem* (2014), p. 116-122.

Na "Mensagem", *Fernando Pessoa capta totalmente a alma portuguesa, heróica e mística, saudosista e messiânica. A obra caracteriza-se por uma estrutura perfeita, obedecendo a um plano estabelecido e seguido pelo Poeta, que lhe confere a unidade de um poema épico-lírico. Nela se reencontra a cada passo o poeta ortónimo ou heterónimo, nas suas feições mais características. Comparam-se Pessoa e Camões, a* "Mensagem" *e* "Os Lusíadas". *Da leitura paradigmática dos poemas pessoanos ressaltam o significado do poema final e também a proposta de uma solução não mais de dimensão humana, mas mítica.*

14. "A 'Ode marítima' de Álvaro de Campos", *A Voz de Portugal*, Rio de Janeiro, 14 dez. 1969. Repr. in *Estudos de Literatura Portuguesa*, p. 321-325 e in *Fernando Pessoa: outra vez te revejo...*, p. 71-75.

Estudo da "Ode marítima", *procurando apreender o poema na sua globalidade. Analisa-se a estrutura da "narrativa", utilizando a terminologia estruturalista, nomeadamente a de Tomachevski. Estudam-se, nesta perspectiva, o* tema *(inutilidade da tentativa de fuga da angústia metafísica), as* personagens *(o Poeta lúcido e o Poeta delirante contrapondo-se em tensão dialéctica), a* intriga *(na qual não se encontram propriamente funções mas "motivos associados estáticos"), a* motivação *(de carácter composicional, sendo o navio que chega o motivo de-*

sencadeador do poema) e os processos do discurso *(o processo* canónico, *quando Pessoa sacrifica no altar do Futurismo, e o processo* livre, *presente nas obsessivas reiterações, nos paralelismos, na torrencialidade dos desabafos).*

15. "Linhas mestras da literatura portuguesa", *Ocidente*, Nova Série, vol. LXXXI, n. 399, jul. 1971, p. 33-39.

Com objectivos didácticos, apresentam-se as linhas mestras que amarram diacrónica e sincronicamente os pontos altos da literatura portuguesa: o subjectivismo, o nacionalismo (com duas vertentes, a do louvor e a da visão crítica), o messianismo e o saudosismo. Os pontos convergentes dessas linhas mestras são Fernão Lopes e Eça de Queiroz, Gil Vicente e Bernardo Santareno, Camões e Fernando Pessoa, convergindo estes dois últimos em todas as linhas.

16. "Introdução Geral. Nota editorial. Estudo Introdutório", in *Fernando Pessoa. Obras em prosa*, Organização, introdução e notas de Cleonice Berardinelli, Rio de Janeiro: Editora Nova Aguilar, 1974, p. 9-28.

Apresentação do volume em que se reúne "quase toda a prosa" de Fernando Pessoa, "integralmente ou com pequenos cortes", procurando dar "uma visão ligeiramente reduzida mas não deformada", sem tentar dar aos fragmentos "uma unidade e coerência que nem sempre têm". Depois de uma análise dos textos ortónimos e heterónimos, conclui-se que se Fernando Pessoa atingiu na multiplicidade da sua poesia a plenitude de expressão, na prosa muito raramente o conseguiu. "É nos textos poéticos que está o artista (...) na prosa o que se encontra é o homem, o pesquisador, o teórico, o crítico, cuja curiosidade intelectual, capacidade dialéctica e inquietação metafísica constituem o suporte da sua poesia."

17. "Fernando pessoa ou o poetodrama, de José Augusto Seabra", *Colóquio Letras*, n. 25, maio 1975, p. 88-89.

Recensão. "Trabalho de fina análise estrutural, conduzido com segurança e rigor, sobre sólidas bases teóricas, utilizadas apenas como suporte duma abordagem original, este livro assinala uma nova etapa dos estudos pessoanos."

18. "Fernando Pessoa em constelação". Texto de apresentação de *O Constelado Fernando Pessoa*, de José Clécio Basílio Quesado, Rio de Janeiro: Imago Editora Ltda., 1976 (nas orelhas do volume).

Trata-se de "mais um dos ensaios, cada vez mais frequentes, da chamada crítica universitária, incompreendida por outros, mas a meu ver um dos esforços mais sérios e válidos que se têm feito nos últimos anos no campo da análise de textos literários. É nessa área que o ensaio de José Clécio Basílio Quesado ocupa lugar importante".

19. "Prefácio", in *Fernando Pessoa. Alguma prosa*, Organização de Cleonice Berardinelli, Rio de Janeiro: Aguilar, 1976, p. 7-11.

Partindo de Fernando Pessoa. Obras em prosa *(verbete n. 16), antologiam-se neste volume textos "que dão conta do pensamento de Pessoa desde a adolescência até ao seu último ano de vida". Apresentam-se os critérios seguidos na respectiva selecção que, de preferência, incidiu sobre textos completos, concluindo que é "um esforço criador de máscaras" que leva Fernando Pessoa a assumir ora um, ora outro desses papéis do "drama em almas" que criou, "não apenas em sua admirável poesia, mas em prosa mais ou menos correta, "ténue" ou "exageradamente purista" como ele mesmo definiu".*

20. "Pessoa e seus Fantasmas". Comunicação apresentada no I Congresso Internacional de Estudos Pessoanos, realizado no Porto em 3-5 de abril de 1978. Repr. in Actas do I Congresso Internacional de Estudos Pessoanos, Porto: Brasília Editora, 1979, p. 187-198; in *Fernando Pessoa: outra vez te revejo...*, p. 133-141; e in Fernando Pessoa, *Antologia poética*, p. 273-278.

O "pacto autobiográfico", tal como o define Philippe Lejeune, existe várias vezes afirmado em poemas de Álvaro de Campos; uma única vez, patente, em Caeiro; e uma vez, implícito, em Ricardo Reis. Não existe, porém, na poesia ortónima. No caso de Fernando Pessoa trata-se de um "pacto fantasmático", através do qual se revela, não apenas o indivíduo mas o ser divíduo em múltiplos "eus", complementares e até contraditórios.

21. "Beijos", "Beijinhos", "Um Regimento de Beijinhos", *O Globo*, Rio de Janeiro, 20 de março de 1979. Entrevista concedida a Virgílio Moretzohn Moreira. Repr. in *Fernando Pessoa: outra vez te revejo...*, p. 429-435.

Sobre as cartas de amor de Fernando Pessoa, documentos de grande importância para o conhecimento do Poeta. Vencido o mal-estar inicial de se estar a devassar uma intimidade que não deveria ser desvendada, a Autora afirma que depois da leitura e releitura das cartas a Ofélia só as achas "ridículas" no bom sentido, isto é, no sentido de que "só são ridículas as cartas de amor em que não há amor". E, para além de serem de amor, as cartas são também de confissão de problemas pessoais de um homem maduro de 41 anos, não apenas projectos de vida conjugal mas também "de dramática escolha de um destino de que a Ophelia, ou qualquer outra mulher devem ser banidas".

22. "À guisa de introdução", in *Fernando Pessoa. Poemas*, Seleção e introdução de Cleonice Berardinelli, Rio de Janeiro: Nova Fronteira, 1980, p. 9-11.

Antologia organizada no contexto das comemorações do cinquentenário da morte de Fernando Pessoa, que procura, "na medida do possível, trazer a totalidade [do] *"drama em almas", escolhendo poemas que dialogassem entre si, a dar conta das várias posições em que se situa o poeta ao enfocar um único ponto".*

23. "A Geração de 70 e a Geração de Orpheu", in *Estudos de Literatura Portuguesa*, p. 159-177. Repr. in *Fernando Pessoa: outra vez te revejo...*, p. 50-70; e in *Cinco séculos de sonetos portugueses. De Camões a Fernando Pessoa*, p. 338-354.

Versão definitiva dos ensaios referidos no n. 8. *Estudam-se as duas gerações, afastadas cinquenta anos uma da outra, acentuando-se as suas semelhanças e dissemelhanças, com incidência especial sobre os casos de Antero de Quental e Fernando Pessoa. Analisam-se os sonetos* "Elogio de Morte", *de Antero e* "Súbita mão de algum fantasma oculto", *de Pessoa, para encontrar no segundo uma presença quase confessa do primeiro.*

24. *Estudos de Literatura Portuguesa*, Lisboa: INCM, 1985, p. 159-193, 213-341.

Reúnem-se neste volume os ensaios pessoanos "A Geração de 70 e a Geração de Orpheu" (verbete n. 23*), "Mário de Sá-Carneiro" (verbete n.* 2*), "Fernando Pessoa" (verbete n.* 5*), "Fernando Pessoa: o eu profundo" (verbete n.* 11*), "Fernando Pessoa, os vários eus" (verbete n.* 12*), "Fernando Pessoa: ideias estéticas" (verbete n.* 10*), "Observações sobre a língua poética de Fernando Pessoa" (verbete n.* 3*), "A presença da ausência em Fernando Pessoa" (verbete n.* 6*), "A 'Ode Marítima' de Álvaro de Campos" (verbete n.* 14*) e "Mensagem" (verbete n.* 13*).*

25. "*A temática da poesia pessoana*", in *O Estado de São Paulo*, Suplemento "Cultura", 23 de novembro de 1985, p. 6-7. Repr. in *Comunidades de Língua Portuguesa. Estudos sobre Fernando Pessoa no Brasil*, n. 6-7, 1985-1986, p. 75-89.

O espírito religioso e a consequente noção da terrível importância da Vida são o mais grave problema humano de Fernando Pessoa e o tema central da sua poesia, do qual derivam todos os outros: analisa-se a presença de "sub-temas" como o mistério, a morte, *a* metafísica, *o* sonho, *o* retorno à infância, *o* adiamento *e o* tédio.

26. "Mensagem". Conferência para graduandos, proferida na Universidade Federal do Ceará. Repr. in *Revista de Letras da Universidade Federal do Ceará*, vol. 9/10, n. 2/1, jul./dez. 1985-jan./jun. 1986, p. 1-12.

Génese da "Mensagem" *e história do prémio do SPN, corrigindo-se em parte a tese do "prémio de consolação" defendida por João Gaspar Simões e críticos subsequentes. Explicação parafraseada dos temas dos poemas que constituem as três partes da obra.*

27. "A polissémica felicidade pessoana", in *Revista Brasileira de Língua e Literatura*, vol. VIII, n. 14 (dedicado à obra de Fernando Pessoa), 1986, p. 3-6. Repr. in *Fernando Pessoa: outra vez te revejo...*, p. 173-181; e in Fernando Pessoa, *Antologia poética*, p. 279-286.

Estudo do tema "felicidade" na obra pessoana: nos poemas de Alberto Caeiro, (atingível através da integração sensorial com a Natureza), nos de Álvaro de Campos (atingível através da integração, não com a Natureza, mas com tudo, com "toda a gente e toda a parte", através da expressão total ou da total percepção das coisas e da vida); nas odes de Reis (o ideal seria, numa ataraxia mansa, nada querer, nada buscar);e na Mensagem *(roteiro para a conquista de uma felicidade difícil, arrostando os perigos da busca do Desconhecido: obra de loucura com sinal mais, opondo-se a uma felicidade de sinal menos).*

28. *Dois poetas "engenheiros"*, Lisboa: Universidade Nova de Lisboa, Faculdade de Ciências e Tecnologia, 1986, 22 p. Outra versão in *Palavra*, n. 4, Rio de Janeiro: PUC-Rio, 1997. Versão mista dos dois textos in *Fernando Pessoa: outra vez te revejo...*, p. 142-172.

Aproximações entre Álvaro de Campos ("engenheiro naval") e João Cabral de Melo Neto (autor do poema "O engenheiro"*). Relativamente a Campos, foi breve o seu exercício de "engenharia", quase só limitado às odes sensacionistas dos primeiros quatro anos da sua produção: passada a "doença" voltou ao seu natural de abulia e tédio, assumindo quase sempre a poesia do adiamento, da irrealização,* *do sono e do cansaço. João Cabral, que só uma vez se afirma "engenheiro", sempre se manteve como tal, conservando a objectividade da sua visão, o rigor da sua observação e a sobriedade da sua forma enxuta.*

29. "Prefácio", in *Estudos sobre Fernando Pessoa*, de VV.AA., Rio de Janeiro: Fundação Cultural Brasil-Portugal, 1986, p. 7.

Apresentação dos três ensaios premiados no concurso de monografias promovido pela Fundação Cultural Brasil-Portugal, por ocasião do 50º aniversário da morte de Fernando Pessoa.

30. "Há uma relação íntima entre Cleonice Berardinelli e o engº. Álvaro de Campos", *JL-Jornal de Letras, Artes e Ideias*, n. 266, 10 de agosto de 1987. Entrevista concedida a Alberto Júlio Silva.

Descrevem-se os trabalhos de preparação dos textos de Álvaro de Campos, a publicar na edição crítica da Equipa Pessoa.

31. "*Ínclita geração, altos artistas*", in *Fernando Pessoa no seu tempo*, de VV.AA., Coordenação de Eduardo Lourenço e António Braz de Oliveira. Lisboa: Biblioteca Nacional, 1988, p. 45-51. Repr. in *Fernando Pessoa: outra vez te revejo...*, p. 182-192.

No espaço de seis anos (1887-1893), quatro autores geniais vêm ao mundo promover a surpreendente renovação da arte em Portugal, nas letras e nas artes plásticas: Fernando Pessoa e Mário de Sá-Carneiro, Amadeo de Souza Cardoso e Almada Negreiros. Estuda-se, neste contexto, a correspondência de Pessoa com Armando Côrtes-Rodrigues e Sá-Carneiro.

32. "Introdução" e "Comentário", in Álvaro de Campos. A passagem das horas, Edição de Cleonice Berardinelli, nota prévia de Ivo Castro, Edição crítica da obra de Fernando Pessoa, Série Maior, vol. Zero, Lisboa: INCM, 1988, p. 1-8, 35-40, 46-47.

Apresentação dos critérios seguidos no ordenamento dos textos que constituem a edição de "A passagem das horas", *de Álvaro de Campos e que, no dizer de Ivo Castro, "pouco tem a ver com o texto que se conhecia e que, com ligeiras variantes, todas as edições têm reproduzido" desde a edição Ática. A não ser que apareçam outros, não se poderá saber se esta é a verdadeira ordenação dos testemunhos – sabe-se, todavia, que a que até aqui se seguia tem seguramente pontos indefensáveis. Inclui uma tabela de equivalência com a edição Ática.*

33. "Remexendo no espólio pessoano", Comunicação apresentada no IV Congresso Internacional de Estudos Pessoanos, Secção Brasileira, realizado no Rio de Janeiro em 27-30 de abril de 1988. Repr. in Actas Iv Congresso Internacional de Estudos Pessoanos. Secção brasileira, Porto: Fundação Engº. António de Almeida, 1990, vol. I, p. 117-124.

Considerações sobre a experiência de colaboração na Edição Crítica (Equipa Pessoa) e critérios e métodos seguidos na fixação dos textos éditos e inéditos e no aparato genético e crítico que permite uma leitura integral dos mesmos.

34. "Alvaro de Campos inédit", *Europe*, n. 710-711, Paris, jun.-jul. 1988, p. 108-113.

Apresentação de dois inéditos de Álvaro de Campos, "A partida" *e* "Meu coração, o almirante errado", *que se transcrevem no original e em tradução francesa de Pierre Rivas e Paul Teyssier.*

35. "Um original de Fernando Pessoa", *34*, n. 1, Rio de Janeiro: 34 Literatura S/C Ltda., set. 1988.

Apresentação do poema inédito "Vinte e três anos, vãos inutilmente", *datado de junho de 1911 e assinado Íbis.*

36. "Um Álvaro de Campos desconhecido", *Revista da Biblioteca Nacional*, 2ª Série, vol. III, n. 3, Lisboa, set.-dez.1988, p. 155-166 (número comemorativo do I Centenário de Fernando Pessoa).

Critérios adoptados e resultados até à data obtidos no trabalho da edição crítica da obra de Álvaro de Campos (Equipa Pessoa), nomeadamente no que se refere à atribuição autoral.

37. "Um livro sonhado: 'Arco de Triumpho', de Álvaro de Campos". Comunicação apresentada no Encontro Internacional do Centenário de Fernando Pessoa, realizado em Lisboa em 5-7 de dezembro de 1988. Repr. in *Um século de Pessoa. Encontro internacional do centenário de Fernando Pessoa*, de VV.AA., Lisboa: Secretaria de Estado da Cultura, 1990, p. 28-30.

Durante dez anos (1915-1925), no mínimo, Fernando Pessoa conviveu com o projecto de um livro de Álvaro de Campos, "Arco de Triumpho", *cuja possível estrutura se analisa.*

38. "Apresentação", "Introdução" e "Aparato", in *Poemas de Álvaro de Campos. Edição Crítica de Fernando Pessoa*, Série Maior, vol. II, Edição de Cleonice Berardinelli, Lisboa: INCM, 1990, p. 13-47, 383-539.

Justificação da edição crítica que reúne a obra poética de Álvaro de Campos. Apresentam-se os critérios seguidos na inclusão dos textos atribuíveis a Campos, analisa-se a sua utilização da rima e justificam-se a ordenação dos poemas e a exclusão de vários textos. A Autora analisa o projecto do livro "Arco de triunfo", *para o qual propõe uma organização de acordo com planos de Pessoa, reconhecendo que "em alguns pontos talvez seja acusada de ousadia, em outros de timidez" e afirma que procurou ter uma atitude científica e objectiva, embora não pudesse, nem quisesse, descartar "a professora e ensaísta de literatura que vive em mim há longos anos e me faz buscar no poeta o que constitui a essência de sua poesia: a transmissão de uma mensagem poética que o identifica". Os textos propostos para* "Saudação a Walt Whitman" *e* "A passagem das horas" *são objecto de explicações especiais, respectivamente a p. 110-118 e 142-148. (V. também os verbetes n. 37, 54 e 56).*

39. "Poesia, casa do ser", Lição do Curso sobre Heidegger e Fernando Pessoa, promovido pelo Centro Interdisciplinar de Cultura do Rio de Janeiro, setembro-outubro de 1990. Repr. in *Fernando Pessoa. Martin Heidegger. O poetar pensante*, Org. de Leda Miranda Hüne, Rio de Janeiro: Uapê, 1994, p. 33-53. Repr. in *Fernando Pessoa: outra vez te revejo...*, p. 262-278.

Interpretação da heteronímia: em geral, os poetas precedem os textos que criam mas, no caso de Fernando Pessoa, embora haja a figura central do homem/poeta, que a tudo dá origem, o que são, na verdade, os heterónimos senão seres de papel, *como os personagens da* ficção, *mas que, antes de* falar *um texto, são por ele* falados?

40. "O ano de nascimento de Álvaro de Campos", Conferência proferida em 17 de outubro de 1990, no Museu Nacional de Arte Antiga, em Lisboa. Repr. In *Fernando Pessoa: outra vez te revejo...*, p. 218-234.

No contexto da colaboração dada à Equipa Pessoa para a edição crítica da obra de Fernando Pessoa, relatam-se os trabalhos realizados sobre a poesia de Álvaro de Campos, com a revelação de 87 poemas até então inéditos. Esclarece-se o modus faciendi *da edição crítica de Campos, incluindo os problemas da atribuição autoral e relata-se a história textual do livro* "Arco de Triumpho", *projectado por Campos.*

41. "Introdução", in *Poemas de Álvaro de Campos*, Edição Crítica de Fernando Pessoa, Série Menor, Edição de Cleonice Berardinelli, Lisboa: INCM, 1992, p. 7-22. Repr. com alterações e acrescentos in Fernando Pessoa, *Poemas de Álvaro de Campos*, Rio de Janeiro: Editora Nova Fronteira, 1999, p. XV-L.

Apresentação e justificação da edição que, relativamente ao volume Poemas de Álvaro de Campos, *anteriormente publicado na Série Maior da Edição Crítica, apresenta mais 26 textos. Explicitam-se os critérios de atribuição, inclusão e exclusão. Os novos textos de Campos vêm confirmar que "a emoção é a característica fundamental deste heterónimo".*

42. "Recuperando um olhar sobre Fernando Pessoa", Comunicação apresentada no I Colóquio de Literatura Portuguesa Moderna, Rio de Janeiro, 1993; conferência proferida no Círculo Eça de Queirós, em Friburgo, em 2001. Repr. in *Fernando Pessoa: outra vez te revejo...*, p. 235-261; e in Fernando Pessoa, *Antologia poética*, p. 311-332.

A Autora relata o seu encontro com a poesia de Fernando Pessoa, que leu pela primeira vez em 1944 e que lhe lançou um sortilégio, dando origem, em 1958, à sua tese de livre docência, a segunda tese universitária que se escreveu sobre o Poeta. Nela se defende que o cerne da poesia pessoana é a "febre de Além": o espírito religioso e a consequente noção da terrível importância da Vida são o mais grave problema humano de Fernando Pessoa e o tema central da sua poesia, do qual derivam todos os outros. Faz-se uma leitura abrangente da poesia pessoana, ortónima e heterónima, que acompanha, de certo modo, o próprio percurso da Autora pelos caminhos do Poeta.

43. "Consertando desconcertos", in Cleonice Berardinelli e Ivo Castro, *Defesa da edição crítica de Fernando Pessoa*, Lisboa: ed. dos Autores, 1993, p. 9-33.

Resposta ao artigo "A crítica da edição crítica" , *de Teresa Rita Lopes, publicado na revista* Colóquio Letras, *n. 125/126, jul. 1992. Na conclusão, a Autora declara: "A preparação desta minha edição 'imprópria para consumo' custou-me imenso trabalho e dedicação, nela pus todo o cuidado e, sobretudo, a máxima honestidade profissional. A minha postura moral é-me mais cara que o meu mais caro produto intelectual. Não gosto de polémicas, mas acho que devo a mim mesma esta defesa da verdade."*

44. "Fernando Pessoa, a redescoberta de uma obra", *UFRJ Notícias*, n. 117, Rio de Janeiro, jun. 1993, p. 8.

Intervenção num debate realizado na Universidade Federal do Rio de Janeiro, sobre as edições da poesia de Álvaro de Campos organizadas pela Autora, e as críticas a elas feitas por Teresa Rita Lopes.

45. "O discurso inovador de Caeiro e Campos", Comunicação apresentada no XIV Encontro de Professores Universitários Brasileiros de Literatura Portuguesa, realizado em Porto Alegre em 1994. Repr. in *Anais*. XIV Encontro de Professores Universitários Brasileiros de Literatura Portuguesa, Porto Alegre: EdiPUCRS, 1994; in *Fernando Pessoa: outra vez te revejo...*, p. 279-290; e in Fernando Pessoa, *Antologia poética*, p. 287-297.

Estudo comparativo da poesia de Alberto Caeiro e da de Álvaro de Campos: formalmente, igualam-se na maioria dos versos de Campos, mas tal não significa que as respectivas mensagens sejam semelhantes. É fundamental a divergência dos caminhos percorridos pelos dois heterónimos, divergência sintetizada nas definições que Fernando Pessoa deles dá na carta a Casais Monteiro sobre a génese dos heterónimos. Tendo Pessoa ele-mesmo como ponto de origem, Caeiro é o que dele mais se afasta e Campos o que mais se adentra.

46. "Máscaras...", Comunicação ao IV Congresso da Associação Brasileira de Literatura Comparada, realizado em São Paulo em 1-3 de agosto de 1994. Repr. In *Anais* do IV Congresso da Associação Brasileira de Literatura Comparada (Abralic). São Paulo, 1995, e in *Fernando Pessoa: outra vez te revejo...*, p. 291-301.

A partir de uma nova leitura do poema "Depus a máscara e vi-me ao espelho... ", *de Álvaro de Campos (por um testemunho manuscrito inédito do Espólio), analisam-se os temas da* máscara *e da* criança *na obra do heterónimo.*

47. "Mensagem: Poemas *in fieri*", in *Anais*. XV Encontro de Professores Universitários Brasileiros de Literatura Portuguesa. São Paulo: Arte e Cultura, 1995. Repr. sob o título "Mensagem", in *Flores Verbais. Uma homenagem linguística e literária para Eneida do Rego Monteiro Bonfim no seu 70º aniversário.* Org. Jürgen Heye, Rio de Janeiro: Editora 34, 1995, p. 405-414; in *Fernando Pessoa: outra vez te revejo...*, p. 318-334; in Fernando Pessoa, *Mensagem* (2008), p. 29-41, sob o título "À guisa de aparato genético – *Mensagem*, poemas *in*

fieri" ; nova versão, sob o título "No laboratório poético de Pessoa: poemas *in fieri*", in Fernando Pessoa, *Mensagem* (2014), p. 164-173.

Depois de reafirmar a sua tese de que o cerne da poesia pessoana é a "febre de Além", (expressão com que não concordava Jacinto do Prado Coelho, preferindo-lhe a de "inquietação metafísica"), a Autora estuda as variantes textuais da Mensagem, *nos poemas "O das Quinas", "D.Pedro, Regente de Portugal", "D. Sebastião, rei de Portugal", "O Mostrengo", "Afonso de Albuquerque" e "Os Colombos". Manifesta, finalmente, a opinião de que os poemas "O Infante D.Henrique" e "D. João o Segundo" têm os títulos trocados.*

48. "'Mestre, meu Mestre querido!'", in *Miscelânea de estudos linguísticos, filológicos e literários in memóriam Celso Cunha*, Organização e coordenação de Cilene da Cunha Pereira e Paulo Roberto Dias Pereira, Rio de Janeiro: Editora Nova Fronteira, 1995, p. 777-788. Repr. in *Fernando Pessoa: outra vez te revejo...*, p. 302-317; e in Fernando Pessoa, *Antologia poética*, p. 297-309.

A partir de quatro poemas de Álvaro de Campos encontrados no Espólio, que podem aceitar-se como endereçados a Alberto Caeiro e inspirados, talvez, na sua morte, estudam-se as relações de Mestre e Discípulo entre os dois heterónimos.

49. "Vogando em águas pessoanas", Comunicação ao Seminário Internacional sobre Fernando Pessoa, Montevideu, 1996. Repr. in *Fernando Pessoa: outra vez te revejo...*, p. 335-355.

Estudo das viagens de Álvaro de Campos através dos seus poemas: neles, a viagem é quase sempre a passagem para o outro lado, de navio ou de comboio, para o Definitivo, para o Desconhecido, para o Novo. Em termos comparativos, analisa-se a obra de Alberto Caeiro no mesmo contexto.

50. "Arco de Triunfo: Obra inacabada do engenheiro Álvaro de Campos", in *Sentido que a vida faz. Estudos para Óscar Lopes*, Porto: Campo das Letras, 1997. Repr. in *Semear*, Cátedra Padre Antonio Vieira de Estudos Portugeses, Pontifícia Universidade Católica do Rio de Janeiro, n. 3, 1999, p. 221-232; e in *Fernando Pessoa: outra vez te revejo...*, p. 356-371.

História da reconstituição da obra (inacabada) de Álvaro de Campos, "Arco de Triumpho", de acordo com os vários projectos que Fernando Pessoa deixou, com os inéditos descobertos no espólio e com os poemas publicados em vida do Poeta.

51. "Casas na Poesia de Fernando Pessoa", in *Escrever a casa portuguesa*, Organização de Jorge Fernandes da Silveira, Belo Horizonte: Universidade Federal de Minas Gerais, 1999, p. 419-441. Repr. in *Fernando Pessoa: outra vez te revejo...*, p. 372-403.

Na poesia pessoana, ortónima e heterónima, com muitas variações tonais que se sublinham neste ensaio, a casa é o espaço da saudade do passado perdido, ou do desejo irrealizável: só na casa dos outros, por trás da janela, da cortina, da porta fechada, do muro, do andaime, sempre do lado de lá, é que pode estar a felicidade a que o poeta não teve acesso senão transitório, porque os outros é que eram felizes.

52. "*Os Lusíadas* e *Mensagem*: um jogo intertextual", in *Estudos camonianos*, Rio de Janeiro: Nova Fronteira, 2000, p. 123-148. Nova versão in Fernando Pessoa, *Mensagem* (2014), p. 139-163.

*"Da leitura d'*Os Lusíadas *ressalta (...) a busca de uma solução real para reverter a situação da pátria; dos poemas de* Mensagem *ressai, intensificada no poema final, 'Nevoeiro', a proposta de uma solução não mais de dimensão humana, mas transcendente. Em ambos, porém, há, ao chegar ao fim, mais de epicédio que de sinfonia, apesar dos acordes vibrantes que Camões consegue desferir nas cordas da cítara que abandonara e das dissonâncias auspiciosas a que Pessoa recorre, inserindo-as na desalentadora harmonia final. Enfim, dois poemas épicos – ou épico-líricos? – 'de espécie complicada', diria Pessoa, e digo eu: como convinha a Portugal."*

53. "Excluídos ou incluídos?", Comunicação ao XIX Congresso da Associação Brasileira de Professores de Literatura Portuguesa, Universidade do Paraná, Curitiba, 23 de outubro de 2003. Repr. com cortes e acrescentos in *Fernando Pessoa: outra vez te revejo...*, p. 404-428.

Estudo dos "espaços de exclusão" em Gil Vicente (as personagens Camilote e Fernando da tragicomédia D.Duardos*), em Fernando Pessoa (o Álvaro de Campos do "Poema em linha recta" e a sua possível versão inicial "Os emigrados") e em Mário de Sá-Carneiro (o "esfinge gorda" do poema "Fim"). Nem nas personagens vicentinas, nem no sujeito lírico do "Poema em linha recta", porém, se experimenta em tão alto grau a tragicidade do desabafo de "excluído" de Sá-Carneiro.*

54. "'Saudação a Walt Whitman'", in *Fernando Pessoa: outra vez te revejo...*, p. 206-217.

Nova versão, autónoma, do texto inserido a p. 110-118 de Poemas de Álvaro de Campos, *Edição crítica de Fernando Pessoa, Série Maior, vol. II, 1980. Explanação dos critérios utilizados na edição crítica do poema "Saudação a Walt Whitman", de Álvaro de Campos que, tendo na edição da Ática 217 versos, passa a ter agora 340, por "acréscimos significativos e inúmeras e muito sensíveis inversões". O ter sido deixado inacabado e a grande quantidade de textos experimentais, despertam o desejo de tentar completá-lo, ao menos em parte. (V. também os verbetes n. 38 e 56).*

55. *Fernando Pessoa: outra vez te revejo...*, Rio de Janeiro: Lacerda Editores/Cátedra Jorge de Sena, 2004, 438 p.

Inclui os ensaios, atrás referenciados, "Observações sobre a língua poética de Fernando Pessoa", "A presença da ausência em Fernando Pessoa", "A Geração de 70 e a Geração de Orpheu", "A 'Ode marítima', de Álvaro de Campos", "Fernando Pessoa: o eu profundo", "Fernando Pessoa: os vários eus", "Fernando Pessoa: idéias estéticas", "Mensagem""""Pessoa e os seus fantasmas", "Dois poetas engenheiros", "A polissémica felicidade pessoana", "Ínclita geração, altos artistas", "Álvaro de Campos. 'A passagem das horas'", "Saudação a Walt Whitman", "O ano do nascimento de Álvaro de Campos", "Recuperando um olhar sobre Pessoa", "Poesia, casa do ser", "O discurso inovador de Caeiro e Campos", "Máscaras...", "Mestre, meu Mestre querido!", "Mensagem: *Poemas* in fieri", *"Vogando em águas pessoanas", "Arco de triunfo: obra inacabada do engenheiro Álvaro de Campos", "Casas na poesia de Fernando Pessoa" e "Excluídos ou incluídos?".*

56. "Outra vez o espólio de Álvaro de Campos", Comunicação apresentada no Colóquio "Fernando Pessoa outra vez te revejo...", realizado no Rio de Janeiro em 10 de setembro de 2004, in *Fernando Pessoa: outra vez te revejo...*, Organizadora Gilda Santos, Rio de Janeiro: Lacerda Editores/Cátedra Jorge de Sena, 2006, p. 25-50. (Novamente apresentada no VII Colóquio de Estudos Literários da UEFS realizado em Feira de Santana em outubro de 2004 e repr. sob o título "Minha edição dos poemas de Álvaro de Campos", in *Légua & meia. Revista de literatura e diversidade cultural,* Feira de Santana: Universidade Estadual de Feira de Santana, vol. 4, n. 3, pp. 7-25, 2005).

A autora apresenta e justifica as novas propostas de leitura dos poemas "A passagem das horas", "Saudação a Walt Whitman" *e* "Depus a máscara e vi-me ao espelho", *que fez nas edições por ela apresentadas depois da Edição Crítica de 1990. (V. verbetes n. 38 e 54).*

57. "Apresentação" e "À guisa de aparato genérico – *Mensagem*, poemas *in fieri*", in Fernando Pessoa, *Mensagem*, Edição preparada segundo o exemplar de 1934 corrigido pelo punho de Fernando Pessoa. Apresentação de Cleonice Berardinelli, organização de Cleonice Berardinelli e Maurício Matos, Rio de Janeiro: 7Letras, 2008, p. 7-41. Nova versão da "Apresentação", sob o título "A anatomia de um poema: De 'Gladio' a Mensagem", in Fernando Pessoa, *Mensagem* (2014), p. 123-138.

Na "Apresentação", faz-se uma paráfrase, em prosa, explicativa dos poemas que constituem a Mensagem, *com ênfase na caracterização histórica e simbólica das figuras e acontecimentos cantados na obra. O texto "À guisa de aparato genético -* Mensagem*: Poemas* in fieri*" é praticamente a reprodução do ensaio referido no verbete n. 47. O volume inclui também uma nota intitulada "Critérios de edição – defesa da ortografia etimológica", em que se justifica a utilização da ortografia da primeira edição da obra, "Caderno de imagens", "Cronologia dos poemas de* Mensagem*", "Vultos históricos de* Mensagem*"(da autoria de Maurício Matos), "Dinastias portuguesas em* Mensagem*" e "Índice de imagens".*

58. "A presença do mar em Camões de Fernando Pessoa", Comunicação apresentada no colóquio "Literatura portuguesa e a construção do passado e do futuro", realizado na Reitoria da Universidade de Lisboa em 24-26 de maio de 2010 e integrado nas Comemorações do Centenário da República, in *Literatura Portuguesa e a construção do passado e do futuro*, Coordenação de Helena Buescu e Teresa Cristina Cerdeira da Silva, Casal de Cambra: Caleidoscópio, 2011, p. 91-98.

Depois de passar em revista e comentar os versos de Os Lusíadas *em que Camões canta a grande aventura do mar na história de Portugal, reitera-se a convicção de que, na* Mensagem, *estão trocados os títulos dos poemas "O Infante D. Henrique" e "D. João o Segundo". Terá sido lapso de Pessoa ou do editor do livro?*

59. "Fernando Pessoa: a Manifestação da Poesia Plural", in Fernando Pessoa, *Antologia poética*, Organização, apresentação e ensaios de Cleonice Berardinelli. Rio de Janeiro: Casa da Palavra, 2012, p. 13-17.

Critérios seguidos na selecção dos poemas, que visou trazer a totalidade do "drama em almas" de Fernando Pessoa, através da escolha de textos que dialogassem entre si; procurou-se incluir poemas de todos os momentos de uma produção abrangendo cerca de vinte anos e na qual Pessoa reconheceu não ter havido evolução, mas viagem. *No final do volume reproduzem-se oito ensaios da Autora que incidem privilegiadamente sobre os poemas selecionados ("Fernando Pessoa: o eu profundo", "Fernando Pessoa: os vários eus", "A presença da ausência em Fernando Pessoa", "Pessoa e seus fantasmas", "A polissémica felicidade pessoana", "O discurso inovador de Caeiro e Campos", "'Mestre, meu Mestre querido!'" e "Recuperando um olhar sobre Fernando Pessoa").*

60. "Pessoa e a 'febre de Além'", in *Fernando Pessoa. O editor o escritor e os seus leitores.* Coordenação editorial de Richard Zenith com a colaboração de Carlos Felipe Moisés e Maria Helena Melim Borges, Lisboa: Fundação Calouste Gulbenkian, 2012, p. 18.

A autora mantém, quarenta e três anos após ter defendido a ideia na sua tese de livre-docência, que é a "febre de Além", gerada pelo espírito religioso de Fernando Pessoa, que constitui o cerne da sua poesia. A "inquietação metafísica", expressão que Jacinto do Prado Coelho preferia, é apenas uma das componentes dela.

61. [Nota biográfica de Fernando Pessoa] e "A Geração de 70 e a Geração de Orpheu", in *Cinco séculos de sonetos portugueses. De Camões a Fernando Pessoa*, Organização, apresentação e ensaios de Cleonice Berardinelli (2013), p. 148 e 338-354.

Repr. do ensaio referido no verbete n. 23. A antologia inclui 26 sonetos ortónimos e 9 sonetos de Álvaro de Campos.

62. "Apresentação", "Os tempos da pátria: Pessoa e a história de Portugal entre o heroico e o místico", "A anatomia de um poema: de 'Gladio' a *Mensagem*", "*Os Lusíadas* e *Mensagem*: um jogo intertextual", e "No laboratório poético de Pessoa: poemas *in fieri*", in Fernando Pessoa. *Mensagem*, Organização, apresentação e ensaios de Cleonice Berardinelli, Rio de Janeiro: Edições de Janeiro, 2014, p. 10-13, 116-122, 123-138, 139-163, 164-173.

*Para a autora, "*Mensagem *é um poema da inteligência à flor da pele (...) A distância de 80 anos da publicação original (...) comemorada neste ano de 2014, nos prova e autoriza a declarar que (...) não envelheceu". O volume inclui* *reproduções e/ou novas versões dos ensaios referenciados nos verbetes n. 13, 57, 52 e 47. Inclui ainda* "Caderno de imagens", "Cronologia dos poemas de *Mensagem*", *e* "Vultos históricos de *Mensagem*".

*

Como se não bastasse este impressionante conjunto de textos escritos para a consagrar como uma especialista pessoana fora de série, Cleonice, em vésperas de completar 97 anos de idade, fez a surpresa de se apresentar em público, na companhia da cantora Maria Bethânia, recitando poesias de Fernando Pessoa e dos seus heterónimos. Sob o título *Lendo Pessoa à beira-mar*, o histórico recital realizou-se na Festa Literária de Paraty em 5 de julho de 2013. Como escreveu então o *Correio Brasiliense*, "A emoção do encontro, porém, ficou a cargo de Dona Cleo (como é carinhosamente conhecida). Aos 96 anos, a professora impôs força e personalidade em cada poema lido e emocionou os presentes. 'A vitalidade dela me impressionou. Que mulher!', exclamou a inglesa Emilie Firch, que estuda Letras no Rio de Janeiro. 'Eu vim pela Bethânia, que conheço pelos shows. Mas Cleonice foi um presente', resumiu."

O clamoroso êxito obtido por Cleonice e Maria Bethânia levou à realização do filme "*O vento lá fora*", dirigido por Marcio Debellian e rodado em estúdio com a presença de uma plateia de convidados. Durante 64 fascinantes minutos, as duas recitadoras ensaiam as leituras, dizem os poemas e conversam sobre Fernando Pessoa e a sua obra.

Actuando fora dos circuitos universitários e académicos, Cleonice passa neste filme, com elegante facilidade, da palavra escrita à palavra falada e revela uma faceta, até aqui pouco conhecida, do seu enorme talento. Cleonice Berardinelli é, verdadeiramente, uma pessoana *for all seasons.*

José Cândido de Oliveira Martins

Magistério de influência de Fidelino de Figueiredo nos estudos de Literatura Portuguesa no Brasil – o caso de Cleonice Berardinelli

NÃO É POSSÍVEL TRAÇAR UMA PANORÂMICA HISTÓRICA dos Estudos Literários de língua portuguesa na primeira metade do século XX, em Portugal e no Brasil, ignorando o relevante labor de Fidelino de Figueiredo (1889-1967), ao nível da Crítica Literária, da História da Literatura, da Literatura Comparada e da Teoria da Literatura. Em face deste contributo, um dos seus primeiros discípulos, Antônio Soares Amora[1] considerava ser pertinente "fazer exaustiva interpretação da sua [de Fidelino] fecundíssima actividade intelectual de que decorreram seu decisivo papel na reforma da Crítica e da Historiografia Literárias Portuguesas, na primeira metade deste século, e seu influente magistério no estrangeiro".[2]

De facto, em 1989, comemorando o centenário do seu nascimento, concretizaram-se algumas iniciativas evocadoras desta figura: dossiês temáticos nas revistas *Colóquio-Letras* e *Nova Renascença*, bem como no jornal

José Cândido de Oliveira Martins é professor titular da Faculdade de Filosofia e Ciências Sociais (Braga), da Universidade Católica Portuguesa (UCP).

1 Cf. Antônio Soares Amora, *Fidelino de Figueiredo*, Lisboa: INCM (Col. O Essencial sobre, n. 40), 1989; "Fidelino de Figueiredo e o colóquio luso-brasileiro", *Colóquio-Letras*, n. 112, 1989, p. 11-17; "Fidelino de Figueiredo e a renovação da crítica, da história e de teoria literária em Portugal", *Nova Renascença*, vol. IX, 1989, p. 87-94; "Notável contribuição à crítica portuguesa", Jornal *Letras & Letras*, n. 23, 5 nov. 1989, p. 10; "O renovador da teoria literária", Suplemento "Cultura" do Jornal *O Estado de São Paulo*, n. 467, 8 jul. 1989, p. 4-6; "Fidelino de Figueiredo na origem dos estudos de Literatura Portuguesa no Brasil", in *XIII Encontro de Professores Universitários Brasileiros de Literatura Portuguesa*, Rio de Janeiro: UFRJ, 1992, p. 18-22.

2 Antônio Soares Amora, "Fidelino de Figueiredo: obra crítica e acção como professor de Literatura", Jornal *O Diário*, 5 abr 1987, p. 9-10, p. 3.

portuense *Letras & Letras*; publicação do volume colectivo *Fidelino de Figueiredo*, coordenado por António Braz de Oliveira (com textos de Antônio Soares Amora, José da Costa Miranda, Maria de Lourdes A. Ferraz, Maria Leonor Carvalhão Buescu e Gilberto Moura). Pouco tempo antes, em 1987, tinha sido reeditada uma obra emblemática do ensaísmo histórico-crítico de Fidelino de Figueiredo – *A épica portuguesa no século XVI* (Lisboa, INCM). Numa das diversas intervenções sobre Fidelino, Cleonine Berardinelli anotará sobre este trabalho: "uma obra fundamental para os estudos camonianos, *A épica portuguesa no século XVI*, que se tornou um dos nossos livros de cabeceira."[3]

Neste espírito evocativo do centenário, mas também em outras ocasiões, destacam-se os textos de Antônio Soares Amora e de Cleonice Berardinelli, como antigos e prestigiados discípulos de Fidelino. Ora, entre outras possíveis, uma das formas de avaliar esse importante papel reside no testemunho vivo protagonizado por alguns dos primeiros discípulos da docência fideliniana. Em finais de 1997, obtive uma bolsa de curta duração da Fundação Calouste Gulbenkian, para encetar pesquisas na Universidade de São Paulo (USP), com vista à minha tese de doutoramento sobre Fidelino de Figueiredo e o seu contributo para os estudos literários de língua portuguesa num paradigma pós-positivista.[4]

Neste contexto, uma das primeiras recomendações do então meu orientador – professor doutor Vítor Aguiar e Silva –, além obviamente das pesquisas sobre bibliografia específica e sobre a importante epistolografia passiva de Fidelino, existentes na Biblioteca da USP, foi a de, pessoalmente, também contactar e dialogar com alguns docentes e investigadores que, orgulhosa e reconhecidamente, se apresentavam como discípulos directos de Fidelino de Figueiredo – de Antônio Soares Amora (genro de Fidelino) a Cleonice Berardinelli, entre outros.

3 Cleonice Berardinelli, "Fidelino de Figueiredo, mestre de mestres", Texto dactilografado da conferência apresentada no Gabinete Português de Leitura, em Salvador, a 14 de junho de 2013, p. 12.

4 Cf. José Cândido de Oliveira Martins, *Fidelino de Figueiredo e a crítica da Teoria Literária positivista*, Lisboa: Piaget (Pref. de Vítor Aguiar e Silva), 2007; "Figueiredo, Fidelino de", in *Enciclopédia Verbo (Séc. XXI)*, vol. XI, Lisboa/São Paulo: Verbo, 1999, p. 1359-1361 e "Fidelino de Figueiredo e a crítica da razão positivista", in *O Trabalho da Teoria (Actas do Colóquio de Homenagem a Vítor Aguiar e Silva)*, Ponta Delgada: Universidade dos Açores, 2008, p. 173-185.

A justificação que então me fora apresentada era clara – o professor e investigador português, a par do magistério intelectual, deixou também um fundo legado afectivo, perpetuado pelos primeiros e importantes alunos, que se referiam carinhosamente ao mestre Fidelino. E, com efeito, aos primeiros contactos com estas e outras personalidades marcantes da área dos estudos de Literatura Portuguesa no Brasil, primeiros alunos do professor português, confirmei a existência de um verdadeiro e tocante sentimento de fidelinofilia, que se manifestava no profundo reconhecimento do magistério exercido por Fidelino desde finais de década de 1930, primeiro na recém-criada Universidade de São Paulo; e, algum tempo depois (1939), na também nova Faculdade de Filosofia da Universidade do Brasil (futura UFRJ), no Rio de Janeiro.

Materializado numa prolongada genealogia, esse magistério revelou-se extremamente fecundo, pois um primeiro conjunto de jovens docentes então formados tiveram um papel absolutamente decisivo ao nível do ensino da Literatura Portuguesa em várias universidades brasileiras, multiplicando esse legado em várias gerações de docentes até aos dias de hoje. Esse espírito pode ser confirmado em inúmeras pesquisas e leituras críticas; e, ao longo dos anos, vai sendo objecto de constatação em diversas situações, como os congressos recentemente dedicados a Fidelino de Figueiredo (primeiro, no Porto e em Lisboa; depois em São Paulo e Salvador) em 2015-2016.

Neste âmbito, entre outros testemunhos relevantes e elucidativos, o "depoimento da discípula"[5] Cleonice Berardinelli – "discípula na primeira turma que [Fidelino] lecionou no Brasil" – é verdadeiramente exemplar, de sentido reconhecimento face ao decisivo magistério de Fidelino de Figueiredo. Em variadas situações, Cleonice Berardinelli tem tido intervenções evocativas onde traça, de modo reiterado e profundamente afectuoso, um prolongado panegírico da pioneira e decisiva actuação de Fidelino de Figueiredo, ao nível da criação e desenvolvimento dos estudos de Literatura Portuguesa no Brasil.

*

5 Cleonice Berardinelli, op. cit., p. 10-14.

Com efeito, relendo hoje essas intervenções, um dos tópicos mais enfatizados nas reiteradas evocações que Cleonice Berardinelli traça de acção de Fidelino de Figueiredo debruça-se sobre o contexto primordial em que tudo começou, isto é, as aulas de Literatura Portuguesa na jovem Universidade de São Paulo. Com efeito, à distância de muitas décadas, impressionam-nos certas circunstâncias que envolvem o magistério fideliniano no Brasil. Desde logo, o facto de o professor português integrar um conjunto notável de docentes e investigadores europeus convidados, nessa já longínqua etapa fundadora, para a recém-criada Universidade de São Paulo – nomes tão relevantes e tão diversos como o antropólogo Claude Lévi-Strauss, o historiador Fernand Braudel, o sociólogo Roger Bastide, o filólogo luso F. Rebelo Gonçalves, entre outros.

Nesses tempos fundados, os recém-chegados têm singularidades importantes, desde logo assinaladas por Cleonice Berardinelli:[6] enquanto os referidos docentes chegam a São Paulo ainda jovens, já o poeta Giuseppe Ungaretti e Fidelino de Figueiredo ingressam na USP "em plena maturidade" das suas carreiras, já em posse de uma obra consagrada nas suas áreas, aspecto que a autora também recordará em outras intervenções, compondo um retrato mais completo do homem e das suas circunstâncias:

> *L'autre professeur, le Portugais, arrivé en 1938, s'appelait Fidelino de Figueiredo. Un an plus jeune qu'Ungaretti, il avait déjà une longue expérience de vie dans plusieurs domaines: licencié en Géographie et en Histoire, professeur de lycée, essayiste, directeur de la Bibliothèque Nationale de Lisbone, député. Des raisons politiques l'avaient fai s'exiler en Espagne d'abord, puis en Tchécoslovaquie et finalmente aux Etats-Unis. Depuis sa jeunesse, il écrivait des études littéraires; avant les trente ans, il a publié uns* Histoire de la Littérature Portugaise, *en cinq volumes, qui est encore, aprés tant d'années, l'une des meilleurs œuvres du genre.*[7]

6 Cleonice Berardinelli, "Fidelino de Figueiredo, um mestre, um homem", *Colóquio-Letras*, n. 112, 1989, p. 7-9, p. 7.

7 Cleonice Berardinelli, "Leçons d'une carrière", Texto dactilografado da conferência apresentada na sala Clarice Lispector da Fundação Calouste Gulbenkian, Paris, 20 de abril de 1998, p. 4.

Uma coisa é certa para Cleonice Berardinelli – diante de tão selecto corpo docente, uma personalidade a marcou para sempre: "(...) dentre tantos mestres, um ficou sendo o Mestre: Fidelino de Figueiredo".[8] Mas a evocação vai mais longe: um dos aspectos que não deixa de surpreender é que o referido sentimento de fidelinofilia surge entrelaçado ou reforçado por uma relação de grande proximidade, que leva os primeiros alunos de Fidelino a olharem-no amigável e filialmente – apesar da sua figura aparentemente severa e distante –, vendo no amadurecido professor português também um "pai" ou tutor paternal, como sobressai num dos sentidos retratos da pena de Cleonice Berardinelli:

Sua imensa cultura, sua extraordinária sensibilidade, sua reflexão profunda foram-nos rasgando horizontes que desvendavam um novo mundo de conhecimentos em que podíamos penetrar por sua mão. Era este o segredo do nosso destemor em acompanhá-lo: a mão em que nos apoiávamos confiantes, mão de amigo, mão de pai. Porque nos adoptava como filhos: chegado ao Brasil sem a família (que viria depois), aquele homem afectuoso e bom nos elegera: "Vocês são a minha família brasileira", e nós nos orgulhamos disso.[9]

Também em conversa com a jornalista lusa Maria João Martins, sem esconder a admiração intelectual, se insiste na dimensão paternal ou filial que caracterizava a relação de Fidelino com os seus alunos:

Cleonice Berardinelli lembra como a impressionou a importância da sua obra ensaística [de Fidelino] (nomeadamente os cinco volumes da História da Literatura Portuguesa*). Mas à admiração pelo trabalho, em breve se acrescentaria a feliz constatação de que esse homem, austero na aparência, também era capaz de afecto. Sozinho no Brasil, em breve "adoptava" os alunos como a sua família.*[10]

8 Cleonice Berardinelli, "Fidelino de Figueiredo, um mestre, um homem", p. 7.

9 Ibid., p. 8

10 Maria João Martins, "Cleonice Berardinelli: memórias do coração", *JL–Jornal de Letras, Artes & Ideias*, 10 de fevereiro de 1999, p. 12-13, p. 12.

A evocação retrospectiva desses aspectos que constituem a etapa fundacional da sua formação repete-se até às últimas intervenções de Cleonice Berardinelli sobre o assunto.[11] Nesse momento inaugural da nova instituição, sobressaem desde logo as próprias condições físicas em que arranca a nova universidade paulistana, nomeadamente as estruturas destinadas à nova Faculdade de Filosofia, Ciências e Letras da USP, que, em 1938, Fidelino e os seus alunos vão encontrar na cadeira de Literatura Portuguesa, no então chamado Curso de "Letras Clássicas ou de Línguas Estrangeiras", depois denominado "Letras Neolatinas". De facto, as salas mais ou menos precárias, a inexistência de bibliotecas bem apetrechadas, a falta de gabinetes de trabalho para docentes etc., nada constituiu um verdadeiro obstáculo à determinação e ao profissionalismo dos primeiros docentes, como Fidelino.

Escusado será acrescentar um outro dado relevante – quer em São Paulo, quer depois no Rio de Janeiro –, a jovem recém-formada, Cleonice Berardinelli, foi convidada por Fidelino de Figueiredo para ser sua colaboradora directa e depois assistente, ao nível do ensino da Literatura Portuguesa, embora "circunstâncias tão contrárias não permitiram que se realizasse o nosso desejo", como é relembrado pela própria,[12] recordando em outro texto a conjuntura que a impediu de ser assistente do mestre – simplesmente não havia verbas disponíveis – e de assim poder continuar a fruir do "brilhante magistério" fideliniano, pleno de "lições de cultura e de vida".[13]

Isso não impediu a jovem professora de prosseguir os seus trabalhos de docência e de investigação, vindo a encontrar-se anos mais tarde com o seu querido e inesquecível mestre, em 1959, em Lisboa (Alvalade) – depois de um considerável hiato temporal –, para onde Fidelino regressara de São Paulo, já então acometido por prolongada e limitadora doença.[14] Por um fortíssimo imperativo de gratidão, uma vez aluna do mestre Fidelino, aluna para sempre!

Daí que Cleonice Berardinelli recorde, nas mais diversas ocasiões, que a sua devoção pela Literatura Portuguesa tem uma origem bem precisa e absolutamente marcante, como confessado em conversa com a referida jornalista Ma-

11 Cf. Cleonice Berardinelli, "Fidelino de Figueiredo, mestre de mestres", p. 3-4.

12 Cleonice Berardinelli, "Fidelino de Figueiredo, um mestre, um homem", p. 8.

13 Cleonice Berardinelli, *Falas...*, Rio de Janeiro: Faculdade de Letras da UFRJ, 1994, p. 65-66.

14 Cleonice Berardinelli, "Fidelino de Figueiredo, um mestre, um homem", p. 8-9.

ria João Martins: "(...) Nessa paixão foram decisivos dois mestres: Fidelino de Figueiredo, português, anti-fascista, então exilado no Brasil, e o francês Pierre Hourcade. Em plena era Getúlio Vargas, o professor português entusiasmou os jovens alunos, que viram nele um herói da liberdade."[15] Numa das mais recentes intervenções sobre o tema – "Fidelino de Figueiredo, mestre de mestres", apresentada na recém criada Cátedra Fidelino de Figueiredo, em Salvador, em 14 de junho de 2013 –, Cleonice Berardinelli volta a insistir, em registo autobiográfico e na mesma visão emocionalmente grata, sobre o lugar axial de Fidelino no seu percurso académico. Referindo-se a essa notável plêiade de professores estrangeiros dos primórdios da USP, repetirá: "De todos me lembro com respeitosa admiração, grata pelo muito com que me enriqueceram a mente; dentre tantos mestres, um ficou sendo o Mestre: Fidelino de Figueiredo".[16]

*

Como seria de esperar, no perfil do professor e investigador Fidelino de Figueiredo, a antiga aluna Cleonice Berardinelli vai destacando um conjunto variado de qualidades humanas e intelectuais, ao mesmo tempo que caracteriza um inovador método pedagógico e crítico, virtudes pouco comuns na sucessão de docentes que conheceu.

Tendo regressado com a família ao Rio de Janeiro, a autora recorda, emocionalmente, a conclusão da sua licenciatura pela USP, em 1939, sendo a personalidade tutelar de Fidelino de Figueiredo logo distinguida, ao referir-se ao tema da sua tese de doutoramento: "O lirismo trovadoresco, que Fidelino de Figueiredo me ensinara a amar".[17] Na citada conferência de Paris – com brevíssimo excerto publicado no *JL-Jornal de Letras, Artes & Ideias* –,[18] Cleonice insistirá na metodologia humanista do seu mestre:

Plusieurs leçons Fidelino de Figueiredo m'en donné. D'abord, le traitement humain envers les étudiants; le respect mêlé de tendresse pour eux. Lui, le maître

15 Maria João Martins, op. cit., p. 12.

16 Cleonice Berardinelli, "Fidelino de Figueiredo, mestre de mestres", p. 2.

17 Cleonice Berardinelli, *Falas...*, p. 65.

18 Cf. Maria João Martins, op. cit., p. 13.

savant, ne les humiliait jamais pour leur ignorance. Au contraire, il leur donnait la main avant qu'ils ne s'aperçoivent qu'ils allaient tomber. Mais cette douceur n'éloignait pas la sévérité avec laquelle il jugeait leurs travaux; le manque de compétence était pardonné, jamais le manque d'intérêt ou d'effort.[19]

Num tempo de considerável evolução do método da própria História da Literatura, com naturais reflexos ao nível do seu ensino, não deixa de ser significativo que a distinta discípula de Fidelino de Figueiredo acentue, repetida e enfaticamente, que o ensino histórico-literário do seu mestre se afastava de uma visão estritamente positivista, antes enriquecida por uma constante preocupação hermenêutica e estética do texto literário, realçando ainda a dimensão especulativa: "Deu aos estudantes de São Paulo o máximo a que podiam aspirar: suas lições modelares transmitiam-nos o conhecimento dos factos mas, sobretudo, faziam-nos pensar neles: o professor de Literatura não deixava nunca de ser o pensador especulativo, atento à interpretação dos problemas pessoais ou sociais".[20]

Em outras intervenções, Cleonice Berardinelli enfatiza justamente a precocidade das primeiras obras que Fidelino dedica à teorização histórico-literária, quando publica *A crítica literária em Portugal* (1910) e a *Crítica literária como ciência* (1912), apenas com vinte e poucos anos. Desde cedo, o muito jovem professor mostrava a preocupação com os métodos críticos usados no campo dos Estudos Literários, em Portugal e na Europa do tempo.[21]

Destacando o papel renovador de Fidelino ao nível da História da Literatura Portuguesa, a que o autor consagra cinco importantes volumes (com reedições várias, em Portugal e no Brasil), Cleonice Berardinelli detém-se numa apreciação crítica sobre este domínio particular da obra do mestre, sobretudo na sua *História da Literatura Romântica*, também ela uma obra da juventude do historiador literário português. Com esse objectivo, salienta a novidade do referido trabalho histórico-literário, visível em múltiplos aspectos desse laborioso empreendimento: i) a amplitude cronológica (do

19 Cleonice Berardinelli, "Leçons d'une carrière", p. 9.

20 Cleonice Berardinelli, "Fidelino de Figueiredo, um mestre, um homem", p. 8.

21 Cf. Cleonice Berardinelli, "Fidelino de Figueiredo, historiador e crítico da literatura portuguesa", in Maria da Penha Campos Fernandes (coord.), *História(s) da Literatura*, Coimbra: Almedina, 2006, p. 63-76, p. 64-65 e "Fidelino de Figueiredo, mestre de mestres", p. 10-11.

Classicismo à contemporaneidade); ii) o esforço renovador na problematização de vários e importantes conceitos periodológicos, como o de Romantismo; iii) a tendência para analisar criticamente cada autor na variedade dos géneros cultivados e na sua evolução literária, em grandes apartados sucessivos – *A Vida, O Homem, A Evolução Literária*; iv) as preocupações estéticas e comparatistas que presidem a muitas das suas considerações (com referência lateral ao ensaio comparatista da maturidade – *Pirene: ponto de vista para uma introdução à História Comparada das Literaturas Portuguesa e Espanhola* (de 1935); v) o permanente cuidado em distinguir, de forma bem mais detida, os autores canónicos (Garrett, Herculano ou Camilo), face a um alargado conjunto de autores menores da mesma época; vi) enfim, a argúcia de muitas das análises histórico-críticas do historiador.[22]

Por tudo o que foi sendo sugerido, não surpreende o balanço crítico tão elogioso da acção pioneira e potenciadora de Fidelino de Figueiredo, sobretudo no seu magistério paulistano. Antônio Soares Amora[23] insiste no facto de o professor português ter "o dom da docência germinal, paternal e tutorial". Aliás, convém enfatizar que este tipo de comentários tão elogiosos da figura e actuação de Fidelino de Figueiredo, ao nível do seu papel fundamental na difusão dos estudos de Literatura Portuguesa no Brasil,[24] não se restringe aos seus ex-alunos. De facto, o testemunho pessoal e afectivo de Cleonice Berardinelli, aqui posto em realce, é reforçado por outras vozes que, não sendo de discípulos fidelinianos, secundam o papel fundamental do professor e investigador português, como é o caso do juízo de valor de Jorge de Sena, com o sentido de justiça que se lhe reconhece, datado de 1961, em Assis:

Os estudos portugueses de literatura (e não filologia) no Brasil, à escala universitária, pode dizer-se que datam do magistério de Fidelino de Figueiredo, cuja fixação em S. Paulo criou uma tradição que é praticamente a única existente: todos

22 Cleonice Berardinelli, "Fidelino de Figueiredo, historiador e crítico da literatura portuguesa", p. 65 ss.

23 Antônio Soares Amora, "Fidelino de Figueiredo na origem dos estudos de Literatura Portuguesa no Brasil", p. 21.

24 Cf. José Rodrigues de Paiva, "De Fidelino de Figueiredo e Jordão Emerenciano à Abralip: os estudos de Literatura Portuguesa no Brasil", *Revista Ininga*, vol. 1, n. 1, 2014, p. 4-16. Disponível em <http://www.ojs.ufpi.br/index.php/ininga/article/view/3192/1812>. Acesso em 15 mar 2016.

foram seus discípulos, ou discípulos dos seus discípulos. Foi um papel de enorme alcance bastante desconhecido em Portugal.[25]

Aliás, pouco tempo depois, em 1963, o mesmo Jorge de Sena reforça o mesmo reconhecimento acerca do pioneirismo de Fidelino em terras brasileiras, realçando a dimensão extremamente positiva da sua acção: "Ora, é sabido que, até muito recentes tempos, essas personalidades portuguesas não eram os melhores arautos de uma cultura viva. O único esforço continuado e sério, no Brasil, para fundar-se o estudo da literatura portuguesa, deveu-se a Fidelino de Figueiredo, e teve como foco a Universidade de São Paulo".[26]

No caso de Cleonice Berardinelli, o professor português Fidelino de Figueiredo está no início de tudo na sua carreira. Quando uma jornalista lhe pergunta – "Quando foi que a senhora se descobriu professora?" –, a resposta salta automaticamente e de forma esperada: "Desde que eu entrei para a faculdade, com Fidelino de Figueiredo. Queria ser como ele. Claro que nunca cheguei lá. Mas era um homem de uma cultura enorme."[27] Por isso mesmo, não surpreende que no breve texto epistolar para o volume de homenagem ao amigo Antônio Soares Amora (professor da Universidade de São Paulo, USP, e genro de Fidelino), Cleonice Berardinelli volte a evocar o seu ingresso na recém-criada USP em 1936 e, sobretudo, o forte traço de união entro os primeiros estudantes – "No princípio, era Fidelino de Figueiredo" –, bem como o facto de ambos serem responsáveis por duas grandes "semeaduras" do magistério fideliniano, em São Paulo e no Rio:

Nosso ponto maior de confluência foi um mestre muito especial que, português, era cidadão do mundo. O mundo o acolhera, quando a pátria o rejeitara. A pátria, não, o regime que a dominara, execrado salazarismo que ele criticava e contra a qual se insurgia. A USP o convidou e nós recebemos com simpatia crescente a cada nova aula, a cada novo encontro. A par do afeto, a admiração. Admiração pelo saber, pela capacidade de transmiti-lo, pela inteira simplici-

25 Jorge de Sena, *Estudos de Cultura e Literatura Brasileira*, Lisboa: Edições 70, 1988, p. 84.

26 Ibid., p. 200.

27 Sonia Racy, "A carreira de professora é a que dá maior gratificação amorosa" [entrevista a Cleonice Berardinelli], Jornal *O Estado de São Paulo*, 29 de julho de 2013.

dade. Víamo-lo lá do alto da sua competência, e nos sentíamos pequenos. Ele, porém, nos dava a mão, acercando-se de nós, buscando uma relação que nos aproximasse, sobretudo pela afeição.[28]

Igualmente na conferência pronunciada em Paris, a 20 de março de 1998, no Salon du Livre, a convite do Centro Cultural Português da Fundação Calouste Gulbenkian, Cleonice Berardinelli se mostra mais uma vez peremptória nesse enorme e decisivo débito de gratidão, afirmando com graça a confissão tantas vezes repetida – na génese da sua vida de docente e investigadora está o mestre português: "'Au commencement, c'était le Verbe' dit l'Evangile de Saint Jean, pour définir le commencement du monde; j'aime dire 'au commencement c'était Fidelino de Figueiredo' pour me définir comme, avant tout, professeur de Littérature portugaise."[29]

Como sugerido, o legado de Fidelino prolongou-se desde logo através dos seus primeiros discípulos paulistanos, como é o caso paradigmático de Cleonice Berardinelli, que mostra profundo orgulho nessa nobre tarefa: "ter continuado por cinquenta e cinco anos a tradição por ele inaugurada, mantendo e propagando a devoção que me inspirou o professor, o cidadão, o homem total".[30] Como Cleonice Berardinelli também gostava de reafirmar, além dessa enorme e nunca saldada dívida, um dos maiores prazeres que tinha era o de saber que esse decisivo magistério fideliniano fora continuado por vários colegas docentes, de sucessivas gerações e até ao presente. Referindo-se ao papel também desempenhado por Antônio Soares Amora, conclui orgulhosa e assertiva: "(...) demos origem a uma plêiade de professores competentes de Literatura Portuguesa, respeitados no Brasil e fora dele, por alunos e colegas, a quem passamos o facho que de suas mãos recebemos.[31]

28 Cleonice Berardinelli, "Carta aberta ao mais antigo dos meus amigos", in Maria Helena Nery Garcez & Rodrigo Leal Rodrigues (coord.), *O Mestre (Homenagem das Literaturas de Língua Portuguesa ao Professor Antônio Soares Amora)*, São Paulo: Academia Lusíada de Ciências, Letras e Artes / Centro de Estudos Portugueses – Faculdade Filosofia, Letras e Ciências Humanas (USP), 1997, p. 103-104.

29 Cleonice Berardinelli, "Leçons d'une carrière", p. 9-10; cf. "Fidelino de Figueiredo, mestre de mestres", p. 10.

30 Cleonice Berardinelli, "Fidelino de Figueiredo, mestre de mestres", p. 14.

31 Idem.

Por outras palavras, o fértil magistério de Fidelino constituiu uma fecunda sementeira, pelo que, na ausência física do professor português, os anos da segunda metade do século XX e já os dos primórdios do século XXI foram "preenchidos pelos discípulos dos seus discípulos",[32] isto é, por uma considerável linhagem ou rede de docentes, que se reconhecem herdeiros do velho e omnipresente professor português, o inesquecível mestre de Cleonice Berardinelli.

32 Cleonice Berardinelli, "Fidelino de Figueiredo, historiador e crítico da literatura portuguesa", p. 64.

Júlio Cesar Valladão Diniz

Cleonice: a intérprete do texto no palco do mundo

Este breve ensaio-homenagem-testemunho busca iluminar um dos traços mais significativos da trajetória intelectual de Cleonice Berardinelli, apesar de pouco explorado pelos estudiosos de sua extensa obra.

Iniciarei afirmando o óbvio: Cleonice é uma das mais potentes e sensíveis vozes que lê publicamente poesia e prosa no Brasil e no exterior. Não se trata de reafirmar as qualidades técnicas da declamadora nem confirmar a sua clara vocação para o teatro. As incontáveis plateias que puderam sentir aquela voz afinadíssima em harmonia com os movimentos gestuais e o ritmo pulsante do corpo sabem que a mestra é multi-instrumentista.

O meu primeiro encontro com Cleonice remonta o ano de 1976. Eu acabara de entrar na UFRJ para cursar Letras, com interesse em me especializar em Literatura Brasileira. Já estudava música naquela ocasião e tinha o desejo de entender melhor as relações entre a palavra escrita, a palavra falada e a palavra cantada, obsessão que carrego até hoje. Fui formado no ensino secundário por professores que me apresentaram não só os poetas modernistas (Mário, Oswald, Bandeira, Vinicius, Drummond, Murilo, Cabral), como também os novíssimos poetas da chamada geração marginal (Ana Cristina César, Chacal, Torquato, Waly) e a ala dos compositores da MPB (Chico, Caetano, Gil). Naquele emblemático prédio em ruínas da Faculdade de Letras da avenida Chile, eu acompanhava com paixão os cursos de Marlene de Castro Correia, Samira Nahid Mesquita e Heloísa Buarque de Hollanda. Se alguma tipologia cabia na minha personagem de então, com certeza, era a do jovem magro de cabelos longos, barba a la Fidel, inquieto e dividido entre o engajamento político e o desbunde contracultural.

Júlio Cesar Valladão Diniz é professor do Departamento de Letras e decano do Centro de Teologia e Ciências Humanas da Pontifícia Universidade Católica do Rio de Janeiro (PUC-Rio).

Numa tarde de céu azul, típica do mês de maio no Rio de Janeiro, fomos todos convidados a assistir a uma palestra sobre Gil Vicente no auditório que recebia o nome do escritor português. Não havia mais lugar disponível, e todos os que chegaram em cima da hora se acomodaram no chão. O clima era um misto de assembleia estudantil, aula magna e intervenção performática. Bem perto de mim, sentados na primeira fila, os professores e professoras da cadeira de Literatura Portuguesa da UFRJ, que viriam a se tornar, anos depois, colegas e fraternos amigos. Apesar da curiosidade, eu me perguntava: o que faço eu aqui, num evento acadêmico cujo tema e autor não me interessam, e o mundo lá fora cheirando a pólvora, gás lacrimogêneo e sangue?

D. Cleo, assim apresentada a nós naquela ocasião, era uma senhora elegante, com postura altiva e presença forte no palco do auditório. Ela iniciou a sua fala contando um pouco da vida de Gil Vicente e logo em seguida passou à análise de algumas de suas peças, em especial, o *Auto da Alma* e o *Auto da Mofina Mendes*. Houve um momento em que eu não conseguia prestar muita atenção ao que era dito, muito por causa do impacto que aquela voz produzia em mim. Aquela voz – singular, única, potente, sedutora – dançava entre as afirmações categóricas de uma acadêmica e a força mágica de uma atriz. Havia uma aparente contradição naquela cena: como uma mesma voz, num corpo indivisível, no mesmo tempo-espaço, se expandia e se recolhia, era tão rígida e semovente? Aquela voz percorria o espaço num ritual de encantamento e espanto, saber e/com sabor, fúria e plasticidade.

*

Em um dos seus mais significativos contos, *Um rei à escuta,* Italo Calvino cria a personagem de um rei que, imóvel em seu trono, se relaciona com seus súditos apenas pelos sons que ele conseguia ouvir. Vivia totalmente isolado, não conversava com ninguém, não entrava em contato com nenhum dos habitantes do seu reino.

E quando no escuro uma voz de mulher se entrega ao canto, invisível no parapeito de uma janela apagada, eis que de improviso voltam-lhe pensamentos vitais, seus desejos tornam a encontrar um objeto: qual? Não aquela canção que deve ter ouvido tantas vezes, não aquela mulher que você viu, sente-se atraído pela voz enquanto voz, como se oferece ao cantar. Aquela voz certamente vem de uma pessoa única, inimitável como qualquer pessoa, porém uma voz não é uma pessoa, é algo de suspenso no ar destacado da solidez das coisas.[1]

Há uma percepção clara nos estudos que têm a voz como procedimento e intervenção de que ela não pode ser vista apenas como suporte ou veículo que transporta fisicamente um conteúdo. A sua materialidade não serve basicamente a uma estrutura arquitetônica que precisa ser montada, desmontada e remontada para que a verdade ou o lugar de poder do discurso seja revelado. A voz não é uma máquina aprisionável por esquemas substancialistas e reduções que buscam desvelar possíveis essências.

Antes de tudo, a voz é a narrativa e a sua própria dobra. Ela não apenas produz em seu polilinguismo as trapaças *na* e *com* a língua, nas palavras de Barthes,[2] como é ela mesma que passa a ser metacrítica e metabiologicamente a força enunciante de sua própria enunciação. A força de uma voz sonora e de uma voz textual, incorporadoras e rearticuladoras de sentidos, podem ser compreendidas através de seu poder de recortes, de sua capacidade de apropriação, de sua tarefa de interpretação pela lógica do suplemento, enfim, pela leitura dos seus aparatos formais e traços sistêmicos.

Volto ao conto de Calvino:

Contudo, você quer que seja o seu próprio ouvido a perceber aquela voz, portanto o que o atrai não é somente uma lembrança ou uma fantasia, mas a vibração de uma garganta de carne. Uma voz significa isso: existe uma pessoa viva, garganta, tórax, sentimentos, que pressiona no ar essa voz diferente de todas as outras vozes. Uma voz põe em jogo a úvula, a saliva, a infância, a pátina da existência vivida, as intenções da mente, o prazer de dar uma forma própria às ondas sonoras. O que o atrai é o prazer que esta voz põe na existência – na existência como voz –, mas esse prazer o conduz a imaginar o modo como a pessoa poderia ser diferente de qualquer outra tanto quanto é diferente a voz.[3]

1 Italo Calvino, "Um rei à escuta", in *Sob o sol-jaguar*, São Paulo: Companhia das Letras, 1995, p. 57-89, p. 78.

2 Roland Barthes, *Aula*, São Paulo: Cultrix, 1980.

3 Italo Calvino, op. cit., p. 86.

Antes de tudo, a voz é localizada, faz parte de um corpo, existe em sua materialidade fisiológica, etnobiológica e cultural. Há uma pessoa viva, com garganta, tórax, úvula e saliva, retomando Calvino, mas que se apresenta num contínuo jogo de máscaras, cobrindo outra(s) voz(es) com "a pátina da existência vivida". A voz se coloca como questão fundamental nas distintas formas artísticas que potencializam, como tensão constante, a produção contemporânea. Seja pelo viés da voz como musicante, seja pelo caminho da voz como escrita, seja pela presença ausente da voz como artifício de desestabilização de sentidos, as paisagens sonoras do nosso tempo se tornaram dispositivos privilegiados de leitura do mundo. Segundo Paul Zumthor, "através da voz, a palavra se torna algo exibido e doado, virtualmente erotizado, e também um ato de agressão, uma vontade de conquistar o outro, que a ela se submete, pelo prazer de ouvir".[4]

*

O prazer de ouvir aquela voz na ensolarada e fria tarde de maio de 1976, na Faculdade de Letras da UFRJ, me marcou para sempre. A partir daquele momento, me transformei num devorador da literatura e cultura portuguesas. Fiz todos os cursos possíveis na área de vernáculas, me interessei pelas linhas mestras da literatura lusa apontadas por ela em um fascinante estudo, li e reli os clássicos e os contemporâneos que vinham da ponta da península. Nascia ali, pela força da voz daquela mestra, o futuro professor de literatura comparada vestido com as cores lisérgicas da contracultura e o vermelho revolucionário dos cravos de então.

Reencontrei d. Cleo como aluno do mestrado em 1982, e do doutorado, em 1988, no Programa de Pós-Graduação em Letras da PUC-Rio. Já não era mais o aluno fiel que acompanhava as suas aulas, mas o traidor da linha genealógica, o que se contrabandeou para as bandas da Literatura Brasileira, como ela mesma dizia em tom de brincadeira. Ela tentava me convencer a retornar aos portugais. Dizia que era um desperdício, que eu deveria me dedicar aos estudos portugueses, que eu, leitor de Cesário, Sá-Carneiro e Pessoa, poderia fazer uma bela tese centrada na leitura comparativa da poética dos três. Tudo com muita

4 Paul Zumthor, *A letra e a voz*, São Paulo: Companhia das Letras, 1993, p. 37.

delicadeza, humor e energia. Só me restava um caminho: tentar, como no conto do Guimarães Rosa, resistir na terceira margem do rio, na confluência que a língua portuguesa, inculta e bela, produzia no diaspórico diálogo entre culturas. Só me restava o tortuoso, conflituoso e possível gesto contemporâneo: traduzir tradições, traindo-as.

Gosto de sentir a minha língua roçar
A língua de Luís de Camões
Gosto de ser e de estar
E quero me dedicar
A criar confusões de prosódia
E uma profusão de paródias
Que encurtem dores
E furtem cores como camaleões
Gosto do Pessoa na pessoa
Da rosa no Rosa
E sei que a poesia está para a prosa
Assim como o amor está para a amizade
E quem há de negar que esta lhe é superior
E deixa os portugais morrerem à míngua
"Minha pátria é minha língua"
Fala Mangueira!
Fala!

Flor do Lácio Sambódromo
Lusamérica latim em pó
O que quer
O que pode
Esta língua?[5]

Fui contratado como professor do Departamento de Letras da PUC-Rio em 1987. A partir daí, eu e d. Cleo nos tornamos colegas de trabalho, dividíamos a mesma sala no Prédio Kennedy e participávamos de algumas comissões e co-

5 Caetano Veloso, "Língua", LP *Velô*, n. 824024, PolyGram, 1984.

legiados na universidade. Em uma das conversas que mantínhamos com certa frequência, ela me revelou que havia participado da apresentação de dois autos de Gil Vicente quando era doutoranda de Literatura Portuguesa da Faculdade de Filosofia da Universidade do Brasil, em 1942. Promovida pelo prof. Thiers Martins Moreira, referência fundamental na sua formação, a montagem do *Auto da Alma* e do *Auto da Mofina Mendes*, sob a direção do consagrado ator Sadi Cabral, reunia, além dos graduandos do curso de Letras, Cleonice, que interpretou dois personagens: o Anjo, do *Auto da Alma*, e a Mofina Mendes. A montagem foi um sucesso, merecendo elogios efusivos de Manuel Bandeira na crônica "Estudantes fazem teatro", publicada no jornal *A Manhã*, e, posteriormente, incluída no livro *Andorinha, andorinha*. Transcrevo trechos da referida crônica.

(...) o que nunca faltou nem em Portugal nem no Brasil foram as vocações de atores. E nisso me confirmaram mais uma vez os espetáculos de estudantes ultimamente realizados entre nós.

(...) fiquei surpreendido, deliciosamente surpreendido, quando senti os olhos umedecidos ao ouvir as primeiras palavras do anjo Custódio, 'o da espada', como diz o 1º Diabo do auto:

Alma humana, formada
De nenhuma cousa feita,
Mui preciosa,
De corrupção separada,
E esmaltada,
Naquela frágua perfeita,
Gloriosa...

O anjo era lindo (Mlle. Cleonice Serôa da Motta), falava com a dupla autoridade da fé e da poesia, e por isso me senti tão alma quanto a minha cara ex-aluna do Pedro II, Mlle. Maria de Lourdes Madeira de Barros, cujo físico espiritual e dolorido tanto se prestava a encarnar aquele símbolo da humanidade fraca e sofredora. Esse momento de comoção, dos mais puros que tive em minha experiência artística, não a esquecerei nunca: senti que o velho Gil ainda era maior, muito maior do que eu pensava...

Depois veio a égloga do Auto da Mofina Mendes, *e aqui é que a espontaneidade dos amadores sobrepujou os profissionais portugueses que há anos vi representar a mesma peça. Mlle. Serôa da Motta, encarnando agora a estabanada pastora, mostrou a versatilidade dos seus recursos de intérprete: que graça tinham na sua boca os arcaísmos do texto.*[6]

Nossa personagem ainda não tinha o Berardinelli no nome, era uma senhorita, a encantadora Mlle. Cleonice Serôa da Motta, como destacava Bandeira em sua crônica. O impacto que a sua atuação provocou no poeta, que se tornaria mais tarde um dos seus grandes amigos, foi enorme. A pesquisadora-ensaísta-professora-atriz iniciava a sua trajetória de intérprete singular do texto literário no palco do mundo.

A foto do elenco que participou da montagem de 1942 (ver foto pag. 107) nos revela, e ao mesmo tempo nos oculta, "a pátina da existência vivida", como dizia Calvino. Os gestos deliberadamente teatrais, a pose antinatural, a respiração presa, os olhares direcionados para fora da cena constroem a narrativa tagarela das imagens que contam certa história da vida cultural e artística brasileira. Digo tagarela porque sinto na contemporaneidade um desejo incessante de documentar, guardar, multiplicar, preservar, com medo de um *bug*, apagão, falha, perda definitiva. Parece uma busca desesperada (e já por si fracassada) de totalizar a memória, arquivá-la num HD indevassável, monumentalizar a experiência humana. E o esquecimento, dispositivo que nos constitui, o que fazer com ele? Antes da foto acima ilustrar alguma coisa, ela pode se tornar *puzzle*, caleidoscópio, escrita possível de outras vidas, outros grupos, outras cleonices. O peso documental das imagens que marcaram o período varguista do Estado Novo imprime dureza, gigantismo, relevância e autoridade às cenas que tinham como objetivo afirmar nossa emergente e frágil modernidade. São representações fechadas, unificadas, formas imaginárias de uma desejável e manipulável identidade brasileira costurada nas feridas que a(s) ditadura(s) nos impuseram. Como contraponto, ou leitura a contrapelo das narrativas visuais vistas do presente, pode-se pensar não na representação *in totum* dos componentes significativos, mas na encenação da ambiência que se infiltra na (obs)cena do retrato.

6 Manuel Bandeira, *Andorinha, andorinha*, Rio de Janeiro: Livraria José Olympio, 1966, p. 122-123.

Na foto, o anjo olha para os céus e segura firme a espada que lhe servirá de guia por toda uma existência. O anjo antecipa o que o próprio nome Cleonice já indica – a gloriosa pelas vitórias, a que alcança a glória da vitória. O anjo encenado em 1942 retornou na Aula Magna de 1976 e cumpriu seu eterno retorno em 1987. Uma Cleonice, várias personagens, múltiplas vozes.

*

Mário de Andrade, em um longo ensaio intitulado *Os compositores e a língua nacional*, aponta as dificuldades encontradas na relação canto e poesia, linguagem verbal e linguagem musical.

Dizem os arqueólogos e etnógrafos que o arco primitivo foi ao mesmo tempo instrumento de morte e de música. Desferindo a flexa, o arco servia ao homem para matar mas dedilhado e vibrante servia para dar sons musicais. Como o arco primitivo, o instrumento vocal (que aliás também é mortífero...) tem dois destinos profundamente dissemelhantes: a palavra e a música. Como o arco que vibra tanto pra lançar longe a flexa como pra lançar perto o som: a voz humana tanto vibra pra lançar perto a palavra como pra lançar longe o som musical. E quando a palavra falada quer atingir longe, no grito, no apelo e na declamação, ela se aproxima caracteristicamente do canto e vai deixando aos poucos de ser instrumento oral pra se tornar instrumento musical.[7]

O foco do texto aponta para a transformação funcional da voz que fala para a voz que canta. Esta "vai deixando aos poucos de ser instrumento oral pra se tornar instrumento musical", alinhando-se como força estruturante da canção. Ler as sonoridades como lugar performático é atentar para as atribuições da voz do intérprete no conjunto e a sua capacidade de instrumentalizar o tenso jogo da relação música/palavra. O desafio da fala que se quer canto, que teimosamente desliza entre fonemas e tonemas, significantes e musicantes, letras e notações é o de administrar consonâncias e dissonâncias entre campos de saber e agir diferenciados.

A voz é, para a caracterização aqui proposta, uma *assinatura escritural*, ou seja, uma instância de mediação e apropriação que faz a literatura se

7 Mário de Andrade, *Aspectos da música brasileira*, São Paulo: Martins, 1975, p. 43.

deslocar para um lugar distópico. A voz como *assinatura* é a encenação de sua autoficcionalidade como discurso esvaziado de totalidade holística e, paradoxalmente, repleto de máscaras identitárias.

A voz é assinatura como marca, como rasura, como impossibilidade de se chegar com completude ao fim. Que fim? Do texto? Da autoria? Da literatura? Da narrativa que genealogicamente não cessa de pisar no território do fora, na vertigem do desejo? Segundo Zumthor, "o que quer que evoque, por meios linguísticos, o texto dito ou cantado, a performance lhe impõe um referente global que é da ordem do corpo. É pelo corpo que nós somos tempo e lugar: a voz o proclama, emanação de nós".[8]

A poética da voz incorpora em sua materialidade as vozes que em rotação vivem na errância. As vozes da diáspora que migraram do mais poderoso sentido clássico de literatura prescindem da noção de origem, de valor absoluto, de tarefa conclusa, de bem contar uma história. Uma voz em trânsito não pode ser capturada por axiologias e classificações. A voz de Cleonice é filha do Atlântico.

Sua *assinatura escritural* reinventava os textos escolhidos para as aulas, conferências, recitais e leituras públicas. O ato de tirar do papel os versos de Camões, os sermões de Vieira, os trechos de Eça e os escritos multifacetados de Pessoa para o ambiência sonora em suspensão é, por si mesmo, um processo de apropriação, transformação, reescrita. Os textos escritos não são os mesmos quando vocalizados, ganham outra conformação quando suspensos no ar.

Em 1994 fui convidado por Maria Bethânia para participar do projeto que resultou no disco *Imitação da vida* e no show de mesmo nome. A proposta era sedutora e irrecusável: selecionar poemas e trechos em prosa de Fernando Pessoa, incluindo, é claro, os seus heterônimos, para Bethânia incluir no repertório. Convoquei imediatamente a minha querida amiga Teresa Cerdeira, discípula de Cleonice e professora de Literatura Portuguesa da UFRJ, para me ajudar na empreitada. Foram inúmeras reuniões, discussões intermináveis, noites inteiras de leituras, tudo num clima de total euforia.

Convidamos d. Cleo para assistir ao espetáculo, incluindo uma passagem no camarim para conhecer Maria Bethânia. Foi exatamente em 1995 que o amor por Pessoa uniu essas duas extraordinárias intérpretes de Fernando,

8 Paul Zumthor, *Introduction à la poesie orale*, Paris: Éditions du Seuil, 1983, p. 149, tradução livre.

como Bethânia o trata na intimidade. A partir daí, a voz que encanta alunos, pesquisadores, professores e leitores se encontrou em definitivo com a voz que deslumbra ouvintes, espectadores e o público dos teatros do mundo.

A parceria das duas rendeu excelentes frutos. Elas nos deram de presente a inesquecível leitura de Pessoa a beira-mar, na FLIP, em 2013, e o filme *(o vento lá fora)*, dirigido por Marcio Debellian, em 2014.

Além da proximidade com Bethânia, Cleonice, nos últimos anos, dividiu com a cantora e compositora Adriana Calcanhotto a leitura pública de poemas de Mário de Sá-Carneiro. Trata-se de outro achado, outro jeito de levar a poesia para espaços diferenciados, outro caminho no qual as palavras cantada, falada e escrita se interpenetram, se seduzem, suplementam-se.

Numa tarde nublada e quente de maio de 2016, exatamente quarenta anos depois de ter ouvido pela primeira vez *aquela voz* na ensolarada e fria tarde de outro maio, o de 1976, eu dou o ponto final neste breve ensaio-homenagem-testemunho. Talvez não seja um ponto final, melhor seria se eu usasse ...

A genuína fazendeira há tempos colhe seus frutos. Seu lugar, nas universidades ou nos teatros, nos centros culturais ou nas nossas casas, é o da intérprete privilegiada das escritas em língua portuguesa no alado palco do mundo.

Laura Cavalcante Padilha

Pensar a África com Cleonice Berardinelli: entre o prazer e o saber

Todo caminho é belo se cumprido.
Ficar no meio é que é perder o sonho.
— Alda Lara

A ESCOLHA DO DÍSTICO, QUE ABRE OS QUATRO PRIMEIROS versos de "Círculo" da poetisa angolana Alda Lara, não foi aleatória. Por agora, lembro apenas a primeira razão de tê-lo feito. Mais adiante, trarei outra.

Quando penso na mestra de tantos de nós, tão pertinentemente nomeada de "A Divina Cleo" por Zuenir Ventura, vêm-me sempre à mente os versos de Alda, pois poucas pessoas, como Cleonice Berardinelli, conseguiram tão lindamente cumprir seus sonhos, sempre com delicadeza; amor pelo outro; paixão de ensinar; e, talvez, com o sentimento dos sentimentos, que é a sua imensa *generosidade* (e grifo).

Aliás, na abertura do colóquio Figuras da Lusofonia, realizado em Lisboa em fevereiro de 1999, ela mesma faz referência ao trilhar de seu caminho, quando proferiu a fala de agradecimento, da qual resgato o seguinte trecho, com cortes:

> *Não posso (...) silenciar a expressão (...) do que estou sentindo neste momento a que cheguei por um longo* caminho *que passou por uma vida familiar feliz (...) por um casamento bem sucedido (...) por uma vida universitária em que, como discente, tive mestres inesquecíveis, em que, como docente, consegui fazer uma carreira (...) ao longo da qual transformei meus alunos em colegas e amigos os mais queridos (...).*[1]

Laura Cavalcante Padilha é professora emérita da Universidade Federal Fluminense (UFF).

1 Izabel Margato (Org.), *Figuras da lusofonia: Cleonice Berardinelli*, Lisboa: Instituto Camões, 2002, p. 17, grifo meu.

E como ela nos soube transformar... Casa sempre aberta; ternura infinita; solidariedade nos momentos em que cada um de nós, como ela – e volto à sua fala – "passou por muitas alegrias e tristezas, com feridas não cicatrizadas".[2] Em tais momentos, sempre esteve a nosso lado, ajudando-nos na caminhada. Amor generoso, esse, de d. Cleo.

Não foi por acaso que ela se transformou, há mais de sessenta anos, na "estrela da [minha] vida inteira", aqui tomando de empréstimo o belo título da obra de meu também professor e seu amigo, Manuel Bandeira.[3] Tudo começou na Faculdade Nacional de Filosofia da Universidade do Brasil, no ano de 1956, quando nela ingressei para cursar Letras Neolatinas, naquele nosso inesquecível prédio da avenida Antônio Carlos. As primeiras aulas de Literatura Portuguesa foram ministradas, em minha turma, pelo catedrático da disciplina, professor Thiers Martins Moreira. Um homem gentil, sério, sempre a entrar na sala com certo ar de pressa.

Um belo dia, esperávamos por ele, quando atravessou a porta uma mulher muito bonita, elegantemente trajada com um vestido de linho branco, debruado de azul-marinho, com sapatos também dessa dupla cor. De voz inconfundível, apresentou-se como a assistente do catedrático que, a partir dali, ministraria a disciplina, embora o professor pudesse também estar conosco. Sem mais, seguiu a nos dizer da Idade Média e sua literatura...

É claro que não me recordo de tudo, pois a memória tem sempre dupla face – lembrar e esquecer – além do que ela nos leva a inventar. Uma coisa jamais se apagou de minha lembrança: as aulas sobre os autos vicentinos, em especial o da *Inês Pereira*. Creio não ter sido acaso o fato de o primeiro texto por mim publicado – um artigo em revista – versar sobre aquele mesmo auto. Intitulei-o de "Inês Pereira ou a luta contra o mundo de Prometeu".[4]

Tal artigo, na origem, fora um trabalho de término de disciplina de Literatura Portuguesa, em curso ministrado pela mesma Cleonice Berardinelli, no então mestrado em Letras da Universidade Federal Fluminense, na segunda metade dos anos de 1970. Já então eu dava aulas da disciplina em uma faculdade isolada

2 Idem.

3 Manuel Bandeira, *Estrela da vida inteira*, Introdução de Gilda e Antônio Cândido de Mello e Souza, 9ª ed., Rio de Janeiro: José Olympio, 1982.

4 Laura Cavalcante Padilha, "Inês Pereira ou a luta contra o mundo de Prometeu", *Caleidoscópio*, vol. 4, 1984, p. 83-90.

cuja criação tivera o contributo da nossa mestra. Uniram-se, assim, as pontas do novelo de minha vida acadêmica, atadas com os laços da presença da grande tecelã que me ensinara como se podiam tecer os panos de meus sonhos, sempre – e aqui resgato versos de outro poeta, de Angola, Agostinho Neto:

> Seguindo
> o caminho das estrelas
> pela curva ágil do pescoço da gazela
> sobre a onda
> sobre a nuvem
> com as asas primaveris da amizade[5]

Agora, sim, penso que posso chegar às Literaturas Africanas de Língua Oficial Portuguesa, caminho que passei a trilhar, principalmente, depois de concluir o mestrado, em 1978, e ingressar na Universidade Federal Fluminense, em 1979. Desde então, comecei a lutar por chamar de "Africanas" as "Literaturas Ultramarinas", naquele tempo ainda assim denominadas, para meu espanto e inconformismo, mesmo depois de passados quatro anos das independências dos quatro países africanos de língua oficial portuguesa – Angola; Cabo Verde; Moçambique e São Tomé e Príncipe –, já que a da Guiné Bissau se dera em 1973. Tive sucesso quando o adjetivo antigo deixou de existir. Esta não foi uma luta fácil e, de novo, d. Cleo me transmitiu a força de que precisava, além dos colegas Jorge Fernandes da Silveira e Vilma Arêas, para só citar dois outros de seus alunos.

Percebi, depois de algum tempo, que era necessário cursar o doutorado em Africanas, pois isso me ajudaria a sedimentar o ensino daquela nova disciplina em minha instituição e, no futuro, também a pesquisa dentro e fora dela. Prestei o exame e, aprovada, decidi que a orientadora só poderia ser d. Cleo.

Alguns colegas alertaram-me para o fato de que meu desejo seria de difícil realização. Resolvi, então, procurá-la em sua casa para conversarmos sobre isso. Qual não foi minha surpresa quando ela disse "Sim! Claro!" e me foi mostrar as obras sobre a matéria que possuía. Fiquei, de novo, tomada por outro puro espanto. Lá estavam livros de referência, sendo que alguns há muito es-

5 Agostinho Neto, *Sagrada esperança: poemas*, Lisboa: Artes Gráficas, 1986, p. 65.

gotados... Hoje, este acervo juntou-se ao meu, por sua extrema *generosidade* (de novo, grifo).

O projeto inicial da tese, ou seja, estudar a questão do encontro entre mais velhos e mais novos na moderna cena ficcional de três países africanos, foi logo discutido por ela, quando viu o primeiro levantamento das obras. Resolvemos, então, ficar só com Angola, embora aqui e ali podendo alargar o campo de trabalho, para pensar a África em sua multiplicidade, sobretudo no que concernia àquela parte na qual o português aportara.

Quando o texto já estava a ser produzido, ela levantou uma outra e definitiva questão. A seu ver, a relação que eu elegera – velhos x crianças – se sedimentava epistêmica e diegeticamente. No entanto, faltava pensar a base discursiva dos textos. Para ela, tal discursividade punha em diálogo o oral e o escrito. Ao ouvir isso, fiquei, de novo, perplexa, pois percebi, mais uma vez, a argúcia leitora de d. Cleo. Nasceu, assim, o *Entre voz e letra*. Foi uma festa, confesso.

Igualmente, ao lermos *O segredo da morta*, romance de António de Assis Júnior, ela observou, risonha: "É! Ele foi um bom leitor de Garrett e Camilo, mas transformou o que leu em algo também a ser ouvido com a voz da terra. Nunca poderá ser visto como um escritor português, embora maneje tão bem a língua." Até hoje, quando releio o romance, não consigo deixar de lembrar sua voz e o ar meio malicioso como proferiu a frase. Já então a questão da "lusofonia" começou a me incomodar, por considerá-la muito pouco pertinente e quase sempre apenas relacionada aos países africanos.

Poderia aqui lembrar outros episódios que vivemos juntas, navegando entre o prazer e o saber, mas isso me levaria a escrever muitas páginas. Só não posso deixar de lembrar que, às vezes, quando eu teimava um pouco, ela levantava aquele nosso tão conhecido dedinho e dizia: "Vamos ler isso outra vez?". E, ao fim e ao cabo, não havia dúvida de que estava certa e sua crítica era mais do que pertinente...

De uma coisa d. Cleo sentia falta no *corpus* trabalhado: a presença de textos ficcionais em prosa assinados por mulheres, sobretudo quando surgiam figuras tão fortes como a Vavó Xíxi, de Luandino Vieira, ou a Vavó Tutúri, de Jofre Rocha, para ficar apenas com dois exemplos nas obras analisadas.

É claro que trabalhamos os textos infanto-juvenis de autoria de uma mulher, Gabriela Antunes, mas sabíamos ser pouco, embora bons para o fim a que se destinavam. Foi difícil deixar de lado o peso desse lugar vazio, por assim dizer, exceção feita para a poesia com nomes como Alda Lara e/ou Ermelinda Xavier, por exemplo, sendo que o da última com uma repercussão menor. O inconformismo perdurava, sobretudo por reconhecermos as duas que as meninas, especialmente as negras, eram como que excluídas do sistema de ensino formal, de base letrada, implantado pelo regime colonial português nos espaços territoriais por ele dominados, o que, depois de 1975, não havia ainda sido totalmente modificado, no caso de Angola.

Quando acabei de redigir a tese, disse-me a minha orientadora: "Agora, você precisa trabalhar os textos de assinatura feminina e não apenas os de Angola. Vá para a poesia." Cumpri à risca seu último "alerta impositivo", ou "ordem", como quisermos. As questões de gênero passaram a se fazer um dos elementos nuclearizadores de minhas pesquisas, pois jamais deixei de lado a discussão sobre o cânone e sua política de silêncio que, no decorrer dos anos, passou por vários desdobramentos.

A primeira autora sobre cuja obra me debrucei, como seria previsível, foi Alda Lara e, logo a seguir, Alda Espírito Santo, Noémia de Sousa e tantas outras. Voltar a Alda tinha ainda a ver com as alegres e "gostosas" sessões de orientação com minha mestra, e explico por quê.

Dera de presente a d. Cleo alguns livros que trouxera de Angola, publicados pela União dos Escritores, na série "Cadernos Lavra e Oficina". Ela, dentre outros, gostou especialmente de *Poesia* (1979) de Alda e, nele, de "Círculo", daí o ter retomado seus dois primeiros versos no início deste brevíssimo depoimento. Permito-me, já agora, para fechar este texto, africanamente como comecei, ligando o fim ao princípio, resgatar, como forma de homenagem à "estrela de [minha] vida inteira", as duas estrofes iniciais desse poema. Faço-o pelo fato de reconhecer que com ela aprendi que o saber precisa alimentar-se do prazer, como Roland Barthes também sempre não se cansou de alertar, pois só assim ele não correrá o risco de se aprisionar por duras e "infinitas grades"[6], o que não nos leva à parte nenhuma. Feito este parêntese, cumpro o prometido:

Círculo
Todo caminho é belo se cumprido.
Ficar no meio é que é perder o sonho.

6 Roland Barthes, *O Prazer do Texto*, trad: J. Guinsburg, São Paulo: Perspectiva. 1977.

É deixá-lo apodrecer, no resumido
círculo, da angústia e do abandono.

É ir de mãos abertas, mas vazias,
de coração completo, mas chagado.
É ter o sol a arder dentro de nós,
cercado,
por grades infinitas...[7]

Aberto este cofre de lembranças, agora o fecho, dizendo: professora Cleonice Berardinelli, obrigada por me ter dado esta "lição", em duo com Alda Lara, que se tornou também âncora poética em meu caminhar.

Assim, e por tudo, só me apetece dizer: bem haja, minha linda e generosa ESTRELA.

7 Alda Lara, *Poesia*, Angola: União dos Escritores Angolanos, 1979, p. 7.

Linhares Filho

A intertextualidade em Cleonice Berardinelli

INCLUO-ME, COM MUITA HONRA, ENTRE OS EX-ALUNOS, AMIgos e admiradores da professora doutora Cleonice Berardinelli, na homenagem à querida mestra, desta vez pelos seus 100 anos bem vividos, com lucidez, doação total à orientação de alunos, com um invejável lastro de atuação magisterial, com um acervo de importantes obras mediante eficientes pesquisas, escritas sobre temas palpitantes no campo de sua especialidade: a Literatura Portuguesa.

Para participar da antologia em louvor da d. Cleonice Berardinelli, eu, que já celebrei a mestra em prosa e verso, (e pelo seu valor intelectual e moral nunca é demais cantá-la) me apresso, com alegria, a elaborar o presente texto.

Pela minha afinidade com a épica e a lírica de Camões e com a poesia de Fernando Pessoa, a qual é coincidente com a afinidade da professora com esses mesmos temas, identifico-me sobremaneira com o capítulo "*Os Lusíadas* e *Mensagem*: um jogo intertextual", do livro *Estudos camonianos*,[1] de Cleonice Berardinelli, obra em 2ª edição, revista e ampliada. E resolvo tecer comentários sobre o que escreve a autora à luz do intertexto.

Observa-se, antes de tudo, a sensibilidade interpretativa, a acuidade de pensamento, o total conhecimento da obra poética dos poetas analisados para um relacionamento, nos mínimos detalhes, que se representam por estrofes, versos e simples sintagmas, dos dois textos estudados à luz não apenas do intertexto, mas também do autotexto de cada um dos poetas. Como se sabe, aquele, o relacionamento entre as obras de um com as do outro autor; este, o relacionamento entre as obras do mesmo autor. Admira-se, ainda, de um modo geral, o domínio, demonstrado pela autora, da Teoria da Literatura, do contexto histórico-cultural dos dois poetas e dos postulados estilísticos valorizadores do poético.

Linhares Filho é professor de Literatura Portuguesa da Universidade Federal do Ceará (UFC).

1 Cleonice Berardinelli, *Estudos camonianos*, nova edição revista e ampliada, Rio de Janeiro: Nova Fronteira/ Cátedra Padre Antônio Vieira/ Instituto Camões, 2000.

Consideremos o processo da intertextualidade. Desde as primeiras críticas dos textos literários que, na Literatura ocidental, os estudiosos relacionam as obras dos autores entre si, praticando a chamada "crítica das fontes". A partir das reflexões de Julia Kristeva e Mikhail Bakhtin (década de 1960), intensificaram-se os estudos críticos sob a ótica do relacionamento entre as obras com o nome de intertextualidade, sendo esse processo encarado como um timbre de modernização. O n. 27 de *Poétique:* revista de teoria e análise literárias constitui-se todo de variações da matéria referente ao assunto com artigos de sete escritores, sob o título geral de *Intertextualidades* e com tradução de Clara Crabbé Rocha.[2]

Saliente-se como dados mais interessantes desse volume a divisão da intertextualidade em *implícita* e *explícita* (Laurent Jenny), aquela inconsciente, esta consciente, como no caso de metapoemas, e a noção de autotextualidade (Lucien Dällenbach), relações entre textos do mesmo autor.

Cleonice Berardinelli começa a apresentar o "jogo intertextual" entre *Os Lusíadas* e *Mensagem* examinando a questão do "Super-Camões" que Fernando Pessoa concebe, sugerindo sutilmente uma como emulação deste com o autor de *Os Lusíadas*. Percebe muito bem a autora o "enigma" com que Pessoa vela a pretensão de sobrepor-se ao "poeta maior", respeitando-o por considerá-lo "nosso ainda-primeiro poeta". Escreve Cleonice que "o ponto de referência para o novo poeta não nomeado que estará surgindo" segundo Pessoa "é ainda e sempre Camões".[3]

Na verdade, a principal diferença entre as duas epopeias, caracterizando *Os Lusíadas* como um texto clássico e *Mensagem* como uma composição moderna, neossimbolista, é que a primeira usa uma diegese estruturada num estilo quantitativo, embora com forte impregnação do qualitativo poético, enquanto *Mensagem* prima pela síntese qualitativa para uma valorização maior do reflexivo-emocional, portanto, do poético em detrimento do narrativo. Pressupondo Pessoa que o leitor conheça a História de Portugal, tira partido disso para salientar o ideológico-lírico, por conseguinte, a literariedade poética.

Essas ideias a autora sugere quando segue *pari passu* a narração que Camões utiliza, focalizando os reis das várias dinastias portuguesas, enquanto mostra

2 Laurent Jenny et al., "Intertextualidades", *Poétique:* revista de teoria e análise literárias, n. 27, trad. Clara Crabbé Rocha, Coimbra: Almedina, 1979.

3 Cleonice Berardinelli, op. cit., p. 124.

que Pessoa faz uma seleção de figuras e ocorrências que, pela importância avaliada pelo poeta, constituem a estrutura do seu texto.

Anotei doze pontos que a argúcia e a sensibilidade da autora apontam de maior proximidade intertextual entre as duas epopeias, e passo a indicá-los.

1. Encontra-se nos dois poemas "o orgulho da expansão de Portugal". Lê-se em Camões: "E, se mais mundo houvera, lá chegara" (VII, 14, 8). Pessoa escreve: "O mar com fim será grego ou romano: /O mar sem fim é portuguez" ("Padrão").

2. O título do poema de Camões refere-se a Portugal por meio da metonímia: o povo, isto é, *Os Lusíadas*, pelo país. A primeira ideia do título do poema de Pessoa seria *Portugal*.

3. A "visão da pátria". Camões declara a razão de seu canto: "Vereis amor da pátria não movido / De prêmio vil, mas alto e quasi eterno" (I, 10, 1). Pessoa sente a pátria como "um nacionalista místico, um sebastianista racional" escreve a autora.

4. A predestinação. Pessoa concebe que a vontade divina atua nos atos de D. Henrique: "Que farei eu com esta espada? / Ergueste-a e fez-se" ("O conde d. Henrique"). E, enquanto Camões considera "assinalados" os que canta, Pessoa acredita, conforme a epígrafe do seu poema, no sinal dado por Deus ao povo: "*Benedictus Dominus Deus noster qui dedit nobis signum*".[4]

5. D. Dinis. Em três estrofes, Camões louva as qualidades do reino do fundador da primeira universidade lusa. Pessoa, em poema rico de figuras estilísticas, focaliza as duas mais significativas qualidades do rei, as de lavrador e trovador: "Arroio, esse cantar, jovem e puro, /Busca o oceano por achar; / E a fala dos pinhaes, marulho obscuro, / É o som presente desse mar futuro, / É a voz da terra anciando pelo mar" ("D. Dinis").

6. D. Duarte. A este rei mostra a autora que Camões dedica três estrofes, ressaltando-lhe "a tristeza e o desconsolo", pois o tempo desse monarca não foi "tão ditoso", "Que assi vai alternando o tempo iroso / O bem co mal, o gosto co'a tristeza" (IV, 51, 3-4). "Pessoa retoma este sentimento, mas encontrando algo de muito positivo na reação do rei que é o sujeito lírico"[5] e cita: "Firme em minha tristeza, tal vivi. / Cumpri contra o Destino o meu dever. /

4 N.E.: Bendito seja Deus nosso Senhor que nos deu o sinal.

5 Cleonice Berardinelli, op. cit., p. 132.

Inutilmente? Não, porque o cumpri" ("D. Duarte"). E observa a autora, numa autotextualidade, o valor do cumprimento do dever e a "simulação do diálogo interno" também encontrados em "Mar portuguez": "Valeu a pena? Tudo vale a pena / Se a alma não é pequena" ("Mar portuguez"). Outro caso de autotextualidade aponta Cleonice em torno da figura de D. João II, que aparece em três poemas da *Mensagem*: "Uma asa do grypho", "O mostrengo" e "Antemanhã", neste implicitamente. E verifica que como "vontade realizadora" Pessoa privilegia D. João II, enquanto Camões o faz em relação a D. Manuel.

7. O Adamastor e o Mostrengo. Este, como afirma a escritora, "a versão pessoana do Adamastor". Escreve a autora sobre o gigante: "Profético e terrível em Camões", "inquiridor e ousado em Pessoa".[6]

8. Nun'Álvares Pereira. Mostra a autora que "Em ambos os poetas, é o grande herói nacional".[7] Escreve Camões: "A mão na espada, irado e não facundo, / Ameaçando a terra, o mar e o mundo" (IV, 14, 7-8). Pessoa sobre a espada do Condestável canta: "É Excalibur, a ungida, que o Rei Arthur lhe deu". E mais: "Ergue a luz da tua espada / Para a estrada se ver!" ("Nun'Álvares Pereira").

9. D. Sebastião. Lembra a autora que, enquanto ele recebe a oferta de *Os Lusíadas*, "Pessoa lhe consagra o seu livro". Recorda que Camões o incita à luta e Pessoa, unindo-se ao Bandarra e a Vieira faz-se também profeta da volta do Encoberto e do Quinto Império.[8]

10. Críticas sofridas e formuladas por Camões e a indiferença de Ricardo Reis. A autora aponta aquelas (mas ressaltando que o poeta sofre porque tem de criticar), as quais, inusitadas em qualquer epopeia, encontram-se em duas estrofes do canto VIII, 98-99. Além disso, queixa-se Camões de "Cantar a gente surda e endurecida" (X, 145, 4). E vai Cleonice buscar não na *Mensagem*, mas na atitude indiferente do heterônimo Reis uma espécie de contraponto a Camões.

11. O épico unido ao lírico em ambos os poemas. Essa atitude singulariza a epopeia camoniana e confere um timbre de modernidade à de Fernando Pessoa. A autora lembra os excursos de Camões (textos líricos) e indica os vários momentos em que Fernando Pessoa fala em primeira pessoa do discurso.

12. Soluções de vibração épica, em ambos os poemas, diante do clima algo

6 Ibid., p. 135.
7 Ibid., p. 136.
8 Ibid., p. 137.

elegíaco nos dois textos. Mostra-se que, n'*Os Lusíadas*, chega o poeta ao cúmulo da decepção, barrando a inspiração da Musa: No' mais, Musa, no' mais, que a Lira tenho / Destemperada e a voz enrouquecida" (X, 145, 1-2). Mas recupera-se, incitando o rei D. Sebastião à luta. Na *Mensagem*, aponta-se com o poema "Nevoeiro" o auge do desalento pessoano, mas aí mesmo se reconstitui o poeta, indicando que "É a Hora!". Esta se autotextualiza com um passo, apontado pela autora, do poema "A última nau": "Não sei a hora, mas sei que há a hora, / Demore-a Deus, chame-lhe a alma embora / Mysterio". Escrevi um dia: "O nevoeiro que propicia o surgimento da Hora, traz latente como que uma antífrase, pois se transforma em claridade"[9] com a libertação e o engrandecimento possíveis de Portugal.

Ante o magistral estudo de Cleonice Berardinelli, sinto vontade de repetir o que cantei em poema a ela dedicado: "Falaste, e à tua voz ficou-se presa / para sempre a nossa alma, ó luz, ó glória, / no Brasil, da Cultura Portuguesa![10]

9 Linhares Filho, *A modernidade da poesia de Fernando Pessoa*, Fortaleza: EUFC, 1998, p. 74.

10 Linhares Filho, *Itinerário: quarenta e cinco anos de poesia – 1968 – 2013*, Fortaleza: Expressão Gráfica e Editora, 2015, p. 448.

Luci Ruas

Entre dores e graças, o andamento gracioso da redondilha

Querendo escrever, um dia,
O mal que tanto estimei,
Cuidando no que poria,
Vi Amor que me dizia:
— Escreve que eu notarei.
— Luís de Camões

QUANDO RECEBI O CONVITE PARA PARTICIPAR DO LIVRO de homenagem ao centenário da minha mestra e sempre orientadora Cleonice Berardinelli, de pronto disse que sim. E, de pronto, decidi-me por um trabalho que a homenageasse tendo como objeto de leitura a poesia do poeta maior. Depois me assustei. Afinal de contas, não sou camonista. Sou apenas uma pobre amadora de poesia. Mas já tinha acedido ao convite e não podia declinar dele. Por isso mesmo, começo por agradecer a possibilidade de exercitar, sem maiores pretensões de novidade, a leitura de alguma redondilha camoniana. A verdade é que, a par e passo com os estudos da narrativa, nunca me afastei dos poetas de minha predileção. Camões sempre esteve no topo da lista. E é lá que eu vou buscá-lo, não ao poeta dos sonetos, ou das canções, mas ao extraordinário autor das redondilhas. Glosando a epígrafe, tentarei com cuidado de amador fazer notar, nas minhas anotações, que na forma tradicional da redondilha residem os mesmos problemas e a mesma inquietação manifestos nas demais formas poéticas em que o poeta pôs em versos todo o seu "engenho e arte".

Sempre me seduziu a variedade de motivos, a riqueza rítmica, a leveza e o andamento gracioso dos versos, capazes de, ao mesmo tempo, expressar aquela

Luci Ruas é professora de Literatura Portuguesa na Universidade Federal do Rio de Janeiro (UFRJ).

que sempre foi a sua mais obsessiva procura, a do entendimento do amor. Seja da forma mais simples, seja da mais elevada, preenchem os versos das redondilhas as reflexões sobre "as perplexidades do amor não correspondido, do amor correspondido e depois esquecido, ou do amor impossível". Leitor privilegiado do poeta de Seiscentos, Jorge de Sena afirma que

Deste ponto inicial de vista, a poesia de Camões é já notável, pela graça maliciosa e melancólica, pela variedade puramente gratuita dos conceitos analogamente repetidos, por uma linguagem dúctil, e tão expressiva, que à própria alocução rítmica está confiada parte do sentido, que assim transborda de uma fixação racionalizada e racionalizável, para o exercício constante que é a perseguição dialéctica.[1]

De fato, no andamento que expressa o ritmo leve e gracioso dos versos de cinco e de sete sílabas, sejam os que sustentam as imagens descritivas da jovem que vai à fonte, ou os lamentos da que espera, à moda trovadoresca, o retorno do amado ausente, sejam aqueles em que a metáfora hiperbólica confere à jovem a máxima encarnação da Graça, seja nos vários motivos de que deriva a poesia, seja nos versos em que a inquietação frente ao desconcerto do mundo o faz refletir sobre a condição humana, a partir da sua própria condição, ressuma da redondilha camoniana "a procura da perplexidade entre a verdade e a ficção, que é a própria essência da criação poética".[2]

Com efeito, a errância de uma vida inteira, a experiência tantas vezes dolorosa do mundo, a perplexidade frente ao "não sei que, que nasce não sei onde, / vem não sei como e dói não sei por quê", o desejo de escrever o mal que sempre estimou, o desconcerto percebido e experimentado, tudo isso fez com que sua "peregrinação existencial", ao transformar-se em obra, "apontasse para qualquer coisa de tão indefinível, mas revolucionariamente tão moderno, quanto é o direito à felicidade".[3] E, ao escrever, promoveu jogos de linguagem em que subjaz, no dizer de Cleonice, ou uma "verdade grave",

1 Jorge de Sena, "A poesia de Camões - Ensaio de revelação da dialéctica camoniana", in *Trinta anos de Camões*, Lisboa: Edições 70, 1980, vol. I, p. 23.

2 Idem.

3 Ibid., p. 24.

que necessariamente promove a reflexão, ou um episódio galante, ao gosto da poesia palaciana.

No tempo de Camões, já ia muito longe o petrarquismo, com a desaparição do ideal cavalheiresco, para ficar apenas a "agudeza y arte de ingenio", que mais tarde Baltazar Gracian teorizará, muito significativamente, chamando a Camões "El siempre agudo", diz-nos Cleonice Berardinelli. "Esse estilo engenhoso" – afirma Cleonice – "aparece em Portugal, como na França, no fim da Idade Média, no período de transição para o Renascimento".[4] Seguindo o mesmo raciocínio, António José Saraiva chama "engenhoso" ao discurso do poeta,[5] enquanto Hernâni Cidade aponta como o aproveitamento, na arte, da "graça da sua técnica e [d]o encanto do seu ritmo para os brincos da inteligência arguta e engenhosa",[6] ressaltando no poeta "as graças do espírito alegre e vivo", o "engenho ágil, fino, irônico, umas vezes fácil, outras complicado e retorcido, pois também havia prazer em decifrar o conceito-adivinha, feito para vaidosa fruição das inteligências mais cultas e penetrantes".[7] Semelhante é o julgamento de Saraiva, para quem esse exercício engenhoso não resulta em "malabarismo fútil". Pensar, meditar, refletir é o que transborda da forma poética.

Eduardo Lourenço, por seu turno, nos leva a pensar com ele que Camões, em sua poesia, experimenta uma maneira muito particular de superar, tanto o petrarquismo, quanto a força com que o neoplatonismo atinge a poesia da época. Em seu raciocínio dialético parece aceitar essa prevalência do mundo ideal, para contraditoriamente afirmar que "o vivo e puro amor de que [é] feito, como a matéria simples busca a forma". Exercício de puro fingimento. Por isso mesmo declara:

> *Pensamos que concretamente [essa] é a maneira própria de Camões superar o petrarquismo e, ao mesmo tempo, o platonismo que nele se crê implicado. Superado a sério, quer dizer, de dentro, vivido na linha da sua própria idealização, e por isso mesmo sentido como contraditório com a específica visão camoniana.*[8]

4 Cleonice Berardinelli, *Estudos camonianos*, Rio de Janeiro: Casa de Rui Barbosa, 1973, p. 24.

5 António José Saraiva e Óscar Lopes, *História da Literatura Portuguesa*, 17ª ed., Porto: Porto Editora, 2000, p. 315.

6 Hernâni Cidade, *Luís de Camões: o lírico*, 2ª ed. revista e ampliada, Lisboa: Bertrand, 1952, p. 102.

7 Idem.

8 Eduardo Lourenço, *Poesia e metafísica: Camões, Antero, Pessoa*, Lisboa: Sá da Costa, 1983, p. 72.

Verdade é que a poesia camoniana, na forma da redondilha, expressa o seu modo dialético de pensar. Daí a abundância das oposições que povoam os versos e que convivem entre si, num jogo conceitual que "transborda dessa alocução rítmica", expressando, mais do que a necessidade de superar-se, a necessária aceitação dos contrários, tal como se apresentam. As oposições, em Camões, convivem, complementam-se, em lugar de superar-se e excluir um de seus termos, conforme o entendimento de seus versos e a aguda percepção de Helder Macedo.[9] Mais do que buscar a ascensão "à unidade de uma ordem espiritual divina obscurecida pela matéria, ele procurou, em sentido inverso, encontrar uma unidade espiritual na multiplicidade da experiência do amor humano", numa luta constante entre "razão e apetite", em que, segundo os preceitos de sua época, a razão deveria sobrepor-se aos apetites, normalmente associados ao baixo amor. Mas na lírica camoniana, na redondilha também, e a despeito da sua origem popular, o poeta dá voz à experiência adquirida na experiência concreta do amor e do mundo, em lugar da ideia abstrata. Por isso, conforme Helder Macedo, "o conflito só poderia ser resolvido pela transformação recíproca do apetite em razão e da razão em apetite", tornando possível alcançar a desejada "mansa paz" por meio da coexistência de "cada um com seu contrário num sujeito".[10] Logo, por mais que tente, o seu amador jamais vai se transformar na coisa amada, que continuará a habitar o pensamento como ideia, enquanto o sujeito, feito da matéria viva do amor, empreenderá uma busca constante pela forma.

Longa e necessária é esta digressão para tratar de questões que caracterizam e individualizam a poesia camoniana. Retorno agora ao objetivo deste trabalho, que propõe a leitura de alguma redondilha camoniana a partir do ritmo cadente e gracioso, já tão referido pela crítica, para chegar à constatação de que "à própria alocução rítmica está confiada parte do sentido" que se revela em cada poema.

Tomo como objeto de análise as trovas que se seguem, lembrando com João Gaspar Simões que "Ainda mesmo quando nas suas redondilhas (...) parece

9 Helder Macedo, "Oposições conceptuais na poesia de Camões", in Anamaria Filizola et al. (org.), *Verdade, amor, razão, merecimento: coisas do mundo e de quem nele anda*, Curitiba: Editora da UFPR, 2005, p. 26.
10 Ibid., p. 27.

aproximar-se da expressão lírica dos Cancioneiros – ainda mesmo então Camões está, realmente, muito longe do primitivismo estilístico medieval. Agora o poeta é um arguto glosador que nunca esquece os preceitos da Retórica."[11]

Trovas

Há uma questão de amor,
Na qual ninguém se assegura
Qual seja de mais valor:
Se a Graça, se a Fermosura.
Julgo poder julgar nela,
Se afeição não me embaraça:
Que muito mais val a Graça
Que a Fermosura sem ela.

Se me dessem a escolher
(Mas não tenho tal ventura),
A Graça quisera eu ter,
Tenha outra a Fermosura.
Ninguém pode aqui pôr grosa
Que não fique com desgraça;
Pode haver graça fermosa,
Não Fermosura sem Graça.

Compõem o poema duas coplas (ou estrofes) em que o poeta propõe uma questão de amor, ponto de partida de toda a sua elaboração conceitual, diante da qual ninguém decide quem vale mais, se a Graça ou a Formosura. Na primeira, o poeta arrisca um julgamento, em que a Graça vale mais que a Formosura, tomadas ambas aí como entidades concretamente percebidas, já que se escrevem com maiúsculas.

Graça é nome próprio e individualizado, nome feminino. Não se descarte aí a possibilidade de evocar uma presença feminina em que estão latentes os ecos da mitologia. Graça evoca todas as Graças, presença de alegria e bem-aventurança,

11 João Gaspar Simões, *História da poesia portuguesa*, Lisboa, 1955, vol. 1, p. 318.

que o poeta diz não ter: "(Mas não tenho tal ventura)". São divindades de Beleza a quem se atribui toda a espécie de influências nos trabalhos do espírito e nas obras de arte. Foram elas que teceram a veste de Harmonia. Acompanham de bom grado Atena, deusa dos lavores femininos e da atividade intelectual e também fazem companhia a Afrodite, a Eros e a Dionísio. Graça, portanto, subentende formosura e poesia, atividade intelectual e pulsão erótica, promessa de ser feliz.

Na segunda trova, o poeta revela seu desejo de posse: "A Graça quisera eu ter", para, logo adiante, tecer mais um juízo de valor: ninguém pode glosar o mote com que, em vez de abrir, sutilmente fecha o poema, elaborando, para isso, um engenhoso quiasmo: "Pode haver graça fermosa" – e aqui elimina as iniciais maiúsculas, transformando assim a figura materializada e corpórea em atributo – que se completa no verso "Não Fermosura sem Graça". Aí retoma o sentido individualizado e ambíguo que domina todo o poema, produto do seu engenho poético.

De fato, Camões está longe de repetir a primitiva forma da poesia dos Cancioneiros, pois que tira partido das virtualidades de sentido que o léxico da língua oferece. Seu raciocínio agudo não se compraz com a hipótese de apenas discutir no mundo das ideias a questão d'amor, que se materializa no desejo de ter Graça, ou de ser agraciado com a graça do amor, ou com o prêmio merecido pelo serviço amoroso. Razão e apetite parecem situar-se em espaços opostos na elaboração do poema. Afinal, há uma questão que se põe, e um desejo de encontrar na escolha a calma sempre pretendida e nem sempre alcançada. Afinal, quem tem a primazia, a Graça ou a Fermosura? É uma questão diante da qual ninguém tem a segurança necessária. Mas o poeta resolve o conflito sem eliminar os aparentes opostos, já que pode haver graça fermosa, não Fermosura sem Graça. Uma acaba por implicar necessariamente a outra.

Todo esse tecer de ideias, contudo, repousa num ritmo que, ao se instalar nos versos de redondilha maior, dá ênfase à graça da escritura camoniana. Há na primeira copla um ritmo pendular, marcado por um processo de ditongação e pela sequência de células formadas por duas sílabas métricas, a que se segue, em ritmo descendente, uma ternária: "Na qual ninguém se assegura"; de duas células binárias, intercaladas com uma ternária: "Qual seja de mais valor:"; e de duas células binárias, seguidas de uma ternária: "Se a Graça, se a Fermosura.", que sustenta o deslizamento necessário à elaboração do agudo raciocínio do poeta, auxiliado pela intencional repetição da condicional Se, que acentua a dúvida e fustiga o pensamento. Esse processo de ditongação que aparece na primeira estrofe repete-se na segunda, mas dá lugar a um ritmo mais marcado pela coliteração de fonemas plosivos, que sustentam a conclusão do poeta: Ninguém pode aqui pôr grosa / Que não fique com desgraça; / Pode haver graça fermosa, / Não Fermosura sem Graça. A sequência desses versos finais é marcada por um ritmo definido por pausas na 3ª e na 7ª sílabas, alterando-se apenas no último, em que as pausas se localizam na 4ª e na 7ª sílabas.

Não há monotonia nos versos, que sustentam a tensão entre os dois componentes aparentemente conflitantes na questão de amor e que vão se alternando no poema, garantindo-lhe a cadência. A sensibilidade do poeta, a aguda percepção a que já me referi ratifica o quanto o ritmo que imprime ao seu texto garante a sustentação da ideia que aí desenvolve. Se o metro se mantém sempre o mesmo – são todos versos de redondilha maior –, o ritmo é o aqui e o agora; se o metro é a regra abstrata, é o ritmo que contém a vibração que confere vida e, por conseguinte, vivacidade ao poema.[12]

Uma das grandes conquistas da poética no século XVIII foi a invenção do verso livre, e, com ela, "a utilização do silêncio como recurso expressivo. A pausa veio a ter, no verso, o papel funcional que sempre teve na música" – afirma Pfeiffer. "E assim como não se pode executar uma peça musical sem a estrita observância das pausas, falseia-se o poema quando se leem os versos sem se respeitar os silêncios que os individualizaram."[13]

No caso específico das redondilhas camonianas, posso dizer que conheceram bem a possibilidade da variabilidade de pausas – de silêncios, portanto – em que as quebras de verso atendem a uma necessidade expressiva e a uma intenção comunicativa. Não quero dizer com isso que o poeta de Seiscentos já conhecesse as prerrogativas do verso livre, que veio ao encontro da poesia mais de um século depois. Quero dizer que, deixando levar-se pela torrente do verso tradicional, resgata dos trovadores a liberdade da construção do verso e a possibilidade da variação rítmica, lembrando que as cantigas do medievo eram cantadas e muitas vezes dançadas. A pausa é intencional. A quebra, uma necessidade do ofício de poeta. Ouçamos as voltas ao mote: "A ua dama com quem queria andar de amores",

12 Johans Pfeiffer, *La poesia*, Fondo de Cultura Económica, México-Buenos Aires, 1966, p. 45.

13 Ibid., p. 49, tradução livre.

Menina fermosa e crua;
Bem sei eu
Quem deixara de ser seu,
Se vós quiséreis ser sua.

Menina mais que na idade,
Se pera me querer bem
Vos não vejo ter vontade,
É porque outrem vo-la tem;
Tem-vo-la e faz-vo-la crua.
Porém eu
Já tomara não ser meu,
Se vós não fôreis tão sua.

Nos olhos e na feição
Vos vi, quando vos olhava,
Tanta graça, que vos dava
De graça este coração;
Não no quisestes, de crua,
Por ser meu:
Se outrem vos dera o seu,
Pode ser fôreis mais sua.

Menina, tende maneira
Que ainda não venha a ser,
Pois não quereis quem vos quer,
Que queirais quem vos não queira.
Olhai [e] não sejais crua;
Que pois eu
Quero ser vosso e não meu,
Sede vós minha e não sua.

Consideremos o mote, formado de quatro versos, três deles heptassílabos e um de três sílabas, o segundo, que dá conta do lugar do sujeito nessa alocução rítmica: "Bem sei eu" – diz o poeta, no jogo que se estabelece aí – e se prolonga nas três voltas – entre o eu e o outro, entre o meu e o vosso, entre o ser seu e o ser sua. A tentativa racionalizada de entendimento do querer bem, ou seja, do amar, passa necessariamente pelo reconhecimento da crueza da menina, que se recusa a dar/ aceitar os favores amorosos, mas implica, por outro lado, os humanos apetites, que envolvem a vontade de querer bem e ser aceito – "ser vosso" –, deslocando assim o sentimento narcísico para dar lugar à reciprocidade dos sentimentos: "Quero ser vosso e não meu, / sede vós minha e não sua". A quebra do verso, que implica uma pausa necessária, repete-se nas três voltas sempre no verso seis, destacando a posição existencial do sujeito. No mote, o verso "Bem sei eu" dá conta da sua consciência de amador em busca do objeto amado, num ambíguo jogo entre o que é seu para desejar que seja sua. Na primeira volta, o verso "Porém eu" destaca a sua posição desfavorável frente àquele que detém o poder sobre a moça, a quem faz crua, cruel. Na terceira, a quebra se dá no verso "Por ser meu", que justifica e subjetiva a negativa à oferta do coração do amador, depois de vê-la e descobrir a graça que tem nos olhos e no semblante. Na última, chama a atenção da menina, alertando-a para o perigo de querer a quem não a queira, e apela para o olhar e possível cuidado. Na sequência, a quebra do verso "Que pois eu" introduz os versos finais, em que se materializam o querer do sujeito e o apelo a que a menina aceda ao seu desejo. Mais do que buscar a ascensão "à unidade de uma ordem espiritual divina obscurecida pela matéria", o poeta insiste – repito –, ao contrário, na tentativa de encontrar essa unidade na pluralidade da experiência do amor humano, numa luta constante entre "razão e apetite", em que, segundo os preceitos de sua época, a razão deveria sobrepor-se aos apetites, normalmente associados ao baixo amor.[14]

Nessas voltas, o ritmo das redondilhas faz-se num contínuo movimento de ir e vir ao encontro da expressão do desejo e da recusa desse mesmo desejo, num vaivém que demonstra a busca de proximidade, de reciprocidade de efeito entre o eu que deseja e o vós que lhe escapa. Desta forma, o poeta transita do seu universo masculino em direção ao universo feminino, na intenção maliciosa e evidente de conquista, num intrincado e permanente jogo de palavras que exige do leitor uma permanente atenção.

Tem razão Helder Macedo quando afirma que por mais que imagine, o amador *não* se transforma na coisa amada, e que pretender que sim é uma falácia

14 Helder Macedo, op. cit., p. 30.

inoportuna.[15] Reconhece que a mesma falácia ocorre em duas redondilhas por demais conhecidas. A voz que nelas fala é a feminina – num tom de leveza que não compromete a intenção reflexiva e a "seriedade do conceito" – faz questão de dizer. Queixa-se a mulher "dos falsos amadores que preferem a ideia à realidade, a abstração de um amor contemplativo à tangível sexualidade que elas estão oferecendo e claramente desejam". "Coifa de beirame/ Namorou Joane" é o mote alheio. Ao glosá-lo, Camões dá voz à moça, que desafia o tresloucado amador, ao interrogá-lo mais de uma vez: "Por cousa tão pouca/ Andas namorado?", ou "Amas o vestido?", para, a priori, concluir: "És falso amador". Ao final, e depois do insistente pedido para que a ame, a última estrofe, exercendo o poder de malícia e ambiguidade com que se tece o texto, aponta para incapacidade do parvo Joane saber amar: "Não sei de que vem/ amares vestido;/ Que o mesmo Cupido/ vestido não tem", desnudando o seu desejo, para culminar no remate ironicamente deceptivo: a impossibilidade de perceber o que lhe oferece vem exatamente do fato de ser Joane. O outro é o "Falso cavaleiro ingrato". Escrito em redondilha maior, o poema nos surpreende com a interferência da voz feminina, à maneira das velhas cantigas, em que desloca "Esse mal que mata e não se vê", trazendo-o do artifício usado pelo amador para a realidade da condição feminina. Para isso, quebra conscientemente o ritmo do seu poema, introduzindo versos de três e quatro sílabas que enfatizam a morte de amor como fingimento. O mote é de velha cantiga:

Falso cavaleiro ingrato,
Enganais-me:
Vós dizeis que vos eu mato,
E vós matais-me.

Logo aos primeiros versos, denuncia que esse serviço amoroso não é mais que artifício, ao afirmar que: "Costumadas artes são/ Pera enganar inocências", enfatizando o amor que se faz desejo, ao confessar "Eu vos amo e vós, ingrato,/ Magoais-me", quando introduz um verso de três sílabas, intercalando um de sete "Dizendo que vos eu mato", para retomar a estrutura, repetindo em seguida o verso do mote, de quatro sílabas: "E vós matais-me", que agudiza

15 Ibid., p. 27.

a dor e o desconsolo feminino, frente ao cenário em que as palavras não são senão fingimento.

A mágoa feminina, portanto, transborda da bem pensada quebra do ritmo, que provoca um corte abrupto para deixar aflorar o sentido. Na segunda estrofe, o mesmo processo se repete nos três últimos versos,[16] "Levantais-me", num protesto contra injustiça acusação masculina: "Que vos desamo e vos mato", para concluir, voltando ao mote: "E vós matais-me". Modos diferentes de entender o mundo, o jogo entre o amar e o desejar, entre a ideia abstrata e a forma concreta aí se consubstancia. Camões enfatiza a importância da experiência, contrariando a petrarquiana proposta de idealização e incorporeidade, e de eternidade do amor ideia.

"Camões é, de facto, inesgotável" – afirma Jorge de Sena. Camões é plural, dizemos, para afirmar a sua modernidade. Ao apontar a nossa "mísera sorte", a nossa "estranha condição", Camões antecipa o que seria o mote de uma das correntes do pensamento moderno, fazendo-se, em sua errância, leitor refinado, e *avant la lettre*, da condição humana. Creio que aí reside, como quis o poeta das *Metamorfoses*, a sua inesgotabilidade. Daí brotam todos os seus cuidados, o mal que tanto estimou, e que amor, sempre atento, notou e anotou.

16 Idem.

Luiz Fagundes Duarte
Dos romanos à Mona Lisa

Na sua edição crítica dos *Poemas de Álvaro de Campos*,[1] Cleonice Berardinelli tomou uma decisão que parecia evidente mas que até então ninguém ousara tomar: retirou do *corpus* tradicional de Álvaro de Campos, baseado na edição Ática de 1944, o poema "A casa branca nau preta" – que fora publicado em 1917 no jornal *O Heraldo*, de Faro, com a claríssima indicação de autoria: *Fernando Pessoa. Director de Orpheu* –, mas mesmo assim conservou-o na edição, tal como fez com outros dois poemas éditos, mas póstumos, anteriormente atribuídos a Álvaro de Campos ("No lugar dos palacios desertos e em ruinas" e "Não sei. Falta-me um sentido, um tacto"). Outros editores posteriores[2] também retiraram estes poemas, mas sem que lhes respeitassem o rasto na tradição do heterónimo.

Embora não o tenha especificado, e para além de tal exclusão ser correcta do ponto de vista filológico, a decisão de manter, na condição referida, aqueles poemas ortónimos (pelo menos no caso do primeiro) na edição de Álvaro de Campos revela uma preocupação ética por parte de Cleonice Berardinelli que nem sempre é partilhada pelo mundo dos editores críticos: a preocupação pelos leitores que neste caso concreto, e no espaço de mais de meio século – correspondente *grosso modo* a três gerações – aceitaram como sendo de Álvaro de Campos três poemas que, no entanto, a mais elementar observação crítica lhos não poderia atribuir mas que a eles não poderia ser exigida. Porque o leitor comum não é nem tem que ser filólogo. Convém recordar aqui que, muito provavelmente, os editores da Ática também não conheciam a publicação de "A casa branca nau preta" n'*O Heraldo* (um pequeno jornal de província),[3] e que

Luiz Fagundes Duarte é professor da Universidade Nova de Lisboa.

1 Cleonice Berardinelli, *Poemas de Álvaro de Campos*, Edição crítica de Fernando Pessoa, vol. II, Lisboa: INCM, 1990.

2 Cf. Teresa Rita Lopes, "Alvaro de Campos", in *Poesia*, Lisboa: Assirio & Alvim, 2002.

3 *O Heraldo de Faro*, Faro, 1 de julho de 1917.

se terão baseado unicamente nos dois autógrafos dactiloscritos, pouco divergentes entre si, e sem atribuição de autoria, existentes no espólio (E_3/70-22, 23).

Esta decisão de d. Cleonice faz-me recordar a polémica que, a partir de 1522, se gerou à volta da tradução do *Novo Testamento* da *Vulgata* que Lutero fez para alemão, e concretamente da passagem "*arbitramur enim iustificari hominem per fidem sine operibus* legis" ("pois julgamos que a pessoa é justificada pela fé, sem a prática da Lei") (*Romanos*, 3:28), que na tradução de Lutero – "*So halten wir nun dafür, daß der Mensch gerecht werde ohne des Gesetzes Werke, allein durch den Glauben*" ("pois julgamos que a pessoa é justificada apenas pela fé, sem a prática da Lei") – conta com uma palavra a mais: o advérbio *allein* ("apenas") que, no modelo latino, não tinha qualquer correspondente. O facto de Lutero, na sua defesa, reconhecer e justificar tal alteração ao texto –

Eu sei muito bem que em Romanos 3 a palavra solum *não está no texto grego ou latino – não preciso que os papistas mo digam. É verdade que as letras* s-o-l--a *não estão lá. Porém, essas cabeças tapadas olham para aquela palavra como vacas para um portão novo, não percebendo que ela reproduz o sentido do texto – e que, se se pretende que a tradução seja clara e vigorosa, ela deve lá estar. Eu pretendi exprimir-me em Alemão, não em Latim ou em Grego, uma vez que o meu objectivo era traduzir para Alemão. –*

e alegar que não fora o único a fazê-lo – "Aliás, eu não sou o único, nem o primeiro, a dizer que é apenas pela fé que o homem se salva. Já Ambrósio, Agostinho e muitos outros disseram o mesmo antes de mim",[4] torna ainda mais premente as consequências do seu acto, que foi consciente e voluntário: foram muitos os milhões de pessoas que, nos últimos quinhentos anos, nasceram, vive-

4 "I know very well that in *Romans* 3 the word *solum* is not in the Greek or Latin text — the papists did not have to teach me that. It is fact that the letters s-o-l-a are not there. And these blockheads stare at them like cows at a new gate, while at the same time they do not recognize that it conveys the sense of the text -- if the translation is to be clear and vigorous [klar und gewaltiglich], it belongs there. I wanted to speak German, not Latin or Greek, since it was German I had set about to speak in the translation. (...) Furthermore, I am not the only one, nor the first, to say that faith alone makes one righteous. There was Ambrose, Augustine and many others who said it before me." (Joseph A. Fitzmye, Romans, *A New Translation with introduction and Commentary*, The Anchor Bible Series, New York: Doubleday, 1993, p. 360-361, tradução livre).

ram, acreditaram e morreram – lendo e interpretando aquela passagem tal como Lutero e os outros transmissores "infiéis" lha deram, e não como ela vem nas edições ditas "fiéis"; pelo que qualquer edição crítica para consumo no âmbito das comunidades luteranas que ousasse retirar aquele *allein* estaria a ser correcto filologicamente, mas incorrecto eticamente; pelo que, em consequência disso, temos em plena circulação, convivendo pacificamente, duas versões desta passagem do texto de *Romanos* – uma com este advérbio, outra sem ele.

Aquela decisão de Berardinelli tem duas implicações concretas – uma directa, outra indirecta – no volume de *Poemas de Fernando Pessoa publicados em vida*, que tenho em fase de conclusão. A primeira é clara: o poema "A casa branca nau preta" vai integrar, de pleno direito, o *corpus* de Pessoa ortónimo – assim se satisfazendo a vontade de Pessoa materializada na publicação do jornal algarvio que, naturalmente, não lhe atribuiu a autoria à revelia dele próprio, e as exigências filológicas; mas vai continuar a aparecer no volume da edição crítica de *Poemas de Álvaro de Campos* como um texto que foi, durante muito tempo, lido e interpretado como sempre deste heterónimo – assim se respeitando aqueles que, de boa-fé, como tal o aceitaram. Sem que daí viesse ou venha qualquer mal ao mundo.

A segunda implicação é que, sem o saber, Cleonice Berardinelli me inspirou a tomar uma decisão que, tanto quanto sei, não é muito frequente em edições críticas, nem terá grande respaldo na tradição da crítica textual moderna: tomar como critério de organização dos poemas na edição crítica o respeito pelas unidades bibliográficas constituídas pelo autor, *mesmo quando ele*, em diferentes momentos da vida, decidiu integrar o mesmo texto em diferentes conjuntos de poemas, subordinados estes a títulos diferentes – e publicá-los; o que terá como consequência que, no caso de dois poemas em concreto ("Gládio", que com este título foi publicado por Pessoa em dois momentos e lugares diferentes, integrado em conjuntos diferentes subordinados a títulos diferentes – "Gládio e Além-Deus", em *Orpheu* 3,[5] e "Alguns poemas", em *Athena* 3 –, acaba por se transformar no "D. Fernando, Infante de Portugal" da *Mensagem*; e "Ó sino da minha aldeia", que primeiro integrou, com "Pauis de roçarem

5 Embora o terceiro número de *Orpheu* nunca tenha sido formalmente publicado em vida de Pessoa, as suas provas de página impressas devem ser entendidas, para efeitos filológicos, como uma unidade bibliográfica.

ansias pela minh'alma em ouro...", o conjunto "Impressões do crepúsculo", em *A Renascença*,[6] e depois "Alguns poemas", em *Athena* 3), o mesmo texto apareça mais do que uma vez ao longo do livro: e isto porque o mesmo poema, integrado e lido em contextos diferentes – e, num dos casos, com títulos diferentes –, torna-se, para todos os efeitos, num poema diferente – até porque em cada uma das suas emergências foi lido, pelas mesmas ou por pessoas diferentes, numa relação estrutural (digamos, arquitectónica) com poemas diferentes. E uma edição crítica tem que levar isso em conta.

Poderíamos, neste contexto, recordar aqui a definição que Umberto Eco[7] estabeleceu entre *leitor semântico* e *leitor crítico*. O primeiro, "enche de significado" o texto na sua linearidade; o segundo, procura explicar (ou entender) as razões pelas quais o texto poderá produzir diversas interpretações semânticas, incluindo as que são feitas pela linearidade. Nesta perspectiva, o editor que, no caso concreto dos poemas que Pessoa publicou em mais do que um momento e testemunho, optasse pelo comportamento convencional da crítica textual moderna perante textos de testemunho múltiplo da responsabilidade do autor – a saber, desfazer as unidades bibliográficas que o texto integrou anteriormente, publicar o texto do último testemunho, remeter para aparato crítico a identificação dos anteriores, e registar as eventuais variantes destes face ao escolhido – estaria a desempenhar o papel do leitor semântico de que fala Eco, assumindo que se trata de um texto linear, que fala por si enquanto um todo, e cujo valor semântico é absoluto e invariável independentemente dos testemunhos – e dos contextos – em que ocorra. Porém, se o mesmo editor optar por conservar as unidades bibliográficas, mesmo que isso implique publicar um mesmo texto em lugares diferentes da sua edição, estará a assumir-se como um leitor crítico – *et pour cause*... – que procura entender (e explicar) as diferentes interpretações semânticas que a pluri-edição permite que se faça do mesmo "material textual" (que já não do mesmo "texto").

Concretamente: o poema pessoano cujo *incipit* é "Deu-me Deus o seu gladio, por que eu faça" não será o mesmo, de facto e se lido criticamente, consoante traga por título "Gladio" ou "D. Fernando, Infante de Portugal": enquanto o

6 *A Renascença*: Revista mensal de crítica, literatura, arte, sciencia, Lisboa, n. 1, fevereiro 1914.

7 Umberto Eco, *Os limites da interpretação*, Lisboa: Difel, 1992, p. 33-36.

primeiro título impõe a focalização da leitura no *gládio* na qualidade de instrumento simbólico nas mãos do sujeito portador do discurso, que não é identificável, o segundo focaliza-se, claramente, num portador do discurso que é uma personalidade da História de Portugal – o Infante D. Fernando, o mais novo da "ínclita geração" – que utiliza o mesmo gládio como instrumento simbólico ao serviço de uma causa para que fora predestinado (e por fim sacrificado) e que está na base de um dos mais fortes mitos identitários da história portuguesa que Fernando Pessoa, com este poema, ajudou a consolidar na nossa modernidade: o do Infante Santo, que aceitou morrer no cativeiro de Fez (1443) em defesa dos interesses portugueses no Norte de África: "Cheio de Deus, não temo o que virá, / Pois, venha o que vier, nunca será / Maior do que a minha alma." (*Mensagem*).

Mas, mesmo com o mesmo título de "Gladio", a integração deste poema – ou, como será preferível no contexto em que nos encontramos agora, desta *matéria textual* – em conjuntos como "Gládio e Além-Deus" (1917) e "Alguns poemas" (1924) permite, para além das interpretações lineares (*semânticas*), interpretações *críticas* em que intervêm, além daquelas, todas as outras leituras que resultam da recontextualização do texto. Em ambos os casos, tais leituras dão corpo a uma maneira de se inscrever – ou seja, "de registar para dar consistência ao que tende incessantemente a desvanecer-se", na definição do conceito de "inscrição" dada pelo filósofo José Gil –[8] no discurso institucional português a glorificação da morte em cumprimento de uma missão ao serviço da Pátria, tarefa que é (parece ser) assumida por Pessoa na sua poesia de recorte mais patriótico e nacionalista em que se inscrevem não só a *Mensagem* (que, como se sabe, ainda no testemunho para tipografia se chamava *Portugal*, tendo sido nele que Pessoa introduziu o título definitivo), como, entre outros, o poema "Á morte do Presidente-Rei Sidónio Paes" (1919) ou um projecto de livro que teria por título *Gládio* e cuja primeira parte seria *Portugal* –[9] embora se desconheça quais seriam os poemas que o integrariam.

Na sua primeira edição,[10] "Gladio" integra o conjunto "Gladio e Além-Deus", constituído por dois subconjuntos, sendo por sua vez o segundo – "Além-

8 José Gil, *Portugal, hoje. O medo de existir*, Lisboa: Relógio d'Água, 2004, p. 15-23.

9 João Gaspar Simões, *Vida e obra de Fernando Pessoa: História duma geração*, 3ª ed., Lisboa: Bertrand, 1973, p. 632.

10 *Orpheu*: Revista Trimestral de Literatura, Lisboa, n. 3 (provas tipográficas).

-Deus" – constituído por cinco pequenos poemas: "Abysmo", "Passou", "A voz de Deus", "A queda" e "Braço sem corpo brandindo um gladio"; passando por cima da interpretação – seja ela semântica ou crítica – destes poemas e do significado da respectiva ordenação dentro do subconjunto, não poderemos deixar de salientar a relação, mesmo léxica, existente entre o título do primeiro poema do conjunto – "*Gladio*" – e o do último do segundo subconjunto – "Braço sem corpo brandindo um *gladio*" (itálicos meus).

Na sua segunda edição,[11] o mesmo poema aparece a encabeçar, com "Sacadura Cabral", o conjunto "Alguns poemas", seguindo-se-lhe o subconjunto "De um cancioneiro" constituído por outros catorze poemas. Mesmo considerando a vacuidade semântica do título geral – "Alguns poemas" –, não será despiciendo notar-se que, aqui, "Gladio" aparece na sequência de "Sacadura Cabral" – um poema de que não se conhecem manuscritos autógrafos nem data de composição, mas que terá sido escrito mesmo em cima da entrada em tipografia dos originais para *Athena* 3, já que esta saiu em dezembro de 1924, cerca de um mês após a morte de Sacadura Cabral (15 de novembro de 1924), tema e motivo do poema. O facto de "Gladio" voltar a aparecer, neste contexto, parece-me importante: se, em "Sacadura Cabral", temos a glorificação do herói que, depois de ter realizado grandes feitos que engrandeceram a Pátria (primeira travessia aérea do Atlântico Sul, com Gago Coutinho), morre sozinho (num voo nocturno entre Amsterdão e Lisboa) em cumprimento do dever que a Sorte impõe aos predestinados ("Servo da Sorte infiel que a sorte | Deu e tirou.") – em "Gladio" encontramos a mesma ideia do predestinado que, sozinho, enfrenta a morte em nome de valores superiores (Deus) ao Homem e aos seus medos e vontades ("Sagrou-me Seu em genio e em desgraça (...) Cheio de Deus, não temo o que virá"). Será talvez desadequado pensar-se que, nesta altura, Pessoa já estivesse a pensar em reavaliar o poema "Gladio" como o "D. Fernando, Infante de Portugal" da *Mensagem*, transferindo para o Infante Santo o discurso que, em "Gladio", não tem portador identificado, mas não deixa de ser interessante a similitude entre as "sortes" de ambos os heróis – ambos morrem sozinhos e longe da Pátria, em cumprimento de uma "Sorte" que os transforma em heróis predestinados, além de que eram ambos ainda jovens: o Infante morreu aos 41 anos, o Aviador aos 43. Venha a propósito que Pessoa

11 *Athena*: Revista de Arte, Lisboa, vol. I, n. 3, dezembro 1924.

publicara recentemente, em *Athena* 2, um texto evocativo do amigo Mário de Sá-Carneiro, que se suicidara em Paris oito anos antes, cuja primeira frase é uma paráfrase de uma conhecida passagem das *Báquides* de Plauto: "Morre jovem o que os Deuses amam."[12]

Ora, se retirássemos cada uma destas ocorrências de "Gladio" dos conjuntos orgânicos e dotados de harmonia interior em que o Autor, em momentos diferentes, o colocou, só porque ele, mais tarde, o viria a utilizar num outro conjunto – a *Mensagem* e, dentro dela, o subconjunto "As quinas", onde é a segunda quina –, seria destruir duas peças literárias que valem por si, que foram assim pensadas e concretizadas pelo seu autor, independentemente de ele mesmo, em outros momentos e circunstâncias, ter achado que uma das suas peças também ficaria muito bem em outros lugares. Sem que, contudo, renegasse as anteriores ocorrências.

Quanto ao poema "Ó sino da minha aldeia", parece nada ter a ver, na sua génese, com o outro – "Pauis de roçarem ansias pela minh'alma em ouro..." – com que constitui as "Impressões do crepúsculo": o primeiro foi escrito a 8 de abril de 1911, o segundo dois anos depois, a 29 de março de 1913. Curiosamente, num dos seus testemunhos dactiloscritos (E_3/117-21), o primeiro destes poemas traz um título, "O aldeão", que no entanto não viria a ser adoptado nos impressos. Embora os traços que ligam este poema aos restantes com que constitui conjuntos diferentes não pareçam tão fortes e evidentes, e sobretudo tão simbólicos e até mesmo ideológicos, como acontece com "Gladio", o facto de Pessoa o ter assim publicado e republicado, em contextos diferentes, não deverá ser entendido como um *apagamento* (ou seja, aquele poema que antes foi *A*, deve agora passar a ser *B* e apenas *B*), mas sim como uma *heteroleitura* (este poema tanto é *A* como *B*); e muito menos como se o autor o publicasse em 1924 esquecendo-se que já o publicara dez anos antes. Por essa razão, o *corpus* da poesia de Fernando Pessoa publicada em vida e em seu nome deve também integrar as duas ocorrências deste poema – com o texto com que em cada uma delas aparece – porque cada uma delas constituiu a sua própria tradição.

Pensemos na pluri-ocorrência do mesmo texto, por vontade do autor, em lugares e em momentos diferentes da sua obra, aparecendo assim incorpora-

12 "Quem di diligunt / adulescens moritur, dum valet sentit sapit. / hunc si ullus deus amaret" (Plauto, IV, ed. Paul Nixon, Cambridge: Harvard University Press, 1916, 7, p. 18-20).

dos em diferentes tradições (como será o caso de "Gladio em *Orpheu*, 1917, em *Athena*, 1924, e, depois de renomeado, em *Mensagem*, 1934);[13] e pensemos que este poema é uma obra de arte, como a *Mona Lisa* – uma obra de arte que, através das mais perfeitas reproduções feitas ao longo da História, podemos encontrar nos mais diversos locais e contextos culturais: mesmo sabendo que tais reproduções *não são* o original, e que, consoante os contextos, poderão ser reavaliadas no seu significado – como, por exemplo, encontrar-se uma *Mona Lisa* a desempenhar o papel e o lugar da Virgem Maria à cabeceira da cama numa habitação popular... –, a verdade é que ninguém fica indiferente perante a *Mona Lisa*, original ou reprodução, esteja ela no Louvre ou numa casa de camponeses pouco escolarizados. Walter Benjamin já nos falou acerca disso:

> *A singularidade de uma obra de arte é inseparável do facto de estar incorporada no tecido da tradição que, em si, é bem viva e extremamente mutável. Por exemplo, o significado de uma estátua de Vénus antiga variou conforme os contextos tradicionais: enquanto para os Gregos era um objecto de culto, para os monges medievais representava um ídolo ameaçador. Porém, uns e outros foram confrontados com a sua singularidade, ou seja, com a sua aura.*[14]

E é assim que, bem acompanhados, vamos olhando com a relatividade possível para a relatividade das coisas. Entendendo que o papel do filólogo não é fazer história, mas entender a história das coisas com que trabalha. E, como dizia Lutero, falar sem rebuços a língua que realmente se pretende falar – e que, em crítica textual, só pode ser uma: a do autor e dos textos com que se trabalha, sem no entanto se esquecer que, entre o filólogo e o seu objecto de trabalho, há uma instância que a tudo torna relativo: os leitores.

13 Fernando Pessoa, *Mensagem*, Lisboa: Parceria António Maria Pereira, 1934.

14 "The uniqueness of a work of art is inseparable from its being imbedded in the fabric of tradition. This tradition itself is thoroughly alive and extremely changeable. An ancient statue of Venus, for example, stood in a different traditional context with the Greeks, who made it an object of veneration, than with the clerics of the Middle Ages, who viewed it as an ominous idol. Both of them, however, were equally confronted with its uniqueness, that is, its aura." (Walter Benjamin, The Work of Art in the Age of Mechanical Reproduction, *Illuminations*, Trad. Harry Zohn, London: Jonathan Cape, 1970, p. 219-253, tradução livre).

Marcia Arruda Franco

"O teatro pré-vicentino em Portugal": Cleonice Berardinelli por meio de Paul Zumthor

Quando recebi o convite de Paulo Motta e de Gilda Santos, pensava em escrever a respeito de como a edição de Cleonice Berardinelli de os *Sonetos de Camões, corpus dos sonetos camonianos*, de 1980, citada na bibliografia de *A sátira e o engenho*, de João Adolfo Hansen, de 1989, o inspirou a questionar a autoria do corpus de Gregório de Matos e Guerra, revendo este outro espinhoso problema ecdótico da poesia de língua portuguesa da Idade Moderna. Ao reunir os quatrocentos sonetos alguma vez atribuídos a Camões, não obstante as críticas do teórico do cânone mínimo,[1] antes de afirmar a autoria camoniana desse *corpus*, posição-crítica impossível no seu quarto centenário, a edição de Cleonice Berardinelli sugere a ideia de "marca poética", fundamental ao ensaio citado de Hansen e presente no espólio dos dois poetas canônicos da língua portuguesa. Camões e Gregório de Matos tiveram o seu cânone lírico inchado não só pelas variantes da transmissão oral em movência (Zumthor), mas porque a ambos foi atribuída a obra de seus contemporâneos, relegando bons poetas para fora do cânone.

Entretanto, como neste ano de 2016 festejamos o quinto centenário do *Cancioneiro geral de Garcia Resende*, pareceu-me oportuno estudá-lo mais pro-

Marcia Arruda Franco é professora de Literatura Portuguesa da Universidade de São Paulo (USP).

1 *Sonetos de Camões* (corpus dos sonetos camonianos), Cleonice Serôa da Motta Berardinelli, edição e notas, Rio de Janeiro/ Lisbonne / Paris: Casa de Rui Barbosa/ Centre Culturel Portugais, 1980. Sobre a polêmica gerada acerca da ausência de critério filológico na edição dos sonetos camonianos, ver: Leodegário A. de Azevedo Filho, "Sonetos de Camões, por Cleonice Berardinelli", e "A Camões o que é de Camões", *Revista Brasileira de Língua e Literatura*, ano II e IV, n. 9, p. 9-24, 4° trimestre de 1981 e 1° trimestre de 1982, respectivamente. Para a hipótese não desenvolvida, examinar o livro de João Adolfo Hansen, *A sátira e o engenho: Gregório de Matos e a Bahia do século XVII*, São Paulo: Companhia das Letras, 1989. Para questionar o cânone gregoriano do ponto de vista da vocalidade de sua transmissão oral e manuscrita, ver Marcello Moreira, *Critica textualis in caelum revocata?* Proposta de edição do *corpus* atribuído a Gregório de Matos e Guerra, São Paulo: Edusp, 2012.

fundamente no meu curso de Literatura Portuguesa I, na Universidade de São Paulo. Assim, para homenagear os cem anos de Cleonice Berardinelli, decidi escrever sobre suas ideias a respeito de "tentativas dramáticas" ou de um "teatro rudimentar" nas festividades da corte portuguesa, na passagem do século XV para o XVI, também documentadas pelo *Cancioneiro geral de Garcia de Resende*, obra "cuja importância ainda não está bem avaliada e na qual vamos buscar referências várias a essas tentativas dramáticas".[2]

O título desta homenagem foi retirado de um estudo, o segundo e único até então inédito, dos *Estudos de Literatura Portuguesa*, de Cleonice Berardinelli, publicados pela Imprensa Nacional – Casa da Moeda, em 1985. O volume de crítica literária foi composto a partir da intenção didática de apresentar análises e interpretações críticas que percorressem o espectro da história da Literatura Portuguesa. Tal se evidencia no conjunto diacrônico de ensaios: a coletânea abre com "As cantigas de amigo de Bernal de Bonaval" e conclui-se com um artigo, cuja primeira versão saíra na revista *Colóquio Letras*, em 1973, sobre o romance contemporâneo de Almeida Faria, *Rumor branco*. Vinte e três dos vinte e quatro estudos aí reunidos já haviam sido impressos em diversos periódicos acadêmicos brasileiros e portugueses.[3] Vale contar como ganhei este

2 Cleonice Berardinelli, *Estudos de Literatura Portuguesa*, Lisboa: INCM, 1985, p. 30.

3 O fato de ser um inédito, isto é, ensaio que não passou pela leitura do corpo editorial de nenhum periódico, faz com que alguns aspectos da escrita ensaística não sejam observados neste "O teatro pré-vicentino em Portugal". Por exemplo, a referência ao relato diplomático do embaixador dos Reis Católicos em Portugal, Ochoa de Ysásaga, a respeito dos festejos pelas bodas de sua segunda filha com o rei português, fica a dever-se, apesar de a estudiosa considerar que se trata de "documento, até hoje não devidamente conhecido, ou, pelo menos, divulgado pelos que se ocupam desse assunto, e cujo valor é incontestável" (Cleonice Berardinelli, op. cit., p. 38). Quem nos elucida a respeito da fonte bibliográfica não referida por Berardinelli é José Augusto Cardoso Bernardes, em nota a *Sátira e lirismo, modelos de síntese no teatro de Gil Vicente*, Coimbra: Por ordem da Universidade, 1996: "Foi Fidelino de Figueiredo quem chamou a atenção para este importante documento conservado no Arquivo de Simancas (cf. *A Épica portuguesa do século XVI*, Lisboa, Imprensa Nacional – Casa da Moeda, 2ª ed., 1987, p.126-132). A carta foi publicada pela primeira vez por Francisco Adolfo Varnhagen, em 1846, no seu *Florilégio de poesia brasileira* (Lisboa, 1850). Em 1952, Révah publica-a de novo no *Bulletin d'Histoire du Théâtre Portugais*, n. 1, p.93-105. Pelo lado espanhol, o documento foi reproduzido por Antonio de la Torre e Luís Soares Fernández (*Documentos para las relaciones entre los Reyes Católicos y Portugal*, Valladolid, 1963, vol. III, p. 77-85) e por Angel Gómez Moreno (...)." (José Augusto Cardoso Bernardes, op.

livro da própria Cleonice Berardinelli, no mesmo ano em que veio a lume, ao final de um curso sobre Fernando Pessoa, em que a conheci.

Em minha pequena biblioteca há uma série autografada dos livros que ganhei da autora cujo centenário festejamos na presente publicação, alguns com dedicatórias de uma página que chegam a emocionar. Quando recebi os *Estudos de Literatura Portuguesa* de suas mãos, agora percebo, esperava que lhe pedisse um autógrafo. Decidiu sortear alguns exemplares do seu novo livro entre os alunos: de olhos fechados apontaria com a caneta para a lista de matriculados, e, o nome em que a caneta estivesse, quando os abrisse, seria o sorteado. A caneta dela mirou o fim da lista, e não fiquei surpresa nem os meus colegas, pois sabíamos que fazia o curso como ouvinte e que a professora anotara o meu nome depois de todos os inscritos. Já licenciada em Letras pela PUC-RJ (era assim que se escrevia em 1985), estudava para a prova de ingresso no curso de mestrado em Literatura Portuguesa, frequentando alguns cursos da graduação; assim, respondia a todas as questões de d. Cleo.

Nas minhas leituras de preparação para a prova do mestrado, que se realizou no segundo semestre de 1985, incluí alguns dos *Estudos de Literatura* Portuguesa. À margem deles fiz anotações, como na de artigos sobre Eça de Queirós, Antero de Quental e Fernando Pessoa. O que mais admirei, porém, foi lido posteriormente, na década de 1990, quando era docente substituta de Literatura Brasileira na Universidade Federal de Ouro Preto (UFOP). Trata-se do ensaio sobre "Ernâni Rosas e Sá-Carneiro", recentemente citado por Augusto de Campos, em entrevista disponível na TL do meu facebook.

Três décadas adiante, o volume ainda interessa, dentre outros motivos, por sugerir uma série de reflexões que tocam o debate sobre a emergência do teatro de Gil Vicente em meio àquelas representações teatralizadas ou em *performance* (Zumthor) da cultura palaciana.

Apesar de observar a necessidade de se reavaliar a importância do *Cancioneiro geral de Garcia de Resende*, das 880 trovas aí compiladas, a ensaísta, de início, cita parte das didascálias a respeito de um momo e umas justas, a que

cit., p. 71, nota 79). Este ensaio foi reimpresso recentemente, abrindo uma série de estudos sobre Gil Vicente, à guisa de posfácio à reedição da sua antologia dos autos vicentinos: Gil Vicente, *Autos*, Organização, apresentação e ensaios: Cleonice Berardinelli, Rio de Janeiro: Casa da Palavra, 2012. A respeito da referência do relato de Ysásaga, informa apenas: "A Varnhagen devemos a impressão desse texto" (Cleonice Berardinelli, *Autos*, 2012, p. 397)..

retornarei ao fim deste texto, além de alguns trechos de trovas, em que momos, autos e entremezes são referidos por diversos trovadores palacianos,[4] apenas para concluir que "essas alusões meramente episódicas e breves a momos e entremezes feitas pelos poetas do *Cancioneiro* são um fraco subsídio para o melhor conhecimento do *teatro rudimentar* que precedeu o auto vicentino".[5]

Na biblioteca de Cleonice Berardinelli, há um exemplar da primeira edição, de 1972, do *Essai de poétique médiévale*, de Paul Zumthor, que, todavia, não integra a bibliografia do artigo em questão. Não obstante, gostaria de averiguar em que medida as ideias sobre a teatralidade intrínseca aos divertimentos da sociedade de corte (medieval e moderna) e da emergência do teatro como tal, do revolucionário medievalista, afastam-se ou se aproximam das observações críticas a respeito do que a notável professora brasileira de Literatura Portuguesa denomina "teatro pré-vicentino".

Para Zumthor, diga-se à saída, a teatralidade dos divertimentos de corte não é desqualificável como gênero teatral "rudimentar" ou meras "tentativas dramáticas", e sim, ao contrário, qualificada, ao ser redefinida pela especificidade de criação de um espaço fictício educativo, ao vivo, em que concorrem o corpo, o gesto, a voz e o público, cujo sentido condiciona-se à interlocução entre artistas e espectadores. No ensaio de 1972, Zumthor explica a teatralidade que caracteriza tais manifestações artísticas:

> *Talvez o caráter geral mais pertinente à poesia medieval seja o seu aspecto dramático. Ao longo de toda a Idade Média, os textos parecem, salvo exceções, terem sido destinados a funcionar em condições teatrais: a título de comunicação entre um cantor ou recitador ou leitor, e um auditório. O texto, literalmente, tem um "papel a desempenhar" em cena. O que importa antes de tudo aos espectadores é que o papel seja bom e o jogo bem-sucedido.*[6]

4 Cleonice Berardinelli, op. cit., p. 30-32.

5 Ibid., p. 32, grifo meu.

6 Paul Zumthor, *Essai de Poétique Médiévale*, Paris: Seuil, 1972, p. 37, tradução livre de: "Le caractere general le plus pertinente peut-être de la poésie médiévale est son aspect dramatique. Tout au long du moyen âge les textes semblent avoir été, sauf exceptions, destinés à fonctioneer dans des conditions théâtrales: à titre de communication entre un chanteur ou récitant ou lecteur, et un auditoire. Les texte a, littéralement, un 'rôle à jouer' sur une scène. Ce qui importe avant tout aux auditeurs, c'ést que le rôle soit bon, et le jeu réussi."

O medievalista afirma que a "civilização medieval participa, de modo amplo (...) do tipo de cultura dominantemente oral",[7] o que se verifica tanto nos séculos mais remotos como na baixa Idade Média e ainda na passagem para a Idade Moderna, quando a sociedade vê surgir pela tipografia a força da escrita. Ainda que a oralidade conviva com o papel escrito, a leitura, na circulação do texto poético, litúrgico, ou erudito, é feita em voz alta, na presença de um público: "A própria leitura silenciosa, característica dos letrados, comportava o proferimento do texto lido. O sentido circulava da boca ao ouvido; a voz detinha o monopólio da transmissão: palavra soberana, emanação de um verbo, objeto de fé".[8] Tal acontece porque tanto a poesia medieval como a da Idade Moderna têm uma existência na sociedade de corte, funcionando como coadjuvante do poder monárquico. Por isso, por sua função morigeradora, a noção de literatura medieval ou dos tempos modernos não cabe na concepção de literatura como expressão de um desinteresse social ou da psicologia de um indivíduo. Para Zumthor, "a poesia medieval, apesar de seu caráter às vezes refinado e de sua difusão relativamente pequena, se aparenta assim mais aos modernos *mass-media* do que a uma literatura votada ao consumo individual para a leitura".[9]

A partir de *A letra e a voz*, cuja primeira edição é de 1987, portanto posterior a "O teatro pré-vicentino em Portugal", tal teatralidade será nomeada "*performance*". As considerações aí elaboradas implicam a necessidade de revisão do modo de se estudar as manifestações em *performance* da sociedade de corte, obrigando o estudioso a ir além da intratextualidade para que possa entender de modo não anacrônico a função e o lugar dos divertimentos de corte subsumidos à arte de trovar.

Zumthor explica que "entre a superfície do 'texto' poético medieval e a sua 'forma': esta última ultrapassa a outra por tudo aquilo que sobressai do sopro,

7 Ibid., p. 38, tradução livre de: "La civilisation médiévale participe ainsi largement (...) du type de culture à dominante orale".

8 Idem, tradução livre de: "La lecture solitaire ele-même, propres aux lettrés, comportait une pronunciation du texte lu. Le sens circulait de bouche à oreille; la voix détenait le monopole de la transmission: parole souveraine, émanation d'un verbe, objet de la foi."

9 Idem, tradução livre de: "La poésie médiévale, en depit de son caractére parfois raffiné et de sa diffusion relativement faible, s'apparente ainsi aux moderne *mass-media* plus qu'à une littérature vouée à la consommation individuelle par la lecture."

do som, do gesto, da instrumentação, do *décor*".[10] Assim distingue obra e texto: a primeira designa "o que é poeticamente comunicado, aqui e agora – texto, sonoridade, ritmos, elementos visuais; o termo compreende a totalidade dos fatores da *performance*".[11] Em outras palavras, a obra inclui a voz e o corpo do intérprete ou trovador assim como a presença de músicos, cantores, dançarinos, e também de uma audiência. O texto, por outro lado, é a "sequência linguística que tende ao fechamento, e tal que o sentido global não é redutível à soma dos efeitos de sentido particularmente produzidos por seus sucessivos componentes".[12] Desta maneira, o "texto é legível (felizmente para nós, medievalistas!); a obra foi ao mesmo tempo audível e visível".[13] Se a "*performance* passada escapa, irremediavelmente, à nossa observação", resta-nos imaginar a palavra poética em situação, pois "da palavra ao escrito há uma descontinuidade". "O que tenho diante dos olhos, impresso ou manuscrito, é apenas um pedaço do tempo, coagulado no espaço da página ou livro".[14] Por esta razão, para uma avaliação histórica das manifestações cortesãs do trovadorismo palaciano compiladas no *Cancioneiro geral de Garcia de Resende*, "a questão da vocalidade [exige] que se quebre o círculo da intratextualidade".[15]

De um modo geral, o juízo crítico emitido no ensaio em questão de Cleonice Berardinelli, apesar de conferir às didascálias, como o medievalista, a função de referir o espetáculo de proferimento dos textos,[16] não se afina nem com a crítica contemporânea a respeito da emergência do teatro vicentino no limiar da Idade Moderna nem com o pensamento de Zumthor sobre a *performance* inerente aos divertimentos de corte. Por exemplo, sobre o "Monólogo do vaqueiro", ela observa que na sua "pouco mais de uma centena de versos (...) cintilava a chama do gênio do autor".[17] Salientar a "uis dramática" de Gil Vicente como a sua "maior qualidade" em relação ao "fundador do teatro cas-

10 Paul Zumthor, *A letra e a voz: A "literatura" medieval*, São Paulo: Companhia das Letras, 1993, p. 220.

11 Idem.

12 Idem.

13 Idem.

14 Ibid., p. 221.

15 Ibid., p. 224.

16 Paul Zumthor, *Essai de Poétique Médiévale*, p. 434.

17 Cleonice Berardinelli, op. cit., p. 27.

telhano", Juan del Encina,[18] pretendendo exaltá-la "numa literatura em que ela escasseia a ponto de ser quase inexistente",[19] também repete alguns cacoetes críticos da historiografia centrada no "cânone", isto é, numa visão normativa da historiografia literária, alheia a diferentes olhares e resgates da história do livro e da leitura e da história das ideias e mentalidades. Ao concluir o seu estudo, Cleonice Berardinelli justifica a diferença do teatro vicentino relativamente ao que denomina "teatro pré-vicentino", pelo culto romântico da personalidade autoral, apesar de reconhecer a sua inserção numa tradição teatral castelhana: "se Gil Vicente não tirou 'ex-nihilo' o seu teatro, continuando em parte o teatro tradicional e valendo-se da experiência dos autores espanhóis (...), não é menos verdade que deles se afastou sempre mais, à medida que se afirmava a sua personalidade".[20]

É certo que muitos procedimentos críticos adotados neste estudo de Cleonice Berardinelli deixam ver uma vontade de ultrapassar a textualidade de momos e justas em busca de uma visão da forma dramática rudimentar como tais divertimentos da monarquia funcionavam nas festividades de corte: "nossa curiosidade, insatisfeita, irá buscar nos velhos cronistas os elementos que lhe faltam (...) para o melhor conhecimento do teatro rudimentar que precedeu o auto vicentino".[21] Este recurso de citar longamente as crônicas de D. João II, de Rui de Pina e de Garcia de Resende, assim como o relato diplomático de Ochoa de Ysásaga, acerca do segundo casamento de D. Manuel, amplamente utilizado neste ensaio de Berardinelli, encontra-se já em autores do século XIX, cuja argúcia crítica ainda permanece atuante, como no caso de Barbieri na sua introdução ao *Cancionero musical de los siglos XV y XVI*, de 1890: "Se folhearmos nossas crônicas e histórias, a cada instante encontramos relações de festas palacianas ou populares, nas quais figuravam a música vocal e instrumental em todo o seu esplendor".[22] Tais relatos ajudam-nos a visualizar a *performance* embutida no

18 Ibid., p. 28.

19 Ibid., p. 29.

20 Ibid., p. 49.

21 Ibid., p 32.

22 *Cancionero musical de los siglos XV y XVI*, 3 vols., Transcrito y comentado por Francisco Asenjo Barbieri, Madrid: Tipografía de los Huérfanos, 1890, vol. 1, p. 10, tradução livre de: "Si hojeamos nuestras crónicas é historias, á cada instante encontramos relaciones de fiestas palacianas ó populares, en las quales figuraban la música vocal y instrumental en todo su esplendor."

proferimento das trovas palacianas compiladas por Resende, assim como a espetacularidade de momos, justas e entremezes: "as próprias justas são um espetáculo teatral, com a riqueza espaventosa dos cadafalsos, com os disfarces tão naturais que a todos enganavam, com o esplendor das roupagens e até com a parte propriamente literária, se assim podemos dizer, contida nas letras das cimeiras".[23] Se a professora brasileira observa que "os cronistas régios, relatando as festas e acontecimentos da corte, fazem-nos saber que, entre os festejos por ocasião das bodas principescas, havia *momos, justas e entremezes*", entretanto, apenas o faz para, em seguida, proferir juízo crítico que privilegia a intratextualidade em detrimento da *performance* característica de tais manifestações dramáticas:

> *O valor literário dessas representações é praticamente nulo: impressionavam, sobretudo, aos olhos, pela ostentosa riqueza dos vestuários e da cenografia, pela música extremamente brilhante, pelo inesperado e fantasioso das figuras. As palavras ou breves, que cada personagem proferia, tinham importância secundária e perderam-se em sua quase totalidade; assim também as* letras *das* cimeiras *trazidas pelos cavaleiros que justavam por suas damas.*[24]

No limite, Zumthor considera ser um abuso de linguagem classificar o teatro como um gênero literário,[25] uma vez que os aspectos visuais e cênicos condicionam esta manifestação dramática, inclusive com cenas em que não há "falas" (texto interpretado pelos atores), mas apenas gestos e expressões faciais,[26] muitas vezes, felizmente, indicados pelas didascálias. Por sua vez, no excerto acima de Cleonice Berardinelli, infere-se um conceito textualista de representações dramáticas que se reencontra na sua refutação da observação crítica de Varnhagen. Berardinelli, prenhe de razão, refuta a descabida atribuição feita pelo erudito brasileiro da autoria dos breves de momos relatados na carta de Ysásaga a Francisco de Sá de Miranda ou a Bernardim Ribeiro. O argumento utilizado pela professora é de que os breves não compartilham a mesma qualidade literária daqueles trovadores canônicos. Como nenhum outro documen-

23 Cleonice Berardinelli, op. cit., p. 38.
24 Ibid., p. 30.
25 Paul Zumthor, op. cit., p. 431.
26 Ibid., p. 432.

to, segundo ressalta, os breves preservados pela pena diplomática de Ochoa de Ysásaga testemunham a vinculação entre tais divertimentos de corte e a arte de trovar, dando-nos a ver o "papel" neles desempenhado pelo "escrito".

Por outro lado, em "A *performance*" (1987/1993), Zumthor afirma a emergência do teatro do modo como o conhecemos em meio a tais representações performáticas:

> *Somente para as vastas representações dos séculos XV e XVI é que dispomos de uma documentação mais abundante no que se refere às* performances*; por aí mesmo nos é atestada a existência de uma arte, doravante, particularizada; didascálias, atas, frequentemente contabilidade. Aí, afinal, em todo o Ocidente, nasce um* teatro *no seio da* teatralidade *circundante.*[27]

É justamente a emergência do teatro vicentino em meio a "tentativas dramáticas" que Berardinelli afirma neste estudo. Adverte que estas são contemporâneas do teatro de Gil Vicente, uma vez que o caráter de anterioridade designado pelo prefixo na expressão "pré-vicentino" não é medido cronologicamente, mas antes julgado do ponto de vista da qualidade dramática, ao se definir o teatro vicentino como gênero dramático diferenciado das representações de um "teatro rudimentar" ou de "tentativas dramáticas": "Antes de mais, queremos ressaltar o facto de que os *momos* e *entremezes* não desapareceram para dar lugar aos autos".[28] "Contemporâneos, (...) apresentam elementos comuns que seriam certamente mais numerosos se mais abundantes fossem as fontes de informação do teatro pré-vicentino".[29] Anterior, portanto, não na ordem histórica, mas numa visão que "constitui um bom pretexto para colmatar uma lacuna que uma história da literatura dramática de base lógica e encadeada se sente na obrigação de explicar",[30] e podemos acrescentar, por um juízo crítico intratextualista, posto em causa por Paul Zumthor, ao entender as manifestações poéticas da Idade Média e dos tempos modernos como imbuídas de uma "teatralidade".

27 Paul Zumthor, *A letra e a voz: A "literatura" medieval*, p. 239.
28 Cleonice Berardinelli, op. cit., p. 46, grifos no original.
29 Ibid., p. 47.
30 José Augusto Cardoso Bernardes, op. cit., p. 153.

A fim de rever os juízos críticos expressos em "O teatro pré-vicentino em Portugal", a partir de uma revisão crítica feita à luz de conceitos cunhados por Zumthor para o estudo dos divertimentos de corte como *performance*, vale lembrar o trecho abaixo do prefácio-dedicatória ao futuro D. João III, parte do conjunto paratextual do impresso de 1516. Aí Garcia de Resende afirma que a arte de trovar, espetáculo necessário nas cortes dos grandes príncipes, está presente na liturgia, na preservação da memória dos grandes, em momos, justas, gentilezas e amores, além de ter função morigeradora ao emendar maus hábitos e invenções:

> *E por esta mesma causa, muito alto e poderoso príncipe, muitas cousas de folgar e gentilezas são perdidas sem haver delas notícia, no qual conto entra a arte de trovar, que em todo tempo foi muito estimada, e com ela nosso senhor louvado como nos hinos e cantos que na santa igreja se cantam se verá. E assim muitos imperadores, reis e pessoas de memória, pelos rimances e trovas, sabemos suas histórias e na corte dos grandes príncipes é muito necessária na gentileza, amores, justas e momos e também para os que maus trajos e invenções fazem, por trovas são castigados e lhe dão suas emendas como no livro ao diante se verá.*[31]

Para a perspectiva de Cleonice Berardinelli, que desvaloriza a *performance* em função da qualidade poética de algumas trovas canônicas ou "genialidade" dramática do teatro vicentino, o "valor literário" de tais manifestações do trovadorismo palaciano, como momos e justas, como vimos, é considerado "nulo". Por isso limita-se a citar, sugerindo a sua integração no contexto das festividades de corte, parte das didascálias do "Breve do conde de Vimioso dum momo que fez, sendo desavindo, no qual levava por antremês um anjo e um diabo", e da composição que documenta a justa, de que "[o] próprio Garcia de Resende descreve as cimeiras e transcreve integralmente as letras que trazia el-rei D. João II 'com oito mantedores ... em a fortaleza de madeira singularmente feita, onde todos estavam de dia e de noite, que também justavam'",[32] não mencionando um vilancete, poema musical, que, como as

31 *Cancioneiro geral de Garcia de Resende*, 4 vols., Edição de Aida Fernanda Dias, Lisboa: IN-CM, 1993, vol 1, p. XI.

32 Cleonice Berardinelli, op. cit., p. 32.

cantigas, integra as representações de momos: "Vilancete que fez Pero de Sousa, quando el-rei nosso senhor veo de Santiago, que fez o singular momo em Santos, o qual vilancete iam cantando diante do entremes e carro em que ia Santiago".[33] Minimizando a teatralidade de poemas musicais ou dialogados, isto é, tanto o fato de estas manifestações trovadorescas integrarem as representações de momos e se darem, via de regra, por meio de um pequeno espetáculo,[34] – a *performance* –, implicando a voz e o canto, o gesto e um espaço cenográfico fictício, condicionado pela interlocução entre artistas e público, mede a teatralidade de momos apenas pela cenografia, e afirma que "[é], principalmente, em algumas tragicomédias – *Nau de amores, Fráguas do amor, Cortes de Júpiter, Exortação da guerra* – que veremos perdurar a pompa e riqueza dos cenários que constituíam a grande atração dos momos reais".[35]

Após citar longamente as festividades de corte descritas pelas crônicas de reis e pelo relato diplomático de Ochoa de Ysásaga, volta ao *Cancioneiro geral de Garcia de Resende*, pois "em algumas de suas composições 'podemos vislumbrar' rudimentos de teatro".[36] Trata-se do que denomina as "farsas" de Anrique da Mota, cuja "ação dramática" e personagens descreve, não sem antes reiterar o seu entendimento de que "no debate do *Cuidar e suspirar*, que inicia o *Cancioneiro* [*geral de Garcia de Resende*], não encontramos mais qualidades dramáticas do que numa tenção trovadoresca, embora seja de maiores proporções e com maior número de interlocutores".[37] Ou seja, para ela, por contar com um aparato cenográfico exuberante, próximo ao de alguns autos de Gil Vicente, cuja encenação se pode vislumbrar, menos pelos textos compilados em 1516 do que pelo relato dos cronistas e de Ochoa de Ysásaga, momos, entremezes e justas, ao lado das "farsas", de Anrique da Mota, representam o "teatro pré-vicentino", embora as trovas de folgar e gentilezas, muitas delas em ajuda, não apresentem mais "qualidades dramáticas do que uma tenção trovadoresca".

33 *Cancioneiro geral de Garcia de Resende*, vol. 4, p. 85, n. 734.

34 A respeito do espetáculo que caracteriza o trovadorismo palaciano, indico a leitura da apresentação crítica de Cristina Almeida Ribeiro à sua antologia do *Cancioneiro Geral de Garcia de Resende*, "A poesia palaciana na sua dupla vocação do convívio e do espetáculo", Lisboa: Comunicação, 1991.

35 Cleonice Berardinelli, op. cit., p. 43.

36 Ibid., p. 42.

37 Ibid., p. 43.

Tal juízo aparentemente se aproxima do de Paul Zumthor, na parte final do *Essai de poétique médiévale*, "Dialogue et spetacle". Como o medievalista, Berardinelli distingue a teatralidade de tenções e cantigas dialogadas daquela que constitui o teatro, embora o faça mais por um juízo de valor e menos a partir de uma análise genológica dos dois tipos de encenações. Por sua vez, Zumthor considera a teatralidade de toda a poesia medieval, e, ao analisar a emergência do teatro em meio "à teatralidade circundante", distingue uma série de aspectos genológicos, como a despersonalização do *eu* em um outro *eu*, diferente da pessoa civil do ator: "A marca própria desse discurso situa-se no "eu", que devém fictício e faz referência a um conjunto complexo de outros signos tais como figurinos, cenários e situação conhecida".[38] Por exemplo, no caso da emergência do teatro em Portugal, no "Monólogo do vaqueiro", este não é Gil Vicente, mas personagem que exerce a função educativa de ser humilde de forma sublime.[39] "Em todo caso, o *eu* cessa de ser *eu*, ele passa a ser um significante entre outros".[40] Ao contrário das manifestações de corte em *performance*, no teatro, para Zumthor, "o ator não é um interlocutor: uma distância foi criada (...). Os atores do drama se classificam e são reconhecidos pelo espectador em virtude de certos paradigmas tipológicos".[41] A interlocução passa a ser operada principalmente entre as personagens da peça teatral, sobrepondo-se à interlocução, constituinte da *performance*, entre intérpretes e auditório.

Berardinelli, apesar de considerar o reaproveitamento e a transformação de tipos tradicionais pelo teatro de Gil Vicente, entretanto, desconsidera a teatralidade característica da *performance* intrínseca ao espetáculo de corte do trovadorismo palaciano, inclusive no plano de poemas musicais, como cantigas e vilancetes. Em busca de uma qualidade intratextual, pauta o seu juízo crítico em ideias como talento individual, personalidade ou genialidade do autor. Por exemplo, conside-

38 Paul Zumthor, *Essai de Poétique Médiévale*, p. 435, tradução livre de: "La marque propre de ce discours se situe dans le *je*, qui devient fictif et porte référence à un ensemble complexe d'autres signes tels que costume, décor, et situation connue."

39 Ibid., p. 438.

40 Ibid., p. 435, tradução livre de: "De toute manière, *je* cesse d'être *je*: il est un signifiant parmi les autres."

41 Ibid., p. 435, tradução livre de: "L'acteur n'est pas un interlocuteur: une distance a été crée (...). Les actants du drame se classent et son reconnus par le spectateur en vertu de certain paradigmes typologiques."

ra que, nas obras de Anrique da Mota, "a naturalidade do diálogo, a comicidade espontânea [e] o desenvolvimento da intriga até ao seu desfecho revelam um real *talento* em seu autor".[42] Bernardes[43] considera possível a denominação de Processo de Vasco Abul e Pranto do Clérigo, "[m]as considerar como farsas as outras três composições, apenas com base no facto de se tratar de textos dialogados de teor cómico ou risível, parece-[lhe] excessivo",[44] pois, para o estudioso do teatro vicentino, "a valorização das obras do juiz do Bombarral num contexto de precedência genológica no âmbito do teatro insere-se ainda, indisfarçavelmente, num quadro de visão hiperorganicista e nacionalista da história dos gêneros".[45]

Deste modo, no caso do "teatro pré-vicentino" de Anrique da Mota, Cleonice Berardinelli não percebe a semelhança genológica entre as trovas em ajuda e disputadas e as supostas "farsas",[46] o "Pranto do clérigo" e o conhecido "Processo de Vasco Abul", cuja didascália reza: "Anrique da Mota a Vasco Abul porque andando ũa moça bailando em Alenquer deu-lhe, zombando, ũa cadea d'ouro e depois a moça nam lha quis tornar e andaram sobre isso em demanda. E veo Vasco Abul sobre isso à rainha, estando em Almada, e ahi lhe fez estas trovas".[47] Tanto este último como o processo do "Cuidar e suspirar", na conceituação zumthoriana, seriam exemplos de *performance*s trovadorescas, cuja teatralidade Berardinelli iguala, embora desconsiderando-as do ponto de vista dramático, à de tenções e cantigas dialogadas. Nos dois "processos" pala-

42 Cleonice Berardinelli, op. cit., p. 43, grifo meu.

43 José Augusto Cardoso Bernardes, op. cit.

44 Ibid., p. 151.

45 Ibid., p. 153.

46 As didascálias das três "farsas" descritas por Berardinelli e do "Pranto do clérigo", segundo a edição do *Cancioneiro geral de Garcia de Resende*, de Aida Fernanda Dias, de 1993, são: "D'Anrique da Mota a ũ clérigo sobre ũa pipa de vinho que se lhe foi polo cham e lementava-o desta maneira", n. 797; "D'Anrique da Mota a ũ alfaiate de Dom Diogo, sobre ũ cruzado que lhe furtaram no Bombarral", n. 798; "D'Anrique da Mota ao hortelam que a rainha tem nas Caldas, que é ũ homem muito pequeno e chama-se Joan Grande e passou estas palavras com ele por trazer a carreto de dizer que o provedor das Caldas, que chamam Jeronimo d'Aires, era muito seco em suas cousas, e começa a bater à porta da horta. E falam ambos com o outro", n. 799, e "Trovas D'Anrique da Mota a ũa mula muito magra e velha, que vio estar no Bombarral, à porta de Dom Diogo, filho do Marquês, e era de Dom Anrique, seu irmão, que ia em romaria a Nossa Senhora de Nazaré e levava nela um seu amo", n. 802.

47 *Cancioneiro geral de Garcia de Resende*, op. cit., vol. 4, p. 208, n. 803.

cianos, trata-se da mimese trovadoresca de um processo judicial,[48] em que os trovadores intervêm não com outra identidade, mas com a própria, o que se evidencia na participação final de Gil Vicente, nos apelos a ajudas dirigidas à audiência, sem mencionar o fato de o juiz ser representado por um juiz.

A bem do rigor, nenhuma das "trovas" de Anrique da Mota pode ser considerada uma "farsa", como o faz Neil Miller em sua edição e introdução crítica, de 1982,[49] cujo eco reencontramos no presente estudo de Cleonice Berardinelli. Segundo José Augusto Cardoso Bernardes,

> *O factor que mais afasta os textos em consideração das farsas tem a ver, porém, com o cariz da acção: em boa verdade, qualquer dos exemplos em análise vive exclusivamente da auto-caracterização que as personagens-interlocutoras fazem de si mesmas, não servindo o diálogo para que a acção se desenvolva. Trata-se, portanto, de um diálogo estático e descritivo, sem as potencialidades narrativas que caracterizam o diálogo dramático. (...) É nessa medida que me parece justo admitir que os diálogos de Anrique da Mota se inscrevem, sobretudo, no vasto quadro genológico da maioria da poesia dialogada dos Cancioneiros, ou seja da poesia verbalmente disputada que, de um modo geral, se destinava à representação retoricamente encenada.*[50]

Para concluir, o estudo de Cleonice Berardinelli, apesar de não levar em conta muitos dos aspectos salientados por Paul Zumthor, relativamente à emergência do teatro "no seio da teatralidade circundante", e da crítica vicentina mais contemporânea, não deixa de nos sugerir esta reflexão sobre a performance dos divertimentos de corte e sua vinculação com a arte de trovar compilada no livro que este ano faz quinhentos anos.

48 Para o estudo do "Cuidar e suspirar", ver: Margarida Vieira Mendes (org.), *O cuidar e suspirar*, Lisboa: Comissão Nacional para Comemoração dos Descobrimentos Portugueses, [1483] 1997; María Isabel Morán-Cabanas, "Sobre o debate entre Cuidar e suspirar e a visualização poética do Deus de Amor", *Revista Camoniana*, 3ª série, vol. 13, 2003, p. 77-98; e João Amaral Frazão, *Entre trovar e turvar: a encenação da escrita e do amor no Cancioneiro geral*, Sintra: Inquérito, 1993.

49 Trata-se do grosso volume: *Obras de Henrique da Mota*, Lisboa: Sá da Costa, 1982.

50 José Augusto Cardoso Bernardes, op. cit., p.150-151.

Maria Alzira Seixo

Cleonice em desassossego

ALGUMA VEZ SE TERÁ IMAGINADO UM MONUMENTO, grandiosamente belo, que pudesse ter a forma de... um sorriso? Não sei. Se existir, pode ser como um vestido azul, a envolver um gesto afável, brando, e ao mesmo tempo surgindo como juízo decisivo e claro. Não em sentença de saber peremptório; antes proposta firme, judiciosa, capaz de atingir o pensar dos outros e aguardando resposta, que se retém. E por entre delicadas musselinas, ou deslizantes crepes de seda, entre os quais se desenha um gesto manual de preensão ou acordo, eu imagino esse sorrir que se desdobra em mão (isto é: ambos relevam da captação/recepção, tanto quanto do gesto de ajuda) e coincide com o que tem sido, para muitos de nós, a acção profissional e a existência humana de d. Cleo. E, devo acrescentar, de alguns dos seus discípulos (Gilda, Teresa, Jorge), em compósito prolongamento do seu gesto próprio: prolífero e eficaz.

Desse modo, pode haver até um sorriso múltiplo – que o mesmo é dizer: o seu sorriso a desdobrar-se! – neste monumento centenário, que nenhum abalo corrói. Que dura e resiste. Cleonice.

Penso isto à luz do Fragmento 477 do *Livro do desassossego*, na edição de Jacinto do Prado Coelho e Teresa Sobral Cunha,[1] a primeira que d. Cleo terá lido a prolongar o seu vasto conhecimento deste grande Poeta do mundo; e aquela em que, até hoje, eu mais reconheço o escritor dos fragmentos. Ora este fragmento organiza-se em seis parágrafos:

1º parágrafo: "O ambiente é a alma das coisas", é o seu *incipit*: e diz-nos fundamentalmente que a expressão de cada coisa (que se pressupõe ser objecto ou entidade) é circunstancial, não lhe sendo intrínseca mas aposta. Fala-se da

Maria Alzira Seixo é professora catedrática da Faculdade de Letras da Universidade de Lisboa.

1 *Livro do desassossego por Bernardo Soares*, recolha e transcrição dos textos de Maria Aliete Galhoz e Teresa Sobral Cunha, prefácio e organização de Jacinto do Prado Coelho, 2 vols., Lisboa: Ática, 1982.

alma, não do ser. E a alma será uma espécie de irradiação da coisa-em-si, que é fruto de um jogo bivalente entre corpo e ambiente.

2º parágrafo: "Cada coisa é a intersecção de três linhas", diz o 2º parágrafo, o mais longo deste fragmento; "e essas três linhas formam essa coisa", especificando-se que esses três planos de composição (como na Química ou, talvez mais propriamente, na Física) são a matéria da coisa, a maneira como a vemos e o ambiente – ou, traduzindo para linguagem corrente, a sua circunstância, isto é: o que a rodeia. Soares dá o exemplo de uma mesa: a mesa 'de madeira', na qual 'está escrevendo', e que é um 'móvel' desse quarto como vários outros móveis que nele existem. São principalmente os objectos que nela estão colocados que lhe dão uma "alma", a qual Soares considera ser uma "alma externa", e, ainda de modo mais incisivo, os traços peculiares da mesma mesa: traços do uso, alterações sofridas pela cor, pedaços partidos, sendo todos extrínsecos, e por isso a alma que a mesa possui, em seu entender, vem-lhe de fora – do mesmo modo que a "personalidade" da mesa, atribuída pelo uso (e formas desse uso) que dela se faz.

3º parágrafo: "Acho, pois, que não há erro humano, nem literário, em atribuir alma às coisas que chamamos inanimadas" – é uma espécie de corolário que Soares formula a partir dessa espécie de demonstração anterior, e que inicia o parágrafo seguinte, o qual lhe é central, pois que ocupa, como o que se lhe segue, o centro deste fragmento 477. E ele vai estruturar-se, então, de modo aparentemente racional. Embora o leitor esteja já a perceber que se trata de um racionalismo *sui generis*, por relevar tanto de uma filosofia (discursividade raciocinante de ordem ontológica, que se exerce pensando um móvel de madeira a funcionar como mesa de escrever, no quarto do narrador) como de uma poética, na medida em que a metaforização das características básicas do objecto-mesa, bem como da sua envolvência no fluir do tempo – ser desbotada, estar enodoada etc. –, são qualidades apontadas que se subordinam à humanidade determinante: a mesa tem "uma personalidade", a qual lhe é dada "de fora", escamoteado-se o facto de que quem está de fora, e a vê nesta fase da sua existência enquanto mesa, é o próprio narrador.

Nota – Muito curioso (e "desassossegante", isto é, pertencendo à qualidade incerta de "'lixo' ou 'intervalo'" que o próprio Soares atribui à noção de desassossego, como no início desta edição do *Livro* se indicia) é que se estabeleça uma perspectiva do ver de fora e do ver de dentro, por um lado, e de, por outro, se considerar a alma como um atributo, e não propriamente como manifestação essencialista, isto é, ela é, aqui, mais ligada à adjectivação que à substancialização. Por isso a "personalidade" constitui um íntimo-alma que também nesse exterior personalizável se insere ("ser uma coisa é ser objecto de uma atribuição"), o que pode ser fundamento para questionar o acto de metaforizar e, a partir deste, poder equacionar a própria ideia de ser, que lhe está na base: se dizer "uma árvore sente" está logicamente errado, dizer "esta criança, que brinca dentro de mim, é um amontoado intelectual de células" pode ter ou não ter sentido, dado que (diz-nos o narrador a título de exemplo) um poente não é belo, "é começar a faltar a luz do sol nesta latitude e longitude", verdade tão certa e tão poética como essa anterior negação metafórica. E a ligação ao parágrafo seguinte estabelece-se em termos consequentes:

4º parágrafo: "Tudo vem de fora e a mesma alma humana não é porventura mais que o raio de sol que brilha", eis um parágrafo bem curto, espécie de aforismo, que tem algo a ver com Alberto Caeiro, como aliás várias outras indiciações deste trecho completo. Alma e corpo dissociam-se na análise, mas tal dissociação compensa-se na fusão que se entretece entre homem e mundo; mas o mundo é visto como o corpo do homem, o qual tende biblicamente para a terra, que redunda em estrume, e a alma recolhe (refugia-se ou transluz) no brilho solar. E esta visão do homem corpo-espírito, do homem em união espiritual da sua matéria, digamos assim, permite o pensamento mais racionalizante do parágrafo seguinte, no qual pensar-sentir se descolam relativamente para produzir uma espécie de síntese, para "tirar conclusões".

5º parágrafo: "Nestas considerações está porventura toda uma filosofia."

As suas conclusões levarão pois à filosofia, diz o autor, confessando porém não ter forças para as "tirar" (as conclusões). Ora isso implica que é de filosofia que ele está também tratando aqui, e não apenas da poética da existência, dado que analisa, raciocina, leva as ideias a uma progressão e, acima de tudo, parte de uma análise – que foi, primariamente, a do corpo-objecto-mesa do parágrafo inícial, para se alçar depois ao corpo-humano-alma, de onde alcança o sujeito, com exemplo no pensador-autor. E dessa análise ergueria uma interpretação, uma síntese, um conhecimento filosófico, mas, enquanto autor-narrador, declara não ter "a força de tirar conclusões": o que leva ao nó sensível do texto: "surgem-me atentos pensamentos vagos, de possibilidades lógicas, e tudo se me esbate numa visão de um raio de sol dourando estrume". E isso "num chão quase negro" junto a "um muro de pedregulhos". Ora a força deste excerto reside no confronto extremo entre sujeito e meio-ambiente, já longe da análise quase objectiva que realizara sobre a mesa, e chegando ao "eu", metaforizado embora.

6º parágrafo: "Assim sou. Quando quero pensar, vejo." Quase no modo concessivo, ou receptivo, de um "assim seja" cristão. (E houve entretanto o estrume, o sol, o mar salgado...; em outra direcção de sentido a explorar, que por sinal não exclui o legado também religioso!). Do objecto-mesa passou-se, então, à assunção de ser (esse ser que se focara na mesa inicial), e ao ente que afinal pensa (pensou) essa mesa. Mas que logo pretensamente se evacua para passar do pensar ao ver, que é uma espécie de exteriorização da ocupação mental: "quando quero pensar, vejo" – num quase "caeirismo", direi; mas tal ver, na sua profundidade de sentimento e de alcance, é, pretensamente, de superfície: "Quando quero descer da minha alma, fico de repente parado, esquecido", iniciando a descida de uma "escada profunda" mas vendo ainda "da janela do andar alto o sol que molha de despedida fulva o aglomerado difuso dos telhados". Esta janela é decerto um equivalente da mesa inicial, ou antes, do ambiente que lhe proporcionava uma alma. Como alma é a visão dos telhados sob o raio já ténue, moribundo, do sol que desaparece, como a "alma humana". Uma janela que, aliás, pode bem irmanar com a janela de Almada (seu modernista irmão de *Orpheu*), no capítulo "As estrelas são pescadoras e andam à pesca de gente", em *Nome de guerra*.

Enquanto o sol não desaparece, a alma refulge, como o tal sorriso que referi de início, em visão de humanidade, singular mas tão abrangente, que eu visionaria como um monumental sorriso a Cleonice. De Cleonice.

O sorriso de falar, de explicar, interpretar. De receber e irradiar. O que se lê e comunica. Como num texto (pessoa) que pode ser a explicitação do que liminarmente se afirma como elo entre ambiente e o nó do coração. Que dura e resiste. Cleonice.

Maria Clara Lucchetti Bingemer

Perder o mundo e ganhar a alma (Reflexões sobre um sermão de Vieira comentado por Cleonice)

CLEONICE NÃO FOI MINHA PROFESSORA, INFELIZMENTE. Conheço-a como colega da mesma universidade – a PUC-Rio – e do mesmo Centro – o Centro de Teologia e Ciências Humanas (CTCH). A admiração por sua figura e sua condição de maior lusitanista brasileira cresceu quando do exercício de meu primeiro mandato como decana do CTCH, justamente à volta do Padre Antônio Vieira.

Embora seja mais conhecida por sua dedicação a Camões e Fernando Pessoa, Cleonice é também profunda conhecedora do jesuíta português e "imperador da língua nossa" que, em 2008, completou quatrocentos anos de nascido. Foi por ocasião deste quatro vezes centenário que me aproximei de Cleonice: para organizar uma aula-magna que ela deveria proferir sobre Vieira. Mas, antes, eu já participara da banca de tese doutoral de uma orientanda sua, Claudia Cristina Couto, intitulada "Vieira: um pregador da palavra", defendida em 2005.[1]

Por isso, como tema para aqui homenagear a grande acadêmica e melhor literata, a ideal mestra Cleonice Berardinelli, "a divina Cleo", não escolho Camões nem Pessoa, mas Vieira – o jesuíta formado pelos *Exercícios espirituais* de Santo Inácio, que se tornou referência obrigatória para todos aqueles que se deixam encantar pela música e pelo ritmo da língua portuguesa, que Cleonice domina como ninguém. O conhecimento do conteúdo, além da atenção à forma, faz dela uma autoridade em qualquer autor português, e muito especialmente na obra do padre Vieira.

Maria Clara Lucchetti Bingemer é professora titular no Departamento de Teologia da Pontifícia Universidade Católica do Rio de Janeiro (PUC-Rio).

1 Claudia Cristina Couto, *Vieira: um pregador da palavra*, Tese de doutorado, Faculdade de Letras, Rio de Janeiro, PUC-Rio, 2005. Disponível em <www2.dbd.pucrio.br/pergamum/biblioteca/php/mostrateses.php?arqtese=0310518_05_Indice.html>. Acesso em 14 abr 2016.

Vieira: fé cristocêntrica e atenção aos humildes

Em entrevista dada pouco após aquela brilhante conferência na Pontifícia Universidade do Rio de Janeiro (PUC-Rio), organizada em parceria com a Academia Brasileira de Letras (ABL), Cleonice esclarece a escolha de Vieira:[2] primeiro, não conseguiria recusar um convite do Pe. Jesus Hortal Sanchez SJ, então reitor da universidade e seu grande amigo e admirador; depois, ela vê em Vieira "um misto de lucidez quase corrosiva e de imaginação prodigiosamente criativa, que escreveu a *História do futuro*".[3]

Para essa sessão, a lusitanista justifica seu recorte dentro da vasta obra de Vieira: os sermões "pregados no Brasil aos índios e aos pretos, aos considerados inferiores".[4] E explicita o que mais neles a atrai: "a fé incontestável do sacerdote, a capacidade que tem o pregador de projetar nos seus escolhidos a figura de Jesus pela palavra do Evangelho. E a sua hombridade, a sua coragem diante dos ricos, dos poderosos, que desafia do alto do púlpito em nome da religião e em nome de Deus".[5]

Estes dois elementos percebidos por Cleonice em Vieira – uma fé cristocêntrica e uma atenção especial aos mais pobres e marginalizados – têm certamente muito a dever à sua formação de jesuíta. Como todo membro da Companhia de Jesus, ordem fundada por Santo Inácio de Loyola, Vieira foi formado na escola dos *Exercícios espirituais*.[6] Nestes, a proposta do santo é fazer com que o exercitante, à força de contemplar os mistérios da vida de Cristo,[7] tenha dentro de si o próprio Cristo em pessoa, que se visibiliza em suas palavras, gestos, atitudes, em toda a sua vida enfim. Portanto, o fato de que Vieira saiba como ninguém

2 Suzana Barbosa, *Sermões de Vieira segundo Dona Cleonice*, in Revista de História, Rio de Janeiro, 2008. Disponível em <www.revistadehistoria.com.br/secao/gente-da-historia/sermoes-de-vieira-segundo-dona-cleonice>. Acesso em 14 abr 2008.

3 Idem.

4 Idem.

5 Idem.

6 *Exercícios espirituais de Santo Inácio*, São Paulo: Loyola, 2002. Cf. Maria Clara Bingemer, *Em tudo amar e servir. Mística trinitária e práxis crista em Santo Inácio de Loyola*, São Paulo: Loyola, 1990.

7 Chama Inácio de "mistérios" aos episódios e cenas evangélicas que aquele que faz os exercícios deve contemplar durante dias inteiros, a fim de impregnar-se de um conhecimento interno da pessoa de Jesus, para mais amá-lo e segui-lo.

transmitir a figura de Jesus fielmente a seus ouvintes nasce dessa experiência tão profunda que fez ao longo de sua vida de jesuíta, da contemplação do Salvador.

Os mesmos *Exercícios espirituais* valorizam, na figura do Verbo Encarnado, as virtudes da pobreza e da humildade. Aqueles que seguem a Cristo devem ser como ele, pobres e humildes. E isso implicará, então, não apenas levar uma vida de despojamento e simplicidade radicais, como também, e talvez sobretudo, prestar uma especial atenção aos mais pobres e desprezados da sociedade. É assim que Inácio envia seus jesuítas, quer a realizar obras grandiosas, como a construção de universidades e colégios, quer a assistir príncipes e reis em suas cortes, quer também, e obrigatoriamente, a ensinar o catecismo e as orações cristãs aos "rudes", ou seja, aos não letrados, aos pobres. No Brasil, esses seriam "os índios e os pretos" a quem, segundo Cleonice, Vieira dirigia privilegiadamente seus sermões.

A influência do espírito da ordem religiosa a que pertence é patente em Vieira, em sua formação e em seu modo cotidiano de agir. Trata-se, a Companhia de Jesus, de uma ordem religiosa que, apesar de ter sido reconhecida oficialmente em 1540 pelo papa Paulo, com a bula *Regimini militantis ecclesiae*, se revelava a mais vibrante e desafiadora ordem religiosa que a Igreja católica havia produzido. Seus membros não eram adstritos ao claustro, mas encaminhados em missão. E se, na missão que os levava ao espaço público, e mesmo ao fim do mundo – nas Índias e na China, como Francisco Xavier –, eram chamados a "encontrar a Deus em todas as coisas", não tinham que, por isso, voltar ao convento para se integrarem ao coro e à oração comunitária.[8] Logo a ordem dos jesuítas "seria uma força poderosa da Igreja católica na sala de aula, no púlpito, no confessionário, no laboratório, no observatório, nos salões, na academia e nos mais elevados bastiões do poder político (...)".[9]

Muitos dos comentadores de Vieira coincidem com Cleonice em sua predileção pelos sermões. Estes são classificados, por exemplo, por Adolfo Hansen, "não como peças artísticas que devam ser valorizadas pelo viés estético, mas instrumentos de ação, voltados para a persuasão dos seus ouvintes, nos quais (...) a pregação foi definida como intervenção efetiva na vida prática dos fiéis".[10]

8 Cf. Maria Clara Bingemer, op. cit.

9 J. Wright, *Os Jesuítas: missões, mitos e histórias*, Rio de Janeiro: Relume Dumará, 2006, p. 12.

10 J.A. Hansen, "Padre Antônio Vieira: Sermões", in L.D. Mota, *Um banquete no trópico*, São Paulo: Senac, 1999, p. 26.

Segundo Marcelo Tadeu dos Santos,

Vieira entende o seu papel de agente comprometido com uma série de valores que se tornaram fundamentais para a Igreja católica após o Concílio de Trento. Aqui, a principal missão é alargar as fronteiras da cristandade, tendo Portugal como nação que conduz todo o processo, absorvendo para o interior da Igreja os gentios da América portuguesa. Ele busca isso por meio do sermão, entendido como uma dramatização que envolve pelos sentidos o espectador e busca persuadir os seus ouvintes da validade de suas posições, da importância, para o bem do Império e da salvação de suas almas, da conjugação dos interesses mais imediatos dos colonos com a ação missionária.[11]

Assim, o que pretende Vieira em seus sermões – como os entendem Cleonice e demais exegetas da obra – é avivar em seus ouvintes o desejo de ser como Cristo e abrir-lhes o caminho para realizarem as ações de Cristo em um mundo atravessado pelo pecado. Nesse sentido, o que se passava na colônia do Maranhão e Grão-Pará era uma justificativa perfeitamente razoável para que Vieira, na Quaresma do ano de 1653, pronunciasse o sermão da Primeira Dominga. Este é o texto que Cleonice privilegiou em sua palestra na PUC-Rio.[12]

A estultícia do demônio e a vitória de Cristo

A Primeira Dominga da Quaresma traz como leitura para a liturgia católica o Evangelho das Tentações de Jesus (Mt 4, *1-11* e pars). Vieira usa a versão de Mateus, que é certamente a da liturgia do dia, enquanto Santo Inácio, em seus *Exercícios*, apresenta ao exercitante as referências tanto de Mateus como de Lucas.[13]

11 M. Tadeu dos Santos, O sermão da Primeira Dominga da Quaresma de Antônio Vieira e as relações de poder na colônia do Maranhão e Grão-Pará, *Universitas Humanas*, vol. 8, n. 2, p. 105-118, jul/dez 2011, p. 106.

12 Antônio Vieira, "Sermão da Primeira Dominga da Quaresma", in *Sermões*, vol. X, Erechim: Edelbra, 1998. Disponível em <www.literaturabrasileira.ufsc.br/_documents/0043-01941.html>. Acesso em 14 abr 2016.

13 *Exercícios Espirituais* 274 – 1 Como Cristo foi tentado. Escreve São Lucas no capítulo quarto, 1-13, e Mateus no capítulo quarto, 1-11 [Lc 4, 1-2b; Mt 4, 1-2a / Lc 4, 3; Mt 4, 6.9/ Mt 4, 11b] 2 Pri-

Este preciso sermão de Vieira tem uma forte conotação política, tal como demonstram alguns de seus intérpretes.[14] O missionário aí enfrenta aqueles que querem desordenadamente sujeitar e escravizar os indígenas. No entanto, Cleonice centrou-se no aspecto teológico desta grande peça literária. Qual perita em teologia, a professora de literatura, a acadêmica, mas também a católica Cleonice Seroa da Mota Berardinelli, destacou ao longo de sua aula-magna a estultícia do demônio ao tentar Cristo e como Este vence aquele facilmente, devido à falta de estratégia do tentador.

O argumento de Vieira é perfeitamente sustentado teologicamente. Que promete o tentador ao Salvador? Coisas materiais como o pão. O nazareno jejuava há quarenta dias, e a fome devia ser uma bruta realidade em seu corpo encarnado como o nosso. Não resulta, pois a resposta que vem de Jesus remete à Palavra de Deus, que, mais do que o pão, é o que faz viver o ser humano. A seguir, requer provas ao próprio Deus, usando do fundamentalismo, citando a Escritura: se ele é de fato o Filho de Deus, que se atire do alto do templo abaixo, pois está escrito "Que aos seus anjos dará ordens a teu respeito, E tomar-te-ão nas mãos, Para que nunca tropeces com o teu pé em alguma pedra" (Mt 4,6). Mas o Filho do Homem, provocado pelo uso indevido que o tentador faz da Escritura, revida imediatamente: também está escrito "Não tentarás o Senhor teu Deus".

É na última tentação, porém – segundo Vieira e com a anuência de Cleonice – que se joga a cartada definitiva: o demônio oferece ao Cristo todos os reinos da terra em troca de sua idolatria. O Filho de Deus deveria prostrar-se e adorá-lo.

É então que Vieira entabula um diálogo com o mesmo demônio, dizendo que "já que o demônio nos dá doutrina, quero-lhe eu dar um quinau".[15] Acusa

meiro. Depois de ter sido batizado, foi ao deserto, onde jejuou, quarenta dias e quarenta noites. 3 Segundo. Foi tentado pelo inimigo, três vezes: "Chegando-se a ele o tentador disse-lhe: Se tu és o Filho de Deus, manda que estas pedras se tornem em pão; deita-te daqui abaixo; tudo isto que vês te darei se, prostrado em terra, me adorares". 4 Terceiro. "Vieram os anjos e serviram-no".

14 Cf., por exemplo, M. Tadeu dos Santos, op. cit., p. 115.

15 Antônio Vieira, op.cit., p. 2/12. A palavra "quinau", pouco usada no português atual, sobretudo no Brasil, tem como significado: correção, emenda; repreensão ou lição. Cf. na entrevista citada supra, a Suzana Barbosa, o saboroso comentário de d. Cleo sobre o desuso em que se encontra hoje essa palavra, que era comum em sua infância. Diz ela: "De vez em quando tenho essas revelações."

o demônio de haver usado de uma estratégia totalmente equivocada em sua tentação a Cristo. Com que o tentara e o que lhe prometera? Mundos? "Vai-te daqui que não sabes tentar. Se tu querias que Cristo se ajoelhasse diante de ti, e souberas negociar, tu o renderas. Vais-lhe oferecer a Cristo mundos? Oh! Que ignorância! Se quando lhe davas um mundo, lhe tiraras uma alma, logo o tinhas de joelhos a teus pés."[16] Ousado comentário, ousado recurso oratório esse de Vieira. Como afirmar tal coisa? Tão bem fundamentada é sua proposta, que ele a exemplifica.

O pregador recorda magistralmente a cena do Evangelho de João, capítulo 13, quando Jesus lava os pés dos discípulos.

Assim aconteceu. Quando Judas estava na Ceia, já o diabo estava em Judas: Cum jam diabolus misisset in cor ut traderet eum Judas *(Jo 13,2). Vendo Cristo que o demônio lhe levava aquela alma, põe-se de joelhos aos pés de Judas, para lhos lavar, e para o converter. Ah, Senhor meu, reparai o que fazeis: não vedes que o demônio está assentado no coração de Judas? Não vedes que em Judas está revestido o demônio, e vós mesmo o dissestes:* Unus ex vobis diabolus est? *(Jo 6,17).*

Vieira continua com sua teologia da salvação. "Pois será bem que Cristo esteja ajoelhado aos pés do demônio? Cristo ajoelhado aos pés de Judas, assombro é, pasmo é; mas Cristo ajoelhado, Cristo de joelhos diante do diabo? Sim. Quando lhe oferecia o mundo, não o pode conseguir; tanto que lhe quis levar uma alma, logo o teve a seus pés." Cleonice analisava o texto do "imperador da língua portuguesa" com sua bela voz, e a plateia estava em silêncio e em gozoso e admirativo êxtase.

A teóloga que sou sentia-se interpelada. Poucas vezes ao longo de minha formação teológica havia percebido com tal clareza, diante de meus olhos, a doutrina da graça e da salvação exposta com tal maestria. Menos ainda aprendera uma tão cristalina cristologia, a mostrar o mistério do Salvador em todo o seu ardor e sede para salvar "as almas", as pessoas, a humanidade. Tudo revelado pela beleza do texto literário de Vieira interpretado pela mestra que é Cleonice Berardinelli.

Outros estudiosos deste magistral texto fornecem-nos outras interpretações, igualmente válidas e importantes. Como, por exemplo, Marcelo Tadeu

16 Antônio Vieira, op. cit., p. 2/12.

dos Santos, em seu artigo aqui já citado, no qual ressalta a intenção do sermão, que é a de resgatar a subjetividade e a dignidade dos indígenas, oprimidos pelo colonizador:

> *Vieira, compromissado com a ideia de um Estado português marcado pela responsabilidade em dilatar as fronteiras da cristandade, vê na sujeição desordenada do indígena uma ameaça, um obstáculo que precisa ser superado por meio da construção de caminhos alternativos, buscados no complexo jogo das relações políticas que marcam o século XVII. Relações essas que, apesar de apontarem para o fortalecimento da monarquia, não afirmam a anulação total dos interesses periféricos.*[17]

Espiritualidade e política, teologia e projeto social se entrecruzam na retórica do jesuíta:

> *Os sermões de Vieira, fundados em uma base conceitual teológica, não podem ser interpretados isoladamente, como se disse, dos interesses políticos que marcavam a atuação do famoso missionário. Suas prédicas são marcadas pela incessante necessidade de converter seus ouvintes aos interesses supremos do Império e estão inseridas dentro de um contexto de enfrentamento constante aos segmentos que se opõem, mas apontam também para o estabelecimento de equilíbrios provisórios necessários à boa condução dos negócios públicos do século XVII.*[18]

A sensibilidade fina e profunda de Cleonice Berardinelli, no entanto, escolheu o viés teológico da salvação cristã para tecer seu comentário. Isso torna sua interpretação parcial e infiel a Vieira? De forma alguma. Pois, seguramente, como digno filho de Santo Inácio de Loyola, o padre que seduzia a plateia com a beleza de seus sermões visava igualmente à conversão e ao crescimento espiritual de seus ouvintes.

17 Marcelo Tadeu dos Santos, op. cit., p. 115.
18 Idem.

Conclusão: perder o mundo e ganhar a alma

É nesse embate entre o mundo e a alma que Vieira situa Jesus. E Cleonice pondera o quanto sua encarnação é a do ser humano em seu pecado e necessidade de salvação. A partir do gesto de Jesus, de serviço humilde e abnegado aos pés daquele que o trairia, Vieira exorta seus ouvintes.

> *Para que acabemos de entender os homens cegos, que vale mais a alma de cada um de nós que todo um mundo. As coisas estimam-se e avaliam-se pelo que custam.Que lhe custou a Cristo uma alma e que lhe custou o mundo? O mundo custou-lhe uma palavra:* Ipse dixit, et facta sunt *(Sl 148,5).*[19] *- uma alma custou-lhe a vida e o sangue todo. Pois, se o mundo custa uma só palavra de Deus, e a alma custa todo o sangue de Deus, julgai se vale mais uma alma que todo o mundo. Assim o julga Cristo, e assim o não pode deixar de confessar o mesmo demônio.*

É inevitável para mim pensar que, quando compunha este belo sermão, certamente pairava como pano de fundo no espírito de Antônio Vieira a frase evangélica que seu Mestre Inácio de Loyola repetia incessantemente àquele que foi seu dileto discípulo, Francisco Xavier: "(...) que aproveita ao homem ganhar o mundo inteiro, se perder a sua alma? Ou que dará o homem em recompensa da sua alma?" (Mt 16,26).

Se dúvida houvesse, bastaria continuar a ler o texto do sermão e recordar a lição de Cleonice. Ao buscar o mais profundo da sensibilidade de seus ouvintes, o pregador lhes diz:

> *parece-vos mau dar a alma por todo o mundo, e para vós parece-vos bom dar a alma pelo que não é mundo, nem tem de mundo o nome? Sabeis de que nasce tudo isto? Da falta de consideração, de não tomardes o peso a vossa alma... Que aproveitaria ao homem lucrar todo o mundo e perder a sua alma? Ou que coisa há no mundo, pela qual se possa uma alma trocar.*[20]

19 "Ele disse e foram feitas todas as coisas."

20 Antônio Vieira, op. cit., p. 3/12.

Vieira pede que ao menos aprendamos do demônio a dar um mundo pela alma de Cristo. Cada pessoa é preciosa e tem valor infinito aos olhos de Deus, de tal modo que o Filho de Deus, que desprezou os mundos que lhe ofereceu o tentador, ajoelhou-se aos pés do traidor para que sua alma não se perdesse.[21]

Guiados por Cleonice, fomos todos levados a meditar e deixar-nos inspirar por esse belíssimo texto naquele auditório da PUC-Rio. Assim como Vieira desejava que as injustiças cometidas contra os índios no Maranhão e Grão-Pará chegassem ao fim, hoje também somos convidados a resistir àqueles que desejam roubar-nos a alma propondo-nos mundos. Como afirmou o papa Francisco no *Angelus* de 25 de janeiro de 2015: "Deus também tem sede". Sede de nós, sede de pessoas que são para ele muito mais importantes que o mundo.

21 Cf. nos *Exercícios*, no n. 289, ao propor os pontos para a contemplação do lava-pés e da Ceia, Santo Inácio ressalta o fato de Cristo haver lavado os pés de Judas: 289 – 1 A Ceia. Mateus 26, João 13, 1-17 [Mt 26, 21; Mc 14, 18/ Jo 13, 1-15/ Jo 13, 1b; Mt 26, 26-28; Jo 13, 27] 2 Primeiro. Comeu o cordeiro pascal com os seus doze apóstolos, aos quais predisse a sua morte: "Em verdade vos digo que um de vós me há-de vender". 3 Segundo. Lavou os pés aos discípulos, até os de Judas, começando por S. Pedro. Este, considerando a majestade do Senhor e a sua própria baixeza, não querendo consentir, dizia: 4 "Senhor, tu lavas-me a mim os pés?"; mas S. Pedro não sabia que naquilo dava [Jesus] exemplo de humildade, e por isso disse: "Eu dei-vos o exemplo, para que façais como eu fiz". 5 Terceiros. Instituiu o sacratíssimo Sacrifício da Eucaristia, como grandíssimo sinal do seu amor, dizendo: "Tomai e comei". Acabada a ceia, Judas sai para vender a Cristo nosso Senhor (Grifo meu).

Maria de Lourdes Soares

Um longo serviço de amor em Cem memórias de paisagem

1. Memórias celebradas

Essa é a minha história sagrada.
— Cleonice Berardinelli

Cleonice Berardinelli muito se orgulha, e com razão, de ser ter sido "testemunha e participante do momento inaugural dos estudos superiores de literatura portuguesa no Brasil",[1] no magistério de Fidelino de Figueiredo na Universidade de São Paulo (USP), e de, através de Thiers Martins Moreira, ter ingressado na carreira universitária na Universidade do Brasil, atual Universidade Federal do Rio de Janeiro (UFRJ). Gratidão é uma "excelsa virtude" que cultiva: "considero a gratidão a memória do coração", declarou nas palavras de agradecimento no colóquio realizado em sua homenagem pelo Instituto Camões em Lisboa, em 1999. Em diversos depoimentos, entrevistas e ensaios, com palavras de afeto, saudade e gratidão, prestou homenagem aos dois mestres, a cuja memória dedicou os *Estudos camonianos* (1973), dedicatória mantida na nova edição revista e ampliada (2000).[2]

"No princípio era a USP e, nela, Fidelino de Figueiredo", afirmou em vários momentos. Em "Fidelino de Figueiredo, mestre de mestres", com emoção e ternu-

Maria de Lourdes Soares é professora do Departamento de Letras da Universidade Federal do Rio de Janeiro (UFRJ).

1 Cleonice Berardinelli, "O magistério de Literatura Portuguesa", in A. de F. Bueno et al. (orgs.), *Anais do I Encontro Paulista de Professores de Literatura Portuguesa: História, Memória, Perspectivas*, São Paulo: FFLCH-USP, 2008, p. 86-95, p. 86.

2 Cleonice Berardinelli, *Estudos camonianos*, 2ª ed. rev. e ampl., Rio de Janeiro: Nova Fronteira/ Cátedra Padre Antonio Vieira, Instituto Camões, 2000.

ra, rememorou o longo convívio iniciado no "longínquo ano de 1938", quando o professor português chegou a São Paulo e "a USP dava os seus primeiros passos". Fidelino estendeu aos alunos brasileiros sua "mão de amigo, mão de pai", e assim, com destemor, "foram-se rasgando horizontes que desvendavam um novo mundo de conhecimentos em que podíamos penetrar por sua mão". "De seus cursos, sempre atraentes e profundos, algumas impressões [lhe] ficaram mais fortes, marcando-[a] definitivamente": sobre Gil Vicente, Camões (o épico, sobretudo), Garrett, Herculano e Eça, do lado português; e Machado, do lado brasileiro.[3]

A dedicatória – "A Helena e Antonio Soares Amora" – e a epígrafe desse texto – "Nem me falta na vida honesto estudo,/ Com longa experiência misturado,/ Nem engenho, que aqui vereis presente,/ Cousas que juntas se acham raramente." (X, 154) – contribuem ativamente para a reconstituição da época e para a composição do retrato do mestre. Helena era filha de Fidelino e esposa de Antonio Soares Amora, condiscípulo de Cleonice na USP e, portanto, também testemunha e participante desse momento matricial dos estudos portugueses. Amora já havia partido quando Cleonice redigiu esse texto, mas no XIII Encontro Universitário de Professores Brasileiros de Literatura Portuguesa deixou um importante depoimento sobre as aulas de Fidelino: não eram "as de um erudito transmitindo, em tom magistral, os seus conhecimentos", mas "notáveis demonstrações de compreensão", "reflexão" e "juízo crítico diante de uma obra", surpreendendo os alunos pelos "procedimentos renovadores", "a 'crítica que estava acontecendo'".[4]

Fidelino integrou a constelação de emigrados intelectuais portugueses que por razões majoritariamente políticas e ideológicas vieram para o Brasil entre os anos 30 e 50 do século XX – a "Pequena diáspora lusitana", conforme o título do belo ensaio em que Eduardo Lourenço muito justamente a ele se referiu como o "fundador dos modernos estudos de literatura portuguesa, tendo feito

3 Cleonice Berardinelli, "Fidelino de Figueiredo, mestre de mestres", in F. Lemos e R. M. Leite (orgs.), *A missão portuguesa: rotas entrecruzadas*, São Paulo/Bauru: Editora Unesp/Edusc, 2003, p. 103-108, p. 103-104.

4 Antonio Soares Amora, "Fidelino de Figueiredo na origem dos estudos portugueses no Brasil", in *Singularidades de uma Cultura Plural, XIII Encontro Universitário de Professores Brasileiros de Literatura*, Universidade Federal do Rio de Janeiro/Fundação Calouste Gulbenkian/Fundação José Bonifácio/Fundação Cultural Brasil-Portugal, 1992, p. 18-22, p. 20-21.

de São Paulo uma matriz deles em terras de Santa Cruz".[5] Por sua vez, Jorge de Sena, que fez parte dessa constelação, considerou Fidelino o criador de "uma tradição" de estudos portugueses "à escala universitária", "praticamente a única existente", "papel de enorme alcance", formando discípulos e discípulos dos seus discípulos,[6] tradição continuada pela discípula que com admiração traçou o retrato do mestre de "imensa cultura", "extraordinária sensibilidade" e "reflexão profunda", "um humanista do século XX", que "ficou sendo o Mestre".[7]

Duas vezes Fidelino convidou-a para sua assistente, primeiro na USP e depois na Universidade do Brasil, no Rio de Janeiro, "onde organizou, em 1940 e 1941, o curso de Literatura Portuguesa".[8] Duas vezes Cleonice viu esse sonho frustrar-se. Nesta última universidade, todavia, aguardava-a outro encontro feliz: nela conheceu Thiers Martins, quando o professor mobilizava os alunos a participar de um espetáculo vicentino em que se representariam o *Auto da Alma*, o *Monólogo do Vaqueiro* e a cena central do *Auto de Mofina Mendes*. Durante os preparativos, Thiers desdobrou-se em muitas funções – "*metteur-en-scène*, ensaiador e contra-regra, segundo as necessidades". Manuel Bandeira, então professor na Faculdade de Filosofia, assistiu à encenação e "escreveu coisas lindas sobre a festa".[9]

Meio século depois, num texto que é uma aula de literatura portuguesa e de literatura comparada, ao evocar com "saudade" e "carinho" Manuel Bandeira, interpelando-o com o mesmo tom coloquial com que a ele se dirigira nas homenagens pelo centenário de nascimento, Cleonice citou uma das *coisas lindas* que o poeta escreveu sobre o espetáculo: Bandeira confessou, comovido, que apesar de ter lido muitas vezes o *Auto da Alma*, ficou "surpreendido, deliciosamente surpreendido, quando senti[u] os olhos umedecidos ao ouvir as palavras do Anjo Custódio". Inteligentemente, Cleonice guardou a citação da fala do Anjo para oferecê-la, quase no final desse ensaio, ao autor de "Portugal, meu avozinho" e de muitos outros enlaces luso-brasileiros, ou mais intimamente, ao amigo "Manuel", para delícia dos leitores, com quem estabeleceu

5 Eduardo Lourenço, *Do Brasil: fascínio e miragem*, Org. e introd. de Maria de Lourdes Soares, Lisboa: Gradiva, 2015, p. 220.

6 Jorge de Sena, *Estudos de cultura e literatura brasileira*, Lisboa: Edições 70 [1988], p. 84.

7 Cleonice Berardinelli, op. cit., p. 103-104.

8 Antonio Soares Amora, op. cit., p. 19.

9 Cleonice Berardinelli, "Discurso de inauguração do Sepesp", *Boletim do Sepesp*, vol. 2, 1988, p. 2-11, p. 4.

uma "cumplicidade em relação ao poeta". Assim, Mestre Gil tornou-se seu "padrinho, pois foi por sua intercessão que entr[ou] no magistério universitário e come[çou] a merecer a amizade" de Bandeira, marcada também pelo signo de Camões. Ao "generoso" amigo deve a indicação para apresentar um programa de rádio na PRA-2, "Camões, poeta de todos os tempos", título sugerido por Bandeira, que com ela partilhou a primeira gravação.[10]

Thiers era "extremamente sensível à poesia, amava apaixonadamente os antigos, Camões à frente, mas tinha a mais fina percepção dos modernos".[11] Grande admirador de Pessoa, Thiers indicou a Cleonice uma antologia organizada por Casais Monteiro, exilado no Brasil desde 1954. Assim começou o seu fascínio pelo criador dos heterônimos, de que resultou uma vasta produção textual iniciada com *Poesia e poética de Fernando Pessoa*, tese de livre-docência defendida no final de 1958. Deve também a Thiers a percepção da *febre de Além*, um olhar que procura alçar-se, traço que nesse estudo pioneiro no Brasil, e em outros posteriores, considerou o cerne da poesia pessoana: "[Pessoa] revela na sua obra a obsessão de uma busca. Chamou-lhe o poeta 'febre de Além'".[12]

O mestre que lhe apresentou Pessoa passou a integrar também a sua *história sagrada*: "estava escrito (parece) que meu destino era a Literatura Portuguesa", declarou no "Discurso de Inauguração do Sepesp", em 1984.[13] Nesse discurso, citou um longo trecho de um trabalho que escrevera sob o impacto da perda de Thiers, "memorialista de espécie rara, autor de dois primorosos livros neste gênero: *O menino e o Palacete* e *Os seres*".[14] Na dedicatória de *Sonetos de Camões* celebrou a memória de Thiers, "que começou esta edição", e a de dois outros ilustres camonistas, Faria e Sousa e Jorge de Sena.[15] E na dedicatória da *Antolo-*

10 Cleonice Berardinelli, "Enlace luso-brasileiro em Manuel Bandeira", *Brasil Portugal. 500 Anos de Enlaces e Desenlaces. Convergência Lusíada*, n. 17, número especial, Rio de Janeiro, 2000, p. 74-89, p. 79, 81, 89.

11 Cleonice Berardinelli, "Thiers Martins Moreira", *Singularidades de uma Cultura Plural, XIII Encontro Universitário de Professores Brasileiros de Literatura*, Universidade Federal do Rio de Janeiro/Fundação Calouste Gulbenkian/Fundação José Bonifácio/Fundação Cultural Brasil-Portugal, 1992, p. 26-28, p. 26.

12 Cleonice Berardinelli, *Estudos portugueses*, Lisboa: INCM, [1985], p. 227.

13 Cleonice Berardinelli, "Discurso de inauguração do Sepesp", p. 4.

14 Ibid., p. 3-4.

15 Cleonice Berardinelli, *Sonetos de Camões*, Rio de Janeiro: Fundação Casa de Rui Barbosa, 1980.

gia poética de Pessoa[16] mais uma vez assinalou o seu reconhecimento ao mestre: "A Thiers Martins, que me inoculou o veneno de Fernando Pessoa".

Com prodigiosa memória e virtude de gratidão, guardou também o nome e o sobrenome de outros professores que teve na infância e na juventude, vividas em boa parte no Rio e depois em São Paulo. No Rio: Noêmia do Nascimento Gama, professora de declamação, contratada pelos pais; Fernanda de Bastos Casimiro, professora de português na Escola Brasileira de São Cristóvão, quando Cleonice leu pela primeira vez *Os Lusíadas* (portanto, as suas relações com Camões épico começaram antes de estudar na USP); Oscar Lorenzo Fernández, professor de piano que fundou o Conservatório Brasileiro de Música e convidou-a para sua assistente. Em São Paulo: Antônio Sales Campos, professor de português e diretor do Liceu Rio Branco, o primeiro a falar-lhe de Gil Vicente, e que lhe sugeriu estudar Letras em vez de Arquitetura.

Assim, pela mão de Fidelino e Thiers foram lançados alguns dos antigos fundamentos da Literatura Portuguesa, de Gil Vicente a Camões, passando também por Herculano, Garrett e Eça, e incorporando Pessoa, então ainda pouco estudado, e que se consagraria como o maior poeta português, ao lado de Camões, ambos figuras exponenciais na sua obra.

Se Fidelino consubstancia a "proto-história" do ensino da Literatura Portuguesa em nível superior no Brasil, com Thiers a "história [dos Estudos Portugueses na UFRJ] começa", sublinha Cleonice,[17] como quem, pessoanamente, ergue *Castellos* fundamentais do *Brasão* da disciplina.

2. Na sala de aula

A aula é o começo de tudo. É a raiz de tudo o que eu fiz.
— Cleonice Berardinelli

A sala de aula é o lugar por excelência de Cleonice. É bonita coisa ver o espetáculo que nela se encena. Quem teve o privilégio de dele participar jamais esquecerá. A mestra lê e comenta trechos em prosa ou verso, do Trovadorismo

16 Cleonice Berardinelli, *Antologia poética de Fernando Pessoa*, Rio de Janeiro: Casa da Palavra, 2012.

17 Cleonice Berardinelli, "Discurso de inauguração do Sepesp", p. 6.

à literatura contemporânea. Mostra aos alunos paisagens textuais deslumbrantes, franqueando-lhes as portas do imaginário, dom da hospitalidade que propicia o encontro, o convívio estético, a partilha da beleza. Envolve-os com sua presença marcante, a voz firme e doce, a dicção perfeita, a correção no emprego da língua portuguesa, a jovialidade, a simpatia e o entusiasmo contagiantes, a elegância nos mínimos gestos e movimentos. Faz uso desses e de outros dons a serviço da literatura portuguesa. As atenções e os olhares convergem para o livro aberto. O texto literário é o protagonista desta festa do saber.

A voz bem impostada, a pronúncia impecável, o ouvido musical, o domínio cênico e a capacidade de comunicação, em boa parte aptidões naturais, foram aprimorados nas lições de declamação e de música, nas experiências de artes cênicas e de locução em programas de rádio. Já a bela grafia, traçada com mãos ágeis e finas (de pianista...), foi descoberta e definitivamente conquistada, após obter notas baixas em caligrafia. Ao mudar de colégio, percebeu que se inclinasse o papel, à maneira da sua condiscípula, escreveria com uma letra bonita, como a que até hoje caracteriza seus manuscritos.

Suas aulas reúnem muitas das qualidades observadas nas de seus mestres maiores e nas de outros colegas, como as ressaltadas nas intervenções orais de Jorge de Sena, cuja pronúncia era facilmente entendida pelos alunos brasileiros: a "excelente dicção", a "apropriada entonação", o "interesse despertado" por suas palavras, "o magnetismo da sua presença" tornavam "clara a sua recepção", provocando nos alunos "perguntas e observações pertinentes".[18] Sena também a admirava, conforme revelou em carta (Madison, 21de maio de 1966) a Sophia de Mello Breyner, recomendando-lhe que, na sua visita ao Rio, se encontrasse com Cleonice, "quem melhor conhece literatura portuguesa por aí".[19]

As aulas de Fidelino, "um ato crítico em acontecimento", atraíam e empolgavam os alunos pelo que lhes "revelavam das obras" e por fazê-los sentirem-se "mais inteligentes".[20] As de Thiers, em que "poderia faltar o rigor metódico, mas nunca o científico, revestido de entusiasmo pelo texto, pelo autor",[21] mo-

18 Cleonice Berardinelli, "Revendo e relendo Jorge de Sena", in G. Santos (introd. e org.), *Jorge de Sena: ressonâncias e cinquenta poemas,* Rio de Janeiro: Sete Letras, 2006, p. 13-25, p. 17.

19 Sophia de Mello Breyner e Jorge de Sena, *Correspondência: 1959-1978*, Lisboa: Guerra & Paz, 2006, p. 82.

20 Antonio Soares Amora, op. cit., p. 21.

21 Cleonice Berardinelli, "Thiers Martins Moreira", p. 26-27.

tivavam as turmas a ponto de fazê-las participar de um espetáculo vicentino. Encantavam ainda pelas histórias que contava, como a narrativa sobre D. Sebastião, que o mestre ouvira da gente simples do Maranhão, "de que o rei lendário, encoberto em suas ilhas Afortunadas, delas sai uma vez por ano para surgir diante da praia".[22]

Uma das qualidades das lições de Fidelino – envolver os alunos, fazendo-os sentirem-se mais inteligentes, sentimento que Amora expressou no plural, estendendo-o aos colegas de bancos universitários –, encontra-se nas de Cleonice e também nas de Roland Barthes. O autor de *Aula*, como evocou uma ex-aluna portuguesa do mestre francês, "tinha como singular característica aumentar nos estudantes (penso que isto nos acontecia a todos!) o sentimento de nossa própria inteligência".[23]

Cleonice é acima de tudo professora. Suas aulas, uma sequência de aulas magnas, são preparadas com o mesmo cuidado e ministradas com o mesmo fervor, não importa se o curso é de graduação ou de pós-graduação, se o público é de especialistas ou de leigos. Em lugar do palco, do lugar elevado, mesmo quando fisicamente nele precisa estar, prefere sentar-se com os alunos/ouvintes em távola redonda, ainda que metafórica, como a mesa em que se sentava ao lado do catedrático Thiers.[24] Com clareza e simplicidade (que não se confunde com simplismo ou superficialidade), dando a mão ao leitor/ouvinte, cativando-o, aproximando-o do texto em análise, alcança o ideal da comunicação que só grandes mestres conseguem: fazer-se compreender por um público variado, sem prejuízo da qualidade. A clareza e simplicidade evidenciam-se igualmente na apresentação de ementas e títulos de cursos, palestras e ensaios. Como o mestre Antonio Candido (o autor de *Na sala de aula*, a quem homenageio no título deste item), "jamais fez de seu rigoroso aparato crítico e de sua imensa erudição instrumento de tormento alheio e de humilhação do outro".[25]

A sala de aula de Cleonice não se limita ao espaço físico a ela comumente destinado: amplifica-se, ganha novos espaços, torna-se vasta como o *vasto mun-*

22 Cleonice Berardinelli, "Discurso de inauguração do Sepesp", p. 5.

23 Maria Alzira Seixo, "Roland Barthes – questões de moda/modo", in *Leituras de Roland Barthes*, Lisboa: Dom Quixote, 1982, p. 221-226, p. 225.

24 Cleonice Berardinelli, op. cit., p. 5.

25 Marisa Lajolo, Saudação a Antonio Candido, 2003. Disponível em <http://www.unicamp.br/iel/memoria/projetos/ensaios/ensaio2.html>. Acesso em out 2015.

do, como diria Drummond, poeta que dedicou um poema (1965) à "genuína fazendeira" da "fazenda mais vasta e bela".[26] A aula *acontece* em diferentes lugares e contextos, diante de um pequeno grupo de alunos ou de um auditório lotado. Com idêntica desenvoltura e naturalidade, Cleonice enfrenta microfones, gravadores e câmeras em palestras e entrevistas ou apresenta-se em programas de diversas mídias. Onde quer que esteja e a faça acontecer, revela sempre o mesmo dom e prazer de ensinar, a mesma paixão pela Literatura Portuguesa ou, melhor, *devoção*, considerando a afinidade deste termo com a sua história *sagrada*.

3. Escritos

O que eu escrevi foi a partir do que eu estudei para ensinar.
— Cleonice Berardinelli

Quase todos os escritos de Cleonice nasceram do exercício do magistério ou a ele de algum modo estão relacionados, como o grupo de textos, expressivo no conjunto de sua obra, em homenagem a professores e intelectuais (nomeadamente os ligados à cultura portuguesa, como Fidelino, Thiers, Bandeira, Sena, Amora, Jacinto do Prado Coelho, Hernani Cidade, Joaquim de Carvalho, Vitorino Nemésio, José Saramago, Eduardo Lourenço e José Blanco, entre outros), "modalizados pela [sua] subjetividade, pela [sua] ternura",[27] como este texto que a ela dedico.

Lecionar e ler são práticas afins, como indica a raiz etimológica. Lecionar origina-se de *lectio*, "lição, leitura, eleição", que por sua vez vem de *legere*, primitivamente "colher, recolher, escolher". Reler contraria os "hábitos comerciais e ideológicos da nossa sociedade" consumista.[28] "Ler infatigavelmente o texto analisado é a regra de ouro do analista", pois "a multiplicação de leituras suscita intuições, que são o velho combustível deste ofício".[29] Essa *regra de ouro* aplica-se com perfeição ao trabalho docente de Cleonice e também ao de or-

26 Gilda Santos, Jorge Fernandes da Silveira e Teresa Cristina Cerdeira da Silva (orgs.), *Cleonice, clara em sua geração*, Rio de Janeiro: Editora UFRJ, 1995.

27 Cleonice Berardinelli, "Fidelino de Figueiredo, mestre de mestres", p. 103.

28 Roland Barthes, *S/Z*, Lisboa: Edições 70 [1980], p. 19.

29 Antonio Candido, *Na sala de aula*, 8ª ed., São Paulo: Ática, 1985, p. 7.

ganizadora de antologias, pesquisadora e investigadora em espólios. Leitora infatigável, pratica e ensina, com o exemplo da sua prática, a lição preconizada e praticada por Barthes e Candido.

Há profunda consonância entre as qualidades de Cleonice professora e as de ensaísta. Com seriedade e humildade, fundamenta os ensaios em inúmeras leituras do texto/autor em análise. Convoca os críticos, com respeito não subserviente, deles divergindo, ou concordando em parte, sempre com argumentações. Faz perguntas, avança hipóteses e apresenta conclusões, lembrando que podem ser contestadas – e esta é uma lição de humildade, sem prejuízo da autoridade do seu imenso saber, do valor do *honesto estudo, com longa experiência misturado*. (Não por acaso "estudos" aparece no título de dois livros, e "releituras", "relendo" e termos afins – "revendo", "redescobrindo", "recuperando" – no de muitas comunicações e ensaios). Hábil tecedeira, a mestra propõe questões, desenvolve-as até certo ponto, deixa-as suspensas, retoma-as adiante, sem jamais perder o fio da meada (à maneira de Garrett das *Viagens*). Avisa o leitor/ouvinte das interrupções e retomadas, para que caminhem juntos, mão na mão, companheiros na viagem de leitura. Jamais se satisfaz com o já lido e sabido. Lê e relê, dispondo-se a ser surpreendida. Para escrever "Pelas mãos do narrador", releu "cerca de sessenta livros [de Camilo Castelo Branco], esmiuçando a atuação do narrador-autor nos milhares de páginas que percorr[eu]".[30] Leitora apaixonada de Camões, assim "se retrata sem disfarces": "depois de uma vida decorrida lado a lado, ainda lhe descobre novos segredos e novos encantos, e, em descobri-los e revelá-los, sente aguçar-se-lhe na inteligência a curiosidade inesgotável e no coração a emoção nunca perdida".[31] Ao reler *Os Lusíadas* com olhos "virginais", descobre, com humildade, "o novo – a [s]eus olhos", porque "outros o terão visto, mas não [lh]e chegou ao conhecimento" –, que pode se revelar num detalhe, como a utilização de *facundo*, epíteto que caracterizou Ulisses desde Homero – "Pela primeira vez, no entanto, notei que este adjetivo, utilizado seis vezes no poema, só duas vezes se aplica aos portugueses" –, e lança hipóteses interpretativas – "Estabeleceria o adjetivo um parentesco entre os dois personagens épicos, ambos navegantes, português, um [Vasco

30 Cleonice Berardinelli, "Pela mão do narrador", *Boletim do Sepesp*, vol. 4 [1992], p. 83-102, p. 98.

31 Cleonice Berardinelli, *Estudos camonianos*, p. 153.

da Gama], outro, o lendário fundador de Lisboa [Ulisses]?".[32] Observa atentamente as intuições e suposições suscitadas pela *multiplicação de leituras*, para confirmá-las ou refutá-las. Alguns exemplos: sempre teve "a impressão de que em 'A passagem das horas' alguns versos não se engrenavam bem", impressão confirmada na leitura cuidadosa das folhas do espólio pessoano, autorizando-a a "tentar reordenar o extenso e importante poema";[33] cotejando edições de *Os Lusíadas* em "De censores e de censura", após uma de suas interrogativas, conclui: "Sempre me parecera que tinha havido um arrochar progressivo da censura, de 1572 a 1584; a existência da tradução [espanhola] de 1580 fez cair por terra tal suposição (...)";[34] um trecho do conto "O tesouro", que na primeira leitura lhe "pareceu uma excrescência, dificilmente perdoável ao narrador", quebrando "a tensão produzida pela trágica agonia de Rui, em vez de mantê-la, como [lhe] parecera melhor", na verdade corresponde, como conclui, valendo-se de um "conhecimento da obra geral", a um dos processos de distensão observados em outras obras – as maiores, sobretudo – de Eça, autor que "receia o excessivamente dramático, evita a emoção – sua e do leitor".[35]

O estilo interrogativo, por vezes utilizado nas intervenções orais, evidencia-se em quase todos os ensaios reunidos em *Estudos camonianos* (2ª ed.), em metade dos que integram *Estudos portugueses* e também em esparsos, como os publicados em anais e periódicos. Emprega-o com diversas funções, sobretudo como *estratégia de construção textual*, de sequenciamento de questões e informações – movimento que faz avançar a escrita –, e, ao mesmo tempo, como *estratégia pedagógica*, *método* (recuperando a origem grega do termo: caminho – *hodos* – que permite chegar a um determinado objetivo – *meta*). A interrogativa, por sua própria forma, suscita respostas, provoca a interação, o envolvimento com o interlocutor. Trata-se, portanto, de uma estratégia que privilegia a *postura dialógica*, pressupondo e incluindo sempre o outro, o interlocutor. No caso, interessa aguçar a curiosidade, suscitar e manter a atenção, a participação do ouvinte/leitor, para que, ao acompanhar a mestra/

32 Ibid., p. 83, 85.

33 Cleonice Berardinelli, *Álvaro de Campos. A Passagem das Horas*, Edição crítica, Lisboa: INCM, 1988, p. 5-6.

34 Cleonice Berardinelli, *Estudos camonianos*, p. 121.

35 Cleonice Berardinelli, *Estudos portugueses*, p. 104-105.

ensaísta, aproxime-se do texto e também lhe faça perguntas. Um magnífico tique da *professora em tempo inteiro.*

No citado "De censores e de censura", a *vocação dialógica* (manifesta também no uso do travessão) volta-se para as figuras históricas nele privilegiadas, D. Sebastião e frei Bertolameu Ferreira, participando da estruturação desse instigante ensaio em que encena uma espécie de tribunal *De leitores e de leitura.* Nesse singular processo em louvor e defesa da (boa) leitura de *Os Lusíadas*, assume diversos papéis, do advogado ao juiz imparcial, interpelando, "à distância de mais de quatro séculos", dois dos primeiros leitores do poema, o rei e o censor, autores de paratextos do épico camoniano, o alvará real e a licença da Inquisição, respectivamente. "Ao rei perguntaria se leu de fato o poema, todo o poema", censurando-o por "não ter lido – ou ouvido – o relato de Vasco da Gama ao rei de Melinde". Após elogiar o censor, "sobretudo pela adequação do seu método" – "este, sim", leu-o "bem", e "com simpatia" –, faz-lhe uma "pergunta cheia de simpatia, mas também de malícia", como bom "advogado do diabo": "– Com que então, frei Bertolameu, não achou *n'Os Lusíadas* 'cousa algũa escandalosa, nem contrária à fé e aos bons costumes?'".[36]

Outra característica, perceptível em vários escritos, é deixar-se contaminar por certas temáticas ou marcas textuais dos autores analisados. Deixar-se afetar pressupõe identificá-las, identificar-se com elas e delas se apropriar, dinâmica que envolve, ao mesmo tempo, distanciamento crítico, objetividade, e aproximação apaixonada, subjetividade. Um exemplo de *contaminação assumida* encontra-se no ensaio "José Matias", sobre o conto homônimo de Eça: "Não se espantem os meus amigos com a repetição do advérbio de dúvida; saiu-me assim, e assim o deixei ficar, contaminada pela incerteza da fala que marca o narrador eciano (...)".[37] Permeado de perguntas e finalizado com uma interrogativa, esse ensaio ilustra o *estilo interrogativo*, a *vontade de diálogo* com os leitores/ouvintes – os "meus amigos", como o "meu amigo", alocutário do conto de Eça – e ainda a *prática de releitura* – "também começou a intrigar-me, a partir da enésima vez em que reli o conto, essa repetição de

36 Cleonice Berardinelli, *Estudos camonianos*, p. 110-113.

37 Cleonice Berardinelli, "José Matias", *Convergência Lusíada*, n. 13, Rio de Janeiro, 1996, p. 43-53, p. 44.

uma presença [de Alves *Capão*] que dificilmente se explica", mas, como já apontara na análise de "O tesouro", "nada, nos textos ecianos, é gratuito, tudo tem uma função".[38] Outro exemplo de *contaminação assumida* (nem sempre premeditada) encontra-se no já referido "Pela mão do narrador": "Na boa linha camiliana, peço-lhes licença para abrir parêntesis (...)"; "e aqui me veem, sem propósito feito, a imitar Camilo".[39]

Camões, o mar: um caso frequente de *voluntária contaminação* pela *coisa amada* encontra-se em ensaios sobre *Os Lusíadas* em que recorre à metáfora das navegações: em "Os excursos do Poeta" – "Até aqui viemos 'cometendo/ O duvidoso mar num lenho leve' (I, 27), a desviar-nos, ainda que pouco, das rotas conhecidas"; em "Microleituras camonianas", desde o início – "É de Camões que falarei, navegando nos seus versos" – até o belo final, em que reafirma o valor e a permanência do canto – "O poeta manterá o lenho à flor da água, e, resistindo às intempéries, transporá os limites do espaço e do tempo"; e em "Por mares tantas vezes navegados", em que é o *leitmotiv*, como o título indica, e o primeiro parágrafo – "Apercebida de bússola e astrolábio, com vento contrário ou de feição (...)" – e a página final – "Desembarco sob o signo do amor que lhe imprime marca indelével (...)" confirmam.[40]

Camões, o amor: "Segund'o amor tiverdes,/ Tereis entendimento dos meus versos". É profunda a identificação de Cleonice com o amor, tema central de Camões, por afinidade com esse tema e por confessa paixão pelo poeta que mais alta e variadamente o cantou: em medida nova e em medida velha; na épica, na lírica e no teatro; amor e Amor; amor "serviço"; amor à pátria e amor universal; amor terreno e amor divino, "amor que, sublimado, fará 'grao para a virtude'".[41] São muitas as páginas fulgurantes que dedicou ao amor em Camões, e citá-las daria um livro. Melhor é deixar ao leitor o prazer da descoberta, convidando-o a percorrer a obra do poeta e a que a ele dedicou a sua grande leitora e intérprete.

38 Ibid., p. 53.

39 Cleonice Berardinelli, "Pela mão do narrador", p. 88, 91.

40 Cleonice Berardinelli, *Estudos camonianos*, p. 54, 94, 108, 83, 91.

41 Ibid., p. 212.

4. Em defesa e louvor da Literatura Portuguesa

Que a amem, compreende-se e louva-se, mas defendê-la... de quê ou de quem?
— Cleonice Berardinelli

"Quem não sabe a arte/ Não n'a estima" (V, 97). A literatura, uma das formas de expressão artística, foi louvada – e defendida, quando foi preciso – por aqueles que sabem a arte e a estimam. A necessidade de defendê-la pressupõe que, de algum modo, sobre ela paira uma ameaça, como perceberam Roland Barthes e Antonio Candido, dois dos mestres convocados neste estudo.

Em sua aula inaugural no Colégio da França, Barthes oferece uma das mais enfáticas defesas da literatura: "Se, por não sei que excesso de socialismo ou barbárie, todas as nossas disciplinas devessem ser expulsas do ensino, exceto numa, é a disciplina literária que devia ser salva, pois todas as ciências estão presentes no monumento literário".[42] Nessa defesa, que é também um louvor, Barthes antecipa o diagnóstico apresentado no seu último curso no Colégio da França. Em vez de dizer que a literatura está "em crise", prefere alertar que está "talvez em *via de morrer*", sendo "necessário, antes de qualquer coisa, fazer um balanço sério acerca do ensino da literatura".[43]

Por sua vez, convidado o falar sobre "Direitos humanos e literatura", Antonio Candido inclui a literatura, entendida em sentido amplo, na categoria dos "bens incompressíveis", a que todos têm direito, por corresponder "a uma necessidade universal que deve ser satisfeita, sob pena de mutilar a personalidade, porque pelo fato de dar forma aos sentimentos e à visão de mundo ela nos organiza, nos liberta do caos e portanto nos humaniza. Negar a fruição da literatura é mutilar a nossa humanidade". Antonio Candido conclui, reafirmando o direito à literatura: "Uma sociedade justa pressupõe o respeito dos direitos humanos, e a fruição da arte e da literatura em todas as modalidades e em todos os níveis é um direito inalienável".[44]

42 Roland Barthes, *Aula*, São Paulo: Cultrix, 1980, p. 18.

43 Roland Barthes, *A preparação do romance*, vol. I e II, São Paulo: Martins Fontes, 2005, p. 306.

44 Antonio Candido, *Vários escritos*, 3ª ed. rev. e ampl., São Paulo: Livraria Duas Cidades, 1985, p. 256, 263.

Significativamente, ambos os mestres referem-se a situações de excessivo autoritarismo ou barbárie. Barthes apresenta-a hipoteticamente, não com o intento de suprimir disciplinas, gesto de extrema barbárie, mas de ressaltar a importância do ensino da literatura, porque a literatura (o texto, a escritura) "sabe algo das coisas, sabe muito sobre os homens", "faz girar todos os saberes", encontrando-se "em toda a parte onde as palavras têm sabor (*saber* e *sabor* têm em latim, a mesma etimologia)".[45] Candido aponta esta situação no presente em que escreve, lembrando que "a nossa época é profundamente bárbara, embora se trate de uma barbárie ligada a um excesso de civilização", e "o movimento pelos direitos humanos se entronca aí (...)".[46] Guardadas as devidas diferenças, em ambos patenteia-se um idêntico movimento em defesa da arte – da literatura em particular –, um bem fundamental, elemento de humanização, de conhecimento do homem, contra qualquer tipo de barbárie.

No exercício do magistério, Cleonice muitas causas defendeu: a língua portuguesa, a qualidade do ensino, o intercâmbio cultural luso-brasileiro, a (boa) leitura e a literatura portuguesa. A título de ilustração, dois exemplos: lutando pela melhoria do ensino, reivindicou a presença de redação nas provas de acesso à universidade, pois "com o sistema de múltipla escolha só podemos aferir a capacidade dos nossos alunos em marcar cruzes, não tendo nenhum indício sobre sua tarimba redacional",[47] e defendendo o ensino da literatura portuguesa, propôs a introdução de provas desta disciplina no exame vestibular unificado.[48] A sua longa carreira, por si só, é um contínuo exemplo de defesa dessas causas. Não por acaso foi várias vezes destacada como professora do ano e distinguida com os mais prestigiosos prêmios e honrarias. Mas a causa maior é sem dúvida a da Literatura Portuguesa: *e a ela só por prêmio pretendia*. Por ela, com mão firmemente atada ao leme, superou percalços e frustrações; passou ao largo de conflitos, sem alimentar polêmicas ou ressentimentos; contornou escolhos, sem se desviar da rota, com sabedoria. O curso "Linhas Mestras da Literatura Portuguesa", por exemplo, criado após consulta aos alunos, foi "um subterfúgio para escapar à decisão um tanto ditatorial do diretor de Letras que,

45 Roland Barthes, *Aula*, p. 18-21.

46 Antonio Candido, op. cit., p. 236.

47 "Fiscais de Letras pedem Latim", *Jornal do Brasil*, 19 jan 1972, p. 14.

48 "Literatura reúne Congresso", *Jornal do Brasil*, 2 ago 1974, p. 10.

impondo um novo currículo", não admitia que se propusessem cursos diacrônicos na graduação, só cursos monográficos.[49] Sempre evitou confrontos, todavia nunca se alienou, nunca se absteve, posicionando-se fervorosamente quando o ensino da Literatura Portuguesa foi *posto em grande perigo, em via de morrer*. Foi voz levantada, em nome do "grupo bastante numeroso de docentes licenciados ou concursados" da UFRJ, "casa que amamos e defendemos bravamente", quando se tornou imperioso: "1º) defendê-la de um perigo iminente de imediato depauperamento que a levará à morte e 2º) daquele que deveria ser o seu mais natural defensor, por ter participado intensamente do ato da sua criação, e que agora, como Saturno, se põe a devorar os próprios filhos".[50]

Diante da "mais séria questão" surgida desde a criação dos cursos de Letras no Brasil – a "supressão das licenciaturas duplas" e o "afastamento da Literatura Portuguesa do quadro de disciplinas obrigatórias do currículo mínimo das licenciaturas" – redigiu um documento, "completado pelos colegas" da UFRJ. Com base nesse documento, na Sessão Inaugural do Sepesp defendeu com veemência o ensino da Literatura Portuguesa e analisou as consequências, da perspectiva do corpo discente e do corpo docente, do desaparecimento das licenciaturas duplas – Português e Língua Clássica, Português e Língua Estrangeira –, "em qualquer ocasião, inadequado e desaconselhável", assumindo, "num momento de crise", "proporções assustadoras":

Para nós, a dupla licenciatura é fundamental e, já que o nosso diploma pode ser professor de Português ou de Português e mais uma língua moderna ou clássica, a Literatura Portuguesa deve constar, inelutavelmente, do elenco básico de disciplinas, não só por ser literatura-mãe, a primeira a expressar-se em nossa língua portuguesa, a que constituiu o passado da nossa, a que preenche todo o espaço medieval anterior à nossa experiência, mas também por ser elemento primordial de uma cultura viva em que deitamos as primeiras raízes e que não se pode pôr de lado na nossa formação histórica.[51]

49 Cleonice Berardinelli, "Uma senhora contemporânea do futuro: entrevista com Cleonice Berardinelli (por Jorge F. da Silveira)", [2007]. Disponível em <http://www.pequenamorte.net/uma-senhora-contemporanea-do-futuro-entrevista-com-cleonice-berardinelli/>. Acesso em 05 mai 2015.

50 Cleonice Berardinelli, "Discurso de inauguração do Sepesp", p. 7.

51 Ibid., p. 9-10.

Graças à "pressão nacional", os docentes ganharam uma "pequena batalha nesta dura guerra" contra a Resolução do CFE e, mais especialmente, contra o projeto relatado por Afrânio Coutinho, que foi diretor da Faculdade de Letras da UFRJ durante onze anos: o ingresso da Literatura Portuguesa no elenco de "obrigatórias para os estudantes de Letras Vernáculas. O projeto anterior – pasmem os céus! – não incluía, num curso que assim se chamava (Letras Vernáculas), uma das principais Literaturas Vernáculas, exatamente aquela que está na origem de todas as outras – brasileiras ou africanas". O relator, segundo os jornais, justificou a exclusão da Literatura Portuguesa dos outros cursos que não o de Vernáculas porque, para incluí-la, "teria de incluir a Literatura Francesa ou a Espanhola". Contrários a esta injustificável limitação que empobreceria ainda mais um currículo já considerado pobre, os professores defendiam o *acréscimo,* não a *exclusão* de outras disciplinas, e lutavam pela permanência da Literatura Portuguesa, "como elemento da formação histórica desta nacionalidade tão apregoada pelo relator e como fonte para estudos filológicos e linguísticos, que ficariam amputados na sua prática de uma vasta e significativa área da língua, aquela mesma em que não existíamos, ou começávamos a existir".[52]

A Literatura Portuguesa é, pois, *causa amante,* como diria Llansol, de quem tomei de empréstimo a expressão "*cem memórias de paisagem*"[53] para compor o título deste trabalho. Encontrei essa autora pela mão de Jorge da Silveira, a quem sempre serei grata. Ao citar Llansol, esta leitora-aluna-colega de Cleonice aqui se retrata, em discurso também modalizado pela subjetividade, para dizer à mestra o que nunca lhe disse: sempre a vi, e ainda a vejo, associada ao "espaço materno",[54] lugar de acolhimento, através da condensação de duas figuras llansolianas: Ana de Peñalosa, *maîtresse* da comunidade de beguinas, e Ana, a que ensina, na cena fulgor *Ana ensinando a ler a Myriam.* A minha gratidão, Cleonice, pelo privilégio de tê-la como orientadora em duas das mais de cem dissertações e teses que orientou, aprovando o tema da minha dissertação de mestrado sobre o romance de Saramago, um dos autores que muito aprecia, e, sobretudo, acolhendo o tema da minha

52 Idem.

53 Maria Gabriela Llansol, *O livro das comunidades*, Porto: Afrontamento, 1977, p. 10.

54 Maria Gabriela Llansol, *Um falcão no punho. Diário I*, Lisboa: Rolim, 1985, p. 141.

tese de doutorado sobre a escrita de Llansol, que não figura entre as de sua predileção. Prova de sua abertura, à imagem do livro aberto no colo de Ana, regaço generoso onde o ler circula.

Concluindo, imenso é o seu amor pela literatura que escolheu (ou que a escolheu). *Amor fati*: plena assunção do seu destino. Ensinando, espalhou-a *por toda a parte*, com *engenho e arte*. "É importante que *espalhe*, mas é fundamental que [*ensine*]".[55] Ama-a *de siso*, seriamente, conforme verso do *Auto de Vicente Anes Joeira*, hoje bastante esquecido, mas que, conforme Cleonice, "pode ser considerado como uma das melhores obras de teatro popular português depois de Gil Vicente". Dois outros versos desse *Auto*, na sua simplicidade, aplicam-se ao longo serviço de amor daquela que há muitos anos o divulgou em sua edição crítica: "vida minha de meu bem / pois vos sirvo com amor".[56] Deixo-me contaminar por esses versos e, de propósito feito, aproprio-me do final de "Pela mão do narrador": "mesmo posta no final, esta é a minha epígrafe. Porque eu gosto muito de epígrafes".[57]

55 Cleonice Berardinelli, *Estudos camonianos*, p. 97.

56 Cleonice Berardinelli, *Auto de Vicente Anes Joeira*, Rio de Janeiro: Instituto Nacional do Livro, 1963.

57 Cleonice Berardinelli, "Pela mão do narrador", p. 101.

Maria Teresa Salgado

Esboço de uma busca da felicidade em Alberto Caeiro

Para d. Cleonice e Jane Tutikian, pessoas que me transmitem um gosto fundamental pela felicidade.

Quando procuro o que há de fundamental em mim, é o gosto de felicidade que eu encontro.
— Albert Camus

O SÉCULO XVIII, CHAMADO SÉCULO DAS LUZES, LEVOU O tema da felicidade ao centro da sociedade, transformando-o em direito, manifestado em tratados, obras e transformações sociais, como a Declaração da Independência americana e a Revolução francesa. Mas o século XIX, do Romantismo, tornou a felicidade e sua busca quase malditas no espaço literário, relevando a infelicidade como afeto mais autêntico, mais humano e mais criativo. A visão negativa da felicidade vai continuar e se fortalecer com grandes escritores do século XX que cantaram a melancolia, o tédio, a angústia, reforçando a felicidade como apanágio de uma burguesia cada vez mais preocupada com seus mesquinhos prazeres, associando a preocupação com a felicidade ao egoísmo e à burrice.[1] Na atualidade, poucos pesquisadores, na área de Literatura, vão se aventurar em torno do tema. Como mostrou o filósofo Frédéric Lenoir, a maioria das elites intelectuais continua cética, seja pelas razões elencadas, seja pela dificuldade de abordar a questão – que nos escapa sempre –, seja pelo desencanto diante da comercialização da felicidade, da banalização e alteração da problemática em uma multidão de obras de ex-

Maria Teresa Salgado é professora de Literaturas Africanas na Faculdade de Letras da Universidade Federal do Rio de Janeiro (UFRJ).

1 Frédéric Lenoir, *Du Bonheur un voyage philosophique*, Paris: Fayard, 2013, p. 14.

trema pobreza intelectual.[2] Desse modo, as poucas pesquisas existentes, nos últimos vinte anos, especialmente no Brasil, acentuam a escassez das obras literárias que tocam o tema, enfatizando o seu desaparecimento da cena contemporânea, mostrando como a felicidade parece reduzir-se a um mero esboço ou a um *flash* em textos de grandes autores. Esse é o caso, por exemplo, do trabalho realizado por Ronaldo L. Lins,[3] que chama a atenção para o caráter evanescente do tema da felicidade na literatura contemporânea, ou para a sua associação inerente à frustração. Não resta dúvida que os grandes dramas do século XX tornaram os intelectuais cada vez mais pessimistas, erigindo a questão da angústia como central em seus trabalhos, enquanto a discussão em torno da felicidade passou a ser relegada à prateleira das utopias desgastadas. Com certeza, o tema foi banalizado ao extremo em todas as mídias, a ponto de hoje vivermos, sim, aquilo que o filósofo Pascal Bruckner chamou de "Imperativo da Felicidade", quando ser feliz transforma-se quase num dever ou num grande fardo. O homem moderno torna-se praticamente "condenado a ser feliz". Daí, provavelmente, um dos maiores motivos da rejeição ao enfoque do assunto no mundo acadêmico.[4]

Em contrapartida, filósofos e pensadores contemporâneos, destacadamente os franceses, como Frédéric Lenoir, Christophe André, Pierre Hadot, André Comte-Sponville, Michel Onfray, Alexandre Jollien, Luc Ferry, Marcel Conche, Alain Badiou, mostram que, se uma parte da Filosofia e da Literatura vem renegando o tema da felicidade e se mostrando cética em relação à sua busca, o assunto permanece presente em suas inquietações e nas de muitos outros intelectuais e merece ser discutido.

Apesar de todas essas considerações, sabemos que a aspiração primeira de todo ser humano é ser feliz e que a Filosofia, desde o seu nascimento, teve como objetivo a reflexão sobre essa busca, sem desprezar, contudo, as dificuldades que a acompanhavam. Aristóteles, que já expressava as contradições que envolvem tal debate na Filosofia, ao afirmar que, para sermos felizes era preciso sermos sábios, mas que dificilmente encontraríamos um sábio feliz, fez da felicidade um de seus temas centrais. De tal modo a ideia de felicidade pareceu evidente aos filósofos, que se pode dizer que o gênio grego, manifes-

2 Ibid., p. 15.

3 Ronaldo Lima Lins, *Felicidade, nossa amiga feroz*, Rio de Janeiro: Rocco, 1993.

4 Pascal Bruckner, *L' euphorie perpetuelle*, Paris: Bernard Grasset, 2000.

tado nos filósofos e suas diversas escolas, consistiu na busca de um equilíbrio difícil, mas considerado possível, situado entre o cuidado da alma e a acomodação à realidade contingente; equilíbrio que buscou proporcionar ao homem o bem viver, a *eudaimonia*, a felicidade.

Feitas essas breves justificativas para a escolha do nosso caminho de pesquisa, caberia, agora, perguntarmos qual o propósito de lermos a obra de Caeiro à luz de uma busca de felicidade? Por que abordar o poeta que cantou o cansaço, o tédio, o desassossego e, sobretudo, a abstenção pelo prisma da busca de felicidade? Em primeiro lugar, por que não o fazer? Afinal, acredito que, como aspiração primeira de todo ser humano, a busca de felicidade termina por se manifestar nas obras de arte em algum momento, com maior ou menor evidência. Em segundo lugar, como já apontei, ao mencionar Aristóteles, a busca de felicidade andou ao lado da angústia em boa parte das reflexões filosóficas. Na verdade, em todas as grandes correntes de pensamento filosófico, religioso, artístico etc., a reflexão sobre a felicidade humana esteve acompanhada de uma preocupação com os seus estados opostos, ou seja, situações de tristeza, de mal-estar, de depressão. O pensamento existencialista, por exemplo, que vai florescer com força, sobretudo a partir do século XX, tem insistido que a forma mais autêntica da existência é a do ser em contradição.

Embora eu disponha apenas de um pequeno conhecimento da obra de Pessoa e seus heterônimos, me senti atraída quando Jane Tutikian, uma amiga, estudiosa de Pessoa, me propôs uma leitura de Caeiro. Além disso, para mim, faz todo sentido falar da busca da felicidade numa obra organizada para d. Cleonice, uma professora cuja vida é o exemplo dessa busca; pelo entusiasmo que transmite na docência, pelo seu amor à poesia, por ter me apresentado Pessoa com um brilho intenso nos olhos.

Como não perceber a ênfase dada às imagens de felicidade em sua obra? Ao mesmo tempo, como deixar de lado a angústia que acompanha a felicidade plena, mas ao mesmo tempo tensa e contida de Caeiro? São mais de dez momentos em que as palavras feliz, felicidade e demais vocábulos afins, como contente e alegre, vêm à tona, seja em *O guardador de rebanhos*, seja em *O pastor amoroso* ou em *Poemas inconjuntos*. A presente leitura se pretende, contudo, mais como um esboço, uma primeira impressão, a partir de alguns sinais e imagens de sua obra.

Tomamos para a presente abordagem a publicação *Poemas de Alberto Caeiro*, organizada por Tutikian, em 2006,[5] pois foi no encontro com Jane que as ideias começaram a brotar. O livro reúne a breve obra do heterônimo e nos oferece uma apresentação cuidadosa e sensível da pesquisadora do sul.

Já no poema inicial de *O guardador de rebanhos*, percebemos uma franca felicidade "que acontece por e na mediação estético existencial":[6]

Eu nunca guardei rebanhos,
Mas é como se os guardasse.
Minha alma é como um pastor,
Conhece o vento e o sol
E anda pela mão das Estações
A seguir e a olhar.
Toda a paz da Natureza sem gente
Vem sentar-se a meu lado.
Mas eu fico triste como um pôr de sol
Para a nossa imaginação,
Quando esfria no fundo da planície
E se sente a noite entrada
Como uma borboleta pela janela.

Mas a minha tristeza é sossego
Porque é natural e justa
E é o que deve estar na alma
Quando já pensa que existe
E as mãos colhem flores sem ela dar por isso.

Como um ruído de chocalhos
Para além da curva da estrada,
Os meus pensamentos são contentes.

5 Fernando Pessoa, *Poemas de Alberto Caeiro*, Organização, introdução e notas de Jane Tutikian. Rio de Janeiro: L&PM, 2006.

6 Fernando Alvarenga, "O hedonismo impressionista de Alberto Caeiro segundo Ricardo Reis", in *Um século de Pessoa - Encontro internacional do centenário de Fernando Pessoa*, Lisboa: Fundação Calouste Gulbenkian, 1988.

Só tenho pena de saber que eles são contentes,
Porque, se o não soubesse,
Em vez de serem contentes e tristes,
Seriam alegres e contentes.

Pensar incomoda como andar à chuva
Quando o vento cresce e parece que chove mais.

Não tenho ambições nem desejos.
Ser poeta não é ambição minha.
É a minha maneira de estar sozinho.

E se desejo às vezes,
Por imaginar, ser cordeirinho
(Ou ser o rebanho todo
Para andar espalhado por toda a encosta
A ser muita cousa feliz ao mesmo tempo),
É só porque sinto o que escrevo ao pôr do sol,
Ou quando uma nuvem passa a mão por cima da luz
E corre um silêncio pela erva fora.

Quando me sento a escrever versos
Ou, passeando pelos caminhos ou pelos atalhos,
Escrevo versos num papel que está no meu pensamento,
Sinto um cajado nas mãos
E vejo um recorte de mim
No cimo dum outeiro,
Olhando para o meu rebanho e vendo as minhas ideias
Ou olhando para as minhas ideias e vendo o meu rebanho,
E sorrindo vagamente como quem não compreende o que se diz
E quer fingir que compreende.

Saúdo todos os que me lerem,
Tirando-lhes o chapéu largo
Quando me veem à minha porta

Mal a diligência levanta no cimo do outeiro.
Saúdo-os e desejo-lhes sol,
E chuva, quando a chuva é precisa,
E que as suas casas tenham
Ao pé duma janela aberta
Uma cadeira predilecta
Onde se sentem, lendo os meus versos.
E ao lerem os meus versos pensem
Que sou qualquer cousa natural –
Por exemplo, a árvore antiga
À sombra da qual quando crianças
Se sentavam com um baque, cansados de brincar,
E limpavam o suor da testa quente
Com a manga do bibe riscado.[7]

Como sabemos, não só pela obra de Caeiro, mas pela produção de Pessoa em geral, a conscientização de um estado de felicidade turva o prazer do sujeito poético e nos apresenta uma contradição fundamental, já apontada por Aristóteles e diversos outros filósofos, entre felicidade e inteligência. Tal contradição parece ser um dos *leitmotifs* da obra pessoana: "E eu, pensando tudo isto, / fiquei outra vez menos feliz".[8] O saldo do poema, contudo, parece ser antes a consciência de um doce e agradável momento, do qual se deseja acolher e acentuar a sensação, para cultivá-la o maior tempo possível, tal como sugeriu Montaigne em seus ensaios.[9]

Nesse sentido, percebemos, ao longo da obra de Caeiro, alguns dos elementos básicos da busca de felicidade, encontrados em diversas filosofias e religiões. São eles o autocontrole, a autossatisfação, a consciência de morte e o autoconhecimento. A ideia do autocontrole e equilíbrio aparece bastante marcada em sua poesia e levou alguns estudiosos a aproximá-la da contenção epicurista, que preconiza o prazer moderado e o refrear dos desejos: "nossa alma e o céu e a terra bastam-nos./ Querer mais é perder isto, e ser infeliz";[10]

7 Fernando Pessoa, op. cit., p. 38, grifos nossos.

8 Idem.

9 Michel de Montaigne, *Essais*, Paris: Flammarion, 2013, p. 13.

10 Fernando Pessoa, op. cit., p. 72.

"Se eu pudesse trincar a terra toda/ E sentir-lhe um paladar,/ (...) Seria mais feliz um momento.../ Mas eu nem sempre quero ser feliz./ É preciso ser de vez em quando infeliz/ Para se poder ser natural...".[11]

A autosatisfação, que também é típica do epicurismo, tem lugar garantido em diversos momentos: ora associada à evocação da infância alegre e espontânea: "A Criança Eterna acompanha-me sempre./ A direcção do meu olhar é o seu dedo apontando./ O meu ouvido atento alegremente a todos os sons/ São as cócegas que ele me faz, brincando nas orelhas.";[12] ora trazida pelo prazer gerado pelo contato com a natureza: "E se desejo às vezes, / Por imaginar, ser cordeirinho/ (Ou ser o rebanho todo/ Para andar espalhado por toda a encosta/ A ser muita cousa feliz ao mesmo tempo),/ É só porque sinto o que escrevo ao pôr-do-sol,";[13] ora evocada pelo sentimento amoroso: "Penso em ti e dentro de mim estou completo. / Corre pelos vagos campos até mim uma brisa ligeira./ Penso em ti, murmuro o teu nome, e não sou eu: sou feliz.".[14] A consciência desses estados de felicidade não chega ainda a turvar os sentimentos descritos pelo sujeito poético e se faz sempre presente.

A ideia do autoconhecimento, que acompanha toda a filosofia clássica, ou seja, a indagação do sujeito sobre quem ele é e como se sente, aparece, de modo mais evidente, em *Poemas inconjuntos*, retomando a imagem da criança, da natureza, e ligando-se ao autocontrole, assim como ao desdobramento de si mesmo: "Se eu morrer muito novo, oiçam isso:/ Nunca fui senão uma criança que brincava./ Fui gentio como o sol e a água,/ De uma religião universal que só os homens não têm./ Fui feliz porque não pedi coisa nenhuma,/ Nem procurei achar nada.";[15] "Pastor do monte, tão longe de mim com as tuas ovelhas – / Que felicidade é essa que pareces ter – a tua ou a minha?/ A paz que sinto quando te vejo, pertence-me, ou pertence-te?".[16] Vale observarmos, especialmente, esse último trecho citado, pois nele acompanhamos a reflexão do sujeito poético que busca se estruturar, mas reconhece as falácias do olhar humano na projeção da felicidade que localiza no outro. Ao mesmo tempo em que observa o outro, idealizando a felicidade alheia, o sujeito tem consciência

11 Ibid., p. 60.
12 Ibid., p. 49.
13 Ibid., p. 32.
14 Ibid., p. 94.
15 Ibid., p. 117.
16 Ibid., p. 110.

de que o seu olhar é fruto de um desdobramento e de uma projeção; por isso indaga a quem pertencem os sentimentos que percebe no pastor, desmascarando, assim, o processo de idealização que o ser humano opera. Na psicanálise, a projeção é uma "operação pela qual o sujeito expulsa de si e localiza no outro – pessoa ou coisa – qualidades, sentimentos, desejos e mesmo 'objetos' que ele desconhece ou recusa (em si)".[17]

A consciência de morte é um dado natural, não apenas associado à felicidade, como acabamos de ver, mas recorrente em *Poemas inconjuntos*. Assim, viver é aprender a morrer, como já nos ensinaram os grandes filósofos gregos, e como nos ensinam algumas passagens de *Poemas inconjuntos*.[18]

> Se, depois de eu morrer, quiserem escrever a minha biografia,
> Não há nada mais simples.
> Tem só duas datas – a da minha nascença e a da minha morte.
> Entre uma e outra coisa todos os dias são meus.
>
> Sou fácil de definir.
> Vi como um danado.
> Amei as coisas sem sentimentalidade nenhuma.
> Nunca tive um desejo que não pudesse realizar, porque nunca ceguei.
> Mesmo ouvir nunca foi para mim senão um acompanhamento de ver.
> Compreendi que as coisas são reais e todas diferentes umas das outras;
> Compreendi isto com os olhos, nunca com o pensamento.
> Compreender isto com o pensamento seria achá-las todas iguais.
>
> Um dia deu-me o sono como a qualquer criança.
> Fechei os olhos e dormi.
> Além disso, fui o único poeta da Natureza.

A morte pode ser encarada com naturalidade, justamente porque existe a consciência de cada momento vivido, quase como um exame de consciência no estilo de filósofos clássicos. Pensadores como Cícero, Marco Aurélio, Epitecto e

17 J. Laplanche e J.-B. Pontalis, *Vocabulário de psicanálise*, São Paulo: Martins Fontes, 2001, p. 374.
18 Fernando Pessoa, op. cit., p. 116, 117, 118, 119, 133, 135.

tantos outros nos legaram uma série de obras nas quais a filosofia se revela, em primeiro lugar, como exercício espiritual para o bem viver, como uma prática pessoal, destinada a operar uma transformação no indivíduo.[19] Talvez seja também nesse sentido que possamos considerar Caeiro como o mestre dos demais heterônimos pessoanos. Caeiro seria aquele que aprendeu a morrer, aquele cuja obra expressou o desejo de viver com intensidade e plenitude o mundo a sua volta, buscando, por isso, tal como fizeram os filósofos antigos, nos ensinar a viver, por meio de um discurso interior que orientasse cada uma de nossas ações.

A fusão entre o sentir e o pensar surge, em alguns momentos, sugerindo-nos um pensamento mediado por uma espécie de fruição total dos sentidos: "Sinto todo o meu corpo deitado na realidade,/ Sei a verdade e sou feliz".[20] Nessa passagem, a relação do sujeito com o mundo nos faz pensar no "sentimento oceânico", descrito por Romain Roland e retomado por Freud.[21] Trata-se de um sentimento que estabelece um vínculo indissolúvel entre o ser e o mundo externo, uma sensação de pertencimento a um todo. O filósofo Pierre Hadot descreve essa sensação como uma angústia assustadora e deliciosa, provocada por um sentimento da presença do mundo ou dele próprio no mundo.[22] Mas o que desejamos, antes, salientar nesse trecho é a experiência, quase mística, de unidade e completude que o sujeito vivencia, experiência que se traduz numa espécie de recolhimento sobre si mesmo e integração com o mundo. Estudiosos já notaram que essa busca de felicidade se assemelha, por vezes, às propostas do Impressionismo, último movimento artístico europeu que valoriza nítida e enfaticamente os momentos de felicidade. Embora seja uma arte citadina, o Impressionismo destacou, mais do que nenhum outro movimento, a relação direta com a natureza, apresentada e convocada no calor do entusiasmo humano pela sua beleza, pela beleza do mundo.

Os poemas de *O guardador de rebanhos*, tal como algumas telas impressionistas, relevam a imanência das sensações, a fruição dos sentidos. Não nos esqueçamos que, também o Impressionismo, ao exacerbar a consciência do caráter mutável das coisas, chamou, simultaneamente, a nossa atenção para tudo o que faria a per-

19 Pierre Hadot, *Exercices spirituels et philosophie antique*, Paris: Albin Michel, 2002.

20 Fernando Pessoa, op. cit., p. 52.

21 Sigmund Freud, *O mal-estar na civilização e outros textos*, São Paulo: Companhia das Letras, 2010.

22 Pierre Hadot, *La philosophie comme manière de vivre*, Paris: Librairie Générale Française, 2001, p. 9.

da da nossa felicidade e, consequentemente, para a morte. O Impressionismo enfatizou o modo como "nossos sentimentos e impressões, estados de espírito estão a mudar constantemente"[23], para uma realidade instável, sempre a variar, relevando a importância da capacidade de 'outrar-se' no processo de autoconhecimento. Lembremos, nesse sentido, não apenas o outrar-se, promovido pela criação dos vários heterônimos, mas o outrar-se dos muitos estados de espírito retratados no espaço da poesia de Caeiro. No poema a seguir, de *O guardador de rebanhos*, podemos ver, ao mesmo tempo, um desejo de simplicidade, desdobrando-se em tranquilidade, e observar certo desprezo, típico da obra de Pessoa, que questiona o absurdo das atitudes humanas; ao final, constatamos a tristeza invadindo o sujeito, em função do pensamento inelutável que lhe turva a existência.

Esta tarde a trovoada caiu
Pelas encostas do céu abaixo
Como um pedregulho enorme...
Como alguém que duma janela alta
Sacode uma toalha de mesa,
E as migalhas, por caírem todas juntas,
Fazem algum barulho ao cair,
A chuva chovia do céu
E enegreceu os caminhos...

Quando os relâmpagos sacudiam o ar
E abanavam o espaço
Como uma grande cabeça que diz que não,
Não sei porquê — eu não tinha medo —
Pus-me a rezar a Santa Bárbara
Como se eu fosse a velha tia de alguém...

Ah! é que rezando a Santa Bárbara
Eu sentia-me ainda mais simples
Do que julgo que sou...

23 Disponível em www.arteemodernidade.blogspot.com.br/2010_03_01_archive.html. Acesso em 21 set 2016.

Sentia-me familiar e caseiro
E tendo passado a vida
Tranquilamente, como o muro do quintal;
Tendo ideias e sentimentos por os ter
Como uma flor tem perfume e cor...

Sentia-me alguém que possa acreditar em Santa Bárbara...
Ah, poder crer em Santa Bárbara!

(Quem crê que há Santa Bárbara,
Julgará que ela é gente visível
Ou que julgará dela?)

(Que artifício! Que sabem
As flores, as árvores, os rebanhos,
De Santa Bárbara?... Um ramo de árvore,
Se pensasse, nunca podia
Construir santos nem anjos...
Poderia julgar que o Sol
É Deus, e que a trovoada
É uma quantidade de gente
Zangada por cima de nós...
Ah, como os mais simples dos homens
São doentes e confusos e estúpidos
Ao pé da clara simplicidade
E saúde em existir
Das árvores e das plantas!)

E eu, pensando em tudo isto,
Fiquei outra vez menos feliz...
Fiquei sombrio e adoecido e soturno
Como um dia em que todo o dia a trovoada ameaça
E nem sequer de noite chega...[24]

24 Fernando Pessoa, op. cit., p. 26.

Mas o que me chama a atenção no presente poema é a sua proximidade com a descoberta filosófica da necessidade humana de felicidade, uma descoberta que aqui se revela como tomada de consciência da pequenez humana diante da natureza. Daí o poema se assemelhar mais a um gesto de extrema contenção humana e não de entrega. Como em alguns dos exercícios espirituais de Marco Aurélio,[25] vemos que a natureza é que nos apresenta "a saúde de existir"; enquanto o homem não puder reconhecer e, sobretudo, viver essa clara simplicidade, não haverá tranquilidade possível.

A necessidade demonstrada por Fernando Pessoa de se desdobrar em tantas faces, numa poética do desassossego ou da angústia, e, nesse sentido, não me refiro apenas à obra de seu semi-heterônimo Bernardo Soares, mas aos múltiplos desassossegos que, de tantas formas, dominaram a vida do poeta, revela-nos a dor do sujeito cuja vida foi marcada pela frustração e pela abdicação; um sujeito que se autodiagnosticou como histérico em carta sobre a criação dos heterônimos dirigida a Adolfo Casais Monteiro. Por outro lado, essa faculdade de se desdobrar aponta-nos um caminho profícuo, ao lembrar-nos também da limitação dos homens, que não sabem "sentir as mil complexidades que espiam a alma em cada pormenor de acção",[26] incapazes de outrar-se. Recorda-nos também, a noção freudiana correspondente, de que os homens passam a sua vida escondidos de si próprios e dos outros, desconhecendo-se. Apesar de apontar os males da dor de pensar, não é a felicidade da ignorância que a obra pessoana nos propõe.

O amor à natureza, tão patente na poesia de Caeiro, mestre de todos os demais heterônimos, nos faz também lembrar o amor à natureza professado por Albert Camus, outro grande escritor, que partiu com a mesma idade de Pessoa e que transmitiu, como este, na maior parte de sua poesia, uma profunda angústia diante do que considerou o absurdo da vida. Em Camus, a sensação de angústia e vazio agudiza a nostalgia da unidade; e a felicidade se configura, portanto, como única finalidade legitima da existência, sobretudo quando já nada mais resta.

Não resta dúvida de que a busca da felicidade não deve ser vista como motor primeiro da obra de Pessoa ou de qualquer um de seus heterônimos. No entan-

25 Pierre Hadot, *Exercices spirituels et philosophie antique.*

26 Fernando Pessoa, *O livro do desassossego*, vol. I e II, Organização e fixação de inéditos de Teresa Sobral Cunha, Lisboa: Presença. 1990.

to, essa busca parece-nos evidente em Caeiro e passível de muitas abordagens; sobretudo porque, ao não abrir mão da dor e do desassossego pode, talvez, nos ensinar mais a enfrentar a "ditadura da felicidade na contemporaneidade". Esta, ao silenciar a angústia, nos empobrece e nos impõe fórmulas ineficazes e desgastadas, como sugere na abertura de *Poemas inconjuntos*: "Se as coisas fossem como tu queres, seriam só como tu queres./ Ai de ti e de todos que levam a vida/ A querer inventar a máquina de fazer felicidade!"[27]

A obra de Caeiro oferece-nos, assim, um dado sugestivo para imaginarmos, senão um caminho, uma trajetória de alguns aspectos básicos envolvidos na busca de felicidade, como a valorização das contradições e angústias que nos acompanham pela vida.

27 Fernando Pessoa, *Poemas de Alberto Caeiro*, p. 104.

Maria Theresa Abelha Alves

Muitas décadas de paixão, Cleonice serve a Camões

Quem presumir, Senhora, de louvar-vos / Com humano saber, e não divino / Ficará de tamanha culpa dino",[1] dizia Camões de sua Dama, hoje digo eu de d. Cleo. Antes de conhecer Cleonice Berardinelli conheci suas antologias editadas pela Agir. Aqueles livrinhos tão pequeninos, todavia tão densos, eram o material didático de Literatura Portuguesa no curso Normal. Quando fui para a Faculdade de Letras da UFRJ, tive a honra e o prazer de ter a autora daqueles livrinhos profundos, que me abriram as portas à crítica dos livros portugueses, como professora e orientadora. O estatuto de eterna discípula é privilégio que mantenho até hoje e que foi sendo enriquecido nos anos em que lecionei na UFRJ, a convite da querida mestra. Guardo na memória suas aulas e nesse pórtico de agradecimento me vieram à lembrança as que foram proferidas sobre Camões. Ela anunciava o que ia comentar, abria o livro e lia, muitas vezes desviava os olhos, pois sabia os poemas de cor, até *Os Lusíadas*, o que deixava admirados seus alunos, e encarava a turma deslumbrada que lhe bebia a lição, porque como diz o poeta "Que alma, que razão, qu'entendimento/ em ver-vos se não rende e obedece?".[2] Lia de um modo único que já era uma pessoal interpretação. Se o texto focalizava uma batalha, a perfeita dicção era forte e rápida, a simular os lances da luta, se era de amor, se tornava doce e calma, aquele era um movimento *presto*, este um melodioso *adagio*. Ela se movia como uma atriz em cena "Ali coa mão na face, tão fermosa, /Aqui falando

Maria Theresa Abelha Alves é professora de Literatura Portuguesa da Universidade Federal do Rio de Janeiro (UFRJ).

1 Luís de Camões, *Sonetos. Corpus dos sonetos camonianos* ("dos sonetos que alguma vez foram atribuídos a Camões"), Edição, introdução e notas de Cleonice Serôa da Motta Berardinelli, Lisboa/Paris/Rio de Janeiro: Centre Culturel Portugais/Fundação Casa de Rui Barbosa, 1980, p. 280.
2 Ibid., p. 140.

alegre, ali cuidosa",[3] recebendo a atenção de todos. Eu ouvia, e ouço ainda, d. Cleo ler os poemas como quem ouve uma peça sinfônica, das que fazem desejar a repetição. Muito antes de Caetano Veloso confessar: "Gosto de sentir minha língua roçar / a língua de Luís de Camões",[4] este gosto feito de sedução, prazer e gozo eu o experimentei nas inesquecíveis aulas de d. Cleo, que soube sempre transformar a emoção e o conhecimento em gozo partilhado. Muito obrigada, mestra amiga.

"Pera cantar-vos, mente às Musas dada" (X, 155, 2)

O verso de *Os Lusíadas*, aqui apresentado, diz bem da constante visita feita por Cleonice Berardinelli aos textos camonianos. Ela também tem dado a mente às Musas para celebrar não o rei, como Camões pretendera fazer, mas para cantar aquele que melhor soube cantar Portugal, a história e os heróis de seu país, e que também soube cantar o amor e sua dupla e paradoxal chama. O livro *Estudos camonianos*, em edição revista e ampliada, ocupa um lugar de destaque no acervo crítico do grande vate português. A primeira edição, já de há muito esgotada, viera à luz em 1973, ainda no rastro das comemorações do quarto centenário de *Os Lusíadas*. Naquela altura o livro se compunha de apenas sete ensaios. A nova edição contém dezesseis, além de um "Prefácio" e de um "Apêndice" de que constam dois verbetes: "Luís Vaz de Camões" e "*Os Lusíadas*", compostos para figurarem no *Pequeno dicionário de literatura portuguesa*, e uma bibliografia de "Obras citadas".

Os ensaios, provenientes a maioria de apresentações em congressos, abarcam as três vertentes em que Luís de Camões fez soar seu verbo ímpar e iluminam questões fulcrais da obra do genial Poeta. São artigos gerados em várias décadas de trabalho competente, frutos de uma vida inteira dedicada à sólida investigação, ao fecundo estudo e ao magistério da Literatura Portuguesa por universidades brasileiras e estrangeiras, produto de um amor confessado pela obra camoniana. É de lembrar que a autora se apresenta como alguém "que traz no 'gesto' [...] as marcas da idade muitas delas ganhas neste 'penetra[r] no reino das palavras' em que vive o Poeta" e é com a "curiosida-

3 Ibid., p. 92.

4 Caetano Veloso, "Língua", 11ª faixa do álbum *Velô*, Gravadora Polygram, 1984.

de inesgotável" e "a emoção nunca perdida" pela obra camoniana que pede vênia para "extravasar sua paixão".[5]

Alberto Manguel acreditava que a biblioteca pessoal de alguém, formada pela eleição de certos autores, é sempre autobiográfica, reflexo de seu proprietário.[6] Eduardo Prado Coelho considerava que "ler é eleger, escolher as palavras que emergem do fio do discurso, dar-lhes o brilho e a cor que lhes convêm".[7] Paul Valéry afirmava que "não existe teoria que não seja um fragmento cuidadosamente preparado de alguma autobiografia".[8] De igual modo, em muitas décadas de magistério, Cleonice Berardinelli tem exposto seu jeito de ser, marcado por uma inquietação contínua, um desejo inesgotável de aprender, um claro investimento no conhecimento, através de uma invenção sempre renovada, à medida que teoriza, amplia sua pessoal biblioteca, elege, dá colorido e faz brilhar os autores eleitos que habitam os castelos de saber que ela tem construído. Camões tem-lhe sido objeto de estudo e de amor. Ela o tem lido e sobre ele tem escrito com saber, sabor e intimidade proporcionados pela afinidade eletiva. E se é verdade que os autores que se elegem revelam o íntimo de quem os elegeu, é verdade que, através da laboriosa e persistente visita aos textos do grande Poeta, o eu de Cleonice se tem identificado com o todo fulgurante de Camões.

Quando alguém se vale dos *Estudos camonianos* para abordar a obra de Luís de Camões se dá conta de que os versos de *Os Lusíadas* com que o poeta se qualifica bem poderiam ser atribuídos à autora que há tantos anos o serve com paixão, ensinando sua obra a muitas gerações de universitários. Ao poeta e à professora não lhes faltaram "honesto estudo,/ Com longa experiência misturado,/ Nem engenho" (X, 154, 5-7), e se o poeta reconhecia que estudo, experiência e engenho eram "Cousas que juntas se acham raramente" (X, 154, 8), o leitor que lê Camões guiado pelos artigos de Cleonice Berardinelli neles

5 Cleonice Berardinelli, *Estudos camonianos*, Rio de Janeiro: Nova Fronteira/Cátedra Padre António Vieira/Instituto Camões, 2000, p. 153.

6 Alberto Manguel, *A biblioteca à noite*, trad. Samuel Titan Jr., São Paulo: Companhia das Letras, 2006, p. 162-163.

7 Eduardo Prado Coelho, "Se o leitor escreve tu escreves", in Manuel Gusmão; Eduardo Prado Coelho e Duarte Belo, *O leitor escreve para que seja possível*, Lisboa: Assírio & Alvim, 2001, p.77-91, p. 78.

8 Paul Valéry, *Variedades*, org. João Alexandre Barbosa, São Paulo: Iluminuras, 1991, p. 204.

percebe a presença destas três coisas, pois com grande inteligência crítica, invulgar erudição e simplicidade típica dos grandes sábios eles foram concebidos e ela os oferece. Não há arrogância em seus *Estudos*, há amor, apurada sensibilidade e a voz alta e clara com que os grandes mestres sonham e praticam a investigação. Os textos que figuram no livro ilustram saber e rigor, ilustram invenção e prazerosa interrogação, ilustram também a força e o compromisso com a escrita. Eles foram selecionados com cuidado e criteriosamente contextualizados, demonstrando intimidade com as palavras do Poeta, sua biografia, e ainda com a história de Portugal. É com argúcia, sensibilidade e indisfarçada emoção que Cleonice Berardinelli lê Camões, desvendando-lhe aquilo a que Barthes denominou as "impurezas da língua":[9] desejos e medos, ternuras e protestos, agressões e desculpas, enfim, as inúmeras melodias e os inúmeros vazios que matizam os textos.

A bibliografia deste precioso livro atesta o rigor científico da autora e seu particular modo de visitar textos e lê-los mediante diferentes guias, conforme os apelos da obra e da ocasião. Ela sempre apresentou ouvidos atentos às teorias que se foram formulando, o que comprova a juventude da centenária estudiosa, sempre disposta a acolher o novo, não aliciada pelo simples modismo, mas pela curiosidade intelectual de quem verdadeiramente se encontra em sintonia com seu tempo e disposta a corresponder a seus desafios. Assim teorias antigas e novas teorias nutrem as concepções berardinellianas, de modo a enriquecer o aparato teórico de seus discípulos, de modo a guiá-los segura e atentamente, porque, para a professora, ensinar não consiste somente na transmissão de um saber, deve ser também um ato amoroso, ato de doação e partilha, pois só assim o saber logra circular. A linguagem claríssima da autora atesta, ainda, sua constante preocupação com o leitor, prova incontestável de sua dadivosa solidariedade intelectual.

São, pois, ensaios que traduzem experiências sabidas e saboreadas que, reunidos, proporcionam aos leitores apurar a sensibilidade e passear com segurança pelas múltiplas faces de uma obra inatingível em sua totalidade e que, por isso mesmo, sempre se constitui como desafio e convite a novas abordagens.

9 Roland Barthes, *Lição*, trad. Ana Mafalda Leite, Lisboa: Edições 70, 1988, p. 30.

"Cantando espalharei por toda parte" (I, 2, 7).

A seção do livro dedicada à épica se abre com um abrangente ensaio sobre "A estrutura d' *Os Lusíadas*", em que, minuciosamente, são expostos o jogo de narradores e a importância de cada um, o jogo de tempos do enunciado e da enunciação, a celebração e a concomitante contestação da ideologia expansionista portuguesa. A autora demonstra a relativa simplicidade da estória narrada na épica camoniana, em que se repetem armadilhas urdidas por inimigos e planos de proteção elaborados pelos amigos, o que lhe confere a estrutura de uma narrativa primitiva em que o herói deve enfrentar oponentes, contando com a ajuda de aliados para, finalmente, qualificar-se. Através de uma navegação com ventos favoráveis pelas estâncias do poema, a ensaísta percorre os conteúdos narrativos, desde a situação inicial, em que os nautas navegavam com bons ventos, até o regresso à Pátria. Entre uma e outra se desenvolvem as treze sequências da narrativa lusíada que são profundamente estudadas. Este artigo se abre citando o *Alvará* de D. Sebastião que concedeu a Camões a licença para imprimir sua epopeia, condicionando-a ao aval da Inquisição. O rei conclui seu *Alvará* aventando a hipótese de o Poeta acrescentar "mais alguns Cantos" à obra, isso porque, no final de *Os Lusíadas*, ele prometeu ao rei celebrar seus feitos, em novo canto, caso o soberano "Dina empresa tomar de ser cantada" (X, 155, 6). A ensaísta observa que o Poeta-Locutor, "de suplicante de uma mercê – o alvará – se transforma em doador de um prêmio – a propagação da glória do rei-alocutário".[10] O parecer do censor do Santo Ofício também é objeto da atenção da estudiosa para demonstrar como ele fora sábio e isento ao emiti-lo, não encontrando na obra motivo de escândalo, apesar da nudez das ninfas, do erotismo da Ilha dos Amores ou da sensualidade do encontro de Vênus e Júpiter. Bertolameu Ferreira não era ingênuo, apenas tinha a lúcida consciência de que uma obra deve ser julgada pelo seu conteúdo artístico e não por questões ético-religiosas ou ideológicas. A importância atribuída a esses "Paratextos" por Cleonice Berardinelli a motiva a retomá-los, em "Microleituras camonianas" e em "De censores e de censura". É importante salientar que tais retomadas sempre são aditivas: repercussão e ampliação com que a autora interroga referências e ideologias, texto e Poeta. A repetição de motivos e abordagens consiste num método eficaz de análise,

10 Cleonice Berardinelli, op. cit., p. 16.

porque as verdadeiras leituras são pacientes e vagarosas, feitas de idas e vindas. Há que demorar nos textos, morar neles, ouvi-los em voz alta e em surdina, emocionar-se com eles, vagar e divagar sobre eles. É o que Cleonice faz com invulgar sucesso. É o que ela convida seus leitores a fazerem. Assim, aspectos que serão desenvolvidos em outros ensaios do livro já se indiciam no primeiro, configurando-se este como uma abertura sinfônica em que já se deixam ouvir os fios melódicos de sustentação dos diferentes temas a explorar, e, simultaneamente, as retomadas comprovam a coerência do percurso crítico da ensaísta que é, seguramente, autoridade maior em Literatura Portuguesa.

Se no primeiro ensaio ela argumentava que ao lado das partes fixas da epopeia há, na de Camões, "toda uma reflexão sobre a vida, sobre a história, sobre o autor e o poema",[11] o segundo ensaio, intitulado "Os excursos do Poeta n'*Os Lusíadas*", desenvolve o argumento, explorando aqueles versos proferidos pelo "locutor não narrador", "por sua voz ou pela voz interposta de um de seus personagens",[12] e que somam mais de 8% de todo o poema. Louvor e dor, heroísmo triste, "sinfonia e *requiem*"[13] conformam *Os Lusíadas*. A matéria épica se narra em tom maior, com a predominância da função referencial e da poética, como nas epopeias clássicas. Nestas, pouca importância era conferida à função emotiva da linguagem, porém, nas epopeias renascentistas, o destinador se faz presente. Se Camões foi saciar-se às fontes clássicas, mantendo fidelidade a elas quer no jogo de personagens (deuses e humanos), quer no jogo de narradores (um narrador principal que introduz um segundo narrador – o herói), quer no iniciar a narração *in medias res*, quer na obediência às quatro partes (proposição, invocação, narração e epílogo) com o acréscimo de mais uma: a dedicatória ao rei D. Sebastião, o grande gênio da cultura portuguesa bebeu também do manancial renascentista, introduzindo o eu poético no canto épico, através de "reflexões, exortações, queixas".[14] Entre tais excursos há os que bemolizam o canto, dando-lhe um tom menor, ainda assim esplendoroso. Essa concórdia discorde, que bifurca os caminhos de apreensão do poema e que a ensaísta aponta em sua leitura, é dialética

11 Ibid., p. 19.

12 Ibid., p. 33.

13 Eduardo Lourenço, "Psicanálise mítica do destino português", in *O labirinto da saudade*, Lisboa: Dom Quixote, 1988, p.17-64, p. 20.

14 Cleonice Berardinelli, op. cit., p. 33.

que o enriquece, pois, se de um lado ratifica a ideologia, de outro aponta seus equívocos. Para a intérprete de Camões, é nessa dualidade que se surpreende a modernidade da obra, que traduz a contradição dos novos tempos, o que a qualifica como a "única epopeia representativa do Renascimento europeu".[15]

O locutor não narrador, no canto sétimo de *Os Lusíadas*, qualificou-se como aquele que traz "N˜ua mão sempre a espada e noutra a pena" (VII, 79, 8), como soldado e poeta, como antes, no canto quinto, apresentara a César: "n˜ua mão a pena, e noutra a lança" (V, 96, 3), insinuando, assim, que sua obra, além dos conteúdos heroicos que se cantam, apresenta interesse não menor na maneira como se celebram tais conteúdos. Camões tinha consciência da importância de seu poema para a eternização do fato histórico, daí o pleno exercício da função poética nas passagens históricas onde, em princípio, predominaria a função referencial. O terceiro ensaio se atém à dimensão bélica da epopeia, focalizando as três batalhas importantes da Idade Média portuguesa: Ourique, Salado e Aljubarrota. A camonista, mediante análise comparativa das partes das batalhas (preparação, combate e vitória dos portugueses) e das figuras de estilo mais presentes no relato (comparações descritivas e qualificativas), estabelece homologias com que lê o que o Poeta diz e o que ele cala ao recriar a história e revela o entrelugar em que as forças agonicamente interagem: a dos soldados no campo bélico e a do Poeta no campo textual. Com sensibilidade e argúcia explora a luta e a lira, porque sabedora da importância que seu autor conferia à matéria do canto e à maneira de cantar. A batalha de Ourique é vista como "primeiro passo na dilatação da fé e do império",[16] porque, se os inimigos eram mouros, vencê-los seria o ponto de partida para alargar o território em direção ao Sul e daí ao mar sem fim, que haveria de ser português. Já na Batalha do Salado, cristãos castelhanos e portugueses pelejaram contra o mesmo adversário, os mouros. Numa e noutra houve dupla motivação: o território e a crença. Na de Aljubarrota, batalha que é narrada mais extensamente, a motivação era meramente política, e os combatentes de lado a lado professavam o mesmo credo. Através de criteriosa análise comparativa, a intérprete do Poeta observa as coincidências e as divergências apresentadas na narração das três pelejas, assinalando a importância tanto do que ele diz, como também do que

15 Ibid., p. 55.
16 Ibid., p. 57.

ele silencia, possibilitando a seus leitores a gratificante experiência da atenção aos ruídos da obra para ousar preencher suas lacunas.

Voltando a aspectos já prenunciados no primeiro ensaio, a mestra propõe "Uma leitura do Adamastor" que se realiza como a que resolve a aparente incoerência que consistia em Vasco da Gama, contrariando a verossimilhança, dialogar com o personagem mitológico. A leitora de *Os Lusíadas* discute a terminologia de "episódio" que tem sido conferida à passagem do Adamastor e fornece os argumentos por que a considera uma microssequência formada por um conjunto de funções. Demonstrando a distribuição equilibrada das partes que constituem a conhecida passagem e analisando as estrofes que a formam, encontra sintonias entre a figura mitológica do Adamastor e o caráter do povo português que, se de um lado se mostra forte e belicoso, de outro se afirma brando, erótico e apaixonado, pois "Ambos são capitães do mar, ambos defendem com bravura o próprio solo, ambos sabem fazer a crua guerra, mas também são ambos sensíveis à beleza feminina, capazes de amar com extremos e contentar-se com enganos de amor".[17] Ela conhece bem a cultura portuguesa e sabe que a música popular muito diz do povo que a concebeu, então recorre a um antigo fado para com ele ilustrar a infelicidade do Gigante que prefere a mentira do amor à dor do desengano.

O próximo ensaio, "Por mares tantas vezes navegados", compreende não só uma viagem pela obra máxima da Literatura Portuguesa, mas também a que propiciou o feliz encontro de uma leitora com o livro que, ao longo de sua brilhante carreira, jamais haveria de abandonar, jamais deixaria de ver com os mesmos "olhos virginais com que, segundo Miguel Ângelo, Adão olhou a Deus pela primeira vez".[18] A cada nova leitura, uma descoberta. Cleonice lê *Os Lusíadas* experimentando a vivência do novo, tal como o Gama lê o novo com a maravilha de um ver inaugural. É assim que, analisando a adjetivação qualificadora dos personagens, descobre a facúndia atribuída a Vasco da Gama e a Ulisses. É assim que observa as diferentes linguagens – a corporal, a gestual e a falada – dos discursos das figuras femininas: Vênus, Maria, Inês de Castro e Ninfas, contrapontos líricos ao discurso épico que reduplica o *ethos* da coragem belicosa. É assim que descobre

17 Ibid., p. 81.

18 Ibid., p. 83.

que a obra que canta “As armas e os barões assinalados” (I, 1, 1) é também, e não sem menos importância, celebração de Eros. É com esse olhar virginal, mas extremamente perscrutador, que navega pelos versos camonianos, com arte de filigrana, propondo-lhes “Microleituras”. Encontra, então, ao longo da obra, as passagens em que a morte é chorada pela natureza: seja a de um forte rei, seja a de uma fraca dama, seja a de um mártir de Cristo, reconhece a força crua com que o puro amor obriga os personagens épicos enquanto na épica se abriga, mas sempre desvela as contradições históricas que simultaneamente fazem o poeta afirmar e infirmar o quadro ideológico em que sua obra foi gerada.

O ensaio seguinte, “De censores e de censura”, além de amplificar as notas já emitidas sobre o *Alvará* de D. Sebastião e sobre o parecer de frei Bertolameu, estabelece uma comparação entre a primeira edição da obra e a edição de 1584, a dos Piscos, que comporta significativas alterações. Com jocosa leveza, a professora aponta as absurdas alterações que foram feitas pela edição de 1584, que, tal como a primeira, foi licenciada por frei Bertalomeu Ferreira. Ela demonstra como o censor, lendo o texto com a sabedoria de um crítico imparcial, salvou definitivamente o livro de águas mais perigosas que as do bravo mar que Camões cantara, pois o salvou das águas turvas do obscurantismo e da incompreensão que ameaçavam tragá-lo.

O último ensaio dedicado à épica é uma análise do jogo intertextual entre *Os Lusíadas* e *Mensagem*. Passo a passo, a pesquisadora expõe os pontos de contato e de divergência entre uma obra e outra, entre as intenções que a uma e outra presidem e comprova o caráter épico-lírico de ambas, quando alinham a lira e o luto, o canto e a mágoa, na retomada da História de Portugal. Tal dissonância, para a mestra, confere às duas obras acordes mais pertinentes a epicédio que à sinfonia.

“Quem ora soubesse / Onde o amor nasce / Que o semeasse”[19]

Camões sabia de amor e sabia de seus danos, e porque sabia, deles fez-se lavrador. Porque bem semeado, seu canto amoroso tem dado frutos em diver-

19 Luís de Camões, *Lírica completa*, prefácio e notas de Maria de Lurdes Saraiva, Lisboa: Imprensa Nacional-Casa da Moeda, 1980-1981, vol. I, p. 25.

sas searas, pois tem sido objeto de curiosidade científica para uns, de deleite emocional para outros. A obra lírica de Luís de Camões, ao longo destes mais de quatrocentos anos, vem sendo repetida pelos amantes, citada e recitada por poetas que não se cansam de nela buscar inspiração e estudada por críticos literários ávidos por decifrar-lhes os enigmas, sempre outros, sempre novos, porque toda leitura ou releitura de um clássico, como definira Italo Calvino "é leitura de descoberta como a primeira",[20] e Camões sempre surpreende, sempre diz algo inesperado e novo a seus leitores. É a potencialidade inaugural do canto lírico camoniano que Cleonice Berardinelli tem experimentado em sua longa experiência com os versos daquele que, já no seu tempo, fora denominado de "Príncipe dos Poetas Portugueses" e que a faz apresentar-se, no artigo em que abre a seção do livro dedicado às *Rimas*, como alguém que: "depois de uma vida decorrida lado a lado, ainda lhe descobre novos segredos e novos encantos, e, em descobri-los e revelá-los, sente aguçar-se-lhe na inteligência a curiosidade inesgotável e no coração a emoção nunca perdida".[21] Ela é, de verdade, uma leitora apaixonada e consciente que associa, na dosagem certa, o deleite emocional com a rigorosa investigação. Os artigos sobre a lírica ilustram a segurança com que a leitora caminha pelos silêncios, pelos interditos e pelas entrelinhas, pelos lugares de abertura dos signos onde a interpretação tem morada, enfim, pelos lugares onde se guarda intacto o fio invisível do bordado que, em poesia, o mundo visível surpreendeu. É assim que ela se faz lavradora, semeando, com segurança e eficácia, a obra do Poeta que se dissera lavrador. É assim também que, de modo significativo, ela tem contribuído para tornar a obra de Camões, que guarda sempre a qualidade textual de abertura, mais e melhor conhecida.

O primeiro ensaio da segunda parte, *Rhythmas*, respeitando a grafia grega do título da primeira edição da obra lírica de Camões, datada de 1595, focaliza a questão do cânone camoniano, aludindo às edições que se fizeram desde o século XVI ao XX e aos critérios a que obedeceram. Na senda aberta por grandes camonistas, Cleonice demonstra como o amor é de fato a matéria-prima do Poeta, que até em seu canto épico tantas vezes introduziu versos de amor, trocando a "tuba canora e belicosa" (I, 5, 3) com que cantou os heróis épicos

20 Italo Calvino, *Por que ler os clássicos*, trad. Nilson Moulin, São Paulo: Companhia das Letras, 1993, p. 11.

21 Cleonice Berardinelli, op. cit., p. 153.

pela “agreste avena ou frauta ruda” (I, 5, 2) do canto lírico. A autora passeia pelos momentos líricos e amorosos da épica e, a seguir, presenteia seus leitores com uma fina análise de dois sonetos considerados por ela como “modelares do fazer poético de Camões e súmula de quase toda a sua poesia lírica”.[22] O primeiro, “Enquanto quis Fortuna que tivesse”, que se configura como uma advertência aos leitores, e o segundo, “Eu cantarei de amor tão docemente”, que consiste na declaração da matéria do canto.

O segundo artigo dedicado à lírica, intitulado “A dimensão tradicional da lírica camoniana”, começa por definir o termo “medida velha”. Para tanto, a camonista socorre-se da teorização de Juan del Enzina, em *Arte de poesia castellana*. Com rigor, reconhece que a maior parte da produção lírica de Camões em “medida velha” se faz de glosas a um mote próprio ou alheio. Possivelmente o Poeta escolhera tal tipo de composição porque lhe permitia explorar seu virtuosismo. Se muitos poemas camonianos se enquadram na medida velha do segundo período medieval, Cleonice recua ao lirismo trovadoresco, iluminando também como a lírica camoniana apresenta estilizações das cantigas de amor e de amigo. Reconhece nos poemas de dimensão tradicional a arte de agudeza e de engenho que haveria de informar a poética do século XVII. Pretendendo responder à pergunta que a si mesma fizera, se Camões seria um dos últimos retóricos medievais ou um dos primeiros maneiristas, munida de uma série significativa de exemplos em que o Poeta assume a dimensão de jogo de seu fazer, da análise de redondilhas cujos significantes adquirem vários significados e de redondilhas que estilizam o “cuidar e suspirar” do *Cancioneiro geral*, a ensaísta vai exibindo o virtuosismo do jogo morfológico, sintático e semântico com que o poeta brinca com os vocábulos e brinda seus leitores, dando a temas comuns do lirismo medieval e do século XVI um tratamento maneirista verdadeiramente pioneiro.

A seguir, o objeto de estudo é aquela redondilha considerada o ponto culminante de quantas o poeta escreveu, trata-se de “Sobre os rios”, em que se tematiza “a mudança da mudança”.[23] A estudiosa analisa o poema que reencena o *Salmo 136* a partir de dois eixos: o temporal e o espacial, mantendo a polaridade que se verifica nos versículos do *Salmo* entre o mundo sensível e o mundo inteligível, e a partir do jogo de oposições que se resolvem pela absorção ou

22 Ibid., p. 163.

23 Ibid., p. 212.

pela substituição de um termo por outro, como, por exemplo, a substituição da memória pela reminiscência. Estuda a polissemia com que se apresenta o vocábulo "pena" e articula "as três vertentes existenciais – a do poeta, a do amante e a do crente" –[24] que no poema se afirmam. Trata-se de uma análise primorosa da conhecida redondilha.

É ainda de dimensão existencial que os dois próximos ensaios tratam: o amor físico e o amor metafísico. Em "Este amor que vos tenho, limpo e puro", a autora reconhece que "Camões raramente busca no amor a correspondência gratificante",[25] o que só ocorre em poucos poemas tematizados pelo *carpe diem* comum ao tempo. Procura nesses raros poemas, como na canção "A instabilidade da Fortuna", as "ousadias do amante, o 'baixo pensamento', o 'baixo atrevimento', o 'humano desejo'",[26] esclarecendo que, embora o tema amoroso venha, de preferência, pintado com as tintas de um amor inatingível, há poemas em que o sofrimento é reiterado não pelo amor "limpo e puro", mas pelo ardente desejo. Em "À roda de um soneto de Camões", a pesquisadora estuda a polêmica que se tem travado em torno do soneto – "Por que tamanhas penas se oferece", inserido na edição das *Rimas* de 1607, e que está no *Cancioneiro de Luís Franco* e no *Manuscrito de Madrid*. Seria de Camões este poema que "se estrutura na tensão dialética entre Deus e o homem"?[27] Ainda que qualitativamente inferior à grande parte dos poemas de Camões, o jogo de opostos da rede semântica do poema lembra a de outros comprovadamente camonianos. Para a autora, "Até prova em contrário, continua camoniano".[28]

O objeto do próximo ensaio é a canção "Junto dum seco, fero e estéril monte" que se distingue das demais canções de Camões "por apresentar a descrição do que oprime e esmaga o Poeta".[29] A ensaísta analisa os epítetos (adjetivos valorativos e orações adjetivas) que se vão carregando de novas significações mediante efeitos sonoros (fonemas abertos, repetição das tônicas, alterações onomatopeicas) e que ensejam a progressiva associação do estado

24 Idem.
25 Ibid., p. 219.
26 Ibid., p. 227.
27 Ibid., p. 233.
28 Ibid., p. 234.
29 Ibid., p. 236.

anímico do eu-lírico à natureza opressora. Analisa ainda a opção temporal pelo presente e a fuga da realidade, por um sujeito apaixonado a quem Desejo e Sonho lhe disputam a alma.

A parte dedicada à lírica se encerra com a "Introdução aos sonetos de Camões", que a autora julgou por bem trazer para este volume "pelo número de informações que contém e por ser o resultado de quatro anos de trabalho contínuo"[30] de que resultou sua edição dos *Sonetos de Camões*. A "Introdução" se divide em: "Edições", em que se comentam as doze edições que de 1595 a 1953 se fizeram; "Estudos para a fixação do cânone", em que se discutem os critérios sugeridos por Jorge de Sena, Roger Bismut, Emmanuel Pereira Filho e Elisabeth Naïque-Dessai; e "Cancioneiros quinhentistas e seiscentistas", em que se estudam os dezesseis cancioneiros em que figuram obras camonianas. Trata-se de uma "Introdução" fundamental para quem quer mergulhar na lírica camoniana.

"Amor (...) Tem por ventura ordenado / Que mereça o meu cuidado".[31]

Relegados a um plano secundário na exegese camoniana, as três peças teatrais de Camões recebem de Cleonice Berardinelli o relevo e cuidado merecidos. São os textos dramáticos convidados a um diálogo fecundo com a épica e com a lírica do grande autor seiscentista, mediante seu principal tema: o amor, que, como ninguém, ele soube tão docemente cantar por concertados termos. Reconhecendo a filiação camoniana à Escola Vicentina, a mestra demonstra os amores impossíveis por questões éticas que se representam nos autos: os amores adulterinos de Júpiter por Almena, em *Enfatriões*, e o de Antíoco por Estratônica, em *El-Rei Seleuco*, onde o adultério é agravado por ser quase incestuoso, e os amores impossíveis por questões sociais, como os dos pares Filodemo e Dionisa e Venadoro e Florimena, em *Filodemo*, que se tornam possíveis, "pela intervenção de um deus *ex machina*, em sentido pró-

30 Ibid., p. 11.

31 Luís de Camões, *Obras completas*, prefácio e notas de Hernâni Cidade, Lisboa: Sá da Costa, 1946, 5v, p. 132.

prio ou figurado".[32] Por encenarem um amor que rompe obstáculos em prol de uma conjunção final, os autos podem ser considerados como réplica ou contraface à lírica onde os amores são, de regra, desconcertados, frustradores e irrealizados, não apresentando final feliz. Visitando outros textos, Cleonice ilumina o lado picante e faceto do amor plenamente satisfeito em algumas redondilhas. Tal tratamento do amor, embora constitua exceção na obra camoniana, apresenta-se em quantidade suficiente para ser levado em conta, conformando-se, portanto, com a união final dos amantes nesses três autos que, como os de Gil Vicente, foram escritos preferencialmente em redondilha maior. A ensaísta observa como são eles inovadores ao introduzirem trechos em prosa ao lado dos versos. O amor nessas obras varia segundo os amantes, e, ainda segundo os amantes, apresenta uma dicção própria, porque os sujeitos da enunciação estão divididos em amos e criados. Se os personagens de categoria elevada (os senhores) compreendem o amor através do petrarquismo, os subalternos têm função antiplatônica, desmistificando o amor cortês das aventuras amorosas aos moldes dos romances de cavalaria e, por conseguinte, provando que também no teatro Camões foi um crítico das ideologias de seu tempo.

"E vêm do honesto siso / os altos resplendores".[33]

Mostrando que a leitura e a escrita se exercitam como prática da intertextualidade, ao pensar Camões a autora também passeia pelas obras de Homero, de Virgílio, de Fernando Pessoa, de Gil Vicente, de Diogo do Couto, de Manuel Bandeira, de Carlos Drummond de Andrade, de Petrarca, de Horácio, de Ausônio, de Ronsard, além de caminhar pelos *Salmos* e pelos poemas dos cancioneiros primitivos e do *Cancioneiro geral*. Este saber de experiências feito, saber de quem preza o verso e a rima, de quem sabe da arte e a estima, ela ainda o demonstra na utilização, como suporte teórico, de algumas das tendências críticas que se desenvolveram no século XX, sintonizada que sempre esteve com o pensamento de época. O aparato teórico de que se utiliza, com sutileza

32 Cleonice Berardinelli, op. cit., p. 299.

33 Luís de Camões, *Lírica completa*, prefácio e notas de Maria de Lurdes Saraiva, Lisboa: Imprensa Nacional-Casa da Moeda, 1980-1981, vol. I, p. 87.

e criatividade, vai da estilística às correntes pós-estruturalistas, sempre de maneira original e sábia, numa interação harmoniosa e bem resolvida do sentir e do pensar. Cleonice Berardinelli, ao impor-se o desafio de interpretar a grande obra de Luís de Camões, compreendeu que a diversidade da obra haveria de requerer um leque concertante de teorias, para que o processo de significação lograsse êxito. E logrou. Tudo isso não é pouco, mas não é tudo no precioso livro. Ele ainda presenteia o leitor com notas de invulgar erudição que indicam a rota segura para outros estudiosos que pretendam se lançar à aventura de ler Camões bafejados por ventos favoráveis.

Alguns pontos são abordados mais de uma vez ao longo desses *Estudos camonianos*, de modo que um ensaio ressoe em outro ou de outro se faça eco, de modo que uma sagaz descoberta sobre um passo da épica encontre modulação na lírica ou se confirme pela obra dramática. Reitera-se, por conseguinte, a opção consciente, lúcida e inquieta da estudiosa que, para melhor atingir os segredos dos textos, contempla-os por vários ângulos, por enredados polos de observação, objetivando a melhoria hermenêutica. Tais repetições adquirem o valor musical de variações a um tema, ora reproduzindo-o, ora amplificando, e ora lhe realimentando o significado.

Todos os artigos de *Estudos camonianos* repousam no equilíbrio do apelo sensório dos versos que despertam a emoção da camonista e na rigorosa pesquisa que ela empreende, movida pela sedução que a palavra poética lhe desperta e pelo fascínio que tal palavra gera. Os ensaios convocam a empatia em que obra, crítica e leitor se tornam cúmplices partícipes de um sentir de dentro e encenam o diálogo constante e fecundo da autora com seu objeto de eleição e leitura. Cleonice verdadeiramente deu sua mente às Musas para cantar a obra de Camões. Pela inovadora perspectivação da volumosa obra do Poeta eleito, quer em sua longa carreira no magistério superior, quer em suas palestras e conferências, quer pelo alto nível teórico dos artigos que escreveu, quer pela linguagem clara e objetiva que, sem deixar de ser também poética, é uma garantia da perfeita interação com o leitor, Cleonice se fez semeadora da poética camoniana, cantando-a por toda parte. Semeadora que soube encontrar terreno fértil em seus alunos que procuram seguir suas pegadas e hoje também difundem a obra de Camões de norte a sul do Brasil, porque com ela aprenderam onde o amor pela cultura portuguesa nasce, e a partir de então o têm semeado por toda a parte.

Os versos que encabeçam esta conclusão, pilhados da ode "Pode um desejo imenso", bem ilustram o trabalho de Cleonice nos *Estudos camonianos*. Os que o leem certamente encontram os "altos resplendores" que o "honesto siso" da autora engendrou nesta oportuna reedição ampliada que não só contenta a muitos, principalmente aos professores e alunos de Literatura Portuguesa, mas também contribui efetivamente para a formação de novos pesquisadores, pois se faz astrolábio e bússola para outras lusíadas aventuras. O livro *Estudos camonianos* é indispensável aos que desejam mergulhar no universo do grande Luís que soube luzir "por sobre as ondas altas dos vocábulos".[34] É livro que solicita os neófitos a travarem contato com a antiga e sempre atual obra, livro que convoca os doutos a atravessarem outra vez esse mar poético já arado por muitos lenhos e que vem somar mais um título à fecunda produção da professora a quem já se atribuiu o merecidíssimo título de "aula magna da Literatura Portuguesa".

34 Carlos Drummond de Andrade, "O poeta", in *A paixão medida*, Rio de Janeiro: José Olympio, 1980, p.92.

Marie-Hélène Piwnik
Álvaro de Campos, cidade versus *cidadania*

A PALAVRA "CIDADE" TEM DUAS ACEPÇÕES EM PORTUGUÊS, a da *urbs* latina e a da *polis* grega, em francês, a "*ville*" e a "*cité*", ou seja, tanto o conjunto urbano de habitantes como a esfera onde se exerce a responsabilidade cívica do cidadão.

Em Álvaro de Campos, entram em conflito esses dois conceitos, como pretendo demonstrar na modesta homenagem que ofereço à minha amiga e nossa querida mestra, pioneira nos estudos pessoanos não só com a sua dissertação, como pela atenção que dedicou àquele heterônimo lisboeta e ao resto da obra de Fernando Pessoa, editando e organizando, entre outras publicações de relevo, as *Obras em prosa* do autor de *Mensagem* propostas pela Nova Aguilar.

Qual a atitude de Fernando Pessoa ele próprio em reação ao engajamento público? Com toda a evidência, se pode dizer que exerceu a cidadania, intervindo na vida nacional sob essa bandeira. Assim, discutidos, e até às vezes objetos de duvidosa reapropriação, são textos dele como o poema de ecos sebastianistas que dedica em 1920 "À Memória do Presidente-Rei Sidónio Pais",[1] o efêmero ditador a quem defendera naquela época e acabava de ser assassinado, ou como as reflexões que elabora em 1928 no ensaio "O interregno – defesa e justificação da ditadura militar em Portugal",[2] em vésperas da instauração do Estado Novo, texto que mais tarde renegará. João Gaspar Simões, no belo livro que lhe dedica,[3] considera-o como monárquico a título pessoal, e, portanto, oposto aos partidários do pré-fascizante Integralismo Lusitano. Aliás, em maio de 1915, Pes-

Marie-Hélène Piwnik é professora emérita na Universidade de Paris-Sorbonne.

1 Em 27 fev 1920, in *Acção*, orgão do Núcleo de Acção Nacional. Fernando Pessoa, *Obra poética*, org., introdução e notas de Maria Aliete Galhoz, Rio de Janeiro: Nova Aguilar, 1986, p. 25.

2 Lisboa, jan. 1928. Fernando Pessoa, *Obras em prosa*, org. introdução e notas de Cleonice Berardinelli, Rio de Janeiro: Nova Aguilar, 1986, p. 601.

3 João Gaspar Simões, *Vida e obra de Fernando Pessoa. História de uma geração*, Lisboa: Bertrand, s.d (1950).

soa escrevera um feroz panfleto, "O preconceito da ordem",[4] no qual estigmatizava uma primeira ditadura, a de Pimenta de Castro (varrida pouco depois), mas também os neomonárquicos e os integralistas. Nessa mesma perspectiva, também em 1915, num texto talvez menos conhecido intitulado "A doença da disciplina",[5] origem, segundo ele, da decadência portuguesa, apelava para um "indisciplinador" para Portugal, reivindicando a construção de uma "anarquia portuguesa". No entanto, lembremos que, no fim da vida, na importante "Nota biográfica" de 30 de março de 1935,[6] considerando "a Monarquia completamente inviável em Portugal", Pessoa escreve que "a haver um plebiscito entre regimes votaria, embora com pena, pela República". Na véspera publicara três poemas sarcásticos contra Salazar,[7] de quem detestara em particular o discurso do 21 de fevereiro de 1935, quando da distribuição dos prêmios pelo Secretariado Geral da Propaganda, discurso que, de fato, consagrava a Censura. No ano anterior aliás, Pessoa tinha declarado que renunciava publicar em Portugal, não que tivesse, dizia ele, que se queixar da Censura, mas porque escrevia coisas que a dita Censura não iria aceitar, uma vez que "obedece (...) a directrizes que lhe são superiormente impostas".[8] E é precisamente nas suas manifestações públicas de oposição a certas formas de repressão que melhor se visualiza o seu engajamento, por exemplo, nas suas repetidas tomadas de posição a favor do poeta homossexual e amigo António Botto, ou do autor da "Sodoma divinizada", Raul Leal. Mas também na sua enérgica defesa da Maçonaria no *Diário de Lisboa* em 1935, na altura em que um deputado do Estado Novo acabava de propor a dissolução de todas as sociedades secretas, medida que foi adotada nesse mesmo ano. Pessoa explica a sua atitude a favor da Maçonaria num comentário a *Mensagem*,[9] respondendo assim aos que estranhavam que um "nacionalista" pudesse defender os maçãos: "uma coisa, e uma só, me preocupa: que com este artigo eu contribua, em qual-

4 Fernando Pessoa, *Obra publicada em vida*, ed. Richard Zenith, Círculo de Leitores, 2006, p. 272.

5 *O Jornal*, 8 abr. 1915.

6 Fernando Pessoa, *Escritos autobiográficos, automáticos e de reflexão pessoal*, ed. Richard Zenith, Lisboa: Assírio & Alvim, 2003, p. 203-206.

7 Fernando Pessoa, *Poesia 1931-1935*, Lisboa: Assírio & Alvim, 2006, p. 379-380.

8 Fernando Pessoa, *Obras em prosa*, p. 69.

9 Por tratar-se de uma obra poética e não de um escrito de intervenção pública reivindicada, não retive *Mensagem* para a minha análise, embora seja um texto ortónimo e as suas grandes linhas ideológicas mereçam grande interesse.

quer grau, para estorvar os reaccionários portugueses em um dos seus maiores e mais justos prazeres – o de dizer asneiras."[10]

Campos, quanto a ele, fez uma profissão de fé futurista de certa forma política com o "Ultimatum", publicado no n. 1 e último da revista *Portugal Futurista* em 1917. Trata-se de um texto veemente, voluntariamente histérico, um texto-denúncia, que manda raivosamente para fora os "mandarins da Europa", de Anatole France a George Bernard Shaw, d'Annunzio, Rostand etc., depois os dirigentes de todas as nações, da Bélgica aos Estados Unidos, e enfim os representantes de uma burguesia decadente, com uma primeira conclusão em forma de exclamação:

Homens, nações, intuitos, está tudo nulo!/Falência de tudo por causa de todos! Falência de todos por causa de tudo! De um modo completo, de um modo total, de um modo integral:
MERDA![11]

Segue uma série de propostas construtivas, das quais se podem reter estes elementos tipicamente futuristas:

A Europa está farta de não existir ainda! Está farta de ser apenas o arrabalde de si-própria! A Era das Máquinas procura, tacteando, a vinda da Grande Humanidade! (...) Dai Homeros à Era das Máquinas, ó Destinos científicos! Dai Miltons à época das Coisas Eléctricas, ó Deuses interiores à Matéria!

E o poeta, antes de comentar a emergência de um "Super-homem", destaca-se como "cantor-vidente" do futuro da Europa. Basta indicar o caminho. Ele é quem vai "indicar o caminho".[12]

No entanto, não é aquele o Álvaro de Campos que privilegiei. Interessou-me este que, já em 1915, em "Opiário",[13] declara: "Gostava de ter crenças e dinheiro,/

10 Fernando Pessoa, op.cit., p.70-72.

11 Ibid., p. 509

12 Idem, grifos no original.

13 Fernando Pessoa, *Poemas de Álvaro de Campos*, Fixação do texto, introdução e notas de Cleonice Berardinelli, Rio de Janeiro: Ed. Nova Fronteira, 1999, p. 8-14.

Ser vária gente insípida que vi".[14] Este que já naquela época associa o possível apego a um ideal, qualquer que seja, inclusive uma eventual adesão cidadã, não só a uma espécie de chateza, e até nulidade, como também a uma insuficiência filosófica, que o leva a escrever na "Ode Marítima", também de 1915:[15]

> Arre! por andar sempre agarrado às saias da civilização!
> Por andar com a *douceur des mœurs* às costas, como um fardo de rendas!
> Moços de esquina – todos nós os somos – do humanitarismo moderno![16]

No poema sem data "Cruzou por mim",[17] Campos dá tudo o que tem a um mendigo de profissão que lhe pede esmola, tudo, "excepto, naturalmente, o que estava na algibeira onde trago mais dinheiro", uma vez que o mais importante é não ser "estúpido como um Dostoievski ou um Gorki", pois "Tudo menos importar-me com a humanidade!/Tudo menos ceder ao humanitarismo!" Também explica, em "Contudo, contudo", igualmente sem data: "Nunca preferi o pobre ao rico,/Como, em mim, nunca preferi nada a nada.", ao ver "sempre o mundo independentemente de mim", uma vez que "Quem serei não me interessa, como o futuro do mundo".[18] Assim se entende que declare, em "Cruzou por mim" também, nos últimos versos, que nem sequer pode ter "a defesa de poder ter opiniões sociais", esclarecendo: "Não me queiram converter à convicção: sou lúcido." E concluindo: "Nada de estéticas com coração: Sou lúcido./Merda! Sou lúcido."

Em 1934, ano que precede a sua morte, Campos retoma em "Esta velha angústia" a mesma ideia, transferida ao plano da irrisão:

> Se ao menos eu tivesse uma religião qualquer!
> Por exemplo, por aquele manipanso
> Que havia em casa, lá nessa, trazido de África.
> Era feiíssimo, era grotesco,
> Mas havia nele a divindade de tudo em que se crê.
> Se eu pudesse crer num manipanso qualquer –

14 Ibid., p. 14.
15 Ibid., p. 32-63.
16 Ibid., p. 50-51.
17 Ibid., p. 228-230.
18 Ibid., p. 336-337.

Júpiter, Jeová, a Humanidade –
Qualquer serviria,[19]

Se Campos percebe o humanitarismo como uma fraqueza, já foi dito, no entanto precisa dele, como já o plasmava em 1916, em "A passagem das horas":[20]

Torna-me humano, ó noite, torna-me fraterno e solícito.
Só humanitariamente é que se pode viver.
Só amando os homens, as acções, a banalidade dos trabalhos,
Só assim – ai de mim! –, só assim se pode viver.
Só assim, ó noite, e eu nunca poderei ser assim!"[21]

Ideia que retoma mais adiante:

Não sei sentir, não sei ser humano, conviver
De dentro da alma triste com os homens meus irmãos na terra.
Não sei ser útil mesmo sentindo, ser prático, ser quotidiano, nítido,
Ter um lugar na vida, ter um destino entre os homens,
Ter uma obra, uma força, uma vontade, uma horta,
Uma razão para descansar, uma necessidade de me distrair,
Uma cousa vinda directamente da natureza para mim."[22]

Mas essa falta não lhe faz dó, como o demonstram os numerosos textos que reivindicam a irresponsabilidade. Assim, quando Campos exclamava, em 1929:

Ah a frescura na face de não cumprir um dever!
Faltar é positivamente estar no campo!
Que refúgio o não se poder ter confiança em nós!
Respiro melhor agora que passaram as horas dos encontros.

19 Ibid., p. 201-203.
20 Ibid., p.92-112.
21 Ibid., p. 97.
22 Ibid., p. 98.

Faltei a todos, com uma deliberação do desleixo,
(...)
Sou livre, contra a sociedade organizada e vestida.
Estou nu, e mergulho na água da minha imaginação.
(...)
(...) no desencontro que é a vida.[23]

Noutro poema sem data diz:

O ter deveres, que prolixa coisa!
Agora tenho eu que estar à uma menos cinco
Na Estação do Rossio,
(...)

Tenho que lá estar
E acreditem, o cansaço antecipado é tão grande
Que, se o "Sud Express" soubesse, descarrilava...

Brincadeira de crianças?
Não, descarrilava a valer...
Que leve a minha vida dentro, arre, quando descarrilhe!...[24]
(...)

Reparemos na oposição vestido/nu, vestido como o adulto depois do pecado, nu, ou seja, inocente, como a criança acabada de nascer, essa criança que se nega a brincar, mas faz da recusa do dever uma questão essencial, de vida ou morte. Pode-se citar também "Apostila", de 1928:

Aproveitar o tempo!
Ah, deixem-me não aproveitar nada!
Nem tempo, nem ser, nem memórias de tempo ou de ser!...
Deixem-me ser uma folha de árvore, titilada por brisas,

23 Ibid., p. 279.
24 Ibid., p. 320.

(...)
O pião do garoto, que vai a parar,
E oscila (...)
(...)
E cai, como caem os deuses, no chão do Destino.[25]

A liberdade, a nudez, a entrega ao acaso vão progressivamente ter a sua explicação. Num belíssimo poema de Campos sem data, lê-se:

Encostei-me para trás na cadeira de convés e fechei os olhos,
(...)
Ah, balouçado
Na sensação das ondas,
Ah, embalado
Na ideia tão confortável de hoje ainda não ser amanhã,
De pelo menos neste momento não ter responsabilidades nenhumas.[26]

Ora, este momento privilegiado vai novamente levá-lo para a época da infância:

Ah, afundado
Num torpor da imaginação,(...)
(...)
Tão análogo de repente à criança que fui outrora
Quando brincava na quinta e não sabia álgebra,
Nem as outras álgebras com x e y's de sentimento.[27]

Campos até exclamará noutro poema: "Minha juventude perpétua/De viver as coisas pelo lado das sensações e não das responsabilidades."[28]

Com efeito, aquela infância perdida e aquela juventude que se deseja

25 Ibid., p. 158.
26 Ibid., p. 226.
27 Idem.
28 Ibid., p. 227.

eterna voltam as costas aos deveres do adulto, ao seu engajamento na vida política, social. No primeiro "Lisbon revisited",[29] de 1923, Campos protesta veementemente:

Queriam-me casado, fútil, quotidiano e tributável?
Queriam-me o contrário disto, o contrário de qualquer coisa?
Se eu fosse outra pessoa, fazia-lhes, a todos, a vontade.
Assim, como sou, tenham paciência!

E a seguir evade-se numa evocação da cidade dos seus anos juvenis:

Ó céu azul – o mesmo da minha infância –
Eterna verdade vazia e perfeita!
Ó macio Tejo ancestral e mudo,
Pequena verdade onde o céu se reflecte!
Ó mágoa revisitada, Lisboa de outrora de hoje!

E acaba com um grito: "Nada me dais, nada me tirais, nada sois que eu me sinta.//Deixem-me em paz!"

Os únicos arranques que o poeta, dividido, espartilhado entre o viver e o não viver, nos propõe, relacionam-se com aquela Lisboa mítica do seu passado infantil. Assim quando descreve, mediante uma série de hipálages, a cidade que desperta e lhe comunica as suas pulsações:

Acordar da cidade de Lisboa, mais tarde do que as outras,
Acordar da rua do Ouro,
Acordar do Rossio, às portas dos cafés,
Acordar
E no meio de tudo a gare, que nunca dorme,
Como um coração que tem que pulsar através da vigília e do sono.[30]

Sente-se invadido por uma

29 Ibid., p. 136.
30 Ibid., p. 309.

espiritualidade feita com a [sua] própria carne,
Um alívio de viver de que o [seu] corpo partilha,
Um entusiasmo por o dia que vai vir, uma alegria por o que pode acontecer
[de bom.

Aliás, no poema sem data "Vai pelo cais um bulício de chegada próxima",[31] não "regressa" ele, afinal, "à cidade como à liberdade"? E isso porque a sua infância em Lisboa não contemplou nenhuma das injunções do presente que ele rejeita, como sublinha em "Que noite serena",[32] também sem data:

Suave, todo o passado – o que foi aqui de Lisboa – me surge...
O terceiro-andar das tias, o sossego de outrora,
Sossego de várias espécies,
A infância sem futuro pensado.

Nenhuma injunção, e ao mesmo tempo todos os possíveis, embora depois o poeta constate, num só verso, que não soube aproveitá-los: "Meu Deus, que fiz eu da vida?" Ora, não se pode recuar no tempo, como já Campos enunciava em 1915 na já citada "Ode Marítima", frente à noite sobre o mar e ao canto da sereia:

A lua sobe no horizonte
E a minha infância feliz acorda, como uma lágrima, em mim.
O meu passado ressurge, como se esse grito marítimo
Fosse um aroma, uma voz, o eco duma canção
Que fosse chamar ao meu passado
Por aquela felicidade que nunca mais tornarei a ter.[33]

Prosseguindo:

Era na velha casa sossegada ao pé do rio...

31 Ibid., p. 320.
32 Ibid., p. 345.
33 Ibid., p. 54.

(As janelas do meu quarto, e as da casa-de-jantar também,
Davam, por sobre umas casas baixas, para o rio próximo,
Para o Tejo, este mesmo Tejo, mas noutro ponto, mais abaixo...
Se eu chegasse às mesmas janelas não chegava às mesmas janelas.
Aquele tempo passou como o fumo dum vapor no mar alto...)

E, depois de evocar vários episódios daquela infância em Lisboa, o poeta completa:

Ó meu passado de infância, boneco que me partiram!

Não poder viajar pra o passado, para aquela casa e aquela afeição,
E ficar lá sempre, sempre criança e sempre contente![34]

Dois anos antes da morte de Pessoa, Álvaro de Campos concluirá, no poema "Dactilografia":[35]

Temos todos duas vidas:
A verdadeira, que é a que sonhamos na infância,
E que continuamos sonhando, adultos num substrato de névoa;
A falsa, que é a que vivemos em convivência com outros,
Que é a prática, a útil,
Aquela em que acabam por nos meter num caixão.

E, de fato, para ele, a vida de adulto, de responsável, de cidadão, leva inelutavelmente ao envelhecimento e à morte, enquanto a infância perpetuada de quem habita a sua cidade, ou seja, o seu casulo fetal, deixa-o intacto – puro, inocente, nu – tal como em si mesmo a eternidade o trouxe ao mundo.

34 Ibid., p. 56.
35 Ibid., p. 199.

Marília Rothier Cardoso

A herança camoniana no poema-invenção de Jorge de Lima

Poeta e soldado, Camões apreende o momento das grandes navegações portuguesas como matéria mítica a ser cantada para gravar os rasgos de heroísmo na memória de um povo. No entanto, quando elege e retrabalha o modelo épico da Antiguidade, a perspicácia desse observador renascentista lhe mostra que a bravura das ações e as riquezas conquistadas se perdem com o tempo, se não contarem com a maestria de um artista que as registre. Em "Os excursos do poeta n'*Os Lusíadas*", o primeiro de seus *Ensaios camonianos*, Cleonice Berardinelli ensina: "Camões tem consciência de que é mais importante o poema que o feito heroico", ao longo das estrofes de *Os Lusíadas*, "se patenteia a dependência do fato histórico em relação à arte, pois que só essa lhe dá a dimensão de eternidade".[1] Assim, quando a pesquisadora experiente desloca o foco de sua leitura crítica do objeto narrado para a técnica de narração, está apontando o caminho seguro para quem quiser rastrear ecos do poema camoniano na Literatura Brasileira. Um caso exemplar, nessa linhagem, é o de *Invenção de Orfeu*, experimento de resgate moderno da épica.

Muito distante do século das descobertas, quando a sucessão de crises revela a face violenta do heroísmo, Jorge de Lima cede ao encanto das múltiplas possibilidades inventivas que as estrofes camonianas lhe sugerem. Foi, certamente, guiado pela competência de Camões no manejo da língua portuguesa, que o poeta brasileiro lançou-se à empreitada de selecionar, do legado poético, as passagens em que o "som alto e sublimado", o "estilo *grandíloco* e corrente" (I, 4) garantiram a permanência das histórias através dos tempos. Mais interessado em gravar a trajetória da própria poesia do que na aventura

Marília Rothier Cardoso é professora de Literatura Brasileira no Departamento de Letras da Pontifícia Universidade Católica do Rio de Janeiro (PUC-Rio).

1 Cleonice Berardinelli, *Estudos camonianos*, Rio de Janeiro: MEC/UFF/FCRB, 1973, p. 23.

de guerras, navegações ou conquistas, o poeta moderno testou a dimensão extemporânea da epopeia numa ampla montagem dos belos fragmentos recolhidos na obra de seus antecessores.

Tomando como referência privilegiada o alerta de Cleonice Berardinelli, podemos perceber a sintonia de Jorge de Lima com Camões, quando, em aparente discordância, não menciona nem o herói (como Odisseu ou Eneias) nem o povo heroico (como os lusíadas) para nomear seu poema. Se indica que seu trabalho é "invenção" de Orfeu – o primeiro dos poetas –, Jorge de Lima evidencia, nas fontes de enunciação estética, a genealogia efetiva dos heróis da tradição épica. Desde a "proposição", no canto I do poema camoniano, pode-se encontrar uma indicação, embora discreta, de que o motor verdadeiro da composição é menos o herói, que centraliza a narrativa, e mais a cultura do povo, que serve de instrumento artístico. Para dar continuidade à tarefa de Homero e Virgílio, o vate português generalizou as qualidades elevadas dos protagonistas grego e latino na nomeação coletiva – "os lusíadas". Séculos depois, seu descendente na linhagem da língua portuguesa entendeu que os valores da cultura refinam-se e transformam-se em matéria durável quando trabalhados pela energia poética. Convocado do passado clássico pelo experimentalismo da vanguarda, Orfeu emblematiza a potência renovadora da arte.

Com apoio na experiência de seu antecessor, Jorge de Lima desafia a exigência econômica da modernidade e mantém os dez cantos do exemplo de Camões. Mesmo que escape à regularidade das oitavas em decassílabo e exiba sua versatilidade empregando, além do verso livre, os metros mais variados, abre seu canto inicial evocando os termos da proposição de *Os Lusíadas*. Na clave do humor negro, apresenta, como representante anônimo do povo, "um barão assinalado/ sem brasão, sem gume e fama".[2] Exacerbada na modernidade, a crise da expansão imperialista – crise antevista por Camões ainda quando "o grande momento de Portugal" estava tão próximo – define, forçosamente, o tom da escrita dos meados do século XX. Para concluir o ensaio já referido, Cleonice Berardinelli reforça a "liberdade de juízo" característica do poeta português. Importante citar suas palavras, pois explicam o apelo de *Os Lusíadas* para o pensamento moderno:

2 Jorge de Lima, *Invenção de Orfeu*, São Paulo: Cosac Naify, 2013, p. 17.

E aqui está uma das razões da grandeza do poema que, à medida que se faz, questiona não somente o contexto que utiliza, mas o próprio enunciado que consagra este contexto. (...) Os Lusíadas *são a epopeia de novos tempos, tempos contraditórios. Alimentado de tais contradições o poema adquire modernidade e se afirma como a única epopeia representativa do Renascimento europeu.*[3]

O exercício épico brasileiro leva às últimas consequências a "liberdade de juízo" incentivada pelo antecessor bem sucedido. Precisa mesmo de largueza de visão para exercitar um saber que já se anuncia, num período de esgotamento e revisão do estatuto moderno. Para além da experiência intelectual, o saber produzido pela arte – saber que se equipara ao conhecimento das ciências – resulta da sensibilidade do corpo e da gama complexa de percepções e intuições que não se explicam pela lógica, se inscrevem na materialidade da linguagem articulada, mas ultrapassam a capacidade desta de traduzi-las. De difícil travessia, produzindo sonoridades sedutoras e inusitadas, como se incorporasse as línguas arcaicas de Homero e Virgílio, *Invenção de Orfeu* não chega a organizar-se a partir de um "núcleo narrativo". A dispersão é, antes, seu modo de construir-se. No entanto, não deixa de apropriar-se, com insistência, do tema da "viagem marítima"[4] para, assim, caracterizar seu movimento inventivo que não se limita a uma direção nem visa um ponto de chegada, mas compõe-se com o desejo de criar o mar, o trajeto e a ilha.

Se, por um lado, a aproximação entre *Invenção de Orfeu* e a poética camoniana se justifica (como já ficou registrado) pela complexidade ambígua resultante da perspectiva (auto)crítica com que se constroem os versos, por outro lado – aquele dos efeitos rítmicos e sonoros –, a afinidade também pode ser traçada. Embora *Os Lusíadas* sejam compostos regularmente em decassílabos (predominantemente heroicos), seguindo a norma renascentista da épica, a obra lírica do poeta brasileiro apresenta grande variedade de metros e organização estrófica. É o virtuosismo do cantor, capaz de lançar mão de todos os recursos oferecidos pela arte, que confere a Jorge de Lima um lugar próximo ao de Camões no acervo literário da língua portuguesa. Na tese, *A invenção do ritmo em Jorge de Lima*, Maria Graciema Aché de Andrade faz um estudo

3 Cleonice Berardinelli, op. cit., p. 28-29.

4 Cf. ibid., p. 25.

cuidadoso e perspicaz das questões referentes à composição de *Invenção de Orfeu*, mostrando "a variedade da versificação e da forma (...) significativa da dinâmica mutante do poema".[5]

Mais uma vez, Cleonice Berardinelli traz grande ajuda para quem rastreia a apropriação – singular, inventiva e instigante – de estilos diferentes. Quando resenha o histórico e os tratados da "medida velha" e da "medida nova" do verso para, em contraponto com a épica, estudar "A dimensão tradicional na poesia lírica camoniana",[6] a professora resume o seguinte esclarecimento:

Assim, teria Camões incluído em sua obra a dimensão tradicional da lírica medieval em seu significante – verso de arte real e o de arte-maior, o mote, a trova, a esparsa – mas também em seu significado – o tema obsessivo do amor (...); a dimensão contemporânea do lirismo renascentista, sob a influência direta de Petrarca, também no significante – o decassílabo, o soneto, a canção –, e no significado – as contradições do amor (...); e ainda a dimensão futura do maneirismo (futura por ser ele um precursor) em que se fundem as duas experiências (...). Como todo artista de exceção, ele é o vate, aquele que antecipa, tornando-nos impossível apor-lhe um rótulo, pois que muitos lhe convêm e nenhum o define.[7]

Enquanto o contemporâneo das navegações portuguesas explora sua convivência estreita com os modos tradicionais e renovadores de perpetuar os grandes feitos, nas letras da arte poética, mitificando, com a solenidade proporcionada pela "medida nova", a aventura das descobertas, o poeta do século XX, testemunha de um mundo convulsionado e apreensivo quanto ao futuro, concentra sua atenção na energia da própria escrita poética e, para investigá-la, metaforiza o tema da viagem exploratória. O efeito grandioso da longa sequência de estrofes em decassílabo heroico serve de contraponto à alternância de ritmos, voltada para o questionamento da história oficial. Trata-se, no poema moderno, de um gesto de humor, que rememora – fragmentados e transformados – os versos da linhagem ocidental nas duas "medidas". O objetivo é despertar o público

5 Maria Graciema Aché de Andrade, *A invenção do ritmo em Jorge de Lima*, Tese de doutorado, Faculdade de Letras, Rio de Janeiro, PUC-Rio, 2014, p. 214.

6 Cleonice Berardinelli, op. cit., p. 55-81.

7 Ibid., p. 63.

do século XX com os ecos antológicos de seu cânone tratados livremente, num movimento paradoxal de resgate de mitos para perspectivá-los num horizonte de reavaliação de nossos legados histórico e artístico.

Depois do introito convencional das epopeias – proposição, invocação e dedicatória –, o canto I de *Os Lusíadas,* a partir da estrofe 19, inicia a narração da viagem: "Já no largo Oceano navegavam", "cortava o mar a gente belicosa" (I, 42), num entrelaçamento de história com mitologias pagã e cristã. Descartado o protocolo épico inicial, *Invenção de Orfeu* recorda e subverte a proposição camoniana, já entrando numa desnorteante sequência de versos, em que a mescla de tons sublimes e grotescos, de fluidez elegante e hermetismo perturbador, evoca narrativas de viagem em superposição, na busca obstinada pela essência da poesia. Da redondilha maior – "Um barão assinalado / (...) / cumpre apenas o seu fado: / (...) / dia e noite navegar,/ que é de aquém e de além-mar / a ilha que busca e o amor que ama."[8] – passa à menor – "A proa é em si, / em si andada. / Ave poesia, / ela e mais nada."[9] E, daí, ao decassílabo, em sequência mais perturbadora do que produtora de efeito mitificador: "Contemos uma história. Mas que história? / A história maldormida de uma viagem."[10]

A força do estro camoniano fascina pelo fôlego de, mesmo no enunciado do cansaço ("*No* mais, Musa, *no* mais, que a Lira tenho / Destemperada e a voz enrouquecida" [X, 145]), manter a perfeição harmônica do ritmo heroico. Seu herdeiro, Jorge de Lima, confrontando as fontes camonianas com muitas outras – desde as menos nobres, documentais ou folclóricas, até as modernas, desmistificadoras –, insere, no trajeto mítico da descoberta do caminho marítimo para as Índias, aquele trajeto que biograficamente lhe diz respeito: a viagem de Cabral para o que depois se chamou Brasil. Pela denúncia do documento oficial, denúncia que atinge o desgoverno dos séculos seguintes, responsável pelas diferenças sociais, recomenda, num inesperado soneto:

> Não esqueçais escribas os somenos,
> as geografias pobres, os nordestes

8 Jorge de Lima, op. cit., p. 17.

9 Ibid.,p. 23.

10 Ibid., p. 21.

vagos, os setentriões desabitados
e essas flores pétreas antilhanas.[11]

Atualizado com a perspectiva renascentista, Camões se serve poeticamente da mitologia, situando o desenvolvimento do tema numa temporalidade histórica. O sucesso recente da expedição de Vasco da Gama combina-se com as vitórias dos reis guerreiros da nação, em sequências cronológicas, onde se alternam fatos do passado e do presente, mas cada qual compondo uma narrativa verossímil. Os próprios episódios fantásticos, que sustentam a grandiosidade épica, encaixam-se no relato sem comprometer sua coerência. Veja-se, por exemplo, como o plano imaginário – correspondente, no canto I, ao "Concílio dos deuses" e, no canto IX, à "Ilha dos amores" – mantém engenhosa consistência com as passagens que tratam de viagens e batalhas. De seu ponto de observação, nos meados do século XX, Jorge de Lima já se imbuiu de todos os debates sobre o tempo – linear para a história consciente e superposto em camadas distintas para a memória inconsciente – e se dispõe a desvendar, na complexidade da arte de Orfeu, os imbricamentos entre a percepção atual e as marcas (próximas e remotas) de lembranças sobreviventes. Assim, absorvendo os acontecimentos históricos pela lógica paradoxal da fantasia, seu poema-invenção abandona a ordem de Cronos e apega-se ao devir, na desmedida de Aion.

Tanto quanto o tempo, em *Invenção de Orfeu*, o espaço constitui-se pelo deslocamento da mitologia arcaica (greco-romana e judaico-cristã) e da geografia (renascentista e moderna) para o plano fantástico. Interessado em seguir a linha experimental do Surrealismo, o poeta brasileiro transfere para a poesia procedimentos próprios da arte da colagem. Assim como, em suas fotomontagens, Jorge de Lima recortava gravuras de revista para construir imagens, nas quais a quebra das regras de perspectiva e proporção resultava em efeitos oníricos, também, no poema épico renovador, fragmentos da tradição e da vanguarda literárias são selecionados e se articulam para além dos limites da verossimilhança e da lógica. Apoiado na memória popular e no saber erudito, Camões serviu-se da arte poética para legar às gerações futuras o registro de uma viagem transformadora das bases do conhecimento de então. Por seu turno, Jorge de

11 Jorge de Lima, op. cit., p. 22.

Lima lançou mão do tema da viagem – matriz do devir incessante – no empenho de estabelecer o estatuto paradoxal da poesia como cerne mesmo da prática de pensar.

Ao lado de todos os comentários, que justificam a escolha inescapável do tema, e das longas digressões voltadas para a elevação do relato ao plano do sublime, destacam-se, em *Os Lusíadas*, as passagens em que os perigos do percurso valorizam a coragem dos nautas e ressaltam a importância das conquistas alcançadas. Observe-se, no canto I, que parte do próprio Júpiter o voto de confiança aos protagonistas da empresa marítima, cujo sucesso o Olimpo se incumbe de proteger ("Quando Júpiter alto *assi* dizendo / [...] / Do Luso não perdeis o pensamento" [I, 23-24]). Já no canto VII (1, 16), a voz narrativa acompanha e aplaude a chegada dos navegantes ao objetivo desejado:

> Já se viam chegados junto à terra,
> Que desejada já de tantos fora,
> (...)
>
> Tanto que à nova terra se chegaram,
> Leves embarcações de pescadores
> Acharam, que o caminho lhe mostraram
> De Calecu, onde eram moradores.
> (...)
> Porque esta era a cidade das milhores
> Do Malabar (...).

A colonização e a catequese dos povos estrangeiros é a justificativa incorporada tanto para a expedição marítima quanto para o poema que a glorifica:

> E vejamos, entanto, que acontece
> Àqueles tão famosos navegantes,
> (...)
> Despois que a larga terra lhe aparece,
> Fim de suas perfias tão constantes,
> Onde vem semear de Cristo a Lei
> E dar novo costume e novo Rei

Um dos aspectos que distingue o experimento de Jorge de Lima da épica renascentista é, justamente, a distância crítica que o cantor moderno guarda em relação à prática imperialista que aproxima Estado e Igreja. Essa diferença radical de postura política está na base de um conceito de poesia que resiste a qualquer movimento autoritário e atrela a liberdade poética às liberdades civis. Assim, desata-se a ligação entre o prestígio do herói épico e a competência do artista, ligação cara ao ponto de vista camoniano, quando considera que só haverá "pios Eneias" e "Aquiles feros" se surgirem Virgílios e Homeros (V, 98). A passagem, aqui referida, embora faça sobressair a importância da arte para a força cultural de um povo, traz subentendida a interdependência que guardam o projeto da nação e seu cânone literário. À perspectiva de *Invenção de Orfeu* importa apenas o poder da palavra de investigar, julgar e seduzir pela harmonia inteligente do canto. Por isso mesmo, na viagem empreendida pelo enunciado da epopeia limiana, os roteiros são traçados pelas associações verbais, pelas possibilidades de jogo entre som e sentido. A referência histórica dos episódios camonianos se desfaz nos labirintos vertiginosos traçados pelos versos do século XX. As ilhas descobertas são invenções do artista; as conquistas do comandante tornam-se abertura de horizontes para a sensibilidade e o intelecto:

> A ilha ninguém achou
> porque todos a sabíamos.
> (...)
> Nem achada e nem não vista
> nem descrita nem viagem,
> há aventuras de partidas
> porém nunca acontecidas.
>
> Chegados nunca chegamos
> eu e a ilha movediça.[12]

Poeta e soldado, na efervescência renascentista, Camões atrelava a imaginação fantasista aos fatos históricos com que seu século ia alagando os limites da geografia conhecida. Médico, poeta e aprendiz de artista plástico, Jorge de

12 Jorge de Lima, op. cit., p. 18-19.

Lima seguiu a direção questionadora e crítica do século XX; recolheu as imagens de navegação e terras descobertas da epopeia portuguesa e transformou-as em roteiros e ilhas imaginárias, onde o legado estético e utópico se imbricassem propondo charadas e enigmas a seus contemporâneos.

Morus utópico, querido amigo,
após Maro acendeu Luz amorosa;
e para continuar esse estro antigo,
a glosa nasce, surge vossa glosa.

(...)

Despovoou-se a ilha, o campo é vil mendigo:
Quantas guerras na paz dificultosa!

Quantas desgraças no ouro e no suor,
lutos nas vidas, prantos na canção,
ódios nos sangues, dores no redor![13]

A lição de Camões para Jorge de Lima deve ter sido decisiva porque o vate português soube tanto descrever, com a precisão do conhecedor imaginativo, as terras africanas e asiáticas descobertas pelas naus de Vasco da Gama, quanto detalhar, em traços convincentes, a ilha mítica (chamada "dos amores") que Vênus fizera surgir, no percurso da volta, como recompensa merecida pelo esforço sobre-humano da travessia dos mares. No ritmo sedutor das oitavas do século XVI, o artista do século XX pode colher a mesma vitalidade na reconstrução mítica dos acontecimentos e nos artifícios verbais de montar cenários de fantasia que ressaltassem o valor daqueles agentes da grande transformação do mundo ocidental. Observe-se como o cantor expõe a lógica com que encadeia seu canto, expondo o valor alegórico da ilha povoada pelas belas filhas da deusa, prontas a saciar a fome amorosa dos nautas portugueses:

13 Ibid., p. 276.

Que as Ninfas do Oceano, tão fermosas,
Tethys e a Ilha angélica pintada,
Outra cousa não é que as deleitosas
Honras que a vida fazem sublimada. (IX, 89)

Essa clara tradução do episódio imaginário, enquanto indicador da fama alcançada pelas personagens, é que o poeta moderno descarta. O cerne da poesia, no conceito que pretende cunhar, faz-se da imbricação de real e imaginário, do deslizamento constante entre *logos* e *mythos*, do embate da *doxa* com o paradoxo. Se a recepção do prêmio na "ilha dos amores" marca o sucesso na volta da viagem, as travessias inventadas por Orfeu carecem de começo ou fim, não se medem como sucesso ou fracasso.

Onde a épica tradicional figurava a trajetória de heróis míticos ou personagens mitificados da história, o exercício limiano de epopeia moderna delineia movimentos, percepções e sensações, marcando-lhes o ritmo e a intensidade. Inventados para servir de matéria e instrumento na construção dos versos, o mar e as ilhas tomam as mais diversas formas e funções, perdem seu significado convencional e vão propondo novas possibilidades de sentido. Suspende-se o limite entre interior e exterior – o mundo observado mistura-se ao corpo, sentidos e memória do poeta que observa. De terra descoberta a conquistar, a "ilha" se transforma no próprio ponto de vista de Orfeu, o cantor:

Como primeira e interminável voz
mostro-vos as mãos soltas nesses ares
modificando as cores relativas;
(...)

Que coisa foi mais canto? As rosas rubras?
A seta desprendida? O silvo alado?
(...)

Os ecos devolvidos dos espantos
baixarão em meus olhos insulanos.[14]

14 Jorge de Lima, op. cit., p. 183-184.

Para que se concretize no poema, a "ilha" deve surgir da força operatória do pensamento; assim, sua imagem nunca se fixa, revela-se em devir constante. Do mesmo modo, viajantes e povoadores deslocam-se e redefinem-se ao constituírem as estrofes. Veja-se o modo de elaboração dos versos seguintes:

> Tu queres ilha: despe-te das coisas,
> das excrescências, tira de teus olhos
> as vidraças e os véus, (...)[15]
>
> Nessa geografia, eis o pantomimo.
> Ah! O pantomimo! Múltiplo imitando / mitos, seres e coisas. (...)
> (...)
> Ele povoa a ilha, ele dança a ilha.
> Ele heroíza a ilha, ele epopeíza.[16]

Acompanhando a leitura precisa da poesia de Camões que Cleonice Berardinelli desenvolve, percebe-se, de imediato, a antecipação de soluções estéticas tanto na épica quanto na lírica. Precursor do estilo maneirista, como indicado em citação acima, Camões como que convida Jorge de Lima a experimentar a linha da engenhosidade barroca para compor *Invenção de Orfeu*. Nessa direção, importa, decisivamente, a materialidade da língua, que se explora como produtora de sensações e afetos. Na análise de uma das canções camonianas – "Junto de um seco, fero e estéril monte" –,[17] a pesquisadora cujo trabalho busca-se seguir mostra que o sentido se constrói na simultaneidade entre o significado dicionarizado e os efeitos sonoros e rítmicos alcançados pela sequência verbal:

> *Excedendo as habituais fronteiras renascentistas, Camões foge aqui aos epítetos sinônimos. Acumula-os sim (...) mas cada um deles acrescenta alguma coisa à ideia, ou a intensifica: os oito adjetivos contidos nos vv. 1-3 são completados pelas orações adjetivas dos vv. 4-6, numa correlação de movimento pendular: (...).*

15 Ibid., p. 78-79.
16 Ibid., p. 94-95.
17 Cleonice Berardinelli, op. cit., p. 97-103.

Expressivos de per si, os adjetivos vão se carregando de conotações em cadeia que se intensifica à medida que se lhe acrescentam elos; para tal contribuem os efeitos sonoros: a dureza dos eé abertos no v. 1: "fero", "estéril"; a variedade de fonemas tônicos nos vv. 1-2: ũ, ê, é, é, õ, u, i, a, ó; *a repetição das tônicas* u-i *no meio do v. 2 e no fim dos vv. 3 e 7 (...).*[18]

Desde a época em que o poema se fazia acompanhar pelo som da lira, a matéria verbal é o que ressalta dos versos. Os estilos mais elaborados, como os de Camões e Jorge de Lima, exacerbam, com elegância, essa dimensão sensível da linguagem. O escritor brasileiro, que elegeu a viagem como motivo para suas investigações sobre a poesia, incorporou fragmentos da narrativa da trajetória de Vasco da Gama, mas combinou-os com muitas outras apropriações buscadas em Virgílio e em Dante, nos cronistas e escrivães, e até nas versões mais recentes de Gonçalves Dias, Rimbaud e Lautréamont. O destaque da poética camoniana só se concentra, efetivamente, no canto IX, nomeado "Permanência de Inês", que segue de perto – citando, recortando, transformando e subvertendo – as estrofes 118 a 135 do canto III de *Os Lusíadas*.

Na epopeia portuguesa, o episódio de Inês de Castro faz parte da narração de Vasco da Gama que, atendendo ao pedido do rei de Melinde – num dos primeiros pontos da costa da África em que a esquadra aporta –, traça um amplo painel da história de Portugal. No conjunto do enredo, trata-se do contexto de tensões e combates que mostra a energia do povo, provada ao longo dos séculos e, assim, responsável pela disposição destemida da marinhagem. No episódio, no entanto, o foco se contamina da dicção lírica, em que é predominante o motivo, aí destacado – a força do amor sobre a morte. Na sequência das estrofes, mesmo que a figura daquela "que *despois* de ser morta foi Rainha" ganhe autonomia lendária e poética, o desenvolvimento do tema não se desvia do objetivo de perenizar o caráter de nobreza e povo, formadores da nação. O estilo, adaptado ao gênero lírico, submete-se à altissonância épica:

Estavas, linda Inês, posta em sossego,
De teus anos colhendo doce fruito,
Naquele engano da alma, ledo e cego,

18 Ibid., p. 100.

Que a fortuna não deixa durar muito,
Nos saudosos campos do Mondego,
De teus fermosos olhos nunca enxuito,
Aos montes insinando e às ervinhas
O nome que no peito escrito tinhas.[19]

A apropriação feita por Jorge de Lima – apropriação que, tal como se insinua no canto IX, combina a leitura adulta com impressão da personagem, fixada na infância –, amplia grandemente a figura da bela rainha morta, deslocando-a das intrigas da corte para diversos contextos: a viagem, a amada inatingível, a inspiração. Fluida, mutante, Inês condensa a musa, o fantasma, a deusa, a lenda, a salvação possível e o grande perigo – elementos com que se vai tecendo, como nos demais cantos, a imagem poderosa, imarcessível da própria poesia:

Estavas, linda Inês, nunca em sossego
e por isso voltaste neste poema,
louca, virgem Inês, engano cego,
ó multípara Inês, sutil e extrema,
ilha e mareta funda, raso pego,
Inês desconstruída, mas eurema,
chamada Inês de muitos nomes, antes,
depois, como de agora, hojes distantes.[20]

O canto IX é o único no qual se mantém, basicamente, o mesmo esquema rítmico e rímico de *Os Lusíadas*. Corresponde ao traço mais forte que a tradição literária portuguesa teria deixado no imaginário poético brasileiro e de que o poeta moderno se alimenta. O exame da terceira estrofe desse canto é amostra adequada da arte limiana, à sua maneira, continuadora do engenho de Camões:

Inês que fulge quando o dia brilha
ou se acinzenta quando o ocaso avança,

19 Ibid., p. 157.
20 Jorge de Lima, op. cit., p. 413.

rainha negra, mãe e branca filha,
entre arcanjos do céu etérea dança,
e nos dias dos mundos andarilha,
andar incandescente que não cansa,
poema aparentemente muitos poemas,
mas infância perene, tema em temas.[21]

Estudiosos do ritmo poético, como Maria Graciema de Andrade (já referida acima), mostram que, tanto em *Os Lusíadas* quanto nos poemas em decassílabo de *Invenção de Orfeu*, o padrão heroico admite frequentes variações, em especial com a aceleração resultante do uso do "martelo agalopado" de divisão ternária. É o que acontece nesta estrofe. Assim, o movimento que anima sua leitura, acelerado no quarto, quinto e oitavo versos, apoia-se no jogo, ora entre vogais graves e agudas, ora na alternância destas com vogais nasais (*ê, u – i, i // ĩ, ẽ, a, ã*). Se a figura de Inês acompanha as flutuações da luminosidade, no terceiro verso, a virada semântica, que amplia a abrangência da figura dominante, pela introdução de personagens femininas características da miscigenação étnico-cultural brasileira, marca-se com a intensificação variada do jogo sonoro *(ũ, ê, ã, ã, i)*. E as voltas da linha vocálica, mais a introdução da aliteração de consoantes sibilantes, impulsionam o trânsito entre os planos terreno e celeste. Tais variações fônicas, que colorem o ritmo estrófico, põem em destaque o movimento (*dança, anda, andarilha, incandescente*) da figura luminosa e múltipla, encaminhando a etapa decisiva de suas metamorfoses – a poesia. O quadro sinestésico que aí se delineia fica melhor definido no início da quinta estrofe, em que se indica, na formação do poeta, o conhecimento precoce de Inês: "Meu pai te lia, ó página de insânia! / E eu o escutava, como se findasses."[22] A trama sonoro-semântica dos versos sugere e menciona (na lembrança do narrador) a angústia da perda da beleza – condensada em Inês –, justamente, para, em contrapartida, reforçar o desejo forte de sua "permanência", pois contaminada, em definitivo, pela perspectiva livre, aguda e vital da "infância".

A eleição de Orfeu como guia, por parte do poeta brasileiro, deve-se, em grande medida, à sua convivência – longa e próxima – com o episódio de

21 Idem.

22 Ibid., p. 414.

Inês de Castro, que o teria seduzido para a epopeia camoniana.[23] No canto IX, "Permanência de Inês", fica explícita a imbricação definitiva entre a personagem construída pela escrita de Camões e a fonte de energia que produz o verso, seja épico ou lírico. A escolha da rainha morta-viva, dentre as centenas de personagens de *Os Lusíadas*, mostra-se uma homenagem sensível do escritor brasileiro a seu ancestral. A sobrevivência da beleza, na imagem da mulher apaixonada que perdeu o amor e a vida, deve-se, inteiramente, à arte daquele que a fez protagonista de seu canto. Como discípulo perspicaz de Camões, Jorge de Lima elevou Inês à posição de musa para, em homenagem ao mestre, captar e gravar a força da poesia.

23 Jorge de Lima, "Minhas memórias", in *Obra completa*, Rio de Janeiro: Aguilar, 1958, vol. 1, p. 99-157, p. 128.

Marta de Senna

Pela mão de Cleonice: Camilo Castelo Branco na obra de Machado de Assis

CLEONICE BERARDINELLI FOI SEMPRE PROFESSORA E ensaísta generosa. O que não aprendemos com ela na universidade, em função das grades curriculares necessariamente excludentes, a mestra nos oferece em inúmeros ensaios, invariavelmente claros e precisos.

Assim, quando tive vontade de escrever sobre a presença subjacente de Camilo Castelo Branco na ficção machadiana, não hesitei em telefonar-lhe para pedir orientação, pois não fizera na Faculdade de Letras da UFRJ nenhum curso sobre Camilo. Queria saber da minha mestra d. Cleo se o que eu estava pensando fazia algum sentido. Isto foi há cerca de oito anos, mas me lembro da alegria em sua voz ao discutir a minha ideia e ao me dizer, modestamente, que talvez pudesse contribuir, com o texto de uma palestra sobre Camilo, na qual fazia uma menção a Machado. Por e-mail, mandou-me imediatamente o texto. Seu título: "Pela mão do narrador", publicado originalmente nas *Actas* do Congresso Internacional de Estudos Camilianos de 1994, realizado em Coimbra. Como sempre, a clareza é absoluta, a mão, segura. Foi, pois, pela mão de Cleonice que se construiu esta minha contribuição para o livro que agora a homenageia, pelos seus cem anos de vida.

*

Que Camilo Castelo Branco era um autor lido no Brasil do século XIX é fato que dispensa comprovação. Se tal fosse necessária, bastaria lembrar a reação

Marta de Senna foi professora de Literatura Comparada na Universidade Federal do Rio de Janeiro (UFRJ) e, desde 2002, é pesquisadora da Fundação Casa de Rui Barbosa (FCRB).

* Este texto, em versão ligeiramente diferente, foi publicado em Marta de Senna e Hélio de Seixas Guimarães (org.), *Machado de Assis e o outro: diálogos possíveis*, Rio de Janeiro: Móbile, 2012, p. 123-138, com o título de "O silêncio do Bruxo: Machado de Assis e Camilo Castelo Branco".

pela imprensa dos intelectuais brasileiros contra as críticas ásperas de Camilo ao nosso romance em geral e a Alencar em particular, reação que consigna a existência de uma hostilidade em relação ao escritor de São Miguel de Ceide, de certo modo provocada pela atitude hostil do próprio Camilo.[1] Bastaria, por outro lado, evocar o azedume de Sílvio Romero contra Machado, no qual se expressa a admiração por Camilo, modelo a ser imitado; para o nosso Romero, Machado de Assis "teria muito que aprender com Rui Barbosa, Camilo Castelo Branco, José do Patrocínio, Sales Torres-Homem, Latino Coelho, entre muitos outros".[2] Apesar da companhia questionável em que o põe Sílvio Romero, Camilo é tomado como indiscutível parâmetro estilístico.

Dados de natureza biográfica revelam a popularidade de Camilo também entre as nossas elites sociais: em 1872, estando o escritor em Lisboa, recebe a visita do imperador brasileiro, com quem desde antes se correspondia. Em dezembro de 1889, já deposto, D. Pedro II viaja com a família para Portugal e vai ver Camilo, que se encontrava àquela altura na capital, aonde ia com relativa frequência, em busca de tratamento médico para os seus olhos irrecuperavelmente doentes.

Quanto à recepção de sua obra, um dado pode ajudar-nos a avaliá-la: na biblioteca de Rui Barbosa, amealhada ao longo de seis décadas, há cerca de cem volumes de romances, novelas, ensaios e teatro de Camilo. No que sobrou da biblioteca de Machado, contrariamente, não há sequer um volume de Camilo.[3] A explicação óbvia é que a obra do mais popular romancista português entre nós, ainda no início do século XX, seria de interesse vivo dos herdeiros imediatos, que teriam guardado os volumes para si.

É claro que Machado de Assis o conhecia, e bem, quanto mais não fosse pelas ligações da família de sua mulher com o escritor estabelecido no Porto (ou em torno do Porto), cidade dos irmãos Xavier de Novais: Faustino, Miguel, Henrique, Adelaide, Emília e Carolina. Atestam-no não somente menções explícitas a Faustino e a seu pai na ficção de Camilo – como se verá a seguir –, mas menção

1 Hélio de Seixas Guimarães, *Os leitores de Machado de Assis: o romance machadiano e o público de literatura no século 19*, São Paulo: Nankin/Edusp, 2004, p. 325-329.

2 Hélio de Seixas Guimarães, "Romero, Araripe, Veríssimo e a recepção crítica do romance machadiano", *Novos Estudos*, vol. 18, n. 51, maio-ago 2004. Disponível em <http://www.scielo.br/scielo.php?script=sci_arttext&pid=S0103-40142004000200019>. Acesso em 30 jul 2009.

3 Jean Michel Massa, "A biblioteca de Machado de Assis", in José Luís Jobim (org.), *A biblioteca de Machado de Assis*, Rio de Janeiro: Academia Brasileira de Letras/Topbooks, 2001, p. 21-90.

igualmente explícita ao romancista em carta enviada a Machado de Assis pelo cunhado Miguel de Novais, depois de regressar a Portugal. Hélio de Seixas Guimarães debruçou-se sobre essas cartas, particularmente visando verificar, pelas respostas desse Novais a Machado, o interesse e o empenho do autor brasileiro em exportar a sua ficção para além dos limites do mercado nacional, exportação esta cujo primeiro porto de destino seria, naturalmente, Portugal. Quem me chamou a atenção para a importância dessas cartas foi o próprio Hélio, primeiro em conversa no Rio de Janeiro e, em seguida, em comunicação apresentada na Universidade de Princeton, no âmbito de um seminário sobre Machado de Assis, em janeiro de 2009. Registro aqui o meu agradecimento a Hélio, a quem devo, inclusive, o acesso às cartas em suporte digital. Numa dessas cartas, datada de 27 de dezembro de 1889, lê-se a confirmação, em correspondência pessoal, daquilo que os biógrafos de Camilo pressurosamente registram:

Chega o Imperador e (...) conversou sempre alegremente, perguntando por diversos literatos que ele conhecia, informando-se dos livros ultimamente publicados (...) visitou as escolas, o curso superior de letras, o túmulo d'Herculano, S. Vicente de Fora [,] foi a Sintra duas vezes, visitou o Camilo, (...) enfim não descansou um momento[.][4]

E, no entanto, não há, na ficção machadiana, nenhuma alusão, sequer implícita, a Camilo Castelo Branco, embora nela exista, subterrânea ao texto, uma presença camiliana no estilo, no humor, na autoconsciência narrativa, no repertório de citações, em alguns temas e até numa determinada ideia fixa, como também se verá adiante.

Agradeço a John Gledson, que me chamou a atenção para o fato de que, no fim da crônica de 7 de março de 1889 (Bons Dias!), Machado se refere a Camilo, atribuindo-lhe a invenção da "luneta pênsil":

Pince-nez é coisa que usei por largos anos, sem desdouro. (...) Mandei logo (...) saber se havia em Portugal alguma luneta-pênsil, das que inventara Camilo Castelo Branco, há não sei quantos anos. Responderam-me que não. Camilo fez uma dessas lunetas, mas a concorrência francesa não consentiu que a indústria nacional pegasse.

4 Vinte e quatro dessas cartas foram publicadas no Suplemento Literário do *Estado de São Paulo*, em 20 de junho de 1964, de onde tiro esta citação, cuja ortografia atualizei.

Gledson, com o rigor costumeiro, localiza a referência no conto "O filho natural", de Camilo, de 1876,[5] só que, assinala ainda Gledson, Machado já usara o termo em 1873, no conto "Tempos de crise", sem nenhuma menção a Camilo... Arnaldo Saraiva, em artigo intitulado "Camilo e Machado, encontros e desencontros",[6] também aponta para algumas menções de Machado a Camilo. Continua de pé, porém, a afirmação de que, na ficção, Machado jamais cita Camilo.

Minha suspeita de que haveria interseções entre as obras dos dois autores, se por um lado decorria de uma intuição cuja origem era a minha lembrança dos romances de Camilo lidos na adolescência, por outro lado se viu, recentemente, encorajada por uma nota de Jacinto do Prado Coelho, por uma insistência de Jorge de Sena, por uma observação de Cleonice Berardinelli e por um comentário de Paulo Franchetti.

O primeiro, ao lembrar certos chavões da crítica portuguesa à obra de Camilo Castelo Branco, pinça uma frase atribuída a Guerra Junqueiro: "Nos romances de Camilo não há uma árvore."[7] A censura é análoga ao clichê da natureza ausente na ficção de Machado,[8] e a frase de efeito de Camilo em *Duas horas de leitura*, "A paisagem, gosto dela nas litografias da *Ilustração Francesa*.",[9] poderia ser subscrita por Machado de Assis... se ele fosse dado a frases de efeito. Segundo o mesmo artigo de Eugênio Gomes, Machado teria dito frase análoga, ao responder a Ramos Paz, que lhe sugeria que aproveitasse a paisagem de uma determinada chácara no romance que estava escrevendo: "A natureza não me

5 Machado de Assis, *Bons dias!*, John Gledson (org.), Campinas: Editora da Unicamp, 2008.

6 Arnaldo Saraiva, "Camilo e Machado: encontros e desencontros", *Navegações*, vol. 2, n. 2, jul./dez. 2009, p. 105-108. Disponível em <http://revistaseletronicas.pucrs.br/ojs/index.php/navegacoes/issue/view/406>. Acesso em 5 ago 2009.

7 Jacinto do Prado Coelho, *Introdução ao estudo da novela camiliana*, Coimbra: [s.ed.] (Coleção Atlântida), 1946, p. 20.

8 A acreditar em Eugênio Gomes, foi João Ribeiro, em 1925, que fez esta queixa pela primeira vez. Cf. Eugênio Gomes, "Machado de Assis e a natureza", in *Machado de Assis*, Rio de Janeiro: São José, 1958, p. 29-39. Paul Dixon desconstrói de maneira inteligente e bem humorada esse mito da "natureza ausente" na obra de Machado. Ver o capítulo "Cubas e o verme (natureza e intersubjetividade)", in Paul Dixon, *O chocalho de Brás Cubas*, São Paulo: Nankin/Edusp, 2009, p. 59-79.

9 Camilo Castelo Branco, *Duas horas de leitura*, Porto: Tipographia de J. A. de Freitas Jr., 1857, p. 77.

interessa: o que me interessa é o homem."[10] Bem mais à frente, na sua alentada *Introdução*, Prado Coelho dirá: "E não esqueçamos um terceiro Camilo, autor da *Queda dum anjo* e do *Coração, cabeça e estômago*, capaz dum humorismo fino, sereno, reflexivo, que a crítica até hoje não soube devidamente valorizar." Nesse ponto, insere uma nota, de que transcrevo o início: "É deste Camilo de *Coração, cabeça e estômago* que Machado de Assis por vezes se aproxima. Valia a pena estudar as relações entre os dois escritores."[11]

Jorge de Sena dedica a Camilo Castelo Branco meras duas páginas do seu *Estudos de literatura portuguesa I*. No entanto, em todas as quatro vezes em que se refere, de passagem, a Machado de Assis ao longo do livro,[12] Sena o associa ao autor de *Amor de perdição*, quer acentuando a ironia, o pessimismo e o realismo da prosa de ambos; quer lembrando que ambos souberam rir dos "realistas"; quer assinalando que, se foram românticos, Camilo e Machado foram "românticos desencantados", que procuraram 'retratar (...) a realidade tal qual afinal ela era"; quer ainda quando, declarando abertamente a primazia de Eça de Queirós na prosa de língua portuguesa, faz uma concessão entre parênteses e diz: "(e não esqueço Camilo nem Machado de Assis)". Por mais que se possa discutir as afirmações de Jorge de Sena, o que importa aqui é assinalar a percepção de uma semelhança, de um parentesco, de um compartilhamento de atitudes estéticas e de preferências estilísticas.

Cleonice Berardinelli, em palestra intitulada "Pela mão do narrador", destaca a peculiaridade e a perícia do jogo autor-narrador-leitor que se evidencia na ficção de Camilo Castelo Branco. Privilegia uma obra de juventude, *O que fazem mulheres* (1858), e logo de início assinala:

> *No texto camiliano – como no de Garrett, ou, mais atrás, no de Sterne, ou, mais à frente, em Machado – é do* autor *que se fala; atribui-se-lhe o ato não só de criar o texto, mas o de emiti-lo, entrando em diálogo com o* leitor *que se tomará* lato sensu*: o real e o inerente ao texto.*[13]

10 Eugênio Gomes, op. cit., p. 29.

11 Jacinto do Prado Coelho, op. cit., p. 281.

12 Jorge de Sena, *Estudos de literatura portuguesa I*, Lisboa: Edições 70, 1981, p. 88, 90, 134, 216.

13 Cleonice Berardinelli, "Pela mão do narrador", *Actas do Congresso Internacional de Estudos Camilianos*, Coimbra, 1994, p. 223-236, p. 224, grifos no original.

Não é preciso grande esforço de memória para lembrar um exemplo machadiano disto. "Este Quincas Borba, se acaso me fizeste o favor de ler as *Memórias póstumas de Brás Cubas*, é aquele mesmo náufrago da existência, que ali aparece, mendigo, herdeiro inopinado, e inventor de uma filosofia. Aqui o tens agora em Barbacena." (cap. 4).[14]

Por fim, Paulo Franchetti, além de chamar a atenção para Camilo como escritor "submetido à prática da literatura como profissão", e de questionar a fortuna crítica do autor (a qual insiste, com poucas exceções, em classificar sua obra numa tipologia que a engessa), salienta também, como Berardinelli, o aspecto metanarrativo da ficção de Camilo, concluindo que ele e Machado pertencem a uma mesma família, faltando apenas que se determinem os "degraus de parentesco" entre ambos.[15]

Retomemos a nota de Prado Coelho, de que citei antes o início. Continua ela:

Um facto pode ter contribuído para Machado de Assis se interessar por Camilo: o ter sido amigo de Xavier de Novais, cuja irmã veio a desposar em Novembro de 1869, já depois da morte do nosso poeta satírico. Novais estabeleceu-se no Brasil em 1858; aí fundou, em 1862, a revista de letras e artes O Futuro.[16]

É por esse viés, o viés da amizade com Faustino Xavier de Novais, que proponho que nos aproximemos de Camilo Castelo Branco. É ainda Prado Coelho quem relata que, em 1843, Camilo (que nascera em Lisboa e passara a adolescência abrigado por parentes em diversas aldeias de entre Douro e Minho) "foi recebido na melhor sociedade portuense", embora, naturalmente, se tenha associado aos "boêmios dândis, com pretensões literárias e tendências iconoclastas". Frequentou cafés e tertúlias e "[t]eve

14 Todas as referências aos romances e contos de Machado de Assis se fazem pela edição eletrônica anotada em hipertexto (www.machadodeassis.net).

15 Paulo Franchetti, "Apresentação", in Camilo Castelo Branco, *Coração, cabeça e estômago*, São Paulo: Martins Fontes, 2002, p. xxxii.

16 Jacinto do Prado Coelho, op. cit., p. 283; ao fim da nota, referência a última informação a Sanches de Frias, *Memórias literárias*, p. 281-282. Esse autor prefaciou a comédia *Ignez D'Horta*, de Faustino Xavier de Novais, em edição de 1907, na qual há também um estudo biográfico-literário do autor. Machado foi colaborador de *O Futuro*, onde escreveu sobre o romance *Luz coada por ferros*, de Ana Plácido, mulher de Camilo.

por amigos [entre outros] Xavier de Novais, poeta satírico, da linhagem de Tolentino",[17] que "na sua poesia, troçava dos barões e dos viscondes improvisados, à procura de antepassados nobres em genealogias fantásticas";[18] como troçaria o autor de Brás Cubas, por trás do seu narrador meio zombeteiro, meio sério, que caçoa dos fumos de nobreza inventados pelo pai, mas bem que os apropria, e incorpora sem maiores escrúpulos a farsa da genealogia afidalgada.

Vejamos, na ficção de Camilo, as menções a esse amigo Faustino. O romance *Coração, cabeça e estômago* se abre, em intervenção autoral do primeiro narrador, com um diálogo:

> *– O meu amigo Faustino Xavier de Novais conheceu perfeitamente aquele nosso amigo Silvestre da Silva...*
>
> *– Ora, se conheci!... Como está ele?*
>
> *– Está bem: está enterrado há seis meses.*
>
> *– Morreu?!*
>
> *– Não morreu, meu caro Novais. Um filósofo não deve aceitar no seu vocabulário a palavra morte, senão convencionalmente. Não há morte. O que há é metamorfose, transformação, mudança de feitio. (...) O nosso Silvestre da Silva, a esta hora anda repartido em partículas. Aqui faz parte da garganta dum rouxinol; além, é pétala duma tulipa; acolá está consubstanciado num olho de alface; pode ser até que eu o esteja bebendo neste copo d'água que tenho à minha beira, e que tu o encontres nos sertões da América, alguma vez transfigurado em cobra cascavel, disposto a comer-te, meu Faustino.*[19]

(Um parêntese: na introdução dessa edição, em primoroso estudo intitulado "Raízes e sentido da obra camiliana", Prado Coelho chama, discretamente, a atenção para a semelhança (p. 41). Para Paulo Franchetti, o diálogo com o amigo não passava de jogada de *marketing*, junto ao público brasileiro, já que Faustino Xavier de Novais, chegado ao Rio de Janeiro em 1858, tinha aqui al-

17 Jacinto do Prado Coelho, op. cit., p. 37-38.

18 Ibid., p. 40.

19 Camilo Castelo Branco, *Obra seleta*, Organização, seleção, introdução e notas de Jacinto do Prado Coelho, Rio de Janeiro: José Aguilar, 1960, v. 1, p. 433.

guma popularidade. Não creio, mesmo porque, em 1879, quando Faustino já morrera havia dez anos, Camilo ainda se refere a ele em sua ficção.)

Ora, não será difícil ao leitor habituado a Machado reconhecer nessa passagem não apenas a semelhança com a teoria de Humanitas do "filósofo" Quincas Borba, tal como explicada ao amigo Brás Cubas e depois ao amigo Rubião, mas também a semelhança entre o tom desse "autor" Camilo Castelo Branco e o da personagem Quincas Borba dirigindo-se primeiro a Brás Cubas: "– Humanitas – dizia ele –, o princípio das cousas, não é outro senão o mesmo homem repartido por todos os homens." (*Memórias póstumas de Brás Cubas*, cap. 107); depois a Rubião:

> *– Não há morte.*[20] *O encontro de duas expansões, ou a expansão de duas formas, pode determinar a supressão de uma delas; mas, rigorosamente, não há morte, há vida, porque a supressão de uma é princípio universal e comum.*
> *(*Quincas Borba, *cap. 6)*

Josué Montello, em "Camilo e Machado de Assis", comenta brevemente a semelhança: "nessa mesma obra camiliana [*Coração, cabeça e estômago*], vamos encontrar um dos elementos germinativos da teoria de humânitas, que é a linha filosófica das *Memórias póstumas de Brás Cubas* e do *Quincas Borba.*"[21]

Há outras parecenças, e, para ficarmos somente em *Vinte horas de liteira* (1864), posso assinalar a extraordinária economia verbal alcançada com a escolha do verbo "rosnar" para traduzir a voz da maledicência logo no início do capítulo 3 ("A calcular sobre os livros que tens publicado!... Olha que eu já ouvi rosnar que alguns dos romances não são teus..."), brilhantemente aproveitada por Machado na abertura de "A senhora do Galvão", de *Histórias sem data* (1884): "Começaram a rosnar dos amores deste advogado com a viúva do brigadeiro, quando eles não tinham ainda passado dos primeiros obséquios."; ou lembrar a personagem que enriquece inesperadamente, no Brasil, pela herança imprevista de um amigo (cap. 9), como em *Quincas Borba*; ou advertir

20 Observe-se a repetição da mesma e exata frase, que teria ficado na memória de Machado.

21 Josué Montello, *Estampas literárias*, Rio de Janeiro: Simões, 1956, p. 78. Este artigo está reproduzido em *Machado de Assis em linha*: revista eletrônica de estudos machadianos, ano 8, n. 15, jun 2015. Disponível em <www.machadodeassis.fflch.usp.br/node/23>.

que há alguém com o nome curiosamente incomum de Elisiário, como no conto "Um erradio", de *Páginas recolhidas* (1899); ou destacar uma digressão sobre pessoas que têm duas almas ou mais, como em "O espelho", de *Papéis avulsos* (1882) ou em "Viagem à roda de mim mesmo" (publicado na *Gazeta de Notícias*, em 1885). E não menciono aqui o repertório de referências literárias e históricas, tópico que abordo a seguir.

Para além de pinçar trechos colhidos da prosa de Machado de Assis e cotejá-los com passagens de Camilo Castelo Branco, o que pode resultar em enumeração fastidiosa e estéril, importaria, quem sabe, apontar para um desdobramento interessante das possibilidades intertextuais. Há, na prosa camiliana, referências literárias e culturais que poderiam ser a fonte em que Machado primeiro as encontrou, antes de chegar aos originais. Quero sugerir que o nosso autor talvez tenha lido em Camilo antes de ler nos autores originais (que de fato leu e transfigurou) muitas das passagens que cita e a que alude. É o caso, possivelmente, da "ínclita Ulisseia", de Camões (citada, aliás, também nas *Viagens* de Garrett), que aparece em *A queda dum anjo* (1886) e ressurge em 1908, no *Memorial de Aires*. Pode ser o caso da escolha do assunto tratado por Tito Lívio e por Alfieri, que Machado desenvolve no conto "Virginius", publicado em julho-agosto de 1864, no *Jornal das Famílias*, e que Camilo explorara dois anos antes, em *Coração, cabeça e estômago*. É, talvez, o caso do Dante do episódio de Francesca da Rimini, a que Camilo alude em 1864 no *Amor de salvação* ("Se, como diz o Dante, nada há aí mais triste que recordar na miséria os tempos felizes (...)" – cap. 15), e que o narrador traz à baila em *Dom Casmurro* "(...) assim também a quantidade das delícias que terão gozado no céu os seus desafetos aumentará as dores aos condenados do inferno. Este outro suplício escapou ao divino Dante; mas eu não estou aqui para emendar poetas." – cap. 32). Como pode ter sido no *Romance dum homem rico* (1861) que Machado leu pela primeira vez sobre Camões e Bocage aos andrajos ("É boa! Querem que os poetas sejam todos uns maltrapilhos, porque Camões, Bocage, Tolentino e outros não tiveram senão versos que mostrar ao mundo!"), e que traz à tona em uma das mais camilianas passagens de sua obra:

Para o velho aposentado era isto uma grande desgraça. (...) ligava à ideia de poeta a ideia de mendicidade. Tinham-lhe pintado Camões e Bocage, que eram os nomes literários que ele conhecia, como dous improvisadores de esquina, espei-

torando sonetos em troca de algumas moedas, dormindo nos adros das igrejas e comendo nas cocheiras das casas-grandes (p. 222).

("Aurora sem dia", conto de Histórias da meia-noite, *de 1873.)*

Em comunicação apresentada no Rio de Janeiro em 2008, num encontro do Grupo de Pesquisa – CNPq "Relações intertextuais na obra de Machado de Assis", e depois desenvolvida em novo encontro machadiano, na Universidade de Yale, Lúcia Granja mencionou, a propósito de escritores franceses e brasileiros que atuavam na imprensa no século XIX, uma espécie de "bolsa" de citações, um repertório de passagens ilustres que circulavam livremente nos jornais e que todos usavam sem escrúpulos.[22] Fica aqui sugerida a incorporação do nome de Camilo à lista desses "especuladores", que tão bem conseguem realizar o capital literário que vão acumulando ao longo da vida de leituras.

Eugênio Gomes, o pioneiro dos estudos machadianos em perspectiva comparada, tendo filiado o "emplasto Brás Cubas" a uma invenção análoga do anti-herói Silvestre da Silva, narrador principal do mesmo *Coração, cabeça e estômago*, se apressa em ressalvar que o tema chega a Machado "[p]or efeito de simples sugestão, porém, destas que podem levar a um rumo diferente, sem contudo perder o viso original".[23]

Relembremos o texto de Camilo:

No que eu trazia há muito empenhadas as minhas vigílias era no descobrimento de um antídoto contra a melancolia.

A medicina conhece uma doença moral chamada "hipocondria".

(...)

É para esse que eu vim, à hora decretada pela providência dos descobrimentos, com o coração a transbordar de filantrópico júbilo, anunciar o antídoto contra a melancolia.

(...) Quando, porém, retrogradarmos ao ponto de se considerarem beneméritos da Real Sociedade Humanitária os propagadores de receitas contra a melancolia, a hipocondria e outras enfermidades espirituais, então não só as medalhas huma-

22 Ver Lúcia Granja, "Ratos, pássaros ou morcegos? Machado de Assis, Théophile Gautier e um repertório de citações", in Marta de Senna e Hélio de Seixas Guimarães (org.), op. cit. p. 93-108.

23 Eugênio Gomes, op. cit., p. 125.

nitárias, mas até os hábitos de Cristo (...) virão galardoar os obreiros do espírito que se dedicam a melhorar a alma do seu semelhante.[24]

Eis agora o de Machado de Assis, na pele de Brás Cubas:

Com efeito, um dia de manhã, estando a passear na chácara, pendurou-se-me uma ideia no trapézio que eu tinha no cérebro.

(...)

Essa ideia era nada menos que a invenção de um medicamento sublime, um emplasto anti-hipocondríaco, destinado a aliviar a nossa melancólica humanidade. Na petição de privilégio que então redigi, chamei a atenção do governo para esse resultado, verdadeiramente cristão. Todavia, não neguei aos amigos as vantagens pecuniárias que deviam resultar da distribuição de um produto de tamanhos e tão profundos efeitos.

(Memórias póstumas de Brás Cubas, cap. 2.*)*

Convenhamos em que não se trata de "simples sugestão", embora concordemos que o emplasto leva a "um rumo diferente". Acrescento que, principalmente, serve a propósitos diferentes. A semelhança não é pequena, e destacá-la não constitui nenhum desdouro para Machado de Assis. Que a omitissem ou minimizassem os críticos brasileiros no fim da década de 1950 é até certo ponto compreensível, porque, intimidados pelo "perigo" de denunciar a influência de Camilo sobre Machado, e não dispondo ainda do conceito de intertextualidade, que legitimaria os permanentes saques de um autor a outro (para alguns a essência mesma da literatura), não queriam correr o risco de empanar o brilho das comemorações do cinquentenário de morte do nosso autor. Quanto aos críticos portugueses, assombrados pelo mesmo fantasma e, provavelmente, por uma espécie de cerimônia respeitosa à maior glória das letras brasileiras, também se limitavam a indicações pouco insistentes, ainda que agudas, como a de Jacinto do Prado Coelho mencionada anteriormente.

Machado jamais explicitou o seu diálogo com Camilo Castelo Branco, mas as passagens acima evidenciam a existência desse diálogo que, a meu ver, enriquece a ambos os autores. Se a fonte do autor brasileiro é o português, cujo roman-

24 Camilo Castelo Branco, op. cit., p. 517-519.

ce antecede os seus em 18 (*Brás Cubas*) e 28 anos (*Quincas Borba*), é possível que se encontre a fonte de Camilo em algum autor anterior, quando menos em José Feliciano de Castilho, a que o próprio "autor" recorre, no mesmo "Preâmbulo", para explicar ao amigo Faustino a teoria da sobrevivência do homem em outros seres ou até nas coisas inanimadas. O interessante, parece-me, é demonstrar de que modo o descobrimento do antídoto de Silvestre da Silva aparece travestido na ideia fixa de Brás Cubas, de que maneira o estilo ramalhudo (e irônico) de Silvestre se metamorfoseia no estilo pretensamente austero (e irônico) de Brás. O interessante é perceber que se, no romance português, o episódio tem um caráter de apêndice quase dispensável a uma parte da obra, a serviço, antes de tudo, de um propósito extratextual de crítica social rasgada, no romance brasileiro, o episódio do emplasto é duplamente funcional. No nível do enredo, o emplasto é o responsável indireto pela morte de Brás; no nível macrotextual, tudo o que cerca o emplasto – as supostas implicações para a glória e fama do criador do invento ainda por haver, a sua atenção ao possível resultado econômico-financeiro de tão inovadora e indispensável panaceia, a denúncia subtextual de uma existência ociosa, apegada a insignificâncias transformadas em salvação da humanidade –, tudo isso contribui para a composição da personagem narradora, profundamente contraditória, através da qual o autor até lança, também, o seu olhar crítico sobre a sociedade, especificamente sobre o patriciado fluminense de meados do século XIX.

Talvez esteja na composição das personagens uma das dessemelhanças mais acentuadas entre os dois escritores. As personagens de Camilo são sumárias, delineadas em pinceladas largas, constituem mais tipos do que personagens redondas (para usar a velha e sempre útil terminologia de E. M. Foster), funcionando nas narrativas, de modo geral, como gatilhos que disparam o cômico, e por essa via, muitas vezes, como veículo para a denúncia de mazelas sociais. Camilo não compôs Virgílias, nem Sofias. Seus narradores protagonistas estão longe da complexidade genial de Bento Santiago ou da delicadeza quase perversa do conselheiro Aires.

Antes de concluir, e já que falei acima em "especuladores", uma digressão especulativa, de caráter histórico-biográfico, provavelmente tão inútil quanto é curiosa. Vinte anos depois da publicação de *Coração, cabeça e estômago*, ao escrever *A brasileira de Prazins* e ambientar o romance na década de 1850, Camilo faz outra menção a Faustino Xavier de Novais. Como se lembrarão todos que o leram, esse romance, publicado em 1882, é, como o anterior *Eusébio Macário* (1879), uma explicitada concessão ao gosto naturalista, então em voga nas letras de língua portuguesa – explicitada e intrinsecamente autocriticada, o que dá aos dois romances um tom paródico irresistível.

Num dos vários paratextos de *Eusébio Macário*, o prefácio da segunda edição, datado de setembro de 1879, Camilo explica com toda a clareza o que entende por "naturalismo":

Cumpre-me declarar que eu não intentei ridicularizar a escola realista. (...) Eu não conhecia Zola e ainda agora apenas e escassamente o conheço de o ouvir apreciar a uma pessoa de minha família que me fez compreender a escola com duas palavras: "É a tua velha escola com uma adjectivação de casta estrangeira, e uma profusão de ciência compreendida na 'Introdução aos três reinos'. Além disso tens de pôr a fisiologia onde os românticos punham a sentimentalidade: derivar a moral das bossas, e subordinar à fatalidade o que, pelos velhos processos, se imputava à educação e à responsabilidade."[25]

Nesse sentido, *A brasileira de Prazins* (1882) não é diferente: há nele a mesma profusão de vocábulos que parecem saídos dos manuais baratos de divulgação científica, há muita fisiologia em lugar dos bons e velhos sentimentos românticos; de certo modo, a moral deriva das bossas; e o que, pelos velhos processos, se imputava à educação e à responsabilidade é aqui subordinado à fatalidade. Trata-se, no entanto, de um romance mais complexo do que o anterior. Nele se interpenetram dois enredos: um é a história de Marta, a "brasileira" do título, impedida de casar-se com o homem que ama, vendida pelo pai a um pedreiro bronco, o Zeferino das Lamelas (que acaba logrado pelo futuro sogro), e finalmente entregue em matrimônio a um tio avarento, enricado no Brasil e agora retornado a Portugal (daí chamarem-na "a brasileira"); outro é a história de um suposto retorno de D. Miguel a Portugal, com vistas a reaver o trono a que julgava ter legítimo direito e que era, desde 1834, ocupado por sua sobrinha, D. Maria II, filha do nosso D. Pedro I (Pedro IV de Portugal). Pois bem, nas intrigas desse segundo enredo, descrevendo idas e vindas da conspiração miguelista urdida no Minho, a folhas tantas diz o narrador:

25 Camilo Castelo Branco, *Eusebio Macario*, 7a ed., Porto: Chardron [s.d.], p. XII.

Às oito horas anunciaram-se os adventícios. O Barão de Bouro entrou primeiro a passo mesurado, com o peito alto, e o pescoço hirto numa gravata enchumaçada, preta, de cordãozinho de arame, sem laço, atacando os lóbulos das orelhas, um pouco reentrante na altura dos gorgomilos. (...) do cós das calças, cor de gema de ovo, pendiam berloques com armas, uma medalha com o retrato de D. Miguel aos vinte e dois anos, e uma peça de oiro com a mesma real efígie. No peito da camisa, (...) trazia pregado um punhal esmaltado, em miniatura, enigma convencional dos cavaleiros de S. Miguel da Ala, obra patriótica do ourives Novais, pai do poeta Faustino.[26]

A passagem é interessante por mais de um motivo. O primeiro e mais óbvio é a reiteração do elo afetivo do autor com Faustino Xavier de Novais, mesmo passados tantos anos de sua morte no Brasil, em agosto de 1869. O segundo é a vinculação da família Novais ao miguelismo, já que o punhal esmaltado, em miniatura, ostentado pela personagem descrita como um graduado adepto da causa de D. Miguel, não fora uma encomenda feita a um ourives que dela se tivesse desincumbido estritamente por dever de ofício, mas sim uma "obra patriótica do ourives Novais". Sabe-se que, de fato, o pai de Faustino e de Carolina era ourives por profissão, que exercia na cidade do Porto.[27] E agora, de posse da informação de que seria um miguelista, fico tentada a formular a hipótese de que fosse em homenagem ao monarca que tomou à sobrinha o trono de Portugal em 1828 que o ourives Novais deu ao filho, nascido em 1829, o nome, justamente, de Miguel. Sabe-se que, vencido D. Miguel na truculenta guerra civil portuguesa entre liberais e absolutistas, o miguelismo sobreviveu *underground*, com apoio financeiro da Igreja, da gente miúda do interior nortenho português e de algumas casas coroadas da Europa. Pergunto-me se não estaria aí a possibilidade de vislumbrar-se uma nova luz a incidir sobre a misteriosa vinda dos Novais para o Brasil, aos poucos, nas décadas de 1850 e 1860. Teria o antes próspero ourives Antônio Luís Pimentel de Novais empobrecido em decorrência da derrota do miguelismo?[28] Seriam os filhos herdeiros ideológicos do pai miguelista? Ou, se

26 Camilo Castelo Branco, op. cit., p. 787, grifos meus.

27 Cf. Dário Castro Alves, "Camilo e os parentes portugueses de Machado de Assis", *O Tripeiro*, série nova, vol. 9, n. 6-7, jun.-jul. 1990, p. 166-169. Ver também Agripino Grieco, *Viagem em torno a Machado de Assis*, São Paulo: Martins,1969.

28 Faustino declara em carta a Camilo Castelo Branco que mandava mensalmente dinheiro

não eram (Miguel de Novais em carta a Machado se diz republicano),[29] teriam Faustino e possivelmente o irmão Henrique[30] vindo para o Brasil em busca de oportunidade, por ainda ver-se a família estigmatizada em Portugal, vinte anos depois do fim das guerras liberais?[31] Seria por respeito a isso, possível tabu na família Xavier de Novais, que a personagem histórica de D. Miguel só surge fugaz e tardiamente na ficção de Machado, em *Esaú e Jacó* (1904), publicado dois meses apenas antes da morte de D. Carolina, a caçula dos irmãos, aqui chegada em 1868, pouco depois da morte do pai?[32] Especulações.

Outras especulações: por que teria Machado de Assis silenciado o nome de Camilo em seus romances e contos? Uma explicação plausível seria a consciência de Machado de que Camilo era um escritor desigual, longe do ideal do "clássico" cuja citação enobrece a obra em que aflora. Outra explicação poderia ser, no jovem Machado, certo nacionalismo, mesclado de solidariedade, que o levaria a esquivar-se de mencionar o crítico virulento de José de Alencar, pelo qual tinha notória e prudente devoção. Uma terceira hipótese, talvez delirante, se ligaria a um possível tabu familiar, análogo ao que me aventurei a sugerir com relação a D. Miguel de Bragança: teriam as moças Novais algum ressentimento do "mau elemento" da boêmia portuense, amigo e comparsa de noitadas de taberna do irmão mais velho, cuja loucura e morte poderia ter sido

ao pai. Cf. Camilo Castelo Branco, *Cancioneiro alegre de poetas portugueses e brasileiros*, Porto/ Braga: Ernesto Chardron Editor, 1879, p. 530-531.

29 Ver nota 4, acima. [A nota 2 original é referência ao livro de Hélio de Seixas Guimarães, *Os leitores de Machado de Assis: o romance machadiano e o público de literatura no século 19*. Conferir.]

30 Em Camilo Castelo Branco, op. cit., p. 532-544, o autor inclui um poema jocoso de Faustino Xavier de Novais de que transcrevo duas quintilhas: "Um irmão tenho aqui perto / Que feliz ou desgraçado, / Seja louco ou seja esperto, / Ou gastador, ou poupado, / Há de *enriquecer* de certo!... / Devo rasgar-te o sophisma, / Ou o enigma, tão profundo, / Em que a mente se te abysma: / De *Henrique ser*, n'este mundo, / Livrá-lo só pode o chrisma." (p. 535).

31 Em 1851, segundo se lê em *Vinte horas de liteira* (cap. 4), o miguelismo está vivo em Portugal. Vendo o retrato meio encoberto de um príncipe fardado, cujo peito é coberto de medalhas e fitas, declara a personagem que detém a voz narrativa nessa altura da história: "Minha mãe perguntou se era o retrato do senhor D. Miguel ou D. Pedro, desejando que fosse antes do primeiro daqueles príncipes para lhe fazer oração mental."

32 Vejam-se os capítulos 24 e 25 do romance, este último intitulado precisamente "D. Miguel", no qual há, implícita, a sugestão da permanência de simpatias miguelistas no Brasil, ainda ao fim da década de 1880.

consequência da mesma sífilis que atingiu Camilo e o foi maltratando pela vida afora, em crescente e inexorável escuridão? Outra explicação, mais chã e mais plausível, é que Machado de Assis raramente cita os contemporâneos; os vivos, quase nunca. Da Literatura Brasileira, o mais jovem dos autores que menciona, no conto "Vênus! Divina Vênus" (publicado em 1893, no *Almanaque da Gazeta*) e em *Esaú e Jacó* é Casimiro de Abreu, morto desde 1860. No mesmo conto, cita Soares de Passos, poeta português um ano mais novo que Camilo e morto desde 1859. Quando Camilo alcança essa distância (junho de 1890), Machado é já um escritor consagrado, ele mesmo um clássico, e parece ter uma aversão de natureza estética ao Naturalismo tardio de Camilo que, embora fosse minado pelo tom paródico e autocorrosivo, era sempre Naturalismo, com muita fatalidade, muitos termos tomados às ciências naturais, muito determinismo e muita crueza – tudo que Machado, tal como expresso em seu texto "A nova geração" (1879), repudiava como sendo de absoluto mau gosto: a demasia, as "fomes bestiais", a falta das "atenuações da forma", das "surdinas do estilo".[33]

É verdade que, como assinala com a costumeira pertinência o crítico Eugênio Gomes, apesar do ataque de Machado a *O primo Basílio*, surpreendem-se nas *Memórias póstumas de Brás Cubas* traços do Realismo naturalista, "tresandando a ambiente de doença",[34] numa insistência mórbida na decomposição orgânica que envolve várias personagens: o próprio Brás moribundo e defunto; Viegas, cuja agonia e morte são descritas em pormenor; Nhã Loló, que é ceifada pela febre amarela; a própria Virgília, que não passava, na abertura do romance, de "uma imponente ruína". Mas Machado jamais resvala para a sensualidade licenciosa nem para os determinismos, que, aliás, é hábil em solapar e desmentir, desde *Helena*, quando se revela infundada a teoria do padre Melchior, segundo a qual a inclinação "incestuosa" entre Helena e Estácio era decorrência da vida desregrada do conselheiro Vale, o "pai" de ambos, e vem à tona a verdade: não há incesto, não há heranças biológicas fatais; desde *Helena* até *Dom Casmurro*, quando o símile determinista do narrador, para quem Capitu menina já estava na Capitu adulta, "como a fruta dentro da casca", é desmentido genialmente pela ambiguidade da própria narrativa, pela estratégia textual de um autor que oferece ao seu leitor, sutilmente, um narrador nada confiável.

33 Machado de Assis, *Obra completa*, 3 vol., Rio de Janeiro: Aguilar, 1973, vol. 3, p. 816.

34 Eugênio Gomes, op. cit., p. 85.

De qualquer modo, penso que, havendo entre Machado de Assis e Camilo Castelo Branco uma enorme diferença temperamental, estilística e circunstancial – um é o escritor pujante e desabrido, que desanca gregos e troianos sem qualquer subterfúgio; outro, o escritor conciso e discreto, que não compra brigas (pelo contrário, as evita, como o seu conselheiro Aires), cerimonioso e dissimulado ao criticar o que quer que seja; um, como ele mesmo admite, deixa-se às vezes arrastar pela "verbosidade estrondosa", pelo "tom declamatório";[35] outro tem horror aos esbanjamentos de colorido ou sonoridade; um escreve como um desesperado, para sobreviver;[36] outro, a partir de certa altura da carreira, pode dar-se o luxo de depurar o que produz, graças à segurança de um emprego público –, havendo todas essas diferenças, há também uma diferença significativa nas atitudes de ambos frente ao Naturalismo de escola, que Camilo assimila e parodia escancaradamente no *Eusébio Macário* (1879) e n' *A brasileira de Prazins* (1882), e que, em Machado, aflora no *Brás Cubas* como uma espécie de concessão à estética do tempo, pela qual parece deixar-se contaminar, à revelia de si mesmo. Daí, talvez, o silêncio em relação ao Camilo tardio no Machado tardio.

No entanto, creio que a grande, a inconfessável razão para o silêncio de Machado de Assis em relação a Camilo Castelo Branco fosse mesmo aquilo a que Harold Bloom chamou a angústia da influência. Uma influência técnica, que se percebe nos cacoetes de autoconsciência narrativa, que os inscreve a ambos numa linhagem nobilíssima de escritores, a começar por Cervantes, culminar em Sterne e continuar séculos afora em Italo Calvino ou John Barth. Uma influência linguística, que surge no sotaque lusitano do vocabulário e de muitas das construções sintáticas do texto de Machado. Uma influência do repertório de alusões ao patrimônio cultural do Ocidente, que Machado pode ter conhecido, ainda muito jovem, nos romances e novelas de Camilo.

35 Camilo Castelo Branco, *Obra seleta*, p.575.

36 No mesmo poema jocoso citado acima (ver nota 31), que na verdade é uma "carta" enviada do Brasil por Faustino Xavier de Novais a seu amigo Camilo Castelo Branco, algumas quintilhas descrevem a pujança da produção camiliana: "Se ao longe o vapor flutua, / Já cá sabemos que encerra / Notícia de uma obra tua" (Camilo Castelo Branco, *Cancioneiro alegre de poetas portugueses e brasileiros*, p. 543). E pouco abaixo: "Isto, amigo, não se atura / Tu, se escreves a cavalo, / Modera mais a andadura: / Tempo que dás de intervalo / Não chega para a leitura." (Ibid., p. 544).

Afinal, como os nossos críticos dos anos de 1950, Machado também não dispunha do conceito de intertextualidade. Caso contrário, creio que se desarmaria e, pelo menos nos romances e seletas de contos posteriores a 1890, poderia ter rendido tributo ao grande romancista de quem absorveu tanto; ao romancista que foi, antes dele, e contemporaneamente a ele, do outro lado do Atlântico, mas a usar a mesma língua, Camilo Castelo Branco.

Poderia até, quem sabe, jactanciar-se de ter emprestado a Camilo o niilismo da arquicitada conclusão das *Memórias póstumas de Brás Cubas* (1880-1881): "Não tive filhos. Não transmiti a nenhuma criatura o legado da nossa miséria." Esse niilismo, sugiro eu, de certo modo ecoa no fim do *post scriptum* de *A brasileira de Prazins*, datado de dezembro de 1882. Respondendo à hipotética pergunta do leitor sobre qual seria o intuito do livro, afirma o narrador-autor: "Nada, pela palavra, nada. O meu romance não pretende reorganizar coisa nenhuma. E o autor desta obra estéril assevera, em nome do patriarca Voltaire, que *deixaremos este mundo tolo e mau, tal qual era quando cá entramos.*"[37]

Em tempo: segundo Agripino Grieco,[38] na biblioteca de Camilo, leiloada em 1883, para saldar dívidas do autor, havia três livros de Machado de Assis: *Tu só, tu, puro amor...*, *Helena* e *Memórias póstumas de Brás Cubas*.

37 Helder Macedo, "*A brasileira de Prazins*: fragmentação e unidade", in *Trinta leituras*, Lisboa: Presença, 2007, p. 42-48.

38 Agripin Grieco, op. cit., p. 128.

Mauricio Matos e Luana Lima

Uma Outra *Ceifeira e outras testemunhas para uma investigação sobre a morte e a* Morte *de Alberto Caeiro*

Alegrai-vos [...].
O Grande Pã renasceu!

— *Ricardo Reis*[1]

LISBOA, 13 DE JANEIRO DE 1935. MESES ANTES DE SUA MORte, Fernando Pessoa redige a sua talvez mais notória carta. Poeta de vasta epistolografia, será a Adolfo Casais Monteiro que destinará o talvez mais profundo testemunho de si mesmo e de sua obra. A carta

Mauricio Matos é professor Adjunto de Literaturas de Língua Portuguesa do Curso de Letras e do Programa de Pós-Graduação em Letras e Artes da Universidade do Estado do Amazonas (PPGLA-UEA). Luana Lima é mestranda do Programa de Pós-Graduação em Letras e Artes da Universidade do Estado do Amazonas (PPGLA-UEA) e tradutora e professora de Língua Inglesa na rede Municipal e Estadual de ensino SEMED/SEDUC.

1 Extraído do "Prefácio" aos *Poemas completos* de Alberto Caeiro (de organização póstuma), escrito a pedido dos parentes do falecido heterônimo – Mestre – naturalmente, e talvez não fosse preciso explicar, tudo isso ocorre no estrito universo dramático-ficcional da chamada "*coterie* inexistente" de Fernando Pessoa. A referência a Pã pode encontrar inspiração no poema "Hino a Pã", de autoria de Mestre Therion, um dos *nomes mágicos* do controverso ocultista britânico Aleister Crowley, incluído como "espécie de prefácio" na obra *Magick in Theory and Pratice* (Paris: Lecram Press, s.d., edição consultada pelo poeta, conforme informado pelo mesmo; a grafia *Magick*, cabe esclarecer, é utilizada para diferençar o substantivo de seu foneticamente homônimo *Magic*, que significa ilusionismo, espetáculo em evidência à época), do qual Fernando Pessoa preparou uma criteriosa tradução, publicada em *Presença*, n. 33, julho-outubro de 1933, de que há grande número de versões (manuscritas e datiloscritas) no espólio do poeta, depositado na Biblioteca Nacional de Lisboa (Biblioteca Nacional do Rio de Janeiro, microfilme do acervo da

abrange três questões: 1. o plano então futuro para a publicação de suas obras em volume; 2. a gênese de sua heteronímia; 3. suas relações com o ocultismo.[2] Quanto ao primeiro ponto, concorda que a publicação de *Mensagem* não tenha sido uma significativa estreia em volume para sua obra poética em língua portuguesa – e, metonimicamente, talvez para o mais plural e múltiplo poeta do século XX não o tenha sido de fato. Quanto à questão do ocultismo, e já se contavam os anos de seu extenso e, porventura, íntimo contato com Aleister Crowley, pede ao destinatário que mantenha sigilosas as informações que lhe transmite – o que foi cumprido, pois que passamos a dispor do texto na íntegra apenas a partir da abertura do espólio do poeta.

A respeito da relação acima citada, o primeiro contato entre os dois se dá quando o poeta dos heterônimos, assíduo leitor do mago inglês encontra um erro no mapa astrológico estampado em seu livro. O erro foi corrigido e enviado ao mestre Therion (*nome mágico* de Aleister Crowley), que aceitou a correção e tratou de escrever uma carta para Pessoa, gerando uma correspondência assídua entre ambos. Neste momento, Pessoa percebe ser

Biblioteca Nacional de Lisboa). Para dar a público a citada tradução, esclarece Pessoa a João Gaspar Simões (um dos diretores de *Presença*), em carta de 4 de janeiro de 1931: "O Mestre Therion não é um heterônimo meu; é simplesmente o 'nome supremo' do poeta, mago, astrólogo e 'mistério' inglês que em vulgar se chama (ou chamava) Aleister Crowley (...). Lembrei-me um dia de traduzir o 'Hino a Pã', o que fiz, conforme o meu critério de traduzir verso, em absoluta conformidade rítmica com o original, na verdade Pessoa não revela sua técnica de tradução, apenas afirma manter o sentido dos versos e a métrica onde há métrica. Mandei a v. o poema para, como lhe disse, v. ver o que é propriamente um poema mágico, em comparação com um simples 'poema a respeito de magia' como é o meu 'Último sortilégio' [*sic*]." (Fernando Pessoa, *Cartas*, Edição Richard Zenith, Coleção Obra Essencial de Fernando Pessoa, Lisboa: Assírio e Alvim, 2007). Sabe-se que a versão original anglófona de "Hino a Pã" viria a ser lida, durante homenagem póstuma a Aleister Crowley, a 05 de dezembro de 1947 (havia morrido quatro dias antes), por seus seguidores (cf. Anexo). Esta cerimônia ficou conhecida como "O Último Ritual". As relações entre Crowley, Pessoa e Caeiro serão retomadas adiante. Cf. nota 16.

2 Muito embora Pessoa os utilize, até determinado ponto, indistintamente, os substantivos *ocultismo* e *misticismo* serão utilizados aqui de acordo com o sentido em se que empregam a cada passo, segundo sua mais antiga acepção dicionarizada. Por *ocultismo* (datação: 1899), compreenda-se: "1. crença na ação ou influência dos poderes sobrenaturais ou supranormais [e] 2. o estudo desses fenômenos; o conjunto das artes ou ciências ocultas, como a magia, o espiritismo, a astrologia etc."; por *misticismo* (datação: 1836): "inclinação para acreditar em forças e entes

oportuno enviar a Crowley seus poemas escritos em inglês para publicação na Inglaterra. Em troca, mestre Therion solicita a tradução de seu "*Hymn to Pan*" para a língua portuguesa e, assim, a relação dos dois se estabelece, não só nas questões poéticas e tradutórias, mas também como discípulo e mestre, Pessoa e Crowley, respectivamente. Todavia, é, pois, sobre a questão da gênese da heteronímia que repousa o maior interesse no que Pessoa escreve a Casais Monteiro.

Para um homem que elegeu por pátria a língua portuguesa, não será descabido que também tenha eleito o ocultismo como sua forma singular de metafísica.[3] Alain Badiou, em seu *Manifesto pela filosofia*, pôde reconhecer na poesia pessoana a cumeada metafísica que os homens da estrita filosofia não teriam conseguido alcançar. Pensadores – como, por exemplo, José Gil – lançam olhares em direção à obra do poeta como um projeto ainda muito por cogitar.

sobrenaturais e preocupar-se com eles, em detrimento das explicações racionais e científicas." Privilegiar-se-á, todavia, *ocultismo*, em virtude de ser esta a expressão utilizada na carta a que ora se faz referência: "Creio na existência de mundos superiores ao nosso e de habitantes nesses mundos, em existências de diversos graus de espiritualidade, sutilizando-se até se chegar a um Ente Supremo, que presumivelmente criou este mundo. Pode ser que haja outros Entes, igualmente supremos, que hajam criado outros universos, e que esses universos co-existam com o nosso, interpenetradamente ou não. Por estas razões, e ainda outras, a Ordem Externa do *Ocultismo*, ou seja a Maçonaria, evita (exceto a Maçonaria anglo-saxônica) a expressão 'Deus', dadas as suas implicações teológicas e populares, e prefere dizer 'Grande Arquiteto do Universo', (...). (...) Há *três caminhos para o oculto*: o caminho *mágico* (...); o caminho *místico* (...); e o que se chama o caminho alquímico (...)." In: Fernando Pessoa, *Obra em prosa*, organização, introdução e notas de Cleonice Berardinelli, Rio de Janeiro: José Aguilar, [1974] 2004, p. 98-99. Donde se depreende que, para Pessoa, o *misticismo* seria apenas um dos três "caminhos para o *oculto*" [grifos nossos]. Cabe ainda observar que, através do adjetivo *mágico*, Pessoa se refere ao substantivo anglófono *magick* e não a *magic* (cf. nota referente à epígrafe). Para citações, todavia, conservam-se os substantivos da forma como foram utilizados por seus autores (cf. nota 4).

3 Pessoa utiliza, ao longo dos anos de sua escrita, quase sem distinção, os substantivos *metafísica* e *filosofia*. Todavia, os mesmos utilizados aqui, de acordo com o sentido em se que empregam a cada passo, segundo sua mais antiga acepção dicionarizada. Por *metafísica*, compreenda-se "estudo ou ciência daquilo que transcende o físico ou natural"; por *filosofia*, "estudo teórico da realidade". Para Nietzsche, devido à natureza de seu pensamento, utiliza-se sempre *filosofia*; para Pessoa, pelo mesmo motivo, *metafísica*. Para citações, contudo, conservam-se os substantivos da forma como foram utilizados por seus autores, segundo o mesmo critério explicitado na nota 1.

*

Questiona-se Helder Macedo, no Porto, em 1978, como filósofo-investigativo que (além do mais) é: "até que ponto *podia* Fernando Pessoa *acreditar* na viabilidade de sua própria iniciação *mística*?" Esclarece-lhe a dúvida antecipadamente – através de manuscrito com data provável de 1906, em que faz algumas observações acerca de sua infância – o ainda bastante jovem Fernando Pessoa: "Meu ávido interesse era pelo *incrível* e não pelo provável, nem mesmo pelo impossível em grau, mas pelo impossível por natureza"; e prossegue no mesmo sentido, a afirmar: "desde que tive consciência de mim mesmo, percebi em mim uma inata tendência à *mistificação*, à *mentira artística*." Ao que retoma o primeiro, em assertiva inequívoca e consoante: "Pessoa é um *poeta místico* sem a possibilidade de fé, cuja sintaxe *metafísica* só pode portanto referenciar-se à absurda incoerência de um universo fragmentado onde as aparências são as únicas essências que há." E conclui: "Bem o sabe Alberto Caeiro, o mestre possível da gnose impossível."[4]

*

Não será absurdo afirmar que Fernando Pessoa terá sido o arquiteto de um dos mais altos projetos do pensamento ocidental de sua época e, mais, de todos os tempos da poesia e da metafísica: já Alain Badiou o vê assim. Contemporâneo de Freud – e do nascimento da psicanálise, portanto –, o poeta descarta a anamnese clínica freudiana, mas acompanha, ainda que *ao largo*, a teoria psicanalítica no que tem de contemporânea do pensamento de seu tempo. Homem da virada do século XIX para o XX, consciente de que Deus *era* morto sem sequer a necessidade de recorrer à filosofia de Nietzsche – e até mesmo com certa má vontade em relação à mesma –, Pessoa, através da invenção da *heteronímia psicoliterária* (perdoe-se o neologismo) e, sobretudo, da criação de Alberto Caeiro e de sua obra, faz de seu "drama em gente" um dos mais importantes paradigmas *poético-metafísicos* da Europa ocidental.

4 Todos os grifos são nossos. As citações de Helder Macedo foram extraídas de seu ensaio "Fernando Pessoa e as ficções do abismo", in *Trinta Leituras*, Lisboa: Presença, 2007, p. 132-136, p. 132-134, enquanto a de Pessoa foi reproduzida da transcrição do fragmento "[MISTÉRIO E 'MISTIFICAÇÃO']", in op. cit., p. 36.

Antes de prosseguir, todavia, faz-se necessário um justo esclarecimento: a associação entre Nietzsche, Freud e Pessoa não é aqui inaugural. Já a apontara Teresa Cerdeira, entre outros:

> *A aposta da modernidade, Pessoa assumiu-a na sua plenitude quando se instalou como instância fictícia, quando elegeu a manifestação do eu sob um fundo de ausência que é a proposta da heteronímia. Levava, assim, à última instância a consciência de Rimbaud de que "je est un autre", fazendo dessa aguda revelação desinstaladora, dessa recusa de assentar-se no tapete das certezas – violadas antes dele por Freud e Nietzsche –, o cerne da sua criação. (...)*
>
> *A aventura de* Orpheu *aponta para a revolução diante de uma tradição lírica portuguesa e ocidental, diante de uma tradição filosófica e existencial humanista e diante de uma concepção político-social em que o primado do indivíduo estava garantido pela subjetividade da arte, pela existência de Deus e pela ascensão vitoriosa da burguesia. Esse tripé seria abalado, na viragem do século, pelas inquietações marxistas, pela análise do eu como entidade psíquica não una e pela consciência de uma sociedade definitivamente desinstalada pela morte de Deus. (...)*
>
> *Na esteira dos estudos freudianos, a personalidade desestruturada recusava o doloroso dilaceramento e deixava vingar a proposta terapêutica e analítica de recomposição do equilíbrio mental. (...).*[5]

Apesar de uma base comum, notadamente a coerência do pensamento pessoano inserido no paradigma dos saberes interdisciplinares – e se poderia incluir também neste passo a einsteiniana Teoria da Relatividade, na área da física – que se foram constituindo desde o último quartel do oitocentos até a primeira metade do século XX, ao menos, a aposta de Teresa Cerdeira repousa no entendimento da heteronímia como processo coerente à contemporânea modernidade de Pessoa. Por outro lado, lado este que lhe será tão-somente complementar, o ensaio que ora se apresenta busca investigar a arquitetura da heteronímia pessoana a partir de sua coerência interna na disposição dos elementos constituintes da "*coterie* inexistente" e dos destinos que o poeta racionalmente – a aposta é esta – conferiu aos personagens de seu "drama em gente". Repare-se,

5 Teresa Cristina Cerdeira, "Fernando Pessoa – A aventura suicida da modernidade", in *O avesso do bordado*, Lisboa: Caminho, 2000, p. 67-79, p. 68-71.

portanto, que, bem como no parágrafo que a este sucede, quanto na conclusão a que o texto há de chegar, a economia conceitual pessoana, relacionada às de Freud, Nietzsche e Crowley, é abordada internamente e não se vincula especificamente a uma delimitação histórica de modernidade, mas antes à coerência de seu sistema metafísico. A ficcionalização do eu é, portanto, em poemas, cartas ou decisões de Pessoa, tomada como processo apriorístico em relação ao que o presente ensaio se propõe a investigar. O ensaio de Teresa Cerdeira é, assim, o ponto de partida, no amplo universo de saberes que aborda, para a análise de um diálogo pessoano, interno e estrito, entre ele-mesmo e seu Oposto, a ortonímia e sua *Absoluta Alteridade*. Finalmente, não será desnecessário ressaltar que, quanto mais interpretações um texto puder admitir, mais literário será.

*

Lisboa, 08 de março de 1914. Pessoa acerca-se de sua cômoda e – segundo a carta escrita a Casais Monteiro –, escreve em êxtase os poemas de *O guardador de rebanhos*, livro de Alberto Caeiro,[6] imediatamente reconhecido como seu *Mestre* e seu *Oposto*, sua *Absoluta Alteridade* – como o *Outro* do "7" de Sá-Carneiro, hipotética síntese d'*A Confissão de Lúcio* –, um *outro-em-Pessoa*, para quem o único "mistério é haver quem pense no mistério"; e no *Mistério*, com inicial em caixa-alta (como *Oposto*, *Alteridade*, *Outro*, *Além* e *Aqui*, como adiante se verá), Pessoa pensava como poucos e com a intensidade de ainda menos. Reconhece, portanto, em Alberto Caeiro sua *pessoana inexistência* e reage, ainda segundo a carta, escrevendo "Chuva oblíqua", poema inaugural do Interseccionismo (um dos vários *ismos* modernistas), em que se entremeiam o físico e o metafísico, a realidade e o sonho, um a buscar o outro, na poesia de uma imprevisível "horizontalidade vertical". Para Pessoa, o ortônimo, absurdo será "haver quem" não "pense no mistério", mistério é, portanto, *haver*, existir simplesmente, no que de mais paradoxalmente complexo este verbo puder comportar.

Cairo, 8 a 10 de abril de 1904. Aleister Crowley opera uma invocação ao deus Hórus e manuscreve, em êxtase, as 65 páginas que viriam a compor os três

6 Como se veio a saber, a partir do momento em que foi possível investigar o espólio de Fernando Pessoa, esta informação é ficcional, como adiante se verá.

capítulos d'*O livro da Lei* (*Liber Al vel Legis*), como que ditadas por uma *Altíssima Inteligência*, identificada como Aiwas ou Sagrado Anjo Guardião, a que não teve acesso consciente. Neste texto é anunciada a transição planetária para o Éon de Hórus, astrologicamente, a Era de Aquário, cuja orientação cognitiva consiste, sobretudo, em duas sentenças: "Faze o que queres há de ser o todo da Lei" e "Amor é a lei, amor sob vontade", mas não uma *vontade* qualquer, senão uma *Vontade Verdadeira*,[7] que se há de aproximar dos conceitos de *vontade de potência* (Nietzsche) e de *pulsão de morte* (Freud). Crowley, que passava por um momento de ceticismo, inicialmente, por contrários a si que fossem os escritos, rebela-se contra o livro; posteriormente, todavia, passará o resto de sua vida a tentar *compreender-se nele* e *se fazer compreender através dele*.

Assim foi, ou assim diz ter sido,[8] o "autor" em *O equinócio dos deuses*, parte integrante do chamado *Liber Aba*, que também compreende *Magia em teoria e prática*, cuja epígrafe Pessoa viria a traduzir: o já mencionado "Hino a Pã".

Note-se que, assim como o poeta afirma a Casais Monteiro ter *visto* "no espaço incolor mais real do sonho" Alberto Caeiro, quando da composição de *O guardador de rebanhos*, e o descreve como "de estatura média, e (...) realmente frágil", "louro sem cor, olhos azuis", Crowley diz que Aiwas, enquanto lhe ditava *O livro da Lei*, lhe aparecera como "homem alto, trigueiro, de seus 30 anos, bem coordenado, altivo e forte, com a força de um rei selvagem" e "pronúncia inglesa sem sotaque, quer nativo ou estrangeiro; completamente sem maneirismos provinciais ou de casta".[9] A partir destas *revelações*, não será forçado perceber a identidade entre as versões de Pessoa e Crowley para a composição, respectivamente, de *O guardador de rebanhos* e d'*O livro da Lei*, ambos concebidos em "êxtase" a partir do *aparecimento* de "alguém em" seu autor.[10]

7 O adjetivo *verdadeiro(a)* faz referência, não à possibilidade de uma *verdade absoluta*, mas sim à uma *verdade* relativa a cada sujeito, ou seja uma *verdade relativa* e uma *verdade subjetiva*.

8 É notório que, segundo Aristóteles, à história cabe narrar o que *foi* e, à literatura, o que *poderia ter sido*.

9 Em relação à pronúncia, segundo a linguística, não só esta (in)variante é inconcebível, mas – sobretudo – a possibilidade de percepção da mesma é sequer imaginável.

10 A fazer justiça, foi Jorge de Sena, movido por seu notório impulso investigativo, se não o primeiro, de certo o mais determinado investigador (como lhe era natural) na investida, em pesquisa de campo, em busca de informações sobre Aleister Crowley, quando de suas estadas em Londres, com vistas a averiguar as relações do controverso ocultista inglês com Fernando

*

Rio de Janeiro, dezembro de 1958. Cleonice Berardinelli defende sua tese de livre docência, *Poesia e poética de Fernando Pessoa*,[11] a primeira escrita no Brasil, a segunda no mundo. Em sua banca, Adolfo Casais Monteiro, o destinatário daquela que entrou para a história como a *Carta sobre a gênese dos heterônimos* e da qual algumas linhas têm sido convocadas ao presente artigo.

Defende Cleonice Berardinelli que o cerne da poesia pessoana é o que o poeta elegeu como "febre de Além", com *A* maiúsculo, como grafado em "D. Fernando, Infante de Portugal", de *Mensagem* (1934),[12] e – antes – em "Gládio", escrito em 1913, que Pessoa teria visto impresso apenas nas provas de *Orpheu* 3 (que não saiu do prelo), em 1915. "Gládio", gênese de "D. Fernando, Infante de Portugal" viria a ser publicado somente em *Athena – Revista de Arte e Cultura*, de que o poeta era um dos "directores", na década de 1920.[13]

Pessoa, conforme se pode ler nos ensaios incluídos e seu *Fernando Pessoa & Ca Heterónima. Estudos coligidos: 1940-1978*, Lisboa: Edições 70, 1984.

11 Cleonice Berardinelli, *Poesia e Poética de Fernando Pessoa*, Tese (Livre Docência em Letras) – Universidade Federal do Rio de Janeiro, 1958, (impresso).

12 Fernando Pessoa, *Mensagem*, edição preparada segundo o exemplar de 1934 corrigido pelo punho do poeta. Organização Cleonice Berardinelli e Mauricio Matos, Rio de Janeiro: 7Letras, 2008.

13 Observa Cleonice Berardinelli que a primeira pessoa de "Gládio", "(...) sem outras indicações, (...) só pode remeter ao sujeito lírico, Fernando, sim, não o infante, senão o poeta Fernando António Nogueira Pessoa." (Cleonice Berardinelli, *Fernando Pessoa: outra vez te revejo...*, Rio de Janeiro: Lacerda Editores, 2004, p. 320). Ainda sobre este passo, escreve o poeta a João Gaspar Simões, em carta datada de 26 de outubro de 1930, acerca da publicação de "O último sortilégio", poema ao qual se retornará adiante, em *Presença*, n. 29, Coimbra, dezembro de 1930: "Não há nada de especial a indicar na gênese do poema 'O último sortilégio'. Escrevi-o a 15 deste mês, à noite, em seguida a escrever três quadras muito simples. Tantos estas, como ele, foram produtos diretos e espontâneos. Causou-lhe estranheza, talvez, o assunto. Isso, porém, procede de V. desconhecer outros poemas meus, inéditos, do mesmo gênero. Tenho, um incompleto, 'Lúcifer', que vai muito além deste na mesma direção; e este é já antigo. A mesma nuvem paira sobre os cinco poemas a que chamei 'Além-Deus' [na realidade "Gládio e Além-Deus"] e que escrevi há ainda mais tempo; são cinco pequenos poemas, completos e estiveram para ser publicados (chegaram a ser impressos) num *Orpheu 3* que foi frustrado de cima. E, além destes, há ainda outros poemas, incluindo um soneto sobre Gomes Leal, que deve conhecer, pelo menos da *Antologia do Salão de Outono*. Deveras e realmente, não posso dar-lhe explicação nenhuma sobre a gênese particular deste poema sobre a gênese geral desta ordem de poemas é que talvez haveria alguma coisa a dizer. Mas isso não tem interesse *estético nem psicológico*" [grifo nosso].

A investigação de Cleonice Berardinelli leva, contudo, à conclusão de que a "febre de Além" – que em nada se afasta da *pulsão de morte* freudiana ou da *vontade de potência* nietzschiana – inexiste na poesia de Alberto Caeiro, exatamente o *Mestre-Outro* de Pessoa, aquele que, por ser o próprio Mistério, não tem perspectivas para o que de misterioso haja em si: misterioso será, portanto, e em perspectiva para Alberto Caeiro, "quem pense no mistério", pois o *Mestre-Outro* parece não se perceber, em relação ao Mistério, por *sê-lo*, *ele-mesmo*, para a dimensão humana – a que não pertence, ao menos por seu trato íntimo com a figura central do presépio – o próprio mistério *encarnado em papel*; e haverá de valer a pena lembrar que o chamado Mistério da Santíssima Trindade é dilacerado n'*O guardador de rebanhos*. Dizer que Caeiro teria "febre de Aqui", tendo este *Aqui* inicial maiúscula, talvez seja excessivo. Caeiro sequer tem febre, pois – num ambiente bucólico que muito se aproxima de um particularíssimo Éden pessoano – *sabe a verdade* e é feliz (cf. *O guardador de rebanhos*), como um deus, paganíssimo ou não, mas certamente não humano e não vivente. Saber a *verdade* e ser *feliz* eliminam quaisquer possibilidades de, conscientemente, o emissor destas assertivas ser humano e estar vivo.

Sem perder tempo, portanto, Pessoa promove a morte de Alberto Caeiro, aos 26 anos, em 1915, cerca de um ano apenas após o seu nascimento poético, no "dia triunfal" de 1914. A vida de Alberto Caeiro implicaria a morte literária de Fernando Pessoa, e não só: a de Álvaro de Campos – que enuncia o "Cais Absoluto", bem como o "puro Longe", em sua "Ode marítima" – e a de tantos outros poetas e pensadores, lusófonos ou não, desde (ao menos!) a Antiguidade Clássica. A morte de Caeiro assegura, portanto, a continuidade da poesia e do fazer poético, ao menos, em termos ocidentais.

Manter vivo Alberto Caeiro, o mestre da "*coterie* inexistente", seria deixar cair por terra o moto próprio e contínuo da própria poesia, bem como o da metafísica: a busca; e não há de ser descabido lembrar que, antes dele, o único heterônimo de obra substancial havia sido o anglófono gêmeo astrológico de Pessoa, Alexander Search (Alexandre Busca), que buscara como o *outro* a "verdade", a "felicidade", busca a que Caeiro não poderia ser *sujeito*, por saber-se *Objeto* – como o *das Ding* de Freud, em português, *a Coisa*[14] – com inicial também em caixa-alta.

14 Como se sabe, todo substantivo alemão é grafado com inicial maiúscula e, quando traduzido, passa naturalmente à minúscula. *A Coisa* por *Das Ding* é uma exceção comumente aceita

F.W. Nietzsche (1844-1900)	Sigmund Freud (1856-1939)	Aleister Crowley (1875-1947)	Fernando Pessoa (1888-1935)
vontade de potência	Pulsão de morte	Lei de *Thelema*[15]	"febre de Além"
"Deus é morto"	das Ding (a Coisa)	"Faze o que tu queres há de ser o todo da Lei."	Morte de Caeiro

Era, portanto, necessário, assassinar o mestre por tuberculose (ou qualquer outra moléstia) – perdoe-se o absurdo da sentença –, retirá-lo de seu estado vivente, para que pudesse, no Além (o seu *aqui*, cf. Gráfico "Febre de Além") encontrar a Verdade já encontrada e desfrutar da felicidade já consumada. Caberia, pois, a pergunta: a Caeiro, faria sentido continuar entre os viventes?

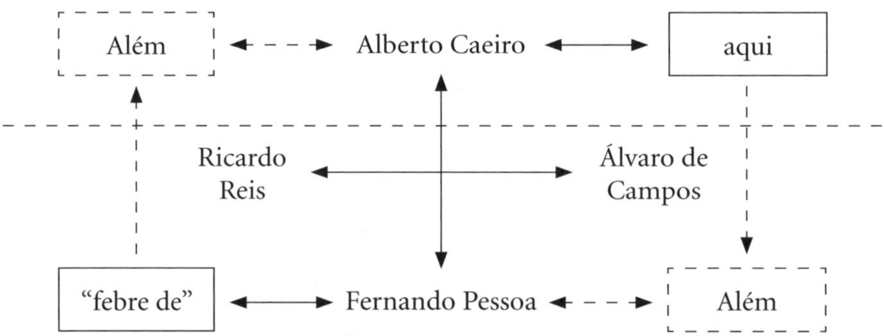

Donde:
Além [Pessoa, Campos e Reis] = aqui [Caeiro]
busca [Pessoa, em relação a Além] = "febre de Além"
[Pessoa = sujeito da febre] ≠ [Caeiro = Objeto da busca]

desde a primeira edição Standard das obras completas de Freud (Sigmund Freud, *Obras completas* (edição standard), 24 vol., Rio de Janeiro: Imago, s.d.).

15 *Thelema*: substantivo grego, comumente traduzido pelos estudiosos da obra de Crowley como "Vontade Verdadeira". A chamada *Lei de Thelema* é constituída basicamente por dois princípios: "Faze o que tu queres há de ser o todo da Lei." e "Amor é a lei, amor sob vontade".

O sentido que se faz ver-se-á adiante: o fato é que a descrição dessa relação entre o *Aqui* e o *Além* como sendo *Lá*, um relativo ao e dependente do outro (ou *Outro*), é latente em um dos poemas de Alexander Search (heterônimo anglófono de Pessoa), no qual a busca de um *objeto* parece mais um exercício de percepção do que uma busca propriamente dita, visto que o *Aqui* e o *Além* ou *Lá* coexistem, tendo distinção no campo *conceitual*, mas não no *espiritual*, este mais caro a Pessoa e, também, a Search, conforme se lê, em "Here and there", de Search, em ritornelo a um paradigma espaçotemporal onde "não há tempo ou 'spaço", nem *Aqui*, *Além* ou *Lá*, posto ser tudo uma *coisa* só, "essa coisa [,] que é linda:

Aqui é o mesmo que lá

Aqui é o mesmo que lá, meu amigo
Todos os lugares neste mundo assemelham-se.
Se condenares tua vida em tristeza gastar,
Que mudança pode, então, o teu destino alterar,
O que, de tua alma, a dor pode atacar?

Quando a dor acaso ferir o coração cansado
E fatigar o olho febril,
Alguma alegria, certamente, a grande arte do mundo
Deve à tua alma aflita comunicar
Isto, se a alegria em ti não mentir.

Quando em meu sofá inquieto, eu minto
E conto o pulsar da minha respiração,
Vejo a alegria da terra e do céu.
No entanto, odeio tudo. Por que não deveria?
Então, mantenho minha mente covarde da morte?

A verdadeira alegria não vem de aparência exterior
Mas, da nossa mais profunda alma.
O que importa, se o sol pode brilhar
E as estrelas à noite olharem assim docemente,
Quando corações são oprimidos pela tristeza?

Quando a escuridão pesar teu pensamento,
E a noite Acaso cair sobre a tua alma,
Não são mais uma vez as tuas tristezas?
Não é a tua mente em sombras?
Os receios não voltam sobre ti?

Não posso fazer, mas esperança como a minha...
Na tua mente, a vejo curva;
Eu na minha terra, e tu na tua,
Sofremos tanto – as nossas tristezas se entrelaçam.
Aqui é o mesmo que lá, meu amigo.[16]

*

Em análise, se aceita comumente a morte de Caeiro como fato em si, isolado, fruto de uma imaginação para quem o morrer seria apenas uma faceta ficcional imposta ao heterônimo-Mestre, sem quaisquer causas e consequências.[17] Desta forma e seguindo esta linha de raciocínio, a morte de Alberto Caeiro significa a vida dos demais poetas, sejam heterônimos ou não.

*

Caso aproximável à obra de Alberto Caeiro pode ser encontrado em poema ortônimo, muito declamado, mas sobre o qual, por outro lado, muito pouca investigação tem sido feita:

16 Fernando Pessoa, *Obras completas*, vol. I-VII. Lisboa: Imprensa Nacional – Casa da Moeda, 1990-2006, p. 141-142, tradução de Luana Lima.

17 Note-se que, por exemplo, há motivos explícitos para o autoexílio do monarquista Ricardo Reis no Brasil, em 1919, ano em que António José de Almeida, republicano convicto, assume a Presidência da República de Portugal, em sucessão a João do Canto e Castro, paradoxalmente monarquista, que, por sua vez, sucedera a Sidónio Pais, o "Presidente-Rei", a cuja memória Pessoa, "nacionalista místico e sebastianista racional", dedicara um longo poema, datado de 25 de janeiro de 1920, de índole semelhante à de *Mensagem*, e onde se lê que "nele [Sidónio Pais] uma hora encarnou el-rei / Dom Sebastião".

Ela canta, pobre ceifeira,
Julgando-se feliz talvez;
Canta, e ceifa, e a sua voz, cheia
De alegre e anônima viuvez,

Ondula como um canto de ave
No ar limpo como um limiar,
E há curvas no enredo suave
Do som que ela tem a cantar.

Ouvi-la alegra e entristece,
Na sua voz há o campo e a lida,
E canta como se tivesse
Mais razões pra cantar que a vida.

Ah, canta, canta sem razão!
O que em mim sente 'stá pensando.
Derrama no meu coração
A tua incerta voz ondeando!

Ah, poder ser tu, sendo eu!
Ter a tua alegre inconsciência,
E a consciência disso! Ó céu!
Ó campo! Ó canção! A ciência

Pesa tanto e a vida é tão breve!
Entrai por mim dentro!
Tornai minha alma a vossa sombra leve!
Depois, levando-me, passai![18]

"Ela canta, pobre ceifeira" revela de imediato o choque entre a consciência do intelectual quase sempre urbano, Fernando Pessoa, e a inconsciência da trabalhadora rural, a Ceifeira.

18 Fernando Pessoa, op. cit., p. 552-553

Pensando nos "calceteiros" das "Cristalizações" de Cesário, imediatamente se percebe sua função: a urbanização da Lisboa oitocentista, numa poesia de expressão moderna, rigorosamente baudelairiana. Caberia, pois, a pergunta: o que faz uma ceifeira no paradigma quase sempre urbano de Fernando Pessoa, ortônimo?

Atente-se, todavia, a seu instrumento de trabalho e a seu gênero: uma foice, uma mulher. Está aí, personificada, a Morte, não em relação a qualquer um, mas numa estreita relação ao ortônimo. A impossibilidade de *ser-se sendo-a*, revelada no próprio poema, é sopro do querer viver, mesmo inquieto, do poeta: quem lhe dera *sê-la, sendo-se*... Todavia, ser a ceifeira, ou ter a sua inconsciência e a consciência desta inconsciência, é um estado que o ortônimo pode tão-somente *desejar*. A inconsciência é quieta, conformada, contente;[19] não abrange os mistérios insondáveis da existência, do ser e, sobretudo, do *ser pessoano*. Ser a "ceifeira" não passa, portanto, na economia poética de Fernando Pessoa, de um desejo; e não de um desejo qualquer, é certo, mas de um *desejo* freudianamente específico, mais precisamente, uma *pulsão*, a um só tempo, de *vida* e de *morte*.

(Lamento, oh!, antigo e pudico leitor da Ceifeira: quisera eu, cinicamente, mantê-la em sua condição de cartão-postal. Todavia, seria isso a manutenção do mesmo, seria isso incorrer na indignidade de pensar e velar. Já nos ensina Camões, leitor antigo, que ante outro valor mais alto que se alevante, não é digno, por piedade, manter-se adequado ao pensamento antigo. Lamento informar, leitor antigo, chateie-se, pois a Ceifeira é, no mínimo, polifônica, e minha outra leitura mais vale que a sua mesma. Indigne-se, incomode-se! Assim, aprenderá a ler. *Laus Deo*!)

*

Caeiro foi, portanto, metafisicamente imolado por Fernando Pessoa, como que por um Axogum nos rituais do Candomblé, religião afro-brasileira fixada na prevalência rediviva da ancestralidade primitiva como inaugural da humanidade. Seu assassinato sacrificial assegura ritualisticamente ao poeta a possibilidade de não-ser este-Outro e, portanto, criador e criatura, *ser-se* (*v.g.* "Ó Universo, *sou-te*" do conjunto "Gládio e Além-Deus" in *Orpheu* 3), assegu-

19 "Ser descontente é ser homem", diz o verso matematicamente intermédio do poema "O Quinto Império", de *Mensagem*.

rando a ocultação do Cadáver-Mistério. E é neste passo que se faz pertinente recordar que Pessoa participou biograficamente do suicídio *fingido* – atente-se para o *fingimento* – de Aleister Crowley, ocasião em que se conheceram, na Boca do Inferno (Portugal, 1930), pois, *autopsicograficamente*, "O poeta é um fingidor" e a poesia, logo, um fingimento. Note-se ainda que Alberto Caeiro tem as mesmas iniciais de Aleister Crowley (*AC*, como abreviava Pessoa; Álvaro de Campos era abreviado por *A de C*).

*

Passa-se, agora, à dialética dramática entre o ortônimo, que interpela o *Guardador de rebanhos* acerca do "vento que passa":

> "Olá, guardador de rebanhos,
> Aí à beira da estrada,
> Que te diz o vento que passa?"
>
> "Que é vento, e que passa,
> E que já passou antes,
> E que passará depois.
> E a ti o que te diz?"
>
> "Muita cousa mais do que isso.
> Fala-me de muitas outras cousas.
> De memórias e de saudades
> E de cousas que nunca foram."
>
> "Nunca ouviste passar o vento.
> O vento só fala do vento.
> O que lhe ouviste foi mentira,
> E a mentira está em ti."[20]

20 Alberto Caeiro, *O guardador de rebanhos*, X, grifos nossos, apud Fernando Pessoa, op.cit, p. 213

Retome-se, neste passo, o citado manuscrito de 1906, em que diz Pessoa ser a "mentira artística" análoga à "mistificação", que se pode relacionar às "coisas que nunca foram", sobre as quais lhe fala o "vento que passa".

Relacionar "mentira artística" à *estética do fingimento* talvez sequer chegasse a ser necessário se outra relação ora não se pudesse fazer. Em Londres, 1913 – ano da composição de "Gládio" –, Aleister Crowley publica, sob o *nome mágico* Frater Perdurabo o volume *The book of lies*,[21],[22] que jamais foi traduzido para o português, mas cujo título é, em espanhol, *El libro de las mentiras*.[23] Todavia, dada a relação entre Crowley e Pessoa, para o português, com efeito, a tradução mais literária talvez fosse *O livro do fingimento*, em coerente consonância entre o autor e seu confrade lusitano, e diz-se *confrade*, pois Pessoa trata Crowley por Frater ao menos em parte de sua correspondência.

The book of lies gira em torno da moderna constatação acerca da impossibilidade de se alcançar uma – a um só tempo, desejável (inconscientemente) e indesejável (conceitualmente) – *Verdade Absoluta* e, consequentemente, se dirige à humanamente viável (e, porventura, fundadora) relatividade, tão cara a Einstein e, antes, a Nietzsche, Freud, Crowley e Pessoa, cronologicamente relacionados.

*

De volta à dialética de "Olá, guardador de rebanhos", atente-se neste passo em sua dramaticidade, assinalada pelo uso de aspas duplas para a indicação das *falas* do ortônimo (que interpela) e do heterônimo-Mestre (que se lhe opõe). A partir da menção à *fala*, não será descabido ora ressaltar que, por muitas vezes, a psicanálise – devido mesmo a seu processo terapêutico – é identificada como "cura pela palavra", entendendo-se *palavra* na interseção entre oralidade (fala) e escritura, pois Freud julgava (e acaso acertava em seu julgamento) ambas terapêuticas.

21 Note-se que "Hymn to Pan" é assinado por Master Therion, identificado por Pessoa como o "nome supremo" de Aleister Crowley. Não se trata de pseudonímia, pois o autor se identifica, atribuindo todavia a obra a outrem, com *outro nome*, em processo associável à heteronímia pessoana. Cf. nota relativa à epígrafe.

22 Aleister Crowley, *The book of lies*, New York: Samuel Weiser, 1998.

23 Aleister Crowley, *El libro de las mentiras*, Madrid: Humanitas, 1996.

A partir do exposto, sob forma de invocação mística, também "Hino a Pã" haverá de conter sua carga de dramaticidade. Todavia, será no eu-lírico feminino de "O último sortilégio" – em que reaparecem as aspas duplas – que, sob forma de monólogo dramático, o ortônimo opera o exorcismo de *si-mesmo*. A contraposição ao feminino, perceptível em "Ela canta, pobre ceifeira", transforma-se em consonância nos versos de "O último sortilégio" em relação às possibilidades cognitivas do ortônimo, sobretudo quando se lê "Ao menos meu ser findo dividi, / Meu ser essencial se perca em si, / Só meu corpo sem mim fique alma e ser" e, sobretudo, no dístico final, que se pode associar à epígrafe do presente ensaio: "Seja a morte de mim em que *revivo*; / E tal qual fui, não sendo nada, eu seja!" [grifo nosso]

Retomando a questão do *feminino contraposto* em "Ela canta, pobre ceifeira", o mesmo se resolve por identificação em "Eros e Psique", onde se pode perceber, em seu dístico final, a solução da busca de um socrático "Conhece-te a ti mesmo": "E vê que ele mesmo era / A princesa que dormia". Tanto em "O último sortilégio" quanto em "Eros e Psique", retoma o ortônimo a religiosamente confusa questão da interpretação medieval do feminino, ora Eva, ora Ave (Maria).

Poemas de teor ocultista e/ou metáfisico, ligados à dramaticidade e/ou à feminilidade	*Ocultismo*	*Metafísica*	*Dramaticidade*	*Feminilidade*
"Gládio"	X	X		
"Ela canta, pobre ceifeira"		X		X
"Olá, guardador de rebanhos"		X	X	
"Eros e Psique"	X	X		X
"Hino a Pã"	X	X	X	
"O último sortilégio	X	X	X	X

A fechar racionalmente o "místico ciclo" da feminilidade, passando pelo ocultismo (*v.g.* epígrafe de "Eros e Psique"), pela metafísica, pela dramaticidade, retorna-se à "ciência insciente" almejada em "Ela canta, pobre ceifeira"[24] e chega-se à tradução de "Hymn to Pan".

*

Não importa, e é mesmo coerente, que Pessoa tenha datado poemas de Caeiro até de 1930 – como se descobriu quando da abertura de seu espólio –, mesmo tendo este sido vítima de tuberculose literária em 1915. Caeiro morto passa a poder, coerentemente, *saber* e *ser* o que os vivos não podem: a Plenitude, a Felicidade, a Perfeição. Aos mortos, a *Verdade*; aos vivos, o *Mistério*, mistério apenas por estarmos aquém de uma (im)possível Verdade Absoluta.

Para os vivos (ou *sobrevivos*), nada é o que há, pois "tudo é símbolo e analogia" (conforme se lê no *incipit* do *Fausto*); para Caeiro, a "Hora" maiúscula do último verso de *Mensagem* é uma hora qualquer, pois, se navegasse, navegaria através de um mar "que não [tivesse] tempo ou 'spaço" (*Mensagem*), onde só os literariamente mortos, (cons)cientes de suas mortes, podem navegar, transitar, escrever e – por mais paradoxal que seja – pensar, criar... e, sobretudo, *Viver.*

24 Helder Macedo, "Entre mim mesmo e mim ou o drama em gente", in *Trinta leituras*, Lisboa: Presença, 2007, p. 137-149.

Monica Simas

A viagem da água dos olhos: *de Camões a Alberto Estima de Oliveira*

ENTRE AS PESQUISAS DE QUE PARTICIPEI COMO ALUNA NO curso de Pós-Graduação em Letras, ainda na querida PUC-Rio, esteve a leitura, seleção e transcrição da lírica trovadoresca medieval com Cleonice Berardinelli, um período tão fértil que me levaria a lecionar constantemente a disciplina de Literatura Portuguesa I, na USP, cujo conteúdo se inicia com esta matéria, passa pelo teatro de Gil Vicente e estende--se até a lírica camoniana. Foram tantas as lições que se perpetuaram nos caminhos que ela abriu ao meu olhar, que se torna difícil a escolha de uma delas. No entanto, seleciono, para a economia deste breve ensaio, uma das quais ela muito bem terá transposto para a forma de texto, "A dimensão tradicional na poesia lírica camoniana", inserido no livro *Estudos camonianos*.[1] Buscarei seguir o caminho que a água, relacionada aos olhos, tomou na função poética, retórica e estética da tradição até a outra ponta do arco poético e geográfico das matérias primeiras da Literatura Portuguesa, a poesia contemporânea e, particularmente, a que se instalou no Sudeste Asiático.

Derivas de um título: do senso comum ao incomum

Existe um senso comum na crítica literária que busca datar o momento em que a poesia teria se tornado autônoma e transformadora, atrelando-o ao Simbolismo ou ao seu entorno. Para Fernando Guimarães,[2] por exemplo, o fato de alguns poetas ligados ao movimento simbolista realizarem, nas suas próprias palavras,

Monica Simas é professora de Literatura Portuguesa da Universidade de São Paulo (USP).

1 Cleonice Berardinelli, *Estudos camonianos*, Rio de Janeiro: Nova Fronteira, 2000.

2 Fernando Guimarães, "Revisão da moderna poesia portuguesa", in *Colóquio/Letras*, Lisboa, 1971, p. 167 - 201.

a "aventura de uma temática ou construções verbais que já não nos era dado ler na linha de um desenvolvimento que correspondia à tradição",[3] ou seja, àquela em que o texto literário era tido como um instrumento de transferência ao leitor das emoções, sentimentos e preocupações do autor, mostra a importância de uma mudança de consciência em relação à linguagem na formação das rupturas que se farão no século XX. Também para Michel Foucault,[4] teria sido a partir do século XIX que o ato literário teria tomado consciência de si como transgressão da literatura. Segundo o seu raciocínio, todas as operações com a linguagem, no referido período, teriam sido produzidas para romper com a ideia de uma linguagem literária ligada à sua institucionalização. Por um lado, para ele, a obra tomaria forma ou através do que denominou "repetição contínua da biblioteca" ou da transgressão com a linguagem do passado e, sendo assim, só haveria dois sujeitos falantes – Édipo ou Orfeu. No entanto, seria o próprio Foucault a observar a insuficiência de um termo como "transgressão", afirmando que, obviamente, teria havido literaturas transgressivas antes do século XIX. O ponto de mudança, ao seu ver, seria aquele momento em que a retórica teria deixado de existir, pelo menos em diferença com a práxis poética.

O atento olhar de Foucault para a insuficiência do termo chama a atenção. Se a questão é complexa e pode ser pensada através de muitas perspectivas, a crítica literária parece ter reificado a data da gênese conceitual da modernidade poética, o século XIX, incessantemente, sem lembrar dessa "insuficiência" das suas premissas, tampouco rever tensões que já estariam presentes no andamento da linguagem que se foi fixando na dita "tradição". Sendo assim, é urgente retroceder. Como mostra o magistral ensaio de Gerd Bornheim,[5] "A descoberta do homem e do mundo", se a viagem viaja, encerrando mudanças paradigmáticas do conhecimento, a própria linguagem também se altera, moldando o sentido da consciência humana. E, nesse caminho, gostaria de interrogar as relações entre a retórica e a práxis poética a partir da orientação de sentido que a água dos olhos toma na viagem de um inquérito ao limite da consciência do homem. A expressão em itálico é minha e indica que ela refere um conceito mutante e particular em cada uma das poesias abordadas.

3 Ibid., p. 35.

4 Michel Foucault, "Linguagem e literatura", in Roberto Machado, *Foucault, a filosofia e a literatura*, Rio de Janeiro: Jorge Zahar Editor, 2000.

5 Gerd Bornheim, "A descoberta do homem e do mundo", in Adauto Novaes (org.), *A Descoberta do homem e do mundo. Experiência e Destino*, São Paulo: Companhia das Letras, 1998.

Cantigas de água, em Camões

Apesar de uma advertência inicial em que admite o risco de "repetir o muito já dito" sobre a dimensão tradicional da poesia lírica camoniana, é Cleonice que,[6] no seu iluminador texto, sem querer romper com o senso comum, resgata o significado retórico de uma palavra na poesia de Camões – "*hydropesia*", possibilitando que eu perceba uma íntima relação entre esta e o choro, já que ele aparentemente se dá como efeito de um sentimento triste ou o sintoma de uma patologia, mas também como metáfora, com uma função retórica determinada.

Relembro, primeiro, o trecho em que Cleonice esclarece o significado da hidropsia em seu uso metafórico, para depois copiar os versos camonianos citados por ela e comentar:

Ainda voltamos à "Carta a ũa dama", para assinalar a presença do que Curtius insere no item "Metaforismo amaneirado": o uso da palavra hyddrops *e seu derivado* hydropicus, *nos séculos IV e V, no sentido de presunção intelectual; de novo no século XII, agora com o sentido de "sede mórbida" (os três exemplos que ele dá são de "sede de dinheiro") e no século XVII (Góngora, Calderón, Gracián). O exemplo de Góngora ainda se refere à ambição: Calderón é que aplica a metáfora ao desejo amoroso.*[7]

Pois Camões já dissera:

Do mal que Amor em mim cria
Quando aquela Fênix vejo,
São de todo ficaria;
Mas fica-me hidropesia,
Que, quanto mais, mais desejo.[8]

Aplicada ao desejo amoroso, a *hidropsia* torna-se uma chave preciosa na leitura da poesia camoniana porque, sobrepondo-se à noção meramente te-

6 Cleonice Berardinelli, op. cit., grifos no original.

7 Ibid., p. 191.

8 Apud ibid., p. 192.

mática do amor, ela marca a função retórica de sustentação de um discurso desejante que vem forjar uma voz entre a ativa e a passiva da língua, ou seja, a voz média, com muitas implicações para a filosofia da linguagem.

Em entrevista a L. J. Lauand, o professor Mário Bruno Sproviero[9] atribui à voz média uma forma de consciência antiga e comunitária, ainda "não destacada do mundo". Essa terceira voz, que terá sumido na língua portuguesa e que, muito antes, já teria se transformado na língua latina, em resíduo nos verbos depoentes, corresponderia a ações que não se enquadrariam na voz ativa nem na passiva, como, por exemplo, nascer, morrer etc. Lauand lembra que, em português, nós dizemos: "eu nasci", mas que este "eu" não é propriamente um sujeito ativo da ação, e que em inglês a mesma frase é escrita na passiva – "*I was born*" –, indicando uma independência do acontecimento em relação à intenção do sujeito. Lembra ainda que um jeito de se aproximar da extinta voz média é tornar reflexivos verbos que não o são, como, por exemplo, no espanhol – "*Yo me muero*". No poema citado por Cleonice, o verso "fica-me hidropesia" reflete esta aproximação à voz média que se revigora em um sujeito ativo: "que quanto mais, mais desejo". Ora, a hidropsia é uma doença da água, caracterizada pelo seu excesso. Se alguns filósofos já haviam esclarecido que as palavras "paixão" e "patologia" derivam de uma raiz comum – *pathos* – irmanando-as na ideia de sofrer passivamente e geralmente associando a relação entre ambas ao elemento fogo, no citado poema camoniano, é o elemento água que se evidencia na escrita da carta de tal modo que apenas para efeito de análise seria possível referir-se a uma dicotomia, já que não se pode "inundar-se de desejo" sem "desejar". E, no caso, ver a dama significa ficar "doente" pelo excesso, desejando-a ainda mais. A relação entre "olhos" e "água" resulta, neste poema, em um excesso (in) desejável, afastando-se de uma noção passiva, porque, ao escrever a carta, cria uma mediação entre o emissor e o receptor que vem justo responder não só à dama, mas principalmente ao desiquilíbrio da paixão. Sendo assim, não se poderia identificar na aproximação à voz média uma escrita que se constrói na intersubjetividade e que, portanto, flui no espaço inter-dito da língua?

Um ponto importante da entrevista de Sproviero é que ele reforça a distinção entre o binômio ativo/médio do posterior ativo/passivo na construção

9 Mário Bruno Spoviero, *Linguagem e consciência*, entrevista a L. J. Lauand, 1997. Disponível em <hottopos.com/mirand3/linguage.htm>. Acesso em 11 fev 2016.

sintática da língua. Para ele, "ao se perder o médio, passa-se a uma consciência do sujeito ativo e o mundo passivo ou, pelo contrário, o mundo ativo e o sujeito passivo",[10] não sendo mais possível exprimir uma relação de integração do homem com o mundo pela linguagem. Por isso, acredito que este resíduo de uma voz média na poesia camoniana seja muito revelador da criação de um modo próprio de expressar o desconcerto amoroso, respondendo a ele de uma forma expectante e não passiva. Não me parece, ainda, que esta seja uma questão que possa ser tratada apenas do ponto de vista recursivo formal ou mesmo da criação de novos significados para antigas metáforas, como conteúdo semântico, mas da gestação de um código que atua na estrutura profunda da linguagem. Para desenvolver um pouco mais a ideia, recito um "mote alheio", que a mestra destacou no seu texto, reforçando algumas variações do choro, tratado quase sempre por uma expressão relativa à "água" como a "água que dos olhos sai".

"se me levam águas, / nos olhos as levo".[11] A esse mote, Camões cria três voltas feitas de oitavas, cada oitava com duas frases, podendo ser lido como um poema formado por seis quadras, sendo que em quatro das seis existe uma duplicidade de mágoas referidas e trazidas nas águas dos olhos. A solução é um apelo a que essas águas continuem a correr, mas não todas, apenas aquelas que, na oposição, parecem ser "doces". Recito o poema na íntegra para que o leitor possa seguir a reflexão:

Cantiga
a este mote alheio: se me levam águas, nos olhos as levo.

voltas

Se de saudade
morrerei ou não,
meus olhos dirão
de mim a verdade.

10 Ibid., s.d.

11 Apud Cleonice Berardinelli, op. cit., p. 181.

Por eles me atrevo
a lançar as águas
que mostrem as mágoas
que nesta alma levo.

As águas que em vão
me fazem chorar,
se elas são do mar
estas d'amar são
Por elas relevo
todas as minhas mágoas;
que, se força d'águas
me leva, eu as levo.

Todas me entristecem,
todas são salgadas;
porém as choradas
doces me parecem.
Correi doces águas,
que, se em vós m'enlevo,
não doem as mágoas
que no peito levo![12]

Na primeira volta marca-se os olhos como lugar privilegiado da experiência amorosa e das águas que mostram mágoas de naturezas diferentes. Quando as águas são as do mar que o levam por força, elas são "em vão", porém, quando são as amorosas, podem até relevar aquelas primeiras. As duas são tristes, mas as segundas parecem doces e enlevam o sujeito. Elas têm um efeito de fazer com que não sejam sentidas as dores daquelas primeiras, transportando o sujeito a uma dimensão oposta à do sofrimento. Por isso o apelo final: "Correi", referindo-se às "águas doces", marca uma escolha em que as dores da experiência marítima são sublimadas pelas amorosas. Temos um sujeito passivo diante daquelas águas, mas que deseja estas que o "en-levam"? Parece que o

12 Álvaro da Costa Pimpão, *Rimas de Luís de Camões*, Lisboa: INCM, 1998, p. 29.

sentimento doloroso se articula ao "ser forçado a" *versus* a receptividade ativa que o pode levar a uma dimensão de alguma reciprocidade.

Portanto, poderia ainda interrogar se, quando a poesia camoniana se imortaliza com o épico *Os Lusíadas*, não teria Camões atribuído aos dois eixos – o marítimo e o amoroso – o mesmo raciocínio que opõe "as águas que em vão fazem chorar", marítimas, àquelas que são "de amar" e que enlevam"? Fica para outro momento a digressão, porque levanta uma questão alargada que foge ao escopo deste trabalho. O mais importante agora é marcar esta oposição entre as mágoas, aquela que o sujeito se vê forçado a passar (passivamente) e aquelas que se manifestam entrelaçando sujeito, objeto e mundo, numa relação de interdependência, sentida como efeito de uma transformação do sabor – de salgada à doce. Cleonice, no referido texto, chama atenção para o fato de Camões atrelar à complicada dialética dos *concetti* petrarquistas, com as suas dicotomias, paradoxos, rimas equivocadas, a tradição poética peninsular daqueles poemas em que a menina corria ao mar ou ao pinheiro para saber "novas" do seu amigo. A um "resto" de consciência de união entre o homem e a natureza soma-se o neoplatonismo de uma ascese amorosa que parece não abdicar das circunstâncias que se manifestam em alguns poemas brejeiros.

Ao mesmo tempo que, na prática, Camões ignora as regras de Enzina, conservando apenas o tipo de poema motivado, apropria-se do tema do desconcerto do mundo, aplicando-o ao amor, já que, segundo Cleonice, ou ele ama sem ser correspondido, ou ainda é preterido, ou tem correspondência, mas é afastado, como num conhecido poema em que as lágrimas são vistas nos olhos dela, mas só quando dela já vai afastado.

Vi chorar uns claros olhos
Quando deles me partia
Oh que mágoa! Oh que alegria![13]

Ao seguir as lições de Cleonice e de Mário Sproviero, percebo que esta poesia é capaz de carregar certo vigor como resposta ao mundo contraditado, e outros poemas poderiam ser, ainda, trazidos aqui, com o fim de mostrar as respostas reversas que as águas dos olhos em Camões sugerem, mas, para seguir,

13 Apud Cleonice Berardinelli, op. cit., p. 181.

preciso pensar como a arte poética continuou a lidar com as consequências da extinção da voz média até os dias de hoje.

Carências do progresso

Na entrevista com Sproviero, J. L. Lauand pergunta como se manifesta hoje a carência da consciência relativa à voz média. A resposta foi a seguinte:

> *Estamos divididos entre polarizações radicais: por um lado, encontramos concepções antitecnológicas, que afirmam que o homem deve se regular pela natureza, como se o homem fosse passivo e, por outro lado, concepções de que é o homem que transforma um mundo totalmente passivo – o homem como demiurgo.*
>
> *(...)*
>
> *Ao falar em tecnologia, já está aí o* logos *da técnica. Devemos partir, antes de mais nada, da distinção entre ciência e técnica: ciência como o conjunto dos conhecimentos sobre a realidade e técnica como o conjunto dos processos de transformar a realidade. Ao falar em tecnologia, nós costumamos pensar numa ciência que vai se aplicar à realidade e nós transformarmos essa realidade de acordo com essa ciência. Porque precisamente para obter ciência você mexe com a realidade em um processo inseparável.*
>
> *(...) falta a voz média: a teoria requer experiência; a experiência requer a teoria.*[14]

A literatura também seguiu impregnada pela consciência de separação entre as vozes "ativa" e "passiva" até chegar a já citada ideia de que os sentimentos do autor poderiam ser transportados ao leitor e de que todas as manifestações do mundo poderiam atravessar uma instância denominada "eu", sendo este "eu" uma síntese do universo. No entanto, à evidência de um "eu" capaz de, por si só, transformar o mundo, principalmente, depois que os problemas sociais começaram a ser cada dia mais evidentes, a noção de um sujeito racional com domínio sobre os fenômenos do mundo entrou em crise. Evidencia-se a consciência de forma *negativa*, e Eduardo Lourenço levanta dois motivos:

14 Mário Bruno Sproviero, op. cit., s.p.

Em primeiro lugar uma aceleração histórica sem precedentes no passado humano, provocada pela produtividade capitalista, modernista por excelência, pois está em permanente estado de ruptura consigo mesma pela submissão a uma implacável concorrência. (...)

Ao mesmo tempo que a fazia nascer [a experiência de ruptura] dava-lhe o seu conteúdo próprio, determinando-a como consciência de ruptura, como sentimento de uma radical novidade, de uma diferença abismal entre esse presente, que a si mesmo se concebe como moderno, e um passado relativamente recente, que não conheceu em tal grau, nem podia conhecer, esse sentimento de ser moderno.[15]

Na mão aparentemente contrária, com a fragmentação cada vez mais acentuada, até mesmo a pluralidade de respostas com superabundância no domínio cultural e extensão de conhecimento não resolveu o problema e ainda intensificou o fosso provocado pela extinção da voz média. A dissociação, a fratura do sujeito, já não podia ser ocultada ou recusada. No contexto de uma ideia de progresso, quanto mais a aceleração era sentida maior ainda a consciência de uma desconexão com o mundo.

A situação em Portugal é mais agônica, no século XIX, principalmente, antes do último quartel, porque, comparada a outras nações europeias, o seu horizonte não chega sequer a vislumbrar a conclusão de um projeto moderno para a sua sociedade. Como nos lembra Joel Serrão, cerca de 1870, o predomínio da população ainda estaria em áreas rurais, apesar de haver já um aumento gradual da população urbana; a taxa de analfabetismo seria elevadíssima; a emigração muito acentuada; e a rede de liceus, insuficiente. Além disso, Portugal terá vivido crises diversas atreladas ao seu império, culminando com o *Ultimatum* em 1880.

Um dos primeiros a responder, filosófica e literariamente, à noção de existência humana pensada como *noite total* terá sido Antero de Quental. E já neste ponto faço um desvio, que é o de afirmar a necessária revisão de como o pensamento oriental teria sido utilizado na busca de soluções aos conflitos do pensamento europeu. Segundo a interpretação de Oliveira Martins, entre as causas do pessimismo de Antero estaria o fato de ter se entregado às inflexões do pensamento budista. Ora, mas budismo, termo fixado na Europa, provavelmente no início do século XIX, não teria uma correspondência na Ásia e

15 Eduardo Lourenço, *Ocasionais*, Lisboa: A Regra do Jogo, 1984, p. 67-68.

era visto, na França, especialmente por Barthèlemy Saint-Hilare (1805-1895), como um "passivismo niilista", uma ameaça aos valores axiais da civilização cristã. Antero considerou essas reflexões completamente infundadas e refuta os comentários de Maria Amália Vaz de Carvalho, após a edição dos *Sonetos*, com introdução de Oliveira Martins.[16] Na refutação, afirma que o budismo não pretende o extermínio da mente, mas da ilusão que advém da categorização racional, porque ele buscaria a emancipação das forças obscuras da consciência. Está claro que as concepções do pensamento budista não cabiam na taxonomia das religiões segundo o cristianismo determinava no século XIX, e parece que Antero teria justamente se oposto a esse tipo de reflexão.

Antero de Quental,[17] contrariamente ao que terá dito Oliveira Martins, ao criar o seu *novo espiritualismo*, parece ter mergulhado na vontade de se liberar do sofrimento. Para ele, como deixou claro, "a espontaneidade inconsciente da matéria seria a raiz do que na consciência se chama liberdade".[18] Ele afirma, ainda, a necessidade de despertar a capacidade de perceber situações horríveis, tanto no plano particular como social e cultural, e, desse horror, deixar surgir uma nova forma de ser, uma nova consciência. O "supremo resultado"[19] que Antero acreditava advir da liberação das constrições da consciência, poderia, segundo o seu pensamento, ser realista e, ao mesmo tempo, transcendental, resolvendo aquelas antinomias percebidas pelo idealismo de Kant como contradições, no entanto, não parece ter tido tempo de demonstrá-lo de uma forma mais detalhada, e o seu suicídio acabou, num primeiro momento, por reforçar o orientalismo de Oliveira Martins. Demorou bastante tempo para que outros filósofos rompessem com a estrutura da linguagem que sustentou parte do desenvolvimento da filosofia, engendrando revisões à metafísica e à comparação de outras formas de pensamento. A maioria das rupturas pelas quais criamos a consciência do tempo atual aconteceu em meados do século XX, e não à toa, como observa Haroldo de Campos[20] que Derrida teria reconhecido em seu *De la Grammatologie*, de 1967, a importância do trabalho do americano Ernest

16 Antero Quental, *Sonetos*, Porto: Imprensa Nacional, 1881.

17 Antero de Quental, *Tendências gerais da filosofia na segunda metade do século XIX*, Apresentação, organização e notas de Leonel Ribeiro dos Santos, Lisboa: Editorial Comunicação, 1989.

18 Ibid., p. 121.

19 Ibid., p. 119.

20 Haroldo de Campos (org.), *Ideograma - lógica, poesia, linguagem*, São Paulo: Edusp, 1994.

Francisco Fenellosa, especificamente de sua obra *The Chinese Writen Character as a Medium for Poetry*, publicada em 1917. Para além da preciosa contribuição que este trabalho representou ao imagismo de Ezra Pound, ele fornece uma ponte conceitual entre a função referencial e cognitiva da linguagem, mostrando que a função poética poderia voltar-se para a materialidade dos signos, sendo autorreflexiva. Algumas noções como *objetividade* e *despersonalização*, que foram tão importantes nas primeiras décadas do século XX, passariam pela reatualização tanto das tradições europeias quanto das tradições asiáticas, mas estas últimas sempre em menos evidência.

Se sobre o texto de Fenellosa puseram-se muitos holofotes depois do reconhecimento feito por Derrida, à conferência que Camilo Pessanha fez sobre a Literatura Chinesa, uns poucos anos antes da publicação daquele, em 1915, só mais recentemente tem chamado a atenção da crítica. Para Manuela Delgado Leão Ramos,[21] além de a vivência cotidiana de Macau ter sido assimilada e posta à disposição nas associações inscritas em vários poemas, principalmente em "Barco de flores", "Violoncelo" e "Viola chinesa" a própria grafia de Clepsydra com "y" teria a peculiaridade do poder evocativo que aludiria simultaneamente "a uma realidade que nos envolve e arrasta para o abismo ignoto", numa espécie de imitação do modo de compor dos caracteres chineses. Não é minha intenção discutir se, na gênese, esses poemas seriam fruto de uma vivência cotidiana ou de uma experiência de leitura do orientalismo francês, ou de ambos; o que considero importante, no momento, é que, "derivada" ou "direta", existe uma concreção objetiva na criação das imagens que atravessam os poemas, nos barcos, nas arcadas e também na viola, que tangenciam a realidade do espaço social de Macau. Nesse contexto, destaco o poema "Arcadas do violoncelo", para refletir sobre o choro nessa poesia:

Violoncelo
Chorai arcadas
Do violoncelo!
Convulsionadas,
Pontes aladas de pesadelo ...

21 Manuela Delgado Leão Ramos, *António Feijó e Camilo Pessanha no Panorama do Orientalismo Português*, Lisboa: Fundação Oriente, 2001.

De que esvoaçam
Brancos, os arcos ...
Por baixo passam,
Se despedaçam,
No rio, os barcos.
Fundas, soluçam
Caudais de choro ...
Que ruínas, (ouçam)!
(...)
E os alabastros
Dos balaústres!
Urnas quebradas!
Blocos de gelo ...
Chorai arcadas,
Despedaçadas,
Do violoncelo.[22]

Neste poema, evidencia-se uma dor intensa frente à ruína, já conhecida dos leitores anterianos, envolvendo um fundo inconcebível de dor. Em contraste com os poemas camonianos, o choro não está nem no sujeito observador nem no objeto observado, mas na cena construída com signos sonoros e visuais. A sonoridade dos versos de Pessanha foi já bastante referida, principalmente, num primeiro momento da recepção dessa poesia, a qual seria inegavelmente aproximada à de Verlaine. No entanto, Horácio Costa analisou este poema, identificando seus aspectos visuais, a partir de pontes existentes em Macau, remetendo-o aos processos conquistados pelas vanguardas artísticas da transição finissecular. O interessante é que este retorno à objetividade não tenha se convertido numa ponte entre o sujeito e o objeto, mas na evidência da sua ruína, de um sentimento de desespero marcado pela expressão "caudais de choro". Se a carência da voz média podia ser observada em um sujeito que se percebia como ativo ou passivo, agora, ele discorre sobre uma alteridade que evoca a despersonalização e

22 Camilo Pessanha, *Clepsydra*, Edição crítica de Paulo Franchetti, Lisboa: Relógio D'Água Editores, 1995, p. 56.

cuja consequência mais imediata é a "escrita de ninguém", na expressão de Fernando Guimarães.[23] Agora, não são as águas do mar que levam o sujeito à força, causando-lhe mágoas em vão, mas a escrita, que surge como "sombra das mãos", correspondendo, talvez, a "movimentos vãos" que seguem "ao abismo ignoto". Liberto da noção estética que atrela a poesia ao belo, o processo de despedaçamento que este poema mostra parece evidenciar o fosso de ser subterrado na paisagem em queda. Retornando à citação do texto de Cleonice, posso aproximar essa poesia da água, em sua vocação de clepsidra, à metáfora da hidropsia, mas com sentido de "sede mórbida". Esta "sede mórbida" nada tem a ver com "sede de dinheiro" dos exemplos citados pela mestra, mas com o deixar-se arrastar por uma voragem a que nada escapa. Neste poema de Camilo Pessanha, os "caudais de choro" arrastam a cena com o seu observador. O movimento cinético envolve sons, um instrumento como constructo analógico, imagens que partem do concreto em direção ao onírico e uma reflexão entre observador e cena observada. O processo poético no caso reúne escrita e água à dor intensa e, portanto, ela é mágoa, sem qualquer enlevo. A fratura é tão radical que a escrita deixa de ser meio de ascese para assumir-se ruína depois da catástrofe.

Em outros poemas que o choro se manifesta, como "Falsas alegrias" ou aquele que começa com os versos "Ao meu coração um peso de ferro", as palavras parecem dirigir-se ao fundo do abismo. Observo que, neste último, o sepultamento no mar da carta que leva no coração é acompanhado de um lencinho dela com as suas lágrimas. Neste poema, novamente, a água é relacionada a destruição e sepultamento, reforçando a permanência de uma dimensão da consciência de *ruína* exaltada em "Violoncelo".

Tal como afirma Horácio Costa,[24] a tendência axiomática da poética moderna de estabelecer relações analógico-estruturais encontrou em Camilo Pessanha uma "sensibilidade aguçada pela experiência do Oriente",[25] na contemporaneidade, depois de algumas cristalizações do orientalismo serem desfeitas, novas experiências aguçaram outras construções poéticas.

23 Fernando Guimarães, op. cit.

24 Horácio Costa, "Poemas prismáticos: Pessoa e Pessanha", in Lilian Lopondo (org.), *Dialogia na Literatura Portuguesa*, São Paulo: Grupo Editorial Scortecci, 2006, p. 167-177.

25 Ibid., p. 177.

Uma poética fluente

Sigo em Macau, mas salto para o momento de transição da soberania administrativa, de Portugal à República Popular da China, entre 1887 e 1999, época em que esta pequena nesga de terra passaria por mudanças avassaladoras e receberia um contingente de portugueses que vinham das ex-colônias africanas, da Índia e do Brasil à procura de trabalho. Entre esses trabalhadores, estavam alguns poetas, como Jorge Arrimar, João Rui Azeredo e Alberto Estima de Oliveira. Este último teve uma importância ímpar no seio da comunidade literária de Macau, realizando uma obra que foi considerada por muitos de seus pares de uma *realidade humana radical.* Destaco três elementos que justificam o epíteto que sua obra recebeu: a preocupação objetiva que une a poesia à noção de que ela constitui uma dimensão própria, ou seja, uma espécie de "arquitetura íntima"; o tempo como reservatório para a construção de uma nova utopia, e a afetividade que se desenvolve a partir de um "tu" sempre presente. Além desses três elementos, trata-se de uma poesia que trabalha com a natureza tal qual alguns poetas o fizeram, com o desejo de resgatar a noção de experiência. Na gramática sensível que ela constrói, a água dos olhos possibilita a fusão da invisível esperança às matérias do fluxo da vida, em vez de constituir correspondências por dissipação, como no simbolismo de Pessanha. A poesia de Alberto Estima de Oliveira, numa espécie de drenagem, mostra-se muito generosa porque acentua uma condição de encontro e dialogicamente forma um caminho, unindo descendente/ascendente, vértices e água. Não é ao acaso, por exemplo, que a orientação de sua poesia, e poderia dizer "orientalização", afirma uma inter-relação corporal, no seu livro *Corpo (com) sentido,*[26] com um poema de Lao Zi: "conhece o masculino / adere ao feminino / Sê o esteio do mundo / Aquele que é o Esteio do mundo / nunca é abandonado pela virtude constante / Esse encontra a infância."[27]

Mário Bruno Sproviero,[28] na entrevista anteriormente citada, esclarece que uma das realidades que passaram a ser incompreendidas pela ausência da voz

26 Alberto Estima de Oliveira, *O corpo (com)sentido*, Macau: Instituto Cultural de Macau/ Instituto Português do Oriente, 1993.

27 Apud ibid., p. 9

28 Mário Bruno Sproviero, op. cit.

média teria sido a de conceitos como *wu wei*, que aparece no *Dao de jing*, de Lao Zi. Este conceito, traduzido literalmente por "não fazer", foi tomado pela Europa de acordo com aquela concepção de passivismo já referida, quando, na verdade tratava-se do médio. E existem formas aparentemente paradoxais no livro de Lao Zi, entre o agir e o não agir, que, para Sproviero, não são paradoxais, mas são a forma como foi traduzida a voz média. O pensamento de ser "esteio do mundo" não tem nada a ver com "passivismo", portanto, mas com a interdependência entre homem, mundo e linguagem. Uma das noções importantes, na contemporaneidade, será a da intersubjetividade, que pode ser veiculada pela poesia e outras artes, em resistência à ideia de liquidez tal como enunciada por Zygmunt Bauman.[29] Para este filósofo, na época da mercantilização de tudo, inclusive das *comunitas*, num mundo repleto de sinais confusos, a liquidez parece ser fatal à nossa capacidade de amar. Ele recorda os habitantes de "Leônia", uma das cidades invisíveis de Italo Calvino, que diriam que a sua paixão é "desfrutar de coisas novas e diferentes".[30] A contradição entre querer relacionar-se sem querer comprometer-se remeteria a um peso esmagador. No caso, tentarei contrapor a esta liquidez à poesia de Alberto Estima de Oliveira. Nela, palavras como "vale", "montanha", "rocha" e "rio" (in)formam o espaço de criação da poesia através da água como retórica do dizer da criação do mundo e de um caminhar autoconsciente, comprometido, portanto.

devasso
meu próprio
espaço
de água
feito

no deserto
do corpo
invento
o encontro

29 Zygmunt Bauman, *Amor líquido. Sobre a fragilidade dos laços humanos*, Trad. Carlos Alberto Medeiros, Rio de Janeiro: Zahar, 2004.
30 Ibid., p. 11.

rio
onde
me deito.[31]

A poesia, tal como se realiza nessa obra, cujo título, *Corpo (com)sentido*, já revela um corpo bissêmico, "consentido" e "com sentido", rastreando a antiga voz (média), afirma-se como estrutura linguística de um espaço sagrado, afetuoso e dimensional, sem deixar de ser prosaico, simples e, portanto, extremamente eficaz no seu efeito de naturalidade. O choro, nessa poética, é um contíguo exercício de uma escrita da natureza envolvente.

No caminho de naturalidade ou de uma consciência da linguagem como intermediação, a água dos olhos transforma-se, nessa poética, no "rio dos olhos",[32] que tudo pode receber e drenar. Nesse caminho não existe a separação de águas e mágoas, como naquele poema de Camões. É pressuposto uma condição amorosa através da qual a água dos olhos é sempre "doce".

desfeita
desce

lágrima
furtiva

suavizando
o rosto
da desdita[33]

Da desesperança à esperança, o gesto da escrita instala-se no "vale" ou nas margens do desejo, mas com sentido regressivo, de retorno ao tempo ou ao lugar ancestral. Poderia qualificar esta poesia como arqueológica, mas os utensílios que encontra não são expostos como materialidade referente num museu e sim reapropriados na construção mesma da linguagem poética.

31 Alberto Estima de Oliveira, op. cit., p. 51.

32 Alberto Estima de Oliveira, *Estrutura I – o sentir*, Macau: Instituto Cultural de Macau, 1996, p. 75.

33 Alberto Estima de Oliveira, *O rosto*, Macau: Instituto Cultural de Macau, 1990, p. 47.

(...)
espero por ti
na mesopotâmia
espaço que criei
nas margens dos rios
dos meus desejos

no centro
do universo
que me deste

será o encontro

das lágrimas
vertidas
em séculos
de espera[34]

A enunciação das lágrimas intensifica ao mesmo tempo a força do encontro e o tempo de ausência. Com certeza, o lugar privilegiado desse poema é o da união, mesmo que de desencontros se fale, ou de uma união fictícia. Raramente, o caminho dessa poesia é um percurso enunciado sem um "tu" com o qual se dialoga ou perante o qual se emudece. Diz o poeta: "escrevo com os olhos nos teus olhos", "escrevo nos olhos/ com o olhar/ de ontem/ lágrimas/ canções/ e música", (...) "escrevo/ liberto, escrevo/ nos cílios/ na curva do rosto", (...) "o espanto".[35] Em grande parte, as lágrimas referem o espanto, como consciência de união, avesso à lógica da dispersão ou à lógica "líquida" de que fala Bauman, para caracterizar a nossa condição pós-modernidade. Em tempos de rarefação dos afetos, uma poesia que escava realidades da linguagem em busca de uma restauração não poderia também ser considerada como transgressiva?

34 Alberto Estima de Oliveira, *O diálogo do silêncio*, Macau: Instituto Cultural de Macau, 1988, p. 111.
35 Ibid., p. 79.

Uma finda

Buscar uma voz inexistente significa assumir muitos riscos. As águas do choro, como resíduo do excesso desejante, de uma paixão desmedida, ou expressão do fim das pretensões de um conhecimento que pudesse unir sujeito e objeto, manifestando-se como ruína, não desapareceram. Se a voz média desapareceu, ela motivou estas inúmeras derivas em sua substituição. Também o reconhecimento de outros modos de linguagem pode, hoje, confluir na criação poética contemporânea num movimento simultaneamente sucessivo e regressivo, criando novas intermediações, afinal, a voz não é algo dado, mas fenômeno que se instaura no interior da própria criação poética; no seu fluxo, como água. E, como mostra a poesia de Estima de Oliveira, talvez um caminho interessante seja o de enfrentar a liquidez contemporânea, sendo vale com a água.

Ofélia Paiva Monteiro
Cleonice Berardinelli – a leitora, a professora, a hermeneuta

Em Cleonice Berardinelli, universitária emérita no domínio dos Estudos Literários – particularmente nos de Literatura Portuguesa –, reúne-se uma soma rara de capacidades, em cujo lugar cimeiro eu colocaria as da *leitora*, logo seguidas pelas da *professora* – a professora que "semeou", acordando indelevelmente sucessivas gerações de alunos para a magia literária. Se estabeleço esta hierarquia, é por julgar que a eficácia da professora, que todos sublinham, depende prioritariamente da *vocação* possuída pela leitora para fruir a força significante da palavra, vocação traduzida por sensibilidade e imaginação muito vivas, finura de gosto, curiosidade, perspicácia interpretativa: como ensinar, "semeando" tão fecundamente como ela, sem a capacidade que essas intrínsecas qualidades conferem para atingir o *prazer* – prazer intenso e inteligente – no contacto com os textos? Não fora a *disposição estética*, inata mas depois enriquecida por vastíssima e polifacetada cultura, e Cleonice não teria sabido entregar-se com tanto amor aos livros e perscrutar neles, tão deleitosamente quanto sempre o fez, estruturas, cadências, matizes, harmonias, auscultando-lhes a plasticidade, o rendimento semântico e a coloração histórica. Penso que aí reside, entre outros aspetos, a sua notabilíssima aptidão (não muito frequente entre professores) para *dizer* na bela e clara voz que possui o texto literário, acentuando-lhe os cambiantes do corpo sonoro, ou a frequência com que se entregou à organização de antologias onde quis divulgar *o melhor* – ou seja, o que mais a fez fruir – em autores da sua eleição (Camões, Bocage, João de Deus, Antero, Pessoa). Aos 96 anos, ainda publicava Cleonice o volume *Cinco séculos de sonetos portugueses: de Camões a Fernando Pessoa.*[1]

Ofélia Paiva Monteiro é professora catedrática da Faculdade de Letras da Universidade de Coimbra.

1 Cleonice Berardinelli, *Cinco séculos de sonetos portugueses: de Camões a Fernando Pessoa*, Rio de Janeiro: Casa da Palavra, 2013.

A sua vasta obra ensaística, concebida no decurso de uma carreira excecionalmente longa de estudo e magistério, reflete de forma plural, sempre em linguagem muito clara, as qualidades que referi, servidas por uma assombrosa memória literária, que lhe permite proficuamente enquadrar e comparar (recordo, por exemplo, que um volume como *Estudos de Literatura Portuguesa*, de 1985, parte dos cantares de amigo e da época vicentina para chegar à modernidade com a análise de um conto fantástico de Maria Judite de Carvalho – "A floresta em sua casa", inserto n'*Os idólatras* – e do romance de Almeida Faria, *Rumor branco*, passando por Eça, Antero, Pessoa, Sá-Carneiro). Esta capacidade para abarcar textos de tão diversa índole inscritos em arcos temporais muito distintos, acompanha-a Cleonice, que a reflexão teórica também solicita, por multiplicadas perspetivas críticas, obtidas no contacto atento e curioso, ao longo da segunda metade do século passado, com a instigante variedade das orientações que se foram impondo na ponderação da obra literária. Partiu do historicismo filológico-cultural e da estilística, com mestres que sempre ficou a venerar (Fidelino de Figueiredo, Hernâni Cidade, Spitzer, Dámaso Alonso), mas voltou-se depois para o formalismo estruturalista, a semiótica, a narratologia, a crítica textual, num desejo de acompanhar as sendas da teoria da literatura, sem renegar, contudo, qualquer dos caminhos trilhados: é que de todos procurou, longe de radicalismos, colher ecleticamente o que poderia proporcionar-lhe uma penetração mais profunda da materialidade e espiritualidade dos textos, na perscrutação da forma singular como conjugam forma e conteúdo, orquestrando valores semântico-poéticos na sua construção discursiva. Conciliando tradição e modernidade, Cleonice Berardinelli é por isso uma penetrante *hermeneuta* que congregou múltiplos saberes na sondagem da palavra que eficazmente se organizou em obra. Interessada no cânone e na integração dos autores nos contextos culturais em que se alimentaram, também apreciou realizações originalmente afastadas da norma.

Não deixam de provar exemplarmente as qualidades referidas as edições críticas a que se dedicou – de Pessoa (Álvaro de Campos), António Ribeiro Chiado, Camões –, aliando a segurança do método ecdótico à finura interpretativa, traduzida nas opções tomadas por tal ou tal variante, nas hipóteses genéticas estabelecidas, na discussão da autenticidade autoral de tal ou tal texto (como tão esclarecedoramente faz no monumental trabalho levado a cabo em 1980 sobre o *corpus* dos sonetos camonianos). Rigor, impressionante saber filológico e histórico, sensibilidade, é o que estes minuciosos trabalhos documentam.

Procurei com curiosidade sondar alguns trabalhos que Cleonice consagrou a Garrett, uma vez que concentrei parte substancial da minha investigação no século XIX português e, em especial, na obra deste autor. Dois deles, em particular, retiveram a minha atenção: "Garrett e Camilo, românticos heterodoxos?" e "Dona Branca, ou a Conquista do Algarve".[2] O que neles encontrei confirmou, na diversidade que apresentam, o que acima ficou dito sobre o labor crítico da grande professora.

No primeiro, cuja formulação interrogativa mostra, por apelar à discussão, o pendor pouco dogmático de Cleonice, está bem patente o seu interesse pela narratologia: no caso da obra garrettiana que estuda – *Viagens na minha Terra* –, a heterodoxia romântica do autor, encontra-a efetivamente, como a de Camilo, no constante "distanciamento entre enunciado e enunciação, possibilitando uma visão crítica"[3] traduzida em jogos de ironia, auto-ironia frequentemente, que retiram a tranquilidade ao leitor, espicaçando-o à reflexão (na ortodoxia romântica, ao invés, há "uma relativa identificação entre o *eu* sujeito do enunciado e o *eu* sujeito da enunciação");[4] ou seja, Garrett, escondido no narrador dos três níveis narrativos que se vão alternando na estruturação de obra tão inovadora, cria constantemente um afastamento (sobretudo no nível que fala da viagem de Lisboa a Santarém e no que é constituído pelas digressões ou divagações do narrador/autor) entre o que se diz e o que se inculca (sejam exemplo as considerações sobre a literatura romântica, que se afirma verdadeira e original, quando se mostra ser feita de estereótipos copiados do estrangeiro e de intoleráveis e repetitivos excessos).

No estudo consagrado a *Dona Branca*, Cleonice patenteia as suas qualidades de filóloga, de historiadora da literatura e de hermeneuta, tão solicitada pela interpretação dos símbolos investidos no texto quanto pelo rendimento expressivo dos ritmos do verso. Veja-se como repertoria as divergências entre a 1ª e a 2ª edições do poema (uma da juventude, outra da maturidade

2 Cleonice Berardinelli, "Garrett e Camilo, românticos heterodoxos?", *Bulletin des Études Portugaises et Brésiliennes* (Nouvelle Série), vols. 37 e 38, 1977-1978, p. 61-81; "Dona Branca, ou a Conquista do Algarve", *Leituras, Revista da Biblioteca Nacional*, n. 4 (*Almeida Garrett*), 1999, p. 95-114.

3 Cleonice Berardinelli, "Garrett e Camilo, românticos heterodoxos?", p. 62.

4 Idem.

de Garrett), como assinala os erros que infestam a 2ª edição, como situa no contexto romântico a opção do poeta pela mitologia nacional, abjurando da clássica ou da druídica, como interpreta a original simbologia pela qual se exprime a inevitabilidade do amor e a sua fatal evanescência – no homem e não na mulher –, como atenta nos contrastes chocantes entre lirismo, fantástico e cómico farsesco, ou nos efeitos obtidos pela passagem do decassílabo ao eneassílabo.

Lendo estes trabalhos, mais uma vez encontrei em Cleonice a grande professora, a estudiosa versátil, sensível e inteligente – a Cleonice Berardinelli que todos admiramos na diversidade e na unidade das suas facetas.

Paulo Motta Oliveira

Heterodoxias: Camilo, Garrett e alguns mais[*]

Em 1978 Cleonice Berardinelli publica, no *Bulletin des études portugaises et brésiliennes*, o ensaio "Garrett e Camilo, românticos heterodoxos?".[1] Trata-se de um artigo inovador, que situa de forma pouco habitual a produção camiliana. Como já apontei em alguns momentos, a leitura crítica sobre a obra de Camilo Castelo Branco tendeu, ao longo de quase todo o século XX, a rebaixá-la. Um bom sintoma disso é o fato de o autor ter sido normalmente considerado como *novelista*, e não como *romancista*. Em relação a esse aspecto notemos que Saraiva e Lopes, na *História da literatura portuguesa*, consideram que "o gênero mais importante da sua obra [de Camilo] é a novela (narração unilinear de 100 a 150 páginas) ou então o conto".[2] Por seu turno, Jacinto do Prado Coelho, em sua *Introdução ao estudo da novela camiliana*, aponta que o romance seria "mais criador, mais construído, *redondo* (...) enquanto a novela é *linear*".[3] Em ambos os casos, a linearidade do gênero transforma um autor de *novelas*, em princípio, por melhor que seja a sua obra, em um

Paulo Motta Oliveira é professor titular de Literatura Portuguesa da Universidade de São Paulo (USP).

* O presente capítulo é em parte fruto do projeto "Um levantamento historiográfico, crítico e teórico: em torno do narrador autoficcional de Camilo Castelo Branco", desenvolvido junto à Universidade Lyon II, de novembro de 2015 a fevereiro de 2016, sob a supervisão de João Carlos Pereira e com o apoio da Fapesp (Processo 2015/21766-7). Vincula-se, ainda, ao projeto "Camilo Castelo Branco: a construção de um narrador autoficcional", apoiado pelo CNPq com bolsa de produtividade em pesquisa.

1 Cleonice Berardinelli, "Garrett e Camilo, românticos heterodoxos?", *Bulletin des Études Portugaises et Brasiliennes*, Paris, v. 37-38, 1978, p. 61-81.

2 António José Saraiva e Óscar Lopes, *História da Literatura Portuguesa*, Porto: Porto Editora, 1982, p. 847.

3 Jacinto do Prado Coelho, *Introdução ao estudo da novela camiliana*, Lisboa: INCM, 1982-1983, vol. 2, p. 298.

autor *de uma forma menor*. Estaríamos, assim, a um passo de considerar esse autor como *um autor menor*.

Se poderia citar diferentes textos críticos que desvalorizam de variadas formas a produção camiliana ou o papel de Camilo dentro da literatura de língua portuguesa, vou ater-me a duas obras que são contemporâneas do texto de nossa homenageada, ambas também publicadas na década de setenta do século passado.[4]

Na breve história da literatura portuguesa de Garrett a Pessoa que é o "Da literatura como interpretação de Portugal" de Eduardo Lourenço, publicada em 1978, praticamente não há espaço para Camilo. Ele divide uma simples frase com Júlio Dinis:

> *(...) com a Geração de 70 em geral, mas sobretudo graças à obra de Eça de Queirós – após uma desdramatização da consciência literária como obcecada pelo estatuto da* realidade nacional, *tal como as obras de Camilo e Júlio Dinis de diversa mas paralela maneira representam – [é] que nós entramos em cheio no segundo grande momento – e momento crucial cujos ecos chegarão até nós – da história da nossa autognose moderna.*[5]

Como vemos, Dinis e Camilo, para Lourenço, encontram-se em uma região crepuscular entre os dois primeiros momentos modernos da autognose portuguesa, ou seja, o de Garrett e Herculano por um lado e o da geração de 70 por outro. Para a forma específica como o autor analisa a história da literatura portuguesa do período que aborda, o papel de Camilo é pouco significativo. Se aqui o parco espaço que lhe cabe parece advir do próprio ângulo a partir do qual o crítico enxerga o material sobre o qual escreve, algo de diverso ocorrerá em outro texto também publicado na mesma década.

A novela e o leitor português – estudo da sociologia da leitura, livro de José Tengarrinha, apresenta o resultado de uma pesquisa que fizera junto aos leitores das bibliotecas, tanto fixas quanto itinerantes, da Fundação Calouste Gulbenkian. A partir da análise dos livros consultados chegou a uma conclusão

4 Retomo aqui aspectos que apontei no capítulo "Camilo Castelo Branco e Machado de Assis: um diálogo em surdina?", in João Carlos Vitorino Pereira, *Camilo Castelo Branco et Machado de Assis - D'une rive à l'autre*, Paris: Éditions des Archives Contemporaines, 2015, p. 175-188.

5 Eduardo Lourenço, *O labirinto da saudade*, 2ª ed., Lisboa: Dom Quixote, 1982, p. 95.

bastante surpreendente: o autor mais lido pelo público adulto por ele pesquisado era Camilo Castelo Branco. Entre os adolescentes, Camilo vinha em segundo lugar, atrás apenas de Júlio Dinis.

Interessa-me, aqui, em particular, a postura assumida pelo estudioso, quando se propõe refletir sobre os dados encontrados, pois parece ser indicativa de um certo tipo de visão que rondava a obra do solitário de São Miguel de Ceide. Como os dados indicavam uma inquestionável primazia de Camilo, seria lícito supor que fossem ao menos levantadas hipóteses sobre aspectos positivos que explicassem a *longa duração* da validade dessa obra. Não foi essa a linha seguida. De fato, Tengarrinha afirma que a *projeção de primeiro plano* de Camilo trata-se de "um fenómeno que pensamos não poder deixar de estar relacionado com a muito lenta evolução mental, social e económica do País e que explica a sobrevivência, especialmente na província, de estruturas mentais marcadas por traços fortemente tradicionalistas e vazadas ainda em moldes rurais arcaizantes".[6]

As deduções a tirar são obvias: a obra de Camilo, também ela teria *traços fortemente tradicionalistas* e seria vazada *em moldes rurais arcaizantes*. Afinal, como o próprio estudioso o afirma:

> *(...) a sociologia da literatura poderá ser uma importante via de conhecimento da própria obra literária. Assim, quando se reconheça haver uma correspondência entre leitor e obra, o conhecimento das estruturas mentais do grupo social a que pertencem poderá precisar melhor ou até revelar aspectos importantes da obra, como sejam os valores nela contidos ou as estruturas que ordenam o seu universo.*[7]

A ser correta essa leitura, poderíamos supor que, após a Revolução dos Cravos e a entrada de Portugal na então Comunidade Econômica Europeia, o destino da obra camiliana, perdida a sua base de sustentação arcaica, seria o de ser relegada ao esquecimento, ou a um público muito restrito, unicamente formado por alguns raros especialistas da área de letras.

Não foi exatamente isso o que ocorreu. O século XXI apresenta uma significativa mudança de perspectiva crítica sobre a obra do autor, que tem sido

6 José Tengarrinha, *A novela e o leitor português*, Lisboa: Prelo, 1973, p. 41.
7 Idem.

visitada, de forma nova e instigante, por estudiosos dos dois lados do Atlântico. Um bom exemplo dessa *nova vida* que a obra vem ganhando é o fato de que, no século XXI, vários críticos estabeleceram relações entre as produções de Camilo e de Machado de Assis, comparação impensável quando o primeiro era visto como um escritor datado e secundário, enquanto o segundo era o principal romancista da literatura brasileira.

É nesse contexto crítico mais amplo que, penso, devemos analisar o artigo de Cleonice Berardinelli. Ao olhar sem preconceitos para a obra de Camilo, vendo nesta não o que falta, mas o que sobeja, Cleonice acaba por prefigurar um espaço que só muito depois esta obra viria a ocupar, e estabelece relações que só em nosso século são consideradas como *naturais*, como as que aproximam Garrett de Camilo. Trata-se, assim, de um ensaio heterodoxo e precursor.

Em seu texto, para explicar o termo *heterodoxia*, afirma: "o que se está chamando de heterodoxia romântica de Garrett e Camilo (...) consiste no distanciamento entre enunciado e enunciação, possibilitando uma visão crítica".[8] Em seguida mostra que este distanciamento não aparece no *Eurico* de Herculano, mas está presente tanto no *Viagens na minha terra* de Garrett como em cinco obras de Camilo que analisa: "*Amor de perdição* e *O romance de um homem rico*, ambos de 1861, *Amor de salvação* e *Vinte horas de liteira*, ambos de 1864, *O santo da montanha*, de 1867".[9]

Não vou resenhar um artigo que merece ser lido em sua integralidade, mas é fácil de perceber que estamos diante de uma análise que, dando um valor positivo para a heterodoxia narrativa, *coloca Camilo numa situação próxima à de Garrett*, subvertendo a forma como o autor era, então, normalmente visto. Camilo não é aqui um autor tradicional, mas alguém que subverte o cânone da escola de que participa, ironizando, pela distância que estabelece em relação a seus enredos e a seu público, os exageros românticos – como viria, acrescento eu, a apontar poucos anos depois os exageros do Naturalismo.

É justamente sobre um aspecto específico desta distância entre enunciado e enunciação, para usarmos os termos da ensaísta, que gostaria de aqui me deter, abordando um aspecto das obras de Garrett e de Camilo que as aproximam, ligando-as a uma tradição que merece ser melhor estudada.

8 Cleonice Berardinelli, op. cit., p. 62.

9 Ibid., p. 72-72.

Cleonice Beradinelli considera que em *Viagens* encontramos alguns estratos narrativos distintos: "A narrativa (...) apresenta alternadamente três estórias, duas das quais não chegam bem a sê-lo, pois uma consiste sobretudo em digressões ou divagações do autor e a outra na descrição da viagem de Lisboa a Santarém. Estória propriamente dita é a de Joaninha."[10] Mais à frente, quando está a se referir às digressões do narrador, aponta que ele "várias vezes chama a si de *autor*, desde o capítulo I, chegando a dar traços biográficos autênticos".[11]

Estamos, assim, diante de um narrador que simula ser o autor, não só apresentando alguns dados biográficos que deveriam ser de conhecimento público, como também transformando a própria narrativa no aparente relato de uma viagem que estava fazendo até Santarém para encontrar seu amigo Passos Manuel. Biografia, reflexões pessoais, narrativa de viagens e ficção se mesclam nessa obra, esvanecendo os limites entre o real e o ficcional.

Como sabemos, este livro de Garrett começou a ser publicado em folhetins em 1843 e foi lançado em volume em 1846. Cinco anos antes do início da sua publicação em folhetins, ou seja em 1838, como já apontei em outro contexto,[12] Alexandre Dumas havia publicado *Pauline*. Quando lançou este livro já era um autor teatral consagrado. O seu primeiro grande sucesso fora *Henri III et sa cour*, que estreou na Comédie-Française em 10 de fevereiro de 1829. Dois anos depois, em maio de 1831, estrearia *Antony*, considerada por Claude Schopp, em seu *Dictionnaire Dumas*, como "uma peça emblemática para a juventude romântica",[13] tendo sido representada 47 vezes em três meses. Além de autor teatral, Dumas também era conhecido pelos seus relatos de viagem, que saíram na *Revue de deux mondes* de 1833 a 1837. Se já era um nome público, antes de *Pauline* Dumas havia apenas publicado – no campo da narrativa ficcional – um conjunto de três novelas em 1826, intitulado *Nouvelles contemporaines*. Assim, é possível pensar que *Pauline* é importante na transformação do autor em romancista, faceta que acabaria por se sobrepor

10 Ibid., p. 65.

11 Idem.

12 Cf. Paulo Motta Oliveira, "Algumas afinidades: Alexandre Dumas, Camilo Castelo Branco e Machado de Assis", *Machado de Assis em Linha*, Rio de Janeiro, v. 8, 2015, p. 10-25.

13 "Pièce-phare pour la jeunesse romantique" (Claude Schopp, *Dictionnaire Alexandre Dumas*, Paris: CNRS, 2010, p. 17). Todas as vezes que não for indicada a fonte, sou o responsável pelas traduções.

a todas as demais. Nesse quase livro de estreia, ele utilizará de uma estratégia bastante precisa, que mais tarde viria a abandonar, e que certamente nos lembrará a postura garrettiana. Vejamos o início da narrativa, numa tradução feita apenas quatro anos depois de seu lançamento em Paris, e lançada em Ponta Delgada, nos Açores:

Orçava pelo fim do ano de 1834, quando nós reunidos num sábado à noite em uma pequena câmara, contígua à sala d'armas de Grisier, escutávamos com o florete na mão e o cigarro na boca as sábias teorias de nosso professor, interrompidas de tempo a tempo por anedotas galantes. Eis que a porta repentinamente se abre, e Alfedo de Nerval entrou.

Aqueles que leram a minha Viagem à Suiça *se recordarão deste jovem que servia de cavalheiro a uma mulher misteriosa embrulhada em um véu, que me apareceu pela primeira vez em Fluelen.*[14]

Dumas havia lançado o seu *Impressions de Voyage en Suisse* no ano anterior. Assim, no romance é construído um narrador que se apresenta como o autor, e através desta estratégia este livro se aproxima de outro não ficcional, dando um estatuto de aparente verdade para a história que está a narrar. Este *autor ficcional* serve de intermediário entre seu informante – Alfredo de Nerval – e o público leitor, que lê o livro como se ele estivesse sendo narrado por Dumas, da mesma forma como lemos o *Viagens* como se fosse uma narrativa feita por Garrett, ao mesmo tempo autor e narrador. Curiosamente, a posição do autor português quando lança seu livro era em vários aspectos similar à do autor francês. Também ele era conhecido de seu público – já havia publicado vários livros, era um intelectual importante –, mas se tratava ainda quase de um novato no que tange ao romance: só havia até então lançado metade de um, a primeira parte de *O arco de Sant'Ana*.

14 Alexandre Dumas, *Paulina*, Ponta Delgada: Tipografia de F. J. P. de Macedo, 1842, p. 1. "Vers la fin de l'année 1834, nous étions réunis un samedi soir dans un petit salon attenant à la salle d'armes de Grisier, écoutant, le fleuret à la main et le cigare à la bouche, les savantes théories de notre professeur, interrompues de temps en temps par des anecdotes à l'appui, lorsque la porte s'ouvrit et qu'Alfred de Nerval entra. Ceux qui ont lu mon *Voyage en Suisse* se rappelleront peut-être ce jeune homme qui servait de cavalier à une femme mystérieuse et voilée qui m'était apparue pour la première fois à Fluelen" (Alexandre Dumas, *Pauline*, Paris: Gallimard, 2002, p. 29).

Estas similitudes mostram que Garrett se associa a uma forma narrativa que, poucos anos antes, já havia aparecido na França. Há, porém, uma grande diferença entre *Pauline* e *Viagens*. O *autor ficcional* do primeiro livro utiliza a sua forma de narrar para dar verossimilhança à sua história, tornando-a aparentemente *real*. Garrett também faz isso, mas via além: como já apontou Cleonice Berardinelli em seu texto, ele questiona a sua própria narrativa, e ironicamente desestabiliza aquilo que o leitor poderia esperar de uma narrativa de viagens ou de um romance romântico.

Um herdeiro dessa postura garrettiana, mas que também se vincula a certas especificidades da postura narrativa de Dumas aqui referida – que o autor mantém e desenvolve em dois outros livros que não poderemos analisar, *Gabriel Lambert* de 1843 e *Os irmãos corsos* de 1845 – será Camilo Castelo Branco.

A primeira narrativa publicada de Camilo foi o folheto *Maria não me mates que sou tua mãe*, lançado em 1848. Camilo não adotou a mesma postura narrativa de Dumas e Garrett nem em sua primeira narrativa de 1848, nem nos dez romances que publicou nos anos 1850. Durante este período de doze anos, ele parece estar em busca de uma forma de narrar. De fato, como nota Claude Schopp, o mesmo também havia ocorrido no período em que Dumas começou a se experimentar como romancista, ele que fora, como dissemos, até fins dos anos 30 do século XIX, principalmente um autor teatral:

> *Gradualmente, a obra narrativa foi se desenvolvendo à sombra do trabalho teatral, obra diversificada que demora a se definir: se inicialmente encontramos crônicas históricas (...), e um romance antigo,* Acte *(...), vieram, em seguida, os romances de aventura (...). No ano de 1844, a aparição no* Le Siècle *de* Os três mosqueteiros *(...) pôs fim (...) à grande variedade de ensaios romanescos (...).* Os irmãos corsos *e* Gabriel Lambert, *contemporâneos de* Os três mosqueteiros, *aparecem assim, na bibliografia de Dumas, como os últimos testemunhos de um período anterior, durante o qual o escritor estava procurando a forma de romance que iria adotar.*[15]

15 "Peu à peu, l' œuvre narrative s'est développée à l'ombre de l' œuvre théâtrale, œuvre diverse qui peine à se définir : s'y sont rencontrés d'abord des chroniques historiques (...), et un roman antique, *Acté* (...), puis sont venues des romans d'aventures (...). L'année 1844, l'apparition dans *Le Siècle* des *Trois Mousquetaires* (...) met fin à (...) l'extrême variété des essais romanesques (..). *Les Frères corses*, ainsi que *Gabriel Lambert*, contemporains des *Trois Mousquetaires*, apparaissent donc dans la bibliographie de Dumas comme les ultimes témoignages d'une période antérieure au cours

No caso de Camilo, nos doze anos acima indicados, se as formas narrativas foram variáveis, do folhetim de cordel ao romance de mistérios, passando pela tentativa, a mais frequente, de construir romances de teor mais realista, interessa-nos aqui especificamente pôr em destaque as formas que seus narradores foram adotando.

A pequena novela *Maria não me mates que sou tua mãe*, lançada em 1848, que se aproxima de um folhetim de cordel feito a partir de um *fait divers*, foi, como é indicado na página de rosto, "Mandada imprimir por um mendigo que foi lançado fora de seu convento, e anda pedindo esmolas pelas ruas",[16] narrador que abrirá a narrativa em uma introdução intitulada "Pais de famílias!", em que afirma: "Pais de famílias! Eu vou contar-vos o mais triste e espantoso acontecimento que viu o mundo, e que talvez não torne a ver. Chamai vossos filhos para junto de vós. Lede-lhes esta história, e fazei que eles a decorem, que a tragam consigo, e que a repitam uns aos outros."[17]

Este discurso, marcadamente oral, será modificado – mas nunca de todo esquecido – nos romances seguintes do escritor. Em outros livros do período, Camilo criará *autores* para suas obras. Em seu segundo romance, *Mistérios de Lisboa*, publicado em 1854 – após um prefácio intitulado "Prevenções", em que o aparente editor do livro reproduz uma carta de um amigo que habita no Rio de Janeiro e lhe envia os papéis de um personagem que não é nomeado –, o romance começa narrado em primeira pessoa: "Era eu um rapaz de catorze anos, e não sabia quem era."[18] Este primeiro narrador, Pedro, será depois substituído por um outro em terceira pessoa, mudança que é assim explicada no fim do livro terceiro, em uma nota:

> *Comparado o primeiro com o segundo volume, salta aos olhos da crítica (que tem olhos) uma desigualdade estética, uma desarmonia de conceitos, de forma e de estilo que denuncia dois escritores, ou duas índoles no mesmo escritor. As páginas do primeiro volume são escritas pelo autor, que fala de si (...). No segundo volume, do quarto ou quinto capítulo em diante, já não é autor o filho da condessa de Santa*

de laquelle l'écrivain était à la recherche de la forme romanesque qui lui conviendrait." (Claude Schopp, "Préface", in Alexandre Dumas, *Les Frères corses*, Paris: Gallimard, 2007, p. 7-30, p. 9-10.)

16 Camilo Castelo Branco, *Obras completas*, 11º vol., Porto: Lello & Irmão, 1990, p. 233.

17 Ibid., p. 235.

18 Camilo Castelo Branco, *Obras completas*, 1º vol., Porto: Lello & Irmão, 1982, p. 305.

Bárbara. O maço que o nosso amigo nos enviou do Brasil continha, além do primeiro volume organizado, poucos capítulos do segundo, e o resto eram apontamentos de que nos servimos, como genuínos, porque não podemos duvidar dos esclarecimentos que os documentavam. Enganar o público, isso é que de modo nenhum.

Sem ofender a arte, nem a verdade, continuamos o romance e abstivemo-nos de atribuir ao cavalheiro que morreu no Rio de Janeiro o que era nosso na forma, conquanto dele na substância.[19]

Se nessa obra a narrativa oscila entre a primeira e a terceira pessoa, três anos depois em *Cenas da Foz*, Camilo atribuirá a autoria do livro, na folha de rosto, a João Júnior, "Sócio da Filarmônica, e irmão da Ordem Terceira de São Francisco",[20] acrescentando um "Juízo crítico da primeira edição",[21] assinado pelo *editor* Camilo Castelo Branco.

Os exemplos citados parecem indicar que antes dos anos 1860 Camilo estava, como ocorreu com Dumas, buscando uma dicção narrativa, oscilando entre livros que atribuía a fictícios autores e outros em que o narrador não se apresentava como o autor do relato. A sua peculiar forma narrativa será encontrada quando, ao invés de atribuir o romance a personagens outros, se construirá como autor e narrador de suas obras, adotando uma postura próxima da que indicamos ter sido a presente nos romances que citamos de Alexandre Dumas e Almeida Garrett.

Será em *O romance de um homem rico*, lançado em 1861, dez anos depois de ter publicado *Anátema*, que pela primeira vez aparecerá o *autor ficional* Camilo Castelo Branco. O romance assim começa:

Na Primavera de 1859, comprei, na estação de Santa Apolónia, um bilhete da via-férrea para a Ponte da Asseca (...). Entrei numa das mais flácidas carruagens do comboio. (...) Eu ia a cismar (...), quando me deu na vista um homem, companheiro de carruagem, o qual estava pendurando o chapéu no arame, e vestia a veneranda calva com seu barrete de troçal preto. Cortejei-o, na hipótese de que ele me tivesse já cortejado, e eu não correspondesse, de abstraído que ia a pensar

19 Ibid., p. 681.

20 Camilo Castelo Branco, *Obras completas*, 2º vol., Porto: Lello & Irmão, 1983, p. 757.

21 Ibid., p. 759.

no corpo e na alma (...). Cortejei o padre. Parece-me que ainda não disse que era padre o meu companheiro. Dava-se logo a conhecer por tal naquele apostólico semblante, se o não dissesse a volta e a sotaina, e o sapato de fivela de aço reluzente (...). Correspondeu ao meu gesto com muita afabilidade, tirou-me da mão o chapéu para pendurá-lo, e ofereceu-me rapé, depois de bater quatro vezes com os nós dos dedos na tampa da sonora caixa de tartaruga, marchetada de madre pérola.

– Pode fumar à sua vontade, se fuma – disse-me ele.[22]

Os dois conversam até que, quase na hora de sair do trem, o padre pergunta:

– Como se chama?

Disse-lhe o meu nome. O padre repetiu-o três vezes pausadamente, sílaba por sílaba, e depois exclamou de repente:

– Não me engano. É o mesmo. Eu conheço o seu nome há onze anos. Entre os meus livros estão vinte páginas da sua infância literária. Nem, talvez, já se lembre delas! Pois não deve esquecê-las... Eu lhe cito o título: O CLERO E O SENHOR A. HERCULANO.

É a verdade; são minhas. Classificou magistralmente a coisa: vinte páginas da minha infância literária, felizmente esquecidas...[23]

É patente a homologia entre a abertura desse livro e a de *Pauline*. Nos dois casos o autor se apresenta como o narrador, sem citar o seu nome, mas indicando uma obra anteriormente publicada. Só que aqui é o personagem – o padre Álvaro Teixeira – que explicitará que o livro está pretensamente sendo narrado pelo autor.

Se o *autor-narrador* Camilo surge em 1861, será no ano seguinte que este personagem passará a ser recorrente na narrativa camiliana. Em *As três irmãs*, que saiu em folhetins de janeiro de 1861 a fevereiro de 1862, e em volume neste último ano, o primeiro capítulo apresenta várias referências aparentemente pessoais. O livro começa com o narrador a passear no Cemitério do Prado. Lembra-se que "há muito que eu pensava em ter um túmulo, fabricado ante os

22 Camilo Castelo Branco, *Obras completas*, 3º vol., Porto: Lello & Irmão, 1984, p. 5-6.

23 Ibid., p. 8-9.

meus olhos, modelado pela minha fantasia",[24] desejo que, indica, foi realizado graças a seus tios, ao que acrescenta, "e agora me lembra que os meus primeiros versos lá estão abertos naquela pedra. Maus versos, mas sentidos. (...) Triste berço embalou a minha poesia".[25]

Continuando a caminhar, passa pelo túmulo de Jorge Artur de Oliveira Pimentel, um amigo que havia se suicidado em janeiro de 1849, e depois se refere a José Augusto da Silveira Pinto, outro amigo que morreu no naufrágio do vapor Porto que ocorrera em 29 de março de 1852. Fala de alguns outros túmulos, até deter-se diante de "uma sepultura, singelamente gradeada, sem inscrição alguma".[26] Curioso, tenta descobrir quem lá está enterrado, e indo ao cartório municipal consegue "saber que em 1840 fora ali sepultada a compradora do terreno, D. Jerónima Luísa".[27] Encontra, meses depois, um homem no cemitério, que depois saberemos chamar-se Pedro Monteiro, que lhe conta "a história cuja poesia eu pressentira escondida debaixo daquela avara lápide".[28]

O segundo capítulo começa com uma narrativa em terceira pessoa, "No princípio deste século, vivia no Porto um negociante de honrada fama e créditos de abastado", narrativa que em alguns trechos do livro será cedida ao informante, que narra em primeira pessoa, o que ocorre nos capítulo V e VI da segunda parte e no último capítulo do livro, intitulado "Últimas palavras de Pedro".[29]

Encontramos, neste romance, alguns dos procedimentos que serão habituais a partir de então. O narrador não só se apresenta como o autor, como narra alguns episódios de sua vida, o que dá mais consistência ao personagem que está criando. Além disso, alterna trechos em terceira pessoa – em que estaria construindo a narrativa a partir das informações de seu informante – com outros em que transcreve depoimentos deste. Os efeitos que tira deste procedimento, devemos notar, são bem diversos daqueles que encontramos no livro analisado de Dumas, e se aproximam dos presentes em *Viagens*. A narrativa termina, como indicamos, com um depoimento de Pedro, bastante moralista,

24 Camilo Castelo Branco, *Obras completas*, 3º vol., p. 194.

25 Idem.

26 Camilo Castelo Branco, op. cit., p. 197.

27 Idem.

28 Idem.

29 Camilo Castelo Branco, op. cit., p. 363.

que finaliza afirmando: "Não há destinos, há dois caminhos – O caminho de Duarte Pereira e o caminho de José Fonseca,".[30] Mas se lermos o livro com cuidado, veremos que não é isso o que ele demonstra. A obra não apresenta uma dicotomia simplista entre mal e bem, representados respectivamente pelos dois personagens citados. O livro de fato mostra, como já o afirmei,[31] o fracasso da burguesia portuense, que só consegue sobreviver quando apoiada pelos nobres. As duas irmãs de Jerônima, casadas uma com um agricultor rico, Duarte Pereira, e a outra com um honrado e pobre advogado, José da Fonseca, teriam provavelmente morrido de fome se sua irmã Jerônima, auxiliada sem o saber por um nobre, não a apoiasse financeiramente. Assim, o único caminho que no livro existe é o da dependência em relação a uma família nobre, todos os outros levam ao fracasso.

Esse tipo de narrativa, que utiliza depoimentos passíveis de serem questionados por um leitor mais atento, não está presente no livro de Dumas, mas pode ser encontrado não só em *Viagens*, mas também em outro livro contemporâneo deste: *A dama das camélias*, de Dumas Filho, publicado em 1848. Nesta obra se mesclam várias vozes narrativas e, como em *Pauline*, o narrador se apresenta como o autor. Mas, como depois em Camilo, o leitor acaba por desconfiar do depoimento do informante, Armand, motivado pela culpa de não ter compreendido que Marguerite, ao dele se separar, achava que estava fazendo a melhor ação possível para o seu amado. Ela havia caído na cilada armada pelo senhor Durval, pai de Armand, que a convence que, continuando a viver com o seu filho, ela destruiria duas vidas, a de seu amado e a da irmã deste, que não poderia casar com o seu pretendente, pois a família de seu noivo não aceitava a relação de Armand com uma cortesã. Se isso não fosse suficiente para desconfiarmos da narrativa do principal personagem, que constrói um discurso em que Marguerite se transforma numa cortesã purificada pelo amor, a ponto de sacrificar a própria felicidade em nome de seu amado, o narrador, no início do livro, indicará que o problema ali apresentado é financeiro, e não moral: "Na verdade, o que pode haver de mais triste do que a velhice do vício,

30 Ibid., p. 368.

31 Paulo Motta Oliveira, "De penumbras e sombras: Camilo Castelo Branco e *As três irmãs*", in Paulo Motta Oliveira e Luciene Marie Pavanelo, *Camilo Castelo Branco e Machado de Assis em diálogo: para além do romantismo e do realismo*, Rio de Janeiro: 7Letras, 2016, p.13-26.

principalmente no caso da mulher? Não lhe resta dignidade alguma, nem inspira mais interesse. Esse remorso eterno, não pelo mau caminho escolhido, mas pelos cálculos malfeitos, pelo dinheiro mal empregado, é uma das coisas mais tristes de que se pode ter notícia."[32]

Camilo se apropria dessa distância qualificada por Cleonice Berardinelli como *heterodoxa*. E ainda em 1862 lançará o que viria a ser o seu mais conhecido romance – *Amor de perdição*. Julgo este livro fundamental, na leitura que aqui estamos realizando, pois ele constrói uma genealogia para o *Camilo ficcional*. As *memórias de uma família*, subtítulo do romance, são as memórias desse narrador fictício no romance apresentado, que descende de uma família meio nobre, que teve um tio que morreu de amor e de orgulho, e um pai que já na juventude era dado a aventuras amorosas proibidas. Lembremos do último parágrafo do romance: "Da família de Simão Botelho vive ainda, em Vila Real de Trás-os-Montes, a Senhora D. Rita Emília de Veiga Castelo Branco, a irmã predileta dele. A última pessoa falecida, há vinte e seis anos, foi Manuel Botelho, pai do autor deste livro."[33].

Como já antes afirmei,[34] no fim da história, o trecho dá um novo significado a tudo o que foi antes dito, atribuindo, ao que um leitor tenderia a considerar como *ficção*, o pretenso estatuto de verdade. O parágrafo e vários outros índices presentes no livro *encenam* a veracidade do que foi narrado. E, ao mesmo tempo, criam uma nova narrativa, não de todo contada: a de como esse sobrinho teria tido acesso à história de seu tio, em que, com certeza, ocuparia um papel central a *irmã mais querida de Simão*, ponte entre um passado já morto e o presente da escritura. Não podemos esquecer que é desta mesma senhora

32 Alexandre Dumas Filho, *A dama das camélias*, Rio de Janeiro: Ediouro, s.d., p. 18. "En effet, quoi de plus triste à voir que la vieillesse du vice, surtout chez la femme? Elle ne renferme aucune dignité et n'inspire aucun intérêt. Ce repentir éternel, non pas de la mauvaise route suivie, mais des calculs mal faits et de l'argent mal employé, est une des plus attristantes choses que l'on puisse entendre" (Alexandre Dumas Fils, *La dame aux camélias*, La Bibliothèque électronique du Québec, p. 36-37. Disponível em <http://beq.ebooksgratuits.com/vents/Dumas-fils-camelias.pdf>. Acesso em 25 jan 2016.).

33 Camilo Castelo Branco, op. cit., p. 539.

34 Paulo Motta Oliveira, "Oralidade, memória e ficção na obra de Camilo Castelo Branco", in Irene Maria F. Blayer; Francisco Cota Fagundes (org.), *Narrativas em metamorfose*, Cuiabá: Cathedral, 2009, p. 57-70.

– que o narrador não se furtará de informar ao seu leitor, na quinta edição do volume, que "Morreu em 1872"–[35] a maior carta transcrita no livro, que chega a ocupar quase metade de um capítulo, uma das raras que não pertencem ao par de enamorados. D. Rita Emília seria, nessa outra história não completamente explicitada, a depositária das cartas e da *memória oral* dessa família que, anos depois, o sobrinho faria uso, transformando-a em escrita. Camilo constrói assim a genealogia de seu narrador, dando uma consistência para o personagem bem maior que aquela que possuíam o Dumas ou o Garrett ficcionais, que mobilizam poucos dados biográficos dos autores.

Poderia aqui tratar de outros momentos da construção desse personagem narrador que pude ir arrolando, e mostrar como em alguns romances posteriores – *Aventuras de Basílio Fernandes Enxertado* de 1863 e *A mulher fatal* de 1870 são bons exemplos – este Camilo ficcional também se transforma em personagem, interagindo e mesmo sendo amigo dos protagonistas de suas histórias. Creio, porém, que os aspectos já apresentados mostram que o narrador camiliano foi uma construção elaborada ao longo dos anos 1860, em que o autor de *Anátema* incorpora alguns procedimentos antes utilizados por Dumas, por seu filho e por Garrett e os desenvolve.

Julgo que o fato desta construção ter se iniciado em 1861 não é casual. Lembremos que, como afirmei, se *Pauline* é um dos primeiros romances de Dumas, ele já era então um escritor conhecido. Assim o público, ao vê-lo narrar uma história, supunha *ouvir* o mesmo personagem que narrara suas viagens ou que, a imprensa o divulgava com frequência, frequentava os salões mais famosos ou dava grandes festas. Parece-me que a construção do *narrador-autor* camiliano ocorre quando Camilo passa a ter, em Portugal, um estatuto semelhante ao que teve Dumas na França dos finais dos anos 1830. Se Camilo torna-se conhecido nos anos 1850, concordo com Jacinto do Prado Coelho que afirma que o processo de adultério em que foi julgado lhe deu mais notoriedade que a sua obra já publicada.[36] Ora, o processo transcorreu no início da década de 1860, mesmo período em que suas narrativas começam a serem narradas por esse *Camilo ficcional*. Habilmente, ele se insere em seus livros quando já

35 Camilo Castelo Branco, op. cit., p. 539.

36 Jacinto do Prado Coelho, "Castelo Branco, Camilo", in *Dicionário de Literatura*, Rio de Janeiro: Companhia Brasileira de Publicações, 1969, p.160-163.

era conhecido do público, fazendo um jogo muito próximo ao construído por Dumas. Assim os seus leitores, como os do autor francês, passam a achar que as narrativas que leem são *contadas* por Camilo.

Cleonice Berardinelli havia apontado que Camilo e Garrett eram narradores heterodoxos. Este texto tentou, mesmo que de forma ainda inicial, mostrar que alguns aspectos dessa *heterodoxia* podem ser explicados por uma certa tradição que aparentemente surgiu em torno dos anos trinta do século XIX, quando um escritor – até hoje muito conhecido, principalmente pelas adaptações cinematográficas e televisivas de suas obras, mas pouco considerado –, tentando encontrar uma dicção narrativa, percebeu que ele era uma figura suficientemente pública para se transformar em personagem-narrador de suas obras. Rápida experiência, mais tarde incorporada por Garrett, e que viria a estar no centro da produção camiliana dos anos 1860 e 1870.

Ronaldo Menegaz

Cleonice Berardinelli e o teatro quinhentista português

Em 1937 o presidente Getúlio Vargas criou o Instituto Nacional do Livro (INL), a que atribuiu três funções primordiais: elaborar o Dicionário Nacional da Língua Portuguesa, iniciar os trabalhos básicos com vistas à organização de uma Enciclopédia Brasileira e dar assistência às numerosas bibliotecas espalhadas pelo país. Caber-lhe-ia também cuidar da edição de livros de indiscutível valor cultural que, por sua excepcional erudição, não eram comerciáveis.

O Dicionário Nacional da Língua Portuguesa deveria ter bases históricas nos autores quinhentistas, não só os consagrados clássicos como Camões, Gil Vicente e os fecundos narradores dos descobrimentos e conquistas, mas também obras quase desconhecidas que tratavam de saúde, construção de naus, descrição de plantas e animais das novas terras descobertas. Para tanto, foi efetuado o levantamento e fichamento do vocabulário de 150 obras do século XVI: do teatro de Camões às obras de prevenção contra as pestilências medievais que não se tinham ainda extinguido de todo no século XVI. Entrementes, com o resultado das investigações se foram publicando obras e vocabulários que, numa linguagem metafórica, seriam as capelas laterais da grande catedral que deveria ser o dicionário.

É de justiça lembrar aqui o nome de Antônio Geraldo Cunha, o coordenador de todo esse trabalho lexicográfico. O professor Cunha escolhia e obtinha os textos mais fidedignos das obras, orientava individualmente cada funcionário envolvido nas pesquisas e supervisionava o preparo dos textos para edição. Se não chegou a ver o Dicionário Nacional da Língua Portuguesa – projeto que ficou esquecido ao sabor das novas e sucessivas orientações do INL – deixou editado o excelente *Dicionário de Tupinismos*

Ronaldo Menegaz é lexicógrafo da Academia Brasileira de Letras (ABL) e professor pesquisador da Fundação Carlos Chagas Filho de Amparo à Pesquisa do Estado do Rio de Janeiro (Faperj).

da Língua Portuguesa e, pronto para edição o Índice do Vocabulário de Gil Vicente e da Escola Vicentina, que se encontra inédito no Setor de Lexicografia da Academia Brasileira de Letras.

O teatro, como retrato que é de uma sociedade, mesmo quando nele figura um tempo anterior ao de sua representação, é uma fonte de conhecimento da língua falada, de expressões populares, de registros de hábitos, crenças e costumes em geral. E é indiscutível o valor documental linguístico do teatro popular quinhentista de Portugal. Gil Vicente fazia representar o seu nos palácios reais e nos mosteiros e claustros, como Antônio Ribeiro Chiado o fazia nas praças e nas chamadas fangas. E, ao lado dessas peças dramáticas de autores mais ou menos conhecidos, subsistiu uma pretora de autos anônimos, entre os quais, o *Auto de Vicente Anes Joeira*, que se tornou conhecido através da edição de Cleonice Berardinelli para o Instituto Nacional do Livro em 1963. A professora Cleonice, conhecedora profunda do teatro de Gil Vicente, era, sem dúvida alguma, a pessoa indicada para trazer ao leitor contemporâneo os textos dos outros autores teatrais de Quinhentos, como Antônio Ribeiro Chiado e Antônio Prestes, ambos desconhecidos no Brasil a não ser por eruditos e especialistas. Quando o Instituto Nacional do Livro quis dar início à publicação do teatro do Chiado, a professora Cleonice, convidada, aceitou com satisfação a incumbência, mas pediu que lhe indicassem um auxiliar. Coube essa honrosa função ao técnico em ecdótica do INL, o professor Ronaldo Menegaz.

Em 1968 é editado o primeiro volume das obras do Chiado com os autos da *Natural invenção* e *das Regateiras*. Ficavam faltando os dois outros que levavam o nome de práticas: *Prática de oito figuras* e *Prática dos compadres*. Haveria ainda um auto de que se dá notícia no século XVIII, mas que se perdeu, o *Auto de Gonçalo Chambão*.

O processo editorial dos autos do Chiado pelo INL seguia uma orientação reguladora única: imprimia-se o texto crítico com notas bibliográficas, lexicográficas, gramaticais e de interpretação e o vocabulário – não esquecer que esses trabalhos eram etapas do futuro Dicionário Nacional da Língua Portuguesa do INL –, terminando com a impressão do texto quinhentista básico de que se tinha feito a leitura.

O fato de se tratar de textos de teatro em linguagem popular de quase quinhentos anos traz inúmeros problemas de interpretação, sejam de palavras arcaicas sejam de expressões e locuções, algumas com apenas a vida efêmera do momento, como os modismos que ainda hoje surgem no falar popular e logo se perdem.

Na introdução que faz a sua edição do *Auto de Vicente Anes Joeira*, Cleonice lembra que cumpre recomendação de d. Carolina Michaëlis de Vasconcelos em sua "Introdução" à edição fac-similada dos *Autos portugueses de Gil Vicente y de la escuela vicentina* (Madri, 1922), cuja fotocópia lhe foi enviada por D. Ramón Menéndez Pidal. Desse auto anônimo encontrou o insigne mestre espanhol duas versões, uma provavelmente de 1550 e sua reimpressão, de 1574. A editora justificadamente deu preferência à versão de 1550, usando a de 1574 em "raríssimos passos" e, a partir de sua escolha, passou a designar a edição de 1550 como A e a de 1574 como B.

Os dois autos do Chiado, *Auto da natural invenção* e *Auto das regateiras* saíram publicados em 1968.

Em 1994, Lello & Irmão – Editores reuniram num só volume os dois autos já publicados pelo INL e as duas práticas ainda inéditas nessa instituição. O livro foi lançado em festividade em Lisboa quando, em 1994, a capital portuguesa foi escolhida Capital Europeia da Cultura e inaugurava a coleção "Clássicos da Cultura Portuguesa".

Compõe a obra:

• Uma introdução: Antônio Ribeiro Chiado, o homem a obra.

• Normas de transcrição.

• Uma página com a reprodução de 35 figuras do teatro português do século XVI (que se encontram tradicionalmente no frontispício dos folhetos das peças). Segue-se o *Auto da natural invenção* precedido da página inicial do folheto original; o *Auto das regateiras*, a *Prática dos compadres*, uma reprodução da capa do folheto da *Prática de oito figuras* e logo o texto crítico dessa prática. Segue-se o índice das principais palavras e expressões comentadas nas notas, a lista das abreviaturas usadas em citações dos autos de Gil Vicente, de Antônio Prestes, do Chiado e de Camões, e a bibliografia.

O trabalho é dedicado a Eugenio Asensio e Paul Teyssier: "A Eugenio Asensio e Paul Teyssier, agradecendo as preciosas sugestões, a nossa homenagem." Seguem-se os autos *Natural invenção* e *Regateiras*.

Auto da natural invenção

O *Auto da natural invenção,* como o do *El-Rei Seleuco*, apresenta um auto (B) dentro de outro (A), mas, enquanto Camões nos dá uma trama unida em que os fios se entrecruzam necessários e coerentes, o Chiado vai, ao sabor da sua *natural invenção*, trançando os fios e deixando-lhes as pontas soltas, tecendo tiras desconexas apenas ligadas entre si.

Em ambos, contudo, há elementos preciosos para a reconstituição das representações em casas particulares, e, se de fato o *Auto de El-Rei Seleuco* é anterior ao da *Natural invenção*, podemos crer que o Chiado se inspirou em Camões para a parte inicial de sua peça. Nesta, como naquela, há a expectativa da representação, o excesso de público, a chegada atribulada das figuras, embora Camões ponha em bem maior relevo o personagem zombeteiro do Moço (*Lançarote*) e o Chiado focalize de preferência o *Dono da Casa* com seus problemas e seu arrependimento por trazer auto à própria casa. Daqui em diante se diferenciam inteiramente os autos, fixando-se o *El-Rei Seleuco* na história que lhe dá o nome (B), enquanto o *Auto da natural invenção* continua entre os dois planos (A e B), predominando o primeiro, mas sem que possamos com certeza delimitá-los. No fim dos autos há novamente uma coincidência: ambos os donos de casa oferecem luz aos que partem no escuro da noite – o que deveria ser um procedimento não só comum, mas necessário.

Auto das regateiras

Por vários aspectos, interessaria no século XVI o *Auto das regateiras*: pela espontânea comicidade de certas cenas, a que não falta por vezes uma dose de malícia ou de obscenidade, pela sátira a certos tipos sociais – médicos e aplicadores de mezinhas, comerciantes, gente de má vida – e até mesmo às finanças do país, que vão mal por culpa do rei, que faz das leis o que lhe apraz.

A nós, no século XXI, interessa ainda por conservar-nos o ambiente quinhentista em que se passa a ação, com minúcias que tornam a pintura muito exata e preciosa para a reconstituição dos costumes da época. Restrito o auto a uma classe social – aquela a que pertencem as regateiras – dela nos dá o retrato moral através do caráter de seus personagens-tipos, mas também a sua descrição material. À medida que ouvimos seus versos, vamos assistindo a cenas domésticas passadas numa casa modesta, pelos anos de Quinhentos.

Sai a *Negra* para ir buscar água ao chafariz, levando o assento para a espera; senta-se a *Velha* num tanho diante da dobadoura, enovelando meadas de linho que se guardam num cabaz; preocupam-se as donas de casa – *a Velha e a Comadre* – com o fabrico do pão, que pode sair um "pão de rosas", se o trigo for bom, mesmo sem o parecer ("é sujozinho, tem joio"); para isso, é preciso pôr o fermento a levedar em água morna; depois peneirar a farinha que a ele se junta amassando-os bem no alguidar (o trigo que leva de mistura aveia e lingela é bom para fazer boleimas de Castela); no mobiliário da casa figuram cadeiras, a taceira e a arca dos lençóis; a *Velha* usa para a cerimônia peloina, saia de cós de veludo com faixa; enfeita-se com um cordão a que está preso um bonzo; perfuma-se com estoraque; como a filha, porá fraldilha, beatilha, gonete e mantilha.

O enxoval de *Beatriz* consta de colchões, cabeçais, cobertores, enxergão, lençóis de linho, de ruão e de estopa, cortinas, esteiras, bacios e bacias, castiçais, tanho etc.; por seu lado, o *Noivo* traz, além de 60.000 reais, os instrumentos de seu ofício de pescador: a barca com velas, redes, pranchas, gorazeira, ucha, fateixa, cordas e remos etc.; na festa do casamento são servidas trutas em bandejas de Flandres, frutas nas porcelanas pintadas, fártens nos açafates, bolos de rodilhas nas almofias, e ainda leitão, galinhas, patos e coelhos; sobre os noivos, para dar-lhes felicidade, joga-se trigo.

Prática dos compadres

Às duas primeiras peças aqui incluídas, chamou o autor *autos*; às que se lhes seguem, *práticas*. Não podemos afirmar que assim fez para distingui-las em dois pequenos blocos; um, contando mais qualidade dramática, os *autos*; outro, menos, as *práticas*, até pela razão que atrás expusemos, na apresentação do *Auto da natural invenção*; das quatro peças conhecidas do Chiado, só o *Auto das regateiras* tem um entrecho mais urdido, sendo as outras conduzidas sem plano teatral, como vai calhando.

O título, *Prática dos compadres*, restringe o seu âmbito, já que não só os compadres *praticam* (= *conversam*, na língua da época), mas os jovens – *Isabel* e *Silvestra, Isabel* e o *Namorado* – mantêm diálogos mais ou menos longos, e ao fim a prática passa do quase só diálogo para uma conversa mais ampla em que figuram os compadres e mais o *Cavaleiro*.

Fernão d'Orta chama à porta de *Vasco*, seu compadre (é padrinho de *Isabel*). Ninguém lhe responde. Vê que a porta está aberta e resolve pregar uma peça aos amigos descuidados. Uma capa está ali ao seu alcance. Diz entre si: "no'mais que por zombaria, / hei de furtar esta capa." E sai.

A dona da casa (*Brásia*) ouviu o chamado e manda que a filha (*Isabel*) vá ver quem é. Percebe que a capa do marido *Vasco* foi roubada. A rapariga confessa que à porta, "não lhe deitei aldraba". A mãe a repreende com violência e ela lhe responde com engraçado atrevimento. Atraído pelos gritos, chega *Vasco* e tem com a mulher uma longa discussão, que se estende por 130 versos.

No auge da disputa, chega o *Compadre*, que os censura por porem sua vida na praça e dá-lhes conselhos. Em seguida, recita uma regra de bem viver. Não a aprova *Vasco*, que tem outra que lhe viera do avô, passando pelo pai. Ambas partem de um provérbio, enunciado pelo *Compadre*: "se queres viver em paz, / tua porta cerrarás", e por *Vasco*: "Tua porta cerrarás / o milhor que se poder." Igual início, desigual seguimento. Enquanto o *Compadre* quer a porta fechada para manter a privacidade da casa, quer a língua calada para não dizer mal dos outros, quer as orelhas moucas para não ouvir murmurações, isto é, aconselha discrição, prudência, benevolência, *Vasco* quer a casa fechada para nela prender a mulher e maltratá-la:

Tomarás tua molher
Com bom pao,
(...)
dar-lhe-ás infinda pancada
como em boi de concelho,

porque, conclui,

a molher é pestenença,
se lhe fazem a vontade.

Brásia revida os golpes, o *Compadre* fica de seu lado e ela acaba por pôr *Vasco* porta afora.

Saem os dois e *Brásia* transfere a raiva para a filha, grita com ela, ameaça-a de bater-lhe. *Isabel* responde-lhe, lamentando-se, mas só depois que a mãe se retira é que ela dá vazão à sua raiva: "Sofrer mãe é um diabo. / que, se a tomais polo rabo, / ela quer pola cabeça."

Chega *Silvestra*, que vem da aula de lavrar. *Isabel* profetiza-lhe sucesso como grande lavrandeira, mas a amiga lhe diz que falta muito às aulas. Continuam a falar em tom amigável que muda quando o assunto passa a ser os respectivos namorados. A prova real de suas qualidades estará na cartinha e nas trovas que eles enviaram. Chamam um moço para ler-lhas. O *Moço* lê primeiro as trovas enviadas a *Isabel*, depois a cartinha recebida por *Silvestra*. Cada uma elogia os predicados do seu namorado e aponta os defeitos do da outra. *Isabel* irrita-se com a opinião do *Moço* e manda-o embora. *Silvestra*, aborrecida, sai.

Entra o *Namorado* de *Isabel* e começa a fazer-lhe a corte, usando o jargão poético da época. Ela zomba dele para estimulá-lo a dizer mais e mais. Vendo que o pai se aproxima, diz ao rapaz que mude de assunto, fazendo-lhe a ela, uma pergunta qualquer. Ele assim faz e vai-se.

Prática d'oito feguras

É este o terceiro e último dos textos incluídos na Miscelânea 218 da Biblioteca Nacional de Lisboa. Também em caracteres semigóticos, não traz indicação de editor, informando apenas a folha de rosto que a edição tem privilégio real. A Maria de Lourdes Belchior Pontes deve-se a iniciativa de reproduzi-lo, em 1961, em fac-símile precedido de estudo esclarecedor, através da mesma editora que em 1964 editará a *Prática dos compadres*, como já se disse.

Na portada, enquadrada entre vinhetas de motivos florais, abaixo do título e do elenco de personagens, ocorre a identificação do autor: *Per Antonio Ribeiro Chiado. Com Real Privilegio.*

A referência a Mazagão, que ocorre num longo diálogo entre os fidalgos *Ambrósio da Gama* e *Lopo da Silveira*, levou Pimentel e, com ele, Teófilo Braga, a datarem a *Prática d'oito feguras* de 1543. Esse mesmo fato levou A. J. da Costa Pimpão a acreditar ser 1562 a data correta da peça. Realmente, em 1562, Mazagão foi submetida a forte ataque dos mouros. Entretanto, a referência a reveses que o imperador (Carlos V) teria sofrido pode colocar a *Prática* mais próxima a 1541, ano de uma derrota das forças imperiais na Argélia. Por outro lado, convém lembrar que, a crer-se que o texto tenha sido impresso por Germão Galharde, tem-se que admitir que sua impressão não se daria depois de 1560, ano em que cessam as atividades do impressor, a não ser que se aceite a possibilidade de a viúva ter dado continuidade à atividade do marido.

Luciana Stegagno Picchio informa que "recentemente R[obert] Ricard veio propor a segunda metade de 1542" para data da impressão da *Prática d'oito feguras*.

Começa a *Prática d'oito feguras* pelo monólogo de *Paiva* sobre os males que marcam a vida no paço e que se acobertam sob uma aparência enganosa: é uma doce peçonha que a todos cega, lugar de hipocrisia, onde maliciosos e traidores fingem levar vida de monjas. A entrada de *Faria*, moço do *Dono da Casa*, dá azo a um diálogo sobre assuntos vários: a vida que cada um leva com seu amo, projetos para o futuro, onde se aventam as possibilidades de fazer vida de pação, "ser del-rei", ser moço de capela de um marquês, entrar para a carreira eclesiástica. A conversa toma outros rumos com zombarias de parte a parte, jogos de mãos de significado equívoco, e termina em reafirmações de amizade e fraternidade.

É nesse momento que entra em casa o fidalgo *Ambrósio da Gama*. Tira o capuz, pede um roupão e uma vela e se dispõe a rezar. A cena é das mais cômicas, pois o fidalgo mistura às suas orações a preocupação com o que vai comer (processo bem explorado por Gil Vicente). A comicidade se intensifica com a chegada do *Negro*, chamado a vir dar contas das compras da casa, das quais é encarregado. É claro que não chegam a um entendimento, e o fidalgo manda o *Negro* retirar-se. Recomeça *Gama* a rezar seus salmos e antífonas, quando resolve perguntar pela resposta da mulher a quem *Faria* levara uma carta do patrão, e fica sabendo que ela o acha "dos mais sem sabores".

A hora de devoção, tão entrecortada de preocupações materiais e imediatas, é definitivamente interrompida pela entrada do segundo fidalgo, *Lopo da Silveira*. Da conversa sobre a saúde (ou, melhor, as doenças) de ambos – *Gama* está mal disposto, pois andou de "cólica passe", enquanto *Lopo anda* "de cadarrão" – passa-se ao comentário da conjuntura política: o imperador com sua recente derrota, o rei que terá ido a Almeirim, casamentos na corte e a fortaleza de Mazagão, no momento cercada por terra. O diálogo dos dois fidalgos vai deixando preocupações mais concretas e entrando em assuntos mais profundos, como o desconcerto do mundo, a fugacidade das coisas e a vaidade dos homens. Salomão e S. João Crisóstomo são citados em apoio a suas teses.

Silvio Renato Jorge

Em torno de Mestre Gil, com Cleonice Berardinelli

O ser livre, capaz de opção, é uma das principais características do homem. Cada escolha pressupõe uma perda daquilo que não foi escolhido. A liberdade do homem (na qual ele está sempre se realizando) é altamente dramática, em virtude das perdas que a opção acarreta.
— Maria Theresa Abelha Alves

É CURIOSO NOTAR QUE O FIM DA CARREIRA LITERÁRIA DE Gil Vicente se dá no mesmo ano em que se estabelece oficialmente em Portugal a Inquisição.[1] Supõe-se que sua última peça, *A floresta de enganos*, datada pelos filhos, seja de 1536, mesmo ano em que o papa Paulo III, a 23 de maio, assinou a bula *Cum ad nihil magis*, nomeando os bispos de Ceuta, de Coimbra e de Lamego como inquisidores-gerais e concedendo a D. João III a possibilidade de indicar um quarto nome, escolha que recaiu sobre D. Henrique, arcebispo de Braga, e irmão do rei. Assim, de certa forma, poderíamos pensar que o teatro de Gil Vicente, para além de situar-se esteticamente na dobradura entre a Idade Média que se finda e o Renascimento que irrompe no pequeno reino ibérico, ou seja, entre valores teocêntricos medievais e o humanismo que luta por se consolidar, ganha forma na passagem para um período que levará Portugal a anos de censura explícita[2] e

Silvio Renato Jorge é professor do Programa de Pós-Graduação em Estudos de Literatura da Universidade Federal Fluminense (UFF).

1 Cf. Francisco Bethencourt, *História das Inquisições: Portugal, Espanha e Itália – Séculos XV-XVX*, São Paulo: Companhia das Letras, 2000.

2 Na verdade, a censura começa em Portugal bem antes desse período quando, ainda no reinado de D. Fernando, o rei solicita ao papa Gregório XI que institua uma censura Episcopal ou censura do Ordinário da Diocese.

tentativas de controle do pensamento. Tomando como ponto de partida a já referida instalação do Tribunal do Santo Ofício, um dos pilares da contrarreforma, sobretudo na tríade peninsular (Portugal, Espanha e Itália), a censura se espraiaria pelos séculos seguintes, chegando, por exemplo, à Real Mesa Sensória, criada em 1768 por Pombal, e bem mais tarde, no que se espera ser o fim dessa trilha de cerceamento da liberdade de escrita, ao Secretariado Nacional de Informação e a todos os demais tentáculos com que o regime do Estado Novo tentou coibir a livre expressão.

Considerando-se, portanto, esse aspecto tangencial como um sinal capaz de iluminar nossa percepção acerca daquilo que representou a escrita do Mestre como espaço de crítica à sociedade de seu tempo, percebemos o quanto a ideia de liberdade de escolha, o livre-arbítrio, se pauta como um eixo central na organização de seu discurso, pois é por meio dela que, por exemplo, a Alma, em seu famoso auto, deve optar pelo caminho da salvação, fugindo aos ardis do Diabo:

> Vosso livre alvidrio,
> isento, forro, poderoso,
> vos é dado
> polo divinal poderio
> e senhorio,
> que possais fazer glorioso
> vosso estado.
> Deu-vos livre entendimento,
> a vontade libertada,
> e a memória,
> que tenhais em vosso tento
> fundamento
> que sois por ele criada
> pera a glória.
> (AA, v. *99-112*)[3]

3 As obras de Gil Vicente serão indicadas por suas iniciais, sendo: Auto da alma (AA); Auto da barca do inferno (BI) e Auto do velho da horta (VH). As citações das obras de Gil Vicente são de Cleonice Berardinelli, *Antologia do teatro de Gil Vicente*, 3ª ed., Rio de Janeiro: Nova Fronteira, 1984.

Se a opção acarreta perdas e, dessa forma, como nos diz Maria Theresa Abelha Alves, em seu *Gil Vicente sob o signo da derrisão*,[4] engrandece a humanidade existente na força libertária com que se institui, ao mesmo tempo proporciona ao homem sofrimento e dor, estabelecendo um vínculo fundamental entre sofrer e aprender: todo processo de aprendizagem pressupõe, da parte de seu sujeito, um esforço. Há, no homem, a necessidade de vencer obstáculos e ele só caminha adiante quando observa a possibilidade de atingir novas metas, suplantar um estágio e alcançar um patamar superior. Por outro lado, o sofrimento acarreta para o indivíduo o entendimento acerca de sua experiência vital, constituindo-se como espaço de aprendizagem e transformação. A junção dos dois atos, aprender e sofrer, possibilitou a Stephen Reckert, em um importante estudo sobre a trilogia das Barcas intitulado "Forma interior do drama vicentino; as Barcas", identificar, a partir da comparação de uma série de conceitos filosóficos, a existência de um movimento triádico caracterizador da existência humana, que, além de dominar o ritmo vital, também domina o dramático. Partindo da noção agostiniana de que

nesta interação do eu com o tempo e as coisas, a vontade é sempre anterior ao entendimento, assim como este antecede a terceira "potência da alma", a memória, cuja função é a de arquivar os resultados da nossa contínua exploração da realidade circunstante e orientar o nosso rumo futuro...[5]

o pesquisador inglês chega à formulação estabelecida por Francis Fergusson na qual

À vontade correspondem tanto o "acto" (na terminologia mais exacta de Fergusson, purpose, *ou seja "propósito" ou "projeto") como o "sofrimento" (a fase passiva da adaptação da Vontade à "inexorable circunstancia" orteguiana: para Fergusson,* passion*). Ao Entendimento corresponde, naturalmente, a "percepção".*[6]

Assim, para ele, o grupo projeto - paixão - percepção parece estabelecer o ritmo humano de aprendizagem, formando um *continuum* presente tanto na

4 Maria Theresa Abelha Alves, *Gil Vicente sob o signo da derrisão*, Feira de Santana: Uefs, 2002.

5 Stephen Reckert, *Espírito e letra de Gil Vicente*, Lisboa: INCM, 1983, p. 63, grifo no original.

6 Ibid., p. 65.

vida quanto no drama. Se desse *continuum* destacarmos um ciclo, veremos que ele propõe sempre uma modificação: o homem/a personagem parte de um estágio para outro, modificando-se através do saber que passa a acumular. Esse processo normalmente tem como esteio o sofrimento, a decepção com a impossibilidade de concretizar um projeto previamente definido e que será obrigado a se modificar para adequar-se à realidade. As reflexões de Reckert buscam, na leitura que Fergusson faz de Sófocles, Shakespeare, Racine e um grupo de dramaturgos contemporâneos, instrumentos que validam sua leitura dos autos das três Barcas, justificando a focalização estreita imposta por seu *corpus*.[7] Todavia, a meu ver, esse processo que reúne aprender a sofrer está presente em outros autos vicentinos, o que, certamente, corrobora sua validade.

O *Auto da barca do Inferno* é, talvez, a melhor síntese do teatro de Gil Vicente, pois reúne, em seus versos, o religioso e o satírico, o alegórico e o social, vertentes básicas presentes na obra do autor português. É, ainda, o auto em que seu rigor crítico talvez atinja maior sonoridade, contemplando uma percepção ferina e ao mesmo tempo justa das iniquidades que corrompiam a sociedade de seu tempo, percepção essa que, se vem à tona em virtude da proximidade entre o autor e a casa real, o que, certamente, como já dito inúmeras vezes, lhe garantiria proteção, por outro lado manifesta o propósito utópico de transformar o tempo em que vive, denegrindo os que erram por luxúria ou ganância para exaltar a simplicidade e a fé. Dessa forma, composto por ciclos paralelos, esse auto coloca em cena uma série de personagens que, ao se descobrirem no limite entre a terra e a água, entre a vida e a morte, apresentam o projeto de embarcar na nau que os levará à glória. De imediato, nós, leitores/espectadores somos levados a refletir sobre a oposição estabelecida pelo texto vicentino, na qual a vida terrena, passagem imperfeita e inconstante, opõe-se à vida eterna, porto seguro e suma perfeição. Vemos, ainda, que são as escolhas de cada um no percurso daquela as responsáveis por garantir sua passagem para o conforto divino. E por isso, cada pecador será sucessivamente recusado pelo anjo que guarda a entrada da barca para a Glória, sofrendo, naquele momento, sua paixão. A partir dessa recusa, chegam à percepção de seu real destino, o inferno, e à aprendizagem dos erros cometidos. São significativas as palavras que o Fidalgo escuta do Anjo, ao indicar que definitivamente ele não poderá entrar

7 Ibid., p. 65-66, nota 7.

na barca da Glória: "Não se embarca tirania / neste batel divinal" (BI, v. 82/83). E mais ainda:

Não vindes vós em maneira
Pera ir neste navio.
Essoutro vai mais vazio:
A cadeira entrará
E o rabo caberá
E todo o vosso senhorio
(BI, v. 92-97)

Cabe ao fumoso D. Hanrique sofrer a angustiosa percepção de que os objetos que compõem alegoricamente seu estado (a cadeira, a capa...) representam o pecado da vaidade, e é este sofrimento que o leva à aprendizagem de seus erros, à expressão, melancólica de quem, tendo partido para a morte, já não pode refazer os seus passos:

Ao inferno todavia!
Inferno há i pera mi?
Oh triste! Enquanto vivi
não cuidei que o i havia.
Tive que era fantasia;
folgava ser adorado;
confiei em meu estado
e não vi que me perdia.
(BI, v. 112-119)

Ao relacionar sofrimento e aprendizagem no texto, recorrendo à alegoria das barcas, Gil Vicente certamente faz uma referência ao *Diálogo dos mortos*, de Luciano de Samósata, texto em que o escritor sírio critica a vaidade e os excessos dos ricos, bem como o sofrimento que aplicam aos mais pobres ao expressar diante deles suas benesses. Nele, também, o momento de passagem para a morte será alegoricamente representado por meio da necessidade de cruzar o rio em um barco que é conduzido por Caronte. É ilustrativo o que diz o célebre barqueiro, ao se defrontar com um dos mortos:

CARONTE – *Eu explicar-vos-ei. É preciso que embarqueis nus, deixando todo esse supérfluo na margem porque, assim como estais, dificilmente o barco poderá receber--vos. E tu, ó Hermes, trate, a partir de agora, de que nenhum deles que não venha em pelo seja percebido, depois de jogar fora, como eu já disse, a bagagem. De pé firme, junto à escada, passe-os em revista, receba-os, forçando-os a subirem nus.*[8]

Também Caronte, como o nosso Anjo, demanda do passageiro que deixe o supérfluo na margem, indicando que apenas pode atravessar o rio o homem que estiver despido de suas vaidades e de todo o supérfluo que acoberte a nudez de sua existência. O que me parece significativo, entretanto, se quisermos pensar em outros diálogos, é a relação que se pode estabelecer entre o texto vicentino e o quadro *A nave dos loucos*, obra tardia de Hieronymus Bosch (1450-1516), hoje no acervo do Museu do Louvre,[9] que deve ter sido pintada entre 1503 e 1504, mas certamente depois de 1490, fazendo parte de um tríptico também composto por *Alegoria da intemperança* e *Morte do avarento*. Certamente o quadro de Bosch se inscreve em uma tradição que lê, na imagem das barcas, a percepção trágica de uma sociedade que se livra daqueles que não podem disfarçar sua diferença. Segundo Foucault, no seu *História da loucura*,[10] a nave presente no quadro de Bosch, da mesma forma que aquelas retratadas por Brueghel e Dürer, remeteria à experiência trágica da loucura, referindo a abertura do sábio às figuras da alteridade, abrindo--se a um excedente de sentidos também presente na própria linguagem do louco, visto já agora como um saber do mundo que enuncia a verdade do próprio homem. Foucault destaca ainda outra forma de abordagem dessa nave, que estaria presente no *Elogio da loucura* (1511), de Erasmo de Rotterdam, e no *Das Narrenschiff, de Sebastian Brant, livro de muito sucesso quando de sua publicação em 1494 e que foi imediatamente traduzido para o latim com o título de Stultifera navis* (1497). Nesses dois textos o filósofo francês aponta para a substituição do olhar trágico pelo olhar crítico, em que a loucura se manifesta como expressão da própria sociedade, como algo que se trans-

8 Luciano de Samósata, *Diálogo dos mortos*, Tradução de Américo da Costa Ramalho, Brasília: Editora UnB, 1998, p. 32.

9 Onde chegou em 1918 e é exibido com o título de *La nef des fous*.

10 Michel Foucault, *História da loucura*, Tradução Coelho Neto e Teixeira Coelho, 9ª ed., São Paulo: Perspectiva, 2010.

forma em objeto do escárnio, de um riso desdenhoso a desnudar sua moral decadente. O ensinamento aqui não está presente em algo que possa ser revelado pelo louco, mas na ironia daquele que observa o mundo sem se deixar consumir por ele. Essa leitura apressada de Foucault, se me ajuda a destacar um *corpus* textual contemporâneo ao autor português que transita pelo mesmo mar, não me permitiria, contudo, avançar de forma mais consistente em uma problematização daquilo que diz o filósofo. Quero, porém, sinalizar que vejo no quadro de Bosch uma possibilidade de leitura que o coloca entre os dois grupos listados por ele, abarcando tanto a experiência trágica quanto a crítica da loucura. É notável a presença de uma reflexão sobre os costumes da época, que se materializa de forma evidente no centro do quadro, em que avultam as figuras de dois religiosos, aparentemente uma monja franciscana e um frade goliardo. Ambos se distraem a olhar para um pedaço de carne pendurado diante deles, enquanto outros se aproximam para pegar o que desdenham sobre a mesa. Na árvore ao fundo, que ocupa o lugar do mastro, um rosto se esconde a contemplar a cena, provavelmente uma representação do diabo. A cena fala por si, em termos de crítica aos valores corrompidos da sociedade, mas não podemos deixar de lado o conjunto formado pelo tríptico, principalmente se observarmos o quadro intitulado *Morte do avarento*. Nele, o avarento do título está representado em dois espaços; à frente, de pé, ainda saudável, escondendo moedas em um baú cercado por figuras monstruosas, que se configuram como diabretes cujas faces se assemelham às de ratos. Ao fundo, o avarento aparece deitado, com a figuração da morte a entrar pela porta com uma seta na mão, dirigida ao seu peito, e é amparado por um anjo que tenta encaminhar seu olhar para um crucifixo preso à janela, por onde entra uma nesga de luz. O avarento, todavia, não consegue desviar o olhar de um saco de moedas seguro ao seu lado na cama por outro diabrete, com a face de um peixe. A ganância que determinará seu destino, profana e devassa, não difere muito dos monges que, no outro quadro, se deixam levar pela gula. Nesse sentido, o quadro de Bosch não apenas propõe uma profunda crítica moral ao seu tempo, mas desenha antecipadamente algumas das personagens que também estarão presentes na nau vicentina, dando a conhecer seus pecados. Se no auto quinhentista a figura do louco, o Parvo, não chega a embarcar, pois "em todos teus fazeres / per malícia" (BI, v.302-303) não errou, não se pode negligenciar que seu papel funcional dentro da obra é também o de escarnecer do pecado alheio, apontando com seu dedo a iniquidade. É ele, Joanne, que surge logo após o Onzeneiro, a representação do avarento que morre, para dialogar com o Frade namorador, de capacete, broquel e espada, revelando seus vícios e a ausência de fé. É ele também que permanece no palco a seguir, intermediando não apenas nosso contato com o Diabo – purificando a cena de sua má presença, a partir do uso escatológico da linguagem, como já nos ensinou o mesmo Reckert –, mas com as demais personagens. A loucura, aqui, portanto, é ao mesmo tempo encenada como crítica à sociedade e como expressão trágica de uma verdade maior, aquela que encaminha os homens para a aprendizagem de seus próprios erros. A linguagem vulgar de Joanne, seu palavreado chulo e rasteiro, adquire um sentido mais amplo, porque revela a iniquidade dos homens e a falência de sua sociedade.

O texto de Brant, por sua vez, em que provavelmente o próprio Bosch se inspirou para pintar seus quadros, aproxima-se fortemente da estrutura das Barcas vicentinas, compondo-se como um longo poema dividido em 112 capítulos, nos quais o poeta elenca sucessivamente os vícios que corrompem os sábios: arrogância, leviandade, gula, mentira e vários outros seguem dando forma a um cortejo de personagens retratados como tolos, por cederem a essas tentações. Chamados à barca, como lemos no teatrólogo português, dão forma a uma procissão de dissolutos em que também podemos ler a expressão da grosseria e da violência.[11]

Como vemos, as fontes vicentinas são muitas e, em todas elas, a crítica à sociedade se impõe como um elemento crucial a desenhar os contornos do que se pretende expressar. Em seus autos, todavia, avulta a ideia de que o sofrimento leva à aprendizagem, como poderemos ler no *Auto de Inês Pereira*, na *Frágua d'amor* e no *Auto do velho da horta*. Neste, seduzido pela beleza e pela juventude da Moça que procura cheiros em sua horta, o Velho inicia o projeto de conquistá-la, não percebendo o rídiculo de seu amor serôdio. Com o intuito de levar adiante seu desejo, recorre aos préstimos de uma alcoviteira que o espoliará de todo o dinheiro. Mais tarde, ao saber da prisão da alcoviteira e do casamento da Moça, inicia sua paixão, percebendo-se enganado e empobrecido. Em sua última fala, desesperado, reconhece

11 Sebastian Brant, *A nau dos insensatos*, Tradução de Karin Volobuef, São Paulo: Octavo, 2010.

Quero-m'ir buscar a morte,
Pois que tanto mal busquei.
Quatro filhas que criei,
Eu as pus em pobre sorte.
Vou morrer,
Ellas hão de padecer,
Porque não lhes deixo nada
De quanta riqueza e haver
Fui sem rezão dispender
Mal gastada.
(VH, v. 773-782)

É importante lembrar que a falência dos projetos individuais nos autos aqui referidos reflete, na verdade, uma falência coletiva. Se a *Barca do Inferno* aponta para uma crise social, tanto a Inês Pereira quanto o Velho da horta desvelam uma crise moral, o que nos leva a perguntar: não possuirá esta crítica uma função pedagógica? Sim. Há nela, contudo, um deslocamento de objeto e de método. No primeiro caso, percebe-se que o objeto das reflexões tecidas deixa de ser as personagens que atuam no palco para transformar-se no público que as observa. No segundo, não é difícil concluir que Gil Vicente busca estabelecer um processo de percepção pelo riso. Dessa forma, faz com que os homens observem o ridículo daqueles que, estagnados em meio à mediocridade social, não são capazes de supor um mundo melhor, baseado na simplicidade das relações e na adequação àquilo que consideram como as normas de Deus. Expondo a falha, estimula o riso como atividade crítica, como gesto social, objetivando a modificação dos costumes e o aperfeiçoamento da moral. Poderíamos afirmar, com Bergson, que

toda rigidez de caráter, do espírito e mesmo do corpo, será, pois, suspeita à sociedade, por constituir indício possível de uma atividade que se isola, tendendo a se afastar do centro em torno do qual a sociedade gravita (...). E, portanto, por um simples gesto ela reagirá. O riso deve ser algo desse gênero: uma espécie de gesto social.[12]

12 Henri Bergson, *O riso: ensaio sobre a significação do cômico*, Rio de Janeiro: Zahar, 1983, p. 19.

Por meio do medo que inspira, o riso impõe ao homem manter-se vigilante, evitando cometer os mesmos erros de seus pares. Pela via do cômico, Gil Vicente anuncia a decadência da elite portuguesa, de seus projetos vitais, para vislumbrar a utopia de uma nova vida. Se não pretende, porém, conservar o estado caótico que observa na sociedade de seu tempo, o dramaturgo português rconhece, todavia, que o homem possui o livre-arbítrio sobre seus atos e que só mediante a percepção da necessidade de valores autênticos se poderá traçar um projeto digno de concretizar-se.

Sofia de Sousa Silva

*Entre o mar de lágrimas e as paredes brancas**

No livro *Dual*, publicado em 1972, Sophia de Mello Breyner Andresen, autora que se vincula a uma poesia moderna que promove a impessoalidade recusando o subjetivismo, escreve:

Em nome da tua ausência
Construí com loucura uma grande casa branca
E ao longo das paredes te chorei.[1]

Um outro poema, do livro *Coral*, publicado em 1950, diz:

Depois da cinza morta destes dias,
Quando o vazio branco destas noites
Se gastar, quando a névoa deste instante
Sem forma, sem imagem, sem caminhos,
Se dissolver, cumprindo o seu tormento,
A terra emergirá pura do mar
De lágrimas sem fim onde me invento.[2]

Os dois poemas são separados por uma distância de 22 anos nas suas datas de publicação. O mais recente – o primeiro que lemos – fala em chorar ao

Sofia de Sousa Silva é professora de Literatura Portuguesa da Universidade Federal do Rio de Janeiro (UFRJ).

* I Colóquio Internacional de Poesia Portuguesa Moderna e Contemporânea, UFMG, 20 de abril de 2016.

1 Sophia de Mello Breyner Andresen, *Obra poética*, Prefácio de Maria Andresen Sousa Tavares, Lisboa: Assírio & Alvim, 2015, p. 586.

2 Ibid., p. 219.

longo das paredes de uma casa construída, o mais antigo fala num mar de lágrimas sem fim do qual emergirá a terra pura. São termos que constrastam com a limpidez, a pureza da forma e a contenção tão valorizados pela poesia moderna e incorporados por Sophia. Já *casa* e *terra* são significantes importantes na sua poesia. Tanto a construção da casa quanto a emergência da terra podem ser lidas como modos de descrever a escrita poética.

A expressão "construir uma grande casa branca" nos situa em plena poesia moderna. É uma imagem que se aproxima do "levantar a torre do meu canto", de Carlos de Oliveira,[3] ou do engenheiro, que "sonha coisas claras", de João Cabral de Melo Neto.[4] Já o emergir da terra pura nos situa num universo de ressonâncias românticas que permeia os livros publicados por Sophia nos anos 1940 e 1950.

O verbo *chorar* no poema de *Dual* e o *mar de lágrimas sem fim* do poema de *Coral* ecoam ainda uma junção de duas imagens da *Mensagem*, de Fernando Pessoa, um dos maiores poetas da modernidade: o mar salgado das lágrimas de Portugal, do poema "Mar português", e o "mar sem fim", de "Padrão".[5] Os versos de Sophia também tocam em algo que Álvaro de Campos parece explicitar quando escreve numa das suas "Saudaç[ões]": "O que é a necessidade de escrever versos senão a vergonha de chorar?"[6]

Há assim uma tensão entre interioridade e exterioridade nestas imagens da escrita poética. A escrita cria espaços concretos, visíveis, que podem ser percorridos e habitados, mas parte do pranto de um *eu* que se anuncia nos verbos conjugados na primeira pessoa do singular: *me invento*, *construí*, *chorei*.

Podemos ser levados a pensar que o verso está no lugar do choro, que lhe seria anterior, o verso seria a transformação efetuada sobre o sofrimento de alguém preexistente à escrita.

Essa leitura pode nos ser levar a pensar então numa dimensão confessional nos dois poemas de Sophia de Mello Breyner Andresen por que começamos. Haveria um estágio inicial pré-poético de ausência, de loucura, de cinza morta,

3 Carlos de Oliveira, *Trabalho poético*, Lisboa: Assírio & Alvim, 2003, p. 161.

4 João Cabral de Melo Neto, "O engenheiro", in *Serial e antes*, Rio de Janeiro: Nova Fronteira, 1997, p. 34.

5 Cf. Fernando Pessoa, *Mensagem*, Apresentação Cleonice Berardinelli, Organização Cleonice Berardinelli e Mauricio Matos, Rio de Janeiro: 7Letras, 2008, p. 98 e 91.

6 Fernando Pessoa, *Poemas de Álvaro de Campos*, Fixação do texto, introdução e notas de Cleonice Berardinelli, Rio de Janeiro: Nova Fronteira, 1999, p. 83.

seguido de um trabalho sobre estes dias "sem forma, sem imagens, sem caminhos" e esse trabalho teria como consequência a superação do estágio inicial por meio da criação de versos, que são forma, nomes, imagens, espaços.

Há alguns trabalhos mais ou menos recentes que promovem uma revisão crítica do problema da impessoalidade em Sophia de Mello Breyner Andresen, como o ensaio "Sophia no país das maravilhas", de Helena Carvalhão Buescu, publicado em *Cristalizações: fronteiras da modernidade*, em que essa revisão vai no sentido de assinalar a "forte presença de um humano perante os outros humanos".[7] E há o ensaio de Carlos Mendes de Sousa intitulado "Sophia: tudo me é uma dança", publicado em 2014, no qual se reúnem poemas, cartas pessoais, entrevistas e depoimentos da autora e de familiares seus para mostrar como a dança se identifica com a própria poesia em Sophia (que aliás, frequentemente dançava, segundo os mesmos testemunhos). Do ensaio de Carlos Mendes de Sousa, gostaria de destacar uma citação de uma entrevista com Francisco Sousa Tavares, marido por muitos anos de Sophia e pai dos seus cinco filhos:

Sofia não foi, nem nunca seria, "a menina bem" que até fazia versos mas pelo contrário era um poeta que suportava a vida e queria encontrar nela a mesma claridade e harmonia que a poesia lhe dera.[8]

A alusão a um dado biográfico de Sophia me leva a pedir licença aqui para enveredar também por um caminho mais pessoal, tanto no que diz respeito a mim mesma quanto à pessoa a quem este livro é dedicado.

Quando escrevi a minha dissertação de mestrado, a frase com que iniciava o primeiro capítulo era precisamente "A poesia de Sophia de Mello Breyner Andresen é uma tentativa de viver neste mundo".[9]

Lembro-me ainda da estranheza que a frase causou à minha orientadora, a professora Cleonice Berardinelli, que lia cada linha do texto comigo e, respeitando sempre o pensamento que eu estava tentando construir, propiciou um

7 Helena Carvalhão Buescu, "Sophia no país das maravilhas", in *Cristalizações: fronteiras da modernidade*, Lisboa: Relógio D'Água, 2005, p. 47-71, p. 47.

8 Carlos Mendes de Sousa, "Sophia: tudo me é uma dança", in *Sophia e a dança*, Lisboa: Companhia Nacional de Bailado, fev. 2014, p. 2-10, p. 5.

9 Sofia M. de Sousa Silva, *Um viés da ética na obra de Sophia de Mello Breyner Andresen*, Dissertação de mestrado, Programa de Pós-graduação em Letras, Rio de Janeiro, PUC-Rio, 2002, p. 12.

diálogo que fez daquele trabalho de fato uma obra redigida em colaboração. Um trabalho em que a perspectiva da orientanda era um tanto diversa da da orientadora, mas em que a presença desta se fez sentir com toda a nitidez, até na seleção lexical e na sintaxe. No que dizia respeito àquela frase inicial, a professora Cleonice preferiria que a afirmação categórica fosse susbtituída por algo como "a poesia expressa uma tentativa de viver neste mundo", ou "corresponde a uma tentativa de viver neste mundo", e eu insisti na radicalidade da fusão de vida e obra: "*a poesia de Sophia de Mello Breyner Andresen é uma tentativa de viver neste mundo*".

Se em muitos de seus textos, ao longo de décadas, Sophia diz que "a poesia é uma moral",[10] que a arte "ensina uma atitude no lugar e no tempo da vida",[11] que o poeta escreve poesia para não se afogar no caos,[12] todas essas afirmações apontam numa mesma direção: a busca de uma maneira de viver num mundo sem Deus nem deuses. Sem uma orientação definida, portanto.

Como diz João Cabral de Melo Neto em seu poema de *A educação pela pedra* dedicado à autora, Sophia "faz-refaz"[13] aquilo a que ela chama em "Arte Poética I" de "o reino que cada um por si mesmo encontra e conquista".[14] A sua poesia é um esforço contínuo de dar nome ao mundo, de transformar o caos em cosmo, de reconhecer a treva e a enfrentar, de percorrer o labirinto "sem jamais perder o fio de linha da palavra".[15] Aceitando o que é necessário, recusando o que é digno de desprezo, numa atitude que não é neutra nem fatalista e que se anuncia numa espécie de programa do poema que abre o livro *Mar novo*:

Perfeito é não quebrar
A imaginária linha

10 Sophia de Mello Breyner Andresen, op. cit., p. 893.

11 Sophia de Mello Breyner Andresen, *O nu na Antiguidade clássica*, 3ª ed. revista, Lisboa: Caminho, 1992, p. 45.

12 Sophia de Mello Breyner Andresen, "Escrevemos poesia para não nos afogarmos no ca[o]s", Entrevista a Maria Armanda Passos, *Jornal de Letras, Artes e Ideias*, 16 fev. 1982, p. 2-5, p. 4.

13 João Cabral de Melo Neto, "Elogio da usina e de Sophia de Mello Breyner Andresen", in *A educação pela pedra e depois*, Rio de Janeiro: Nova Fronteira, 1997, p. 7-8, p. 8.

14 Sophia de Mello Breyner Andresen, *Obra poética*, p. 890.

15 Ibid., p. 629.

Exacta é a recusa
E puro é o nojo.[16]

A dissertação de mestrado que defendi em 2002 intitulava-se *Um viés da ética na obra de Sophia de Mello Breyner Andresen*. O esforço que fiz ali foi partir de frases de Sophia, como a que está em *O nu na Antiguidade clássica* segundo a qual uma certa escultura grega – o kouros – "ensina um projecto moral", para tentar caracterizar o que seria esse projeto moral, de difíceis contornos mas que ao mesmo tempo se anuncia com tanta veemência na sua obra. A associação entre estética e ética, a centralidade que tem em sua obra o adjetivo *justo* – que tanto se refere a justiça quanto a justeza – são estudados com profundidade pela crítica. E ali, no auge da soberba de quem faz um primeiro trabalho, queria tentar sistematizar esse projeto, pelo menos em parte. Uma vez abandonada a pretensão de o esgotar, restou-me escolher um caminho e fazer aproximações. O viés escolhido dentro do que seria a ética de Sophia – no sentido de *ethos* (ἦθος), usos, costumes, de uma prática, portanto [17] – foi o que a aproximava dos fragmentos de Heráclito e de *O nascimento da tragédia*, de Nietzsche. Um autor grego e um atento leitor dos gregos. Em Heráclito, interessava a questão da unidade e da harmonia dos contrários e, em Nietzsche, a junção de apolíneo e dionísiaco para se formar o trágico.

A escolha da referência à Grécia em detrimento, por exemplo, do cristianismo, também muito presente na obra de Sophia, estava relacionada com a falta de orientação prévia e com o privilégio da imanência sobre a transcendência. Importava-me ali o viver neste mundo, formular a sua própria ética e até a sua Grécia, e não simplesmente seguir a moral cristã.

Pedi licença para voltar a este trabalho hoje, quatorze anos depois, porque ao me deparar com a questão da interioridade e da exterioridade, da relação entre choro e poesia, percebi que o que estava em jogo era novamente a relação entre poesia e vida. Assim como quando se quer depreender uma ética, um modo de viver, a partir da poesia. E, nesse caso, é impossível não atentar para a advertência do poema "A casa térrea", de *O nome das coisas*: "que a arte não se torne para ti a compensação daquilo que não soubeste ser/ que não seja transferência nem refúgio."[18]

16 Ibid., p. 355.

17 Henry George Liddell et al., *A Greek-English Lexicon*, Oxford: Clarendon Press, 1996.

18 Sophia de Mello Breyner Andresen, op. cit., p. 678.

Creio então que é o momento de retomar os dois poemas que lemos primeiro, dos livros *Dual* e *Coral*, destacando alguns versos:

Construí com loucura uma grande casa branca
E ao longo das paredes te chorei.[19]
e
A terra emergirá pura do mar
De lágrimas sem fim onde me invento.[20]

No primeiro poema citado, é preciso observar que, ao contrário da hipótese que aventamos de que o choro seria anterior à escrita poética e de que esta seria a sua superação, o que levaria a perceber um caráter confessional no poema, o choro não existe antes que as paredes da casa (o poema) estejam construídas. Se quem fala no poema chora ao longo das paredes da casa é preciso já haver paredes. O pranto e o eu se constroem juntamente com a poesia.

Do mesmo modo, no segundo poema citado, o mar de lágrimas sem fim se identifica com o próprio poema. É nele que alguém se inventa, é nessa escrita que é um mar de lágrimas que alguém pode falar na primeira pessoa.

A partir disso, é curioso pensar na relação que Sophia estabelece com Fernando Pessoa, aquele que no poema "Cíclades" é tido como "esquartejado pelas fúrias do não-vivido".[21] Como lembra Octavio Paz, "os poetas não têm biografia. A sua obra é a sua biografia",[22] uma afirmativa feita num ensaio sobre Pessoa, mas que se poderia aplicar perfeitamente também a Sophia. No caso específico da relação um pouco conflituosa que Sophia trava com Pessoa, vale notar que até para falar de mar e de lágrimas, as palavras são dadas por Pessoa. A poesia do criador dos heterônimos é até hoje uma linguagem que nos forma, que nos constitui e que, em Sophia, é a que dá nome ao que pode haver de mais íntimo. Se compreendemos ainda que escrita é vida, como se pode acusar Pessoa de não viver?

Talvez a acusação se relacione com a ausência do indivíduo histórico na poesia de Pessoa, um incômodo que Sophia compartilha com poetas da sua

19 Ibid., p. 586.

20 Ibid., p. 219.

21 Ibid., p. 651.

22 Octavio Paz, "O desconhecido de si mesmo: Fernando Pessoa", in *Signos em rotação*, Tradução Sebastião Uchoa Leite, 3ª ed., São Paulo: Perspectiva, 1996, p. 201-220, p. 201.

geração como Jorge de Sena e mesmo Mário Cesariny. Não viver significaria não tomar partido numa circunstância histórica concreta, não se posicionar diante de um fato – o totalitarismo de Salazar – do mesmo modo como para esses poetas isso se apresentou, com a mesma urgência.

Uma maneira de superar essa tensão entre a liberdade da poesia e a necessidade de que ela promova a justiça social e política parece ser encontrada na arquitetura moderna e um momento de realização e deslumbramento com esse projeto é, por exemplo, o poema "Brasília", de *Geografia*:

> Propondo aos homens de todas as raças
> A essência universal das formas justas[23]

O projeto de Sophia ali é o mesmo de Lúcio Costa (e talvez do poeta engenheiro João Cabral): promover através da justeza da forma a justiça das relações sociais.[24]

O filme *Brasília: contradições de uma cidade nova*, de Joaquim Pedro de Andrade,[25] mostra de certa forma o logro dessa empreitada, que não deixa de conter muito de utopia e um tanto de autoritarismo. Na primeira parte, são exibidas imagens áreas da cidade de Brasília enquanto a voz em *off* do poeta Ferreira Gullar lê partes do relatório do plano piloto, de Lúcio Costa, explicando as soluções urbanísticas escolhidas, sempre norteadas pela junção ideal da justeza da forma com a justiça social. Na segunda parte, ouvem-se os depoimentos de trabalhadores que vivem na cidade e ajudaram a construí-la: moram todos fora do plano piloto, levam mais de três horas por dia para chegar ao trabalho e experimentam na cidade nova as mesmas injustiças do Brasil velho.

Talvez o problema resida justamente aí. Se pensarmos que a obra vai dirigir a vida dos outros, estamos ainda pensando linguagem e realidade como dimensões separadas.

Neste ponto é preciso parar. A obra de Pessoa vive, a cidade de Brasília projetada por Lucio Costa vive, a poesia de Sophia vive. Cada uma à sua maneira é o fracasso de um projeto de transformação social – se a quisermos avaliar por um

23 Sophia de Mello Breyner Andresen, op. cit., p. 566.

24 Cf. Lucio Costa, "Brasília, cidade inventada (memória descritiva)", in *Arquitetura*, Rio de Janeiro: José Olympio, 2002, p. 117-141.

25 Joaquim Pedro de Andrade, *Brasília: contradições de uma cidade nova*. Filmes do Serro, 23 min., 1967.

critério político, o que seria indevido, pois seria tratá-la como uma compensação – mas cada uma é um êxito de criação artística. E o modo de relação da arte com a nossa vida talvez se defina mais pelo poema que um dos membros da banca, o professor Eduardo Jardim, do Departamento de Filosofia da Pontifícia Universidade Católica do Rio de Janeiro (PUC-Rio), trouxe para a defesa:

Torso arcaico de Apolo

Não sabemos como era a cabeça, que falta,
De pupilas amadurecidas, porém
O torso arde ainda como um candelabro e tem,
Só que meio apagada, a luz do olhar, que salta

E brilha. Se não fosse assim, a curva rara
Do peito não deslumbraria, nem achar
Caminho poderia um sorriso e baixar
Da anca suave ao centro onde o sexo se alteara.

Não fosse assim, seria essa estátua uma mera
Pedra, um desfigurado mármore, e nem já
Resplandecera mais como pele de fera.

Seus limites não transporia desmedida
Como uma estrela; pois ali ponto não há
Que não te mire. Força é mudares de vida.[26]

Neste sombrio abril de 2016 em que intimamente nos perguntamos qual o sentido do trabalho que fazemos neste país onde nos dedicamos às maiores sutilezas do espírito e o mundo à volta passa da palavra ao ato e à incitação à violência, talvez a obra de arte nos venha lembrar que fazer poesia é criar civilização, cultura, linguagem, vida. É Eros resistindo a Tânatos e multiplicando as possibilidades de vida.

26 Manuel Bandeira, "Poemas traduzidos", in *Estrela da vida inteira*, Rio de Janeiro: Nova Fronteira, 1993, p. 361.

Sergio Pachá
Pior ou peior?

TIVE O DUPLO PRIVILÉGIO DE, COMO MUITOS, SER ALUNO de Literatura Portuguesa de d. Cleonice Berardinelli, no curso de graduação da PUC-Rio; e, como bem poucos, de ser também seu aluno de Literatura Brasileira, no curso sobre a poesia de João Cabral de Melo Neto, por ela ministrado na Universidade da Califórnia, em Santa Bárbara, quando eu lá me habilitava para o doutoramento. Num e noutro, a mesma abrangência, a mesma clareza, o mesmo cuidado, o mesmo rigor. D. Cleonice é uma professora superlativa, um modelo – um arquétipo, quase digo – de professor universitário. E, como se isto não bastasse, uma filóloga acabada, cujo livro *Sonetos de Camões:* Corpus *dos sonetos camonianos* (Centre Culturel Portugais/Fundação Casa de Rui Barbosa: Lisbonne/Paris/Rio de Janeiro, 1980) é obra de consulta obrigatória a quantos se embrenham pela *selva selvaggia* da camonística e seus problemas textuais.

O ensaio que se vai ler, escrito em 1982 e inédito até hoje, foi um dos apêndices de minha dissertação de mestrado em Língua Portuguesa, consagrada à linguagem do insigne tribuno e vernaculista brasileiro Rui Barbosa. Analisa e discute uma questão de autenticidade textual, desde sempre negligenciada por editores da *Oração aos moços,* canto de cisne que foi do grande Rui, postumamente publicada com o erro tenaz que, de 1949 a 1980, se veio repetindo em sucessivas edições.

Consagro-o, à guisa de homenagem despretensiosa, à mestra de todos nós, como quem lhe agradece a revelação de Luís de Camões na minha juventude e o deslumbramento que, desde estão, para sempre transfigurou a minha vida.

*

A forma *peior*, que ocorre com exclusividade em todos os autógrafos de Rui Barbosa que pude consultar, e também em três textos impressos sob as vistas de Rui (v. o elenco de fontes barbosianas, no final deste ensaio), constitui um

Sérgio Pachá é lexicógrafo, gramático e tradutor.

dos vários casos de escrita etimologizante, onde a restauração gráfica do étimo latino acaba por influir na língua falada, vindo a tornar-se também restauração fônica da forma primitiva (cp. a pronúncia de digna, em *Os Lusíadas*, VII, 37, 6, onde rima com imagina e insina, com a pronúncia atual do mesmo adjetivo).

Ilustrando a evolução normal do ditongo latino /ey/ em nossa língua, os textos portugueses mais antigos trazem a forma *peor*, oriunda do latim *peiorem*. Tal é o caso do *Cancioneiro da Ajuda*, compilado, ao que parece, no último quartel do século XIII, por ordem de D. Afonso III:[1] nessa obra, segundo d. Carolina Michaëllis, *peor* "é a única forma usada... no sentido de *menos* [sic] *mal*".[2] De acordo com a insigne filóloga, "*peior*, *peyor* é forma predominante nos apógrafos italianos" dos cancioneiros portugueses, vale dizer, nos cancioneiros da Vaticana e da Biblioteca Nacional de Lisboa, antigo Colocci-Brancuti, ambos do século XV.[3] Mas também ocorre, em concorrência com *peor*, em códices portugueses desse mesmo século: pois, como lembra Edwin B. Williams, a prática da escrita etimológica "principiou muito antes do século XVI num pequeno grupo de palavras, especialmente em trabalhos traduzidos do latim".[4] Assim é que, no códice da *Vita Christi*, vertido em português na primeira metado do século XV, registram-se duas ocorrências de *peior* contra uma de *peor*.[5] Já no apógrafo de *A demanda do Santo Graal*, que é do mesmo século, dá-se o oposto: *peor* ocorre duas vezes e *peior*, uma só.[6]

Mas, ao mesmo tempo que, na língua escrita, os escribas etimologizantes, em Portugal e na Itália, submetiam *peor* a uma involução gráfica, completava-se, na língua falada, a evolução fônica do vocábulo, resultante do fechamento da vogal pretônica, /e/ > /i/. Tal fenômeno já está documentado em 1495, no incunábulo da mesma *Vita Christi*, onde, numa passagem que traz *peiores* no manuscrito,

1 Serafim da Silva Neto, *Textos medievais portugueses e seus problemas*, Rio de Janeiro: Casa de Rui Barbosa, 1956, p.7.

2 Carolina Michaëllis de Vasconcelos, "Glossário do Cancioneiro da ajuda", *Revista Lusitana*, vol. XXIII, n. 1-4, 1920-1921, *s.u. peor*.

3 Ibid., *s.u. peior*, *peyor*.

4 Edwin B. Williams, *Do latim ao Português*, Tradução de Antônio Houaiss, Rio de Janeiro: Instituto Nacional do Livro, 1961, p. 40, § 31.

5 V. Ludolfo Cartusiano. *O livro de Vita Christi em lingoagem português*. Edição fac-similar e crítica por Augusto Magne, S.J. Rio de Janeiro: Fundação Casa de Rui Barbosa, s.d. [c. 1968], vol. II, Glossário, s.uu. *peior* e *peor*, pior.

6 Augusto Magne, *A demanda do Santo Graal*, Rio de Janeiro: Instituto Nacional do Livro, 1944, vol. III, Glossário, s.uu. *peior* e *peor*.

o texto impresso dá pyores (capítulo L, fólio 148 c-d). Daí podermos situar o fechamento do /e/ em /i/ em data bem mais recuada que os últimos anos do século XV, pois, como ensina Serafim da Silva Neto, "quando um fenômeno chega a ser registrado pela escrita, é sinal que já existia há muito na língua falada".[7]

Vinte e um anos mais tarde, em 1516, traz o *Cancioneiro geral* inúmeras confirmações desta evolução fonética, *peor* > pior, que é, por assim dizer, sacramentada nas duas primeiras gramáticas portuguesas que se escreveram, a de Fernão de Oliveira, em 1536, e a de João de Barros, em 1540.[8] Persiste, contudo, em outros escritos do século XVI, a grafia *peor*, pois, sempre no dizer de Serafim da Silva Neto, "como a língua escrita é altamenta conservadora, mantém muitas formas e expressões que já não correspondem exatamente à língua corrente contemporânea".[9] É isto o que explica a forma *peor* na edição *princeps* da comédia *Eufrosina*, de Jorge Ferreira de Vasconcelos, que é de 1555, ou, alternando com pior, nas *Poesias* de Sá de Miranda.[10] Entretanto, pior é o que se lê em Camões, assim na primeira edição de *Os Lusíadas* como na das *Rimas*, datadas de 1572 e 1595, respectivamente.[11]

No século XVII, firmada, embora, a pronúncia pior, a grafia continua a oscilar. Exemplo disto é o manuscrito de *A visita das fontes*, de D. Francisco Manuel de Melo: "*peor* e *peores* são grafias normalmente empregadas", informa-nos seu editor, Giacinto Manupella.[12] O que não impediu que, em 1722, os

7 Serafim da Silva Neto, op.cit., p.18.

8 *Cancioneiro geral de Garcia de Resende*, Introdução e notas de Andrée Crabbé Rocha, Lisboa: Centro do Livro Português, 1973, fól. CLXVIIII frente e verso, CCVIII frente, etc; Fernão de Oliveira, *Grammatica da lingoagem portuguesa*, capítulos quinto, décimo sexto e trigésimo sexto; João de Barros, *Grammatica da lingua portuguesa*, Do nome comparativo.

9 Serafim da Silva Neto, op.cit., p. 18.

10 Para *Eufrosina*, v. a edição de Eugenio Asensio (Jorge Ferreira de Vasconcellos, *Comedia Eufrosina*, Edición, prólogo y notas de Eugenio Asensio, Madrid: Consejo Superior de Investigaciones Científicas/Instituto Miguel de Cervantes, 1951), p.42, linha 22; 54, 1.11; 79, 1.21; 87, 1.3; etc; para Sá de Miranda, v. Carlota Almeida de Carvalho, *Glossário das poesias de Sá de Miranda*, Lisboa: Centro de Estudos Filológicos, s.d. [1939?], s.uu. *peor* e pior. O texto em que este glossário se baseia é, naturalmente, o da modelar edição de d. Carolina Michaëllis (Halle, 1885).

11 Cf. *Lus.*V, 98,6; *Ri*, p. 98 vº. O pior desta passagem das *Rimas* se repete no *Cancioneiro de Cristóvão Borges* (cf. *The Cancioneiro de Cristóvão Borges*, Edition and notes by Arthur Lee-Francis Askins, Braga/Paris: Barbosa & Xavier, Ltda./ Jean Touzot, 1979, fól. 12 frente).

12 D. Francisco Manuel de Melo, *A visita das fontes*, Apólogo dialogal terceiro, Edição fac-similada e leitura do autógrafo (1657), introdução e comentário por Giacinto Manupella [Coimbra]:

responsáveis pela edição princeps e póstuma dos *Apólogos dialogais* metamorfoseassem tudo em *peyor*, *peyores*, conforme se pode ver nas p. 136, 155 e 241, entre outras muitas daquela edição.

Já com Vieira as coisas se terão passado de outro modo: em 1679, ao sair dos prelos a primeira parte dos *Sermões*, estava o padre em Lisboa, não sendo, portanto, inverossímil que tivesse revisto as provas e acompanhado a impressão do livro, apesar dos muitos erros que escaparam à revisão. Ora bem: alternam neste volume, embora desproporcionalmente, as formas *peyor* (ou *peior*) e *peor*, segundo nos revelou um exame sumário – onze vezes *peyor*, *peior*, uma vez *peor*.[13] Cabe, então, perguntar: a ser o mesmo Vieira responsável por esta oscilação gráfica, corresponderia ela a uma oscilação fônica, *peior* / pior? Não o sabemos. Mas é lícito conjecturar que, sendo Vieira pregador, vale dizer, alguém cuja palavra é para ser ouvida, primeiro que para ser lida,[14] não lhe teria escapado que *peior* é um vocábulo mais encorpado que pior, nem, tampouco, o paralelismo sonoro de *peior* e maior, sensível neste passo: "Suposto isto, senhores, suposto que os homens são maiores e *peiores* tentadores que o Demônio, que havemos de fazer?"[15] Assim, custa-nos admitir que aquele jesuíta de gênio deixasse passar esta possibilidade expressiva da língua que ele levou à perfeição. Acresce a isto que Vieira quase sempre escreve *peyor*, exatamente como ceya (tomo I, coluna 844), creyo (tomo III, coluna 385, duas vezes), meyo (tomo III, coluna 377). Por que só em *peyor* o ey equivaleria a i? Contra estas razões sempre se pode alegar que a ortografia dos *Sermões*, posto que não de todo regular, era muito mais atenta a valores etimológicos que a de D. Francisco Manuel: o que explicaria escrevesse Vieira *peyor* ou *peior*, onde se haveria de ler pior. É possível; ainda que o não tenhamos por provável.

O século XVIII, marcado pela ditadura de ortógrafos e ortoepistas mais ou menos improvisados, assistirá ao duradouro triunfo de várias restaurações "etimológicas" – entre as quais, lembra Edwin B.Williams,[16] a fixação de pronúncias como digno e benigno, que, menos de século e meio antes, Rodrigues Lobo

por ordem da Universidade, 1962, p. 651.

13 Respectivamente nas colunas 451, 768 (quatro vezes), 802, 809 (duas vezes), 821, 834; e na coluna 120 do tomo I.

14 Recorde-se o que dizia ele próprio, na advertência ao leitor de seus *Sermões*: "Começo a tirar da sepultura estes meus borrões que, sem a voz que os animava, ainda ressuscitados são cadáveres."

15 Antônio Vieira, *Sermões*, I, 817

16 Edwin B. Williams, op. cit., p.40.

criticava por boca de Solino.[17] Nem por isso, entretanto, lograram Madureiras e Carmelos atirar com pior para o limbo das vozes esquecidas.[18] Mas, quando, em 1813, vem a lume o *Diccionario da Língua Portugueza*, de Antônio de Morais Silva, *peior* parece ter prevalecido na preferência dos letrados: é a entrada principal, para a qual *peor* e pior são remissões. Outro tanto parece refletir, dos dois lados do Atlântico, grande número de gramáticas e outras obras consagradas à língua portuguesa, ao longo de todo o século XIX. *Peior* é a forma única do comparativo de mal ou mau que se encontra na *Grammatica Philosophica da Lingua Portugueza*, de Jerônimo Soares Barbosa (Lisboa, 1822, p. 187); no *Genio da Lingua Portugueza,* de Evaristo Leoni (Lisboa, 1858, tomo I, p. 125); na *Orthographia Portugueza* do tenebroso doutor conhecido por Castilho José[19] (Rio de Janeiro, 1860, p. 160); nas *Postillas de Grammatica Geral*, de Sotero dos Reis (Maranhão, 1868, 2ªed., p. 17); na *Grammatica Portugueza*, de Júlio Ribeiro (Rio de Janeiro, 12ª ed., cópia da 2ª ed., de 1884, nº 251); na *Grammatica da Lingua Portugueza*, de Pacheco e Lameira (Rio e São Paulo, 1894, 2ªed., p.237). Poucos serão aqueles que, como Epifânio Dias, ensinem que o comparativo de mau é *peor* (pior)[20]

Já agora não é difícil de explicar a exclusividade do uso de *peior* nos escritos de Rui que compulsei:[21] é a forma "culta", aquela que a maioria dos gramáticos

17 Cf. *Corte na aldeia*, diálogo XVI: "Pois se qualquer destes, que digo, acerta de ser oficial de gramática, além de debruar tudo de versos de Ovídio e de sentenças de Plauto e Terêncio, por levar o português arrastro té o fazer latim, fala septe, docto, scripto e benigno."

18 João de Morais Madureira Feijó e Frei Luís do Monte Carmelo eram autores, respectivamente, da *Orthographia ou arte de escrever e pronunciar com acerto a lingua portugueza*, cuja primeira de muitas edições é de 1734, e do *Compendio de Orthographia*, publicado em 1767. Cf. Francisco Adolpho Coelho, *Curso de Litteratura Nacional*, vol. I – A Língua Portugueza, 3ª edição emendada, Porto: Magalhães & Moniz, Editores, s.d. [c. 1896], p. 167.

19 Doutor este a quem Rui cita, no parágrafo 335 da *Réplica*, a propósito de pontuação.

20 Cf. *Grammatica Portuguesa Elementar*, 12ª ed. revista, Lisboa, [1874] 1905, n. 184.

21 Fontes Barbosianas consultadas: Manuscritos (Notas para a composição da Conferência de Buenos Aires, 1916; Discurso no Senado Argentino, 1916; Discurso no banquete oferecido ao presidente da Argentina, 1916; Parecer sobre o ensino leigo, 1916; Parecer sobre a execução de obras dadas em concessão, 1916; *O caso internacional*, 1919; Primeira versão da *Oração aos moços*, 1921); Obras impressas revistas pelo autor (*Os Actos Inconstitucionaes do Congresso e do Executivo ante a Justiça Federal*, [Rio de Janeiro]: Companhia Impressora, 1893; Amnistia Inversa: Caso de Teratologia Jurídica, Segunda Edição, Rio de Janeiro: Typ. do *Jornal do Commercio*, 1896; *Cartas de Inglaterra*, Rio de Janeiro: Typ. Leuzinger, 1896).

(e também dos gramaticastros) privilegia, e, de quebra, a que mais vezes ocorre nos sermões de seu grande modelo, o padre Antônio Vieira. A quem quer que conheça um pouco só do estilo de Rui Barbosa, o que causaria estranheza seria que ele *não* usasse *peior*.

Daí não compreender eu o motivo por que, nas edições de 1949, 1956 e 1980 da *Oração aos moços*, publicadas pela Casa de Rui Barbosa, só se lê a forma pior.[22] Dir-me-ão seus dignos editores: porque o texto da primeira edição, revisto pelo autor, traz *peor* nas p. 34 e 46. Mas, salvo o respeito que merecem Rocha Lima e Gama Kury, tal argumento não resiste a premissas que eles próprios se encarregaram de fornecer. A revisão das provas tipográficas da primeira edição foi levada a efeito por um homem septuagenário e enfermo, a quem escaparam gralhas que a outro não passariam despercebidas, por serem "erros tipográficos evidentes", como informa o editor de 1949.[23] E não somente gralhas, senão também formas "adulteradas – seja na datilografia, seja na composição tipográfica", segundo nos informa o editor de 1956.[24] A ser assim, pergunto eu: qual a forma que Rui empregou ao redigir a *Oração aos moços*, *peor* ou *peior*? A resposta está nas páginas 66 e 93 do manuscrito: *peior*. Nem podia ser outra; porquanto é a única que se coaduna com o estilo e o tom da *Oração aos moços*,[25] com o uso constante de Rui, com o sentido das emendas por ele feitas na cópia datilografada ou nas provas tipográficas: o homem que, ao rever seu texto, transformou sobranceria em sobrançaria,[26] jamais mudaria *peior* em *peor*.

Não mudemos, tampouco, o que Rui não mudou.

22 Ater-me-ei às duas primeiras das edições mencionadas, visto que a terceira reproduz o texto da segunda. Cf. Rui Barbosa, *Oração aos moços*, Edição Nacional, Estabelecimento do texto, prefácio e breves notas por Carlos Henrique da Rocha Lima, Rio de Janeiro: Casa de Rui Barbosa, 1949, p.52 e 77; e Rui Barbosa, *Oração aos moços*, Nova edição, Seguida de uma tábua das divergências entre o manuscrito e a edição definitiva, Estabelecimento do texto e notas de Adriano da Gama Kury, Rio de Janeiro: Casa de Rui Barbosa, 1956, p. 49 e 72.

23 Rocha Lima, na nota editorial que precede sua edição, p.XII.

24 Adriano da Gama Kury, na nota editorial que antecede sua edição, p. XIV.

25 Que "é, talvez", no dizer de Gladstone Chaves de Melo, "a peça mais trabalhada da língua portuguesa" (*A língua e o estilo de Rui Barbosa*, Rio de Janeiro: Organização Simões, 1950, p. 24-25).

26 Sobranceria está na p.19 do manuscrito; sobrançaria já está impressa na p. 9 das últimas provas tipográficas do texto da 1ª edição, promovida pelo Centro Acadêmico da Faculdade de Direito de São Paulo; de onde se segue que a emenda foi feita em provas anteriores, já que não figura na cópia datilografada que se conserva nos arquivos da Fundação Casa de Rui Barbosa.

Teresa Cristina Cerdeira

Como se escreve a literatura?

Para d. Cleo, que há quarenta anos apostou em mim e me roubou definitivamente para a literatura portuguesa.

Um dia alguém fez ecoar uma frase que virou proverbial: "Ceci n'est pas une pipe!" Sem pretender repetir o efeito que o modelo de Magritte foi capaz de atingir, gostaria assim mesmo de dizer que "isto que vou fazer agora não é um ensaio". É uma aula, uma experiência de sala de aula, em que Camões é posto em cena diante de dois gigantes da crítica, e um desses gigantes é Cleonice Berardinelli, que fala de amor e de pátria a propósito de outro gigante: o camoniano Adamastor.

Seu ensaio primoroso incluído no clássico *Estudos camonianos*, publicado inicialmente em 1973 pela Editora do MEC, e ampliado mais tarde, em 2000, em merecida segunda publicação feita pela Nova Fronteira, é passagem obrigatória para quem quer ter um exemplo de leitura ao rés do texto, que é o que aprendi a fazer um dia, mercê de grandes mestres, que incluíam Diva Rocha, Marlene Correia, Maria Arminda Fallabela e, enfim e para sempre, Cleonice Berardinelli, que se tornou convivência amorosamente correspondida. Quarteto feminino que o passar dos anos só fez com que a minha reverência soasse mais garantidamente eterna.

Vou portanto falar da minha aposta de sala de aula com jovens estudantes de licenciatura em Letras: falar da literatura como lugar de liberdade e, muito barthesianamente, como exercício de desmontagem do discurso do poder. E refiro-me aqui não apenas à liberdade do criador, que é capaz de driblar as armadilhas castradoras do gregarismo da linguagem da comunicação para fundar o "logro magnífico" da escritura, mas também à liberdade do crítico, que se permite entrar no tecido textual por diferentes caminhos, algumas

Teresa Cristina Cerdeira é professora de Literatura Portuguesa da Universidade Federal do Rio de Janeiro (UFRJ).

vezes aparentemente contraditórios, outras especialmente complementares na sua diversidade.

Explico-me: uma das propostas que faço aos meus jovens estudantes de Letras na Universidade Federal do Rio de Janeiro, no curso de Poesia III, dedicado ao estudo de *Os Lusíadas*, é a de lerem as estâncias do canto V, dedicadas historicamente à passagem do cabo das Tormentas por Vasco da Gama e literariamente ao aparecimento do gigante Adamastor, confrontando duas leituras críticas exemplares, mas em grande parte contraditórias. A de Cleonice Berardinelli, que data dos anos 1970,[1] e a de Helder Macedo, referida no livro *Camões e a viagem iniciática*,[2] cuja publicação brasileira, em 2013, tirou de um quase ostracismo a leitura ousada e moderna do autor sobre a obra lírica e épica de Camões, que tinha vindo à luz em Portugal, em 1980, sem ter sido posteriormente reeditada, o que lhe conferia a aura das relíquias de investigação, de efeito contudo quase nulo, a não ser para aqueles que tinham tido a chance de acesso a esse único lançamento editorial. Depois disso, quer dizer, do empenho que nasceu na Faculdade de Letras da UFRJ e chegou aos ouvidos curiosos do jovem professor e editor Eduardo Coelho, essa publicação viria a ser recuperada pela editora portuguesa Abysmo, que pôde inclusive aproveitar o material já reorganizado pela edição brasileira, dando-lhe uma feição singularmente tripartida – a lírica, a épica, as cartas – que surgem em *plaquettes*, devolvendo assim a este ensaio seu lugar de excelência entre as modernas propostas de investigação do texto camoniano, que padeciam, até certo ponto, de uma configuração pouco ousada feita sobretudo de fundamentalismos neoplatônicos.

A aposta que fiz – e que agora aqui transcrevo – foi a de confrontar as leituras de Cleonice Berardinelli e de Helder Macedo frente ao personagem do Adamastor. O ensaio de Cleonice tem o mérito de propor como ponto de partida uma questão estrutural que me parece inultrapassável: o Adamastor não é, nos seus termos, um episódio, diz ela, mas uma microssequência[3] da narrativa.

1 Cf. Cleonice Berardinelli, "Adamastor", in *Estudos camonianos*, Rio de Janeiro: UFF/MEC/FCRB, 1973, p. 31-40.

2 Helder Macedo, *Camões e a viagem iniciática*, Rio de Janeiro: Móbile, 2013.

3 O conceito de *microssequência* proposto por Cleonice para a cena do encontro com Adamastor é absolutamente nuclear para a narrativa. Se a considerássemos como um mero *episódio*, diz a ensaísta, a própria etimologia da palavra orientaria a leitura de que a cena valeria por si mesma e poderia ser destacada do todo sem perda para o conjunto maior da narrativa da viagem, já que

O que pode parecer datado, como marca estruturalista dos anos 1970, ganha para mim um sentido novo se trouxermos para a cena crítica uma questão de base para a autovaloração que o poeta faz do seu poema, ao reiterar, ao longo dos dez cantos, quer como narrador 1 quer na voz do narrador 2, que é Vasco da Gama, o fato de que o que narra é feito de "verdades puras", espécie de suplemento qualitativo em relação às outras epopeias que a tradição clássica consagrara e de que ele evidentemente se fazia herdeiro, mas que eram narrativas "fantásticas, fingidas, mentirosas" (I, 11, 2).[4]

A questão que se coloca em relação à figura do Adamastor – gigante da família dos titãs, que se confronta e dialoga com Vasco da Gama no momento da passagem do cabo das Tormentas, quer dizer, no momento central da narrativa (canto V), que equivale também geograficamente à passagem do Atlântico para o Índico, ou ainda, do mundo conhecido para o desconhecido – a questão grave, repito, é de que, pela primeira e única vez na narrativa da viagem, o mundo mitológico, que surge sempre em paralelo ao mundo da história sem nunca verdadeiramente com ele estabelecer qualquer tipo de relação direta, torna-se visível e, mais que isso, dialoga com o facundo capitão português. Ter-se-ia o poeta esquecido daquilo que forjara como fundamento para sua epopeia? Teria ele caído no engodo de ver a história ser atravessada pelo mito?

Até então – e refiro-me ao tempo da enunciação e não à ordem dos acontecimentos no nível do enunciado –, os navegantes e os deuses ocupavam espaços distintos: os navegantes no mar e os deuses no Olimpo. Até então Baco armava ciladas por temer que *se esquecessem seus feitos no oriente se por lá passasse a lusitana gente*, mas elas eram efetivadas, por exemplo, pelos mouros ou sacerdotes que ele agenciava a seu serviço. Até então Vênus se esforçara para debelar a fúria de Baco, convocando as ninfas a protegerem as naus portuguesas, mas quando tudo chegava enfim a bom termo, Vasco da Gama – que evidentemente não poderia aceder à visão nem à ajuda da deusa – se punha a agradecer, muito

estaria fora do que Roland Barthes chamaria de "funções cardinais", no seu clássico texto da revista *Communications 8*: "Introduction à l'analyse structurale des récits". (In *Communications*, n.8, Paris: Seuil, 1966, p. 1-27; e Roland Barthes, *Oeuvres completes*, tomo II, Paris: Seuil, p. 828-865).

4 Esta e as demais citações desta obra são de Luís de Camões, *Os Lusíadas*, Porto: Porto Editora, 1977.

coerentemente, ao Deus cristão, à Divina Guarda que, segundo ele, fora capaz de evitar o grande desastre mantendo-os vivos e prontos a continuarem a viagem.

Como então entender que, ao passar o cabo das Tormentas, o capitão se confronte com um gigante mitológico, converse com ele, ouça suas ameaças e, enfim, por uma estratégia certeira que foi capaz de reduzi-lo de monstro a amante, o ultrapasse? Porque, afinal, é isso que ele conta ao rei de Melinde, em primeira pessoa: encontrei um gigante e fui capaz de vencê-lo, sendo que, paradoxalmente, poucas estâncias depois, encerra sua narrativa com versos em que repete, com palavras similares, a terceira e a décima primeira estâncias do canto I, que correspondem, a primeira à proposição, e a segunda à dedicatória a D. Sebastião, rei de Portugal a seu tempo. Coloco lado a lado as duas falas do narrador 1 e do narrador 2:

Cessem do sábio Grego e do Troiano
As navegações grandes que fizeram;
Cale-se de Alexandre e de Trajano
A fama das vitórias que tiveram;
Que eu canto o peito ilustre lusitano
A quem Neptuno e Marte obedeceram.
Cesse tudo o que a musa antiga canta,
Que outro valor mais alto se alevanta.
(...)
Ouvi: que não vereis com vãs façanhas,
Fantásticas, fingidas, mentirosas,
Louvar os vossos, como nas estranhas
Musas, de engrandecer-se desejosas:
As verdadeiras vossas são tamanhas,
Que excedem as sonhadas, fabulosas,
Que excedem Rodamonte e o vão Rugeiro,
E Orlando, inda que fora verdadeiro.
(I, *3* e *11*)

Julgas agora, Rei, se houve no mundo
Gentes que tais caminhos cometessem?
Crês tu que tanto Eneias e o facundo

Ulisses pelo mundo se estendessem?
Ousou algum a ver do mar profundo,
Por mais versos que dele se escrevessem,
Do que eu vi, a poder de esforço e arte,
E do que inda hei-de ver, a oitava parte?
(...)
Ventos soltos lhe finjam e imaginem
Dos odres e Calipsos namoradas;
Harpias que o manjar lhe contaminem;
Descer às sombras nuas já passadas:
Que, por muito e por muito que se afinem
Nestas fábulas vãs, tão bem sonhadas,
A verdade que eu conto, nua e pura,
Vence toda grandíloqua escritura!
(V, *86* e *89*)

Essas quatro estâncias não discutem certamente a maior ou menor qualidade poética dos autores épicos, mas a sua proposta narrativa. O que temos não é Camões contra Homero ou Virgílio, mas a *verdade* contra a *fantasia*. Para Camões, é o objeto do canto que, privilegiando a história ao mito, dá à musa nova a força para fazer cessar a musa antiga, porque "outro valor mais alto se alevanta" e esse valor é o da "verdade" "nua e pura".

Mas se assim é, teria Camões incorrido em erro deixando que Vasco da Gama vislumbrasse a figura do Adamastor? Como resgatar essa aparente incoerência da escritura? Opor-se à justeza da questão e comparar este momento com o da ilha dos Amores que Vênus prepara para os navegantes, no canto IX de *Os Lusíadas*, seria uma falsa argumentação. Comparar as duas passagens seria reduzi-las, ambas, ao mesmo conceito de "episódio", conceito que, como lembra Cleonice Berardinelli, não se adequa à passagem do Adamastor. Por outro lado, a ilha dos Amores não seria, justamente, na sua acepção, uma microssequência da viagem do Gama. Hipoteticamente falando, o relatório que o Gama faria ao seu rei, ao voltar a Portugal, relatório em que decerto narraria os eventos prodigiosos da viagem – tormentas, ventos terríveis, a passagem pelo cabo das Tormentas, as ciladas a que esteve sujeito, a chegada ao reino amigo de Melinde, o encontro com o piloto melindano que o ajudaria a cruzar o Índico e chegar a

Calecute, as dificuldades mesmas do comércio na Índia e, enfim, a volta à pátria – não incluiria de modo algum a passagem pela ilha de Vênus, simplesmente porque essa passagem não existiu no nível da história, de outro modo dito, no nível do enunciado. Ela é tão somente uma ilha da enunciação, uma utopia do Poeta, o que, aos olhos do crítico Helder Macedo, para aqui agora chamado, seria na verdade o ponto mais alto da narrativa de que ele, o poeta, é o verdadeiro herói, pois só ele foi capaz de empreender uma "viagem iniciática", em que o viajante vai e volta transformado, metamorfoseado, viagem de aprendizado através de um amor que inclui a fisicalidade como etapa necessária para a construção daquele mais puro amor espiritual que, na épica, é a *caritas patriae.*

Com o Adamastor, entendido não como *episódio* capaz de ser extraído do enunciado, mas como uma *microssequência* absolutamente nuclear, esse encontro dos dois planos pareceria inadequado, a não ser que o considerássemos, como pensa Cleonice Berardinelli, como uma metáfora da projeção dos grandes medos que deviam assaltar os navegadores que ousavam ultrapassar o "fim do mar". A psicanálise seria hoje perfeitamente capaz de dar conta desse processo em que um elemento psíquico avassalador invade o sujeito e provoca nele uma alucinação, o que pressupõe quase sempre imagens e sons terríveis.

A visão do Adamastor, lembre-se, é precedida por uma "nuvem, que os ares escurece" e que "aparece" diante dos navegadores até então "descuidados" pelo fato de a viagem naqueles dias estar a correr tranquila, "prosperamente os ventos assoprando". Há pois um efeito de surpresa, de qualquer coisa que os invade bruscamente, pondo "nos corações um grande medo". Diante desse medo desmedido o Gama pede socorro a Deus: "Ó Potestade (disse) sublimada: / que ameaço divino ou que segredo / Este clima e este ar nos apresenta / Que mor coisa parece que tormenta?" (V, 38, 5-8). Só que ele não recebe da parte de Deus nenhuma resposta acalentadora, possivelmente porque, na visão de Camões, o céu não raro permanece "sereno" diante das angústias do homem, esse "bicho da terra tão pequeno".[5] Assim, o medo que os alucina faz com que

5 Nesta mesma passagem da narrativa outras duas referências são feitas à posição de indiferença que o Céu – seja ele qual for, cristão ou mitológico – toma diante das dores das suas criaturas. É o Adamastor que pronuncia este verso singular: "E, como contra o Céu não valem mãos" (V, 58, 5), do mesmo modo que o Gama pedirá ajuda ao seu Deus no que tange aos "duros / Casos que Adamastor contou futuros" (V, 60, 7-8), quando sabemos que a sua prece ficará sem qualquer resposta e os "duros casos" se sucederão tal como fora previsto.

a tormenta tome a forma de um monstro, que primeiro "se (...) mostra" (V, 39) e depois se faz ouvir (V, 41-48), tal, aliás, como acontece realisticamente com todas as grandes tormentas que, antes de serem água, são raio e em seguida trovão, em outras palavras, imagem seguida de som. O medo submete, pois, os navegadores à alucinação monstruosa que toma corpo diante deles: "Arrepiam-se as carnes e o cabelo,/ A mi e a todos, só de ouvi-lo e vê-lo!" (V, 40, 7-8) e o Adamastor, o monstro, que em princípio faria parte do universo mitológico, ganha outro estatuto, passando a ser tão simplesmente a projeção concretizada desse medo.

Em outras palavras, nessa sequência do Adamastor, a mistura dos planos mitológico e histórico na verdade não acontece senão em metáfora, mesmo considerando que Vasco da Gama, passado o momento do transe, ao fazer a anamnese da cena diante do rei de Melinde, ainda não consiga descodificá-la e, como numa sessão de análise em que o analisando está ainda sob o domínio da alucinação, apresente a passagem do cabo como um encontro com o gigante Adamastor.

Mas o poeta dá-nos pistas, ou índices, de que esse encontro não é factual ao construir um pano de fundo meteorológico que aponta, naquele momento, para a preparação de uma grande tempestade capaz de tornar o que já era, e ainda hoje é, uma passagem de difícil navegação, dada a confluência de dois grandes oceanos na ponta setentrional da África, ainda mais tenebrosa: a tempestade vem como *imagem* terrível (os raios?) a que secundam os *sons* (trovões?) até que a preparação da tempestade, que é em geral seu momento mais ameaçador, passe e a chuva caia, o que, em termos de discurso, acontece quando o monstro *chora* e enfim se afasta, deixando passar a armada portuguesa: "Assi contava: e, cum medonho choro, / Súbito de ante os olhos se apartou. /Desfez-se a nuvem negra, e cum sonoro / Bramido muito longe o mar soou." (V, 60, 1-4)

O segundo ponto a ser discutido e que porá frente a frente duas leituras de dois refinados leitores de Camões – Cleonice Berardinelli e Helder Macedo – tem a ver com a imagem do amor que esse mesmo gigante, esfíngico e desconhecido, depois de inteligentemente interpelado pelo capitão português que, "alçado", lhe corta a palavra como a evitar que ele continuasse a debitar novas tragédias futuras sob a forma de profecias, é capaz de nos oferecer.

A leitura de Helder Macedo é pontual. Parte daquilo que seria a cena fundadora da trágica história de amor que Adamastor diz sentir pela ninfa Thetis, esposa de Peleu, filha de Dóris e Nereu, e cujas consequências – julga o crítico

– por mais dolorosas que se tenham tornado enfim para ele próprio, partem de uma origem indiscutivelmente reprovável. Julgamento similar aparece em outras passagens do poema em relação aos personagens de Fernando[6] e, digo eu, de Teresa[7] que são, para Camões, exemplos do "baixo amor" da modelar escala platônica, amplamente retomada pela poesia medieval e renascentista. Na voz do Adamastor é este o início da sua história de amor:

Amores da alta esposa de Peleu
Me fizeram tomar tamanha empresa.
Todas as Deusas desprezei do Céu,
Só por amar das Águas a Princesa.
Um dia a vi sair nua na praia: e logo presa
A vontade senti de tal maneira,
Que inda não sinto cousa que mais queira.

Como fosse impossibil alcançá-la,
Pola grandeza feia do meu gesto,
Determinei por armas de tomá-la
E a Dóris este caso manifesto. (V, 52 e 53)

Para Helder Macedo, num só verso se concentra o gesto de abuso de força que caracteriza o Adamastor – "Determinei por armas de tomá-la" –, gesto que por si só aboliria qualquer justificativa posterior, qualquer processo passível de inocentá-lo, qualquer desculpa que se fundasse na exploração sentimental de seu futuro sofrimento, porque o ponto de partida equivale à imposição da força, à ideia de uma iminente violação.

Argumentando em favor da tese que lhe permite ler no mesmo diapasão a lírica e a épica camonianas – a capacidade que tem a grande poesia de trans-

6 Do justo e duro Pedro nasce o brando/(Vede da natureza o desconcerto!)/Remisso e sem cuidado algum, Fernando/Que todo o Reino pôs em muito aperto;/Que, vindo o castelhano devastando/As terras sem defesa, esteve perto/De destruir-se o reino totalmente, /Que um fraco Rei faz fraca a forte gente. (III, 138)

7 De Guimarães o campo se tingia/Co sangue próprio da intestina Guerra,/Onde a mãe que tão pouco o parecia,/A seu filho negava o amor e a terra./Co ele posta em campo já se via;/E não vê a soberba o muito que erra/Contra Deus, contra o maternal amor;/Mas nela o sensual era maior. (III, 31)

formar o *apetite* em *razão*, ou, em outras palavras, de o amor ser um veículo para o conhecimento –, Helder Macedo faz confluir uma dupla e convergente figuração do Adamastor. Se o amor na sua plenitude, aquele que reúne a fisicalidade e a espiritualidade, é uma aventura para o desconhecido – e para isso relembra um verso da lírica, "Não canse o cego amor de me guiar a parte donde não saiba tornar-me" –, Adamastor só pode ser entendido como o contrário desse amor: como monstro, impede a passagem para o conhecimento, como falso amante, é o representante do baixo amor, aquele que não pretende chegar ao outro mas impor-se a ele, não conhecê-lo mas dominá-lo.

A cerrada argumentação parece dificilmente questionável, contudo não será impossível caminhar numa outra direção de leitura, aquela pela qual envereda Cleonice Berardinelli ao fazer notar, na tessitura do texto, a presença de uma evolução do personagem que passa do monstro que se atreve a tolher a passagem dos portugueses ao amante punido pelos deuses e eternamente exposto à perversa tentação da nereida, que passeia no mar agora que ele já não pode alcançá-la: "Enfim, minha grandíssima estatura / Neste remoto Cabo converteram / Os Deuses; e, por mais dobradas mágoas / Me anda Thétis cercando destas águas." (V, 59, 5-8).

Também aqui, a proposta metamorfose do Adamastor 1 em Adamastor 2, ressaltada pontualmente a partir de uma marcação dos significantes relativos ao tom de voz "horrendo e grosso", no primeiro caso, e à voz "pesada e amara" no segundo, nascem de uma equivalência entre viagem (conhecimento) e amor, tendendo contudo para uma outra versão que o texto também não parece inteiramente refutar.

Helder Macedo ressaltara no Adamastor o fechamento dos caminhos e o baixo amor. Cleonice Berardinelli caminha em sentido oposto, acentuando uma espécie de metamorfose do monstro em amante, a ponto de aproximá-lo dos portugueses por uma espécie de simbiose dos destinos: o destino do mar, que faz do encontro com o Gama um diálogo entre dois capitães – "Fui capitão do mar, por onde andava / A armada de Neptuno, que eu buscava" (V, 51, 7-8); e a perdição amorosa tão camonianamente cantada na lírica. O processo de metamorfose do gigante pode ser apreendido na camada significante do poema, e Cleonice Berardinelli faz ver que, ainda como Adamastor 1, ao enumerar as profecias terríveis sobre o destino dos futuros navegantes portugueses, o personagem inicialmente violento e monstruoso se revela paradoxalmente condoído ao fazer a narrativa trágica do naufrágio da família de Manuel de

Sousa Sepúlveda, por ele referido como "liberal, cavaleiro, enamorado", o qual se faz acompanhar de "fermosa dama / Que Amor por grão mercê lhe terá dado". O destino do par de amantes é traduzido pela voz do gigante como "triste ventura e negro fado", enquanto ele próprio descreve o seu domínio como "duro e irado", capaz de impor à triste família um "cru naufrágio" de que escaparão vivos "pera verem trabalhos excessivos". A dama bela, branca, delicada e nobre ficará exposta aos Cafres, "ásperos e avaros"; seus pés "delicados" pisarão a "areia ardente", a "férvida e implacabil espessura"; e a desventura de ambos, que não alijará o amor, comporá nas palavras do gigante um final tão trágico quanto belo no que possa ter de fidelidade e de paixão: "Ali, despois que as pedras abrandarem / Com lágrimas de dor, de mágoa pura, / Abraçados, as almas soltarão / Da fermosa e misérrima prisão." (V, 48, 5-8) O discurso do Adamastor se construiria, pois, no avesso do gozo da vingança, de tal modo que o que devia ser uma afirmação da força se autodenuncia como uma quase injustiça do fado, numa espécie de antevisão da sua própria dolorosa história de amor.

Assim é que, saltando e neutralizando, na sua versão crítica da cena do Adamastor, aquilo que havia sido crucial para a leitura de Helder Macedo, e que está contido num verso da estância 53 – "Determinei por armas de tomá-la" –, Cleonice Berardinelli escolhe encaminhar a sua leitura para o momento em que o gigante passa de algoz a vítima dos enganos algo perversos da ninfa que ele, com furor incontido – seria necessário assinalar – intensamente desejara: "A vontade senti de tal maneira,/ Que inda não sinto cousa que mais queira" (V, 52, 7-8).

Vítima, ele se define como ingênuo ("Já néscio, já da guerra desistindo" - V, 55, 1) , enganado ("Abraçado me achei cum duro monte / De áspero mato e de espessura brava" - V, 56, 3-4), envergonhado (Oh! Que não sei de nojo como o conte!" - V, 56, 1), enlouquecido, desonrado e ridículo ("Daqui me parto, irado e quase insano / Da mágoa e da desonra ali passada, / A buscar outro mundo, onde não visse / Quem de meu pranto e de meu mal se risse." - V, 57, 5-8).

O que me parece perfeitamente plausível no que tange à leitura proposta por Cleonice Berardinelli é a possibilidade de ler, no discurso do Adamastor 2, uma miragem da lírica dor de amor camoniana, criando uma espécie de duplo que aproximaria por espelhamento o poeta e o gigante, como aliás já acontecera com o poeta e D. Fernando no canto III. Se ela oblitera um passo certamente fulcral da confissão do Adamastor, em que o próprio personagem não esconde o propósito de tomar à força a ninfa que amava, possivelmente terá sido conduzida por uma evidente prevalência quantitativa do sofrimento sobre a violência no espaço do poema. Sem esquecer que Adamastor é quem fala de si próprio (e, nesse passo, haveria a possibilidade de considerar parcial seu julgamento), também não é descabido pensar que Camões já se compadecera anteriormente daquele *fraco rei*, que foi Fernando, tomado também ele por um baixo amor. Assim é que, à denúncia do "vício vil" feita pelo narrador, que nesse ponto é Vasco da Gama –,

> Ou foi castigo claro do pecado
> De tirar Lianor a seu marido
> E casar-se com ela, de enlevado
> Num falso parecer mal entendido;
> Ou foi que o coração, sujeito e dado
> Ao vício vil, de quem se viu rendido,
> Mole se fez fraco; e bem parece
> Que um baxo amor os fortes enfraquece. (III, 139)

acrescenta-se discursivamente como que um lado inesperado da moeda, em que o poeta excusa, senão o rei, ao menos o amante que ele foi, exposto que tinha sido aos "laços que Amor arma brandamente", aquele mesmo Amor que um dia fora capaz de lhe escurecer, a ele, Poeta, o engenho, e de lhe calar a voz que ia advertindo os amantes incautos e os "juízos isentos" sobre os "tormentos" amorosos.[8]

O que fazer diante de duas lógicas absolutamente contraditórias e absolutamente deduzíveis de uma mesma escritura camoniana? Mesma escritura? A escritura não é nunca a mesma porque ela nasce menos da lei da língua – unívoca, diretiva e coercitiva – do que dos deslizamentos de sentido que ela é capaz de permitir quando vem subvertida e desembaraçada das normas impostas pelo lugar da ordem e do poder, quando a língua se faz literatura, no mais profundo sentido barthesiano. E a literatura não tem uma única porta nem um único vestíbulo por onde fazer passar obrigatoriamente seus personagens com

8 Enquanto quis Fortuna que tivesse/Esperança de algum contentamento,/O gosto de um suave pensamento/Me fez que seus efeitos escrevesse.//Porém, temendo Amor que aviso desse/Minha escritura a algum juízo isento,/Escureceu-me o engenho co'o tormento,/Para que seus enganos não dissesse (Luís de Camões, *Sonetos de Camões: Corpus dos sonetos camonianos*, Centre Culturel Portugais/Fundação Casa de Rui Barbosa: Lisboa/Paris/Rio de Janeiro, 1980.)

seus desejos, seus projetos inconclusos, suas contradições e suas falhas. Tudo isso pode caber neles desde que, para isso, a linguagem povoe os seus mundos de uma coerência interna a que podemos talvez chamar de verossimilhança.

Repito: isto não é um ensaio. Ou talvez o seja naquele sentido de uma reflexão crítica que permite experimentar a *contra-dicção* de variadas leituras. O que eu disse então aos meus jovens estudantes que estavam lendo comigo, pela primeira vez, *Os Lusíadas* de Luís de Camões é que eles deviam estar preparados para ir sempre além, juntamente com o poema; que se permitissem ousar sem trair; que se permitissem fazer e refazer e desfazer suas leituras, ali, ao rés do texto, no plano denso de sentidos que os significantes não transparentes do texto literário eram capazes de lhes oferecer. E terminei a aula de modo até para mim inesperado, citando de memória uma reflexão de Paul Veyne sobre as lacunas infinitas da História, estrutura labiríntica que incita a uma benfazeja perdição.

Agora, aqui, não de memória, mas com o apoio da referência corretamente transcrita e traduzida, penso que aquele terá sido um fecho adequado, porque capaz de fazer funcionar a reflexão sobre a História como uma metáfora para a literatura: um palácio cuja dimensão nunca nos é dada a ver inteiramente, e cuja planta nos escapa sempre na sua inteireza, pelo simples fato de que nesse palácio haverá sempre portas outras para abrir. É portanto com Paul Veyne que quero terminar, mais precisamente com o livro cujo título – *Como se escreve a História?*– serviu evidentemente de mote para esta minha aula aqui transcrita sobre o gigante camoniano, "horrendo" e "amaro".

A história é um palácio cuja dimensão nunca descobrimos inteiramente e cujos cômodos nunca podem ser vistos todos ao mesmo tempo; por isso nunca nos cansamos de permanecer nesse palácio em que estamos presos. (...) O palácio é para nós um verdadeiro labirinto; a ciência nos oferece fórmulas bem elaboradas que nos permitem encontrar algumas de suas saídas, mas que nunca são capazes de nos revelar a planta do lugar.[9]

9 Tradução livre de "*L'histoire est un palais dont nous ne découvrons pas toute l'étendue et dont nous ne pouvons pas voir toutes les enfilades à la fois; aussi ne nous ennuyons-nous jamais dans ce palais où nous sommes enfermés. (...) Ce palais est pour nous un véritable labyrinthe; la science nous donne des formules bien construites qui nous permettent d'y trouver des issues, mais qui ne nous livrent pas le plan des lieux.*" (Paul Veyne, *Comment on écrit l'histoire*, Paris, Seuil, 1978, p.179.)

Terezinha Val
Cleonice em colóquio

A REVISTA LITERÁRIA PORTUGUESA *COLÓQUIO/LETRAS*, editada em Lisboa pela Fundação Calouste Gulbenkian, desde 1971, derivou-se da primeira *Colóquio, Revista de Artes e Letras*, que se publicou de 1959 a 1970. De início, até 1992, bimestral, passa a sua edição a trimestral até 2009, e, desde então, com periodicidade quadrimestral até agora. Divulga esta revista ensaios dedicados à literatura, de orientação aberta, com vária colaboração, oriunda de estudos de especialistas portugueses e estrangeiros. Colóquio, portanto, em leituras, na palavra escrita, cristalizada na letra impressa.

A colaboração da professora Cleonice Berardinelli na *Colóquio/Letras* pode ser agrupada por temas, tais como ensaios sobre textos literários e seus autores, recensões críticas e homenagens a ilustres amigos, mestres.

Para efeito de se estruturar esta resenha, os itens acima seguem a cronologia de suas publicações.

No ensaio "Para uma análise estrutural da obra de Eça de Queirós",[1] a professora escolhe *O crime do padre Amaro*, *O primo Basílio*, *A ilustre casa de Ramires* e *A cidade e as serras* como marcos principais o que, adverte, "não implica um julgamento de valor (que pode coexistir), mas o relacionamento estreito que entre eles se estabelece na estrutura geral da obra eciana",[2] sem deixar de realçar que há uma "linha mestra que dá unidade à obra total", uma "unidade intencional" do autor quando "em 1877, comunica a seu editor o projecto de escrever uma coleção de novelas ou pequenos romances que se chamaria Cenas da Vida Real"[3] e que poderia ser "a pintura da vida contemporânea em Portugal".

Terezinha Val é professora da Faculdade de Letras da Universidade Federal do Rio de Janeiro (UFRJ).

1 Cleonice Berardinelli, "Para uma análise estrutural da obra de Eça de Queirós", *Colóquio/Letras*, Lisboa, n. 2, jun. 1971, p. 22-30. Disponível em <http://coloquio.gulbenkian.pt/bib/sirius.exe/do?bibrecord&id=PT.FCG.RCL.33&org=I&orgp=2>. Acesso em 28 jan 2016.

2 Ibid., p. 22.

3 Idem.

Para analisar a estrutura dos cinco romances escolhidos, a professora Cleonice usa a teoria dos estruturalistas (em especial, Roland Barthes) para desenvolver o conjunto temático desta "grande narrativa eciana" e estabelece o vínculo cultural da Literatura com a História:

> *o autor passa de pura agressão à sociedade à busca de uma solução ou, pelo menos, de uma interpretação em que a sátira permaneça, contrabalançada por uma certa compreensão — aceitação, seria melhor — que lhe chega com os anos.*[4]

O segundo ensaio, "*Rumor branco* um romance de auto-representação",[5] apresenta o romance de estreia de Almeida Faria, "um livro revolucionário"[6] em sua segunda edição, revista, de 1970: "uma segunda edição (que consideramos superior à primeira, muito reduzida e bastante alterada", na qual "não desaparece o auto-questionamento do homem",[7] mas ainda a situação deste homem no mundo. Conclui que este livro de Almeida Faria termina em aberto e se firma "como metáfora do mundo que é o seu contexto".[8] A professora cita autores como Vergílio Ferreira, Michel Butor, Jean Ricardou e Émile Benveniste e finaliza por

> *apontar-lhe a filiação parcial ao "novo romance", a adesão ao que este tem de mais inovador da técnica ficcional; quanto à mensagem que dele se depreende, porém, encontramo-la afastada do novo romance e mais próxima da linha existencialista dum Vergílio Ferreira e, sobretudo, das preocupações do neo-realismo de que, parece-nos, raramente um ficcionista português consegue desvincular-se.*[9]

4 Ibid., p. 23.

5 Cleonice Berardinelli, "*Rumor branco* um romance de auto-representação", *Colóquio/Letras*, Lisboa, n. 13, mai. 1973, p. 32-39. Disponível em <http://coloquio.gulbenkian.pt/bib/sirius.exe/do?bibrecord&id=PT.FCG.RCL.453&org=I&orgp=13>. Acesso em 28 jan 2016.

6 Ibid., p. 32.

7 Idem.

8 Ibid., p. 38.

9 Ibid., p. 39.

No terceiro ensaio "Um conto fantástico",[10] é feita a leitura de "A floresta em sua casa", de Maria Judite de Carvalho, publicado em 1969, parte integrante do volume de contos *Os idólatras*, com apoio na classificação do conto fantástico de Tzvetan Todorov (1970) e expõe criteriosamente as condições consideradas pelo teórico para definir o fantástico no texto de Maria Judite de Carvalho, com o qual mantém extensa interlocução minuciosamente comprovada pela ensaísta. Nestes pormenores de lúcida análise, a professora Cleonice confirma ser "A floresta em sua casa" um conto fantástico pois os enigmas propostos não são decifrados por não serem passíveis de decifração e conclui que

> *este enigma maior, que contém o menor, também não é decifrado, porque não é decifrável. Se o fosse, o excelente conto de Maria Judite de Carvalho não seria um conto fantástico...*[11]

Publicou a revista, sob o título de recensões críticas, três textos assinados por Cleonice Berardinelli.

O primeiro em data[12] estuda a versão portuguesa (1974) da tese dirigida por Roland Barthes e apresentada em 1971 à École Pratique des Hautes Études, *Fernando Pessoa ou o poetodrama*, de José Augusto Seabra.

Do autor, elogia a "lúcida agudeza" de análise que ressalta as "raízes do drama de poemas e poetas que é a obra pessoana",[13] citando-lhes as "contradições germinais" com "fundamentos muito firmes".

Saúda o livro de José Augusto Seabra por assinalar "uma nova etapa dos estudos pessoanos" ao concluir ser este um "trabalho de fina análise estrutural, com segurança e rigor, sobre sólidas bases teóricas, utilizadas apenas como suporte duma abordagem original".[14]

10 Cleonice Berardinelli, "Um conto fantástico", *Colóquio/Letras*, Lisboa, n. 27, set. 1975, p. 40-46. Disponível em <http://coloquio.gulbenkian.pt/bib/sirius.exe/do?bibrecord&id=PT.FCG.RCL.1023&org=I&orgp=27>. Acesso em 28 jan 2016.

11 Ibid., p. 46.

12 Cleonice Berardinelli, "Recensão crítica a 'Fernando Pessoa ou o poetodrama', de José Augusto Seabra", *Colóquio/Letras*, Recensões críticas, Lisboa, n. 25, mai. 1975, p. 88-89. Disponível em <http://coloquio.gulbenkian.pt/bib/sirius.exe/do?bibrecord&id=PT.FCG.RCL.966&org=I&orgp=25>. Acesso em 28 jan 2016.

13 Ibid., p. 88.

14 Ibid., p. 89.

No n. 34 da *Colóquio/Letras*,[15] é apresentado um texto sobre o "estudo muito sério e minucioso de Carlos Reis", publicado em 1975, sob o título *Estatuto e perspectivas do narrador na ficção de Eça de Queirós*, no qual Reis escolhe "as mais representativas narrativas" ecianas com "análise extensa e detida dum *corpus* que engloba integralmente a obra ficcional" de Eça,[16] com apoio teórico em Gérard Genette e Tzvetan Todorov, entre outros estudiosos do romance.

Pode-se ler a terceira recensão crítica no n. 45,[17] onde a professora comenta e analisa com olhar atento e seguro a edição em dois volumes da *História do futuro* (1976), fruto de séria e acurada pesquisa e estudos de José van den Besselaar. Elogia o aparato crítico e a erudição do autor, que remete aos textos utilizados por Vieira, os quais permitem conhecer sua época histórica e cultural.

Conclui o comentário crítico por afirmar ser um "trabalho de melhor qualidade esta edição de José van der Besselaar, que todos os que se dedicam a este tipo de estudos gostariam de ter realizado".[18]

No n. 129/130 da *Colóquio/Letras*,[19] lê-se o artigo "Nas dobras do texto", que se volta para a estreia de Helder Macedo, *Partes de África* (1991). Um "livro dificilmente rotulável — memória, autobiografia, romance?" pergunta-se Cleonice, que se confessa "leitora e admiradora de seus textos poéticos e ensaísticos".[20]

O "signo da dúvida" há de marcar a narrativa num jogo entre autor/narrador e leitor, em mescla de "prazerosa convivência",[21] pois "Dobrado é o discur-

15 Cleonice Berardinelli, "Recensão crítica a 'Estatuto e perspectivas do narrador na ficção de Eça de Queirós', de Carlos Reis", *Colóquio/Letras*, Recensões críticas, Lisboa, n. 34, nov. 1976, p. 89-91. Disponível em <http://coloquio.gulbenkian.pt/bib/sirius.exe/do?bibrecord&id=PT.FCG.RCL.1309&org=I&orgp=34>. Acesso em 28 jan 2016.

16 Ibid., p. 89.

17 Cleonice Berardinelli, "Recensão crítica a 'História do futuro. Livro anteprimeiro', de padre António Vieira", *Colóquio/Letras*, Recensões críticas, Lisboa, n. 45, set. 1978, p. 85-86. Disponível em <http://coloquio.gulbenkian.pt/bib/sirius.exe/do?bibrecord&id=PT.FCG.RCL.1773&org=I&orgp=45>. Acesso em 28 jan 2016.

18 Ibid., p. 86.

19 Cleonice Berardinelli, "Nas dobras do texto [crítica a 'Partes de África', de Helder Macedo]", *Colóquio/Letras*, Lisboa, n. 129/130, jul. 1993, p. 192-199. Disponível em <http://coloquio.gulbenkian.pt/bib/sirius.exe/do?bibrecord&id=PT.FCG.RCL.6595&org=I&orgp=129>. Acesso em 28 jan 2016.

20 Ibid., p. 192

21 Ibid., p. 194.

so de Helder Macedo quando vela e revela factos e gentes atribuindo-se, e ao leitor, a dúvida, e acrescendo-a ao fingir esclarecê-la".[22]

Há ainda a assinalar um "jogo intertextual" com referências a Camões, Camilo, Bernardim, Garrett, Cesário, António Nobre, Sá-Carneiro.

E conclui a professora a sua leitura:

Para terminar, não crítica, mas leitora pura e simples, sintetizo, em palavras não dobradas: é intrigante e provocativa a leitura deste livro inteligente que se intitula Partes de África, *mas que, na verdade, contém a Europa e até mesmo o Brasil.*[23]

Há, ainda, depoimentos/homenagens assinados pela professora a três de seus grandes amigos-mestres, publicados em quatro diferentes números da revista.

Na primeira,[24] evoca a Hernâni Cidade, seu "querido Amigo", com estas palavras:

O afecto que nos ligou e a que um dia chamou fraterno terá longa memória e conservará as grandes e pequenas atenções (...) E vai permitir que, com ternura filial, lhe beije a mão que tanto semeou e tanto acolheu.[25]

Em novo artigo em homenagem a Hernâni Cidade,[26] arrola a participação do professor e escritor na revista por "dezasseis anos de actividade intensa e variamente orientada" e cita as "saborosas *Cartas do Brasil*, datadas de 1959 a 1966, em que se patenteia o carinho por nossa terra",[27] entre outros seus artigos que, "durante o longo período de repressão em seu país, teve sempre uma ati-

22 Ibid., p. 199.

23 Idem.

24 Cleonice Berardinelli, "Homenagem a Hernâni Cidade (1887-1975)", *Colóquio/Letras*, Lisboa, n. 24, mar. 1975, p. 6. Disponível em <http://coloquio.gulbenkian.pt/bib/sirius.exe/do?bibrecord&id=PT.FCG.RCL.889&org=I&orgp=24>. Acesso em 28 jan 2016.

25 Ibid., p. 6.

26 Cleonice Berardinelli, "No centenário de Hernâni Cidade / Hernâni Cidade em 'Colóquio'", *Colóquio/Letras*, Lisboa, n. 96, mar. 1987, p. 6-9. Disponível em <http://coloquio.gulbenkian.pt/bib/sirius.exe/do?bibrecord&id=PT.FCG.RCL.4732&org=I&orgp=96>. Acesso em 28 jan 2016.

27 Ibid., p. 7.

tude digna e desassombrada"[28] e assim conclui: "Uma grande figura humana, Mestre Hernâni Cidade. Como referir-nos a ele de outra maneira, se mestre é superlativo de professor?"[29]

Na *Colóquio/Letras* n. 80,[30] a professora Cleonice fala do seu "encontro intelectual com Jacinto do Prado Coelho" e, em "breve depoimento", chora a perda do "saudoso amigo" que "tão intensamente soube viver" ao confessar-se "um pouco órfã", como quando se foram Fidelino de Figueiredo e Hernâni Cidade. E continua:

> *Será lícito dizer que se pode sofrer de uma orfandade fraternal? Pouco importe aqui a pertinência linguística: valha a expressão de uma saudade que engloba os grandes amigos portugueses — amigos quase sempre à distância — que tive e que perdi.*[31]

Sob o título de "Fidelino de Figueiredo: um mestre, um homem"[32] em homenagem ao centenário deste "humanista do século XX" (1889-1967), lembra a professora Cleonice (que foi sua aluna) da chegada a São Paulo, vindo ele de Lisboa, para "assumir a Cadeira de Literatura Portuguesa" na Faculdade de Filosofia, Ciências e Letras,

> *precedido pela fama de uma obra já realizada e de uma vida que se poderia dizer "pelo mundo repartida", perseguido por um regime político a que não poderia submeter-se dado a forma como Fidelino de Figueiredo respeitava o homem e o direito à livre expressão.*[33]

28 Ibid., p. 8.
29 Ibid., p. 9.
30 Cleonice Berardinelli, "Homenagem a Jacinto do Prado Coelho (1920-1984)", *Colóquio/Letras*, Lisboa, n. 80, jul. 1984, p. 7-8. Disponível em <http://coloquio.gulbenkian.pt/bib/sirius.exe/do?bibrecord&id=PT.FCG.RCL.3717&org=I&orgp=80>. Acesso em 28 jan 2016.
31 Ibid., p. 7.
32 Cleonice Berardinelli, "Fidelino de Figueiredo: um mestre, um homem", *Colóquio/Letras*, Lisboa, n. 112, nov. 1989, p. 7-10. Disponível em <http://coloquio.gulbenkian.pt/bib/sirius.exe/do?bibrecord&id=PT.FCG.RCL.5843&org=I&orgp=112>. Acesso em 28 jan 2016.
33 Ibid., p. 7.

No ano de 1939, é chamado a lecionar na Faculdade de Filosofia da Universidade do Brasil, no Rio de Janeiro. Por não se adaptar ao clima litorâneo, volta a São Paulo, "e de lá, anos depois, a Portugal".[34]

Neste emocionado artigo ao "grande mestre da literatura portuguesa", do relato do encontro primeiro, e do convívio com o Mestre, à publicação de uma carta, datada de 1962 — "a última que recebi escrita por sua mão" — e a lembrança triste de seu último encontro em Lisboa (1959), ele já doente, a professora Cleonice alia-se às justas homenagens que lhe são prestadas em Portugal e no Brasil ao dedicar-lhe o curso, em andamento, sobre Camões, nas duas universidades em que leciona: "a Fidelino de Figueiredo, de uma discípula que procurou sempre seguir-lhe (ainda que de longe) as pegadas, de uma amiga quase filha que cultiva com o maior carinho a saudade do Mestre."[35]

Neste colóquio com a professora Cleonice Berardinelli, mestra superlativa, o diálogo se dá no silêncio da palavra escrita. No entanto, ouve-se-lhe a voz clara e elegante, como se a lecionar numa aula. Nesta voz, sobressaem o cristalino saber e o extremo carinho que tem com seus escritos, a concederem a quem os lê o privilégio de poder estudar seus textos.

34 Ibid., p. 8.
35 Ibid., p. 10.

Vania Pinheiro Chaves

Fios que o berço e a poesia ligaram: Cláudio Manuel da Costa e Basílio da Gama

Mesmo quando não estavam em contacto direto, os escritores de Minas na segunda metade do século XVIII se ligavam por fios variados e de grande atuação.
— Antonio Candido, "Os ultramarinos"

Tendo sido assistente de Cleonice Berardinelli na PUC-Rio, em 1970, e desde então com ela convivendo, foi-me possível constatar o seu apreço pela poesia de Cláudio Manuel da Costa. Dele deu provas, com o brilho que marca toda a sua carreira universitária, no Seminário de Pós-Graduação que ministrou aos alunos da Faculdade de Letras da Universidade de Lisboa em 1987 e a que tive o prazer de acompanhar.

*

Na literatura luso-brasileira do século XVIII, Cláudio Manuel da Costa ocupa a primeira linha, como defende Cleonice Berardinelli, cuja dedicação quase integral aos autores portugueses não a impediu de manifestar particular agrado pela lírica daquele mineiro. Tendo Cleonice alargado a minha visão do lirismo claudiano e, bem antes, guiado o meu conhecimento da épica portuguesa, gostaria de homenageá-la analisando alguns aspectos que ligam o poeta setecentista da sua estima ao seu conterrâneo e contemporâneo: José Basílio da Gama.

É sabido que Cláudio e Basílio nasceram em famílias abastadas,[1] na mes-

Vania Pinheiro Chaves é professora da Faculdade de Letras da Universidade de Lisboa.

1 A família de Basílio da Gama era de fidalguia antiga e ilustre e o seu tronco materno contava já com algumas gerações nascidas e criadas em diversas zonas do território americano, entre as quais a colônia do Sacramento; a de Cláudio Manuel da Costa pertencia igualmente à camada superior da população da capitania de Minas, pois era possuidora de grande riqueza, o que lhe permitiu levar à universidade os quatro filhos.

ma capitania e em datas não muito distantes: o primeiro, em 1729, no sítio de Vargem do Itacolomi, arredores de Mariana; o segundo, em 1741, na chácara do Cacheu, em São José do Rio das Mortes (atual Tiradentes). Alguns fatos e documentos sustentam o parecer de que, além de terem notícia um do outro, eles se conheceram e estimaram.

Aluno do Colégio dos Jesuítas do Rio de Janeiro entre 1743 e 1748, Cláudio não se terá cruzado então com José Basílio, cujo ingresso naquela instituição só ocorreu na década seguinte. É provável, contudo, que o criador da "Fábula do ribeirão do Carmo" tenha sido apresentado ao seu conterrâneo pelos mestres de ambos, quando, formado em Cânones pela Universidade de Coimbra, regressava à terra natal. Em 1754, os inacianos sentir-se-iam certamente orgulhosos em hospedar um ex-aluno, licenciado em Portugal, com cinco volumes de poemas editados, a fim de que ele pudesse, como aventou Sérgio Alcides, "passa[r] algum tempo no Rio antes de tomar a estrada de Minas, recuperando a disposição física necessária para enfrentar mais um estirão".[2]

A existência de Cláudio e Basílio se enlaçou de novo na década de 1760, em episódio da maior importância não só para ambos, mas também para a história da literatura brasileira, posto que desempenharam papéis proeminentes na fundação, atualmente inquestionável, de uma arcádia no Brasil. Um diploma pertencente ao bibliófilo José Mindlin[3] permite considerar que se deveu a José Basílio da Gama quer a admissão do poeta brasileiro Joaquim Inácio de Seixas Brandão na Arcádia Romana, quer o propósito de estabelecer uma de suas filiais no Brasil. Conhecedor do documento, Antonio Candido deduziu que, para a formação dessa academia, Basílio teria também indicado outros poetas, entre os quais Cláudio Manuel da Costa, Alvarenga Peixoto e Silva Alvarenga. Sérgio Alcides, por sua vez, pensa que o ingresso de Cláudio, promovido por Basílio, explica que o primeiro se tenha declarado "árcade ultramarino" nas *Obras* que editou em 1768. O mesmo se terá passado com Silva Alvarenga, que se apresenta em certos poemas como Alcino Palmireno, na Arcádia Ultramarina.

2 Sérgio Alcides, *Estes penhascos: Cláudio Manuel da Costa e a paisagem das Minas 1753-1773*, São Paulo: Hucitec, 2003, p. 108.

3 Trata-se do diploma de ingresso de Seixas Brandão na Arcádia Romana, em que consta ter sido indicado por Basílio da Gama, a par com esta importante nota: "Per la Fondazione della Colonia Oltremarina".

Corrobora tais pareceres o discurso que Cláudio Manuel da Costa pronunciou em Vila Rica, em setembro de 1768, no qual saúda a posse do conde de Valadares como governador da capitania de Minas e lhe pede para proteger a Colônia Ultramarina da Arcádia de Roma, que ali estaria sendo criada:

Ah! se o nome de Daliso [pseudônimo pastoril que Cláudio atribui a Valadares] se colocara na fronte desta Sociedade amabilíssima com o soberano Título de Protetor da Nascente Colônia Ultramarina, quanto igualaremos na felicidade àqueles Pastores da Romana Arcádia? Talvez ela se não envergonhará então de haver repartido para tão remotos climas o esplendor luminoso da sua República.[4]

Em dezembro, no aniversário do mesmo governador, Cláudio fez representar *O parnaso obsequioso*, em que se diz "Criado pela Arcádia Romana Vice-Custode da Colônia Ultramarina, com o nome de Glauceste Satúrnio".

Prova, todavia, mais expressiva da ação basiliana em prol da criação de uma arcádia brasileira se encontra na "Ode a um árcade de Roma que ia estabelecer uma nova Arcádia no Brasil",[5] de Joaquim Inácio de Seixas Brandão,[6] em que o poeta incita Termindo Sipílio – pseudônimo que Basílio adotou na Arcádia Romana – a realizar esse glorioso feito:

E tu, a quem oferece a amiga sorte
a gloriosa empresa,
com que possas no mundo eternizar-te,
roubando a mor parte
do seu triunfo à inexorável morte,
não receies dos mares a braveza,
corre, apressa-te, vai, com largo passo,

4 Cláudio Manuel da Costa, *A poesia dos Inconfidentes*, Organização de Domício Proença Filho, Rio de Janeiro: Editora Nova Aguilar, 1996, p. 3-530, p. 341.

5 Esta ode foi localizada por Rodrigues Lapa num manuscrito da Biblioteca Municipal do Porto e por ele divulgada no *Minas Gerais*, em 1969 (M. Rodrigues Lapa, "O enigma da 'Arcádia Ultramarina' aclarado por uma ode de Seixas Brandão", *Minas Gerais*, Suplemento Literário, Belo Horizonte, 27 de dezembro de 1969, p. 2).

6 Joaquim Inácio de Seixas Brandão, "Ode a um Árcade de Roma, que ia estabelecer uma nova Arcádia no Brasil", *Manuscrito* 1189. Porto: Biblioteca Municipal, s. d.

no côncavo madeiro dividindo
o soberbo oceano;
que aos que aspiram a glória de primeiros,
tu sabes, Termindo,
foram sempre os perigos companheiros

(...)

Vais ver da América a silvestre face
e a frente coroada
de penas encarnadas e amarelas,
e por-lhe, em lugar delas,
o verde loiro que na Arcádia nasce;
e à rude mão, às setas costumada,
acomodar-lhe a cítara sonora,
fazendo que o som bárbaro e grosseiro
mudando em voz canora,
tanto voe, que a fonte assaz perene
do Rio de Janeiro
nenhuma inveja tenha à de Hipocrene.
(v. *13-27, 61-72*)

Também Cláudio Manuel da Costa, recriando metaforicamente tal acontecimento na "Saudação à Arcádia Ultramarina", sobrevaloriza a ação de Termindo:

Na mais copada faia
Abriu o férreo gume
O nome de Termindo; o Sol, que raia,
Aqui bate primeiro o claro lume;
Ele o vê, ele inveja,
Eterno o nome, eterno o tronco seja.
(...)
Em vós, ó campos, cresça
A vegetante pompa,
Cresça o verde esplendor; em vós floresça

A murta, o loiro, e na doirada trompa
Do monstro sempre errante,
O nome de Termindo se levante.
(v. *25-30* e *55-60*)

Finalmente, o próprio Basílio assume a paternidade da referida fundação:

Bárbara, iníqua terra, ingrata, e injusta,
São estes os fantásticos agoiros
De quando t'adornei a frente adusta
De verdes murtas de sagrados loiros?

Já me aparto de ti, já me não custa
Deixar-te, e os teus fantásticos tesoiros,
Vou ver da minha Arcádia a frente augusta,
Os olhos belos, e os cabelos loiros.

Com toda a ação dos braços me convida
A grande Roma, e a Pátria me desterra
E rende por favor deixar-me a vida:

Pagaste meu amor com dura guerra,
És indigna de mim, desconhecida,
Bárbara, ingrata, injusta, iníqua terra.[7]

Este amargurado soneto sugere não só a presença do criador de *O Uraguai* no Brasil, quando aí se criou uma arcádia, mas ainda a sua "expulsão" da terra natal. Magoado por não ter a "Pátria" retribuído a prestigiante dádiva que lhe fizera, o poeta a desqualifica, chamando-a "bárbara", "injusta", "ingrata" e "iníqua". É provável, como aventei anteriormente,[8] que a intempestiva partida do nosso

7 José Basílio da Gama, [Soneto] "Bárbara, iníqua terra, ingrata e injusta", *Manuscrito* 8610, Lisboa: Biblioteca Nacional, p. 299.

8 Na minha tese de doutorado (Vania Pinheiro Chaves, *O despertar do gênio brasileiro: uma leitura de "O Uraguai" de José Basílio da Gama*, Campinas: Editora da Unicamp, 2000, p. 4-28) defendi que Basílio da Gama assumiu uma postura antijesuítica no ínicio da década de 1760, na

escritor se deva ao dispositivo legal que, em meados de 1768, impôs o regresso a Lisboa dos antigos membros da Companhia de Jesus[9] e que ele, impossibilitado de revoltar-se contra Portugal, o tenha feito contra o seu berço.

Outros laços entre as vidas de Cláudio e de Basílio poderão vir a ser descobertos, ainda que o primeiro se tenha fixado em Minas e o segundo em Portugal. São, contudo, mais significativos os fios que ligam as criações dos dois poetas que, pertencendo à elite letrada, terão concebido projetos de concretização impossível não apenas na metrópole, mas sobretudo na colônia, cujo povoamento visava essencialmente a obtenção de riqueza. Daí que os dois tenham enfrentado enormes dificuldades e que cada um, a seu modo e no seu espaço, tenha buscado meios e formas para se afirmar estética e socialmente.

Cláudio Manuel da Costa já tinha renome e diversas obras publicadas[10] quando José Basílio da Gama deu a conhecer as suas primícias[11] e, embora não se saiba de que altura data o conhecimento que cada um teve das composições poéticas do outro, é lícito pensar que não terá tardado. Inspirados pelo Iluminismo, ambos revelam na sua poesia ideias e valores característicos desta corrente, que deu, todavia, continuidade à prática quase obrigatória do louvor aos poderosos. Na colônia brasileira – ainda mais que na metrópole – os encômios eram endereçados sobretudo aos membros da Igreja e aos servidores da Coroa, para além da própria família real e dos altos representantes da realeza, que, segundo o ideário ilustrado, eram elogiados principalmente pela sua ação em benefício do reino e de seus habitantes. Esta é a orientação da produção áulica dos nossos escritores que, por vezes, celebraram as mesmas personalidades.

Assim, ambos exaltaram a figura de Sebastião José de Carvalho e Melo, o mais poderoso representante em Portugal do despotismo esclarecido, cuja ação governativa foi, sem dúvida, muito proveitosa para o Brasil. Cláudio o

altura em que residia na Itália, tendo, portanto, realizado uma trajetória coerente.

9 O nome do poeta consta da Relação dos Egressos da Ordem fundada por Inácio de Loiola datada de 18 de agosto de 1768, que impõe o seu imediato regresso a Portugal (Arquivo Histórico Ultramarino, Apensos do Rio de Janeiro, março de 1768).

10 As primeiras obras de Cláudio foram editadas entre 1749 e 1753 (*Culto métrico, Munúsculo* métrico, Labirinto de amor, *Números harmônicos* e *Epicédio*), datando de 1768 a sua mais reputada coletânea (*Obras*), de que o poeta excluiu as anteriores.

11 As primeiras composições conhecidas de José Basílio da Gama são dois sonetos italianos, editados em Roma, em 1762 e 1764, e o *Brasilienses aurifodinae*, que não chegou a ser publicado.

coloca em primeiro plano na "Écloga a Albano", na qual sobressai não o culto da pessoa, mas o apreço pelo governante justo e progressista. Partidário bem mais fervoroso do marquês de Pombal, Basílio o homenageou em numerosos poemas, entre os quais *O Uraguai*, em que demonstra a adesão ao seu partido contra os jesuítas.[12] Mantendo-se-lhe fiel, Basílio dedica a Pombal também o seguinte soneto, escrito após a sua queda, quando tal gesto era perigoso, razão pela qual muitos dos seus antigos áulicos aderiram à Viradeira:

Não sintas, não, Marquês, que o povo injusto
De teus grandes serviços esquecido,
Pelos gritos da inveja enfurecido
Solicite abolir teu nobre busto

Para ser imortal teu nome augusto
Não depende do bronze derretido
Em mais firmes padrões fica insculpido
Teu nome excelso, teu valor robusto.

Lisboa restaurada, o Reino ornado
De Ciência, de Indústria, e de Cultura,
De Política e Comércio apropriado:

A tropa regulada, a Fé segura,
O Tesoiro provido, o Mar guardado:
Eis aqui do teu gênio a cópia pura.[13]

Os nossos dois poetas aplaudiram igualmente a ação de Gomes Freire de Andrade, primeiro conde de Bobadela e braço direito da política pombalina para o Brasil. Quando do falecimento de Gomes Freire, Cláudio lhe dedicou

12 Carece de fundamento a ideia de que "O Uraguai" visava apenas granjear a simpatia de Pombal, pois Basílio já manifestara seu desapreço pela Companhia de Jesus numa ode escrita em 1765, para celebrar os três lustros do reinado de D. José. Só publicada no início do século XIX, esta ode principia com o verso "Os resplendores novos".

13 José Basílio da Gama, [Soneto] "Não sintas, não, Marquês que o povo injusto", *Pombalina ms.* 685, Lisboa: Biblioteca Nacional, fl. 115.

um epicédio[14] em que o descreve como grande administrador e amigo da colônia. Segundo Antonio Candido, "vibra [no poema] sentimento profundo que rompe a frieza do gênero e do conceitismo, mostrando o papel da justiça como requisito para a aceitação dum governo e o papel do mérito como critério de eminência social".[15] Também Basílio da Gama terá nutrido enorme admiração por este governante português do Brasil, a quem fez herói de *O Uraguai*.

Note-se ainda que Cláudio dedicou o *Vila Rica* a José Antonio Freire de Andrade – governador interino de Minas, em substituição do irmão Gomes Freire – e que Basílio ofereceu o seu poema épico a Francisco Xavier de Mendonça Furtado, irmão de Pombal e por ele certamente designado governador-geral do Estado do Grão-Pará e Maranhão (1751-1759) e, depois, secretário de Estado da Marinha e do Ultramar (1760-1769). Os dois homenageados foram, como os primeiros, figuras proeminentes da administração do Brasil, no período pombalino.

Constituem objeto de polêmica as ligações entre *O Uraguai* e o *Vila Rica*, que, finalizado em 1773, não chegou a ser publicado por Cláudio Manuel da Costa, o que levou João Ribeiro a concluir que ele não o teria apreciado, pois

> *tanto quanto podem atestar as várias cópias que restam, não procurou limar os versos imperfeitos que o afeiam e são em não pequeno número[, dado que] provavelmente se convenceu ou foi convencido do somenos valor da composição e guardou-a, pois, inédita por 16 anos, até o tempo em que desapareceu desta vida.*[16]

O mesmo crítico considera ainda que Cláudio ter-se-ia perturbado com a aparição de *O Uraguai* no ano seguinte ao das suas *Obras*, uma vez que a épica basiliana, exaltando o mundo americano, lhe teria mostrado que, tendo lamentado a "grossaria" da terra, inóspita para as musas, "cometia erro e injustiça ao mesmo tempo, senão lhe arguiria a falta de engenho e de força criadora".[17] Daí o

14 "Epicédio I À morte do Ilustríssimo e Excelentíssimo Senhor Gomes Freire de Andrada, Conde de Bobadela, Governador e Capitão General do Rio de Janeiro e Minas etc. etc. etc."

15 Antonio Candido, *Formação da literatura brasileira*, vol.1, 2ª ed. Revista, São Paulo: Martins, 1964, p. 106.

16 João Ribeiro, "Carta ao Sr. José Veríssimo sobre a vida e as obras do poeta [1901]", *A poesia dos Inconfidentes*, Organização Domício Proença Filho, Rio de Janeiro: Editora Nova Aguilar, 1996, p. 5-26, p. 22.

17 Ibid., p. 20.

primeiro ter também procurado narrar a gloriosa história da sua terra no *Vila Rica*, onde, apesar de querer parecer original, ter-se-á apoiado em *O Uraguai*.

Parecer semelhante manifestam José Veríssimo[18] e Antonio Candido ao afirmarem que o autor do *Vila Rica* foi influenciado pelo exemplo de Basílio da Gama. O segundo entende ainda que Cláudio enfrentava uma crise espiritual devida à pouca repercussão da sua obra na metrópole, diferentemente do que se passava com o seu conterrâneo, conhecido e considerado por lá. Daí ter o criador da "Fábula do ribeirão do Carmo" "confi[ado] na epopeia nativista, discreta e *natural*, para forçar a admiração dos contemporâneos".[19]

Discordando de tais interpretações e considerando os dois poemas totalmente diferentes, Hélio Lopes afirma que "Nem o tema, nem o tratamento dado ao tema, nem muito menos a forma e a expressão alheias ao tradicionalismo de Cláudio Manuel lhe fariam do *Vila Rica* uma cópia do *O Uraguai*".[20] Sustenta esse juízo na hipótese da anterioridade da escrita do *Vila Rica* – que deduz ter sido iniciada em 1763 – e num desejo antigo de Cláudio de compor um poema épico.

Não é possível, contudo, negar que o *Vila Rica* se assemelha em muitos aspectos a *O Uraguai*. Desde logo, ressalta nos dois poemas o abandono do modelo estrófico camoniano – quase obrigatório nas epopeias portuguesas do grande período clássico – mantendo-se, porém, a opção pelo decassílabo, que preserva a elevação e inalterabilidade de ânimo característica da épica. Mais ligado ao Arcadismo, Basílio valeu-se do verso branco, enquanto Cláudio – talvez por necessidade de independência em relação ao seu mais jovem e bem-sucedido compatriota ou por admiração a Voltaire, como aventou João Ribeiro – preferiu aproximar-se da *Henriade*, empregando rimas emparelhadas. A monotonia de tais rimas, censurada pela crítica, pôde, no entanto, ser evitada por aliterações, assonâncias e *enjambements* em que certamente ecoam os versos basilianos. Note-se que Cláudio é tido por Rodrigues Lapa como um auditivo e que Hernâni Cidade aponta a "suavíssima fluência da sua música". No mesmo sentido, já antes Machado de Assis considerava *O Uraguai* "obra

18 José Veríssimo, "Basilio da Gama sua vida e suas obras", in *Obras poéticas de José Basílio da Gama*. Rio de Janeiro: Garnier, [1920], p. 19-75.

19 Antonio Candido, op. cit., p. 111, grifo meu.

20 Hélio Lopes, *Introdução ao poema Vila Rica*, Muriaé: s. e., 1985, p. 42.

de um grande e doce poeta, precursor de Gonçalves Dias" e cuja "versificação nenhum outro em nossa língua a possu[ía] mais harmoniosa e pura".[21]

Ainda que os nossos poetas se tenham desviado de algumas práticas do gênero épico, acatam os moldes clássicos ao iniciarem a narrativa *in medias res*, a que precedem proposição, invocação e dedicatória. Mais original, Basílio da Gama antepõe a estas fórmulas tradicionais uma admirável e inusitada cena de guerra:

Fumam ainda nas desertas praias
Lagos de sangue tépidos, e impuros,
Em que ondeam cadáveres despidos,
Pasto de corvos. Dura inda nos vales
O rouco som da irada artilheria.
(*O Uraguai*, I, *1-5*)[22]

Ambos optam, contudo, por invocar uma vaga Musa, em proposições breves que deles aproxima a origem da inspiração e da criação poética, colocando, simultaneamente, num plano mais humano o herói e seu feito.

Musa, honremos o Herói, que o povo rude
Subjugou do Uraguai, e no seu sangue
Dos decretos reais lavou a afronta.
(*O Uraguai*, I, *6-8*)

Cantemos, Musa, a fundação primeira
Da Capital das Minas, onde inteira
Se guarda ainda, e vive inda a memória
Que enche de aplauso de Albuquerque a história.
(*Vila Rica*, I, *1-4*)[23]

21 Machado de Assis, *A Semana*, 7 de julho de 1895, in *Obra completa*, vol. IV, Rio de Janeiro: Nova Aguilar, 2008, p. 1187-1189, p. 1188.

22 As citações de de "O Uraguai" são de José Basílio da Gama, "O Uraguai", Edição comemorativa do segundo centenário, Rio de Janeiro: Academia Brasileira, 1941.

23 As citações de "Vila Rica" são de Cláudio Manuel da Costa, op cit.

Cláudio, porém, duplica a sua invocação, apelando em seguida para uma entidade mítica local –

Tu, pátrio Ribeirão, que em outra idade
Deste assunto a meu verso, na igualdade
De um épico transporte, hoje me inspira
Mais digno influxo, porque entoe a Lira,
Por que leve o meu Canto ao clima estranho
O claro Herói que sigo e que acompanho:
(*Vila Rica*, I, *5-10*)

– o que já antes havia feito Basílio, em passagem mais avançada do poema:

Gênio da inculta América, que inspiras
A meu canto o furor, que me transporta,
Tu me levanta nas seguras asas.
Serás em paga ouvido no meu canto.
E te prometo, que pendente um dia
Adorne a minha lira os teus altares
(*O Uraguai*, IV, *284-289*)

A segunda invocação indicia nos dois poetas profundo apego ao berço americano, o que é confirmado, como se verá, por outros aspectos da sua criação épica.

Ainda que José Aderaldo Castello, relegando o influxo da épica basiliana sobre o *Vila Rica* à condição de um simples estimulante e de matriz de uns poucos versos, procure demonstrar a presença de forte sentimento nativista nas *Obras* de Cláudio, cumpre reconhecer que tal sentimento tinha na sua lírica não apenas uma posição secundária, mas ainda um caráter conflituoso, só vindo a ser assumido plena e positivamente no *Vila Rica*, para o que, certamente, terá contribuído *O Uraguai*. Recorde-se que, no prólogo das *Obras*, Cláudio declarara, com certa mágoa, que "só entre as delicias do Pindo se pod[iam] nutrir aqueles espíritos, que desde o berço se destinaram a tratar as Musas" e que o Céu não havia permitido que "alguns influxos que dev[ia] às águas do Mondego se prosperassem por muito tempo".[24]

24 Ibid., p. 47.

O criador da "Fábula do ribeirão do Carmo" aproxima-se igualmente de Basílio da Gama no orgulho de estar realizando obra inaugural e imorredoura, o que se expressa tanto no prognóstico do velho Itamonte (*Vila Rica*, VIII, 235-44), como no epílogo altissonante, que ecoa o de *O Uraguai*:

Enfim serás cantada, Vila Rica,
Teu nome impresso nas memórias fica;
Terás a glória de ter dado o berço
A quem te faz girar pelo Universo.
(*Vila Rica*, X, *200-203*)

Serás lido Uraguai. Cubra os meus olhos
Embora um dia a escura noite eterna.
Tu vive, e goza a luz serena, e pura.
(*O Uraguai*, V, *140-143*)

Embora não se possa aqui deixar de recordar o famoso fecho das *Metamorfoses*, de Ovídio – tão imitado em toda a época clássica – o tom, a linguagem e os motivos do *Vila Rica* o ligam bem mais à obra do seu conterrâneo.

Outro traço de união entre os dois poemas se encontra na escolha dos títulos que, fugindo às fórmulas mais frequentes, apontam para o espaço em que decorre a ação, sugerindo também a orgulhosa e inédita integração no gênero épico de assunto proveniente do universo americano a que pertencem os autores. Convicto, sem dúvida, de que os sucessos do Brasil mereciam um canto épico, Basílio narra a desobediência dos índios e dos missionários da Companhia de Jesus ao tratado que, em 1750, redefinia as fronteiras do território brasileiro e o combate vitorioso que contra eles empreendeu Gomes Freire de Andrade. Semelhante intuito patriótico move Cláudio Manuel da Costa a relatar o desbravamento das suas brenhas natais numa epopeia que visava assegurar-lhes eterna fama. Antonio Candido anota que o *Vila Rica* destacou na História o preciso momento em que a ordem racional do europeu suplantou as tendências caóticas da franja pioneira de mineradores, o que condiz com o feito do herói basiliano que, vencendo os insurrectos jesuítas e impondo aos ameríndios a solução racionalmente acordada pelos monarcas ibéricos, tornou-os súditos de Portugal, tal como os demais habitantes do Brasil.

Tendo eleito matéria histórica recente – Basílio é contemporâneo do seu herói e dos acontecimentos que relata; Cláudio conhecia bem o universo que descreve e algumas das suas personagens –, os nossos poetas abandonaram a trilha mais usada pelos criadores de epopeias. Não escreveram, porém, crônicas versificadas, pois não apresentam os acontecimentos na sua totalidade, exatidão e cronologia. São, por exemplo, produtos da invenção basiliana o índio Cacambo e a tentativa de fuga dos padres Balda e Tedeo quando o exército luso-espanhol se aproximava do povoado onde estavam refugiados com seus catecúmenos, da mesma forma que, no *Vila Rica*, são puramente fictícios o encontro de Borba Gato e Albuquerque e a participação de Garcia na expedição comandada pelo general português.

Os dois poetas herdaram, porém, do ideário da Ilustração, o culto da verdade, evidenciado tanto na busca de fontes documentais e de testemunhas dos acontecimentos narrados, como na redação de notas explicativas do texto poético, na sequência da lição de Voltaire. O que não impediu alguns críticos de considerarem que também aí Cláudio o fez através do exemplo de *O Uraguai*. É de lembrar outrossim que a veracidade do *Vila Rica* não se restringe àqueles paratextos, disseminando-se pelo longo "Fundamento histórico" que precede o poema.

Ainda em conformidade com a ideologia iluminista e diferentemente da antiga tradição épica que visava celebrar conquistas guerreiras, *O Uraguai* e o *Vila Rica* não glorificam exatamente a ação bélica do herói e sim o seu resultado: a imposição da autoridade régia em territórios rebelados devido à ambição de poder ou de riqueza. Os heróis declarados dos dois poemas – Gomes Freire de Andrade (*O Uraguai*) e Antônio de Albuquerque Coelho de Carvalho (*Vila Rica*) – não manifestam extraordinários dotes guerreiros, não se impõem pela coragem ou força excepcionais, vencem pela perseverança no cumprimento da missão que o rei lhes atribuiu. Pacifistas e magnânimos, ambos lamentam as guerras em que estão envolvidos, entristecendo-se com a rebeldia, o sofrimento ou a morte de companheiros e inimigos. Contra a ideia de que era necessário sujeitar os índios pela força das armas, Andrade exige que se tentem "os meios / De brandura e de amor" (*O Uraguai*, II, 26-27), do mesmo modo que Albuquerque decide, quase com os mesmos termos, "que antes que os meios da aspereza / Se tente todo o esforço da brandura" (*Vila Rica*, VII, 224-5). No final, os dois generais, além de se rejubilarem com a vitória obtida, encarnam a figura paternal dos monarcas a que servem e que, amando as suas gentes, acolhem-nas em seus régios braços:

Entra no povo, e ao Templo se encaminha
O invicto Andrade; e generoso entanto
Reprime a militar licença, e a todos
Co'a grande sombra ampara: alegre e brando
No meio da vitória. Em roda o cercam,
(Nem se enganaram) procurando abrigo
Chorosas mães, e filhos inocentes,
E curvos pais, e tímidas donzelas.
(*O Uraguai*, V, 125-132)

Senta-se, mede a todos e assim fala [Albuquerque]:
Felizes vós, feliz também eu devo
Chamar-me neste dia, pois que escrevo
Com letras de ouro o meu, e o nome vosso
Entre as vitórias e entre as palmas posso
Seguro descansar; enfim caída
Vejo de todo a rebeldia erguida,
E Vassalos de um Rei, que mais vos ama,
(*Vila Rica*, X, 92-99, grifos no original)

Parecendo, à primeira vista, terem apenas a intenção de glorificar a empresa colonizadora, fica patente que Cláudio e Basilio valorizam também o colonizado. A par com a exaltação dos feitos do governador português António de Albuquerque, o *Vila Rica* louva a bravura dos paulistas que desbravaram o sertão e, na opinião de alguns críticos, atribui igualmente o lugar de herói a um deles: Garcia Rodrigues Pais. Algo semelhante ocorre em *O Uraguai*, uma vez que Cacambo e Cepé se revelam mais heroicos que Andrade, cuja ação o poeta intenta celebrar.[25] Cláudio aplaude a conciliação entre mazombos e reinóis; Basílio endossa a afirmação de Andrade, para quem os ameríndios são também vassalos do soberano português. Inexiste, contudo, nos nossos poetas

25 Os estudiosos do *Vila Rica* têm hesitado na determinação do herói por considerarem difícil perceber se predomina no poema o canto da descoberta do sertão brasileiro ou o da pacificação dos seus habitantes. Com diferentes fundamentos, tal hesitação se nota também na recepção de *O Uraguai*. Nos dois casos, as divergências denotam as ambiguidades dos dois poemas.

o anseio patriótico de emancipação nacional que ainda não grassava na mente dos luso-brasileiros. Mas neles se percebe já a reivindicação de alguns letrados mineiros por prestígio social, relevância política e identidade cultural. A sua brasilidade emerge tanto no sentimento que os inspira e no assunto que elegeram, como na incorporação do índio como personagem.

Escapando ao maniqueísmo das obras triviais, o ameríndio basiliano apresenta múltiplas faces, o que contrasta com desinteressante uniformidade de carateres dos europeus. Ingênuo, o nativo se deixou tiranizar pelos jesuítas, mas revela heroísmo na luta contra o exército luso-espanhol. Pela sua valentia, Cepé e Cacambo se sobrelevam a todos os demais, mas se distinguem um do outro por algumas particularidades. Outras grandes criações do universo ameríndio de *O Uraguai* são Lindoia e Tanajura: a primeira protagoniza o trágico episódio romanesco integrado na trama bélica do relato; a segunda tenta inicialmente consolá-la com a antevisão do futuro para em seguida indicar-lhe os meios e o lugar para o suicídio. Apesar de não ser da natureza do poema épico caracterizar a fundo as suas personagens, Basílio da Gama, num texto bem mais econômico que o da maior parte das epopeias, conseguiu insuflar vida nos seus ameríndios, que são as criaturas melhor representadas do poema.

Algo de semelhante – mas menos conseguido – realizou Cláudio Manuel da Costa, que apresenta o ameríndio a partir de um ângulo mais sentimental que heroico, tendo sido o primeiro a abordar o relacionamento amoroso entre uma mulher índia e um homem branco. Cláudio serve-se inclusive de motivos semelhantes aos do seu conterrâneo na narrativa dos amores de Argasso e Aurora e, sobretudo, no episódio da morte da jovem índia. No *Vila Rica*, porém, é o próprio amante quem encontra a jovem morta, a qual lhe parece – como Lindoia ao seu irmão – apenas adormecida e prestes a ser atacada por animal assassino que ele inutilmente mata. Descobrindo, por fim, a morte da amada, o índio opta por acompanhá-la, suicidando-se, o que novamente imita *O Uraguai*, onde é Lindoia quem recorre ao suicídio para reencontrar o marido morto.

Outras ações e características de Argasso recuperam elementos dos indígenas basilianos. Este índio, tal como Cacambo, prepara uma emboscada contra o inimigo, na qual atua, igualmente, sozinho e a coberto da noite, acabando por ter semelhante insucesso. Por sua vez, à destreza no manejo das flechas pelos nativos de *O Uraguai*,

(...) que arrebatam
Ao verde papagaio o curvo bico,
Voando pelo ar. Nem dos seus tiros
O peixe prateado está seguro
No fundo do ribeiro
(*O Uraguai*, IV, *86-90*)

corresponde a de Argasso, posto que

Em vão das flechas a purpúrea arara
Fugir-lhe espera; em vão na garra avara
Mosqueado tigre lhe ameaça a morte:
Empunha o dardo, e valeroso e forte
O faz despojo do robusto braço
(*Vila Rica*, III, *133-137*)

Terá, por outro lado, servido de inspiração à cena do *Vila Rica* em que o fantasma de D. Rodrigo aparece a Albuquerque o famoso episódio basiliano em que Cepé, com as marcas da recente morte, surge diante de Cacambo. Nos dois casos, tais aparições ocorrem quando os interpelados dormem, mas, enquanto no poema de Cláudio, D. Rodrigo exige que Albuquerque abandone o projeto de penetração no sertão, em *O Uraguai*, a proposta da fuga de Cacambo visa incitá-lo a vingar a morte do amigo, atacando imediata e sub-repticiamente o exército luso-espanhol.

Recupera, por sua vez, a figuração da Tanajura basiliana a índia Terifeia que, no *Vila Rica*, é, tal como a sua antecessora, caracterizada como feiticeira. Dotadas de poder sobrenatural, ambas habitam em covas e intervêm em situações que culminam na morte das enamoradas índias dos dois poemas. Por outro lado, Tanajura, ao mostrar a Lindoia, nas paredes da sua gruta, a história futura de Portugal, serve de modelo a Cláudio para construir o episódio em que, de forma semelhante, um velho índio revela a Albuquerque imagens da conquista da região mineira pelos portugueses. A "enrugada" Tanajura empresta ainda este seu traço ao retrato bem mais minucioso das três velhas índias do *Vila Rica*, às quais "a longa idade / A todas três enruga a mocidade" (*Vila Rica*, I, 129-130).

A criação das duas "feiticeiras" índias mostra que os nossos poetas não abdicaram inteiramente do maravilhoso, tão frequente nas epopeias do período clássico, mas buscaram – também aqui Cláudio apoiado no seu antecessor – dar-lhe uma nova figuração. No *Vila Rica*, o maravilhoso indígena configura-se ainda noutras duas importantes personagens: o Gênio da Terra, guardião das pátrias minas que aceita e auxilia o conquistador português, e o Itamonte, que, ao contrário, tenta impedir-lhe a passagem, mas que coopera com o mestiço Garcia. Complementarmente, Cláudio e Basílio se valeram de procedimentos típicos do Iluminismo, em particular de Voltaire, ao recorrerem a personificações de valores e práticas tais como o Interesse, a Rebeldia, a Guerra, a Hipocrisia, a Traição etc.

O Uraguai fornece ainda à epopeia de Cláudio Manuel da Costa sugestões de natureza estilística, imagens e modelos de verso. O "pátrio ribeirão" – que Cláudio já havia poetizado em textos anteriores – liga-se quer o "gênio da inculta América" do poema basiliano, quer o "pátrio rio" que auxilia Cacambo no esforço para derrotar os europeus. Aos míseros lugares de sepultura de Lindoia e de D. Rodrigo são contrastivamente associados ricos jazigos do Egito: ao da infeliz princesa índia, a "pompa do real sepulcro" de Cleópatra (*O Uraguai*, IV, 205-213); ao do governador português, as "Urnas fastosas, que cobr[em] no Egipto / Heróis famosos" (*Vila Rica*, IV, 62-92). Por sua vez, as "bárbaras flores" do mundo americano que cobrem o túmulo de D. Rodrigo (*Vila Rica*, IX, 37-38) são as mesmas que Basílio enviou de "estranho Ceo", para serem espalhadas sobre a urna do Custodio Mireo, nos bosques da Arcádia (*O Uraguai*, V, 146-148).

Muitos outros versos poderiam ser examinados, pois as múltiplas formas de intertextualidade que unem os dois poemas não se esgotam nos aspectos aqui referidos, que permitem, no entanto, concluir que *O Uraguai* deixou fortes marcas no *Vila Rica*. Cabe finalmente lembrar que um número significativo de críticos leu de forma preconceituosa os dois poemas, pois se apoiou em normas a que os seus autores não se quiseram submeter e, em particular, no famoso modelo camoniano.

É ainda de referir que a leitura da épica basiliana evidencia-se também noutras composições de Cláudio Manuel da Costa, como demonstrou Hélio Lopes.[26] Tendo recolhido exemplos do influxo de *O Uraguai* em alguns poemas de Cláudio, este estudioso menciona o tratamento de assuntos semelhantes

26 Hélio Lopes, op. cit.

no "Canto heroico" (a luta entre espanhóis e portugueses na região sul) e na "Fala ao Ilmo. e Exmo. Sr. Antônio de Noronha" (a expedição com intuito de subjugar os índios das margens do rio Doce), bem como a reelaboração de duas imagens de *O Uraguai* –

Fumam ainda nas desertas praias
(*O Uraguai*, I, *1*)

Cos não vingados ossos dos parentes
Se vejam branquejar ao longe os vales
(*O Uraguai*, II, *53-54*)

– nos mesmos poemas:

Aquela espada, que inda fuma quente
Do sangue hispano em que foi banhada

(…)

(...) em dessolados rumes
De frios ossos alvejando as praias
(Canto heroico, *5* e *10*)

(...) mas fumando
Ainda o campo está de sangue, aonde
A cólera do braço se assinala;
Alvejam ainda os ossos insepultos
Dos frios Manes (...)
(Fala, *7-11*)

Outras análises revelarão certamente que os fios que ligam a vida e a obra de Cláudio Manuel da Costa e de José Basílio da Gama são ainda mais numerosos e diversificados do que os que aqui foram possíveis desenovelar.

Vanda Anastácio

Entre o Rio de Janeiro e Lisboa (modos de pensar e de fazer os estudos camonianos em 1925)

Haverá modos de pensar e de fazer luso-brasileiros?

A PERGUNTA PODE SER USADA COMO PONTO DE PARTIDA para pensar a existência de uma memória cultural comum a Portugal e ao Brasil, que Cleonice Berardinelli procurou transmitir ao longo de uma vida inteira dedicada ao estudo e ao ensino. Entre os grandes temas sobre os quais se debruçou nos seus trabalhos, ocupa lugar de destaque Luís de Camões.[1] Nesta homenagem, gostaria de seguir os passos desta ilustre investigadora, na tentativa de *recuperar* alguns processos de construção do património cultural partilhado pelos dois países, pela evocação de acontecimentos, de investimentos simbólicos e de iniciativas individuais e coletivas que contribuíram para configurar a figura de Camões como uma personagem dessa memória comum.

Pode dizer-se que Portugal e o Brasil partilham "lugares de memória", e retomo aqui o conceito cunhado por Pierre Nora nos anos 1980,[2] para designar o conjunto heterogéneo de objetos, monumentos, instituições e comemorações que funcionam como sinais de reconhecimento e de pertença a um grupo.[3]

Vanda Anastácio é professora da Faculdade de Letras da Universidade de Lisboa.

1 Cleonice Berardinelli, *Sonetos.* Corpus *dos sonetos camonianos*, Lisboa/Paris/Rio de Janeiro: Centre Culturel Portugais/Fundação Calouste Gulbenkian/Fundação Casa de Rui Barbosa, 1980; Cleonice Berardinelli, *Estudos camonianos*, Rio de Janeiro: Editora Nova Fronteira, 2000; Cleonice Berardinelli, "Ryhtmas", *Semear*, vol. 1, s. d. Limitar-nos-emos a assinalar o trabalho pioneiro publicado em 1980, a revisitação da sua investigação sobre o poeta materializada na obra *Estudos Camonianos*, e no artigo mais recente "Ryhtmas", *Semear*, disponível em <http://www.letras.puc-rio.br/unidades&nucleos/catedra/revista/1Sem_02.html>. Acesso em 2 set 2016.

2 Pierre Nora, "Entre mémoire et histoire. La problématique des lieux", in Pierre Nora (org.), *Les lieux de mémoire*, vol. I: *La Republique*, Paris: Gallimard, 1984, p. XVI-XLII.

3 Ao longo dos vários volumes da obra coletiva que coordenou, Pierre Nora foi ampliando e re-

Trata-se de lugares construídos, resultantes de uma "necessidade de memória" que é, também, um sinal da fragilidade de todo o processo de transmissão cultural, da transitoriedade dos significados cristalizados nesses "lugares" e, simultaneamente de uma vontade de os ancorar no tempo.[4]

Gostaria, em seguida, de me debruçar sobre a história da construção de um desses "lugares de memória", que poderíamos definir como uma ação conjunta destinada a cimentar os laços identitários e afetivos existentes entre Portugal e o Brasil. Refiro-me à criação da cadeira de Estudos Camonianos na Faculdade de Letras da Universidade de Lisboa por iniciativa de Afrânio Peixoto, que foi concretizada graças à rede de relações luso-brasileiras que este conseguiu dinamizar.[5]

Uma ideia e uma ação

No ano de 1924 celebrou-se o quarto centenário do nascimento de Luís de Camões. A escolha desta data merece um reparo pois, como observou Márcia Arruda Franco, não coincide com a que foi avançada pelos primeiros biógrafos de Camões (que indicam que o poeta teria nascido em 1517).[6] Na base da escolha da data de 1924 estiveram novos cálculos feitos nos finais do século XVII por Manuel de Faria e Sousa,[7] conjugados com uma sugestão de Teófilo Braga, que lera, nos versos da canção camoniana "Vinde cá meu tão certo secretário" alusões simbólicas e astrológicas ao nascimento do épico e o datara de "4 ou 5 de fevereiro de 1524".[8] Foi com base nos pressupostos de Braga (falecido em janeiro desse ano) que, em

definindo o conceito. Apesar da relativa dificuldade de definição exata da noção de "lugar de memória" a expressão entrou na linguagem corrente e ficou consagrada na legislação francesa sobre proteção do património (Christian Aalvi (org.), *Les lieux de l'histoire*, Paris: Armand Colin, 2005).

4 Maurice Halbwachs, *Les cadres sociaux de la mémoire*, Paris: Albin Michel, 1994.

5 Márcia Arruda Franco, "Júlio Afrânio Peixoto (1876-1947) camonista", in *Dicionário de Luís de Camões,* Lisboa: Caminho, 2010, p. 20-22.

6 Pero de Mariz, "Ao estudioso da lição poetica" Manuel Correia, *Os Lusiadas do grande Luis de Camoens príncipe da poesia heroica*, Lisboa: Pedro Craesbeeck, 1613; Manuel de Faria e Sousa, "Vida del Poeta", in *Rimas Varias de Luis de Camoens Principe de los Poetas heroycos de España commentados por Manuel de Faria e Sousa*, Lisboa, (2 tomos 1685; 3 tomos, 1689).

7 Manuel de Faria e Sousa, idem; J. M. de Queiroz Velloso, "O centenario camoneano", *América Brasileira,* out. 1924, p. 29.

8 Márcia Arruda Franco, op. cit., p. 21.

1924, o Parlamento português – por proposta do deputado João Camoesas –,[9] fixou esta data como tendo sido a do nascimento do poeta, declarando-a feriado nacional, apesar das manifestações de discordância que então se fizeram ouvir. Por exemplo, a 4 de fevereiro desse ano, o *Diário de Lisboa* noticiava que:

Nada ha que autorize seja quem for a fixar essa data ou outra qualquer. De modo que muitos investigadores, – e o sr. José Maria Rodrigues em especial – ficaram irritados perante esta resolução do Parlamento, que representa uma invasão de poderes visto faltar-lhe, em absoluto, a autoridade e a competência para falar de cátedra em tal matéria.

E, no número de 5 de fevereiro de 1924, o mesmo jornal publicava uma entrevista com Henrique Lopes de Mendonça, em que este afirmava:

Não há nada – julgo – que autorize a marcá-la como a do nascimento de Camões. Foi um pecado que o dr. Teófilo Braga levou para a cova... como sabe, ele baseou-se nuns versos do poeta, para a fixar. Apenas isso, é pouco...[10]

A opinião prevalecente entre os estudiosos parece ter sido a que encontramos sintetizada no mesmo periódico por Delfim Guimarães, quando escreveu: "O Parlamento consagrou uma fantasia sem base séria dando existência... ilegal a uma lenda."[11]

Seja como for, o certo é que as comemorações camonianas de 1924 foram usadas para reforçar a coesão social em torno da imagem de Camões, e para apresentá-lo como a voz de uma coletividade que partilhava uma memória comum,[12]

9 *Diário de Lisboa*, 4 fev. 1924, p. 2.

10 *Diário de Lisboa*, 5 fev. 1924, p. 7.

11 *Diário de Lisboa*, 4 fev. 1924, p. 6.

12 Pode dizer-se que se reconfigurava e retomava, adaptando-a ao momento presente, uma proposta cara ao mesmo Teófilo Braga, quando este escrevera que "nas sociedades modernas", a "synthese affectiva, correspondendo ás novas noções Moraes da sociedade humana, manifesta-se pelos *Centenarios* dos Grandes Homens, ou dos grandes sucessos" (Teófilo Braga, *Os Centenarios como synthese affectiva nas sociedades modernas*, Porto: Typografia de A. J. de Silva Teixeira, 1884, p. VI) e acrescentara, na p. 31 da mesma obra: "O nome de Camões é a synthese do sentimento nacional portuguez."

acabando por revelar-se um meio privilegiado para o estreitamento de laços entre Portugal e Brasil.

Com efeito, a nova efeméride vinha na sequência da comemoração do primeiro centenário da Independência do Brasil, que ocorrera dois anos antes.[13] A data fora assinalada pela realização da primeira travessia aérea do Atlântico Sul por Gago Coutinho e Sacadura Cabral, um feito que foi celebrado em Portugal e no Brasil de maneira entusiástica. No Rio de Janeiro, em particular, o acolhimento aos aviadores traduziu-se em manifestações de apreço verdadeiramente apoteóticas, que envolveram a comunidade portuguesa residente e incluíram uma sessão solene no Real Gabinete Português de Leitura. Na imprensa luso-brasileira da época, Coutinho e Cabral eram apresentados como continuadores dos heróis dos Descobrimentos celebrados por Camões, e o próprio presidente da República portuguesa, António José de Almeida, referiu-se publicamente à chegada dos aeronautas como uma "hora de velhas façanhas rejuvenescidas de antigas glórias".[14]

Foi ainda no âmbito das celebrações da independência do Brasil, que, a convite das autoridades brasileiras, António José de Almeida se deslocou, no mês de setembro, ao Rio de Janeiro, onde visitou os pavilhões de Portugal na Exposição Internacional comemorativa da efeméride, assistiu às festividades, e reuniu-se com as associações de emigrantes portugueses da cidade.[15] Em artigo publicado no *Diário de Lisboa* era dado especial destaque a esta última notícia e sublinhava-se que:

Em volta do nome do sr. Dr. António José de Almeida, como já se tinha esboçado em volta dos dois nomes gloriosos dos aviadores que realizaram a travessia

13 Veja-se, sobre a efeméride, A.A. V.V., *Exposição Internacional do Centenario da Independencia do Brasil 1922. Catalogo Oficial da Secção Portuguesa*, Rio de Janeiro: Casa Bellas Artes Gaspar da Rocha & Companhia, 1922; Abelardo Araújo e Adolpho de Magalhães, *Portugal no 1º Centenario da Independência do Brasil (album)*, Rio de Janeiro: Officina Gráfica da Papelaria União, [1922].

14 António José de Almeida, *Diário de Lisboa*, 17 jun. 1922, p. 1.

15 Fernanda Paula Sousa Maia, "Os 'brasileiros' de torna-viagem e as relações Portugal-Brasil na década de 1930. Estudo de caso", Porto: Cepese, 2009, p. 168. Disponível em <http://www.cepesepublicacoes.pt/portal/pt/obras/nas-duas-margens.-os-portugueses-no-brasil/os-201cbrasileiros201d-de-torna-viagem-e-as-relacoes-portugal-brasil-na-decada-de-1930-2013-estudo-de-caso>. Acesso em 2 set 2016.

aérea do Atlântico, monárquicos e republicanos ausentes de Portugal, que nunca deixaram de sentir colectivamente o amor da Pátria distante, esqueceram lutas políticas, esqueceram ressentimentos, esqueceram ódios para pensar unicamente nesta realidade que hoje se afirma triunfante: Pátria![16]

A verdade é que era a primeira visita de um chefe de Estado português ao Brasil, e essa circunstância contribuiu para lhe conferir especial significado. O centenário camoniano decretado em 1924 permitiu, assim, que o clima de fraternidade vivido em 1922 entre os responsáveis de ambos os países se prolongasse. Desta vez, os intelectuais brasileiros participaram ativamente na glorificação do autor de *Os Lusíadas*, em nome da língua e da história comuns, levados pela mão de Júlio Afrânio Peixoto, professor da Faculdade de Medicina do Rio de Janeiro e presidente da Academia Brasileira de Letras, o qual soube imprimir às celebrações um dinamismo particular.

Afrânio Peixoto mantinha contato privilegiado com a comunidade portuguesa do Rio. Um dos seus amigos mais próximos era Alexandre Herculano Rodrigues, originário de Lamego, que emigrara para o Brasil, fizera fortuna na indústria, e se tornara Presidente da Câmara Portuguesa do Comércio e Indústria do Rio de Janeiro em 1922. Como revelam as pesquisas levadas a cabo por Fernanda Sousa Maia, Alexandre Rodrigues passava férias em Portugal regularmente, e Afrânio Peixoto foi seu hóspede, na sua casa de Lamego, por diversas vezes.[17] Este contato foi fundamental quando o académico brasileiro teve a ideia de criar uma Cátedra perpétua com o nome de Luís de Camões, pois foi esta personagem quem serviu de elo de ligação entre o académico brasileiro e o banqueiro e industrial português residente no Rio, Zeferino Rebelo de Oliveira, cujo apoio mecenático lhe permitiu concretizar esse sonho.[18]

Quem era Zeferino de Oliveira? Nascido em Penafiel em 1870, Zeferino Rebelo de Oliveira fizera fortuna no Brasil, para onde emigrara aos dezessete anos. Em 1924 não só ocupava um lugar de destaque na sociedade carioca

16 "A viagem do Presidente", *Diário de Lisboa*, 22 set. 1922, p. 4.

17 Fernanda Paula Sousa Maia, op. cit.

18 Sousa Costa, "Elogio do Dr. Afrânio Peixoto na cerimónia do seu Doutoramento *Honoris Causa* e solene inauguração da cadeira de Estudos Camonianos, na Faculdade de Letras da Universidade de Lisboa, em 4 de novembro de 1924", in *Livro comemorativo da criação da Cadeira de Estudos Camonianos*, Coimbra: Imprensa da Universidade, 1927, p. 95-126, p. 116.

como mantinha, em Portugal, uma ação benemérita, financiando de modo continuado as infraestruturas públicas da sua terra de origem. Ficou a dever-se-lhe a construção de uma escola primária, a reparação da capela da sua freguesia natal (Croca), a instituição da sopa dos pobres, a reconstrução da igreja e do parque do Sameiro (que hoje tem o seu nome), a modernização do Hospital da Santa Casa da Misericórdia, bem como as instalações e o equipamento do corpo de bombeiros da mesma cidade.[19] Segundo o testemunho de Afrânio Peixoto, quando lhe foi solicitado apoio financeiro para a concretização da nova cátedra, Zeferino de Oliveira mostrara-se "tão lusíada como camoniano" e dispusera-se a arcar, sozinho, com as despesas do empreendimento.[20]

De acordo com o relato de Queiróz Velloso (então diretor da Faculdade de Letras e presidente do Conselho de Escola dessa instituição), publicado a 10 de junho de 1924 no *Diário de Notícias*, e reeditado nas páginas da revista *América Brasileira*, em outubro do mesmo ano,[21] a iniciativa do académico brasileiro fora anunciada em "meados de janeiro", quando o Ministério dos Negócios Estrangeiros de Portugal foi informado pelo encarregado de negócios do Brasil de que "Afrânio Peixoto e alguns beneméritos da colónia portuguesa desejavam fundar na Faculdade de Letras uma cadeira de Estudos camonianos", e lhe pediram que fizesse uma estimativa dos custos em que esta poderia importar.[22] O Ministério da Instrução Pública foi contactado rapidamente, uma vez que Afrânio Peixoto pretendia anunciar a fundação da nova cátedra na conferência que realizaria no Real Gabinete Português de Leitura do Rio de Janeiro, a 4 de fevereiro, em comemoração do nascimento de Camões.

19 António Gomes de Sousa, *Zeferino de Oliveira. Benemérito da Santa Casa da Misericórdia de Penafiel e mecenas dos "Estudos camonianos"*, Penafiel: Santa Casa da Misericordia de Penafiel, 1980.

20 "[À] primeira porta em que bati, levado por mão amiga, não se me deixou ir adiante: o exmo. sr. Zeferino de Oliveira, tão lusíada como camoniano, tomou só a si realizar a empresa, a que o Governo Português, pela sua representação diplomática, deu o *placet* de seu consentimento. O 'feito nunca feito' está realizado." (Afrânio Peixoto, *Camões e o Brasil*, Lisboa: Livraria Aillaud e Bertrand, 1927, p. 73). O reconhecimento público da "patriótica generosidade" de Zeferino Oliveira, para usar as palavras do médico, manifestar-se-á ainda na Dedicatória que o mesmo Peixoto incluiu na obra sobre Camões publicada no mesmo ano (Afrânio Peixoto, *Dinamene, alma minha gentil*, Lisboa: Livraria Aillaud e Bertrand, 1927).

21 J. M. de Queiroz Velloso, "O Centenário Camoniano", in *Diário de Notícias*, Lisboa, 10 de junho de 1924.

22 Idem.

Quando Alberto Sousa Costa, representante do Ministério português da Instrução, se encontrou com o industrial Zeferino de Oliveira para formalizar os termos do financiamento, este deixou-lhe à escolha a universidade onde a cátedra deveria ser criada, mas fez duas exigências: o novo curso deveria ser "obrigatório, a fim de não cair na modorra letal do abandono" e, seguindo a sugestão do próprio Afrânio, a cátedra deveria ser atribuída a um dos três professores seguintes: Carolina Michaëlis de Vasconcelos, Teófilo Braga, ou José Maria Rodrigues.[23] A escolha do Ministério recaiu sobre a Faculdade de Letras de Lisboa, e foi José Maria Rodrigues quem inaugurou a nova cátedra, uma vez que Teófilo Braga acabava de falecer, e Carolina de Michaëlis vivia no Porto.

Segundo o relato de Queirós Velloso, a Faculdade de Letras "como entidade autónoma e no uso do direito que o Estatuto Universitário lhe confere" aceitou a doação do valor de 2.530 libras de ouro feita por Zeferino Rebelo de Oliveira, obrigando-se, em troca, a "criar e manter perpetuamente uma cadeira de *Estudos camonianos*".[24] No ato da escritura, lavrada a 5 de abril de 1924, Oliveira fez-se representar por um procurador (Dr. Sousa Costa). A crer no testemunho do mesmo Velloso, ter-se-á tratado de uma cerimónia particularmente marcada pela solenidade e pela emoção:

> *Só quem teve o prazer de assistir a esta cerimónia, de tão modesta e ao mesmo tempo de tão alta e nobre significação, é que se não sentiu enternecido até às lágrimas, ao ver a simplicidade com que o opulento industrial entregava tão importante soma para que o culto camoniano tenha sempre, em Portugal, uma capela votiva, uma cadeira pública, onde se possa ensinar às gerações futuras o que é e representa Camões, o cantor da civilização ocidental, como lhe chamou Cervantes.*[25]

Como se comprova pelo *Livro de Actas do Conselho da Faculdade de Letras (1916-1927)*, como manifestação de reconhecimento pela iniciativa, o Conselho escolar da Faculdade de Letras da Universidade de Lisboa determinou, por unanimidade, em reunião de 23 de maio de 1924, conceder o título de Doutor

23 Sousa Costa, op. cit.

24 J. M. de Queiroz Velloso, "O centenario camoneano".

25 Idem.

Honoris Causa a Afrânio Peixoto, e a Zeferino Rebelo de Oliveira o de "Benemérito da Universidade de Lisboa", determinando ainda dar "à sala em que funcionasse a cadeira de Estudos camonianos" o nome do seu "benemérito fundador", como se pode ler na ata relativa à reunião havida nesse dia.[26] Em 5 de novembro desse ano, o Doutoramento *Honoris Causa* viria também a ser atribuído a Zeferino de Oliveira.

Uma nova cátedra para uma "ciência nova"

Vale a pena lembrar que se vivia então em Portugal uma época de grande instabilidade política e social, que era, em parte, resultado da grave crise instaurada na Europa no rescaldo da 1ª Grande Guerra. Recorde-se, mesmo que apenas de passagem, que o movimento de aproximação entre Brasil e Portugal se inscrevia, na época, num quadro mais vasto de ideias filosóficas e de agendas políticas, que advogavam a aproximação entre os povos ditos "latinos", mais especificamente dos povos ibéricos e suas ex-colónias, como meio de ultrapassar quer a crise económica, quer os desentendimentos que a guerra não permitira sanar. Exemplo destas ideias foi o movimento que ficou conhecido como Integralismo Lusitano, formado em torno da figura e do pensamento de António Sardinha, que promovia, precisamente, uma ideia de "raça" encarada deste modo amplo, bem como a imagem de Camões como figura capaz de servir de traço de união entre os povos de ascendência ibérica considerados, por decorrência, 'latinos'.[27]

Ainda que estas ideias não tenham sido explicitamente aludidas durante a solenidade, a leitura atenta dos discursos proferidos em torno da criação da

26 *Livro de Actas*, fls. 136-138: fl. 137 "que á semelhança do que soi fazer-se no estrangeiro, se concedesse o titulo de Doutor *Honoris Causa* ao Dr. Afranio Peixoto e que à sala, em que funcionasse a cadeira de estudos camonianos fosse dado o nome do seu benemérito fundador".

27 [Antonio Sardinha], "A festa da raça", *Nação Portuguesa*, n. 2, 3ª serie, 1924. Neste contexto, cabe recordar a utilização feita pelo próprio António Sardinha, na imprensa periódica da época, de figuras representativas e aglutinadoras de valores simbólicos associados com essa mesma ideia de "portugalidade" e "latinidade" (Antonio Sardinha, "Soror Mariana", *Nação Portuguesa*, n. 5, 3ª serie, 1925 e "Elisabeth Barrett-Browning (Sonnets from the Portuguese)", *Nação Portuguesa*, n. 9-10, 3ª serie, 1926, p. 384).

cadeira de Estudos camonianos é reveladora da vontade coletiva de recuperar, fixar e institucionalizar referências comuns a Portugal e ao Brasil. Nesta ordem de ideias, é significativo que o local escolhido para inaugurar as celebrações de 1924 tenha sido outro "lugar da memória comum", o Real Gabinete Português de Leitura do Rio de Janeiro, referido por Afrânio Peixoto como um "templo do saber e de patriotismo" e "a mais respeitável das instituições literárias lusitanas do Brasil".[28]

No discurso proferido na cerimónia inaugural das comemorações camonianas, Afrânio Peixoto advogava a constituição de uma "ciência nova", a chamou "Camonologia" ou "Estudos camonianos" que a proposta de criação da nova estrutura universitária permitiria consolidar, e transmitir às gerações vindouras. Vale a pena recordar as suas palavras:

> *Porque se não havia de criar, em universidade portuguesa, uma cadeira de "Estudos camonianos", para* exegese e ensino de Camões, *que é toda uma literatura,* um passado, um futuro, um idioma, duas pátrias?[29]

Note-se a associação simbólica estabelecida no texto entre Camões, a língua portuguesa e as "duas pátrias" que a partilham. Claramente, Afrânio Peixoto procurava fixar, na figura de Camões, traços capazes de representar uma identidade comum. Este aspecto é tanto mais evidente, quanto o estudioso indica o exemplo de Dante – celebrado como instituidor da língua toscana, vista como "unificadora" da Cultura Italiana –, como o modelo em que se inspirara para a proposta de fundação da "camonologia". Diz, com efeito, na mesma intervenção:

> *Porque essa sciencia nova, a "Camonologia", não haveria de se comparar, aqui, em nosso idioma, à "Dantologia", que meio século depois de Dante Alighieri se erigia em uma cadeira pública, em Florença, dada para inaugurar a Bocácio?*

28 "A mais respeitavel das instituições literárias lusitanas do Brasil, o Gabinete Português de Leitura do Rio de Janeiro, para a celebração do 3º Centenario da Morte de Luis de Camões, em 1880, convidou a falar Joaquim Nabuco; em 1924, para a celebraçãoo do 4º Centenario do Nascimento do Poeta, quis ainda distinguir outro dos nossos, no momento do convite Presidente da Academia Brasileira, a mais respeitável das instituições literárias nacionais. É a razão desta conferência." (Afrânio Peixoto, *Camões e o Brasil*, p. 1)

29 Ibid., p. 62.

Porque aos camonólogos veneráveis de Portugal, ia dizer, mas, infelizmente, já não posso mais, a Teófilo Braga, ou ainda a d. Carolina Michaëlis, ou ao dr. José Maria Rodrigues, se não dará uma cadeira pública de "Estudos camonianos", em Lisboa, ou no Porto, ou em Coimbra?[30]

O paralelo estabelecido entre Camões e Dante fornecia ao erudito brasileiro um ponto de referência de prestígio, e permitia-lhe insistir no papel da língua como elemento definidor da "identidade coletiva" de Portugal e Brasil. Diz ainda referindo-se aos *Lusíadas*:

A língua desse poema é tão perfeita, tão simples, que é a nossa língua portuguesa de hoje... como Dante fixou na "Divina comedia" o toscano, fazendo de um dos dialectos da Itália a língua italiana, Camões impôs a sua língua a Portugal e Brasil, e, pode-se dizer, falamos e escrevemos "camões", pois o português remorou nestes quatro séculos, sem sensíveis mudanças.[31]

A proposta de Peixoto criou uma dinâmica que só foi possível porque correspondia, pelo menos naquele momento, a esse "desejo de memória" aludido por Pierre Nora[32] e partilhado por diferentes grupos sociais dos dois lados do Atlântico. No discurso que proferiu em Lisboa na inauguração da cadeira de Estudos camonianos, por exemplo, o representante do Ministério da Instrução referiu-se aos colonos portugueses do Brasil como "os legítimos continuadores do sonho dos [descobridores] de ontem";[33] o reitor da Universidade de Lisboa louvou o grande interesse das autoridades brasileiras "por tudo o que representa estreitamento das relações amistosas dos dois povos irmãos, que falam a mesma língua, opulenta e harmoniosa, em que Camões fundiu os seus versos imortais"[34] e, na notícia publicada na revista *Lusitânia*, dirigida então por Carolina Michaelis de Vasconcelos, dizia-se que a criação da cadeira de Estudos

30 Idem.

31 Ibid., p. 52.

32 Pierre Nora, op. cit.

33 Sousa Costa, op. cit., p. 111.

34 Pedro José da Cunha, "2ª inauguração da Cadeira de Estudos Camonianos", in *Livro comemorativo da criação da Cadeira de Estudos Camonianos*, Coimbra: Imprensa da Universidade, 1927, p. 127-132, p. 129.

camonianos constituía um "facto essencial, de universal sentido e alcance nacional" e referia-se o Brasil como "a terra fraterna e bela onde o patriotismo dos *Lusíadas*, portugueses ou de portuguesa origem, se afervora sem fim".[35]

A cadeira de Estudos camonianos construía-se, pois, de forma consensual, como um "lugar de memória", resultante de uma ação conjunta, "coletiva", destinada a cimentar os laços identitários e afetivos existentes entre Portugal e o Brasil.

Memória e esquecimento

O entusiasmo pela nova ciência camoniana e pela nova cátedra perdurou durante a década seguinte, em parte estimulado pelas repetidas de Afrânio Peixoto a Portugal, e pela crescente simpatia que inspirava nos meios intelectuais. Com efeito, ao longo da década de 1930 a Universidade de Coimbra concedeu-lhe nada menos que dois Doutoramentos *Honoris Causa* – em Letras e em Medicina –, o Instituto de Coimbra organizou-lhe uma homenagem pública e foi eleito membro da Academia das Ciências de Lisboa. Num discurso proferido em Coimbra em 1935, Afrânio Peixoto continuava a insistir na perenidade das referências identitárias comuns entre Portugal e o Brasil, dizendo: "somos os mesmos e nem o clima diverso mudou a fala dos homens, tanto a intensa inter-comunicação de nosso tempo nos dá uma similitude, senão uma igualdade de sentir e de dizer."[36]

Em 1933, José Maria Rodrigues aposentou-se e Hernâni Cidade sucedeu-lhe na regência da cadeira de Estudos camonianos.[37] Já depois da morte

35 *Revista Lusitana*, p. 293.

36 Leonídio Ribeiro (org.), "Afrânio Peixoto em Portugal", in *Afrânio Peixoto*, Rio de Janeiro: Edições Conde, 1950.

37 Jacinto do Prado Coelho, "Elogio histórico de José Maria Rodrigues", Separata *Memórias*, Classe de Letras, Tomo VIII, Lisboa, Academia das Ciências, 1963, p. 5-16, p. 8: "Por sua iniciativa [*de José Maria Rodrigues, entenda-se*], regeu, na Faculdade de Letras, um curso de livre de 'Explicação dos *Lusíadas*', que em 1925, por ocasião do 4º Centenário do nascimento do épico (data considerada provável) se converteu na cadeira de Estudos Camonianos. Fundada, como se sabe, por feliz iniciativa de Afrânio Peixoto e graças a um legado de Zeferino de Oliveira, esta cadeira inaugurou-se, na sala nobre da Faculdade de Letras, com uma lição em que José Maria Rodrigues teve a elegância de afirmar que a pessoa mais autorizada para reger Camonologia seria, não ele, mas Carolina Michaëlis, como já antes havia sugerido. Mais de duzentas pessoas se

de Afrânio Peixoto em 1947, foram acrescentadas novas "pedras" ao "lugar de memória" que este tinha fundado, quando, em 1955 foi instituído na Faculdade de Letras de Lisboa, o Prémio Zeferino Oliveira destinado "a galardoar anualmente o melhor trabalho de alunos na cadeira de Estudos camonianos".[38] O regulamento do prémio teve nova redação por portaria publicada em 1960, passando a informar, no seu Artigo 1º ter sido "instituído na Faculdade de Letras da Universidade de Lisboa por doação do falecido Prof. Doutor José Maria Rodrigues".[39]

A história da cadeira de Estudos camonianos complica-se a partir daqui. Não há dúvida de que a "nova ciência" vingou, uma vez que a disciplina de Estudos camonianos continua a ser lecionada, ainda que em alguns casos como opção, nos cursos da Faculdade de Letras do Porto, de Coimbra, Nova de Lisboa, e até na Faculdade de Letras da Universidade que a viu nascer. A ideia de Afrânio Peixoto teve até uma espécie de descendência, pois ao longo dos anos vimos afirmar-se outras "ciências novas" com menos pompa e menos ligação a circunstâncias capazes de as construir como "lugares de memória" aglutinadores de investimentos afetivos e configuradores de identidades coletivas. Refiro-me aos Estudos camilianos, os Estudos queirosianos, Estudos pessoanos etc.

Mas a memória dos povos é curta e a voragem do tempo arrasta tudo consigo. Da Universidade de Lisboa desapareceram os vestígios da iniciativa de Afrânio Peixoto destinada à construção de um monumento imaterial comum, que ambas as comunidades sentissem como seu. Ficaram as atas no *Livro do Conselho de Escola* e a vontade de alguns, entre os quais certamente se conta Cleonice Beradinelli, de manter viva essa memória e torná-la atuante.

*

inscreveram no primeiro curso. Em fins de 1927, sendo titular da cadeira de Língua e Literatura Gregas, o Prof. Rodrigues jubilou-se. Mas ainda com plena capacidade mental, pôde reger para além do limite de idade a cadeira de Estudos Camonianos, de que só daria a última lição em 10 de junho de 1933." A jubilação de José Maria Rodrigues foi anunciada no *Diário do Governo,* nº 256, 2ª série, 14 de novembro de 1927.

38 Portaria nº 15 408, *Diário do Governo,* I série, nº 125, 6 de junho de 1955.

39 Portaria n. 18.139, *Diário do Governo*, I série, nº 293, 20 de dezembro de 1960.

Escritura de doação

No ano de mil novecentos e vinte quatro, aos cinco dias do mês de abril, nesta cidade de Lisboa e gabinete do senhor Director Geral do Ensino Superior do Ministério da Instrução, aonde eu Eugénio de Carvalho e Silva, notário da comarca, com cartório na rua de São Julião, cento quarenta e seis, vim chamado, aqui perante mim e as testemunhas idóneas adiante nomeadas, cuja identidade reconheço, compareceram: como primeiro outorgante, o senhor Zeferino Rebêlo de Oliveira, casado, industrial e capitalista, cidadão português, residente no Rio de Janeiro, e acidentalmente nesta cidade, no Hotel Borges, na rua Garrett. Como segundo outorgante, o senhor doutor José Maria de Queiroz Veloso, casado, professor e alto funcionario dêste Ministério, morador na Rua Nova da Piedade, numero quarenta e sete, outorgando na qualidade de Director e em representação da Faculdade de Letras da Universidade de Lisboa, qualidade que me fêz certa pela apresentação da certidão, hoje extraída em meu cartório, do têrmo de posse, documento que arquivo para ser transcrito em tôdas as cópias desta escritura. São ambos os outorgantes pessoas cuja identidade reconheço.

Perante as referidas testemunhas, pelo primeiro outorgante, senhor Zeferino Rebêlo de Oliveira, foi dito: Que nos termos e sob as condições constantes desta escritura, êle primeiro outorgante faz doação à Faculdade de Letras da Universidade de Lisboa de duzentos e trinta e cinco títulos provisórios, ao portador, do Empréstimo Português de mil novecentos e vinte e três, do valor nominal de dez libras de ouro cada um, no montante nominal de duas mil trezentas e cinquenta libras ouro, com o encargo e obrigação de a mesma Faculdade donatária criar e manter perpetuamente uma cadeira para ensino de estudos camonianos na mesma Faculdade de Letras da Universidade de Lisboa.

Que os mesmos títulos deverão ser entregues ao segundo outorgante pela Direcção do Banco Nacional Ultramarino, nesta cidade, a qual deverá, e fica autorizada, a retirá-lo do lote de títulos dêsse empréstimo, que êle doador tem depositados no mesmo Banco;

Que os títulos definitivos que a Faculdade de Letras, donatária, vier a haver das instâncias competentes em troca dos títulos provisórios neste acto doados, deverão ser averbados a favor da Faculdade de Letras da Universidade de Lisboa, como donatária, com expressa referencia ao encargo que lhe resulta desta doação e com a cláusula de reversão dos mesmos títulos para ele doador, e, na sua falta, para os seus legítimos herdeiros, logo que se verifique a hipótese, não esperada, de a mesma cadeira de estudos camoneanos vir a ser extinta.

Que, nestes termos, êle primeiro outorgante se obriga a fazer esta doação boa, firme e de paz a todo o tempo e a responder pela evicção.

Pelo segundo outorgante, senhor doutor José Maria de Queiroz Veloso, foi dito:

Que como legal representante da Faculdade de Letras da Universidade de Lisboa, nos termos do artigo trinta e dois do Estatuto Universitário constante do Decreto número quatro mil quinhentos e cinquenta e quatro de seis de Julho de mil novecentos e dezoito, e no uso do direito que à mesma Faculdade de letras confere o artigo quarenta e um do mesmo Estatuto, aceita, para a sua representada Faculdade de Letras da Universidade de Lisboa, entidade autónoma nos termos do artigo trinta e seis do mesmo diploma, a doação que acaba de ser-lhe feita pelo primeiro outorgante, em nome da donatária, se compromete a satisfazer, criando a referida cadeira de estudos camonianos e conservando-a perpetuamente.

Assim disseram e outorgaram, do que dou fé perante as testemunhas senhores doutor José Maria Rodrigues, solteiro, maior, professor da Universidade de Lisboa, morador na rua de D. Carlos Mascarenhas, vinte e oito, doutor Alberto Mário de Sousa Costa, casado, secretário do Tribunal do Comércio desta cidade e homem de Letras, morador na rua Borges Carneiro, quarenta e cinco, doutor Luciano Pereira da Silva, solteiro, maior, professor da Universidade de Coimbra e aí morador, José Tomás da Fonseca, casado, professor do ensino normal, morador em Coimbra, a Santo António dos Olivais, Domingos Cardoso, casado, jornalista, morador no Rio de Janeiro e também acidentalmente no Hotel Borges, nesta cidade, Abel Maria Dias da Silva, casado, Director da Contabilidade do Ministério da Instrução, morador no Largo do General Pereira de Eça, numero doze, e doutor Alberto de Barros Castro, casado, médico, morador na Avenida Fontes Pereira de Melo, trinta e nove, que vão assinar esta escritura com os outorgantes, depois de perante todos ela ter sido lida em voz alta por mim, notário.

Leva esta escritura selos no valor de quarenta e sete escudos e setenta e cinco centavos, calculados sobre cento e dois contos e duzentos e vinte e cinco escudos, valor real dos títulos doados segundo a última cotação oficial.

Zeferino Rebelo d' Oliveira, - José Maria de Queiroz Velloso, - José Maria Rodrigues, - Alberto Mário de Sousa Costa, - Luciano Pereira da Silva, - José Tomas da Fonseca, - Domingos Cardoso, - Abel Maria Dias da Silva, - Alberto de Barros Castro, - Eugénio de Carvalho e Silva, notário.

O original tem coladas e devidamente inutilizadas estampilhas, sendo o imposto do sêlo na importância total de quarenta e sete escudos e setenta e cinco centavos e de contribuição industrial na importância total de vinte e dois escudos e onze centavos.

Cartório do notário, Bacharel Eugenio de Carvalho e Silva, –
Rua de São Julião, 146 – Lisboa
(*Livro de notas para actos e contractos*, n. C 21, fl. 97 verso)

Vilma Arêas

*Infinitas histórias infinitamente ramificadas**

Este texto é dedicado à professora Cleonice Berardinelli, a quem só posso agradecer plagiando o laconismo de Cordelia: "my love is more richer than my tongue".

Pôs o livro na mesa de cabeceira para um destes dias o acabar de ler (...), é seu título "The god of the labyrinth", seu autor Herbert Quain ...
— José Saramago

Em seu conto "Examen de la obra de Herbert Quain", incluído em *Ficciones*,[1] Borges tematiza e discute questões gerais da ficção, em particular certos dilemas, verdadeiros ou falsos, literários ou mercadológicos, da produção contemporânea. Com ironia e bom-humor inexcedíveis zomba do uso vulgar e deslocado da sublimidade, da originalidade anacrônica e romântica, da busca do sucesso a todo custo e, entre outro itens, zomba da suposta incompatibilidade entre obras legitimadas e banais (coloquemos assim). Mas, conforme veremos, não se pode confiar inteiramente nesse narrador.

O método utilizado por ele é o de performar ou teatralizar tais questões, isto é, presentificá-las, constituindo em *trama* o que poderia sem maiores dificuldades ajustar-se à ordem do ensaio. Como de hábito, Borges transforma conceitos ou noções, às vezes duvidosas, em ficção. O conto em pauta, "Examen de la obra de Herbert Quain", foi publicado em feitio de resenha bibliográfica da obra de um suposto autor inglês, recém-falecido. Trata-se deste modo de comentário e avaliação literária (consistentes) da obra (inexistente) de Herbert Quain, uma das criações apócrifas de Borges, à semelhança de Pierre Menard. Quain nos é apre-

Vilma Arêas é professora titular de Literatura Brasileira na Universidade de Campinas (Unicamp).

* Esta é uma segunda versão bastante transformada da que foi publicada em *José Saramago uma homenagem*, organizada por Beatriz Berrini, São Paulo: Educ/Fapesp, 1999.

1 Jorge Luis Borges, *Ficciones*, Buenos Aires: Emecé, 1956.

sentado como exemplo de escritor um pouco banal e algo obtuso, colocando-se no polo oposto ao da exigência formal de Flaubert ou Henry James. Estes, "*nos han acostumbrado a suponer que las obras de artes son infrecuentes y de ejecución laboriosa*".[2] Ao contrário disso, Quain defendia a ideia de que a boa literatura não era rara, sendo-lhe imprescindível, entanto, "*algún elemento de asombro*".

Conhecendo a admiração de Borges por Flaubert, a quem dedicou um par de ensaios, e sua opinião desdenhosa sobre o Barroco, interessado, segundo ele, "*en la fabricación de estructuras que buscan al asombro*", perceberemos também sem esforço a avaliação das ingenuidades de Quain, sua *tolice*, tópico da literatura moderna, desde pelo menos o autor de *Madame Bovary*.

De modo que, sob impassibilidade fingida, Borges enumera as obras de Quain sob viés irônico, mostrando seu autor incapaz de entender o *uso* possível de formas menores de ficção (como se sabe, o próprio Borges aproveitou-se do que se chama "literatura trivial", transfigurando-a ao mesmo tempo com a permutação lúdica, sempre inteligente, dos próprios textos). Incapaz de tal *performance*, Herbert Quain expõe-se em simples rigidez formal, no momento mesmo em que busca a fama, tentando inutilmente renovar procedimentos estéticos por meio de uma originalidade sem malícia.

Por exemplo, é de sua lavra um romance policial, *The god of the labyrinth*, cujo título atraiu Ricardo Reis, personagem de Saramago. Segundo o narrador Borges, o livro, apesar da "*ejecución deficiente*" e da "*vana y frígida pompa de ciertas descripciones del mar*", possui o que julga ser sua esperteza, que é a de atirar a solução da trama à responsabilidade do leitor. Trama aliás resumida no assassínio inicial e nas lentas discussões que antecedem a solução definitiva. Resulta que o leitor "*de ese libro singular*", adulado pelo narrador, acaba por julgar-se mais perspicaz que o próprio detetive.

Penso ser impossível deixar de ver o meio sorriso com que Borges alude à ignorante superstição de originalidade de Quain, que parece nosso contemporâneo neste século XXI, ansioso para se apresentar de roupa nova no mercado e incapaz de enxergar os textos invisíveis que rodeiam essa suposta originalidade.

Borges nada deixa omitido nessa espécie de revisão das modalidades triviais das narrativas do tempo e do caráter de seus criadores. Fala-nos ainda, por exemplo, de outra obra de Quain, uma "novela regresiva, ramificada", escri-

2 Jorge Luis Borges, "Examen de la obra de Herbert Quain", in op. cit., p. 68.

ta de trás para diante, num cumprimento à novidade a todo custo, recheada das narrativas disparatadas que enumera: uma, simbólica, outra, sobrenatural, outra, policial, outra, psicológica, outra, comunista, outra, ao contrário, anti-comunista, e assim por diante. Tais disparates e frivolidades, entretanto, estão arrumados segundo o "furor simétrico" do autor, que a tal suposta qualidade, claro traço burocrático e ambicioso, tudo sacrifica.

Outra obra do mesmo autor é uma comédia heroica em dois atos, *The secret mirror*, o segundo retificando o primeiro, recheados ambos de ingredientes esgotados: nobreza de sangue, mulher pretensamente fatal, mexericos jornalísticos, paixões não correspondidas, diálogos entre a "vanilocuencia" e epigramas *fin-de-siècle*. Há ainda um rouxinol e um duelo secreto num terraço, além de contradições e "pormenores sórdidos". Os personagens, alguns deles verdadeiros, trocam de nome e são transfigurados pela literatura.

A crítica não é de modo algum poupada por Borges, a começar por seu narrador, que comenta Quain e seu ambiente literário com sarcasmo disfarçado. Segundo ele, o sucesso alcançado pela comédia deveu-se apenas a uma "interpretación propicia y falaz" que a julgou uma obra de inspiração "freudiana".

Saltando o capítulo da história pessoal de Quain, e das consequências de sua pouca experiência com a fama, chegamos finalmente a seu último livro, *Statements*, cujo objetivo era o de julgar escritores e leitores. Os primeiros, segundo ele, seriam imperfeitos, os últimos, pertencentes a uma espécie extinta. O argumento afirmava que, se a mais alta felicidade da literatura era a invenção, nem todos seriam capazes de tal ventura e tinham de se contentar com simulacros. Foi para esses "*imperfectos escritores, cuyo nombre es legión*" que Quain escreveu os relatos de *Statements*, cada um deles prefigurando um bom argumento, de propósito frustrado pelo autor, para que o leitor, "distraído por la vanidad", acreditasse tê-lo inventado.

Numa última volta do parafuso – e aí se alcança o mais alto grau da ironia – Borges se inclui entre esses leitores, pois nos confessa ele mesmo ter cometido a ingenuidade de extrair suas extraordinárias "Las ruinas circulares", incluídas como se sabe em *Ficciones*, de um dos textos de *Statements*. Ironia, mas também afirmação plana, já que aponta os deslocamentos possíveis da leitura, cujo *valor* se constitui à contraluz como delicadíssima marca de água, que ora se afirma, ora desaparece, ora é peremptória na crítica às pompas geladas das descrições do mar compostas por Quain, ora mistura-se à voz de seu personagem. Assim, com ar de inocência, denuncia que Quain pretende eliminar o leitor dentro do que reconhecemos como a marca mais particular desse narrador – Borges e que é justamente a sua *poética da leitura*.[3]

Minha proposta é trazer essa discussão para o interior da ficção pessoana e da ficção criada por Saramago a partir do famoso fingimento do poeta, enlaçado aos labirintos borgeanos.

II

Será um truísmo a observação de que raros escritores em língua portuguesa permaneceram imunes à provocação do autor de *Autopsicografia*, estabelecendo com ele um diálogo sem fim. Desejamos frisar que não se trata sempre de intertextualidade pacífica, mas polêmica. A leitura de Pessoa oscila da paixão à dúvida, à irritação. E incita à resposta. Aliás, do mesmo modo como o poeta negou e incorporou, portanto discutiu, com seus grandes autores: Camões, Cesário Verde, Horácio, Whitman, Shakespeare, cuja complexidade lírica o encantou a ponto de desejar refundi-la em termos modernos.

Nessa linha dialógica, obrigatória se faz uma referência a José Saramago e a seu livro *O ano da morte de Ricardo Reis*.[4] Publicado em 1984, bisou o sucesso das obras anteriores do autor.

A sagacidade da invenção prolongou a surpresa e o encantamento, despertados em seus leitores desde *Levantado do chão*. Creio não estar enganada ao dizer que surpreendeu também pela ousadia. Menos talvez à custa da paráfrase, paródia, apropriação, glosa, homenagem, sem exclusão da crítica mordaz ao texto pessoano – e de outros textos –, do que pela manipulação, ao sabor da fantasia competentemente planejada, rodeando esse grande mito da literatura portuguesa.

Não deixemos de anotar que Ricardo Reis, o personagem de *O ano da morte*, o imita quando, diante da estátua de Eça de Queiroz, inverte com a maior sem cerimônia a famosa frase do romancista ("sobre a nudez forte da verdade o manto

3 Cf. Davi Arrigucci Jr., "Da fama e da infâmia (Borges no contexto literário latino-americano)", in *Enigma e comentário*, São Paulo: Companhia das Letras, 1987.

4 José Saramago, *O ano da morte de Ricardo Reis*, Lisboa: Editorial Caminho, 1984.

diáfano da fantasia"), conjecturando "dá muito mais que pensar, e saborosamente imaginar, sólida e nua a fantasia, diáfana apenas a verdade (...)".[5] A seu tempo veremos que tal inversão se constitui ela mesma numa armadilha para o leitor, pois num golpe de prestidigitação, Pessoa e um de seus apêndices, enquanto personagens de Saramago, são expulsos do jardim das musas para o rés do chão da forma romanesca, girando ao redor de um personagem um pouco obuso, algo idoso e sonolento. Segredinhos são sussurrados ao ouvido do leitor, a paisagem bucólica e os "jardins de Adônis" são transformados no cenário da Lisboa dos anos 1930, figurando a musa Lídia como uma criada de quarto, de quem o clássico heterônimo torna-se amante. Criada de quarto, mas dona das "formidáveis virtudes populares", conforme diz Cesário, ressaltadas pelo contraste com a fanada Marcenda, de nome-gerúndio irradiante. Somos também informados que Fernando Pessoa invejara Camões. A prova é que não o incluíra em *Mensagem*.

Explicitando a inveja do poeta, Saramago faz Ricardo Reis errar pelo labirinto das ruas de Lisboa, desembocando sempre diante da estátua de Camões, de certa feita julgando o épico "bronze afidalgado e espadachim, espécie de D'Artagnan (...)".[6]

Mas percebemos nitidamente a inversão do tipo de ataque, quando o narrador, durante o carnaval, talvez sim talvez não, surpreende seu personagem Fernando Pessoa "a meio caminho entre macho e fêmea", dizendo palavrões e provocando Ricardo Reis, ao chamá-lo "maricas" etc.

A famigerada filosofia também perpassa de leve. Quem sou eu? A brincadeira inspirado pelo nome de Quain – "(...) mas o nome, esse sim, é singularíssimo, pois sem máximo erro de pronúncia se poderia ler, Quem, repare-se, Quain, Quem (...)" – é identificada por Teresa Cerdeira[7] como a primeira questão colocada pelo livro. De qualquer modo, atraído pelo labirinto borgiano e pegando pelas pontas a múltipla máquina de Pessoa, o narrador conclui singelamente que "o homem, claro está, é o labirinto de si mesmo".

Esses acessórios de composição se apoiam no magma da escrita de Saramago, ostensivamente formada – e com claro rendimento estilístico – por

5 Ibid., p. 62.

6 Ibid., p. 70.

7 Teresa Cristina Cerdeira da Silva, *José Saramago entre a história e a ficção: uma saga de portugueses*, Lisboa: Dom Quixote, 1989.

toda espécie de *ready-made* linguístico, literário ou ideológico, propondo-se ao fim e ao cabo à crítica social no sentido amplo do mundo português (de então?). Há, portanto, uma intencionalidade crítica na invenção e na revisitação textual. Com alguma controvérsia quanto a seus limites, críticos já o admitiram. Chamar Fernando Pessoa às falas, pela censura do distanciamento ideológico de Ricardo Reis? Na verdade, acompanhando-o durante o inflamado ano de 1936, o texto o submerge no mundo, em torno do qual vai se organizar a ficção. Será então *O ano da morte de Ricardo Reis* um romance histórico no sentido clássico?

Chama-nos a atenção uma afirmativa de Dal Farra: "Saramago monta uma estratégia ficcional interessantíssima: ele constrói um romance histórico a partir de uma personagem reconhecidamente ficcional (...)."[8]

Ora, sendo assim, Saramago acabou por utilizar um recurso de composição do próprio Pessoa, ao escrever sua famosa *Ode marítima*.[9] Neste poema, e fazendo uma reflexão sobre o sentido das navegações passadas, Pessoa explicitamente organiza seu texto sobre outro, o *Treasure island*, de Robert Louis Stevenson, lançando mão além disso de cantigas tradicionais , como *A bela infanta* e *A nau catarineta*, textos que falam da volta ao lar, da volta à infância. Portanto, o que faz Pessoa em seu poema é acoplar a face histórica de seu relato a outra, ficcional, com um resultado límpido de composição: submete a um tratamento de choque o rosto de Portugal, construído pela ideologia da celebração eterna da glória passada. Se Pessoa também a celebra, a esse passado é dado um referente *inadequado*, porque ficcional, no momento mesmo em que é afirmado como histórico.

Sem atribuir ao poeta de *Tabacaria* a intenção de denunciar os crimes da história – sustentado que é por uma rejeição de toda e qualquer intromissão de juízos éticos – temos de, entretanto, concluir que a própria lógica da composição do texto acaba por empurrá-lo a essa solução. O eixo do famoso *paradoxo* pessoano finca-se, portanto, em a sua obra assumir inteiramente, talvez para além da intencionalidade do autor, seu caráter de

8 Maria Lúcia Dal Farra, "Para uma biografia de um monárquico sem rei", *Jornal de Letras*, n. 173, ano V, 29 out./ 4 nov., 1985.

9 Cf. Vilma Arêas, "Uma epopéia para vozes", in *Atas do II Congresso Internacional de Estudos Pessoanos*, Tennessee, 1983, em que o argumento é mais desenvolvido.

aparência, negada pelas mercadorias. Exibe assim como ficção a suposta objetividade de um pensamento de classe. Borges e Saramago o acompanharão no mesmo passo?

III

De qualquer modo Jorge Luis Borges e Fernando Pessoa compõem o eixo em feitio de cruz que sustenta *O ano da morte de Ricardo Reis*, com o Adamastor camoniano a amarrá-los.[10] Salvo engano, ambos os escritores inspiram as sugestões do traçado mais largo da composição, enquanto Pessoa particularmente fornece as várias máscaras da ficção poética que se transformam – após o tratamento rebaixador da prosa – nos personagens do romance. O Ricardo Reis pessoano, sabemos, embora tendo biografia etc., apenas funciona *literalmente* como exemplo da composição poética clássica –ninguém pode achar que ele é mais que o título organizador dos poemas escritos segundo certa convenção. A tal miragem pessoana são fornecidas agora carnalidade e contingência, tendo sido o pesonagem mergulhado de cabeça em seu país, em sua cidade,[11] em seu tempo. O fascismo português, a guerra em Espanha, e a posição do protagonista quanto a isso, notícias e *faits-divers*, hábitos sexuais devidamente divorciados de devaneios sentimentais, tratamento infame dos subalternos, tipo descompromissado de cultura, o verdadeiro significado da ética em suspensão do Reis heterônimo, situado perfeitamente em sua posição de classe, cultura e festas populares portuguesas, a religiosidade etc. etc. etc., tudo funciona para que a definição da figura sobressaia contra a nitidez de fundo desse quadro pintado.

10 Julgo que não há como discordar de Beatriz Berrini ("Camões, Pessoa, Saramago", in *Cleonice clara em sua geração*, Rio de Janeiro: Editora da UFRJ, 1985) quando afirma que o Adamastor, um personagem derrotado, é bom que frisemos, "parece na verdade reunir os vários fios narrativos" do romance.

11 Projetando-se, embora em várias direções, o movimento real do protagonista redesenha, à semelhança de tantos outros (pensemos em Cesário, Álvaro de Campos, Bernardo Soares, mas também em Calvino e Antonio Tabucchi), o perfil de uma "cidade-invisível", edificada entre uma cidade ideal e outra, real (cf. especialmente Maria Betânia Amoroso, "Lisboa: a cidade invisível", in *Estudos portugueses e africanos*, São Paulo: Unicamp/IEL, n. 27, 1996).

Ora bem, a mão que pinta efetivamente é a do narrador, que ergue a voz por sobre o sussurro dos jogos de fazer-desaparecer. E é com malícia particular que ele entra e sai de seu personagem, brincando com ele, ora fingindo mimá-lo, ora castigando-o sem piedade, hábil na manipulação dos cordéis. Um exemplo bastará para que se perceba o deslizamento das vozes:

> e diz, Vivem em nós inúmeros, se penso ou sinto, ignoro quem é que pensa ou sente, sou somente o lugar onde se pensa e sente, // e, não acabando aqui, é como se acabasse, uma vez que para além de pensar e sentir não há mais nada.// Se somente isto sou, pensa Ricardo Reis depois de ler, quem estará pensando agora o que eu penso, ou penso que estou pensando no lugar que sou de pensar, quem estará sentindo o que sinto, ou sinto que estou sentindo no lugar que sou de sentir, quem se serve de mim para sentir e pensar, e, de quantos inúmeros que em mim vivem, eu sou qual, quem, Quain, que pensamentos e sensações serão os que não partilho por só me pertencerem, quem sou eu que outros não sejam ou tenham sido ou venham a ser. // Juntou os papéis, vinte anos dia sobre dia, folha após folha, guardou-os numa gaveta da pequena secretária, fechou as janelas, e pôs a correr a água quente para se lavar. Passava um pouco das sete horas.[12]

Da linha 1 aos travessões da linha três encontramos os três primeiros versos do poema n. 423 de Ricardo Reis, heterônimo de Fernando Pessoa, datado de 13 de novembro de 1933.[13] Da linha 3 ao final da linha 4, o narrador de *O ano da morte de Ricardo Reis*, comenta com certa ironia os mesmos versos. Da linha 5 aos travessões da linha 13, lemos as reflexões de Ricardo Reis, personagem de Saramago, a respeito dos versos do heterônimo pessoano, do qual se traveste, e a respeito do sentido da existência puramente literária da subjetividade, identificando-se nesse ponto a Quain, personagem de Borges.

12 José Saramago, op. cit., p. 24.

13 Fernando Pessoa, *Obra poética*, Rio de Janeiro: Nova Aguilar, 1981.

A partir daí até o final, soa a voz do narrador de *O ano da morte de Ricardo Reis*, desta vez com função puramente descritiva, fornecendo-nos a hora e os pormenores do quadro.

Nessa composição cerzida habilmente com fios diversos, o narrador pode assumir várias funções, além da que foi exemplificada acima. Pode, por exemplo, comentar inverossimilhanças do próprio texto, elucidar possíveis dúvidas dos leitores, rir-se ou ironizar, sempre com bom humor, e discutir a literatura e seu papel na sociedade – distanciando-se aqui tanto de Pessoa quanto de Borges. Realmente nada mais afastado ideologicamente dos dois escritores em suas insistentes multiplicações de heterônimos[14] ou da própria espécie literária enredada na "*prolijidad de lo real*" (pensemos no estatuto das obras de Quain ou de Menard) do que a positividade de Saramago, que nem sempre se confunde com o simples otimismo, mas que certamente anima o leitor a aderir às vigorosas vergastadas do romancista nas abjeções sociais e políticas do nosso tempo.

"O mar se acabou", observa Berrini[15] ao comentar a primeira e a última frase do romance, variações da que encontramos em *Os Lusíadas*, "a vida porém continua, (...) Não mais aventuras marítimas, não mais este ou outro Adamastor, não mais Pessoa, Reis. A terra aguarda, entretanto, poetas futuros, aventuras outras, perigos diversos que irão desafiar os homens".

Num certo plano, como os escritores naturalistas – e isso não deixa de ser curioso –, Saramago acredita ou confia no poder de intervenção da literatura. Afirma-o mesmo com todas as letras. Por isso a inversão da frase de Eça é da responsabilidade do devaneio de seu protagonista e não do narrador, que jamais põe a carruagem adiante dos bois por maiores liberdades de composição que se permita.

Do mesmo modo, nada mais distante desse narrador firmemente autocentrado do que as personas de Borges e Pessoa. Na maioria das vezes, estes últimos usam o texto como máscara, na busca de um tipo especial de verdade, *not of truth coherent and central, but angular and splintered.* [16] Destes, Saramago

14 Sobre as personalidades múltiplas como traço de modernidade, cf. Michel Hamburger, *The truth of poetry. Tensions in modern poetry from Baudelaire to the 1960s*, London/New York: Methuen, 1969.

15 Beatriz Berrini, op. cit.

16 Epígrafe de De Quincey usada por Borges em um de seus primeiros livros.

distancia-se intencionalmente. Basta-nos pensar na morte de Pessoa e Ricardo Reis e no apagamento literal da literatura para ambos (apagados realmente, no final do livro, *na* e *para* a literatura), transformando-se *The god in the labyrinth* diante dos olhos de Reis, numa "página suja".

Portanto a crítica a Borges, por meio de Quain, não é mais leve. Ambos, Quain e Reis desse modo se merecem, irmanados na inconsequência, tal como os coloca o narrador Saramago. Um pusilânime *versus* o autor de um livro banal, nada mais do que isso. Vejamos: o personagem encontra o volume na biblioteca do navio que o trouxera do Brasil, atraído que fora pelo título.

> O tédio da viagem e a sugestão do título o tinham atraído,
> um labirinto com um deus, que deus seria, que labirinto era,
> que deus labiríntico, e afinal saíra-lhe um simples romance
> policial, uma vulgar história de assassínio e investigação (...).[17]

Tal avaliação do livro de Quain,[18] entretanto, não é motivo suficiente para que o Ricardo Reis personagem o abandone, embora mal o leia durante sua última temporada de vivo, e não lhe dê grande atenção, pois a "aridez da leitura" tornava-o constantemente sonolento.

O procedimento – fincar no centro do relato um espelho que reflita o contrário do que a narrativa pretende – não foi desconhecido, por exemplo, por Eça de Queiroz, especialmente em *O primo Basílio* e *A ilustre casa de Ramires*, para ficarmos no círculo da literatura portuguesa. Em Saramago, entretanto, o recurso é muito mais sinuoso, sem o didaticismo explícito, banhado em uma ironia toda especial que impregna a totalidade da narrativa. Como se o espelho fosse de água e refractasse o texto mergulhado nele.

Ricardo Reis, assim, nos é sutilmente mostrado como um leitor desatento, que mantém uma relação pouco exigente, distraída e sonolenta com os livros, o que não deixa de abalar o perfil do personagem pessoano. Quanto a *The god in the labyrinth*, se está sempre ao alcance do personagem de *O ano da morte de Ricardo Reis*, entrelaça-se entretanto a poemas de Fernando Pes-

17 José Saramago, op. cit., p. 23.

18 Borges é o primeiro a criticar a literatura de seu personagem, atribuindo-lhe "ejecución deficiente", com suas "bromas lánguidas" e "seudo precisiones inútiles".

soa; por seu turno, a noção de *labirinto* – a partir da ramificação dos textos – projeta-se na paisagem e na trama como uma espécie de emblema, que em seu limite pode apontar o extravio dos escritores-personagens e talvez das classes favorecidas. Não é preciso dizer que não estamos aqui seguindo o compasso da ficção borgiana.

No entanto, as armadilhas aí estão, e Saramago não se furta aos jogos ilusionistas. Se as setas apontam *The god in the labyrinth*, o texto talvez com maior nitidez acolha reflexos de *April march* e de *The secret mirror*, devidamente corroídos ou deslocados por Saramago, e aí se localizam a graça e a malícia, talvez perversidade, de *O ano da morte de Ricardo Reis*. Pois não é verdade que este livro, assim nos foi confessado a respeito de "Las ruínas circulares", também nasça das tolices de Quain? Será este o admirável *tour de force* de Saramago, ao lado da notável leveza de toque com que nosso autor manipula elementos da chamada narrativa do sobrenatural ou de mistério, tornando-a, por assim dizer, caseira e trivial. Nada mais corriqueiras do que as conversas entre o fantasma de Fernando Pessoa e Ricardo Reis, numa figuração que exteriormente nos recorda, embora em outro registro, o "*tema imposible*" da cena de "El otro",[19] famoso encontro do Borges ancião com o Borges adolescente.

Encontramos, além disso, no livro, cujo título também contém "un débil *calembour*"[20] ingredientes sentimentais, contradições e pormenores sórdidos – pessoais e políticos –, a banalização das figuras etc. Evidentemente, o timbre da voz do narrador, que soa claríssimo apesar de simular disfarçar-se, coloca em seu verdadeiro lugar o que, segundo Borges, caracteriza todos os jogos: a simetria, as leis arbitrárias, o tédio. Não aqui. Neste ponto reviramos o argumento, pois nada é mais distante do isolamento absoluto dos *ready-made* – linguisticamente utilizados, mas explicados e dissolvidos por Saramago – do que essa prosa vigorosa e otimista, que espana todas as teias do salão literário com seu sopro de certezas e saúde.

19 Jorge Luis Borges, "El otro", in *El libro de arena*, Buenos Aires: Emecé, 1975.

20 No conto, Quain explica que *April march* não significa, como se poderia pensar, "a marcha de abril", mas simplesmente "abril março". Do mesmo modo *O ano da morte de Ricardo Reis*, se por um lado pretende iluminar as circunstâncias sociais e políticas do tempo em que vivera o personagem, por outro, o que afirma é a inconsequência e a irrelevância (a morte) dos poetas que estruturam o romance.

Objet trouvé? Mas já disseram que ao *objet trouvé* corresponde um *sujet trouvé*, para quem já se torna impossível a esperança de romper com o caráter de fetiche da arte moderna, mas também contemporânea, o que permitiria o acesso ao reino da liberdade da criação.

Mas atenção: não permaneça *distraído por la vanidad*, inventando problemas e soluções, como denuncia o Borges narrador do "Examen de la obra de Herbert Quain". Em vez disso, deixe-se atrair pelo título do romance de Saramago, assim como o personagem Reis fora atraído pelo título do inexistente autor Herbert Quain. Desperte da sonolência e trate de lê-lo. Pois o protagonista da narrativa não é Ricardo Reis, mas o *ano* de sua morte. Será neste fio disfarçado que todos os simulacros, tolices e tudo o que já foi dito se salva dos labirintos inventados, que se irradiam por esses espertíssimos textos, à semelhança das veredas que se bifurcam no precioso jardim borgeano.

6.2
"Com respeitoso carinho/ trago pois minha oferenda"

[Testemunhos]

Fidelino de Figueiredo
Carta inédita a Cleonice

Lisboa, 19 de julho de 1958

Exma. Sra. Professora
D. Cleonice Serôa da Motta Berardinelli
Rio de Janeiro

Minha boa Amiga:
Penhorou-me a prontidão das suas notícias familiares e impressionou-me a ternura com que fala dos sobrinhos e dos netos. Sinal da sua estreita identificação com os irmãos e o marido. Para filhos chegam e sobram os alunos e alunas da faculdade. O ministério do ensino só dá felicidade, quando o coração nele colabora. Dos deveres regulamentares do professor-funcionário à verdadeira ação educativa vai longa distância. Que as bênçãos do céu chovam sobre o seu lar e os de seus irmãos!

Também me chegou a tese, que já está lida e saboreada. Agradeço-lhe muito a dedicatória, impulso de gentileza e generosidade, a que eu não tinha direito. Que lhe fiz? Descobri-la e descobrir-lhe a literatura portuguesa? Grandes descobrimentos, mas extremamente fáceis, tão fáceis como os do Corcovado e do Pão de Açúcar, evidentes sobre os ares! Nem o mais pequeno elemento lhe proporcionei para a sua tese. Sobre Fernando Pessoa apenas escrevi as linhas de referência à *Mensagem* em *Depois de Eça de Queirós...*, e só na última edição desta breve perspectiva.

Contudo, conheci-o muito bem e admiro a sua obra. Fomos condiscípulos no 1º ano da faculdade, que então se chamava Curso Superior de Letras. Acabava ele de chegar da África do Sul. Era alto, magro, narigudo, um pouco tartamudo e mantinha sempre uma expressão sorridente, que fazia lembrar o rir japonês, como defesa. Caminhava de esguelha, como afligido por escoliose espinal. Em breve desapareceu, talvez por não obter a revalidação dos estudos que trazia. Perdemo-nos de vista, apesar da simpatia que nos atraíra. A última vez que nos encontramos foi junto da Igreja da Madalena, de Lisboa. Falávamos animadamente,

Fidelino de Figueiredo foi professor de Literatura Portuguesa da Universidade de São Paulo (USP).

quando eu me lembrei de contar-lhe que pouco antes achara num farrapo de revista, exposto na sala de espera de um consultório médico, um bom artigo dele sobre o espírito provinciano. E louvei as suas ideias. Não foi preciso mais para lhe sobrevir um acesso de timidez. Corou, enrugou mais o sorriso e partiu muito confuso. E nunca mais o vi – coisa bem explicável pelo meu exílio de 24 anos.

A sua tese constitui um precioso exame estilístico, profundo, metódico e norteado por grandes mestres da moderna preceptiva literária – que a minha boa amiga muito bem conhece. Todas as qualidades de Cleonice estudante estão presentes em Cleonice professora, mas na sua plena madurez. Muitos parabéns e votos pelo melhor êxito no concurso!

Se eu fizesse parte da mesa, dir-lhe-ia na minha argumentação, depois de louvar calorosamente a sua análise estilística, profunda e metódica, do conteúdo e do continente formal da obra do poeta, dir-lhe-ia que a estilística não é um fim, mas só um meio, método ou caminho para chegar a delimitar os contornos de uma individualidade literária e formular juízos interpretativos e valorativos. É claro que me refiro à moderna e não à clássica. Sendo assim, se a Cleonice quisesse converter a sua tese, destinada a um júri de professores, num livro, destinado ao grande público, deveria alterar fundamentalmente a apresentação do seu estudo. As ideias da conclusão, ampliadas grandemente, formariam o corpo da obra: e todo o aparelho demonstrativo teria de ser distribuído por notas e um apêndice. E a parte crítica e discursiva ganharia assim o relevo que lhe corresponde, tornando a obra mais gratamente acessível ao público leigo ou não escolar.

Repito: a tese é uma exemplificação perfeita dos métodos da estilística moderna e passará a constituir indispensável instrumento para a compreensão da obra do poeta, principalmente se for articulada ao movimento poético imediatamente anterior. As minhas feliciações, votos de triunfo no seu concurso e desculpas pela franqueza um pouquito pedante, com que me pronunciei. Não posso esquecer-me de que passei grande parte da vida a remexer nestas coisas.

Congratulo-me pela obtenção dessa bolsa de estudos da colónia portuguesa. Gente muito boa e de certa fidalguia de coração. Se chegar até lá, espero o casal Berardinelli neste casinholo, melhor, esperamos, minha mulher e eu, de coração aberto. Tenho muitos amigos entre os médicos mais ilustres e porei essas relações ao serviço de seu marido para informação e convívio. Muitos cumprimentos para ele e seus irmãos. E, para a Cleonice, um saudoso abraço do casal de amigos de Alvalade, animado dos mais vibrantes sentimentos.

Adriana Calcanhotto

A menina Cleo

Sentada na plateia de uma casa de shows no Rio de Janeiro, para assistir a um de Maria Bethânia, assim que se apagaram as luzes da sala, vi passar uma figura cercada de umas três senhoras que calmamente a acompanhavam e senti o *frisson* na plateia, a notícia correndo pelas mesas, "é d. Cleo", "é a professora Cleonice", eu ouvia e não conseguia tirar os olhos dela, apesar do escuro, tamanha a força magnética que exalava. Perguntei "quem é?" e ouvi um "ah, é a d. Cleo", o que não me ajudou muito, a não ser para correr para casa e passar o resto da noite a pesquisar a respeito da professora na internet. Fiquei maravilhada depois de descobrir seu universo.

Tempos depois a vi em Paraty, na Flip, desta vez no palco, ao lado de Bethânia, as duas lendo Fernando Pessoa e seus heterônimos. Quando Cleonice entrou no palco da tenda abarrotada, aconteceu algo como se molas houvessem sido acionadas nas cadeiras da plateia; todas as pessoas levantaram num ímpeto, ao mesmo tempo, e aplaudiram extasiadas. Só de pisar no palco ela ganhou o público inteiro, e eu tive aquela mesma sensação da primeira vez em que (mal) a vi, no escuro do Vivo Rio. A leitura foi das coisas mais lindas a que já assisti na vida. Tive ainda o privilégio de conhecê-la, mais tarde, depois da leitura, quando ouvi pérolas e chorei de rir das tiradas do seu humor rápido e finíssimo. Foi nessa noite que a ouvi responder à moça que sussurrou detalhadamente tudo o que havia para comer no bufê e ela repondeu de volta, também em tom baixo "de tudo um pouquinho", que é a chave da sabedoria de todos os tempos, a moderação, que ela não prega, pratica. "E vinho, vai querer?" – "Mas é claro."

Diz o professor José Augusto Bernardes, especialista em autores do século XVI e guardião das preciosas bibliotecas da Universidade de Coimbra, que Cleo é uma raridade no mundo acadêmico, onde encontramos muita gente

Adriana Calcanhotto é cantora e compositora.

com vasto conhecimento e que, por isso mesmo, tem dificuldades para calar. "Cleo sabe tanto que pode calar, sabe quando é melhor calar."

É amada por seus ex-alunos, sendo que, no momento, seis deles estão na Academia Brasileira de Letras. Foi amiga de Manuel Bandeira, para quem carinhosamente, todo ano, fazia, ela mesma, os papos de anjo que ele tanto amava, embrulhava em papel celofane, fechava com um laço de fita e ia até sua casa entregar.

Tive eu a imensa sorte e o enorme privilégio de estar perto dela quando fizemos saraus com a poesia de Mário de Sá-Carneiro, o poeta português que exerce sobre mim um fascínio misterioso e a ela provoca pena. De ninguém esconde que seu predileto é Pessoa, embora costume dizer que "é terrível ser Fernando Pessoa, ele não foi feliz". Uma mulher que foi e é feliz a dedicar, por anos e anos, tanto amor a um poeta maior e infeliz parece curioso. Imagino que me corrigisse dizendo que se não fosse infeliz não seria um poeta maior, o que vale também para o seu contemporâneo Mário de Sá-Carneiro. Enfim, a autoridade é ela, que adora uma pergunta pertinente, mas prefere uma provocação e não tem o menor pudor em confessar que "nunca havia pensado sobre isso", o que é mais uma prova da grandeza de sua alma.

Cleo pode falar por horas a respeito de um único verso, emociona-se com poemas que finge ler, porque na verdade os sabe de cor e salteado, e enche os olhos d'água ao ler um poema com o qual trabalha há mais de quarenta anos, porque lê os poemas, sempre, pela primeira vez.

Esteve no hospital com um probleminha na coluna e fui visitá-la. Cheguei ao quarto e ela me disse "o médico acabou de passar aqui". Perguntei "ah, e o que ele disse?". Ela ficou em silêncio. Estranhei aquilo, mas estar em um leito, virada para uma parede verde-clara não combina nada com ela. Relevei e insisti:

– Cleo, o que disse o médico, ele não esteve aqui?

– Esteve, sim.

– E o que ele falou?

Silêncio. Já pensei que ela estivesse querendo me poupar de alguma coisa, mas isso também não combina com ela.

– Cleo, o médico não falou nada?

– Não, minha querida. Sabe o que é, na verdade estou dando aulas de latim a ele, porque ele…

– Ah, tá, já entendi, tá tudo ótimo, ele não disse nada, só ouviu. Veio ter aula de latim, não examinou, é rotina isso nos hospitais.

Vocação de professora e sensibilidade de poeta. Faz poesia ao ler os seus poetas, e tudo o que mais ama é transmitir o seu amor pelo conhecimento. Gostaria muito de conviver mais com ela, de estar mais perto um pouquinho, mas não é tarefa fácil. Ligo para a casa dela, "está na fisioterapia". Ligo mais tarde, "está fazendo drenagem linfática". Ligo depois, "está gravando uma entrevista". Torno a ligar, "está na aula de inglês". Aí, sim, finalmente, ligo e "ela foi pra Academia, o médico nem achava bom ir já hoje, mas você sabe como é…". Sei bem e quanto mais sei mais quero saber. Adoro a companhia, a generosidade, a nobreza; vive nas alturas e nada a faz descer de lá, quem quiser que a acompanhe. Ontem conversamos ao telefone e ela quase me matou de rir contando os bastidores da cerimônia de entrega de seu título de Doutor *Honoris Causa* pela Universidade de Coimbra. Depois me convidou para fazermos um sarau com repertório de D. Dinis, mais uma paixão que temos em comum, para usarmos as traduções que ela publicou em 1954 com as cantigas do rei trovador que ela verteu para o português moderno, e que eu ignorava. Este ano ela faz só cem anos de idade. Esperamos que arrume um espacinho na agenda para comemorar.

Affonso Romano de Sant'Anna

D. Cleo, admirável!

Cleonice Berardinelli é a mãe, a sogra, a madrinha e a orientadora de tese que todos gostaríamos de ter. Alguns tiveram essa sorte.

Quando cheguei na PUC-Rio em 1970, para dirigir a Pós-graduação em Literatura Brasileira, tive a felicidade de conhecer e conviver com d. Cleo. Educada, fina, atenciosa, enfim, aquilo que dizia meu pai – "uma flor de pessoa".

Na PUC ela era a responsável pelas literaturas portuguesa e africana, e Evanildo Bechara, pela língua nacional. Estava eu assim bem guarnecido, trabalhando ao lado desses dois mestres. Cleonice vinha da antiga Faculdade Nacional de Filosofia e tinha sido aluna e colega de mestres notáveis.

Eu vinha dos Estados Unidos, tinha defendido minha tese de doutorado e começava uma vida nova no Brasil. Tudo era um desafio. A PUC propunha novas maneiras de se estudar o fenômeno literário. Fizemos com Cleonice uma histórica travessia.

D. Cleo tinha tudo o que eu admirava academicamente: dominava totalmente a área que lecionava, tinha uma cultura invejável e, sobretudo, era modesta. Aqueles foram anos de experimentação e aprendizado, e a PUC-Rio se tornou logo um centro de excelência reconhecido em todo o país.

Mais que uma colega, ela foi uma espécie de anjo tutelar de todos nós.

Affonso Romano de Sant'Anna é poeta, ensaísta e professor de Literatura Brasileira.

Alexandra Lucas Coelho

D. Cleo começou por ler Os Lusíadas *numa tarde**

Era "uma tarde de inverno, chuvosa, fria". A jovem Cleonice recostou-se na poltrona e ajeitou a almofada. "Li *Os Lusíadas* numa tarde de êxtase. Quando chegou no canto VI, na tempestade, me senti embalada nas ondas, mas era a chuva lá fora." Em São Paulo, em 1938.

"*Os Lusíadas* numa tarde?" "Incrível, não é? Li depressa. Estava lendo como quem devora uma história. Claro que comecei a voltar atrás, a parar." Nem sabe quantas vezes releu, ao longo do século XX. "Foi amor à primeira vista e definitivo." Depois desdobrado, dos cancioneiros a Saramago, fez dela a maior lusitanista do Brasil.

E esta terça-feira, dia em que completa 96 anos, várias gerações de alunos vão homenageá-la com um jantar no Rio de Janeiro. Cleonice Berardinelli, d. Cleo, como lhe chamam os mais próximos, é carioca. Ter lido Camões em São Paulo foi uma circunstância paterna, como ela explicará, nesta outra tarde de inverno em que recebe o *Público*, nada chuvosa, nada fria, com todo o ruído de Copacabana a entrar pela janela.

"Eles abrem o chão para consertar e depois abrem de novo", diz ela sobre a britadeira que chia, e chia, apesar de ser sábado. "Acordei com este ruído na minha cabeça." Se não são as obras é o trânsito, um frenesim. Imaginem para quem se lembra do Rio nos anos 1920. "Não havia arranha-céus. A Atlântica [orla de Copacabana] era uma linda avenida de casas apalaçadas, todas com terreno. A Barra [da Tijuca] era o fora da cidade, um passeio. E dali para lá..." Levanta a palma das mãos, como quem diz o desconhecido.

O Centro, hoje cheio de arranha-céus com escritórios, era mesmo o centro da cidade: Confeitaria Colombo, rua do Ouvidor, Uruguaiana. Cleonice vivia

Alexandra Lucas Coelho é jornalista e escritora.

* *Público*, Lisboa, 28 de agosto de 2012.

em Botafogo, onde nascera. Do lado materno, avós do Rio e de Pernambuco, do lado paterno, Sergipe e Portugal. Nada de sangue italiano: "Berardinelli era o meu marido." Um médico de clínica geral viúvo, com quem veio a casar aos 32 anos, já professora universitária.

Foi uma menina bem-comportada, aluna de dedo no ar, de nota máxima, filha de oficial do Exército. "Papai tinha livros de engenharia e coisas militares, e mamãe, uma bibliotecazinha sobre Napoleão Bonaparte." Três irmãos, contando com ela. E como o pai foi transferido várias vezes, cresceram entre mudanças de casa: pântanos nos arredores do Rio, lugares altos de Minas Gerais, Curitiba, interiores de São Paulo, São Paulo capital.

Cleonice aprendeu a ler e tocar piano antes mesmo de entrar na escola. "Com quatro anos já sabia sonetos. Papai e mamãe tomaram uma professora de declamação." Começou a declamar para as visitas. "Nunca fiquei nervosa por falar, sempre fui muito despachada. Mamãe gostava muito de poesia, e em Itu [estado de São Paulo] representei no teatrinho do quartel *A ceia dos cardeais*, de Júlio Dantas. É a minha primeira reminiscência portuguesa." Aos doze anos, já sabia "uns duzentos poemas", sobretudo brasileiros. "Não havia visita que não tivesse de ouvir a menina."

Entre livros

Encosta a bengala à parede e senta-se na sua cadeira favorita, aquela que o fisioterapeuta recomendou. Está elegantíssima, de preto, brincos de prata, verniz rosa-mate. Ninguém acredita nos tais 96 anos. Será da água de coco que bebe várias vezes ao dia?

Quando a repórter chegou ainda lanchava com um dos seus visitantes, neste caso um motorista ao serviço da Academia Brasileira de Letras (ABL) que, de tanto a transportar, se fez amigo. D. Cleonice senta-se sempre à frente no carro por ser mais fácil de entrar. Foi eleita para a soleníssima ABL em 2009, o que quer dizer que agora é uma "imortal", título a que todos os membros têm direito. Já então era professora emérita da Universidade Federal do Rio de Janeiro (UFRJ) e da Pontifícia Universidade Católica do Rio de Janeiro (PUC-Rio).

Aos fins de semana, a família reveza-se para estar sempre alguém com ela.

Este sábado é uma sobrinha atentíssima, de olho num livro, mas na verdade em nós, sobretudo quando a tia ignora a bengala.

É uma ciranda entre a sala e os livros que agora estão confinados a três lugares, por causa dos ácaros. D. Cleonice abre uma porta onde se lê "Galeria Camões" e por baixo está a cara do próprio. Relíquias que sobraram de congressos: lá dentro é o escritório original, onde o século XVI vem dar ao XX, por exemplo, à "Saramaguiana", que são as prateleiras do seu prosador favorito. Ainda lá está a antiga mesa de trabalho, agora abandonada, por causa da alergia ao pó. Livros velhos têm isso. "Minha residência mesmo tem sido a sala de jantar." Para onde leva o computador portátil.

O segundo lugar de livros é o corredor, com destaque para uma estante inteira de Pessoa. D. Cleonice é autora do segundo estudo no mundo sobre o poeta, depois da tese pioneira de Jacinto do Prado Coelho, e o seu próximo livro a publicar no Brasil é uma antologia de trabalhos pessoanos. "Esta estante ficava ao lado da minha cama." Antes da alergia. "É o autor que ocupa mais espaço na casa. O Gil Vicente não tem tantos livros, umas três prateleiras." Gil Vicente é o objeto do seu último livro de ensaios.

Finalmente, a divisão seguinte é dedicada à literatura brasileira.

E por um triz não foi ser engenheira. Aluna imbatível na matemática, era esse o plano, não fosse um professor tê-la empurrado para Letras. Entrou na Universidade de São Paulo (USP) e então houve aquela tarde chuvosa com Camões, a conselho do seu mestre Fidelino de Figueiredo, "portuguesíssimo, antissalazarista convicto, exilado há muito". Era no tempo em que a USP estava "a engatinhar", cheia de professores estrangeiros. Ao longo dos anos, Cleonice cruzou-se com Braudel, Ungaretti, Lévi-Strauss.

E chegou o dia em que pela primeira vez viu Portugal.

"Fui com o meu marido, em 1959, uma viagem de três meses pela Europa, espécie de prémio por ter preparado a tese sobre Fernando Pessoa. Fiquei 25 dias em Portugal." Sobretudo em Lisboa. "É a cidade da minha paixão. Se tivesse de viver fora do Brasil, queria morar em Lisboa, perto do mar ou à beira do Tejo."

Depois, foram incontáveis vezes, entre incontáveis amigos. Lembra-se de passear com José Cardoso Pires e Augusto Abelaira "batendo um bom papo sobre a dificuldade de ter bons livros portugueses para dar aos alunos". A exceção era a Livraria Camões, com o seu livreiro amigo Estrela, mas nem sempre ele conseguia as coisas a tempo. "Tive de copiar *Bolor* [romance de Abelaira] e distribuir aos pedaços." Cardoso Pires é um seu eleito. "*O delfim* é um primor. E gosto muito dos contos, a 'Carta a Garcia'."

Entre os contemporâneos, não encontra rival para Saramago, mas apreciou Agustina. Já Lobo Antunes é caso mais complexo: "Tenho com ele um desajuste." Desde um encontro nos anos 1970. De Gonçalo M. Tavares ouviu falar "muito bem" mas ainda não leu. Quanto a poetas, a última de que gosta "sem restrições" é Sophia de Mello Breyner Andresen. "Sou admiradora daquele surrealista, Herberto Helder, mas gosto mais dos contos, que são excelentes. Tem um chamado "O Celacanto" [no livro *Os passos em volta*] que é um primor."

Um dia houve a surpresa heterodoxa de Adília Lopes. "Uma aluna pediu-me para orientar uma tese sobre ela. Eu disse: 'Pode ser preconceito, mas ela me agride com aquelas coisas brutais.' A minha aluna insistiu para eu ler. E sabe que fiquei conquistada? Acabei fazendo as pazes com Adília."

Por ordem cronológica, o cânone de d. Cleo será assim: "Dom Dinis, grande, mas grande poeta. Gil Vicente, Camões. Padre António Vieira. Bocage. Garrett. Eça de Queirós. Antero de Quental, uma das minhas profundas paixões. Camilo Pessanha, uma obra curta, mas que trouxe uma novidade grande. Fernando Pessoa. Almada Negreiros. Mário de Sá-Carneiro, o prosador e o poeta." Como professora, nunca avançou muito pelo século XX porque alguém tinha de cuidar dos antigos, e os alunos que formou foram tratando das novidades.

Mas por estes dias está a ler o último livro de Nélida Piñon e quer ler a *Sagrada família*, primeiro romance do jornalista veterano Zuenir Ventura. Católica convicta, continua a sair para a missa de domingo, onde gosta de conversar com o padre, homem "muito inteligente, arejado". E a sair, em geral. Esta terça à noite, por exemplo. "No dia em que diminuir o meu ritmo, estou morrendo, estarei me sentindo oca, sem amanhã."

Ana Maria Machado
Um privilégio e um presente

TIVE O IMENSO PRIVILÉGIO DE SER ALUNA DA CLEO. NA ocasião, respeitosamente, a professora Cleonice Berardinelli. Ou d. Cleonice, como a chamávamos.

Foi no curso de Letras Neolatinas, na então Faculdade Nacional de Filosofia (FNFi) da Universidade do Brasil, depois desmembrada em várias outras faculdades e institutos, abrangendo cursos diversos – o que a transformaria na Faculdade de Letras da Universidade Federal do Rio de Janeiro (UFRJ). Tínhamos aulas na Esplanada do Castelo, num prédio sobrevivente da Exposição de 1922 para celebrar o centenário da Independência do Brasil, e que havia sido originalmente o pavilhão da Grã-Bretanha. A essa altura, o antigo edifício de estilo clássico, com seus enormes murais descascando, sua imponente silhueta e suas desbotadas paredes cor-de-rosa, já fora dedicado a outros fins por algumas décadas, pois servira de sede para o Tribunal Regional do Trabalho (TRT). E naquele começo da década de 1960, quando o Rio deixava de ser a capital federal e muitos órgãos oficiais se mudavam para Brasília, os alunos da então FNFi aproveitaram a efervescência do momento e a confusão da mudança para atravessar a avenida Presidente Antonio Carlos (onde todos nos apertávamos num edifício que fora a embaixada da Itália, tomada pelos estudantes durante a Segunda Guerra Mundial, e agora devolvida à Casa da Itália) e ocupar à força o prédio cor-de-rosa do TRT.

Após meses da nova ocupação, os cursos de Letras Neolatinas, Anglo-germânicas e Clássicas acabaram ficando com o novo espaço conquistado. E cadeiras que reuniam alunos dos três cursos – como Literatura Portuguesa, a cargo de Thiers Martins Moreira e Cleonice Berardinelli – aproveitavam a generosidade dos muitos metros quadrados de um imenso anfiteatro a seu dispor. Só havia um problema: o estrado era em declive. E a escrivaninha sobre ele ficava levemente inclinada. O mais simples gesto cotidiano de um professor, ao apoiar sobre a mesa um pedaço de giz ou um lápis, desencadeava um

Ana Maria Machado é escritora e membro da Academia Brasileira de Letras (ABL).

movimento acelerado de rotação, e a turma toda acompanhava atenta quanto tempo o objeto levaria para cair no chão, contando um, dois, três….

D. Cleonice jamais caiu nessa armadilha. Nunca deixou de apoiar o giz ou lápis cuidadosamente em um livro, caderno, estojo ou bolsa – algum obstáculo que impedisse o rolamento precipitado. Na época, achávamos que ela era esperta e não se prestava a criar problemas de disciplina semeando risinhos pela turma. Mais tarde, meus olhos de romancista me mostraram outro sentido nesse comportamento: Cleonice não perdia o foco, mas não se alienava, não se desligava do mundo. A absorção no que estava fazendo não a impedia de se situar muito conscientemente em seu entorno. Que ninguém se iluda com sua doçura e sua elegância: ela não se deixa enganar. Não sai por aí comprando briga, mas não deixa de registrar sua desaprovação quando não está de acordo.

Aos poucos, fomos descobrindo que absorção total podia ser a nossa, diante das aulas de d. Cleonice. Como eram interessantes! Que apaixonante podia ser aquela literatura! Eu já tivera algum contato com as letras portuguesas porque, egressa do Colégio de Aplicação da FNFi, havia sido aluna de ex-alunos seus, como Carlos de Almeida Lemos e Margarida Ferreira, além de ter tido aulas com várias licenciandos que haviam passado por suas mãos e me traziam os ecos das lições de Cleo. Mas até hoje lembro como foi emocionante descobrir os cancioneiros medievais por meio de sua voz cristalina a matizar sutilezas de amor, escárnio ou maldizer. Ou constatar a permanência e o humor de Gil Vicente. Ou admirar a força incomparável de Camões lírico ou épico, a vitalidade de suas imagens, a maestria de seu manejo da métrica, a música e emoção de seus versos, que me ficariam na memória para toda a vida. Ou desafiar as forças da natureza com a Sociedade do Raio de Antero de Quental, beber adjetivos e mamar charutos lânguidos na adjetivação de Eça de Queirós, perder-me no perfume de luar de Camilo Pessanha. Sem esquecer, evidentemente, a absorção de Fernando Pessoa, todo ele, já então um de meus poetas amados, a me pulsar no sangue. Era uma verdadeira exaltação. Primeiro, o gesto de abrir o livro na página indicada, ouvir a primeira leitura na límpida voz de Cleo, sem ênfases desnecessárias ou oratórias, mas sutilmente modulada de modo a fazer saltar possíveis sentidos. Pausas prenhes revelavam velas pandas ou algas mágoas. Sutis murmúrios recriavam onomatopeias da roda girando na *Ode marítima* ou o vento lá fora, entre o binômio de Newton e a Vênus de Milo. Dessa leitura, partíamos então para singrar o poema, deixando aflorar inesperadas faíscas, intuições de uma profundeza insuspeitada. Não se tratava exatamente de uma interpretação de poemas, fechando seu sentido, mas, muito pelo contrário, da abertura de infinitas possibilidades de um convívio poético interior que não desapareceria com o tempo, sempre renovado.

As aulas de Literatura Portuguesa eram dadas no último tempo. Ao final, hora de ir para casa. Na porta do prédio, à espera de Cleo, estava dr. Álvaro com seu fusquinha. E eu tinha a sorte de ser vizinha deles, as ruas onde morávamos faziam esquina. Entre o Castelo e o Posto 5, a carona era perfeita. E eu vinha quietinha no banco de trás, ouvindo a conversinha cotidiana do casal, eventualmente respondendo a alguma pergunta ou participando da troca de ideias sobre algum assunto geral. Uma oportunidade para aprofundar o privilégio.

Numa dessas conversas, falamos em Manuel Bandeira e eu disse quanto admirava sua obra. Comentei quanto lamentava ter entrado para a faculdade justamente no primeiro ano após a aposentadoria dele como professor de Literatura Hispano-americana e, assim, não ter tido a oportunidade de ser sua aluna. Cleo teve uma ideia, mas não me disse nada. Ao final da aula seguinte, me contou que tinha telefonado para Bandeira e perguntado se podia levar uma aluna para visitá-lo. Acabou levando duas, pois comentei que minha amiga Lucia Quental, que cursava Anglo-germânicas, também admirava o poeta. E assim acabamos as três nos encontrando uma tarde para ir ao apartamento de Bandeira, em frente à faculdade.

Embevecidas, Lucia e eu levamos rosas amarelas para ele. Cleo levou seu encanto. Foi uma tarde mágica. Ao final, o poeta se desculpou por só ter nos oferecido um café e nos convidou para irmos tomar chá na Academia com ele na quinta-feira. Lucia não podia, mas Cleo e eu fomos. Foi a primeira vez que entrei no Petit Trianon, o prédio que fora o pavilhão da França na exposição do Centenário da Independência do Brasil, em 1922. Bem ao lado da nossa faculdade. Jamais poderia supor que uns quarenta anos depois entraria para a Academia Brasileira de Letras que, nessa ocasião, não admitia mulheres entre seus membros. Ou que um dia eu presidiria a instituição e seria responsável pela administração de um conjunto de bens que abrangem a Galeria Manuel Bandeira, no prédio construído no exato local em que ficava o do TRT, onde a professora Cleonice Berardinelli me dera aulas. Mais incrível ainda, para aquela garota deslumbrada com suas aulas, seria imaginar que, um dia, ambas vestindo fardão, eu iria aplaudir de pé o acolhimento de Cleo como acadêmica na Casa de Machado de Assis. E que poderíamos nos encontrar toda semana, no chá ou em nossas sessões, com o afeto crescente do convívio. E que eu teria a chance de admirar cada vez mais suas qualidades intelectuais, sua dignidade moral, sua coragem tranquila e desassombrada de quem jamais se desliga das exigências éticas da realidade por mais que possa parecer absorta em pura poesia.

Cleo é um presente que a vida me deu.

António Almeida Lima

Cleonice Berardinelli – uma rainha das letras

A DISTÂNCIA GEOGRÁFICA E FÍSICA REALÇA AS MEMÓRIAS e os afetos. Guardo dos seis anos que vivi e trabalhei no Rio as melhores lembranças. Se posso eleger alguns dos momentos mais ricos dessa experiência, sem dúvida que o contacto com a professora doutora Cleonice Serôa da Motta Berardinelli, vulgo d. Cleo, será um deles.

Recordo em especial essa ilustríssima e queridíssima (e aqui os superlativos pecam por defeito) amiga, que hoje e sempre somos compelidos a homenagear pela evidência dos seus inúmeros méritos e pelo grande afeto que lhe devemos.

Em agosto de 2006, a minha mulher e eu recebemo-la num almoço em São Clemente, residência dos cônsules-gerais de Portugal, junto com os seus amigos mais próximos para celebrar os seus noventa anos. Foi dos momentos reconfortantes que senti no meu consulado carioca, ter podido homenagear nessa altura a decana das especialistas da Literatura Portuguesa.

Sua Excelência o presidente da República portuguesa agraciou-a então com a grã-cruz da Antiga Ordem Militar de Santiago da Espada, o mais alto galardão nacional para as artes e a cultura, prestando-lhe, em cerimónia histórica no Real Gabinete Português de Leitura do Rio de Janeiro, "catedral" da cultura luso-brasileira, o merecido reconhecimento do Estado português à sua obra e à sua distinta personalidade da cultura e da literatura em língua portuguesa.

Foi grande a emoção de ter podido celebrar esses momentos especiais com d. Cleo, como também foram sempre muito ricas as variadas ocasiões em que pude conviver com a mestra nas suas intervenções públicas, culturais, sociais, académicas e privadas.

Lembro bem ainda o final da tarde em casa dos queridos amigos Laura e Cícero Sandroni, onde fomos felicitá-la pelo anúncio formal da sua eleição para a Academia Brasileira de Letras.

António Almeida Lima é diplomata e ocupou o posto de cônsul-geral de Portugal no Rio de Janeiro de 2006 a 2011.

Era sem dúvida a sua consagração como referência cultural do Brasil que ali se comemorava e fiquei tocado pelo elevado ambiente de afetuosa camaradagem que encontrei entre os seus amigos e admiradores, vultos relevantes do mundo cultural, social e político do Brasil.

A minha prosaica presença ali fazia-me sentir, em grau supremo, um privilegiado das inolvidáveis tertúlias cariocas. Esse lado humano e afetuoso das gentes de cultura do Rio deixaram em mim o sabor doce de que Eça contava quando se referia à fala dos irmãos brasileiros. D. Cleo, sendo a rainha dessa doçura, estava na sua coroação, e eu assisti e posso contar.

Um dia d. Cleo partiu uma perna e ficou tolhida em casa durante umas semanas. Fui visitá-la, porque tinha saudades de a ver e de conversarmos. Fui recebido com a lhaneza e tradicional hospitalidade das grandes senhoras. Veio o chá e com ele a deliciosa mousse de manga, especialidade da casa. Fazia sol e calor lá fora, na Copacabana "princesinha do mar", e dentro era todo um doce calor humano. O ambiente convergia para o privilégio de conversar com uma rainha. Senti-me no palácio da palavra e da cultura, do saber e da experiência, da amizade e da boa educação.

Aqui, um ano atrás, passei em Seroa, freguesia do concelho de Paços de Ferreira, perto do Porto, e lembrei-me de novo do seu orgulho na família lusitana Serôa da Motta. Seroa, veio do verbo seroar, descansar depois do trabalho. Pois d. Cleo, que agora se aproxima do seu centenário, poderá ser Seroa, mas não a vejo a seroar, pois tanto ama o seu trabalho e vibra com os seus autores, os seus livros, os seus poemas, as suas obras e os seus alunos que não admito que abdique do seu reinado.

Longa vida à d. Cleo!

Bem haja por tudo o que nos deu e continua a dar.

Antonio Carlos Secchin

Cleonice em verso e prosa[*]

Antes da feliz oportunidade de conhecer Cleonice Berardinelli em pessoa, tive ocasião de conhecê-la em texto. O primeiro contato se deu através do prefácio que redigiu para *Estilos de época na literatura*, de Domício Proença Filho, cuja primeira edição, de 1967, li com bastante proveito à época em que cursava o pré-vestibular. No mesmo período, já frequentador de sebos, deparei, na Livraria São José, com o pequeno e precioso volume *Cantiga de trovadores medievais em português moderno*, com dedicatória da autora datada de 1953, endereçada ao importante crítico e filólogo Hélcio Martins.

Em 1970, ingressei na Faculdade de Letras da Universidade Federal do Rio de Janeiro (UFRJ), na avenida Chile, para fazer o bacharelado em Português e Literaturas Vernáculas. No ano seguinte, numa sala apinhada de jovens estudantes, vi adentrar a professora Cleonice, elegante e bela senhora, para ministrar aquele que seria seu último curso na Graduação: "Linhas mestras da Literatura Portuguesa", enfeixando diversos eixos temáticos da produção literária lusitana e propiciando confrontos e aproximações entre textos de diversificada procedência histórica.

Desde os primeiros encontros percebi que eu muito teria a aprender não só com o conteúdo propriamente dito das aulas, mas também, ou sobretudo, com o desempenho impecavelmente sedutor e preciso da mestra, que transformava o exercício da leitura poética num ritual celebratório da inteligência e da sensibilidade. Dentre as lembranças daquele curso – cujas inesquecíveis aulas só encontravam paralelo, já no âmbito da Literatura

Antonio Carlos Secchin é professor emérito da Universidade Federal do Rio de Janeiro (UFRJ) e membro da Academia Brasileira de Letras (ABL).

* Texto lido na mesa-redonda "Entre os pares da Academia – O tributo dos ex-alunos", no IV Congresso Internacional da Cátedra Jorge de Sena, ocorrida no dia 14 de julho de 2015, no Teatro R. Magalhães Jr., da Academia Brasileira de Letras.

Brasileira, na prática de magistério de Marlene de Castro Correia – , destaco meu aprofundamento na obra de Cesário Verde. Recordo Cleonice na récita de "Deslumbramentos": "Milady, é perigoso contemplá-la,/ Quando passa aromática e normal,/ Com seu tipo tão nobre e tão de sala,/ Com seus gestos de neve e de metal". O poema promovia associações entre palavras que pela primeira vez eram apresentadas umas às outras – "aromática" e "normal", gestos "de neve" e "de metal"; muito do efeito estético advém desses casamentos inesperados de termos que, apesar de não se frequentarem em outros recintos, tratavam, no espaço poético, de se atrair de modo irreprimível. A dicção perfeita de Cleonice, a elocução tensa e contida que emprestava a cada verso, o sutil destaque às rimas e às aliterações, tudo isso concorria para que, por momentos, o estrado da sala de aula se convertesse numa espécie de palco, onde, soberana, a Poesia desfilava, materializada na voz de uma de suas grandes intérpretes.

Ao final do curso, ao devolver-me uma prova em que obtive nota elevada, Cleonice, generosamente, acrescentou por escrito um encorajador e entusiasmado comentário, em que tecia previsões alvissareiras quanto ao futuro literário daquele rapaz de dezenove anos. No meu último semestre de graduação, fui por ela indicado para a monitoria de Literatura Portuguesa. Estive a ponto de tornar-me professor dessa disciplina, não fosse o convite que, recém-graduado, recebi do professor Afrânio Coutinho, para integrar o Setor de Literatura Brasileira da Faculdade de Letras da UFRJ. Comecei a cursar a Pós-graduação, período em que, pela segunda vez, fui aluno de Cleonice; dessa feita, o tema era a poesia de Fernando Pessoa – o mesmo prazer e proveito da graduação se fez presente nas aulas daquela mestra que, pioneiramente no Brasil, escrevera, ainda na década de 1950, uma tese sobre o autor de *Mensagem*.

Após quatro anos no exterior, retornei ao país em 1979, defendi a dissertação de mestrado, na sequência, a tese de doutorado, e consolidei a carreira no magistério da Literatura Brasileira. Além de amigos, tornamo-nos, Cleonice e eu, colegas no Departamento de Letras Vernáculas, até que, de novo, tive a alegria de contar com sua participação num momento importante de minha trajetória. Em 1993, coube-lhe presidir a banca examinadora de meu concurso para professor titular da Faculdade de Letras. Desincumbiu-se da missão com a competência e a serena seriedade que lhe são peculiares. Proclamado o resultado, com o qual, honrosamente, eu passava a integrar a linha sucessória dos catedráticos Alceu Amoroso Lima e Afrânio Coutinho, dirigi-me à professora e lhe entreguei singelo documento: a cópia da prova, guardada há 22 anos, em que ela expressara de modo benfazejo seus desígnios acerca de minha vida profissional. Cito: "Antonio Carlos, foi um prazer ser sua professora. Sem querer profetizar – como a ninfa da ilha dos Amores –, asseguro-lhe um grande futuro."

Em 2004, ingressei na Academia Brasileira de Letras (ABL), e desde então já pensava que esta instituição deveria ser também a Casa de Cleonice, pelo muito que ela fizera em prol da língua portuguesa e de suas literaturas, seja no diuturno e qualificado exercício docente, seja através de sua mais que vintena de relevantes livros consagrados a autores lusitanos. Por incrível que pareça, até então, ela, apesar de nacionalmente conhecida e reconhecida, jamais proferira palestra nas dependências da Academia, que, não obstante, contava em seus quadros com vários ex-alunos da professora, a ponto de, numa blague, eu lhe dizer que a sigla ABL também podia ser entendida como Academia Berardinelli de Letras. Com efeito, aqui estavam Affonso Arinos Filho, Ana Maria Machado, Domício Proença Filho e Antonio Carlos Secchin, a que pouco depois se somariam Evaldo Cabral de Melo e Zuenir Ventura.

Cleonice, então, compareceu à Academia para proferir excelente conferência sobre o padre Antônio Vieira. Começava a pavimentar-se o caminho que culminaria, no dia 16 de dezembro de 2009, com sua eleição para a cadeira n. 8. Ela sempre registra o fato de eu ter sido um dos mais entusiasmados mentores e incentivadores de sua candidatura, e cita com frequência nosso diálogo, quando tentava convencê-la a se apresentar. "Você deve candidatar-se à Academia", insisti. "Dê algum tempo para eu pensar, pode ser?", indagou. "Sim", respondi. "Dez minutos". Aceitou, e foi eleita em primeiro escrutínio, por ampla maioria de votos. Tomou posse no dia 5 de abril de 2010, com a casa cheia, apesar do dilúvio que naquela noite se abateu sobre o Rio de Janeiro. Escolheu-me para fazer a aposição do colar acadêmico.

Duplamente confrades – na Academia e na universidade – mais uma vez estaríamos juntos, na cerimônia de minha emerência na UFRJ. Após 39 anos de carreira docente (poucos, se comparados aos mais de sessenta de Cleonice), aposentei-me na UFRJ em 2011, e em 2013 fui duplamente agraciado pela universidade: com a concessão do título de professor emérito e com a publicação da coletânea *Secchin: uma vida em letras*, organizada por Maria Lucia Guimarães de Faria e Godofredo de Oliveira Neto. Cleonice foi homenageada em meu discurso de agradecimento. E por ela fui homenageado com um belo texto ("A Antonio Carlos Secchin, lamentando que deixe nossa faculdade tão cedo..."), incluído no volume *Uma vida em letras.* Nesse artigo, recorda o episódio da prova, transcrevendo-a na íntegra, e se estende em sutis comentários acerca de minha produção poética. Reproduz ainda um poema-dedicatória que lhe enviei. Nele, declaro a condição de perpétuo aluno da querida professora, conforme atestam os versos a seguir, com os quais concluo este depoimento.

Dedicatória de meu livro *50 poemas escolhidos pelo autor*:

"Haverá, talvez, poesia/ em algo que aqui se disse?/ Melhor indagar à mestra/ em verso e prosa: Cleonice."

Arnaldo Niskier
Cleo em Pessoa

QUANDO FUI CONVIDADO A DAR MEU TESTEMUNHO EM homenagem a nossa querida d. Cleo, como seus discípulos a chamam carinhosamente, refletindo sobre a importância de sua contribuição para os estudos literários, pareceu-me elementar destacar, em primeiro lugar, sua atuação como professora.

Membro da Academia Brasileira de Letras desde 2009, quando sucedeu meu saudoso amigo, o escritor Antonio Olinto, pelo carinho acumulado ao longo de quase oito décadas de magistério, d. Cleo pode ser considerada guardiã do patrimônio espiritual, cultural e artístico de seus ex-alunos, chave que abre e comunica, entre as gerações de professores e intelectuais que formou, os compartimentos da própria história da Literatura Portuguesa. Somente na Academia Brasileira de Letras, temos seis ex-alunos dela.

O prestígio de Cleonice não se restringe ao Brasil. A professora, com mais de mil alunos no currículo, já lecionou no mestrado de Literatura da Universidade de Lisboa. Fonte que criou suas próprias águas, absorvendo legados recebidos, longe de ser apenas uma memória viva, a imortal Cleonice Berardinelli segue em impressionante atividade, constituindo-se num exemplo de plenitude do exercício da nossa profissão. Mais do que ensinar, sua trajetória inspira os que dela absorvem ensinamentos.

Elo da trajetória do espírito em busca do aperfeiçoamento dos estudos da língua portuguesa, fruto de uma relação fulminante com a obra de Fernando Pessoa que começou há mais de setenta anos, d. Cleo multiplica, com o esforço da sua inteligência e do seu trabalho, o imenso legado da literatura de nossos antepassados. Sua dissertação sobre Fernando Pessoa é, nada mais nada menos, que a segunda do mundo. A descoberta do poeta português deixou marcas que o tempo só aprofundou. Costuma dizer, com muita propriedade, que

Arnaldo Niskier é professor da Universidade Estadual do Rio de Janeiro (Uerj) e membro da Academia Brasileira de Letras (ABL).

a Literatura Portuguesa antiga é a base de tudo: "Chegamos até aqui porque existiu lá atrás um sujeito chamado Camões", afirma.

Até hoje seu encanto diante dos alunos se renova. Vira e mexe alguém lhe pergunta: "Por que a senhora continua lecionando?" A resposta, a professora emérita da Universidade Federal do Rio de Janeiro (UFRJ) e da Pontifícia Universidade Católica (PUC-Rio) guarda na ponta da língua: "A aula é o começo de tudo. É a raiz de tudo que eu fiz." E não foi pouco. Afinal, estamos nos referindo à maior lusitanista brasileira, especialista em Camões e Fernando Pessoa, que teve entre o rol de amigos, entre outros, o poeta Manuel Bandeira.

Simpática e com uma memória inabalável, a impressão que se tem ao conversarmos com d. Cleo é a de que se está lendo um livro de Eça de Queirós. Nenhum pronome fora do lugar. Nada de gírias ou coloquialismos. A sintaxe é perfeita. Pergunto-me que mistérios teria Cleonice? Indagação que ela mesma responde, com a simplicidade que lhe é característica: "O meu segredo é muito fácil e pode ser que seja muito difícil de realizar. Eu nunca parei de trabalhar e nunca trabalhei senão naquilo que amo muito. Sempre digo isso: fazer aquilo de que não se gosta deve ser como estar em uma prisão entre grades."

Cícero Sandroni
Cleonice

No céu dos poetas, Fernando Pessoa finge não ter, mas deveras tem ciúmes de Cleonice. Ela o considera o maior poeta da língua portuguesa. Depois de Camões.

CLEONICE SERÔA DA MOTTA BERARDINELLI É FADA, FLOR ou anjo?

Talvez um pouco de fada, flor e anjo presentes na professora hoje centenária, lúcida e ativa, a ensinar até quando explica dúvidas ao telefone. Paixão dos seus alunos, dos amigos, da família e das confreiras e confrades da Academia Brasileira de Letras (ABL) e admirada nos encontros casuais, com jornalistas da imprensa escrita e da televisão, embevecidos com seu saber, sua cultura e sua simpatia. E assim ficam todos os que a conhecem.

Ela é rigorosa – sem perder a ternura jamais – na decifração do claro enigma da obra e da vida dos grandes escritores e poetas da língua portuguesa. Quando surge, no salão do chá das terças e das quintas, na ABL, os presentes se levantam para oferecer um lugar ao seu lado e tê-la por interlocutora. Cleonice atende ora um ora outro e assim todos têm oportunidade de conversar e aprender algo mais com ela.

Quando entrou pela primeira vez na sala do plenário do Petit Trianon, o busto de Machado de Assis, colocado ao alto da mesa diretora sempre a observar-nos com seu olhar pétreo como se dissesse "vejam lá o que estão fazendo", mudou. Ao vê-la, Machado abriu um sorriso e esperou Cleonice sentar-se na cadeira da primeira fila, seu lugar até hoje. E então o busto voltou à fisionomia anterior, a esconder uma pitada de galhofa e outra de melancolia, com um suspiro, como se dissesse "antes tarde do que nunca". Delírio? Pode ser.

Cícero Sandroni é jornalista e membro da Academia Brasileira de Letras (ABL).

Mas, mesmo sem estar montado em um hipopótamo, o delírio continuava, e pressenti um movimento de alegria entre patronos e fundadores, cujos painéis com fotos decoram as laterais do plenário. Eles estavam alegres. Alberto de Oliveira fundador da cadeira número 8, hoje ocupada por ela, piscava com um sorriso para o poeta árcade Cláudio Manoel da Costa, patrono da cadeira, também sorridente.

Na primeira sessão, seus alunos, do ginásio ou da universidade, hoje acadêmicos, e são muitos, abriram-se em sorrisos de alegria, seguidos de palmas de todos. Hoje, já disse alguém, os que não tiveram o privilégio de ouvir suas aulas também se consideram seus alunos, atentos às suas palavras quando nos fala. E assim aprendemos todos.

Lamenta-se o ingresso tardio de Cleonice na nossa Casa. Ela explicou o fato no discurso de posse, ao citar o poeta quinhentista português Sá de Miranda. Já entrado em anos, o poeta endereçou um pedido de casamento àquela que, por timidez, não declarou seu amor na juventude. E a dama respondeu: "Senhor, por que vindes tão tarde?" E Cleonice prosseguiu: "Por que lembrar esse fato, num momento grato ao meu coração e à minha inteligência? Porque me pareceu ouvir uma voz coletiva, vinda na minha direção, a questionar-me: 'senhora por que tão tarde? Por que mais tarde que qualquer um de nós outros?' e, enchendo-me de coragem responder-vos: pelo mesmo motivo que levou o velho poeta a retardar o tempo da sua plena realização."

Manuel Bandeira e Alceu Amoroso Lima, colegas de magistério na Faculdade de Filosofia, incentivaram-na a frequentar a Academia. Ela foi, sem pensar em candidatar-se. Costume medieval em pleno século XX impedia as mulheres de ingressar nos quadros da Casa, só abolido em 1976. Inconformado – foi sempre defensor do ingresso das mulheres na Casa –, Bandeira convidou-a para um chá e para provar o doce baba de moça, um dos seus preferidos. Cleonice gostou do doce "realmente uma delícia, mas também sou boa doceira, e faço papos de anjo muito bem". "Então quero provar", disse o poeta, que adorava um doce. A partir da primeira entrega a 19 de abril, aniversário de Bandeira, todos os anos naquela data ela levava doces para ele.

Esta mulher centenária, querida por todos, dotada de memória infalível, percorre em estudos e ensaios, vários séculos das literaturas lusofônicas. Lembra-se da infância, quando recitou um soneto para Alberto de Oliveira, integrante da tríade da geração dos poetas românticos, ao lado de Olavo Bilac e Raimundo

Correia. Entusiasmado, Alberto cofiou seu longo bigode em ponta (mais tarde imitado por Salvador Dali), aplaudiu-a e ela para responder, recitou um soneto de Bilac. Desde então Cleonice passou a ser a declamadora oficial da família.

Mais tarde, por sua excelente dicção, teve experiência nos palcos. Atuou em três peças montadas por estudantes. Em uma delas interpretou D. Maria da Glória, rainha de Portugal, protetora de Almeida Garrett. Poetisa, declamadora e atriz amadora, por que não seguir no teatro? Os pais proibiram-na. Tornar-se atriz, aquela menina linda, educada com tanto esmero? Nem pensar! Mal sabiam: no futuro distante, ela estaria nos palcos, ao lado de Maria Bethânia, a recitar versos de Fernando Pessoa.

Também apaixonada pelos números pensou: "Então, se não posso ser atriz, vou estudar matemática". Mas na sua primeira juventude – centenária ela continua jovem –, não existiam faculdades para formar matemáticos. O mais parecido com a ciência dos números era o curso de engenharia. Ao terminar o ginásio, com excelentes notas, seu professor de língua e literatura, Antonio Sales Campos, foi categórico, "esqueça a engenharia. Você deve matricular-se no vestibular de Letras". Quando informou a notícia aos pais, eles se alegraram, nada melhor para a menina do que formar-se em Letras. Seu destino, estava escrito, era a literatura.

Na Universidade de São Paulo (USP) encontrou um professor admirável, Fidelino de Figueiredo. Ele ensinava tudo sobre os escritores brasileiros, à frente dos quais Machado de Assis, e despertou seu gosto pela Literatura Portuguesa. Foi um tempo de felicidade. Teve grandes professores, entre os quais Giuseppe Ungaretti, e conversava nos corredores com Lévi-Strauss e Fernand Braudel.

Formou-se em 1938 pela USP. Mais tarde, quando a família veio para o Rio de Janeiro, passou a livre-docente pela Universidade do Brasil – atual Universidade Federal do Rio de Janeiro (UFRJ). Hoje é emérita pela UFRJ e também pela Pontifícia Universidade Católica do Rio de Janeiro (PUC-Rio). Atuou em vários outros órgãos de pesquisa e estudo no Brasil e em Portugal e tem condecorações ao mérito dos dois países. E, por falar em Portugal, a Academia de Ciências de Lisboa, setor de Letras, mais sábia que a nossa ABL, elegeu-a sócia correspondente em 1975.

Qual é o mistério a envolver a figura da Divina Cleo, na definição de Zuenir Ventura? Ela responde sem hesitar:

– Não há mistério nem segredo. Gosto muito de trabalhar, nunca parei de trabalhar naquilo que amo muito. Para algumas pessoas é difícil realizar, mas eu amo o meu trabalho.

Quando José Saramago veio ao Rio, depois de longa doença, para a cerimônia de posse como sócio correspondente da ABL, Cleonice abraçou o amigo e disse, "graças a Deus você superou a doença e está vendendo saúde". Saramago sorriu, talvez pela primeira vez no encontro com tantos acadêmicos e disse, "graças a Deus, não, graças a Pilar". E Cleonice, "pois Pilar tratou de você inspirada pela mão de Deus". Saramago ficou sem resposta.

E para terminar, neste livro com ensaios e textos biográficos sobre a obra de Cleonice, eu escrevo sobre as lembranças das histórias contadas por ela nas conversas da hora do chá ou depois da sessão. Somos contraparentes, mais parentes do que contra, nada, nada contra, sempre me diz, "muito ao contrário". Temos em comum um sobrinho-bisneto.

Há muito de divino na sua vida, a partir da crença absoluta no Criador. Mas o fato de ser gente como a gente, e alcançar um tom divino, nos alegra, a nós brasileiros, aos seus inúmeros amigos portugueses e aos que a conheceram e ouviram suas aulas em outros países.

E seu exemplo nos conforta.

Cláudio Murilo Leal
A magia pedagógica de Cleonice Berardinelli

Universidade do Brasil. 1956. Faculdade Nacional de Filosofia. Avenida Presidente Antônio Carlos. Curso de Letras Neolatinas. Cadeira de Literatura Portuguesa. Professores Thiers Martins Moreira e Cleonice Berardinelli. Lembro-me das aulas sobre a lírica trovadoresca, Gil Vicente, Camões, rapidamente Bocage. Cronistas como Fernão Lopes, e prosadores Eça de Queirós e Camilo Castelo Branco. Fernando Pessoa e Mário de Sá-Carneiro.

A jovem professora Cleonice (naquela época, não era chamada de Cleo por nós, estudantes). Hoje leio: a divina Cleo. Concordo plenamente, mas com um leve pudor de chamar assim a professora Cleonice.

Um belo rosto. Sóbria elegância. Melodia na voz, elocução clara, perfeita. Nas aulas, fundamentais e precisas informações sobre a cultura portuguesa. Nas conversas, em seu apartamento térreo de Copacabana, ao lado do Hotel Miramar, acolhia carinhosamente seus alunos que a procuravam para esclarecer dúvidas, falar sobre poesia e ouvi-la dizendo versos de Camões com voz cristalina.

De Gil Vicente, lemos o *Auto da fé*, com explicações da professora Cleonice para melhor entendermos a linguagem medieval na mescla português-espanhol. Incentivados por esta primeira experiência, passamos a ler por conta própria outros autos de Gil Vicente.

Anos mais tarde, reconheci a importância da didática da nossa professora ao motivar seus alunos para caminharem sozinhos em mares nunca dantes navegados da Literatura Portuguesa. Em 2012, mais de cinquenta anos após as aulas da faculdade, compro a edição da Casa da Palavra dos autos de Gil Vicente, com organização, apresentação e ensaios de Cleonice Berardinelli. Leio e volto no tempo e no lugar: o oitavo andar onde hoje funciona o Instituto Italiano.

Cláudio Murilo Leal é professor da Faculdade de Letras da Universidade Federal do Rio de Janeiro (UFRJ).

Camões foi deslumbramento à primeira vista, impacto produzido por intensa luminosidade e as dimensões épicas do poema. Mergulhamos na mensagem, analisamos o estilo clássico que influencia, até hoje, os poetas de nossa língua. Nas palavras da mestra, Camões canta os descobrimentos, o desvendamento dos mares e das terras, a afirmação do poder do homem sobre os elementos.

A professora Cleonice recitava de cor os sonetos e as oitavas rimas da epopeia. Ao reler "As armas e os barões assinalados", ainda ouço o timbre da sua voz marcial e lírica ao mesmo tempo. Ai, que saudades.

Entre modelares professores que não se fazem mais, Alceu Amoroso Lima, Manuel Bandeira, Celso Cunha, Thiers Martins Moreira, Roberto Alvim Correa, José Carlos Lisboa, Cleonice Berardinelli era a voz feminina que nos encantava com o seu recatado saber. Saber que nos iluminou com uma inesquecível e pedagógica magia que não se apagará da memória de seus alunos.

Milli anni, querida mestra.

Daniel Pires

Cleonice Berardinelli e Bocage: o sortilégio da poesia

Adagio

HÁ MESES, DESLOQUEI-ME AO ARQUIVO NACIONAL DA Torre do Tombo com o objetivo de consultar documentos que versavam a interação de Bocage com a censura. Pretendia então reconstituir a saga de um poeta que se regia por valores alternativos relativamente aos de uma sociedade anémica, preconceituosa e periférica.

O escritor acabara de ser libertado do cárcere: passara pela cadeia do Limoeiro, pelo Santo Ofício, pelo mosteiro dos Beneditinos e pelo convento dos Oratorianos. Bocage estava particularmente vigiado pelas autoridades: Pina Manique queria confirmar se o processo complexo de "reeducação" que lhe fora imposto resultara. Com efeito, não só o seu quotidiano, mas também a sua produção literária eram escrutinados sistematicamente, considerando as suas simpatias pelos ideais que enformavam a Revolução Francesa.

O primeiro documento que analisei apresentava igualmente um impresso verde que me intrigou: o duplicado de uma requisição, feita pelo leitor que me antecedeu. "Oficial do mesmo ofício", declinei para com os meus botões. Como estava interessadíssimo no processo que envolvia o poeta, dei início, de imediato, à leitura da interferência censória. Minutos depois, concluída a consulta, tropecei uma vez mais na requisição. Prevaleceu então a curiosidade, os meus olhos deslizaram insensivelmente para o nome de quem a subscreveu: Cleonice Berardinelli, para meu espanto. Foi gratificante constatar que tinha uma afinidade eletiva com uma ensaísta tão conceituada. A investigadora estava, eventualmente, a preparar uma antologia, que veio a ser publicada no Brasil, em 1987, pela Global Editora, sediada em São Paulo, intitulada *Os melhores poemas de Bocage.*

Daniel Pires é professor do ensino liceal e pesquisador/ensaísta dedicado principalmente a periódicos literários, à vida e obra de Bocage e à vida e obra de Camilo Pessanha.

Intermezzo

Quantos editores literários sentem necessidade de compulsar fontes quando estruturam uma antologia? E quantos concretizam tal desiderato? Enfim, a resposta é linear: raríssimos.

Allegro

Anos mais tarde, desloquei-me ao Rio de Janeiro para participar em um congresso organizado pelo magnificente Real Gabinete de Leitura. Num intervalo dilatado do encontro, fiz um périplo pelos alfarrabistas cariocas, em busca de edições brasileiras de Bocage, o qual me permitiu localizar a mencionada obra de Cleonice Berardinelli. Apreciei a sua arquitetura: um prefácio elucidativo sobre as linhas de força do peculiar legado literário de Bocage; uma seleção criteriosa de poemas que vai muito para além da vulgata, porquanto nos faculta uma visão abrangente da ductilidade do escritor, transcrevendo composições dos múltiplos géneros poéticos por ele cultivados – o soneto, a ode, a epístola, a canção, o idílio, a cantata, a elegia, a cançoneta anacreôntica e a báquica, a glosa, a décima e o epigrama; uma notícia biográfica elucidativa; várias notas, que são fulcrais nomeadamente por estarmos em presença de textos que encerram grande complexidade.

A antologia de Bocage gizada por Cleonice Berardinelli constitui um paradigma pela metodologia perfilhada, pela seleção criteriosa e pelo enquadramento histórico-literário.

Finale

Não são curiosos os trilhos por onde se cruzam os nossos passos?

Domício Proença Filho
Tributo a Cleonice Berardinelli

CLEONICE BERARDINELLI, A MESTRÍSSIMA, CHEGA AO seu glorioso centenário. E lúcida, e radiosa. E nós, seus sempre discípulos, aqui nos congregamos para comemorar e, na comemoração, para celebrá-la, para louvá-la e, mais que tudo, para agradecer pelo raro privilégio de seu convívio.

Seja este texto o testemunho do reconhecimento e uma forma de agradecer, ainda uma vez, o muito com que sua palavra iluminou o percurso.

D. Cleo foi minha professora de Literatura Portuguesa na gloriosa Faculdade Nacional de Filosofia da antiga Universidade do Brasil. Mas isso diz muito pouco. Seja-me permitido voltar no tempo para demonstrar, em quatro momentos marcantes, que foi muito além.

Primeiro momento. Era nos idos de 1950. Aluno do internato do Colégio Pedro II, já inoculado pelo, ao que parece, ultrapassado hábito da leitura, descobri, de repente, um texto estranho. Parecia com um poema. Sinceramente, fiquei tomado pela excitação da descoberta. Achei o máximo. Esperei a aula de literatura. Não direi, por enquanto, o título do poema nem o nome do mestre de então. Ele não tinha culpa. Só lhes adianto que o programa da disciplina terminava em Cruz e Sousa. Carregado de entusiasmo, na esperança de um acréscimo significativo na média da nota do mês, mostrei-lhe o texto. O mestre começou a ler. A frustração não podia ser pior: tomado de ira, amassou o papel com violência e atirou-o na cesta de lixo. – Meu filho –, ele disse, mais calmo – você não deve perder tempo com esse tipo de literatura! Esses sujeitos são uns loucos! O que eles escrevem vai morrer com eles! Ninguém vai falar do que escreveram! – E citou nomes. – Continue com o Castro Alves, de que você gosta tanto. Esquece, esquece, meu filho.

Domício Proença Filho é professor emérito de Literatura Brasileira da Universidade Federal Fluminense (UFF) e atual presidente da Academia Brasileira de Letras (ABL).

Eu era um menino bem comportado, acreditei. *Magister dixit.* O que fazer? Agasalhei a frustração no silêncio.

1954. Faculdade de Letras. Primeiro ano. Aula de Literatura Portuguesa. Depois da apresentação do curso pelo titular Thiers Martins Moreira, ele passou a aula para a jovem professora e sua voz de artista de teatro. E impunha respeito. Era a assistente da cadeira. Desde logo, d. Cleonice. Supreendentemente, ela começou com a leitura de um texto de autor brasileiro. Ponto de partida motivador. Exatamente: era aquele poema, o que eu mostrara ao meu velho professor! Fiquei estarrecido: mas é uma porcaria, pensei, e deu-se o milagre, a partir da leitura, única, e da análise interpretativa. Foi uma revelação! Eu estava certo! O poema era muito bom, meus caros, como diria Thiers Martins Moreira! Tratava-se, simplesmente, do poema "No meio do caminho", de Carlos Drummond de Andrade, então um texto extremamente hermético:

> No meio do caminho tinha uma pedra
> tinha uma pedra no meio do caminho
> tinha uma pedra
> no meio do caminho tinha uma pedra.
> Nunca me esquecerei desse acontecimento
> na vida de minhas retinas tão fatigadas.
> Nunca me esquecerei que no meio do caminho
> tinha uma pedra
> tinha uma pedra no meio do caminho
> no meio do caminho tinha uma pedra.

Foi o meu primeiro deslumbramento. D. Cleo nunca soube disso. Daí em diante, pode-se imaginar o que, ao longo da vida, eu fiz com esse texto e com os outros tantos da literatura de língua portuguesa. Inclusive com os de Fernando Pessoa, Camões, Cesário Verde, António Nobre, D. Dinis, Gil Vicente que ela nos apresentou depois, em aulas memoráveis. A tal ponto, que, por essa e por outras, até acabei na Academia Brasileira de Letras (ABL), como é sabido e notório. Ao fundo, as lições de d. Cleo, a Iluminadora.

Segundo momento. 1967. Depois de muitas andanças pelos caminhos do magistério, de muitos cursos, aulas mil, seminários, colóquios e congressos, *papers*, apostilas, veio um curso de comentários de textos. Daí, o estímulo dos colegas levou ao primeiro livro. Com muita relutância. Naqueles tempos, os alunos de Letras tinham um excessivo pudor diante da letra impressa. Publicar só o que trouxesse algo novo ou um modo novo de dizer coisas antigas e com muita segurança. Modéstia à parte, eu sabia o que ia fazer. Organizei o volume, mas ainda inseguro. Era preciso o aval dos mestres. Era comum, na época. Levei os originais a outro querido mestre e amigo: Celso Cunha. Ele examinou, gostou, mas... brindou-me com dois magníficos presentes: algumas observações preciosas e o acesso àqueles livros que só ele possuía, aqueles de uma secreta prateleira... Alguns meses depois, o texto estava concluído. Faltava o impulso definitivo. Ele veio dela, de d. Cleo. A Mestríssima não fez por menos: leu os originais e agraciou-me com um prefácio para ninguém botar defeito. Não podia ter melhor avalizadora. Parti tranquilo para a publicação. Com o texto e a coragem, procurei um banco, fiz um empréstimo, paguei a edição. Na motivação, a certeza de que o livro se pagaria. A juventude costuma cultivar o risco. E assim publiquei *Estilos de época na literatura*, que tinha um subtítulo esclarecedor: através de textos comentados. Logo a primeira edição se esgotou. E o livro acaba de completar, com a vigésima edição, 48 anos de catálogo. No começo, a palavra cúmplice e avalizadora de d. Cleo, a Incentivadora.

Terceiro momento. O melhor de tudo isso é que a atividade didática nos mantinha próximos. Na Faculdade de Letras da Universidade Federal do Rio de Janeiro (UFRJ), no Departamento de Letras da Pontifícia Universidade católica (PUC-Rio). E, de repente, depois de outras publicações didáticas e paradidáticas, inventei de escrever poemas. E não é que me dei conta da presença sub-reptícia da Mestríssima ainda neste espaço? Os críticos desavisados que me distinguiram com a interpretação dos versos descobriram neles, entre outras influências de fundo, Fernando Pessoa em sua multiplicidade e as cantigas medievais portuguesas. Eu me aproximei de um e de outras orientado por quem? Ela, d. Cleo, insuperável nesses e em tantos outros domínios, ela, d. Cleo, a Mobilizadora.

Quarto momento. Este traz a marca do privilégio: reconviver mais proximamente com a Mestríssima, agora na ABL. D. Cleo chegou à Casa de Machado de Assis como quem chega em sua casa. Sua eleição era imperativa. Chegou, viu e cativou. Sabíamos todos os seus alunos integrantes da ABL. Para nós, não era novidade. Como também não foi novidade vê-la em todas as sessões das quintas-feiras.

Essas e todas as outras instâncias do percurso comum solidificaram a admiração e o carinho profundos pela Mestra de gerações, Mestra e Amiga de funda querência, a Mestríssima Cleonice Berardinelli.

Mais não preciso dizer na celebração desses seus cem anos bem vividos e bem repartidos.

Eduardo F. Coutinho

Cleonice Berardinelli e a força poética da linguagem

Falar de Cleonice Berardinelli é falar de poesia, de encantamento, de arte em seu alto grau de refinamento, de palavras cujos ecos se fazem reverberar ao longo da vida dos que a escutam, ditas com a mais fina precisão, o mais cultivado acabamento, a mais perfeita sintonia com o local em que são pronunciadas, da sala de aula em que a mestra atuou perante gerações de alunos a espaços de mais amplo público, onde ditou conferências, realizou palestras, proferiu discursos, lançou reflexões, enfim, semeou em todos os presentes os germes do que se entende verdadeiramente por ensino – fazer pensar. E tudo isso sempre acompanhado de enorme delicadeza, do gosto pelo que dizia ao cuidado e atenção com o outro a quem sempre soube tão bem escutar e com quem construiu diálogos ricos e estimulantes. Cleonice Berardinelli é uma mestra no sentido mais depurado do termo, e é não menos uma grande pesquisadora, autora de um número expressivo de obras, e uma das maiores responsáveis pela difusão da Literatura Portuguesa no Brasil.

Dotada de extraordinária erudição, mas fluidez e simplicidade de expressão, o que confere a seus textos grande alcance, Cleonice produziu uma vasta quantidade de artigos e ensaios críticos sobre muitas das mais representativas figuras que integram o cânone da Literatura Portuguesa, como Bocage, Camilo Castelo Branco, Garrett, Antero de Quental, Antonio Nobre, Cesário Verde, Eça de Queirós, Mário de Sá-Carneiro, José Régio, Fernando Namora, Sophia de Mello Breyner Andresen e José Saramago, sem falar no trio que constitui sua grande especialidade: Gil Vicente, Camões e Fernando Pessoa, tendo o último dos quais inclusive sido objeto de estudo de sua tese de livre-docência, a primeira sobre o autor no Brasil e segunda em Portugal, depois da de Jacinto

Eduardo F. Coutinho é professor titular de Literatura Comparada da Universidade Federal do Rio de Janeiro (UFRJ).

do Prado Coelho. No repertório de sua produção figuram também autores significativos do cânone da Literatura Brasileira, como Machado de Assis, Manuel Bandeira e João Cabral de Melo Neto, e estudos de Literatura Comparada numa época em que a disciplina ainda se encontrava em fase incipiente no Brasil, como os textos "Eça, Zola e Flaubert" e "Presença de autores portugueses em Manuel Bandeira".

Os estudos críticos de Cleonice Berardinelli são diálogos vivos com o autor ou autores que constituem seu objeto, e este é, entre outros, um de seus grandes méritos. Neles, a presença do autor se faz sentir a cada instante; sua voz é convocada em cada dobra do texto, em cada observação relevante, e o resultado é um contraponto harmônico de onde emana forte integração entre a leitora e o que é lido. O texto objeto de análise não só é falado pela autora como fala o tempo todo, à maneira de um recital, em que as vozes se combinam, clamando inclusive o leitor a fazer parte do conjunto. O substrato teórico de que a autora é forte conhecedora compõe as entrelinhas do tecido, mas não se eleva jamais ao tom das vozes primeiras – as que constituem o *corpus* de onde partiu a reflexão. Assim é a sua escrita; assim são as suas aulas, a primeira com a fluidez cativante de uma apresentação oral, as últimas com a elegância instigante e o viés poético de um texto cuidadosamente escrito.

Cientes de que toda a obra de Cleonice Berardinelli convida o leitor com interesse e grande satisfação a dialogar com ela, mas atentos ao mesmo tempo a que o espaço de que dispomos nesta homenagem é para ser, evidentemente, compartilhado com muitos colegas e seus admiradores, optamos por tecer aqui um breve comentário sobre três dos mais recentes livros por ela publicados, voltados justamente para as figuras em que mais se especializou – Camões, Gil Vicente e Fernando Pessoa – buscando chamar atenção para a força poética de sua linguagem, que a levou, ao longo de toda a carreira acadêmica, a conjugar o dom de extraordinária pesquisadora ao de docente/oradora que encantava seus auditórios. E para observarmos a cronologia da Literatura Portuguesa, área que sempre constituiu sua principal seara de investigação, tornando-a amplamente reconhecida tanto no Brasil e em Portugal, quanto em países como os Estados Unidos e a França, começaremos com o volume que organizou sobre os autos de Gil Vicente, passando em seguida à nova edição dos *Estudos camonianos* e chegando finalmente ao seu *Fernando Pessoa: outra vez te revejo*.

A coletânea *Gil Vicente: autos*, organizada por Cleonice Berardinelli e publicada no Rio de Janeiro, pela Casa da Palavra, em 2012, é, sem dúvida, como afirma José Augusto Bernardes no próprio volume, "um dos mais representativos e criteriosos florilégios da arte vicentina". Tomando por base as mais consagradas edições das obras do autor, dentre as quais a *Copilação de todalas obras de Gil Vicente*, feita por seu filho Luís Vicente, em 1562, e as edições críticas de I. S. Révah, publicadas sob o título *Recherches sur les oeuvres de Gil Vicente*, a autora nos oferece uma antologia preciosa, marcada por extremo cuidado no estabelecimento dos textos do dramaturgo, e por um conhecimento profundo de sua obra, que se expressa não só pelos comentários críticos a que procede o tempo todo e pela apresentação do volume, como principalmente pelos ensaios de sua autoria reunidos no final, todos peças de grande densidade e sensibilidade crítica, que refletem forte intimidade com a obra vicentina, além, evidentemente, de um rico envolvimento emocional que a autora reconhece ao afirmar, em depoimento aí incluído, que ingressou no magistério superior "pela mão de Gil Vicente", por participar da representação de uma peça de sua autoria.

Os temas dos ensaios que compõem o volume tratam de aspectos os mais variados da obra vicentina, desde os que dizem respeito à inobservância de regras clássicas e o aproveitamento de toda uma gama de sugestões anteriores ou contemporâneas do teatro medieval, em especial o peninsular, como milagres, mistérios, moralidades e farsas, até os que abordam questões como o respeito pela religião e o ataque à prática dos sacerdotes da Igreja, a crítica à nobreza e a defesa dos cristãos-novos, bem como o uso predominante de personagens do povo, a ênfase sobre personagens femininos e a presença de figuras mitológicas e alegóricas. Em todos eles, contudo, a autora destaca o tom satírico que constitui uma das tônicas da obra de Gil Vicente e que ele dirigiu impiedosamente a todos os poderosos que abusavam de sua posição na sociedade, e a simpatia que o autor expressa pela gente simples do povo, vítima muitas vezes da exploração dos primeiros. Os desprivilegiados constituem em geral os personagens mais interessantes de Gil Vicente, pela sua simplicidade não destituída de malícia e pela dose crítica que devotam aos detentores do poder. E junto a eles destacam-se também todos aqueles que, de uma maneira ou de outra, exercem ou constituem um questionamento à ordem estabelecida. Que leitor não se lembra, por exemplo, do papel dos diabos de Gil Vicente, que a autora explora com maestria em seus estudos e que permanecem vivos na memória de todos os que assistiram a suas aulas?

A nova edição revista e aumentada dos *Estudos camonianos* de Cleonice Berardinelli, além de apresentar um prefácio da própria autora que reflete o seu cuidado na seleção da edição dos textos a serem estudados – a edição *princeps* d'*Os Lusíadas*, a edição em que o poema aparece pela primeira vez, no caso da lírica, e a edição do teatro organizada por Hernani Cidade – e um apêndice em que ela ratifica sua afirmação, discutida e comprovada ao longo de todo o livro, de que *Os Lusíadas* são "a grande epopeia do Renascimento europeu", inclui três partes, divididas de acordo com o gênero cultivado pelo autor – "A épica", "A lírica" e "O teatro" – e ordenadas em função da importância que este teve em sua obra, ou, pelo menos, de seu alcance no cânone da Literatura Portuguesa. Assim, a parte referente ao teatro é menor em sua extensão, por se tratar, entre os três gêneros, do menos cultivado pelo autor, mas sua simples inclusão, não muito comum nos estudos sobre Camões, já reflete a abrangência da tarefa a que se impõe a estudiosa e a dimensão do conhecimento que tem da obra camoniana. Ao mostrar como Camões soube permanecer fiel à tradição medieval ao mesmo tempo que tirava todo o partido dos gêneros de importação mais recentes, principalmente no tratamento dado ao tema do amor, a autora deixa transparecer, de um lado sua aproximação a Gil Vicente, e, de outro, a relação do teatro com a lírica de Camões.

A parte referente a *Os Lusíadas* é o espaço onde se espraia todo o requinte intelectual da autora no tocante à obra camoniana. Aí discutem-se desde a estrutura do poema e a visão de mundo mista de feudalismo e humanismo vigente no Portugal da época até questões como a dos censores do tribunal da Inquisição pelos quais passaram a mescla de religiosidade presente no poema e os questionamentos à ideologia dominante. Os textos que compõem esta parte, originalmente apresentados como conferências em eventos diversos, voltam-se para aspectos distintos do poema e têm como eixo episódios relevantes, como o do Adamastor, das batalhas de Ourique, Salado e Aljubarrota e do Velho do Restelo. Em todos eles ressalta-se a qualidade de humanista do autor, ao lado da de homem também inserido numa época de crise que deixa transparecer traços evidentes dos relatos da história trágico-marítima, e assinala-se o que, segundo a autora, constitui uma das razões da grandeza do poema que, "à medida que se faz, questiona não somente o contexto que utiliza, mas o próprio enunciado que consagra este contexto". O texto que encerra esta parte é um belo estudo de Literatura Comparada em que a autora discute, com notável acuidade, o jogo intertextual existente entre o poema *Mensagem*, de Fernando Pessoa, e a epopeia camoniana.

A parte devotada à produção lírica de Camões inicia-se com a trajetória da publicação de seus textos, seguida da análise de poemas que considera paradigmáticos da lírica do autor, em que o amor vem sempre em primeiro plano – o amor infeliz, inatingível, marcado por uma espécie de consciência do desconcerto do mundo – e termina com a retomada da Introdução que havia feito para uma edição dos sonetos do autor, em que discute, minuciosamente, as diversas edições de seus poemas e os estudos para a fixação de um cânone das *Rimas*. Nesta seção, cabe destacar a argúcia com que a estudiosa se debruça sobre os textos do poeta lusitano, a sensibilidade com que os esmiúça em seus mínimos detalhes e a maneira desprendida com que dá lugar a sua voz, fazendo-a emergir a cada instante com versos dos mais belos que o seu recorte brilhantemente privilegiou.

O volume *Fernando Pessoa: outra vez te revejo...* reúne, como o próprio título sugere, grande parte dos textos que a pesquisadora, renomada especialista no autor, publicou ao longo de quarenta anos de intensa intimidade com a obra pessoana. São textos que foram publicados em periódicos especializados e anais de eventos ou como capítulos de livros em homenagem ao poeta lusitano. Com 25 textos, distribuídos ao longo de mais de quatrocentas páginas, além de uma breve apresentação e um apêndice contendo uma entrevista de Virgílio Moretzsohn Moreira a David Mourão-Ferreira e à própria autora, publicada n'*O Globo*, por ocasião do lançamento das *Cartas de amor de Fernando Pessoa*, numa promoção das Edições Ática, de Lisboa, e da Livraria Camões, do Rio de Janeiro, o livro constitui item indispensável na bibliografia do poeta português, não só pela abrangência dos tópicos abordados e o vasto domínio da obra em questão, como, sobretudo, pela fineza da argumentação e o alto nível da reflexão crítica desenvolvida em constante diálogo com o poeta. Aqui, como em todas as obras da autora, nota-se forte preocupação com a linguagem do autor estudado, bem como com a qualidade das edições de sua obra, o que no caso se evidencia pela inclusão de um primeiro texto com o título de "Observações sobre a língua poética de Fernando Pessoa".

Os temas tratados nos textos que compõem o volume são vários, estendendo-se desde as célebres discussões sobre os heterônimos do autor e de estudos específicos sobre a produção dessas figuras como Caeiro e Campos, passando por ensaios sobre a geração de Orpheu ou sobre poemas como o que Pessoa devota ao americano Walt Whitman, até estudos de caráter eminentemente comparatista, como o que aproxima a poética de Álvaro de Campos à de João Cabral de Melo Neto ou o que se refere à experiência por que passou a própria autora em um curso a que assistiu sobre Heidegger e Fernando Pessoa. Em todos esses textos prevalece a argúcia da visão crítica da autora e a sensibilidade com que navega pela poesia pessoana, mas mencione-se, além disso, a percepção antenada que a levou, já em sua tese de livre-docência, defendida em 1958, a apontar como o cerne de sua poesia o que chamou de "febre de ir além", posteriormente traduzida como "angústia metafísica", que traz à tona de imediato o parentesco com o *Fausto*, de Goethe. Fernando Pessoa é um homem que duvida o tempo todo, que critica, como afirma a autora, "com um raciocínio diabolicamente lúcido, cada impulso natural de seu ser para o transcendente", e é este espírito faustiano que atravessa toda a sua obra, garantindo-lhe lugar seguro no cânone da literatura ocidental.

Os livros de Cleonice Berardinelli comentados acima constituem sem dúvida momentos significativos de sua carreira, mas são apenas uma amostragem do leque de publicações da autora, que se caracteriza por ampla e sólida bibliografia. Sua produção, no entanto, não se restringe à escrita. O veio poético que observamos nos textos por ela criados são o tom dominante de seu discurso e se acha fortemente presente em toda a sua oratória, seja ela formal – os discursos, palestras e conferências que pronunciou – seja a que poderíamos chamar de informal – suas aulas –, que atraíram gerações de alunos, em cerca de setenta anos de atividade docente. As palavras que a mestra pronunciou, e continua pronunciando, aos quase cem anos de idade e exemplo de vigor para todos, medraram e continuam dando frutos sempre viçosos e estimulantes, como o prova o desenvolvimento que tiveram os estudos da Literatura Portuguesa no Brasil. Em mim, que fui seu aluno em meados da década de 1960, suas aulas continuam reverberando e serviram, confesso, de modelo para muitas que vim a ministrar ao longo dos já muitos anos que me dedico ao ensino universitário.

Eduardo Lourenço
Luminosa presença

Atravessar um século é um milagre da natureza. Deixar nele um rasto de brancura, uma memória consagrada que não morre e dá-la a conhecer e a amar a tantas gerações de estudantes, como o mais puro sonho que o passado nos legou, é milagre maior.

Esse milagre tem um nome próprio: Cleonice, nome de musa que do sonho escrito da nossa língua, em dupla chave, se ocupou com sorridente e inesquecível voz das tantas vozes que falando-se nos falaram e ela repetiu. Entre elas as de Camões e Pessoa, brasões poéticos de uma dupla e mesma enunciação que definiu o canto geral do elo que une as nossas únicas margens do atlântico cultural que há séculos une e separa o antigo cantar da galaica raiz e de imemorial futuro.

A paixão e o saber dessa cultura em comum eram – são – uma espécie de segunda natureza da filóloga ilustre, herdeira do berço comum da latinidade que tem hoje no Brasil o seu espaço de memória mítica. Como língua e verbo foi-lhe um continente, uma atlântida ressuscitada com os seus dois polos, só seus, na ilha dos Amores camoniana e nas vagas suntuosas e mortíferas da *Ode marítima*. Com as suas leituras e glosas, com os seus cuidados de tecedeira de sonhos "claros como fotografias" fabricou a mestra – que melhor seria invocar como musical intérprete – a sua branca teia de Penépole sem astúcias trágicas, imbuída como cristã fervorosa do texto pauliano que um dia invocou como fonte da sua inspiração e regra de vida, tanto profana como divina. Ao saber da letra, à paixão do Verbo que nos sonhos escritos se configura, e ela leu sempre como dupla face humana e divina, do que não tem nome, deve a clara mestra Cleonice a luminosa presença que, ao longo dos anos, compartilhou com aqueles que tiveram a sorte de ser seus alunos, seus leitores ou amigos.

Como não tive o privilégio de ser seu aluno, mas só o raro privilégio e a honra de ser seu leitor, admirador e amigo, aqui lhe deixo, de longe, o abraço afetuoso que a distância consente e pede ao seu grato "afilhado".

Eduardo Lourenço é ensaísta português.

Eduardo Portella

A voz da poesia

QUANDO CHEGUEI À FACULDADE NACIONAL DE FILOSOFIA, da Universidade do Brasil, para suceder a Alceu Amoroso Lima (suceder jamais substituir, o insubstituível, na disciplina Cultura Brasileira), o nome da professora Cleonice Berardinelli já era uma referência emblemática e superlativa naquela instituição de ensino.

Cleonice Berardinelli se impusera ao respeito de todos pela qualidade do seu desempenho acadêmico e da sua personalidade humana. Logo confirmei, no convívio cotidiano, que o juízo generalizado, de colegas e alunos, era mais do que merecido.

Depois fomos juntos para a recém-fundada Faculdade de Letras da Universidade Federal do Rio de Janeiro (UFRJ), sob a direção e a abnegação de Afrânio Coutinho. Aí, mais uma vez, se afirmava a presença diferenciada de Cleonice Berardinelli ministrando a cátedra Literatura Portuguesa, na sucessão do saudoso Thiers Martins Moreira. O seu nome sobressaía sempre, na grandeza do exercício profissional e na generosidade do convívio. A sua presença ensolarada se destacava no edifício chuvoso da avenida Chile, onde as condições materiais eram precárias, mas o ânimo e a vontade de construir, de seguir adiante, nunca faltavam.

Em seguida, graças ao ímpeto locomotivo do querido Afrânio Coutinho, fomos para a sede definitiva da Faculdade de Letras, na ilha do Fundão, Cidade Universitária. Estando em uma função pública fora da universidade pude contribuir para o financiamento das obras de edificação. Afrânio conduzia o barco, e eu funcionava como uma espécie de copiloto. Nunca me faltou o diálogo fraterno do colega Celso Cunha. A luminosidade que iluminava o caminho continuava vindo de Cleonice Berardinelli. Os caminhos já não eram silvestres, e a jornada contava com a participação de todos.

Eduardo Portella é professor emérito da Faculdade de Letras da Universidade Federal do Rio de Janeiro (UFRJ) e membro da Academia Brasileira de Letras (ABL).

Continuamos nos comunicando, e eu não cansava de admirar a sua opção pelo tenaz trabalho intelectual. Um dia, com a insistência de todos, ela aceitou ser candidata à nossa Academia Brasileira de Letras (ABL). Imediatamente, como não podia deixar de ser, declarei o meu voto. Poucas vezes depositei nas urnas, com o meu respeito, a minha admiração e o meu afeto, o voto inegociável.

Ela, Cleonice Berardinelli, veio a sentar-se ao meu lado e me fazer sentir melhor. Voltei a ouvir a sua voz, manhã de sol. Quando a ouvimos dizer o poema, brasileiro ou português, me vejo tomado pela sensação que não se exaure, que fica, a de que a voz dela e a poesia nasceram uma para a outra.

Que assim seja Cleonice Berardinelli, colega, confrade e amiga: sempre.

Evanildo Cavalcante Bechara
Relembrando bons tempos

Já conhecia e admirava os trabalhos críticos de Cleonice Berardinelli sobre grandes figuras da literatura portuguesa, com especial atenção para Fernando Pessoa. Todavia, foi durante o nosso contato quase diário na Pontifícia Universidade Católica do Rio de Janeiro (PUC-Rio), na década de 1960, quando trabalhávamos em atividades de ensino e pesquisa, que se fortaleceram a admiração e a amizade.

Com a criação da Sala Padre Augusto Magne se amiudaram os nossos encontros, ela na pesquisa de sua área literária, e eu na incumbência de rever criticamente os originais da 2ª edição do *Glossário da Demanda do Santo Graal* do nosso notável filólogo, material que ele tinha preparado e já impresso, extraordinariamente enriquecido, até a letra M, se não me engano, cabendo-me prosseguir, se possível, com a mesma extensão, os verbetes restantes.

Para se ter uma ideia do enriquecimento de informações em que se deteve o saudoso filólogo, figura emblemática da PUC e dos estudos medievais relativos à língua portuguesa, basta consultar a 2ª edição do primeiro volume do *Glossário*, com as letras A-D, reeditada pelo Instituto Nacional do Livro (INL) em 1967, sob a admirável gestão do também saudoso Augusto Meyer.

Nessa convivência com a nossa querida Cleo e hoje centenária, aprofundaram-se, como disse, minha admiração e meu respeito por um ícone do magistério brasileiro, levado que fui pela seriedade e profundidade de seus conhecimentos expendidos quer em comunicação a congresso universitário, quer no espaço largo de sua sala de aula, ou na conversa em pequeno círculo com alunos e colegas. Tudo isto emoldurado com a beleza do estilo e graciosidade da voz.

Escrevendo estas linhas e relembrando nossa atividade de pesquisa na Sala Padre Augusto Magne, lembro-me agora de que a nós se juntou também o sau-

Evanildo Cavalcante Bechara é professor emérito da Universidade do Estado do Rio de Janeiro (Uerj) e da Universidade Federal Fluminense (UFF), Doutor *Honoris Causa* pela Universidade de Coimbra e membro da Academia Brasileira de Letras (ABL).

doso professor Junito de Sousa Brandão, a quem caberia agrupar criticamente os estudos clássicos do Padre Magne, e até – quem sabe? – o prosseguimento do magistral *Dicionário Etimológico da Língua Latina*, cujos verbetes até quase o final da letra C inauguram a profundidade de informações em obra de língua portuguesa. Infelizmente, a numerosa atividade de sala de aula do professor Junito e o seu embevecimento com a área da mitologia greco-romana, não lhe permitiram cumprir o que a PUC dele esperava na revisão crítica dos trabalhos do padre Magne.

De minha parte, depois de quase dois anos de revisão do 2º volume do *Glossário* projetado e preparado pelo nosso filólogo, já em letra de forma até a letra M, os maus fados concorreram para o extravio do exemplar revisto que a PUC enviara a Brasília, por se ter para aí transferido o INL. Com esse lamentável desastre, a Filologia Portuguesa, especialmente no campo da lexicografia, perdeu uma contribuição inestimável. E eu perdi as esperanças de prosseguir a tarefa.

De toda esta atividade da Sala Padre Augusto Magne sobraram as lições da querida Cleo que hoje homenageamos, ela que prossegue na elaboração de uma folha de serviço das mais representativas e duradouras, além da multidão de discípulos e amigos que a reverenciam agradecidos.

Fred Góes
A fala mais bela

PROVAVELMENTE OS LINGUISTAS, AO LEREM ESTE DEPOIMENTO, dirão que estou cometendo um completo desserviço ao posicionar-me contra um dos princípios básicos da linguística que afirma não haver um indivíduo que fale melhor do que o outro, por conta das variantes e tais. Com todo o respeito que tenho por Ferdinand de Saussure, afirmo que, em se tratando da língua portuguesa, essa não é uma verdade absoluta. D. Cleonice é a pessoa que melhor fala a nossa língua e, sem sombra de dúvida, o faz da forma mais bela. Isto se dá não só pelo lugar de fronteira por ela depurado entre os falares brasileiro e português, mas pela dicção, pelo timbre, pela entonação, pela entoação, pela emissão da voz, com rara e discretíssima elegância. Quando ela fala, esclarece-se como por encanto a razão de ser o português uma das línguas mais musicais entre as neolatinas. Há música no ar quando ela fala. Não se pode esquecer que sua experiência teatral, na arte da declamação, diante dos microfones da antiga Rádio MEC (Ministério da Educação e Cultura), e a longa militância docente contribuíram na lapidação de seu falar. Há ainda um dado surpreendente, sua voz não envelheceu. Só ela é capaz de me chamar e dar vida ao "d" mudo de meu nome que se faz presente em grau inferior às outras letras. Só ela sabe usar mesóclise com naturalidade, sem qualquer traço de pedantismo.

Meu primeiro contato com d. Cleonice foi em 1969, como aluno do curso de Português e Literaturas, na Faculdade de Letras da Universidade Federal do Rio de Janeiro (UFRJ), que funcionava numa mastodôntica construção na, ainda em obras, avenida Chile, no centro do Rio de Janeiro. Um edifício construído para abrigar uma exposição de Portugal. Tempos heroicos, em plena ebulição do movimento estudantil contra a ditadura militar, em que os ânimos e humores estavam quase sempre à flor da pele. A sensação que se tinha ao entrar na sala de d. Cleonice é que ela trazia um termômetro de

Fred Góes é professor da Faculdade de Letras da Universidade Federal do Rio de Janeiro (UFRJ).

medição precisa. Sabia exatamente a temperatura da turma e, se muito exaltada, dizia com sua voz calma – creio que, naqueles momentos, controlada – poemas. Se estivéssemos estudando Camões, nos deliciava com a lírica ou nos levava em viagem idílica à ilha dos Amores de *Os Lusíadas*. Como se houvesse ar-condicionado, a temperatura abaixava e a sábia usava o gancho para ministrar sua aula. Emocionei-me inúmeras vezes em sala de aula ouvindo--a dizer Pessoa. Emociono-me ainda hoje só ao recordar, e lá se vão quase cinquenta anos. Quem em sã consciência poderia desgostar de Literatura Portuguesa, sendo aluno de d. Cleo?

Há um dado que considero extremamente relevante no modo de ser Cleonice: sua elegância iquebana, porque não, ela nunca foi do tipo corbelha. Já a conheci de cabelos grisalhos com leve rinçagem, irrepreensivelmente penteados, unhas feitas, um pequeno anel de ouro no dedo mínimo, vestidos, preferivelmente, *chemisier* com estampados pequenos e discretos, brincos de pérolas pequenas que lhe avivam o olhar e, de quando em vez, um colar de duas voltas, também de pérolas. Pode, à primeira vista, parecer supérfluo falar deste aspecto da personalidade de uma intelectual da dimensão de d. Cleo, mas não, ao contrário, sempre considerei que sua aparência, ou seu plano significante, usando uma metáfora linguística para que linguistas sejam condescendentes comigo, compõe de forma harmônica e complementar com o seu significado, com seu saber. Sempre entendi essa sua característica como respeito aos seus alunos e aos que com ela lidam. É bom que se diga que a doce d. Cleo sempre foi uma professora exigente, sempre procurou que seus alunos dessem o máximo de si, como ela mesma o fez. Como diria ela, esta d. Cleonice tem lá seus "brilhanticos".

Pe. Jesus Hortal, S. J.

Da obrigação à devoção

O MEU PRIMEIRO ENCONTRO COM A PROFESSORA CLEONICE Berardinelli, ou simplesmente d. Cleo, se deu por motivo da fundação, na PUC-Rio, da Cátedra Padre António Vieira, de estudos portugueses, em 1994. Naquela época, eu era vice-reitor acadêmico e, por obrigação, tive que presidir às sessões acadêmicas correspondentes. Mas a minha obrigação transformou-se rapidamente em devoção. Não era só o tema inicial que me empolgava: um jesuíta tão polifacético como o Pe. Vieira. Foi também o mergulhar nos variados caminhos da estética literária da língua portuguesa, de Camões a Fernando Pessoa, nos quais eu teria sido incapaz de entrar sozinho. Foi pela mão de d. Cleo, e das suas publicações, que consegui contemplar esse jardim. Desde o primeiro momento a sua voz cantarina, alegre, entusiasta, me encantou e passei a ser fã, sim, dos autores que ela apresentava, mas muito mais dela mesma. E passei a invejar os alunos que tinham o privilégio não apenas de assistir, como eu, a uma palestra esporádica, mas a um curso ministrado pela atualmente "imortal" Cleonice. E, junto com a fala entusiasmada e empolgante, senti-me atraído por aqueles olhos vivos, brilhantes, que ajudavam a compreender mais profundamente o que as palavras iam semeando. Não só na PUC, mas também no Real Gabinete Português de Leitura, na Academia Brasileira de Letras ou no Consulado Português, ao longo de todos estes 22 anos, escutei, admirei e agradeci a d. Cleo por tantas coisas boas que me deu. Agora, na soleira dos cem anos, não lhe sei dizer nada mais profundo do que a tradicional expressão da nossa querida língua portuguesa: Muito obrigado!

Pe. Jesus Hortal é professor emérito da Pontifícia Universidade Católica do Rio de Janeiro (PUC-Rio) e seu ex-reitor.

João Pedro Garcia

Ao volante de um... cabriolet *na estrada de Paris*

Foi há cerca de dez anos. Cleonice – é esta a forma de tratamento que escolheu para eu usar – estava em Paris, com os nossos queridos amigos Gilda e Emmanoel Santos. Tive que ir a Bruxelas, só podia ser de carro, e só tinha mais um lugar. Perguntei-lhe, por perguntar, se queria vir comigo num dia e voltar no outro. A resposta foi pronta: "Quero. Nunca fui." Não me devia surpreender mas surpreendi-me. Lá fomos para Bruxelas. Viagem sem problemas com Cleonice entusiasmada, mesmo num automóvel um pouco duro. Encontro com a Mafalda. Passagem por casa. Jantar no Vieux Saint-Martin. Estadia no Hotel Montgomery, mais confortável do que o quarto de hóspedes. Regresso a Paris, depois de visitas rápidas pelos pontos mais turísticos da cidade.

Foi preciso pôr gasolina, a meio da autoestrada e à noite. Depois de encher o depósito, perdi-me. Não sabia mesmo onde estava e o GPS do carro não conseguiu ajudar. Cleonice, curiosa com o rumo dos acontecimentos, ou com a falta dele, mantinha a boa disposição. Eu fiquei preocupado. Não eram as preocupações de Álvaro de Campos, mas eram preocupações. Não sabia onde estava e tinha ao meu lado uma senhora de noventa anos (embora parecesse mais nova do que eu) que era também a personalidade maior dos estudos portugueses em todo o mundo. Como sair dali? Como voltar para a estrada? Não havia qualquer indicação naquele escuro caminho da Picardie.

Passada meia hora, que pareceu muito mais, lá descobrimos (foi um trabalho de equipa) uma luz que nos guiou até à estrada principal. E conseguimos chegar a Paris.

A ida a Bruxelas, com este episódio anódino, transformou o que era uma mera relação profissional, embora próxima e intensa, numa verdadeira amizade.

João Pedro Garcia é diplomata, ex-diretor do Serviço Internacional (1992 - 2012) e da Delegação em França (2004 - 2011) da Fundação Calouste Gulbenkian.

Antes disso, os nossos encontros tinham sido fugazes. Um jantar no Antiquarius em 1993, quando nos conhecemos. Um encontro em Paris, por ocasião do *Salon du Livre* de 1998, com Gilda Santos e Maria Helena Nery Garcez. Antes e depois disso, vimo-nos em Lisboa, poucas vezes, e no Rio de Janeiro, algumas mais. Muitos telefonemas, muitas cartas trocadas, mas os assuntos eram de trabalho, de Cleonice e meu.

A amizade cimentou-se em Paris nas conferências que Cleonice ali proferiu, com uma regularidade anual. Falou-nos como ninguém dos seus escritores prediletos, num francês primoroso. Apesar de os conhecer na ponta dos dedos, voltava a estudá-los como se uma aluna fosse e descobria sempre algo de novo para nos contar. Gil Vicente, Camões, Vieira, Eça... Deslumbrou-nos todas as vezes, e em particular quando, durante uma hora e cinquenta, prendeu a assistência com uma peça virtuosística sobre o autor d'*Os Lusíadas*. Inesquecível.

As conversas alargaram-se a outros temas. Desde a música, que praticou e de que sabe muito (ouviu Tito Schipa!) até aos amigos comuns que já partiram (Maria de Lourdes Belchior...), aos seus mestres (Fidelino de Figueiredo, Pierre Hourcade) e às viagens que fez (recordo-me do seu encantamento ao falar sobre a primeira vinda a Portugal).

Cleonice entrou no nosso universo familiar quando a Mafalda, que tem mais desembaraço do que eu, lhe pediu para a tratar por "Tia Cleo", o que foi prontamente atendido. Temos assim uma grande família espalhada pelo mundo, a começar na prima Sônia, companheira de idas a Paris e a Lisboa, e guardiã da saúde e do bem-estar da nossa homenageada.

Tenho a certeza de que Cleonice não se importará que "codedique" este depoimento ao nosso querido amigo Emmanoel Santos, que nos deixou há pouco tempo e de quem temos já muitas saudades. Era um homem elegante, generoso e bom. Qualidades que Cleonice também tem.

José Carlos de Vasconcelos
Sob a égide de Camões

Se o soubesse fazer, escrevia estas breves linhas em posição de vénia; ou pelo menos de pé, como o nosso Eça. Porque só nos podemos *curvar* perante uma figura com a estatura, a obra, a humanidade, a generosidade e a simpatia da professora Cleonice Berardinelli. Ou, no mínimo, temos de nos *erguer*, para o preito de profundo respeito e enorme admiração que por todas as razões lhe é devido. Indiscutivelmente.

Devido pelos milhares de estudantes a quem ela ministrou precioso(s) conhecimento(s), mas sobretudo ensinou a amar a literatura, e a muitos, talvez, também a vida. Devido pelos que ela guiou e acompanhou nos seus trabalhos posteriores, em particular universitários, sendo ao mesmo tempo a "mestra", a conselheira e amiga incomparável. Devido pelo "povo" da literatura e da cultura, pelo tanto que lhes (que nos) deu, a começar pelo seu extraordinário exemplo, inclusive de devoção à causa. Devido, enfim, por todos os brasileiros, por ser quem é e ter feito o que fez.

Mas nós, portugueses, se por todas essas suas qualidades e por todo o seu trabalho, somos imensamente devedores à professora Cleonice Berardinelli, ainda o somos mais, infinitamente, por outra coisa, que de forma direta nos toca e diz respeito: pelo que fez pela literatura e cultura portuguesas no Brasil. Ao longo de todo um longo percurso de vida, sempre, até agora, sem interrupção nem desfalecimento, ninguém o fez tanto, nem tão bem, como ela. E isto é absolutamente extraordinário.

Refiro-me, claro, aos seus diversos e notáveis estudos, mormente sobre Luís de Camões, Fernando Pessoa (quando ele não era lido, conhecido, famoso, como é hoje, para o que no Brasil d. Cleo foi a primeira a dar um contributo fundamental), Gil Vicente. E refiro-me em especial à sua aludida ação como professora e formadora de professores de Literatura Portuguesa, que por sua vez formaram

José Carlos de Vasconcelos é advogado e jornalista, diretor do *JL (Jornal de Letras, Artes e Ideias)* de Lisboa.

outros, que formaram outros e outros... Cleonice Berardinelli, sempre professora, dentro e fora da universidade, nas aulas e na vida de todos os dias.

Nunca esqueceremos, além do muito mais, que quando Afrânio Coutinho quis que a Literatura Portuguesa deixasse de ser uma cadeira obrigatória, inclusive nos cursos de Português e de Literaturas de Língua Portuguesa, d. Cleo teve um papel decisivo para que tal desígnio não fosse avante. E ao seu fulgor natural juntando o vigor da argumentação e da contestação, disse nomeadamente: "A Literatura Portuguesa deve fazer parte, inelutavelmente, da lista de matérias de base dos nossos cursos, não somente porque ela é a literatura mãe, a primeira a exprimir-se em língua portuguesa, a que constitui o passado da Literatura Brasileira, a que precede a nossa experiência, mas também porque é o elemento primordial de uma cultura viva, na qual temos as nossas origens e que não pode ser excluída da nossa formação histórica."

Cleonice Berardinelli é a professora que nós todos gostaríamos de ter tido (e com a qual, não tendo tido essa felicidade na escola, de qualquer forma procuramos aprender). Digo-o com base em muitos testemunhos, entre os quais destaco o que terá sido o primeiro que ouvi, do meu querido amigo Zuenir Ventura. Brilhava-lhe o olhinho e abria-se ainda mais o seu peculiar sorriso, ao falar daquela sua professora, jovem e bonita (muitos estudantes por ela se terão apaixonado...), que tinha todos os atributos: de saber e saber ensinar, mais do que isso, de transmitir o gosto, mesmo a paixão, pela leitura, pela literatura e seus grandes autores. Assim marcando o futuro de tantos seus alunos.

Não sei se Portugal já prestou inteira justiça ao que a professora Cleonice Berardinelli fez pelo país, ao longo destes seus esplendorosos cem anos. Seja como for, o que fez não tem preço nem paga possível. Nem seguramente ela o fez para receber o quer que seja, antes por uma opção em que não foi considerado o valor de troca, uma opção de vocação, de gosto – por prazer e, a partir de certa altura, talvez sentido de "dever". Mas recordo particularmente, entre outras homenagens, além de Doutoramentos *Honoris Causa*, a que lhe foi prestada, em 1999, pelo Instituto Camões, em Lisboa. E recordo-a, sobretudo, porque me parece ser sob a égide e sob o signo de Luís de Camões que de forma mais significativa e simbólica se pode homenagear Cleonice Berardinelli.

José Manuel Estrela
Ao longo do tempo, lembranças

Em julho de 1974, eu e Anna Maria Carrera Neves visitamos a Faculdade de Letras da Universidade Federal do Rio de Janeiro (UFRJ), na avenida Chile. O motivo foi conhecer os professores de Literatura Portuguesa e oferecer-lhes a possibilidade de adquirir livros portugueses de autores contemporâneos com mais facilidade. Nesta altura, tive o prazer de conhecer a professora Cleonice Berardinelli, que me agradeceu a visita e prometeu ir à livraria Camões.

Alguns dias depois, cumpriu a promessa. E logo ela e sua equipe se prontificaram a sugerir nomes de escritores que gostariam de conhecer e divulgar nos seus cursos.

Começou assim a minha amizade com d. Cleonice, e demais colegas, que perdura até hoje.

As oportunidades foram surgindo, a nossa livraria e a faculdade estreitaram cada vez mais seus laços de colaboração. Certa feita, uma comitiva de escritores portugueses estava de visita ao Brasil, cabendo à livraria Camões coordenar-lhe as atividades. José Saramago integrava o grupo e fez um lançamento na livraria Camões. Cleonice, presente, perguntou-lhe se queria conhecer sua faculdade. "Com todo gosto", respondeu ele, e logo ficou combinada a data. O *campus* entrou em greve na véspera, mas, mesmo assim, a sessão foi mantida. Saramago foi recebido no anfiteatro Gil Vicente, repleto de alunos e professores. A palestra foi memorável! Choveram perguntas sobre sua obra. Ao tomarem conhecimento de que Saramago aniversariava naquele dia, brindaram-no com um barulhento coro de "Parabéns pra você". A livraria, precavidamente, tinha providenciado uma torta, e ali mesmo fez-se a festa.

José Manuel Estrela é poeta e foi, por quarenta anos, administrador da livraria Camões do Rio de Janeiro.

Portugal pouco faz para manter vivos esses contatos, e o Brasil paga na mesma moeda. Mas nosso diálogo com os docentes das Faculdades de Letras e seus alunos continuou ao longo dos anos, no Rio e noutros estados. Acompanhamos com entusiasmo o empenho deles nas atividades docentes, as pesquisas e teses defendidas, os congressos realizados e as várias iniciativas para divulgação da cultura portuguesa. Dessas teses, vale lembrar, muitas deram origem a livros publicados por editoras portuguesas, que, até hoje, continuam a servir de referência aos especialistas.

Também recordo com saudades o dia 28 de agosto de 1986: Cleonice fazia setenta anos, e a livraria Camões organizara uma festa-surpresa para lhe prestar a merecida homenagem. Às 18 horas, a livraria fechou as portas ao público, começaram a chegar os convidados, setenta ao todo. O espaço mal comportava tanta gente. Chega a homenageada e se espanta ao ver a casa tão cheia. Cleonice, olhos semicerrados, nariz ligeiramente franzido, olha e cumprimenta os presentes, sendo saudada em coro. Servimos tripas à moda do Porto e um vinho especial. Em meio à conversa animada, alguém pergunta à mestra: "na vida o que lhe dá mais prazer?" "Dar aulas", responde ela, sem hesitar. Uma longa salva de palmas estala no recinto. Chega o bolo, acendem-se as velas, a alegria do canto e do soprar das velas, Cleonice muito feliz, naquele cenário de livros que guardam suas paixões literárias. Seus queridos Camões e Pessoa seguramente também a parabenizavam, pela data e pelo amor na difusão da cultura portuguesa no Brasil.

Pouco depois do lamentável fechamento da "nossa livraria", o professor Aníbal Bragança convidou-me para uma palestra na Biblioteca Nacional com o tema "A livraria Camões e a cultura letrada portuguesa no Brasil", no dia 19 de março de 2012, tendo como debatedoras convidadas as professoras Cleonice Berardinelli e Gilda Santos. A talho de foice, para disfarçar inevitável melancolia, fui entremeando no que dizia alguma poesia da minha lavra. Em determinado ponto, Cleonice me interrompe e me brinda com estas palavras: "Vim prestigiar um grande livreiro e descobri um Senhor poeta; gostaria de ouvir mais poemas." Proferidas pela grande mestra, estas palavras me encheram de orgulho e me deram ânimo para continuar a escrever.

Sou muito grato a Deus por me ter dado a oportunidade de conhecer e conviver com pessoas extraordinárias. Dentre elas, grandiosa em minha vida por seus ensinamentos e afabilidade, a senhora professora doutora Cleonice

Serôa da Motta Berardinelli, que me vanglorio em chamar de amiga. Amiga de discreto e lindo sorriso, ao piscar os olhinhos e franzir o nariz...

Que, além deste centenário, venham outros aniversários, para que possamos sempre celebrar a vida, a sua vida.

Grande e terno abraço do seu
Estrela

José Sarney

Poesia e paixão

QUANDO COMECEI A QUERER SER ESCRITOR, UM AMIGO e companheiro de geração, Bandeira Tribuzzi, revelou-me Fernando Pessoa. Esse foi um momento decisivo para minha visão da poesia e da língua portuguesa.

D. Cleonice teve o mesmo tipo de descoberta. Só que, levada pelas mãos de Thiers Martins Moreira — saudoso amigo —, com sua profunda vocação de professora, tornou-se a maior conhecedora de Pessoa no Brasil e a primeira a fazer uma tese sobre ele entre nós; e, no mesmo caminho, a grande estudiosa da Literatura Portuguesa, da camoniana, dos clássicos e dos modernos escritores de Portugal.

Desde que, há mais de setenta anos, começou a ensinar, formou uma multidão de escritores e professores, enquanto colecionava uma multidão de admiradores. Vários de seus alunos são nossos confrades, ou o foram, como José Guilherme Merquior. Sempre tive por d. Cleonice, ao lado da admiração intelectual, uma ponta de ternura, que ela inspira com seu modo delicado e discreto de ser, com seu sorriso suave emoldurando seu olhar vivo.

Sempre encontrou tempo para escrever seus ensaios, para ser a grande reveladora dos mistérios e sonhos de Pessoa — em suas múltiplas vidas —, dos segredos de Camões, de José Régio, de Mário de Sá-Carneiro, de Bocage, de João de Deus, de Gil Vicente, dos trovadores medievais. Tantos poetas de que sabe, como ninguém, declamar os versos.

Cleonice é a primeira, entre os acadêmicos, a completar cem anos. Que seja ela a pioneira é, para todos nós, uma grande alegria.

Tive o privilégio de conceder-lhe a Ordem do Rio Branco, uma apenas das muitas homenagens que lhe fizeram, com justiça e gratidão, Brasil e Portugal. Pois poucos fizeram tanto para aproximar estas duas literaturas, uma só alma. Tendo entrado para a Academia com muito atraso, ela nos permite hoje nos reunir em torno de si para celebrar seu centenário e sua paixão pela poesia: para fazer, em uníssono, sua louvação.

José Sarney é ex-presidente do Brasil e membro da Academia Brasileira de Letras (ABL).

Marcio Debellian
A professora e a atriz

D. Cleo costuma dizer que todo professor precisa ser um pouco ator para capturar o interesse dos alunos. A primeira vez que a vi em cena foi num dia em que a atriz se sobrepôs à professora. Era julho de 2013, ela e Maria Bethânia liam poemas de Fernando Pessoa na Flip, em Paraty, numa imensa tenda com capacidade para oitocentas pessoas. O evento era transmitido ao vivo pela internet, e aquela senhora que eu conhecia apenas pela reputação festejada por seus inúmeros fãs e ex-alunos dava um show de carisma e interpretação ao declamar versos de Fernando Pessoa. A plateia vibrava. E eu de casa também. Ao final da apresentação, vieram perguntas do público para a conversa mediada pelo professor Júlio Diniz, e alguém indagou: "Existe a possibilidade desta leitura virar um disco?". As duas responderam veementemente que sim. Comemoramos com aplausos.

Nos dias seguintes, tornei a assistir online a leitura da dupla Cleonice Berardinelli e Maria Bethânia. Tudo ali me encantava: a construção do roteiro, a performance das duas e, sobretudo, o amor pelo poeta. Parecia que tinham um grande amigo em comum, e que isso, por si só, bastasse para que a amizade entre elas fluísse naturalmente. Veio agosto e Ana Basbaum, produtora de Bethânia, me telefonou dizendo que, além de gravar o disco com a leitura dos poemas, Bethânia tinha vontade de que o encontro fosse filmado, e me convidou para realizar um documentário registrando os dias em que estariam em estúdio.

Convite aceito com louvores aos céus, marcamos a gravação para o dia de Cosme e Damião. Antes disso, fui à casa de d. Cleo conhecê-la pessoalmente e conversar sobre o trabalho que iríamos realizar. O assunto logo chegou a Fernando Pessoa, o que funcionou como um gatilho para rememorar os caminhos percorridos até o dia em que o primeiro livro do poeta caíra em suas

Marcio Debellian é diretor do documentário (*O vento lá fora*).

mãos. Era como se, para falar de Pessoa, fosse necessário dar passos atrás, contar da família, das aulas de declamação, da universidade e da jovem atriz que andou lado a lado com a estudante de letras.

D. Cleo se entusiasmou ao lembrar de suas passagens pelo teatro: uma quando estudava na Universidade de São Paulo (USP) e encenou Molière no original, em pleno Teatro Municipal; e a outra quando já vivia no Rio de Janeiro e representou o Anjo, em *O auto da Alma*, de Gil Vicente. Esta montagem foi dirigida pelo professor Thiers Martins Moreira, que viria a tornar-se seu grande amigo e apresentar-lhe-ia,[1] pouco depois, a poesia de Fernando Pessoa.

É bastante simbólico que tanto d. Cleo quanto Maria Bethânia tenham sido apresentadas ao poeta por homens ligados ao teatro: Thiers e, no caso de Bethânia, o autor e diretor Fauzi Arap. Através deles, Fernando Pessoa, que se autointitulava "um poeta dramático", encontrou as grandes intérpretes e divulgadoras da sua obra no Brasil.

O primeiro encontro entre as duas aconteceu em 1996, quando Bethânia preparava o espetáculo *Imitação da vida* e contou com a consultoria de d. Cleo na pesquisa sobre Fernando Pessoa. Na recente exposição que celebrou os cinquenta anos de carreira de Maria Bethânia, havia uma entrevista de Fauzi Arap ao escritor André Mantovanni, em que contava sobre o processo de criação do show: "Eu e Bethânia andávamos meio afastados. Ela encomendou uma pesquisa a uma senhora especialista em Fernando Pessoa, e me convidou para ajudar no roteiro. Eu me convidei para dirigir, porque gostei muito da pesquisa. Tinha uns textos de que eu nunca tinha ouvido falar, inéditos a que eu não tinha acesso. Ela estava sabendo mais de Fernando Pessoa do que eu."

O resultado desta união foi um dos shows mais lindos a que já assisti, um verdadeiro clarão na alma. Saí do Canecão arrebatado por Bethânia e Fernando Pessoa, precisando saber mais do poeta, ter seus textos em casa, no meu silêncio, para sempre. O disco que registra o show ao vivo virou o meu CD preferido. Até hoje, presenteio as pessoas com esse disco. Os amigos brincam que

1 Não uso mesóclise desde os tempos do colégio, normalmente, não escreveria assim, mas minha correspondência com d. Cleo e seus e-mails tão bem escritos me lançaram de volta às regras da norma culta, receoso de qualquer deslize pronominal diante da amiga. Professora, espero ter deixado tudo direitinho por aqui.

criei uma corrente do *Imitação da vida*, já que eles próprios passaram a cultivar o hábito de dar o disco de presente também.

Por tudo isso, estar diante de d. Cleo e Bethânia em estúdio, filmando a leitura que criaram juntas, foi uma honra e uma imensa responsabilidade. Era muita grandeza reunida: Fernando Pessoa, seus heterônimos, d. Cleo e Maria Bethânia! O filme teria que estar à altura deles ou, no mínimo, não poderia atrapalhar o que já era naturalmente belo.

D. Cleo estava realmente feliz de gravar o disco e o filme, e isso foi contagiante para todos. Nos intervalos, se empenhava em explicar para a equipe de filmagem as nuances de determinado heterônimo, contava casos da época em que pesquisava o espólio do poeta, ou até dava conselhos gramaticais se ouvia alguma frase mal construída – tudo sempre com doses de humor e simpatia.

Bethânia foi extremamente generosa e se colocou no papel de aluna da sua companheira de cena, o que acabou por provocar uma alquimia que dissolveu qualquer possível barreira entre a d. Cleo professora e a sua porção atriz. O set de filmagem era também sala de aula. Professora e atriz atuavam juntas e plenas.

Ao longo do processo de edição do filme, me aproximei mais de d. Cleo. Fazia visitas periódicas, consultava sobre determinados assuntos relacionados ao poeta e testava a sua reação a algumas ideias que estava trabalhando na montagem. Nossa troca de e-mails era sempre carinhosa e, com o tempo, ganhou uma saudação especial: "um beijinho da sua mais velha amiga, Cleonice".

Quando o filme foi lançado, as críticas foram unânimes em destacar o brilho da atuação de d. Cleo. Combinamos de ir juntos ao cinema numa sessão comercial, sentir a reação da plateia. Ao final, quando as luzes se acenderam, o público parecia não acreditar que era ela sentada na sala de cinema. Foi uma ovação emocionante. No caminho para casa, ela me confessou em tom de brincadeira, imitando sotaque italiano, "estou me sentindo *una diva. Una Diva*".

(O vento lá fora) me deu de presente esta velha amiga que jamais esquecerei. Uma voz que soa na minha cabeça todas as vezes que volto a ler os versos do nosso poeta. Um exemplo de amor às palavras, postura e sabedoria de vida que asseguram cem anos de brilho no olho e sorriso em paz. Obrigado por todos os ensinamentos, mestra, minha mestra querida.

Marco Lucchesi

Cleonice Berardinelli (pera leyxar Cleõoyçe allegre)

NOM HAA EN AQUESTAS PARTES DO RREYNO, COMO SÕ ditos per castellãaos e purtugueses, hũua senhor tã faimosa e cõoçuda como uos, Cleõoyçe, ao perto e ao longi, dantre çeo e terra, pollas primiçias e perfundezas de uossa lyngoagẽ, u se mesturam treeua, splendor, requeza e fremosura – tã amiga de Pessoa, Camões, D. Dinis: de aquesta Trĩjndade sos, minha senhor, arreyna e pelerim.

Eixalço cum deteença e anafis, e proll de todallas uossas possissões: leyxã no coraçõ dos omẽs hũ mysterio azur, hũ mysterio de moytos rreynos e libros ualerosos.

Seyã baldosamẽte dadas, sabuda Meestra, todallas lloas, pera sua linnagẽ, assy de uossos amigos, cum todalla estimaçã que cõuẽ a semelhauel ssodita daquest grãde e uniuerso rreyno.

Asi, eu, Marco Lucchesj, em nombre de elrrey de Portugal, D. Manoel I, polla uontade de Deus, Senhor do Commercio, da Nauegaçã e da Comqujsta na Etyopia, Arrabia, Persia & India, oferreço pera fidel ssodita Cleõoyce Serooa Berardinellj hũ mylhaão de marauedis d'ouro, mill adamantes e oabito de Chrijsto y toda aquesta Terra de Santa Crrux per saecula seaculorum pollos subidos ac marauyllosos 100 ãnos.

Flumen Januarii
Decembris, Anno Domini Nostri Iesu Christi MMXV

Marco Lucchesi é poeta, tradutor e ensaísta, membro da Academia Brasileira de Letras (ABL).

Margarida Alves Ferreira

Como a estrela da manhã, clara em sua geração

"Tempo, tempo, tempo... A vida é isto: tempo", dizia um personagem de Almeida Faria. De repente, 2016. Parece que foi ontem que conheci a professora Cleonice Berardinelli. E foi mesmo. No meu sem-tempo, foi na tarde de uma quinta-feira de março de 1954, no auditório do oitavo andar da Faculdade Nacional de Filosofia, quando esperávamos, alunos de Letras Neolatinas, a primeira aula de Literatura Portuguesa. Como seria? E no meio da minha expectativa, entra a professora. Que bonita que era! Ay, mya senhor velida! E que linda voz! E as palavras que dizia, os poemas que lia numa linguagem quase desconhecida por nós, como nos soavam bem! "Findas", "dobres", "mosdobres", "palavras perdudas", "ateúdas"... "Ay, mya senhor, assi moir'eu". Que belo! Aula? A palavra é pobre. Deslumbramento seria melhor. Não sei definir o círculo mágico que me envolveu, transformando a hora em parcos minutos. Melhor: apagando horas e minutos num sem-tempo de encanto. Comigo foi um caso irremediável de paixão. E para sempre. Foi aí que, entre maravilhada e surpresa, encontrei o meu caminho na vida. Foi aí que, sempre de mãos dadas com Cleonice Berardinelli, reconheci o meu chão, o meu caminho na Literatura Portuguesa, por onde não me canso de andar até hoje. Foi a partir dali, daquelas aulas, daquele primeiro e fundamental encontro, que comecei a trilhar caminhos da Literatura Portuguesa e – talvez mais importante – que reconheci, em Cleonice Berardinelli, terra fértil e generosa para a amizade, a confiança e a admiração, terra que vem gerando belos frutos pela vida afora.

Anos se passaram desde aquele longínquo 1954. Completamente fascinada pelo encanto da mestra e conduzida pela poesia de Antero de Quental, embarquei na esquadra de Cleonice Berardinelli. Fiz bem. Entreguei-me completamente a sua leitura das cartas de marear da Literatura Portuguesa. Fiz bem.

Margarida Alves Ferreira é professora da Faculdade de Letras da Universidade Federal do Rio de Janeiro (UFRJ).

Sempre que me vi perdida em nevoeiro de dúvidas, em mares encapelados, perdido o rumo, recorri sempre à nau capitânia de Cleonice Berardinelli. E ela estava sempre lá, atenta, rompendo a névoa e corrigindo o rumo: Cleonice Berardinelli conhece todas as latitudes e longitudes da Literatura Portuguesa. E se a bruma não se dissipa ou o mar tenebroso não se acalma à nossa investida, ela não hesita: embarca na nossa nau, junta-se a nós no nosso leme e tenta conosco novas rotas, fazendo-nos levar a viagem a bom termo.

Anos se passaram e continuo de mãos dadas com Cleonice Berardinelli. Muitos anos? Não. No meu sentir, poucos, leves e breves. E de ouro. Hoje o afeto domou o tempo. Tenho a certeza de que quanto mais ele quiser nos dominar, mais ele se apagará, porque cada vez mais profundo será o carinho que me une a Cleonice Berardinelli. Mas o tempo acabou sendo amigo – fortaleceu laços, trouxe sucesso e aumentou afetos. Por isso agradeço tudo o que o tempo me deu desde aquele dia assinalado no oitavo andar da Faculdade Nacional de Filosofia.

Bem haja, Cleonice Berardinelli, pelas navegações que empreendemos juntas nos mares da literatura e no terreno do afeto profundo e indestrutível.

Bem haja, Cleonice Berardinelli, pelo tempo-sem-tempo vivido a cada dia e que se eternizará na memória. De ouro esse tempo também será.

Cleonice, muito, muito querida: receba o abraço carinhoso daquela para quem a palavra "sempre" preenche o afeto e a admiração que sinto por você.

Bem haja.

Maria Bethânia

saUdade

QUERIDA DONA CLEO. SAUDADE E VONTADE DE OUVIR suas orientações e escolhas. Temos conversado pouco. Sempre quero mais, mas compreendo as obrigações que cumprimos com dedicação.

Como andam suas aulas de inglês? Prosperam? Tem se divertido com o idioma do mágico do teatro? Mestre e filho dessa língua? Com tanta desolação no mundo, e mais funda no nosso Brasil, sinto falta da sua voz firme, linda, e da claridade do seu raciocínio, um chão promissor para todo aluno seu, que, como eu, tanto agradece e quer bem. Saudade professora, aliás, saUdade, como a senhora gosta, querida Dona Cleo. Tudo que a senhora me ensina guardo com alegria e devoção. Sempre querendo aprender mais, pois adoro sua escolha poética, sua disciplina, e agradeço ter permitido acompanhar de pertinho o amor que tem ao nosso querido poeta, Fernando Pessoa. Quando sobrar um tempinho me conta o que anda lendo, escolhendo. Provou as ginjinhas que lhe trouxe de Portugal? Eu sigo aqui, com Deus. Peço a sua bênção e lhe mando um abraço forte. Sua amiga, aluna sempre grata, Maria Bethânia.

Maria Bethânia é cantora.

Maria de Lourdes A. Ferraz

De professora Cleonice a d. Cleo: memórias felizes

Vi Cleonice Berardinelli pela primeira vez em meados dos anos 1970, na Fundação Gulbenkian, em Lisboa. Fiquei impressionada e surpreendida. Aquela Senhora, que subia em beleza e naturalidade as escadas do auditório onde se desenrolavam as comunicações do 1º Congresso de Literatura Portuguesa em que participava, era, então, a professora que já estudara com clareza e afinco tantos autores desde a Época Medieval até Fernando Pessoa?

Jovem assistente da Faculdade de Letras de Lisboa, encontrava-me ainda a braços com a dificuldade de conciliar a minha formação de licenciada em Filologia Românica, durante os anos de 1960, e a invasão das novas orientações ditas científicas, basicamente estruturalistas, semióticas envoltas numa onda que diariamente crescia. E esse crescer ora tornava muito questionador o meu sentimento de "temor referencial", ora o intensificava. Acentuo: temor referencial, não reverencial... Esse existira também, muito, durante a minha primeira formação, mas não me incomodara especialmente. Não era demasiado difícil lidar com temores reverenciais que não incluíam boas referências. E esses, agudizados pelos exames orais, eram facilmente detectáveis durante o ano lectivo e deviam apenas ser encarados com uma adaptação adequada às pretensões docentes.

O que intensificava o que chamo "temor referencial" tinha a realidade forte do exercício do reconhecimento da competência. Mudemos temor para respeito, pois esse é um valor que nunca rejeitei ou rejeito. Pelo contrário, ao longo de uma vida "de experiência feita" só tenho todos os motivos para dizer que fui sempre aprendendo a desenvolvê-lo e intensificá-lo e nunca recusarei a minha observância do que designo por temor referencial: o imenso respeito

Maria de Lourdes A. Ferraz é professora catedrática da Faculdade de Letras da Universidade de Lisboa.

por quem merece que o que escreve, o que diz, o que vive, afinal, seja reconhecido, apreciado, divulgado. E esse permitiu-me sempre um prazer especial em poder aprender que, felizmente, se mantém.

Ora a que vem tão longo preâmbulo para falar das memórias de encontros que fui tendo com Cleonice Berardinelli? Apenas o feliz percurso e a teimosia em o assinalar entre a minha referência à professora Cleonice e a minha crescente e permanente amizade por d. Cleo. Parece estranho, talvez, para tempos de hoje? Que seja. Não o lamento nem recuso. Vejamos.

Durante os anos 1980 fui caminhando no desenvolvimento de uma exigente carreira que obrigava, naturalmente, a repetidas avaliações. Só em 1990 tive um encontro mais real e demorado com a professora, a senhora que tão brevemente tinha apreciado naquele primeiro vislumbre. O internacional XIII Encontro de Professores de Literatura Portuguesa, no Rio de Janeiro, com uma aproximação celebrativa a Camilo Castelo Branco, foi uma prova de muitos dias cheios de aprendizagem e convívio só possível no Brasil, que visitava pela primeira vez, e que respirava com uma intensidade que me remetia para já longínquas memórias de infância africana.

Novo Congresso em 1991, em Portugal, em Coimbra e S. Miguel de Ceide, Camilo foi elo de união intensificada. E nunca mais quebrada. É claro que diversas estadas da professora na Biblioteca Nacional de Lisboa no intenso trabalho sobre Fernando Pessoa permitiram que o convívio, troca de impressões e conhecimentos fosse alimentando uma sempre crescente amizade.

Mas isso nunca permitiu que, sempre que houve ocasião de trocas epistolográficas, eu conseguisse livrar-me do termo professora quando me dirigia à amiga d. Cleo. Não faltaram os comentários da professora ao meu estilo perifrástico (se não prolixo) na conjugação da amizade com a "reverência". E aí, nesses comentários, se manifestava com pertinência e elegância a sensibilidade da professora, e aquela capacidade pedagógica que não pode deixar de ser assinalada na relação de d. Cleo com todos aqueles que tem de ensinar – e tantas vezes corrigir. Deliciei-me com esses comentários e, ultimamente, pude apreciá-los uma vez mais na correcção, firme e delicada insistência que sobressai no diálogo entre a professora e Maria Bethânia nas leituras de Fernando Pessoa no DVD (*O vento lá fora*). Esse diálogo e leitura de poemas por ambas as protagonistas é tão importante que vi espontâneas reacções de pessoas nada conviventes com o poeta que exclamavam com entusiasmo a percepção aprofundada que as leituras ofereciam. Não é isto que mostra uma qualidade do ensino?

Para rematar as minhas felizes memórias tenho de mencionar com um misto de saudade – a palavra ou o sentimento (?) tão insistentemente ritmada na conversa com Maria Bethânia – uma manhã de 2010 de *brunch* em casa de d. Cleo. Que me seja permitido enquadrar antes este encontro.

Por coincidência feliz, estava no Rio para assistir – já aposentada e em boa companhia de Elsa Gonçalves, o Casal Santos e o meu próprio marido – à recepção de Cleonice Berardinelli na Academia Brasileira de Letras. Já bem aperaltados para a cerimónia, a chuva que desabara durante o dia parecia prometer dificuldades de acesso à cerimónia. Não desistimos, porém, e metidos no carro, com a corajosa condução de Gilda Santos, avançámos com determinação pela enchente visível. Contudo, passados os primeiros obstáculos, qualquer insistência seria não ousadia mas puro desafio à natureza inclemente desse dia. Desconsolados regressámos a casa. Em compensação do desencontro fomos então convidados, passados uns dias, para casa de d. Cleo, o dia daquele memorável, inesquecível *brunch.*

Acabado o convívio e o respectivo registo fotográfico, substituto da nossa ausência da cerimónia anterior, d. Cleo chamou um táxi para regressarmos a casa e, como o meu marido e eu, sem outros afazeres de momento, fomos os últimos a deixar a casa, a amiga teve a extrema gentileza de nos acompanhar até à rua. Mal entrados no táxi, começa conversa do condutor: "os senhores são imortais?" Mal conformada com conversas em táxis portugueses, por vezes tão difíceis de controlar, apressei-me a responder que sim, naturalmente, para abreviar qualquer desenvolvimento de uma conversa mais transcendente... Resposta imediata: "então que número têm?" Acordada para a realidade tão viva e presente, emendei a minha resposta, sem grande consequência perigosa senão a da distinção de imortalidades.

Sim, querida d. Cleo. À imortalidade todos teremos, porventura, direito. Mas os imortais, para além do número com que possam ser assinalados, perpetuam-se na memória de uma História que nunca seria a mesma sem a sua personalidade, o seu ensinamento, o valor do seu trabalho e vida; sem a sua referência. Obrigada pelo que me coube partilhar e aprender com essa referência, querida professora e amiga.

Maria Elizabeth Graça de Vasconcellos

Minha querida amiga e professora Cleonice Berardinelli

Relembro um provérbio chinês:

Se quiser o destino que vocês se encontrem,
Irão se reunir vindos da mais intensa distância.
Se não quiser o destino que vocês se conheçam,
Continuarão estranhos mesmo frente a frente.

E ASSIM FOI: O DESTINO QUIS QUE NOS ENCONTRÁSSEMOS em 1966, quando eu cursava o segundo ano do curso de Português e Literaturas de Língua Portuguesa, na Faculdade de Letras da Universidade Federal do Rio de Janeiro (UFRJ). E dali em diante o encontro se desdobrou em admiração e amizade e ainda em mútua confiança quando, em 1969, passei a lecionar Literatura Portuguesa, na mesma Faculdade de Letras da UFRJ.

Caminhos longos, sentimentos muitos que podem ser sintetizados na dedicatória de minha tese de doutoramento:

Para Cleonice Berardinelli,
Palavra inicial,
Exemplo que me acompanha
Na eterna surpresa do ensinar.

Maria Elizabeth Graça de Vasconcellos é professora da Universidade Federal do Rio de Janeiro (UFRJ).

Maria Elsa Gonçalves
Tríptico para Cleonice

1. "No começo, era a aula. A aula é a raiz de tudo o que eu fiz."

CREIO ESTARMOS PERANTE A DEFINIÇÃO MAIS FORTE QUE alguma vez ouvi do que significa ser "professor". Pronunciou-a uma grande professora, Cleonice Berardinelli, em entrevista à *Revista Brasileira de História*, conduzida por Alberto da Costa e Silva, Luciano Figueiredo e Marcello Scarrone.[1] E, ao finalizar a interessantíssima conversa com os três interlocutores, acrescentou: "A aula é o começo de tudo. O que eu escrevi foi a partir do que eu estudei para ensinar. Os ensaios que eu escrevi nasceram na sala de aula."

Fico a meditar no optimismo, na alegria de viver que estas declarações deixam intuir, e a memória transporta-me aos anos 90 do século passado. Era o XIII Encontro de Professores Universitários Brasileiros de Literatura Portuguesa (Rio de Janeiro, 30 de julho a 3 de agosto de 1990). Numa das salas da Faculdade de Letras da Universidade Federal do Rio de Janeiro (UFRJ), em sessão presidida por Ivo Castro, acabara eu de apresentar a minha comunicação centrada no tema "Intertextualidades na poesia de D. Dinis", quando vejo alçar a mão da professora Cleonice Berardinelli e ouço a intervenção mais elogiosa que até então me tinha sido dedicada. Em síntese, lamentava a professora a minha decisão de aposentar-me daí a alguns meses, perguntando o porquê de tal posicionamento em relação ao futuro. Agradeci a generosa apreciação do estudo que tinha "posto na praça" (como diria a minha mãe) e não me senti capaz de revelar, em público, a minha relutância em ensinar. É que, para mim, a aula não era "o começo de tudo" nem "a raiz de tudo o que eu fiz". O ensino, mesmo o universitário, foi sempre uma fonte de angústia, desespero por não poder aprofundar aquilo que estudava para comunicar aos estudantes, medo de não estar suficientemente segura da matéria, uma espécie de saudade do

Maria Elsa Gonçalves é professora da Faculdade de Letras da Universidade de Lisboa.

1 Disponível em <www.revistadehistoria.com.br/secao/entrevista/cleonice-berardinelli>.

tempo passado em bibliotecas a decifrar manuscritos coloccianos.[2] À distância, compreendo agora que me faltou a paixão que transborda das palavras de Cleonice Berardinelli, quando fala dos seus mais de setenta anos de magistério na UFRJ e na Pontifícia Universidade Católica do Rio (PUC-Rio), quando diz orgulhar-se dos alunos que seguiram os seus trilhos e – *last, not the least!* – quando evoca, com admiração carinhosa, os seus mestres, sobretudo Fidelino de Figueiredo e Thiers Martins Moreira.

2. "Au commencement, était la route"

Com estas palavras inicia Joseph Bédier o seu estudo sobre as relações entre as origens da "*chanson de geste*" e as peregrinações aos grandes santuários medievais. "*La route*" era o caminho de Santiago.

Adaptando a célebre frase do filólogo francês, poderemos afirmar que "no começo, era a poesia dos trovadores". As suas origens e desenvolvimento não se afastam do caminho de Santiago, do "caminho francês", por onde "cavalgava noutro dia" o poeta da pastorela de D. João de Aboim, e do "caminho português", ladeado, também ele, de pequenos santuários que inspiraram as "cantigas de romaria" dos nossos cancioneiros trovadorescos.

A esta poesia das origens se refere Cleonice Berardinelli, ao enfatizar, na entrevista atrás citada, que "a literatura portuguesa antiga é a base de tudo. Nós chegamos até aqui, porque existiu lá atrás um sujeito chamado Camões. Ninguém mais conhece D. Dinis, que escreveu as cantigas de amor mais lindas."

Percorrendo a vasta e diversificada bibliografia berardinelliana, encontramos algumas publicações que atestam o interesse da autora pela nossa poesia das origens. Com efeito, já em 1953, publicara a antologia *Cantigas de trovadores medievais em português moderno*, com um propósito divulgativo bem claro logo no título e uma escolha de autores e textos cabalmente justificada, embora discutível, por omitir o sector escárnio, por muitos considerado o

2 Angelo Colocci foi, como sabemos, o responsável pela cópia dos dois Cancioneiros, B e V, tendo deixado, no primeiro – o *Cancioneiro da Biblioteca Nacional (Colocci-Brancuti)* – numerosas notas escritas nas margens, umas de caráter estritamente linguístico, outras de caráter métrico e literário.

mais "original" da lírica galego-portuguesa. A opção pelas cantigas de tema amoroso é uma preferência circunstancial: "As cantigas de escárnio e as de maldizer constituem a parte satírica dessa poesia e, talvez, a mais importante para o conhecimento da sociedade da época, de vez que lhe revelam os ridículos, os defeitos, os costumes em geral, numa linguagem incisiva, violenta, crua até à obscenidade. Não lhes negamos o valor, a força expressiva, o interesse histórico. Mas preferimos, pelo menos no momento, dedicar a nossa atenção às cantigas de amor e de amigo."[3] Caracterizando com clareza cada um destes dois géneros, selecciona os textos guiada pelo gosto pessoal, sem deixar de atender a outros critérios, como o da representatividade. Entre os autores seleccionados, a parte de leão cabe nos dois sectores, amor e amigo, ao Rei poeta, o que não surpreende, sendo ele um "Poeta rei", cuja poesia representa uma espécie de condensação e recapitulação de estruturas temáticas, estróficas, métricas e rítmicas, que engloba, tanto as que denunciam a influência transpirenaica, como as que remetem para uma tradição dita "popular". Mas, em 1975,[4] o seu interesse volta-se para um poeta que não entrara na antologia de 1953, privilegiando agora o género cujas protagonistas definira, já então, com traços de grande finura psicológica. Em 1985, porém, os tempos são de estruturalismos, formalismos e outros –ismos: o tipo de análise escolhido por Cleonice Berardinelli vai ser eminentemente formal. Inconformada com a leitura "serial" da narrativa das oito cantigas de amigo do "segrel" galego proposta de J.J. Nunes,[5] Cleonice Berardinelli prefere fazer uma leitura "paradigmática" do conteúdo, "articulando os textos das cantigas entre si", sem, no entanto, alterar a ordem pela qual aparecem nos manuscritos; no que às formas da expressão tange, depois de enunciar as variedades do paralelismo praticadas pelo poeta de Bonaval, analisa com especial atenção a estrutura paralelística da cantiga "Fremosas, a Deus grado", mediante o uso de um gráfico que evidencia a alternância dos dois pólos do

3 Cf. *Cantigas de trovadores medievais em português moderno*, Coleção "Rex", Rio de Janeiro: Organização Simões, 1953, p. 6.

4 Cleonice Berardinelli, "As cantigas de amigo de Bernal de Bonaval", *Revista Letras*, t.a., ano 2, n. 2, p. 57-61, republicado nos *Estudos de Literatura Portuguesa*, Lisboa: INCM, 1985, p. 15-25.

5 Acerca da leitura "conjunta" proposta por Nunes, diz C. Berardinelli: "Parece-nos bastante engenhosa a leitura de J.J.Nunes, que, no entanto, só pode ser feita se a ordem em que as cantigas vêm em *CV* e *CBN* for alterada." (cf. Cleonice Berardinelli, op. cit., p. 16).

paralelismo, a repetição e a variação. Ao resultado desta análise da primeira cantiga apenas se poderá, em meu entender, opor uma pequena reserva: a de não respeitar a forma que os versos apresentam nos manuscritos, assinalada pelo próprio Colocci – versos longos ("Fremosas, a Deus grado, tan bon dia comigo"), não versos curtos.

3. "In principio erat Verbum..."

A matriz de todos os começos: "No início, era o Verbo", a Palavra. Todos os *incipit* citados – desde o bédieriano "*au commencement, était la route*" ao berardinelliano "no começo, era a aula" – decalcam a afirmação joanina da pré-existência eterna da Palavra.

Interrogo-me se Cleonice Berardinelli terá querido citar a proposição exordial do prólogo do quarto evangelho, "*In principio erat Verbum et Verbum erat apud Deum et Deus erat Verbum*", ou seja, o *Verbo*, existia antes da criação do mundo, estava junto de Deus, era o próprio Deus. Acredito que sim. Filóloga, no sentido etimológico do termo, a editora dos *Sonetos* de Camões e exegeta sensível de Gil Vicente, Fernando Pessoa e de tantos outros nomes maiores das letras portuguesas, autora de encantadoras *Falas* reunidas em livrinho publicado pela Faculdade de Letras da UFRJ,[6] é uma amante da palavra dos grandes escritores, que sabe ler como ninguém. "Já disseram de Cleonice que, se ela lesse uma lista telefónica, os ouvintes diriam da lista: que obra-prima! O que se dirá então lendo ela sobre literatura?" – anotava o colega e amigo Emmanoel Santos (que Cleonice, carinhosamente, chamava de seu *beau fils*), numa das suas deliciosas "crónicas", referente à sessão de 4 de maio de 2009, na Faculdade de Letras da Universidade de Lisboa. Uma recordação que me traz à memória o comentário de um professor catedrático de Ciências, que, após ter ouvido o discurso de agradecimento pronunciado por Cleonice no seu Doutoramento *Honoris Causa*, reconhecia que os professores de Letras sabiam "encantar" pela palavra os seus ouvintes. Não todos! É que a nova doutora é uma verdadeira declamadora que, ao ler um texto, o interioriza com aquela paixão e graça

6 Cleonice Berardinelli, *Falas*, Rio de Janeiro: Faculdade de Letras - UFRJ, 1994.

original com que a imaginamos recitando, na sua infância feliz, os duzentos poemas que já então sabia de cor.

À estudiosa de Camões, Gil Vicente, Fernando Pessoa (para citar apenas a tríade mais assiduamente frequentada por Cleonice Berardinelli) e à amiga Cleonice, quis eu dedicar este tríptico, testemunho da minha admiração pela competência científica, pela humildade intelectual e pelo infatigável labor postos ao serviço das letras portuguesas, bem como pela generosidade com que aprecia colegas e discípulos. Destinando o terceiro "pano" a homenagear o seu amor à palavra – e à Palavra – faltou-me, porém, o "golpe de asa" com que a "Águia de Patmos" iniciou o seu voo: *In principio erat Verbum.*

Merval Pereira
Uma vida plena

Conheci d. Cleonice pela fama, antes de pessoalmente. Fiquei impressionado quando li que era candidata praticamente eleita à Academia Brasileira de Letras (ABL), indicada por vários "imortais" que haviam sido seus alunos.

Tive, então, a exata compreensão de sua importância como professora, de vida, sobretudo, e de literatura, e o reconhecimento generalizado de que é a maior especialista brasileira em literatura portuguesa, sobretudo Fernando Pessoa. Sem esquecer Camões, naturalmente.

Mais tarde, tive o prazer de vê-la recitando de cor Camões, mas isso é outra história. A minha história pessoal com d. Cleonice começou quando me candidatei à ABL e precisava de seu voto.

Pedi a Zuenir Ventura, um dos seus ex-alunos prediletos, que fizesse a ponte e tive a felicidade de saber que a "divina Cleo", como Zuenir a chamava, já me conhecia de ler minhas colunas e acompanhar meus comentários na Globonews.

E que, como me candidatei antes do Zuenir – combinamos que um não concorreria contra o outro, o que se mostrou muito favorável à minha candidatura –, ela me daria seu voto. Porque com Zuenir não era possível competir.

Nossa convivência semanal na ABL só fez nos aproximar, conversávamos sobre política com frequência, d. Cleonice sempre antenada e com posições firmes. Indignada com o que acontece no país, mas cheia de esperanças de dias melhores, marca de sua personalidade.

E eu aproveitava para aprender sempre mais alguma coisa, não apenas sobre literatura portuguesa e brasileira.

Tem sido uma convivência proveitosa, mais para mim, pois d. Cleonice é um exemplo de amor à vida, de atualização permanente, de carinhosa amizade. Nos seus aniversários, podia sentir a alegria dos que compartilhavam com ela mais um ano de uma longa vida.

Merval Pereira é jornalista e membro da Academia Brasileira de Letras (ABL).

Quebrou o protocolo da ABL ao receber seu amigo Zuenir como acadêmico, pois não fez um discurso formal. Apenas relatou, para encanto geral, passagens de sua vida que a ligam aos ex-alunos acadêmicos, tendo Zuenir como ponto de partida.

É por isso que todos nós, ex-alunos e alunos informais, festejamos o seu centenário, na esperança de tê-la conosco por muitos mais anos.

Nélida Piñon
Mestra Cleonice

Cleonice é mestra da vida e da língua lusa. Ao longo de sua trajetória acadêmica repartiu saberes entre a cátedra e os percucientes ensaios que primaram por se adentrar pela arte poética provinda dos grandes criadores portugueses.

Seu encendrado amor pelos mistérios poéticos da língua levou-a a dominar os meandros do verbo, a linguagem transfigurada, a perfeita afinação com a gênese do labor poético. Tal labuta ensejou-a a apropriar-se das normas e dos afazeres secretos do coração linguístico.

De posse, pois, dos enigmas inerentes à construção poética, ela tornou-se íntima de Camões e Fernando Pessoa, para citar nomes fundacionais da língua. Por meio de seu trabalho crítico, enriqueceu o repertório da poesia portuguesa, sem se descuidar do conjunto de intérpretes que espelhavam a grandeza do panorama da pátria lusa. Poetas que, ao transportar ela para o outro lado do Atlântico, convencida como estava de fazerem falta à sensibilidade linguística brasileira, ampliaram certamente os recursos da criação poética entre nossos criadores. Ajudaram a sermos como somos.

Ao longo de sua bendita existência, que completa agora cem anos, Cleonice Berardinelli dividiu entre discípulos e leitores o amor à língua e à poesia que, vinda das margens do Tejo, ancorou no Brasil para melhor expressar o engenho humano. Igualmente ofertou aos brasileiros o exemplo de uma existência plena de sabedoria, gentileza, de uma beleza que extrapolava a alma. Uma luminosa vida que nos ensinou a amá-la, a aprimorar nossa visão estética, a aderir à magnitude de um espírito universal como o seu.

Esta elegante senhora, que teve sempre o Brasil e Portugal como sua manjedoura sentimental, inculcou-nos a certeza de sermos herdeiros de seu preciso legado. O que nos leva a agradecer à querida Cleo os seus augustos e notáveis cem anos de existência que tanto engrandeceram o Brasil.

Nélida Piñon é escritora e membro da Academia Brasileira de Letras (ABL).

Paulo Roberto Pereira

Cleonice e a literatura luso-brasileira

Falar sobre Cleonice Berardinelli é buscar um tempo proustiano que não se perdeu. Lá, bem longe, onde hoje a vista não alcança, estão os corredores da Faculdade de Letras da Universidade Federal do Rio de Janeiro (UFRJ), onde conheci pessoalmente a mestra exemplar de Literatura Portuguesa. Da fama da orientadora de voz bela e dramática, de *scholar* da cultura portuguesa, já estava a par desde a graduação. Agora, às portas do mestrado, ia encontrá-la pela primeira vez. O temor e o tremor, no sentido dialético que empregava Sören Kierkegaard, conduziram--me pelo corredor deserto, enquanto recitava mentalmente as *Redondilhas de Babel e Sião*, porque sabia que, naquele encontro ansiado, a minha trajetória intelectual mudaria de rumo. É que os estudos de Literatura Portuguesa que efetuara até aquele momento podiam ser vistos, invertendo os polos, como a minha Babilônia cuja metodologia necessitava ser ultrapassada, e o presente, que ora se iniciava sob a orientação de Cleonice, como a Sião almejada: "Que se o fino pensamento/ Só na tristeza consiste,/ Não tenho medo ao tormento:/ Que morrer de puro triste,/ Que maior contentamento?/ Nem na frauta cantarei/ O que passo, e passei já,/ Nem menos o escreverei;/ Porque a pena cansará,/ E eu não descansarei."

A sala de atendimento aos orientandos mais parecia uma cela religiosa dos virtuosos que aprendera a admirar. A mestra, sentada a folhear um volume de Gil Vicente, recebeu-me com um sorriso carinhoso de velha amiga. Senti-me desarmado e comecei ali, naquele precioso momento em que se decide mudar o destino, a aprender alguns segredos indecifráveis do universo cultural português. Foi longa a primeira conversa, e outras tantas tivemos no transcorrer dos anos. Nem sempre segui passo a passo todas lições da minha mestra, mas tinha certeza da sua honestidade intelectual e do saber que acumulara ininter-

Paulo Roberto Pereira é professor de Literatura Brasileira da Universidade Federal Fluminense (UFF).

ruptamente. Era o que importava. Tivemos divergências desde o início, mas eu sabia que, acima de tudo, a Cleonice que ali estava era a Professora que eu ansiara ter como minha orientadora. Se eu ainda não dominava com segurança o caminho a ser trilhado, trazia na minha bagagem as veredas da infância de filho de sertanejo, pois como lembrava Guimarães Rosa "O sertão está em toda a parte".

Fiz com Cleonice praticamente todos os cursos de Literatura Portuguesa que ela ministrava na pós-graduação da Faculdade de Letras da UFRJ, particularmente, Gil Vicente, Camões, Garrett, Camilo, Eça e o seu muito amado Fernando Pessoa. Além das lições da mestra exemplar, o que marcou de modo indelével a minha trajetória intelectual foram aulas com professores que apresentavam diferentes horizontes a respeito da cultura portuguesa e do semovente mundo luso-brasileiro, como Celso Cunha, Afrânio Coutinho, Samira de Mesquita, Eduardo Portella. A Faculdade de Letras era, naquele momento, um espaço fervilhante de ideias e de posicionamento político, enquanto o mundo fora dos muros universitários vivia a realidade sufocante da ditadura militar vigente em nosso país. Apesar do momento político sombrio, o ambiente na sala de aula era de descontração pela sabedoria com que a mestra nos conduzia pelos meandros de "Todo mundo e ninguém" vicentino ou na viagem sem fim de "E, se mais mundo houvera, lá chegara" camoniano. Talvez, o momento sagrado da aula de Cleonice Berardinelli era, quando, alçando-se ao altar do pequeno tablado, começava: "Sozinho, no cais deserto, a esta manhã de verão,/ Olho pro lado da barra, olho pro Indefinido,/ Olho e contenta-me ver,/ Pequeno, negro e claro, um paquete entrando." E desfiava verso a verso o poema mais abissal da língua portuguesa. E a *Ode marítima* de Álvaro de Campos penetrava em cada poro do meu corpo, fazendo-me sentir as mesmas sensações do mais emotivo heterônimo de Fernando Pessoa: "E treme em mim tudo, toda a carne e toda a pele,/ Por causa daquela criatura que nunca chega em nenhum barco/ E eu vim esperar hoje ao cais, por um mandado oblíquo." E a voz cheia e suave de Cleonice continuava a revelar as sensações do engenheiro: "Parte-se em mim qualquer cousa. O vermelho anoiteceu./ Senti de mais para poder continuar a sentir./ Esgotou-se-me a alma, ficou só um eco dentro de mim." Natural, portanto, que quando veio a lume o projeto da "Edição crítica de Fernando Pessoa" coubesse a Cleonice os "Poemas de Álvaro de Campos", e é sobre essa sua edição, de 1992, que me reporto.

Foi nesse mundo das letras universitárias que, nos intervalos das aulas, selei amizades para toda a vida, conhecendo estudantes que, como eu, se tornaram exigentes intelectuais: Jorge Fernandes da Silveira, Gilda Santos, Clécio Basílio Quesado, José Maurício Gomes de Almeida, Antônio Carlos Secchin. Mas, entre tantos colegas com quem convivi nos espaços da universidade, uma pessoa marcou-me mais que todas e ficou na minha retina para sempre: Cilene. Foi lá, em um daqueles cursos em que se tentava explicar e justificar o estruturalismo, no momento em que se torturava e matava jovens idealistas nos porões da ditadura, que conheci o amor da minha vida.

Embora fazendo os cursos de Literatura Portuguesa, o meu projeto não era propriamente a literatura que aprendera a admirar nos versos de Cesário Verde, Camilo Pessanha e Mário de Sá-Carneiro. A minha escolha recairia sobre um autor que, desde o século XVIII, tinha os pés solidamente fincados nas duas margens do Atlântico: o dramaturgo Antônio José da Silva, por alcunha O Judeu. Conheci o comediógrafo Antônio José, autor das deliciosas "Guerras do Alecrim e Manjerona", pelas mãos do professor Celso Cunha, o meu Virgílio. Na biblioteca do sábio de *Sob a pele das palavras* adquiri o conhecimento para atravessar "la selva oscura" do Inferno criado pela Inquisição portuguesa que, certamente, confirmava os versos de Dante Alighieri:"*Nel mezzo del cammin di nostra vita/ mi ritrovai per una selva oscura,/ ché la diritta via era smarrita./ Ahi quanto a dir qual era è cosa dura/ esta selva selvaggia e aspra e forte/ che nel pensier rinova la paura*!"

Eu fora levado a esse universo semovente, que é a chamada "literatura luso-brasileira", a partir das aulas de Cleonice e Afrânio Coutinho e nas conversas que mantive em São Paulo com os professores José Aderaldo Castello e Massaud Moisés, que depois se tornaram meus amigos fraternos. Esses Mestres tinham muitas vezes posições opostas a respeito do legado literário de escritores brasileiros e portugueses do chamado "período colonial" na historiografia literária brasileira. Cleonice e Afrânio defendiam com sólidos argumentos a inserção daqueles autores, nascidos entre os séculos XVI e XVIII, ora na Literatura Portuguesa, ora na Brasileira. E havia ainda o caso de um autor que não nascera nem em Portugal nem no Brasil, mas que sempre foi considerado o fundador da Literatura Brasileira, o espanhol José de Anchieta. Aqui, não custa recordar, que o elenco de escritores da chamada literatura luso-brasileira, enquadrados cronologicamente a partir do século XVI, vai de Pero Vaz de Caminha a Manuel da Nóbrega, todos nascidos em Portugal. Isso se quiser fazer rigorosa restrição, excluindo do quinhentismo brasileiro a chamada literatura de viagens, em que se sobressaem Américo Vespúcio, Hans Staden e Jean de Léry. No século seguinte, o nosso país teve um ciclo econômico mais consistente do que o efêmero do século anterior, baseado na exploração do pau-brasil. Assim, tanto em Pernambuco, quanto na Bahia, a riqueza do ouro branco permitiu que surgisse na capital da América portuguesa, em pleno século XVII, um grande número de autores que deixaram indeléveis marcas na cultura brasileira, como Manuel Botelho de Oliveira, Gregório de Matos, Frei Vicente do Salvador, Antônio Vieira. Alguns vieram crianças de Portugal para o Brasil, como Antônio Vieira, mas a maioria eram filhos da América, como Botelho de Oliveira e Gregório de Matos.

A literatura do último século colonial, o Arcadismo ou Neoclassicismo, nasceu no século XVIII sob o beneplácito do ciclo econômico do ouro e dos diamantes. E trazia, como arcabouço político, a ideologia iluminista, que municiou nossas inconfidências libertárias sob a égide da bandeira insurgente da nascente burguesia brasileira. Essa geração excepcional de escritores, capitaneados por Cláudio Manuel da Costa, Tomás Antônio Gonzaga, José Basílio da Gama, ofereceu uma visão mais ampla da realidade brasileira, não só porque o país se deslocara para o interior, criando sua pequena Weimar, Ouro Preto, mas também porque a riqueza econômica permitira que estes filhos do Brasil conhecessem nos bancos escolares europeus uma produção artística que aliava a estética à política.

Era esse o universo literário luso-brasileiro que eu, aluno de Cleonice Berardinelli, desejava conhecer melhor para entender a complexidade do Brasil contemporâneo, como fizeram Gilberto Freyre, Sérgio Buarque de Holanda, Caio Prado Júnior e outros explicadores do Brasil. Por isso, no mestrado, escolhi a ponte que unia as duas margens do Atlântico: Antônio José da Silva. E, naturalmente, na edição que preparei das *Comédias* de Antônio José, lá estava a dedicatória à minha exemplar orientadora e mestra.

In my beginning is my end, ensinava Eliot. Assim, pelas mãos seguras de Cleonice Berardinelli cheguei ao meu princípio e ao meu fim no projeto intelectual de, a partir da herança lusíada, apreender o sentido último da identidade brasileira. Essa é a lição. Por isso Cleonice é hoje mais do que uma fotografia na parede drummondiana. Representará sempre um elo decisivo na corrente de fogo do meu alicerce intelectual.

Pilar del Río

Viene por ahí una mujer

La cosa tuvo lugar en Río, en torno a 1987. José Saramago viajó a Brasil para presentar su romance *A jangada de pedra*, que es una historia muy cervantina en la que cinco personajes recorren la Península Ibérica buscando la utopía mientras que la propia península se busca a sí misma navegando hacia el sur del continente americano. Pues bien, estando en uno de los actos que tienen lugar en torno a las presentaciones de libros, tal vez en una universidad, José Saramago divisó una presencia que le alegró. Recuerdo sus palabras: "Viene por ahí una mujer que respeto". Con esas palabras exactas, no dijo viene una profesora, no dijo una señora, el creador de Blimunda sabía usar las palabras y los conceptos. Fue así como, antes mantener un contacto personal, supe quien era Cleonice Berardinelli. Luego conocí sus libros, sus ensayos, la forma de iluminar la literatura que Cleonice usa y nos ofrece, pero aquél día primero asistí a un acontecimiento de admiración mutua y presencié el derroche de inteligencia con que ambos se obsequiaban. José Saramago no era una persona de trato difícil, por el contrario, era capaz de querer a mucha gente y, además, profesaba el don de la admiración. Detestaba el papel de ogro permanentemente enfadado o incomodado con las circunstancias de la vida que adoptan algunos escritores, prefería la harmonía en la comunicación con otras personas, de las que se sentía un igual, cuando no un aprendiz. Era así, como un discípulo atento, como llegaba a Cleonice Berardinelli, a quien quería, respetaba y admiraba. El perfecto círculo del trato humano más exigente se cerraba en esta relación.

La maestra le daba tanta seguridad a José Saramago que con ella era capaz hasta de confidencias personales, como ha quedado registrado en correspondencia publicada. Es posible que no se trataran con la frecuencia deseado porque la realidad literaria del viaje de la Península Ibérica hasta cerca de Brasil

Pilar del Río é presidenta da Fundação José Saramago.

no se impuso ante la lógica geológica, pero vivir en continentes distintos no significaba lejanía, baste decir que en esa relación nunca cupo ninguna duda, ni intelectual, ni humana. Mantenían sí una relación pausada y distendida, en la que el esfuerzo no era necesario, bastaba una palabra, la cita oportuna de un texto, a veces una mirada cómplice para que todo un mecanismo de conocimientos se pusiera en marcha entre ellos y nos rodeara también a los testigos del momento. Que podíamos ser diversos porque los sabios, y eso es una característica definitiva, nunca reservan el derecho de admisión a su intimidad. Por eso son universales.

Querida Profesora Berardinelli, querida Cleonice, a veces el mundo, con tantos desajustes e inconveniencias, parece oscurecerse como si una noche sin alma se adueñara de todo. Son momentos terribles, las razones se confunden o son engullidas por el pánico de que los esfuerzos personales no sirvan ante el caos, o definitivamente la belleza haya perdido ante el estado de mezquindad que asfixia. Entonces hay que echar mano de momentos ciertos en los que predomina el respeto, la sensibilidad y la admiración y así aparece Cleonice Berardinelli, caminando por un corredor, aparentemente menuda, sonrisa abierta, ojos radiantes, dispuesta. "Ahí viene una mujer que respeto", dijo José Saramago diciéndolo todo. Sigue siendo así. Cleonice Berardinelli, su trabajo, vida, dedicación, la fuerza del estudio y la generosidad de compartirlo, la sensibilidad poética y la maestría ensayística son baluartes que animan a seguir. Y su cariño: ah, el cariño que nos dispensa cada día tan envolvente maestra nos estimula y hace crecer el respeto que sentimos. Por Cleonice Berardinelli, por los maestros, por nosotros mismos.

Rita Aparecida Coelho Santos
Na primeira vez que vi d. Cleo

QUANDO SE ACOMPANHA A OBRA DE ALGUÉM, QUANDO com ela se vai crescendo por dentro, não imaginamos a dimensão e os nexos que se vão tecer a partir do encontro real. Nos meus anos de estudante de Letras, na década de 1990, sabia vagamente do percurso crítico de Cleonice Berardinelli, no entanto percebi, pelo que dela lia, estimulantes propostas interpretativas para penetrar n'*Os Lusíadas*. Não tive o privilégio de ser sua aluna, pois habitávamos distantes geografias: Rio de Janeiro e Vitória da Conquista. O pouco que dela sabia não digo que a tornasse um mito, mas a envolvia, sem dúvida, numa aura de certo fascínio para quem, como eu, considerava naquela altura impossível o contato com a "maior lusitanista brasileira" – especialista em Camões e Fernando Pessoa, que, ao longo dos muitos anos de magistério, formou gerações de professores e intelectuais.

Eu não sabia que no exato momento em que a visse experimentaria um encantamento que nunca esqueci, o sabor de uma impressão indelével e de uma admiração ilimitada pela sua personalidade única. Aconteceu no XX Congresso da Associação Brasileira de Professores de Literatura Portuguesa (Abraplip), em 2005, onde proferiu a conferência de abertura intitulada "100 anos de magistério: o sentido da cultura portuguesa". Lembro-me da sua voz e da sua convicção sobre o que era ensinar e aprender. Lembro-me de tê-la acompanhado avidamente no seu firme propósito de desenhar uma cartografia pessoal da sua marca distinta que é o magistério, raiz de tudo o que fez, de tudo o que escreveu, como afirma reiteradas vezes nas entrevistas que concede.

Naquela manhã de agosto em Niterói, as palavras de Cleonice Berardinelli, ao modo de uma prosa saborosa e rara, atestavam um ideal de vida, a que apaixonadamente se devotou desde muito jovem e que sua alma e sua inteligência souberam concretizar em múltiplos diálogos. Um rol singular de professores,

Rita Aparecida Coelho Santos é professora da Universidade do Estado da Bahia (UNEB).

ex-alunos, poetas, escritores, intelectuais, familiares e amigos saltava da sua autobiografia, permeado por uma afetuosa "camaradagem" que fizera da sua existência "um tesouro de recordações". Para mim, mais importante do que a simples menção dos fatos que aconteceram na sua vida, o essencial testemunho do sentido da sua existência. O testemunho não de um saber ou de um saber-fazer, mas do ensinamento da possibilidade de existir em diálogo aberto e amplo com o outro.

Foi neste quadro que eu a ouvi falar do seu mestre maior, Fidelino de Figueiredo, com quem mantivera amplo e profícuo diálogo e uma sincera amizade. A literatura foi o cenário principal desse encontro entre a jovem estudante de Letras e um dos mais notáveis pensadores da Europa, que viera ao Brasil, contratado pela recém-criada Universidade de São Paulo (USP), para lecionar literatura luso-brasileira. Num discurso ternamente evocativo, d. Cleo, como é carinhosamente chamada, rememora as marcas indeléveis do convívio com o professor português, cuja influência a acompanhara por toda vida:

> *Sua imensa cultura, sua extraordinária sensibilidade, sua reflexão profunda foram-nos rasgando horizontes que desvendavam um novo mundo de conhecimentos em que podíamos penetrar por suas mãos. Este era o nosso o segredo do nosso destemor em acompanhá-lo: a mão que nos apoiávamos confiantes, mão de amigo, mão de pai.*[1]

Nomeada agente de ligação entre o professor e os demais alunos, passou a ter um contato quase diário com o mestre e a oportunidade de um diálogo mais franco, que lhe possibilitou colher fartos ensinamentos do magistério. Revendo aquele momento à distância, descobri a notabilíssima lição de Cleonice Berardinelli. Sim, de tudo e de todos aprendemos alguma coisa, contudo só os verdadeiros mestres nos fazem revelações maiores. Se mestre é, sobretudo, um inventário de possibilidades humanas, se nos revela rumos, se aponta de cada socalco a amplidão sempre maior do horizonte, eu reconheço em d. Cleo uma mestra, também na minha vida. No breve encontro real, em que não imaginava tessituras, a descoberta do que veio a ser o primeiro alicerce de um projeto de

1 Cleonice Berardinelli, "Fidelino de Figueiredo, Mestre de Mestres", in *Fidelino de Figueiredo visto por ele e pelos outros*, São Paulo: Edusp, 2012, p. 67.

investigação sobre o ensino da Literatura Portuguesa na Bahia, que culminou na criação da Cátedra Fidelino de Figueiredo – homenagem mais do que justa ao primeiro professor de Literatura Portuguesa no Brasil. A inspiração para o nome do patrono veio daquela conferência no congresso Abraplip.

Destarte, criada pelo Instituto Camões em convênio com a Universidade do Estado da Bahia (UNEB), inaugurada no dia 13 de junho de 2013, com significativa e emblemática conferência de Cleonice Berardinelli, a ação da Cátedra Fidelino de Figueiredo tem se alargado por muitas geografias, cumprindo o propósito de escrever num labirinto de linhas, de gentes, escritores, poetas, professores e alunos a imagem da cultura e da literatura portuguesas, tendo por referência dois mestres: o patrono e sua discípula dileta, Cleonice Berardinelli.

Para mim, os dois foram pilares do respeito pela Literatura Portuguesa, pelo seu ensino e pela sua aprendizagem no Brasil. Essa dedicação diz muito sobre ambos e diz muito sobre o que é refletir criticamente. Fidelino e Cleonice, simbiose perfeita da harmonia entre saber e amor, entre pensar e comunicar, representam uma geração admirável de intelectuais, cujas obras e magistério contribuíram significativamente para a aproximação luso-brasileira. Muito devemos aos dois mestres em matéria de ensinamento literário, no sentido mais amplo da palavra. Admiravelmente, ambos não se contentaram só com a ação pedagógica e viram no seu prolongamento a razão fundamental de ser.

Rosiska Darcy de Oliveira
Contemplando Cleonice

Eu acabara de entrar para a Academia Brasileira de Letras (ABL) e, na condição de membro da diretoria, às quintas-feiras à tarde ficava lá, encarapitada em uma mesa alta de onde se tinha vista ampla sobre o plenário. Tudo, todos eram novos para mim e poderiam ter chamado minha atenção. Mas Cleonice Berardinelli senta-se na primeira fila, na primeira cadeira, bem em frente a mim.

A cada sessão observei discretamente seu rosto nobre, sua beleza plácida, como quem aprecia um quadro. Admirei a elegância de seus gestos, seus dedos virando páginas com a delicadeza de quem toca, no papel, o texto que ele carrega. A nobreza de sua cabeça branca voltava-se sempre atenciosamente para os colegas oradores, com a curiosidade pelo outro que só conseguem ter as almas generosas. Foi nascendo, dentro de mim, pouco a pouco, um personagem, uma senhora de pequena altura e grande porte. Fui aprendendo muito sobre essa mulher que há meio século eu admirava de longe, cuja obra vasta e luminosa eu conhecia de perto e que, para além da grande mestra que sempre foi, guardava para mim um mistério. De onde vinha tanta nobreza e essa luz que ela irradiava?

Quando cruzava meu olhar com o seu ela sorria, o mesmo sorriso doce, às vezes cúmplice, que eu conhecia do tempo em que fomos professoras na Pontifícia Universidade Católica (PUC-Rio). Cleonice já era então um monumento vivo, a ilustre d. Cleo, amada e respeitada por todos. Eu, recém-chegada do exílio, uma novata entre os professores do doutorado em Letras da PUC, pisava devagar esse chão desconhecido. Desse tempo guardo a memória de encontros cordiais, porém cerimoniosos. De lá para cá foram muitos caminhos cruzados e uma longa visita à sua casa numa tarde de verão em que falamos de nossos destinos, dos filhos que não tivemos e temos em afetos escolhidos, vivências femininas, uma tarde que nos fez mais próximas e logo amigas. Agora, na Aca-

Rosiska Darcy de Oliveira é escritora e membro da Academia Brasileira de Letras (ABL).

demia, éramos colegas e amigas, o mistério de sua luz estava ali, diante de mim, e eu tinha todo o laser para decifrá-lo.

Senhora das palavras cuidadosamente escolhidas, Cleonice Berardinelli conta suas muitas estórias, acumuladas há cem anos, desdobrando-as em cinco séculos, com a entonação perfeita dos grandes atores. Declamadora exímia, sua bela voz entalha a narrativa dos fatos banais dando-lhes a forma da arte. Assim como nos diz o mais trabalhado poema, dividindo conosco uma intimidade com os poetas que é sua e que, generosa, nos empresta. Conversar com ela é abandonar-se à hipnose de seu bem contar. Não faz nenhuma concessão às palavras perdidas, aos transbordamentos oratórios. Quando fala, impõe-se um silêncio respeitoso e a escuta atenta. Estende-se o tapete vermelho à inteligência. Mas Cleonice não gosta dos tapetes vermelhos. Escolhe as veredas inesperadas que sua inteligência sabe trilhar.

Senhora da sabedoria, a longa vida e a intimidade com a poesia lhe ensinaram o difícil ofício de viver e dizer. Daí talvez a ironia fina, o sentido agudo do que é ridículo que lhe permite conviver com a glória que uma carreira brilhante, mui justamente, lhe atribuiu, sendo sempre cuidadosa em preservar a espessura de sua humanidade. Quando lhe disse o quanto me honrara ter sido ela quem me entregou o diploma na minha posse na Academia, me ensinou: "Não diga honrada, isso me coloca em um pedestal de que não gosto, diga apenas que ficou feliz. Isso nos basta." Aceitei a lição de humildade, mas fico, sim, honrada, sabendo que o meu diploma me chegou por suas mãos.

Cleonice sabe dar lições sem arrogância, com a maciez de que são capazes os espíritos finos. O magistério foi e é seu destino e, sobre ele, no discurso com que a recebeu na Academia Brasileira de Letras o acadêmico Affonso Arinos Filho lembrou o que ela dissera um dia: "Descubro que o magistério, para mim, não é apenas o solo de origem, mas também o espaço de realização do desejo. Princípio e fim." Esse espaço ela ocupou com paixão ao longo de setenta anos, como a grande dama da literatura brasileira e portuguesa, como a chamou Affonso Arinos Filho, um dos seus incontáveis alunos.

O tempo e a idade avançada não apagaram o brilho dos olhos de Cleonice. De frente para ela, quantas vezes percebi esse brilho intenso que vem de seu mundo interior, um mundo complexo, em que se misturam as tonalidades da inteligência e da espiritualidade. E de uma alegria de viver que é própria aos que têm a certeza da vida bem vivida. Conversamos uma vez, uma só vez, sobre a morte. Contou-me então que, vez por outra, perguntava a Deus, com quem se entendia com frequência, se já não era tempo de encerrar sua jornada por aqui, que às vezes se sentia cansada. Imagino que Deus, sabendo de sua importância para nós, fazia ouvidos moucos. E ela mesma acrescentou que o cansaço passava logo e que gostava de estar viva, Deus saberia escolher a sua hora. Fiquei então com a sensação de que Cleo desfruta de uma invejável paz interior e que daí vem o brilho sem sustos de seus olhos. Esses olhos risonhos, penetrantes, onde se guardam sua extraordinária curiosidade pelas coisas, sua presença no mundo e na atualidade, esses olhos que já viram tanto e ainda têm a vontade de muito ver.

Cem anos de tão ilustre senhora poderiam ser louvados – e assim tem sido – de tantas maneiras. A mim, veio-me forte o desejo de contar o que vi no exercício de contemplá-la silenciosamente, entre ternura e admiração. Contar quantas vezes pensei o quanto deve ser-lhe grata a gente feminina que ela enobrece com sua vida e exemplo. E não só nós, mulheres, mas todos que receberam dela o presente de suas aulas e de seu companheirismo. Também nós, os confrades e confreiras que desfrutamos do privilégio de com ela tomar chá às quintas-feiras, privilégio reconhecido na visível alegria com que sua chegada é sempre festejada. Privilégio de partilhar, nas sessões da Academia, na firmeza de sua voz, a igual firmeza e a pertinência de suas opiniões.

O mistério de sua luz, que desvendei contemplando Cleonice ao longo de anos, provém do encontro feliz de atributos raros. Com palavras escolhidas, com sabedoria, sem arrogância, gestos delicados, com alegria de viver e inteligência, com extensa cultura, Cleonice Berardinelli, a mestra de nós todos, não nos ensinou só a língua portuguesa. Nos ensina ainda hoje a ser, nos dá aulas de uma qualidade humana que acontece não muito mais do que uma vez em cada século.

Simone de Oliveira

Bilhete para Cleonice

DESDE O COLÉGIO TIVE A SORTE DE CONTAR, ENTRE meus professores, com alguns dos mais expressivos nomes em suas áreas de atuação: Othon Moacir Garcia, Ismael de Lima Coutinho, Serafim da Silva Neto, Silvio Elia, Raul Lelis, por exemplo; essa boa estrela seguiu iluminando meu curso superior. Entre tantas presenças marcantes numa caminhada de anos, desde o ensino médio até a universidade, destaco as que chamo minha Santíssima Trindade e que nomeio pela ordem de entrada em minha vida: Atalá Marques Porto, Amelinha Pontes Vieira, Cleonice Berardinelli.

Atalá, professora de Latim no ginásio do Instituto de Educação, a que sabia tornar uma declinação latina algo emocionante, deu-me régua e compasso e me fez intuir que Letras era o meu futuro. Bem antes de meu ingresso no curso de Letras Clássicas da Faculdade Nacional de Filosofia (FNFi) da Universidade do Brasil, Atalá me apresentou a Amelinha Pontes Vieira.

Amelinha, mais tarde minha professora de Literatura Latina na FNFi, confirmava a correção do caminho escolhido.

Mas o alumbramento, a fascinação da primeira aula de Literatura Portuguesa, em 1961, faz surgir nesta história a terceira pessoa da Santíssima Trindade, a quem Simone deu a mão:

Cleonice. O entusiasmo, a paixão com que apresentou seu cronograma de trabalho, sua maneira única de dizer alguns textos foram presença avassaladora. Quem sempre amou o teatro, a arte dos grandes atores, teve naquele instante a evidência de que ninguém poderia ler ou dizer melhor um texto; o passar dos anos confirmou aquela primeira impressão.

Mas como cumprir, em apenas um ano, aquele programa anunciado, como abarcar em tão pouco tempo tantos séculos de criação literária? Tudo se tor-

Simone de Oliveira é professora na Faculdade de Letras da Universidade Federal do Rio de Janeiro (UFRJ).

nava possível graças a alguém como a mestra, sua inteligência e seu rigor na escolha de autores e obras, sua clareza de exposição, sua evidente paixão pelo que fazia e que a todos contagiava. E sua leitura? Haveria poemas mais belos que os trovadorescos ou Camões ou Antero ou qualquer outro lido por ela?

E segue o ano no perfeito equilíbrio e no à vontade seguro e apaixonado com que Cleonice transitava entre os trovadores e Fernando Pessoa, passando por Fernão Lopes, Gil Vicente, Camões, Vieira, Bocage, Garrett, Antero e tantos outros. Em nós despertava o desejo de conhecer mais, por exemplo, um Almada Negreiros ou o pintor Amadeo de Souza Cardoso, apenas referidos (mas com que força!).

Da ouvinte encantada de suas aulas à leitora seduzida de seus textos (ah! o pioneirismo da tese sobre Fernando Pessoa!) foi um passo. Início de um caminho que continuei a trilhar, acompanhando cada artigo, cada livro por ela publicado (e mais um dos muitos ah! os *Estudos camonianos*!).

Aluna, ex-aluna, colega, orientanda de mestrado (*A sibila* de Agustina Bessa-Luís) e de doutorado (a ficção de Agustina Bessa-Luís) tive o privilégio de viver esse nosso espaço comum guiada por quem sempre se caracterizou pela informação rica e atualizada, pelo cuidadoso e atento acompanhamento de seus alunos, pela lição diária de respeito ao trabalho do outro, pela prática de conquistar sábia e amorosamente o texto literário.

Hoje, depois de tantos anos nos caminhos do estudo e do ensino de Literatura Portuguesa, repito, com a mesma certeza e com as mesmas poucas palavras, a dedicatória que lhe fiz em minha tese de doutoramento em 1978:

Para Cleonice Berardinelli,
princípio,
marco orientador,
presença atenta e amiga.

Zuenir Ventura

A Divina Cleo

A PROFESSORA CLEONICE BERARDINELLI FAZ TUDO PARA que seus alunos e ex-alunos não a coloquem num pedestal. Não quer nem que a chamem de "professora" ou "d. Cleo", como fazem duas de suas amigas mais recentes: as cantoras Adriana Calcanhotto e Maria Bethênia. "Bethânia me pede a bênção. Coisa bonita, não é? Mas o gostoso mesmo é o convívio na mesma direção."

Comigo também não adiantou. No meu altar de admirações, ela ocupa o lugar mais alto, o que não impede de mantermos uma jovial e irreverente relação de amizade. Ainda outro dia, ao telefone, eu a saudei assim: "Ô, paixão!". Ela cortou como se estivesse falando sério: "Para com isso. Gosto muito de sua mulher e não quero confusão comigo." Devolvi dizendo que não havia perigo porque Mary permitia essa paixão por ser anterior à dela. Em outra ocasião, numa homenagem aos meus oitenta anos, posamos para uma foto de mãos dadas, com o seu comentário: "Afinal, agora já podemos oficializar o nosso caso."

Tudo começou nos anos 1950, quando, graças à bela e querida mestra, descobri Fernando Pessoa e passei a entender e amar *Os Lusíadas* – eu e centenas de alunos de várias gerações. Só na Academia Brasileira de Letras, ela tem cinco ex-discípulos. Mas com ela aprendi muito mais. A voz cristalina e segura de quem na juventude interpretou no palco peças do dramaturgo quinhentista Gil Vicente, seu charme e saber me ensinaram que a inteligência podia ser alegre, e a erudição, agradável. Eu já a chamava de "Divina Cleo", e tenho sérias suspeitas de que naquele curso de Letras Neolatinas, da antiga Faculdade Nacional de Filosofia, os seus colegas de outras cátedras – Manuel Bandeira, Alceu Amoroso Lima, José Carlos Lisboa, Celso Cunha, Roberto Alvim Correia – devotavam à inatingível diva os mesmos sentimentos sublimados dos rapazes mais novos. Ela era a musa de todos, paixão platônica e inconfessável. Quando uma vez fiz alusão a isso, ela riu como se tratasse de uma brincadeira.

Zuenir Ventura é jornalista e membro da Academia Brasileira de Letras (ABL).

Cleo não perde jamais o humor. No discurso com que me recebeu na Academia Brasileira de Letras, foi logo avisando que exerceria uma das prerrogativas que a idade lhe concedia: "quebrar protocolos". E assim fez, deixando de lado "o longo e pomposo discurso recheado de justos elogios (...) para privilegiar um breve testemunho pessoal, único e intransferível", evocando "fragmentos de uma amizade longa e firme que construímos, plena de nuances delicadas". Um desses fragmentos foi o que ela considerou uma gafe, cometida por causa desse meu nome esquisito. Eu faltara à primeira aula, e então ela conta:

"Na segunda, o mesmo ritual da chamada: 'Zuenir Ventura'. E ninguém respondeu. Eu então voltei-me para a turma e indaguei: 'Alguém aqui conhece essa menina', e as pessoas disseram: 'não, não conhecemos; só achamos o nome estranho'. Disse então à turma: 'vou pedir-lhes um favor. Se encontrarem esta menina, digam-lhe que ela me procure para conversarmos'. Na terceira aula, eu chamei Zuenir. Levanta-se um rapaz de quase dois metros e responde:

– Sou eu.

Eu disse: 'Você é Zuenir?'

– Por que esse espanto, professora?

– Porque eu pensei que você fosse uma menina."

Acho que naquela vetusta sala do Petit Trianon nunca uma plateia riu tanto com um discurso acadêmico durante uma solenidade de posse – ainda mais que a graça vinha de uma dama de quase cem anos. No final, um dos convidados que, relutante, assistira pela primeira vez a uma posse na ABL, me pediu: "De agora em diante, sempre que tiver discurso dessa professora, me convida. Não vou perder um."

Cleonice contou também como recebeu a notícia da crônica revelando o seu apelido.

"Eu não tinha tido tempo ainda a abrir o jornal, mas logo de manhã fui assaltada à entrada da sala: 'Então, agora é divina, não é?' 'Eu disse: O quê?'

– Agora é di-vi-na.

– Que brincadeira é essa? Brincadeira engraçada, mas um pouco sem jeito...

– Não! Foi o Zuenir que escreveu no jornal – esclareceram vozes familiares.

Agora é 'A Divina Cleo'.

Telefonei para ele: 'Você enlouqueceu, rapaz? Que é isto? Que divina? De onde você tirou essa minha divindade'. Então ele me dá umas respostas espirituosíssimas, dá boas gargalhadas, eu também do outro lado de cá, e nossa amizade se apertou mais."

Não vou exaltar os feitos acadêmicos da doutora Cleonice Beradinelli porque outros o farão melhor do que eu. Prefiro lembrar a noite em que, em Lisboa, numa roda de professores de Letras, revelei de quem eu era aluno. Um deles me cumprimentou pelo privilégio e acrescentou, orgulhoso: "Mas ela não é apenas vosso patrimônio; é nosso também." Só estranhou o fato de eu me dizer aluno e não ex.

É que, em lugar de ex, sou e serei sempre um eterno aluno da Divina Cleo.

6.3
"Ricas terras, e não landes"
[Registros institucionais]

Affonso Arinos Filho (ABL)

*Recepção de Cleonice Berardinelli na ABL**

ERA UMA VEZ UM MENINO QUE, MUITO PEQUENO AINDA, chegara ao Rio de Janeiro das Minas Gerais. Estudou sempre em Copacabana, em colégio onde, mais para o fim do curso, teve uma professora bonita, nascida em Botafogo. Adolescente, quando ele já acalentava a pretensão de julgar-se rapaz, aquela grande preceptora e outro professor – igualmente ilustre, embora chamá-lo belo seria exagerar-lhe os atributos – aprofundaram no aluno o prazer da leitura e da escrita em língua portuguesa. A jovem, formosa e querida mestra contribuiu para nele acentuar, desde então, o gosto por estudos que, também por sua causa, o têm acompanhado pelo resto da vida. A tal ponto que, embora sem o tornarem mais que um aprendiz de escritor, confessadamente bissexto, acabaram por trazê-lo a este plenário prestigioso de grandes cultores do idioma. O caro professor se chamava Carlos Henrique da Rocha Lima. A mestra amada, Cleonice Serôa da Motta, depois Berardinelli, a quem tenho, hoje, a honra desvanecedora de aqui receber.

Nossa docente maior diz ter sido "empurrada" para cá pelos seus "meninos". Entre estes, naturalmente liderados pela discente Ana Maria Machado, nos alinhamos, discípulos de sempre, Antônio Carlos Secchin, Domício Proença Filho e o que vos fala, e não precede os demais por merecimento, senão pela antiguidade, pois é estudante há mais tempo. Ainda falta um, o mais dotado, que fulgurava intensamente, lembrando lâmpada ligada a voltagem superior à sua, e, por isso mesmo, logo extinta, aos 49 anos: José Guilherme Merquior. Nós todos fomos alunos de Cleonice, e os outros, mais literatos que eu. Aqui, todavia, me reservo o direito de aceitar a precedência que me confere a an-

Affonso Arinos Filho é diplomata e político brasileiro, membro da Academia Brasileira de Letras (ABL).

* Discurso proferido na cerimônia de posse de Cleonice Berardinelli na cadeira de número 8, em 5 de abril de 2010.

cianidade, atribuindo-me o privilégio de saudar Cleonice Berardinelli como decano dos seus pupilos nesta casa.

Suas contribuições à nossa língua foram tais, tais os seus títulos eméritos em português, que surpreende haver sido ela, somente agora, chamada a integrar uma casa que "tem por fim a cultura da língua e da literatura nacional", conforme reza seu estatuto.

Quando a mestra eminente completou cinquenta anos do magistério superior de Literatura Portuguesa na Universidade Federal do Rio de Janeiro, os professores daquela disciplina, seus colegas, publicaram um livro denominado *Cleonice: clara em sua geração*, lembrados que estavam das palavras de Fernão Lopes sobre o condestável Nuno Álvares Pereira: "Como a estrela da manhã, foi claro em sua geração, sendo de honesta vida e honrosos feitos, no qual parecia que reluziam os avisados costumes dos antigos e grandes varões."

É curioso recordar que a grande cultora da língua e da literatura portuguesas sempre se mostrou excepcionalmente dotada para a matemática e para a música. Tencionava tornar-se engenheira e sonhava também com a orientação de Lorenzo Fernandez, que lhe fora oferecida pelo maestro, por considerá-la uma virtuose ao piano. Mas, sob a influência de professores e familiares, acabou cursando Letras Neo-Latinas na Universidade de São Paulo, onde teve mestres da envergadura de Rebelo Gonçalves, Pierre Horcade, Michel Berveiller, Fidelino de Figueiredo e Giuseppe Ungaretti (privei com este grande poeta italiano na Embaixada do Brasil em Roma, que ele frequentava assiduamente nos anos 1950). Cleonice reconhece ter-se apaixonado pelas disciplinas linguísticas – que segue estudando sem cessar – ao ouvir Fidelino, seu mestre maior. E, ao louvar o ilustre lente lusitano, ela não só manifestou a mais firme profissão de fé antifascista, como, enquanto recordava o suave relacionamento mantido pelo professor com os alunos, indicou, também, a disposição com que viria a lecionar até hoje:

"Nosso ponto de maior confluência foi um mestre muito especial, que, português, era um cidadão do mundo. O mundo o acolhera quando a pátria o rejeitara. A pátria não, o regime que a dominara, o execrado salazarismo, que ele criticara, e contra o qual se insurgia. A Universidade de São Paulo (USP) o convidou, e nós recebemos com simpatia crescente a cada nova aula, a cada encontro. A par do afeto, a admiração. Admiração pelo saber, pela capacidade de transmiti-lo, pela inteira simplicidade. Viamo-lo lá, no alto da sua competência, e nos sentíamos

pequenos. Ele, porém, nos dava a mão, acercando-se de nós, buscando uma relação que nos aproximasse, sobretudo, pela afeição."

A Literatura Portuguesa começara a ser ensinada em nível universitário, no Brasil, por Fidelino de Figueiredo. Pode-se imaginar como Cleonice recebeu dele, encantada, o convite para ser sua assistente. Mas, ao chegar a casa, no mesmo dia, teve a decepção de saber que o pai militar fora transferido para o Rio de Janeiro. Prosseguiu, assim, a carreira universitária na Faculdade Nacional de Filosofia da antiga Universidade do Brasil. No teatro estudantil, coube-lhe representar, no *Auto da Alma* de Gil Vicente (que, daí em diante, ela nomeou seu padrinho literário), o personagem do Anjo da guarda – papel que lhe coube como uma luva, pois o seria sempre para cada um dos seus discípulos. Quanto à atividade letiva, tornou-se assistente de Thiers Martins Moreira, que lecionava Literatura Portuguesa no Departamento de Letras. E foi Thiers quem lhe abriu o espírito para o mundo poético de Fernando Pessoa.

Na faculdade, Cleonice apresentou tese de livre-docência intitulada *Poesia e poética de Fernando Pessoa*. Passaria, com o tempo, de assistente a adjunta e titular. Tornou-se doutora em Letras Clássicas e Vernáculas, lecionou nos cursos de mestrado e doutorado, foi orientadora, conselheira, pesquisadora, crítica e ensaísta, culminando a carreira como professora emérita da, já então, Universidade Federal do Rio de Janeiro (UFRJ), onde ainda ensina. Universidade, aliás, em cuja área administrativa participou do Conselho de Ensino e Graduação, do Conselho de Ensino para Graduados e Pesquisa, atuou como diretora adjunta e coordenadora da pós-graduação na Faculdade de Letras.

Aliás, seria de perguntar onde Cleonice não lecionou, onde não se encontram ex-alunos seus, que tanto ficaram a dever-lhe pela vida afora. Ela os teve na Universidade Federal Fluminense (UFF), pois ali daria cursos de pós-graduação, e fora aprovada em primeiro lugar no concurso para titular de Literatura Portuguesa; na Universidade Católica de Petrópolis (UCP); na Universidade Santa Úrsula (USU).

Em 1963, a Pontifícia Universidade Católica do Rio de Janeiro (PUC-Rio) convidou-a para coordenar a área de Literatura Portuguesa no Departamento de Letras da sua Faculdade de Filosofia, e, nos anos 1970, a mestra ilustre participou do programa de pós-graduação. Já aposentada, um convênio firmado entre o Instituto Camões e a PUC-Rio criou nesta última, especialmente para a sua professora emérita, a Cátedra Padre Antônio Vieira de Estudos Portugueses, a fim de promover pesquisas, seminários, palestras, cursos e a edição de publicações. E, ao opinar sobre Vieira, Cleonice revelou, tanto quanto o padre jesuíta, os seus princípios éticos e a sua forma de julgar a ação política:

"Eu me interessei muito pelos sermões engajados, em que ele defende uma contraideologia, e enfrenta os senhores de engenho. Imagine o que é um jovem sacerdote diante do poder econômico que representa os tais senhores de engenho, para defender diante deles, acusando-os, senão direta, indiretamente, de tudo que se fazia contra os negros. Ele defendeu os índios, os menos favorecidos, defendeu os judeus, num momento em que isso era perigoso."

Recebido o Diploma de Mérito do Instituto Camões, ela seria ainda homenageada pelo primeiro livro editado por aquela instituição na série *Figuras da lusofonia – Cleonice Berardinelli.*

Foram diversas as universidades brasileiras, americanas e européias em que Cleonice proferiu conferências, ministrou cursos, integrou congressos e seminários, presidiu bancas examinadoras. Em 1972, designada pelo Ministério da Educação e Cultura, foi membro da Comissão Especial Brasileira do Quarto Centenário de *Os Lusíadas.* Em 1985, participou do Segundo Congresso Internacional de Estudos Pessoanos, e, em 1988, de conferência reunida para celebrar o centenário do poeta, ambos em Lisboa, onde teve editados os seus *Estudos de literatura portuguesa.* De 1985 a 1989, seria professora visitante nas universidades da Califórnia e de Lisboa, ministrando cursos de pós-graduação em Literatura Portuguesa.

Cleonice presidiu a Associação dos Professores de Literatura Portuguesa do Estado do Rio de Janeiro, foi membro-fundador da Associação Brasileira de Professores de Literatura Portuguesa, é vice-presidente da Associação Internacional de Lusitanistas. Hoje, aqui no Rio, prepara cursos para a Casa do Saber, onde, faz pouco, dissertou sobre "Sete séculos de poesia portuguesa" – a trovadoresca, a palaciana, as dos séculos XVI, XIX e XX. Já orientou mais de cem dissertações, ensinou a mais de mil alunos. Nunca tirou férias, licença-prêmio, licença especial. E, como se os seus inúmeros títulos fossem poucos, esta stakhanovista do trabalho intelectual a eles acresce os de pesquisadora do Conselho Federal de Desenvolvimento Científico e Tecnológico (CNPq), consultora da Coordenação de Aperfeiçoamento de Pessoal de Nível Superior

(Capes), e da Fundação de Amparo à Pesquisa do Estado do Rio de Janeiro (Faperj), que lhe outorgou a sua Medalha do Mérito Científico.

Das tantas obras de Cleonice – que não elencaremos, evitando transformar esta saudação em catálogo de livraria –, cumpre destacar, como simples exemplos entre as mais desenvolvidas, que o seu ensaio camoniano mais antigo data de 1963, quando ela já havia publicado desde dez anos antes, por iniciativa do professor Thiers, uma coletânea de cantigas medievais transpostas para o português moderno, uma antologia comentada de Mário de Sá-Carneiro e uma edição crítica de autor quinhentista anônimo. Publicaria, ainda, as *Poesias* de João de Deus e o *Teatro de Gil Vicente*, além de elaborar a edição crítica das obras dramáticas de Antônio Ribeiro Chiado. Em 1973, vieram os *Estudos camonianos*, focalizando a épica, a lírica e o teatro do poeta imenso; com introdução e notas apareceria, em 1975, a *Obra em prosa* de Fernando Pessoa, e, em 1980, o *corpus* dos *Sonetos de Camões*, por ela considerado a "obra mais extensa e de maior responsabilidade que até hoje preparei"; os amplos *Estudos de literatura portuguesa* surgiram em 1985; vieram, em 1988, a edição crítica de *A passagem das horas de Álvaro de Campos*, e, em 1990, a dos *Poemas de Álvaro de Campos*.

Aqui, torna-se significativa a atenção prestada por Cleonice a este heterônimo do poeta, que se indagava: "O que é a necessidade de escrever versos, senão a vergonha de chorar?" Heterônimo a quem o autor emprestou o seu poema que mais me atrai, "A tabacaria". Atrai e inquieta, como o *Livro do desassossego*, do heterônimo Bernardo Soares.

A Secretaria de Estado da Cultura de Portugal patrocinou a edição crítica da obra pessoana, de autoria da nossa mestra. E ensaios de Cleonice Berardinelli sobre o grande vate português foram ainda publicados em *Fernando Pessoa: outra vez te revejo...*, de 2004.

A própria Cleonice justifica suas preferências, confessando "o muito amor que dedico aos dois poetas exponenciais de Portugal – Camões e Pessoa". Ela considera que nenhum outro dos seus ensaios lhe deu a satisfação proporcionada pela "Leitura do Adamastor", extraído d'*Os Lusíadas*: "É minha. Ninguém, que eu saiba, a fez antes de mim. Gosto do meu Adamastor, com suas duas faces, antes e depois de Vasco da Gama, a que inspirava medos e a que causa compaixão. O Adamastor, desvendado, revelou a outra face, a face da fraqueza, até aí irrevelada. Não se mata, na verdade, mas perde a sua unidade aparente, passa a ser a imagem do povo que o decifra e que nela se projeta, para nela se reconhecer."

Não ousei indagar-lhe para qual dos bardos, entre ambos, *son coeur balance*. Pois ela afirma que, na leitura do grande épico camoniano, "era preciso voltar e voltar, a percorrer caminhos, a descobrir recantos, por vezes de difícil acesso; que o texto do poeta maior se desvelava aos poucos, sempre guardando segredos a serem decifrados. E, depois de tantas navegações pelos seus versos, ainda continuo a ter revelações". Tampouco desconheço que, ao lado da sua cama, dormem as obras de Fernando Pessoa. Nem que, durante a primeira visita a Portugal, Cleonice reconhecia: "No princípio era o sonho... Mas, agora, já começou a ser realidade... (...) Será que eu não posso dizer, ver ou pensar, sem que Pessoa se intrometa?" Isso desde que conviveu com os papéis do poeta, reunidos no espólio da Biblioteca Nacional de Lisboa.

Ela também publicou *Os melhores poemas de Bocage*, uma antologia dos versos de José Régio e prefaciou Miguel Torga. Nem se cuide, porém, que a atenção e admiração da professora ilustre se concentram, apenas, nos grandes bardos lusitanos. Cleonice, cultora dos maiores poetas brasileiros (afirmou, certa vez, que "a poesia de Machado de Assis nada fica a dever à sua prosa"), era, também, por eles justamente admirada. Manuel Bandeira, em crônica, assim se referiu às palestras que ela proferia, na Rádio Ministério da Educação, de 1962 a 1982: "Meus amigos, meus inimigos, aos sábados, (...) sintonizem pois os seus rádios (...) e ouçam 'Camões, poeta de todos os tempos', na voz bonita e no comentário claro e sábio de Cleonice Berardinelli."

Já Carlos Drummond de Andrade dedicou o seu *Fazendeiro do ar & Poesia até agora* à nossa nova companheira:

Deixarei minha fazenda
perdida nos mapas do ar,
para, em singela oferenda,
constante me dedicar
a Cleonice Berardinelli.

E a ela voltava:

Com respeitoso carinho
trago pois minha oferenda
de bem humilde vizinho (...)

(a justiça é que me impele)
à genuína fazendeira
Cleonice Berardinelli.

Mas tampouco poderíamos reduzir o interesse agudo e penetrante de Cleonice aos poetas. Pois, nas "Linhas mestras da literatura portuguesa", que organizou para lecionar na UFRJ, concluiu se apresentarem como seus aspetos mais marcantes o subjetivismo, o nacionalismo (forma mais ampla do subjetivismo, tomado em duas vertentes, a laudatória e a crítica), o saudosismo e o messianismo. Por consequência, os autores mais representativos daquelas linhas mestras seriam, para ela, o historiador Fernão Lopes, os dramaturgos Gil Vicente e Bernardo Santareno, o poeta lírico e épico Luís de Camões, o ficcionista Eça de Queirós, e o poeta e prosador Fernando Pessoa. Os maiores, porém – insiste –, foram Camões e Pessoa.

Em seu ensaio "Para uma análise estrutural da obra de Eça de Queirós", Cleonice disseca livros que me encantaram a juventude, como atraíram a geração precedente (recordo-me de Afonso Arinos citando, de cor, longos trechos da prosa do extraordinário escritor). À nova acadêmica pareceu

"lícito, se não aconselhável, considerar a obra de Eça como uma grande narrativa, cujo tema seria – para empregar um termo científico, do agrado do naturalista que ele era à altura em que concebia o projeto – a biópsia da sociedade portuguesa. (...) A conclusão-síntese, que o leitor já tirou por conta própria (...): situado em nível social cada vez mais alto, com antecedentes que o tornam consciente e responsável, o personagem-título – que acaba por ser comparado a Portugal – comete faltas cada vez mais graves e menos justificáveis. Girando em sua volta num mundo sempre mais representativo da totalidade, mais válida também será a crítica social. A par deste agravamento de juízo, irá surgindo (...) a sua atenuação por uma espécie de fuga para o passado (...). Unindo-as, temos o lado positivo em que (...) se insinua uma solução menos pessimista".

Cleonice foi chamada por Aníbal Pinto de Castro, lente em Coimbra, "a grande senhora dessa universidade do mundo lusófono". E ela explica por que: "Batalhamos pela expansão da cultura e, especialmente, da literatura portuguesa, em territórios onde a língua é a mesma, ou onde as línguas são outras."

O professor luso, ao se estender sobre a nossa recente e ilustre companheira, julgaria que:

"a figura e a ação de Cleonice Berardinelli, que podemos considerar, sem lisonja nem hipérbole, uma das personalidades que mais longe e com maior altura alcançou nos doutorais dessa grande universidade do mundo lusíada, cujas paredes se alargam por mares, continentes e nações, aliando, em suma gentileza e elegância, a dignidade de uma grande senhora com o saber feito de honesto estudo, só é possível aos mestres de rara e excelsa estirpe. E muito importa salientar, neste momento em que a homenageamos em Portugal, o quanto Portugal lhe deve, sem que para merecer essa dívida tenha postergado, em qualquer momento, a sua alma brasileira, e o espaço que nela ocupou sempre o conhecimento e o culto dos grandes textos e das grandes realizações do espírito da sua pátria."

Ivo Castro, da Universidade de Lisboa, fez-lhe coro: "A norma culta a que pertence a língua de Cleonice integra-se, assim, na variante nacional brasileira, ocupando dentro dela a posição mais ligada à variante portuguesa, mas, mesmo assim, dela se distinguindo."

A alegria de aqui saudar Cleonice Berardinelli me traz à memória saudosa a lembrança de outra figura admirável da nossa vida literária que, infelizmente, já não se encontra entre nós. Essa amiga querida, herdada do convívio quase diário que mantivemos, em Roma, com o poeta Murilo Mendes, de quem era discípula dileta e confidente, viria, no futuro, responsabilizar-se pela organização, publicação e divulgação da obra do grande escritor mineiro, exaustivamente coligida e organizada em *Poesia completa e prosa*. Acolher Cleonice recorda-me Luciana Stegagno Picchio, por quem fui igualmente distinguido a fim de recebê-la nesta academia como membro correspondente. A Luciana, muitos laços de grandes serviços prestados à literatura brasileira e portuguesa unem Cleonice.

Ao integrá-las entre nós, acolhemos um espírito que, encarnando toda a herança humanística da latinidade, as tornou filhas de Roma e da Lusitânia. E, quando as abrigamos entre nós, nada mais fizemos além de reconhecer o empenho extraordinário com que, durante décadas, essas duas estudiosas infatigáveis se entregaram ao estudo e difusão da cultura literária do Brasil e de Portugal, como professoras, investigadoras, ensaístas, críticas, filólogas, historiadoras e editoras.

No ensaio "Uma ilha para Cleonice", constante do livro *Figuras da lusofonia – Cleonice Berardinelli*, Luciana afirma que a nova acadêmica, "dentro da nossa literatura luso-brasileira, foi sempre uma ilha. Uma ilha de cultura portuguesa dentro do mundo acadêmico brasileiro. E, na Europa, uma ilha de cultura e de doce fala brasileira dentro do mundo acadêmico português".

Se a italiana participou, em Lisboa, do Congresso Internacional por ocasião do quinto centenário do nascimento de Gil Vicente, e preparou verbete sobre ele para a *Enciclopedia dello Spettacolo* de Roma, a brasileira recuperou, em edição nacional, uma coletânea da obra do eminente teatrólogo português. A propósito de Gil Vicente, observa Cleonice, "o grande poeta que, mesmo no teatro, escrevia sempre em versos, jamais utilizou a medida clássica dos versos decassílabos, estabelecida na época. Continuou escrevendo as obras à sua maneira".

Luciana e Cleonice se aproximaram de Jorge de Sena, batalhador incansável contra a ditadura fascista de Salazar, e que, obrigado por isso a deixar Portugal, se refugiou entre nós, lecionando em universidades paulistas e adquirindo a nacionalidade brasileira. Luciana chegou a traduzi-lo para o italiano, e Cleonice, na pós-graduação da Faculdade de Letras da Universidade Federal do Rio de Janeiro (UFRJ), ofereceu disciplina sobre "O poliédrico Jorge de Sena". Legou sua biblioteca particular à Cátedra Jorge de Sena para Estudos Literários Luso-Afro-Brasileiros, de cujo Conselho Administrativo participava no Departamento de Letras Vernáculas da UFRJ, onde, a partir de 2002, instituiu e financiou uma bolsa de pesquisa com o seu nome.

A propósito de José Saramago, Luciana escreveu *Instantanee per um ritratto*, e Cleonice foi com ele, quase simultaneamente, eleita para esta casa. O prêmio Nobel português disse, desta amiga, que "ela faz parte da aristocracia do espírito, essa que, sim, é necessária para a evolução da sociedade".

Luciana preparou verbetes sobre Luís de Camões para a *Enciclopedia Europea Garzanti*, e acerca de Fernando Pessoa para a *Cultura del Novecento*, ambas editadas em Milão, enquanto Cleonice elaborou edições críticas sobre os dois poetas maiores de Portugal. "Na universidade, graças à professora Cleonice Berardinelli, descobri a beleza que havia no magistral épico de Camões", reconhece o discípulo Zuenir Ventura.

Enquanto Luciana Stegagno Picchio era acolhida pela Academia de Ciências de Lisboa e premiada com Doutorados *Honoris Causa* pela Universidade Federal do Rio de Janeiro (UFRJ), pela Universidade Clássica e pela Universidade Nova de Lisboa (UNL), Cleonice se tornava membro correspondente daquela Academia de Ciências, em sua Sessão de Letras, e titular da Academia Brasileira de Filologia. Portugal outorgou a Luciana, pelas mãos do então presidente Mário Soares, membro correspondente da Academia Brasileira Letras, a Ordem de Santiago da Espada. A italiana benemérita receberia ainda, do Brasil, as ordens do Cruzeiro do Sul e de Rio Branco.

O Conselho de Cultura do Rio de Janeiro atribuiu a Cleonice o Golfinho de Ouro. Ela é Doutora *Honoris Causa* pela Faculdade de Letras da Universidade de Lisboa, tendo sido condecorada com as ordens portuguesas do Infante D. Henrique e de Santiago da Espada, ao passo que o Itamarati se honrava em conceder-lhe a Ordem de Rio Branco, como justa retribuição aos méritos de quem lecionara no curso para formação de diplomatas do Instituto Rio Branco em 1961 e l962 (anos estes, permito-me recordar, em que Afonso Arinos foi ministro de Estado das Relações Exteriores).

Last but not least, aproxima-as mais ainda a beleza da *top model* brasileira, iluminando a capa de *Cleonice: clara em sua geração*, e a da formosa enfermeira ruiva, a encantar os espectadores dos filmes neorrealistas na Itália do pós-guerra. E se alguém duvidar do que vos conto, torno prudente, como Gonçalves Dias: "Meninos, eu vi."

Não abusemos, porém, do tempo que, nesta noite de gala, poderia ter sido ocupado, quase exclusivamente, pela aula magna a nós ministrada pela nova acadêmica e educadora de sempre. Assim, tenta-me parafrasear o velho amigo, grande diplomata, grande filólogo, grande lexicógrafo Antônio Houaiss, que lecionou no mesmo colégio onde fui aluno de Cleonice, seria recebido na Academia Brasileira de Letras por Afonso Arinos e foi meu saudoso predecessor nesta casa:

"Se algumas lições a vida me deu, uma é esta: em momentos assim, é mister ser breve. No caso, a brevidade se me impõe por muitos motivos: a riqueza da personalidade e da obra da minha homenageada; a circunstância de que não quero agradecer-vos a atenção e a presença com pagar-vos de uma digressão que vos venha a ser enfadonha. Entre o pecado do excesso e o pecado da carência, buscarei ficar neste, por mais leve, creio."

Ninguém melhor do que a própria dona desta bela festa para resumir afinal, simples e objetiva como sempre, o que tem sido o seu itinerário admirável, a sua demorada travessia:

"Neste momento, a que cheguei por um longo caminho, que passou por uma vida familiar feliz, por um percurso escolar afetuosamente estimulado por meus pais e seguido lado a lado com meus irmãos, por um casamento bem sucedido, por um convívio afetuoso com sobrinhos de sangue, com filhos, netos e bisnetos (não nascidos de mim, mas assim amados, num amor por eles retribuído), por uma vida universitária em que, como discente, tive mestres inesquecíveis, em que, como docente, consegui fazer uma carreira que, em extensão e dedicação, desafia paralelos, e ao longo da qual transformei alunos em colegas e amigos os mais queridos, um percurso que passou por muitas alegrias e tristezas, com feridas ainda não cicatrizadas."

Mas sinto, agora, que o reconhecimento acadêmico, embora tardio, das suas virtudes excepcionais, terá o condão de esparzir, enfim, um bálsamo definitivo sobre a alma da mestra amada. Podemos dar graças a Deus por haver-nos presenteado esta mulher generosa e incansável, esta existência fecunda em que tantos discípulos puderam valer-se dos seus ensinamentos sempre apurados, sempre cuidados; por esta trabalhadora impecável no cumprimento da tarefa, na simplicidade, na coerência, na dignidade, na dedicação, na integridade, na abnegação, na lealdade; por esta estudiosa incessante que prestigiou nosso país em tantos congressos, simpósios, colóquios, palestras e outros encontros acadêmicos, no Brasil e pelo mundo afora; por esta autora e editora crítica de tantos livros publicados entre nós e em Portugal, de ensaios e conferências com que enriqueceu os estudos do idioma; por esta grande dama da literatura brasileira e portuguesa que é Cleonice Berardinelli; por esta professora que definiu, numa frase, seu destino e sua vida: "Descubro que o magistério, para mim, não é apenas o solo de origem, nas também o espaço de realização do desejo. Princípio e fim."

Patrícia da Silva Cardoso (Abraplip)

Cleonice na Abraplip

PARA QUEM SE ATREVA A DUVIDAR, PROVAS DO AMOROSO vínculo que liga d. Cleo à cultura e à literatura portuguesas há de sobra. Atesta-o sua experiência acadêmica, grandemente construída no estudo e divulgação das obras de Luís de Camões e Fernando Pessoa, dois dos mais representativos autores da língua portuguesa. Atestam-no os muitos prêmios recebidos ao longo de um incansável trabalho de, justamente através da literatura, tornar mais próximos Brasil e Portugal, dois países que o mar e a experiência às vezes parecem querer afastar.

Assim, não é motivo de espanto sua marcante presença na história da Associação Brasileira de Professores de Literatura Portuguesa (Abraplip), para cuja fundação muito contribuiu, tendo estado presente nos encontros anteriores à formalização desta que é a mais importante reunião de especialistas dedicados ao estudo da Literatura Portuguesa no Brasil. Em 1966, d. Cleo participou do I Encontro de Professores Universitários Brasileiros de Literatura Portuguesa, ocorrido na Universidade Federal da Bahia (UFBA), marco inaugural dessa história, a partir do qual se iria constituir a Abraplip.

Em 1971 foi a vez da Universidade Federal de Minas Gerais (UFMG) receber o encontro, e lá estava d. Cleo, contribuindo para sedimentar o alicerce da associação. Depois, em 1976, os professores reuniram-se na Universidade Federal do Paraná (UFPR) para um balanço sobre os *Sessenta anos de poesia portuguesa: de 1915 a 1975*, no qual a professora Cleonice fez a conferência "Panorâmica da Literatura Portuguesa atual". A propósito desse encontro, é interessante referir a estratégia de Massaud Moisés para dar visibilidade ao que se gestava e, ao mesmo tempo, facilitar o contato entre os envolvidos na empreitada publicando, no número 26 da *Revista*

Patrícia da Silva Cardoso é presidente da Associação Brasileira de Professores de Literatura Portuguesa - Abraplip (2016-2017).

Letras,[1] a relação, com o nome e o endereço, de todos os professores reunidos naquele balanço. Percorrendo-se essa lista tem-se a dimensão da amplitude do projeto de agremiação, considerando-se a variada origem dos participantes. Hoje, trinta anos depois, consolidado o projeto, além de professores atuantes em todos os estados brasileiros, a associação conta com um respeitável grupo de integrantes de fora do país. Prosseguindo o projeto, em 1988, no encontro realizado na Universidade de São Paulo (USP), Cleonice apresentou "De censores e censura", à volta da publicação d'*Os Lusíadas*.

Quando, em 1990, já ia pelo décimo terceiro o número de encontros – nessa edição sob a presidência da própria professora Cleonice Berardinelli – as universidades Federal do Rio de Janeiro (UFRJ) e Fluminense (UFF) dividiram a organização do evento, propondo como tema *Singularidades de uma cultura plural*. Nessa altura a querida mestra contribuiu para a discussão apresentando "Por mares tantas vezes navegados", conferência na qual Camões e a épica foram novamente objeto de sua atenção.

Fortalecido o alicerce, em 1992 nascia finalmente a Abraplip, com o nome que hoje estampa, em cuja ata de fundação Cleonice Berardinelli figura, justamente entre o corpo de fundadores. Trabalho feito e encerrado? De modo algum. Longe de descansar, ela seguiu em frente, determinada a certificar-se de que sobre o forte piso se edificasse uma bela morada. Nesse ano o encontro deu-se na Pontifícia Universidade Católica do Rio Grande do Sul (PUC-RS), em Porto Alegre, e o tópico escolhido por ela para sua intervenção foi "O discurso inovador de Caeiro e Campos". Em 1994, na Universidade Estadual Paulista (Unesp) de Assis, falaria sobre *Mensagem* e em 1999, quando a sede do evento foi a PUC-Minas, privilegiou a intertextualidade entre Garrett e Camões na comunicação "Um preito apaixonado". Depois, entre 2001 e 2009, não houve uma edição da Abraplip em que a professora não estivesse presente, sempre a renovar, com sua presença e suas palavras, aquele amor pela Literatura Portuguesa, sempre disposta a ensiná-lo e partilhá-lo. Como um dos muitos frutos dessa trajetória belamente comprometida, a Abraplip só tem a lhe agradecer, consciente da sua responsabilidade em levar adiante a lição aprendida com a grande mestra.

1 Disponível em <http://ojs.c3sl.ufpr.br/ojs/index.php/letras/article/view/19486/12736>.

Artur Anselmo (Academia das Ciências de Lisboa)

Cleonice Berardinelli e o ensino da Literatura Portuguesa no Brasil

O CONVÍVIO – VASTO, SEGURO, FRUTUOSO – DE CLEONICE Berardinelli com a Literatura Portuguesa remonta aos anos 30 do século XX, em São Paulo, onde foi aluna de Fidelino de Figueiredo. Licenciada pela Universidade de São Paulo (USP) em 1938, teve a satisfação de ser convidada pelo autor de *A luta pela expressão* e *Música e pensamento* para ser sua assistente. Então, por motivos de carácter familiar (seu pai, oficial do Exército, fora transferido para o Rio), não pôde aceitar o convite do mestre, sem dúvida a personalidade cultural portuguesa que criou maior número de discípulos brasileiros em torno da sua cátedra paulista: de António Soares Amora a Cleonice Berardinelli e a Naief Sáfady, passando por Massaud Moisés ou Maria Aparecida Santilli, é verdadeiramente impressionante (pela alta qualidade de todos) a dívida de gratidão de Portugal ao consagrado Fidelino, que animou, com o seu exemplo e a sua generosidade, a carreira ascendente de alguns dos melhores docentes de Literatura Portuguesa no Brasil do século XX.

Não menos benéfica ao espírito aberto e tolerante de d. Cleonice, após a sua transferência para o Rio, onde se doutorou, foi a influência de Thiers Martins Moreira, jovem catedrático de Literatura Portuguesa, que a convidou para assistente. Neste caso particular, unia-os o gosto pelo teatro vicentino, razão por que Cleonice ainda hoje gosta de dizer que começou a leccionar na universidade pela mão de Gil Vicente. Quem estas linhas escreve, aluno do curso de doutorado que ela ministrou na Faculdade de Letras da Universidade Federal do Rio de Janeiro (UFRJ), lembra-se bem das lições sobre "Gil Vicente e a ideologia da corte" e recorda como lhe foram úteis as edições de teatro português que a mestra então deu a lume: o *Auto de Vicente Anes Joeira*, os *Autos* de António

Artur Anselmo de Oliveira Soares é presidente da Academia das Ciências de Lisboa.

Ribeiro Chiado e, obviamente, a *Antologia do Teatro de Gil Vicente*, esta última preparada com a colaboração de antigas alunas da Pontifícia Universidade Católica (PUC-Rio) e da UFRJ.

Em Portugal, poucos têm a consciência do altíssimo serviço prestado pela elite de professores brasileiros no ensino da Literatura Portuguesa, quer nas universidades quer nos colégios, dos quais destacaria, naturalmente, o Colégio Pedro II, do Rio de Janeiro. Porém, aqueles que, como eu, tiveram oportunidade de aí frequentar cursos de mestrado e de doutoramento, numa época em que tais cursos não existiam em Portugal, podem dar testemunho da alta qualidade desse ensino, aliás, bem assinalado em abundante bibliografia da especialidade.

Ao acaso, sem pretensão de ser exaustivo, ocorrem-me, lado a lado com Cleonice Berardinelli, os nomes de Celso Cunha, Wilton Cardoso, Serafim da Silva Neto (prematuramente desaparecido) e Josué Montello, todos nascidos em 1917. Sem o seu magnífico exemplo de objectividade crítica, de maturidade científica e de abnegação intelectual, a visão da Literatura e da Cultura Portuguesa no Brasil não teria sido o que foi: séria, profundamente séria.

A Academia das Ciências de Lisboa, onde a Professora Cleonice Berardinelli é, desde 1975, sócia-correspondente da Classe de Letras, orgulha-se de ter contado, ao longo de várias décadas, com a estimulante colaboração desta personalidade marcante da vida cultural luso-brasileira.

Roberto Vecchi (AIL)

Luminosa herança: Cleonice Berardinelli, presidente de honra da AIL

É UM PRIVILÉGIO PRESIDIR UMA ASSOCIAÇÃO COMO A ASSOCIAÇÃO Internacional de Lusitanistas (AIL), que tem entre os seus dois venerados presidentes de honra a professora Cleonice Berardinelli. Não só porque a presença desta inigualável estudiosa no órgão diretivo da mais antiga associação de estudiosos das culturas de língua portuguesa garante uma reserva de competências e conhecimentos únicos, nos mais do que trinta anos de história da AIL. Mas também porque a presença discreta e intensíssima da d. Cleo e da sua vasta e qualificada descendência acadêmica – uma verdadeira família internacional de estudiosas e estudiosos de variadas gerações – marca algumas das páginas mais brilhantes na história da associação. A professora Cleonice, em suma, é um emblema significativo da identidade do que somos como comunidade científica e profissional. Tal condição não surpreende. Não há praticamente evento relevante que se refira ao estudo e à promoção da língua e das culturas que se expressam em português no último meio século que não tenha contado com a sua presença, dinâmica e sutil.

Se uma recordação pessoal é permitida, a figura da professora Cleonice é intimamente associada às épocas passados na Biblioteca Nacional de Lisboa durante o doutorado – final da década de 1980 e começo da década de 1990 – quando, entre os investigadores da casa comprometidos em diferentes projetos, mas em particular entre os membros da Equipa Pessoa (*forma brevis* para expressar o célebre Grupo de trabalho para estudo do espólio e edição crítica da Obra completa de Fernando Pessoa), se aludia à visita da grande e veneranda pesquisadora brasileira com entusiasmo e admiração. Eram os anos justamente dos projetos de edições críticas pessoanas, e a presença da grande estudiosa, com as mãos sempre nos papéis, como os pesquisadores mais novos

Roberto Vecchi é professor de Literatura Portuguesa e Brasileira da Universidade de Bolonha, e presidente da Associação Internacional de Lusitanistas – AIL (*2014-2017*).

e inexperientes, com que era sempre pródiga de orientações, sugestões, apoios, era um momento marcante das temporadas de pesquisa. Encontrava-se sempre no saguão da Biblioteca Nacional, ou na cantina que na época era situada no térreo, animada por um fervor, uma curiosidade, um conhecimento íntimo e carinhoso dos muitos projetos, mais maduros ou mais verdes, que circulavam na Biblioteca naqueles dias.

A autoridade da professora Cleonice – e é sempre justo não dissociar o papel da incontornável pesquisadora da função iluminante e magistral da grande professora em permanente serviço, com uma inexaurível energia para conversar sobre qualquer projeto e qualquer tema inerente à área dos estudos portugueses – não era uma aura de prestígio abstrato para um *curriculum* luminoso e interminável, mas era uma energia vital e fervorosa que no trabalho diário e continuado lhe valia um respeito e um afeto universais, na trama silenciosa e densa das relações de estudo e pesquisa da Biblioteca Nacional. É também por estas caraterísticas, humanas e profissionais, exemplarmente conjugadas numa lição que não é só exercício de uma prática profissional, mas sobretudo uma postura séria e responsável perante o mundo, que a AIL não poderia esperar uma tutela melhor por parte de seus dois presidentes de honra, Cleonice Berardinelli e Hélder Macedo. São figuras proeminentes como estas que significam de modo efetivo e não só simbólico o que é uma herança.

A herança sempre se refere a um património passado e que se transmite. No entanto, como em termos críticos se tem vindo mostrar, a herança é sempre, intui Ernst Block, "do nosso tempo", portanto o seu valor prolongado encontra uma inscrição no tempo atual. Se falamos portanto de Cleonice Berardinelli como uma grande herança viva da lusitanística internacional, percebemos plenamente o valor exemplar e ativo do património de conhecimentos, ensinos, relações que podemos associar ao nome dela.

Aliás, para retomar aqui uma famosa tese sobre o conceito de história de Walter Benjamin, que inscreve em todas as gerações uma força messiânica que representa um direito iniludível do passado, na relação entre passado e presente, mediado pela "herança", se torna clara a importância de figuras tutelares como d. Cleo para fortalecer o amadurecimento de voz das gerações posteriores de lusitanistas. Uma herança do presente e em contínua renovação, portanto.

Mas não é, esta, uma homenagem teórica à nossa grande presidente de honra. Pretende ser uma homenagem sobretudo efetiva e afetiva. A trajetória da lusitanista-mor Cleonice Berardinelli na Associação Internacional de Lusitanistas e a sua contribuição para o fortalecimento da comunidade internacional de estudiosos, espalhada em todos os cinco continentes, é exemplar.

A AIL foi fundada em 1984 e teve como o seu primeiro presidente o professor René Lawton, da Universidade de Poitiers. Uma rede tão ampla, diversificada e complexa como a dos lusitanistas teve de atravessar nos primeiros anos de vida aquelas que Mário de Andrade chamara, em outro contexto crítico, na sua revisão do Modernismo brasileiro, as "inconveniências da aurora". A consolidação do projeto de uma comunidade de lusitanistas à altura do desafio de incluí-los todos em virtude de uma força da proposta associativa demorou quase uma década para encontrar a sua forma mais adequada.

Todas as fases de crescimento da AIL foram decisivas. Mas não há dúvidas que, a partir de meados da década de 1990, portanto por ocasião do 5º Congresso, de Oxford, dimensões e projeto da associação começam a mudar de nível. Como observa Carlos Ascenso André, histórico e crucial secretário geral da associação, agora em Macau, são estes os anos do amadurecimento. É neste momento que se destaca ainda mais a incontornável contribuição de Cleonice Berardinelli para a associação de que já tinha sido nomeada vice-presidente no Congresso de Hamburgo em 1993, cargo que continua a manter também em 1996. E vice de um presidente de exceção e não por acaso com ela presidente de honra da AIL, Hélder Macedo. Uma posição de destaque, sobretudo porque assume a responsabilidade de organizar o 6º congresso, que se tornará uma virada crucial na história da associação: o congresso do Rio de Janeiro em agosto de 1999, depois do Nobel a José Saramago, coadjuvada por um equipa de primeira ordem, sobretudo unida por uma intensa relação não só profissional mas de afetos – como se dizia – familiares, Gilda Santos, Laura Cavalcante Padilha e Teresa Cristina Cerdeira, e pelo conhecimento horizontal e minucioso das instituições universitárias – Universidade Federal do Rio de Janeiro (UFRJ) e Universidade Federal Fluminense (UFF) – onde a professora Cleonice tinha tão intensamente atuado.

Contando com a presidência de Hélder Macedo, d. Cleo montou uma verdadeira máquina de guerra: no primeiro congresso da AIL fora da Europa, a associação organizou um evento científico com mais de seiscentas comunicações, com mais do que um milhar de pessoas – professores, alunos, leitores – na audiência e alguns momentos "levantados e principais" da nossa história comunitária, como a mesa-redonda dedicada a "Colonialismo, pós-colonialismo e culturas periféricas" e as duas aulas magistrais, uma inaugural, proferida por Antonio Candido, e a outra de encerramento, oferecida por Eduardo Lourenço.

Sempre na onda das lembranças inesquecíveis, ficaram marcadas as palavras de abertura que a organizadora do evento proferiu, que deixam aflorar o sentimento crítico do fim de milênio e se debruçam sobre o sentido do termo "congresso", uma ocasião também para repensar a comunidade que vem e está implicada num evento deste alcance:

No Dicionário Etimológico de Antenor Nascentes, além das definições 'encontro, entrevista', há esta que prefiro: 'convergência de passos'. Prefiro-a para definir este nosso encontro que hoje se inicia: não apenas estamos reunidos, mas caminhamos para reunir-nos, uns de mais longe, outros de mais perto. Os passos são a expressão dinâmica da nossa vontade de vir e – quem sabe? – na nossa avaliação, como dizia o Padre António Vieira em seu luminoso Sermão da Sexagésima, *hão nos de contar os passos? Não passos divergentes, mas convergentes, concertantes. E vem-me à memória o poeta máximo da língua, sempre à busca do concerto das coisas, das gentes, da vida. Onde buscá-lo neste fim de século em que parece reinar o desconcerto? Tentemos, de nossa parte, encontrá-lo no convívio deste congresso, onde se debaterão temas, onde se apresentarão posições consoantes ou dissonantes, sempre dentro de um clima de coleguismo, respeito mútuo e compreensão.*

Também, o congresso brasileiro propiciou a ocasião para celebrar outro evento lustral da AIL, o lançamento do primeiro número da revista *Veredas* – onde a homenagem ao anfitrião brasileiro está patente desde o nome rosiano –, que quebra o silêncio com um magnífico prefácio de Hélder Macedo que, de certo modo, resume a filosofia dessa grande geração de lusitanistas: "tentar o impossível é por vezes o único modo de conseguir o necessário."

Outro momento relevante na trajetória da d. Cleo na AIL foi quando, em 2002, ela foi nomeada, junto com Hélder Macedo, presidente honorária da associação, o que coroa uma carreira extraordinária dentro dos mundos de língua portuguesa. Os dois unidos também nesta prestigiosa função, depois das duas presidências compartilhadas, que tornaram a AIL a rede qualificada e internacional que se espelha na procuradíssima Plataforma9 (plataforma9.com), o maior banco de dados para conhecer e ser informado sobre as culturas de língua portuguesa.

À véspera do primeiro congresso da AIL em África, o 11º, que ocorreu no Mindelo, em Cabo Verde em 2014, a professora Cleonice publicou no JL um texto onde resume o cuidado e o afeto especiais que sempre ela tem vindo dirigir à nossa associação. Antes de tudo ressemantiza por signo oposto o termo lusitanista, fora dos desvios etimológicos a que poderia conduzir: ele deveria ser pensado em positivo, fora das pretensões do poder, mas como o laço de uma língua que une milhões de falantes em todos os continentes. Por isso, apesar das polémicas relações que o fundaram, o resultado tem hoje um ganho inabalável, um projeto cultural e político: o da existência de uma comunidade de falantes da mesma língua portuguesa que disputa o seu lugar de importância em relação a outras línguas e culturas. Isto orienta também a missão fundamental da associação assim como a aprendemos da nossa presidente honorária, que assim nos entrega uma aula de valores e de perspectivas: "Aliança, respeito à diversidade, congraçamento, trocas culturais, talvez sejam esses alguns dos projetos positivos e já bem sucedidos da AIL de que me orgulho de participar."

Temos orgulho em poder contar com ela e com Helder, como autoridades honorárias da associação, há pouco menos de um ano, hoje, do próximo congresso da AIL, o 12º, que pela primeira vez ocorrerá na Ásia (em Macau, a partir de 23 de julho de 2017), inaugurando a ação da AIL em mais um continente, mostrando a força de uma tradição que se reinventa através de estudiosos infinitos do labirinto de múltiplas saídas das culturas de língua portuguesa. Como não agradecer a professora Cleonice Berardinelli por esta luminosa herança? E sobretudo: qual viático melhor para a associação que somos e que pretendemos ser?

Artur Santos Silva (Fundação Calouste Gulbenkian)

Cleonice Berardinelli

Cleonice Berardinelli é reconhecida como a decana dos Estudos Portugueses no mundo, tanto pela longevidade de uma carreira com quase sete décadas de produção científica contínua, desde a sua licenciatura em Letras Neolatinas pela Universidade de São Paulo (USP), em 1938, como sobretudo pelo contributo singular que essa sua densa bibliografia prestou e continua a prestar ao conhecimento da poesia portuguesa de todas as épocas. O seu amor pelos nossos poetas nasceu ainda nos bancos da faculdade, fortemente incentivado por esse Mestre insigne que foi Fidelino de Figueiredo, seu professor de Literatura Portuguesa e Brasileira, que lhe abriu as portas dos estudos camonianos. Mas essa opção temática primordial, que havia de a acompanhar durante toda a vida, já então era suportada por uma formação humanística vastíssima em que se destacaram as aulas com o poeta modernista italiano Giuseppe Ungaretti ou o contacto com figuras marcantes da cultura do século XX que passaram no seu tempo pela USP, desde Claude Lévi-Strauss a Fernand Braudel.

Na Universidade do Brasil teve como orientador de doutoramento outro grande nome da crítica e historiografia da Literatura Portuguesa, Thiers Martins Moreira, a quem ficou a dever a descoberta pessoal fascinada da poesia de Fernando Pessoa. A este viria a dedicar em 1959 a sua tese doutoral, intitulada *Poesia e poética de Fernando Pessoa* – a primeira dissertação académica alguma vez apresentada fora de Portugal sobre o autor da *Mensagem*, e na realidade apenas a segunda, em termos absolutos, apenas antecedida em Portugal pela de Jacinto do Prado Coelho, *Diversidade e unidade em Fernando Pessoa*. Deve-se-lhe assim, em boa parte, o arranque dos estudos universitários pessoanos, que hoje constituem uma das temáticas principais dos Estudos Portugueses à escala internacional.

Artur Santos Silva é presidente da Fundação Calouste Gulbenkian.

Quando se doutorou, Cleonice Berardinelli tinha já iniciado em 1944 a sua carreira académica, na Universidade Federal do Rio de Janeiro, ao que juntaria, em paralelo, a partir de 1963, a docência na Pontifícia Universidade Católica do Rio de Janeiro (PUC-Rio), sendo ainda hoje professora emérita de ambas as escolas. A sua ação pedagógica estender-se-ia ainda a outras escolas brasileiras e internacionais, incluindo a Universidade da Califórnia em Santa Bárbara e a Faculdade de Letras de Lisboa, como professora visitante. Formou assim centenas de alunos, tendo orientado, designadamente, 74 dissertações de mestrado e 42 de doutoramento e continuando ainda hoje a ministrar seminários de pós-graduação e a participar ativamente em encontros e debates científicos de primeiro plano.

A sua obra abrange a quase totalidade da história da poesia portuguesa, dos trovadores medievais a Mário de Sá-Carneiro, passando por autores tão diversos como Gil Vicente, Bocage ou João de Deus, mas incide com particular relevância nas figuras maiores de Camões e Pessoa, às quais dedicou obras que permanecem de referência absoluta para todos os investigadores que se lhe seguiram. A título de mero exemplo, destaque-se a sua exemplar edição crítica dos *Poemas de Álvaro de Campos*, ou os seus magistrais *Estudos camonianos*, editados pela primeira vez em 1973 e ainda recentemente republicados em criteriosa e aprofundada revisão da autora, sempre com um acolhimento caloroso da comunidade académica.

Filóloga distinta, Cleonice Berardinelli teve também ao longo de toda a sua vida uma intensa atividade de divulgação alargada da literatura e da poesia portuguesas. Ficou na memória do público radiofónico brasileiro a sua série de programas da Rádio do Ministério da Educação e Cultura, no Rio de Janeiro, dedicada ao tema *Camões, poeta de todos os tempos*, que abriu em 1962 com uma conversa entre a autora e o grande poeta Manuel Bandeira. E ainda recentemente, em 2013, juntou a sua voz à de Maria Bethânia na Festa Literária Internacional de Paraty (Flip) para um inesquecível recital de poesia de Fernando Pessoa, felizmente preservado no documentário belíssimo de Marcio Debellian, *(O vento lá fora)*. D. Cleo, como lhe chamam carinhosamente os amigos, colegas e alunos que tem espalhados por todo o mundo, sempre gostou, acima de tudo, de partilhar o seu amor pela poesia e pelos poetas.

São muitas as distinções que lhe foram sendo atribuídas no seu país, como o grau de Oficial da Ordem do Rio Branco, os múltiplos prémios concedidos pela Fundação de Amparo à Pesquisa do Estado do Rio de Janeiro (Faperj), pela Academia Brasileira de Filologia, pela Associação Brasileira de Educação, pela Associação Brasileira de Imprensa, pela União Brasileira de Escritores, pela Fundação Biblioteca Nacional ou, em 2009, pela Academia Brasileira de Letras, onde ocupa desde esse ano a cadeira número 8. Mas Portugal, que visitou pela primeira vez em 1959 como bolseira do Instituto para a Alta Cultura, pouco depois de defender a sua tese sobre Fernando Pessoa, manifestou-lhe do mesmo modo, repetidamente, a sua gratidão, concedendo-lhe, sucessivamente, a Comenda da Ordem do Infante D. Henrique, logo em 1967, a Comenda e a Grã-Cruz da Ordem de Santiago da Espada, o título de Académica Correspondente da Academia das Ciências de Lisboa, ou os Doutoramentos *Honoris Causa* pelas Universidades de Lisboa e de Coimbra.

Em muitas ocasiões o seu percurso académico e científico se cruzou com programas e iniciativas da Fundação Calouste Gulbenkian, para cujo sucesso muito contribuiu, em particular através de colaborações relevantes na revista *Colóquio-Letras*. Foi, por isso, com grande gosto que a Fundação promoveu em sua homenagem, em 1999, em colaboração com o Instituto Camões, o colóquio *Figuras da Lusofonia*, dedicando-lhe em seguida, em 2002, o primeiro volume da série de publicações com o mesmo título, com organização de Izabel Margato. É com o mesmo gosto que agora nos associamos a esta tão justa homenagem a uma grande Amiga de Portugal e da Cultura Portuguesa, na ocasião feliz do seu centésimo aniversário.

Ana Paula Laborinho (Instituto Camões)

Salve d. Cleo!

É COM GRANDE ALEGRIA QUE O INSTITUTO CAMÕES SE associa a este volume de mais uma homenagem aos imensos feitos da professora Cleonice Berardinelli.

Não se trata apenas da sua longevidade mas da sua extraordinária clarividência, da elegância com que sempre exerceu a crítica literária, do inestimável contributo para o conhecimento que acompanhou o seu magistério de docente universitária e da generosidade que teve com os seus discípulos, encorajando e traçando caminhos de investigação que hoje se projetam nos estudos portugueses no Brasil, em Portugal e no mundo.

D. Cleo, como é carinhosamente tratada, atingiu todos os patamares de reconhecimento do seu percurso académico e de cidadã. Não apenas a atribuição do título de professora emérita, a cadeira que lhe foi concedida na Academia Brasileira de Letras (ABL) ou o lugar de académica correspondente da Academia das Ciências de Lisboa, mas também as muitas distinções, prémios, homenagens, e as sucessivas comendas portuguesas que singelamente lhe agradeceram a sua longa dedicação aos estudos portugueses, de que se destacam os seus trabalhos pioneiros sobre Fernando Pessoa e a compreensão do lugar de Camões na poética pessoana.

Tive o privilégio de beneficiar de várias intervenções da professora Cleonice Berardinelli e, em todas, mais do que a leitura crítica que se propunha apresentar, ressaltava o seu entendimento da literatura como dimensão do humano e o exercício de interpretação como entendimento do mundo. Após as suas intervenções, ficava um silêncio que impunha reflexão que sempre carece de suspensão.

Mas há uma magia particular que rescende das leituras de Fernando Pessoa que partilhou com Maria Bethânia, num trabalho único de duas grandes

Ana Paula Laborinho é presidente do Instituto Camões.

cultoras do poeta. Não se trata apenas de um percurso através das pessoas em Pessoa conduzido pela leitura de seus poemas, mas o diálogo entre Cleonice e Bethânia, o riso partilhado, a discussão em torno da pronúncia de cada sílaba e o alcance de cada som na melodia total.

Salve, d. Cleo! Agradecemos a benção do que nos ensina e o silêncio da palavra que faz da poesia o lugar único em que nos encontramos.

Cláudio Aguiar (PEN Clube)

"Obrigado, meu Padrinho, mestre Gil!"

A VIDA DE CLEONICE BERARDINELLI É UM EXEMPLO DE absoluta devoção à língua e à literatura portuguesas. Lembra, de certo modo, a rendição ao estudo de temas da mesma literatura por outra mulher inteligente e extraordinária, da mesma têmpera e estatura da brasileira, a alemã Carolina Michaelis de Vasconcelos, que, à obra *Poesias de Francisco de Sá de Miranda*, dedicou boa parte de sua vida. Essa obra, monumental em todos os sentidos, publicada por Max Niemeyer, em Halle, em 1885, mais de um século depois confirma sua validade e permanência como referência fundamental para se conhecer um dos principais poetas do século XVI, em Portugal. A Casa da Moeda deu à estampa uma edição fac-símile, em 1989.

Assim, ambas as mulheres, em seus espaços e tempos de atuação e áreas eleitas, revelaram-se próximas nos resultados da excelência de seus estudos e pesquisas, além de oferecerem sólidos e maduros textos aos seus leitores.

A obra de Cleonice Berardinelli avulta, entre nós, em três dimensões: ministério pedagógico da língua e da literatura, antologismo de obras de autores clássicos portugueses com os respectivos estudos introdutórios e, ainda, a elaboração de livros, nos quais a ensaísta notável tem se debruçado sobre as obras de Gil Vicente, Camões e Fernando Pessoa.

Sua primeira experiência literária ocorreu em 1953, quando escreveu *Cantigas de trovadores medievais em português moderno*, obra que anunciava a verdadeira vocação de Cleonice Berardinelli para os temas literários portugueses, seguida, com o passar dos anos, pela consolidação de uma vasta bibliografia formada por mais de três dezenas de títulos. Considerando o rigor de sua

Cláudio Aguiar é escritor, membro da Academia Pernambucana de Letras, Academia Carioca de Letras, presidente do PEN Clube do Brasil e sócio do Instituto Histórico e Geográfico Brasileiro (IHGB).

análise, quer sobre aspectos da língua, quer sobre literatura, a verdade é que sua paixão pessoal tem recaído de modo pronunciado sobre as obras de Gil Vicente, Luís de Camões e Fernando Pessoa.

O interesse de Cleonice Berardinelli por Gil Vicente, vale dizer, se deu ainda na sua juventude. Foi a obra dramática do famoso autor português que, pela primeira vez, tocou de perto a sensibilildade da homenageada. Praticamente ela o conheceu no alvorecer de suas primeiras atividades pedagógicas. Claro, essa admiração se estendeu ao longo de sua vida, inclusive afirmando e influenciando o jeito de ser da jovem e, mais tarde, da senhora Cleonice. Por aquela época também teve a sorte de estudar com grandes mestres, tais como, Rebelo Gonçalves, Pierre Horcade, Michel Berveiller, Fidelino de Figueiredo, entre outros. Sobre Fidelino, com quem conviveu mais de perto, disse: "Nosso ponto de maior confluência foi com um mestre muito especial, que, português, era um cidadão do mundo. O mundo o acolhera quando a pátria o rejeitara. A pátria não, o regime que a dominara, o execrado salazarismo, que ele criticara, e contra o qual se insurgia. A Universidade de São Paulo (USP) o convidou, e nós o recebemos com simpatia crescente a cada nova aula, a cada encontro. A par do afeto, a admiração. Admiração pelo saber, pela capacidade de transmiti-lo, pela inteira simplicidade. Víamo-lo lá no alto da sua competência, e nos sentíamos pequenos. Ele, porém, nos dava a mão, acercando-se de nós, buscando uma relação que nos aproximasse, sobretudo, pela afeição."

Essas curiosas aproximações a mestres portugueses, com o tempo, concorreram para que a jovem estudante se acercasse com maior interesse de outros autores portugueses. Gil Vicente foi o primeiro deles. Sua obra tornar-se-ia fonte de estudos permanentes nas suas atividades profissionais, desde o início da carreira de professora de Latim até aos mais consagradores vividos na condição de lente de várias universidades brasileiras e estrangeiras.

Ao ser empossada na Academia Brasileira de Letras, em 5 de abril de 2010, Cleonice Berardinelli começou seu discurso lembrando um autor português: Sá de Miranda. Seu propósito era narrar um episódio referente ao poeta quinhentista que, em certo sentido, a ligaria a Gil Vicente. Assim falou Cleonice na Casa de Machado de Assis:

"E ides permitir que lembre aqui, neste momento solene, um fato antigo, de que é personagem central o poeta português quinhentista, Sá de Miranda, ou,

como era mais frequentemente chamado, o Dr. Francisco de Sá, irmão do nosso terceiro governador geral, Mem de Sá, e tio do fundador da nossa cidade, Estácio de Sá. O que talvez vos seja novidade é o fato do qual ele foi personagem quando, vencendo a sua timidez, decidiu, já entrado em anos, endereçar, àquela que queria para sua mulher, um pedido de casamento a que ela, surpresa, respondeu: 'Senhor, por que vindes tão tarde?'"

Essas lembranças, além de recordarem o vínculo que a família de Sá de Miranda tem com o Brasil desde o século XVI e a tardança com que Miranda se decidiu a casar, serviram, também, como elo de aproximação (ou de separação?) entre figuras estudadas por Cleonice Berardinelli: Gil Vicente e Sá de Miranda.

Nesse passo de minhas reflexões, talvez seja importante destacar dois aspectos fundamentais da trajetória de Sá de Miranda, já que não é fácil separar a vida da obra: primeiro, o marcado tom melancólico de sua fatura poética unido à repentina opção pela vida campestre, e, segundo, a querela armada entre Sá e Gil.

Em pleno alvorecer do século XVI, quando a convivência na corte significava prestígio, exatamente por se viver próximo da família real, havendo a possibilidade de com ela se relacionar, ou mesmo tornar-se amigo do rei, como, de fato, ocorria com Sá de Miranda, deixar de lado esse privilégio e ir, de vez, morar no campo, deve ter sido um gesto que chamou a atenção de seus amigos e admiradores.

Qual o verdadeiro motivo de tão brusca e inexplicável resolução? Qual a causa do voluntário ostracismo do poeta, até então admirado e respeitado nos serões do paço? Não estou convencido de que tenha concorrido apenas, como insistem seus biógrafos, o desgosto sofrido por ocasião de seu retorno a Coimbra em 1527, quando ele, instado a escrever o discurso do rei D. João III para uma solenidade real, foi, nessa mesma ocasião, obrigado a assistir a representação de uma comédia de Gil Vicente. No prólogo, o dramaturgo, ao relacionar os nomes das famílias nobres de Coimbra, de propósito omitiu a linhagem dos Sá. Falou apenas da dos Melo, tronco de Inês, a mãe de Sá de Miranda, que vivia amasiada com seu pai, o cônego Gonçalo Mendes de Sá. Ora, Sá de Miranda, homem culto e sensível, sentiu-se agredido por Gil Vicente. Assim, essa crítica, considerada por ele injusta e ofensiva, logo se transformou em motivo de comentários desairosos por toda a corte, inclusive, provocando discussões e disputas acaloradas entre os mais adictos admiradores dos dois poetas.

Chocado e desgostoso, Sá de Miranda retirou-se para o campo. Mesmo depois disso, Gil Vicente voltou a atacá-lo. Dessa feita, em passagens da farsa *O clérigo da Beira*, representada na corte em 1529. A certa altura escreveu o dramaturgo em clara alusão à linhagem do poeta: "Filho de clérigo és, nunca bom feito farás."

Essas palavras foram consideradas ofensivas e violentas por Sá de Miranda.

A retirada definitiva do poeta para o campo, a meu ver, não se justificou apenas por causa dessa atitude hostil de Gil Vicente. A decisão de abandonar a corte deveria estar, antes de qualquer coisa, também ligada a uma necessidade vital que o animava a sentir de perto as vantagens da solidão, da meditação e da contemplação, mas, sobretudo, conhecer melhor a si próprio e descer ao âmago de sua interioridade e, assim, quem sabe?, aproximar-se mais de Deus. Sim, Sá de Miranda era um homem religioso. Com certeza foram essas singulares experiências que, num primeiro momento, o levaram a marchar para o retiro do Carrazedo do Bouro; anos mais tarde a mudar-se para a Quinta da Tapada; e, por fim, ao Solar do Crasto, o castelo de alta torre, onde faleceu em 1558.

O interesse de Cleonice Berardinelli por Gil Vicente ocorreu, pode-se dizer, quase por acaso, em 1942, quando o professor de português, Thiers Martins Moreira, entusiasmado com o gosto de seus alunos pela matéria, resolveu encenar o *Auto da Alma* e mais duas cenas famosas: uma retirada de *Mofina Mendes* e outra do *Monólogo da Visitação ou do Vaqueiro*, todas de Gil Vicente. A encenação, como previsto, ocorreu no final do ano, com a estreia de Cleonice como atriz no papel de Anjo Custódio. Ouçamos seu próprio depoimento sobre esse alumbramento vicentino:

"Afinal, no dia 26 de dezembro de 1942, no auditório da Faculdade Nacional de Filosofia, representou-se Gil Vicente, diante de uma grande sala repleta de estudantes, professores e convidados, muitos dos quais ilustres: na primeira fila, Manuel Bandeira, Souza da Silveira, Santiago Dantas, diretor da faculdade, e o próprio ministro da Educação, Gustavo Capanema. Souza da Silveira, ao ouvir as primeiras palavras do *Auto da Alma*, tinha – confessou depois, a amigos – os olhos marejados, como Manuel Bandeira que escreveu, referindo-se ao nosso espetáculo, na sua crônica semanal no jornal *A Manhã*."

Vale lembrar que o poeta saudou a encenação do espetáculo com vivo entusiasmo, considerando-o "como uma obra-prima do teatro hierático de Gil Vicente". A seguir, acrescentou: "Pois, apesar disso, fiquei surpreendido, deliciosamente surpreendido, quando senti os olhos umedecidos ao ouvir as primeiras palavras do Anjo Custódio (...). O anjo era lindo (Mlle. Cleonice Serôa da Motta) falava com a dupla autoridade da fé e da poesia..."

Esse primeiro contato com a arte dramática de Gil Vicente, se não serviu para encaminhar, de vez, Cleonice para o profissionalismo do palco cênico, a levou, definitivamente, para outro palco não menos importante: o da sala de aula, onde a professora, todos os dias, ampliava o horizonte de seus conhecimentos sobre a língua e a literatura portuguesas. Aliás, essa experiência, vivida com dedicação e entusiasmo por Cleonice Berardinelli ao longo da vida, correspondeu bem ao tom dado por ela à obra de Gil Vicente, desde o primeiro momento em que Thiers Martins Moreira a convidou para trabalhar a seu lado, na cadeira de Literatura Portuguesa da Universidade do Brasil. Como ela afirmou:

"A seguir ao convívio que desfrutamos na preparação e representação de autos vicentinos, em que criei em mim uma certeza: a Gil Vicente devo o ter conquistado o apreço do professor pelo meu trabalho e o consequente convite para ser sua assistente, o que me dava o direito de mais seguramente entrar no ensino da Literatura Portuguesa. E é por isso que lhes digo, através dos muitos anos de devoção atuante e quase ininterrupta: – Obrigado, meu Padrinho, mestre Gil!"

*

Não poderia encerrar minhas palavras sem aludir a um dos mais emblemáticos "Encontros com o Escritor", realizado no dia 28 de maio de 2012, na sede social do PEN Clube do Brasil, então por mim presidido. O encontro, que vem ocorrendo há décadas, mantém um clima de informalidade, porém, segue, de alguma maneira, roteiro: apresentação do homenageado por um convidado especial; depoimento prestado pelo homenageado e, finalmente, debate com todos os presentes e o homenageado.

Cleonice Berardinelli, uma das mais ilustres sócias do PEN Clube do Brasil, foi apresentada pela professora Helena Parente Cunha, também filiada ao clube, a qual destacou as qualidades humanas, profissionais e intelectuais de sua colega. A seguir, a homenageada prestou um aplaudido depoimento, de improviso, quando preferiu falar de suas origens familiares e do tempo inicial de sua opção pela carreira do magistério para jovens no Colégio Melo e Souza, depois Colégio São Paulo, famoso na cidade do Rio de Janeiro.

Mais de sete décadas cobrem o percurso de atividades da grande mestra, nas quais são inúmeras as lições ministradas, quase sempre, vinculadas ao seu magistério marcado pela vivacidade intelectual, clareza na lógica da exposição e incondicional paixão pelos temas elegidos. Enfim, pode-se afirmar que, ao longo de toda sua vida e profícua atividade, temos a impressão de que nada, absolutamente nada, mudou em sua trajetória de grande mestra.

Pe. Josafá Carlos de Siqueira, S. J. (PUC-Rio)

A arte de viver com sabedoria e profundidade

COMO É FÁCIL PODER ABRIR A LINGUAGEM DO CORAÇÃO para falar de Cleonice Berardinelli, cuja vida tem sido um testemunho inquestionável de uma existência vivida no afeto, na alegria e na arte de acumular os anos com a determinação de contribuir com a cultura literária. Recordando aquela frase lapidar do Pe. Antônio Vieira em que afirma que "para falar aos ventos bastam palavras: para falar ao coração são necessárias obras", a vida e as obras da professora e doutora Cleonice nos falam a linguagem do coração. Seu testemunho de uma verdadeira mestra vai além de transmitir métodos e conteúdos dos saberes literários, pois ela sabe ensinar com sua própria vida, colocando paixão naquilo que faz e irradiando valores que humanizam as pessoas que passam pela sua trajetória existencial. Na comunidade universitária, na academia e na sociedade, a mestra Cleonice nos mostra esta sublime arte de saber envelhecer, conservando a busca da verdade, o desejo de profundidade literária, a alegria de viver e a capacidade de colocar amor em tudo que faz.

Ao lado desta facilidade da linguagem do coração, temos uma enorme dificuldade em relatar, com poucas palavras, a profundidade da produção literária desta poetisa, que soube mergulhar na complexidade da obra de Camões e na riqueza da antologia poética de Fernando Pessoa. A sua memória prodigiosa destes grandes poetas é algo reconhecido por seus alunos na Universidade Federal do Rio de Janeiro (UFRJ) e na Pontifícia Universidade Católica (PUC-Rio), que tiveram o privilégio de ser orientados por ela nas inúmeras dissertações de mestrado e teses de doutorado. Ao conservar esta dupla pertença, na universidade e na Academia Brasileira de Letras (ABL), Cleonice, chamada carinhosamente por alguns de d. Cleo, conserva seu compromisso com a Lite-

Pe. Josafá Carlos de Siqueira é ambientalista, professor do Departamento de Biologia da Pontifícia Universidade do Rio de Janeiro (PUC-Rio) e atual reitor desta universidade (*2010* –).

ratura Portuguesa, procurando gastar o seu tempo na construção de obras que ficarão como um legado para as gerações atuais e futuras.

Ao contrário do que afirma o Pe. Antônio Vieira quando diz "Nem todos os anos que passam se vivem: uma coisa é contar os anos, outra é vivê-los", Cleonice Berardinelli tem a sabedoria de deixar passar seus anos vivendo em intensidade e, ao mesmo tempo, contando os anos vividos não pela cronologia biológica, mas com juventude da alma que nunca envelhece.

Professora e mestra Cleonice, nossa profunda gratidão pelo testemunho que sua vida nos dá, mostrando-nos a beleza de viver com sabedoria e profundidade e nos ajudando a superar a cultura da superficialidade, que anestesia a alma e esvazia a dimensão transcendente da existência humana.

Antonio Gomes da Costa (RGPL)

Nosso louvor, nosso reconhecimento

Como nos versos de Guerra Junqueiro, também me sinto tentado a dizer: "Foi há dez, há vinte, há trinta anos... nem eu sei já quando..." – que conheci e comecei a admirar e a querer bem à professora Cleonice Berardinelli.

Lembro-me que o "enamoramento" começou na Livros de Portugal, uma livraria dirigida por António Pedro Martins Rodrigues, instalada na rua do Ouvidor, no centro do Rio de Janeiro. O livreiro, de pé, conversava com ela sobre a *Mensagem* e os heterônimos de Fernando Pessoa. E, vendo-me entrar, interrompeu os comentários que fazia sobre o poema para me apresentar a professora: "Vais conhecer uma Mulher extraordinária, que sabe tudo sobre Literatura Portuguesa, de Gil Vicente a Camões, de Fidelino de Figueiredo a Vitorino Nemésio, de Antero de Quental a Fernando Pessoa, de Teixeira de Pascoaes a Miguel Torga." (Ainda não se falava, naquela altura, de Saramago). "A vida inteira vais aprender com ela."

A frase profética de António Pedro, que nunca esqueci, confirmou-se. Desde esse dia, nunca mais deixei de ser aluno (e amigo) de d. Cleo. Nas cátedras da Pontifícia Universidade Católica e da Universidade Federal do Rio de Janeiro; no Salão dos Brasões, do Real Gabinete Português de Leitura ou no Salão Camões, do Liceu Literário Português; nos auditórios da Fundação Calouste Gulbenkian, em Lisboa e em Paris, em congressos da Universidade de Coimbra, ou em aulas na Universidade de São Paulo, na Academia de Ciências de Lisboa ou na Academia Brasileira de Letras, assisti, sempre que pude, às suas conferências e lições. E, também, nunca deixei de ler e de aprender nos livros e textos que escreveu, nos prefácios com que comentou a obra de tantos poetas e escritores d'aquém e d'além-mar, nas dezenas de artigos e de joias literárias que deixou dispersas em publicações de prestígio deste e do outro lado do Atlântico.

Antonio Gomes da Costa é presidente do Real Gabinete Português de Leitura (RGPL).

Nos anos em que dirigimos o Real Gabinete Português de Leitura do Rio de Janeiro, d. Cleo foi sempre a "leal conselheira" e a mestra incansável na valorização dos programas e das atividades culturais desenvolvidas pela instituição. Ela e as suas "Meninas". E, entre estas, quero destacar a professora doutora Gilda Santos, a sua "Estrela da Manhã" e nossa colega de muitos anos na administração do Real Gabinete. Ela e a equipe do Polo de Pesquisas do Centro de Estudos vêm realizando, ano após ano, um trabalho notável e um magistério dos mais profícuos do quadrante literário luso-brasileiro.

De nossa comunidade, a professora Cleonice Berardinelli mereceu e recebeu sempre – para além da amizade e do reconhecimento por tudo o que fez pela difusão da cultura portuguesa, por seu amor por Portugal, por seu empenho no ensino e na valorização da Literatura, pela sementeira de bem-querer com que nos distinguiu ao longo de sua vida, pela partilha e fidelidade aos nossos valores comuns, pelos estudos e pela sedução que dispensou a tantos poetas e escritores portugueses, por tudo e pela amizade – o preito de nossas homenagens e da nossa imensa gratidão.

Por mais palavras de reconhecimento e por mais amor que guardemos no coração, nem as palavras nem o amor são suficientes para resgatar a dívida que temos para com a "menina dos olhos" das Letras portuguesas. Como também não bastam as insígnias da Ordem de Santiago da Espada e outras que lhe foram conferidas pelo governo português. Nem, muito menos, o Laurel de Gratidão do Real Gabinete Português de Leitura ou a Ordem de Camões do Liceu Literário Português.

Está na hora de a professora Cleonice Berardinelli receber o Prêmio Camões – até porque o melhor, que guardamos no coração, já recebeu há muito.

Sabe-nos bem dizer "obrigado" a quem se ama.

José Luís Jobim (UFF)

Cleonice, alegria e leveza

A PROFESSORA CLEONICE SERÔA DA MOTTA BERARDINELLI, homenageada com este volume, tem sido um modelo para todos os professores de literatura, embora tenha-se dedicado mais às literaturas de língua portuguesa, ao longo de sua carreira. No Rio de Janeiro, a parte mais conhecida de sua atuação foi na Universidade Federal do Rio de Janeiro (UFRJ) e na Pontifícia Universidade Católica do Rio de Janeiro (PUC-Rio), instituições a que serviu durante décadas, e pelas quais lhe foi outorgado o título de professora emérita, após a aposentadoria. No entanto, a homenageada também teve uma breve passagem pela Universidade Federal Fluminense (UFF), entre 1972 e 1973, durante a qual atuou em sua pós-graduação em Letras, ministrando cursos sobre "A moderníssima ficção portuguesa", "A poesia de Fernando Pessoa", "O teatro de Gil Vicente" e "A obra de Eça de Queirós". Ainda hoje é lembrada pelos alunos que tiveram o privilégio de tê-la como mestre. Alguns de nossos professores das décadas de 1970 e 1980 foram seus orientandos como Maria Antonia dos Santos Botelho, Fernanda Basto Morais, Paulo Roberto Dias Pereira e Laura Cavante Padilha. Mais recentemente, outra geração de professores teve a alegria de seguir seus cursos de doutorado na UFRJ ou na PUC-Rio. Sem dúvida, muito da professora Cleonice está presente na UFF, no âmbito da área de Literatura Portuguesa e Literaturas Africanas de Língua Portuguesa, naqueles seus ex-alunos que se tornaram, ao longo dos anos, nossos professores. Também em agosto de 1999 a UFRJ e a UFF, em parceria, sediaram o 6º Congresso da Associação Internacional de Lusitanistas (AIL), sendo Cleonice Berardinelli a presidente do evento. Foi no encerramento dele, na UFF, dia 13 de agosto, que José Saramago recebeu o título de Doutor *Honoris Causa*, já concedido pela instituição em 1997, antes do Nobel.

José Luís Jobim é professor titular de Teoria da Literatura da Universidade Federal Fluminense (UFF).

Particularmente, neste livro (que vem somar-se aos inúmeros tributos rendidos por instituições nacionais e internacionais à docente e pesquisadora exemplar, no momento de seu centenário, mas também à figura humana de destaque entre seus colegas, alunos e amigos, que foi responsável por muitas histórias e lembranças), desejo recordar uma ocasião, no ano de 2005, em um congresso da AIL, em Santiago de Compostela, em que embarcamos todos os congressistas em dois ônibus para uma excursão ao cabo Finisterra, lugar situado a cerca de 90 quilômetros daquela cidade, e que passaria a ser considerado patrimônio europeu a partir de 2007.

Na hora de saltar do ônibus, muitas colegas jovens desciam com dificuldade, reclamando da altura do degrau do ônibus, e saíam se arrastando até a ponta do cabo. D. Cleo (assim ela ainda hoje é carinhosamente tratada) não se incluiu nesse grupo, pois desceu do ônibus com a leveza de uma adolescente de 89 anos, e fez todo o percurso com tranquilidade, a mesma com que subiu de volta no veículo, para retornar a Santiago de Compostela.

Suspeito que seu amor à literatura e a alegria derivada do fato de ter podido dedicar sua vida ao que gosta certamente devem ter influenciado muito na sua leveza, assim como suspeito que esse amor só não foi maior do que o amor à vida. De todo modo, seja lá como for, seus 112 orientandos (ela orientou 74 dissertações de mestrado e 42 teses de doutorado...), junto com várias gerações de colegas e amigos, hoje estão também alegres de poder participar das justas homenagens a d. Cleo, tendo o privilégio de ainda poderem conviver com essa emblemática docente e pesquisadora. O Instituto de Letras da Universidade Federal Fluminese partilha, com muita honra, um pouco dessa admirável história humana e acadêmica.

Roberto Leher (UFRJ/Reitoria)

Uma fazendeira da cultura, das letras e da universidade

A EMÉRITA CLEONICE BERARDINELLI, AINDA JOVEM, dedicou-se, como "genuína fazendeira" que é, a forjar a Universidade do Brasil como Universidade Federal do Rio de Janeiro (UFRJ), instituição luminosa de cultura. Como livre-docente de Literatura Portuguesa da Faculdade Nacional de Filosofia (FNFi), desenvolveu pesquisas, ministrou aulas, orientou trabalhos que, ao lado de outros mestres, como Manuel Bandeira e Celso Cunha, germinaram de tal modo que a mítica FNFi foi convertida em um centro nervoso pulsante, original, imaginativo, ousado da Universidade do Brasil. Literatura, assunto algo maldito para o gênero feminino, tornou-se um campo aberto a intelectuais mulheres. Após a chamada reforma universitária de 1968, ecos e ressonâncias da FNFi contribuíram para que a UFRJ seguisse sendo uma referência vigorosa nas Letras.

E Cleonice, Cleo, como seus amigos a chamam, foi crucial nessas complexas passagens. A área de Letras esteve situada na avenida Antônio Carlos, daí foi para um pavilhão perto de onde é hoje a Academia Brasileira de Letras (ABL), depois, em 1968, foi localizada na avenida Chile. Completando o processo de reorganização introduzido pela Lei 5.540/1968, a faculdade foi transferida para a Cidade Universitária, em meados dos anos 1980. Mudanças de paisagens, deslocamentos que portaram novos sentidos para a área de Letras. Este campo acadêmico foi constituído nessas relocalizações territoriais. Nesses percursos foi possível construir uma vigorosa pós-graduação para a qual Cleonice contribuiu de modo destacado. A sua geração criou o próprio campo das Letras na UFRJ e no país.

A denominação da presente obra é precisa. Delicadamente organizada por Gilda Santos e Paulo Motta, é inspirada em um poema que lhe dedicou Carlos

Roberto Leher é reitor da Universidade Federal do Rio de Janeiro (UFRJ).

Drummond de Andrade, engendrado a partir de sua obra *Fazendeiro do ar e Poesia completa* (1955), em dedicatória feita nos anos 1960, em que o poeta a elogiou como 'genuína fazendeira' – "Com respeitoso carinho/ trago pois minha oferenda/ de bem humilde vizinho/ nesta ensancha prazenteira/ (a justiça é que me impele)/ à genuína fazendeira/ Cleonice Berardinelli.". Etimologicamente, cultura corresponde à atividade agrícola. Como diligente fazendeira, dedicou-se a fomentar "a língua portuguesa em tudo o que ela tem de essencial no seu ritmo, na sua força, na sua delicadeza, na sua harmonia vocabular, na sua beleza plástica, na sua elocução pura e forte, no tesouro das suas riquezas sônicas" (excerto de seu discurso de posse na ABL). Desenvolvedora da cultura, aproximou-nos de Fernando Pessoa, ao defender a primeira tese sobre o autor feita no Brasil: *Poesia e poética de Fernando Pessoa*, no final dos anos 1950, expressando vivo conhecimento da multifacetada obra de Pessoa (e, por isso, de seus heterônimos, Alberto Caeiro, Ricardo Reis e Álvaro de Campos), como se depreende do emocionante *(O vento lá fora)*,[1] interpretando-os, de modo sublime, ao lado de Maria Bethânia. Mais amplamente, é uma intelectual da cultura portuguesa, por meio de sensíveis e criativos estudos, dentre outros, sobre Camões, Mário de Sá-Carneiro e Gil Vicente.

A UFRJ e o campo da Literatura Portuguesa no Brasil não seriam os mesmos sem os seus trabalhos, cursos, aulas, orientações (mais de uma centena de dissertações e teses orientadas!). Novos continentes teóricos se abriram com a sua atuação como organizadora da cultura no país e com os diálogos tornados possíveis com Portugal, país que lhe concedeu muitas honrarias, entre as quais a de Doutor *Honoris Causa* das prestigiosas Universidades de Lisboa, em 1996, e de Coimbra, em 2013.

De fato, uma universidade sem as dimensões da cultura e da arte dificilmente poderia ser assim denominada. Em sua matriz moderna, humboldtiana, encontramos as humanidades no fulcro da *Alma Mater* da universidade. Sem sensibilidade, estética, imaginação, os processos de formação acadêmica podem correr o risco de encapsulamento pela razão instrumental, a que se referem Adorno e Horkheimer. E, com isso, os horizontes da ciência e da tecnologia podem não conseguir enfrentar o crescente utilitarismo do fazer tecno-

1 Documentário de Marcio Debellian com Cleonice Berardinelli e Maria Bethânia, lendo Pessoa (2014).

científico que, embora sofisticado em termos dos domínios do conhecimento da natureza, tem-se mostrado, mundialmente, incapaz de dissipar a intensa neblina que recai sobre a humanidade: neblina condensada pelas mudanças climáticas; pela profunda desigualdade social; pela crise das migrações; pela xenofobia (elegantemente criticada por Cleonice ao falar da obra de Oliveira Vianna em seu magistral discurso de posse na ABL); pelos desafios ambientais nas áreas de energia, recursos hídricos, agricultura saudável e, dramaticamente, pelo pensamento único difundido pelas corporações globais que monopolizam a comunicação planetária.

Celebrar Cleonice Berardinelli é inspirador. Ajuda-nos a rememorar sua magnífica trajetória acadêmica, "a faculdade é sua vida", e, com isso, reexaminar sua vigorosa obra, seus estudos literários, conectando essas reflexões com o tempo histórico e, mais do que nunca, com os desafios do presente. Imbuídos dessa sensibilidade, pensar os desafios da universidade pressionada planetariamente a se adequar ao 'capitalismo acadêmico' a que se referem Slaughter e Leslie.[2] E também pensar a cultura no Brasil, em tempos em que esta perde espaço no âmbito da organização estatal (e, por conseguinte, poderá receber ainda menos verbas públicas), a exemplo da ciência e tecnologia, igualmente ressignificada como área secundária, apensada às comunicações corporativas. A literatura, como sugere Cleonice em sua homenagem a Antônio Calado, pode ajudar-nos a ter "tremenda fome de Brasil" e, com isso, pensar um porvir em que todos os que possuem um rosto humano possam ser intelectuais criadores da cultura, em prol do bem-viver universal.

2 S. Slaughter, S. e L. L. Leslie, *Academic capitalism – politics, policies and the entrepeneurial university*, Baltimore, EUA/ London, England: The John Hopkins University Press, 1999.

Eleonora Ziller Camenietzki (UFRJ/Direção FL)

Por favor, não quebre o verso!

ESTAR NA DIREÇÃO DA FACULDADE DE LETRAS POR TANTO tempo me trouxe muitas alegrias, além de alguns aborrecimentos, é óbvio. Mas considero que poder retribuir aos meus grandes mestres tudo que aprendi com eles é o maior privilégio que o cargo me proporcionou. E, sem dúvida, estar aqui para celebrar o centenário de nossa Cleonice Berardinelli é um dos momentos mais expressivos dessa minha jornada. E muito me alegra também que não tenha sido a primeira nem a nossa única homenagem. Em setembro de 2013, por unanimidade e com muito entusiasmo, decidimos dedicar o Congresso Internacional da Faculdade de Letras – o II Cifale – a ela. E a escolha pelo seu nome se deu por uma razão muito simples: amor incondicional. Assim se define a relação da Faculdade de Letras da Universidade Federal do Rio de Janeiro (UFRJ) com a professora Cleonice. Ela foi a nossa escolha imediata e natural, sem qualquer instante de dúvida. Era o nome capaz de representar a instituição e, ao mesmo tempo, era a oportunidade para lhe dizer o quanto sua trajetória foi significativa e o quanto representa para todos. Os números impressionam, traduzem longos anos de uma relação intensa e produtiva, em que as turmas e as teses são contadas na casa das centenas, e os alunos, com certeza, aos milhares! Realizou um vasto e cuidadoso trabalho de pesquisa, aliado a uma apaixonada militância docente em mais de sete décadas de trabalho na UFRJ, o que faz de sua trajetória um exemplo único de nossa história.

Enquanto eu apenas concluía a graduação, em 1987, a professora Cleonice já havia chegado ao ápice da sua carreira acadêmica, recebendo a mais importante distinção de nosso Conselho Universitário, após intensos 43 anos de atividade: foi o ano em que se tornara professora emérita da UFRJ. Alguns anos antes, em 1985, ela era professora visitante na Universidade da Califórnia

Eleonora Ziller Camenietzki é diretora da Faculdade de Letras da Universidade Federal do Rio de Janeiro (UFRJ) desde dezembro de 2009.

e, no ano seguinte, na Universidade de Lisboa. Ou seja, naqueles anos intensos, tive poucas oportunidades de vê-la. Por isso que, ao me deparar com o quadro de ofertas de disciplinas para o ano de 2000, quando me preparava para concluir os créditos do doutorado em Literatura Comparada, não me restou outra opção senão a de me inscrever num curso que ela milagrosamente oferecia justamente naquele semestre! Entretanto, havia um grande problema: era uma disciplina de doutorado sobre a poesia de Camões! Desde 1986, quando ainda cursava a graduação, o havia deixado quieto na estante. O tempo havia passado, e pouco sobrara na memória, mas, mesmo assim, continuei pensando que seria um absurdo recuar.

Ler Camões naquela altura dos acontecimentos me pareceu quase um desvario. Lamentei muito que o curso não fosse sobre Fernando Pessoa. Uma antiga paixão, que me acompanha desde a adolescência, e, afinal, sendo um poeta do século XX, não me afastaria tanto do que então estudava. Mas prevaleceu o sentimento de que seria uma imprudência, ou melhor, um disparate, deixar passar aquela oportunidade. A escolha foi pela professora, e tenho a impressão de que nunca conseguirei lhe agradecer o suficiente pelo que isso significou na minha vida. Na virada do milênio, os olhos fixos no presente e uma tese de doutorado para escrever. Era essa a minha situação. Seria meu último semestre como estudante na Faculdade de Letras. O foco da pesquisa estava voltado para a poesia brasileira da segunda metade do século XX, o assunto da tese era a poesia de Ferreira Gullar. A questão sobre a qual me debruçava era a espinhosa e sempre tensa relação entre poesia e política. Apesar da insegurança, ponderei que, se o curso fosse muito difícil, poderia desistir, afinal, também no doutorado podemos trancar disciplinas. Com esse recurso guardado no bolso, me inscrevi. Poucos dias depois recebi uma pequena carta, datilografada. Isso mesmo, datilografada. Alguns leitores não saberão o que isso significa. Acho que foi a última carta datilografada que recebi. Era uma mensagem educada e concisa que nos solicitava (nós, inscritos na disciplina) a leitura da *Odisseia*, de Homero, da *Eneida*, de Virgílio, e, naturalmente, d'*Os Lusíadas*, antes de iniciarmos as aulas.

É possível imaginar o impacto que a carta havia me causado? Era preciso largar toda a bibliografia sobre o curto e assombroso século XX para lançar-me sobre três épicas monumentais. O primeiro recurso, infelizmente muito comum entre nós, seria lançar mão de alguns resumos e textos sobre elas. Fácil de achar, fácil de ler. Mas a carta que eu havia recebido era muito clara ao pedir a leitura dos poemas, e não falava nada de ensaios ou crítica, menos ainda, resumos das obras... Optei por não desobedecer.

O mês de férias foi dedicado à leitura desses poemas. A vergonha de chegar no primeiro dia de aula sem ter nada para dizer, o sentimento de responsabilidade por estar fazendo parte de um curso que sabia ser um grande privilégio e a sensação de que o que havia lido na graduação era absurdamente insuficiente naquele momento se encarregaram de produzir em mim uma tal descarga de adrenalina que a leitura dessas obras passou a ser uma aventura radical em pleno verão carioca. Literalmente, um esforço épico. E aqui fica o primeiro grande agradecimento à nossa professora: esse misto de medo, vergonha e desejo, proporcionado por aquela pequena mensagem datilografada, produziu uma experiência extraordinária. Ter lido com avidez a sequência dos três poemas mudou radicalmente a minha leitura de cada um deles, mudou radicalmente a minha percepção sobre a poesia épica e a tradição clássica e me fez ver nascer um novo Camões, antes inimaginável. O diálogo entre Homero, Virgílio e Camões, atravessando mais de dois mil anos de civilização chegava, mais de quatrocentos anos depois, em minhas mãos, nas tardes ensolaradas de Itaipu, bairro da região oceânica de Niterói.

Vencido o primeiro desafio, ou quase, chego para o primeiro dia de aula ainda sem ter concluído a leitura d'*Os Lusíadas*. Embora já tivesse assistido a várias palestras e entrevistas suas, não a conhecia pessoalmente. A turma não era grande, e logo percebi que não haveria como me esconder completamente, nós estávamos todos bem visíveis em volta da mesa. O que passa pela cabeça de um estudante ao entrar numa sala de aula onde quem o aguarda é uma professora que há mais de cinquenta anos leciona Literatura Portuguesa e está entre as principais estudiosas do assunto no mundo? Há os que optam por estar estrategicamente bem visíveis e ficam ávidos por demonstrar todos os seus conhecimentos; há os que se esforçam para demonstrar também alguma intimidade com a professora, como se isso lhes desse mais capacidade e conhecimento sobre o assunto; há até os que se entediam como se aquela fosse uma aula qualquer; e há quem fique com vontade de entrar debaixo da mesa, com vergonha da sua incomensurável ignorância sobre o tema em pauta. Eu estava nesse último caso. Esforçava-me para ficar transparente. Mas, felizmente, a vida faz e desfaz os mitos. A aula começa com uma professora sorridente, amável e dona de um entusiasmo tal que muitos o atribuiriam àquele fervor pedagógico de professores no início de carreira! Essa era a camonista internacionalmente reconhecida em plena ação.

Após as apresentações de praxe, a primeira surpresa: iniciamos o curso como se na sala de aula ninguém houvesse ouvido falar de Camões. Cleonice começa de um ponto onde todos podem estar com ela, e gentilmente nos conduz para a complexa constelação que nos aguardava. As frases fluem com a segurança e a facilidade de quem há décadas lida com aqueles versos. Mas os seus olhos brilham, como se fosse ainda a jovem professora descobrindo Camões naquele momento. Esse é o estranho dom de quem ensina poesia, porque ensina a descoberta de um texto sempre novo. Será sempre novo porque lido novamente, lido por novos olhos, novas sensibilidades.

Iniciamos o percurso; líamos canto a canto. Então descubro que não enxergo bem, troco letras e quebro o verso. Não há poema que resista! É preciso respeitar o ritmo, conhecer a melodia e entender a frase. Ler um poema em voz alta é sempre um ato interpretativo. E eu percebi que não estava entendendo nada, e além de passar a usar óculos, tive que exercitar a voz e corrigir a respiração durante a leitura. Havia aprendido muito sobre a história de Portugal, lido vários estudos críticos sobre *Os Lusíadas*, poderia até preparar uma pequena aula *sobre* o poema. E quem sabe, poderia escrever um ensaio sobre algum aspecto que julgasse interessante: sobre os aspectos líricos e dramáticos existentes na épica, sobre a apropriação romântica da biografia do autor no século XIX, sobre a questão do caráter moderno que se percebe já em seus versos. Ou mesmo o tema espinhoso da política, tão presente ao longo de toda a obra. Mas até aquele momento, ninguém havia me ensinado a lê-lo em voz alta! A turma era pequena, cada um lia um pouco, havia tempo para parar, corrigir, discutir: enfim, experimentar o poema como poema, ele apenas. "Por favor, não quebre o verso!", ela repetia a cada tropeço meu. Foi assim que ultrapassei uma grande barreira que, sem perceber, havia construído e consolidado por tanto tempo: além de estudar, é possível ter um enorme prazer em ler *Os Lusíadas*. Essa foi a segunda grande lição de Cleonice: reunir conhecimento sobre o poema é importante, mas chegar a amá-lo é também um exercício, e um exercício que se conquista dia a dia. Em seu ensaio "Por que ler os clássicos", Italo Calvino diz que "os clássicos são livros que, quanto mais pensamos conhecer por ouvir dizer, quando são lidos de fato mais se revelam novos, inesperados, inéditos"[1] e que a escola, que tem a obrigação de oferecer às novas gerações a leitura de um certo número de clássicos, não pode obrigar ninguém a amá-los, pois essa é uma escolha de cada um, em algum momento de sua vida. Mas esse justamente me parece ser o maior talento de Cleonice: nos contaminar nesse ato de amor que é a leitura de um grande clássico. Muito além do que dar aulas, ser capaz de fazer nascer novos leitores e, assim, também fazer o poema renascer em cada um de nós.

Ter sido aluna da professora Cleonice Berardinelli significou muito mais do que eu poderia imaginar naquela manhã, quando decidi me inscrever no seu curso. Não me tornei especialista em Literatura Portuguesa, não alterei os rumos da minha pesquisa sobre Ferreira Gullar. Os olhos fixos no presente permaneceram, mas ganharam profundidade. Os versos adquiriram cor, peso e formas distintas. Minha formação fora marcada pelo entusiasmo da revolta modernista da poesia brasileira de 1922, leitora desde muito jovem de Mário e Oswald de Andrade, dos manifestos, de toda a poesia antipoesia das vanguardas. As convenções, metrificações, formas fixas, musas e outros tais pareciam apenas adereços de um tempo perdido, formas gastas, arranjos superficiais, ou apenas coisas interessantes de um dado período histórico, mas que não nos tocam mais. Em tempos de urgências e celeridade, de que nos serviria lê-los com tamanha atenção? E, então, a voz firme e concentrada de Cleonice retorna como se fosse hoje que eu a estivesse ouvindo...

> No mais, Musa, no mais, que a Lira tenho
> Destemperada e a voz enrouquecida,
> E não do canto, mas de ver que venho
> Cantar a gente surda e endurecida.

Desde que fiz o curso, dezesseis anos se passaram, e o mundo mudou ainda mais. A mestra permanece com olhar atento, brilhante, e seu entusiasmo ao ler poesia é ainda juvenil, e traz aos textos o frescor de quem os recria a cada leitura. Encanta-nos por ser total e absolutamente incompatível com a vida

1 Italo Calvino, *Por que ler os clássicos?*, Tradução de Nilson Moulin, São Paulo: Companhia das Letras, 1993, p. 12.

contemporânea, encanta-nos por ser absolutamente essencial para a vida contemporânea. É preciso, tanto quanto navegar, exercitar a leitura atenta e debruçar-se silenciosamente sobre um texto difícil de ser entendido, buscar variantes, contrapor edições, compreender a fundo várias hipóteses interpretativas para cada verso e, principalmente, deslocar-se no tempo, empreender um voo generoso e sair de uma zona de conforto para buscar quantas versões existam, quantas possibilidades de leitura, até conhecer um pouco mais do que o poeta teria escrito há centenas de anos. Esse é um legado que será sempre difícil de honrar, mas que encontramos distribuído em centenas, acho que em milhares de ex-alunos: uma fagulha, sempre um possível despertar do poema. Tantos de nós aprendemos com ela a tirar o livro da estante e dar a ele sangue, vida e cor. Aprendemos então a resistir, a não ceder. Se os tempos de hoje dizem não à poesia, nós não precisamos aceitar. O verso lido no silêncio conquistado de uma sala de aula é o gesto que repetimos a cada dia em sua homenagem.

{7}

"Nesta ensancha prazenteira"

[Tabula gratulatoria]

ANTE A IMPOSSIBILIDADE DE, NESTA *FESTSCHRIFT*, coletarmos textos de todos os amigos, colegas, confrades, ex-alunos e admiradores de Cleonice Berardinelli que, seguramente, gostariam de lhe prestar homenagem em data tão significativa, recorremos à tradicional *tabula gratulatoria* como tentativa de suprir algumas lacunas, mas certos, já à partida, de sua insuficiência, apesar do número respeitável de individualidades listadas. Exortamos os nela ausentes a buscarem outras formas de manifestar seus afetos à nossa "Genuína Fazendeira", prolongando assim a comemoração para muito além destas páginas, ramificando-lhes o sentido.

Gen. António Ramalho Eanes
Presidente da República Portuguesa (1976-1986)

Mário Soares
Presidente da República Portuguesa (1986-1996)

Jorge Sampaio
Presidente da República Portuguesa (1996-2006)

Aníbal Cavaco Silva
Presidente da República Portuguesa (2006-2016)

Fernando Henrique Cardoso
Presidente da República Federativa do Brasil (1995-2003)

Adma Muhana
Adolpho Polillo
Airton da Motta Paixão
Alberto da Costa e Silva
Alberto Venâncio Filho
Alex Silva
Alfredo Bosi
Amanda Silva
Amy Silva
Ana Luísa Amaral
Ana Mafalda Leite
Ana Maria Domingues de Oliveira
Ana Marques Gastão
Ana Paula Paixão Pagano
Ana Paula Rodrigues Barbosa
Ana Paula Tavares
Anamaria Filizola
Andréa Bahr Gomes
Anna Ferrari
Annie Gisele Fernandes
Antonio Basílio Rodrigues
Antonio Candido
António Carlos Cortez
Antonio Dimas
Antônio Torres
Armando Freitas Filho
Astrid Cabral
Beatriz Rondon Amarante
Benjamin Abdalla Júnior
Bernardo Carvalho
Boaventura Cardoso
Brian Demers
Candido Mendes de Almeida
Carla Carvalho Alves
Carlos de Almeida Lemos
Carlos Eduardo Falcão Uchoa
Carlos Heitor Cony
Carlos Henrique Paixão Botelho
Carlos Mendes de Sousa
Carlos Nejar
Carly Silva
Carol Silva
Carter Nash
Cassidy Crews
Catherine Dumas
Celso Castro
Celso Lafer
Cilene Cunha Pereira
Clara Almeida Santos
Clara Crabbé Rocha

Clara Silva Ticci
Clarice Barcelos
Clarinda Maia
Claudia Amorim
Claudia Berardinelli de S. e S. Nash
Cláudia Cristina Couto
Claudia Poncioni
Claudia Silva Nash
Claufe Rodrigues
Cléo Rodrigues da Paixão Vilhena
Conceição Flores
Connor Crews
Constância Lima Duarte
Cristina Mussoi
Dalma B. Portugal do Nascimento
Dalva Calvão
Denise Maria Paixão Pagano
Dilma Messeder Mattoso Camara
Dirce Amorelli Ribeiro
Diva Maria Cunha P. de Macedo
Domingos de Gusmão
Dora Fraifeld
E. M. de Melo e Castro
Ed Silva
Edione Azevedo
Edna Maria dos Santos
Edney Silvestre
Edson Rosa da Silva
Eduardo Jardim
Eduardo Rabello de Sá e Silva
Eduardo R. da Paixão Vilhena
Eduardo Sá e Silva
Elena Elizabeth Silva
Eliana Bueno-Ribeiro
Elias J. Torres Feijó
Elisiane Almeida dos Santos
Elza Miné
Emílio Rui Vilar
Emma June Silva
Erica Cristine Demers Crews
Erica Seroa Quartin Borges
Eucanaã Ferraz
Evelina Verdelho
Fanny Becker
Fernanda Sousa e Silva
Fernando Berardinelli de Sá e Silva
Fernando Cabral Martins
Fernando J. B. Martinho
Ferreira Gullar
Flávia Maria F. S. Corradin
Flávia Miranda Fernandes
Francisco dos Santos Amaral
Francisco Gomes da Costa
Francisco Maciel Silveira
Francisco Seixas da Costa
Gastão Cruz
Gavin Silva
Geraldo Holanda Cavalcanti
Gilberto Pagano de Sousa e Silva
Giulia Lanciani
Giuseppe Tavani
Gonçalo M. Tavares

Guilherme de Mattos Magalhães
Helder Garmes
Helena Ferreira
Helena Franco Martins
Helena Parente Cunha
Hélia Correia
Henry Silva
Hermano Vianna
Idalina Andrade Gonçalves
Inês Pedrosa
Inocência Mata
Ivo Pagano de Sousa e Silva
Jacqueline Penjon
Jane Tutikian
Joana Matos Frias
João Baptista de Medeiros Vargens
João Gabriel Silva
João Nuno Alçada
João Pignatelli
Jonathan Silva
Jorge Couto
Jorge Raimundo
Jorge Vicente Valentim
José Carlos Seabra Pereira
José Jorge Letria
José Luís Rodríguez
José Manuel Mendes
José Murilo de Carvalho
José Octávio Serra Van-Dunem
José Rodrigues de Paiva
Jussara Gomes de Mesquita
Karina Kuschnir
Kayly Lopez
Kerry Nash
Kevin Demers
Laura Demers Lopez
Lea Gamarski
Leila Fayad Ferreira
Leonor Werneck dos Santos
Liberto Cruz
Lídia Jorge
Lígia Pondé Vassallo
Lilian Jacoto
Lourenço do Rosario
Lucas Viriato
Lúcia Granja
Lucia Helena
Luciana Salles
Luciana Villas Bôas
Luciene Marie Pavanelo
Luís Amaro
Luis Carlos Patraquim
Luís Maffei
Luís Paulo Paixão Botelho
Luís Prista
Luiz Paulo N. da Gama Vilhena
Luiza Lobo
Lygia Fagundes Telles
M. Carmen Villarino Pardo
Madalena Vaz Pinto
Magnólia Brasil B. do Nascimento
Manuel Frias Martins

Manuela Vasconcelos
Márcia Abreu
Marcos Vilaça
Maria Amélia Palladino
Maria Ana Ramos
Maria Andresen
Maria Aparecida Ribeiro
Maria Athayde Fossa
Maria Beatriz de Mello Freire
Maria Carmen P. de Sousa e Silva
Maria Cecília Seabra d'Egmont
Maria Cristina Pais Simon
Maria da Aparecida M. de Pinilla
Maria de Lourdes Gonçalves Alves
Maria do Carmo Cardoso da Costa
Maria do Carmo Facó Soares
Maria do Carmo Peixoto Pandolfo
Maria Elizabete Santos Peixoto
Maria Fernanda de Abreu
Maria Fernanda Matias
Maria Graciete Besse
Maria Helena Santana
Maria Idalina Resina Rodrigues
Maria José Fabião de Oliveira Neves
Maria Lucia Dal Farra
Maria Lúcia Gomes Poggi de Aragão
Maria Lucia Wiltshire de Oliveira
Maria Lucília Pires
Maria Nazareth Soares Fonseca
Maria Vitalina Leal de Matos
Mariangela Rios de Oliveira
Marin Isabel Silva
Marina Berardinelli de S. e S. Demers
Marina Paranhos
Marina Silva Demers
Marlene de Castro Correia
Marlene Soares dos Santos
Marluce Francisco da Silva Botelho
Mia Couto
Moizeis Sobreira
Monica do Nascimento Figueiredo
Mônica Maria Rio Nobre
Murilo Melo Filho
Nazir Can
Nilza dos Santos Fontes Monteiro
Nora Anne Silva
Nuno Bello
Nuno Júdice
Olívia Gomes Barradas
Olivia Nash
Onésimo Teotônio de Almeida
Orlando Nunes de Amorim
Osvaldo Manuel Silvestre
Otávio Rios
Paola Poma
Patricia Berardinelli de Sá e Silva
Patrícia Silva Ticci
Paulo Coelho
Paulo Elias Allane Franchetti
Paulo Gustavo Paixão Botelho
Pedro Eiras
Pedro Henrique da S. P. Botelho

Paulo Henriques Britto
Pepetela
Pires Laranjeira
Priscila Quartin Pinto
Rachel Silva
Rafael Santana
Raquel dos Santos Madanelo Souza
Raul Miguel Rosado Fernandes
Renata Flavia da Silva
Renata Soares Junqueira
Renato Pagano de Sousa e Silva
Ricardo Berardinelli de Sá e Silva
Rick Lopez
Rita Chaves
Robert Crews
Rodolpho Gustavo Paixão Pagano
Rosa Maria Martelo
Rosa Maria Russo
Rui Vieira Nery
Ruth Maria Baião
Sebastião Tavares de Pinho
Sergio Nazar David
Sergio Paulo Rouanet
Sheila Moura Hue
Simone Caputo Gomes
Sonia Maria Soares Ribeiro
Sonia Zyngier
Stefano Ticci
Stella Leonardos
Stephany Maria da S. P. Botelho
Sueli da Motta Paixão
Tania Macêdo
Tarcísio Padilha
Telênia Terezinha de Senna Hill
Telmo Verdelho
Teolinda Gersão
Teresa Cristina Meireles de Oliveira
Teresa Martins Marques
Thomas Earle
Valerie Silva
Valter Sinder
Vanessa Ribeiro Teixeira
Vania Belli
Vania Linhares Chamoun
Vera Duarte
Vera Lucia Paredes Silva
Yara Frateschi Vieira

Cleonice Berardinelli trabalhando
na sala de seu apartamento
em Copacabana, 2014

Este livro foi editado pela Bazar do Tempo, na cidade de São Sebastião do Rio de Janeiro, na primavera de 2016. Ele foi composto com a tipografia Minion e impresso em papel Pólen 80g/m2, na gráfica Edelbra.